시몬 드 보부아르(1908~1986) 프랑스 실존주의 작가이자 철학자

▲파리 소르본 대학교
보부아르는 1925년 이 대학에 입학하여 문학·철학을 공부하고, 에콜 노르말에서 철학 대학교수 자격 시험 준비를 하던 1929년 사르트르를 만났다. 1931년 교수 자격을 취득한 보부아르는 마르세유 학교로 부임한다.

◀마르세유 해안 전경

〈분노에 찬 메데이아〉 들라크루아, 1858, 릴 시립미술관
'메데이아는 이아손에게 복수하기 위해 그의 아이들을 죽인다. 이 야만적인 전설은, 자식을 향한 남자의 사랑의 사슬에서, 여자가 무서운 위력을 이끌어낼 수 있음을 암시한다.'

〈프리마베라(봄)〉 보티첼리. 1482. 피렌체, 우피치미술관
'여자는 우리에게 육체로서 나타난다. 남자의 육체는 어머니 배에서 생겨 애인의 포옹 속에 재창조된다. 그래서 여자는 자연에 맞닿아 자연을 육체화하는 것이다.'

〈단테와 베아트리체〉 부분 헨리 홀리데이. 1883. 리버풀, 워커미술관
'단눈치오가 한 여자를 사랑할 때 그는 그녀의 영혼을 지상에서 끌어올려 베아트리체가 살던 나라까지 데리고 간다. 그는 모든 여자에게 차례차례 신성을 부여한다. 그리고 그녀를 베아트리체와 똑같은 높디높은 단계까지 끌어올린다……'

▲〈노예와 오달리스크〉 장 오귀스트 도미니크 앵그르. 1842. 발티모아, 월터아트미술관
'남자가 여자의 얼굴과 가슴이나 다리에서 엄격한 이상을 찾는 까닭은, 남자가 여자의 우연적 운명을 두려워하고 그녀의 변함없는 필연적인 모습을 꿈꾸기 때문이다.'

◀〈불타는 6월〉 프레데릭 레이튼. 1895. 푸에르토리코, 폰세미술관
'경련적인 아름다움은 에로틱하고 베일에 싸여 있으며 폭약이 장치되어 있고 마법적 분위기를 띠기도 한다. 그렇지 않으면 존재하지 않을 것이다.'(앙드레 브르통《광기의 사랑》)

거울을 보는 비너스 티치아노. 1555.

▲〈오머피 양〉프랑수아 부셰. 1752. 쾰른, 발랴프 리하르츠 미술관

'…그녀는 자기와 세계와의 관계에서, 또 자기와 자기 육체와의 관계에서 무엇인가 미묘하게 변하고 있음을 자각한다. 그녀는 이제까지 무관심했던 촉각·미각·후각이 민감해지고, 머릿속에는 이상야릇한 영상이 자리잡는다. 거울속의 자신을 잘 알아보지 못한다. 그녀는 자신을 이상하게 느끼고, 사물들도 이상하게 보인다.'

◀〈빗질하는 소녀〉윌리엄 맥그레거 팩스턴. 1909.

〈로미오와 줄리엣〉 프랭크 딕시. 1884. 사우샘프턴 시립미술관
'그대 품에서 나는 어린아이가 된다. 오 내 사람…'

▲〈베아트리체와 단테〉 헨리 홀리데이. 1883.

'단눈치오가 한 여자를 사랑할 때 그는 그녀의 영혼은 지상에서 끌어올려 베아트리체가 살던 나라까지 끌고 간다. 그는 모든 여자에게 차례차례 신성을 부여한다. 그리고 그녀를 베아트리체와 똑같은 높디높은 단계까지 끌어올린다…'

'여자가 에로티시즘과 나르시시즘을 무리없이 조화시킬 수 있는 것은 오로지 연애에서뿐이다.'

◀〈헤라클레스, 데이아네이라와 네소스〉 바르톨로메우스 스프랑게르. 1580~85.

임신 '…이 싹의 혼이 저의 마음속에 얼마나 봄의 신선함과 청춘을 주었는지 당신이 안다면! 그리고 그 피에로의 어린 혼이, 제 생명의 어둠 속에서 그와 같은 두 개의 커다란 무한의 눈을 조금씩 만들어간다고 생각하면…'

아가와 입맞춤 '…아이는 부모들의 장난감도, 그들이 살아가려는 욕구의 완성도 아니다. 그들이 채우지 못한 야심의 대용도 아니다. 아이는 행복한 존재를 키우는 의무이다.'

〈아도니스의 탄생〉 마르칸토니오 프란체스키니. 1685~90. 드레스덴 국립박물관
'여자가 생리적인 운명을 완수하는 것은 모성을 통해서이다. 여자의 모든 기능은 종의 존속으로 방향이 정해져 있으므로, 그것은 자연적인 사명이다.'

**머리 손질하는 보브아르** 셰이. 1952. 시카고
'…그녀의 채색된 머리카락 밑에서 나뭇잎 스치는 소리는 하나의 사상이 되고, 그녀의 젖가슴에서는 언어가 샘처럼 솟아나왔다. 남자들은 경이를 향해 탐욕스런 손을 내민다.

▲시몬 드 보부아르 인도교 디트마르 파이히팅거 설계(2006) 센 강을 가로질러 프랑스 국립도서관으로 연결되는 여성적 곡선이 특징인 다리

▶보부아르와 샤르트르의 무덤 파리 몽파르나스 묘지

《제2의 성》 표지 포 스퀘어북스, 1960, 런던

SIMONE DE BEAUVOIR

# LE DEUXIÈME SEXE

## II
### L'EXPÉRIENCE VÉCUE

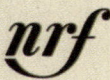

GALLIMARD

《제2의 성》(초판, 1949) 2권

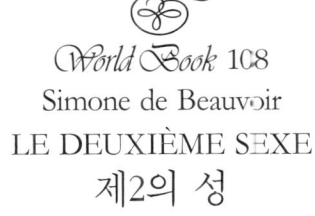

World Book 108
Simone de Beauvoir
LE DEUXIÈME SEXE
제2의 성
시몬느 드 보부아르/이희경 옮김

동서문화사

디자인 : 동서랑 미술팀

# 제2의 성
## 차례

## 제1부 사실과 신화
### 프롤로그
### 제1편 운명
제1장 생물학적 조건 … 42
제2장 정신분석적 견해 … 75
제3장 유물사관의 입장 … 90

### 제2편 역사
제1장 유목민들 … 99
제2장 토지의 경작인들 … 104
제3장 가부장시대와 고대인 … 120
제4장 중세에서 18세기 프랑스로 … 136
제5장 프랑스 혁명 뒤의 직업과 선거권 … 160

### 제3편 신화
제1장 꿈과 쿨안 그리고 우상 … 196
제2장 다섯 사람 작가로 보는 여성신화 … 266
    Ⅰ. 몽테를랑 또는 혐오의 양식
    Ⅱ. 로렌스 혹은 남자의 자존심
    Ⅲ. 클로틸과 주의 여종
    Ⅳ. 브르통 또는 시
    Ⅴ. 스탕달 또는 진실의 로마네스크
    Ⅵ. 요약
제3장 신화와 진실 … 333

## 제2부 현대 여성의 삶
### 프롤로그
### 제1편 형성
제1장 유년기 … 348
제2장 젊은 처녀 … 421
제3장 성 입문 … 475
제4장 레즈비언 … 517

### 제2편 상황
제1장 기혼 여성 … 541
제2장 어머니 … 641
제3장 사교생활 … 695
제4장 매춘부와 첩 … 728
제5장 성숙기에서 노년기로 … 752
제6장 여자의 상황과 성격 … 775

### 제3편 정당화
제1장 나르시시즘의 여자 … 811
제2장 사랑에 빠진 여자 … 830
제3장 신비주의의 여성 … 864

### 제4편 해방
제1장 독립한 여성 … 876

### 결론 … 916

## 보부아르의 생애와 사상
Ⅰ 보부아르의 생애 … 937
Ⅱ 보부아르의 사상 … 953
Ⅲ 보부아르의 저서 … 984
보부아르 연보 … 1060

# 제1부
# 사실과 신화

자크 보스트에게

질서와 빛과 남자를 창조한 선의 원리와
혼돈과 암흑과 여자를 창조한 악의 원리가 있다.
피타고라스

이제까지 남자가 여자에 대하여 쓴 것은 모두 믿을 수 없다.
남자는 심판자이며 당사자이기 때문이다.
풀랭 드 라 바르

# 프롤로그

나는 여자에 대한 책을 쓰는 데 오랫동안 망설여 왔다. 이 주제는 여자들에 겐 자극적이지만 더 이상 새롭지는 않다. 남녀 동등권에 대한 논쟁들은 쓰일 만큼 쓰여서 이제는 사실상 끝이 났다. 따라서 거기에 대해 더 이상 이야기를 할 필요가 없을 텐데도 이 문제는 여전히 화제에 오르내린다. 게다가 지난 세기 동안 수많은 책에서 떠들어 댄 어리석은 견해들도 이 문제를 상세히 해명한 일은 거의 없다. 처음부터 문제가 있기나 한 것인가? 있다면 그 문제는 무엇인가? 실제로 여자들이 있기는 한 것인가? 분명 '영원한 여성'의 이론을 고집하는 사람들이 아직도 있다. 그들은 "러시아에도 '여자'는 남아 있다"고 속삭인다. 또 다른 매우 박식한 사람들—때로는 전자와 같은 사람들이기도 하다—은 '여자의 지위가 무너지고 있으며, 여자도 사라졌다'고 개탄하기도 한다. 도대체 여자들이 아직도 존재하는지, 앞으로도 존재할 것인지, 여자들이 존재하기를 바라야 하는지 그럴 필요가 없는 것인지, 여자들은 이 세상에서 어떤 지위를 차지하고 있는지, 또 세상에서 어떤 지위를 차지해야 하는지 알 수가 없다. 나오다 말다 하는 어떤 잡지(*Franchise*)가 최근 이런 설문을 낸 일이 있다. '여자들은 어디로 갔는가?' 그렇지만 먼저 이렇게 물어야 할 것이다. '여자란 무엇인가?'

'여자는 자궁이다(Tota mulier in utero ; 모든 여자는 자궁 속에)'라고 말한 사람도 있다. 하지만 여성문제에 정통한 사람은 어떤 여자들에 대하여 언급할 때 '그들은 여자가 아니다'라고 잘라 말한다. 그런 여자들도 다른 보통 여자들처럼 자궁을 갖추고 있는데도 말이다. 누구나 인류에게도 암컷이 있다는 사실은 인정한다. 이 암컷은 예나 지금이나 인류의 거의 절반을 차지하고 있다. 그런데도 우리는 '여자다움이 위기에 처해 있다'는 말을 듣는다. '여자다워야 하고, 여자여야 하며, 여자가 되어야 한다'는 훈계조의 말을 듣는다. 즉 인류의 암컷이라고 해서 반드시 여자는 아닌 셈이다. 여자다움이라고 알려진 이 신비함이 소멸될 위기에 처한 현실에, 여자들은 참여해야 한다. 여자답다는 속성은 난소에서 분비된 것인가? 또는 철학적 공상에서 산출된 플라톤적인 실체(본질)인가? 그것을 지상으로 끌어내리자면 나부끼는 속치마 하나로 충분한 것인가? 어떤 여자들은 이 여자다움을 드러내려고 몹시 애를 쓰기도 하지만 그 모델이 제시된 적은 한 번도 없다. 사람들은 여자다움을 예언자의 어휘에서 따온 것 같은 막연하고 허울 좋은 말로 표현한다. 성(聖) 토마스(13세기 이탈리아 신학자이며 스콜라철학을 완성한 토마스 아퀴나스) 시대에는 양귀비의 최면 효능과 같이 여자다움이 확실히 정해진 본질처럼 생각되었다. 하지만 그 개념론은 이제 지지를 받지 못하고 있다. 생물학적·사회학적 지식은 여자나 유대인, 흑인의 성격 등 특정 집단의 성격을 규정하는 불변의 실체가 존재한다는 주장을 믿을 수 없게 한다. 과학에서는 성격을 어느 정도 '상황'에 종속된 반응으로 본다. 오늘날 여자다움이 더 이상 없다고 한다면, 그것은 아예 처음부터 없었던 것이다.

그렇다면 '여자'라는 말은 아무런 구체적인 내용도 갖고 있지 않다는 것인가? 계몽철학이나 합리주의, 유명론(唯名論) 지지파들은 그것을 강력하게 긍정하고 있다. 그들에 따르면 여자는 인간 속에서 마음대로 '여자'라는 단어로 표시되는 존재일 뿐이다. 특히 미국 여자들은, 여자가 이제 더 이상 존재하지 않는다고 생각하고 있다. 시대에 뒤떨어진 어떤 여자가 아직도 자신을 '여자'라고 생각한다면, 그런 고정관념에서 벗어나도록 친구들은 그녀에게 정신분석의의 진찰을 받도록 권한다. 여러 가지로 자극적인 《현대 여성 : 잃어버린 성(性)》에서 도로시 파커(미국 작가·시인·비평가·시나리오 작가, 1893~1967)는 이렇게 말하고 있다.

'나는 여자를 여자로 다루는 책에 대해서는 찬성할 수가 없다. 우리가 누구든 간에 남자도 여자도 다 똑같은 인간이라고 생각해야 한다.'

그러나 이 유명론은 시야가 좁은 편이다. 여권확장반대론자들은 여자가 남자와 다름을 쉽게 증명할 것이다. 분명 여자는 남자와 다름없는 인간이지만 위의 주장은 추상적이다. 사실 실재하는 모든 인간은 언제나 유일하고 독자적인 개체이다. 영원한 여성이나 흑인의 영혼이나 유대적 성격 같은 개념을 전적으로 부정하는 것이, 오늘날 유대인이나 흑인이나 여자가 존재한다는 사실을 부정하는 것이 되지는 않는다. 그러한 부정은 관련된 이들의 해방을 뜻한다기보다는 현실도피를 뜻한다. 어떤 여자든 자신의 성을 무시하고 자기 위치를 정하려 하면 반드시 자기기만에 빠지고 만다. 수년 전 저명한 어떤 여성작가는 여성작가들을 주제르 한 사진첩에 자기 초상(肖像)을 싣도록 허락하지 않았다. 그 여자는 남성작가들 틈에 끼고 싶었던 것이다. 그러나 그녀는 그 특권을 얻기 위해 자기 남편의 영향력을 이용했다. 자기들이 남자들과 같다고 주장하는 여자들 또한 남성의 경의와 존경을 요구한다. 나는 트로츠키파(派)의 한 여자가 떠들썩한 회의장 연단 위에 서서, 연약한 몸으로 열심히 주먹을 휘두르던 일을 기억한다. 그녀는 자신의 여성적인 허약함을 이런 몸짓으로 부정하고 있었던 셈인데, 속마음으론 남성 투사와 똑같이 행동하고 싶다는 기분에서 그랬을 것이다. 많은 미국 여성들의 딱딱하고 도전적인 태도는 자기들이 여자라는 생각에 사로잡혀 있음을 반증한다. 사실 인류가 두 가지 부류로 양분되어 있음을 확인하기 위해서는 두 눈을 뜨고 주위를 둘러보는 것만으로 충분하다. 사람들의 의복·용모·체형·미소·걸음걸이·흥미·직업 등은 명백한 차이가 있다. 아마 이 차이는 피상적이므로 곧 사라질 테지만, 확실한 것은 현재 이런 차이가 명백하게 뚜렷이 존재한다는 것이다.

여성의 기능으로써 여자를 정의하는 것이 불충분하고 우리가 '영원한 여성'으로 여자를 설명하려는 것을 거부한다면, 그러나 한편 잠정적으로 지상에 여자들이 있음을 인정한다면, 우리는 '여자란 무엇인가?' 하는 문제에 직면하게 된다.

문제제기 자체가 우리에게 일차적인 해답을 암시한다. 그런 문제를 물어본다는 자체가 의미 있는 것이다. 남자들은 그들이 인류에서 차지하고 있는 특이한 상황에 대하여 책을 쓸 생각조차 하지 않을 것이다.*1 내가 나 자신을 규정하려면, 우선 '나는 여자다'라고 선언해야 한다. 앞으로의 모든 논의는 이런 사실을 바탕으로 이루어진다. 남자는 결코 어떤 성(性)에 속하는 개인으로서 자신을 규정하며 시작하지는 않는다. 그가 남자라는 것은 굳이 말할 필요도 없다. '남성'·'여성'이라는 용어는 법률서류에서나 형식상 대칭적으로 쓰일 뿐이다. 실제로 두 성의 관계는 전기의 양극 및 음극의 관계와 똑같지는 않다. 왜냐하면 프랑스어로 '남자(homme)'라는 단어가 인류 전체를 가리키는 뜻으로 흔히 쓰이는 데서 알 수 있듯이, 남자가 양성(陽性)과 중성(中性)을 대표하기 때문이다. 라틴어의 '남자(vir)'란 단어가 지닌 개별적인 의미가 '인간(homo)'의 전

---

*1 이를테면 〈킨제이 보그서〉 같은 것은 미국 남성의 성조 특징을 파악하는 데 제한된 것이므로, 그것은 전혀 다른 종류의 글이다.

체적인 의미에 동화해 버린 것이다. 반면에 여자란 오로지 음(陰)으로만 여겨지기 때문에 일방적으로 온갖 규제가 주어진다. 가끔 추상적인 토론을 하다 보면, 남자가 '당신은 여자이기 때문에 그렇게 생각한다'고 하는 말이 귀에 거슬리기도 한다. 이때는 '그것이 진실이기 때문에 그렇게 생각한다'는 대답이, 내 주장이 주관적이지 않음을 나타내는 나의 유일한 항변이다. '당신은 남자이기 때문에 그 반대를 생각하고 있다'는 것은 말이 안 된다. 왜냐하면 남자라는 그 사실은 일반적으로 특수한 것이 아니라고 인정되기 때문이다. 남자는 남자라는 이유로 정당한 지위를 얻는다. 잘못된 것은 여자이다. 고대 문명인들에게 기울기를 측정하는 기준으로 절대적인 수직선이 있었던 것처럼, 인간에게도 남성이라는 절대적인 전형이 있다. 여자는 난소와 자궁을 가지고 있다. 이런 특이한 조건 때문에 여자는 언제까지나 주관성 속에 갇혀 있고, 한정된 속성에서 헤어나지 못하고 있다는 것이다. 흔히 여자는 자궁으로 생각한다고들 말한다. 남자는 자신의 신체에도 고환이 있으며 거기서 호르몬이 분비된다는 사실을 깡그리 잊어버리고 산다. 남자는 자기 신체를 세계와의 직접적이며 정상적인 관계로 보며, 따라서 자신이 세계를 객관적으로 이해할 수 있다고 믿는다. 한편 남자는 여자의 육체를, 여성이라는 특성을 규정하는 것들로 억눌려 있는 장해물이나 감옥처럼 여긴다.

　아리스토텔레스는 이렇게 말했다. "여성은 어떤 질적인 '결여' 때문에 여성이다. 우리는 여자들의 본성에 타고난 결함이 있는 것으로 생각해야 된다." 그리고 성 토마스도 아리스토텔레스의 말을 이어받아, 여자는 '불완전한 남자'이며 '우발적인' 존재라고 단정했다. 보쉬에(프랑스 주교·신학자·설교가, 디종 태생, 1627~1704)의 말에 따르면, 이브가 아담의 '여분의 뼈' 하나로 만들어졌다고 전하는 '창세기'의 이야기는 여자의 불완전성을 상징하는 것이다. 인간은 남성이고, 남자는 여자를 여자 자체로서가 아니라 자기와의 관계를 통해서 정의한다. 그들은 여자를 자율적인 존재로 여기지 않는다. 미슐레(19세기 프랑스 대역사가, 1798~1874)도 '여자, 상대적인 존재……'라고 썼다. 방다(프랑스 철학자·비평가, 현대문학 경향에 대한 지적 전통의 수호자, 1867~1956)도 《유리엘의 보고》에서 '남자의 육체는 여자의 육체와의 의미를 제외하더라도 그 자체로서 의미를 가진다. 그러나 여성의 육체는 남성의 육체를 고려하지 않는다면 의미를 갖지 못한다. 남자는 여자 없이도 생각할 수 있지만, 여자는 남자 없이는 생각할 수 없다'라고 확언했다. 말하자면 여자란 남자가 규정짓는 존재에 지나지 않는다. 이를테면 프랑스에서 여자를 '섹스(性)'라고 부르는 것은, 남자가 여자를 본질적으로 성적인 존재로 봄을 뜻한다. 남자에게 여자는 섹스이다. 여자는 남자와의 관계에 따라 한정되고 달라지지만, 남자는 여자에 대하여 그렇지 않다. 여자는 우발적인 존재이다. 여자는 본질적인 것에 대하여 비본질적인 것이다. 남자는 '주체'이고, '절대'이다. 그러나 여자는 '타자(他者)'이다.*²

'타자(Autre)'의 범주는 의식 자체와 마찬가지로 근본적이다. 태고의 원시사회에서나 가장 오래된 신화에서도 '동일자(同一者)'와 '타자'의 이원성(二元性)을 찾아볼 수 있다. 이런 구별은 본디 성의 구별을 의도했던 것도 아니고, 체험적인 사실에서 비롯된 것도 아니다. 그것은 특히 중국 사상에 관한 그라네(프랑스 중국학자·사회학자, 1884~1940)의 연구나, 인도와 로마에 관한 뒤메질(프랑스 인도유럽어족학자·비교신화학자, 1898~1986)의 연구에서 명백히 드러난다. 바루나(인도교의 신, 처음에는 우주 창조의 신이었으나, 나중에는 밤의 신, 물의 신으로 전락함)와 미트라(인도 베다의 태양신, 우주의 지배자, 천지의 지지, 광명과 진실, 죄악 징벌을 맡아봄), 우라노스(그리스 신화 키클롭스와 티이탄의 아버지, 가이안의 아들이자 남편)와 제우스(그리스 신화에 나오는 최고의 신), 해와 달, 낮과 밤 같은 한 쌍에는 최초에 어떤 여성적인 요소도 포함되어 있지 않았다 선과 악, 행복과 불행, 좌우, 신과 악마 등의 대립에서도 마찬가지이다. 타성(他性)은 인류 사상의 근본적인 범주이다.

어떤 집단도 타자와 직접 대립하지 않고는 자기 자신을 주체로서 파악하지 못한다. 세 사람의 나그네가 우연히 같은 찻간에 합석하게 되면, 나머지 모든 승객들은 그들에게 막연한 적의를 가진 '타자'가 된다. 작은 마을의 주민에게는, 자기 마을에 속하지 않은 모든 사람들이 의심스러운 '타자'들이다. 한 나라

---

*2 이 관념은 E. 레비나스의 《시간과 타자 le Temps et l'Autre》라는 논문 속에 가장 명백하게 표현되었다. 그는 이렇게 말했다. '타성(他性)이 어떤 적극적인 존재에 의하여 본질로서 파악되는 경우는 없을까? 같은 종에 속하는 두 가지 종류의 대립 가운데 순수하게 들어가지 않는 타성이란 어떤 것인가? 절대적으로 상반되는 것의 대립성은 그 상관어와의 사이에 발생하는 관계에 의해서 형성되지 않는다. 절대적으로 타자로 존재할 것을 궁극적으로 허락하는 대립성, 그것을 나는 여성이라고 생각한다. 성(性)이란 어떤 종(種)의 구별이 아니다. 양성의 구별도 반대성이 아니다. ……그 구별이 두 보충어의 이중성도 아니다. 두 보충어는 이미 존재하던 모든 것을 예상하기 때문이다. ……타성은 여성 속에서 완전해진다. 같은 서열이면서 의식의 상반된 의미를 갖는 말이다.' 여성이 스스로를 의식하고 있음을 레비나스도 잊지 않고 있다고 보인다. 그러나 그가 주체와 객체의 상호관계를 표시하지 않고, 남자의 관점을 일부러 채택하고 있다는 점은 주목할 만하다. 여자는 신비하다는 그의 말은 여자가 남자에 대하여 신비하다는 의미를 포함한다. 따라서 객관적이고자 하는 이 기술(記述)도 사실상 남성적 특권의 주장에 불과하다.

의 토착민에게는 다른 나라의 모든 국민들이 '이방인'처럼 보인다. 유대인들은 반유대주의자들에 대해서 '타자'들이다. 흑인들은 미국의 인종주의자들에게, 원주민들은 식민지 경영자들에게, 프롤레타리아들은 유산계급에게 저마다 '타자'들이다.

원시사회의 여러 모습에 대하여 철저한 연구 끝에 레비 스트로스(프랑스 인류학자·사회학자. 1908~1991)는 이렇게 결론을 내렸다. "자연상태에서 문화상태로의 이행은 인간이 생물학적 관계를 일련의 대립, 즉 이원성·교체·대립·대칭 등으로 관찰할 수 있는 능력을 가짐으로써 정의된다. 이런 대립은 명확한 형태이건 그렇지 않건 간에 우리가 설명해야 할 현상이라기보다는, 사회적 현실의 기본적이며 직접적인 여건 그 자체이다."*3 만약 인간사회의 현실이 오로지 연대와 우정 위에 기초를 둔 공존뿐이라면 이해할 수 없는 부분이다. 반대로 헤겔의 말처럼, 의식 그 자체 속에서 모든 다른 의식에 대한 근본적인 적의를 발견한다면 그 현상은 명백해진다. 주체는 대립함으로써 비로소 그 자신을 결정한다. 즉 자기를 본질적인 것으로 주장하고 타자를 비본질적인 객체로 설정함으로써 자신을 확립시켜 나가려는 것이다.

다만 다른 의식도 이 주체에 대해 같은 반응을 보이게 된다. 여행에 나선 한 토착민은 이웃 나라의 토착민이 자기를 이방인처럼 대하는 것을 알고 놀란다. 촌락과 촌락, 씨족과 씨족, 국가와 국가, 계급과 계급 사이에는 전쟁·축제·거래·계약·투쟁이 있는데, 이런 것들은 '타자'라는 관념에서 절대적인 의미를 없애고 그 상대성을 명백히 나타낸다. 따라서 좋든 나쁘든 개인이나 단체나 그들 관계의 상호성(相互性)을 인정하게 된다. 그런데 왜 남녀 사이에는 이런 상호성이 인정되지 않는가. 어째서 그 중 한쪽만이 자신을 유일한 본질로서 긍정하고, 그 상호관계의 상대에 대해서는 일체의 상대성을 부정하며, 상대를 순수한 타성으로 정해 버리는 것인가? 왜 여자들은 남성의 지배에 항의하지 않는가? 어떤 주체도 자발적으로 단번에 비본질적인 개체로 변화하려고 하지는 않는다. 자기를 '타자'로 정하는 '타자'가 '주체'를 정하는 것이 아니다. 자기를 '주체'로서 정립하는 '주체'에 의하여 '타자'가 '타자'로서 정의되는 것이다. 그런데 타자가 주체로 변화하지 못한다는 것은, 그 타자가 상대의 그러한 관점에 복종

---

*3 C. 레비 스트로스의 《친족의 기본구조》 참조. 이 논문의 교정쇄를 나에게 보내 준 레비 스트로스에게 감사의 마음을 전한다. 나는 그 논문을 이 책 제2부에 충분히 인용했다.

하고 있음을 뜻한다. 여자의 이런 복종은 어디에서 왔는가?

한 부류가 다른 부류를 한동안 절대적으로 지배하는 데 성공한 경우도 있다. 수적인 불평등이 흔히 이런 특권을 한쪽에만 부여한다. 다수자는 소수자에게 자기들의 법률을 강요하거나 박해를 가한다. 그러나 여자는 미국의 흑인이나 유대인 같은 소수자가 아니다. 지구에는 남자와 비슷한 수의 여자가 살고 있다. 처음에 이 두 무리는 서로 독립해 있었다. 즉 예전에는 쌍방이 서로 모르고 지냈거나, 또는 서로 상대편의 자주성을 허용하고 있었다. 그러나 어떤 역사적 사건이 일어난 결과 약자가 강자에게 굴복하게 된 것이다. 유대민족의 분산, 미국 노예제도의 등장, 식민지 정복 등은 획기적이며 역사적인 예시들이다. 이 경우에 피압박 약소민족들은 최소한 지난날의 추억을 간직한다. 그들은 역사와 전통, 때로는 종교와 문화를 공통적으로 소유하고 있었다. 이런 의미에서 베벨(여성혼자,《여성론》 저자, 1840~1913)이 묘사한 여자와 프롤레타리아의 유사성은 아주 훌륭한 근거를 지닌 셈이다. 프롤레타리아는 수적으로 열세하지도 않고 또 그들만의 집단이 형성된 일도 없기 때문이다. 그러나 사건이 일어나지 않았다 하더라도, 프롤레타리아 계급의 존재는 역사적 발전에 의한 것으로서 설명이 가능하며 또 그들이 그 계급에 배분된 것도 설명이 된다. 프롤레타리아가 언제나 있었던 것은 아니다. 하지만 여자는 언제나 있었다. 여자는 생리적 구조상 여자이다. 그리고 역사를 한껏 거슬러 올라가 보아도 여자는 늘 남자에게 종속되어 있었다. 여자의 종속은 역사적 사건이나 사회 변천의 결과가 아니다. 즉 '발생'한 성질의 것은 아니다. 여자의 타성이 절대적으로 보이는 까닭은, 이 타성이 역사적 사실의 우연성에서 벗어나 있기 때문이다. 시간을 거쳐 만들어진 상황이 다른 시간 속에서 해소되는 경우도 있다. 무엇보다 아이티의 흑인들이 그것을 충분히 증명했다. 이와 반대로 자연적인 조건은 변화되지 않는 것처럼 보인다. 그러나 사실은 역사적인 현실과 마찬가지로 자연도 요지부동의 여건을 지니고 있지는 않다. 여자가 결코 본질로 복귀할 수 없는 비본질로 보이는 이유는, 여자 자신이 그런 반전(反轉)을 이루지 않고 있기 때문이다. 프롤레타리아는 스스로를 '우리들'이라고 부른다. 흑인들도 그렇게 부른다. 그들은 자기들을 주체로서 확립하고, 부르주아나 백인들을 '타자'로 바꾸어 놓는다. 그런데 추상적인 시위에 머무르는 몇몇 집회는 예외로 하고, 여자들은 '우리들'이라고 하지 않는다. 남자들이 '여자들'이라고 부른다. 그리고 여자들은 이 말을 받아들여

프롤로그 29

스스로를 가리킬 때 쓴다. 그러나 여자들은 진정한 '주체'로서 자신들을 내세우지 않는다. 프롤레타리아들은 러시아에서, 흑인들은 아이티에서 혁명을 일으켰으며, 인도차이나 사람들은 인도차이나에서 싸우고 있다. 하지만 여자들의 운동은 언제나 상징적인 선동행위에 불과했다. 여자들은 남자들이 스스로 양보해 주는 것밖에는 얻지 못했다. 스스로 쟁취한 것이 아무것도 없으며, 그저 주는 것만 받아 왔을 뿐이다.

여자들은 타자와 대결해서 싸울 수 있도록 자신들을 하나로 뭉치게 할 현실적 수단이 없었다. 여자들은 자신들의 고유한 과거나 역사와 종교를 갖고 있지 않고, 프롤레타리아처럼 노동과 이해의 연대성도 갖고 있지 않다. 여자들 상호간에는, 미국의 흑인이나 게토(도시의 유대인 거주지역)의 유대인이나 생드니의 르노 자동차 공장 노동자가 공유하는 어떤 장소의 집단성도 없다. 여자들은 주거·노동·경제적인 이해관계에 매이고 아버지나 남편 같은 남자들의 사회적 신분에 종속되어 있기 때문에, 여자들보다 남자들과 긴밀한 관계를 맺고 그들 사이에서 분산되어 살고 있다. 부르주아 여성은 부르주아 남성과 연대성이 있으며, 프롤레타리아 여성과는 관계가 없다. 백인 여성은 흑인 여성이 아닌 백인 남성과 연대한다. 어쩌면 프롤레타리아는 특권계급을 말살하려고 생각할 수도 있을 것이며, 광신적인 유대인과 흑인은 원자폭탄의 비밀을 독점하여 인류 전체를 유대인이나 흑인으로 만들려고 꿈꿀지도 모른다. 하지만 여자는 꿈에도 남성을 말살하려는 생각을 할 수 없다. 여자와 그 압제자 사이의 굴레는 다른 굴레와 비교도 되지 않는다. 성의 구별은 생물학적 조건이지 인간 역사의 한 단면은 아니기 때문이다. 남녀의 대립은 최초의 '공존' 한가운데서 나타났고, 여자는 이 대립을 깨뜨리지 않았다. 남녀 한 쌍은 두 개의 반쪽이 서로 불가분적으로 이어져 있는 기본단위이다. 성에 의해서 사회를 둘로 나누기란 불가능하다. 이것이 바로 여자의 특징을 근본적으로 나타낸다. 여자는 두 요소가 서로를 필요로 하는 전체 속에서의 타자이다.

우리는 이런 상호성이 여성해방을 쉽게 만들었다고 상상할 수도 있다. 헤라클레스는 옴팔레(리디아(Lydia) 여왕. 헤라클레스는 옴팔레의 발치에서 털실 짜는 것을 돕다가 욕정에 사로잡혀 그녀와 결혼한다. 여자가 남자에게 위력을 보였다는 데 이 전설의 의의가 있다)의 발치에서 털실 짜는 것을 돕다가 욕정에 사로잡힌다. 하지만 옴팔레는 왜 그것을 이용하여 지속적인 권력을 얻는 데 성공하지 못했는가? 메데이아(그리스 신화에 나오는 여자 마술사. 아르고 선장 이아손과 도망하여 결혼한다. 그때 그녀의 계교로 이아손은 황금 양털의 주인이 된다. 그러나 이아손이 자기를 버리자, 그녀는 그 복수로 이아손의 아이들을 목졸라 죽인다)는 이아손에게 복수하기 위하여 그의 아이들을 죽인다. 이 야만적인 전설은, 자식을 향한 남자의 사랑의 사슬로부터, 여자가 무서운 위력을 이끌어 낼 수 있었음을 암시하고 있다. 아리스토파네스(그리스 가장 유명한 희극 시인, BC 450?~385?)는 《여자의 평화 Lysistrate》에서 한 무리의 여자들이 남편과의 잠자리를 거부함으로써 자신들의 사회적 요구사항(아테네와 스파르타는 전쟁을 그만둘 것)을 관철했던 이야기를 재미있게 묘사하고 있다. 그러나 이것은 희극에 불과하다. '사비니 여인 약탈사건' 전설에 따르면, 로마를 세운 로물루스는 청년들의 결혼을 위해 이웃 종족인 사비니의 처녀들을 약탈하여 강간한 다음 강제로 결혼시켰다. 사비니 처녀들이 그들에게 대항하기 위하여 임신을 거부했으나 나중에는 압박에 못 이겨 그 계획을 포기했다고 한다. 성적 욕망과 자손을 갖는다는 생물학적 욕망은 남성을 여성에게 굴복시키기는 했지만 여성을 사회적으로 해방시키지는 못했다. 주인과 노예 또한 서로 경제적 필요에 의하여 맺어지지만, 그 경제적 필요성이 노예를 해방하지는 못한다. 주인과 노예의 관계에서 주인은 자기가 노예를 필요로 함을 인정하지 않기 때문이다. 주인은 스스로 이 욕구를 만족시킬 권력을 손아귀에 쥐고 있으므로 그 욕구를 인식하지 않는다. 그러나 주인에게 예속된 노예는 그것이 희망이든 공포든 주인에 대한 욕구가 마음속 깊이 내포되어 있다. 욕구의 강도가 근본적으로 양자에게 똑같다 하더라도, 그것은 늘 피압박자에게는 불리하게, 압박자에게는 유리하게 작용한다. 이런 이유가 노동자 계층의 해방이 늦어진 까닭을 잘 설명해 준다.

그런데 여자는 남자의 노예는 아니었다 하더라도 언제나 남자에게 딸린 아랫사람이었다. 남녀 양성이 세계를 나란히 평등하게 누린 적은 한 번도 없었다. 그리고 오늘날에도 여자의 신분이 향상되고 있다고는 하지만 여자는 매우 불리한 조건에 놓여 있다. 대부분의 나라에서 여자의 법적 지위는 남자와 동등하지 않을 뿐더러 게가 아주 불리하다. 비록 여자의 권리가 이론적으로나마 인정받을 때라도, 오랜 관습은 그런 권리가 사회에서 구체적으로 표현되는 것을 방해한다. 경제적으로도 남자와 여자는 거의 두 갈래의 계급을 형성하고 있다. 모든 조건이 평등하다 하더라도 남자들은 경쟁자인 여자들보다 유리한 위치에 놓인다. 그들은 여자 경쟁자들보다 보수도 더 많이 받고 성공할 기회도 더 많다. 남자들은 산업이나 정치계 등에서 훨씬 더 많은 자리를 차지하고 있고, 가장 중요한 지위를 독점하고 있다. 그들은 이런 구체적인 권력 외에, 어린시절의 전반적인 교육을 통해 전통으로서 지켜져 온 위신도 누리고 있다. 현재는 과거를 포함하며 이 과거의 모든 역사는 남성에 의하여 만들어졌기 때문이다. 여자들이 세계의 크고 작은 모든 일에 참여하기 시작한 오늘날에도 이 세계는 아직 남자들의 손에 꼭 쥐어 있다. 남자들은 그것을 조금도 이상히 여기지 않는다. 여자들도 그것을 거의 대수롭게 여기지 않는다. '타자'가 되기를 거부하고 남자와의 공모(共謀)를 거절하는 일은, 여자들에겐 상층계급인 남성 사회가 자기들에게 부여할지도 모르는 이익을 단념하는 일이 된다. 영주(領主)인 남자는 가신(家臣)인 여자를 물질적으로 보호해 주고 그 삶의 도덕적 정당화를 책임진다. 그러므로 이 경우 여자는 경제적 위험뿐만 아니라, 스스로 자기의 목적을 찾아야 할 자유라는 형이상학적 위험도 회피할 수 있다. 사실 자기를 주체로서 확립하려는 개인의 윤리적 충동과 더불어, 자유를 포기하고 자기를 사물화하려는 유혹 또한 모든 개인에게 존재한다. 하지만 그것은 불행한 길이다. 왜냐하면 수동적이고 소외되고 자기를 상실한 사람은 초월에서 이탈하고 모든 가치를 상실하여, 다른 사람의 의지의 제물이 되어 버리기 때문이다. 그러나 그것은 편안한 길이기도 하다. 그 길에서는 저마다 마땅히 감수해야 할 실존의 고뇌와 긴장을 회피할 수 있기 때문이다. 그러므로 여자를 '타자'로 만들어 버리는 남자는 여자 속에서 뿌리 깊은 공범 기질을 발견한다. 이와 같이 여자는 구체적인 수단을 갖고 있지 않기 때문에, 서로에게 평등한 남녀 관계를 인정하지도 않으며 자기가 남자에게 복종하는 것이 필연적이라고 느끼기 때문에, 또는 '타자'라는 자신의 역할에 만족하기 때문에, 자기가 주체가 되기를 원하지 않는다.

그러나 곧 한 가지 의문이 제기된다. 이 모든 역사는 어떻게 해서 시작되었을까. 성(性)의 이원성은 다른 모든 이원성과 같이 투쟁으로 귀결되며, 투쟁에서 이긴 쪽은 절대자로서 군림한다. 이 점은 이해가 된다. 그런데 남자들이 처음부터 여자에게 이길 수밖에 없었는가? 여자들이 승리를 얻을 수 있었을 것 같기도 하고, 또는 투쟁이 결코 결판날 수 없었을 것 같기도 하다. 어째서 이 세계는 이제까지 계속 남자들에게 속해 있었을까. 또 오늘에 와서야 겨우 사태가 변화되기 시작한 것은 웬일일까? 이런 변화는 다행한 일인가? 이 변화로 과연 남자들과 여자들 사이에서 이 세계의 평등한 분할이 이루어질 것인가, 이루어지지 않을 것인가?

이런 문제들은 조금도 새롭지 않다. 이 문제에는 이미 수많은 해답이 있었다. 그러나 여자가 '타자'라는 그 사실만으로도, 남자가 이제까지 내세워 온 여자의 해석은 모두 의심스러워진다. 그런 해석은 남자들의 이익을 위하여 명백히 강요된 변명이다. 그리 알려지지 않은 17세기 여권신장론자 풀랭 드 라 바르는 이렇게 말했다. "이제까지 남자가 여자에 대하여 쓴 것은 모두 믿을 수 없다. 남자는 심판자이며 당사자이기 때문이다." 언제 어디서나 남자들은 자신을 피조물의 왕이라고 만족하며 과시하여 왔다. 유대인 남자들은 아침마다 이렇게 기도한다. "내가 여자로 태어나지 않게 하신 우리의 주, 모든 세계의 주여, 감사하옵나이다." 한편 그들의 아내들은 체념하고 이렇게 중얼거린다. "당신의 뜻에 따라 나를 만들어 주신 주여, 찬양하옵나이다." 플라톤이 신들에게 감사해 한 여러 은혜들 가운데서 첫째는 신들이 자기를 노예가 아닌 자유인으로 만들어 주었다는 것이고, 둘째는 여자가 아닌 남자로 창조해 주었다는 것이다. 그런데 남성들이 남자라는 특권을 절대적이며 영원한 것이라고 생각하지 않았더라면, 그들은 그 특권을 충분히 누릴 수 없었을 것이다. 따라서 남자들은 자기들의 우위를 법률로 확정하려고 노력했다. 풀랭 드 라 바르는 다시 말하고 있다. "법률을 만들고 편찬한 사람들이 남자들이었기 때문에 그것은 남성에게 유리했다. 그리고 법률가는 법률을 원리로 만들기까지 했다."

입법가·성직자·철학자·작가·과학자들은 종속적인 여자의 신분이 하늘의 뜻이며 지상에 유익한 것이라고 증명하기에 혈안이 되어 있었다. 종교도 남자들이 만들었기 때문에 이런 지배욕을 반영하고 있다. 이브와 판도라의 전설을 이용해 남자들은 여자를 비난했다. 앞에서 인용한 아리스토텔레스나 성 토마스의 말에서 살펴본 것처럼, 남자들은 철학이나 신학도 자기들에게 유리하도록 이용했다. 고대로부터 풍자 작가와 도학자들은 여자의 약점을 즐겨 그려 왔다. 프랑스 문학 전체를 통하여 얼마나 가혹한 비난과 공격이 여자들에게 가해졌는가는 널리 알려진 사실이다. 예를 들어 몽테를랑(프랑스 작가, 1896~1972)은 장 드 묑(중세 프랑스 시인, 《장미 이야기》 저자, 1240?~1305?)의 전통을 다소 완화된 열정으로 다시 이어받고 있다. 이런 적의는 때로는 근거가 있는 듯하지만 대개 무의미한 것이다. 사실 이 적의에는 상당히 교묘한 가면을 쓴 자기변호의 의지가 숨어 있다. 몽테뉴는 이렇게 말하고 있다. "한쪽 성(性)을 비난하는 것이 다른 성을 변호하는 것보다 더 쉽다." 몇 가지 경우에서 그 과정은 명백하게 드러난다. 예컨대 로마에서 씨족제도의 쇠퇴로 여자가 남성 상속자에게 위협을 주게 되었을 때, 여자의 권리를 제한하려고 로마법이 '여성의 우둔함·취약성'을 들추어 낸 사례가 눈에 띈다. 그리고 16세기 사람들은, 독신 여성은 자기 재산을 관리할 수 있다고 인정하면서도 기혼 여성을 후견인의 감독 아래 두기 위하여 "여자는 굳세지도 못하고 확실하지도 못한 짐승"이라고 확언한 성 아우구스티누스의 권위에 호소했다. 몽테뉴는 여자에게 주어진 독단적이고 부당한 운명을 너무도 잘 알고 있었다. 그는 말했다. "여자들이 이 세상에 도입된 규칙을 거부한다고 해도 전혀 잘못이 없다. 그런 규칙은 여자들과 상의하지 않고 남자들이 일방적으로 만들었기 때문에 마땅히 그들 사이에는 알력과 분쟁이 일어날 수 있다." 그러나 그는 여자들의 투사 노릇까지 하지는 않았다.

　철저하게 민주적인 남자들이 그 문제를 객관적으로 고찰한 것은 겨우 18세기일이다. 그 중에서도 디드로(프랑스 백과전서파 철학자. 1713~1784)는 여자도 남자와 마찬가지로 인간적 존재라는 것을 증명하려고 애썼다. 이보다 조금 뒤에 존 스튜어트 밀(영국 실증파 철학자. 1806~1873)도 여자를 열렬히 변호했다. 그러나 이 철학자들은 예외적으로 공평한 견해를 가진 사람들이다. 19세기에 와서 여권신장에 관한 논쟁은 당파간의 논쟁이 되었다. 여성의 생산노동 참가는 산업혁명의 한 가지 결과였다. 이때 여성해방의 요구는 이론적 영역을 벗어나서 경제적 기반을 찾아냈다. 여성의 적수들은 그만큼 더욱 공격적으로 변했다. 부르주아 계층은 토지 소유권의 상당량을 잃고도 견고한 가족제도 속에서 사유재산이 보증된다는 낡은 도덕에 집착하고 있었다. 그래서 여성해방이 확실한 위협으로 변할수록 부르주아 계층은 그만큼 더 악착같이 가정에 여자를 붙들어 매려고 했다. 노동자 계층 내부에서조차 남자들은 여성해방을 방해하려 했다. 여자들이 저렴한 임금으로 일하는 데 익숙한 만큼 자기들에게 더욱 위험한 경쟁자로 생각되었기 때문이다. 그래서 여성해방 반대자들은 예전처럼 종교·철학·신학뿐만 아니라 생물학·실험심리학 등의 과학까지 동원해 여성의 열등함을 증명하려고 했다. 그들은 기껏 '다른' 성(性)에 대하여 '차이 속의 평등'을 인정하는 것이 고작이었다. 이 유행어는 매우 의미심장하다. 미국의 흑인에 대하여 '백인과 똑같은 수준의 공공서비스를 공급하되 다만 백인과는 따로 공급한다'는 짐 크로우 법이 활용하는 것도 바로 이와 같은 표현이다. 그런데 스스로 평등하다고 생각한 이 분리는 가장 극단적 차별대우를 가져오는 역할밖에는 하지 못했다.

이 두 가지 사실의 일치는 결코 우연이 아니다. 왜냐하면 종족이든 계층이든 성이든 간에 한쪽이 아주 열등한 처지에 놓일 경우, 그것을 정당화하는 방법은 똑같기 때문이다. '영원한 여성'이라는 말은 '흑인의 영혼'이나 '유대인의 성격'이라는 말과 같은 종류이다. 그런데 유대인의 문제는 전반적으로 다른 두 문제와 지극히 다르다. 반유대주의자에게 유대인은 열등한 종족이라기보다 오히려 원수이다. 그들은 이 세상에서 유대인에게 어떤 지위도 인정하지 않는다. 차라리 유대인을 섬멸하고자 한다. 그러나 여자의 처지와 흑인의 처지에는 매우 비슷한 점이 있다. 오늘날 여자들과 흑인들은 가부장적 온정주의에 의하여 해방되고 있다. 예전의 지배계층은 그들을 '알맞은 지위', 즉 자기들이 선택해 준 지위에 머물게 하려 한다. 이 두 경우에서 지배계층은 어린애같이 잘 웃는 '선량한 흑인'이나 '순종적인 흑인'의 미덕에 대하여, 그리고 경박하고 유치하며 무책임한 '여자다운 여자'와 남자에게 '순종하는 여자'의 미덕에 대하여 꾸준한 찬사를 늘어놓고 있다. 그리고 여기서 지배계층은 자신들이 만들어 놓은 현재 상황에서 논거를 이끌어 낸다. 버나드 쇼(영국 극작가, 노벨문학상 수상. 856~1950)의 경구는 잘 알려져 있다. 그는 말했다. "미국의 백인은 흑인을 구두닦이로 고정시키면서, 흑인은 구두닦이 말고 다른 작업엔 적합하지 못하다고 결론짓는다." 이와 비슷한 모든 상황에서 이런 악순환을 찾아볼 수 있다. 개인이나 집단이 열등한 지위에 고정되어 있을 때 그 개인 또는 집단이 열등'하다'는 것은 사실이다. 그러나 이 '하다'는 말의 의미를 잘 이해해야 한다. 이 말에 정적(靜的)인 가치를 부여하는 것은 불성실한 처사이다. 이 말은 헤겔(독일 철학자, 변증법과 이성주의를 주장했다. 1770~1831)의 동적인 의미를 지니고 있다. '하다(être)'는 말은 '됐다'는 뜻으로, 즉 현재와 같이 만들어졌다는 의미이다. 그렇다. 오늘날 여자들은 대체로 남자보다 열등하다. 여자들은 불리한 상황에 놓여 있다 보니 남성들에 비해 가능성도 충분히 주어지지 않는다. 문제는 이런 사태가 영속적이어야 하는지를 아는 일이다.

많은 남자들은 이런 사태가 영속적이기를 바라고 있으며, 이를 위한 투쟁을 포기하지 않았다. 보수적인 부르주아 계층은 여전히 여성해방에서 자기의 도덕과 이익을 위협하는 위험을 발견한다. 어떤 남성들은 여성을 경쟁자로서 두려워하고 있다. 전에 한 남학생이 〈에브도 라탱〉에 이렇게 썼다. '의과나 법과를 지망하는 여학생은 우리의 일자리를 훔치는 것이다.' 그도 이 사회에서 자기가 가지는 특권을 의심하지 않는다. 경제적 이해관계만이 문제가 되는 것은 아니다. 억압이 억압자에게 보증하는 이익 가운데 하나는 억압자들 중 가장 하찮은 자조차도 우월감을 '느낀다'는 것이다. 미국 남부의 한 '가난한 백인'이 자기는 '더러운 흑인'이 아니라고 생각하며 스스로를 위로한다. 그리고 부유한 백인들은 그 자존심을 교묘하게 이용한다. 마찬가지로 가장 평범한 남자들도 여자들 앞에서는 자신을 반신(半神)처럼 생각한다. 몽테를랑의 경우도, 그가 남자들 사이에서 남자로서 자기의 역할을 해야 할 때보다도, 여자(이것도 의도적으로 선택한 여자들이지만)와 마주할 때 자신을 영웅처럼 생각하는 것이 훨씬 더 쉬웠다. 사실 많은 여자들이 남자로서의 역할을 그보다 더 잘 이행했을 테지만 말이다. 또 1948년 9월 〈피가로 리테레르〉지에 게재한 한 논문에서 클로드 모리아크(프랑스 소설가·평론가, 1914~1996)—누구나 그의 우수한 독창성을 찬탄해 마지않는다—는 여자들에 관해서 이렇게 쓸 수 있었다.*4

"'우리'는 예의를 갖춘 무관심한 태도로 여자들 중 가장 뛰어난 여자의 말을 흘려듣는다······. 그런 여자의 지혜는 '우리들'에게서 나온 사상을 얼마간 충실하게 반영하고 있음을 잘 알고 있기 때문이다."

그 여자가 반영하는 것은 명백히 모리아크의 사상은 아니다. 그에게는 사상이랄 것이 없었으니까 말이다. 그 여성이 남성들의 사상을 반영하고 있다는 것은 있을 수 있는 일이다. 남성들 가운데서도 자기의 독창적인 사상이 아닌 것을 자기의 사상으로 삼는 사람이 적잖다. 클로드 모리아크의 경우에도 자기 자신보다 오히려 데카르트나 마르크스, 지드의 사상을 반영한 여성과 대화하는 편이 더 유익하지 않았을까 싶다. 주목할 만한 점은 그가 '우리'라는 모호한 말로 스스로를 성 바울이나 헤겔, 레닌, 니체와 동일시한다는 것이며, 그들의 위엄에 기대어 감히 그들과 동등한 위치에서 대화하려는 여자들을 경멸하며 내려다본다는 것이다. 사실대로 말하면, 모리아크의 '예의를 갖춘 무관심한 태도'를 도저히 참을 수 없는 여자가 한두 사람이 아님을 나는 알고 있다.

내가 위의 실례를 강조한 것은 남성들의 이런 생각 없는 태도가 워낙 어이없기 때문이다. 남자들이 여자의 타성을 이용하는 보다 교묘한 방식도 많다. 열등감으로 고민하는 모든 남자에게는 여자의 타성이 기적적인 처방이 되는 것이다. 자신의 사내다움을 불안해하는 남자는 여자에게 오만하고 공격적이

---

*4 혹은 적어도 그는 쓸 수 있다고 믿고 있었다.

며 경멸적인 태도를 취한다. 동성을 두려워하지 않는 남자는 여자 또한 동급으로 인정할 충분한 아량을 가지고 있다. 하지만 이런 남자들조차도 '여자', '타자'의 신화를 귀중히 여긴다.*5 남자들이 여자의 신화에서 이끌어 낸 이익을 단념하지 않는다고 비난할 수는 없다. 왜냐하면 남자들은 자기가 마음속으로 바라는 여자를 단념함으로써 잃는 것이 무엇인지는 알고 있지만, 앞으로 만나게 될 여자가 자기에게 어떤 이익을 가져다줄지는 모르기 때문이다.

남자들이 자신을 유일한 절대적 '주체'로 주장하기를 단념하자면 많은 자기희생이 필요하다. 게다가 대다수의 남자들은 자신들의 욕구를 명확히 인식하고 있지도 않다. 또 여성이 열등하다고 감히 '결정짓지도' 않는다. 왜냐하면 오늘날 남자들은 민주주의의 이상에 철저히 고무되어 모든 인류를 동등한 존재로 인정하려고 하기 때문이다.

가정에서 여자는 나이가 어떻든 성인 남자와 동등한 사회적 권위를 갖춘 것으로 여겨진다. 이윽고 한 남자는 욕망과 사랑 속에서 자신이 사랑하는 한 여자의 저항과 독립을 경험한다. 결혼하면 남자는 상대 여자를 아내와 어머니로서 존중하게 되고, 여자는 부부생활의 구체적인 경험 속에서 남자와 맞서기도 하면서 자유로운 존재로서의 자신을 확립하게 된다. 그리하여 남자는 양성 사이에 사회적 서열 같은 것은 없으며 대체로 차이는 있어도 여자가 남자와 동등하다고 믿게 된다. 하지만 남자는 여자에게서 약간의 부족함을 발견하고—가장 중요한 것은 직업적인 무능력이다—이것을 자연의 탓으로 돌린다. 남자가 여자에게 협력하는 친절한 태도를 보일 때, 그는 추상적인 평등원리를 내세우고 자기가 확인한 부족함은 문제삼지 않는다. 그러나 남자가 여자와 불화 상태에 들어가면 곧 사태는 역전된다. 그는 그 부족한 점을 끄집어내 이론화하여, 추상적인 평등마저 부인하려고 그것을 방패로 삼는다.*6

---

*5 이 논제에 관해 〈카예 뒤 쉬드〉지 292호에 실린 미셸 카루즈의 논문은 의미심장하다. 그는 분개하여 이렇게 쓰고 있다. '여자에 대한 신화 같은 것은 없는 편이 좋다. 음식 솜씨가 있는 여자, 가정주부 매춘부, 여류 문인 등 쾌락의 기능과 효용의 기능을 가진 무리들로 족하다!' 그는 여자에게 여자로서의 존재가치가 없다고 말하고 있다. 그는 남성세계에서의 여자의 직능만 생각하고 있다. 여자의 궁극 목적은 남자에게 있다. 그래서 여자의 시적(詩的) '직능'을 더 좋아하는지도 모른다. 진짜 문제는 남자와의 관계를 통해서 여자를 정의해야 하는 까닭을 밝히는 일이다.
*6 예를 들면 남자는 아내가 직업을 가지지 않았다고 해서 가치가 떨어진다고는 생각지 않으

이처럼 많은 남자들은 별 악의 없이, 여자가 남자와 평등'하니까' 여자는 아무것도 요구할 것이 없으리라 단정하면서, '동시에' 여자는 결코 남자와 동등할 수 없으니 여자들의 요구는 헛된 것이라고 단정한다. 여자에 대한 사회적 차별대우의 중요성을 판단하는 문제가 남자에겐 어렵기 때문이다. 겉으로 보기에는 그런 사회적 차별이 그리 대단치 않은 것 같으나, 그 정신적·지적 영향이 여자에게는 매우 크다. 그래서 마치 천성적으로 그런 것처럼 보일지도 모른다.*7 여자에게 가장 동정적인 남자도 좀처럼 여자의 구체적인 처지를 알지 못한다. 그러므로 남자들이 그 한계를 헤아릴 수 없는 자기들의 특권을 방어하려고 애쓸 때, 그들의 말을 믿을 이유는 없다. 우리는 여자들에게 가해지는 공격과 횡포에 가만히 앉아 위협을 당하지는 않을 것이다. 그들이 '참다운 여자'에게 보내는 타산적인 찬사에 그냥 속아 넘어가지도 않을 것이며, 여자의 운명을 함께 할 생각도 없으면서 그 운명에 감탄을 보내는 그런 남자들의 수작에 얌전히 말려들지도 않을 것이다.

그런데 우리는 여권신장론자들의 논의도 마찬가지로 경계해야 한다. 열띤 논쟁이 도리어 논의의 가치를 모조리 떨어뜨리는 수가 때때로 있기 때문이다. '여성문제'에 대한 토론이 무익하다고 하는 것은, 남성들의 오만으로 그 문제가 '논쟁을 위한 논쟁'으로 끝나기 때문이다. 서로 싸우게 되면 사리분별이 어려워진다. 이제까지 사람들이 지칠 줄 모르고 애써 증명하려 한 것은 여자가 남자보다 우수하냐, 열등하냐, 아니면 동등하냐는 것이었다. 어떤 이는 아담보다 나중에 창조된 이브가 명백히 이차적인 존재라고 말했고, 이와 반대로 어떤 이는 아담이 초벌작품에 불과하며 신이 이브를 창조했을 때 비로소 인간을 성공적으로 완성했다고 한다. 여자의 두뇌는 남자보다 작다. 그러나 몸의 비율로 비교하면 남자보다 큰 편이다. 그리스도는 남자로 태어나지 않았는가. 아니, 그것은 그가 아마 겸손해서 그랬을 것이다. 어떤 논의든지 즉시 그 반대 주장을 불러일으킨다. 그리고 대개는 양편 어느 쪽이나 진짜 주제에서 이탈한다. 문제를 제대로 정립하려면 이제까지의 습관에서 벗어나야 한다. 모든 토론을 왜곡해 온 우수성·열등성·평등성이라는 막연한 관념을 거부하고 새로 출발해야

---

며, 가사 또한 소중한 일이라고 말한다. 하지만 일단 싸움이 시작되면 그는 '내가 없으면 너는 굶어 죽을 거다'라고 외친다.
*7 이 과정을 서술하는 것이 바로 이 책 제2부의 목적이 될 것이다.

한다.

그러면 문제제기는 어떻게 하면 되는가? 우선 누가 문제를 제기해야 하는가? 남자는 재판관이며 당사자이다. 여자 또한 그렇다. 우리에게 필요한 것은 천사—남자도 여자도 아닌 존재—인데, 어디서 천사를 찾을 수 있겠는가? 사실 천사는 이 문제를 말하기에 부적당할 것이다. 그는 문제의 모든 내용을 모르고 있을 테니까. 양성구유(兩性具有)의 존재는 어떨까. 그도 이 문제에 어울리지 않는다, 왜냐하면 이는 독특한 경우이기 때문이다. 사실 양성구유는 완전한 남자와 완전한 여자로 이루어진 것이 아니라 남자와 여자 각자의 부분으로 이루어진 것이며, 따라서 남자도 여자도 아니다. 결국 여자의 상황을 설명하는 역할에는 역시 여자가 가장 적합하다고 나는 생각한다. 에피메니데스(BC 7세기 크레타 섬 철학자, 57년간 동굴 속에서 자고 있었다는 전설적 인물)를 크레타 사람들의 개념 속에 포함시키고, 크레타 사람들을 거짓말쟁이의 개념 속에 포함시키려고 주장하는 것은 궤변이다. 남자와 여자를 성실하거나 불성실하게 만드는 것은 어떤 신비적인 본질이 아니다. 그들이 진리를 많거나 적게 추구하는 것은 그들의 상황에 따라 다르다. 오늘날에는 인간의 모든 특권을 회복할 수 있는 기회를 가지고 공평한 입장에서 여유를 누릴 수 있는 여자들이 적지 않다. 우리는 더 이상 선배 여자들 같은 그런 투사가 아니다. 전반적으로 볼 때 우리는 승부에서 이겼다. 여성의 사회적 지위에 관한 최근의 토론에서도, 유엔기구는 남녀평등이 완전히 실현되어야 한다는 점을 계속해서 단호히 요구하고 있다. 그리고 이미 우리들 중 다수가 자신이 여자라는 사실을 조금도 속박이나 장애로 느끼지 않게 되었다. 우리는 모든 문제가 여자에게만 관련된 것이 아님을 알고 있다. 우리는 이런 초연함이 객관적 태도를 지닐 수 있게 한다고 기대한다. 한편 스스로가 여자이기 때문에 남성보다도 여성의 세계를 한결 더 잘 알고 있다. 우리는 인간에게 여자라는 사실이 무엇을 의미하는지 남자보다 더 직접적으로 파악한다. 그리고 우리는 그 의미를 알아내려고 더욱더 관심을 갖는다. 물론 나는 보다 중요한 문제들이 있음을 앞서 말했다. 그러나 여자라는 사실이 우리에게 어떤 중요성을 뜻함은 변함이 없다 여자라는 사실이 어떤 점에서 우리의 삶에 영향을 주는가? 이제까지 어떤 기회가 우리에게 정확히 부여되었으며, 또 보류되었는가? 다음 세대 우리 여동생들이 기대할 수 있는 운명은 어떤 것이며, 우리는 그녀들을 어떤 방향으로 이끌어야 하나? 오늘날 여성에 관한 문헌에서 권리요구의

프롤로그 39

의지보다도, 상황을 똑바로 판단하려는 노력들이 활기를 띠는 것은 주목할 만한 일이다. 떠들썩한 논쟁의 시대가 끝나가는 지금, 이 책도 문제를 명확히 파악하려는 여러 시도들 가운데 하나이다.

그러나 어떤 인간의 문제도 선입관 없이 다루기란 아마 불가능할 것이다. 문제제기 방법이나 그 관점은 이미 논자의 관심에 어떤 순위가 존재함을 보여준다. 성질에 대해 말할 때는 반드시 가치관이 작용한다. 이른바 어떤 윤리적 토대 위에 서지 않는 객관적 기술이란 없다. 어딘가에 드러날 원리라면 숨기려 애쓰지 말고 처음부터 제시하는 편이 좋다. 그렇게 하면 페이지마다 '우수한', '열등한', '보다 좋은', '보다 나쁜', '진보', '후퇴' 등의 말이 무엇을 의미하는지 하나하나 설명할 필요가 없다.

여자에 관해서 쓴 저서 몇 가지를 훑어보면, 가장 흔히 채택되는 관점의 하나가 공익과 일반의 이익임을 알 수 있다. 실제로 이것들은 그 저자가 존속시키거나 확립시키기를 희망하는 그런 사회의 이익을 의미한다. 우리의 견해는 시민들의 개인적 복리를 보장하는 것이 곧 공공복지라는 것이다. 우리는 개인에게 구체적인 기회를 주는 정도에 따라 그 제도에 대한 판단을 내릴 것이다. 또 우리는 개인의 이익이라는 관념을 행복이라는 관념과 구별할 수 있는데, 이 행복을 문제삼는 것도 자주 볼 수 있는 또 하나의 관점이다. 즉 규방의 여자들은 선거권을 가진 여자들보다 행복하지 않은가, 가정주부는 일하는 여성보다 더 행복하지 않은가 하는 관점이다. 그러나 과연 여기서 '행복'이란 말이 무엇을 의미하는지 알 수 없고, 그것이 어떤 진정한 가치를 간직하고 있는지는 더욱 분명치 않다. 타인의 행복을 헤아리기는 전혀 불가능하므로, 자신이 남에게 강요하는 상황을 행복한 상황이라고 단언하기는 쉬운 일이다. 행복은 안정(安靜)에 있다는 것을 핑계 삼아서, 강제로 정체된 상태에 머물러야 하는 사람들이 행복하다고 단정 짓는 식이다. 그러므로 우리는 그런 관념에 따르지 않기로 한다.

우리가 채택하는 관점은 실존주의적 도덕이다. 모든 주체는 기투(企投 : 현재를 초월하여 미래로 자기를 내던지는 실존 존재 방식. 하이데거·사르트르의 실존주의 개념)를 통하여 자기초월로서 구체적으로 확립된다. 주체는 다른 자유를 향한 부단한 자기초월에 의해서만 자기의 자유를 완성한다. 무한히 열려 있는 미래를 향하여 발전을 도모하는 것 외에는 눈앞의 실존을 정당화하는 길은 없다. 초월이 내재로 떨어질 때마다 실존은 '즉자존재(卽自存在 :

존재하는 그 자체)'가 되고, 자유는 사실성이 된다. 만약 그것에 주체가 동의했다면, 이런 전략은 하나의 도덕적인 허물이다. 만약 이 전략이 주체에 의해 강제된다면 좌절과 압박의 형태를 취한다. 그래서 그것은 두 가지 경우 모두 절대악이다. 자기실존의 정당화를 바라는 모든 개인은 이 실존을 자기초월의 무한한 욕구로 경험한다. 그런데 여자의 상황은 특이한 방식으로 규정되어 있다. 여자는 모든 인간과 마찬가지로 자주적이고 자유로운 존재이면서도, 남자들이 여자로 하여금 타자로서 살도록 강제하는 세계에서 자기를 발견하고 선택해야 하는 것이다. 여자는 다른 본질적·주권적 의식에 의하여 영구히 초월되며, 객체로 고정되고 내재 속에 갇혀 있기를 요구 당한다. 여자의 비극이란 부단히 본질적인 것으로서 자기를 확립하려는 모든 주체의 기본적 욕구와 여자를 비본질 존재로 만들려고 하는 상황의 요청 사이에서 일어나는 갈등이다. 이런 여성의 신분에서 어떻게 인간존재가 완성될 수 있겠는가? 여성에게는 어떤 길이 열려 있는가? 어떤 길들이 막다른 골목에 이르는가? 종속의 한가운데서 어떻게 독립을 찾아내는가? 어떤 환경이 여자의 자유를 제한하며, 여자는 그 환경을 어떻게 뛰어넘을 수 있는가? 이런 기본적인 문제들이야말로 이제부터 우리가 규명하려고 하는 것이다. 즉 우리는 개인의 가능성을 문제삼으면서 그것을 행복이라는 관점이 아니라 자유의 관점에서 정의를 내리려고 한다.

여자가 생리적·심리적 또는 경제적인 운명을 짊어져야 한다고 가정한다면 이런 문제는 아무 의미도 없을 것이다. 그러므로 먼저 여자에 대한 생물학·정신분석·유물사관의 관점을 검토하기로 한다. 다음에 '여성의 현실'이 어떻게 형성되었는가, 여자는 왜 '타자'로 규정되었는가, 그리고 남자들의 관점에 따라 그로부터 어떤 결과가 나왔는가를 실증적으로 제시하도록 노력하겠다. 그런 뒤 여자의 관점에서 여자들에게 부과된 세계를 있는 그대로 그려 나가겠다.*8 그러면 여자들이 이제까지 갇혀 있던 영역으로부터 탈출하여 인간으로서의 공존에 참여하려고 하는 지금, 어떤 어려움에 부딪치고 있는지 이해할 수 있을 것이다.

---

*8 이것은 이 책의 제2부에서 다루고 있다.

## 제1편
## 운명

### 제1장 생물학적 조건

"여자? 아주 단순하지." 간단한 표현을 좋아하는 사람들의 말이다. "여자는 자궁이고, 난소이며, 암컷이다. 이 한 마디면 여자를 정의하기에 충분해." 이 '암컷'이라는 통칭은 남성의 입에서 나올 때에는 모욕적으로 들린다. 하지만 남성은 자기의 동물성을 부끄러워하기는커녕, "수컷이다!" 하는 말을 들으면 오히려 우쭐거린다. 이 '암컷'이라는 말이 경멸의 말처럼 들리는 이유는, 이 말이 여성의 동물성을 강조해서가 아니라 여성을 그 성(性) 속에 감금시키기 때문이다. 말 못하는 동물들에게까지 남성으로 하여금 이 성(性)이 멸시의 대상으로 생각된다면, 이는 분명 여성이 남성에게 불편한 적개심을 불러일으키기 때문이다. 그렇지만 남성은 이 감정의 정당성을 생물학에서 증명하려고 한다. 암컷이란 말은 남성의 마음에서 사라반드 춤 같은 상상력을 자극한다. 즉 커다란 둥근 난자가 날쌘 정자를 덥석 삼켜 거세하기도 하고, 괴물 같은 흰개미 여왕이 포식하고 나서 노예나 다름없는 수컷들 위에 군림하기도 하고, 짝짓기를 끝낸 사마귀나 거미의 암컷들이 제 짝을 짜부라뜨려서는 게걸스럽게 잡아먹기도 하고, 발정난 암캐가 특유의 냄새를 풍기면서 길거리를 달려가고, 원숭이 암컷은 파렴치하게도 제 음부를 드러내 상대를 유혹하면서 달아나고, 더욱이 가장 오만한 야수인 호랑이·사자·표범의 암컷도 수컷의 위압적인 포옹 밑에 자빠져 버둥거리는 광경을 남자들은 상상하는 것이다. 남성은 '여성' 속에 무기력하고, 참을성 없고, 교활하고, 어리석고, 냉담하고, 음탕하고, 잔인하고, 비굴한 모든 암컷들을 한꺼번에 던져 넣어 버린다. 물론 여성이 암컷이라는 것은 사실이다. 그러나 이 진부한 생각을 그만둔다면 즉시 다음 두 가지 문제가 제기된다. 즉 동물계에서 암컷은 어떤 위치에 있는가? 그리고 인간 여성은 암컷으로서 어떤 특수성을 지녔는가?

　수컷과 암컷은 한 종(種)의 내부에서 생식을 목적으로 분화된 개체의 두 가지 형태이다. 이 두 가지 형태는 상관적(相關的)인 의미로서만 정의할 수 있다. 그러나 먼저 종이 양성으로 구분되어 있다는 의미 자체가 명확하지 않음에 주목해야 한다.
　자연 속에서 암수의 구분은 보편적으로 나타나지는 않는다. 동물만 살펴보더라도, 적충류(滴蟲類)·아메바·박테리아 등 단세포생물의 경우 번식은 근본적으로 성과 무관하여, 세포가 혼자 나뉘고 세분됨을 알 수 있다. 몇몇 후생동물(後生動物)은 복분열(複分裂)에 의하여 번식한다. 즉 처음부터 무성(無性)으로 발생한 개체가 토막토막 나뉘는 것이다. 혹은 출아법(出芽法)에 의하여, 즉 성적 현상으로부터 형성된 개체가 토막토막 나뉜다. 담수에 사는 히드라와 자포동물(刺胞動物)·해면류(海綿類)·연충(蠕蟲)·피낭류(被囊類)에서 볼 수 있는 발아와 분열 현상은 후자의 잘 알려진 실례들이다. 단성생식에서 무정란(無精卵)은 수컷의 개입 없이 발생해 유충으로 자란다. 수컷은 아무 구실도 하지 않거나 단지 부차적 역할만 한다. 예컨대 수정되지 않은 벌의 알은 분열되어 수벌이 된다. 진디의 수컷은 여러 대 동안 나타나지 않으며, 수정되지 않은 알은 암컷이 된다. 성게·불가사리·개구리는 사람이 인공적으로 단위생식을 시킬 수 있다. 그러나 원생동물의 경우에도 두 세포가 결합해서 접합자(接合子)라는 것을 생성하기도 한다. 벌의 알이 암컷을 낳고 진디의 알이 수컷을 낳기 위해서는 수정작용이 필요하다. 어떤 생물학자들은 위의 사실에서 다음과 같은 결론을 내린다. '한쪽 성만으로 영속이 가능한 종에서도 이종(異種) 염색체와의 결합에 의한 생식질 갱신은 그 계통을 젊게 하고 정력을 왕성하게 하기 위하여 유익하다. 그러므로 생명의 가장 복잡한 형태에서 성은 필수불가결의 기능임을 알 수 있다. 원시적인 유기체만은 무성(無性)으로 번식될 수 있으나, 그 때문에 그것들은 자신의 생명력을 점점 고갈시키고 있다.' 그러나 이런 가설은 오늘날 완전히 부정되고 있다. 관찰 결과, 무성번식은 퇴화의 흔적을 남기지 않고 무한히 이루어질 수 있음이 증명되었다. 박테리아에서는 이런 사실이 더욱 뚜렷하다. 단성생식의 실험은 점점 더 자주 대담하게 행해져서 지금은 많은 종의 수컷이 근본적으로 쓸모없는 것처럼 보인다. 게다가 설령 세포 사이의 교환의 유용성이 증명되었더라도, 그 유용성 자체는 근거가 없는 순수한 사실로서 나타날 뿐이다. 생물학은 양성의 구분을 인정한다. 하지만 생물학은 아무리 원하는 결론을 내고 싶다고 해도, 세포의 구조나 세포 번식의 법칙이나 그 밖의 어떤 기본적 현상을 통해서도 양성의 구분을 설명할 수는 없다.

  서로 다른 생식세포*1의 존재만으로 두 성을 명확히 정의하기란 불가능하다. 실제로 생식세포의 분화가 가끔 종을 두 가지 형태로 분열시키지 않는 일이 있다. 즉 생식세포가 둘 다 하나의 개체에 속하는 경우도 있다. 이런 일은 식물에서 아주 흔하다. 또한 많은 하등동물, 특히 환형동물과 연체동물에서 볼 수 있는 양성구유가 그러하다. 이 경우에 번식은 자가수정이나 타가수정에 의하여 이루어진다. 이 점에 대해서도 어떤 생물학자들은 기존 학설의 정당화를 주장했다. 이들은 암수딴몸, 즉 서로 다른 생식선(生殖腺)*2이 양쪽의 개체에 속해 있는 방식을, 양성구유가 진화하고 개량된 결과로 생각한다. 그런데 또 다른 학자들은 반대로 암수딴몸을 원시적이라고 생각한다. 그 경우에는 양성구유에서 퇴화한 셈이 된다. 어쨌든 진화론적으로 생각해서 한 방식이 다른 방식보다 우수하다고 주장하는 것은 분명 이론의 여지가 있다. 명확히 단정할 수 있는 것은, 이 두 가지 번식 방법이 자연계에 공존하고 더불어 종의 영속을 실현시키고 있으며, 생식세포의 이질성(異質性)과 마찬가지로 각 생식선을 갖는 유기체의 이질성이라는 것도 우연한 현상으로 생각된다는 점이다. 그러므로 생물 개체가 수컷과 암컷으로 분리돼 있는 것은 하나의 우발적인 사실처럼 생각된다.

  대부분의 철학자들은 이런 암수의 분리를 설명하지 않고 기정사실로 인정했다. 플라톤의 우화는 널리 알려진 이야기이다. 태초에는 남자와 여자와 양성구유가 있었다. 각 개체는 두 개의 얼굴, 네 개의 팔, 네 개의 다리, 그리고 서로 붙은 두 개의 같은 몸을 가지고 있었다. 어느 날 그것들이 '알이 깨지듯' 두 개로 분리되었다. 그때부터 이 반쪽들은 저마다 다른 반쪽과 다시 결합하려고 했다. 그래서 신들은 서로 다른 두 개의 반쪽을 결합시킴으로써 새로운 인간을 창조하기로 결정했다. 그러나 이 이야기가 설명하려는 것은 사랑의 유래뿐이다. 양성 분리는 처음부터 기정사실로 받아들여지고 있다. 아리스토텔레

---

*1 합체해서 알을 구성하는 번식용 세포를 생식세포라고 한다.
*2 생식세포를 생산하는 선(腺)을 생식선이라고 한다.

스도 이 분리를 의미 있는 것으로 인정하지 않았다. 모든 행동에서 내용과 형식의 협력이 필요하다 해도, 능동과 수동의 요소가 두 이질적 범주의 개체로 분배될 필요는 없기 때문이다. 마찬가지로 성 토마스도 여성이 '우발적 존재'라고 단언한다. 이는 남성 중심적 관점에서 성(性)의 우연적인 성격을 인정한 것이다.

하지만 헤겔은 그의 합리주의에 대한 열정에 충실하기 위해서라도 성을 논리적으로 확립하지 않으면 안 되었다. 그에 따르면 성은, 주체가 자기를 구체적인 유(類)로 확립하기 위한 중개자이다.

'유(類)는 주체가 스스로 살아가고 있는 현실 저마다의 불균형에 대항하는 하나의 효력으로서 주체 속에 생겨난다. 또한 그것은 주체가 자기와 같은 종류의 다른 개체와 종합함으로써 그 개체 안에서 자신의 감정을 발견하고, 자기를 보완하려는 욕망으로서 생겨난다. 그럼으로써 주체는 유(類)를 자기 본성 속에 포함시켜 존재에 도달하려 한다. 이것이 교접(交接)이다.'*3

좀더 나가면 이렇게 씌어 있다.

'그 과정은 다음과 같다. 즉 두 개체의 자연의 모습, 다시 말해 단일한 유(類), 하나의 같은 주체적 생명이라는 것을 양자는 이와 같이 표현한다.'

그리고 헤겔은 계속해서 양성 접근의 과정이 실현되기 위해서는 우선 양성의 구별이 있어야 함을 밝히고 있다. 그러나 그의 설명은 납득이 가지 않는다. 거기에는 온갖 사물(현상) 속에서 삼단논법의 3요소를 찾아내려는 선입관이 지나치게 작용한 것 같다. 종을 향한 개체의 초월에 의해서 개체와 종이 저마다 참된 완성을 이룬다 해도, 그 초월은 중가자 없이 번식자와 그 자식과의 단순한 관계 속에서도 실현될 것임에 틀림없다. 곧 생식은 무성이어도 별 상관없다. 또는 양성을 가진 종의 경우처럼, 차이는 동일형(同一型) 개체의 개성 속에 존재할 뿐이고, 번식자와 그 자식의 관계는 두 동류끼리의 관계일 수도 있다. 헤겔의 설명은 성의 중요한 의미를 이끌어 내고 있지만, 그의 오류는 언제나 의미를 까닭으로 착각하는 데 있다.

인간은 스스로 수행하는 모든 일에 의미와 가치를 부여하는 것처럼, 성적 활동을 통해 처음으로 양성과 그 상호간의 관계에도 의미를 부여한다. 그러나

---

*3 헤겔의《자연 철학》제3부 369장.

성적 활동이 인간 본성 속에 반드시 포함되어 있는 것은 아니다. 메를로퐁티(프랑스 철학자, 1908~1961)는 《지각 현상학(知覺現象學)》에서, 인간 실존은 우리에게 필연성과 우연성의 관념을 수정하도록 강요하고 있다고 지적한다. 그는 이렇게 논한다. "실존은 자체에 형태를 부여하는 데 공헌하지 못하는 우연의 속성이나 내용은 가지고 있지 않다. 실존은 단순한 사실 따위는 허용하지 않는다. 왜냐하면 실존은 경험적 사실에 의미를 부여하는 운동이기 때문이다." 사실 그렇다. 그러나 여러 조건들이 있어서, 그 조건들 없이는 실존 자체가 불가능한 것처럼 보이는 것도 사실이다. 이 세상에 존재한다는 것은, 이 세상의 한 사물이자 이 세상을 보는 하나의 관점인 어떤 육체가 존재함을 반드시 요구한다. 그러나 이 육체가 어떠어떠한 특수한 구조를 소유하도록 요구되지는 않는다.

《존재와 무(無)》에서 사르트르(프랑스 문학가·사상가, 1905~1980)는, 인간존재가 인간의 유한성 때문에 죽음에 바쳐진다는 하이데거의 주장을 비판한다. 즉 사르트르는 이렇게 증명하고 있다. 유한하지만 시간적으로 무한한 존재는 상상할 수 있다. 그러나 인간의 생명에 다함이 없다면, 세계와 자신에 대한 인간의 관계는 근본적인 혼란 속으로 빠져 들어, 결국 '인간은 죽는다'의 정의는 경험적 진실과는 전혀 다른 것이 될 것이다. 죽지 않는 존재가 있다면, 그것은 이미 인간이라 부를 수 없을 것이다. 인간 운명의 본질적 특징 가운데 하나는, 그 일시적인 생명 활동이 전후에서 무한한 과거와 미래를 창조한다는 것이다. 그러므로 종의 영속은 개체의 한계와 관계가 있는 것처럼 보인다. 따라서 우리는 번식 현상의 근거를 존재의 본질 그 자체에서 찾을 수도 있다. 그러나 우리가 논증할 수 있는 것은 여기까지이다. 종의 영속이 곧 성의 분화를 가져오지는 않는다. 성의 구별이 존재자에게 주어지고 그것이 실존의 구체적인 정의에 포함된다는 것은, 어느 정도 인정할 수 있다. 그러나 육체 없는 의식이나 죽지 않는 인간은 엄밀히 말해서 여전히 상상할 수 없다. 하지만 단성생식으로 번식되는 사회나 또는 양성을 갖춘 자들로 구성된 사회는 충분히 상상할 수 있다.

두 성(性) 나름의 역할에 대해서는 많은 의견들이 엇갈리고 있다. 처음에 그 의견들은 과학적인 근거도 전혀 없이, 단지 사회적인 신화를 반영할 뿐이었다. 어떤 원시 모계사회에서는, 아버지는 자식의 수태에 아무 역할도 하지 못하며 조상의 영혼이 생명의 씨앗으로서 어머니의 태내에 침투한다고, 사람들은 오랫동안 그렇게 생각해 왔고 여전히 그렇게 생각하고 있다. 남성은 가부장제 사회의 출현으로 자손에 대한 권리를 강력히 요구하게 되었다. 출산에서는 먼저 어머니의 역할을 인정하지 않을 수 없으나, 어머니는 살아 있는 정액을 태내에 품어 살찌울 뿐이고, 아버지야말로 창조자라는 것이다. 아리스토텔레스는 정액과 달거리 피가 만나 태아가 만들어진다고 상상했다. 여자는 단지 수동적인 재료를 제공할 뿐이고, 남성적인 요소가 힘, 능동, 운동, 생명이라는 것이다. 이것은 또 정액의 두 종류 가운데에서 약한 것을 암컷, 강한 것을 수컷으로 인정한 히포크라테스(고대 그리스 의학자, 원전 460?~375?)의 학설이기도 하다. 아리스토텔레스의 학설은 중세를 거쳐 근대까지 끊이지 않고 이어져 왔다.

  17세기 말에 하비(영국 의학자, 혈액순환 발견자, 1578~1657)는 교접 직후의 암사슴을 희생시켜 자궁강 속에서 작은 세포(小胞)를 발견했는데, 이것을 난자라고 생각했지만 사실은 태아였다. 덴마크의 해부학자 스테노는 그때까지 여성 고환이라고 불리던 암생식선(雌生殖腺)에 난소(卵巢)라는 이름을 붙였다. 그리고 그는 이 암생식선의 표면에서 작은 세포의 존재를 발견했다. 1672년에 그라프(네덜란드의 해부학자, 1541~1673)는 이를 난자로 착각하고 자기 이름을 붙였다. 난소는 남성의 생식선과 같은 종류라고 계속 생각되어 왔다. 그런데 같은 해에 정액 속에서 극미동물(極微動物)을 발견했으며, 그것이 여성의 자궁 속으로 들어간다는 사실을 확인했다. 그러나 그것은 자궁 속에서 자랄 뿐이고, 개체는 정액 속에서 이미 만들어졌다고 사람들은 생각했다. 1694년에 네덜란드 사람인 하트소커는 정자 속에 숨어 있는 난쟁이 그림을 그린 일이 있다. 또 1699년에 다른 학자는, 정자가 일종의 탈피를 하자 조그만 사람이 나타나는 것을 보았다고 밝혔고, 또한 그것을 그림으로 그렸다. 결국 이런 가설들에 따르면 여자의 일이란, 이미 완전하게 형태를 갖춘 능동적인 생명요소를 살찌게 하는 데 한정된다. 이런 학설들은 일반적으로 받아들여지지는 않았고, 이에 대한 논쟁은 19세기까지 계속되었다. 동물의 난자 연구를 가능하게 해 준 것은 현미경의 발명이다. 1827년에 베어가 포유동물의 난자를 확인했는데, 그것은 그라프의 작은 세포 내부에 들어 있는 한 요소였다. 이윽고 사람들은 난자의 분열도 연구할 수 있게 되었다. 1835년에는 나중에 원형질이라고 명명된 사코드(sarcode)가 발견되었고, 이어 세포의 본성이 밝혀졌다. 그리고 1877년에는 불가사리의 난자 속에 정자가 들어가는 것을 보여주는 실험이 이루어졌다. 거기서부터 암수의 생식세포핵의 대칭이 확립되었다. 그 핵의 융합에 관해서는, 1883년에 벨기에의 베네덴(벨기에 동물학자·고생물학자, 1809~1894)이 처음으로

제1편 운명 47

자세히 분석했다.

 하지만 아리스토텔레스의 사상이 완전히 신뢰를 잃은 것은 아니었다. 헤겔은 두 성이 다를 것이라고 생각했다. 한편은 능동적이고, 다른 한편은 수동적이다. 그리고 수동적인 것이 여성의 운명이라는 것은 말할 나위도 없다. '따라서 이 분화의 결과로 남성은 능동적 요소이며, 여성은 수동적 요소이다. 여자는 통일체 속에서 발전하지 않는 상태로 계속 머물기 때문이다.'*4

 게다가 난자가 능동적 요소임이 인정된 뒤에도 남자들은 계속 난자의 무기력을 정자의 활동성과 대비시키려고 했다. 오늘날에는 그와 반대되는 경향이 뚜렷이 나타나고 있다. 단성생식의 발견으로 어떤 학자들은 남성의 역할을 단순한 물리·화학적 촉매의 역할로 축소하기에 이르렀다. 어떤 종(種)에서는 산(酸)의 작용이나 인공적 자극만으로도, 난자를 분열시키고 배아(胚芽)를 발육시키기에 충분하다는 것이 명백해졌다. 그리하여 사람들은 남성의 생식세포가 번식에 꼭 필요한 것이 아니며, 기껏해야 유인(誘因)에 불과하다는 것을 대담하게 추론하게 되었다. 어쩌면 언젠가는 생식에 대한 남자의 협력이 불필요하게 될지도 모른다. 그것은 많은 여성들의 바람일 수도 있다. 그러나 이토록 대담한 예상은 허용되지 않는다. 종에 나타난 특수한 생명과정을 보편화할 근거는 어디에도 없기 때문이다. 무성번식(無性繁殖)이나 단성생식 현상이 유성생식(有性生殖)보다 더 근본적이라고 단정지을 수는 없다. 유성생식이 가장 우수한 번식 방법이 아님은 앞서 말한 바와 같다. 그러나 그것이 보다 간단한 구조로 환원될 수 있음을 가리키는 사실도 전혀 없다.

 이와 같이 선험적 학설이나 모든 모호한 학설을 거부하면, 우리는 존재론적 근거도 경험적 증명도 제공할 수 없으며 또 그 가치를 이해할 수도 없는 어떤 사실과 마주치게 된다. 우리가 이 사실에서 의의를 이끌어 내기를 희망한다면 구체적인 현실 속에서 이를 검토해야 한다. 그렇게 하면 아마 '암컷'이라는 단어의 의미도 분명해질 것이다.

 필자는 여기서 생명철학을 제창할 의도는 없다. 또 목적론과 기계론을 대립시키는 논쟁에서 성급하게 어느 편을 들고 싶은 생각도 없다. 그러나 모든 생리학자들과 생물학자들이 생명현상에 하나의 의미를 부여하고픈 마음에서 얼

---

*4 헤겔의《자연 철학》제3부 369장.

마간의 목적론적 어휘를 사용한다는 것은 주목할 만하다. 나도 그들의 어휘를 채용할 것이다. 생명과 의식 사이의 관계에 대해서는 판단을 유보한다고 하더라도, 모든 생명현상이 하나의 초월성을 나타내고 있고 모든 활동 속에 하나의 기투(미래로의 내 던져짐)가 내포되어 있음은 단정할 수 있다. 내가 전제하고 있는 것은 이 점뿐이다.

대부분의 종(種)에서 남성과 여성의 유기체는 생식을 위하여 협력하고 있다. 이 남성과 여성의 유기체는 각자가 만들어 내는 생식세포인 정자와 난자를 통해 기본적으로 구별된다. 그러나 어떤 하등식물과 동물의 경우에는 접합체를 만들기 위하여 융합하는 이 세포들이 똑같다. 이런 동형접합(同形接合)의 예는 생식세포가 근본적으로 동등함을 예증한다는 점에서 의미가 있다. 일반적으로 이 생식세포로부터 분화되어 있지만, 그것들의 유사성은 분명하고 뚜렷하다. 정자와 난자는 본디 동일한 원시생식세포에서 분화된 것이다. 원형질의 관점에서 원시성식세포가 여성의 난모세포(卵母細胞)로 발전하는 것과 남성의 정모세포(精母細胞)로 발전하는 것은 다르지만, 이때 일어나는 핵 현상은 거의 똑같다. 1903년에 생물학자 앙셀은 이렇게 제안했다. "분화되지 않은 원시생물 세포는 그것이 발달할 때 생식선 속에서 만나는 조건에 따라 정자나 난자로 자라난다. 이 조건은 일정한 수의 상피세포가 특별한 물질을 생성하는 영양소로 변화하는 것에 의해 결정된다." 처음 발생할 때의 이 유사성은 양쪽 생식세포의 구조에 나타나 있으며, 생식세포는 종에 따라서 같은 수의 염색체를 가진다. 그리고 수정될 때 두 핵의 기질은 서로 융합하며, 각 염색체는 감수분열을 해서 수가 반으로 줄어든다. 감수분열은 암수의 핵에서 똑같이 이루어진다. 그리고 난자가 마지막으로 두 번 분열해서 극체를 형성하는 것은 정자의 마지막 분열과 서로 대응된다.

오늘날에는 종에 따라서 남성의 생식세포나 여성의 생식세포가 성별을 결정짓는 것으로 생각되고 있다. 예를 들어 포유동물에서 두 가지 종류의 염색체—X 염색체(모든 난자에서 찾을 수 있는)를 포함하는 한 종류와 Y 염색체(난자에서 찾을 수 없는)를 포함하는 다른 종류—를 지니는 것은 정자이다. 이런 X 염색체와 Y 염색체는 제쳐 놓더라도, 난자와 정자는 한 무리의 동등한 염색체를 포함하고 있다. 난자와 정자가 수정 과정에서 결합할 때, 수정된 난자에

제1편 운명 49

두 무리의 완전한 염색체가 포함되는 것은 분명하며, 그것은 그 종 특유의 염색체 숫자―예를 들어 사람이라면 48개(48개는 침팬지 염색체 숫자, 사람 염색체 숫자는 뒷날 연구 결과 46개로 밝혀졌다)―를 이루게 될 것이다. 만일 X 염색체를 지닌 정자와 수정된다면 수정된 난자는 두 개의 X 염색체를 지니게 될 것이며, 자라서 여자(XX)가 될 것이다. 만일 Y 염색체를 지닌 정자와 수정된다면 하나뿐인 X 염색체가 발현되어 난자는 남자(XY)가 될 것이다. 한편 새와 나비에게서는 원리는 똑같지만 포유류의 경우와는 정반대로 난자가 성별을 결정짓는다. 하지만 포유류의 경우 X 염색체든 Y 염색체든 이들을 포함하는 것은 정자이며 이에 따라 자손의 성이 결정된다.

유전에 관해서는, 멘델(오스트리아 생물학자로 근대 유전학의 창시자. 1822~1884)의 통계 법칙에 따르면 아버지와 어머니의 역할은 똑같다. 염색체는 유전자 요소(유전인자)를 포함하며, 난자와 정자로 똑같이 운반된다. 특히 주목할 만한 것은, 이 양자가 만날 때 생식세포의 어느 쪽도 상대보다 우월하지 못하다는 점이다. 즉 양쪽 모두 그 개별성을 희생하게 되고, 수정란이 그 양쪽 실체를 모두 흡수하고 만다. 그러므로 세상에서 흔히 통용되는 두 가지 편견은 적어도 근본적으로 생물학적 수준에서는 과오를 범하고 있다. 첫 번째 편견은 여성의 수동성이다. 생명의 불꽃은 두 생식세포 가운데 어느 하나에만 포함되는 것이 아니며, 양자의 결합에서 솟아나는 것이다. 난자의 핵은 정자의 핵과 정확히 균형을 이루는 생명의 원소이다. 두 번째 편견은 첫 번째와 모순되는데도 두 편견은 자주 공존한다. 즉 남성의 원소가 폭발적이고 순간적인 특징을 갖고 있기 때문에 종의 존속성은 여성이 확보하고 있다는 견해이다. 그러나 실제로 배아(胚芽, 7주 이후에는 태아)는 어머니의 생식질뿐만 아니라 아버지의 생식질도 이어받아서 남성 또는 여성의 형태로 양쪽의 생식질을 자손에게 전달한다. 말하자면 체세포들이 개체로서의 생명을 잃은 뒤에도 이른바 양성의 생식질은 살아남아 다음 세대로 전달되는 것이다.

다음은 난자와 정자 사이에 존재하는 아주 흥미로운 이차적 차이를 관찰하도록 하자. 난자의 가장 중요한 특징은 태아를 기르고 보호하기 위한 물질(난황)로 난자 안이 가득 차 있다는 것이다. 난자는 태아가 그 조직을 만들기 위하여 사용하는 저장물, 즉 유기질이 아닌 무기질 저장물을 축적한다. 그 결과 난자는 덩어리처럼 생겨서 흔히 둥근꼴이나 긴둥근꼴이며 비교적 부피가 크다. 새알이 얼마나 큰지는 다들 알 것이다. 사람의 경우 여자의 난자는 현미경을 통해서나 볼 수 있을 정도로 작아서 지름이 0.13밀리미터이고, 남자의 정자는 그보다 더 작아서 지름이 0.06밀리미터이며, 정액 1세제곱밀리미터(㎣)당 6만 마리가 들어갈 수 있을 정도다. 정자는 매우 가볍고 꼬리가 가늘고 길며, 머리는 염색체를 포함하고 있고 납작한 달걀꼴이다. 정자의 활동을 둔화시킬만한 요소는 하나도 없으며, 세포 전체가 생명력으로 넘친다. 오로지 기민한 운동만을 위한 구조인 것이다. 반대로 태아의 미래를 품고 있는 난자는 정지 상태에 있다. 난자는 여자의 몸속에서 조직에 들러싸여 있거나 나팔관 밖으로 나와 분비액과 함께 떠다니며, 수동적으로 수정되기만을 기다린다. 이 난자를 찾아가는 것이 남성의 생식세포이다. 정자는 언제나 노출된 세포이지만, 난자는 종에 따라서 껍질이나 막(膜)에 싸여 보호받는 것도 있고 그렇지 않은 것도 있다. 그러나 어떤 경우라도 정자는 난자와 접촉하자마자 난자를 들쑤시거나 뒤흔들어서 그 속으로 침투한다. 이때 정자의 꼬리가 떨어지고 머리 부분이 커지면서 정핵이 난핵을 향하여 움직인다. 그동안 난자는 바로 수정막을 형성하여 다른 정자들이 들어오지 못하게 한다. 수정 작용이 몸 밖에서 이루어지는 불가사리와 같은 극피동물(棘皮動物)의 경우, 가만히 있는 난자를 향해 정자들이 앞다투어 몰려들어서 그 주위를 후광처럼 에워싸는 것을 쉽게 관찰할 수 있다. 이런 경쟁은 대부분의 종에서 발견되는 중요한 현상이다. 정자는 난자보다 훨씬 작지만 수적인 면에서는 눈에 띄게 많다(인간의 경우 난자 1개에 대해 정자는 2억 개 이상). 그러므로 하나의 난자에는 수많은 구혼자가 있는 셈이다.

　이와 같이 난자는 본질적 원소(原素)인 핵에서는 능동적이지만 표면상으로는 수동적이다. 그 자체로 폐쇄되고 옹골진 난자의 덩어리는 즉자존재(존재 그 자체)의 칠흑 같은 어둠과 내적인 휴식을 연상시킨다. 고대인들이 상상했던 닫힌 세계와 불투명한 원자도 구(球)의 형태를 띠고 있었다. 난자는 움직이지 않고 기다린다. 반대로 개방적이고 작으며 자유롭게 움직이는 민첩한 정자는 실존의 초조와 불안을 상징한다. 언제까지나 이런 비유의 즐거움에 끌려가서는 안 되겠지만, 사람들은 흔히 난자를 내재(內在)에, 정자를 초월에 비유한다. 이에 따르면 정자는 자기 초월과 기동성을 포기하면서 여성의 요소에 침입한다. 곧 정자는 비활성 물질에 붙잡혀 자기의 꼬리를 잘리고 삼켜져서 거세된다. 이것은 모든 수동적인 행동과 마찬가지로 마슬적이며 불쾌한 행위이다. 이에 비해 남성 생식세포의 활동은 합리적이며, 그것은 시간과 공간의 단위로 측정할 수 있는 운동이다. 그러나 사실 이런 비유적인 견해는 엉뚱한 생각이다. 남성과 여성의 생식세포는 저마다 스스로를 희생하여 수정란 속에서 함께 녹아 버린다. 따라서 난자가 탐욕스럽게 남성의 생식세포를 삼켜 버린다는 주장도 거짓이거니와, 정자가 여성 세포의 저장물을 멋대로 제 것으로 취한다는 주장도 잘못된 것이다. 분명히 이 운동은 기계론적 사고(思考)에 따르면 뛰어나게 합리적인 현상으로 보이겠지만, 현대 물리학에서 이런 사고는 원격작용과 마찬가지로 명확한 것은 아니다. 게다가 우리는 수태적 결합에 도달하는 물리·화학적 작용에 대해서는 자세히 모른다. 하지만 생식세포들의 이런 대비에서 다음과 같은 유효한 시사는 얻을 수 있다. 즉 생명 속에서 서로 결합하는 두 가지 운동이 있다. 생명은 자기를 초월함으로써 자기를 유지하며, 또 자기를 유지해 나가는 조건에서만 자기를 초월한다. 이 두 가지 생명요소는 언제나 동시에 실현되며, 그것들을 분리하는 것 자체가 비현실적이다. 때에 따라 남성이 여성을, 또는 여성이 남성을 지배한다. 두 생식세포는 그들의 결합 속에서 자기를 초월하는 동시에 자기를 존속시킨다. 그런데 난자는 구조적으로 장래의 필요를 내다보고 있으므로, 자기 속에서 깨어나는 생명을 키우도록 만들어져 있다. 이와 달리 정자는 자기가 발생시킨 생명의 성장을 보장하기 위한 어떤 준비도 갖추고 있지 않다. 다른 한편으로 난자는 생명의 새로운 폭발을 자극할 수 있는 환경변화를 일으킬 수 없다. 반면에 정자는 자유롭게 활동한다. 난자의 대비 없이는 정자가 난자 곁에 다다른다 해도 헛된 일이다. 그러나 정자가 이끌지 않는다면 난자는 생명의 가능성을 성취하지 못할 것이다. 그러므로 두 생식세포의 역할은 근본적으로 동일하다고 결론내릴 수 있으며, 이것들은 더불어 하나의 생명체를 창조하고, 이 생명체 속에서 둘이 동시에 자기를 상실하고 또 자기를 초월하는 것이다. 수정의 조건이 되는 이차적이며 표면적인 현상만 놓고 보자면, 새로 태어나는 생명에게 필요한 상황변화를 일으키는 것은 남성의 요소이며, 이 새로운 생명을 안정된 유기체로서 정착시키는 것은 여성의 요소이다.

이런 고찰에서 여자의 올바른 위치가 가정이라는 성급한 결론을 이끌어 내는 것은 무모한 짓일 것이다. 그러나 무모한 사람들도 있는 법이다. 알프레드 푸예(프랑스 철학자. 1838~1912)는 그의 저서 《기질과 성격》에서 일찍이 난자로 여자의 전체를,

정자로 남자의 전체를 정의하려고 했다. 이른바 심오하다는 많은 학설들이 이런 모호한 유추 놀이에 근거를 두고 있다. 이런 미심쩍은 사상이 도대체 어떤 자연철학에 근거한단 말인가. 분명히 유전법칙은 그 근거가 아니다. 왜냐하면 유전법칙에 따른다면 남자나 여자나 다같이 정자와 난자에서 생겨나기 때문이다. 나는 이런 모호한 사상 속에 중세적 낡은 철학의 잔재가 흐르고 있다고 생각한다. 우주가 인체(소우주)의 정확한 반영이라는 것이 그것이다. 이에 따라 그들은 난자가 작은 여성이며, 여자는 커다란 난자라고 말한다. 연금술 시대 이후 힘을 잃어버린 이런 황당무계한 생각은 그들이 서술하는 과학적인 정확성과 기묘한 대조를 보인다. 현대 생물학은 중세 상징주의와 조화를 이룰 수 없다. 하지만 우리의 이론가들은 거기까지 주의 깊게 살피지 않는다. 사실 조금만 더 주의를 기울인다면, 난자가 여자에 이르기까지 거치는 긴 과정을 누구나 인정하게 될 것이다. 수정되지 않은 난자 속에는 아직 여성의 관념조차 포함되어 있지 않다. 성관계가 양쪽 생식세포의 관계로 환원될 수 없다는 헤겔의 지적은 정당하다. 그러므로 우리는 여성이라는 유기체를 전체로서 연구해야 한다.

 수많은 식물과 달팽이 같은 몇몇 하등동물에서는 각 개체가 정자와 난자를 둘 다 만든다. 그러므로 두 종류의 생식세포가 존재한다고 해서 반드시 두 종류의 개체로 진화하는 것은 아니다. 양성이 분리되어 있을 때에도 그 둘 사이에는, 종과 종을 구별하는 엄밀한 차이 같은 건 없다. 생식세포가 본디 중성(中性)의 조직에서 출발하여 나뉘는 것처럼, 남성과 여성은 오히려 공통된 기반 위에서 출발한 변형처럼 보인다. 어떤 동물(예를 들어 수중벌레인 보넬리아, 환형동물)의 경우 처음에 애벌레는 무성이다가 성장환경에 따라 나중에 성이 결정된다. 그런데 오늘날에는 대부분의 종에서 성은 수정란의 유전자형 구조에 따라 결정된다고 알려져 있다. 꿀벌의 무정란은 단성생식에 의하여 번식되는 경우에는 오로지 수컷만 낳는다. 진디의 알은 같은 조건에서 암컷만 낳는다.

 알이 수정됐을 경우에는, 몇몇 거미의 경우를 제외한다면 거의 동등한 숫자의 암수 개체가 태어난다. 이 점은 주목할 만하다. 성의 분화는 두 가지 형태의 생식세포 가운데 한쪽에 이형(異形) 염색체가 존재하기 때문에 발생한다. 예컨대 포유류에서는 수컷이 되느냐 암컷이 되느냐 하는 가능성을 정자가 쥐고 있다. 정자 또는 난자가 형성될 때 도대체 무엇이 암수생식세포의 특성을 결정짓는지는 아직 분명치 않다. 어쨌든 멘델의 통계적 법칙은 그것이 규칙적으로 배분되고 있음을 충분히 보여 주고 있다.

암수 어느 경우에서든 수정 과정과 태아의 발생 초기는 비슷하게 진행된다. 나중에 성장해서 생식선이 될 상피조직은 처음엔 아직 분화되어 있지 않다. 어느 정도 성숙해지면 정소(精巢)가 뚜렷해진다. 그리고 그보다 늦게 난소가 뚜렷해진다. 이는 암수한몸과 암수딴몸 사이에 많은 중간 단계가 존재한다는 것을 설명하는 데 도움을 준다. 양성의 어느 한쪽이 다른 쪽 성의 특징인 특정 기관을 소유하고 있는 경우도 꽤 많다. 그것의 가장 뚜렷한 예가 두꺼비이다. 두꺼비 수컷에게서는 '비더 씨 기관'이라는 위축된 자궁을 관찰할 수 있으며, 이 자궁에서 인공적으로 알을 낳게 할 수도 있다. 포유동물에도 이런 양성적 요소의 자취가 남아 있다. 대표적인 것으로 수컷 자궁(子宮), 흔적만 남아 있는 남성 유선(乳腺), 여성의 '게르트너 씨 관', 음핵 등을 들 수 있다. 성의 구분이 가장 뚜렷한 종에서도 수컷인 동시에 암컷인 개체가 있다. 양성구유는 동물과 사람에게서도 흔히 발견된다. 또 나비류나 갑각류(甲殼類)에서는 수컷과 암컷의 성격이 일종의 모자이크처럼 병치되어 있는 실례가 발견된다. 개체 유전자형의 성(性)은 수정될 때 결정되지만 그 성은 자라나는 환경에서도 큰 영향을 받을 수 있다. 잘 알려져 있듯이 개미와 벌, 흰개미는 어릴 적의 영양 섭취에 따라 완전히 자라난 암컷(여왕벌, 여왕개미, 여왕흰개미)이 되느냐, 아니면 성적 발달이 저지된 일꾼(일벌, 일개미, 일흰개미)이 되느냐가 결정된다. 이 경우에 영향은 유기체 전체에 미친다. 곤충의 경우 몸체의 성은 상당히 일찍 결정되며, 이는 생식선에 좌우되지 않는다. 한편 척추동물에서는 주로 생식선에서 분비되는 호르몬이 조절 역할을 맡는다. 많은 실험의 결과로 내분비 환경을 변화시켜 성의 결정에 영향을 줄 수 있음이 증명되었다. 다 자란 동물을 대상으로 한 조직 이식과 거세 실험은 성징(性徵)에 관한 새로운 이론 성립에 이바지했다. 그에 따르면 척추동물의 경우 암수 모두 몸체는 같고, 이는 나중에 생식선에 의해서 성적인 특성이 결정되는 중성적 요소의 한 종류로 볼 수 있다. 분비된 호르몬 가운데에서 어떤 것은 자극제로, 또 다른 것은 억제제로 작용한다. 생식기 자체도 체세포적 성질을 띠고 있어, 미분화된 양성의 원형에서 호르몬의 종류에 따라 남성이나 여성의 특징을 갖도록 진화한다는 것이 발생학적으로 입증되었다. 호르몬의 불균형으로 두 성적 가능성 가운데 어느 쪽도 명확하게 이루어지지 않은 경우에는 양성구유가 생긴다.

종 속에서 균등하게 군배되고 동일한 근원에서 출발하여 유사하게 진화한 남성과 여성의 유기체는 그들의 형체가 완성되면 좋은 대칭을 보인다. 양자는 모두 생식세포를 만들어 내는 생식선, 즉 난소와 고환의 존재에 의해 성격이 규정되는데, 정자와 난자의 형성 과정은 이미 앞서 본 바와 같이 유사하다. 이런 생식선은 종의 단계에 따라 더 복잡하기도 하고 덜 복잡하기도 한 관 속에 분비물을 방출한다. 암컷은 난자를 수란관(輸卵管)을 통하여 직접 내보내거나, 혹은 먼저 배설구나 자궁 속에 억류했다가 내보낸다. 수컷은 정액을 외부로 내보내거나, 또는 교미 기관을 갖고 있어서 그것으로 암컷의 체내에 정액을 들여보낸다. 그러므로 이런 정적인 관점에서 보면 수컷과 암컷은 서로 보완하는 관계처럼 보인다. 그것들의 특이성을 파악하려면 기능적 관점에서 고찰하지 않으면 안 된다.

여성이라는 개념을 일반적으로 통용될 수 있도록 설명하기는 매우 어렵다. 여성을 난자의 소유자로, 남성을 정자의 소유자로 정의하는 것은, 유기체와 생식선과의 관계가 일정불변한 것이 아니므로 매우 불충분하다. 반대로 생식세포의 차이가 유기체 전체에 직접적인 영향을 주는 것도 아니다. 난자가 더 크기 때문에 정자보다 더 많은 생명력을 소비한다는 주장도 있다. 그러나 정자가 훨씬 많이 분비되므로 양성의 소비는 균형을 이룬다. 정자 형성 과정에서 낭비의 실례를, 배란 과정에서 절약의 모범을 찾고자 하는 사람도 있다. 그러나 배란현상에도 부조리한 낭비가 있는데, 대다수의 난자들은 수정되지 못한다. 아무튼 생식세포와 생식선은 유기체 전체의 소우주(小宇宙)가 아니다. 우리는 유기체 전체를 직접 연구하지 않으면 안 된다.

동물의 여러 단계를 살펴볼 때 가장 괄목할 만한 특징의 하나는, 아래에서 위로 올라갈수록 생명이 점점 더 개체화된다는 것이다. 아래 단계에서는 생명이 종의 유지를 위해서만 사용되고, 위 단계에서는 생명이 독립된 여러 개체들을 통해 소비된다. 탈육이 불완전한 종에서 유기체의 기능은 거의 생식기관에 집중되어 있다. 이 경우에는 난자가, 즉 암컷이 유리하다. 생명의 단순한 번식은 특히 난자의 역할이기 때문이다. 그러나 암컷이라고 해도 복부(腹部)가 거의 몸의 전부를 차지하고, 그 삶은 전적으로 배란 작업에 소모된다. 암컷은 수컷에 비하여 거대하다. 그러나 대개 사지는 아주 빈약하고, 몸뚱이는 볼품없

제1편 운명 55

는 자루에 불과하다. 모든 기관은 난자를 위해 퇴화되었다. 사실 둘로 구별된 유기체를 구성하고 있다고는 하지만 이 경우에 암수는 거의 개체로 보기 어렵다. 그들은 긴밀하게 결합된 여러 요소들을 가진 하나의 단일체에 불과하다. 그것은 암수한몸과 암수딴몸 사이의 중간 형태이다. 예를 들어 게에 기생하는 어떤 갑각류의 암컷은, 수천 개의 알을 싸고 있는 엷은 막으로 에워싸인 일종의 주머니 같다. 이 알들의 한가운데에 아주 작은 수컷들과 수컷의 예비 단계에 해당되는 애벌레가 있다. 에드리올리드누스(Edriolydnus)에서는 왜소한 수컷의 예속이 한결 더 철저하다. 수컷은 암컷의 아가미 밑에 붙어 있는데, 자기 소화관도 없으며 그 역할은 오로지 생식뿐이다. 그러나 이 모든 경우에서 암컷도 수컷과 마찬가지로 예속적이다. 암컷은 종에 예속되어 있다. 수컷이 그 배우자에게 매여 있다면, 암컷은 또 자기가 기생하여 살아가는 어떤 생물체에 매여 있거나 또는 광물질에 예속되어 있다. 암컷은 자기 몸을 소모하며 알을 낳고 그것을 작은 수컷이 수정시킨다.

 생명이 좀더 복잡한 형태를 취할 때 개체의 자주성은 그 윤곽을 드러내기 시작하고, 양성을 결합하는 유대는 느슨해진다. 그러나 곤충류에서는 아직 암수가 둘 다 알에 밀접하게 예속되어 있다. 하루살이의 암수는 교접과 산란 직후에 죽는 일이 허다하다. 때로는 윤형동물(輪形動物)이나 모기의 경우처럼 소화기관을 갖추지 못한 수컷은 수정을 마치면 바로 죽지만, 암컷은 양분을 섭취할 수 있어서 적어도 알을 낳을 때까지는 더 살기도 한다. 하지만 이 어미도 다음 세대의 운명이 보장되면 곧 숨을 거둔다. 대다수의 곤충에서 암컷이 특권을 보유하는 것은, 수정 작용은 일반적으로 곧 끝나지만 배란과 부화에는 오랜 노력이 필요하기 때문이다. 흰개미의 경우, 거대한 여왕개미는 억지로 자양분을 자기 몸에 채워 넣으면서 하루에 수천 개의 알을 낳다가 불임이 되면 무자비하게 학살당한다. 그러므로 이 여왕개미도 자기 배 위에 달라붙어서 계속 배출되는 알들을 수정시켜야만 하는 조그만 수컷과 마찬가지로 노예와 다름없다. 개미나 꿀벌이 조직하는 모권제(母權制) 사회에서 수컷들은 귀찮은 존재여서 번식기마다 학살된다. 혼인비행의 때가 되면 모든 수개미들은 개미집을 떠나 암컷에게 날아간다. 수컷들은 암컷들을 만나 수정을 하고는 힘이 빠져 곧 죽어 버린다. 설령 수개미들이 살아남더라도, 일개미들은 그 개미들이 다시 개미집으로 돌아오도록 놔두지 않는다. 문 앞에서 죽여 버리거나 굶어 죽게 한다. 그렇지만 수태한 암컷도 슬픈 운명을 지니긴 마찬가지이다. 이 암컷은 고독하게 땅속에 처박히는데 첫 알을 낳다가 지쳐서 죽기도 한다. 만약 암컷이 개미집의 재건에 성공하면 그 속에 12년 동안 갇혀 끊임없이 알을 낳게 된다. 성적 기능이 위축된 암컷 일개미도 몇 년 정도 사는데 온 생애를 애벌레를 키우는 데에 바친다. 꿀벌도 마찬가지로, 혼인비행 중 여왕벌을 만난 수벌은 복부가 찢긴 채 궁에 떨어진다. 다른 수벌들은 벌통으로 돌아오지만 하는 일 없이 빈둥거리는 삶을 이어 간다. 이것들은 겨울이 오면 죽음을 당한다. 발육이 불완전한 암벌. 즉 일벌들은 부단한 노동으로 살 권리를 얻는다. 여왕벌은 사실상 벌집의 노예로 끊임없이 알을 낳는다. 늙은 여왕벌이 죽을 때를 대비해서 몇 마리의 애벌레가 그 여왕벌의 뒤를 이어받을 수 있도록 양육된다. 여기서 최초로 부화된 애벌레는 다른 애벌레들을 죽여 버린다. 어떤 거미의 암컷은 알들이 성숙하기까지 주머니 속에 넣고 다닌다. 암컷은 수컷보다도 훨씬 크고 튼튼해서 교미를 마치면 수컷을 잡아먹는 일도 있다. 사마귀도 같은 습성을 보이며, 이 때문에 수컷 잡아먹는 암컷이라는 신화까지 생겨났다. 난자는 정자를 거세하고 사마귀의 암컷은 제 남편을 죽인다. 이런 사실은 거세에 대한 여성의 동경을 암시하고 있는지도 모른다. 그러나 사실 사마귀의 암컷이 그토록 잔인성을 드러내는 것은 주로 사람에게 잡혔을 때이며, 몸이 자유롭고 먹을 것이 충분할 때는 수컷을 잡아먹는 일이 지극히 드물다. 사마귀 암컷이 수컷을 잡아먹는 것은, 무리에서 떨어진 개미가 때때로 자기 알 가운데에서 몇 개를 먹는 경우와 같다. 알을 낳아 종을 영속시킬 힘을 얻기 위해서이다.

이런 사실에서 개체끼리 편을 갈라 서로 싸우는 '양성 투쟁'의 징조를 찾아내는 것은 황당한 일이다. 개미나 꿀벌, 흰개미 또는 거미나 사마귀도 단순히 암컷이 수컷을 노예로 삼아 잡아먹는다고는 말할 수 없다. 종(種)이 암수 양성을 다른 방법으로 잡아먹고 있는 것이다. 암컷이 수컷보다 더 오래 살고 힘도 센 것 같지만, 암컷은 전혀 자주성을 갖고 있지 않다. 알 낳기·알 품기·애벌레 보호가 암컷의 모든 운명을 차지하고, 그 밖의 다른 기능은 전체적으로 또는 부분적으로 위축되어 있다. 반면에 수컷에게서는 개체의 생존 활동이 희미하게나마 보인다. 대개 수정 과정에서도 수컷이 암컷보다 더 주도적이다. 암컷을 찾아다니고 공격하고 애무하며 꼼짝 못하게 해 놓고 교미를 하는 것은 수컷이다. 때로는 암컷을 차지하기 위하여 다른 수컷과 싸우기도 해야 한다. 양자를 비교해 볼 때, 운동·촉각·파악(把握) 기관은 흔히 수컷이 더 진화되어 있다. 나비의 수컷은 날개가 있는 데 반하여 암컷은 날개가 없는 경우가 많다. 수나비는 색채·겉날개·다리·파악기(把握器 : 수컷의 배 끝에 있는 기관, 암컷의 생식기를 붙잡아 정자 수송을 돕는다)가 더 발달되어 있다. 때로는 이런 풍족한 요소에다가 화려한 색채라는 실속 없는 사치까지 겸하고 있다. 잠깐의 교미 외에 수컷의 생활은 쓸모없고 무의미하다. 일벌의 근면함에 비하면 수벌의 무위(無爲)는 뚜렷한 특권이다. 그러나 이런 특권은 사회적 불명예이며, 그래서 독립의 징후가 보이는 이 무위의 생활에 대한 형벌로 수컷은 그 생명을 빼앗긴다. 암컷을 노예로 두는 종은, 종에서 도망가려는 수컷도 벌한다. 즉 종은 수컷을 잔인하게 말살한다.

생명의 형태가 더욱 진화되면 생식은 다른 유기체를 생산한다. 그리고 생식은 양면성을 지니게 된다. 종을 유지하면서 동시에 새로운 개체를 창조하는 것이다. 이 혁신적인 면은 개체의 독자성이 확립됨에 따라 뚜렷이 나타나고, 생명의 영속과 창조라는 두 가지 요소는 개별적으로 나뉜다. 이런 분리는 알의 수정에 관한 부분에서 이미 지적한 것처럼 생식현상 전체에서 발견된다. 이런 분리를 지배하는 것은 난자의 구조 자체가 아니다. 여성은 남성과 마찬가지로 어느 정도 자주성을 가지며, 암컷과 난자의 결합은 밀접하지 않다. 어류·양서류·조류의 암컷들이 복부만 갖고 있는 것이 아니다. 모체와 알의 결합이 긴밀하지 못할수록, 또 출산 작업에 매달릴 필요가 점점 줄어들수록, 어미들과 그 새끼들의 관계도 불확실해진다. 그래서 수컷이 새로 부화된 생명의 양육 책임을 지는 경우도 생긴다. 이것은 어류에서 흔히 찾아볼 수 있는 일이다. 물은 난자와 정자를 운반해 그들을 만나게 해 준다. 수중에서의 수정 작용은 거의 언제나 몸 밖에서 이루어진다. 물고기들은 교미하지 않는다. 기껏해야 상대를 자극하기 위하여 서로 몸을 비벼 대는 정도이다. 어미는 난자를 배출하고 아비는 정액을 배출한다. 그러므로 그들의 역할은 같다. 어미가 아비 이상으로 알을 제 것으로 생각할 이유는 없다. 어떤 종류의 알들은 그 부모에게 버림받아 혼자 힘으로 성장한다. 간혹 어미가 보금자리를 마련하기도 하고, 또 때로는 수정 뒤에 알들을 돌보기도 한다. 그러나 대개 알들을 돌보는 것은 아비이다. 수컷은 수정된 알들을 집어삼키려는 암컷을 멀리 쫓아 버리거나, 접근하려는 모든 적에 대항하여 알들을 필사적으로 보호한다. 격리 물질로 싸인 거품을 내서 안전한 보금자리를 만드는 물고기도 있다. 또 알을 입 속이나, 또는 해마(海

馬)처럼 복부의 주름 속에서 부화시키는 물고기도 많다. 양서류에서도 유사한 현상을 관찰할 수 있다. 그들은 진정한 교미를 하지 않는다. 수컷이 암컷을 포옹하고 이 포옹으로 산란을 촉진한다. 알들이 배설구에서 나오면 수컷은 제 정액을 흘린다. 산파개구리는 수컷이 염주처럼 꿴 알을 발에 감고 다니면서 부화하는 일을 도맡는다. 새의 경우 암컷의 체내에서 알의 형성이 상당히 오랫동안 이루어진다. 알도 비교적 굵고, 낳기도 상당히 힘들다. 알은 단시간의 교미로 수정시킨 아비보다도 어미와 한결 더 밀접한 관계를 갖는다. 알을 품고 새끼를 돌보는 것은 대개 어미이다. 그러나 흔히 아비가 보금자리를 만들고 새끼를 보호하고 기르는 데 참여하기도 한다. 상당히 드물지만, 참새처럼 아비가 새끼를 품고 기르는 경우도 있다. 비둘기는 암수가 모두 그들의 모이주머니 속에 일종의 젖을 분비하여 새끼들에게 먹인다. 아비가 양육을 담당하는 이런 모든 경우에 주목할 만한 것은, 아비가 새끼를 위하여 헌신하는 기간 동안 정자 생산이 중단된다는 점이다. 아비는 생명을 양육하는 데 몰두하고 있어서 새로운 생명을 낳으려는 충동을 더 이상 갖지 않는다.

생명이 가장 복잡한 형태를 취하고 또 구체적으로 개체화되는 것은 포유동물의 경우이다. 여기서 생명의 유지와 창조라는 두 가지 요인의 분할은 양성의 분리에서 결정적으로 실현된다. 어미가 새끼와 가장 밀접한 관계를 유지하고 아비는 더욱 새끼에 무관심하게 되는 것은—척추동물만 생각한다면—이런 분열 때문이다. 암컷의 몸 전체는 모성(母性)의 노동에 적응하게 되고 모성에 지배되는 한편, 성행위의 주도권은 수컷이 갖는다. 암컷은 종의 먹이인 셈이다. 한두 번 정도의 번식기 동안 암컷의 온 생활은 성적 주기, 즉 성적 충동의 주기에 의해 규정된다. 이 주기의 지속 기간 및 간격은 종에 따라 다르다. 성적 주기는 두 시기로 구분된다. 제1기 동안에 난자가 성숙하고(종에 따라 수가 다르다) 자궁 속에 보금자리가 형성된다. 제2기에는 지방세포가 괴사해, 모처럼 만들어진 보금자리가 뭉그러져 희끄무레한 액체가 되어 흘러나온다. 성적 충동의 시기는 곧 발정기이다. 그러나 암컷의 발정은 수동적인 성격을 띤다. 암컷은 수컷을 받아들일 준비를 하고 기다린다. 어떤 조류처럼 몇몇 포유동물도 암컷이 수컷을 유혹한다. 그렇지만 암컷은 울음소리·교태·노출 등으로 수컷을 부르는 데 그친다. 암컷은 교미를 강요할 수 없다. 결국 주도권은 수컷에게 돌아간다. 이미 살펴본 바와 같이, 종에 대한 전면적 희생으로 암컷이 매우 큰 특권을 누리는 곤충들의 경우에서조차도 수태 행위를 유도하는 것은 보통 수컷이다. 흔히 물고기들도 수컷이 그의 출현과 접촉으로 암컷의 산란을 자극한다. 개구리와 두꺼비는 수컷이 암컷을 흥분시키는 역할을 한다. 그러나 특히 조류와 포유류에서는 수컷이 암컷을 강하게 지배한다. 대개는 암컷이 수컷을 냉담하게 맞이하거나 혹은 수컷에게 저항하는 경우까지 있다. 비록 암컷이 도발적이고 동의적(同意的)으로 나오더라도 결국 암컷을 꼼짝 못하게 하는 것은 수컷이다. 그러므로 당하는 것은 암컷이다. 이 말은 대개 아주 정확한 의미를 갖는다. 수컷이 특수한 기관을 가지고 있기 때문인지 또는 매우 강하기 때문인지, 수컷은 암컷을 잡아 꼼짝 못하게 한다. 이와 같이 교미행위를 능동적으로 행하는 것은 수컷이다. 많은 곤충이나 조류, 포유동물들은 수컷이 암컷에게 성기를 삽입한다. 그래서 암컷의 내적 본질은 침범당하는 것처럼 보인다.

수컷은 종을 침범하지 않는다. 왜냐하면 종은 자기를 새롭게 탄생시킴으로써만 영속되고, 난자와 정자가 결합하지 않는다면 종은 멸망하기 때문이다. 그런데 알을 보호할 임무가 있는 암컷은 알을 자신의 몸속에 가두며, 알의 안식처 구실을 하는 암컷의 몸은 알을 수컷의 수정행위에서 떼어 놓는다. 그러므로 암컷의 몸은 부셔 버려야 할 저항체이다. 한편 수컷은 암컷의 체내에 침범함으로써 능동적으로 자기를 실현한다. 수컷의 지배는 교미 체위에서 나타난다. 거의 모든 동물의 수컷은 암컷 위에 있다. 또한 수컷이 사용하는 기관은 분명 물질적이지만 생명이 있는 모습이다. 즉 그것은 일종의 도구이다. 반면에 이런 행위에서 여성의 기관은 생명력 없는 수용기(受容器)에 불과하다. 수컷이 거기에 정액을 배설하면 암컷은 그것을 받아들인다. 이같이 암컷은 생식에서 근본적으로 능동적인 역할을 하지만, 성기 삽입과 체내 수태 때문에 수동적인 교미를 강요받게 된다. 암컷은 발정했을 때 스스로 수컷을 찾을 정도로 성적 욕구를 개체적인 욕구로서 경험한다. 다만 성적 경험을 내적 사건으로 체험하는 것이지 세계 및 타자와의 외적 관계로 체험하는 것은 아니다. 그런데 포유동물의 암컷과 수컷의 근본적인 차이는, 같은 성적 체험을 하는 짧은 시간에 정자가 수컷과는 별개의 존재가 되어 그의 몸에서 떨어져나가, 수컷의 생명이 정자를 통해 자기를 초월하여 타자가 된다는 점이다. 이와 같이 수컷은 자기의 개체성을 초월하는 순간에 다시 자기의 개체성을 되찾는다. 반대로 성숙한 난자는 수란관에 도달하기 위하여 여포(濾胞)에서 떨어져 나왔을 때 이미 암컷에서 분리되기 시작한 셈이지만, 밖에서 들어온 생식세포에게 침입을 당하면 자궁 속에 자리를 잡는다. 이리하여 암컷은 먼저 침범당한 뒤 소외된다. 암컷은 종에 따라 다른 성숙단계에 이를 때까지 태아를 자기 뱃속에 품고 있다. 모르모트는 태어날 때 거의 성숙된 상태이고, 갓 태어난 아기 캥거루는 태아의 상태에 가깝다. 자기의 몸에 양분으로 양육되는 타자를 품고 있는 암컷은, 임신기간 동안 죽 자기 자신이면서 동시에 자기 이외의 타자이기도 하다. 출산 뒤에도 (암컷은) 어린 새끼를 자기의 유방에서 나오는 젖으로 키운다. 그래서 어느 시점에서 새끼를 자주적인 존재로 생각할 수 있는지 알 수 없다. 수정의 시기인지 출산의 시기인지, 아니면 젖을 뗄 때인지? 암컷이 분리된 개체처럼 보이면 보일수록, 오히려 필연적으로 일체의 분리를 초월해서 생명의 연속이 확립된다는 것은 주목할 만하다. 무정란 혹은 수정란을 배출하는 물고기나 날짐승은 포유동물의 암컷처럼 새끼의 먹이가 되지는 않는다. 포유동물의 암컷은 새끼들이 태어난 뒤에는 자주성을 회복한다. 어미와 새끼들 사이에 거리가 생기기 때문이다. 그렇지만 분리되면서 새끼에 대한 어미의 헌신이 시작된다. 어미는 자주적으로 지혜를 다하여 새끼들을 돌보고, 새끼들을 보호하기 위하여 다른 짐승들과 싸우며, 공격적이 되기도 한다. 그러나 보통은 자기의 개성을 드러내려고 대쓰지 않는다. 수컷이나 또 다른 암컷과도 대결하려 하지 않고 거의 투쟁적 본능을 갖지 않는다.*5 오늘날에는 논란거리가 되고 있는 다윈의 성 선택론과는 반대로, 암컷은 접근하는 수컷을 그다지 가리지 않고 받아들인다. 그것은 결코 암컷에게 개성이 없기 때문이 아니다. 오히려 그와 정반대이다. 어미로서의 노역(勞役)에서 벗어나면 암컷은 때로 수컷에 필적할 수 있다. 말도 암컷이 종마(種馬) 못지않게 빠르고, 사냥개도 암캐가 수캐만큼이나 냄새를 잘 맡으며, 원숭이도 실험해 보면 암컷이 수컷과 마찬가지로 영리하다. 다만 이런 개성이 강하게 주장되지 않을 뿐이다. 암컷은 종의 요구에 따라, 자신의 개성을 주장할 권리를 포기하는 것이다.

수컷의 운명은 암컷과 전혀 다르다. 앞서 말했듯이 수컷은 자기초월 속에서 자기를 분리하여 개체성을 유지한다. 이런 특징은 곤충에서부터 고등동물에

---

*5 어떤 암탉들은 닭장에서 가장 좋은 자리를 다투고 자기들 사이에서 주둥이 싸움을 하여 일종의 계급을 형성한다. 수컷이 없을 때는 힘으로 무리 중의 우두머리가 되는 암소들도 있다.

이르기까지 변함이 없다. 집단 속에서 부드럽게 뒤섞여 무리를 지어 사는 물고기나 고래들조차도 발정기에는 집단에서 빠져나와 다른 수컷을 공격하곤 한다. 여성에게는 직접적인 성행위가 남성에게는 간접적이 된다. 수컷은 욕망과 그 욕망의 만족 사이에 거리를 두고, 그것을 능동적으로 넘어선다. 수컷은 암컷과 교미하기에 앞서 몸을 움직여 암컷을 찾아 어루만지고 애무하며 꼼짝 못하게 해 놓는다. 교미·운동·포섭의 기능에 필요한 기관은 대개 암컷보다 수컷이 더 발달되어 있다. 수컷의 체내에서 정자를 증식시키는 생명의 충동이, 빛나는 깃털이나 반짝이는 비늘·뿔·갈기·울음소리 또는 왕성한 정력으로 나타난다는 것은 주목할 만하다. 수컷이 발정기에 몸에 걸치는 '결혼예복'이나 과시적인 구애행위에, 자연도태와 관련된 목적이 있으리라고는 생각되지 않는다. 이것들은 생명의 힘을 나타내는 것이고, 수컷 속에서 꽃피는 이 생명력은 비할 수 없이 놀랍도록 화려한 수꽃이다. 이런 생명력의 충만과 교미를 목적으로 발휘되는 활동력, 그리고 교미할 때 볼 수 있는 암컷에 대한 지배욕, 이들은 모두 생명적 초월의 순간에 수컷이 개체로서 자기 주장을 하는 데 공헌한다.

  이런 점에서 헤겔이, 여성은 종 속에 갇혀 있는데 남성에게는 주체적인 요소가 있다고 본 것은 옳다. 주체성과 분리는 곧 투쟁을 의미한다. 공세적 태도는 발정기 수컷의 특징 중 하나인데, 이것은 암컷을 두고서 벌어지는 경쟁만으로는 설명되지 않는다. 왜냐하면 암컷의 수와 수컷의 수는 거의 같기 때문이다. 오히려 그러한 경쟁 쪽이 투쟁의욕으로 설명된다. 수컷은 생식 이전에 종을 영속시키기 위한 행위를 자신의 고유한 행위로서 주장하고, 동족 수컷들과의 투쟁 속에서 자기 개성의 진실성을 확인하려는 듯 보인다. 종은 암컷에 붙어 살면서 그 개별적 생명의 대부분을 빼앗아 간다. 수컷은 반대로 종의 생명력을 자기의 개별적 생명에 일치시킨다. 물론 자기의 힘을 능가하는 여러 법칙의 제약을 받기 때문에 수컷도 정자를 형성하고 주기적으로 발정한다. 그러나 이런 과정이 유기체 전체에 영향을 미치는 정도는 암컷의 성 충동 주기보다 훨씬 적다. 정자의 생산이 힘들지 않은 것은, 엄밀히 말해서 난자의 생산이 힘들지 않은 것과 같다. 암컷의 정력을 소모하는 일은 알이 발육해 성체가 되는 과정이다. 교미는 단시간의 작업이어서 수컷의 생명력을 감퇴시키지 않는다. 수컷은 거의 부성(父性)의 어떤 본능도 나타내지 않는다. 대개 수컷은 일단 교미가 끝나면 암컷을 저버린다. 수컷이 가족집단—일부일처제 가족이나 하렘(한 마리의 수컷과 여러 마리의 같은 종으로 구성된, 포유류의 번식 집단 형태), 또는 가축의 무리든 간에—의 주인으로서 암컷 곁에 있을 때에도, 그가 보호와 양육의 역할을 하는 것은 공동생활체 전체에 대해서이지 직접 새끼들에게 관심을 갖는 일은 드물다. 개체적 생명의 개화(開花)에 적합해진 종의 수컷이 자주성을 지향하는 노력은—하등동물에서는 죽음을 초래하지만—크게 성공한다. 수컷은 암컷보다 일반적으로 더 크고 튼튼하며 더 민첩하고 대담하다. 수컷은 한결 독립적인 생활을 한다. 그의 활동 또한 한결 자유분방하며 정욕에 불타고 오만무례하다. 동물사회에서 명령하는 것은 언제나 수컷이다.

자연계에서 완전히 명확한 것은 아무것도 없다. 남성과 여성이라는 성의 형태도 언제나 명확하게 구별되는 것은 아니다. 때로는 이 암수 사이에서 완전히 우연이라고 생각되는 동종이형(同種異形)—털의 빛깔이나 반점의 배열, 여러 빛깔로 된 털의 뒤섞임 등에서 색다른 형태—이 보인다. 간대로 어류에서 보아 온 바와 같이, 암수를 구별할 수 없고 그 기능도 거의 분화되지 않은 것도 있다. 그러나 대체로 특히 고등동물에서는 양성이 종의 생명의 서로 다른 양면을 나타낸다. 하지만 이 양자의 대립은 흔히 주장된 것처럼 능동과 수동의 대립이 아니다. 그저 난핵이 능동적일 뿐만 아니라, 태아의 발달도 기계적인 전개가 아닌 생명 과정이기 때문이다. 암수의 대립을 변화와 영속의 대립으로 규정하는 것은 너무도 단순한 태도이다. 왜냐하면 정자는 오로지 난자 속에서 활동력이 유지되기 때문에 창조가 가능한 것이고, 난자는 자기를 초월해야만 유지될 수 있고 그렇지 않으면 퇴보하고 퇴화하기 때문이다. 다만 확실히 유지와 창조라는 두 가지 능동적 활동에서 생성이라는 종합적 작용은 같은 식으로 실현되지 않는다. 유지한다는 것은 각 순간의 분산을 거부하고, 각 순간의 돌발적인 움직임 속에 연속성을 확립하는 것이다. 한편 창조는 시간적인 통일 속에서 확고히 분리된 현재를 출현하게 하는 것이다. 또한 암컷은 분리에 저항하면서 생명의 연속성 실현에 힘쓰고 있는 것이 사실이다. 한편 개체화된 힘으로서의 새로운 분열은 수컷이 앞장서서 일으킨다. 그러므로 수컷에게는 자주성의 자기확립이 허용된다. 수컷은 종의 에너지도 자신의 생명에 통합시킨다. 이와 반대로 암컷의 개성은 종의 이해관계에 눌리고 만다. 암컷은 외부의 여러 가지 힘들에 의해 지배되고 소외된 것처럼 보인다. 그러므로 유기체의 개성이 더 한층 확립되어도 양성의 대립은 완화되지 않는다. 오히려 그와는 반대

제1편 운명 63

이다. 수컷은 힘을 소비하기 위하여 더 다양한 수단을 발견하고, 암컷은 점점 더 자기의 예속 상태를 절실히 느낀다. 암컷 자신의 이해(利害)와, 몸속에 머무는 생식력의 이해 사이에서 투쟁은 치열해진다. 암소나 암말의 출산은 쥐나 토끼의 출산보다 한층 고통스럽고 위험하다. 암컷 가운데 가장 개체화된 인간 여성은 가장 연약한 암컷이며, 가장 극적으로 자기 운명을 겪고 가장 근본적으로 남성과 구별되는 이성이다.

인류도 대부분의 종과 마찬가지로 남녀가 거의 같은 수로 태어난다(서구에서는 남자 104명에 대하여 여자는 100명 꼴이다). 태아의 발달도 남녀가 서로 비슷하다. 다만 원상피 조직은 여성 태아 쪽이 더 오랫동안 중성으로 머물러 있다. 그 결과 여자의 원상피 조직은 더 오래 호르몬 환경의 영향을 받아 그 발달이 도중에 역전되는 경우가 잦다. 대부분의 양성구유는 유전자형으로는 본디 여성적인 주체가 나중에 남성화된 것이다. 곧 남성의 유기체는 처음부터 남성으로 결정되지만, 이와 달리 여성의 유기체는 여성이 되기를 망설인다고나 할까. 그러나 태아의 이 최초의 망설임은 아직 거기에 어떤 의미를 부여할 만큼 많이 밝혀지지 않았다. 한번 이루어지면 양성의 생식기관은 대칭적이 된다. 어느 편의 호르몬도 같은 화학 물질, 즉 스테롤 계통에 속하고, 어느 편이나 콜레스테롤에서 비롯된다. 신체에 나타나는 제2차 성질을 유도하는 것은 이성 호르몬들이다. 그러나 호르몬의 조직이나 해부학적 특성도 인간 여성의 본질을 규정하지 못한다.

여성을 남성과 구별하는 것은 그 기능의 발달이다. 여성에 비하면 남성의 발달은 비교적 단순하다. 출생에서 사춘기까지 남성은 대체로 순조롭게 성장한다. 열다섯 혹은 열여섯 살 즈음에 정자 형성이 시작되고, 이것은 노년에 이르기까지 지속된다. 정자 형성과 동시에 그의 몸체에 남성적 특질을 부여하는 호르몬이 생긴다. 그때부터 남성은 보통 그의 개인생활과 하나되는 성생활을 하게 된다. 성욕이 생길 때나 성교를 할 때, 남자의 종에 대한 자기초월은 초월의 주체적 동기와 일치한다. 그는 그 자신의 육체이기 때문이다. 여자는 훨씬 더 복잡하다. 태아기에 이미 평생치 난모세포의 저장이 이루어지고, 난소는 여포에 싸인 약 4만 개의 난자를 수용하며, 그 중 약 400개가 성숙하게 된다. 종(種)은 여성이 생기자마자 그녀를 소유해 버리고 자기 권리를 주장하려 든다. 여자는 세상에 나오면서 일종의 첫 번째 사춘기를 통과하는 셈이다. 난

모세포는 급속히 성장한다. 그러면 난소가 약 5분의 1 정도 축소된다. 마치 어린시절에는 일단 쉬게 해 주겠다는 것 같다. 유기체는 발달하지만 생식기관은 거의 변하지 않는다. 어떤 여포는 팽창하기도 하지만 성숙 단계에는 이르지 못한다. 어린 소녀의 성장은 소년의 성장과 비슷하다. 같은 나이임에도 소녀가 소년보다 키도 더 크고 체중도 더 무거운 경우가 흔히 있다. 그러나 사춘기가 되면 종은 다시 자기의 권리를 주장한다. 난소 분비물의 영향으로 성장기에 들어가는 여포의 수가 증가한다. 난소는 충혈되고 팽창하며 난자들 가운데 하나가 성숙에 이르면 월경 주기가 시작된다. 생식기관은 자기의 최종적인 크기와 형태를 취하고 몸은 여성화되며 내분비의 균형이 잡힌다. 이런 현상이 '위기'로서 나타난다는 것은 주목할 만하다. 여성의 몸이 무저항으로 종을 자기 체내에 자리잡게 놔두는 것은 아니다. 그리고 이 투쟁은 여성들 쇠약하게 하고 위험에 빠뜨린다. 사춘기 이전에는 소년과 소녀의 사망률이 거의 같다. 14세부터 18세까지 소년 100명에 대하여 소녀는 128명이 사망하고, 18세부터 22세까지는 남자 100명에 대하여 여자는 105명이 죽는다. 철 결핍성 질환·결핵·척추측만증·골수염 등이 자주 나타나는 시기이다. 어떤 아이들에게는 사춘기가 비정상적으로 일찍 와서 4세나 5세 무렵에 나타나는 수도 있다. 반대로 어떤 아이들에게는 사춘기가 전혀 시작되지 않는 수가 있다. 이 경우에 그 아이는 발육부전으로, 무월경이나 월경곤란증으로 고생한다. 또 어떤 여성들은 남성화의 징후를 보인다. 부신에서 만들어지는 분비물의 과잉이 그녀에게 남성적인 성질을 갖게 하는 것이다.

 이런 이상(異狀)이 종의 폭압에 대한 개체의 승리를 의미하는 것은 결코 아니다. 개체는 종에서 빠져나오려고 해도 나올 방법이 없다. 왜냐하면 종은 개체의 생명을 예속시키는 동시에 그것을 양육하기 때문이다. 이런 이중성은 난소의 기능에서 나타난다. 남자의 활력이 고환 속에 그 근원을 갖고 있는 것처럼 여자의 활력은 난소 속에 그 근원을 갖고 있다. 남자든 여자든 거세된 개체는 단지 불임(不姙)으로 그치는 것이 아니라 퇴보하고 퇴화한다. 유기체는 성숙해지지 못하거나 성숙이 불완전할 경우, 전체적으로 빈약해지고 균형을 잃는다. 유기체는 오로지 생식계통의 성숙에 의해서만 성숙된다. 하지만 또 한편으로 생식현상은 주체의 개별적 생명에 이익을 주기는커녕 그것을 위험에 빠뜨리는 수가 많다. 사춘기에 발달하는 유선(乳腺)은 여자 신체의 개체적 조화

제1편 운명 65

에 아무 구실도 하지 못한다. 일생의 어느 때 이 유선을 절제해도 무방하다. 대부분의 난소 분비물은 난자가 성숙하고 또 자궁이 난자의 요구에 적응하게끔 하는 데에 그 궁극적인 목적을 둔다. 그런데 유기체 전체에서 보면 그 분비물은 조정이라기보다 차라리 불균형의 요인이다. 여자는 자신보다는 오히려 난자의 요구에 적응하도록 되어 있다. 사춘기부터 폐경기까지 여자에게 있어 그 신체는, 자기 속에서 전개되고 있으나 개인적으로는 자기와 관계 없는 일이 펼쳐지는 무대이다. 앵글로색슨 계통의 사람들은 월경을 '저주'라고 부른다. 사실 월경주기에는 조금도 개인적인 목적이 없다. 아리스토텔레스 시대 사람들은, 매달 흘러나오는 피는 수태했을 경우 어린아이의 피와 살에 충당된다고 믿었다. 이 낡은 학설의 진실성은 여자가 부단히 수태 작업을 준비하고 있다는 데 있다. 하등 포유동물에서 이 발정주기는 특정한 철에만 시작되고, 피의 유출도 따르지 않는다. 그것이 매달 고통과 출혈 속에서 이루어지는 생물은 오로지 원숭이 같은 고등동물이나 여자뿐이다.*6

난자를 싸고 있는 그라프 여포 중 하나가 약 14일 동안 점점 커지면서 성숙해 간다. 그동안 난소는 난포호르몬이라는 호르몬을 분비한다. 그리고 14일째에 배란이 행해진다. 성숙해진 여포의 막이 파열되고(때로는 가벼운 출혈을 일으킨다), 그 막의 반흔(瘢痕)이 변해 황체를 형성하는 동안 난자는 수란관(輸卵管) 속에 떨어진다. 그때 자궁에 작용하는 프로게스테론이라는 호르몬의 분비가 특징적인 제2단계, 즉 황체기라는 단계가 시작된다. 자궁은 변화한다. 내벽의 모세관 조직은 충혈되고 내벽이 축소되고 주름이 잡혀 레이스가 늘어진 것처럼 된다. 이렇게 해서 자궁 속에는 수정란을 받아들일 요람이 만들어지는 것이다. 이런 세포 변화는 본디의 상태로 돌이킬 수 없는 것이어서 수정이 안 된 경우에도 이 조직은 다시 몸속으로 흡수되지 않는다. 아마 다른 포유동물의 경우라면 무용한 잔해는 임파관을 통해 실려 나가 버릴 것이다. 그러나 인간 여자의 경우에는 자궁 내벽의 주름이 뭉그러질 때, 점막이 벗겨지고 모세관이 파열돼 핏덩어리가 밖으로 흘러나온다. 다음엔 황체가 퇴화하는 한편 점막이 다시 생겨 새로운 여포 단계가 시작된다.

---

*6 '여자에게 일어나는 현상과, 원숭이 종류, 특히 레서스원숭이류에서 관찰되는 현상을 비교함으로써 이런 현상의 분석은 최근에 크게 추진될 수 있었다. 원숭이로 실험하는 것이 더 쉽고 명확하다'라고 루이 갈리앙은 《성본능》에서 쓰고 있다.

이런 복잡한 과정은 세부적으로는 아직 충분히 알 수 없지만, 유기체 전체에 큰 영향을 준다. 왜냐하면 갑상선과 뇌하수체, 중추신경계통과 자율신경계통, 마침내는 모든 내장에까지 영향을 미치는 호르몬 분비 작용이 그 과정에 뒤따르기 때문이다. 거의 모든 여자들—85% 이상—은 이 기간에 어떤 증상들이 나타난다. 출혈하기 전에 혈압이 오르고 그 다음에는 내린다. 맥박수와 체온이 때때로 오르고, 열이 나는 경우도 빈번하다. 복부에 통증도 느낀다. 변비 다음에 설사가 따르는 경우도 자주 관찰할 수 있다. 또 간장비대·요폐·단백뇨의 증세도 자주 나타난다. 많은 여자들이 후점막의 충혈(인후통)을 보이고, 어떤 여자들은 청각·시각의 장애를 호소하기도 한다. 땀이 많이 나고, 월경 초에는 '특유한' 냄새를 수반하는데, 이는 아주 지독하기도 하고 월경기간 내내 지속되는 수도 있다. 신진대사는 증대하고 적혈구 수는 감소한다. 한편 혈액은 보통 조직 속에 저장되어 있는 여러 가지 물질, 특히 칼슘염을 운반한다. 이 염분은 난소와 갑상선에 작용하여 그것을 비대하게 만들고, 자궁 점막의 변화를 담당하는 뇌하수체에 작용해 그 활동력을 증가시킨다. 이와 같은 내분비선의 불안정은 신경을 몹시 약하게 만든다. 중추신경계통이 침해되어 자주 두통이 일어나고, 자율신경계통은 과도한 반응을 나타낸다. 중추신경계통의 자동 조정력이 감퇴되기 때문에 반사 운동과 경련이 일어나 아주 심한 불안정을 나타낸다. 여자는 평소보다 민감해져서, 신경질적이 되고 쉽게 흥분하여 심한 정신장애까지 일으키는 수도 있다. 이때는 여자가 자기 몸을 소외된 불투명한 이물처럼 느끼고 가장 고통을 받는 시기이다. 여자는 자기 체내에서 매달 요람을 만들었다가 부수는, 집요하고 인연 없는 생명의 희생물이다. 달마다 한 어린애를 낳을 준비를 하는 빨간 주름의 붕괴 속에서 유산을 한다. 여자도 남자와 마찬가지로 바로 그 육체는 자기의 것이다.*7 그러나 여자의 육체는 그녀 자신과는 별개의 것이다.

수정란이 자궁으로 내려가 거기서 성장할 때 여자는 한층 심각한 소외(疎外)를 경험한다. 확실히 임신은 건강과 영양이 좋은 상태에서 이루어진다면 모체에 해가 되지 않는 정상적인 현상이다. 모체와 태아 사이에는 모체에 이롭기

---

*7 '그러므로 적어도 나의 경험이 미치는 범위는 나의 육체이다. 거꾸로 말해서 나의 육체는 자연의 주체와 같은 것이며, 나의 전존재(全存在)의 일시적 스케치와 같은 것이다.' 메를로 퐁티의 《지각 현상학》.

까지 한 어떤 교류가 행해지기도 한다. 그러나 사회적 공리주의가 너무도 명백히 드러나는 낙관적 학설과는 반대로, 임신은 여자에게 개인적인 이득을 주기는커녕 오히려 무거운 희생을 강요하는 수고로운 일이다.*8

임신하면 처음 몇 달 동안은 흔히 식욕부진과 구토가 따른다. 이런 일은 다른 어떤 가축의 암컷에게서도 찾아볼 수 없다. 이 현상은 유기체를 자기 것으로 만들려고 하는 종에 대한 유기체의 반항을 나타낸다. 유기체는 인(燐)·칼슘·철분이 결핍되는데, 결핍된 철분은 나중에 보충하기도 곤란하다. 과도한 신진대사 활동은 내분비계통을 자극하고, 자율신경계통은 흥분상태가 된다. 혈액은 그 비중이 감소되어 빈혈증을 초래하고, '단식하거나 굶주린 사람, 연속 채혈을 한 사람이나 회복기 환자 등의 혈액'*9과 비슷해진다. 건강하고 영양상태가 좋은 여자가 바랄 수 있는 것이라곤, 출산 뒤에 너무 고생하지 않고 태아가 소비한 양을 회수하는 것이 전부이다. 게다가 흔히 임신 중에는 중대한 신체 이상이나 위험한 증세가 발생하기도 한다. 만약 몸이 튼튼하지 못하든지 위생에 주의하지 않는다면, 여자는 출산 때문에 신체 일부가 변형되거나 일찍 늙어 버린다. 가난한 시골에서는 이런 일이 아주 흔하다. 출산 그 자체가 고통이요 위험이다. 육체가 종과 개체를 동시에 만족시킬 수 없다는 점이 이런 위기에서 가장 명백히 드러난다. 분만시 어린애가 죽는 일이 생기고, 또 출산이 어머니를 죽이는 일도 있으며, 어머니에게 만성질환을 가져오기도 한다. 젖을 물리는 일도 고역이다. 여러 인자(因子)—주요한 것은 아마도 프로게스테론이라는 황체 호르몬인데—가 서로 작용해서 유선(乳腺) 속에 모유를 만들어낸다. 젖이 붓는 것은 보통이고, 흔히 신열이 따른다. 갓난아기에게 젖을 먹이는 것은 자기 자신의 정력을 희생하는 일이다. 출산시에 극적인 양상을 드러내는 종과 개체의 투쟁은 여자의 육체를 불안정하고 연약하게 만든다. 여자는 '뱃속에 병을 가지고 있다'고 사람들은 거리낌 없이 말한다. 여자들이 자기 체내에 적(敵)의 요소를 가두어 두고 있다는 것은 분명 사실이다. 종(種)이 여자를 좀먹고 있는 것이다. 여자들 병의 대부분은 외부로부터의 전염이 아니라 내부의 조화가 깨어진 상태에서 비롯된다. 이를테면 자궁내막염은 난소의 이상 자

---

*8 나는 여기서 오로지 생리학적 관점에서 말하는 것이다. 심리적으로 어머니가 되는 것은 여자에게 재난이기도 하지만 또한 대단히 행복한 일일 수도 있다.
*9 로제와 비네가 감수한 《생리학 개론》 11권 가운데 H. 비뉴설(說) 참조.

극에 대한 자궁점막의 반작용에 의해 생긴다. 또한 월경 뒤에도 황체가 흡수되지 않고 계속 남아 있다면 나팔관염이나 자궁내막염 등을 유발한다.

여자는 종의 지배에서 벗어날 때도 어려운 위기를 거쳐야 한다. 45세와 50세 사이에 사춘기의 반대 현상인 폐경기가 나타난다. 난소의 기능이 감퇴되고 마침내 소멸되기까지 한다. 이런 소멸은 여성의 활력을 떨어뜨린다. 이화작용(異化作用: 생물체 조직 안에 들어온 물질을 분해하는 에너지 방출 반응. 호흡이 대표적인 예이다)을 담당하는 내분비선인 갑상선이나 뇌하수체가 난소의 결함을 보충하려고 노력한다. 그래서 폐경기의 침체상태와 더불어 발열·고혈압·신경과민 같은 상승현상이 나타나고, 때로는 성욕이 되살아나기도 한다. 그 시기에 어떤 여자들은 지방이 증가하고, 또 어떤 여자들은 남성화된다. 그러나 대부분의 여자들은 내분비의 균형을 회복한다. 이때 여자는 비로소 암컷의 온갖 굴레에서 해방된다. 이런 여자는 활력이 손상되지 않았으므로 거세된 남자와 비교될 수 없다. 여자는 더 이상 자기를 사로잡는 힘의 희생물은 되지 않는다. 비로소 여자는 자신과 완전히 일치한다. 나이 든 여자는 '제3의 성(性)'을 구성한다는 말도 있다. 사실 이런 여자들은 남성은 아니지만, 그렇다고 여성도 아니다. 그리고 대개 이런 생리적 자율성은 그녀들이 이전에는 소유하지 못했던 건강·안정성·정력으로 나타나는 경우가 많다.

순수한 성적인 차이 외에 여성의 경우에는 다소나마 그 차이와 관련하여 생기는 이차적인 성적 특이성이 있는데, 이것은 여성적 체질을 결정하는 호르몬의 활동으로 말미암은 것이다. 평균적으로 여자는 남자보다 더 작고 가벼우며 골격도 더 약하고, 골반은 임신과 분만의 기능에 적응하여 더 넓다. 그 결합조직에는 지방이 오르고 자태는 남자보다 더 둥그스름하다. 체형·피부·체모 등 전체적인 모습은 남녀 사이에 차이가 뚜렷하다. 근육의 힘은 여자 쪽이 훨씬 약해서 남자의 약 3분의 2밖에 안 된다. 호흡 능력도 떨어진다. 폐·기관(氣管)·후두가 여자 쪽이 더 작기 때문이다. 후두의 차이는 또 음성의 차이를 가져온다. 혈액의 비중도 여자 쪽이 더 낮다. 적혈구의 함량이 적기 때문이다. 그러니까 여자들은 남자만큼 튼튼하지도 못하고 빈혈을 일으키기 쉽다. 맥박은 더 빠르고 순환계도 한층 불안정하다. 그래서 쉽사리 얼굴이 붉어진다. 불안정성은 여성의 몸 전체를 통해 볼 수 있는 뚜렷한 특징이다. 남자는 칼슘의 신진대사가 안정되어 있다. 반면에 여자는 칼슘을 훨씬 적게 가지고 있는 데다 월경과 임신 중에 그것을 소모하기까지 한다. 난소가 칼슘에 관련된 이화작용

(異化作用)을 하는 듯하다. 이런 불안정성은 난소에, 그리고 남자보다 여자에게 더 발달된 갑상선에 이상을 가져온다. 그리고 내분비의 불규칙성은 자율신경 계통에 영향을 미쳐, 신경과 근육의 통제가 불완전해진다. 이 같은 안정과 통제의 결여는 순환계의 변화와도 직접 연결된 신경이나 근육의 과민성―심장이 뛰고 얼굴이 잘 붉어지는 것 등―으로 나타난다. 그 때문에 여자는 눈물·폭소·신경발작 같은 경련적인 감정표현을 자주 보인다.

이런 다양한 특징들의 대부분은 종에 대한 여자의 종속에서 유래함이 분명하다. 이제까지의 검토에서 가장 명백한 결론은 바로 이것이다. 여자는 모든 포유동물의 암컷들 가운데에서 가장 심각하게 소외되고, 또 이 소외를 가장 치열하게 거부하고 있다. 다른 어떤 암컷의 경우에도 유기체의 생식기능에 대한 종속이 이 이상 절대적이고, 순순히 받아들여지기 어려운 것도 없다. 사춘기와 폐경기의 위기, 달마다 겪는 '저주', 어려움도 많은 기나긴 임신, 고통스러우면서도 위험한 출산, 질환, 신체 고장. 이것이 인간 여성의 특성이다. 여자가 개체로서 자기를 주장하여 자기 운명을 거스를수록 운명은 더욱 무거워진다고 할 수 있다. 남자는 여자에 비하면 무한한 특권을 누리고 있는 것 같다. 남자의 성생활은 그가 영위하는 개인생활과 모순되지 않는다. 개인생활은 중단이나 위기도 없고, 또 일반적으로 재난도 없이 순조롭게 전개된다. 평균적으로 여자도 남자와 마찬가지로 오래 산다. 그러나 여자들은 남자보다 훨씬 자주 병을 앓고 자기 마음대로 할 수 없는 기간도 길다.

이 같은 생물학적 조건은 매우 중요하다. 이 조건은 여성의 역사에서 가장 중요한 역할을 하는 것이며, 여자가 처한 상황의 본질적인 구성요소이다. 이후의 서술에서도 우리는 부단히 이 점을 고려해야 할 것이다. 왜냐하면 육체는 우리가 세계를 파악하는 도구이며, 세계는 그 파악 방법에 따라서 서로 다른 양상을 나타내기 때문이다. 그래서 우리가 이토록 오래 생물학적 조건을 검토했던 것이다. 이 조건은 여자를 이해하는 열쇠 가운데 하나이다. 다만 우리가 거부하는 것은 생물학적 조건이 여자에게 주어진 불변의 숙명이라는 생각이다. 이 조건만으로는 남녀의 상하관계를 설명할 수 없다. 또 여자가 왜 타자인지도 설명하지 못한다. 그것만으로 여자에게 종속적인 역할을 영구히 담당하도록 운명지을 수도 없다.

다음의 두 가지 질문에는 생리학만이 대답할 수 있다고 흔히 주장되어 왔다. 즉 남녀는 개개의 인간으로서 균등한 성공 가능성을 가지고 있는가? 종(種)에 대하여 남녀 중 어느 쪽이 더 중요한 역할을 하는가? 그러나 첫 번째 문제는, 인간 여자와 다른 생물의 암컷에 대하여 결코 같은 식으로 물음을 던질 수는 없다. 왜냐하면 동물은 안정된 상태로 서술할 수 있는 기성의 종을 구성하고 있기 때문이다. 암말이 종마만큼 빠른지, 침팬지 수컷이 암컷보다 지능 테스트 성적이 우수한지 여부를 결정하기 위해서는 관찰기록을 종합하면 그것으로 충분하다. 반면에 인간은 늘 형성 과정에 있다. 순수하게 정적인 방법으로 이 문제에 접근하려는 유물론자들도 있었다. 심신평행론에 젖어 있는 그들은, 수컷과 암컷의 유기체를 수학적으로 비교하려고 노력했다. 그들은 이런 측정값이 곧 암수 유기체의 기능적 능력을 보여 준다고 상상하고 있었다. 이런 방법이 일으킨 무익한 토론의 실례를 들어 보겠다. 뇌가 어떤 신비한 방법으로 사고(思考)를 분비한다고 생각됐기 때문에, 여자 대뇌의 평균 중량이 남자의 대뇌보다 가벼운지 여부를 결정하는 것이 대단히 중요하게 보였다. 여자 대뇌의 무게는 1,000그램에서 1,500그램이고 남자 대뇌의 무게는 1,150그램에서 1,700그램이므로, 평균적으로 여자는 1,220그램이고 남자는 1,360그램임이 판명되었다. 그러나 절대 중량은 의미가 없으므로 상대 중량을 고려하게 되었다. 상대 중량은 남자가 $\frac{1}{48.4}$ 이고, 여자는 $\frac{1}{44.2}$ 이다. 이로써 여자 쪽이 유리하다는 것을 알 수 있다. 아니, 그럴 리 없다. 더 수정해야 한다. 이런 비교에서 언제나 유리하게 보이는 것은 작은 개체 쪽이다. 두 개체를 비교할 경우 그 비교에서 체격 차이를 정확히 제외하기 위해서는, 그것들이 동종에 속할 때 대뇌의 무게를 체중의 0.56승으로 나누지 않으면 안 된다. 이렇게 남자와 여자를 서로 다른 형으로 생각한다면 다음과 같은 결과에 이른다.

남자: 체중의 $0.56$승$=498$, $\frac{1360}{498}=2.73$

여자: 체중의 $0.56$승$=446$, $\frac{1220}{446}=2.74$

즉 같은 값에 이르게 된다. 그러나 이런 세밀한 논쟁조차 그다지 흥미를 끌지 못하는 이유는, 대뇌의 무게와 지능의 발달 사이에 어떤 뚜렷한 관계도 수립될 수 없기 때문이다. 남녀의 호르몬을 결정하는 화학 방정식을 심리적으로 해석할 수는 없다. 우리는 심신평행론 같은 관념을 명백히 거부한다. 이것은 오래전에 그 기초가 결정적으로 무너진 학설이다. 내가 이 학설을 언급한 까닭은, 그 학설이 철학적으로 또 과학적으로 붕괴되었지만 아직도 많은 사람들의 뇌리에 박혀 있기 때문이다. 이미 말했듯이, 어떤 사람들 속에서는 보다 오랜 유물들이 여전히 그 명맥을 유지하고 있는 것이다. 우리는 또 여러 가치의 자연적인 서열, 예를 들면 진화적 서열의 존재를 전제하는 고증학설(考證學說)도 모두 거부한다. 여자의 육체가 남자의 육체보다 더 연약한지 아닌지, 또 그것이 유인원의 육체에 더 가까운지 아닌지 하는 물음은 무의미하다. 막연한 자연주의를 그보다도 훨씬 더 막연한 도덕론이나 심미론과 혼동하는 이런 논의들은 모두 말장난에 불과하다. 남녀 인류의 비교는 오로지 인간적인 관점에서만 가능하다. 인간이란, 주어진 존재가 아니라 현재의 자기를 스스로 만들어 나아가는 존재이다. 메를로 퐁티의 아주 지당한 말처럼, 인간은 자연의 종(種)이 아니라 역사적인 관념이다. 여자는 응고된 현실이 아니라 하나의 생성(生成)이다. 그러므로 이런 생성의 관점에서 여자와 남자를 비교해야 한다. 즉 여자의 '가능성'을 명확히 하지 않으면 안 된다. 수많은 논쟁들이 그토록 과오를 범하는 것은, 여자의 능력을 문제삼으면서 여자를 과거나 현재의 상태로 고정시키려고 하기 때문이다. 물론 능력이란 현실화될 때만 명백히 증명될 수 있다. 그러나 초월적이며 초아(超我)적인 존재를 고찰할 때에는 결코 그 가능을 멈출 수 없음도 사실이다.

그렇지만 내가 택한 관점―하이데거, 사르트르, 메를로 퐁티의 관점―에선, 설령 육체가 '물건'이 아니라 해도 하나의 상황이라고는 말할 수 있을 것이다. 그것은 세계를 파악하는 우리의 도구이며, 우리 계획의 소묘이다. 여자는 남자보다 약하다. 근육의 힘도 적고, 적혈구도 적고, 폐활량도 적다. 여자는 남자만큼 빨리 뛰지도 못하고, 무거운 것도 들지 못한다. 어떤 스포츠에서도 남자와 경쟁할 수 없다. 싸움에서도 대전할 수 없다. 이런 약점에 우리가 앞서 이야기한 불안정성과 통제의 결여, 허약함이 겹친다. 이것은 사실이다. 따라서 세계에 대한 여자의 파악은 남자보다 제한되어 있다. 여자는 온갖 계획에서 남자보다 의지력과 인내력이 약하고, 실행력도 약하다. 즉 여자의 개인적 생활은 남자만큼 풍부하지 못하다.

실제로 이런 사실은 부인할 수 없다. 그러나 이 사실이 그 자체로서 의미를 갖는 것은 아니다. 우리가 인간이라는 관점에서 육체를 실존에 의거하여 규정한다면, 생물학은 추상적인 학문이 된다. 생리학적 조건(근육의 열등함)이 의미를 가질 때, 그 의미는 곧 전체적 배경에 좌우되는 것처럼 보인다. '약함'은 인간이 스스로 정한 목표나 사용하는 기구, 그리고 스스로에게 부과하는 법칙에 비추어서만 비로소 약함으로써 나타난다. 만약 사람이 세계를 파악하기를 원치 않는다면 사물에 대한 '파악'의 개념 자체가 의미를 갖지 못할 것이다. 세계의 파악을 위해 체력을 최대한으로 활용할 필요가 없다면, 즉 자신이 갖고 있는 체력만 활용해도 충분하다면, 체력의 차이는 해소된다. 폭력을 금하는 풍습이 있는 곳에서는 완력이 지배력을 행사할 수 없다. '약함'의 관념을 구체적으로 규정하려면 실존적·경제적·도덕적 가치 기준이 필요하다. 인류는 반자연(反自然)이라고 일컬어져 왔다. 이것은 정확한 표현이 아니다. 왜냐하면 인간은 주어진 조건을 부정할 수는 없지만, 그 조건을 받아들이는 방식에 따라 현실을 만들어 가기 때문이다. 자연은 인간의 행동에 의해 파악되는 한에서만 인간에게 현실성을 갖는다. 인간 자신의 자연적인 천성도 예외는 아니다. 세계에 대한 파악과 마찬가지로, 생식 기능이 여자에게 지우는 부담도 추상적으로는 헤아릴 수 없다. 모성과 개체적 생활의 관계는, 동물의 경우 발정주기와 번식기에 의해 자연히 규정되고 있지만, 여자는 그렇게 확정되지 않고 있다. 오직 사회만이 그것을 결정할 수 있다. 사회가 요구하는 출산 횟수의 다소에 따라, 또 임신과 분만의 위생적 조건에 따라, 여자의 종에 대한 예속의 밀도가 달라진다. 그러므로 고등동물의 경우에 개체적인 생활은 암컷보다 수컷이 보다 확립되어 있지만, 인간의 경우 개인적 '가능성'은 경제적·사회적 상황에 따라 좌우된다.

어떤 경우든 수컷의 개체적 이점이 종 가운데서 수컷에게 우월성을 부여하는 것만은 아니다. 암컷은 어미가 되어 다른 종류의 자율성을 획득한다. 때로는 수컷이 그 지배권을 주장하기도 한다. 예를 들면 주커만이 연구한 개코원숭이의 경우가 그렇다. 그러나 대개 암수는 따로따로 생활한다. 사자의 수컷은 암컷과 평등하게 가정의 부담을 나눈다. 하지만 여기에서도 인류의 경우는 다른 어떤 동물과도 동일시될 수 없다. 인간은 우선 개체로서 정의되지 않는다. 남녀가 개인 대 개인의 싸움으로 서로 도전한 적은 결코 없다. 남녀 한 쌍, 즉 부부는 본디 하나의 공동체이다. 그리고 부부라는 공동체는 언제나 보다 큰 집단의 고정적이거나 잠정적인 한 요소로 나타난다. 이런 사회 속에서 남성과 여성 가운데 어느 쪽이 종에 더 필요한가? 생식세포 수준이나 성교와 임신의 생물학적 기능 수준에서 남성 원소는 유지하기 위하여 창조하고, 여성 원소는 창조하기 위하여 유지한다. 이런 구분은 사회생활 속에서 어떻게 되는가? 다른 유기체들이나 영양을 제공하는 물질에 기생하는 종에서는, 즉 자연이 식량을 풍부하고 무난하게 공급해 주는 종에서는 수컷의 역할이 생식작용에 국한된다. 새끼에게 필요한 양식을 확보하기 위하여 먹이를 찾아 헤매고 싸워야만 할 때는 대개 수컷도 새끼의 부양에 힘쓴다. 어미가 새끼에게 수유를 끊은 뒤 한동안 새끼가 자신들의 요구를 스스로 충족할 수 없는 종에서는, 이런 수컷의 부양이 꼭 필요하다. 그런 때는 수컷의 역할이 아주 중요해진다. 수컷이 탄생시킨 생명들은 수컷 없이 유지될 수 없을 것이다. 해마다 많은 암컷을 수태시키기 위해서는 수컷 한 마리로 충분하다. 그러나 태어난 새끼들이 살아 남기 위해서, 또 새끼들을 적으로부터 지키고 새끼들이 필요로 하는 모든 것들을 자연에서 획득하기 위해서는 몇 마리의 수컷들이 더 필요하다. 생산력과 생식력의 균형은 인간 역사의 여러 가지 경제적 요인들에 따라 다른 방식으로 실현되어 왔다. 이 여러 가지 경제적 요인들은 암수와 그 새끼와의 관계 또는 암수 서로간의 관계에 조건으로서 작용하고 있다. 그러나 그렇게 되면 우리는 생물학의 영역에서 벗어난다. 생물학적 지식만으로는, 종의 영속을 위하여 수행하는 역할로 보아 양성 가운데 어느 한쪽이 우월하다는 결론을 내릴 수 없다.

요컨대 사회는 종이 아니다. 인간이라는 종은 사회 속에서 실존으로서 자기를 실현해 가고 있다. 인간은 세계와 미래에 대하여 자기를 초월해 간다. 그의 습성은 생물학으로는 설명되지 않는다. 개체들은 결코 자연에 내맡겨져 있지 않다. 그들은 개체의 존재론적 태도를 나타내는 욕망과 두려움을 반영하는 습성, 즉 제2의 자연에 복종한다. 주체가 자기를 의식하고 자기를 실현해 가는 것은, 단순한 육체로서가 아니라 금기(禁忌)나 법률에 예속된 육체로서이다. 주체가 자기를 평가하는 것은 어떤 가치들의 이름을 통해서이다. 그리고 여기서도 역시 가치의 근거는 결코 생리학이 아니다. 오히려 생물학적 조건이 실존자로부터 부여받은 가치를 몸에 지니고 있다고나 할까. 만일 여자에 대한 폭력 사용을 금한다면 ⊂자들이 품는 존경과 두려움은 사라질 것이다. 이때 남성이 가진 완력의 우월성은 권력의 원천이 될 수 없다. 만약 어떤 인디언 부족의 풍습처럼 젊은 여자가 스스로 남편을 선택하고 아버지가 그 결혼을 결정하게 한다면, 남성의 성적 공격성은 남자에게 어떤 주도권이나 특권도 제공하지 않을 것이다. 어머니와 자식 사이의 친밀한 관계는 아이에게 주어지는 여러 가지 평가들에 따라, 어머니에게 존경의 원천도 되고 경멸의 원천도 될 것이다. 이 모자 관계 자체가 이미 말한 바와 같이 사회적 편견에 따라 인정되기도 하고 안 되기도 할 것이다.

그러므로 우리는 생물학적 조건을 존재론적·경제적·사회적·심리적인 전체 배경에 잘 비추어 이해하지 않으면 안 된다. 종에 대한 여자의 예속, 여자의 개인적 능력의 한계는 지극히 중요한 사실이다. 여자의 육체는 여자가 이 세계에서 차지하고 있는 상황의 본질적 요소 가운데 하나이다. 그러나 여자란 무엇인가를 정의하기에는 이것만으로 부족하다. 한 사회 안에서 육체는 행위를 통해서 의식에 받아들여질 때 비로소 현실성을 갖는다. 생물학은 "왜 여자가 타자(他者)인가?" 하는 우리의 질문에 답변을 줄 수 없다. 역사의 흐름 속에서 여자의 자연적인 본질이 어떻게 파악되어 왔는가를 아는 것이 중요하다. 또 인류가 여자를 어떤 존재로 만들었는가를 알아야 한다.

### 제2장 정신분석적 견해

정신분석학이 정신생리학의 영역에서 이룩한 커다란 진보는, 어떤 요소도 인간적인 의미를 포함하지 않고는 정신생활에 참가할 수 없다고 생각했다는 점이다. 실제로 존재하는 것은 과학자들이 기술한 객관적인 육체가 아니라 주체로 살아가고 있는 육체이다. 그러므로 여자는 자기를 암컷이라고 느끼는 한 암컷이다. 생물학적으로는 매우 중요하지만 여자의 체험과는 무관한 조건들도 있다. 이를테면 난자의 구조는 체험에 반영되지 않는다. 반대로 생물학적으로는 그다지 중요하지도 않은 음핵(陰核) 같은 기관이 체험에서는 매우 중요한 역할을 한다. 자연이 여자를 만드는 것이 아니다. 여자가 그 감성에 따라 자기 것으로 자연을 받아들임으로써 자신을 만드는 것이다.

이와 같은 관점에서 하나의 체계가 수립됐다. 여기서 나는 그 체계를 전면적으로 비평할 의도는 없고, 다만 그것이 여성 연구에 공헌한 점만을 검토하고

자 한다. 정신분석에 대한 검토는 쉬운 일이 아니다. 모든 종교—예컨대 그리스도교나 마르크스주의—와 마찬가지로 정신분석은 엄격한 개념의 바탕 위에 있지만 다른 한편으로 거추장스러울만큼 융통성을 보이기 때문이다. 정신분석에서는 용어가 어느 때는 매우 좁은 의미로 사용된다. 예를 들면 '팔루스(음경)'란 용어는 분명히 남자의 생식기를 가리킨다. 그런데 이것이 때로는 무한히 확대되어 상징적인 의미를 갖는다. 즉 팔루스는 남성의 성격이나 상황 '일체'를 나타내기도 한다. 만약 이 학설의 자의(字義)를 공격한다면, 정신분석학자는 상대가 그 내용을 오해하고 있다고 주장할 것이며, 그 내용을 긍정한다면 곧바로 그 자의(字義) 속에 가두려고 할 것이다. 또한 정신분석은 하나의 방법이니까 학설은 별로 중요하지 않다고 정신분석학자는 말한다. 그러나 그 방법이 성공을 거두면, 학설의 신봉자는 자기 신앙 속에서 완고해질 것이다. 정신분석학자들이 아니면 다른 어디에서 정신분석학의 진실을 찾을 수 있을까? 그런데 그리스도교도나 마르크스주의자들 사이에 이단자가 존재하는 것처럼 정신분석학자들 가운데에도 이단자가 존재한다. 그래서 많은 정신분석학자들이 "정신분석학의 가장 흉악한 적은 정신분석학자이다"라고 공언하고 있다. 또한 이것은 때때로 현학적이라 할 만큼 학문적 복잡성을 보이면서도 많은 모호한 점들이 해소되지 않고 있다. 사르트르와 메를로 퐁티가 지적한 것처럼, '성욕은 실존(實存)과 같은 외연(外延 : 일정한 개념이 적용되는 사물의 전 범위)을 갖는다'는 명제는 크게 다른 두 가지 의미로 해석될 수 있다. 곧 '실존의 모든 경험은 성적 의미를 갖는다'로 해석될 수도 있고, 또는 '모든 성적 현상은 실존적 의미를 갖는다'고도 해석될 수 있다. 이 두 가지 단정 사이에 타협도 가능하다. 그러나 대개는 어느 한쪽으로 기운다. 게다가 '성적인' 것과 '생식적'인 것을 구별하게 되면 곧 성욕의 관념은 희미해진다. "프로이트에게 성적인 것은 생식력을 개방하는 내재 능력이다"라고 달비에는 말한다. 그러나 '능력'이라는 관념, 즉 가능의 관념처럼 모호한 것도 없다. 현실만이 가능성에 대한 확증을 주기 때문이다. 프로이트는 자신이 철학자가 아니라는 이유로 자기의 이론 체계를 철학적으로 증명하기를 거부했다. 그의 제자들은 그가 그것으로 모든 형이상학적 공격을 회피했다고 주장한다. 하지만 그가 내린 모든 단정의 배후에는 형이상학적 가정(假定)이 깃들어 있다. 즉 그의 용어를 활용하는 것은 곧 하나의 철학을 받아들이는 것이다. 이런 혼란 때문에 비평이 곤란하면서도 또 필요한 것이다.

프로이트는 여자의 운명에는 그다지 관심을 쏟지 않았다. 그는 남자의 운명을 먼저 설명하고, 거기서 몇 가지 특징들만 수정하여 여자의 운명을 기술한 것이 분명하다. 프로이트 이전의 성과학자(性科學者) 마라논은 다음과 같이 확언했다. "특이한 에너지로 본 경우 리비도(성욕)는 남성적 방향의 힘이다. 우리는 오르가슴(성적 흥분의 최고조)에 대해서도 그와 같은 것을 말할 수 있다." 그에 따르면 오르가슴에 이르는 여자들은 '남성적인' 여자들이다. 성적 충동은 일방통행이며, 여자는 단지 그 중간에 있을 뿐이다.*10 프로이트는 그렇게까지 말하고 있지는 않다. 그는 여자의 성욕도 남자만큼 진화되었음을 인정한다. 그러나 여자의 성욕만을 따로 특별히 연구하려고는 하지 않았다. 그는 "리비도는 남자에게 나타나든 여자에게 나타나든 변함없이 고정적으로 남성적인 요소"라고 말한다. 그는 여성 리비도의 독자성을 인정하지 않는다. 그러므로 여성 리비도가 그에게 인간의 일반적 리비도의 복합적인 일탈로 비치는 것은 마땅하다. 그의 생각에 이 인간 일반의 리비도는 우선 양성에서 동일하게 발전한다. 모든 아기는 어머니의 젖가슴에 집착하는 구순기(口脣期)를 거친 다음에 항문기(肛門期)를 지나 끝으로 성기기(性器期)에 이른다. 양성이 구분되는 것은 이 시기이다. 프로이트는 그 이전까지는 그렇게 중요하다고 인정되지 않은 한 가지 사실을 명백히 밝혀 놓았다. 남성의 색정(色情)은 결정적으로 페니스 속에 국한되지만, 여자에게는 아주 다른 두 가지 색정 계통이 있다는 것이다. 하나는 유아기에 발달되는 음핵(陰核) 계통이요, 다른 하나는 사춘기 이후에 비로소 개화되는 질(膣) 계통이다. 사내아이는 성기기에 이르렀을 때 그 발달이 완성된다. 그는 쾌락을 자기의 주체성 속에서 추구하는 자대적 태도에서, 그 쾌락을 어떤 객체(보통 여자)에 결부시키는 타애적 태도로 옮겨 간다. 이런 이행은 사춘기에 자애의 단계를 지나면서 이루어진다. 그러나 페니스는 유아기에서처럼 특권적인 색정 기관으로 그냥 머물러 있다. 여자도 나르시시즘(自己愛)을 통해서 남자에 대해 자신의 리비도를 객체화한다. 그러나 그 과정은 남자의 경우보다 훨씬 더 복잡하다. 여자는 음핵의 쾌감에서 질(膣)의 쾌감으로 옮겨 가야 하기 때문이다. 남자에게는 한 가지 성기 단계밖에 없지만, 여자에게는 두 가

---

*10 이런 이론을 D.H. 로렌스에게서도 볼 수 있는 것이 신기하다. 《날개 돋친 뱀》에서 시프리아노는 사랑하는 여자가 오르가슴에 이르지 못하도록 조심한다. 그녀는 남자와 함께 흥분해야 하며 개별적으로 쾌락을 즐겨서는 안 된다.

지 성기 단계가 있다. 그래서 여자는 성적 발달의 마지막 단계까지 이르지 못하고 유아기에 머무르거나 신경증을 일으킬 확률이 한결 크다.

이미 자애(自愛) 단계에서 어린아이는 다소 강렬하게 객체에 애착을 느낀다. 사내아이는 자기 어머니에게 집착하면서 스스로 아버지와 동일시되기를 바란다. 아이는 이런 염원에 겁을 집어먹고 아버지가 그 때문에 자기를 벌주기 위해 거세라도 하지 않을까 두려워한다. 즉 오이디푸스 콤플렉스에서 '거세(去勢) 콤플렉스'가 생긴다. 그래서 그는 아버지에 대한 반항심이 발달하지만, 동시에 아버지의 권위를 내면화한다. 이로 인해 근친상간의 경향을 비난하는 초자아가 형성된다. 이런 경향이 억압되면 콤플렉스는 청산되며, 아들은 정신적 규칙의 형태로 자기를 내부에서 감독하던 아버지로부터 해방된다. 오이디푸스 콤플렉스의 경향이 더욱 뚜렷해지고, 그것이 무참히 부서질수록 초자아는 더욱 강해진다. 프로이트는 처음에 소녀의 성장과정도 소년과 똑같이 기록했다. 그리고 나중에 유아기 콤플렉스의 여성 형태에 엘렉트라 콤플렉스라는 명칭을 부여했다. 그러나 그는 그것을 그 자체로서 생각했다기보다 남성적인 형태에서 출발하여 규정하고 있음이 분명하다. 물론 그는 소년과 소녀 사이의 매우 중요한 차이를 인정하고 있다. 가령 소년은 어느 시기에도 아버지에게 성적으로 이끌리는 경우는 없지만, 소녀는 우선 어머니에게 달라붙는다. 어머니에게 집착하는 것은 구순기에서 내려오는 습관이다. 그때에 소녀는 아버지와 동화되려고 한다. 그러나 다섯 살 무렵부터 소녀는 해부학상 성기의 차이를 발견한다. 그리고 페니스가 없는 데 대하여 일종의 거세 콤플렉스 반응을 보인다. 소녀는 페니스가 잘려 나갔다고 상상하고 그 때문에 고민한다. 이제 소녀는 남자가 된다는 바람을 단념하고, 어머니와 동화되어 아버지를 유혹하려고 한다. 거세 콤플렉스와 엘렉트라 콤플렉스는 서로 도와 강해진다. 소녀가 아버지를 사랑하고 그와 닮고 싶어 할수록 실망은 그만큼 더 치열해진다. 거꾸로 이 낙담은 소녀의 애정을 더욱 강하게 만든다. 소녀가 자기의 열등감을 보충할 수 있는 것은 아버지에 대하여 품는 애정에 의해서이다. 소녀는 어머니에게는 적대감을 느낀다. 이윽고 소녀 속에서도 초자아가 형성되고, 근친상간적 경향이 억압된다. 그러나 그 초자아는 남자보다 더 연약하다. 최초의 애착대상이 어머니였다는 사실에서 엘렉트라 콤플렉스는 오이디푸스 콤플렉스보다 선명치 못하기 때문이다. 게다가 아버지가 자신이 비난하는 사랑의 대상이기 때문에, 아버지의 금지명령은 경쟁자인 아들의 경우만큼 강하지 않다. 성기의 발달처럼, 소녀에게 펼쳐지는 성의 드라마 전체는 그 남자형제들보다 한층 복잡하다. 때때로 소녀는 거세 콤플렉스에 대한 반동으로 여자이기를 거부하고 집요하게 페니스를 탐내면서 아버지와 동화하고 싶어 하는 경우도 있다. 이런 태도 때문에 그 소녀는 언제까지나 음핵 단계에 머무르게 되어, 불감증이나 동성애로 향하게 된다.

　이런 프로이트의 견해에 대하여 제기할 수 있는 근본적인 비판은 두 가지인데, 어느 쪽이든 그 근거는 프로이트가 남성을 기준으로 하고 있다는 사실이다. 그는 여자가 자신을 페니스가 잘린 남자로 느끼고 있다고 생각한다. 그러나 절단된다는 관념은 어떤 것과의 비교 및 가치판단을 의미한다. 많은 정신분석학자들은 오늘날 소녀들이 페니스가 없는 것을 애석해 하지만, 그것이 잘려 나갔다고는 생각하지 않음을 인정하고 있다. 이런 애석함도 그다지 일반적인 것은 아니다. 또한 그 감정은 단순한 해부학적 대조만으로 생겨날 수 없다. 많은 소녀들은 훨씬 뒤에야 남자의 신체구조가 자기와 다름을 알게 된다. 또 알게 된다고 해도 단지 시각을 통해서만 알 수 있을 뿐이다. 사내아이는 자랑할 만한 생생한 체험을 자기의 페니스에서 갖는다. 그러나 이런 자랑도 자기 자매들의 굴욕과 직접적인 관계는 없다. 왜냐하면 자매들은 남성의 성기를 그 외면으로밖에 알 수 없기 때문이다. 이 곁가지, 다시 말해 툭 부러질 것만 같은 살 막대에 대해 그녀들은 무관심하거나 혐오감밖에 느끼지 않는다. 소녀의 선망은 남자의 가치에 대한 예비지식의 결과이다. 프로이트는 이 선망에 대하여 마땅히 설명했어야 함에도 그것을 마땅한 귀결처럼 넘겨 버렸다.*11

　한편 여성 리비도에 대한 독자적인 서술이 결여되어 있기 때문에 엘렉트라 콤플렉스의 개념은 지극히 막연하다. 이미 사내아이의 경우에도 순수한 생식기적인 오이디푸스 콤플렉스의 존재는 결코 보편적인 것이 아니다. 하물며 지극히 드문 예외를 제외하고는, 아버지가 딸에 대해 성기적(性器的) 자극의 근원이 된다는 것은 인정할 수 없다. 여자의 색정에서 가장 큰 문제들 가운데 하나는 음핵의 쾌감이 고립되어 있다는 것이다. 여자의 몸 여기저기에 많은 성감대가 발달되는 것은 사춘기에 이르러 질(膣)의 색정과 관련해서이다. 열 살 된

---

*11 이 토론은 더 자세하게 다시 언급될 것이다. 제2부 제1장.

소녀에게 아버지의 키스나 애무가 음핵의 쾌감을 불러일으키는 '내재적 능력'을 갖는다는 것은 대체로 아무런 근거도 없는 주장이다. 만약 엘렉트라 콤플렉스가 지극히 모호한 감정적 성격밖에 띠고 있지 않다고 인정된다면, 그때는 감정이라는 커다란 문제가 제기되는데, 일단 이 감정을 성욕과 구별하면 프로이트 학설로는 이것을 정의할 방법이 없다. 아무튼 아버지를 신처럼 숭배하는 것이 여성의 리비도는 아니다. 어머니가 아들에게 고취하는 욕망으로 신처럼 모셔지지 않는 것과 마찬가지이다. 여성의 욕망이 지배적 존재로 향한다는 사실은 여자에게 하나의 독특한 성격을 부여한다. 그러나 여자는 그 욕망의 대상을 스스로 구성하는 것이 아니라 외부에서 받아들인다. 아버지의 우월성은 사회적 질서의 한 사실이다. 그런데 프로이트는 이 점을 설명하는 데 실패했다. 그는 아버지가 어머니보다 우월함을 어떤 역사적 시기에 어떤 권위가 결정했는지 알 수 없다고 고백한다. 그에 따르면 이 결정은 진보를 의미하는 것인데 그 원인은 알려지지 않았다. '여기서는 그것이 아버지의 권위라고 할 수는 없을 것이다. 왜냐하면 이 권위는 분명히 진보에 의해 아버지에게 부여되었기 때문이다'라고 그는 마지막 저서에서 쓰고 있다.*12

아들러(오스트리아 정신분석학자, 1870~1937)가 프로이트에게서 벗어난 것은, 인간생활의 발전을 단지 성욕에 근거를 두고 설명하려는 학설이 불완전함을 깨달았기 때문이다. 아들러는 인간생활을 완전한 인격으로 복귀시키려고 한다. 프로이트는 모든 행위가 욕망, 즉 성적 쾌락의 추구에서 발생되는 것처럼 보는 데 반하여, 아들러는 인간이 어떤 목적을 지향하고 있는 것으로 본다. 아들러는 충동적 동기 대신에 이성적 동기·합목적성·계획을 문제로 삼고 있다. 그는 지성(知性)에 너무 큰 지위를 부여하기 때문에 성적인 것을 상징적 가치로만 본다. 아들러의 학설에 따르면, 인간의 드라마는 세 시기로 구분된다. 먼저 모든 개인에게는 '권력의지'가 있으나 거기에는 '열등 콤플렉스'가 따른다. 다음으로 이 둘의 갈등 때문에 인간은, 어쩌면 이겨 낼 수 없을지도 모르는 현실의 시련을 피하려고 갖가지 속임수를 쓰게 된다. 이리하여 주체는 자기와 자기가 두려워하는 사회 사이에 어떤 거리를 둔다. 여기서 사회적 감각의 병인 신경증이 생긴다. 여자의 경우, 그 열등 콤플렉스는 자기가 여자인 것을 부끄러워하고 거부하는 모습을 보인

---

*12 프로이트의 《인간 모세와 유일신교》, K. 존스 옮김.

다. 이 콤플렉스는 페니스가 없어서 오는 것이 아니라 상황 전체에서 오는 것이다. 소녀가 페니스를 부러워하는 것은 단지 그것이 남자에게 주어진 특권의 상징처럼 생각되기 때문이다. 가정에서 아버지가 차지하는 지위, 남성존중의 일반화, 교육, 이 모든 것이 남성의 우월성을 여자에게 확신시킨다. 나중에 성관계를 가질 때에도 여자가 남자의 밑에 있게 되는 성교 체위조차 또 하나의 굴욕이다. 그래서 여자는 '남성적인 항의'로 대항한다. 여자는 남자처럼 행동하려 하거나 또는 여성 고유의 무기로 남자에게 도전한다. 어머니가 되어서야 비로소 여자는 어린아이에게서 페니스의 대용물을 발견한다. 그러나 이것은 여자가 자기를 여자로서 온전히 인정하고, 자기의 열등성을 감수하는 것을 전제로 한다. 여자는 남자보다 훨씬 더 심각하게 자기분열을 느낀다.

여기서 아들러와 프로이트의 학설적 차이나 그 조화 가능성에 집착할 필요는 없다. 요컨대 충동적 동기에 의한 설명도, 이성적 동기에 의한 설명도 결코 충분치 못하다. 모든 충동적 동기는 이성적 동기를 전제로 하고, 이성적 동기는 또 충동적 동기를 통해서만 파악되기 때문이다. 그렇다면 아들러와 프로이트 학설의 종합도 가능할 것 같다. 사실 아들러는 목적과 합목적성의 개념을 도입하면서도 심리적 인과관계의 관념을 고스란히 보존하고 있다. 그와 프로이트와의 관계는 에너지론과 기계론의 관계와 비슷하다. 충격을 문제삼든 인력을 문제삼든, 물리학자는 언제나 결정론을 인정한다. 이 결정론은 또한 모든 정신분석학자에게 공통된 가설이다. 정신분석학자들의 학설에 따르면, 인간의 역사는 이미 결정된 요인의 작용에 따라 설명된다. 그래서 그들은 여자에게 모두 동일한 운명을 마련해 주고 있다. 곧 여자의 일생은 '남성적' 경향과 '여성적' 경향 사이의 투쟁으로 귀결된다. 전자의 경향은 음핵 체계에서 실현되고, 후자의 경향은 질(膣)의 체정에서 실현된다. 유년기의 여자는 아버지와 동화하려 하고 그 다음에는 남자에 대한 열등감을 느낀다. 그리하여 다음 두 가지 가운데에서 하나를 선택하지 않을 수 없다. 자기의 자율성을 유지하면서 남성화하든가—이 경우에는 열등 콤플렉스가 긴장감을 초래하고 신경증을 일으킬 위험이 있다—아니면 종속적인 사랑 속에서 자신의 행복을 성취하든가. 두 번째 해결책은 여자가 전에 존대자인 아버지에게 가졌던 사랑 때문에 비교적 쉽다. 여자가 애인이나 남편 속에서 찾는 것은 아버지이다. 그리고 여자의 성적 사랑은 지배받고자 하는 욕망과 뒤섞여 있다. 여자는 어머니가 됨으로써 보상을 받을 것이고, 이는 여자에게 새로운 종류의 자율성을 돌려준다. 이 드라마는 독자적인 역학에 의해 연출되는 것처럼 보인다. 이는 변화무쌍한 여러 가지 우여곡절을 통해서 힘들게 전개된다. 그리고 여자는 저마다 수동적으로 이런 드라마를 받아들인다.

정신분석학자들은 자기들의 학설을 경험적 확증으로 뒷받침하는 데 유리하다. 널리 알려진 바와 같이, 프톨레마이오스(그리스천문·지리·수학자)의 천동설을 아주 교묘하고 복잡하게 만들어서, 행성의 위치를 정확히 설명할 수 있다는 주장이 오랫동안 행세할 수 있었다. 이와 마찬가지로 도착(倒錯)된 오이디푸스 콤플렉스를 오이디푸스 콤플렉스에 겹쳐 놓고, 모든 고뇌 속에서 성적 욕망을 보여 줌으로써 그들은 결국 프로이트 학설과 모순되는 사실조차도 그 속에 통합시킬 수 있을 것이다. 우리 앞에 드러난 현상들은 그 뒤에 가려진 경험적 사실들로부터 출발해야 비로소 파악될 수 있다. 그리고 눈앞에 드러난 현상들이 파악되는 방법에 따라 그 원인이 되었던 경험들(현상 뒤에 감추어진 경험적 사실들)이 마침내 구체적인 윤곽을 띠며 드러나게 된다. 그러므로 만약 프로이트적 견해에서 개개의 사례를 서술하려 한다면, 그 사례의 배후에서 언제나 프로이트적 도식(圖式)을 발견할 수도 있을 것이다. 단, 하나의 학설에서 얼마든지 애매하고 임의적인 방법으로 부차적인 해석이 나올 수 있다든가 관찰 결과 정상의 경우만큼 비정상의 경우가 발견될 때에는, 낡은 틀을 버리는 편이 낫다. 그래서 오늘날 정신분석학자들은 저마다 프로이트의 개념을 자기 나름대로 수정하는 데 노력하며 타협을 시도하고 있다. 예를 들면 어떤 현대 정신분석학자는 다음과 같이 쓰고 있다.

'콤플렉스(열등감 또는 강박관념)가 있는 이상, 그 말뜻으로 보아 여러 구성 요소들이 있다. 콤플렉스는 이런 잡다한 요소들의 집합에 있는 것이지, 그 요소들 가운데 하나가 다른 요소들을 대표하는 데 있지 않다.'[13]

그러나 단순히 여러 요소들의 집합이라는 개념은 받아들일 수 없다. 정신생활은 모자이크 장식이 아니기 때문이다. 정신생활은 전체로서 그 요소들 하나하나 속에 포함돼 있으므로, 우리는 그 통일성을 존중하지 않으면 안 된다. 그러기 위해서는 잡다한 여러 사실을 통하여 인간 실존의 근원적 의도를 재확인

---

[13] 샤를 보두앵, 《아동심리와 정신분석》.

하는 것밖에 방법이 없다. 이 근원으로 거슬러 올라가지 않으면, 인간은 마치 방향성도 없는 우발적 충동과 억압이 서로 충돌하는 전쟁터처럼 보이게 된다. 모든 정신분석학자들에게는 '선택'의 관념 및 그와 관련된 가치의 관념을 일관되게 거부하는 경향이 있다. 이것이 바로 이 체계의 본질적 약점을 구성한다. 프로이트는 충동과 억압을 실존적 선택에서 단절시켰기 때문에 그 근원을 설명하는 데 실패했다. 그는 그것들을 처음부터 주어진 것으로 보았고, 가치의 관념을 권위의 관념으로 대치하려고 시도했다. 그러나 《인간 모세와 유일신교》에서 그는 그 권위를 설명할 방법이 전혀 없음을 인정하고 있다. 예를 들면 근친상간이 금지된 것은 아버지가 그것을 금지했기 때문이라는데, 아버지가 왜 금지하는지는 알 수 없다. '초자아'는 하나의 독단적 권력에서 나온 명령과 금지를 내면화한 것이다. 거기에는 본능적 성향도 작용하고 있지만 어째서 그런지는 모르고 있다. 이 두 현실은 이질적으로 보인다. 왜냐하면 도덕은 성욕과 별개의 것으로 여겨졌기 때문이다. 이 경우 인간의 통일은 파괴되어 개인과 사회의 연결고리가 끊어져 버린다. 프로이트는 개인과 사회를 통합하기 위하여 《토템과 터부》라는 기묘한 픽션을 창작하지 않으면 안 되었다. 아들러는 거세 콤플렉스가 사회와의 관계에 의해서만 설명될 수 있다고 보았다. 그는 가치화의 문제에 한 걸음 더 접근했다. 그러나 그는 사회에서 인정받는 여러 가치들의 존재론적 근원까지 거슬러 올라가지는 못했다. 그리하여 성욕 속에도 가치가 포함되어 있는 것을 이해하지 못했기 때문에 성욕의 중요성을 간과했던 것이다.

  확실히 성욕은 인간생활에서 중요한 역할을 한다. 그것은 인간생활 전체에 침투해 있다고 말할 수 있다. 이미 생리학이 우리에게 보여 준 바와 같이, 고환의 생명과 난소의 생명은 체세포의 생명과 융합되어 있다. 실존자란 성을 가진 하나의 육체이다. 그러니까 실존자와 역시 성을 가진 육체인 다른 실존자와의 관계에 언제나 성욕은 관련되어 있다. 그러나 육체도 성도 실존의 구체적인 표현이라면, 그 의미를 발견하기 위해서는 역시 실존 자체에서 출발하지 않으면 안 된다. 이런 관점이 빠져 있기 때문에 정신분석학자들은 설명할 수 없는 사실들을 기정사실로 인정해 버린다. 예를 들면 계집아이는 엉덩이를 드러내 쭈그리고 앉아서 소변 보는 것을 '부끄러워한다'고 한다. 그러나 부끄럽다는 것은 무엇을 뜻하는가. 마찬가지로 남자는 페니스를 가졌기 때문에 자랑스러워하는

가, 아니면 페니스 속에 그의 자부심이 드러나는가를 묻기 전에, 자부심이 무엇이며 어떻게 주체의 주장이 객체 속에 구현될 수 있는가를 알지 않으면 안 된다. 성욕을 더 이상 환원할 수 없는 하나의 기정사실로 여겨서는 안 된다. 실존하는 인간에게는 더 근원적 요구인 '존재의 탐구'가 있으며, 성욕은 그 여러 측면들 가운데 하나에 불과하다. 이야말로 사르트르가 《존재와 무》에서 지적하고 있는 것이다. 또 바슐라르(프랑스 과학철학자, 1884~1962)도 대지·공기·물에 관한 여러 저서에서 이를 언급하고 있다. 정신분석학자들은 인간의 기본적인 진리란 자기 육체와의 관계이며, 사회 안에서 맺어지는 다른 사람의 육체와의 관계라고 생각하고 있다. 그러나 인간은 자기를 에워싸고 있는 자연계의 물질에 최초의 관심을 갖는다. 인간은 그런 물질을 일이나 놀이에서, 모든 '활발한 상상력'의 경험에서 발견하려고 한다. 인간은 가능한 모든 방법으로 파악된 세계 전체를 통해서 구체적으로 실존에 접해 보려고 한다. 흙을 주무르거나 구멍을 파는 것은 포옹이나 성교와 마찬가지로 근원적인 활동이다. 그러므로 여기에서 성적 상징만을 발견하는 것은 잘못이다. 구멍과 진흙과 벤 자국, 딱딱함과 완전함은 근본적 현실이다. 인간이 이에 대하여 갖는 관심은 리비도에 의해 강요되는 것이 아니고, 오히려 그런 현실이 인간의 눈에 어떻게 비치는가에 따라 리비도 쪽이 채색된다. 완전성이 인간을 매혹하는 까닭은 그것이 여자의 처녀성을 상징하기 때문이 아니라, 완전성에 대한 사랑이 인간의 눈에 처녀성을 귀중한 것으로 보이게 하기 때문이다. 노동·전쟁·놀이·예술은 다른 어떤 존재방식으로도 환원될 수 없는 세계에 대한 존재방식을 결정한다. 이런 존재방식이 나타내는 성질이 성욕의 성질과 서로 관련되어 있는 것이다. 개인은 이런 존재방식과 동시에 그러한 에로틱한 경험을 통해서 자기를 선택한다. 그러나 존재론적 관점에 의해서만 이 선택의 통일성은 회복될 수 있다.

정신분석학자가 결정론과 '집합무의식(集合無意識)'의 이름으로 가장 치열하게 배격하는 것이 이 선택의 관념이다. 이 무의식이 인간에게 기성의 이미지와 보편적 상징을 제공한다는 것이다. 꿈이나 이루지 못한 행위, 망상, 비유, 그리고 인간의 운명 등의 유사점도 무의식에 의해 설명된다. 자유를 들먹이는 것은 이 믿기 힘들 정도의 일치를 설명할 가능성을 스스로 거부하는 것이다. 그러나 실제로 자유의 관념은 어떤 항구성의 존재와 양립될 수 없는 것도 아니다. 정신분석적 방법이 학설의 오류에도 불구하고 때때로 훌륭한 성과를 거두는 것은, 모든 개개의 사례 속에는 아무도 그 보편성을 부정할 수 없는 여건이 있기 때문이다. 상황과 행위는 반복된다. 결정의 순간은 이런 보편성과 반복 가운데서 생긴다. 프로이트는 "신체구조는 운명이다"라고 말했고, 이에 대해 메를로 퐁티는 공감하듯이 "육체는 일반성이다"라고 말했다. 실존은 모두 하나이며 개별 존재 사이의 틈을 이어준다. 즉 실존은 유사한 인체 속에 구현된다. 그러므로 존재론적인 것과 성적인 것의 관계 속에는 상수(常數)가 있다. 어떤 일정한 시기에 어떤 집단의 기술(技術)이나 경제적·사회적 구조는 모든 구성원에게 똑같은 하나의 세계로서 나타난다. 따라서 성욕과 사회적 형태 사이에도 상수관계가 있을 것이다. 비슷한 상황에 놓인 유사한 개인들은 주어진 조건 속에서 비슷한 의미를 파악한다. 이 유사함은 엄밀한 보편성을 확립하지는 못하지만, 우리는 이를 통해 개개의 사례에서 일반적인 전형을 발견할 수 있다.

상징은 신비한 무의식이 만든 비유로서 우리 앞에 나타나는 것이 아니다. 그것은 저마다 의미를 가진 구체적 객체들의 비슷한 성질을 통한 하나의 의미 파악이다. 모든 실존하는 인간에게 실존의 상황이 똑같다는 사실에서, 그리고 실존하는 인간이 직면하는 사실성이 똑같다는 사실에서, 여러 가지 의미들이 수많은 개인에게 동일하게 밝혀진다. 상징은 하늘에서 떨어진 것도 땅에서 솟아난 것도 아니다. 그것은 언어와 마찬가지로, 분리인 동시에 '공존'이기도 한 인간의 현실에 따라 만들어진 것이다. 그리고 이 사실은 개개의 창의성(創意性)도 이런 인간현실에 뿌리박고 있음을 설명해 준다. 따라서 정신분석학의 방법은 학설이 공인하든 안 하든 실제로 이 사실을 인정하지 않을 수 없다. 예를 들어 이런 견해를 통해서 우리는 페니스에 일반적으로 부여된 가치를 이해할 수 있다.*[14] 이것은 주체에 '소외'의 경향이 있다는 실존적 사실로부터 출발하지 않고는 설명될 수 없다. 자기의 자유에서 오는 불안감 때문에 주체는 사물(현상) 속에서 자기를 도색하게 된다. 이것은 자기도피의 한 방법으로 매우 근본적인 경향이다. 어린아이는 젖을 떼고 '전체'에서 떨어져 나오면, 곧 거울 속이나 부모의 시선 속에서 자기의 소외된 실존을 파악하려고 노력한다. 원시인들은 마나(초자연적인 힘)나 토템 속에 자기를 소외시킨다. 문명인은 개인의 마음속이나, 자아와 명성, 소유와 작품 속에 자기를 소외시킨다. 이것은 진실하지 못한 삶

---

*14 이 주지에 대해서는 제2부 제1편 제1장에서 더 상세히 다루게 될 것이다.

의 최초의 유혹이다. 페니스는 사내아이에게 '분신'의 역할을 하는 데 가장 적합하다. 페니스는 그에게 자기 자신인 동시에 다른 객체이다. 그것은 장난감이고, 인형이며, 또 자기 자신의 육체이다. 부모와 유모는 그것을 마치 작은 인격처럼 다룬다. 이로써 우리는 페니스가 어린아이에게 '그 개인보다 보통 더 교활하고 현명하고 영리한 제2의 자아'*15가 되는 까닭을 알 수 있다. 비뇨 기능과 그 뒤 나타나는 발기(勃起)가 의지의 행위와 자연적 작용의 중간에 있다는 사실에서, 즉 페니스가 주관적으로 느껴지는 쾌락의 원천이자 스스로도 어쩔 수 없는 변덕스런 존재라는 사실에서, 페니스는 주체에 의해 자기 자신이면서도 자신 이외의 다른 것으로 생각된다. 페니스 속에는 종(種)으로서의 초월이 쉽게 손에 잡히는 형태로 구현되어 있으며, 그것은 자부심의 원천이 된다. 페니스는 자신과 분리되어 있기 때문에 남자는 거기에서 넘치는 생명력을 자기 개성에 통합시킬 수 있다. 그러므로 페니스의 길이와 오줌의 분출력, 발기와 사정 능력이 남자에게 스스로의 가치를 가늠하는 잣대가 되는 것이 이해된다.*16

이리하여 페니스는 초월을 육체의 모습으로 구현한다. 또한 사내아이가 아버지에 의해 초월되었다고, 즉 아버지에게 자기의 초월성을 빼앗겼다고 느끼는 것도 현실이므로, 여기서 '거세 콤플렉스'라는 프로이트의 관념과 다시 맞부딪치게 된다. 소녀는 이런 제2의 자아를 갖고 있지 않기 때문에 다루기 쉬운 사물 속에 자기를 소외시키지 못하고, 자기의 완전성도 회복하지 못한다. 그래서 그녀는 자기를 완전히 객체로 만들고 자기 위치를 '타자'로 설정하기에 이른다. 그녀가 자기를 사내아이와 비교했는지 어쨌는지 여부는 이차적인 문제이다. 중요한 것은, 가령 페니스가 없다는 사실을 의식하지 않더라도, 여자아이는 성기로는 자기 존재를 느낄 수 없다는 것이다. 여기에서 많은 결과가 생겨난다. 그러나 우리가 여기에서 지적한 이런 일반적 경향들이 어떤 운명을 결정하지는 않는다. 페니스가 그토록 가치를 갖는 것은 그것이 다른 영역에서 실현되는 절대적 권력을 상징하기 때문이다. 만약 여자가 주체로서 자기를 확립하는 데

---

*15 알리스 발랭, 《어린이의 내적 생활》.
*16 대변(大便)을 비교하면서 노는 농촌 아이들의 경우를 나에게 들려준 사람이 있다. 가장 양이 많고 단단한 변을 본 아이가 놀이나 싸움에서 이긴 사람보다도 존경을 받았다는 것이다. 대변이 여기서는 페니스와 같은 역할을 한 것이다. 여기에도 역시 소외(疎外)가 있다.

성공한다면, 그녀는 페니스와 대등한 것을 만들어낼 것이다. 이를테면 아이가 원하는 미래를 구현하는 인형이 페니스보다 더 귀중한 '소유물'이 될 수도 있다.*17 일부 모계사회에서는 여자가 '가면(假面)'을 독점하고 있는데, 그 집단은 이 가면 속에서 자기를 소외시킨다. 이때 페니스는 자기의 영광을 상실한다. 인간의 상황을 전체적으로 파악할 때 비로소 우리는 육체적인 특권이 인간에게 진실한 특권이 되는 까닭 또한 알게 된다. 정신분석학은 역사적 배경을 무시하고는 진실을 발견할 수 없을 것이다.

여자를 일종의 '동체'라고 말하는 것이 불충분한 것과 마찬가지로, 여자가 자기의 여성성에 대하여 갖는 의식으로 여자를 정의할 수는 없다. 여자는 자기가 속한 사회 속에서 그 의식을 얻고 있기 때문이다. 정신분석은 용어 그 자체로 무의식과 정신생활 전체를 내면화함으로써 개인의 사건이 개인의 내부에서 전개됨을 암시하고 있다. 콤플렉스·경향 등의 말은 그런 의미를 내포한다. 그러나 인생은 세계와의 관계이다. 개인이 결정되는 것은 그가 세계를 통해서 자기를 선택하기 때문이다. 우리가 현재 주목하는 여러 문제들에 대답하기 위해서는 세계로 눈을 돌려야 할 것이다. 특히 정신분석학은 여자가 왜 타자인가를 설명하지 못한다. 프로이트 자신도 페니스의 권위가 아버지의 우월성에 의해서 설명된다고 인정하면서도, 남성의 우월성이 어디서 유래하는지는 모른다고 고백하고 있기 때문이다.

정신분석학의 성과 가운데에는 아주 유익한 면도 있어서 이들을 송두리째 던져 버릴 수는 없지만, 그 방법론에는 찬성할 수 없다. 우선 우리는 성욕을 주어진 사실처럼 여기고 만족해서는 안 될 것이다. 이런 태도가 불충분하다는 점은 여성 리비도에 관한 설명의 빈곤함이 명백히 보여 준다. 이미 말한 바와 같이, 정신분석학자들은 여성 리비도 문제에 정면으로 부딪치려 하지 않고 단지 남성 리비도에서 출발해 생각했을 뿐이다. 그들은 남성이 여성에 대하여 행사하는 매력의 근본적인 양면성을 몰랐던 것 같다. 프로이트 학파와 아들러 학파는 여자가 남성 성기 앞에서 느끼는 불안과 고민을 좌절된 욕망의 도착(倒錯)으로 설명하고 있다. 슈테켈은 두 학파보다 좀더 깊이 들어가서 거기에 독자적인 반응이 있다고 보았다. 그러나 그는 이를 피상적으로만 설명하고

---

*17 이 생각에 대해서는 제2편에서 다시 다루기로 하고 여기서는 그 방법론만을 지적해 둔다.

있다. 즉 여자는 처녀성의 상실·페니스 삽입·임신의 고통을 두려워하며, 이런 공포가 여자의 욕망을 억압한다는 것이다. 이 설명은 지나치게 합리적이다. 욕망이 불안으로 변하거나 공포에 사로잡힌다는 학설을 인정하는 대신, 여자의 욕망이라는 일종의 긴박하면서도 두려운 호소를 여성의 독자적인 것으로 보는 태도가 필요하다. 애착과 반발이라는 불가분의 통합이야말로 여자의 욕망을 특징짓는다. 많은 동물의 암컷들이 교미를 갈망하면서도 그것을 피한다는 점은 주목할 만하다. 사람들은 그것을 교태나 위선이라고 비난한다. 그러나 원시적인 행동을 복잡한 행동과 같은 차원에서 설명하는 것은 불합리하다. 반대로, 여자의 교태와 위선 같은 태도의 근원에는 원시적 행동이 있다. '수동적 리비도'라는 관념도 황당할 뿐이다. 리비도는 우선 남자를 기준으로 한 충동이나 에너지로 규정되기 때문이다. 그런데 인간은 한 가지 빛이 동시에 노랄 수도 있고 푸를 수도 있다고 곧바로 생각하지는 않을 것이다. 인간은 마땅히 녹색을 직관하지 않을 수 없다. 리비도를 '에너지'라는 막연한 용어로 정의하는 대신, 성욕의 의미를 인간의 다른 태도, 즉 취(取)한다, 붙잡는다, 먹는다, 행한다, 받아들인다 등의 의미와 비교한다면 현실을 더 잘 파악할 수 있을 것이다. 왜냐하면 성욕이란 어떤 대상물을 파악하려는 온갖 방법의 하나이기 때문이다. 또한 그 성적 대상이 성적 행위에서뿐만 아니라 지각(知覺) 전체를 통해 나타나는 모습 그대로 그 특질을 연구해야 할 것이다. 이런 검토는 성애를 더 이상 환원될 수 없는(다른 것으로 바꿀 수 없는) 것으로 보는 정신분석학의 영역에서 벗어나는 것이다.

다른 한편으로 우리는 여자의 운명이라는 문제를 전혀 다른 각도에서 보려고 한다. 즉 우리는 여자를 가치의 세계에 놓고 그 행위에 자유의 차원을 주려고 한다. 우리 생각으로는 여자도 자기초월의 확립과 객체에서의 자기소외 사이에서 어느 한쪽을 선택하지 않으면 안 된다. 여자는 모순되는 충동에 멋대로 휘둘리는 것이 아니라, 스스로 윤리적 단계가 있는 온갖 해결책을 발명한다. 가치를 권위로, 선택을 충동으로 대치함으로써 정신분석학은 도덕의 대용품을 제시하고 있다. 바로 정상(正常)이라는 관념이다. 이 관념은 치료법의 영역에서는 확실히 유익한 것이다. 그러나 이 관념은 정신분석학 전반에 걸쳐 위험한 지경까지 확대되었다. 개략적인 설명이 마치 원칙처럼 생각되고 있다. 확실히 유물론적 심리학은 윤리의 발명이란 관념을 받아들일 수 없을 것이다.

그것은 엄밀히 말해서 마이너스는 설명할 수 있어도 플러스는 결코 설명할 수 없다. 실패는 인정해도 창조는 인정하지 못한다. 만약 주체(主體)가 전체적으로 보아 정상이라고 생각되는 진화를 완전하게 수행하지 못한다면 진화는 중도에 정지된 것으로 간주될 터이다. 그리고 그들은 이 정지를 실패와 소극성으로 해석하고, 결코 격극적인 결정으로는 해석하지 않을 것이다. 이 점이 무엇보다도 위인들에 대한 정신분석을 아주 어색하게 만든다. 정신분석학자들은 이러이러한 전이(轉移), 이러이러한 승화(昇華)가 그들 가운데서 실현되는 데 실패했다는 말은 해도, 그들이 아마 그것을 거부했는지도 모르며 어쩌면 그럴 만한 정당한 까닭이 있었는지도 모른다고는 상상하려 들지 않는다. 그들의 행위가 자유로이 세워진 목적에 따라 행해졌다고는 생각하지 않는다. 어떤 개인을 설명한다는 것은 언제나 과거와의 관계에서이지 그가 자기를 투기(投企 : <sub>현재를 초월하여 미래로 자기를 내던짐. '기투'라고도 함</sub>)하는 미래와의 관계에서가 아니다. 그래서 정신분석학자들은 우리에게 비본래적인 이미지밖에 주지 못한다. 인간을 이렇게 비본래적으로 보는 한, 그들은 정상 이외의 다른 표준을 거의 발견할 수 없다. 여자의 운명에 대한 그들의 설명은 이런 점에서 가장 일목요연하다. 정신분석학자들이 이해하는 의미로 어머니나 아버지에게 '동화한다'는 것은 어떤 모델 속에 자기를 소외시키는 것이며, 자기실존의 자발적인 움직임이라기보다는 자기와 다른 이미지를 택하는 것이다. 즉 이것은 결국 존재하는 체하는 것이다. 여자는 두 가지 형태의 소외 사이에서 헤맨다. 남자인 체하는 것이 여자에게는 좌절의 원인임이 명백하다. 그러나 여자인 체하는 것도 또한 거짓이다. 여자라고 자처하는 것은 객체, 즉 타자가 된다는 뜻이다. 그리고 이 타자는 자기를 포기하고 더 이상 돌아보지 않는다 해도 여전히 주체로 머물러 있기 때문이다.

여자에게 진정한 문제는 이런 도피를 거부하고 자기초월을 실현하는 것이다. 그러므로 남성적 태도 또는 여성적 태도가 여자에게 어떤 가능성을 열어 주는가를 아는 것이 중요하다. 어린아이가 부모의 지시대로 움직이는 것은 그 어린아이가 부모의 계획을 자유로이 자기 것으로 삼았기 때문일 수도 있다. 그의 행위는 목적에 따른 선택의 결과일지도 모른다. 아들러 학설에서 주장하는 권력에의 의지란 일종의 터무니없는 에너지일 뿐이다. 그는 초월이 구현되는 모든 시도를 '남성적 항의'라고 부른다. 그의 학설에 의하면 소녀가 나무에 기어오르는 것은 사내아이와 같아지기 위해서이다. 그는 나무를 기어오르는 일이

제1편 운명 89

소녀에게 즐거울 것이라고는 상상하지 못한다. 어머니에게 있어서 어린아이는 '페니스의 등가물(等價物)'이 아니다. 그림을 그리거나 글을 쓰거나 정치를 하는 것은 그저 '훌륭한 승화(昇華)'를 위한 것이 아니다. 거기에는 자기 자신이 추구하는 목적이 있다. 이 사실을 부정하는 것은 인간의 모든 역사를 왜곡하는 것이다.

나의 설명과 정신분석학자들의 설명 사이에 어떤 유사점이 있음을 독자들은 눈치챘으리라 믿는다. 그것은 남자의 관점—정신분석학자들은 남녀를 막론하고 이 관점을 취하고 있다—에서 본다면 자기소외 행위는 여성적으로 간주되고, 주체가 자기초월을 확립하는 행위는 남성적으로 간주된다는 점이다. 《여자의 역사》를 쓴 도널드슨은 '남자는 인간의 수컷이고, 여자는 인간의 암컷이다'라는 정의가 불균형적으로 비뚤어지고 말았다고 지적했다. 남자만이 인간이고 여자는 암컷이라는 정의는 특히 정신분석학자들 사이에서 흔히 볼 수 있다. 그들은 여자가 인간으로서 행동할 때마다 남자를 모방하는 것이라고 주장한다. 정신분석학자는 어린 여자아이나 소녀가 아버지나 어머니에게 동화되고자 하는 것을 가리켜 '남성적' 경향과 '여성적' 경향으로 양분되는 것이라고 우리에게 설명한다. 한편 우리는 이것을 객체의 역할, 즉 자신에게 제시된 '타자'의 역할과 자기 자유의 요구 사이에서 그 소녀가 망설이는 것으로 해석한다. 이와 같이 우리는 몇 가지 사실에서 정신분석학과 견해가 일치할 때도 있을 것이다. 특히 우리가 여자에게 제시된 비본래적인 도피의 길을 고찰할 때 그러하다. 그러나 우리는 여자에게 프로이트 학파나 아들러 학파와 같은 의미를 결코 부여하지 않는다. 우리에게 있어서 여자는 가치의 세계 속에서 가치를 찾는 인간이다. 그래서 이 세계의 경제적·사회적 구조를 아는 것이 필요하다. 이제 우리는 실존의 관점에서 이 세계의 전체적인 상황을 통해 그것을 연구해 갈 것이다.

### 제3장 유물사관의 입장

유물사관(唯物史觀) 이론은 대단히 중요한 여러 가지 진리를 밝혀냈다. 예를 들어 인간은 단순한 동물의 일종이 아니다. 그것은 하나의 역사적 현실이다. 인간사회는 반자연(反自然)이다. 인간사회는 자연을 있는 그대로 수동적으로 받아들이는 것이 아니라 자연을 자기에게 맞도록 개조한다. 이런 개조는 내적으로 주관적으로 행해지는 것이 아니다. 그 작업은 실천 속에서 객관적으로 행해진다. 이런 사실들로 보아 여자도 단순히 성(性)을 가진 유기체로만 간주할 수는 없다. 생물학적 여러 조건들 가운데서도 행위 속에서 구체적인 가치를 지니는 조건들만 중요성을 갖는다. 여자가 자신에 대하여 갖는 의식은 그 성별만으로 결정되는 것은 아니다. 그 의식은 인간이 도달한 기술적 진화 단계인 사회의 경제적 구조에 따른 하나의 상황을 반영한다. 앞서 살펴 본 것처럼, 생물학적으로 여자를 규정짓는 두 가지 본질적인 특징은 다음과 같다. 즉 세계에 대한 여자의 파악은 남자보다도 더 좁고 제한되어 있으며 여자는 남자보다 더 엄하게 종(種)에 예속되어 있다. 그러나 이런 사실들도 경제적·사회적 배경에 따라서 전혀 다른 가치를 갖는다. 인간 역사상 세계에 대한 파악은 결코 벌거벗은 육체에 의해 규정되지 않는다. 손은 물건을 움켜잡는 엄지손가락을 지니고 있다. 그리하여 손은 단순한 손에 머물지 않고 자기의 힘을 배가하는 도구를 향해 이미 자기를 초월하고 있다. 인류 역사가 시작되기 전의 가장 오랜 문헌에서도 인간은 언제나 무기를 갖고 나타난다. 무거운 곤봉을 휘둘러서 야수를 꼼짝 못하게 해야 했던 시대에는, 여자의 나약한 육체는 명백한 열등성을 지니고 있었다. 여자가 행사할 수 있는 힘보다 약간 큰 힘을 도구가 요구하기만 해도, 여자는 아주 무능력해 보인다. 그러나 반대로 기술이 남자와 여자를 갈라놓는 완력의 차이를 없애는 수도 있다. 풍부한 힘도 필요라는 관점에서 보지 않으면 우세한 것이 못 된다. 많이 갖는 것이 충분히 갖는 것보다 더 우세하다고는 말할 수 없기 때문이다. 이를테면 근대적 기계의 조작은 남자가 사용할 수 있는 힘의 일부분만 필요로 한다. 그 필요의 최소한도가 여자의 능력을 능가하지 않는다면 여자는 노동에 있어서 남자와 동등하게 된다. 사실 오늘날에는 간단하게 버튼 한 개만 눌러도 거대한 에너지를 움직일 수 있다. 어머니로서 여자가 강요받는 일도 풍습에 따라 그 정도가 아주 가지각색이다. 여자가 아기를 많이 낳도록 강요당하고 또 아무런 도움 없이 그 아기를 먹이고 키워야 한다면, 여자는 어머니로서의 일에서 헤어날 길이 없을 것이다. 그러나 여자가 자유로이 아이를 낳고, 사회가 임산부를 도와주고 어린아이를 돌봐 준다면, 어머니의 부담은 한결 가벼워지고 대신 노동의 영역에서 쉽사리 그것을 보상할 수 있게 된다.

 이런 관점에서 엥겔스는 《가족, 사유재산, 국가의 기원》에서 여자의 역사를 더듬어 쓰고 있다. 이 역사는 본질적으로 기술의 역사에 좌우된다. 토지가 씨족 구성원 모두의 공동소유였던 석기시대에는 원시적인 가래와 괭이의 성격이 농경의 가능성을 제한하고 있었다. 그래서 여자의 힘은 채소밭 정도의 경작에 필요한 노동에 알맞았다. 이 노동의 원시적인 분화에서 남녀 양성은 이미 두 계급으로 구분되었던 셈이다. 그래도 이 두 계급 사이에는 평등이 있었다. 남자가 사냥과 고기잡이를 하는 동안 여자는 가정에 머물러 있었는데, 가정의 임무에는 생산적인 일, 즉 토기 제조·직조·원예가 포함되었다. 이런 일로 여자도 경제적인 생활에서 커다란 몫을 해냈다. 그런데 구리·주석·청동·철의 발견으로 쟁기를 만들게 되어 농업은 그 영역을 넓힌다. 삼림을 개간하고 들판을 경작하기 위해서는 강력한 노동이 필요해진다. 그리하여 남자는 다른 남자들을 이용하게 되고 그들을 노예로 삼았다. 이렇게 하여 사유재산이 생겨났다. 노예와 토지의 주인이 된 남자는 또한 여자의 소유자가 되었다. '여성의 역사적인 큰 패배'가 여기에 있는 것이다. 이 패배는 새로운 도구가 발명됨에 따라 남녀 노동의 구분에서 갑자기 생겨난 대혼란으로 설명된다. '이제까지 집 안에서 여자에게 권한을 보장해 준 원인, 즉 여자가 가내 노동에만 전념하고 있다는 그 같은 원인이 이제는 집 안에서 남자의 지배를 보장하게 되었다. 그때부터 여자의 가내 노동은 남자의 생산노동 앞에서 퇴색되어 버렸다. 남자는 전부가 되었고, 여자는 무의미한 부속물이 되었다.' 이때부터 아버지의 권리가 어머니의 권리를 대치하게 되었다. 영지(領地)는 아버지에게서 아들에게 상속되고, 더 이상 여자에게서 그 씨족에게 넘어가지는 않았다. 이것이 사유재산 위에 구축된 가부장 가족(家父長家族)의 출현이다. 이런 가족 안에서 여자는 압제를 당한다. 지배자로 군림하는 남자는 무엇보다도 성적 자의(恣意)가 인정된다. 그는 노예나 창녀와 동침하고, 혼자 많은 아내를 거느린다. 풍습이 남녀 평등을 가능하게 하자마자 여자도 부정(不貞)으로 이에 복수한다. 마땅히 결혼에는 간통이 부속물처럼 따른다. 이것이야말로 여자를 옭아매고 있는 가정에서의 노예상태에 대한 여자의 유일한 방어책이다. 여자가 받고 있는 사회적 압박은 경제적 압박의 결과이다. 평등은 남녀 양성이 법적으로 평등한 권리를 가질 때 비로소 회복될 수 있다. 그러나 그 해방은 온 여성의 공적(公的) 생산에의 복귀를 요구한다.

'여자의 해방은 그녀가 사회적으로 상당한 규모에서 생산에 참가할 수 있고,

가내 노동이 그녀에게 대수롭지 않은 일 정도로만 요구될 때 비로소 가능하다. 그리고 이 해방이 가능해진 것은, 대규모 여성 노동을 인정할 뿐만 아니라 그것을 정식으로 요구하는 대규모 근대산업에 의해서였다……'

이와 같이 여자의 운명과 사회주의의 운명은 밀접한 관련을 가지고 있다. 베벨은 여성을 위하여 쓴 방대한 저서에서 '여성과 프롤레타리아 둘 다 피압박자이다'라고 말하고 있다. 양자를 해방시키는 것은 기계화가 가져다준 커다란 변동에서 비롯된 경제적 발전이다. 여성문제는 여자의 노동력 문제로 귀착된다. 여자들은 기술이 여자의 능력에 적합했던 시대에는 권위를 가졌고, 능력을 행사할 수 없게 되면서 동시에 위신을 잃었다. 그리고 근대사회 속에서 여자는 남성과의 평등을 재발견한다. 대다수 국가에서 이런 평등의 구체적인 실현을 방해하는 것은, 자본주의 국가에 남아 있는 낡은 가부장주의의 저항이다. 이 저항이 타파되는 날부터 평등이 구체적으로 실현될 것이다. 소련에서는 이미 평등이 실현되고 있다고 선전하고 있다. 그리고 사회주의적 사회가 온 세계에서 실현될 때에는, 더 이상 남자도 여자도 없고 오로지 서로 평등한 근로자만 남게 될 것이다.

엥겔스가 시도한 종합적 이론은, 우리가 이제까지 보아 온 이론보다 한걸음 앞섰지만 역시 우리를 실망시키고 있다. 가장 중요한 문제가 교묘하게 빠져 있기 때문이다. 역사 전체의 회전축이 되는 것은 공유재산제에서 사유재산제로의 이행인데, 여기서는 그것이 어떻게 이루어질 수 있었는가 전혀 설명되지 않고 있다. 엥겔스 자신도 "이제까지 그것을 전혀 알지 못한다"고 고백하고 있다.*18 그는 그것에 대하여 역사적으로 상세히 모를 뿐더러, 그것에 대한 어떤 해석도 암시하지 않았다. 마찬가지로 사유재산제도가 필연적으로 여자의 예속을 가져왔다는 것도 명백하지 않다. 유물사관은 설명이 필요한 사실들을 그저 기정사실로 간주하고 있다. 예를 들어 엥겔스는 충분한 검토도 없이 인간을 재산과 결부시키는 '이해(利害)'의 유대를 인정한다. 그러나 사회제도의 근원인 이 이해는 그 자체의 근원을 어디에 두고 있는가? 엥겔스의 설명은 표면적인 데서 멈추고 그가 발견한 진리는 우연적인 것처럼 보인다. 유물사관의 한계에서 벗어나지 않고서는 이런 진리를 더 깊이 연구하기란 불가능하다. 유물사

---

*18 《가족, 사유재산, 국가의 기원》.

관은 우리가 지적한 문제들을 해결할 수 없을 것이다. 왜냐하면 이런 문제들은 인간 전체에 관계되는 것이지 추상적인 '경제적 인간'에만 국한되는 것이 아니기 때문이다.

예를 들면 개인의 소유라는 관념도 실존자의 본원적 조건에서 출발하지 않는다면 무의미하다. 그 관념이 나타나기 위해서는 우선 주체 속에 그 자신을 본질적 개별성으로 인정하는 경향이 있어야 한다. 즉 주체는 자율적이며 타인과 분리된 자기 존재를 주장하지 않으면 안 된다. 이런 의향은 개인이 객관적으로 그것을 만족시키는 현실적 수단이 없는 한, 주관적으로나 내적으로 진실성이 없는 상태에 머물러 있었음을 우리는 알 수 있다. 인간은 적절한 도구의 부족으로 처음엔 세계에 대한 자기의 힘을 의식하지 못했다. 인간은 자연과 집단 속에 매몰되어 피동적으로 위협을 느꼈고, 미지의 힘에 놀림감이 되었다. 언제나 씨족 전체에 동화되어야만 자기를 의식할 수 있었다. 토템이나 마나(초자연적인 힘을 뜻하는 멜라네시아 토착어), 대지(大地)는 집단적인 현실이었다.

청동의 발견은 인간으로 하여금, 고된 생산 노동의 시련 속에서 스스로를 창조자로 만들었다. 자연을 지배하게 된 인간은 더 이상 자연이 두렵지 않았다. 온갖 저항을 극복한 인간은 그 성공 앞에서 대담하게도 자기를 자주적인 활동력으로 생각하고, 개별성 속에서 자기를 실현하게 되었다.*[19] 그러나 인간이 그런 자기실현을 근본적으로 원하지 않았다면 그것은 결코 실현되지 않았을 것이다. 노동의 교훈도 수동적인 주체에게는 흔적을 남기지 않았다. 즉 주체는 그 스스로 도구를 만들고 대지를 정복함으로써 자기를 단련하고 정복한 것이다. 한편, 주체가 되고자 하는 주장만으로는 소유를 설명하기에 충분치 않다. 도전·전투·특수한 싸움 속에서 저마다 우월성을 획득하려고 시도하는 경우는 있다. 그러나 도전이 포틀래치(북미 인디언들의 물물교환 파티)의 형태, 즉 경제적 경쟁의 형식을 취하고 그때부터 먼저 족장이, 다음에는 씨족 전원이 사유재산을 요구하기 위해서는 인간 속에 하나의 다른 근본적인 경향이 있어야 한다. 우리는 앞 장

---

*[19] 가스통 바슐라르는 《토지와 의지의 몽상》에서 대장장이의 노동에 대하여 시사하는 바가 많은 연구를 하고 있다. 그는 어떻게 해서 망치와 모루에 의해 인간이 자기를 확립하고 또 타인과 분열하는가를 보여 주고 있다. '대장장이의 순간은 동시에 고립되고 확대된 순간이다. 그것은 격심한 성질에 의해 노동자에게 시간을 지배하게 한다.' 또 '대장장이는 자기와 대결하는 세계의 도전을 받고 있다.'

에서, 실존하는 인간은 자기를 소외시켜야만 자기를 성공적으로 파악한다고 말했다. 그는 세계 속에서 자신 이외의 것으로부터 자기를 구하고 그것을 자기 모습으로 만든다. 토템이나 마나, 그가 점유한 토지에서 씨족이 찾아내는 것은 그 소외된 실존이다. 개인이 공동체에서 이탈될 때, 그는 특수한 구현을 요구한다. 이리하여 마나는 족장 속에서, 다음엔 각 개인 속에서 개성화한다. 동시에 개개인은 한 덩어리의 흙과 노동의 도구, 수확을 사유화하려고 한다. 자기가 얻은 이런 부(富)에서 인간이 다시 발견하는 것은 자기 자신이다. 이는 인간이 그와 같은 투가적인 것으로 자기를 소외시켰기 때문이다. 그러므로 인간이 그런 부에, 자신의 생명과 마찬가지로 기본적인 중요성을 부여하는 것도 이해할 수 있다. 인간과 그의 재산에 대한 '이해' 관계는 이렇게 명백해진다. 그러나 이 관계를 도구만으로 설명할 수는 없다. 도구로 무장한 인간의 온갖 태도를 파악하지 않으면 안 된다. 이 태도는 존재론적 하부구조를 전제로 삼고 있다.

그와 마찬가지로, 사유재산제도에서 여성 압박을 추론하는 것도 불가능하다. 여기서도 또한 엥겔스의 관점이 부적당함이 명백히 드러난다. 여자의 육체적 연약함이 청동 및 철제 도구와의 관계에서 구체적인 열등함으로 나타났다는 점은 그도 잘 이해했다. 그러나 여성 노동력의 한계는 어떤 일정한 관점에서 볼 경우에만 구체적인 불리(不利)한 사항이 된다는 점을 그는 간과했다. 인간이 새로운 도구를 얻을 때 언제나 새로운 요구를 하는 것은, 인간이 초월적이며 야심적 존재이기 때문이다. 실제로 인간은 청동기를 발견하자 더 이상 채소밭 가꾸기에 만족하지 않고 광대한 벌판을 개간하고 경작하려고 했다. 이런 의지가 솟아나는 것은 청동 자체에서가 아니다. 남자가 재산 축적과 세력 팽창 계획을 통해 여자를 무능력하다고 판단했기 때문에, 여자의 무능력이 여자의 몰락을 초래하게 되었다. 그런데 이 계획을 검토하는 것만으로는 여자가 압박받았다는 것을 설명하기에는 아직 불충분하다. 왜냐하면 양성의 분업에 의해 남녀가 사이좋게 협력할 수도 있었기 때문이다. 만약 인간과 인간의 근본적인 관계가 우호적인 관계라면 어떤 노예적 유형도 설명될 수 없을 것이다. 예속현상은 객관적으로 자기의 우월성을 성취하려고 하는 인간 의식의 제국주의에서 비롯된 것이다. 인간의 의식 속에 타자라는 근본적 범주와 타자를 지배하려는 근본적 의지가 없었더라면, 청동기의 발견도 여성의 억압을 초래할 수는 없었을 것이다. 엥겔스는 또한 이 압박의 특수성도 설명하지 못했다. 그는 양성의 대립을 계급 투쟁에 귀결시키려고 했다. 그것도 그는 대단한 확신도 없이 그렇게 했다. 그래서 그 이론은 근거가 부족하다. 사실 성에 의한 노동의 구분과 그 결과 발생한 압박은 어떤 점에서는 계급 구분을 초래한다. 그러나 이 양자를 혼동해서는 안 된다. 계급 사이의 분열에는 아무런 생물학적 근거가 없다. 노동에서 노예는 주인에 대하여 자기를 의식한다. 프롤레타리아는 반항 속에서 언제나 자기의 처지를 실감한다. 이렇게 해서 그는 본질적인 것으로 돌아가 자기의 착취자를 위협한다. 프롤레타리아가 노리는 것은 프롤레타리아 계급의 소멸이다.

우리는 서론에서 여자가 남자와 생활 및 이해를 공유하면서 서로 연대하고 있기 때문에, 또 남자가 여자 속에서 공범자를 발견하기 때문에 여자의 상황이 이런 프롤레타리아의 상황과는 얼마나 다른가를 이야기한 바 있다. 여자에게는 어떤 혁명의 의욕도 없다. 여자가 성(性)으로서의 자기를 말살할 수는 없을 것이다. 여자는 단지 성적 특질에서 오는 얼마간의 결과가 폐지되기를 바랄 뿐이다. 보다 중요한 것은, 여자를 단순한 노동자로 보는 것은 기만이라는 점이다. 왜냐하면 여자의 생산능력과 마찬가지로 여자의 생식기능은 개인생활과 사회경제에 있어서 중요하기 때문이다. 쟁기질을 하는 것보다 아이를 낳는 것이 더 유익한 시대도 있었다. 엥겔스는 그 문제를 슬쩍 넘겨 버렸다. 그는 사회주의 공동체가 가족제도를 소멸시킬 것이라고 선언하는 데 그치고 있다. 그것은 매우 추상적인 해답이다. 생산과 생식의 직접적인 수요의 균형이 갖가지로 변화하는 상황에 따라, 소련이 가족정책을 얼마나 자주 근본적으로 변경하지 않으면 안 되었는지는 잘 알려진 사실이다. 게다가 가정의 말살이 반드시 여자를 해방하는 것은 아니다. 스파르타와 나치 시대의 실례는, 여자가 국가에 직접 소속되어 있어도 여전히 남자에게 예속당할 수 있음을 증명한다. 진정한 사회주의적 윤리는 자유를 억압하지 않고 정의를 추구하며, 개인에게 책임을 부과하되 개성을 말살하지 않는데, 이런 윤리조차 여자의 조건이 제기하는 문제로 말미암아 매우 복잡해진다. 임신을 아주 간단하게 '노동'이나 군복무 같은 '의무'와 동일시하기는 불가능하다. 여자에게 아기를 낳으라고 강요하는 것은, 시민의 직업을 규제하는 것보다도 더 여자의 사생활을 깊숙이 침범하는 것이다. 실제로 이제까지 어떤 국가도 여자에게 제도적으로 성교를 강요한 적은 없다. 여자는 성행위와 임신과 출산에 시간과 힘을 바칠 뿐만 아니라 본질적인 가치도 바친다. 흘리적 유물론자가 이 성의 극적(劇的) 성격을 무시하려고 해도 소용없다. 성본능은 규칙화할 수 없다. 성본능이 그 속에 만족을 거부하는 힘을 갖는지는 확실치 않다고 프로이트는 말하고 있다. 확실한 것은 색정 속엔 시간에 대한 순간의 반항과 우주에 대한 개인의 반항이 있기 때문에, 성본능은 사회와 일체가 될 수 없다는 것이다. 성본능을 일정 방향으로 유도하거나 이용하려 들다가는 오히려 그것을 해칠 위험이 있다. 왜냐하면 살아 있는 자발적 유기물을 무기물처럼 함부로 다룰 수는 없기 때문이다. 그리고 자유를 강제할 수 없듯이 자발성도 강제할 수는 없다. 여자에게 아기를 낳으라고 직접 강요할 수는 없을 것이다. 어머니가 되는 것이 유일한 돌파구가 되는 그런 상황으로 여자를 몰아넣는 것이 할 수 있는 전부이다. 이를테면 법률과 풍습으로 여자에게 결혼을 강요한다거나, 피임과 낙태를 불법화하고 이혼을 금지하는 것이다. 오늘날 소련이 부활시킨 것은 이런 족장제도의 낡은 속박이었다. 결혼의 가부장주의적인 이론을 복고시킨 것이다. 그리하여 또다시 여자에게 성적 객체가 되도록 요구하는 결과가 되었다. 최근의 어떤 담화는 소련 여자에게, 화장하고 단장하여 남편을 사로잡아 욕정을 일으키도록 요염해지기를 권유하고 있었다.

이 실례에서 알 수 있듯이, 여자를 단지 생산적인 힘으로만 보기는 불가능하다. 여자는 남자의 성적 배우자이고 생식 담당자이며, 성적 객체이고 타자이다. 남자는 이 타자를 통해 자기 자신을 구한다. 전체주의나 독재정치가 아무리 정신분석학을 만장일치로 금지해도, 또 충실하게 국가와 하나가 된 시민들에게 개인적 드라마가 개입될 여지가 없다고 선언해도 헛된 일이다. 색정은 언제나 일반성이 개별성에 의해 다시 파악되는 하나의 경험이다. 그리고 계급은 없어져도 개인은 없어지지 않는 민주적 사회주의에서는 개인의 운명에 대한 문제가 매우 중요시될 것이다. 따라서 성적 차이도 전적으로 중대해질 것이다. 여자를 남자와 결부시키는 성적 관계는 남자가 여자에 대해 유지하는 관계와 동일한 것이 아니다. 여자를 아기와 결부시키는 유대는 다른 어떤 유대와도 비교될 수 없다. 여자는 청동기로만 창조된 것이 아니다. 기계도 여자를 없앨 수 없다. 여자를 위한 모든 권리와 보통 인간이 지니는 모든 기회를 요구한다는 것은, 여자의 특이한 상황 앞에서 눈을 감아야 함을 의미하지 않는다. 여자를

제1편 운명 97

알기 위해선, 남자와 여자 속에서 경제적 실체만을 보는 유물사관의 테두리를 넘어서지 않으면 안 된다.

그러므로 우리는 같은 이유에서 프로이트의 성적 일원론과 엥겔스의 경제적 일원론을 거부한다. 정신분석학자는 여자의 모든 사회적 권리 요구를 '남성적 반항' 현상으로 해석하고 있다. 반대로 마르크스주의자는, 여자의 성은 다소 복잡한 우여곡절을 거쳐 여자의 경제적인 처지를 표현할 뿐이라고 한다. 그러나 '음핵'과 '질(膣)'의 범주든 '부르주아'와 '프롤레타리아'의 범주든, 그것들은 살아 있는 여자를 가두기에는 똑같이 무력하다. 인류의 경제사(經濟史)처럼 개인의 드라마 역시 그 기반에는, 한 인생이라는 특수한 형태를 그 통일성 속에 이해시켜 주는 실존적 하부구조가 있다. 프로이트 학설의 가치는 실존하는 인간이 육체로 이루어진 존재라는 사실에서 비롯된다. 즉 실존하는 인간이 육체로서 다른 육체와 직면하여 자기를 느끼는 방법은 구체적으로 실존적 상황을 나타내는 것이다. 이와 마찬가지로 마르크스주의 이론에서 진실은, 실존하는 인간이 존재론적 주장이 그 주체에게 제공되는 물질적 가능성에 따라서, 특히 기술 진보에 의해 열리는 가능성에 따라서 구체적 형태를 취한다는 것이다. 그러나 그 주장을 인간적 현실 전체와 통일시키지 않는다면, 성과 기술만으로는 아무것도 설명할 수 없을 것이다. 그러므로 프로이트의 학설에서 초자아에 의한 억제와 자아의 충동은 우연적인 사실처럼 보였다. 또 가족의 역사에 대한 엥겔스의 이론에서는 가장 중요한 사건조차 신기하고 불가사의한 우연의 변덕에 의해 뜻밖에 일어난 것처럼 되어 있다. 우리는 여자를 연구해 가는 과정에서 생물학·정신분석학·유물사관의 여러 공로들을 거부하지 않는다. 그러나 육체·성생활·기술 등은 인간 존재의 총체적 전망 속에서 파악될 때에만 인간에게 구체적 의미를 지닌다고 생각한다. 완력·음경·도구의 가치는 하나의 가치 체계에서만 정의될 수 있다. 즉 가치는 실존하는 인간이 존재를 향해 자기를 초월하는, 기본적 투기(投企) 현상에 의해 결정된다.

# 제2편
# 역사

## 제1장 유목민들

이 세계는 언제나 남성의 소유였다. 이를 뒷받침하는 여러 해석들이 있지만, 그 어느 것도 우리에게는 충분하지 않았다. 선사학(先史學)과 민속학의 성과를 실존주의 철학의 방법으로 재검토해야 비로소 남녀 양성 간의 서열이 어떻게 생겼는지 이해할 수 있을 것이다. 두 부류의 사람이 만날 때 서로 상대에게 자기의 지배력을 강요하려고 한다는 것은 이미 설명한 바 있다. 쌍방 모두 이 요구를 밀고 나갈 능력이 있다면, 대립의 형태를 취하든 우정의 형태를 취하든 긴장 속에서 대등관계가 형성될 것이다. 그러나 어느 한편이 유리할 때는 유리한 쪽이 다른 편을 이겨, 계속 억압하고자 한다. 남자가 여자를 지배하려는 의지를 갖게 된 이유도 이로써 이해된다. 그러나 어떤 특권으로 남자가 이런 의지를 실현할 수 있었는가?

인간사회의 원시형태에 관해서 민속학자가 제공한 자료는 크게 모순된다. 정보는 많은데 체계가 잡히지 않아 더욱 그런 느낌이 든다. 농경기 이전 시대의 여자의 상황을 상상하기란 특히 어렵다. 오늘과는 전혀 다른 생활 조건 속에서 여자의 근육조직과 호흡기관이 남자만큼 발달하지 않았는지 여부조차 모른다. 여자들은 고된 노동을 했고, 특히 짐을 나르는 것은 여자의 몫이었다. 그러나 이 사실은 이렇게도 해석할 수 있다. 이 역할이 여자에게 맡겨진 까닭은, 이동할 때 남자는 언제 습격해올지 모르는 짐승이나 사람의 공격에 대비하여 양손을 비워 두어야 했기 때문일 것이라고. 즉 남자의 역할이 더 위험하고 더 많은 체력을 필요로 했다는 것이다. 그렇지만 많은 경우에 여자도 전사로서 원정에 참가할 수 있을 만큼 튼튼하고 강인했던 듯하다. 헤로도토스의 이야기나 다호메이 지방의 아마존 여자들에 관한 전설, 이 밖에도 고대와 현대의 여러 문헌에 따르면, 여자들도 피비린내 나는 전쟁이나 복수에 참가하는 일이 있었다. 여자는 거기서 남자 못지않은 용기와 잔인성을 발휘했다. 적의 간을 이로 물어뜯은 실례도 있다. 어쨌든 그때도 오늘날처럼 남자들이 육체적으로 유리했던 것은 사실인 듯하다. 몽둥이와 맹수의 시대, 즉 자연의 저항이 강력하고 도구가 초보적이던 시대에 이 체력적 우월성은 지극히 중요했음에 틀림없다. 당시 여자가 아무리 건장하더라도, 적의에 찬 세계에 대항하는 가운데 출산에 예속되는 것은 여자에게 무서운 장해였다. 아마존 여자들은 자기의 유방을 잘라냈다고 한다. 이것은 전사로서 살아가는 동안 어머니가 되길 거부했다는 뜻이다. 일반적으로 임신·출산·월경은 여자들의 노동력을 감퇴시키고 오랫동안 무능한 상태에 있도록 강요했다. 외적에 대항하여 자신을 방어하고, 자신과 자식들의 생계를 확보하기 위하여, 여자들은 병사의 보호가 필요했고 남자들의 일이었던 사냥과 물고기잡이에서 얻은 먹이가 필요했다. 물론 산아제한도 없었고, 또 자연은 다른 포유동물과 달리 여자에게 불임기간을 보장해 주지 않았기 때문에 거듭되는 출산으로 여자들은 힘과 시간의 대부분을 소모해야만 했다. 여자들은 자기가 낳은 아기의 생명을 보장할 능력도 없었다. 이 점이야말로 매우 중요한 결과를 낳는 첫 번째 사실이다. 인류의 출발은 순탄치 않았다. 농경·수렵·어로에 종사하는 사람들은 고된 노력의 대가로 땅에서 약간의 수확밖에 얻지 못했다. 공동체의 자산에 비하여 태어나는 아기의 수가 너무 많았다. 이런 여자의 불합리한 다산(多産)은 여자가 자산 증가에 적극적으로 참여하는 것을 방해하는 한편, 새로운 수요를 무한히 만들어냈다. 종족 존속에 필요하긴 했지만, 여자의 다산은 도를 넘었다. 재생산과 출산의 균형을 유지한 것은 남자였다. 이처럼 여자는 창조자인 남자에 비해 생명을 유지할 특권조차 없었다. 여자는 정자에 대한 난자의 역할, 음경에 대한 자궁의 역할을 수행한 것이 아니다. 다만 자기 존재를 유지하려는 인류의 노력에 관여했을 뿐이었다. 그리고 이 노력이 구체적으로 결실을 맺는 것은 남자 덕택이었다.

그러나 영아살해·희생·전쟁을 통해 생산과 출산의 균형은 성공적으로 유지되었기 때문에 집단의 존속이란 관점에서 남자와 여자는 똑같이 필요하다. 식량이 풍부했던 시대에는 아이의 보호자 겸 양육자라는 여자의 역할이 남성을 어머니인 여성에게 종속시켰다고 가정할 수도 있다. 동물의 암컷 중에는 어미가 되면 자주성을 온전히 손에 넣는 경우도 있다. 왜 인간 여자는 모성을 통해 자주성을 획득하지 못했는가? 개발해야 할 원료의 필요보다 노동력의 필요가 더 절실해서, 인류가 가장 맹렬하게 출산을 바라던 시대에도, 또 모성이 가장 존경받던 시대에도 인류는 여자에게 첫째 자리를 허락하지 않았다.[*1] 인류가 단순히 자연적인 종(種)이 아니라는 뜻이다. 인류는 종으로서 자기를 유지하려고 하지 않는다. 인류의 목표는 머무름(停滯)이 아니다. 그 목표는 자신의 한계를 뛰어넘는 데 있다.

  원시 유목민들은 자손에 별로 관심이 없었다. 그들은 한 영토에 정착하지 않았고, 아무것도 소유하지 않고, 어떤 안정된 것 속에 자기를 구현하지 않았기 때문에, 영속(永續)에 대하여 어떤 구체적인 관념도 형성할 수 없었다. 그들은 자기를 후세에까지 남기려고 하지 않았으며, 자손 속에서 자기를 인정받으려고 하지 않았다. 죽음을 두려워하지 않았고 상속자도 필요 없었다. 아이들은 그들에게 부담이 되었을 뿐 재산은 되지 못했다. 유목민들 가운데 영아살해가 끊이지 않았다는 것이 그 증거이다. 많은 갓난아기들이 살해되지 않았더라도 냉담한 무관심 속에서 위생시설이 미비하여 죽어 갔다. 그러므로 아기를 낳는 여자도 창조의 기쁨을 모른다. 자신이 어떤 보이지 않는 힘의 노리갯감처럼 느껴졌다. 고통스런 출산은 쓸모없을 뿐더러 귀찮은 일이었다. 나중에는 어린아이에게 더 많은 가치를 부여하게 되었지만, 아기를 낳고 젖을 먹이는 일이 생산활동은 아니었다. 그것은 자연적인 기능이었다. 거기에는 어떤 계획도 들어 있지 않았다. 그 때문에 여자는 거기에서 자기실존을 강력히 주장할 만한 동기를 발견하지 못한다. 여자는 수동적으로 생물학적 숙명을 받아들인다. 어머니의 임무와 양립될 수 있다는 까닭만으로 여자에게 할당된 가사는 여자를 반복과 내재 속에 가둔다. 이런 노동은 몇 세기에 걸쳐 거의 아무 변화 없이 반복되고 동일한 형태 아래서 날마다 거듭되었다. 무엇 하나 새로운 것을 생산하지 못했다. 남자의 경우는 근본적으로 다르다. 남자가 공동체를 먹여 살리는 것은 일벌처럼 단순한 생명유지에 필요한 과정이 아니라, 자신의 동물적 조건을 뛰어넘는 행위들로 이루어지는 과업이었다.

  호모 파베르(Homo faber : 만드는 사람, 생산하는 인간이란 뜻)는 태초부터 발명가이다. 남자가 나무를

---

[*1] 오늘날 사회학은 모권론(母權論)의 저자인 바흐오펜(J.J.Bachofen)의 주장을 전혀 신뢰하지 않는다.

제2편 역사  101

두들겨 과일을 떨어뜨리거나 짐승을 때려잡기 위하여 손에 든 몽둥이부터가 이미 세계에 대한 지배를 확장하기 위한 도구이다. 그는 바다에서 잡은 물고기를 집으로 가져가는 데 그치지 않는다. 먼저 통나무를 파서 만든 카누로 물의 영역을 정복해야 하기 때문이다. 세계의 부를 손에 넣기 위하여 세계 자체를 제 것으로 만든다. 이런 행위를 통해 남자는 자기의 힘을 증명한다. 목적을 설정하고 그것을 위하여 일을 계획한다. 그는 실존자로서 자기를 실현하고 유지하기 위하여 창조한다. 그는 현재의 테두리를 넘어서 미래를 개척한다. 따라서 고기잡이나 사냥 원정은 신성한 성격을 띤다. 원정의 성공은 축제나 개선으로 환영받는다. 남자는 거기에서 자기의 인간성을 확인한다. 오늘날도 댐이나 마천루나 원자로를 세웠을 때 남자는 이런 자존심을 나타낸다. 그는 주어진 세계를 유지하기 위해 일한 것이 아니라, 세계의 벽을 뚫고 나아가 새로운 미래의 초석을 쌓은 것이다.

　남자의 활동에는 그에게 지상(至上)의 권위를 주는 다른 차원이 있다. 대부분의 활동에 위험이 뒤따른다는 것이다. 피가 양분에 지나지 않았다면, 우유 이상의 가치는 없었을 것이다. 그러나 사냥꾼은 도살자가 아니다. 그는 맹수와의 싸움에서 위험을 무릅쓴다. 자기가 속해 있는 집단이나 씨족의 명예를 위하여 전사는 목숨을 건다. 그렇게 함으로써 그는 생명이 인간에게 최고의 가치가 아니며, 생명은 그 자체보다 더 중요한 목적을 위해 바쳐야 한다는 것을 명백히 증명하고 있다. 여자를 짓누르는 가장 고약한 저주는 여자가 이런 전사들의 원정에서 제외되었다는 것이다. 인간이 동물보다 우위를 차지하는 것은 아기를 낳아서가 아니라 생명을 위험에 노출시키기 때문이다. 인간의 우월성은 낳는 성(性)이 아니라 죽이는 성에 부여된다.

　모든 비밀을 푸는 열쇠가 여기에 있다. 생물학적인 면에서 종(種)이 스스로를 유지하는 것은 오로지 자기를 새로 창조함으로써이다. 그러나 이런 창조는 단지 다른 형태에 의한 같은 '생명'의 반복에 불과하다. 인간은 '실존'을 통해 '생명'을 초월함으로써 '생명'의 반복을 손에 넣는다. 이 초월로 그는 단순한 반복에서는 일체의 가치를 부인하는 가치관을 창조한다. 동물에게는 어떤 계획도 없기 때문에 제멋대로인 수컷의 활동은 무가치하다. 종에 기여하지 못할 때 동물의 행동은 무익하다. 반면에 남성은 종에 기여하면서 세계의 겉모습을 개조하고, 새로운 도구를 만들고 발명하여 미래를 형성해 간다. 그는 지배자로 군림함으로써 여자 속에서 공모자를 찾아낸다. 왜냐하면 여자 또한 실존하는 인간으로서 초월을 품고 있으며, 여자의 계획도 반복이 아니라 다른 미래를 지향한 초월이기 때문이다. 여자는 자기 존재 속에서 남자의 야망을 확인한다. 남자의 성공과 승리를 축하하는 축제의 형태로 자기를 남자와 결부시킨다. 여자의 불행은 생물학적으로 '생명'을 (탄생시키는 일을) 반복하는 운명이면서도, 자신의 눈에 '생명을 탄생시키는 일 자체로는 존재 이유가 되지 못하며, 그러한 (남자와 결부된) 존재 이유가 생명 자체보다 더 중요하게 보인다는 데 있다.

헤겔이 주인과 노예 관계를 규정하는 데 사용한 변증법의 몇몇 대목은 남자와 여자와의 관계에 더 잘 들어맞는다. 헤겔에 따르면, '주인'의 특권은 자기의 생명을 위험에 내맡김으로써 '생명'보다 '정신'을 주장한 데서 온 것이다. 그러나 실제로는 정복된 노예도 같은 위험을 경험했다. 한편 여자는 본디 '생명'을 만들어 낼 뿐 자신의 생명을 위험에 드러내지 않는 실존자이다. 남성과 여성 사이에 투쟁은 없었다. 헤겔의 정의는 특히 여자에게 잘 들어맞는다. "또 다른 '의식'은 종속하는 의식으로, 그 의식의 본질적인 실존은 동물적 생명, 즉 다른 실체에 의해 주어진 존재라는 것이다." 그러나 남녀관계는 억압 관계와 구별된다. 왜냐하면 여성도 남성이 구체적으로 도달하는 가치를 목표로 삼고 인정하기 때문이다. 미래를 개척하는 것은 남성이지만 여성도 그 미래를 향하여 자기를 초월한다. 사실 여자는 한 번도 남성의 가치에 자신의 가치를 대결시킨 적이 없다. 이런 구별을 생각해 낸 것은 남성의 특권을 유지하기를 원하는 남자들이다. 남자들은 여성 고유의 영역—생명과 내재(內在)의 영역—을 만들고 거기에 여자를 가두려고 했다. 그러나 실존하는 인간은 모든 성적 구별을 넘어 초월의 몸짓 안에서 자기를 정당화하고자 한다. 여자의 복종 자체가 바로 그 증거이다. 여자들이 오늘날 요구하는 것은 남자와 동등하게 실존하는 인간으로서 인정받는 것이지, 실존을 생명에, 인간을 그 동물성에 복종시키는 것이 아니다.

이처럼 실존주의적 견해는 원시 유목민의 생물학적·경제적 상황이 어떻게 남성들의 우위를 가져왔는가를 밝혀 주었다. 여성은 남성 이상으로 종(種)의 먹이가 된다. 그러나 인간은 줄곧 종의 운명으로부터 벗어나려고 애를 써 왔다. 도구의 발명으로 생명을 유지하는 것은 남자에게 주된 활동과 계획이 되었다. 한편 여자는 출산으로 말미암아 다른 동물들처럼 여전히 자기 육체에 얽매여 왔다. 여자 앞에서 남자가 지배자로 군림한 것은 인간이 자기 존재에 의문을 품고, 생명 그 자체보다 삶의 이유를 선택하기 때문이다. 인간의 계획은 시간 속에서 자기를 반복하는 데 있지 않고, 그 순간을 지배하고 미래를 형성해 나아가는 데 있다. 가치를 창조하여 실존 자체를 가치로 규정한 것이 남성의 활동이다. 그것은 생명의 혼돈된 힘을 이기고 '자연'과 '여자'를 예속시켰다. 이제부터 우리는 이런 상황이 어떻게 여러 세기를 통해 반복되고 변화했는가를 알아보기로 한다. 인류는 자기 내부에서 '타자'로 정의한 인류의 여자라는 부분에 어떤 위치를 부여했는가? 거기에 어떤 권리를 인정했는가? 남자들은 그것을 어떻게 정의했는가?

### 제2장 토지의 경작인들

우리는 원시 유목민 사회에서 여자의 운명이 몹시 가혹했음을 보았다. 동물의 암컷은 생식기능이 자연적으로 제한되어서 이 기능이 작용할 때는 다른 노역(勞役)들로부터 대개 완전히 자유로워진다. 단지 가축 암컷만이 때로는 가난하고 욕심 많은 주인 밑에서 번식용으로 혹사당하거나, 개개의 능력에 따라 힘이 다 빠지도록 착취당한다. 적과 싸우기 위하여 공동체의 자원을 총동원하던 시대에는 여자도 틀림없이 그러했을 것이다. 쉴 새 없이 이어지는 과도한 출산에 고된 가사라는 노역이 가해졌다. 그럼에도 어떤 역사가들은 남성의 우위가 가장 미미하게 나타났던 것이 이 시대라고 주장한다. 차라리 그 우위성은 직접적으로 유지된 것이지, 이론으로 규정하거나 의도한 것은 아니었다고 말해야 하지 않을까. 또한 남자는 여자에게 장해가 되는 불리한 점을 굳이 보상하려고 노력도 하지 않았지만, 뒷날 부권제(父權制) 아래에서처럼 여자를 억압하려고도 하지 않았다고. 어떤 제도도 양성의 불평등을 공인하지 않았다. 제도도 없거니와 소유권도, 상속인도, 법률도 없었다. 종교도 중립적이어서 성별이 없는 토템이 숭배되고 있었다.

제도와 법률이 나타난 것은 유목민이 땅에 정착하여 농부가 되었을 때부터였다. 인간은 적대세력에 맞서서 가혹하게 싸울 뿐만 아니라, 스스로 세계에 부여하는 의미를 통해—세계와 자기 자신과의 관계를 생각하면서—구체적으로 자기를 표현하기 시작했다. 이 시기에 이르러 성적 구별은 집단의 사회구조에 반영되어, 특이한 성격을 띠기 시작했다. 농업 공동체에서는 대개 여자가 큰 권위를 갖는다. 이 권위는 주로 토지 경작에 기초한 문화에서 어린아이가 지니는 새로운 중요성으로 설명할 수 있다.

한 영토에 정착한 사람들은 그 영토의 사유화(私有化)를 실현한다. 집단이라는 형태 아래에서 소유가 나타난다. 재산은 그 소유자에게 자손을 요구하고 모성은 하나의 신성한 기능이 된다. 많은 부족들이 공동체 속에서 살고 있었지만, 이것은 여자들이 집단의 모든 남자에게 속한다는 뜻이 아니다. 일찍이 잡혼(雜婚)이 행해졌다는 것을 오늘날은 거의 믿지 않는다. 그러나 남자들과 여자들은 종교적·사회적·경제적으로도 집단으로서 존재했다. 그들의 개별성은 순수한 생물학적 사실에 그쳤다. 결혼이 일부일처제이거나 일부다처제이거나 또 일처다부제라도, 신비적인 연결도 만들어 내지 않는 속된 사건에 불과했다. 결혼은 아내에게 조금도 굴종의 근원이 되지 않았다. 그녀는 여전히 씨족 속에서 혼연일체가 되었다. 같은 하나의 '토템' 밑에 모인 씨족 전체는 신비적으로는 같은 '마나'(태평양 여러 섬 민족 사이에서 인간·물체에 깃들어 있다고 믿는 초자연적인 힘)를 소유하고, 물질적으로는 같은 토지를 공유했다.

앞서 말한 소외(疏外)의 과정에 따라 씨족은 이 토지 속에서 객관적·구체적 모습으로 자기를 파악한다. 토지의 영속성에 따라, 씨족은 시간의 분산을 꿰뚫고 동일성이 존속하는 하나의 통일체로서 자기를 실현한다. 이런 실존적인 해석을 통해서만 오늘날까지 남아 있는 종족·인간·가족·소유권의 동일시를 이해할 수 있다. 농업 공동체는 순간밖에 존재하지 않는 유목민의 개념을 과거에 뿌리를 박고 미래를 받아들이는 생명의 개념으로 바꾸어 놓았다. 씨족 모두에게 그 이름을 준 토템적 조상을 숭배하고 자기 자손에게 깊은 관심을 기울인다. 씨족은 자손에게 대를 물려주고 자손이 개간할 토지를 통해서 존속한다. 공동체는 그 일체성을 생각하고, 현재를 넘어 미래에서 자기의 존속을 원한다. 어린아이들 속에서 자기를 찾고, 자식들을 자기 것으로 인정하며, 어린아이들 속에서 자기를 완성하고 초월한다.

그런데 대부분의 원시인들은 자식의 출산에서 아버지가 하는 역할을 모르고 있었다. 단지 특정한 나무나 바위 주위, 신성한 장소에서 떠돌아다니는 조상의 영혼이 여자의 몸 속에 들어가 다시 태어난 것이라고 생각했다. 어떤 민족은 이 침입이 가능하기 위해서는 여자가 처녀여서는 안 된다고 생각했다. 그 침입이 콧구멍이나 입을 통해서 이루어진다고 생각하는 민족도 있었다. 아무튼 여기서는 처녀성의 상실이 중요하지 않았고, 신비한 여러 가지 까닭 때문에 그것은 남편의 특권이 아니었다. 어머니는 명백히 아기를 낳는 데 필요했다. 자기 몸 속에서 정자를 보존하고 육성하는 것은 여자다. 그러므로 눈에 보이는 세계에서 씨족의 생명이 전파되는 것은 어머니를 통해서였다.

따라서 어머니는 가장 중요한 역할을 담당했다. 아기는 대개 어머니의 씨족에 속하며, 어머니의 성을 따르고 어머니의 권리에 참가하며, 특히 그 씨족이 점유한 토지를 소유한다. 이리하여 공동체의 재산은 어머니를 통해 전해진다. 여자들은 전답과 수확을 씨족 구성원에게 보장한다. 즉 씨족 전원은 어머니를 통해 저마다 토지를 분배받는다. 그래서 신비적으로도 대지가 여자에게 속한다고 생각하고, 여자는 토지와 그 수확에 종교적·법적인 권력을 갖는다. 여자와 토지를 결부시키는 유대는 단순한 소속 이상으로 긴밀하다. 모권제의 특징은 여자와 토지를 전적으로 동일시하는 데 있다. 양자에서 여러 가지 변신을 통하여 생명의 영원성이 성취된다. 이 생명은 본질적으로 생산이다.

유목민에게 출산은 우연한 사건에 불과했고 토지가 지닌 풍요로움도 아직 알지 못했다. 그러나 농경민은 밭이랑과 어머니의 뱃속에서 개화하는 번식의 신비에 감탄했다. 그들은 자기도 가축이나 농작물처럼 생겨난 것임을 알았다. 그는 자기 종족이 다른 사람을 낳고, 그 사람들이 전답(田畓)의 번식력을 계속 이어가 종족을 영속시키기를 바랐다. 그에게는 자연 전체가 어머니처럼 보였다. 대지는 여자이며, 여자에게는 대지와 마찬가지로 불가사의한 힘이 깃들어 있다.*² 경작노동이 여자에게 맡겨진 것도 얼마쯤은 이런 까닭에서였다. 여자는 자기 몸 속에 조상의 영혼을 불러들일 수 있으므로, 씨 뿌린 밭에서 과실과 이삭을 솟아나게 할 능력도 있기 때문이다. 어느 경우든 창조적 행위가 아닌 마법적인 주술이었다. 이 단계에 이르러 인간은 더 이상 땅의 산물을 수확하는 데만 머무르지 않았지만, 아직 자기의 능력을 깨닫지 못하고 기술적인 부분과 마술 사이에서 머뭇거리며 방황하고 있었다. 자신을 수동적 존재로 느끼고, 생존과 죽음을 멋대로 쥐고 흔드는 '자연'에 종속되어 있다고 생각했다. 물론 성행위나 토지를 길들이는 기술의 효용을 조금은 눈치채고 있었지만, 아기와 수확은 여전히 초자연적인 선물이라고 생각했다. 여성의 몸에서 나오는

---

*2 '오오 대지여, 인간의 어머니여, 신의 포옹 속에 열매를 맺고 인간이 사용할 과실로 그대를 채우라'는 앵글로색슨의 오랜 주문(呪文)이 있다.

신비한 힘이 생명의 신비한 원천에 파묻힌 부(富)를 이 세상에 이끌어 낸다고 여겼다.

　이런 신앙은 오늘날까지 인도, 오스트레일리아, 폴리네시아의 많은 부족들 사이에 남아 있으며,*³ 집단의 실제적인 이해관계와 일치하기 때문에 더욱 중요성을 띤다. 여자는 어머니로서의 임무 때문에 가정에 갇혀 살아야만 했다. 남자가 사냥을 하고 물고기를 잡고 전쟁을 하는 동안, 여자는 집 안에 머물렀다. 그러나 원시민족들은 마을에 제한된 면적의 채소밭 외에는 별로 경작하지 않았다. 그 경작도 집안일이었다. 석기시대 도구는 다루는 데 그리 큰 힘이 들지 않았다. 경제와 신비가 여자에게 농사일을 맡기는 데 일치한 셈이다.

　가내공업이 생겨나기 시작하면서 그것도 여자의 몫이 되었다. 여자들은 까는 요와 덮는 이불을 짜고 그릇을 구웠다. 상품교환에도 관여하여, 장사는 여자들에게 맡겨졌다. 그러므로 여자를 통해 씨족의 생명이 유지되고 번식되었다. 아기·가축·수확·도구 등 집단의 모든 번영은 여자들의 노동과 마술적 힘에 달려 있었다. 여자들은 집단의 중심이었다. 이토록 대단한 위력은 남자들에게 공포가 섞인 존경심을 고취시켰고, 그들의 제사(祭祀)에도 반영되었다. 결국 외부의 '자연' 전체가 여자 속에 요약되기에 이르렀다.

　인간이 자기를 생각할 때 반드시 '타자'와 관련지어 생각한다는 것은 이미 말한 바 있다. 인간은 이원성(二元性)의 관념 아래서 세계를 파악한다. 이원성은 처음에는 성적 특색을 띠지 않았다. 그러나 여자는 자기를 동일한 존재로 생각하는 남자와는 자연적으로 다르기 때문에 '타자'의 범주로 분류된다. '타자'는 여자를 포함한다. 처음에 여자는 '타자'를 홀로 대표할 만큼 중요한 존재가 아니었으므로, 타자 속에서 또 세분(細分)이 이루어진다. 옛 우주창조설에

---

＊3 우간다나 인도의 칸다 족 사이에서는 불임증이 있는 여자는 채소밭에 해를 끼친다고 여겼다. 니코바르에서는 임신한 여자가 거두면 수확이 더 풍부해진다고 생각한다. 보르네오에서는 씨앗을 고르고 보관하는 것은 여자의 일이다. '여자와 종자는 타고난 친족성이 있는 듯하다. 여자들은 종자가 임신했다는 말을 쓴다. 벼 ○ 삭이 나올 무렵이면 가끔 여자들은 들로 자러 간다.'(Hose 및 MacDougall) 인도에서는 예전에 벌거벗은 여자들이 밤중에 밭 주위를 쟁기로 갈았다. 오레노크의 인도인들은 씨를 뿌리고 모를 심는 일을 여자에게 맡겼다. 그도 그럴 것이 '여자들은 아기를 배고 낳는 힘이 있으므로, 여자들이 심는 씨와 알뿌리는 남자들이 심은 것보다 훨씬 더 풍부한 열매를 맺기 때문이다.'(Frazer) 프레이저의 저서에서 이와 유사한 예들을 얼마든지 볼 수 있다.

서는 동일한 원소가 동시에 남성과 여성의 화신을 가지고 있었다. 예를 들어 바빌로니아 사람들에게 대양(남성)과 바다(여성)는 우주의 혼돈을 나타내는 이중의 화신이었다. 여자의 역할이 커지자 그녀는 '타자'의 영역 전체를 거의 점령하게 되었다. 그래서 여신이라는 존재가 출현하고 여신을 통해 풍요의 관념을 숭배하게 되었다. 쉬스에서 발견된 '위대한 여신'의 가장 오랜 조상(彫像)인 '대모신(大母神)'은 긴 옷을 입고 머리를 높이 땋아올리고 있다. 다른 조상에서는 머리에 탑을 이고 있다. 크레타 섬의 발굴물에도 이런 여신상이 여럿 있다.

  이 여신상은 때로는 살진 엉덩이로 쭈그리고 앉아 있고, 때로는 보다 날씬한 몸매로 서 있으며, 옷을 걸친 것도 있지만 대개는 벌거벗은 채 봉긋한 젖가슴 밑으로 팔짱을 끼고 있다. 이 여신은 하늘의 여왕으로 비둘기가 그 상징이다. 또 지옥의 여황제로, 지옥에서 기어나온 뱀이 그 상징이다. 그녀는 산과 숲, 바다와 샘에도 나타난다. 어디에서나 생명을 창조하고, 설사 죽이더라도 다시 부활시킨다. 자연과 마찬가지로 변덕스럽고 음탕하고 잔인하다. 인정이 많은 동시에 가혹한 신이다.

  이 여신은 에게 해 군도를 비롯해 프리지아, 시리아, 아나톨리아 등 서아시아 전체에 군림하고 있다. 바빌로니아에서는 이슈타르, 셈 족 사이에서는 아슈타르테, 그리스에서는 가이아, 레아, 키벨레라고 불린다. 이집트에서는 이시스의 모습으로 나타난다. 남성의 신들은 이 '대모신'에게 굴복당한다. 천국과 지옥에서 멀리 떨어진 나라에서 최고의 신인 여자는 땅에서도 모든 신성한 존재처럼 금기에 에워싸여, 그녀 자신이 금기가 된다. 그녀가 소유한 능력 때문에 사람들은 그녀를 마술사나 요술사로 본다. 사람들은 그녀를 기도와 결부시킨다. 때로는 고대 켈트 족의 드루이드 여승처럼 승려가 되기도 한다. 경우에 따라서는 부족의 통치에 참여하고 단독으로 다스리는 일도 있다. 아주 먼 옛날의 일이라 어떤 문헌도 전해지지 않지만 말이다.

  그러나 부권제 시대의 신화와 유적과 전설 속에, 여자들이 매우 높은 지위를 차지했던 시대의 흔적이 남아 있다. 여성의 관점에서 보면 인도의 바라문 시대는 리그베다 시대에 비하여 퇴보했고, 리그베다 시대는 그 이전의 원시시대보다도 퇴보했다. 전(前) 이슬람 시대의 베두인 족 여성은 코란이 여자들을 규정한 지위보다 훨씬 높은 지위를 차지하고 있었다. 니오베나 메데이아의 위대한 모습은 어머니가 자기 아이를 보물처럼 생각하고 뽐내던 시대를 방불케 한다. 더욱이 호메르스의 시(詩)에 나타난 안드로마케와 헤카베는 고전 그리스 시대 규방의 그늘 속에 숨어 버린 여자들에게서는 찾아볼 수 없는 위엄을 가지고 있다.

이런 사실들은 원시시대에 여자들의 군림이 정말 존재했으리라는 가설을 증명한다. 바흐오펜이 제시한 이런 가정을 엥겔스가 이어받았다. 모권제에서 부권제로 넘어간 것이 엥겔스에게는 '여성의 역사적 대참패'처럼 보였다. 그러나 사실 여성의 황금시대는 일종의 신화에 지나지 않는다. 여자가 '타자'였다는 것은 양성 사이에 대등관계가 존재하지 않았음을 말한다. '대지', '어머니', '여신'인 여자는 남자와 동류가 아니었다. 여성의 권위가 확립된 것은 인간 영역의 피안에서의 일이므로 여자는 이 영토 바깥에 있었던 것이다.

사회는 언제나 남성의 것이었다. 정치권력은 늘 남자들 손에 있었다. "공적인 혹은 단순한 사회적 권위는 언제나 남자에게 속해 있었다"고 레비 스트로스는 원시사회 연구를 통해서 단정적으로 결론 내렸다. 대등관계에 있는 동류나 타자는 남성에게 있어 언제나 남성적 개체였다. 어떤 형태든 집단 내부에서 발견되는 이원성(二元性)은 남자로만 이루어진 한 집단과 다른 집단과의 대립이다. 그리고 여자들은 남자들이 소유하고 있는 재산의 일부이며, 남자와 남자 사이의 하나의 교환도구이다.

오해는 상대의 것을 엄격히 배제한 타성(他性 : 자기를 주장하면서 갖게 되는 '타자(他者)'라는 관념)의 두 모습을 혼동한 데에서 비롯된다. 여성을 절대적인 타자로서, 즉 여자의 마력이 어떠하든 간에 비본질적인 것으로 보는 한, 여자를 또 하나의 주체로 보기란 불가능하다.*⁴ 그러므로 여성들은 남성 집단에 대항해서 자기를 자기로서 설정하는 별도의 집단을 구성한 일이 한 번도 없다. 일찍이 여자들은 남자들과 직접적·자주적 관계를 맺은 일이 없다. "결혼의 기초가 되어야 할 대등관계는 남자들과 여자들 사이에 이루어지는 것이 아니라 남자들 사이에서 여자를 수단으로

---

*4 이런 구별이 영속되어 왔음을 알 것이다. 여자를 타자(他者, other)로 보는 시대는 여자를 인간의 자격으로 사회에 합류시키는 것을 가장 치열하게 거부하던 시대이다. 오늘날 여자가 하나의 '다른' 동류(同類)가 되려면 자신의 신비로운 후광을 버려야만 한다. 반여권론자(反女權論者)들은 언제나 이런 모호성을 무기로 삼아 왔다. 그들은 여자를 '타자'로서 치켜세우는 것을 기꺼이 승낙한다. 그리고 그렇게 함으로써 여자라는 타성(他性)을 돌이킬 수 없는 절대적인 것으로 만들어, 여자를 인간적인 공존에 접근하지 못하도록 한다.

삼아 확립되며, 여자는 단지 그 관계의 주요한 계기가 될 뿐이다"라고 레비 스트로스는 말하고 있다.*5 여자의 구체적인 지위는 여자가 속한 사회에서 행해지는 상속제도의 형태에 좌우되지 않는다. 그 제도가 부계(父系)이든 모계(母系)이든, 양계(兩系) 또는 무차별적인 것이든(무차별이란 결코 엄밀한 것이 아니다) 여자는 언제나 남자들의 보호와 감독 아래 있다. 유일한 문제는 여자가 결혼한 뒤에도 아버지나 큰오빠의 권위—이 권위는 그녀의 자식들에게까지 미친다—에 복종하는지, 아니면 남편의 권위로 옮아가는지 여부이다. 아무튼 '여자는 단지 그 혈통의 상징에 불과하다.……모계 상속제는 그녀의 아버지나 오빠의 손길이 남편의 마을까지 연장되는 것이다.'*6

여자는 권리의 매개자일 뿐 보유자가 아니다. 실제로 상속제도에 따라 규정되는 것은 남자들로 이루어진 두 집단 사이의 관계이지 남녀의 관계는 아니다. 현실에는 여자의 구체적인 상황이 상속제도에 따른 권리의 이런 형태와 결부되어 있지 않다. 모계제도에서는 여자가 지극히 높은 지위를 차지할 수도 있다. 그러나 부족의 우두머리가 여자 족장이나 여왕이라고 해서, 다른 여자들도 모두 권력을 누린다는 뜻은 절대로 아니다.

러시아의 카테리나 여제(女帝)의 즉위도 러시아 농부 아내들의 운명을 전혀 개선하지 못했다. 여자들은 여전히 굴욕 속에서 산다. 게다가 여자가 자기 종족에 머물며, 남편은 남의 눈을 피하여 잠깐 다녀가는 것만이 인정되는 경우는 지극히 드물다. 거의 언제나 여자가 남편의 집으로 살러 간다. 이 한 가지 사실만으로도 남성의 우위성은 분명하다. "상속 유형의 변동 속에서도 여전히 남편의 가족과 함께 살아가는 주거 방법은 인간사회의 특징인 양성 사이의 근본적인 불균형관계를 증명한다"고 레비 스트로스는 말한다. 여자는 자녀들을 곁에 두고 돌보아야 하기 때문에 그 결과로 자기가 현재 속한 부족의 영토 조직과 본디 자기가 속한 토템 조직이 같지 않다. 토템적 조직은 확고하게 불변하는 것이지만 영토적 조직은 비본질적이며 일시적이다. 그러나 실제로 중요한 것은 후자이다. 왜냐하면 사람이 실제로 일하고 살아가는 장소가 종교적 소속보다 더 중요하기 때문이다.

과도기의 가장 보편적인 제도에는 두 종류의 권리가 있다. 종교적인 것과,

*5 레비 스트로스의 《혈족의 기본구조》 참조.
*6 레비 스트로스의 《혈족의 기본구조》 참조.

토지 점유와 경작에 기초한 것인데, 이 두 권리는 서로 뒤엉켜 있다. 결혼은 속세에 속한 제도에 불과하다고 하지만 역시 사회적으로는 아주 중요하다. 또한 종교적 의미는 없다고 하더라도 인간적인 부분에선 강력하게 존재하고 있다. 성적으로 대단히 자유로운 집단에서도 아기를 낳는 여자는 결혼하는 것이 바람직하다. 여자는 자기 자식들만으로 하나의 자주적인 집단을 구성하기 어렵다. 그리고 형제의 종교적인 보호만으로는 불충분하다. 그래서 남편이 필요한 것이다. 남편은 보통 자녀들에 대하여 막대한 책임을 진다. 어린아이들은 남편의 씨족에 속해 있지 않지만, 그래도 남편이 먹여 살린다. 남편과 아내, 아버지와 자식 사이에는 동거와 노동과 공동의 이익 그리고 애정이라는 유대 관계가 생긴다. 속세적 의미의 가족과 토템적 씨족 사이의 관계는 결혼의식의 다양성이 증명하듯 매우 복잡하다.

처음에는 남편의 다른 씨족에서 아내를 사 오거나, 혹은 씨족끼리 선물교환이 행해져, 한쪽에서 자기 식구 한 사람을 보내면 다른 한쪽에서는 가축·과실·노동을 답례로 보냈다. 그러나 남편이 아내와 아내가 낳은 아이들 양육을 맡기 때문에 아내의 형제들로부터 보수를 받는 일도 있었다. 신비적 현실과 경제적 현실 사이의 균형은 일정하지 않다. 남자는 대개 조카보다 자기 자식에게 훨씬 더 애착을 갖기 마련이다. 아버지로서의 입장을 주장할 수 있게 되면 남자는 그것을 주장하는 쪽을 선택한다. 사회의 발전에 따라 남자가 자기를 의식하고 또 자기 주장을 관철하게 될 때, 모든 사회가 가부장적 형태를 취하는 것은 이 때문이다.

그러나 몇 번이고 강조해서 말해 둘 것은, '생명''자연''여성'의 신비 앞에서 남자가 꼼짝 못하던 시대에도, 남자는 자기의 권력을 결코 포기하지 않았다는 점이다. 여자가 간직하고 있는 위험한 마력에 떨면서 여자를 본질적인 존재로 규정할 때도, 그렇게 규정하는 것은 남자이다. 남자는 스스로 동의하는 이 소외 안에서도 자기를 본질로서 실현하는 것이다. 번식력이 여자의 몸에 있음에도 불구하고 남자는 비옥한 대지의 주인인 것처럼 여자의 주인으로 남는다. 여자는 '자연'의 마력적인 풍요를 구현하지만, '자연'과 마찬가지로 여자도 정복되고 소유되고 착취될 운명에 놓여 있다. 여자가 남자의 눈앞에서 떨치는 위력은 남자로부터 받은 것이다. 남자들은 '타자'앞에서 무릎을 꿇고 모성신(母性神)을 숭상한다. 그러나 여신이 제아무리 강력하게 보이더라도 그것은 남성의 의식이 만들어낸 관념을 통해 정의되는 것이다.

　남자가 창조한 모든 우상들은 제아무리 무섭게 만들어졌어도 실제로는 남자에게 종속되어 있다. 그래서 남자는 그 우상을 파괴할 수도 있다. 원시사회에서 이런 종속은 인식되지도 확립되지도 않았지만, 그 자체로서 직접적으로 존재했다. 남자가 자신을 보다 더 명확히 의식하고, 자기를 주장하고 자기를 대립시키면 이 종속은 곧 수단화(手段化)된다. 실제로 남자는 스스로를 비바람에 부대끼는 가정의 피동적 존재로 여길 때조차 초월과 투기로 자기를 실현하고 있는 것이다. 이미 정신과 의지가 그의 내면에서 생명의 혼란과 우연성에 대하여 자기를 주장하고 있다. 여자 속에 여러 가지 화신(化身)으로 머무는 토템적 조상은 그 동물이나 나무의 이름으로 보아 정도의 차이는 있지만 분명히 남성적 요소이다. 여자는 조상의 육체적 생존을 영속시키지만 그 역할은 단지 양육자에 그칠 뿐이지 창조자가 아니다. 어떤 분야에서도 여자는 창조하지 않는다. 여자는 아기와 빵을 제공함으로써 종족의 생명을 유지한다. 그 뿐이다. 여자는 언제나 내재성에 바쳐지고 있다. 여자는 사회의 폐쇄적·정적인 면만을 몸소 실현한다.

　한편 남자는 자연과 인간 집단 전체에 대하여 사회를 개방하는 기능을 계속 독점하고 있다. 남자들에게 적합한 일은 전쟁과 사냥과 고기잡이다. 그들은 외부의 먹이를 정복하여 그것을 자기 종족에게 제공한다. 전쟁·수렵·어로는 존재의 확장과 세계를 향한 자기초월을 나타낸다. 남자만이 여전히 초월의 화신(化身)이다. 남성은 아직 여성인 대지를 완전히 지배할 실제적인 방법이 없고, 아직 그녀에 대항해서 일어설 용기도 없다. 그러나 벌써 남성은 그녀를 뿌리치고 떨어져 나가기를 바라고 있다. 생각건대 이런 의지로 말미암아 모계사회에 널리 퍼져 있는 이족결혼(異族結婚)이란 관습이 생겨난 듯하다.

　비록 남자가 생식에서 자기가 맡은 역할을 모른다 하더라도 결혼은 그에게 매우 중요하다. 결혼을 통해서 성년의 권위를 누리고 세계의 일부분을 제 몫으로 분배받기 때문이다. 그는 어머니를 통해서 씨족과 조상, 자신의 육체를 형성하는 모든 것에 결부되어 있다. 그러나 노동과 결혼 같은 모든 속세적 역할을 수행하면서도, 그는 이 되풀이되는 연결고리로부터 빠져 나와 내재성에 대한 초월을 주장하고, 자기를 위해 자기가 뿌리를 박고 있던 과거와는 다른 미래를 열고자 한다.

저마다 다른 사회에서 볼 수 있는 소속의 형태에 따라 근친혼 금지도 다양한 형태를 취하지만, 이는 원시시대부터 오늘에 이르기까지 같은 의미를 지닌다. 즉 남자는 자기가 아닌 것을 소유하고자 한다. 그는 자기에게 타자처럼 보이는 것과 결합하려고 한다. 그러므로 아내는 남편의 '마나(영적 의식)'에 참여해서는 안 되며, 남편에게, 다시 말해 그의 씨족에게 외부인이어야 한다. 원시결혼은 때로는 실지적이든 상징적이든 약탈에 기초를 두고 있다. 다른 사람에게 가한 폭력은 상대의 타성(他性)—여기서는 자신과는 다른 씨족이라는 것—에 대한 가장 명백한 긍정이기 때문이다. 여자를 폭력으로 정복함으로써 전사(戰士)는 외부의 부(富)를 제 것으로 만들고, 태어날 때부터 정해진 운명의 한계를 깨뜨렸음을 증명한다. 여러 가지 형태의 신부 매매도—공물, 부역 제공 등—그처럼 노골적은 아니지만 같은 의미를 지닌다.*7

남자는 조금씩 경험을 수단으로 삼게 되고, 남성적 원리가 그의 실제 생활과 상징에서 승리하게 되었다. '정신'이 '생명'을 이기고, 초월이 내재성을, 기술이 마술을, 이성이 미신을 이긴 것이다. 여자의 평가절하는 인류 역사에서 하나의 필연적인 단계를 이루고 있다. 왜냐하면 여자가 권위를 얻었던 것은 여자의 적극적인 가치가 아니라, 남자의 약점으로부터 기인하기 때문이다. 여자 속에는 불안한 자연의 신비가 구체화되어 있다. 그러므로 남자는 자연으로부터 해방될 때 여자의 세력으로부터도 벗어난다. 석기시대에서 청동기시대로 이행하면서 남자는 노동을 통하여 토지를 정복하고 자기 자신도 정복할 수 있었

---

*7 우리는 레비 스트로스의 논문에서 먼저 인용한 부분의 좀 다른 형태 안에서 이런 확증된 견해를 발견한다. 그의 연구에서 이끌어 낼 수 있는 결론은, 근친상간의 금지가 이족결혼의 시초가 된 본원적 사실은 결코 아니며, 그것이 이족결혼의 적극적 의지를 소극적 형태 아래 반영시키고 있다는 것이다. 여자가 자기 씨족의 남자와 성교하는 것이 부정(不淨)이라고 할 직접적인 이유는 없다. 그러나 여자가 물물교환의 일부가 되는 것은 사회적으로 유용하다. 이 물물교환을 통하여 각 씨족은 자기를 폐쇄시키는 대신 다른 씨족과 교류를 한다. '이족결혼은 적극적이기보다 더 소극적인 의미를 지닌다. ……동족결혼을 금지하는 것은…… 확실히 혈족 결혼에는 생물학적 위험이 따르기 때문이 아니라, 이족결혼의 결과 사회적 이익이 생기기 때문이다.' 공동체는 재산의 일부를 구성하는 여자들을 개인 권리로 소비해서는 안 되며 교류의 수단으로 삼아야 한다. 동족 여자와 결혼이 금지된다면 '그 유일한 까닭은 그녀가 타자가 되어야 한다(그러므로 될 수 있다)는 데에 있다. ……노예로 팔려 간 여자들은 원시시대에 선물로 제공된 여자와 같다고 할 수 있다. 어느 편이나 타성(他性)의 표시, 즉 여기서는 다른 씨족이라는 표시만 있으면 충분하며, 그 표시는 본질적인 특성으로부터가 아니라 한 사회 체계 안에서의 어떤 특정한 신분으로부터 나오는 것이다.'

제2편 역사 113

다. 농부는 토지나 씨앗의 발아 상태와 계절의 우연성에 지배되어 수동적으로 하늘에 빌며 결과를 기다린다. 토템의 정령이 인간세계에서 살게 된 것은 그 때문이다. 농부는 자기를 에워싼 자연의 이런 변덕에 복종한다. 반대로 직공은 자기 의도대로 도구를 만든다. 자기 손으로 그는 그 도구에 자기의 투기된 모습을 아로새긴다. 저항하지만 결국 굴복하고 마는 무기력한 자연을 향해 그는 지배적인 의지로 자기를 주장한다. 모루 위에서 열심히 두드리면 도구의 완성을 앞당길 수 있다. 한편 그 무엇도 벼 이삭의 성숙을 재촉할 수 없다. 그래서 그는 자기가 만드는 사물로부터 책임을 배운다. 익숙하거나 익숙지 못한 솜씨가 사물을 잘 만들기도 하고 파손시키기도 하기 때문이다. 그는 신중하고 유능하게 완성도를 높이며, 그것을 자랑스럽게 생각한다. 그의 성공은 신의 가호에 달린 것이 아니라 자기 자신에게 달려 있다. 그는 동료에게 도전하여 이기면 자랑스러워 한다. 그가 아직 의식(儀式)을 얼마쯤 존중한다고 해도 정확한 기술을 훨씬 더 중요하게 생각한다. 신비적 가치는 두 번째로 물러서고 실제적 이익이 첫 번째로 올라온다. 그는 신들에게서 완전히 해방되지는 못하나, 신들을 멀리함으로써 자기를 격리시킨다. 신들을 올림푸스의 하늘로 추방하고 지상을 자기 것으로 삼는다.

　최초의 해머 소리가 울림과 함께 위대한 목신(牧神) 판은 퇴색하고 인간의 통치가 열린다. 인간은 자기 힘을 안다. 자기의 창조적인 팔과 만들어진 물건의 관계 속에서 인과관계를 체험한다. 뿌려진 씨앗은 싹이 나는 수도 있고 나지 않는 수도 있지만, 금속은 불과 물, 기계작용에 언제나 똑같은 반응을 보인다. 도구의 세계는 명확한 개념으로 규정할 수 있다. 여기서 합리적 사상과 논리와 수학이 출현한다. 온 세계의 모습이 완전히 뒤바뀌는 것이다.

　여성숭배는 농경시대, 곧 어쩔 수 없는 지속과 우발성, 우연성과 기대, 신비의 시대와 결부되어 있었다. '만드는 사람'의 시대는 인간이 공간과 마찬가지로 시간까지도 정복할 수 있는 시대이며, 필연성과 계획과 행동과 이성의 시대이다. 인간은 대지와 대결할 때도 이제부터는 노동자로서 맞선다. 인간은 토지를 비옥하게 만드는 방법과 토지도 쉬게 해 주어야 좋다는 사실을 알게 된다. 경우에 따라 씨뿌리는 방법이 다르다는 것도 발견한다. 결국 농작물을 키우는 것은 인간이다. 운하를 파고 토지에 물을 대고 물을 뺀다. 길을 닦고 사원을 짓는다. 인간은 세상을 새로 창조한다. 어머니인 여신의 지배 아래 머물러 있거나 모권제를 계승해 온 민족들은 원시문명의 단계에 멈춰 있다. 남자가 자기공포의 노예가 되고, 자기무능의 공모자였던 동안만 여자가 숭배되었기 때문이다. 남자가 여자를 숭배한 것은 두려움 때문이지 사랑해서 그런 것은 아니다. 남자는 먼저 여자를 옥좌에서 추방함으로써 자기를 완성할 수 있었다.*8 남자가 최고 가치로 인정한 것은 창조력·광명·지성·질서 같은 남성적 원리이다. 어머니인 여신 곁에 아들 또는 애인으로서 한 남신(男神)이 나타난다. 이 남신은 어머니인 여신보다 훨씬 열등하지만, 한 켤레의 신발처럼 그녀를 닮은 그는 이 여신과 맺어져 있었다.

이 남신도 번식 원리를 구현하고 있다. 그것은 황소이고, 미노타우로스(그리스 신화에 나오는, 소머리에 사람 몸을 가진 괴물)이며 이집트의 평야를 기름지게 하는 나일강이다. 그는 가을에 죽지만 봄에 소생한다. 슬픔에 잠긴 불사신 어머니, 즉 아내가 온 힘을 다해 시체를 찾아내어 되살려 놓기 때문이다. 크레타 섬에 처음 출현한 이 한 쌍의 남녀는 지중해 모든 연안에서 볼 수 있다. 이집트에서는 이시스와 호루스이고, 페니키아에서는 아슈타르테와 아도니스이며, 소아시아에서는 키벨레와 아티스이고, 고대 그리스에서는 레아와 제우스이다.

이윽고 대모신(大母神)이 폐위되었다. 여자의 신분이 예외적으로 높았던 이집트에서는 하늘의 화신 누트 여신과, 기름진 대지의 화신이며 나일 강 오시리스의 아내인 이시스가 여전히 중요한 여신들로 남았다. 그러나 최고의 왕은 태양과 남성적 정력의 신 '라(Ra)'이다. 바빌로니아에서 이슈타르는 이제 벨 마르두크의 아내에 불과했다. 만물을 창조하고 조화를 보장하는 것은 남신이다. 셈 족의 신도 남성이다. 제우스가 하늘을 통치하게 되자 가이아, 레아, 키벨레는 퇴위해야 했다. 데메테르 여신(그리스 오곡백과의 풍요와 대지를 상징하는 신)은 아직 세력이 남아 있었지만 두 번째 지위로 떨어졌다. 베다 신들에게도 아내가 있었지만 그들과 같은 지위로 숭배되지 않는다. 로마의 주피터(그리스의 제우스)에게는 당할 자가 없다.*9

---

*8 물론 이런 조건은 필요하지만 그것만으로 충분하지는 않다. 예컨대 원시사회 단계에서 머물고 있는 부계 상속제 사회도 있다. 그 외에 마야 족에서처럼 퇴화된 것도 있다. 모권사회와 부권사회 사이에는 절대적인 계급은 없다. 그러나 단지 후자만이 기술적으로, 사상적으로 발전되었다.
*9 1934년 〈심리학자〉에 실린 베구엥의 논문, 오리냐크 기(후기 구석기시대 중의 첫 번째 시기)에는 성적 특성이 고장된 여성의 조그만 조상(彫像)이 많다고 적어 놓은 것은 흥미롭다. 그 조상들에선 풍만함과 음문(陰門)을 중시하는 점이 눈에 띈다. 그 밖에도 동굴 속에는 그것만

이와 같이 가부장제의 승리는 우연도 아니고 폭력적 혁명의 결과도 아니었다. 인류의 태초부터 남성은 생물학적 특권 때문에 자기들을 지배적 주체로 확립할 수 있었다. 그들은 이런 특권을 결코 포기하지 않았다. '자연'과 '여자' 속에 그 실존의 일부를 소외시켰지만, 곧 되찾아 갔다. '타자'의 역할을 선고받은 여자는 또 일시적인 권력밖에 소유하지 못하도록 운명지어졌다. 노예나 우상의 경우에도 그 운명을 선택한 것은 결코 여자가 아니었다. "남자들은 신을 만들고 여자들은 신을 숭배한다"고 프레이저는 말했다. 그들의 최고 신을 여성으로 하느냐 남성으로 하느냐 결정하는 것은 남자들이다. 사회에서 여자의 지위는 언제나 남자들이 지정해주는 것이다. 어떤 시대에도 여자는 자기 자신의 법률을 제정한 일이 없다.

　그러나 만약 생산노동을 그녀의 체력이 감당할 수 있었다면 여자는 남자와 '더불어' 자연정복을 실현했을 것이다. 신들에게 대항하여 남성과 여성이 저마다 자기를 주장했을 것이다. 그러나 여자는(호모 파베르적 인간으로서) 도구를 사용하여 미래를 자기 것으로 만드는 데 성공하지 못했다. 여자의 전략에 대한 엥겔스의 설명은 불완전하다. 청동과 철의 발명이 생산력의 균형을 크게 깨뜨려놓았고, 그 때문에 여자의 열등성이 생겼다고 보는 것만으로는 불충분하다. 이 열등성만으로는 여자가 받은 억압을 설명하기에 부족하다. 여자의 불행은 일하는 존재로서 남자의 노동 반려자가 되지 못했기 때문에 인간적 공존(共存)에서 제외된 점이다. 여자가 연약하고 생산능력이 떨어지기 때문이라고 설명하는 것만으로는 불충분하다. 남성이 여성을 동류(同類)로 인정하지 않은 것은 여자가 남자의 일하는 방법이나 생각하는 방법에 동참하지 않고, 언제까지나 생명의 신비에 종속되었기 때문이다. 남자가 여자를 받아들이지 않고, 여자가 남자의 눈에 타자의 차원에 머문 이상, 남자는 여자를 억압하는 존재가 될 수밖에 없었다. 확장과 지배를 꾀하는 남성의 의지는 여성의 무능력을 저주로 바꿔 놓았다. 남자는 새로운 기술로 열린 새로운 가능성을 추구하려고 했다. 그래서 노예의 노동력에 호소하여 자기 동류를 노예로 삼았다. 노예의 노

---

을 따로 떼서 서투르게 그려 놓은 음문 그림도 발견된다. 구석기 시대의 솔류트레 기와 마들렌 기에는 이런 조상들은 자취를 감춘다. 후기 구석기 시대인 오리냐크 기에는 남성적 조상은 지극히 드물고 남성 생식기의 표현은 전혀 없다. 마들렌 기에는 또 얼마쯤 음문의 형상이 발견되지만 그 수는 얼마 되지 않으며 오히려 많은 페니스들이 발견된다.

동은 여자가 제공할 수 있었던 노동보다 훨씬 더 효율적이었기 때문에 여자는 부족 안에서 담당했던 경제적 역할을 상실했다. 또한 노예와의 관계에서 주인은 여자에게 행사하던 완화된 권위보다 훨씬 더 강력한 지배력을 확인한다. 여자는 자기의 성식력 때문에 존경받고, 두려움을 사기 때문에 남성과 타자가 되고, 타자라는 불안한 성격 때문에 남자에게 의존하는 동시에, 어떤 의미로는 남자를 자기에게 의존시켜 왔다. 주인과 노예의 관계가 '현실적으로' 여자를 위해 존재했기 때문에 여자는 노예상태를 면할 수 있었다. 노예는 어떤 금기로도 보호받지 못하는 굴복된 남자에 불과하며, 열등한 존재이다. 주인과 노예 관계의 변증법적 작용이 실현되려면 여러 세기가 걸릴 것이다. 조직화된 족장제 사회에서 노예란 인간의 얼굴을 한 가축에 불과하다. 주인은 노예에게 폭군적 권위를 행사함으로써 자신의 자존심을 높인다. 그리고 남자는 그 자존심을 여자에게 돌린다. 그가 획득한 모든 것이 여자에게 불리하게 작용한다. 남자가 강해지면 강해질수록 여자는 더욱 낮아진다. 특히 남자는 토지를 소유하면서 여자를 또한 하나의 재산으로서 요구하게 된다.*10 일찍이 남자는 마나와 대지(大地)의 소유자였으나, 지금은 '하나'의 영혼과 '얼마'의 토지를 가지고 있다. '여성'에게서 해방되어, 그는 한 사람의 여자와 자기에게 속한 자손도 요구한다. 그는 자기의 전답을 위하여 이용하는 가족의 노동이 완전히 자기의 것이기를 원한다. 그러기 위해서는 노동자들이 자기에게 속해 있어야 하므로, 자기 아내와 자식을 자기에게 예속시킨다. 그는 자기 재산을 양도함으로써 이승에서의 삶을 대신 이어주며, 피안에서 영혼의 안식을 누릴 수 있도록 자신에게 명예를 제공해 줄 상속인을 필요로 한다. 가정의 수호신 숭배는 사유재산 형성과 맞물려 있으며, 그 때문에 상속인의 기능은 경제적인 동시에 신비롭기까지 하다. 이리하여 농업이 본질적으로 주술적인 일을 그만두고 창조적인 일로 바뀐 날부터, 남자는 자기에게 생식력이 있음을 깨닫는다. 그는 자기의 수확물과 마찬가지로 아기를 요구하게 된다.*11

---

*10 제1편 제3장 참조.
*11 여자를 밭고랑에 비유했던 것과 마찬가지로 이때는 페니스가 쟁기에 비유되었다. 또 그 반대로도 비유되었다. 카시트기(期)에 어떤 쟁기를 그린 그림 위에는 생식행위의 상징이 그려져 있다. 그 뒤에도 페니스와 쟁기의 동일시가 자주 그림·조각에 나타났다. 동아시아계(系) 언어 가운데 몇몇에선 이아크(iak)라는 말은 페니스와 쟁기를 동시에 가리킨다. "그 쟁기가 대지를 수태시켰다"라는 신에게 바친 아시리아 인의 기도도 남아 있다.

원시시대에는 모계혈통이 부계혈통으로 바뀐 것보다 더 중대한 이데올로기적 혁명은 없었다. 이때부터 어머니는 유모와 하녀의 지위로 전락하고, 아버지의 지배권이 높아졌다. 권리를 보유하고 행사하는 것은 아버지이다. 아이스킬로스의 《에우메니데스》에서 아폴론 신은 이 새로운 진리를 분명히 선포했다. "사람들이 말하는 것처럼 자식을 만드는 것은 어머니가 아니다. 어머니는 몸 속에 들어온 종자를 기를 뿐이다. 아이를 만드는 것은 아버지이다. 여자는 외부로부터 종자를 받고, 신이 인정하면 그것을 보존한다." 물론 이런 단정은 과학적 발견으로부터 기인한 것이 아니다. 이것은 일종의 신앙고백이다. 반드시 남자는 기술적 인과관계의 경험으로부터 자신의 창조적 능력에 확신을 얻고, 생식에 있어서 자기도 어머니 못지않게 필요한 존재라고 인식하기에 이른다. 이념이 관찰을 유도한 결과다. 그러나 이 관찰은 아버지에게 어머니의 역할과 동등한 역할을 부여하는 데 그쳤다. 즉 자연현상을 관찰하여 수태의 조건이 정자와 월경의 만남이라는 가설(假說)에 도달한 것이다. 한편 여자는 단지 물질에 지나지 않으며, "생겨나는 모든 존재 가운데 남성적인 운동원리가 가장 뛰어나고 신성하다"는 아리스토텔레스의 표명은, 모든 인식을 초월한 권력의지를 대변하고 있다. 자손을 독점적으로 소유함으로써 남자는 여자의 지배력으로부터 완전히 빠져 나와, 여자에 대항해서 세계의 지배권을 획득한다. 실제적 중요성과 신비적 권위를 박탈당한 여자는 이제 생식과 부차적인 일에 헌신하는 하녀에 불과한 존재로 보인다.

남자들은 이 지배를 치열한 전투의 결과라고 보아 왔다. 가장 오래된 창조설의 하나인 아시리아·바빌로니아인의 신화는—7세기에 기록되었지만 그 문헌은 훨씬 더 오래된 전설을 재현한 것이다—남자들의 승리를 이렇게 이야기한다. 대양의 남신 아툼과 바다의 여신 티아마트는 천지를 만들고, 모든 위대한 신들을 낳았다. 그러나 그 신들이 너무 난폭하게 굴자 없애 버릴 결심을 했다. 그래서 어머니 티아마트가 자식들 가운데 가장 강하고 아름다운 남신 벨 마르두크에게 도전했다. 벨 마르두크는 어머니와의 치열한 격전 끝에 그녀를 죽이고 시체를 두 동강 내어 그 절반으로 하늘을 만들고 나머지 절반으로는 지상세계의 토대를 만들었다. 다음으로 우주를 편성하고 인류를 창조했다. 모권에 대한 부권의 승리를 찬양하는 《에우메니데스》의 희곡에서도, 오레스테스는 어머니 클리타임네스트라를 암살한다. 이런 피비린내 나는 모략의 승리로 남성의 힘, 질서와 광명을 나타내는 태양의 위력은 여성성의 혼돈을 깨뜨린다. 신들의 법정은 오레스테스를 무죄로 하기 위하여 그가 클리타임네스트라의 아들이기 전에 아가멤논의 아들이었다고 선포한다. 오래된 모권은 죽었다. 남성의 대담한 반론이 모권을 죽인 것이다. 그러나 실제로는 이미 본 바와 같이, 모권에서 부권으로의 이행은 점진적인 변천으로 이루어진 것이다. 남성의 정복은 말하자면 재정복이었다. 남자는 그가 이미 소유하고 있던 것을 점유한 데 불과하다. 그는 권리를 현실과 조화시킨 것이다. 싸움도 승리도 패배도 없었다. 하지만 이 전설 안에는 깊은 의미가 담겨 있다. 남자가 자유로운 하나의 주체로서 자기를 주장하는 순간부터 '타자'의 관념이 의식 속에 떠오르게 된다. 이날부터 '타자'와의 관계는 하나의 드라마가 된다. '타자'는 위협적이며 위험한 존재가 되어버린 것이다.

옛 그리스 철학에서는 자기를 주장하면서 갖게 되는 타성(他性)은 부정적인 것이므로 '악'이라고 가르쳤다. 플라톤도 이 점은 부정하지 않았다. 타자를 설정하는 것은 선악 이원론을 명시하는 태도이다. 그 때문에 여러 종교들과 법전은 여자에게 적의(敵意)를 품고 다룬다. 인류가 신화나 법률을 문자로 편찬하는 데까지 진보했을 때, 부권제는 이미 결정적으로 확립되어 있었다. 법규를 제정하는 것은 남자였다. 그들이 여자에게 예속적 지위를 준 것은 마땅했다. 그들이 어린아이와 가축을 다룰 때와 마찬가지로, 여자에게 호의적이었다고 상상할 수 있을까? 전혀 그렇지 않다. 여자를 압박하도록 법규를 제정한 입법자들은 한편으로는 여자를 두려워한다. 여자가 지닌 상반되는 특질 가운데서 특히 불길한 면만 거론되며 여자는 신성한 존재에서 부정한 존재로 바뀌었다. 아담의 반려자가 된 이브는 인류를 타락시켰다. 인간에게 복수하길 원하는 이단의 신들은 여자를 만들어 낸다. 이런 여자들 가운데 최초로 태어난 판도라가 인류를 괴롭히는 온갖 재앙을 일으켰다. '타자'는 능동성에 대한 피동성이고, 통일을 깨뜨리는 다양성이며, 형식에 대립하는 물질이고, 질서에 저항하는 혼란이다. 여자는 이렇게 '악'에 바쳐졌다. "질서와 빛과 남자를 창조한 선의 원리와, 혼돈과 암흑과 여자를 창조한 악의 원리가 있다"고 피타고라스는 말했다. 마누법전은 여자를 노예상태로 두어야 할 악의 존재로 규정한다. 《레위기》는 여자를 가장이 소유하는 가축과 동일시한다. 솔론(아테네 정치가·시인, 3C 640?~560?)의 법률은 여자에게 어떤 권한도 부여하지 않았다. 로마법은 여자를 남자의 후견 아래 두고 그 어리석음을 지적했다. 교회법은 여자를 '악마의 입구'로 보았고, 코란은 여자를 철저하게 멸시한다.

하지만 '악'은 '선'에, 물질은 정신에, 암흑은 광명에 필요하다. 남자는 자기의 욕망을 만족시키고 생명을 영속시키기 위하여 여자가 없어서는 안 될 존재임을 알고 있다. 남자는 여자를 사회에 합류시킬 필요가 있다. 그래서 여자는 남자가 제정한 질서에 복종하는 한 원죄적(原罪的) 부정에서 정화된다고 한다. 이런 관념은 마누법전에 잘 표현되어 있다. "여자는 합법적인 결혼을 통하여 마치 대양으로 흘러드는 강물처럼 남편과 같은 장점을 지니게 된다. 그리고 사후에도 같은 천국에 들어가도록 허락된다." 마찬가지로 성서도 '유능한 아내'의 초상을 찬양하고 있다. 그리스도교는 육체를 혐오함에도 신에게 몸을 바친 헌신적인 처녀와 정숙하고 순종적인 아내를 존경한다. 종교적 의식과 결부되면, 여자가 종교적으로 중요한 역할을 담당하기도 한다. 인도 바라문 승려의 아내나 로마 사제의 아내는 남편과 마찬가지로 신성하다. 부부 사이에서 지배하는 것은 남자지만 남성과 여성 요소의 결합은 생식구조와 생명과 사회질서에 역시 필요하다.

이 '타자'와 '여성'의 상반성(相反性)이 그 뒤의 역사에 반영되어 오늘에 이르기까지 여자는 남자들의 의사를 따르고 있다. 그러나 이는 모순이다. 왜냐하면 완전히 소유되고 나면 여자는 한 물건으로 전락하지만, 남자는 자기가 정복하고 소유한 것에 자기와 같은 권위를 부여하기 때문이다. '타자'는 남자의 눈에 약간의 원시적인 마술을 보존하고 있다. 어떻게 아내를 하녀인 동시에 반려자로 삼을 수 있을까. 이것은 남자들이 해결하려고 애쓰는 문제들 가운데 하나이다. 남성의 태도는 여러 세기 동안 변천하면서, 그에 따라 여자의 운명도 바뀔 것이다.[*12]

### 제3장 가부장시대와 고대인

여자는 사유재산의 등장으로 옥좌를 빼앗겼지만, 여자의 운명은 여러 세기에 걸쳐 사유재산에 좌우된다. 여자의 역사는 대부분 상속의 역사와 일치한

---

[*12] 우리는 이런 진화를 서양에서 살펴 보자. 동양의 인도나 중국에서 여자의 역사는 실제로 변함 없는 오랜 노예의 역사였다. 중세에서 오늘날까지 그 전형적인 경우인 프랑스에 대해서 이 연구를 계속해 나가기로 한다.

다. 재산 소유자가 자기의 실존을 재산 속에 물질화시킨다는 것을 염두에 둔다면, 사유재산제도의 근본적인 중요성을 이해할 수 있다. 소유자는 자기의 생명보다 재산에 더 집착한다. 재산은 덧없는 생명이라는 좁은 한계를 넘어서, 불멸한 영혼의 현세적 화신(化身)으로서 육체가 멸망한 뒤에도 존속한다. 그러나 이 불멸성은 재산이 소유자의 손에 남아 있을 때만 실현된다. 소유자가 그 속에서 존속하고 그 속에 자기를 인정하는 자손들에게 재산이 속해 있어야만, 죽음을 넘어서 그의 것이 될 수 있는 것이다. 아버지의 토지를 경작하고, 아버지의 영혼을 위해 제사를 지내는 것이 상속자의 유일한 의무이다. 상속자는 이 세상과 지하세계에서 조상들의 영속을 보장한다. 그러므로 남자는 재산과 어린아이를 아내와 공유할 것을 동의하지 않는다. 하지만 그는 자기의 주장을 완전히, 그리고 영구히 관철하지는 못한다.

그러나 가부장제가 강력하게 시행될 때에는, 그는 아내에게서 재산의 소유 및 상속에 관한 일체의 권리를 박탈한다. 그 권리를 아내에게 주지 않는 것이 타당한 것처럼 보인다. 한 여자가 낳은 자식이 더 이상 그녀의 것이 아니라고 생각되면, 동시에 아이들은 아내의 씨족 집단과는 아무런 관계가 없게 된다. 여자는 더 이상 결혼으로 한 씨족에서 다른 씨족으로 대여되지 않는다. 여자는 자기가 태어난 집단에서 뿌리째 뽑혀 남편의 집단에 합병된다. 남자는 가축이나 노예를 사듯이 여자를 사서 여자에게 자기 가정의 신들을 섬기도록 강요한다. 그리고 아내가 낳은 아이들은 남편의 가문에 소속된다. 그러므로 그녀가 상속자라면 아버지의 재산을 부당하게 남편의 가정으로 옮기는 것이 된다. 그래서 그녀는 치밀하게 상속에서 제외된다. 그러나 상속받지 않으면 여자는 아무것도 소유하지 못하기 때문에 인격체로서 존엄을 누릴 수 없다. 여자는 남자에게 주어진 세습재산의 일부가 된다. 먼저 자기 아버지, 다음에는 남편 재산의 일부가 된다. 엄격한 가부장제도에서는 아버지가 남자아이든 여자아이든 태어난 아이를 죽일 수도 있다. 그러나 남자아이가 태어났을 경우는 대개 사회가 아버지의 권한을 제한하여 정상적으로 태어난 아기는 모두 살도록 허용한다. 한편 여자아이를 버리는 풍습은 대단히 널리 행해졌다. 아랍 사람들 사이에서는 갓난아기의 대량살육이 자행되었다. 계집아이는 태어나자마자 구덩이 속에 내던져졌다. 계집아이를 받아들이는 것은 아버지로서는 관대한 자비행위이다. 여자는 일종의 자비를 통해야만 이런 사회에 들어가며, 남성처럼 정당하게 들어갈 수 없었다. 아무튼 태어난 아이가 계집아이일 때에, 어머니의 출산은 훨씬 부정한 것으로 생각되었다. 《레위기》를 보면, 헤브루 사람은 계집아이일 경우 사내아이를 낳았을 때보다도 두 배나 긴 정화의식을 치러야 했다. '피의 대가' 풍습이 존재하는 집단에서도 희생자가 여자인 경우에는 약간의 보상밖에 요구하지 않는다. 그 값은 남성에 비하면 마치 자유인에 대한 노예의 가치와 같은 것이었다. 딸에 대하여는 아버지가 모든 권한을 가지고 있다. 결혼하면 그 권한은 고스란히 남편에게 넘어간다. 여자가 노예나 우마(牛馬)나 물건 같은 남편의 재산이라면, 남편이 자기 좋을 대로 많은 아내를 거느리는 것이 마땅하다. 일부다처를 제한하는 것은 경제적인 까닭뿐이다. 남편은 자기 뜻대로 아내를 버릴 수 있고, 사회는 여자들에게 거의 아무 보장도 해주지 않는다. 그런데도 여자는 엄격한 정조를 강요받는다. 모권사회에서는 금기는 있어도 자유로운 행동을 너그럽게 허용했다. 결혼 전의 정조는 거의 요구되지 않았고 간통도 그다지 엄격하게 눈총받지 않았다. 반대로 여자가 남자의 소유물이 되자, 남자는 여자에게 처녀성을 원하고 엄벌을 통해 완전한 정절을 요구한다. 남의 자식에게 상속권을 넘겨주는 위험을 감수하는 것보다 더 큰 죄는 없다. 그 때문에 가장은 죄를 진 아내를 사형에 처할 권리를 갖게 된다. 사유재산이 존속되는 한, 부부간의 부정은 아내가 저지르면 대역죄로 간주되었다. 오늘날까지 모든 법률이 간통에 관해서는 불평등을 유지하면서, 아내가 가정에 사생아를 끌어들일 위험이 있는 죄의 중대성을 논죄한다. 남편이 자기 마음대로 부정한 아내를 재판할 권리가 아우구스투스 황제 이후로 폐지되었다고는 하지만, 나폴레옹법전은 아직도 아내를 심판한 남편을 배심원이 관대하게 다루는 것을 용인하고 있다. 여자가 아버지의 씨족과 남편의 가정에 동시에 소속되어 있을 때는 서로 얽히고 대립하는 두 유대 사이에서 상당한 자유를 얻을 수 있었다. 이 두 계통 중 한쪽을 다른 한쪽에 대항하는 방패로 삼을 수 있었기 때문이다. 예를 들면 여자는 흔히 자의대로 남편을 선택할 수 있다. 결혼은 사회구조에 깊은 영향을 미치지 않는 속세의 사건에 불과했기 때문이다. 그러나 부권제 아래에서 여자는 아버지의 사유재산이므로 아버지가 마음대로 딸을 결혼시킨다. 결혼하면 여자는 남편의 가정에 매여 이미 남편의 물건, 그녀가 들어간 씨족의 소유물에 불과하다.

가족과 사유재산이 사회의 기초로 남아 있는 한, 여자도 완전히 소외된 물건으로 남게 된다. 회교사회가 바로 그러하다 회교 세계의 구조는 봉건적이다. 즉 여러 부족을 통합하고 복종시킬 만큼 강력한 국가가 나타나지 않았기 때문에 가장의 권력을 견제할 권력이 없다. 아랍 민족이 전사이며 정복자였을 때 창조된 종교는 여자를 완전히 경멸했다. "신이 남자들에게 베푼 우월성의 특권 때문에, 또 남자가 여자에게 지참금을 주기 때문에 남자가 여자보다 우월하다"고 코란은 말한다. 여자는 현실적인 권력이나 신비스런 권위를 한 번도 장악한 일이 없다.

베두인(산막지방에 사는 아랍 사람) 여성의 일은 고되다. 쟁기를 다루고 무거운 짐을 나른다. 이렇게 함으로써 여자는 남편과 상호의존관계를 확립하고, 얼굴을 가리지 않고 자유로이 외출한다. 베일을 쓰고 집에 갇혀 있는 회교도의 여자는 사회 어느 계층에서도 여전히 노예로 머물러 있다. 나는 튀니지의 어떤 혈거민(穴居民) 부락에서, 여자 네 명이 쭈그리고 앉아 있던 지하 동굴을 기억한다. 애꾸눈에다 이가 빠져 흉하게 일그러진 얼굴을 한 늙은 아내가 매운 연기가 자욱한 조그만 화덕 위에서 가루 반죽을 익히고 있었다. 조금 젊긴 하지만 거의 비슷한 얼굴을 한 두 아내는 품 속의 아기를 어르고 있었다. 그 가운데 한 여자는 젖을 먹이고 있었다. 비단과 금은으로 눈부시게 단장한 젊은 미인은 베틀 앞에 앉아서 양털 실오라기를 잇고 있었다. 나는 이 음침한 동굴—내재의 왕국, 자궁이며 무덤—을 나와 햇빛 쪽으로 이어진 복도에서, 하얀 옷을 입고 눈부시게 깨끗하고 밝고 명랑한 남성과 마주쳤다. 그는 시장에서 다른 남자들과 세상 돌아가는 이야기를 하다가 돌아오는 길이었다. 그는 자신이 속해 있고 떨어질 수 없는 넓은 세계 한가운데 있는 자기 소유물인 이 은둔처에서 몇 시간을 지낼 것이다. 쇠약해진 노파들이나 똑같이 추하게 늙어갈 젊은 아내들에게는 냄새나는 동굴 밖의 다른 세계가 없다. 그녀들은 조용히 베일을 쓰고 밤에만 동굴을 빠져 나올 수 있다.

성서시대 유대인의 풍습은 아랍인들과 거의 같았다. 가장들은 여러 아내를 거느렸고 거의 내키는 대로 아내를 버릴 수 있었다. 가혹한 형벌을 마련하여, 젊은 아내가 남편에게 처녀로 몸을 맡길 것을 요구했다. 간통하면 여자를 돌로 쳐죽였다. '여자는 양털과 삼을 매만지고……아침에는 동트기 전에 일어나고……밤에도 등불을 꺼뜨리지 않으며……게으름의 빵을 입에 대지 않는다…….' 이처럼 성서에 묘사된 정숙한 여자의 초상이 증명하듯이 여자는 집안일에 매여 있다. 여자는 정숙하고 부지런하더라도 부정하다고 하여 금기 속에 갇혀 있다. 여자의 증언은 법정에서 받아들여지지 않는다. 《전도서》는 여자에 관해 극도의 혐오를 가지고 말한다. "여자의 마음은 함정이요, 그물이요, 그 손은 사슬이니, 죽음보다 더 악랄한 것이 젊은 여자다…… 천 명 가운데 한 사람의 남자를 발견하기는 쉬우나, 천 명 가운데 좋은 여자는 하나도 없다." 남편이 죽으면 미망인은 법률이나 관습에 의해 고인(故人)의 형제와 결혼할 것을 요구받았다.

이러한 역연혼(逆緣婚) 관습은 동양의 여러 민족에게서 볼 수 있다. 여자가 후견인 제도 아래 있는 결혼제도에서 나타나는 문제들 가운데 하나로 미망인 처우문제가 있다. 가장 과격한 해결책은 여자를 남편의 무덤에 바치는 생매장이다. 그러나 인도에서도 일찍이 법률이 그와 같은 희생을 강요했다는 것은 사실이 아니다. 마누법전도 남편이 죽은 후에도 그 아내가 살아 있는 것을 허용했다. 이 순사(殉死)는 귀족 사이의 관습일 뿐이었다. 미망인은 남편의 상속인들이 내리는 처분에 맡겨지는 경우가 훨씬 더 많았다. 형수와의 결혼은 일처다부의 형태를 취하기도 한다. 과부의 안정된 생활을 도모하기 위하여 한 가족의 형제를 모두 남편으로 제공한다. 이런 관습은 남편이 성적 불능(不能)일 때 씨족을 보호하는 데도 도움이 된다. 케사르의 문헌에 따르면, 브르타뉴 지방에서는 한 집안의 남자 전원이 몇 사람의 아내를 공유했던 것 같다.

가부장제가 모든 곳에서 이런 과격한 형태로 성립된 것은 아니다. 바빌로니아에서는 함무라비법전이 여자들에게 몇 가지 권리를 인정했다. 여자는 아버지의 유산 일부를 상속받았고, 결혼할 때는 아버지가 지참금을 마련해 주었다. 페르시아에서는 일부다처가 관례로, 여자는 적령기가 되자마자 아버지가 고른 남편에게 절대 복종할 의무가 있다. 그래도 이곳 여자들은 대부분 동양 민족의 여성들보다는 한결 존중받았다. 근친상간이 금지되어 있지 않아서 형제와 자매 사이에 결혼하는 일이 빈번했다. 여자는 사내아이의 경우 일곱 살까지, 여자아이의 경우 결혼하기 전까지 교육시킬 책임이 있었다. 아들이 상속자로 부적합하면 아내는 남편 유산의 일부를 상속받을 수 있었다. 남편이 성년인 아들을 남기지 못하고 죽었을 경우, 아내가 '권리가 있는 배우자'라면 미성년 아이들의 후견과 재산관리를 맡았다. 여러 가지 결혼 법규들은 자손의 존재가 가장에게 얼마나 중요한지 명백히 보여주고 있다. 결혼에는 다섯

가지 유형이 있었다고 한다.*13

1. 여자가 부모의 동의를 얻어 결혼하면 '권리가 있는 배우자'라고 부르며 아이들은 남편에게 속한다.
2. 아내가 무남독녀일 경우, 그녀가 낳은 첫 아이는 여자의 부모에게 양도하여 딸을 대신하도록 한다. 그 다음에 그녀는 '권리가 있는 배우자'가 된다.
3. 남자가 독신으로 죽으면, 가족이 외부 여자에게 지참금을 주고 다른 남자와 결혼시킨다. 이 여자를 양자처(養子妻)라고 부른다. 그녀가 낳은 아이의 반은 죽은 남자에게 속하고, 나머지 반은 살아 있는 남편에게 속한다.
4. 과부가 아이 없이 재혼하면 하녀처(下女妻)라고 부른다. 재혼해서 낳은 아이들의 절반은 죽은 전 남편에게 양도해야 한다.
5. 부모의 동의 없이 결혼한 여자는 아들이 성년이 되어, 그녀가 아이 아버지의 '권리가 있는 배우자'가 되기 전에는 부모의 상속을 받을 수 없다. 만약 남편이 그 전에 죽으면 그녀는 미성년자로 간주되어 후견인의 관리 아래 놓인다.

양자처와 하녀처 제도는 반드시 혈연으로 연결되지 않는 후예일지라도 남자의 존속할 권리를 확립해 준다. 이것은 우리가 앞에서 말한 바를 뒷받침한다. 이런 관계는 말하자면 자기의 유한한 생명을 넘어 이승과 저승에서의 불멸성을 소유하고자 한 남자들이 제시한 것이다.

여자의 신분이 가장 유리했던 것은 이집트였다. 어머니인 여신들은 아내가 되어도 그 권위를 그대로 간직했다. 종교와 사회의 단위는 부부이며, 여자는 남자의 동맹자이자 보조자였다. 여자의 마술을 별로 적대하는 마음이 없었기 때문에 근친상간에 대한 공포도 극복하고 자매와 아내를 혼동하는 일도 예사였다.*14 여자는 남자와 동일한 권리와 동일한 법적 세력이 있었다. 여자도 상속을 받고 재산을 소유했다. 이런 특수한 행운은 조금도 우연에서 비롯된 것이 아니었다. 고대 이집트에선 토지가 왕·승려·군인 등의 상층계급의 것이었기 때문이다. 일반인의 토지 소유는 단지 용익권(用益權)뿐이었다. 토지는 양

---

*13 다음의 분류는 《고대 페르시아와 이란 문명》에서 C. 위르의 학설에 따른 것이다.
*14 어떤 경우에는 적어도 형제가 자매와 결혼할 의무가 있었다.

도할 수 없었으므로 상속으로 전해지는 재산은 대단한 가치가 없었고, 그 재산을 분배하는 데 아무런 지장도 없었다. 세습되는 사유재산이 없었기 때문에 여자는 하나의 인격체로서 존중받을 수 있었다. 여자는 자유로이 결혼하고, 과부가 되면 자기 의사대로 재혼할 수 있었다. 남성은 일부다처를 따르고 있었다. 그러나 자식들은 모두 적자(嫡子)인 반면, 본처는 한 사람뿐이었다. 그녀만이 제사의식에 참여하고 남편과 대등한 관계를 가지며, 나머지 아내들은 모든 권리가 박탈된 노예에 불과했다. 본처는 재혼을 해도 신분에 변함이 없고, 자기 재산을 소유하고, 자유로이 계약을 맺을 수 있었다. 보코리스 왕이 사유재산 제도를 확립했을 때 여자의 신분은 이미 밀려나기엔 너무도 강한 지위를 차지하고 있었다. 보코리스가 계약시대를 열자 결혼까지도 계약이 되었다. 그 계약에는 세 가지 유형이 있었다. 하나는 예속적 결혼에 관련된 것으로, 여자는 남자의 소유물이 되었으나 남자가 자기 외에 다른 첩을 두지 않는다는 단서를 붙이기도 했다. 또한 합법적인 아내는 남자와 동등하게 여겨져, 모든 재산을 부부가 공유했다. 이혼할 때는 남편이 아내에게 일정한 금액을 지불할 의무가 있었다. 이런 관습은 나중에 여자에게 대단히 유리한 계약 형식으로 발전되었다. 남편이 아내에 대한 사실상의 책임을 인정한 것이다. 간통은 중벌로 다스렸지만, 이혼은 양쪽 모두에게 거의 자유였다. 이 계약의 실행으로 일부다처제에 많은 제약이 가해졌다. 여자들은 재산을 독점하여 자식들에게 상속했고 이것이 금권계급(金權階級)의 등장을 초래했다. 프톨레마이오스 필로파토르는 포고령을 내려, 아내는 이제부터 남편의 허가 없이 재산을 양도할 수 없게 했다. 이것이 여자들을 영원한 미성년자로 만들고 말았다. 사실 고대사회에서 여자들이 유달리 특권적인 법의 특혜를 누리던 시대에도, 여자들은 사회적으로 남자들과 평등하지 못했다. 종교나 정치에 관여하여 여자가 섭정을 할 수는 있어도 왕은 언제나 남자였다. 승려도 군인도 남자였다. 여자는 보조적으로만 공적 생활에 개입했다. 그리고 사생활에서는 일방적으로 정조를 강요당했다.

    그리스인의 풍습은 동양인의 풍습과 매우 유사하다. 그러나 그들은 일부다처제를 실시하지 않았다. 그 까닭은 정확히 모른다. 실제로 축첩을 유지한다는 것은 언제나 무거운 부담이었다. 많은 후궁을 거느릴 수 있었던 건 호사스런 솔로몬이나 《아라비안나이트》의 술탄, 왕과 추장과 부호들이었다. 보통 남자는

3~4인의 여자로 만족했다. 농부는 둘 이상의 아내를 소유하지 않았다. 한편—개인의 토지 소유권이 없는 이집트를 제외하고는—상속재산을 고스란히 보존하려는 생각으로 부친의 유산에 관한 여러 특별한 권리를 장자에게 부여하기에 이르렀다. 그로 인해서 주요 상속인인 어머니는 다른 아내들보다 더 우월한 권위를 차지하게 되고 여자들 사이에 계급이 형성되었다. 아내가 재산을 소유하거나 지참금을 가지고 오면, 그녀는 남편에게 한 사람의 인격체가 된다. 남편은 종교적으로 그녀와만 연결된다. 틀림없이 여기에서 한 사람의 아내만 인정하는 풍습이 확립되었을 것이다. 그러나 그리스 시민들은 거리의 창녀나, 부인의 시중을 드는 하녀를 통해 자기 욕망을 충족할 수 있었으므로 실제로는 적당히 일부다처로 머물렀다. 데모스테네스(그리스 정치가·웅변가, BC 384~322)는 다음과 같이 말했다. "우리는 정신의 쾌락을 의해 기생을, 감각의 쾌락을 위해서 창부를, 자식을 두기 위해서 아내를 둔다." 창녀는 아내가 병이 나거나 월경을 하거나 임신을 하거나 산후 회복기에 있을 경우에 주인의 침대에서 아내를 대신했다. 그러므로 부인의 방에서 첩의 방까지 거리는 멀지 않았다. 아테네 여자들은 자기 방에 갇혀 법률에 의해 엄중히 구속받으며 특별한 관리의 감시를 받았다. 여자는 일생 동안 미성년으로 살아가고, 후견인의 권력 밑에 놓여 있다. 후견인은 아버지나 남편, 혹은 남편의 상속인인데, 이들이 없을 때에는 관리를 뽑아 국가가 관리했다. 이런 사람들이 바로 여자의 주인이다. 그들은 상품을 다루듯 여자들을 마음대로 처분한다. 후견인의 권력은 인격과 재산에까지 미쳤다. 후견인은 그 권리를 마음대로 양도할 수도 있다. 아버지는 자기 딸을 양녀(養女)나 결혼상대로 내어 준다. 남편은 아내와 이혼하고 그녀를 새 남편에게 넘겨줄 수 있다. 하지만 그리스 법률은 여자에게 지참금을 보장한다. 이 지참금은 그녀의 생계유지에 사용되며, 결혼이 취소되면 그녀에게 고스란히 반환된다. 또 지극히 드문 경우지만, 여자에게 이혼을 요구할 권리를 허락한다. 그러나 이것이 사회가 여자에게 베푸는 유일한 보장이다. 물론 모든 유산은 아들에게 양도되지만, 지참금은 친자관계에서 얻어지는 재산이 아니라 후견인에게 부과되는 일종의 임무이다. 그러나 지참금제도 덕분에 미망인은 상속재산의 하나로 간주되어 남편의 상속인들에게 넘어가지 않고 부모의 후견 아래 복귀된다.

부계에 기초를 둔 사회에서 제기되는 문제들 가운데 하나는 남성 후계자가 하나도 없을 때의 상속문제이다. 그리스 사람들은 여자 상속제 관습을 마련했다. 즉 여자 상속인은 부계 씨족에서 가장 연장자인 친족과 결혼해야 했다. 그러면 그녀의 아버지가 그녀에게 물려준 재산은 같은 집단에 속하는 자식들에게 전해지고, 토지는 씨족의 재산으로 남는다. 상속녀는 여자 상속인이 아니라 상속인을 낳는 기계에 불과했다. 이런 관습은 상속녀를 완전히 남자의 뜻에 맡기는 것이었다. 그녀는 가문의 남성 가운데에서 최연장자에게 자동적으로 넘겨지는데 그는 대개 노인이었다.

여자를 압박하는 원인이 가족을 존속시키고 세습재산을 고스란히 유지하려는 의지에 있기 때문에, 여자가 그 가족에서 빠져 나오는 정도에 따라 그 절대적인 예속에서도 벗어날 수 있다. 사회가 사유재산을 부정하고 가족을 거부한다면, 여자의 운명은 그로 인해 눈에 띄게 개선될 것이다. 공유재산제가 우세했던 스파르타는 여자가 남자와 거의 동등하게 취급되었던 유일한 도시국가였다. 딸은 아들과 마찬가지로 양육되었다. 아내는 남편의 가정에 갇혀 있지 않았다. 남편은 밤중에 은밀히 아내를 방문하는 것만 허용되었다. 더구나 아내는 남편에게 거의 구속받지 않았기 때문에, 우생학(優生學)의 이름으로 다른 남자가 그녀와의 결합을 요구할 수도 있었다. 상속이 사라지면 간통의 관념 자체가 없어진다. 모든 어린아이들은 시(市) 전체의 공동소유였기 때문에, 여자들도 한 남자에게 예속되지 않았다. 혹은 반대로, 시민은 개인 재산도 개인 자손도 소유하지 않으므로 아내를 소유했다고 말할 수도 없다. 남자들이 전쟁의 의무에 따르듯이 여자는 모성의 의무를 이행했다. 그 이외의 어떤 구속도 그들의 자유를 제한하지 않았다.

그리스에는 우리가 방금 말한 자유로운 여자와 씨족의 내부에서 살아가는 노예―가장이 절대적인 소유권을 갖고 있다―외에 창녀가 있었다. 원시 민족들은 여행자에게 아내를 빌려 주는, 틀림없이 신비적 동기에서 비롯된 환대 매음과, 집단의 이익을 위하여 생식의 신비한 위력을 떨치기 위한 신성한 매음을 인정했다. 고대 그리스 로마시대에는 이런 풍습이 존재했다. 헤로도토스의 말에 따르면, 기원전 5세기 경에 바빌로니아 여자들은 저마다 일생에 한 번은 한 두 푼의 돈을 받고 밀리타 신전에서 외간 남자에게 몸을 맡기고, 그 돈을 신의 재산에 보태야 했다. 그 다음에 집으로 돌아가 정절을 지키며 살았다. 종교적 매음은 존경받는 음악가와 무용가 계급을 형성하는 이집트와 인도의 무희에게서 오늘날까지도 존속되고 있다. 그러나 대개 이집트·인도·서아시아에서는 신성한 매음이 합법적 매음으로 전락했다. 승려 계급이 이런 거래에서 잇속을 채우는 수단을 발견했기 때문이다. 히브리인 사이에서도 돈으로 살 수 있는 창녀가 있었다. 그리스에서는 특히 연안지방이나 섬, 외국인이 많이 모이는 도시에, 핀다로스의 표현을 빌리면 '외국인을 환대하는 소녀들'이 있는 신전이 있었다. 소녀들이 받는 돈은 종교의식에, 즉 승려들과 간접적으로는 그녀들의 생계비로 충당한다. 현실적으로는 위선을 가장하여—특히 코린토스에서는—선원이나 여행자의 성적 도구를 이용했던 것으로 돈을 목적으로 한 매음이었다. 매음을 제도화한 것은 솔론이다. 그는 아시아인의 여자 노예를 사서 아테네의 베누스 신전 근처 항구에서 멀지 않은 '딕테리온'에 가두어 놓고, 시설 재무담당 '포르노트로포스'에게 관리를 하도록 맡겼다. 창녀들은 저마다 봉급을 받았고 총 이윤은 모두 국고로 들어갔다. 다음에는 민영 시설인 '카파일레이아'가 생겼다. 붉은 프리아프스(생식의 실측 끓거림 페니스)가 간판 구실을 했다. 곧 여자 노예 외에도 신분이 낮은 그리스인 여자들을 맞아들였다. 딕테리온은 매우 필요한 것으로 간주되었기 때문에 신성불가침의 위안소로서 인정받았다. 하지만 그 창녀들은 불명예의 낙인이 찍혀 사회적으로 아무 권리도 갖지 못했고, 그 자식들은 어머니를 봉양할 의무를 면제받았다. 그녀들은 꽃다발로 꾸며진 울긋불긋한 천으로 만든 특수한 옷을 입어야 했고, 머리는 사프란 빛깔로 물들여야 했다.

  딕테리온에 갇힌 여자들 외에 자유로운 창부도 존재했는데, 그녀들은 세 종류로 분류할 수 있다. 오늘날의 공창과 유사한 '딕테리아드'와, 춤을 추고 피리도 부는 '아울레트리드'와, 주로 코린토스 출신으로 그리스의 저명 인사들과 공공연한 관계를 가지며, 근대의 '사교계의 꽃'에 해당하는 사회적 역할을 한 고급창녀인 '헤타이라'이다. '딕테리아드'는 해방된 노예나 하층계급의 그리스 소녀들로, 뚜쟁이들에게 착취를 당하여 비참한 생활을 보냈다. '아울레트리드'는 음악적 재능 덕분에 성공해서 돈을 모은 사람이 많았다. 그 가운데 가장 유명한 사람은 이집트 왕 프톨레마이오스의 정부(情婦)이고, 다음에는 그를 정복한 마케도니아 왕 데메트리오스 폴리오르케테스의 정부가 된 라미아이다. 마지막으로 '헤타이라'는 세인들이 아는 바와 같이, 몇 사람은 그 애인의 영광과 결부되어 있었다. 행동이 자유롭고, 자기 재산을 자유로이 처리할 수 있으며, 지혜와 교양이 풍부하고 예술적인 재능까지 있는 그녀들은 교제를 요청해오는 남자들로부터 인격적인 대우를 받았다. 그녀들은 가족에게서 벗어나 사회 변두리에 자리잡았기 때문에 남자의 억압으로부터도 벗어나 있었다. 따라서 남자에게 동류로, 거의 대등하게 보였다. 아스파시아와 프리네, 라이스는 해방된 여자들이 일반 가정의 현모양처보다 우월한 위치에 있었음을 뚜렷이 보여주었다.

이런 훌륭한 몇몇 실례들을 제외하면 그리스 여자들은 반 노예상태로 전락하여 그것을 항의할 만한 자유도 갖지 못했다. 아스파시아나 그보다 더 열정적인 사포가 약간의 항의를 했을 정도였다. 호메로스의 작품에는 여자들이 얼마쯤 세력을 가지고 있던 영웅적 시기의 잔향이 남아 있다. 하지만 전사들은 그녀들을 준엄하게 안방으로 쫓아 보냈다. 그와 똑같은 모욕을 헤시오도스의 작품에서도 볼 수 있다. "여자를 믿는 자는 도둑을 믿는 자와 같다." 위대한 고전시대에 여자는 어김없이 규방에 갇혀 있었다. "가장 훌륭한 여자는 남자들의 화제에 전혀 오르내리지 않는 여자이다"라고 페리클레스는 말했다. 공화국 행정에 주부 위원회를 인정하고 소녀들에게 자유로운 교육을 실시하려고 생각한 플라톤은 예외였다. 플라톤은 아리스토파네스의 비웃음을 샀다. 《리시스트라테(여자의 평화)》(아리스토파네스의 풍자 희극)에서, 아내로부터 정치 정세에 관한 질문을 받은 남편은 다음과 같이 대답한다. "네가 참견할 일이 아니야. 닥치고 있어, 그렇지 않으면 얻어맞는다. 너는 베일이나 짜고 있어." 여자는 결함이 있기 때문에 여자이며, 집 안에 갇혀서 남자에게 복종하고 살아야 한다고, 아리스토텔레스가 선고한 것은 일반 사람들의 의견을 말한 것이다. 그는 또한 "노예는 생각할 자유를 완전히 박탈당했다. 여자는 생각할 자유는 있으나 머리가 둔하고 무력할 뿐이다"라고 단언했다. 크세노폰에 따르면, 아내와 남편은 근본적으로 서로 타인이다. "여자처럼 이야기 상대가 안 되는 사람이 또 있을까? 아마 없을 것이다."《가정론》에서 여자에게 요구하는 것은, 빈틈없고 신중하고 알뜰하고 꿀벌처럼 부지런히 일하는 주부, 즉 모범적인 내조자가 되는 것뿐이다. 여자를 이런 보잘것없는 신분으로 밀어내 놓고도, 그리스 남자들은 마음속 깊이 여자를 싫어했다. 이미 기원전 7세기에 아르킬로코스는 여자들에 대해 신랄한 풍자시를 썼다. 아모르고스 출신인 시모니데스의 작품에는 "여자들은 신이 창조한 가장 큰 골칫거리이다. 때로는 유익하게 보이지만 곧 주인의 애물단지로 변한다"는 구절이 있다. 히포낙스도 이렇게 말한다. "아내가 즐겁게 해 주는 날은 일생 동안 딱 이틀밖에 없다. 결혼식 날과 장례식 날이다." 이오니아 사람들은 밀레토스의 이야기 속에서 한껏 심술을 부린다. 그 중에서도 에페소스의 유부녀 이야기는 잘 알려져 있다. 이 시대의 여자들은 특히 게으르고 까다로우며 낭비한다고 비난받았는데, 즉 여자가 갖추어야 할 미덕이 없다는 것이다. "육지나 바다에 많은 괴물들이 있지만, 모든 괴물 가운데 가장 큰 괴물은 역시 여자이다"라고 메난드로스는 쓰고 있다. "여자는 당신을 일생 동안 쫓아다니는 골칫거리이다." 지참금 제도로 여자가 얼마쯤 힘을 갖게 되자 이제 사람들은 여자의 오만함을 개탄한다. 이는 아리스토파네스나 메난드로스가 친숙하게 다루는 주제이다. "나는 지참금이 붙은 마녀와 결혼했다. 전답과 집이 탐나서 그녀를 얻었으나, 아아, 아폴론 신이여, 고약하기가 천하제일이다……." "결혼을 맨 처음 생각해 낸 그자를 저주한다. 그리고 그것을 흉내 낸 둘째, 셋째, 그 밖에 모든 자들을 저주한다." "만일 당신이 가난하여 돈 많은 여자와 결혼한다면, 동시에 노예와 거지로 전락하게 된다." 그리스 여자들은 엄격하게 구속되어 있었기 때문에 품행은 비난할 여지가 없었다. 그러므로 육체에 대해서는 비난하지 않았다. 특히 남자에게 귀찮은 것은 결혼에서 오는 책임과 의무이다. 그렇다면 여자는 가혹한 처지에 놓여 거의 아무 권리도 인정받지 못했음에도 불구하고, 가정에서 중요한 지위를 차지하고 모종의 자유를 누렸음에 틀림없다. 여자는 복종할 운명이었지만 반항할 수 있었다. 여자는 싸움, 눈물, 수다, 욕으로 남편을 압도할 수 있었다. 여자를 예속시키는 결혼은 또한 남편에게도 구속이 되었다. 크산티페(그리스 시대 악처라는 평이 난 소크라테스 만년의 아내)의 인격 속에 바가지 긁는 아내와 불행한 부부생활에 대한 그리스 시민의 모든 불만이 요약되어 있다.

로마 여성의 역사를 결정하는 것은 가정과 국가의 알력이다. 에트루리아 인들은 모계상속제 사회를 구성하고 있었다. 그리고 왕정시대의 로마는 모권제에 의존한 이족결혼(異族結婚)을 인정했던 것 같다. 왜냐하면 고대 로마의 왕들은 왕권을 세습하지 않았기 때문이다. 확실한 것은 타르퀴니우스 황제가 죽은 뒤 부권(父權)이 확립되었다는 것이다. 농지·사유지, 다시 말해 가정이 사회의 중추가 되었다. 여자는 세습재산에 공헌하는, 말하자면 가족 집단에 엄격히 예속된 존재였다. 법률은 그리스 여자들에게 인정했던 보장을 모두 철회해 버렸다. 그래서 로마 여성들은 무능과 예속 속에서 살게 되었고, 공적인 일에서 제외되었다. 모든 '남성적 사무'가 여자에게 엄격히 금지된 것은 말할 필요

제2편 역사 131

도 없다. 그리고 시민생활에서 여자는 영원한 미성년자이다. 아버지 유산 가운데 그녀의 몫이 사라진 것은 아니었지만, 자기 몫을 자유로이 처분할 수 없도록 획책당했다. 즉 후견인의 허가를 받아야 했다. "후견제는 후견인 자신의 이익을 위하여 마련된 것이다. 후견인들은 그 여자의 추정상속인으로서, 그녀가 유언으로 자기들에게서 유산을 빼앗아 가거나, 양도나 부채로 유산을 축내지 못하게 하기 위해서 있다"라고 가이우스는 말하고 있다. 여자의 제1 후견인은 아버지이다. 아버지가 없는 경우에는 아버지의 친척들이 이 임무를 맡는다. 결혼하면 그녀는 남편의 '수중'으로 넘어간다.

결혼에는 세 가지 형태가 있다. 먼저, 콘페라티오(밀가루나 보릿가루를 바침) 의식(儀式)에서는 부부가 신관 입회 아래 카피톨 신전의 유피테르 신에게 밀떡을 바친다. 다음으로, 코엠프티오(매매)에서는 평민인 아버지가 자기 딸의 소유권을 그 남편에게 '양도'하는 매매 의식을 거행한다. 마지막으로, 우수스(용역)는 1년 동안 동거한 결과 이루어지는 결혼이다. 세 가지 형태에 모두 '남편의 권리'가 동반된다. 즉 남편이 아내의 아버지나 친족 후견인을 대신한다. 아내는 그의 딸들 가운데 하나와 동일시된다. 그 뒤로 남편은 그녀의 인격과 재산에 대한 모든 권리를 갖는다. 그러나 십이표법(十二表法 : 로마 최고의 성문법) 시기부터 로마 여성들은 아버지의 씨족과 남편의 씨족에 동시에 속해 있었기 때문에 분쟁이 일어나게 되었으며 이것이 로마 여성들의 법적 해방을 가능케 한 근원이 되었다. '남편의 권리'를 동반한 결혼은 사실상 부계 친족 후견인의 재산을 빼앗아 버린다. 그래서 부계 친족의 이익을 옹호하기 위하여 '남편의 권리 없는' 결혼이 생겨났다. 이 경우 아내의 재산은 후견인의 손에 남고 남편은 아내의 인격에 대해서만 권리를 갖는다. 이 권리조차도 가장과 공유하기 때문에 아버지는 자기 딸에 대하여 절대적인 권위를 지켜 나갔다. 가정재판소는 아버지와 남편의 충돌을 조정하는 임무를 맡았다. 이런 제도로 인해 아내는 아버지와 남편 사이에서 어느 한쪽에 의지할 수 있었다. 여자는 개인의 물건이 아니다. 게다가 공식 재판소로부터 독립된 재판소가 존재한다는 사실 자체가 증명하듯이 씨족은 지극히 강대하지만, 그 씨족의 장(長)인 가족의 아버지는 무엇보다도 먼저 한 사람의 시민이다. 그의 권위는 제한이 없고, 아내와 자식들을 절대적으로 지배하지만 아내와 자식들은 그의 재산이 아니다. 오히려 공공의 이익을 위하여 그들의 생활을 관리하는 것이다. 자식들을 낳고 가사와 농사일까지도 겸하고 있는 아내는 나라에 매우 유익하므로 깊이 존중받았다.

여기서 역사의 모든 과정을 통해 나타나는 지극히 중요한 사실에 주목하게 된다. 즉 추상적인 법률만으로는 여자의 구체적인 상황을 규정할 수 없다는 것이다. 여자는 대부분 자기의 경제적인 역할에 좌우된다. 그리고 대체로 추상적인 자유와 구체적인 권력은 반대 방향으로 향한다. 로마 여성들은 그리스 여성들보다 법적으로는 더 예속되었지만, 실제로는 사회 속에 훨씬 더 깊이 융화되어 있었다. 가정에서는 내실 구석에 갇혀 있는 대신 집의 중심인 안뜰에서 군림했다. 노예의 노동을 감독하는 것도 여자이다. 그녀는 아이들을 교육하고 아이들이 장성할 때까지 그 영향력을 미친다. 여자는 남편과 함께 일하고 함께 걱정하며, 남편 재산의 공동 소유자로 간주된다. "당신이 '가이우스'라면, 나는 '가이아'다"(로마에서 혼례식 때 남편은 '가이우스'라고 선서하고, 아내는 '가이아'라고 선서한다. 가이우스는 로마 남성 대표적인 이름이며, 가이아는 로마 여성 대표적인 이름이다)라는 결혼식 선서는 허울뿐인 격식이 아니다. 결혼한 여자는 '여주인'이라고 불렸다. 여자는 가정의 여주인으로 종교의식에 참여하고, 남자의 노예가 아니라 반려자로서 살아간다. 여자를 남자와 하나가 되게 하는 연결 고리는 매우 신성하여 5세기 동안 단 한 쌍의 이혼도 찾아볼 수 없었다. 여자는 집 안에 갇혀 있지 않고 만찬과 축제에 참가하고 극장에 간다. 거리에서는 남자들이 여자에게 길을 양보했고, 집정관과 경사(警士)도 마찬가지였다. 이런 여러 가지 전설은 역사 속에서 여자에게 탁월한 역할을 부여한다. 예를 들어 사비누스 족 여자들이나 루크레티아·비르기니아의 전설은 유명하다. 코리올라누스는 어머니와 아내의 탄원에 굴복한다. 로마 민주주의의 승리를 인정한 루키니우스의 법률은 그의 아내가 구상한 것이다. 그라쿠스 형제의 정신력을 단련한 것은 코르넬리아였다. 카토는 "어디에서나 남자가 여자를 지배하지만, 모든 인간을 통치하는 우리를 지배하는 것은 아내들이다"라고 말했다.

로마 여성의 법적 지위는 점차 현실적 상황에 적응해 갔다. 가부장제적 과두정치 시대에는 각 가장이 공화국 내에서 독립적 지배력을 가지고 있었다. 그러나 국가권력이 확립되자, 국가는 재산의 집중과 가족의 권위가 부리는 횡포를 제어한다. 가정재판소는 공공재판소 앞에서 자취를 감추고, 여자는 점점 더 중요한 권리를 획득하기에 이른다. 본디 네 개의 권력이 여자의 자유를 제한하고 있었다. 즉 아버지와 남편이 여자의 신분을 좌우했고, 후견인과 마누법이 여자의 재산을 자유로이 처분했다. 국가는 아버지와 남편의 대립을 이용하여 그들의 권리를 제한했고, 국가재판소가 간통과 이혼 등의 사건을 재판하게 되었다. 마찬가지로 마누법과 후견제를 서로 대립시켜 그 힘을 약화시켰다. 이미 후견인의 이익을 위하여 남편의 권리를 결혼과 분리시켰으나, 얼마 지나지 않아 남편의 권리는 위장결혼을 체결하거나, 아버지나 국가로부터 친절한 후견인을 얻음으로써 여자가 후견인으로부터 몸을 빼내기 위한 방편으로 이용된다. 제정시대의 입법에서 후견제는 완전히 폐지된다. 동시에 여자는 실질적인 자립 보장을 얻는다. 여자의 아버지는 지참금을 인정하지 않을 수 없었기 때문이다. 지참금은 결혼이 무효화된 뒤에도 부계 친족에게로 돌아가지 않았고 결코 남편의 것도 아니었다. 여자는 언제라도 갑작스럽게 이혼할 때 곧바로 지참금 반환을 요구할 수 있었다. 이것으로 남자를 자기 마음대로 할 수 있었던 것이다. "지참금을 받고 자기의 권위를 팔아버렸다"라고 플라우투스는 말한다. 공화제 말기부터 어머니에게도 아버지와 동등하게 자식들에 관한 권리가 인정되었고, 후견인이 있는 경우나 남편의 행실이 단정하지 못할 경우에는 그녀에게 자손의 양육권이 인정되었다. 하드리아누스 황제 때에는 자식이 셋이 있고, 남편이 다른 후계자 없이 죽을 경우, 남편의 유언 없이도 아내에게 상속할 권리를 주기로 원로원에서 결의했다. 그리고 마르쿠스 아우렐리우스 치하에서 로마 가족의 발전이 완성되었다. 178년부터 어머니의 상속인으로서 자식들이 부계친족보다 우위에 서게 되었다. 그 뒤로 가정은 혈연에 기초하여 형성되었고, 어머니는 아버지와 동등해졌으며, 딸들도 남자형제들처럼 상속에 참여했다.

하지만 로마법의 역사 가운데에는 이제까지 서술해 온 것과 모순되는 움직임도 있었다. 즉 여자를 가족으로부터 독립시키면서 중앙 권력 자체가 여자의 후견인이 되어버린 것이다. 이 권력이 여자를 여러 부분에서 법적으로 무능하게 만든다. 만일 돈 많은 여자가 독립하게 되면 권력을 장악할 우려가 있으므로, 한 손으로 여자에게 허용한 것을 다른 손으로 거두어 가려는 것이다. 로마 여성에게 사치를 금한 오피아법은 한니발이 로마를 위협하고 있을 때 가결되었다. 위험이 사라지자 여자들은 그 법의 폐지를 요구했다. 카토는 유명한 연설에서 이 법이 존속되어야 한다고 주장했으나, 광장에 모인 주부들의 시위가 그를 따돌리고 승리를 거두었다. 그 뒤로 풍기가 문란해짐에 따라 점점 더 엄격한 법률이 차례차례 제안되었지만, 이렇다 할 효과 없이 탈법행위만 조장할 뿐이었다. 다만 여자가 다른 사람을 위하여 중개(仲介)*15하는 것을 금하고, 여자에게서 시민권을 거의 박탈해 버린 벨레이우스의 원로원 결의만이 승리를 거두었다. 여자라는 성(性)의 열등성을 강조하던 때는 여자가 실제적으로 가장 해방되었던 시기이다. 이것은 이미 말한 남성의 자기변호 수단의 뚜렷한 실례이다. 딸로서, 아내로서, 자매로서 여자들의 권리를 더 이상 제한할 수 없기 때문에, 여자가 성적으로 남자와 대등하다는 사실을 거부한다. 여자를 구박하기 위하여 '여성의 능력부족과 나약성'을 구실로 삼는 것이다.

사실 로마 주부들은 그들의 새로운 자유를 잘 이용하지 못했다. 또한 그 자유를 적극적으로 이용한다는 것이 그녀들에게 금지되어 있었던 것도 사실이다. 이 상반된 경향—가정에서 여자를 해방시키는 개인주의적 경향과 개인으로서의 여자를 박해하는 국가주의적 경향—때문에, 결과적으로 여자의 지위는 불안정했다. 그녀는 상속자이고, 남편과 동등하게 자식들의 존경을 요구할 권리가 있으며, 유언을 한다. 지참금제도 덕분에 결혼의 속박에서 빠져 나와, 자기 뜻에 따라 이혼과 재혼을 할 수 있다. 그러나 그녀의 권한을 구체적으로 사용하는 방법이 조금도 제시되지 않았기 때문에, 해방되었다고 해도 그것은 소극적인 의미에 불과하다. 경제적으로 독립해도 정치적 능력이 뒤따르지 못하므로 현실성이 없다. 그래서 로마의 여성들은 자주 시위를 했다. 시내에서 소란을 피우고, 법정을 포위하고, 음모를 도모하고, 항의를 하고, 내란을 선동했다. 행렬을 지어 '신들의 어머니' 조상(彫像)을 찾으러 갔다가 티베르 강을 따라 돌아왔다. 이렇게 로마에 동방의 신들을 소개했다. 114년에는 베스타 여신의 무녀들이 소동을 일으켜 그 조직이 해체되었다. 공적 생활과 미덕은 여전히 여자들의 손에 닿지 않았으며, 가정의 붕괴로 종전의 개인적 미덕이 효력을 잃고 무익해지면서, 여자들에게 제시할 도덕이란 아무것도 존재하지 않게 되었다. 그녀들은 두 가지 해결책 가운데 하나를 선택해야 했다. 즉 자기들의 조상이 지녔던 가치를 완고하게 계속 지키든가, 아니면 더는 아무 가치도 인정하지 않는 것이다.

1세기 말에서 2세기 초에는 공화국시대에서처럼 남편의 반려자이자 협력자가 된 여자들을 수없이 볼 수 있다. 플로티나는 트라야누스 황제의 영광과 중

---

*15 즉 계약을 통하여 다른 사람과 관계하는 것.

책을 함께 했다. 사비나는 선행으로 너무 유명해져서 생전부터 사람들이 조상을 세워 신으로 모실 정도였다. 티베리우스 황제 치하에서 섹스티아는 아에밀리우스 스카우루스가 먼저 죽자 그 뒤를 따랐고, 파스케아는 폼포니우스 라베우스의 뒤를 따랐다. 파울리나는 세네카와 함께 자신의 정맥을 끊었고, 소(小) 플리니우스는 아리아의 《시인은 슬프지 않다》를 유명하게 만들었다. 마르티알리스는 클라우디아 루피나, 비르기니아, 술피키아에서 흠잡을 데 없는 아내들과 헌신적인 어머니들을 찬미한다. 그러나 어머니가 되기를 거부하고 이혼을 반복하는 여자도 많았다. 법률은 여전히 간통을 금지했으나 어떤 주부들은 방탕한 생활에 구속을 받지 않으려고 창녀로 등록하는 일도 있었다.*16 이제까지 라틴문학은 언제나 여자들을 존중해 왔으나, 이쯤 되자 풍자작가들은 그들에게 분노를 터뜨렸다. 물론 그들의 공격대상은 여성 일반이 아니라, 주로 동시대의 여자들이었다. 유베날리스는 여자들의 색욕과 폭식을 비난했다. 또한 여자들이 남자가 하는 일들을 갈망한다고 나무랐다. 여자들이 정치에 관심을 갖고, 소송서류에 몰두하고, 문법학자나 수사학자와 토론하며, 사냥·전차 경기·검술·씨름에 열중한다는 것이다. 실제로 여자들이 남자와 대결하는 까닭은 오락적 취미와 괴벽 때문이다. 여자들은 보다 높은 목표를 지향할 충분한 교육을 받지 못했다. 게다가 그녀들에게는 목표라는 것 자체가 제시되지 않았다. 여전히 여자들에겐 행동이 금지되어 있었다. 고대 공화국 로마의 여성은 지상에서 하나의 지위를 확보하고 있었다. 그러나 기본적인 권리와 경제적 독립을 얻지 못했기 때문에 거기에 사슬로 매여 있었다. 쇠퇴기의 로마 여성은 남자들이 실질적으로는 여전히 유일한 지배자인 세계에서, 자유의 껍데기밖에 소유하지 못하고 형식적으로만 해방된 여자의 전형이다. 그녀들은 '무익하게' 자유로웠다.

### 제4장 중세에서 18세기 프랑스로

여성의 지위 향상이 그 뒤에도 계속 진행된 것은 아니었다. 민족 대이동과

---

*16 그리스처럼 로마도 매음을 공공연하게 묵인했다. 창녀는 두 계급으로 나뉘었다. 한 계급은 매음굴 안에 갇혀 살았고, '보내 메레트리스'(bonae meretrice)란 다른 한 계급은 자유로이 직업 행위를 했다. 그녀들은 가정 부인의 복장을 할 권리가 없었으며, 유행이나 복장이나 예술에 어떤 영향을 끼쳤다. 그러나 아테네의 창부만큼 높은 지위는 차지하지 못했다.

더불어 문명 전체가 흔들리게 되었다. 로마법 자체가 그리스도교라는 새로운 이데올로기의 영향을 받게 되었고, 이후 수세기에 걸쳐 야만족(로마 사람은 자기 나라 이외 민족을 야만인이라고 불렀다)들이 그들의 법률을 보급했다. 경제·사회·정치 상황이 뒤바뀌었고, 그 여파는 여성에게도 미쳤다.

 그리스도교 이념은 여자들을 억압하는 데에 적지 않게 기여했다. 확실히 복음서에는 나병 환자나 여자에게 베푸는 자비의 입김이 있다. 새로운 계율에 가장 열렬히 귀의하는 것은 서민이나 노예 그리고 여자들이다. 그리스도교 초창기에 여자들이 로마 교회의 멍에 아래서 순종할 때는 비교적 대우를 받았다. 여자도 남자와 나란히 순교자로서 이름을 올렸다. 하지만 여자들은 부차적인 자격으로만 예배에 참가했다. '여집사(女執事)'들은 병자를 보살피고 가난한 사람들을 구제하는 세속적인 일밖에 수행할 수 없었다. 그리고 결혼은 서로의 정조를 요구하는 제도라고 여기긴 했지만, 실제로는 아내가 남편에게 전적으로 복종해야만 하는 것이 명백했다. 이를테면 성 바울은 잔인하리만큼 반(反) 여성적인 유대의 전통을 주장했다. 성 바울은 여자들에게 표면에 나서지 말고 물러나 있기를 요구하고, 신·구약 성서에 의거해서 여자가 남자에게 복종해야 한다는 원칙을 세웠다. 그는 말했다. "남자가 여자에게서 난 것이 아니라 여자가 남자에게서 나왔으며, 여자를 위하여 남자가 창조된 것이 아니라 남자를 위하여 여자가 창조된 것이다." 또 이렇게 말했다. "교회가 그리스도를 섬기는 것처럼 아내도 모든 면에서 남편을 섬겨야 한다." 육체의 쾌락을 저주하는 종교에서 여자는 악마의 가장 무서운 유혹으로 여겨진다. 테르툴리아누스는 이렇게 말하고 있다 "여자여! 그대는 악마의 둔이로다. 악마도 감히 정면에서 공략하지 못한 남자를 설득했도다. 하느님의 아들이 죽어야만 했던 것도 그대 때문이로다. 상복과 누더기를 걸치고 영원히 물러감이 마땅하리라." 성 암브로시우스는 말했다. "아담이 이브를 죄로 이끈 것이 아니고, 이브가 아담을 유혹한 것이다. 자신이 죄로 인도한 그를 여자가 주인으로 섬기는 것은 마땅하다." 성 요한 크리소스토모스도 말했다. "모든 짐승들 가운데에서 여자보다 더 해로운 짐승은 없다." 세기에 교회법이 제정되면서 결혼은 인간의 약점에 대한 굴복으로 여겨졌다. 결혼은 그리스도교의 완전무결한 덕에 절대로 섞일 수 없는 정반대의 것이 된다. "결혼이라는 무익한 나무를 뿌리째 잘라 버리자"고, 성 히에로니무스는 쓰고 있다. 그레고리우스 6세 대부터 수도사에게 독신생활을 요구하면서, 여자의 위험한 성격은 한층 더 크게 강조된다. 초기 교회의 수도사들은 모두 여자는 부정하다고 공언했다. 성 토마스가 여자는 불완전한 '우연적' 존재로, 말하자면 남자가 되려다 실패한 존재에 불과하다고 단언한 것은 이 전통에 충실한 표현이다. 그는 말했다. "그리스도가 남자의 머리인 것처럼 남자는 여자의 머리이다", "여자는 남자의 지배 아래 살 운명이며, 자기 주인에 대해 아무 권리도 없는 것은 마땅하다." 교회법 또한 여자를 무능하고 무력하게 만드는 지참금제도 이외의 다른 어떤 부부재산제도를 인정하지 않는다. 남자의 직무가 여자에게 금지되어 있을 뿐 아니라, 여자에게는 재판소에서 증언하는 것조차 금하며, 그 증언의 가치를 인정하지 않았다. 로마 황제들은 그처럼 극단적이지는 않지만, 로마 교회 수도사들의 영향을 받았다. 유스티니아누스 율법은 여자를 아내와 어머니의 범위에서 존중하는 대신 그 역할에 예속시켰다. 여자의 무능은 그 성(性)에서 오는 것이 아니라 가정 안에서의 상황에서 비롯된다. 이혼은 금지되고 결혼은 공적인 일이 되었다. 어머니는 자식들에 대하여 아버지와 동등한 권한을 갖고, 자식들의 상속에도 같은 권리가 있다. 남편이 사망하면 아내가 자식들의 법적 후견인이 된다. 벨레이우스의 원로원 결의안은 수정되어, 그 뒤부터는 여자가 제3자를 위하여 중재할 수 있게 되었지만 남편 대신 계약을 할 수는 없다. 그녀의 지참금은 양도할 수 없다. 그것은 자식들의 세습재산으로, 여자가 자유로이 처분하지 못하도록 금지되어 있다.

야만족—그들은 다른 민족들을 야만족이라고 불렀다—에게 점령된 지방에서는 이런 법률과 게르만 족의 관습이 병행되었다. 게르만 민족의 풍습은 독특했다. 그들은 전쟁 중에만 우두머리를 인정하고, 평화시에는 가족이 하나의 자치 사회였다. 가족은 모계 상속제에 근거를 둔 씨족과 가부장제 씨족사회의 중간형태였다. 어머니의 형제는 아버지와 마찬가지로 질녀에 대하여 자매의 남편과 동등한 권한을 가졌다. 폭력이 모든 권력의 원천인 사회에서 여자는 사실상 완전히 무력했다. 그러나 여자가 의존하는 가정 안에서의 권력의 이원성이 몇 가지 권리를 보장해 주었다. 여자는 예속되어 있지만 존중되었다. 남편은 돈으로 아내를 산다. 그러나 이 매입금은 아내의 재산, 즉 그녀만의 재산이 되었다. 아버지는 딸에게 지참금을 준다. 딸은 아버지의 유산에서 자기 몫을 받고, 부모가 살해될 경우에는 살해자가 지불하는 타협금의 일부를 받았다. 가정은 일부일처제로 간통은 엄격히 처벌되었고, 결혼은 존중되었다. 아내는 여전히 후견인 아래에 있었지만 남편과 굳게 맺어져 있었다. '평화시나 전시를 막론하고 아내는 남편과 운명을 함께하며, 남편과 함께 살고 남편과 함께 죽는다'라고 타키투스는 쓰고 있다. 아내도 전투에 참가하여 전사들에게 양식을 운반하고 곁에서 격려했다. 과부가 되면 죽은 남편 권력의 일부가 그녀에게 양도되었다. 여자의 무능은 육체적 연약성에 근거하는 것이지 정신적 열등성에 있다고는 생각되지 않았다. 수도사나 예언자가 여자였다는 점을 보면, 여자가 남자보다 우수한 지식을 갖추었음을 추측할 수 있다. 나중에는 상속에서 여자가 취득권을 갖는 물건 가운데에 보석과 책도 포함되었다.

이런 전통이 중세 시대 동안 계속 이어졌다. 여자는 아버지와 남편의 절대적인 종속 아래 놓여 있었다. 클로비스(프랑크 왕국의 왕) 시대에는 멍디엄(mundium : 프랑크 족의 법률, 아버지와 남편이 자식이나 아내를 후견하는 권리)이 여자의 일생을 무겁게 짓눌렀다. 그러나 프랑크 족은 게르만의 순수성을 포기했다. 메로빙거 왕조(프랑크 왕조, 481~752)와 카롤링거 왕조 아래에서는 일부다처제가 성행했다. 여자를 그녀의 동의 없이 결혼시켰고, 이혼은 남편의 뜻에 달려 있었다. 남편은 아내의 생사여탈권을 쥐고 있었고, 아내를 하녀처럼 취급했다. 여자는 법률의 보호를 받았지만, 단지 남자의 소유물이자 그 남자와의 사이에 태어난 자녀들의 어머니로서였다. 증거도 없이 여자를 '창녀'라고 부르면 모욕죄에 해당하며, 남자에 대한 어떤 모욕보다도 15비나 더 많은 배상을 지불해야 했다. 기혼여성과 애정도피를 하면 자유민 남자를 한 사람 살해한 죄에 해당된다. 기혼여성의 손이나 팔을 잡으면 15수(프랑스의 화폐 단위)내지 45수의 벌금을 지불해야 한다. 낙태는 금지되고 이를 어기면 100수의 벌금형을 선고받았다. 임신한 여자를 살해하면 노예가 아닌 남자를 4명 살해한 것과 같은 처벌을 받는다. 임신 능력이 증명된 여자는 노예가 아닌 남자보다 3배의 가치가 있다. 하지만 더 이상 어머니가 될 수 없는 여자는 모든 가치를 상실한다. 노예와 결혼한 여자는 법률의 혜택에서 제외되며, 부모가 그녀를 죽여도 아무 문제가 되지 않았다. 여자는 인격체로서 아무런 권리가 없었다. 그런데 국가가 강력해지면서 로마에서 완성되었던 진화가 시작된다. 무능력자인 어린아이와 여자의 후견은 가족의 권리가 아니라 국가의 책임이 되었다. 샤를마뉴대제(8세기 때의 프랑크 황제) 때부터 여자를 억압하는 멍디엄은 왕에게 속하게 되었다. 처음에는 여자가 본래의 후견인을 잃었을 경우에만 왕이 개입했지만, 점차로 국가가 가족의 권력을 독점해갔다. 그러나 이 변화는 프랑크 족 여성의 해방을 가져오지는 않았다.

멍디엄은 후견인의 책무로, 그는 자기의 피후견인을 보호할 의무가 있다. 이런 보호가 피후견인을 종전과 마찬가지의 노예상태로 전락시켰다.

중세 초기의 격변을 벗어나 봉건제도가 자리를 잡으면서 여성의 지위는 매우 불안정해졌다. 봉건법의 특징은 지배권과 재산권, 공민권과 개인권 사이에 혼동이 보인다는 점이다. 봉건제도에 따라 여자의 지위가 낮아졌다 높아졌다 하는 것은 이 때문이다. 처음에는 여자에게 아무 정치적 능력이 없다는 까닭으로 모든 개인권을 인정받지 못했다. 확실히 11세기까지 질서는 오로지 폭력 위에, 토지 소유권은 무력 위에 세워졌다. 봉토(封土)는 법률학자들이 말하듯이 '군복무를 조건으로 하여 얻은 토지'이다. 여자는 봉토를 지킬 수 없으므로 소유할 수도 없다. 봉토가 상속되고 세습재산이 되자 여자의 지위는 달라졌다. 앞에서 본 바와 같이, 게르만 법에는 모권제의 잔재가 얼마쯤 남아 있어, 남자 상속인이 없을 때는 딸도 상속할 수 있었다. 그리하여 봉건제도도 11세기 경에는 여자의 상속권을 인정하게 된다. 하지만 봉신(封臣)들에게는 언제나 군역 의무가 요구되므로 여자가 상속인이 되었다고 해서 처우가 개선되지는 않았다. 여자는 남자 후견인을 필요로 한다. 이 역할은 남편 몫이다. 봉토를 부여받고, 소유하고, 재산의 용역권을 지닌 것은 남편이다. 그리스 시대의 여자 상속인처럼, 아내는 영지(領地)를 전달하는 도구이지 영지의 보유자는 아니다. 여자는 조금도 해방되지 않았고, 말하자면 영지에 포함된 부동산의 일부였다. 영지는 로마 씨족시대와 달리 더는 가족의 것이 아니다. 그것은 영주의 재산이며, 따라서 여자도 영주의 부속물이다. 여자에게 남편을 구해 주는 것도 영주이다. 여자가 아이를 낳으면, 그 아이는 남편이 아니라 영주에게 바쳐진다. 아이들은 영주의 재산을 지킬 가신이 된다. 그러므로 여자는 후견인으로서 남편의 '보호' 아래, 자신이 속한 영지와 그 영주의 노예이다. 여자의 운명이 이보다 더 가혹했던 시대도 드물다. 여자 상속인은 토지이며 성(城)이다. 구혼자들은 이 먹이를 두고 서로 다툰다. 아버지나 영주가 어떤 제후에게 자기 딸을 공물로 바칠 때, 그 아이의 나이가 기껏해야 열두 살도 넘기지 못한 경우도 흔히 있었다. 남자에게는 결혼을 여러 번 하는 것이 자기의 영지를 늘리는 길이었다. 그래서 일방적인 이혼이 잦았다. 그리고 교회는 위선적으로 그것을 허락했다. 혈족 결혼은 7촌까지 금지되고, 친척관계는 혈연관계와 마찬가지로 대부(代父)·대모(代母)와 같은 정신적 관계에 의해서도 규정되므로, 언제나 결혼을 취소할 구실을 찾을 수 있었다. 11세기에는 네다섯 번씩 이혼당한 여자들이 많았다. 과부가 되면 여자는 곧 새 남편을 맞아들여야 한다. 무훈시(武勳詩) 가운데에는 샤를마뉴가 에스파냐에서 전사한 제후의 과부들을 모두 모아 재혼시키는 장면도 볼 수 있다. 지라르 드 비엔의 글에서는 부르고뉴 공작부인이 자진해서 왕에게 새 남편을 청원한다. '제 남편이 죽었습니다. 하지만 애통해한들 무슨 소용이 있겠습니까?……저에게 강건한 남편을 찾아 주십시오. 제 영지를 지켜야 하니까요.' 많은 서사시는 처녀와 과부들을 흉포하게 마음대로 농락하는 왕과 영주를 보여 준다. 또 남편이 선물로 받은 아내를 함부로 다루는 것도 볼 수 있다. 남편은 아내를 학대하고, 모욕하고, 머리채를 쥐어뜯고, 구타한다. 보부아지의 관습법으로 보마누아르(프랑스의 유명한 법학자, 그 부아지 관습법을 편찬함, 1246~1296)가 요구한 것은 남편이 자기 아내를 적당히 벌하라는 것이었다. 이런 호전적인 문명은 여자에 대하여 오직 경멸만 가지고 있다. 기사(騎士)는 여자에게 관심이 없다. 자기 말을 훨씬 더 가치있는 보물로 생각한다. 무훈시에서는 언제나 젊은 처녀들이 먼저 남자에게 구혼한다. 그러나 결혼하면 여자는 일방적인 정조를 요구당한다. 남자는 자기 생활에 여자들을 관련시키지 않는다. "기마시합을 할 때 여자에게 조언을 구하는 기사는 저주를 받는다." 《르노 드 몽토방》(제기 기사 이야기) 속에는 다음과 같은 지독한 구절이 있다. "단장해서 꾸며 놓은 당신의 방으로 돌아가, 어두컴컴한 곳에 앉아서 마시고 먹고 자수나 놓으며 명주에 물이나 들이고 있지, 왜 내 일에 간섭하시오. 우리의 일은 칼과 창을 가지고 싸우는 것이오. 잠자코 계시오!" 때로는 여자도 남자처럼 거친 생활을 하기도 했다. 소녀 때부터 모든 신체적인 단련에 익숙하여 말도 타고 매 사냥도 한다. 그녀들은 거의 아무 교육도 받지 않고 수치도 모르고 자란다. 성(城)에 온 손님을 접대하고, 그들의 식사와 목욕시중을 들고, 그들이 잘 자도록 안마까지 해 준다. 아내가 되면 맹수를 추격하고, 오랜 여행의 어려운 순례(巡禮)를 감당하며, 남편이 먼 곳에 가 있을 땐 영지도 지킨다. 이런 여자 성주(城主)들은 남자들과 마찬가지로 행세하기 때문에 '남자 못지 않은 여자'라고 불리며 감탄의 대상이 된다. 그러나 이런 여자들은 욕심쟁이고 간사하며 잔인하고 가신들을 못살게 군다. 역사와 전설은 이런 여자들 몇몇에 대한 기억을 전하고 있다. 이를테면 여자 성주 오비는 세상에서 가장 높은 탑을 짓게 한 뒤, 비밀이 누설되지 않도록 건축가의 목을 베게 했다. 또 남편을 영지에서 추방했지만, 남편은 몰래 돌아와 그녀를 죽

제2편 역사 141

였다. 로제 드 몽고메리의 아내 마비유는 자기 영지의 귀족들을 거지로 영락시키고 즐거워했다. 결국 그들이 복수에 성공해 그녀의 목을 베었다. 영국의 헨리 1세의 사생아 줄리안은 브레튀유 성을 그로부터 지키기 위해 매복했다가 불의의 습격을 가했다. 헨리 1세는 이에 대한 보복으로 그녀를 엄벌에 처했다. 그러나 이런 실례들은 어디까지나 예외이다. 보통 여자 성주들은 얌전하게 실을 잣고, 기도하고, 남편을 기다리면서 권태로운 나날을 보냈다.

12세기 지중해 연안의 남부 프랑스에서 탄생한 '우아한 사랑'(중세 시인들이 노래하던 기사와 귀부인 사이의 사랑)이 여자의 운명을 개선시켰다고 흔히들 주장한다. 그 기원은 여러 가지 설이 있다. 어떤 주장에 따르면 '우아한 사랑'은 여자 영주와 젊은 가신과의 관계에서 유래했다고 하고, 다른 주장은 카타리파(派)의 이단사상이나 성모숭배와 연관짓기도 한다. 또한 신을 향한 일반적 사랑에서 출발한 세속적인 사랑이라는 주장도 있다. 사랑의 궁정(宮廷)이 과연 존재했는지는 확실치 않다. 분명한 것은 죄 지은 여자 이브에 대항하여 로마 교회가 '구세주의 어머니'를 찬양하게 된 것이다. 성모숭배는 대단히 중요해져서 13세기에는 신(神)이 여자의 모습으로 세상에 오셨다고 말할 정도였다. 여성 신비설이 이렇게 종교적인 면에서 발달했다. 한편 귀부인들은 성 안에서의 여가 생활을 통해 자기들 주위에 대화와 예절과 시가(詩歌)의 영화(榮華)를 꽃피울 수 있었다. 베아트리스 드 발랑티누아, 알리에노르 다키텐 그리고 그녀의 딸 마리 드 프랑스, 블랑슈 드나바르 등 많은 교양 있는 부인들은 시인들을 초빙하여 연금을 지불했다. 처음에는 남 프랑스에서, 다음에는 북 프랑스에서 문화의 꽃이 피었는데, 이것으로 여자들은 새로운 명예를 얻었다. 궁정연애는 때때로 플라토닉한 것으로 그려졌다. 크레티앵 드 트루아(중세 연애시를 많이 쓴 궁중시인)는 틀림없이 자기 보호자인 여성의 비위를 맞추기 위해서였겠지만, 자기 소설에서 간통을 추방하고, 랜슬롯과 귀네비어 왕비(원탁기사 이약 거의 주요인물)와의 연애 이외에 다른 불륜은 그리지 않았다. 그러나 실제로 봉건시대의 남편은 후견인이자 폭군이었으므로 아내는 결혼생활 밖에서 애인을 구했다. 궁정연애는 공인된 도덕의 야만성에 대한 보상이었다. "근대적인 의미의 사랑은 고대에서는 공적 사회 밖에서만 나타났다. 고대가 관능적 사랑으로 기울기 시작하는 지점에서 중세는 출발한다. 즉 간통으로부터 출발한다"고 엥겔스는 지적한다. 실제로 결혼제도가 지속되는 한 연애는 이런 형태를 취할 것이다.

사실 기사도(여자에 대한 기사의 헌신적·복종적 태도)는 여자의 운명을 부드럽게 만들었지만, 근본적인 변화를 가져오지는 못했다. 여성 해방을 이끌어 간 것은 종교나 시가 같은 관념 형태가 아니다. 봉건시대 말기에 여자가 어느 정도 세력을 넓힌 것은 전혀 다른 원인에 따른 것이다. 왕의 최고권력이 봉건제후에게 미치자, 영주는 자기 권력의 대부분을 상실했다. 특히 여자의 결혼을 결정하는 권리를 점차 잃어갔다. 동시에 봉건 사호의 후견인은 피(被)후견인의 재산을 자유롭게 처분할 권리를 박탈당하고, 후견에 따른 이익이 소멸되었다. 그리고 제후가 봉사의무를 군무(軍務) 대신 돈으로 한정하자 후견제 자체가 사라졌다. 여자는 군무를 이행할 수는 없지만, 남자와 마찬가지로 금전적 의무를 다할 수 있었다. 그렇게 되자 영지는 단순한 세습재산에 불과했고, 남녀를 동등하게 취급하지 못할 이유도 없어졌다. 독일, 이탈리아, 스위스의 여자들은 여전히 종신후견제에 매어 있었다. 그러나 프랑스에서는 보마누아르의 말에 따르면 "여자와 남자의 가치에 차이가 없다"는 것을 인정했다. 게르만족의 풍습은 여자에게 후견으로서 보호자를 주었다. 그러나 보호자가 필요 없어지면 후견인도 있을 필요가 없다. 더 이상 여자라고 해서 무능력의 낙인이 찍히지 않는다. 독신이건 과부이건 여자는 남자의 권리를 다 갖는다. 재산이 있으면 지배권도 얻는다. 즉 영지를 소유하면 그것을 다스린다. 여자가 재판을 하고, 계약에 서명을 하고, 법률을 제정하는 것이다. 군사적 활동을 하고 군대를 지휘하고 전투에 참가하는 여자도 있다. 잔다르크 이전에도 여전사는 존재했다. 그러므로 오를레앙의 소녀(잔다르크를 가리킨다. 오를레앙은 그녀의 고향)가 놀라움을 자아내긴 했지만 빈축을 사지는 않았다.

하지만 여자의 독립을 방해하는 요소들은 너무 많아서, 그것들이 모두 한꺼번에 사라지는 일은 결코 없었다. 육체적 열세는 더 이상 문제가 되지 않았다. 그러나 여자가 결혼하면 여자답게 순종하는 것이 여전히 사회에 유익했다. 그래서 남편의 권력은 봉건제도가 소멸해도 살아 남는다. 여기에 오늘날까지도 존속되는 모순이 나타난다. 즉 사회에 완전하게 합류한 여자가 특권을 가장 적게 소유한 여자라는 모순이다. 시민적 봉건제도에서도 결혼은 군사적 봉건제 시대와 같은 양상을 간직하고 있다. 남편은 여전히 아내의 후견인이다. 부르주아지 사회가 형성되어도 이전의 법률을 준수한다. 관습법에서도 봉건법과 마찬가지로 결혼 제도에서 여자의 해방이란 없다. 독신녀와 과부는 남자와 동일한 자격을 지니나 일단 결혼을 하면 여자는 남편의 후견과 권한 아래 놓인다. 남편은 아내를 때릴 수 있고 아내의 품행과 교제와 편지를 감시한다. 남편은 계약에 따라서가 아니라 결혼했다는 사실만으로 아내의 재산을 자유롭게 처분할 수 있다. "결혼이 성립하면 즉시 양자의 재산은 공동소유가 되고, 남자의 권리 아래 놓인다"고 보마누아르는 말한다. 세습재산의 이익을 취하기 위해 귀족이나 부르주아는 부부 가운데 한 사람의 주인만이 재산을 관리하도록 요구하기 때문이다. 아내를 남편에게 종속시키는 것은 근본적으로 여자를 무능력하다고 판단하기 때문이 아니다. 재산관리에 아무것도 거리낄 것이 없을 때는 여자의 능력이 충분히 인정된다. 봉건시대부터 현대에 이르기까지 결혼한 여자는 의도적으로 사유재산제의 의도적 희생물이 되어 왔다. 남편이 소유한 재산이 막대할수록 아내는 그만큼 더 가혹하게 예속된다는 점을 주목하자. 여자의 예속이 가장 두드러진 것은 언제나 부유계급에서이다. 오늘날에도 가부장제 가족형태가 존속하는 영역은 부유한 지주계급의 가정이다. 남자는 자기가 사회적·경제적으로 강력하다고 느낄수록 더 권위적인 가장 역할을 한다. 반대로 공통의 빈곤은 부부를 평등한 관계로 만든다. 여자를 해방시킨 것은 봉건제도도 아니고 로마교회도 아니다. 가부장제 가족형태에서 참된 부부제 가족형태로의 이행은 오히려 농노계급에서 출발했다. 농노와 그의 아내는 아무것도 소유하지 않고, 단지 집과 가구와 도구를 공유했을 뿐이다. 남자는 아무 재산도 소유하지 않은 아내를 지배하려고 노력할 아무런 까닭이 없었다. 대신 부부를 결합시키는 노동과 이해관계가 아내를 반려의 지위로 끌어 올렸다. 농노제가 폐지되어도 빈곤은 그대로 남아 있었다. 평등한 부부는 작은 단위의 농업공동체와 직인계급에서 볼 수 있었다. 여자는 물건도 아니요, 하녀도 아니다. 그런 것은 돈 많은 남자의 사치품이다. 가난한 남자는 자기와 아내를 맺고 있는 연결 고리가 서로 주고받는 관계임을 절감한다. 자유로운 노동 속에서 여자는 경제적·사회적 역할을 발견하고 실질적인 자치성을 획득한다. 중세의 소극(笑劇)이나 우화시(寓話詩)에 반영된 직인과 소상인과 농부의 사회에서, 남편은 아내를 구타할 수 있는 것 외에는 다른 아무런 특권도 없다. 그러나 아내도 남편의 폭력에 꾀로 대항하여 부부는 평등을 유지한다. 한편 부유한 여자는 한가하게 놀고 먹는 대신 남편에게 복종해야 한다.

중세에는 여자가 아직도 얼마간의 특권을 보존하고 있었다. 마을 주민회에 참석하고, 삼부회(귀족·성직자·평민의 세 계급으로 이루어진 신분제의 의회)의 대의원 선출을 위한 예비회의에 참여했다.

남편이 자기 권한으로 처분할 수 있는 것은 동산뿐이고, 부동산을 양도하려면 아내의 동의가 필요했다. 16세기가 되자 앙시앵레짐(구정치체제, 대혁명 전의 정치체제) 동안 계속되는 여러 법규들이 제정되었다. 이 시대에는 봉건제의 풍습이 완전히 자취를 감추었고, 아내들을 가정에 붙들어 매려는 남자들의 요구로부터 여자를 보호하는 것은 아무것도 없었다. 여자에게 그토록 모욕적이던 로마법의 영향이 여기서 느껴진다. 로마시대와 마찬가지로 여성의 우둔과 나약에 대한 혹평은 법률에 근거한 것이 아니라 정당화의 구실로 사용되는 것이다. 남자들은 자기들 멋대로 행동하기 위한 이유를 나중에 발견한다.《과수원의 몽상》에 이런 대목이 있다. '여자가 가진 갖가지 나쁜 특성들 가운데, 나는 아홉 가지 고약한 특성들이 있음을 발견한다. 첫째, 여자는 날 때부터 화(禍)의 근원이다. ……둘째, 여자는 천성이 욕심쟁이이다. ……셋째, 그녀들은 아주 변덕스럽다. ……넷째, 여자는 본디 심성이 사악하다. ……다섯째, 여자들은 협잡꾼이다. ……게다가 여자들은 거짓말 잘하기로 정평이 나 있기 때문에 민법에서 여자는 유언의 증인이 될 수 없다. … ·여자는 언제나 명령받은 것과 상반되는 일을 한다. …… 여자들은 이런저런 핑계를 대면서 자신의 수치를 태연하게 털어놓는다. 또 교활하고 심술궂다.' 성 아우구스티누스는 "여자는 견실하지 못한 짐승"이라고 했다. '여자는 자기 남편도 당황하게 할 만큼 증오심이 강하고, 사악함의 온상이며, 모든 재판과 말썽의 불씨가 되고, 모든 타락으로 이끄는 길이다.' 이 시대에는 이와 유사한 문장이 수없이 많았다. 이 문장이 흥미로운 것은, 각각의 비난이 여자들에 대한 법률의 부당한 조치를 하나하나 변호하면서, 여자들이 머물러 있는 낮은 지위를 정당화하려 한다는 것이다. 물론 '남성의 직무'는 모두 여자들에게 금지되어 있다. 여자들에게서 모든 시민권을 박탈하는 벨레이우스의 원로원 결의가 부활한다. 장자상속권과 남성우선권 때문에, 여자는 아버지의 유산을 받을 때 하위로 떨어진다. 독신인 딸은 언제나 아버지의 후견 아래 놓이며, 아버지가 딸들 결혼시키지 않을 때는 일반적으로 수도원에 가두어 둔다. 미혼모는 아이의 아버지에게 자식으로서 인정하도록 요구할 권리가 있지만, 그것도 해산 비용과 아이 양육비를 받을 뿐이다. 결혼하면 여자는 남편의 권위 아래로 들어간다. 남편은 주거를 정하고, 가정생활을 지도하며, 아내가 간통할 경우에는 이혼하고 수도원에 보내거나, 나중에는 바스티유 감옥으로 보내기 위해 위임장을 확보한다. 남편의 서명이 없으면 어떤 증서도 무효이다.

여자가 사회에 기여할 수 있는 것은 로마법적인 의미의 지참금 정도이다.

그러나 결혼은 취소될 수 없기 때문에 재산의 자유처분권이 아내에게 들어오기 위해서는 남편의 사망이 필요하다. 여기에서 다음과 같은 격언이 생겼다. '아내는 본디 친구가 아니다. 다만 그러기를 기대할 뿐이다.' 여자는 자기 재산을 관리하지 않기 때문에, 재산에 대한 권리를 소유하고 있다고 해도 그것에 대해 책임지지 않는다. 자본은 여자의 행위에 어떤 내용도 제공하지 않는다. 즉 여자는 세계와 구체적인 인연이 없다. 자식들까지도 에우메니데스 시대처럼 어머니보다 오히려 아버지에게 속하는 것으로 여겨진다. 어머니는 자기보다 지극히 월등한 권한을 가지고 있으며 자손의 참된 지배자인 아버지에게 아이들을 '낳아 주는' 사람이라는 것이다. 이것은 나폴레옹이, 배나무는 배 소유자의 것임과 마찬가지로, 여자는 남자의 소유물이며, 그 남자에게 자식을 제공한다고 선언했을 때 이용하는 논거이기도 하다.

앙시앵레짐을 통해서 프랑스 여성에 대한 법률은 계속 이러했다. 벨레이우스 법은 판례에 따라 조금씩 폐기되었지만, 그 법이 결정적으로 소멸되기 위해서는 나폴레옹법전을 기다려야만 했다. 아내의 품행과 부채에 대해서 책임지는 것은 남편이다. 아내는 남편에게만 해명하면 된다. 아내는 공공기관과 직접적인 교섭이 거의 없고, 가족 이외의 개인과 자주적인 교류도 없다. 협력자라기보다 노동과 어머니의 임무에 종사하는 하녀와 다름없다. 아내가 만들어 내는 물건이나 가치나 존재는 그녀 자신의 재산이 아니라 가족의 재산, 곧 가장인 남자의 재산이다. 다른 나라에서도 여자의 지위는 이와 비슷하다. 오히려 이것만도 못하다. 어떤 나라들은 여전히 후견제를 고수했다. 어느 나라든 기혼여성의 권리는 전무했고 그 풍습은 엄격했다. 유럽의 법전은 모두 여자에게 불리한 종교법이나 로마법, 게르만법을 토대로 제정되었다. 모든 나라들이 사유재산과 가족을 인정하고, 이런 제도의 요구에 따르고 있다.

이 모든 나라에서 '정숙한 여자'가 가정에 예속된 결과의 하나가 매춘이다. 위선적인 사회의 그늘에 묻혀 있으면서도 창녀는 사회에서 가장 중요한 역할을 이행하고 있다. 그리스도교는 그녀들에게 모욕을 쏟아부으면서도, 필요악으로 받아들인다. "창녀들을 제거하면 풍기문란으로 사회가 어지럽게 될 것이다"라고 성 아우구스티누스는 말했다. 나중에 성 토마스—또는《제도론(制度論)》4권에 그 이름으로 서명한 신학자—는 "세상에서 창녀들을 제거해 보라.

온갖 방탕을 수반한 무질서로 사회가 혼란해질 것이다. 도시의 창녀는 궁전 안에 있는 하수도와 같다. 하수도를 없애면 궁전은 악취가 풍기는 추악한 곳이 될 것이다"라고 공언했다. 중세 초기에는 풍기가 몹시 문란했으므로 창녀가 별로 필요치 않았다. 그러나 부르주아 가정이 확립되고 일부일처제가 엄격해지자, 남자는 가정 밖으로 쾌락을 찾아나서지 않을 수 없었다.

샤를마뉴의 참사회는 매춘을 철저하게 금했지만 효과가 없었다. 성왕(聖王) 루이도 1254년에 창녀들을 추방하도록 명을 내리고 1269년에는 매춘지역을 파괴하도록 명했지만 역시 효과가 없었다. 주앵빌의 말에 의하면, 다미에타에서는 창녀의 막사가 왕의 막사에 인접해 있었다고 한다. 그 뒤 샤를 9세의 노력도, 18세기 오스트리아의 여제 마리아 테레지아의 노력도 모두 실패하고 말았다. 사회구조가 매춘을 필요로 했던 것이다. "창녀들은 일부일처제의 제단에 바쳐진 제물이다"라고 쇼펜하우어는 호언했다. 유럽 도덕 역사가인 레키도 같은 견해를 나타내고 있다. "악덕의 최고 전형인 창녀들은 미덕을 가장 적극적으로 활발하게 수호하는 자들이다." 창녀의 지위가 유대인들의 지위와 비교되고, 때때로 유대인과 동일시되는 것은 마땅했다.*17 고리대금업·사금융업은 혼외 성행위와 마찬가지로 로마 교회에서 금지하고 있다. 하지만 사회는 금융과 자유연애 없이는 존속할 수 없다. 그러므로 이런 직업은 저주받는 계급의 전유물이 되었고, 이들을 유대인 거주지나 지정된 장소에 가두는 것이다. 파리에서는 관리 아래에 있는 여자들이 매음굴에서 일했다. 아침에 와서 일하고, 저녁에 소등(消燈) 종이 울리면 돌아간다. 그녀들은 특정한 구역에서 살아야 했고 그곳에서 떠날 권리가 없었다. 대부분의 다른 도시에서는 매음굴이 성 밖에 자리잡고 있다. 유대인과 마찬가지로 그녀들은 의복에 창녀임을 알 수 있는 표지를 달고 다녀야 했다. 프랑스에서 가장 일반적으로 사용된 것은 한쪽 어깨에 늘어뜨리는 규정된 빛깔의 줄 견장이었다. 정숙한 부인들이 걸치는 견직물·모피·패물 같은 것은 그녀들에게 금지되었다.

그녀들은 마땅한 듯이 치욕의 낙인을 받았고, 경찰이나 재판관에게 조금도 의지하지 못했다. 그녀들을 주거지에서 내쫓으려면 한 이웃의 요구만으로도 충분했다. 그녀들 대다수는 괴롭고 비참한 생활을 했다. 어떤 여자들은 매

---

*17 '페이팽 고개를 지나 시스트롱으로 가는 창녀들은 유다인처럼 생 클레르 수도원에 기부금으로 5수의 통행세를 지불할 의무가 있다.'

음굴에 갇혀 지냈다. 프랑스의 여행가 앙투안 드 랄렝은 15세기 말 에스파냐 발렌시아의 매음굴을 묘사해 두었다. 그곳은 "크기가 조그만 도시같고, 주위는 담으로 둘러싸여 있으며, 문은 단 하나뿐이다. 그리고 문 앞에는 안에서 나쁜 일이 벌어질 때를 대비해 교수대를 마련해 놓았다. 입구에는 한 남자가 버티고 서서 안으로 들어가려는 자의 무기를 거두고, 돌아갈 때 돌려줄 테니까 돈이 있으면 맡기는 것이 좋다고 말한다. 돈을 맡기지 않아서 밤중에 도둑을 맞아도 문지기는 책임지지 않는다. 이곳에는 조그만 집들이 늘어선 거리가 서너 개 있고, 집집마다 비로드와 새틴으로 화려하게 몸단장을 한 계집들이 있다. 2, 3백 명은 충분히 된다. 그녀들의 방은 훌륭한 천으로 특이하게 둘러쳐져 있다. 공정 가격은 에스파냐 화폐로 4드니에인데, 프랑스 돈으로 환산하면 상당한 거액이다. 거기에는 선술집과 카바레도 있다. 낮에는 더위 때문에 이곳을 자세히 둘러볼 수 없지만, 밤이나 저녁이면 창녀들이 입구에 아름다운 등불을 걸고 앉아 있기 때문에 그녀들을 더 잘 볼 수 있다. 의사 두 명이 고용되어 있어 매주 창녀들을 검진하고, 건강에 이상이 없는지, 성병에 걸리지 않았는지 여부를 조사한다. 만일 병이 있으면 유지들이 비용을 모아 그녀들이 희망하는 곳으로 보내 준다."*18 그는 또 그곳에 질서가 잘 정비되어 있는 데 놀란다. 많은 창녀들이 자유를 누리고, 어떤 이들은 유복하게 산다. 그리스 창녀들 시대와 같이, 고급 창녀들은 '정숙한 여자'들의 생활보다 여성의 개인주의에 더 많은 가능성을 개척하고 있었다.

프랑스에서 특이한 것은 독신녀의 신분이다. 독신녀가 향유하는 법률상의 독립은 아내의 예속과 뚜렷한 대조를 이룬다. 독신녀는 이례적인 인간이다. 그래서 풍습은 법률이 그녀에게 부여한 모든 것을 박탈하려고 혈안이 되어 있다. 독신녀는 민사상의 모든 권리를 가지고 있지만 그것은 이름뿐인 추상적인 권리이다. 그녀는 경제적으로 자립하지 못하고, 사회적 지위도 없다. 일반적으로 노처녀는 아버지 가족의 그늘에서 숨어 살거나, 아니면 수도원 구석에서 동료들과 함께한다. 거기서는 불복종과 죄 말고는 어떠한 자유도 알 수 없다. 그래서 쇠퇴기의 로마 여자들도 오직 악덕을 통해서만 해방될 수 있었다. 여성들의 해방이 소극적으로 머물러 있는 한, 그들의 운명도 변함없이 소극적이다.

---

*18 Riffenberg의 《회화(會話) 사전》—창녀들.

이런 조건 아래에서는 여자가 행동하거나 단순히 자기 의사를 표현할 가능성을 얻는 것조차 얼마나 드문 일인지 알 수 있다. 노동계급에서는 경제적 압박이 양성의 불평등을 해소하지만, 대신 개인에게서 일체의 기회를 빼앗는다. 귀족이나 부르주아 계급에서 여자는 여자인 까닭에 억압받는다. 여자는 기생적 생활밖에 할 수 없고 교육도 거의 받지 못한다. 여자가 구체적인 계획을 세워 실현하려면 예외적인 환경이 필요하다. 여왕이나 여자의 섭정(攝政)은 이런 드문 행복을 누린다. 최고 권력을 가진 그녀들은 여자라는 성을 초월한 존재이다. 프랑스에는 살리카법으로 여자의 왕위계승을 금한다. 그러나 때로는 남편을 도와, 혹은 남편이 죽은 뒤에 굉장한 역할을 하기도 한다. 예를 들면 성 클로틸드, 성 라드공드, 클랑슈 드 카스티유가 그러하다. 수도원 생활은 여자를 남자에게서 독립시킨다. 어떤 여수도원장은 대단한 권력을 장악하고 있었다. 엘로이즈는 연애뿐만 아니라 대수도원장으로도 유명하다. 자신을 신과 결부시킨 신비하고 자주적인 관계에서, 여자의 영혼은 영감과 남성적인 씩씩한 힘을 끌어 낸다. 또한 그녀들은 사회의 존경을 받으므로 어려운 일을 성취할 수 있다. 잔다르크의 고험은 기적과 같은 것이었으며 게다가 매우 순간적인 무모한 행동이었다. 그러나 시에나의 성 카타리나 전기(傳記)는 의미심장한 바가 있다. 그녀는 매우 평범한 나날을 보냈지만 활발한 자선행위와 깊은 내적 생활을 증명하는 환시(幻視)에 의해 시에나에서 위대한 명성을 얻었다. 그녀는 이렇게 해서 성공에 꼭 필요한, 일반적인 다른 여자들에게는 결여된 권위를 획득했다. 사형수에게 설교하고, 방황하는 사람들을 선도하며, 가정과 도시 사이에 일어나는 분쟁을 가라앉히기 위하여 사람들은 그녀의 영향력에 호소했다. 그녀는 자기를 인정해 주는 집단의 지지를 받아 평화의 사명을 다할 수 있었다. 마을에서 마을로 다니며 고황에게 복종할 것을 설교하고, 주교나 군주들과 널리 서신을 교환하며, 마침내 피렌체에서 아비뇽으로 교황을 알현하러 가는 사절로 선발되었다. 여왕은 신성한 권리를 통해, 성녀는 빛나는 미덕을 통해 남자와 동등한 지지를 사회에서 확보한다. 반대로 다른 여자들에게는 조용한 겸손이 요구된다. 크리스틴 드 피장(1363년경 베네치아에서 출생, 프랑스에서 여류시인으로 활약했다. 그녀의 작품은 15세기 사회의 귀중한 문헌들이다)의 성공은 놀라운 행운이다. 하지만 과부가 되어 아이들을 부양할 수밖에 없게 되어서야, 생계를 이어가기 위해 펜을 들 결심을 했다.

일반적으로 중세 남자들의 의견은, 사실상 여자들에게 별로 유리하지 못했다. 확실히 연애시인들은 연애를 찬양했다. '연애술'을 다룬 시가 숱하게 발표되었다. 그 가운데에는 앙드레 르 샤플랭의 시와 유명한 《장미이야기》가 있다. 여기서 작자 기욤 드 로리는 귀부인들에게 헌신적으로 봉사할 것을 젊은이들에게 권유하고 있다. 그러나 음유시인들의 문학에 영향받은 이런 문학과 달리 또 한편으로는, 악의적으로 여자들을 공격하는 부르주아적 발상에서 나온 문학도 있다. 우화시(寓話詩)·소극(笑劇)·연극 등은 여자들의 태만·교태·음탕함을 비난하고 있다. 여자의 최악의 적은 성직자들이다. 그들이 공격하는 것은 결혼이다. 교회는 결혼을 신성한 것으로 다루면서도, 그리스도교도의 엘리트들에게는 결혼을 금한다. 거기에 '여성 논쟁'의 근원적인 모순이 있다. 이 모순은 《마테올루스의 탄식》에서 유례 없이 신랄하게 나타난다. 이 작품은 《장미이야기》의 제1부가 나온 지 15년 뒤에 출판되었고, 100년 뒤에 프랑스어로 번역되어 당시에 유명해졌다. 마테올루스는 아내를 얻음으로써 '성직자'의 신분을 잃었기 때문에, 자신의 결혼을 저주하고, 나아가 모든 여성과 결혼 자체를 저주했다. 결혼과 성직이 양립할 수 없다면 신은 왜 여자를 창조했나? 결혼 속에 평화는 존재할 수 없다. 결혼은 악마의 소행이 틀림없다. 그렇지 않다면 신은 자기가 무엇을 했는지 모르고 있다. 마테올루스는 심판의 날에 여자가 부활하지 않기를 바란다. 그러나 신은 그에게 결혼이 천국으로 가기 위한 연옥이라고 대답한다. 그리고 꿈에 천국으로 가게 된 마테올루스는 수많은 남편들이 "잘 왔소, 잘 왔소. 당신은 참다운 순교자요!"라고 외치며 자기를 환영하는 것을 본다. 같은 성직자인 장 드 묑의 저서에서도 비슷한 경향을 찾을 수 있다. 그는 젊은이들에게 여자의 멍에에서 벗어날 것을 엄중하게 명령한다. 먼저 그는 연애를 공격했다.

> 연애는 증오로 가득 찬 세계,
> 연애는 사랑으로 가득 찬 증오이다.

그는 남자를 예속상태로 타락시키고 속임수에 빠뜨리는 결혼을 공격하고 여자에게 맹렬한 비난을 퍼붓는다. 여성 옹호자들은 이에 대항해서 여성의 우월성을 증명하려고 노력했다. 연약한 여성 옹호자들이 17세기까지 즐겨 사용하던 논거는 다음과 같다.

"여자는 남자보다 우수하다. 즉 '물질적'인 면에서, 아담은 진흙으로 만들어졌지만 이브는 아담의 갈비뼈로 만들어졌기 때문이다. '장소'에 있어서도, 아담은 낙원 밖에서 만들어졌고 이브는 낙원 안에서 만들어졌기 때문이다. '잉태'에 있어서도, 여자는 신(神)을 잉태했지만 남자는 그럴 수 없기 때문이다. '신의 모습을 나타낸 점'에 있어서도, 그리스도는 죽은 뒤에 한 여성, 막달라 마리아에게 나타났기 때문이다. '찬미'에 있어서도, 천사의 무리보다도 더없는 행복을 누린 한 여성, 마리아가 더욱 칭송받았기 때문이다……."

이에 대하여 반다 자들은 이렇게 반박했다. "그리스도가 여자들 앞에 먼저 나타난 이유는, 여자들이 수다쟁이라는 사실을 알고 자기의 부활을 서둘러 알리기 위해서였다."

논쟁은 15세기 내내 계속되었다. 《결혼의 열다섯 가지 기쁨》의 저자는 가엾은 남편의 불운을 재미있게 그렸다. 외스타슈 디샹은 이 주제로 긴 시를 썼다. '장미이야기 논쟁'이 시작된 것은 이 시기이다. 처음으로 여자가 동성을 옹호하기 위하여 펜을 들었다. 크리스틴 드 피장은 《사랑의 신에게 보내는 편지》에서 성직자를 맹렬히 공격한다. 성직자들도 즉시 들고 일어나 장 드 묑을 두둔한다. 그러나 파리 대학의 총장 제르송은 크리스틴 편에 섰다. 그는 한층 광범한 대중에 호소하기 위하여 그 논문을 프랑스어로 발표했다. 성직자 마르탱 르 프랑은 200년 뒤까지도 읽히는 《귀부인의 두건(頭巾)》이라는 약간 조리 없는 글을 이 치열한 싸움터에 던졌다. 크리스틴은 다시 뛰어들어, 특히 여자도 교육받을 수 있어야 한다고 요구했다. "여자아이들을 학교에 보내는 관례가 생겨서, 사내아이들과 똑같이 계집애들에게도 학문을 가르친다면, 그녀들은 남자들과 마찬가지로 모든 예술과 학문을 완전히 배우고 또 이해할 것이다."

실제로는 이 논쟁에 여자들은 간접적으로밖에 관여하지 않았다. 여자에게 주어진 역할과 다른 사회적 역할을 그녀들에게 요구하려고는 아무도 생각하지 않았다. 오히려 성직자의 생활과 결혼제도를 비교하는 것이 문제였다. 즉 결혼에 대한 교회의 모순에 찬 태도가 불러온 남성들만의 문제였다. 이 분쟁은 루터가 성직자의 독신제를 부정함으로써 해결되었다. 여자의 신분이 이런 문학적 논쟁의 영향을 받는 일은 없다. 소극(笑劇)과 우화시의 풍자는 있는 그대로의 사회를 조소해도, 그것을 개혁하려고는 하지 않는다. 여자를 조롱하지만, 여자에게 해를 끼치지는 않는다. 연애시는 여자를 찬양하지만, 그러한 숭배가 남녀 동일시를 의미하지는 않는다. '논쟁'은 하나의 부차적인 현상으로, 사회의 태도가 반영되어 있지만 사회를 개혁하지는 않는다.

여자에 관한 법규는 15세기 초부터 19세기까지 거의 변하지 않고 그대로 계승되었다. 그러나 특권계급에서는 여자의 신분이 구체적인 변화를 겪었다. 이탈리아의 문예부흥기는 모든 강렬한 개성이 남녀 구별 없이 개화한 개인주의 시대였다. 이 시기에는 잔 다라공, 잔 드 나플, 이사벨 데스트와 같은 강력한 여군주(女君主)가 등장했다. 남자들처럼 무기를 손에 든 모험적인 여자 용병대장도 있었다.

지롤라모 리아리오의 아내는 포를리 시(市)의 자유를 위하여 용감히 싸웠고, 히폴리타 피오라멘티는 밀라노 공(公)의 군대를 지휘하여 파비아 포위전 때 귀부인 군대를 이끌고 성벽으로 향했다. 시에나 여자들은 몽뤼크에 맞서서 자기들의 도시를 방어하기 위하여 3000여 명의 여자들로 구성된 부대를 셋으로 나누어 편성하고, 이를 지휘했다. 또한 이탈리아 여자들은 교양과 재주로 이름을 떨쳤다. 예를 들어 이조타 노가롤라, 베로니카 감바라, 가스파라 스탐파, 미켈란젤로의 여자친구인 비토리아 콜론나, 특히 메디치 가문의 로렌초와 줄리아노의 어머니인 루크레치아 토르나부오니가 있었다. 그녀는 특히 찬가와 성(聖) 요한과 성모 마리아의 전기를 썼다.

이 특출한 여자들 가운데에는 고급 창녀들이 꽤 많았다. 그녀들은 품행의 자유에 정신적 자유까지 향유했고, 직업 덕분에 경제적 자주성을 확보해 남자들은 이들에게 경의에 찬 감탄을 보냈다. 그녀들은 예술을 보호하고 문학·철학에 관심을 기울였으며, 그녀들 스스로 글을 쓰고 그림을 그리는 일도 많았다. 이사벨라 다 루나, 카타리나 디 상 첼소, 시인이며 음악가인 임페리아는 아스파지아와 프리네의 전통을 부활시켰다. 하지만 많은 고급 창녀들에게 자유는 방종의 형태를 벗어나지 못했다. 이탈리아의 귀부인과 고급 창녀의 치정싸움이나 범죄는 뒷날 전설로 남았을 정도이다.

이후 몇 세기에 걸쳐, 지위나 재산을 통해 세상의 일반적인 도덕에서 해방된 여자들이 누릴 수 있는 자유는 주로 이런 방종이었다. 그 무렵의 도덕은 전체적으로 여전히 중세 시대와 마찬가지로 엄격했다. 적극적인 자유는 극소수에게만 가능했다. 여왕들은 언제나 특권계급이었다. 카테린 드 메디치, 엘리자베스 1세, 이사벨라 카톨리크는 위대한 여군주들이다. 몇몇 위대한 성녀들도 존경을 받았다. 아벨라의 성녀 테레사의 놀라운 운명은 성 카타리나의 경우와 매우 비슷하게 설명된다. 성녀 테레사는 신에 대한 믿음으로부터 자신에 대한 확고한 신뢰를 끌어냈다. 자기 신분에 적합한 미덕을 가장 높은 곳까지 끌어올림으로써, 그녀는 사제들을 비롯하여 그리스도교 세계에서 지지를 확보했다. 수녀의 보통 신분을 초월하여 두각을 나타낼 수 있었던 것이다. 그녀는 수도원을 설립하고 경영했으며, 남자처럼 여행을 하고 모험을 두려워하지 않았으며, 계획한 것을 끈기있게 수행해냈다. 사회도 그녀를 방해하지 않았다. 책을 쓰는 것도 건방지다고 보지 않았다. 고백자들이 그녀에게 그것을 요청했기 때문이다. 놀라운 행운으로 남자와 같은 기회가 여자에게 주어질 때, 여자도 남자와 마찬가지의 수준까지 올라갈 수 있음을 그녀는 여실히 보여 주었다.

그러나 사실 이런 행운은 여전히 지극히 불평등했다. 16세기에는 여자들이 아직 교육을 거의 받지 못했다. 안 드 브르타뉴는 그 무렵까지 남자들밖에 없었던 궁정에 많은 여자들을 불러들여, 여관(女官: 왕과 왕비를 모시는 궁인)을 만들려고 노력했다. 그때 그녀는 그녀들의 소양보다 교육을 걱정했다. 그리고 그 뒤에는 재주와 지적 수준과 저술에 뛰어난 여자들은 대부분 귀부인들이었다. 레츠 공작부인, 리녜롤 부인, 루앙 공작부인과 그 딸 안 등을 들 수 있다. 가장 유명한 이들은 여왕 마고와 마르그리트 드 나바르이다. 페르네트 뒤 귀에는 시민계급이었던 듯하지만, 루이즈 라베(16세기의 유명한 프랑스 여류시인)는 분명 고급 창녀였다. 하여튼 그녀는 품행에서 대단한 자유를 누리고 있었다.

17세기 여자들이 계속 두각을 나타낸 것은 주로 지적 분야에서였다. 사교생활이 발달하고 교양이 보급되었다. 살롱에서 여자들의 역할은 대단했다. 여자들은 사회건설에 참여하지 않았기 때문에 사교나 예술, 문학에 전념할 여유가 있었다. 그녀들을 위한 교육은 제도화되지 않았지만, 토론이나 독서, 가정교사의 지도 혹은 공개강연을 통해 남편보다 월등한 지식을 체득하기에 이른다. 구르네 양(Mlle de Gournay), 랑부예 부인, 스키데리 양(Mlle de Scudéry), 라파예트 부인, 세비녜 부인 등은 프랑스에서 큰 명성을 얻었다. 프랑스 밖에서는 엘리자베스 여왕, 크리스티나 여왕, 온갖 학자들과 서신을 주고받은 슈르망 양(Mlle de Schurman) 등이 같은 명성을 얻었다. 이런 교양과 교양에서 얻은 명성으로 여자들은 차츰 남성세계에 개입하게 되었다. 야심 있는 많은 여자들이 문학이나 연애담에서 떠나 정치 문제에 관심을 갖게 되었다. 1623년에 교황의 대사는 "프랑스의 온갖 대사건, 모든 중대한 음모의 뒤에는 대개 여자가 관계하고 있다"고 썼다. 콩데 공작부인은 '여자의 결속'을 시도했다. 안 도트리쉬(<sup>프랑</sup><sup>스루</sup><sub>이 13세</sub><sub>의 왕비</sub>)는 여자 고문들을 곁에 두었다. 리슐리외는 데귀용 공작부인의 의견에 기꺼이 귀를 기울였다. 프롱드의 난(<sub>17세기 프랑스의 내란, 마자랭 재상 일</sub><sub>파에게 대항하여 일어난 귀족의 반란</sub>) 때 몽바종 부인, 셰브뢰즈 공작부인, 몽팡시에 양(Mlle de Montpensier), 롱그빌르 공작부인, 안 드 공자그를 비롯한 많은 여자들이 어떤 역할을 했는가는 세상 사람들이 다 아는 바이다. 끝으로 맹트농 부인(<sub>루이 14세</sub><sub>의 애첩</sub>)은 능란한 여자 조언자가 국사(國事)에 미치는 영향력의 훌륭한 실례를 보여 주었다. 여성이 내조자로서, 조언자로서, 모사(謀士)로서 가장 능력을 발휘할 수 있는 역할을 간접적인 방법으로 수행한다. 에스파냐의 오르시니 공작부인은 상당한 권위를 갖고 직접 통치했지만 오래 가지 못했다. 이런 귀부인들 말고도 중류사회의 속박에서 벗어나 두각을 드러낸 인물들도 더러 있었다. 이때까지 알려지지 않았던 여배우가 등장한 것이다. 여자의 무대 등장이 처음으로 주목받은 것은 1545년이었다. 1592년에는 아직 한 여자밖에 알려지지 않았다. 17세기 초에 대부분의 여배우들은 남자배우의 아내였다. 얼마 지나지 않아 이 여자들은 사생활과 직업에서 독립을 이루었다. 고급 창녀로 말하자면 프리네와 임페리아의 뒤를 이어 니농 드 랑클로(<sub>당시 일류문</sub><sub>인 및 학자들</sub><sub>과 교류한</sub><sub>지적인 여성</sub>)에게서 가장 완성된 화신(化身)을 볼 수 있다. 그녀는 스스로 여성임을 이용해서 여성의 한계를 뛰어넘었다. 남자들 사이에서 생활하면서 남성적 자질을 획득했다. 품행의 자유는 그녀를 정신적으로 독립하도록 이끌었다. 니농 드 랑클로는 당시 여성에게 허용된 최대한의 자유를 누렸다.

 18세기에는 여자의 자유와 독립이 한층 향상되었다. 그러나 풍습은 원칙적으로 여전히 엄격했다. 처녀들은 간단한 교육밖에 받지 못했고, 여전히 본인의 의사와 관계없이 결혼하거나 수도원에 보내졌다. 신흥계급인 부르주아 계층은 기반을 확고히 닦고 아내에게 엄격한 도덕을 강요했다. 그러나 귀족계급의 붕괴로 사교계의 부인들이 방종을 누릴 수 있게 되었고, 이런 실례는 상류 부르주아까지 전염시켰다. 수도원이나 가정도 여자를 억누를 수 없었다. 그러나 이 무렵에도 대부분의 여성들에게 이런 자유는 소극적이고 추상적인 한계를 벗어나지 못했다. 결국 여자들은 쾌락 추구에서 그치고 말았다. 그러나 지성적이고 야심적인 여자들은 행동의 가능성을 스스로 만들어 냈다. 살롱 생활은 새로운 비약을 이루어냈다. 조프랭 부인, 뒤 드팡 부인, 레스피나스 양(Mlle de Lespinasse), 에피네 부인, 탕생 부인 등이 살롱에서 수행한 역할은 잘 알려져 있다. 여자들은 격려자이자 후원자로서, 작가의 애독자층을 형성하고 있었다. 그녀들은 문학과 철학과 과학에 흥미를 보였다. 뒤 샤틀리 부인처럼 개인 물리학연구실과 화학실험실을 가지고 실험이나 분석을 하는 여자들도 있었다. 그녀들은 전에 없이 적극적으로 정치 활동에 관여했다. 프리 부인, 마이 부인, 샤토뇌프 부인, 퐁파두르 부인, 뒤 바리 부인 등은 차례로 루이 15세를 조종했다. 대신들은 대체로 여자 조언자를 두고 있었다. 몽테스키외가 프랑스의 모든 일을 여자들이 움직인다고 평가했을 정도였다. 그의 말에 따르면, 여자들은 '국가 속에 새로운 국가'를 구성하고 있다고 한다. 또 콜레는 1789년 전야에 다음과 같이 썼다. '프랑스인 사이에서는 여자들이 우위를 차지하고, 남자들을 완전히 지배했기 때문에, 프랑스인들은 여자들에 의해 생각과 느낌이 좌우된다.' 사교계의 여자들과 더불어 널리 명성을 얻은 여배우들과 화류계 여자들도 있다. 소피 아르누, 쥘리 텔마, 아드리엔 르쿠브뢰르(모두 18세기의 인기 여배우들)를 손꼽을 수 있다.

　이와 같이 앙시앵레짐 시대 전반을 통틀어 자아를 주장하고자 한 여자들이 가장 접근하기 쉬운 것은 문화 분야였다. 하지만 누구도 단테나 셰익스피어와 같은 정점에 이르지는 못했다. 이런 사실은 그녀들이 놓인 상황이 전반적으로 낮았음을 설명해준다. 교양은 언제나 상층계급 여성만의 소유물이지, 전체 여성의 것은 아니었다. 그런데 남성 천재는 대개 집단에서 나온다. 특권층 여자들도 자기들이 최고 절정에 도달하는 것을 가로막는 장애물에 늘 둘러싸여 있었다. 성녀 테레사나 러시아의 카테리나 여제의 비상(飛翔)을 가로막는 아무런 방해물은 없었지만, 여류작가에 대해서는 수많은 사정이 복합적으로 결탁하여 대항했다. 버지니아 울프는 《자기만의 방》이라는 저서에서, 셰익스피어에게 누이가 있다고 가정하고, 그 누이의 운명을 즐겨 묘사했다. 셰익스피어가 학교에서 라틴어와 문법, 논리학을 배우고 있을 때 누이는 일자무식으로 집안에 파묻혀 있었을 것이다. 그가 사냥을 하고 들판을 뛰어다니고 이웃 여자와 자고 있을 때, 그녀는 부모의 감시 아래 걸레질을 하고 있었을 것이다. 그녀가 오빠처럼 대담하게 출세를 위하여 런던으로 떠났더라도, 자유분방하게 살아가는 여배우는 되지 못했을 것이다. 집으로 다시 끌려와 강제로 결혼하든가, 아니면 남자의 유혹에 넘어가 버림받고 절망한 나머지 자살했을지도 모른다.

다니엘 디포(로빈슨크루소의 작가)가 묘사한 몰 플랜더스(사회에 휩쓸려 고생하는 윤락 여성의 일생을 그린 고백체 소설의 여주인공) 같은 여성처럼 쾌활한 창부가 되는 것도 상상할 수 있지만, 아무튼 그녀는 극단을 이끌거나 각본을 쓰거나 하지는 못했을 것이다. 영국에서는 여류작가들이 끊임없는 반감을 샀다고 버지니아 울프는 말한다. 존슨 박사는 여류작가들을 '뒷다리로 걷는 개'에 비유하여, '모양새는 좋지 않지만 사람을 놀라게 한다'고 했다. 누구보다도 예술가들은 타인의 의견에 신경을 쓴다. 여자들은 특히 이에 좌우되기 쉽다. 그러므로 큰맘 먹고 이를 무시하는 것만으로도 여류예술가들에게 얼마만한 힘이 필요한가를 알 수 있을 것이다. 그녀들은 대체로 이 싸움에서 지쳐 버린다. 17세기 말에 귀족 출신으로 자녀가 없었던 윈칠시 부인이 글을 쓰려는 모험을 시도했다. 그녀의 작품을 보면 어떤 대목에서는 그녀가 감수성이 풍부하며 시적 감성을 타고났다는 것을 알 수 있다. 그러나 그녀는 증오와 분노와 공포 속에서 정력을 소모해 버렸다.

> 아! 펜을 잡는 여자여,
> 감히 남자의 권리를 침범하다니,
> 그 죄를 속죄할 길이 없다!

그녀의 거의 모든 작품은 여자들의 처지에 대해 분노하는 데 바쳐졌다. 뉴캐슬 후작부인의 경우도 마찬가지이다. 귀부인인 그녀도 글을 쓰다가 추문을 일으켰다. '여자들은 바퀴나 올빼미처럼 살다가 버러지같이 죽는다'고 그녀는 격렬히 분개하면서 썼다. 모욕당하고 웃음거리가 된 그녀는 자기의 영지 안에 틀어박혀야만 했다. 너그러운 천성에도 불구하고 반미치광이가 되어, 그 뒤로는 터무니없는 졸작밖에 쓰지 못했다. 18세기에 들어서야 비로소 평민신분으로 과부가 된 아프라 벤 부인이 남자처럼 글을 써 생계를 꾸려 갔다. 다른 여자들도 그녀의 뒤를 따랐다. 그러나 19세기가 되어서도 여류작가들은 자신을 숨기고 작품을 써야 했던 경우가 많았다. 그녀들은 '자기만의 방 한 칸'도 가지지 못했다. 즉 내적 자유의 필요 조건들 가운데 하나인 물질적 독립을 향유하지 못했던 것이다.

이미 본 바와 같이 사교계의 발전과 지적 생활의 밀접한 관계 때문에, 프랑스 여자들의 상황은 이와 비교하면 한결 유리했다. 그래도 여론은 대부분 '블루스타킹(18세기 영국 사교계에서 문학에 취미가 있는 여성들을 조롱하여 이르던 말. 중심인물인 몬타규 부인의 응접실에 모인 사람들이 푸른 양말을 신은 데서 유래함)'을 업신여기고 냉대했다. 르네상스 시기 동안 귀부인과 지식층 여성들은 여성의 권익을 위한 운동을 일으켰다. 이탈리아에서 유입된 플라톤 학설이 연애와 여성을 정신화(精神化)했다. 많은 문인이 여성 옹호에 힘썼다. 《유덕한 귀부인들의 방주》, 《귀부인들의 기사》 등이 간행되었다. 에라스무스(15세기 네덜란드 인문학자. 풍자적인 종교 비판서 《우신예찬》으로 유명함)는 《대화집》에서 코르넬리아의 입을 통해 여성들이 품고 있는 불만을 신랄하게 풀어 놓았다. "남자들은 폭군이다. ……그들은 우리를 장난감 취급한다. ……우리를 세탁부나 부엌데기로만 여긴다." 에라스무스는 여자들에게도 교육의 기회를 줘야 한다고 주장한다. 코르넬리우스 아그리파(15세기 독일의 의사이자 철학자)는 《여성의 기품과 우수성에 관한 논설》이라는 매우 유명한 저서에서 여성의 우수성을 증명하려고 노력했다. 그는 유대 밀교(密敎)의 늙은 논법을 다시 끄집어냈다. 이브는 '생명'을, 아담은 '대지'를 뜻한다. 여자는 남자보다 나중에 창조되었기 때문에 남자보다 더 완성된 존재이다. 여자는 낙원에서 태어났고 남자는 밖에서 태어났다. 물에 빠져도 여자는 떠오르지만 남자는 가라앉는다. 여자는 아담의 갈비뼈로 만들어졌지, 남자처럼 흙으로 만들어지지 않았다. 여자의 월경은 만병을 고친다. 이브는 모르고 잘못을 저질렀을 뿐이고, 죄를 진 것은 아담이다. 그 때문에 신은 스스로 남자의 모습을 취했고, 게다가 부활한 뒤에는 여자들 앞에 모습을 나타냈다. 또 아그리파는 여자가 남자보다 덕이 많다고 단언한다. 그는 여성이 자랑할 수 있는 '뛰어난 여성들'을 열거하는데, 그것은 이러한 옹호론들에서 흔히 찾아볼 수 있다. 끝으로 그는 남성의 횡포를 격렬하게 규탄한다.

"모든 권리를 짓밟고 본연의 평등을 방자하게 침해한 남성의 횡포가 태어날 때부터 여자가 가진 자유를 빼앗아버렸다. 하지만 여자는 아이를 낳고 남자만큼 총명하며 한층 더 예민하다. 여자의 활동을 제한하는 것은 언어도단이다. 이런 일이 일어나는 것은 신의 명령이나 필연성, 이성에 따른 것도 아니고, 관습의 힘과 교육, 노동, 특히 폭력과 억압에 의한 것이다." 물론 그는 남녀평등을 요구하는 게 아니라 여자가 존경받기를 바라는 것이다. 이 저서는 큰 성공을 거두었다. 그리고 또 다른 여성옹호론 《난공불락의 요새》와, 플라톤풍의 신비주의를 잇는 에로에(Heroët)의 《완전한 여성들》도 크게 인기를 끌었다. 생시몽 학설의 선구를 이룬 흥미로운 책 속에서 포스텔은 인류 재생(再生)의 어머니인 새로운 이브의 도래를 예고하고, 자신이 그녀를 만나 보기까지 했다고 믿는다. 그녀는 죽어서 자기 몸 속에 깃들어 있다는 것이다. 마르그리트 드 발루아(앙리 2세의 딸로 매우 지적이며 저서 《각서》를 남겼다)는 보다 더 온건하게, 그녀의 저서 《나의 식견》에서 여자에게는 신성한 무엇이 깃들어 있다고 선언했다. 그러나 여성변호에 가장 주력한 작가는 마르그리트 드 나바르(프랑수아 1세의 누이동생, 문재로 알려졌으며 《엡타메롱》의 저자)였다. 그녀는 품행의 방종함에 맞서서 감상적 신비주의와 오만하지 않은 순결을 이상으로 제시하였으며, 여자의 명예와 행복을 위하여 결혼과 사랑을 조화시키려고 노력했다.

물론 여성의 적수들도 무장을 해제하지 않았다. 그 가운데에서도 아그리파에 반대하는 《남녀의 논쟁》 속에는 중세의 낡은 논법이 되풀이되고 있다. 라블레는 《제3의 서(書)》에서 마티외와 데샹의 전통을 이어 결혼에 대한 신랄한 풍자를 즐겼다. 하지만 텔레므의 행복한 수도원을 지배한 것은 결국 여자들이다. 반여성론은 1617년에 자크 올리비에의 《여성의 악과 불완전성의 알파벳》으로 다시 기세를 올린다. 표지에는 화려한 깃털로 뒤덮인 새의 몸에 여자 얼굴을 한 괴물 하르피아이(그리스 신화에서 욕심 많고 악랄한 여자의 상징)의 손, 암탉처럼 살림살이가 엉망이라는 표시로 암탉의 두 다리를 가진 여자의 그림이 있다. 알파벳 글자마다 여자의 결점이 하나하나씩 기록되어 있다. 이번에도 낡은 논쟁을 재연시킨 것은 교회의 인사들이었다. 구르네 양(Mlle de Gournay)은 《남녀평등론》으로 이것을 반박했다. 여기에, 종교가들이 여성들을 폄하하기 위하여 성 바울이나 로마 교회의 교부들과 전도사들의 말을 인용하는 동안, 《풍자적 시집과 작은 방》 같은 자유사상가의 문학이 여자의 품행을 공격하기 시작했다. 여성은 또 마튀랭 레니에(17세기 초 시인)와 그 일당의 풍자시에 무한한 주제를 제공했다. 다른 진영에서는 여성옹호자들이 아그리파의 주장을 앞다투어 받아들이고 자신의 의견을 덧붙였다. 뒤보스크 신부는 《정숙한 부인》에서 여자들에게도 교육이 허용되어야 한다고 주장했다. 《아스트레》(오노레 뒤르페의 연애소설)를 비롯한 모든 연애문학이 단시(短詩)와 14행 시(詩)와 비가(悲歌) 등의 형식으로 여성의 우수성을 찬양했다.

여성들이 쟁취한 성공은 오히려 여자에 대한 새로운 공격을 불러일으켰다. 프레시외즈(17세기의 지적인 상류부인들)들은 사회의 반감을 샀고, 사람들은 《우스꽝스런 재원들》이나 조금 뒤의 《여학자들》(몰리에르의 풍자희극)에 갈채를 보냈다. 하지만 몰리에르가 여성들의 적은 아니었다. 그는 강제 결혼을 맹렬히 공격하고, 처녀를 위하여 연애의 자유를, 아내를 위해서 존경과 자립을 요구했다. 이와 반대로 보쉬에는 그의 설교에서 여자들을 가차없이 대했다. "최초의 여자는 아담의 일부이며, 일종의 축소물에 불과했다. 재능도 아담에 비례해서 거의 마찬가지였다"고 설교했다. 여자들을 공격하는 부알로의 풍자시는 거의 수사적(修辭的) 연습에 불과했지만, 그에 대하여 일제히 반론이 일었다. 프라동, 르냐르, 피로가 맹렬히 반격을 가했다. 라 브뤼예르와 생 테브르몽은 여성들에게 호의적인 태도를 보였다. 이 시대에 가장 단호한 페미니스트는 1673년에 데카르트의 영향을 받은 《남녀평등론》을 발표한 풀랭 드 라 바르이다. 그는 남성이 강자이기 때문에 어디서나 남성의 편의를 도모하고 있지만, 여성은 습관적으로 그 종속을 감수해 왔다고 생각했다. 여자들은 자유나 교육에서 무엇 하나 기회를 얻은 일이 없었으므로 과거의 업적으로 여자를 판단할 수는 없다. 여자들이 남자들보다 열등하다고 가리키는 지표는 아무것도 없다. 해부학상으로는 서로 명백히 다르지만, 그 어느 것도 남성에게 특권을 부여하지 않는다. 그래서 풀랭 드 라 바르는 결론적으로 여성들을 위해 건실한 교육을 주장했다. 퐁트넬은 여성을 위하여 《세계복수론(世界複數論)》을 썼다. 그리고 피늘롱(종교가, 《텔레마크》의 저자)은 맹트농 부인과 플뢰리 신부를 따르며 자기의 교육계획안에서 지극히 소심한 태도를 보였지만, 장세니슴파(派) 대학 교수 롤랭은 그와 반대로 여자들도 진지하게 학문을 해야 한다고 주장했다.

　18세기도 두 갈래로 나뉘어 있었다. 1744년 암스테르담에서 《여성의 영혼에 관한 논설》의 저자는 다음과 같이 주장했다. '오직 남자만을 위해 만들어진 여자는 세상이 끝나견 존재하지 않을 것이다. 여자가 만들어진 처음 목적에 더는 쓸모가 없어지기 때문이다. 따라서 필연적으로 여자의 영혼은 불멸이 아니라는 결론이 나온다." 부르주아의 대변자를 자처하는 루소는, 이보다 덜 과격하게 여자가 남편과 어머니의 의무에 충실할 것을 강조하고 있다. "여성들의 모든 교육은 남성들과 관련이 있어야만 한다. ……여자는 남자에게 양보하고 남자의 부당한 대우에도 견디도록 만들어졌다"그는 주장했다. 하지만 18세기의 민주주의와 개인주의의 이상(理想)은 여성들에게 호의적이었다. 대부분의 계몽철학자들은 여성을 남성과 동등한 인간으로 보았다. 볼테르는 여자들 운명의 불공평을 고발했다. 디드로는 여성들의 열등성은 대부분 사회가 만들어냈다고 인정했다. '여성들이여, 나는 그대들을 동정한다!'고 그는 썼다. '온갖 관습 안에서 법률의 가혹성이 자연의 가혹성과 결탁하여 여성에게 대항했다. 여성들은 저능아처럼 취급되어 왔다'고 그는 생각했다. 몽테스키외는 역설적으로 여자들은 가정생활에서 남자에게 복종해야 하지만, 모든 점에서 여자는 정치적 성향을 갖고 있다고 했다. "여자들이 가정의 주인이 되는 것은 비합리적이며 반자연적이다. ……제국을 통치하는 것은 비합리적인 일도 반자연적인 일도 아니다." 엘베시우스(프랑스 철학자,《인간론》·《정신론》의 저자로 스탕달에게 영향을 주었다. 1715~1771)는 여자의 열등성은 그 교육의 불합리성 때문이라고 지적했다. 달랑베르(프랑스 철학자, 백과전서파의 한 사람. 1717~1783)도 그와 의견을 같이했다. 시례 부인과 같은 여성의 경우에, 경제 부분의 여권론이 조심조심 고개를 들었다. 그러나 여직공의 비참한 생활에 분개하고 부인 노동의 근본문제에 접근한 사람은 《파리풍경》을 쓴 메르시에밖에 없다. 콩도르세(프랑스 철학자·수학자,《인간정신 진보의 역사》의 저자. 1743~1793)는 여성들이 정치에 참여하기를 바랐다. 그는 여성과 남성은 평등하다고 보았고, 그때까지 전형적으로 나타난 공격들로부터 여자를 옹호했다. "여자는……본디 공정성이 없고, 양심보다 감정을 따른다고들 한다. ……(그러나) 이런 차이를 낳는 것은 천성이 아니라 교육과 사회생활 때문이다." 또 다른 곳에서는 "여자들이 법률에 의해 억압당할수록 그녀들의 제국은 더욱더 위험성을 띠게 된다. ……여자들이 자기들의 세력을 유지하는 데에 관심을 기울이지 않게 되고, 법률이 여자에게 자기를 보호하고 억압으로부터 벗어나기 위한 유일한 수단이 아님을 깨닫게 된다면, 그 세력은 자연적으로 감소할 것이다."

### 제5장 프랑스 혁명 뒤의 직업과 선거권

프랑스 혁명으로 여자의 운명이 확 달라졌으리란 기대도 해볼 만하다. 그러나 변한 것은 전혀 없었다. 이 부르주아 혁명은 부르주아의 제도와 가치를 존중하는 것이었다. 게다가 거의 남성의 손으로 이루어졌기 때문이다. 구 체제에서 근로계급 여성들이 여성으로서 가장 독립적이었음은 주목할 만하다. 이들은 상업을 경영할 권리가 있었고, 자기 직업을 자주적으로 수행하는 데 필요한 법적 권한을 소유했다. 재봉사·세탁부·접시닦이·소매상 등으로서 생산에 참가하여 가정이나 소기업체에서 활동했다. 이런 여자들은 물질적인 독립으로 평소 생활에서도 커다란 자유를 누릴 수 있었다. 서민 여성은 외출하고 술집도 드나들며, 거의 남자와 마찬가지로 행동할 수 있었다. 그녀들은 남편의 협력자로서 대등한 존재였다. 압박을 받은 것은 경제적인 면이었지, 성적인 면에서는 그렇지 않았다. 농촌여성은 들일에서 상당한 역할을 했지만, 하녀처럼 취급받고 때때로 남편과 아이들과 같은 식탁에서 식사도 하지 못했다. 여자는 남자보다 한결 고된 일을 하고, 임신·출산의 부담까지 가중되었다. 그러나 고대 농업사회처럼 남자에게 일하는 여자가 필요했기 때문에 소중한 존재로 취급되었다. 남녀는 재산을 공유했고, 이해관계나 걱정거리도 함께 했다. 여자는 가정에서 대단한 권력을 행사했다. 이런 여자들이야말로 어려운 생활 속에서 인격적인 존재로 자기를 확립하고 권력을 요구할 수 있어야 한다. 그러나 소심과 굴종의 전통이 여자들을 무겁게 짓누르고 있었다. 삼부회에서 국왕에게 제출된 진정서에는 여성의 권리 요구를 거의 찾아보기 어렵다. '남자는 여자의 특권으로 여겨지는 직업에 종사할 수 없어야 한다'는 것처럼 내용이 한정되어 있었다. 물론 시위나 폭동이 있을 때는 남자들과 아울러 여자들도 볼 수 있다. '빵장수 부부와 심부름꾼 아이'(빵장수 모습을 하고 도망가려던 루이 16세와 왕비 및 왕자를 가르키는 말)의 신병 인도를 요구하러 베르사유에 간 것도 여자들이었다. 그러나 혁명작전을 지도한 것은 서민이 아니고, 그 성과를 차지한 것도 서민이 아니었다. 시민층 여성들 가운데에서는 몇 사람이 자유를 위해서 열렬히 협력했다. 롤랑 부인(18세기에 지성과 열정을 겸비한 공화주의자, 혁명 중에 반대파에게 몰려 처형된다)·뤼실 르 데물랭·테루아뉴 드 메리쿠르 등이었다. 그 가운데 한 여성은 사건 진행에 깊은 영향을 끼쳤다 샤를로트 코르데가 마라를 암살한 것이다. 여권운동도 더러 있었다. 1791년 올랭프 드 구즈는 1789년의 '인권선언'에 맞먹는 '여권선언'을 제안하고, 남성의 모든 특권을 폐지할 것을 요구했다. 1790년 '불쌍한 자보트의 동의'나 다른 유사한 고발문에서도 이같은 사상을 찾아볼 수 있다. 그러나 콩도르세의 지지에도 이런 노력은 물거품이 되어버렸고, 올랭프는 단두대의 이슬로 사라졌다. 그녀가 창간한 신문들도 곧 휴간되었다. 여성클럽은 대부분 남성클럽에 흡수, 합병되었다. 1793년 무월(霧月 : Brumaire, 프랑스 대혁명 당시, 추분 후 30일부터 시작되는 공화력 제2월, 즉 10월 22일부터 11월 20일까지) 28일에 공화혁명파의 부인협회 회장인 여배우 로즈 라콩브가 여성대표단과 함께 도의회(道議會)에 몰려갔을 때, 쇼메트 의장은 성 바울과 성 토마스로부터 자극을 받은 듯한 말들을 내뱉었다. "언제부터 여성들이 자기의 성을 버리고 남자가 되도록 허락받았는가……. (자연은) 여성에게 여자가 되라고 명했다. 아이를 돌보는 일, 모든 가사일, 모성으로서의 여러 가지 배려, 그것들이야말로 당신들이 할 일이다." 여성들은 도의회는 물론 나아가 정치수업을 하던 클럽 출입까지 금지되었다.

　　1790년에 장자상속권과 상속시 남성우선권이 폐지되면서, 여성과 남성은 동등한 상속권을 가지게 되었다. 1792년에 법률이 이혼을 인정하면서, 혼인관계의 엄격성은 완화되었다. 그러나 손에 넣은 것은 하찮은 승리에 불과했다. 부르주아 여성들은 자기들끼리의 구체적인 연대감을 느끼기에는 너무도 가정에 얽매어 있었다. 자기들의 권리를 강력히 주장할 수 있는 독립된 세습계층을 구성하지 못한 것이다. 경제적으로 그들은 기생하고 있었다. 이와 같이 여성임에도 불구하고 사회에 참가할 수 있었을 여자들이 신분 때문에 방해받은 한편, 활동적인 계층에 속하는 여성들은 여자이기 때문에 격리되어야 했다. 경제권이 근로자의 손에 들어와야 비로소 여성근로자도 귀족이나 부르주아처럼 기생적이던 여성이 이제까지 한 번도 획득하지 못한 법적 능력을 쟁취할 수 있을 것이다.

혁명 뒤의 혼란기에 여성은 무정부 상태의 자유를 누렸다. 그러나 사회질서가 재편성되자 여성은 다시 가혹하게 예속된다. 여권신장의 견지에서 볼 때 프랑스는 다른 나라보다 앞서 있었다. 그러나 근대 프랑스 여성의 불행은 여성에 관한 법률이 군국독재시대에 제정되었다는 것이다. 그 뒤 한 세기 동안 여자의 운명을 결정지은 나폴레옹법전은 여성의 해방을 크게 뒤처지게 했다. 군인이라면 으레 그렇듯이 나폴레옹도 여성에게서 모성 외에는 인정하지 않았다. 그러나 부르주아 혁명의 후계자인 그는 사회구조를 깨뜨려서까지 아내보다 어머니의 지위를 우위에 두려고는 하지 않았다. 그는 사생아 입적을 금지했고, 미혼모와 사생아의 신분을 엄격하게 규정했다. 그러나 정식으로 결혼한 아내도 어머니로서의 권위에 의지할 수는 없어, 봉건적인 모순이 영속되었다. 시민의 자격을 박탈당한 딸과 아내는 변호사나 후견인 같은 역할이 금지되었다. 독신여성은 시민의 자격을 완전히 누린 반면, 결혼은 예부터의 부권을 그대로 보존하고 있었다. 즉 아내는 남편에게 '복종'해야 했다. 남편은 아내가 간통한 경우 그녀를 징역에 처하고 일방적으로 이혼할 수도 있었다. 간통 현장을 잡아 아내를 살해해도 법률 앞에서 용서받았다. 한편 남편은 첩을 자택으로 들일 때만 벌금형이 부과되고, 그 경우에 한해서만 아내가 남편과 이혼할 수 있다. 부부의 주거를 정하는 것도 남자이며 아이들에 대해서도 아버지는 어머니보다 훨씬 더 큰 권리를 갖는다. 그리고 아내가—상업에 종사하는 경우를 제외하고—빚을 지려면 남편의 허가가 필요했다. 부권은 아내의 신병과 재산에 두루 엄격하게 행사되었다.

19세기 전반을 통해서 법률은 나폴레옹법전의 엄격성을 더욱 강화하고 특히 여자에게서 모든 양도권을 박탈해 버렸다. 1826년 왕정복고는 이혼폐지를 불렀고, 1848년 입법의회도 이혼의 부활을 거부했다. 이혼의 자유는 1884년에 겨우 부활되었는데, 이를 획득하기까지 몹시 힘들었다. 부르주아 계층의 세력이 이때보다 더 강력했던 시기는 없었기 때문이다. 하지만 부르주아 계층은 산업혁명이 야기시키는 위협을 잘 알고 있었으므로, 강경한 태도를 고집할 수만은 없었다. 18세기부터 계승된 정신의 자유도 가정 도덕을 뒤흔들지 못하고, 19세기 초에 조세프 드 메스트르와 보날드(두 사람 모두 완고한 보수주의자임) 같은 반동사상가들이 정의한 대로 머물러 있었다. 그들은 신의 의지 위에 질서의 가치를 세우고 엄격한 계급사회를 요구했다. 사회의 가장 작은 단위인 가정은 사회의 축소판이라 할 수 있다. "남자와 여자의 관계는 마치 여자와 자식의 관계와 같다. 즉 왕권과 신하의 관계는 신하와 백성의 관계와 같다"고 보날드는 말했다. 이와 같이 남편은 지배하고 아내는 관리하고 자식은 복종한다. 이혼은 물론 금지되고 아내는 가정에 갇혀 있다. "여자는 가정에 속해 있지, 정치 사회에 속해 있지 않다. 자연은 여자들이 가사를 돌보도록 만들었지, 공무를 담당하라고 만들지 않았다"고 보날드는 덧붙였다. 19세기 중엽에 르 플레가 가족을 정의했을 때도 이 같은 서열이 존중되었다.

표현은 좀 다르지만 오귀스트 콩트(실증주의 철학자)도 남녀 양성에 계급을 둘 것을 요구했다. 남녀 사이에는 "신체적·정신적 부분에 근본적인 차이가 있어서 모든 종류의 동물, 특히 인간 남녀를 근본적으로 격리시키고 있다." 여성은 '유아기의 연장' 상태이며 '이성적 인류유형'과는 거리가 멀다. 이 생물학적 소아 상태는 낮은 지능으로 나타난다. 이 순수한 감정적인 존재에게 알맞는 역할은 아내와 주부이며, 이들은 남자와 경쟁할 수 없다. "남을 지도하고 교육하는 것도 여자에게는 부적당하다." 보날드처럼 콩트도 여자는 가정이라는 테두리에 갇혀 있으며, 그 소규모 사회는 아버지가 지배한다고 생각한다. 여자란 '가정의 통치조차 불가능한 존재이기 때문'이다. 여자는 다만 관리하고 조언을 할 뿐이다. 여자의 교육은 제한되어야 한다. '여자와 프롤레타리아는 행동의 주체가 될 수도 없고, 되어서도 안 된다. 또한 그들 스스로 원치도 않는다.' 그리고 콩트는 사회의 진화에 따라 가정 밖에서 여성의 노동은 전적으로 폐지될 것이라고 예언했다. 그의 저작 제2부에는 클로틸드 드 보(콩트의 애인)에 대한 사랑에 영향을 받아 여자를 거의 신성시하고 위대한 존재로 찬양하고 있다. '인류'의 전당에서 실증주의라는 종교가 민중에게 숭배시키려는 대상은 여성이다. 그러나 여자는 정신적인 영역에서만 숭배를 받는다. 남자는 행동하고, 반면에 여자는 사랑한다. 여자는 남자보다 철저한 타애주의자(他愛主義者)이다. 그러나 실증주의 학설에 따르면, 여자는 역시 가정에 묻힌다. 여자에게 이혼은 금지되어 있고, 과부로 일생을 마치는 것이 바람직하다고까지 주장한다. 여자는 경제적·정치적으로 어떤 권력도 가질 수 없으며, 아내이자 자식들의 교육자일 따름이다.

발자크는 이보다 더 노골적으로 그 이상을 표현했다. "여자의 운명과 여자의 유일한 영광은 남자의 가슴을 두근거리게 하는 것이다. ……아내는 계약을 통해 얻는 재산이며 소유하면 자격을 얻는 동산(動産)이다. 엄밀히 말해서 여자는 남자의 부속물에 지나지 않는다."《결혼의 생리학》에서 그는 부르주아 계층의 대변자가 된다. 부르주아는 18세기의 자유와 자신들을 위협하는 진보사상에 대한 반동으로 반여성적 태도를 점점 더 굳혔다.《결혼의 생리학》첫머리에서 발자크는, 사랑이 배제된 결혼제도가 필연적으로 여자를 간통으로 이끈다고 명쾌하게 설명하고, 남편은 불명예의 웃음거리가 되지 않으려면 아내를 철저히 구속해야 한다고 권고하고 있다. 여자에게는 교육과 교양과 그녀의 개성을 발전시킬 수 있는 모든 것을 금지해야 한다. 움직이기 불편한 옷을 입히고, 빈혈을 일으킬 정도의 소식(小食)을 장려해야 한다. 부르주아 계층은 이 계획을 충실히 따랐다. 여자는 요리와 가사에 얽매이고, 품행은 엄중히 감시받으며, 독립하려는 시도를 철저히 가로막는 예의범절과 습관 속에 갇혀 지낸다. 이 보상으로 여자들은 존경과 정중한 대우를 받는다. "결혼한 여자는 옥좌에 오를 줄도 아는 노예이다"라고 발자크는 말하고 있다. 아무래도 좋은 자리에서 남자가 여자를 드높이고 상석(上席)을 양보하는 것은 마땅한 일이다. 원시사회에서처럼 여자들에게 무거운 짐을 들게 하는 대신, 남자들은 여자의 모든 고역과 걱정을 덜어 준다. 이것은 여자를 모든 책임으로부터 자유롭게 해방시켜 주는 행위이다. 여자들은 이와 같은 자기 조건의 안이함에 속아 넘어가서 남자들이 원하는 어머니와 가정의 역할을 수락한다. 사실상 부르주아 계층의 여성 대부분이 이에 굴복했다. 여자들은 수동적인 교육에 길들여지고 자신이 처한 기생적인 상황에서 남자에게 의지할 수밖에 없었기 때문에 감히 자기의 권리를 요구하지도 못한다. 대담하게 요구하는 여자들이 나타나도 거기에 호응하는 여자가 없다. "사슬에 매여 있으면 존중받기 때문에 사슬에서 벗어나는 것보다 사슬에 매여 있는 편이 한결 편하다"고 버나드 쇼는 말했다. 부르주아 여성은 계급적 특권에 집착하기 때문에 자기들의 사슬에도 집착한다. 그녀들은 여성해방이 부르주아 사회를 약화시킨다고 귀가 따갑도록 들어왔기 때문에 잘 알고 있다. 또한 남성에게서 해방되면 여성에게 노동이 주어질 것이다. 여성은 사유재산에 있어서 남편의 권리에 부수된 권리밖에 갖지 못하는 것을 안타까워해도, 그 재산마저 사라지면 더욱 개탄할 것이다. 부르주아 여성은 노동계급 여성과 조금도 연대의식을 느끼지 않는다. 그녀들은 직물을 짜는 여공들보다 자기 남편과 훨씬 더 가깝다. 남편의 이익이 곧 자신의 이익인 것이다.

하지만 이런 완강한 저항도 역사의 진보를 막을 수는 없다. 기계의 도입은 토지 부동산을 파괴하고, 노동계급의 해방과 그에 따른 여성해방을 불러온다. 모든 사회주의는 여자를 가정에서 빼냄으로서 여성해방을 가속화한다. 공유재산제도를 꿈꾸어 온 플라톤은 여자들에게 스파르타에서 누리던 것과 유사한 자유를 약속했다. 생 시몽, 푸리에, 카베 등의 공상적 사회주의와 더불어 '자유여성'의 유토피아가 탄생한다. 만인의 협력이라는 생 시몽의 사상은 모든 노예제도, 즉 노동자와 여자의 예속상태 폐지를 요구했다. 생 시몽과 그 뒤의 르루, 페코, 카르노는 여자도 남자와 같은 인간이라는 관점에서 여자의 해방을 요구했다. 그러나 불행하게도 이 마땅한 이론은 이 학파 안에서 큰 지지를 얻지 못했다. 이 학파는 여성다움 때문에 여성을 찬양한다는, 여자에게 가장 불리한 방법을 취한 것이다. 사회의 단위는 남녀 한 쌍이라는 구실로, 앙팡탱은 사제 두 사람 가운데 한 사람을 여자로 하고 그를 '사제 한 쌍'이라고 불렀다. 그는 여성 구세주를 통해 보다 좋은 세상이 도래할 것을 기대했다. 그리하여 '여성 친구' 일행은 영원한 대모(代母)를 찾아 동양으로 떠났다. 앙팡탱은 여성 해방과 성욕의 부활을 혼동한 푸리에의 영향을 받았다. 푸리에는 개인들 저마다 열정이 이끄는 대로 다를 권리가 있음을 주장하고 결혼을 연애로 바꾸길 원했다. 여자를 인격체로 본 것이 아니라, 연애의 기능적 측면을 제공하는 대상으로 보았다. 카베도 공상(空想) 공산주의에 의한 남녀의 완전한 평등 실현을 다짐했지만, 그러면서도 여자들에게는 정치활동에 제한된 참여밖에 인정하지 않았다. 사실 생 시몽 파의 운동에서 여성은 부차적인 역할밖에 하지 못했다. 오직 클레르 바자르만이 〈신여성〉이라는 신문을 창간하여 단기간이지만 상당히 중요한 역할을 했다. 다른 소규모 잡지들도 많이 발행되었지만, 그들의 주장은 여성 해방보다 여성의 교육을 요구하는 소극적인 것이었다. 카르노와 그 뒤를 이어 르구베가 씨름한 것은 여성의 교양을 높이는 일이었다. '협력자로서, 정신을 탈바꿈하는 자로서의 여성'이라는 관념이 19세기 전반에 걸쳐 계속되었다. 그것은 빅토르 위고의 작품에서도 찾아볼 수 있다. 그러나 여성을 남성과 동등하게 다루는 대신 남성과 대립시키며, 여성의 직관과 감성을 인정하고 이성(理性)을 부정하는 주장은 오히려 여성의 입장을 불리하게 했다. 또한 여성지지자들의 졸렬함이 여자의 품위를 저하시켰다. 1848년에 여성들은 클럽을 조직하고 신문을 창간했다. 외제니 니부아예는 〈여성의 소리〉라는 신문을 발행했고, 카베도 여기에 협력했다. 여성대표단은 '여성의 권리'를 요구하기 위해 파리시청으로 몰려갔으나 아무 성과도 얻지 못했다. 1849년에 잔 드쿠앵은 국회의원에 출마하여 선거운동을 전개하지만 웃음거리로 끝나고 말았다. '베쉬비엔' 운동도, 괴상한 복장으로 행진하던 불르메리스트 운동도 조소거리가 되고 말았다. 이 시대에 가장 지성적인 여성들은 이런 운동을 외면했다. 스탈 부인은 동료 여성들을 위해서라기보다 자기 자신을 위해 싸웠다. 조르주 상드는 자유연애의 권리를 요구했으나 〈여성의 소리〉에 협력하는 것은 거부했다. 그녀의 요구는 특히 감정적인 것이었다. 플로라 트리스탕은 여성에 의한 민중 해방을 믿고 있었다. 그러나 그녀는 여성해방보다 노동계층의 해방에 관심이 있었다. 하지만 다니엘 스테른, 지라르댕 부인은 여권운동에 협력했다.

19세기에 전개된 개혁운동은 평등에서 정의를 찾고자 했기 때문에 여권운동에 유리했다. 그러나 특이한 예외도 있다. 바로 프루동(사회주의자)이다. 아마 농민 출신이기 때문이겠지만 그는 생 시몽의 신비주의를 맹렬히 반대했다. 그는 줄곧 소지주층 지지자였으며, 동시에 여자를 가정 속에 가두었다. '주부냐 창녀냐' 하는 양자택일 속으로 여자를 내몰았다. 그때까지 여권운동에 대한 공격은 사회주의를 신랄하게 비난하던 보수주의자들의 몫이었다. 그 가운데에서도 〈르 샤리바리〉(도미에 등이 그린 풍자 그림잡지. 1832년 창간)는 거기에서 무진장한 풍자 소재를 발견했다. 그런데 프루동이 여성해방운동과 사회주의의 연계를 끊어 버렸다. 그는 르루가 주최한 여성 사회주의자 친목회에 반대하고, 잔 드로앵을 맹렬히 비난했다.《혁명과 교회의 정의》라는 저서에서 여자는 남자에게 의존해야 한다고 주장했다. 그는 사회적 개인으로서 남자만을 인정했다. 부부 사이에는 평등을 전제로 한 협력은 없으며, 단지 결합이 있을 뿐이다. 여자는 남자보다 열등하다. 그 이유는 우선 육체적 힘이 남성의 3분의 2밖에 안 된다. 그리고 지능과 정서 부분에서도 육체적 힘과 같은 비율로 열등하기 때문이다. 따라서 합계하면 여자의 가치는, 남자의 3×3×3에 대하여 2×2×2로, 즉 827이 된다. 아당 부인(연류소설가)은 단호하게, 데리쿠르 부인은 대단치 않게 응답한 데 대하여, 프루동은 〈창부정치(娼婦政治)—근디 여성〉이란 글로 반박했다. 하지만 모든 반여권론자들처럼, 그도 남성의 노예이며 거울인 '진정한 여성'에 대해서는 열렬한 찬사를 늘어놓았다. 이런 찬사에도 불구하고 그는 아내에게 강요한 생활이 아내를 행복하게 해 주지 못했음을 인정하지 않을 수 없었다. 프루동 부인의 편지는 오로지 비탄의 연속이었다.

이런 논쟁은 현실의 사태를 진전시키기는커녕, 오히려 현실을 희미하게 반영하고 있었다. 여성은 선사시대 이래 잃어버렸던 경제세력을 회복했다. 가정에서 빠져나와 공장에서 새로이 생산에 참여하기 시작했기 때문이다. 이 큰 변혁을 가능케 한 것은 기계였다. 남성 근로자와 여성 근로자의 체력 차이가 대부분 해소된 것이다. 공업의 급속한 비약은 남성 근로자가 제공할 수 있는 노동력보다 한층 많은 노동력을 요구하기 때문에 여성들의 협력이 필요했다. 그 점이야말로 19세기에 여성의 운명을 바꾸고 여성에게 새로운 시대의 문호를 개방한 대혁명이었다. 마르크스와 엥겔스는 그 중요성을 인식하고 프롤레타리아의 해방이 필연적으로 여성해방을 불러올 것임을 그녀들에게 약속했다. 실제로 "여성과 노동자 들 다 피압박자라는 공통점이 있다"고 베벨은 말한다. 그리고 산업기술의 발달로 여자와 노동자의 생산노동이 중요해졌기 때문에 둘 다 억압으로부터 벗어나게 된다고 했다. 엥겔스는 여성의 신분이 사유재산의 역사와 긴밀하게 관련되어 있다고 지적한다. 모권제도가 부권제도로 바뀌면서 여성이 세습재산에 예속되는 불행이 과거에 있었으나, 산업혁명은 이 실권의 회복과 나아가서는 여성의 해방까지 이끌게 될 것이다. 그는 이렇게 쓰고 있다. '여성이 상당한 사회적 규모로 생산에 참여하고, 가내 노동이 거의 필요치 않을 때 비로소 여성은 해방된다. 이는 여성의 노동을 대규모로 허용할 뿐만 아니라 이를 정식으로 요구하는 근대 대공업을 통해서만 가능하다.'

19세기 초기에 여성들은 남성 노동자들보다 더욱 비참하게 착취당했다. 가내공업은 영국인들이 '스웨팅 시스템(열악한 환경에서 저임금으로 장시간 노동을 강요하는 제도)'이라고 불렀다. 쉬지 않고 일을 해도 여공의 임금은 생활필수품을 사기에도 충분치 못했다. 쥘 시몽은 저서 《여공(女工)》에서, 또 보수주의자 르루아 볼리외는 1873년 발간된 《19세기의 부인 노동》에서, 혹독하게 착취당하는 여성노동자들의 현실을 고발하고 있다. 볼리외는 20만 명 이상의 프랑스 여공들이 하루에 50상팀(1상팀=100분의 1프랑)도 못 번다고 말했다. 여공들이 서둘러 공장으로 옮겨간 것은 마땅했다. 실제로 얼마 지나지 않아 공장이 아니면 바느질·세탁·가정부 일 같이 어느 것이고 생활비도 못 버는 저임금의 노예 직업밖에는 남지 않게 되었다. 레이스 짜기나 양품 잡화의 생산까지도 공장이 독점해 버렸다. 그 대신 목면·양모·견직공업에서 직공을 대량으로 채용했다. 여자들은 특히 방적공장에 고용되었다. 공장주는 대개 남자보다 여자를 우선 채용했다. '여자들이 일을 더 잘하고 임금은 더 싸다.' 이런 악랄한 문구가 여성노동의 비극을 뚜렷하게 보여준다. 여자는 이 노동을 통하여 인간이라는 존엄성을 획득했지만 그것은 몹시 힘들고 느린 것이었다. 방적공장은 열악한 위생조건에서 운영되었다. 블랑키(사회주의자·혁명가)는 이렇게 썼다. '리옹의 장식줄 제조공장에서 어떤 여공들은 손발을 동시에 놀리면서, 거의 벨트에 매달려 일을 해야만 했다.'

1831년에 견직물 여공들은 여름에는 새벽 세 시부터 밤 늦게까지, 겨울에는 새벽 다섯 시부터 저녁 열한 시까지, 하루에 열일곱 시간씩 일했다. "대개는 햇빛이 들지 않는 비위생적인 공장에서 일했다. 젊은 처녀들의 절반은 수습기간이 끝나기도 전에 폐병 환자가 된다. 고충을 호소하면 불평한다고 나무랐다"고 노르베르 트뤼캥은 말했다.*[19] 게다가 감독은 젊은 여공들을 욕보였다. '목적을 달성하기 위해 감독들은 가장 불쾌한 수단을 사용했다. 즉 빈곤과 결핍이다'라고 《리옹 사건의 진상》에서 익명의 저자는 쓰고 있다. 여자들은 농사일과 공장일을 겸하기도 했다. 파렴치한 착취이다. 마르크스는 《자본론》의 주석에서 이렇게 이야기하고 있다. "공장주 E씨가 내게 말하길, 그는 자기 방직기계에 여자만 채용하되, 특히 결혼한 여자들 가운데에서도 집에 부양할 가족이 있는 여자에게 우선권을 준다고 한다. 그것은 그런 여자들이 독신여성들보다 훨씬 더 열심히 일하고 순종적이며, 가족에게 필요한 생계비를 벌기 위해 녹초가 되도록 일하기 때문이다.―이렇게 여자의 고유한 미덕이 역이용되어, 여자의 천성인 도덕적이고 섬세한 모든 요소가 그녀를 예속시키고 괴롭히는 수단

---

*19 N. 트뤼캥의 《어느 프롤레타리아의 수기와 모험담》, E. 돌레앙의 《노동운동사》 제1권에서 인용.

이 된다."《자본론》을 요약하고 베벨을 부연하여, G. 드 빌은 다음과 같이 썼다. '오늘날의 여자는 더 완동물이거나 노역동물(勞役動物)이다. 여자는 노동을 하지 않을 때나 죽도록 일을 할 때나 똑같이 남자에게 종속된다.' 시스몽디와 블랑키는 여공의 처지가 너무나 비참한 것을 보고 여공 채용을 금하도록 요구했다. 그 참담함의 원인 일부는 먼저 여자들이 자기들을 지키기 위하여 조합을 조직할 줄 몰랐던 데에 있다. 여성들의 '조합'은 1848년 결성되었는데, 처음에는 생산조합이었다. 다음 숫자를 보면 알 수 있듯이, 그 운동은 지독히 느리게 발전했다.

  1905년 전체 조합원 781,392명 가운데 여자는 69,405명
  1908년 전체 조합원 957,120명 가운데 여자는 88,906명
  1912년 전체 조합원 1,064,413명 가운데 여자는 92,336명

 1920년 노동자 1,580,967명 중에서 조합에 가입한 여공 및 여자 사무원 수는 239,016명이고, 농장에서 일하는 여성 노동자 1,083,957명 중에 조합원은 불과 36,193명에 지나지 않았다. 이것을 합하면 조합 노동자 총수 3,076,585명 가운데 여자는 292,000명이었다. 여성들에게 열린 새로운 가능성 앞에서 그녀들이 이토록 무력했던 까닭은, 체념과 복종의 전통, 연대감과 집단의식의 결여 때문이다.
 여성노동의 법규화가 지지부진했던 것은 이런 태도에서 말미암은 마땅한 결과였다. 법률이 관여하기 위해서는 1874년까지 기다려야만 했다. 그때도 제2제정(帝政) 아래에서 여러 차례 여성운동이 전개되었음에도 불구하고, 여성에 관한 규정은 두 가지밖에 없었다. 하나는 미성년 여자에게 야간 노동을 금하고 일요일과 일반 축제일에 휴가를 주는 것이다. 그녀들의 하루 노동시간은 12시간으로 제한되었다. 다른 하나는 21세 이상의 여자에게 광산이나 채석장에서의 갱내 작업을 금지하는 것에 그쳤다. 최초의 여자 노동법은 1892년 11월 2일 제정되었다. 여자의 야간작업을 금지하고 공장의 1일 노동시간을 제한했다. 그러나 온갖 위법행위가 판을 치고 있었다. 1900년에는 1일 노동시간이 10시간으로 제한되고, 1905년에는 1주일에 1일 휴가를 의무화했다. 1907년에는 여성 노동자가 자기의 수입을 자유로이 처분할 수 있었고, 1909년에는 임신한 여자에

게 유급휴가를 보장했다. 1911년에는 1892년의 규정이 강제적인 효력을 얻게 되었다. 1913년에는 출산 전후 여성의 휴가에 관한 시행 규칙이 정해지고, 위험하고 과중한 노동을 금했다. 점차 사회 법규가 제정되어 여성의 노동은 위생면에서도 확실한 보장을 받게 되었다. 이를테면 여자 점원을 위하여 의자를 의무적으로 설치하게 하고 가게에 오래도록 서 있는 것도 금지했다. B.I.T.(국제노동사무국)는 여성 노동의 보건위생 조건과, 임신한 경우의 휴가 등에 관한 국제협약을 체결하는 데 성공했다.

　여성 노동자들의 체념적인 무기력에서 온 제2의 결과는 그녀들이 만족해야만 했던 싼 임금이었다. 왜 여자의 임금이 그렇게 낮은 수준에 고정되어 있는지에 관해서는 여러 가지 주장이 있으나, 그 원인은 복합적이다. 여자들의 요구가 남자들보다 약하다는 설명은 불충분하다. 그것은 나중에 끌어 붙인 변명에 지나지 않는다. 오히려 여자들은 이제까지 본 바와 같이, 착취자들에게 저항할 줄을 몰랐던 것이다. 여자들은 품삯 없이 제품을 시장에 내놓는 교도소와 경쟁해야 했고, 또 여자들끼리도 경쟁해야 했다. 더구나 여자는 부부공동체가 존속하는 사회 안에서 노동을 통해 해방되려고 노력했음을 주목해야만 한다. 아버지나 남편의 가정에 매여 있기 때문에 여자는 집안 살림에 푼돈을 보태는 것으로 대개는 만족했다. 여자는 가정 밖에서 일하지만 그것은 가정을 위해서이다. 그리고 여성 노동자는 자기 생활비 전부를 조달할 수입이 없어도 되므로, 남자가 요구하는 보수보다 훨씬 낮은 보수를 수락하게 된다. 대다수의 여자들이 이런 저렴한 임금에 만족하기 때문에 여성의 임금 전체가 당연히 고용주에게 매우 유리한 수준에서 책정된다.

　프랑스에서 1889년부터 1893년에 걸쳐 실시한 조사에 따르면, 남성과 같은 노동시간에 대하여 여성은 남성 임금의 절반밖에 받지 못했다. 1908년 조사에 따르면, 여성 가내 노동자의 시간당 최고 임금은 20상팀을 넘지 않았고, 최하는 5상팀까지 있었다. 이같이 착취를 당하는 여자들은 구호제도나 보호자가 없다면 살아갈 수 없었다. 미국에서도 1918년에 여자는 남자 임금의 절반밖에 못 받았다. 이즈음 독일에서는 탄광에서 파내는 같은 양의 석탄인데도 여자의 수입이 남자보다 약 25% 적었다. 1911년과 1943년 사이에 프랑스에서 여자의 임금은 남자에 비하여 급속히 상승했으나 여전히 현저하게 낮았다.

　고용주들은 저렴하다는 이유로 여성들을 환영했지만, 이것이 남성 노동자

측의 저항을 불러일으켰다. 프롤레타리아 운동과 여성 운동 사이에는 베벨과 엥겔스가 주장한 만큼 직접적인 연대관계는 없었다. 이 문제는 미국에서도 흑인 임금문제와 관련하여 유사하게 제기되었다. 사회에서 가장 억압받는 소수자들은 그들이 속한 계층 전체에 대한 무기로 (억압하는 자에게) 이용된다. 따라서 처음에는 피압박 소수자들끼리 서로 적대시하게 되므로 흑인과 백인, 여성 노동자와 남자 노동자가 서로 대립하지 않고 협력하기 위해서는 상황에 대한 보다 깊은 인식이 필요하다. 처음에 남성노동자들이 더 값싼 경쟁자에게 가공할 위협을 느끼고, 적의(敵意)를 드러낸 것은 이해할 만하다. 여성들은 조합을 결성하고야 비로소 자신들의 이익을 옹호하면서, 나아가 노동계층 전체의 이익을 위태롭게 하지 않을 수 있었다.

이런 여러 어려움에도 여성노동은 끊임없이 발전했다. 1900년 프랑스에서 가내공업에 종사하는 여성 노동자 수는 900,000명을 헤아렸는데, 이들은 의복·피혁제품·장의용화환(葬儀用花環)·가방·유리시공·파리풍의 세련된 장식품 등을 만들었다. 그러나 그 수는 현저히 감소했다. 1906년에는 18세에서 60세까지 노동 연령에 있는 여성의 42%가 농업·공업·상업·은행·보험회사·사무소·자유직업에 종사하고 있었다. 이런 움직임은 1914년부터 1918년에 걸친 노동력 부족 및 제2차 세계대전의 위기를 타고 전세계적으로 퍼져 나갔다. 하류 부르주아 계층과 중류 부르주아 계층은 이 움직임을 따르는 방향으로 돌아섰고, 여성들도 자유직업에 진출했다. 제2차 세계대전 직전에 이루어진 조사에 따르면, 18세 이상 60세 이하 여성의 취업률은 프랑스 42%, 핀란드 37%, 독일 34.2%, 인도 27.7%, 영국 26.9%, 네덜란드 19.2%, 미국 17.7%이다. 프랑스와 인도의 수치가 그토록 높은 것은 농업의 우세 때문이었다. 프랑스에서는 농민계급을 제외하면, 1940년에 약 50만 명의 고용주, 100만 명의 여자 종업원, 200만 명의 여성 노동자, 150만 명의 일용직 혹은 실업자만 있었다. 여공 가운데에는 65만 명의 가내 여공도 포함된다. 가공 공업에는 120만 명이 수용되었고, 그 가운데 44만 명이 섬유공업에, 31만 5천 명은 의복공장에, 38만 명은 재봉공으로 집에서 일하고 있었다. 상업·자유직업·공기업체에서는 프랑스·영국·미국이 거의 같은 수준이다.

여자에 관해서 언제나 제기되는 근본문제의 하나는, 이미 살펴본 바와 같이, 생식 역할과 생산노동과의 조화 문제이다. 역사의 태초부터 여자에게 가사를 맡기고 세계 건설에 참여를 금지한 근본이유는 여자의 생식기능 때문이었다. 동물의 암컷은 주기적인 발정기가 있어서 체력을 비축할 수 있다. 반면에 사춘기부터 갱년기까지 자연은 여자의 수태 능력을 제한하지 않는다. 어떤 문명은 조혼을 금지했고, 다음 출산까지 최소 2년의 휴식을 보장하는 인디언 부족도 있지만, 전반적으로 여러 세기 동안 여자의 임신은 조절되지 않았다. 고대[20]부터 여자들이 일반적으로 사용한 피임수단으로 물약·좌약·질전(膣栓)이 있었지만 창녀나 의사의 비밀로 남아 있었다. 풍자시인들은 퇴폐기 로마 여성들의 불임을 비난했는데, 그녀들은 아마 이 비밀을 알고 있었을 것이다. 그러나 중세 유럽에서는 피임법을 전혀 몰랐다.

18세기까지 그것에 대한 어떤 흔적도 발견되지 않았다. 그 무렵 많은 여성들의 삶은 임신의 연속이었다. 품행이 방정치 못한 여자들도 방종한 연애의 대가로 수없이 어머니가 되어야만 했다. 어떤 시기에는 인구를 감소시킬 필요를 절실히 느꼈으나 동시에 그로 인한 국력의 쇠퇴를 두려워했다. 위기와 빈곤의 시기에는 독신자의 결혼연령이 늦어져서 자연히 출산율이 감소되었다. 그러나 원칙은 어디까지나 젊을 때 결혼해서 낳을 수 있는 만큼 아이를 낳는 것이어서, 유아의 사망만이 살아 있는 어린이의 수를 감소시켰다. 이미 17세기에 퓌르 신부(神父)[21]는 여자라면 누구나 걸린다는 '사랑의 수종(水腫)'에 대하여 항의했다. 세비네 부인은 자기 딸에게 빈번한 임신을 피하도록 권유했다.

그러나 프랑스에서 맬서스주의적 경향이 발달한 것은 18세기에 와서였다. 처음에는 유복한 계급이, 이어서 국민 전체가 부모의 재력에 따라 자식 수를 제한하는 것이 합리적이라고 생각했다. 그래서 피임법이 관습 속에 도입되기 시작했다. 1778년 인구통계학자 모로는 다음과 같이 쓰고 있다. '종(種)의 번식을 낡은 시대의 속임수라고 여기는 것은 부유한 여성들만이 아니다. 인간 이

---

[20] '피임방법에 대하여 알려진 가장 오래된 기록은 기원전 2000년대의 이집트에서 발견된 파피루스 문서로, 악어 똥과 벌꿀과 천연 탄산소다와 고무성(性) 물질을 섞은 이상한 혼합물을 질(膣)에 바르도록 권장하고 있다.' P. 아리에스의 《프랑스 인구사(人口史)》. 중세 페르시아의 의사들은 31종의 처방을 알고 있었으나, 남자를 대상으로 한 것은 아홉 가지에 불과했다. 하드리아누스 시대에 소라노스는, 아이를 원치 않는 여자는 사정 순간에 '숨을 멈추고 몸을 조금 뒤로 젖혀 정자가 자궁골 속에 침입할 수 없도록 하고, 곧 일어나 쭈그리고 앉아서 재채기를 해야 한다'고 기술했다.

[21] 1656년 《라 프레시외즈(소중한 여성)》에서.

외의 다른 어떤 동물에게도 알려지지 않은 이 불길한 비밀은 벌써 시골에까지 침투했다. 촌락에서도 사람들은 자연을 속이고 있다. '중절성교(中絶性交)'는 우선 부르주아 계층에게, 다음엔 농촌 주민과 노동자에게 퍼졌다. 성병예방기구로서 이미 존재했던 콘돔은 피임기구가 되었고, 1840년경 고무의 가황(加黃)법이 발견된 뒤에는 특히 널리 보급되었다.[*22] 앵글로색슨 계의 여러 나라에서는 '산아제한'이 공인되고, 전에는 불가분이었던 성적기능과 생식기능이라는 두 기능을 분리시키는 수많은 방법이 발견되었다. 오스트리아 빈의 의학계 연구는 수태작용과 그것을 순조롭게 하는 여러 조건을 명확히 규정함으로써, 동시에 수태를 피하는 방법도 암시했다. 프랑스에서는 피임 선전과 페서리, 질전(膣栓) 등의 판매는 금지되고 있었지만 '산아제한'은 역시 보급되었다.

낙태는 그 어디에서도 법에 의해 공식적으로 허용되지 않았다. 로마법은 태아의 생명을 특별히 보호하지 않았다. 태아를 한 인간이 아니라 모체의 일부로 보았기 때문이다. '아기는 태어나기 전에는 여자의 일부이며 내장이나 마찬가지이다.' 쇠퇴기에는 낙태가 정상적인 의료행위였다. 입법자는 출산을 장려하고자 했을 때도 굳이 낙태를 금지하지 않았다. 아내가 남편의 뜻을 어기고 아이 낳기를 거부하면, 남편은 아내를 벌할 수 있었다. 그러나 그 죄명은 불복종이었다. 동양과 그리스·로마시대의 문명 전반에 걸쳐 낙태는 법률로 허용되었다.

그러나 그리스도교가 태아에게 영혼을 부여함으로써 이 문제에 관한 도덕적 관념을 뒤엎어버렸다. 낙태는 태아 자체에 대한 범죄가 되었다. "낳을 수 있는 만큼의 아이를 낳지 않으려는 여자는 임신 뒤에 자기 몸에 상처를 입히는 여자와 마찬가지로, 그 아이의 수만큼 살인죄를 범하는 것이다"라고 성 아우구스티누스는 말했다. 비잔틴에서는 낙태를 단기금고형에 처했다.

영아살해를 했던 야만족들 사이에서 낙태는 임신한 여성의 의사와 반대로 폭력으로 범해졌을 때만 처벌받았다. 그런 경우에는 피의 대가를 지불하여 속죄했다. 그러나 초기 그리스도교 교회는 이 '살해'에 대하여 태아의 추정연령에 관계 없이 매우 가혹한 처벌을 규정했다. 그러나 한 가지 문제가 제기되어 끝없는 토론의 대상이 되었다. 태아 속에 언제 영혼이 들어가느냐 하는 문제

---

[*22] '1930년경 미국의 어떤 회사는 1년에 2000만 개의 콘돔을 판매했다. 미국의 15개 공장은 하루 150만 개를 출하했다.'(P. 아리에스)

였다. 성 토마스와 대부분의 신학자들은 사내아이는 40일째에, 여자아이는 80일째에 영혼이 들어간다고 규정했다. 그 시점에서 영혼이 들어간 태아와 영혼이 들어가지 않은 태아 사이에 구별이 생겼다. 중세의 회죄서(悔罪書)는 다음과 같이 선언하고 있다. '만약 임신부가 45일 전에 자기 태아를 죽이면 1년의 회죄를 받는다. 60일 뒤면 3년을 받고, 태아에게 이미 영혼이 들어가 있으면 살인죄로 다룬다.'

그런데 그 책에는 이렇게 덧붙여 있다. '아기를 양육하기가 어려워서 죽인 가난한 여자와, 간음 죄를 숨기는 것만이 목적인 여자 사이에는 커다란 차이가 있다.' 1556년 앙리 2세는 임신 은닉에 관한 유명한 칙령을 공포했다. 단순한 은닉만으로도 사형에 처했으니, 하물며 낙태 행위에 같은 벌이 적용되지 않을 리 없다고 사람들은 생각했다. 사실 이 칙령이 겨냥한 것은 영아살해 금지였으나, 이 칙령을 빙자하여 낙태한 장본인과 공범자에 대해서도 사형이 선고되었다. 영혼이 들어간 태아와 영혼이 들어가지 않은 태아의 구별은 18세기 무렵에 사라졌다. 18세기 말에 프랑스에서 상당한 영향력을 가졌던 벡카리아는 아이 낳기를 거부하는 여자를 변호했다. 1791년의 법전은 이런 여성에게 관대했으나, 공범자에게는 '20년의 쇠사슬형'을 내렸다.

19세기에는 낙태가 살인이라는 관념이 사라지고, 오히려 국가에 대한 범죄로 간주되었다. 1810년의 법률은 낙태자와 그 공범자에 대하여 징역과 금고형에 처해 낙태를 전면적으로 금지했다. 그러나 사실 임신부의 생명을 구하는 것이 문제일 때 의사들은 언제나 낙태를 실시했다. 배심원들은 그 법률이 너무 엄격하다는 이유로, 19세기 말에는 법률의 적용을 중지했다. 그 전에도 체포된 수효는 미미했으며, 피고의 5분의 4는 무죄방면되었다. 1923년 제정된 새로운 법률이 공범자 및 시술자에게 징역을 확정했다. 그러나 임산부에게는 금고나 벌금만 부과했다. 1939년의 새로운 법령은 특히 낙태 전문가를 처벌하는 것으로, 그 뒤 어떤 유예(猶豫) 기간도 인정되지 않았다. 1941년 낙태는 국가치안에 대한 범죄로 규정되었다. 다른 나라들에서는 낙태가 가볍게 처벌되는 경범죄였다. 하지만 영국에서는 금고와 징역으로 다스리는 중죄였다. 전반적으로 법률과 법정은 공범자보다 낙태자에게 훨씬 더 관대했다. 하지만 교회는 그 엄격한 태도를 조금도 느슨하게 하지 않았다. 1917년 3월 27일 발포된 교회법은 이렇게 선언하고 있다. "낙태를 한 번이라도 실행한 자는 산모도 예외 없이 무선고 파문을 받는다. 이 제재의 사면권한은 교구책임자에게 있다." 어떤 이유도 구실이 될 수 없었다. 교황은 최근에 어머니의 생명이 위독하여 산모의 생명과 태아의 생명 가운데 하나를 택해야 할 경우에는 산모를 희생해야 한다고 선언했다. 산모는 세례를 받았기 때문에 천당에 갈 수 있지만—기묘하게도 지옥은 결코 계산에 넣지 않고 있다—반면에 태아는 영원히 해스(孩所)(세례받지 못하고 죽은 어린아이가 가는 곳)에 머물기 때문이다.*23

낙태가 공공연히 인정된 것은 나치즘이 대두하기 전의 독일과, 1936년 이전 소련에서였는데, 그것도 아주 잠시 동안이었다. 그러나 종교와 법률로 금지하고 있음에도 낙태는 모든 나라에서 상당히 이루어졌다. 프랑스에서는 해마다 80만 내지 100만으로, 출산과 같은 수치로 추산된다. 낙태자의 3분의 2는 기혼녀로, 이미 어린아이가 하나나 둘씩 있는 부인들이 많다. 즉 편견이나 반대, 그리고 낡은 도덕의 잔재에도 불구하고, 무제한 출산에서 국가나 개인에 의한 통제출산(統制出産)으로의 이행이 실현된 것이다. 산과학(産科學)의 진보는 출산의 위험을 눈에 띄지 감소시켰다. 그래서 분만의 고통은 점점 사라져 가고 있다. 최근 1949년 3월 영국에서는 몇 가지 마취법 사용의무화를 발표했다. 이런 방법은 미국에서 이미 일반적으로 실시되었고, 프랑스에서도 보급되기 시작했다. 또 이와 더불어 인공수정의 발전으로 이제 인간은 생식기능을 제어하게 되었다. 이런 변화는 여자에겐 매우 중요한 의미를 지닌다. 여자는 임신의 횟수를 줄여, 임신의 노예가 되는 대신 이를 자기 생활에 합리적으로 조화시킬 수가 있다. 19세기를 지나오면서 여자들은 자연에서 해방되어 자기의 육체를 제어할 수 있게 되었다. 생식의 예속에서 거의 벗어난 여자는 하나의 인격체로서 살아갈 수 있도록 보장해 주는 경제적 역할을 담당할 수 있게 된다.

생산활동 참가와, 생식의 예속으로부터의 해방이라는 두 가지 요소로 여성

---

*23 이 태도에 대한 토의는 제2부에서 다시 전개하기로 한다. 여기서는 가톨릭 신자들이 성 아우구스티누스의 교의를 그대로 받아들이지 않았다는 점만을 지적해 둔다. 사제(司祭)는 결혼식 전날 젊은 신부에게 남편과 협력하여 성교를 '훌륭히' 끝내기만 하면 무엇을 해도 상관없다고 속삭인다. 산아제한의 적극적인 방법—중절성교(中絶性交)도 포함된다—은 금지되어 있다. 그러나 오스트리아 빈의 성과학자(性科學者)가 발명한 달력을 이용하여 여자가 임신이 불가능한 날을 택하여 성적 쾌락만을 위한 행위를 하는 것은 인정한다. 이 달력을 신도들에게 전달하는 사제들도 있다. 실제로 마지막 출산 뒤에 부부관계를 완전히 중단하지도 않았지만 아이를 두셋밖에 못 가진 '신앙이 두터운 어머니'가 많다.

의 지위 향상을 설명할 수 있다. 엥겔스가 예고한 바와 같이, 여성의 사회적·정치적 자유는 필연적으로 변화되어야만 했다. 프랑스에서는 콩도르세를 통해, 영국에서는 매리 울스턴크래프트의 저서 《여권옹호》를 통해 시작되어, 19세기 초 생 시몽 파가 계승한 여권운동은 구체적인 기반이 마련되어 있지 않았으므로 성과를 올릴 수 없었다. 그러나 오늘날에는 여성들의 주장이 충분한 무게를 지니게 되었다. 부르주아 사회 안에서도 이제 그들의 소리는 무시할 수 없게 되었다. 공업문명의 급속한 발달로 부동산은 동산에 밀리게 되었다. 일족의 결속이라는 대전제가 세력을 잃어 갔기 때문이다. 가동자본(可動資本) 소유자는 재산에 소유되는 대신에, 자기 스스로 재산을 소유하고 자유로이 처분할 수 있었다. 여자가 실질적으로 남편에게 매여 있던 것은 세습재산을 통해서이다. 그러므로 세습재산이 폐지되면 부부 사이에는 1대 1의 관계가 성립되며, 자식들과도 이해(利害) 관계를 떠난 견고한 유대를 갖기 어렵다. 이렇게 해서 집단 대신 개인이 확립된다. 이런 변화는 자본주의의 근대적 형태가 큰 승리를 거둔 미국에서 특히 뚜렷하다. 미국에서는 이혼이 성행하고, 남편과 아내는 이젠 일시적인 협력자로만 보인다. 농촌 인구가 대다수이고, 나폴레옹법전에 따라 결혼한 여자가 남편의 후견 아래 있는 프랑스에서는 변화가 느리다. 1884년 이혼제도가 부활하고, 아내는 남편이 간통한 경우에 이혼을 청구할 수 있게 되었다. 하지만 형법에서는 남녀차별이 그대로 존속되어, 간통은 여자가 했을 때만 위법행위가 되었다. 후견권은 1907년에 조건부로 인정되었고, 1917년에 이르러 비로소 완전히 극복되었다. 1912년에는 사생아를 부친에게 승인시킬 수 있게 되었다. 1938년과 1942년에는 결혼한 여성의 지위가 수정되었다. 아버지는 여전히 한 가족의 가장으로 남았지만, 기혼여성의 복종의무는 폐지되었다. 남편이 주거를 결정하지만 아내는 정당한 이유가 있으면 그의 선택에 반대할 수 있었다. 아내의 능력은 확대되었다. 하지만 '결혼한 여자는 완전한 권리능력을 갖는다. 이 능력은 결혼계약과 법률에 의해서만 제한을 받는다'는 이 애매한 문구는 뒷부분이 앞부분을 인정하지 않고 있다. 부부의 평등은 아직 실현되지 않았다.

참정권은 프랑스·영국·미국에서도 순조롭게 획득되지 않았다. 1867년 스튜어트 밀(19세기 영국의 경제학자·철학자, 1806-1872)은 영국 의회에서 그때까지 공식적으로 발언된 일이 없는 여성 투표권을 위한 최초의 변호를 했다. 그는 저술에서도 가정과 사회에서의 남녀평등을 대담하게 요구했다. "법률의 이름으로 한 성(여성)을 다른 성(남성)에 종속시키는 기존의 사회관계는 그 자체로 잘못이며, 인류발전을 가로막는 주요한 장해의 하나라고 확신한다. 이것은 완전한 평등으로 바뀌어야만 한다." 그의 뒤를 이어 영국 여성들은 포세트 부인의 지도 아래 정치적으로 단결했다. 프랑스 여성들은 마리아 드레즈메의 뒤를 따랐다. 그녀는 1866년에서 1871년에 걸쳐 일련의 공개강연을 통하여 여성 문제를 다룬 바 있다. 또한 부정한 아내에게 배신당한 남편에게 "아내를 죽이라"고 충고한 알렉상드르 뒤마 피스를 상대로 격렬한 논쟁을 폈다. 진정한 여권운동 창시자는 레옹 리쉬였다. 그는 1869년에 《여성의 권리》를 창간하고, 1878년에는 국제여권회의를 주최했다. 그러나 투표권 문제에는 접근하지 못했고, 여성들은 시민권을 요구하는 데 그쳤다. 운동은 30년 동안 영국과 마찬가지로 프랑스에서도 지지부진한 상태였다. 그러던 중 위베르틴 오클레르라는 여성이 투표권 요구 운동을 벌였다. 그녀는 '여성 투표권'이라는 단체를 조직하고 〈여성시민〉이라는 신문을 창간했다. 수많은 협회가 그녀의 영향을 받아 설립되었으나 그 협회들의 활동은 별로 성과가 없었다. 내분이 그 원인이었다. 앞서 말한 것처럼 여성들은 여성으로서의 연대감을 갖지 못하고, 처음부터 자기가 속한 계층에 묶여 있었다. 부르주아 여성들과 프롤레타리아 여성들의 이해(利害) 관계는 서로 일치할 수 없었다. 혁명적 여권론은 생 시몽 파와 마르크스 파의 전통을 이어받은 것이다. 그리고 계급투쟁에 쏟아부어야 할 힘을 샛길로 빠지게 할 뿐이라는 이유로 여권운동을 반대한 루이 미셸을 주목해야 한다. 그녀는 자본이 폐지되면 여성의 운명이 저절로 개선되리라 생각했다.

   1879년에 사회주의 연맹이 남녀평등을 선언했고, 이때부터 여권운동과 사회주의의 제휴를 부정하는 사람은 없어졌다. 그러나 노동자 전반의 해방을 통해 자유를 기대했던 여성들에게 그녀들의 본디 목적은 부차적인 것이 되고 말았다. 이와 반대로 부르주아 여성들은 현실 사회 속에서 새로운 권리를 요구할 뿐 혁명가가 될 의지는 없었다. 그녀들은 술·에로문학·매음의 폐지 같은 도덕적 풍속개혁을 이루고자 했다. 1892년 '여권회의'가 개최되고, 같은 이름의 운동을 전개했으나 대단한 성과는 얻지 못했다. 그런데 1897년에 재판에서 여성을 증인으로 세울 수 있는 법률이 통과되었다. 그러나 변호사 협회에 등록하려던 여자 법학박사는 신청을 거부당했다. 1898년에 여성들은 상업재판소에서 선거권을 얻었고, 노동참의회에서는 선거권과 피선거권을 얻었으며, 빈민구제 참의회 가입자격 및 미술학교 입학허가를 얻었다.

1900년에 다시 회의가 열리고 여권론자들이 모였다. 그러나 여기에서도 대단한 성과를 얻지는 못했다. 1901년에 처음으로 여성 투표권 문제를 비비아니가 의회에 제안했다. 하지만 그의 제의는 투표권을 독신여성과 이혼여성으로 제한하자는 것이었다. 이즈음부터 여권운동은 더욱 활기를 띠게 되었다. 1909년에는 '프랑스 여성참정권 동맹'이 창설되고 브륀슈위그 부인이 지휘를 맡았다. 그녀는 강연회·집회·회의·시위운동을 전개했다. 1909년에는 뷔송이 지방의회의 선거자격을 여성들에게 부여하라는 뒤소수아의 제안에 대한 보고서를 제출했다. 1910년에는 토마스가 여성 투표권을 위한 제안을 했다. 그 제안은 1918년에 다시 한 번 반복되고, 1919년 하원에서 절대다수로 통과되었다. 하지만 1922년 상원에서 부결되고 말았다. 상황은 상당히 복잡했다. 혁명적 여권론과 브륀슈위그 부인의 이른바 독립여권론에 그리스도교적 여권론이 합세했다. 1919년에는 교황 베네딕트 15세가 여성 투표권을 위한 성명을 발표했다. 보드리야르 대주교와 세르티앙주 신부도 이 노선에서 열렬히 선전했다. 가톨릭 신자들은 여성이 프랑스의 보수적이며 종교적인 요소를 대표한다고 생각했기 때문이다. 바로 이 점을 급진파들은 두려워했다. 급진파들이 반대한 진짜 이유는 여성들에게 투표를 허락하면 표심이 이동할까 두려웠기 때문이었다. 상원에서는 많은 가톨릭계 의원들과 공화주의 동맹 그룹, 다른 편으로는 극좌 정당들이 여성 투표권에 찬성했지만, 의회의 과반수를 넘지 못했다. 1932년까지 상원은 지연책을 사용해서 여성 투표권에 관한 심의를 거부했다. 그러나 1932년에 하원이 여성들에게 선거권과 피선거권을 부여하는 수정안을 가결하자, 상원은 여러 회기 동안 심의한 끝에 수정안을 부결시켰다.

〈공보(公報, L'officiel)〉에 발표된 의사록은 매우 흥미진진하다. 반여권론자들이 반세기 동안, 수없이 많은 저작에서 전개해 온 논의들을 모두 볼 수 있으니까 말이다. 첫째로 여성들이 투표를 하게 내버려두기에는 우리가 여성을 너무도 사랑한다는 식의 점잖은 논의가 나온다. 프루동처럼 '창녀냐? 주부냐?'의 양자택일을 수용하는 '진정한 여성'을 찬양하는 부류이다. "여성은 투표를 하면 그 매력을 잃어버릴 것이다. 여성은 대좌(臺座) 위에 있으니 거기서 스스로 물러나지 않는 편이 좋다. 여성이 유권자가 되면 모든 것을 잃을 뿐 아무것도 얻지 못한다. 여성은 투표 용지 없이도 남성들을 지배할 수 있다" 등등의 찬사를 늘어놓는다. 코다 거들먹거리며 가정의 이익을 구실로 반대하기도 한다. 여자의 위치는 가정에 있다. 정치적 토론은 부부 사이에 불화를 가져올 것이다. 어떤 이는 온건한 반여권론을 펴고 있다. 여성들은 남성들과 다르다. 여성들은 병역에 복무할 수 없다. 창녀도 투표할 것인가. 또 어떤 인사들은 오만하게 남성의 우월성을 단언한다. 투표는 책임이지 권리가 아니다. 여자는 그 책임을 질 만한 자격이 없다. 여성은 남성보다 지능도 교육수준도 낮다. 만일 여성들이 투표를 한다면 남성들은 여성화되고 말 것이다. 여성들은 정치교육을 받지 않았으므로 남견의 명령에 따라 투표하게 될 것이다. 여성이 자유롭기를 원한다면 먼저 양장점에서부터 해방되어야 한다. 더욱이 프랑스에는 남자보다 여자의 수가 더 많다는 식의 순진하기 짝이 없는 의견을 내는 이도 있다. 이런 반대설이 하나같이 빈약하기 짝이 없음에도 프랑스 여성들이 정치적 능력을 획득하기 위해서는 1945년까지 기다려야만 했다.

뉴질랜드에서는 이미 1893년부터 여성에게 완전한 참정권을 부여했다. 호주도 1908년에 그 뒤를 따랐다. 그러나 영국과 미국에서는 그러한 승리를 얻기가 몹시 어려웠다. 빅트리아 왕조의 영국은 강압적으로 여성을 가정에 묶어놓았다. 제인 오스틴은 숨어서 글을 썼다. 조지 일리엇이나 에밀리 브론테가 되려면 대단한 용기와 예외적인 운명이 필요했다. 1888년 어떤 영국학자는 '여성은 인종이 아닐 뿐더러, 인종 근처에도 못 가는, 오로지 번식만을 위한 아종(亞種)이다'라고 썼다. 포세트 부인은 19세기 말경에 여성 투표권 운동을 일으켰으나 프랑스와 마찬가지로 소극적 운동에 그쳤다. 여성의 권리 요구가 독자적으로 펼쳐진 것은 1903년경이었다. 팽크허스트는 두 딸—크리스타벨과 실비아—과 함께 런던에 '여성사회정치연맹'을 창설하고, 노동당과 결탁하여 단호한 전투적 활동을 계획했다. 여성이 순수하게 여성으로서 뚜렷한 노력을 시도한 것은 역사상 이것이 처음이다. 이 운동은 영국과 미국의 '여성 참정권 운동가'의 모험에 흥미로운 한 페이지를 더해 주었다. 그녀들은 15년 동안 어떤 면에서는 간디의 태도를 연상시키는 압박 정책을 밀어붙였다. 즉 폭력을 거부하고, 교묘히 그 대용품을 생각해냈다. 그녀들은 '여성에게 투표권을'이라고 쓴 깃발을 휘두르며 자유당회의가 열리는 앨버트 홀에 침입하거나, 아스키스 경의 집무실로 밀고 들어갔다. 하이드 파크나 트라팔가 광장에서 집회를 열고 현수막을 들고 시가행진을 하며, 연설도 했다. 시위할 때는 소송사태를 일으키기 위해 경관을 모욕하고 돌을 던지며 공격했다. 교도소에서 그들은 단식투쟁을 벌였다. 기금을 모으고 수백만 명의 남녀들을 자기들 편에 끌어들였다. 그녀들은 능란하게 여론을 부추겨, 1907년에는 200명의 의원들이 여성 투표권을 지지하는 위원회를 구성하게 되었다. 그 뒤로 해마다 그들 가운데 몇 명이 여성 투표권을 요구하는 법률을 제안했다. 그 법률은 해마다 같은 논의를 거듭하며 부결되었다. 1907년 W.S.P.U.(여성사회정치연맹의 약칭)는 의회를 향해 첫 번째 행진을 감행했다. 여기에는 숄을 두른 많은 여공들과 몇몇 귀족 계층의 여성들이 참가했는데, 경찰은 이들을 해산시켰다. 그러나 이듬해에 몇몇 탄광에서 기혼여성들의 취업이 금지될 위기에 처하자, 랭커셔의 부인 노동자들이 W.S.P.U.의 지원 아래 런던에서 대규모 궐기대회를 열었다. 새로운 검거자들이 나왔지만, 1909년에 투옥되어 있던 여권 참정론자들은 이에 장기 단식투쟁으로 맞대응했다. 석방된 그녀들은 새로운 대열을 조직했고, 그 가운데 한 여성은 석회를 칠한 말에 올라타고 엘리자베스 여왕 행세를 했다. 1910년 7월 18일, 여성 투표권에 관한 법안이 하원에 제출될 예정이었던 당일에는, 무려 9킬로미터의 행렬이 런던 시가를 누볐다. 법안이 부결되자 다시 새로운 집회가 열리고 새로운 체포사건들이 일어났다. 1912년에 그녀들은 보다 더 과격한 작전을 채택했다. 빈 집을 불태우고 그림을 갈기갈기 찢었으며, 화단을 짓밟고 경찰에게 돌을 던졌다. 동시에 로이드 조지(제1차 세계대전 때 영국의 수상)와 에드먼드 그레이(영국 정치가) 경에게 연달아 대표를 파견했다. 그들은 앨버트 홀에 숨어 들어가, 로이드 조지의 연설을 가로막으며 큰소리로 발언했다. 전쟁이 일어나자 그녀들의 활동은 중단되었다. 이런 활동이 사태를 얼마나 진전시켰는지 알기는 어렵다. 1918년 영국 여성들에게 투표권이 제한된 형태로 (30세 이상의 여성에게만) 처음 부여되었으나, 다음 1928년에는 제한없이 인정되었다. 그녀들이 성공을 거둔 것은 주로 전쟁 동안 국가에 공헌한 덕분이었다.

　미국 여성은 처음에는 유럽 여성보다 해방되어 있었다. 19세기 초에 미국 여성들은 남자들이 수행하는 고된 개척 활동에 협력해야만 했다. 그녀들은 남성들과 어깨를 나란히 하고 싸웠다. 더욱이 그 숫자가 남성들보다 훨씬 적은 덕에 여성들은 매우 존중되었다. 그러나 점차 그녀들의 지위도 유럽 여성들의 지위와 비슷해져 갔다. 여성들에 대한 남성들의 호의는 유지되었다. 여성들은 문화적인 특권과 가정에서의 지배적인 지위를 보존했고, 법률 자체가 여성들에게 종교적·도덕적 역할을 부여했다. 그러나 사회의 주도권은 역시 전면적으로 남성들의 수중에 머물러 있었다. 1830년경에 몇몇 여성들이 자기들의 정치적 권리를 요구하기 시작했다. 그녀들은 또 흑인들을 위한 운동도 일으켰다. 1840년 런던에서 개최된 노예제도 반대회의가 그녀들에게 문을 열지 않자, 퀘이커 교도인 루크레시아 모트는 '여권론자협회'를 창설했다. 1840년 7월 18일 세네카폴스에서 열린 회의에서, 그녀들은 퀘이커교 정신이 농후하고 온 미국 여권론자들에게 시범이 되는 선언서를 작성했다. '남자와 여자는 평등하게 만들어졌으며, 창조주로부터 양도할 수 없는 권리를 부여받았다. ……정부는 이 권리를 보호하기 위해서 수립된 것이다. ……남자는 결혼한 여자를 죽은 시민으로 만들고 있다. ……남자들은 여성 자신과 신의 특권인, 스스로 행동범위를 정할 수 있는 권리를 여성들에게서 빼앗고 있다.' 3년 뒤 해리엇 비처 스토 부인이 흑인에 대한 여론을 불러일으킨 《엉클 톰스 카빈》을 썼다. 에머슨과 링컨은 여권운동을 지지했다. 남북전쟁이 일어나자 여성들은 여기에 열렬히 참가했다. 그러나 흑인들에게 투표권을 부여하자는 수정안에 '피부 색깔도 성별도 투표에 장애가 되지 않는다'고 쓰자는 여성들의 요구는 받아들여지지 않았다. 하지만 여권운동의 위대한 지도자 수잔 B. 앤소니는 애매한 수정조항을 구실로 동료 14명과 함께 로체스터에서 투표를 했다. 결국 그녀는 100달러의 벌금형을 치렀다. 1869년 그녀는 '전국여성투표권협회'를 창립했다. 같은 해에 와이오밍 주에서는 여성들에게 투표권을 부여했다. 그러나 콜로라도 주는 1893년에, 아이다호 주와 유타 주는 1896년이 되어서야 이 시범을 따랐다. 그 뒤로도 발전은 너무나 느렸다. 그러나 경제면에서는 미국 여성들이 유럽보다 훨씬 더 성공해 있었다. 1900년 미국에는 500만 명의 여성 근로자가 있었다. 그 중 130만은 공업에, 50만은 상업에 종사했다. 상업과 공업, 사두계통과 온갖 자유직 분야로 여성은 눈부신 진출을 이루었다. 여변호사, 여의사, 여교수, 그리고 3,373명의 여목사가 있었다. 저 유명한 메리 베이커 에디는 크리스천 사이언스 교회를 설립했다. 여성들이 클럽을 만들어 모이게 되면서, 1900년에는 약 200만 명이 회원이 되었다.

하지만 겨우 9개 주(州)간이 여성들에게 투표권을 부여했다. 1913년 여성 투표권 운동이 영국의 전투적 운동을 본떠 조직되었다. 두 여성, 도리스 스티븐스와 젊은 퀘이커 신도인 앨리스 폴이 운동을 이끌었다. 그녀들은 윌슨 대통령으로부터 깃발과 현수막을 앞세운 대행진을 할 수 있도록 허가를 얻어냈고, 계속해서 강연회·집회·행진 등 온갖 종류의 시위운동을 주도했다. 여성 투표권이 인정된 9개 주에서 수많은 여성 유권자들은 한꺼번에 국회로 몰려들어 전국적인 여성 투표권을 요구했다. 시카고에서는 처음으로 여성 해방을 위하여 여성들이 하나의 당파로 결집했다. 이것이 뒷날의 '여성당'이다. 1917년 여권론자들은 새로운 전술을 고안했다. 백악관 정문 앞에서 깃발을 들고, 강제퇴거 당하지 않도록 문살에 몸을 붙들어 매고 농성을 벌였다. 그녀들은 6개월 뒤 체포되어 오코콴 감옥에 수감되었으나, 단식투쟁을 벌여 결국 석방되었다. 다시 이어진 시위행렬은 폭동의 기미를 띠었다. 정부는 마침내 하원에 여성투표위원회를 구성할 것에 동의했다. 여성당 집행위원회는 워싱턴에서 회의를 열었고, 그 회기 끝에 여성 투표권에 찬성하는 수정안이 하원에 제출되었으며, 1918년 1월 10일에 가결되었다. 다음은 상원에서 표를 얻는 일만 남았다. 윌슨 대통령이 충분한 영향력을 행사할 것을 약속하지 않았기 때문에 여권론자들은 다시 시위를 벌였다. 그녀들은 백악관 문 앞에서 집회를 열었다. 대통령은 상원에 요청할 것을 결심했다. 그러나 수정안은 2표 차로 부결되었다. 수정안이 가결된 것은 1919년 6월의 공화당 회의에서였다. 그 뒤 10년 동안 남녀의 완전한 평등을 위한 투쟁이 계속되었다. 1928년 하바나에서 열린 제6차 미국 공화당 주회의에서 여성들은 '국제여성위원회' 창립을 이루어냈다. 1933년 몬테비데오협정은 국제협약에 의거해 여성들의 지위를 향상시켰다. 미국의 19개 공화주에서 여성들에게 모든 권리의 평등을 인정하는 협약에 서명했다.

   스웨덴에서도 매우 중요한 여권운동이 있었다. 오랜 전통의 이름으로 스웨덴 여성들은 '교육·노동·자유'에 대한 권리를 요구했다. 투쟁을 지도한 것은 주로 여류문인들이었다. 처음 그녀들이 관심을 보인 것은 문제의 도덕적 측면이었다. 다음으로 강력한 단체로 뭉쳐서 자유당원들의 지지를 얻었으나 보수당원들의 반대에 부딪쳤다. 핀란드 여성들은 1906년에, 노르웨이 여성들은 1907년에 투표권을 얻었으나, 스웨덴 여성들은 여러 해를 더 기다려야 했다.

   라틴 나라들은 동양의 나라들처럼 가혹한 법률보다 한층 더한 풍습의 엄격성으로 여성을 억압했다. 이탈리아에서는 파시즘이 여성운동의 발전을 억압했다. 가톨릭 교회에 동맹을 요청하여 가정을 받쳐주는 여성의 노예화 전통을 존속시킴으로써, 파시스트 이탈리아는 여성을 국가권력과 남편에게 이중으로 예속시켰다. 독일에서는 상황이 전혀 달랐다. 1790년에 이미 히펠이라는 남학생이 독일 최초로 여권운동을 선언했다. 19세기 초에는 조르주 상드의 여권운동과 유사한 감상적인 여권운동이 성행했다. 1848년에는 독일 최초의 여권론자 루이제 오토가 조국의 변혁을 도울 권리를 여성들을 위해 요구했으나, 그녀의 여권론은 본질적으로 국가주의적이었다. 그녀는 1865년 '독일여성총연합회'를 만들었다. 그 사이 독일의 사회주의자들은 베벨과 함께 남녀불평등의 폐지를 요구했다. 1892년 클라라 제트킨은 당 고문으로 취임했다. 온갖 여성노동자단체들과 사회주의 여성동맹들이 나타났다.

독일 여성들은 1914년에 여성 국민군을 조직하는 데 실패했으나 전쟁에 열광적으로 협력한다. 패전 뒤에는 투표권을 획득하고 정치생활에 참여했다. 로자 룩셈부르크는 스파르타쿠스라는 단체에서 립크네히트와 어깨를 나란히 하고 싸우다가 1919년이 암살당했다. 대부분의 독일 여성들은 체제에 찬성하는 태도를 표명했고 그 가운데 몇 사람은 국회에 의석을 차지했다. 그런데 히틀러는 해방된 여자들에게 다시 한 번 '부엌·신앙·아이'라는 나폴레옹의 이상을 강요한다. "여자가 한 사람이라도 의석을 차지하는 것은 국회의 불명예이다" 이렇게 히틀러는 선언했다. 나치즘은 반(反) 가톨릭·반부르주아적이었기 때문에 어머니에게 특권적 지위를 주었다. 미혼모나 사생아는 보호받았으므로, 여성을 결혼의 구속으로부터 상당히 해방시켰다. 스파르타에서처럼 여자는 개인보다는 국가에 훨씬 더 의존했다. 그 때문에 자본주의 제도에서 살고 있는 부르주아 여성보다 더 자주적인 부분과 그렇지 못한 부분을 고루 가지고 있었다.

여권운동이 가장 큰 성과를 올린 것은 소련에서였다. 여권운동은 19세기 말에 지식층 여학생들 사이에서 싹텄다. 그녀들은 개인적인 입장보다 혁명운동 전체에 더욱 관심을 기울였다. 그녀들은 '민중 속에 들어가서' 니힐리스트(무정부주의자)의 방법을 따라 오크라나(비밀경찰)들과 폭력적으로 싸웠다. 베라 자술리치는 1878년에 트레포프 경찰청장을 살해했다. 러일전쟁 동안 여성들은 많은 직업에서 남성들을 대신했다.

그녀들은 자아 의식에 눈뜨기 시작했고, 러시아 여권동맹은 남녀의 정치적 평등을 요구했다. 제1회 제국회의에서 여권 의원단이 결성되었으나 성과는 별로 없었다. 여성 노동자들의 해방이 실현된 것은 혁명을 통해서였다. 이미

1905년에 그녀들은 지방에서 시작된 대중의 정치파업에 대대적으로 참가했다. 그녀들은 바리케이드 위에 서 있었다. 1917년, 혁명이 일어나기 며칠 전인 국제 여성의 날(3월 8일)에는, 빵과 평화와 남편들의 귀환을 요구하면서 상트페테르부르크의 거리에서 일제히 시위 행진에 나섰다. 그녀들은 10월폭동에 참가하고, 1918년과 1920년 사이에는 침입자에 맞선 소련의 투쟁에서 경제적·군사적으로 중대한 역할을 했다. 마르크스주의적 전통에 충실했던 레닌은 여성 해방을 노동자의 해방에 결부시켰고, 여성에게 정치적·경제적 평등을 안겨 주었다.

  1936년의 헌법 제122조는 이렇게 규정하고 있다. '소련에서 여성은 경제·행정·문화·공익·정치 등 생활의 제반분야에서 남자와 똑같은 권리를 향유한다.' 그리고 이 원칙은 국제 공산주의 동맹에서 다시 구체적으로 천명되었다. 국제 공산주의자 동맹은 '법률 앞에서 그리고 실생활에서 남녀의 사회적 평등, 혼인법과 가족법의 근본 개혁, 사회적 기능으로서의 출산·육아에 대한 재인식, 어린이와 청소년 보호 및 교육의 사회 부담, 여성을 노예화하는 이데올로기와 전통에 대한 조직적 계몽과 투쟁'을 요구했다. 경제분야에서 여성은 눈부신 성취를 이루었다. 여성은 남성 노동자와 평등한 임금을 받았고, 생산 활동에 열심히 참여했다. 이로 말미암아 여성은 정치적·사회적으로도 큰 영향력을 갖게 되었다. 프랑스 소비에트 협회에서 최근에 편찬한 소책자에 따르면, 1939년 총선거에서 도·군·시·읍의 각 의회에 457,000명, 사회주의 공화국의 각 최고회의에 1,480명의 여성의원이 있고, 전 소련동맹최고회의엔 227명의 여성이 의석을 차지하고 있다. 조합에 가입한 여성은 1,000만 명에 달한다. 그녀들은 소련의 노동자 및 근로자 여성의 40%에 해당한다. 스타하노프(소련노동생산력 증가 운동)에도 많은 수의 여성 노동자들이 참여했다. 제2차 세계대전에서 러시아 여성들이 어떤 역할을 했는지는 널리 알려져 있다. 그녀들은 제철·광산·뗏목·철도 등 주로 남성들의 직업이었던 생산분야에까지 막대한 노동력을 제공했다. 또 비행사나 낙하산병으로 공훈을 세우고 빨치산 부대를 조직하기도 했다.

  여성의 공공생활 참여는 하나의 곤란한 문제를 불러일으켰다. 즉 가정에서의 여성의 역할이다. 꽤 오랜 기간 동안 가정의 속박으로부터 여성을 해방시키려는 노력이 행해졌다. 1924년 11월 16일 코민테른(국제 공산주의의 약칭) 총회는 "가정의 개념과 가족관계가 존속하는 한 혁명은 무력하다"라고 선언했다. 자유결혼 존중과 이혼의 자유, 낙태의 합법화는 남성 앞에서 여성의 자유를 보장했다. 출산휴가에 관한 법률·탁아소·유치원 등은 모성의 부담을 경감시켰다. 감정적이고 모순된 여러 증거들을 통해서 여성의 구체적 지위가 어떠했는지를 가늠하기는 어렵다.

확실한 것은 오늘날 인구 재증가의 필요성에서 종전과 다른 가족정책이 출현했다는 것이다. 가정은 사회의 기본세포로 간주되고, 여성은 노동자인 동시에 가정주부이다.*24 성도덕은 매우 엄격하다. 1941년 6월 7일의 법령은 1936년 6월의 법령을 강화한 것이다. 그 뒤로 낙태는 금지되고 이혼도 거의 폐지되었으며, 간통은 관습죄으로 비난받았다. 남성 노동자처럼 국가에 긴밀히 예속되고 가정에 엄중히 매여 있지만, 정치생활에 참여하고 생산노동이 부여하는 권위도 갖고 있는 러시아 여성은 개별적인 상황 속에 놓여 있었다. 그 개별성을 가까이서 연구할 수 있는 기회를 얻고 싶으나, 불행하게도 사정이 그것을 허락하지 않았다.

최근 UN에서 개최된 회의에서 여성문제 위원회는 모든 국가가 남녀권리의 평등을 인정하도록 요구하고 그 법적 규정을 구체적으로 실현하도록 몇 가지 동의를 가결했다. 이로써 승리는 획득되었다. 미래는 종전에 남성이 차지했던 사회에 여성을 점점 더 깊이 동화시키는 방향으로 나아갈 수밖에 없다.

이런 역사를 전체적으로 훑어보면, 거기서 몇 가지 결론을 이끌어 낼 수 있다. 첫 번째 결론은, 여성의 모든 역사는 남성이 만들었다는 것이다. 미국에는 흑인문제가 있는 것이 아니라 백인문제가 있는 것처럼,*25 또 '반유대주의는 유대인의 문제가 아니라 우리의 문제'인 것처럼,*26 마찬가지로 여성문제는 언제나 남자의 문제였다. 출발점에서 남성들이 육체적인 힘에 의해 정신적인 권위를 장악하게 된 원인은 이미 살펴보았다. 남자들은 가치·풍습·종교를 만들었다. 여성들은 이런 지배력을 두고 남성들과 한 번도 다툰 일이 없었다. 사포, 크리스틴 드 피잔, 메리 울스턴크래프트, 올랭프 드 구즈 같은 몇몇 고립된 여

---

*24 청년공산당중앙위원회 서기 올가 미차코바는 1944년 기자회견에서 다음과 같이 선언했다. "소비에트 여성들은 자연과 양식이 허락하는 한 매력을 갖도록 노력해야 한다. 전쟁이 끝나면 여자답게 입고 여자답게 걸어야 할 것이다. ……처녀들에게는 처녀 같은 행동과 걸음걸이를 하도록 일러주어야 한다. 그러기 위해서는 처녀들이 우아한 자세를 갖추도록 몸에 꼭 맞는 스커트를 입는 것도 좋을 것이다."
*25 미르달. 《미국의 딜레마》 참조.
*26 J.P. 사르트르, 《유대인 문제에 관한 고찰(반유대주의와 유대인)》 참조.

성들이 자신들의 가혹한 운명에 항의했다. 때로는 집단적 의사표시도 이루어졌다. 그러나 오피아법에 반대하여 단결한 고대 로마의 주부들이나, 영국의 여성 투표권 운동자들이 남성들에게 압력을 가하는데 성공한 것은, 오로지 남성들이 그것을 받아들일 용의가 있었을 때뿐이다. 여성의 운명을 장악해온 것은 언제나 남자들이다. 그리고 그들은 여성의 이익을 위하여 여성의 운명을 결정한 것이 아니다. 남자들이 생각한 것은 언제나 자기들의 계획과 염려, 욕구였다. 남자들이 어머니인 여신을 숭배한 것은 '자연'을 두려워했기 때문이다.

청동기로 자연에 대항할 수 있게 되자마자, 남자들은 곧 부권제를 확정했다. 그 뒤로 여성의 운명은 가족과 국가의 대립이 결정했다. 그리스도교도가 여자에게 부여해 준 지위에 나타나 있는 것은 신, 세계, 자기 육체를 마주했을 때의 남자의 태도이다. 중세에 '여성논쟁'이라고 불린 것도 결혼과 독신을 둘러싼 성직자와 속인 사이의 논쟁이었다. 결혼한 여자의 후견제도를 만든 것도 사유재산에 기초한 사회제도였고, 오늘날 여성을 해방시킨 것도 남자들이 실현한 기술혁명이었다.

'산아제한'으로 아이 많은 가정을 줄이고, 여성을 모성의 예속상태로부터 부분적이나마 해방시킨 것은 남성 도덕관의 진화였다. 여권운동 자체도 결코 자주적인 운동이 아니었다. 일부는 정치가의 손에 쥐어 있는 도구였고, 일부는 보다 깊은 사회 동향을 반영한 부수적 현상이었다. 여성들은 한 번도 독립된 계급을 형성한 일이 없다. 그리고 사실 여자는 하나의 성(性)으로서 역사상 어떤 역할을 수행하려고 노력한 일도 없다. 육체와 생명, (우주에 깃들어 있는 신의) 내재성, 또는 '타자'로서 여성의 군림을 요구한 이론은 남성의 이데올로기이지, 여성의 요구를 조금도 나타내고 있지 않다. 여성들의 대다수는 아무런 행동도 시도하지 않았고 자기들의 운명에 체념했다. 운명을 바꾸려고 노력한 여성들도 자기들의 개별성을 지켜 나아가며 인정받으려 하지 않고, 오히려 이를 극복하고자 소망했다. 여성들이 세계의 움직임에 참여하게 된 것은 남성들과 동조하고 남성들의 의견에 따랐기 때문이다.

이런 참여는 전체적으로는 이차적이며 부수적이었다. 여성들이 어느 정도 경제적 자주성을 향유하고 생산에 참가했던 계층은 피압박계층이었지만, 노동자로서 이들은 남성 노동자보다 한층 더 예속적이었다. 지배계층의 여자는 기생하는 존재였고, 마땅히 남성의 법률에 예속되어 있었다. 결국 이 두 경우 모두 여성이 주체로서 행동하기란 거의 불가능했다. 법률과 관습이 반드시 일치하는 것은 아니며, 법률과 관습 사이에서 여성이 현실적으로 결코 자유를 누리지 못하도록 균형이 이루어져 있었다. 고대 로마공화국에서 경제적 조건을 갖춘 주부는 구체적인 권력을 쥐었으나, 법률적으로는 전혀 독립하지 못했다. 농촌문화에서도, 상업적 소(小)부르주아 사회에서도 사정은 대개 마찬가지였다. 여자는 가정에서는 주부이자 하녀이고, 사회에서는 미성년자이다. 반대로 사회가 붕괴될 때 여성은 해방된다. 그러나 여자는 남자의 가신(家臣)을 면하자마자 그 영토를 잃는다. 여자에게는 방종과 낭비 같은 소극적 자유가 있을 뿐이다. 로마제국의 쇠퇴기나 르네상스 시대, 18세기, 집정관 시대가 그러했다. 일할 수단이 있을 때는 몸종의 신분이고, 해방되면 스스로 할 수 있는 일이 아무것도 없다. 특히 결혼한 여자는 사회에서 자기의 자리를 얻지만, 거기서 아무런 권리도 향유하지 못했다는 점은 주목할 만하다. 한편 독신여성은 정숙한 여자이든 창녀이든 남자와 똑같은 모든 법적권리를 가지고 있었다. 하지만 정도의 차이는 있지만 20세기에 이르기까지 사회생활에서 제외되었다.

　이런 법률과 관습의 대립에서 특히 다음과 같은 이상한 모순이 생겼다. 자유연애는 법률에 저촉되지 않으나, 간통은 위법이다. 그러나 실제로는 '과오를 범한' 처녀는 명예가 훼손되는 반면에 아내의 비행은 관대히 용서받는다. 17세기부터 오늘날까지 자유로이 애인을 가질 수 있으므로 결혼한다는 젊은 처녀들이 많았던 것은 이 때문이다. 이 교묘한 제도에 대다수의 여성이 꽁꽁 묶여 있었다. 이런 추상적이면서 구체적인 이중의 구속 상태에서 여성이 자립에 성공하려면 예외적인 환경이 필요하다.

　남자들에게 필적하는 사업을 이룩한 여성들은 사회제도에 힘입어 모든 성적 구별을 뛰어넘었다. 가톨릭 군주인 스페인의 이사벨라 여왕이나 영국의 엘리자베스 여왕, 러시아의 카테리나 여제는 남성도 아니고 여성도 아니었다. 그녀들은 지배자였다. 사회적 성취에 의해 여성성이 가리어지면, 여자라는 사실이 더는 열등성을 의미하지 않았다는 것은 주목할 만하다. 위대한 치세(治世)를 남긴 여왕들이 위대한 군왕들보다 훨씬 많았다. 종교도 이와 같은 변화를 이루었다. 시에나의 카타리나와 성녀 테레사는 일체의 생리적 조건을 초월한 성스러운 영혼이었다. 그녀들의 세속생활과 신앙생활, 그리고 행동과 저작활동은 일찍이 소수의 남자들만이 도달했던 높은 경지에 이르러 있다.

다른 여자들이 세상에 깊은 발자취를 남길 수 없었던 것은, 그녀들이 여자의 조건 속에 갇혀 있었기 때문이라고 해도 과언이 아니다. 그녀들은 소극적 또는 간접적으로밖에 활동할 수가 없었다. 유디트(적장 호로페르네스를 잠자리에서 목 벤 여질), 샤를로트 코르데(공포정치 때 마라를 암살한 소녀), 베라 자술리치(페테르부르크 경찰총장을 저격한 러시아의 여성 혁명가)는 암살을 감행했다. 프롱드 당(黨) 여성들은 음모를 꾸몄다. 대혁명과 코뮌 때는 여자들이 남자들과 어깨를 나란히 하고 구 질서에 맞서 싸웠다. 적극적인 건설에 참여하는 것은 금지되었지만, 권리나 권력이 따르지 않는 자유에는 거부하거나 반항하는 것이 허용되었다. 여자는 기껏해야 남자들의 사업을 간접적으로 돕는 정도였다. 아스파지아, 맹트농 부인, 위르생 공(公) 부인은 남성의 조언자였다. 그나마 남자가 들어 준다는 것이 전제였다. 남자들은 최고 역할을 하고 있다고 여자들을 설득하면서 이런 영향력의 크기를 적극적으로 과장한다. 그러나 실제로 구체적인 행동이 시작되면 여성의 목소리에 귀를 기울이지 않는다. 여자들은 전쟁을 일으키게 할 수는 있어도 작전계획을 제안할 수는 없다. 여자들은 정치가 음모로 바뀐 범위 안에서만 정치를 좌우했다. 세계의 진정한 지배권은 한 번도 여자들 손에 넘어간 일이 없다. 여자들은 기술이나 경제에 영향을 준 일도 없고, 국가를 건설하거나 파괴한 일도 없으며, 세계를 발견한 적도 없다. 여자들에 의해 몇몇 사건이 일어나기는 했지만, 그녀들은 행동의 주체라기보다는 계기가 되었을 뿐이다. 루크레티아(기원전 6세기 로마 부인. 콜라티누스의 아내로 매우 정숙하고 미모가 뛰어났다. 고대 로마 마지막 왕 타르퀴니우스의 왕자 섹스투스에게 능욕당한 뒤 남편에게 복수해 줄 것을 부탁하고 자살했다)의 자살은 상징적 가치밖에 없었다. 피압박자에게는 순교만이 허용되었다. 그리스도교도를 박해할 때와 사회나 국가가 붕괴한 직후에는 여자들이 그 증인의 역할을 했다. 그러나 순교자가 세계를 변화시킨 일은 한 번도 없다. 여자들의 시위와 선도(先導)도 남자들의 결단이 그것을 효과적으로 이어받았을 때에만 가치가 있었다. 비처 스토 부인 곁에 모인 미국 여성들은 노예제도에 반대하는 여론을 맹렬하게 일으켰으나, 남북전쟁의 진정한 동기는 감정적인 것이 아니다. 1917년 3월 8일의 '여성의 날'이 러시아 혁명에 방아쇠를 당겼는지도 모르지만 그것은 하나의 신호에 불과했다.

여걸들은 대부분 기이한 유형의 인간들이어서, 그 행동의 중요성보다 운명의 특이성 때문에 눈길을 끄는 모험가나 괴짜들이었다. 그래서 잔다르크, 롤랑 부인, 플로라 트리스탕 같은 여자들을 리슐리외나 당통, 레닌과 비교해보면 특히 그 위대함은 대부분 주관적인 성향을 띠는 것임을 알 수 있다. 그녀들은 역사를 움직인 행동가라기보다는 차라리 모범적인 인물들이었다. 위대한 남성은 대중 속에서 나타나고 환경이 그를 앞으로 나아가도록 밀어 준다. 그러나 여성 대중은 역사의 흐름 밖에 있으며, 환경은 여성 한 사람 한 사람에게 장애일 뿐 발판이 되지 못한다. 세계의 모습을 변화시키기 위해서는 우선 거기에 견고하게 닻을 내려야 한다. 그런데 사회에 깊이 뿌리를 내린 여성들은 그 사회에 복종하는 여성들이다. 신권(神權)에 의해 행동지시를 받지 않으면—그리고 이런 경우에 여자들은 남자들만큼 능력을 발휘해 왔지만—야심 있고 영웅심 강한 여자들은 기괴한 괴물에 불과하다. 로자 룩셈부르크나 퀴리부인 같은 여자가 나타난 것은 여자들이 이 세계를 자기들의 장소로 느끼기 시작한 때부터이다. 그녀들은 여성을 역사적으로 무가치한 존재로 만드는 결정적인 원인이 여자의 열등성이 아님을 명백히 증명했다. 여성을 역사적으로 무가치한 존재로 여기는 관념이야말로 여자들을 열등하게 운명지었던 것이다.*27

이 사실은 여자들이 자기 주장을 가장 성공적으로 펼친 분야, 즉 문화에서 명백하게 드러난다. 여성들의 운명은 문학과 예술의 운명과 깊은 연관을 맺어 왔다. 이미 게르만 사람들 사이에서 예언자나 성직자는 여자들 차지였다. 그녀들은 세계의 가장자리에 있었기 때문에, 남자들이 교양을 통해 자기들 우주의 한계를 뛰어넘어 다른 우주에 접근하고자 할 때는 여자들을 향하게 되는 것이다. 이탈리아 문예부흥기에 개화한 우아한 신비주의, 휴머니즘의 호기심, 아름다움에 대한 기호, 17세기의 궁정문학, 18세기의 진보주의적 이상은 다양한 형태로 여성을 찬양했다. 그 시절 여자는 시의 핵심이었고, 예술작품의 주제였다. 여자들은 여가가 있었으므로 정신적 쾌락에 몰두할 수 있었다. 작가의 조언자이고 비판자이며 독자인 여자는 드디어 작가의 경쟁자가 된다. 여자는 남성의 마음을 계발하는 감성이나 윤리를 향상 발전시키고, 그렇게 함으로써 자신의 운명을 직접 움직이기도 한다. 예컨대 여성의 교육은 대부분 여성의 힘으로 쟁취한 것이다.

그런데 인텔리 여성들이 이룬 집단적인 역할이 아무리 클지라도 그녀들 가

---

*27 파리에 있는 약 1000개의 조각상들 가운데—순수한 건축의 목적으로 룩셈부르크의 화단을 장식하고 있는 여왕들을 제외하면—여성 조각상은 열 개밖에 안 된다는 점은 주목할 만하다. 3개는 잔다르크를 위해 세워졌고, 나머지는 세귀르 부인, 조르주 상드, 사라 베르나르, 부시코 부인, 그리고 이르슈 백작부인, 마리 드레즈메, 로자 보뇌르의 것이다.

개의 공헌은 전체적으로 보아 그다지 높이 평가할 수 없다. 여자가 사상이나 예술분야에서 특권적 지위를 누리는 것은 행동에 참여하지 않기 때문이다. 그러나 예술과 사상은 오직 행동 속에 그 생생한 원천이 있다. 세계의 외부에 있다는 것은 세계를 재창조하려는 사람에게 유리한 입장이 아니다. 주어진 조건을 초월하여 부상하기 위해서는 우선 거기에 깊이 뿌리를 내려야 하기 때문이다. 집단적으로 열등한 처지에 놓여 있는 인간에게 자아실현은 거의 불가능하다. "스커트를 입고 어디까지 갈 수 있단 말인가?" 이렇게 마리 바슈키르체프(일기로 유명한 19세기 러시아의 여류화가)가 물었다. 스탕달도 "여자로 태어난 천재는 인류의 행복을 위하여 공을 세우지 못하고 사라진다"고 했다. 사실 사람은 천재로 태어나는 것이 아니라 자라면서 천재가 되는 것이다. 그리고 여자의 조건은 이제까지 천재가 되는 것을 불가능하게 해 왔다.

반여권론자들은 역사를 되살펴보고 다음의 두 가지 모순된 논법을 이끌어 내고 있다. 첫째, 여자들은 위대한 것을 아무것도 만들어 낸 일이 없다. 둘째, 여성이 처한 상황은 위대한 여성의 출현을 조금도 방해하지 않았다. 이 두 가지 주장 속에는 기만이 숨어 있다. 몇몇 운 좋은 여성들이 성공했다고 해서, 전반적으로 낮은 여성의 사회적 수준을 메우거나 변명할 수는 없다. 이런 성공이 드물고 제한되어 있다는 사실 그 자체가 곧 환경이 여성들에게 불리하다는 명백한 증거이다. 크리스틴 드 피잔, 풀랭 드 라 바르, 콩도르세, 스튜어트 밀, 스탕달 등이 주장한 것처럼, 여성은 어느 분야에서도 기회를 얻지 못했다. 오늘날 많은 여성들이 새로운 사회적 지위를 요구하는 것도 그 때문이다. 그리고 다시 한 번 말하지만, 그녀들의 요구는 여자답다는 칭송을 받으려는 게 아니다. 그녀들은 인류 전체에 있어서처럼 자신들 속에서도 초월성이 내재성을 극복하기를 원하고 있다. 즉 그녀들은 추상적 권리와 구체적 가능성이 자기들에게 부여되기를 바란다. 이 양자가 일치되지 않으면 결국 자유도 일종의 기만에 불과하다.*28

---

*28 여기서도 반여권론자들은 모호한 태도를 취하고 있다. 그들은 가끔 추상적인 자유는 문제삼지 않고, 예속된 여성이 이 세상에서 할 수 있는 구체적인 위대한 역할을 격찬한다. "대체 여자는 이 이상 무엇을 더 요구하느냐?"고 말이다. 또 때로는 소극적 자유행동에서는 어떤 구체적인 가능성도 생겨날 수 없다는 사실을 무시하고, 오로지 추상적으로만 해방된 여성들에게 그녀들이 힘을 발휘하지 않는다고 비난한다.

이런 소망은 성추로 가는 길 위에 있다. 그러나 지금은 과도기이다. 언제나 남자들의 소유였던 이 세계는 아직도 그들 수중에 있다. 가부장제 문명의 제도와 가치는 대부분 존속되고 있다. 추상적 권리도 여자에게 어디서나 완전히 인정된다고 할 수 없다. 스위스 여자들은 아직도 투표권이 없다. 프랑스에서는 1942년의 법률이 온화된 형태로 남편의 특권을 인정하고 있다. 그리고 앞서 말한 것처럼 추상적인 권리만으로는 여자가 이 세계에서 구체적인 힘을 확보하기에 결코 충분하지 않다. 남녀 사이에는 오늘날까지도 진정한 평등이 존재하지 않는다.

무엇보다 결혼생활의 부담이 남자보다 여자에게 여전히 훨씬 더 무겁다. 모성의 과중한 부담은 '산아제한'의—공개적 또는 비공개적—실시로 줄어들었다. 그러나 실제로 그다지 널리 보급되지 않았고, 엄격히 실시되지도 않았다. 낙태가 공식적으로 금지되어 있기 때문에, 많은 여성들이 불법 낙태수술로 건강을 해치거나, 거듭되는 출산으로 몸이 쇠약해지곤 한다. 가사 처리와 자녀 양육도 아직 거의 전적으로 여자의 몫이다. 프랑스에서는 특히 반여권론의 전통이 완강해서, 남자는 이제까지 여자들 몫이었던 일을 거드는 것을 수치로 여긴다. 그 결과 여자는 가정생활과 노동자로서의 역할을 조화시키기가 남자보다 더 어렵다. 사회가 이런 노력을 여자에게 요구하면 아내의 생활은 남편보다 훨씬 더 고되다.

예를 들어 농촌여성의 운명을 생각해 보자. 프랑스에서는 농촌여성이 대부분 생산 노동에 참여하고 있으며, 그녀들은 거의 기혼자이다. 독신여성은 대개 친정집이나 형제 자매의 집에서 하녀 노릇을 하고 있다. 그러므로 남편의 지배를 수락해야만 한 가정의 여주인이 될 수 있다. 농촌여성들은 각 지방의 풍습과 전통에 따라 다양한 역할을 한다. 노르망디 농촌여성은 식탁의 상석을 차지하는 반면, 코르시카 여성들은 남자들과 같은 식탁에 앉지도 못한다. 그러나 아무튼 농촌여성은 가정경제에서 아주 중요한 역할을 수행하기 때문에, 남자와 책임을 분담하고 그의 일을 도우며, 남자와 재산을 공유한다. 그녀들은 존경을 받으며, 또 실질적으로 주도적인 역할을 하는 경우도 많다. 이런 농촌여성의 지위는 고대 농업공동체에서 여성이 차지했던 지위를 연상시킨다.

여성이 남편과 동등하거나 그 이상의 정신적인 힘을 갖는 수도 흔히 있다. 그러나 실제로 여자의 삶은 남자보다 훨씬 더 고되다. 채소밭을 가꾸고, 닭·양·

돼지 같은 가축을 기르는 일도 오로지 여자의 몫이다. 그 밖의 거친 일도 거들어야 한다. 축사를 치우고, 거름을 주고, 씨를 뿌리고, 밭을 갈고, 김을 매고, 풀을 베고, 삽질을 하고, 김을 매고, 곡식을 거둬들이고, 포도를 따고, 때로는 밀짚·건초·목재·장작·거적 같은 것을 마차에 싣고 내리는 일을 거들기도 한다. 거기에 식사 준비와 세탁과 바느질 같은 가사까지 돌본다. 어머니로서 자녀를 낳아 양육하는 무거운 책임도 맡는다. 새벽에 일어나서 닭과 가축의 모이를 주고, 남자들의 아침식사를 마련하고, 아이들을 돌보고, 들로 숲으로 밭으로 일하러 간다. 샘에서 물을 길어 점심을 마련하고, 설거지를 마치면 저녁 준비를 하기 전까지 다시 들일을 한다. 저녁식사가 끝나면, 바느질을 하고 집 안을 치우고 옥수수를 터는 등 밤일이 기다리고 있다.

여성은 임신 중에도 건강을 돌볼 여유가 없기 때문에 몸이 곧 망가져서 나이보다도 쉬 늙고 야위고 병에 허덕인다. 남자가 사회생활에서 가끔 맛보는 얼마간의 보상도 여자에게는 인정되지 않는다. 남자는 일요일이나 장날마다 시내에 가서 다른 남자들과 어울려 카페에서 술도 마시고 카드놀이도 하며, 사냥이나 낚시를 즐긴다. 그러나 여자는 집에 쳐박혀 잠시도 쉴 틈이 없다. 부유한 농촌여성들만이 하녀들의 도움을 받고 들일에서 면제되어 균형 잡힌 행복한 삶을 누린다. 그녀들은 사회적으로 존경을 받고, 노동에 치이는 일 없이 가정에서 대단한 권력을 행사한다. 그러나 대부분의 시골 노동은 여자를 소나 말 같은 처지로 추락시켜 버린다.

여자 상인이나 소기업을 경영하는 여자 기업주는 어느 시대에나 특혜를 받았다. 이들만이 중세 이래로 시민으로서의 법적 자격을 인정받은 유일한 여성들이었다. 식료품상·우유상·여관·담배가게의 여주인들은 남자들과 동등한 지위를 누렸다. 독신이든 과부이든 그녀들만이 사회적으로 독립할 수 있었으며, 결혼을 해도 남편과 동등한 자주성을 소유했다. 그녀들은 가정과 같은 장소에서 그다지 힘들지 않은 일을 하는 행운을 누렸다.

가정 밖에서 일하는 여공·여종업원·여비서·여점원의 사정은 이와 전혀 달랐다. 그녀들이 직업과 가사를 조화시키기란 더욱 어렵다. 장보기·식사준비·청소·의복정리 등은 적어도 날마다 3시간 반, 일요일에는 6시간의 노동을 요한다. 공장과 사무실에서의 노동시간에 이것을 더하면 막대한 시간에 이른다. 자유직업에 대해서 말하면, 여변호사·여의사·여교사가 가사에서 다소 남의 도움을 받는다 하더라도 가정과 자녀는 역시 그녀들에게 부담과 걱정거리가 되고 무거운 장애가 된다. 미국에서 가사노동은 편리한 기구의 도움으로 간소화되어 있다. 그러나 직업여성에게 요구되는 몸치장과 맵시가 또 다른 속박으로 작용한다. 그리고 가정과 자녀에 대한 책임도 여전히 여자에게 있다.

한편 노동으로 자립하려는 여성은 남성 경쟁자들보다 훨씬 불리하다. 여성의 봉급은 대부분의 직업에서 남자보다 적다. 여자의 직업은 전문직이 아니기 때문에 특수기능을 가진 남성 노동자보다 임금이 싸다. 같은 일이라도 여자의 보수가 낮다. 여성은 남성들의 세계에서 초보자이기 때문에 남자들보다 성공할 가능성도 적다. 남자나 여자나, 여자에게 명령받는 것을 싫어한다. 남녀 모두 언제나 남자에게 더 많은 신뢰를 표시한다.

여자라는 것이 결함은 아니더라도 적어도 특이한 사항이다. 여자는 '출세'하려면 남자의 지지를 얻는 것이 유익하다. 가장 유리한 자리를 점유하고, 가장 중요한 부서를 장악하고 있는 것이 남자이기 때문이다. 남자와 여자가 경제적으로 두 세습계급을 형성하고 있다는 점은 특기할 만하다.*29

여자의 현재 신분을 지배하는 것은, 새로이 형성되어 가고 있는 문명 속에서 완강히 살아 남은 가장 오랜 전통이다. 바로 이것이, 오늘날 여자에게 제공된 새로운 기회를 여자가 이용할 능력이 없다고 생각하거나, 또 그런 기회는 위험한 시도일 뿐이라고 단정하는 근시안적 관찰자가 간과하고 있는 점이다. 사실 여자의 상황은 불안정하기 때문에 그 상황에 적응하기가 매우 어렵다.

여자들에게도 공장과 사무실과 대학이 개방되어 있다. 그러나 여자에게 가장 명예로운 경력은 여전히 결혼이며, 때문에 새삼스럽게 모든 사회생활에 참여하지 않아도 된다고 생각한다. 원시사회에서처럼 사랑의 행위는 여자에게 많든 적든 직접적으로 보수를 받을 권리가 있는 업무이다. 소련을 제외한 어느 나라에서나 현대 여성은 자기의 육체를 활용 가능한 자본으로 여기는 것이 허용되어 있다.

---

*29 미국에서는 막대한 재산이 결국 아내의 수중으로 굴러떨어지는 경우가 흔히 있다. 아내는 남편보다 더 오래 살아서 그 유산을 상속받는다. 그러나 그녀들은 그때쯤이면 이미 나이를 먹어 그것을 새로이 어떤 사업에 투자할 의욕이 없다. 그녀들은 소유권자라기보다 용익권자(用益權者, 사용권자)로 행동한다. 자본을 좌우하는 것은 사실 남자들이다. 아무튼 이런 부유한 특권층 여자들은 극소수에 지나지 않는다. 미국에서는 여자가 변호사나 의사 같은 고급 직종에 종사하기가 유럽보다 한결 더 불가능에 가깝다.

매음은 묵인되고*³⁰ 정사는 장려된다. 결혼한 여자는 남편에게 부양받는 것을 마땅하게 여긴다. 더구나 기혼여성에게는 독신여성보다 월등히 높은 사회적 권위가 주어진다. 관습이 여성 독신자에게도 남성 독신자와 똑같은 성적 자유를 인정하기까지는 아직도 까마득하다. 특히 미혼녀가 아이를 낳는 것은 거의 금지되어 있어, 미혼모는 여전히 추문의 대상이다. 신데렐라 신화*³¹는 사라지지 않을 것이다. 오늘날에도 모두 처녀의 몸으로 행운과 행복을 잡기 위해 어렵고도 불확실하기만 한 노력을 기울이기보다는, '멋진 왕자'를 통해 그것을 기대하는 편이 낫다고 장려한다. 특히 처녀는 왕자 덕분에 자기 신분보다 높은 계급으로 상승할 수도 있다. 이것은 그녀가 일생 동안 노력해도 얻을 수 없는 기적이다. 그러나 이런 희망은 그녀의 노력과 이익을 분리하기 때문에 해롭다.*³² 이러한 분리야말로 여자에게 가장 거대한 장애가 될 것이다. 부모들은 아직도 자기 딸의 개성을 계발시키기보다 출가를 목적으로 키우고 있다. 딸도 그 편이 유리하다고 생각해서 스스로 그렇게 희망할 정도이다. 그 결과 딸들은 대부분 자기 형제들만큼 전문적 능력도 없고, 제대로 된 교육도 받지 못한다. 그래서 언제까지나 낮은 지위에 만족하게 되고, 악순환이 되풀이된다. 이런 열등감 때문에 남편을 얻고 싶은 욕망이 강해진다. 모든 이익의 이면에는 언제나 부담이 따르게 마련이다. 그리고 그 부담이 너무 무거우면 그 이익도 속박으로밖엔 느껴지지 않는다. 노동자의 대다수에게 오늘날 노동이란 아무 보람 없는 고역이다. 게다가 여자에게는 이 고역이 사회적 권위나 관습으로부터의 해방, 경제적 자주성 등의 구체적인 획득으로 보상되지 않는다. 수많은 여공과 여종업원들이 노동의 권리에서 의무밖에 보지 못하므로, 결혼을 통해 그 의무에서 해방될 수 있다고 느끼는 것도 무리가 아니다. 하지만 이제는 여

---

*30 앵글로색슨 국가에서는 매음이 규제된 일이 한 번도 없다. 1900년까지 영국과 미국의 '관습법'은 아주 심각하거나 사회질서를 문란케 한 경우에만 이것을 위법행위로 간주했다. 그 뒤 영국과 미국의 여러 주에서 적당히 엄격하고 적당히 효과적인 단속이 이루어졌다. 미국에서는 이 점에 있어 각 주의 법률이 아주 달랐다. 프랑스에서는 오랫동안 폐지운동이 진행된 끝에 1946년 4월 13일자 법률로 '창가(娼家)의 존재는 인간 존엄의 기본원칙 및 현대사회에서 여성에게 부여된 역할과 양립될 수 없음을 고려하여' 창가의 폐쇄와 매음 알선업자 적발이 강력하게 실시되었다. 그럼에도 불구하고 매음은 여전히 계속되고 있다. 소극적이고 위선적인 대책으로 이런 상황을 호전시킬 수 없음은 분명하다.
*31 필립 윌리의 《독사의 세대》 참조.
*32 이 점에 관해서는 제2부에서 자세히 설명한다.

자도 자아를 의식하게 되었고, 노동 덕택에 언제든지 결혼에서 해방될 수 있기 때문에, 예전처럼 온순하게 결혼에 예속되려고는 하지 않는다.

여성들이 바라는 것은 가정생활과 직업의 양립이 제 살 깎아 먹는 아슬아슬한 곡예를 요구하지 않는 것이다. 그렇지만 편안한 삶의 유혹이 존재하는 한—어떤 개인들에게만 유리한 경제적 불평등이 존재하고, 이런 특권층에 속한 남자들에게 몸을 파는 권리가 여자에게 인정되는 만큼—여자가 자립의 길을 선택하려면 남성보다 더 큰 정신적 노력이 필요할 것이다. 유혹은 장애이며, 그것도 가장 위험한 장애라는 사실이 충분히 이해되지 않았다. 이 유혹에는 기만이 따른다. 왜냐하면 실제로 눈부신 결혼의 복권에 당첨되는 여자는 천 명에 한 명꼴이기 때문이다. 현대는 여성들을 직장으로 유인하고 그것을 강요하기까지 하지만, 한편으로는 여성들의 눈에 나태와 환희의 낙원을 비춰 준다. 이 지상에 못 박혀 있는 여자들보다 선택된 특권층 여성들은 훨씬 높이 찬양받는다.

남성들이 장악한 경제적인 특권, 그들의 사회적 가치, 결혼의 영예, 남성의 후원 효과, 이 모든 것이 여성들로 하여금 남자의 마음에 들기를 열렬히 원하게 만든다. 여성들은 전체적으로 아직도 종속상태에 놓여 있다. 그 결과 여성은 자기 자신으로서 있는 그대로 존재하는 것이 아니라, 남성이 정의하는 대로 자기를 인식하고 선택하고 만다. 그러므로 우리는 우선 남자가 꿈에 그리는 여자를 묘사해 볼 필요가 있다. '남자의 눈에 비친 여자의 존재방식'이 여자의 구체적 조건이 되는 기본요소들 가운데 하나를 이루고 있기 때문이다.

# 제3편
# 신화

## 제1장 꿈과 불안 그리고 우상

역사는 우리에게 그동안 남자들이 모든 실권을 장악해 왔다는 것을 보여 주었다. 가부장제 사회 초기부터 남자는 여자를 종속적인 신분으로 억눌러두는 것이 유리하다고 판단했다. 남자들이 만든 법률은 여자에게 불리하도록 만들어졌다. 이렇게 해서 여자는 구체적으로 '타자(他者)'가 되었다. 이런 조건은 남성의 경제적 이익에 유리한 동시에, 남성들의 존재론적·윤리적인 욕구와도 일치했다. 주체(主體)는 자기를 확립하려고 하자마자, 곧 그 주체를 제한하고 부정하는 타자를 요구한다. 즉 주체는 자기가 아닌 실재를 통해서만 자기에 도달할 수 있다. 남자의 생활이 결코 만족스럽거나 편안하지 못하고 욕구불만과 운동과 투쟁인 것은 그 때문이다. 남자는 눈앞에서 '자연'과 부딪힌다. 남자는 자연을 지배하여 자기 것으로 만들려고 하지만 자연은 남자를 만족시켜 주지 않는다. 자연은 순전히 추상적인 대립물로 나타나, 장애물로서 외부에 머무르든가, 수동적으로 인간의 욕망을 받아들여 남자에게 동화되어 버린다. 남자는 자연을 파괴함으로써 그것을 소유한다. 이 상황에서 남자는 혼자이다. 그는 돌을 만질 때나 과일을 소화할 때도 혼자이다. 타자가 거기 있다는 것은 타자가 그 자신으로서 엄연히 존재한다는 조건에서만 가능하다. 즉 진정한 타성(他性)이란 나의 의식과는 별개이면서도 나의 의식과 동일한 의식이다. 각자를 그 내재성에서 떼어 내어, 그 인간이 그의 참된 존재를 완성하고, 초월로서, 목적을 향하는 탈출과 투기(投企)로서, 자기완성을 가능케 하는 것은 다른 인간의 실존이다. 그러나 나의 자유를 확립시키는 다른 사람의 자유는 또한 나의 자유와 충돌한다. 이것이 불행한 의식의 비극이다. 의식은 저마다 자신만을 최고의 주체로 인정하려 하고, 저마다 남을 노예로 삼아 자기완성을 시도한다. 그러나 노예도 노동과 공포 속에서 자기를 본질적인 것으로 느끼고 있다. 변증법적으로 뒤집어 생각해보면, 그에게는 주인이 비본질적인 인간으로 보인다. 이 연극은 양쪽이 상대의 개체를 자유로이 인정할 때, 각자가 서로 자기와 상대를 객체와 주체로 인정함으로써 극복될 수 있다. 그러나 이런 상호자유의 인정을 구체적으로 실현하는 우정과 관용은 상당한 미덕이다. 확실히 그 미덕은 인간으로서 최고의 완성이다. 이것을 통해서 인간은 자기의 진실한 모습을 발견하게 된다. 그런데 이 진실은 부단히 형성되면서 끊임없이 소멸되는 투쟁의 진실이다. 그것은 인간에게 잠시도 쉬지 않고 자기초월을 계속하라고 요구한다. 바꾸어 말한다면, 인간은 존재를 포기하고 자기실존을 짊어지고 살아갈 때, 비로소 진정한 도덕적 태도에 도달한다는 뜻이다. 이런 회심(回心)을 통하여 인간은 또 모든 소유를 포기한다. 소유는 존재추구의 한 방법이기 때문이다. 그러나 인간이 참된 지혜에 도달하려는 그런 회심은 결코 이루어지지 않아, 이를 이루기 위해서는 부단히 노력해야 하기 때문에 끊임없이 긴장이 필요하다. 그래서 남자는 혼자서는 자기를 이룰 수가 없고, 또 같은 인간과의 관계에서도 끊임없는 위험에 직면한다. 그의 일생이란 결코 성공이 보장되지 않은 몹시 어려운 계획이다.

그러나 남자는 곤란한 일을 좋아하지 않는다. 그는 위험을 두려워한다. 그는 모순되게도 생명과 휴식, 실존과 존재를 동시에 갈망한다. '불안정한 정신'이 자기 발전의 대가이며, 객체와 자기와의 거리는 자기에 대한 자기존재의 대가라는 것을 잘 알고 있다. 그러나 그는 불안 속에서 평온을 꿈꾸고, 의식을 지니면서 불투명한 만족상태를 꿈꾸고 있다. 남자의 이 꿈이 구현된 것이 바로 여자이다. 여자는 남자와는 전혀 다른 자연과, 남자와 너무도 일치하는 동류(同類) 사이의 바람직한 중간적 존재이다.[*1] 여자는 남자를 자연의 적의에 찬 침묵으로도 상대하지 않고, 상호존중의 가혹한 요구도 하지 않는다. 여자는 유일한 특권으로서 '의식'을 가진 하나의 주체이지만, 그런데도 여자의 육체를 소

---

[*1] '……여자는 남자의 무익한 복제물(複製物)이 아니라, 남자와 자연의 산 결합이 완성되는 마법의 장소이다. 여자가 사라져 버린다면 남자는 외톨이로 남아 냉랭한 세상에 여권(旅券) 없는 이방인과 다름없으리라. 여자는 생명의 절정에까지 이른 대지 그 자체이며, 감동과 기쁨에 넘치는 대지이다. 따라서 여자가 없다면 남자에게 이 대지는 벙거리요, 죽어 있는 것이다'라고 미셸 카루즈는 쓰고 있다.(여자의 힘, 〈남방수기〉 292호)

유하는 것은 가능해 보인다. 여자를 통해서 남자는, 자유의 상호성 속에 그 근원이 있는 주인과 노예의 가치 없는 변증법에서 빠져 나올 한 가지 수단을 부여받는다.

 태초에 해방된 자유로운 여자들을 남성들이 예속시킨 것이 아니고, 성(性)의 구별이 곧 계급을 구별한 것이 아니라는 사실은 앞에서 이미 본 바와 같다. 여자를 노예와 동일시하는 것은 잘못이다. 여자 노예도 물론 있었지만, 자유 여성, 즉 종교적으로나 사회적으로 권위를 누리는 여자들도 끊임없이 존재했다. 여자들은 남자의 지배권을 받아들였다. 그리고 남자는 자기를 객체로 변화시키려는 반항에 위협을 느끼지 않았다. 그래서 여자는 결코 본질로 돌아가지 못하는 비본질적인 존재처럼, 상호성이 없는 절대적인 '타자'처럼 보였다. 천지창조의 모든 신화는 남자가 귀중하게 여기는 이런 확신을 보여주고 있다. 특히 창세기의 전설은 그리스도교를 통해서 서양 문명 속에 전해 내려왔다. 이브는 남자와 동시에 만들어지지 않았다. 다른 재료로 만들어진 것도 아니고 이브는 아담을 만드는 데 사용된 같은 흙으로 빚어진 것도 아니다. 여자는 최초에 남자의 옆구리에 있는 갈비뼈로 만들어졌다. 여자는 그 출생부터가 자주적이 아니었다. 신이 자발적으로 여자를 만든 것도 아니고, 여자를 만드는 대가로 여자로부터 직접 숭배를 받기 위해 여자를 창조한 것도 아니었다. 신은 남자를 위해 여자를 만들었으며, 이는 아담을 고독에서 구하기 위해서였다. 여자의 기원과 목적은 자기 남편 속에 있다. 여자는 비본질적인 존재로 남자의 보충물이다. 그래서 특별한 먹이처럼 보인다. 여자는 반투명의 의식을 지닌 자연이며, 본디 순종적이다. 흔히 남자는 여자가 그런 존재이기를 기대했다. 남자는 육체적으로 한 존재를 소유하여 존재로서 자기 목적을 달성하려고 하는 한편, 순종의 자유를 통하여 자기 자유를 더욱 공고히 하기를 희망한다. 여자가 되어도 좋다는 남자는 아무도 없지만 모든 남자들은 여자가 있기를 바란다. "여자를 창조한 신에게 감사한다." "남자에게 여자를 주었기 때문에 자연은 선한 것이다." 이런 구절이나 다른 유사한 구절에서, 남자는 태연하고 순진하게 다시 한 번 이렇게 단정한다. 이 세상에서 남자의 존재는 필연적 사실이며 권리이고, 여자의 존재는 단순한 하나의 우연이라고 말이다. 그러나 그것은 지극히 다행한 우연이다. 여자는 '타자'처럼 보이지만 동시에 남자가 본질적으로 느끼는 실존의 허무(또는 허무성)와는 다르게 하나의 충실한 존재로 보이는 것이다. '타자'는 주체의 눈에 객체처럼 보임으로써 존재로 인정받는다. 실존자가 자기 마음속에 품는 욕구불만이 여자라는 존재의 부재로 구체화되므로, 남자는 여자를 통하여 자기합일을 이루려고 노력함으로써 자기를 실현하려고 한다.

그런데 여자는 남자에게 '타자'의 유일한 구체화를 나타낸 것도 아니며, 역사의 흐름 속에서 언제나 한결같은 중요성을 유지해 온 것도 아니다. 다른 우상 때문에 여자의 지위가 달라진 시기도 있었다. 도시나 국가가 시민을 희생시킬 때 남자는 자기 개인의 운명에 몰두할 수 없었다. 스파르타의 여성은 국가에 헌신했으므로 그리스의 다른 여성들보다 더 높은 지위를 누렸다. 그리하여 그녀들은 남성들의 어떤 몽상에 의해서도 변형되는 일이 없었다. 우두머리에 대한 숭배는 나폴레옹이나 무솔리니, 혹은 히틀러의 경우라도, 다른 숭배는 모두 배제한다. 군국주의적 독재국가나 전체주의 국가에서 여자는 특권의 대상이 아니었다. 물질적으로 너무 부유한 시민들이 자기들의 삶에 어떤 의미를 부여해야 할지 모르는 나라에선 여자가 신격화되는 이유를 이해할 수 있다. 미국에서 일어나고 있는 일들이 바로 그것이다. 반대로, 모든 인간의 동일시를 요구하는 사회주의 이념은 장차 어떤 종류의 인간도 객체나 우상이 되어서는 안 된다고 한다. 마르크스가 예언하는 진정한 민주주의 사회에서는 '타자'가 들어설 자리가 없다. 하지만 스스로 택한 군인이나 투사라도 꼭 그 직업에 만족하는 사람은 거의 없다. 남자들이 개인으로 머물러 있는 한, 그들 눈에 여자는 특별한 의미를 갖는다. 나는 독일 군인들이 프랑스 창녀에게 쓴 편지를 본 적이 있는데, 그 속에서 나치즘에도 불구하고 독일의 '파란꽃' 전통이 소박하게 살아 있는 것을 확인했다. 프랑스의 아라공(초현실주의 시인·소설가, 1897~1982)과 이탈리아의 비토리니(신현실주의 소설가·번역가·평론가, 1908~1966) 같은 공산계 작가들은 그들의 작품에서 애인이나 어머니 같은 여자에게 중요한 지위를 부여하고 있다. 여자의 신화는 아마도 언젠가는 소멸될 것이다. 여자들 자신이 인간으로서 자기 확립을 세워 나갈수록, 여자 속에서 '타자'라는 신비한 특질이 사라져 갈 것이기 때문이다. 그러나 오늘날 아직까지 이 신화는 모든 남성의 마음속에 존재해 있다.

모든 신화는 자기의 희망과 두려움을 초월적 힘을 가진 하늘로 투사하여 객관화하는 '주체'를 내포한다. 여자는 자기를 주체로 확립하지 못했기 때문에 자기의 투기(投企)를 반영하는 남성 신화를 만들어 내지 못했다. 여자들은 자신들의 종교나 시(詩)도 가지고 있지 않다. 꿈조차도 남자들의 꿈을 통해서 꾼다. 여자들이 숭배하는 신도 남성들이 만들어낸 것이다. 남성들은 자신들을 찬양하기 위하여 헤라클레스(그리스 신화, 각지를 돌아다니며 맹수나 괴물을 물리친다), 프로메테우스(그리스 신화. 불을 훔쳐 인간에게 대줌으로써 제우스를 화나게 한다), 파르치발(아더 왕 전설에 나오는 기사) 같은 위대한 영웅의 모습을 만들어 냈다. 그들의 운명 속에서 여자는 부수적인 역할밖에 하지 못한다. 물론 여자와의 관계에서 비롯되는 전형적 남성의 모습도 존재한다. 즉 아버지·유혹자·남편·질투하는 연인·효자·불효자 등등이다. 그러나 이런 전형을 정한 것도 남자로서 그것은 신화의 권위에 도달하지 못한 지극히 상투적인 것에 불과하다. 한편 여자는 오로지 남자와의 관계를 통해서만 규정된다. 남녀 양성의 불균형은 성(性)에 관련된 신화의 일방적인 구조 속에서 찾아볼 수 있다. 때때로 여자를 가리킬 때, 단지 '섹스'라고 할 때가 있다. 육체와 쾌락과 위험이 바로 여자이다. 여자에게 성과 육체를 대표하는 것이 남자라는 진실은 한 번도 밝혀지지 않았다. 왜냐하면 그것을 밝힐 사람이 없었기 때문이다. 세계를 나타내는 관념 또한 세계 그 자체와 마찬가지로 남자들이 만든 것이다. 그들은 세계를 자기들의 관점에서 묘사하고, 그 관점을 절대적인 진리와 혼동하고 있다.

　신화를 설명하기란 언제나 어려운 일이다. 신화는 손쉽게 파악되지도 정의되지도 않는다. 신화는 사람들의 의식과 밀접한 관계가 있지만, 결코 고정된 대상으로서 의식의 정면에 놓이는 일이 없다. 너무나도 변덕스럽고 모순투성이어서 그 통일성을 파악할 수 없다. 델릴라(삼손을 유혹한 여자)와 유디트(적장을 죽인 열녀의 전형), 아스파샤(고대의 탕녀)와 루크레티아(정숙한 여자의 전형), 판도라(마녀의 상징)와 아테네(제우스의 딸, 지혜의 여신)처럼, 여자는 이브인 동시에 성모 마리아이다. 여자는 우상이고, 하녀이며, 생명의 원천이고, 어둠의 세력이다. 진리의 소박한 침묵인가 하면 교묘한 솜씨이고, 수다쟁이면서 거짓말쟁이이기도 하다. 여자는 의사이며 마술사이고, 남자의 먹이이며 파멸의 씨앗이다. 여자는 남자에게 없으나 남자가 갖고 싶어하는 전부이며, 남자에 대한 부정(否定)이고 남자의 존재이유이기도 하다.

　키르케고르(덴마크 철학자, 1813~1855)는 이렇게 말했다. "여자는 너무나도 기묘하고 불순하며, 복잡한 그 무엇이어서 뭐라고 표현할 수 없다. 여러 가지 것으로 표현한다면 서로 모순되기 때문에 여자가 아니고는 그런 모순성을 참아낼 수 없을 것이다."*2 이것은 여자가 자신에 대하여 적극적인 모습으로 생각하지 않고, 소극적

---

*2 《인생행로의 여러 단계》에서.

으로 남자의 눈에 비치는 모습으로 그리는 데서 오는 것이다. 여자 이외에 다른 '타자'가 있다고 하더라도 여자는 언제나 '타자'로 규정되기 때문이다. 그리고 여자의 모호함이 바로 '타자'와의 관계에서 규정되는 인간조건의 불투명성이다. 이미 말한 바와 같이, '타자'란 '악(惡)'이다. 그러나 그것이 '선(善)'에 필요할 때는 '선'이 된다. 타자를 통해서 나는 '전체'에 다다른다. 그러나 나를 '전체'에서 분리시키는 것도 타자이다. 타자는 영원에 이르는 문이기도 하고, 유한성이기도 하다. 그 때문에 여자는 어떤 고정된 개념도 구체화하지 못한다. 여자를 통해서 희망에서 실패로, 증오에서 사랑으로, 선에서 악으로, 악에서 선으로 쉼 없이 이행(移行)한다. 어떤 각도에서 여자를 보더라도, 가장 먼저 눈에 띄는 것은 이러한 상반성(相反性)이다.

남자는 여자에게 '자연'으로서, 또한 같은 인간으로서 '타자'를 찾는다. 그러나 '자연'은 여러 가지 상반된 감정을 갖게 한다. 남자는 자연을 개발하지만, 자연은 인간을 파멸시킨다. 인간은 자연에서 태어나 자연 속에서 죽는다. 자연은 인간존재의 원천이며, 인간이 자기의 의지에 복종시키는 영토이기도 하다. 그것은 정신을 그 안에 가둔 물질의 덩어리이고, 또한 우리가 왔으며 언젠가는 돌아가야 할 궁극(窮極)의 현실이다. 자연은 우연이고 '이념'이며, 유한이고 전체이다. 그것은 '정신'에 대립하지만 또한 정신 그 자체기도 하다. 자연은 동지도 되고 적도 되며, 마치 생명이 솟아나는 암흑의 혼돈으로 나타나며, 생명 그 자체로, 또 생명이 향하는 피안의 세계로도 나타난다. 자연 속에서 여성은 '어머니', '아내' 그리고 '이념'으로서 구체화된다. 이런 모습들은 때때로 융합되고 때때로 대립되면서 저마다 이중의 얼굴을 갖고 있다.

남자는 '자연' 속에 깊이 뿌리를 내리고 있다. 남자는 자기가 동물이나 식물과 마찬가지로 세상에 나왔으며, 자기의 육체가 숨을 쉬는 동안에만 존재한다는 사실을 잘 알고 있다. 그러나 가부장제 사회가 출현한 이래로 '생명'은 남자의 눈에 이중의 양상을 띠게 되었다. 생명은 의식이고 의지이며 초월성, 즉 정신인 동시에 물질이며 수동성과 내재성을 포함한 육체이기도 하다. 아이스킬로스나 아리스토텔레스, 히포크라테스는 올림푸스 산 위에서와 마찬가지로 지상에서도 진정한 창조자는 남성적 요소라고 긍언했다. 흩태나 수(數), 운동도 남성적 요소에서 나왔다. 데메테르가 곡물을 번식시키지만, 곡물의 근원과 진리는 제우스(男子神)에게 있다. 여자의 번식력은 수동적 능력으로밖에는 여겨지지 않는다. 여자는 대지이고 남자는 씨앗이며, 여자는 '물'이고 남자는 '불'이다. 창조는 흔히 불과 물의 결합처럼 생각되어 왔다. 생물을 태어나게 하는 것은 더운 습기이다. '태양'은 '바다'의 남편이다. '태양'과 불은 남성신이다. 그리고 '바다'는 가장 보편적인 모성의 상징 가운데 하나이다. 조용한 물은 타오르는 햇빛을 받아 비옥해진다. 이와 마찬가지로 농부의 노동으로 파헤쳐진 땅은 조용히 이랑에서 씨를 맞이한다. 그런데 대지의 역할은 꼭 필요한 것이다. 땅은 싹을 기르고 보호하여 결실을 맺게 한다. 위대한 모신(母神)의 지위가 상실된 뒤에도 인간이 풍요의 여신들을 계속 숭배하는 것은 그 때문이다.*3 농작물과 가축의 번영은 키벨레(유피테르의 어머니로 대지의 여신) 덕택이다. 이 여신은 인간 생명의 은인이다. 인간은 불과 평등하게 물을 찬미하고 있다.

'바다에 영광이 있으라! 신성한 불로 에워싸인 바다의 파도에 영광이 있으라! 물결에 영광이 있으라! 불꽃에 영광이 있으라! 기묘한 모험에 영광이 있으라!' 이렇게 괴테는 《파우스트》 제2부에 쓰고 있다. 남자는 윌리엄 블레이크(영국 시인·화가, 1757~1827)가 '대지의 부인'이라 지은 '대지'를 경외한다.

인도의 어떤 선지자는 제자들에게 땅을 쟁기로 파지 말라고 충고했다. "우리 모두의 어머니를 농사일로 상처입히고 자르고 찢는 것은 죄를 범하는 일이다. ······어머니의 가슴을 찌르려고 칼을 잡을 수 있느냐? ······뼈에 이르도록 어머니의 육체를 벨 수 있느냐? ······어떻게 감히 어머니의 머리털을 자를 수 있느냐?" 인도 중부의 바이아족은 '쟁기로 자기들의 어머니인 대지의 가슴을 파헤치는 것'을 죄라고 생각했다. 반대로 아이스킬로스는 오이디푸스 왕(그리스 비극. 아버지를 죽이고 어머니와 결혼한 신화 속 인물)에게 말하기를, "자기를 만들어 준 신성한 밭고랑에 감히 씨를 뿌렸다"고 했다. 소포클레스(그리스 비극시인, BC 495~406.)는 '아버지 밭고랑'이라는 말과 '파종기에 한 번밖에 찾아오지 않는 먼 밭의 주인인 농부'라는 말을 한 적이 있다. 이집트의 어떤 사람 노래 속에서 여인은 "나는 대지이다"라고 외쳤다. 이슬람의 문헌 속에선 여자를 '밭······포도송이가 여는 밭'이라고 불렀다. 아시시의 성 프란체스코(이탈리아 수호성인. 프란체스코 수도회의 창설자. 1182~1226)는 찬미가에서 '대지, 우리의 자매, 우리를 보호하고

---

*3 '내가 노래하는 대지여, 변함없는 만물의 어머니여, 땅 위에 존재하는 만물을 기르는 존경하는 조상이여'라고 호메로스는 찬가에서 노래하고 있다. 아이스킬로스도 '모든 생물을 낳아서 그것을 기르고 다시 번식의 싹을 맞이하는' 대지를 찬양하고 있다.

기르며, 각양각색의 꽃과 풀과 더불어 다양한 열매를 열게 하는 우리의 어머니'에 대하여 말하고 있다. 미슐레는 아퀴의 흙탕물에 목욕하면서 "친애하는 우리 모두의 어머니여! 우리는 하나이다. 나는 당신에게서 나와 당신에게로 돌아간다……"라고 부르짖었다. 그리고 심지어는 '정신'에 대한 '생명'의 승리를 희망하는 생명주의적 로맨티시즘이 주장되는 시기도 있었다. 그때는 대지와 여성의 마술적 풍요성이 남성의 협력 작용보다 더 신비스럽게 보였다. 그때 남자는 다시 한 번 모성의 암흑과 혼연일체가 되어, 거기서 자기 생명의 진정한 원천을 발견하려고 꿈꾼다. 어머니는 우주의 밑바닥에 가라앉아 거기서 수액을 빨아 올리는 뿌리이고, 자양의 젖과 생생한 물이 용솟음치는 샘이며, 땅과 물로 된 재생력이 풍부한 진흙이다.*4

그러나 가장 일반적인 남자의 태도는 자신의 육체적 조건에 대한 반항이다. 남자는 자기를 실격한 신처럼 생각한다. 남자의 숙명적인 불행은 찬란한 하늘에서 떨어져 어머니의 뱃속 혼돈의 암흑 속으로 밀어넣어졌다는 것이다. 그 불꽃, 남자가 그 속에서 자기를 인정받으려는 능동적이고 순수한 그 입김을 여자는 대지의 진흙 속에 감추고 있다. 남자는 자기가 '하나'·'전체'·'절대정신' 같은 순수이념처럼 필연적인 무엇이기를 원한다. 그러나 그는 유한한 육체 속에, 자기가 선택하지도 초대받지도 않은 장소와 시간 속에, 무익하고 거추장스럽고 부조리한 존재가 되어 갇혀 있다. 육체의 우연성은 그가 고독 속에서, 부당한 무상(無償) 속에서 경험하는 자기존재 자체의 우연성이다. 이 우연성은 그를 죽음에 바치기도 한다. 무덤처럼 비밀스럽고 막힌 자궁 속에서 형성되어 가는 흐늘흐늘한 아교질은 끈적거리는 썩은 고기를 연상시키므로, 거기에서 전율을 느끼며 몸을 돌리지 않을 수 없다. 생명을 형성하는 곳은 발아든 발효든 모두 붕괴됨으로써 형성되므로 혐오감을 일으킨다. 단백질의 태(胎)는 죽음의 부패에서 완결되는 순환의 시작이다. 남자는 무상과 죽음을 혐오하기 때문에 태어났다는 사실을 혐오한다. 남자는 자기의 동물적인 인연을 부정하고 싶어한다. 출생이라는 사실로써 파괴적인 '자연'은 남자를 지배하고 있다. 원시인의 경우 출산은 가장 엄격하게 금기시되었다. 특히 태반은 공들여 태워버리거

---

*4 '글자 그대로, 여자는 이시스(이집트 의학; 農 농업의 여신)이며 풍요로운 자연이다. 여자는 강이요, 강바닥이요, 나무뿌리요, 장미요, 대지요, 앵두나무요, 포도 그루이며 포도송이다.'(M. 카루즈의 앞서 인용된 논문)

나, 바다에 던져야만 했다. 태반을 손에 넣은 사람은 누구나 그 갓난아이의 운명을 좌우할 수 있다고 믿었기 때문이다.

태아를 만들어낸 태반은 태아가 의존한 증거물이다. 태반을 깨뜨리면 영아는 살아 있는 양수에서 빠져 나와 자주적 존재로 살아갈 수가 있다. 출산할 때의 불결함은 모체에 파급된다. 레위기(구약성서 세 번째 책, 유대 성직자의 계율을 기록했다)와 고대의 모든 법률은 산모에게 정화 의식을 부과하고 있다. 그리고 지금도 시골 곳곳에서는 산후 감사의 의식이 이 전통을 이어받고 있다. 산모의 부른 배나 유모의 부푼 유방 앞에서, 아이들이나 젊은 처녀나 총각들이 엉겁결에 당혹감을 느끼고, 그 기분을 냉소로 슬쩍 얼버무리는 것은 다 아는 일이다. 뒤피트랑 박물관(파리 의과대학 부속 의학박물관)에서 구경꾼들은 무덤을 파헤칠 만큼 병적인 호기심으로 밀랍의 태아나 알코올에 담근 태아를 들여다본다. 사회가 아무리 감싸더라도, 잉태작용은 사람에게 본능적인 혐오감을 일으킨다. 그리고 유년 시기에 사내아이는 관능적으로 자기 어머니의 육체에 애착을 느끼지만, 그가 성장해서 사회화하고 자기의 개인적 존재를 의식하게 되면 그 육체에 두려움을 느끼게 된다. 그는 어머니의 육체를 무시하려고 하고, 자기 어머니에게서 정신적인 인격만 보려고 한다. 그가 어머니를 순결하고 정숙한 존재로 생각하려는 것은 연애적 질투가 아니라, 어머니를 육체를 가진 존재로서 받아들이기 어렵기 때문이다. 청년은 동료들과 산책을 할 때 어머나나 누나, 또는 가족 가운데 어떤 여자들을 만나면 당황하여 얼굴을 붉힌다. 그것은 그녀들이, 그가 도망치고 싶어 하는 내재의 영역으로 그를 불러들이기 때문이다. 그 청년이 떨쳐 버리려는 뿌리가 그녀들 때문에 발각되기 때문이다. 어머니가 포옹하거나 쓰다듬어 줄 때 사내아이가 언짢아 하는 것도 같은 까닭에서이다. 그는 가족이나 어머니, 어머니의 젖가슴을 거부한다. 그는 아테네 여신처럼 머리끝에서부터 발끝까지 무장하고 불사신으로 어른의 세계에 나타나고 싶은 것이다.\*5

잉태되었다는 것과 출산되었다는 것은 자기 운명에 짐이 되는 저주요, 자기 존재를 더럽히는 오점이다. 그리고 이것은 자기 죽음의 예고이기도 하다. 출생 숭배는 사자(死者) 숭배와 언제나 결부되어 왔다. 어머니인 '대지'는 자기 자식의 유골을 삼킨다. 인간의 운명을 짜나가는 것은 파르카(로마 신화에서 생 사를 맡은 세 여신)나 모이라이

---

\*5 이런 태도의 전형으로서 (곧 뒤이어 나오는) 몽테를랑의 연구를 참조하라.

(그리스 신화에서 운명의 신. 로마 신화의 파르카에 해당함)처럼 여자이다. 그러나 그 실을 끊어버리는 것 역시 그녀들이다. 대부분의 전설에서 '죽음'은 여자의 모습을 하고 있고 죽음은 여자의 일이기 때문에, 죽은 자를 애도하는 것도 여자들에게 속하는 것이다.*6

이와 같이 '어머니인 여성'은 암흑의 얼굴을 하고 있다. 그 속에서 모든 것이 나오고 또 언젠가는 그리로 되돌아가야 하는 혼돈이며 '허무'이다. 이 '밤' 속에 낮이면 환히 드러나는 세계의 다양한 양상이 뒤섞인다. 물질의 일반성과 불투명성 속에 갇혀 있는 정신의 밤, 수면과 허무의 밤이다. 바다의 밑바닥은 어둡다. 여자는 옛날 뱃사람들이 무서워하던 '마(魔)의 심연'이다. 대지의 내부도 암흑이다. 남자를 삼키려고 드는, 번식의 이면(裏面)인 이 밤은 남자를 위협한다. 남자는 하늘과 빛, 햇빛 비치는 산꼭대기와 차갑고 맑은 수정 같은 대기를 갈망한다. 하지만 그의 발밑에 축축하고 덥고 어두운 심연이 언제라도 그를 삼키려고 기다리고 있다. 많은 전설들은 동굴이나 심연이나 지옥과 같은 어머니의 암흑 속에 떨어져서 영원히 파멸해 버리는 영웅들을 보여 주고 있다.

그러나 여기에 또 상반성이 작용한다. 발생이 언제나 죽음과 결부되어 있다면 죽음 또한 다산성(多産性)과 이어져 있는 것이다. 혐오의 대상인 죽음은 새로운 탄생처럼 보이고, 또 그때는 축복을 받는다. 죽은 영웅은 오시리스(고대 이집트 신화에서 죽은 자의 수호신. 이시스 여신의 남편)처럼 봄마다 부활하고 새로운 출산을 통해 재생된다. 칼 구스타프 융(스위스 정신분석학자. 분석심리학의 기초를 세웠다. 1875~1961)은 이렇게 말하고 있다.*7 "남자의 가장 큰 소원은 죽음이 깃든 암흑의 물이 생명수가 되는 것, 죽음과의 그 차디찬 포옹이 어머니의 무릎이 되는 것이다. 마치 바다가 태양을 삼켰다가 다시 바다 밑바닥에서 그 태양을 낳는 것처럼." 태양신이 바다의 품속으로 몰입하는 것과 그 빛나는 재현은 많은 신화의 공통적인 주제이다. 그래서 남자는 살기를 원하는 동시에 휴식과 수면과 허무를 갈망한다. 그는 불멸을 원하지 않는다. 거기서 그는 죽음을 사랑할 줄 안다. '생명이 없는 물질은 어머니의 품이다. 생명에서 해방된다는 것은 진실의 모습으로 돌아가며 자기를 완성하는 것이다. 이를 깨달은

---

*6 데메테르는 가련한 모성의 전형이다. 그러나 다른 여신들—이슈타르나 아르테미스—은 잔인하다. 칼리는 한 손에 피로 범벅이 된 두개골을 쥐고 있다. "막 잘린 너의 아들들의 머리가 목걸이처럼 너의 목에 걸려 있다. ……너의 모습은 비구름처럼 아름답고 너의 발은 피로 젖어 있다"고 인도의 한 시인은 말했다.

*7 《리비도의 변신》.

인간은 무감각한 먼지로 돌아가는 것을 축제처럼 생각하리라'고 니체는 쓰고 있다. 초서(영국 시의 아버지로 불리 는 영국 시인, 1340~1400)는 죽을 수 없는 노인의 입을 빌려 이런 기도를 하게 한다.

> 밤이나 낮이나 지팡이로
> 나의 어머니의 문, 대지를 두드리며
> 나는 말한다. 오, 나의 사랑하는 어머니여,
> 나를 들여보내 주소서.

남자는 자기의 개별적 실존을 확립하고 자기의 '본질적인 차이'에 자랑스럽게 안주하고 싶어한다. 또한 남자는 자아의 장벽을 깨뜨리고 물과 대지와 밤과 '허무'와 '전체'에 융합하고 싶어한다. 여자는 남자를 유한성에 가두지만, 남자가 그 본래의 한계를 초월하게도 한다. 여자의 모호한 마력도 실은 여기에서 오는 것이다.

어떤 사회든지 오늘날까지 여자는 아직 남자에게 공포심을 불어넣고 있다. 이는 남자가 여자에게 투사(投射)하는 그의 육체적 우연성(또는 비본질성)에 대한 공포이다. 아직 사춘기에 이르지 못한 소녀는 아무 위협도 내포하지 않기 때문에 어떤 금기의 대상도 아니며, 어떤 신성한 성격도 갖지 않는다. 많은 원시사회에서는 그런 소녀의 성기조차도 순결한 것으로 생각하여, 유년시절부터 소년과 소녀들 사이에서는 에로틱한 유희가 허락된다. 여자가 불순하게 생각되는 것은 아이를 낳을 수 있을 때부터이다. 원시사회에서는 최초의 월경이 있는 그날부터 소녀를 감시하는 엄격한 금기가 행해졌다고 흔히 기록되고 있다. 여자가 특별히 존경을 받던 이집트에서도 월경 중인 여자는 줄곧 갇혀 있었다.*8 흔히 여자를 지붕 위에 올려놓거나, 마을 밖에 있는 오두막에 감금하며, 그 모습을 보아서도 만져서도 안 된다는 것이다. 더욱이 월경 중인 여자 자신도 손으로 자기 몸을 만져서는 안 된다. 날마다 이를 잡아야 하는 민족이라면, 그녀에게 몽둥이를 주어서 그것으로 몸을 긁도록 한다. 이런 시기의 여

---

*8 신비적이며 신화적인 신앙과 개인이 체험한 신념 사이의 차이는 다음과 같은 사실에서 엿볼 수 있다. 즉 레비 스트로스가 지적했듯이 "남메바고 족의 젊은이들은 월경 기간 동안 격리되어 있는 자기들의 정부(情婦)를 찾아간다."

자는 손가락으로 음식을 만져서도 안 되고, 때로는 극단적으로 음식을 먹는 것이 금지되기도 한다. 어머니와 언니가 도구를 사용해 그녀에게 음식을 먹여 주도록 하는 경우도 있다. 월경 동안 그녀의 몸에 닿은 물건은 모두 태워 버려야 한다. 이 첫 번째 시련이 지나면 월경의 금기는 얼마쯤 완화되지만 엄격한 것은 여전하다. 특히 〈레위기〉에 다음과 같은 사실이 기록되어 있다.

'자기 몸에서 피가 흐르는 여자는 7일 동안 부정하다. 여자에게 손을 대는 사람도 누구나 하루 종일 부정하다. 그녀가 눕는 침대나, 그녀가 앉는 자리는 모두 부정하다. 그녀의 침대를 만진 사람은 옷을 빨고 물로 몸을 씻어야 하며, 그날 하루 종일 자신도 부정하다는 마음가짐을 가져야 한다.'

이 글은 임질(淋疾)에 걸린 남자의 부정을 다룬 내용과 똑같다. 그리고 정화를 위하여 행하는 희생의 의식도 두 경우가 동일하다. 월경이 한 번 끝나면 일주일 뒤에, 호도애(멧둘기과에 속하는 새) 두 마리나 어린 비둘기 두 마리를 제사장에게 가져가 신께 바쳐야 한다. 주목할 만한 것은 모권제 사회에서는 월경이 상반되는 두 가지 작용을 한다고 생각한다는 점이다. 월경은 사회활동을 마비시키고 생명력을 파괴하며, 꽃을 시들게 하고 열매를 떨어뜨린다. 그러나 유익한 효능도 있으니, 월경은 사랑의 미약(媚藥)과 의약에, 특히 외상이나 피하출혈 치료에 효력이 있다.

지금도 어떤 인디언들은 강에 출몰하는 괴물을 퇴치하러 갈 때 월경 피를 적신 헝겊뭉치를 뱃머리에 매달고 떠난다. 월경은 초자연적인 적들에게 불길하다는 것이다. 그리스의 어떤 도시에서는 처녀들이 최초의 월경의 피 묻은 내의를 아슈타르테 사원에 공물로 바쳤다. 그러나 가부장제 사회가 출현한 뒤로는 여성의 성기에서 흘러나오는 그 수상한 액체에서 불길한 효능만 인정하게 되었다. 플리니우스(로마의 장군, 관리, 저술가, 23(24)~79)는 《박물지》에서 이렇게 말하고 있다. "월경이 시작된 여자는 농작물을 못 쓰게 만들고 밭을 황폐화시키며, 싹을 죽이고 과일을 떨어뜨리며, 꿀벌을 죽인다. 만일 그녀가 술에 손을 대면 포도주는 식초가 되고, 우유는 시큼해진다……."

영국의 어떤 늙은 시인은 이와 비슷한 감정을 시로 표현하고 있다.

오! 월경을 시작한 여자여, 그대의 재앙으로부터
모든 자연을 보호해야 하리니.

이런 신앙은 오늘날까지 만만치 않은 세력을 갖고 있다. 1878년 영국 의학협회의 한 회원은 〈영국의학회지〉에 실은 연구보고에서, "월경 중의 여자가 만진 고기가 썩는 것은 의심할 여지 없는 사실이다"라고 공언했다. 그는 그 경우에 햄이 썩는 것을 두 번이나 직접 목격했다고 썼다. 20세기 초 북부의 제당공장에서는 영국 사람들이 '저주'라고 부르는 월경 중인 여자들의 공장출입을 금지하는 규정이 있었다. 그렇게 하지 않으면 설탕이 검게 변한다는 것이다. 그리고 사이공의 아편공장에서는 여자들을 채용하지 않았다. 월경 때문에 아편이 변질되어 맛이 시어진다는 것이다. 이런 신앙은 오늘날 프랑스의 여러 지방에서도 아직 남아 있다. 음식을 만드는 여자들은 누구나 자기가 월경 중이거나 혹은 월경 중인 여자가 그저 옆에 있기만 해도, 마요네즈가 잘 만들어지지 않는다고 믿는다. 최근 앙주 지방에서는 어떤 나이 든 정원사가 그 해에 수확한 능금주를 지하실에 보관해 놓고 주인 마님께 이런 편지를 써 보냈다. '댁의 젊은 부인들이나 여자 손님들이 월경 중엔 이 술창고 앞을 지나가지 않도록 부탁합니다. 그 부인들 때문에 능금주가 발효되지 않으니까요.' 이 편지의 내용을 알게 된 여자 요리사는 어깨를 으쓱하며 말했다. "그것 때문에 능금주가 발효되지 않다니 말도 안 돼. 못쓰게 되는 것은 비계뿐이지. 월경 중인 여자 앞에서 소금에 고기를 절여서는 안 되지. 썩어 버리니까."[*9]

이런 혐오감을 출혈이 일으키는 일반적인 혐오감과 혼동하는 것은 지극히 단순한 생각이 아닐 수 없다. 피는 그 자체가 신성한 요소이며, 생명과 죽음이 공존하는 신비스런 마나(멜라네시아 일대의 원시종교에서 볼 수 있는 초자연적인 힘)를 다른 무엇보다 한결 더 내포한다. 그러나 월경의 불길한 힘은 더욱 특이한 것이다. 그것은 여성의 본질 자체를 나타낸다. 그러므로 여자의 '마나'가 물질화한 그 유출물은 여자 자신을 위태롭게 한다. 샤고 족들은 딸들에게 월경을 조심해서 감추도록 가르친다. "너의

---

[*9] 셰르 지방의 한 의사가 보고한 바에 따르면, 그가 살고 있는 지방에서는 월경 중인 여자는 버섯 재배장 접근을 금한다고 한다. 그리고 그런 편견에 어떤 근거가 있는지의 여부는 오늘날에도 여전히 논란의 대상이 되고 있다. 이를 뒷받침해 주는 유일한 사례는 비네 박사가 보고한 솅크의 관찰이다(비뉴의 저서에서 인용). 솅크는 월경 중인 하녀의 손에서 꽃이 시들어가는 것을 보았다고 한다. 보통 5센티까지 부푸는 효모과자가 이런 여자의 손에서 만들어지면 3센티밖엔 부풀지 않았다고 한다. 아무튼 그 기원이 너무나 신비적인 이런 믿음의 중요성과 보편성에 대해 따져 본다면, 이 정도의 사실만으로는 그지없이 빈약하고 막연한 증거라 할 수 있다.

어머니에게 그것을 보이지 마라. 그것을 보이면 너의 어머니가 죽는다. 너의 친구들에게 보이지 마라. 그 가운데에는 나쁜 친구가 있어 그것을 닦은 헝겊을 가져갈지도 모른다. 그러면 너는 결혼해서 아이를 못 낳을 것이다. 사악한 여인에게 보이지 마라. 그녀가 그 헝겊을 집어다 자기 지붕 위에 얹어 놓으면⋯⋯ 너는 아이를 못 낳을 것이다. 그 헝겊을 길가나 덤불 위에 버리지 마라. 나쁜 사람의 눈에 띄면 그것으로 고약한 짓을 할지도 모른다. 그것을 땅 속에 묻어서, 피가 너의 아버지나 형제자매의 눈에 띄지 않도록 하여라. 눈에 띄게 되면 그것은 죄가 된다."*¹⁰ 알레우트 족(북태평양 군)의 경우, 아버지가 초경 기간 중인 딸의 모습을 보면, 딸이 장님이나 벙어리가 될 우험이 있다고 믿는다고 한다. 이 기간 동안에 여자는 귀신에 씌어 위험한 힘을 몸에 지닌다고 생각하기 때문이다. 어떤 원시인들은 월경 출혈은 뱀한테 물려서 나오는 것이며, 여자는 뱀이나 도마뱀과 수상한 관계라고 믿는다. 월경에는 파충류의 독이 섞여 있다고 믿는 것이다. 〈레위기〉는 월경과 임질을 유사한 것으로 본다. 여자 성기의 출혈은 단순한 상처가 아니라 수상한 상흔이라고 생각한다. 그리그 비니(프랑스 낭만파 시인·작가. 1797~1863)까지도 피가 묻은 것과 병에 걸린 것을 동일시하여 '여자, 열두 번이나 더럽혀지는 병든 아이'라고 썼다.

몸 속의 불가사의한 연금술의 산물이며, 여자를 번거롭게 하는 이 주기적 출혈은 기묘하게도 달의 주기와 일치한다. 달도 또한 위험한 변덕을 부린다.*¹¹ 여자의 몸은 유성과 태양의 운행을 지배하는 엄청난 힘의 일부이다. 별과 조수(潮水)의 운명을 결정하고, 인간들에게 불안한 작용을 끼치는 우주의 세력에 여자는 농락된다. 그러나 가장 눈에 띄는 것은 월경의 영향이 크림의 변질과 마요네즈의 손상과 발효와 부패와 관련이 있다는 것이다. 또한 그것은 연약한 물건을 파괴하기 쉽고, 바이올린과 하프의 줄을 끊어 버린다고도 한다. 특히 그것은 물질과 생명 사이의 중간적 유기물에 영향을 준다. 이런 여러 주

---

*10 C. 레비 스트로스의 《혈족 관계의 원초적 형태》에서 인용.
*11 달은 생식력의 원천이다. 그것은 '여자의 주인'처럼 보인다. 남자나 뱀의 형태를 하고 달은 여자들과 교접한다는 흔히들 믿고 있다. 뱀은 달을 나타낸 것이다. 뱀은 허물을 벗고 재생하는 불사신이다. 그것은 생식력과 지혜를 주는 힘이다. 신성한 온천과 생명의 나무와 젊음의 샘들을 지키는 것이 뱀이다. 그러나 인간에게서 불사신을 빼앗은 것 또한 뱀이다. 페르시아 사람들의 전설과 유대인 율법학자(랍비)들의 설에 따르면, 월경은 최초의 여자가 뱀과 관계했기 때문에 나타났다고 한다.

장이 나오는 까닭은 월경 피 때문이라기보다는 그것이 생식기에서 나오기 때문이다. 그 정확한 기능은 모르지만 그것이 생명의 발생과 관련이 있음을 사람들은 알고 있었다. 고대인들은 난자의 존재를 몰랐으므로 월경을 정자의 보충물이라고까지 생각했다. 사실 이 피는 여자를 부정하게 한다기보다는, 오히려 여자의 부정을 증명하고 있다. 이 피는 여자가 임신할 수 있을 때 나타난다. 이 피가 사라질 때 여자는 대개 불임상태로 되돌아간다. 태아가 형성되는 뱃속에서 피가 솟아나온다. 이 출혈을 통해서 남자는 여자의 생식력에 대해 두려움을 느끼게 된다.

부정한 여자에 관한 금기 가운데에서 그 여자와의 성교를 일체 금하는 것만큼 엄격한 금지도 없다. 〈레위기〉에서는 이 규정을 어긴 남자에게 일주일 동안 부정을 벌하는 형(刑)을 선고하고 있다. 마누법전은 한층 더 엄격하다. '월경으로 더러워진 여자를 가까이하면 그 남자의 지혜와 몸과 기력은 결정적으로 상실된다.' 사제들은 월경 중의 여자와 성교를 한 남자에게 보름 동안의 속죄(특수한 옷을 입고 속죄를 하며 자선을 베풀었다)를 명령했다. 그때는 여성적 원소(元素)가 가장 큰 위력을 갖는다고 생각했기 때문에, 친밀한 접촉을 통해 그것이 남성적 원소를 정복할까 두려워하고 있었다. 또 그처럼 뚜렷하게 자각되지는 않지만 남자는 자기가 소유한 여자에게서 무서운 모성적 본질을 발견할까봐 두려워하고 있다. 남자는 어떻게든 이 두 가지 여성성을 가까이하지 않으려고 애쓴다. 그 때문에 이족결혼(異族結婚)의 형태 아래서나 혹은 보다 근대적인 형태 아래서 근친상간의 금지는 일반적 법칙이 되어 있다. 월경, 임신, 수유 기간에 있는 여자들이 특별히 생식의 역할에 헌신하고 있는 동안, 남자가 여자에게서 성적으로 멀어지는 것도 이 때문이다.―오이디푸스 콤플렉스―이와 관련해서는 어느 정도 수정이 필요하지만―와 모순되는 것이 아니다. 오히려 이를 뒷받침해 주는 증거이다. 여자가 이 모호한 세계의 원천이며 혼돈을 낳는 유기체이니만큼 남자는 여자를 경계하지 않을 수 없다.

그렇지만 우주와 신들로부터 분리된 사회가 다시 그들과 소통할 수 있게 되는 것은 여자의 이런 성격을 통해서이다. 오늘날도 베두인 족과 이로쿼이 (북아메리카 동부 산림지대에 거주했던 인디<br>언. 지금은 몇 개의 도시에 흩어져 살고 있다) 족 사이에서는 논밭의 수확을 확보하는 역할을 여자가 맡고 있다. 고대 그리스에서는 여자가 지하의 소리를 듣고, 바람과 나무의 언어를 이해했다. 여자는 무당이요, 점쟁이요, 예언자였다. 죽은 자들과 신들은 여자의 입을 통해서 말을 한다. 여자는 오늘날에도 예지능력을 가지고 있어서, 영매, 수상가(手相家), 카드 점쟁이, 예언자가 되고, 영감을 받는 자도 된다. 여자는 사물의 소리를 듣고 유령을 본다. 남자들이 식물적·동물적 생명 속에 뛰어들고 싶은 욕구를 느낄 때—힘을 회복하기 위하여 땅을 매만진 안타이오스(포세이돈과 가이아의 아들. 헤라클레스는 그와 싸울 때, 그가 어머니인 대지에 닿을 때마다 전보다 더 힘을 회복하는 것을 알고 그를 들어올려서 죽였다)처럼—그들은 여자에게 도움을 청한다. 그리스와 로마의 할리주의 문명 시대에도 지하의 신들에 대한 숭배가 계속되었다. 그런 신들의 숭배는 보통 공식적인 종교생활의 변두리에서 이루어진다. 엘레우시스(그리스 도시. 데메테르 신앙의 중심지였다)의 경우처럼, 마침내는 비의(秘儀)의 형태를 취하기까지 했다. 이런 것들은 독립과 정신성에의 의지를 강조하는 태양숭배의 남성적 의미와 정반대이지만, 한편으로는 그것들을 보충하는 것이다. 남자는 황홀경에 빠짐으로써 자기의 고독에서 스스로 벗어나려고 노력한다. 거기에 신비극과 잔치와 주신제(酒神祭)의 목적이 있다. 남성들에게 정복된 세계에서는 바로 남성의 신 디오니소스가 이슈타르나 아슈타르티의 마력과 야성적 미덕을 가로채 버렸다. 그러나 역시 그의 주위에서 광란하는 여자들, 마이나스, 튀나스, 박케(주신 디오니소스의 제식에 늘어선 사제들)들이 있어 남자들을 종교적 도취로, 신성한 광기 속으로 몰아넣는다. 신전매음(神殿賣淫)의 역할도 유사한 것이다. 생식력을 폭발시켜 소통시키는 것이 목적이다. 오늘날도 민간 축제는 에로티시즘의 폭발에 그 특징이 있다. 거기에서 여자는 단순한 향락의 대상일 뿐만 아니라, 개인이 자기를 초월하는 기쁨에 이르게 하는 하나의 수단으로 돌 수 있다. '존재의 가장 깊은 곳에 있는, 잃어버린 비극적인 것, 눈부신 기적은 침대 위에서만 찾아볼 수 있다'라고 G. 바타유는 쓰고 있다.

에로티시즘의 해방에서 남자는 애인을 껴안고 육체의 무한한 신비 속에 자기를 몰입시키려고 노력한다. 그러나 이와 반대로 남자의 정상적인 성욕이 어머니를 아내에게서 격리시키는 것을 우리는 이미 보았다. 남자는 생명의 신비스런 연금술에 대하여 혐오감을 느끼는 한편, 그의 생명은 대지의 맛있는 과일을 먹으며 쾌감을 느낀다. 남자는 그런 것들을 자기 것으로 만들고자 한다. 남자는 물 속에서 갓 나온 베누스를 탐낸다. 가부장제 사회에서 최고의 창조주는 남성이기 때문에 여자는 먼저 아내로서 그 모습을 나타낸다. 인류의 어머니이기 전에 이브는 아담의 배우자이다. 남자가 토지를 소유하고 경작하듯 여자를 소유하고 수태시키도록, 여자는 남자에게 주어진 것이다. 그리고 여자를 통하여 남자는 모든 자연을 자기 왕국으로 만든다. 남자가 성행위에서 구하는 것은 주관적인 덧없는 쾌락뿐만이 아니다. 남자는 정복하고 붙잡고 소유하기를 원한다. 여자를 갖는다는 것은 여자를 정복하는 것이다. 쟁기가 밭고랑 속에 파고들듯, 남자는 여자 속에 파고든다. 남자는 자기가 경작하는 토지를 자기의 소유로 하듯 여자를 자기 것으로 만든다. 그는 밭을 갈고, 나무를 심고, 씨를 뿌린다. 이런 비유는 문자(文字)만큼 오래 되었다. 그 예는 옛날부터 오늘날까지 무수히 많다. "여자는 밭과 같고 남자는 씨앗과 같다"라고 마누법전은 말한다. 앙드레 마송(초현실주의 화가·판화가, 1896~1987)의 그림에서는 한 남자가 손에 삽을 들고 여자의 성기인 마당을 갈고 있는 것을 볼 수 있다.*12 여자는 남편의 먹이이며 그의 재산이다.

공포와 욕망 사이에, 걷잡을 수 없는 힘에 사로잡힌다는 두려움과 그 힘을 사로잡으려는 의지 사이에서 남성의 망설임은 '처녀성'에 관한 여러 가지 신화 속에 분명히 반영되어 있다. 때로는 남성에게 두려움을 느끼게 하고 때로는 소망되고 요구되기까지 하는 처녀성은 여성 신비의 가장 극단적인 형태로서 나타난다. 그러므로 그 처녀성은 가장 불안하면서도 가장 매혹적인 양상이다. 남자가 자기를 에워싼 힘에 압도된다고 느끼는가, 아니면 그런 힘을 자신있게 다룰 수 있다고 믿는가에 따라서 아내가 자기에게 처녀성을 맡기기를 거부하기도 하고 요구하기도 한다. 가장 원시적인 사회에서는 여자의 위력이 세다고 여겨졌기 때문에 두려움이 자신감보다 우세했다. 여자는 결혼 첫날밤 이전에 처녀성을 상실하는 편이 낫다고 생각되었다. 마르코 폴로(이탈리아 상인·여행가, 1254~1324)는 "티베트 사람들 가운데 어떤 남자도 처녀를 아내로 맞이하기를 원치 않는다"고 단정했다. 이 처녀거부는 흔히 합리적으로 설명되었다. 이전에 한 번도 남자의 욕망을 불러일으키지 못한 아내를 남편이 원치 않는다는 것이 그 까닭이다. 아랍의 지리학자 엘 베크리가 슬라브 족에 관해서 이런 보고를 한 일이 있다. "결혼한 아내가 처녀인 줄 알게 되면 남자는 아내에게 '너에게 얼마만큼이라도 가치가 있다면, 남자들이 너를 좋아했을 것이다. 그러면 너의 처녀성을 빼앗은 남자가 한 사람쯤은 있을 것이 아니냐'라고 하며, 그녀를 내쫓고 결혼을 거부한다." 어떤 원시인들은 이미 어머니가 된 경험이 있는 여자와만 결혼을 승낙

---

*12 라블레는 남자의 성기를 '자연의 농부'라고 부른다. 음경과 쟁기, 여자와 밭고랑을 동일시하는 종교적·역사적 기원은 이미 앞에서 본 바와 같다.

한다는 설도 있다. 왜냐하면 이것으로써 생식력이 보증되기 때문이다.

그러나 널리 알려진 처녀회피풍습의 진정한 동기는 더 신비적인 것이다. 어떤 종족들은 질 속에 뱀이 있어서 처녀막이 찢어질 때에 남편을 문다고 생각한다. 그들은 처녀막의 과열에 따른 출혈을 월경과 마찬가지로 생각했으며, 거기에다 무서운 효능을 결부시켜, 남성의 정력을 파괴할 수 있다고 믿는다. 이런 상상을 통해서 여성적 요소는 그것이 자연 그대로이면 그만큼 더 위력과 위협을 내포하고 있다는 생각이 들게 된다.*13

처녀성의 상실이 문제가 되지 않는 경우도 있다. 그 실례로 말리노프스키(폴란드 출신 영국인 유학자, 1884~1942)에 따르면 (누기니) 토착민들의 경우, 성적 유희가 유년시절부터 허용되기 때문에 그 결과 소녀들은 결코 처녀일 수가 없다. 때로는 어머니나 언니 또는 어떤 손위의 여자가 고의로 처녀성을 박탈하여, 소녀시절 동안 질의 구멍을 넓혀 주기도 한다. 사춘기에 이르렀을 때 나이든 여자들이 막대기나 뼈, 돌 같은 것으로 처녀성을 박탈하는 일도 있다. 이것은 그저 외과수술 정도로 여겨지는 것이다. 또 어떤 종족의 경우에는 사춘기가 되면 거친 성교육을 받아야 한다. 즉 남자들이 그녀를 마을 밖으로 끌어내어 도구나 폭력을 사용해서 처녀성을 박탈한다. 가장 빈번한 의식의 하나는 지나가는 이방인에게 처녀를 맡기는 방법이다. 그것은 그 종족의 남성들에게만 위험한 '마나'에 이방인들은 그다지 과민하지 않다고 생각했기 때문이고, 또는 그 화(禍)를 자기들이 뒤집어 쓰고 싶지 않기 때문이다. 그 다음으로 흔한 것은 승려나 의술을 가진 남자, 추장이나 그 종족의 우두머리가 결혼식 전야에 신부의 처녀성을 빼앗는 것이다. 말라바르 연안에서 이런 일의 집행은 바라문 승려가 맡는데, 그들은 이것을 별로 달갑지 않게 생각하는 듯 상당한 보수를 요구한다. 모든 신성한 물건들은 속인(俗人)에겐 위험하지만, 신에게 인정받은 자신들은 위험 없이 그 일을 해낼 수 있다고 믿는 것이다. 그래서 남편들을 위험에 빠뜨릴 수 있는 불길한 힘을 승려나 족장이 제압할 수 있다는 것이다. 로마에는 이런 풍습이 상징적인 의식으로만 남아 있다. 즉 프리아포스 신(그리스신화 별 석과 다산의 신) 석상의 페니스 위에 신부를 앉히는 것이다. 이것은 여자의 생식력을 높이고 여자의 몸 속에 있는 너무 강한 나머지 허롭기까지 한 액체를 흡수시키려는 이중의 목적이 있다. 남

---

*13 전쟁에서 싸울 힘이 처녀에게 있다는 생각은 이런 데서 온 것이다. 북유럽 신화인 발퀴렌(Walküren)이나 오를레앙의 처녀, 즉 잔다르크를 예로 들 수 있다.

자는 또 다른 방법으로 자기를 방어한다. 즉 자신이 신부의 처녀성을 빼앗되, 위험한 순간에 자기를 완벽하게 지켜 주는 의식을 통해 그것을 행하는 것이다. 예를 들면 마을 사람들이 모두 지켜보는 앞에서 막대기나 뼈를 사용하는 것이다. 사모아에서는 미리 흰 천으로 감은 손가락을 쓰며, 그 피묻은 천 조각을 지켜보는 사람들에게 나눠 준다. 남편이 정식으로 아내의 처녀성을 빼앗도록 허락되는 경우도 있지만, 그때에도 3일이 지나기 전에는 남자가 여자 몸 속에 사정(射精)해서는 안 된다. 정자가 처녀막의 피로 더러워지지 않도록 하기 위함이다.

신성한 행사에서 흔히 생기는 역기능으로 하여, 좀더 개화된 사회에서는 이 처녀의 피가 상서로운 상징의 역할을 한다. 프랑스의 어떤 마을에서는 아직도 결혼식 다음 날 아침에 부모와 친구들 앞에서 피 묻은 시트를 내보인다. 이것은 가부장제도 사회에서 남편이 아내의 주인이 되었기 때문이다. 사람을 위협하는 짐승들의 거친 성질이나 휘어잡을 수 없는 요소는 짐승을 길들일 줄 아는 주인에게는 중요한 가치가 된다. 인간은 야생마의 혈기와 번개나 폭포의 맹위를 자기 번영의 도구로 바꾸었다. 마찬가지로 남자는 여자가 지닌 모든 것을 그대로 자기 것으로 만들기를 바란다. 젊은 처녀에게 부과한 순결의 계율은 틀림없이 합리적인 동기에서였다. 아내의 정조처럼 약혼녀의 순결도 아버지가 재산을 타인의 아들에게 물려줄 위험을 없애기 위해 필요한 것이다. 그러나 남자가 아내를 자기의 개인적 재산으로 생각할 때 처녀성을 요구하는 것은 보다 더 직접적인 까닭에서이다. 무엇보다도 소유의 관념을 구체적으로 실현하기는 언제나 불가능하다. 사실 누구도 결코 아무것도 소유하지 못한다. 그러므로 소극적인 방법으로 소유하려고 한다. 어떤 재산이 자기 것이라고 주장하는 가장 확실한 방법은 다른 사람이 그것을 사용하지 못하도록 하는 것이다. 그리고 남자에게 어느 누구의 소유도 아닌 것보다 더 바람직한 것은 아무것도 없다. 이때 정복은 유일하고 절대적인 사실처럼 보인다. 처녀지는 언제나 탐험가들의 마음을 끈다. 그들은 아무도 발을 들여놓은 적이 없는 산악을 정복하려다가, 또는 산 중턱에 새로운 길을 개척하려고 시도하다가 생명을 잃기도 한다. 또는 호기심에 끌려서 목숨을 걸고 아무도 들어가 보지 않은 지하동굴로 내려가는 사람들도 있다. 남자들이 이미 정복한 물건은 하나의 도구가 되어 버린다. 자연과의 연결이 끊어지면 그것은 가장 심오한 효능을 상실한다. 사나운 급류는 거리의 광장에 있는 분수의 물보다 더 많은 기대를 불러일으킨다. 처녀의 육체에는 지하에서 솟아나는 샘의 싱싱함이 있고, 이른 아침 아직 피지 않은 꽃봉오리의 부드러움이 있으며, 햇살이 한 번도 비치지 않은 진주의 광택이 있다. 아직 어떤 의식도 없이 영혼이 부여되기를 기대하는 어두운 장소, 즉 동굴이나 신전, 성존(聖殿)이나 비원에, 남자는 아이들처럼 매혹된다. 자기만이 손에 넣고 뛰어들 수 있는 그것이, 그에게는 실제로 자기가 창조한 것처럼 느껴진다.

게다가 모든 욕망이 추구하는 목적의 하나는 욕망의 대상을 소멸시키는 일로서 파괴성을 내포하고 있다. 처녀막을 파괴함으로써 남자는 여자의 육체를 그대로 두고 침입하는 것보다 더 친밀하게 소유한다. 이 원상회복이 불가능한 작용으로, 그는 분명히 상대를 수동적인 대상으로 삼고, 그것에 대한 파악을 확실히 하게 된다. 이 의미는 아직 아무도 그 향기를 맡아 보지 못한 장미를 꺾기 위하여 가시덤불을 헤쳐 나간 기사의 전설 속에 아주 정확히 표현되어 있다. 기사는 장미를 찾아낼 뿐만 아니라 줄기까지 꺾어 정복하고 만다. 이 비유는 매우 명확해서, 속어로 '꽃을 꺾는다'고 하면 여자의 처녀성을 빼앗는 것을 의미하며, 이런 표현에서 'défloration'(처녀성 상실 또는 낙화하는 의미의 낱말)이란 말이 생겼다.

그러나 처녀성은 젊음과 결부된다는 조건에서만 이런 관능적인 매력을 지닌다. 그렇지 않으면 그 신비성은 다시 불안해진다. 오늘날엔 결혼이 너무 늦은 처녀들 앞에서 성적 반발을 느끼는 남자들이 많다. '노처녀들'을 까다롭고 심술궂은 부인처럼 여기는 것은 심리적인 까닭에서만은 아니다. 저주는 그녀들의 육체 자체 속에 있다. 어떤 주체의 대상도 아니며, 어떤 욕망도 탐내지 않았으며, 남자의 세계에서 자신의 자리도 발견하지 못한 채, 꽃을 피우고 시들어버린 육체, 목적지에서 벗어난 그 육체는 괴상한 대상이다. 함께 공유할 수 없는 미치광이의 생각들이 사람을 불안하게 하듯, 그것 역시 사람을 불안하게 만든다. 여전히 아름답고 처녀로 추정되는 40대의 여자를 두고, 어떤 남자가 상스럽게 "그 속엔 거미줄이 잔뜩 쳐졌을 거야……"라고 하는 말을 들은 적이 있다. 그런데 사실 아무도 출입하지 않고 무엇에도 사용되지 않는 지하실과 다락방은 불결한 신비로 가득차 있다. 그곳은 유령들이 자유로이 출몰하는 곳이다. 인간이 버린 집은 폐가가 된다. 여자의 처녀성은 신에게 바쳐지는 것이 아니라면, 악마와 어떤 관계가 있다고 보이기 쉽다. 남자의 지배를 받지 않는

제3편 신화 215

처녀나 남자의 권력에서 빠져 나온 나이 많은 여자는, 그렇지 않은 여자들보다 마녀로 보이기 쉽다. 여자의 운명은 다른 자에게 바쳐지기로 되어 있는 까닭에, 남자의 속박을 감수하지 않으면 악마의 그것을 받아들이도록 되어 있기 때문이다.

처녀성 상실의 의식을 통해 마귀를 쫓거나 또는 그 반대로 처녀성을 통해 정화된 아내는 바람직한 먹이로 보일 수도 있다. 그녀를 품에 안음으로써 남자는 생명의 모든 보배를 손에 넣기를 바란다. 남자에게 사랑하는 여자는 지상에 살아 숨쉬는 존재의 전부이며, 꽃의 전부이다. 즉 영양(羚羊)이고 사슴이며, 백합이고 장미이며, 솜털이 이는 복숭아이고 향긋한 나무딸기이다. 여자는 또 보석이고 나전(螺鈿)이며, 마노(瑪瑙)이고 진주이며, 명주이고 푸른 하늘이며, 싱싱한 샘이고 공기이며, 불꽃이고 땅이며 물이다. 동서양을 불문하고 모든 시인들은 여자의 육체를 꽃이나 과일 등으로 새로이 변형시켰다. 고대, 중세, 근대를 통해 그것을 인용한다면 두꺼운 시집 한 권은 나올 것이다. 널리 알려진 '아가(雅歌)'에서 남자는 사랑하는 여자에게 이렇게 말한다.

> 그대의 눈은 새끼 비둘기⋯⋯
> 그대의 머리카락은 염소의 무리⋯⋯
> 그대의 이는 털을 깎은 양의 무리⋯⋯
> 그대의 뺨은 석류 열매⋯⋯
> 그대의 두 젖가슴은 두 마리 아기 사슴⋯⋯
> 그대의 혀는 꿀과 젖이 흐르오⋯⋯

《비법(秘法) 17》에서 앙드레 브르통(프랑스 시인·작가. 초현실주의 창시자. 1896~1966)은 영원한 아가(雅歌)를 다시 노래하고 있다. "두 번째 외치는 순간의 멜뤼신(토요일마다 발이 뱀으로 변했다는 전설 속의 선녀), 그녀는 가느다란 허리에서 솟아오르듯 일어섰다. 그녀의 아랫배에는 8월의 밀이 풍요롭게 물결치고, 상체는 제비의 두 날개 곡선 같은 허리 선에서 불꽃처럼 튀어 오른다. 그녀의 가슴은 자신의 부르짖음에 놀라고, 타는 듯한 입에서 작열하는 숯불에 비쳐 눈이 먼 담비와 같다. 그리고 그녀의 팔은 노래하며 향기를 뿜는 시냇물의 넋이다⋯⋯."

남자는 여자 위에서 빛나는 별과 구름에 잠긴 달, 태양의 빛과 동굴의 어둠을 다시 발견한다. 한편, 여자는 덤불의 야생화이며 정원의 탐스러운 장미이기도 하다. 님프・숲의 여신, 바다의 마녀와 물의 정령, 선녀 같은 요정들은 들과 숲, 호수와 바다와 광야를 드나든다. 이런 애니미즘(精靈信仰) 이상으로 남자의 마음 깊숙이 자리잡은 것도 없다. 뱃사람에게 바다는 위험하고 배신을 잘하며, 정복하기 어려운 여자와 같지만, 그는 온 힘을 다해서 지배하고 바다를 더욱 사랑한다. 오만하고 반항적이며, 순결하고 심술궂은 산도 자기의 생명을 걸고 정복하려는 등산가에게는 역시 여자이다. 이런 비유는 성적 승화(昇華)의 표시라고들 흔히 주장한다. 그러나 그보다는 오히려 여자와 자연 사이에는 성욕 자체만큼 근원적인 친밀성이 있음을 표현하고 있다.

남자는 여자를 소유하는 데서 본능적인 만족 이외의 다른 무엇을 기대한다. 여자는 남자가 '자연'을 정복하는 중개적 대상으로 가장 적합하다. 여자 이외의 다른 대상도 이런 역할을 할 수는 있다. 때로는 남자가 소년의 몸에서 해변의 모래나 밤의 폭신한 감촉, 인동덩굴의 꽃 향기를 찾아내기도 한다. 또한 성적 침투만이 대지의 육체적 소유를 실현시킬 수 있는 유일한 방법은 아니다. 스타인벡은 그의 소설 《미지의 신에게》에서, 자기와 자연 사이의 중개자로서 이끼낀 바위를 선택한 남자를 보여 주고 있다. 콜레트는 《암고양이》에서 귀여워하는 자기 암고양이에게 집착적인 사랑을 쏟는 젊은 남편을 묘사하고 있다. 이 야성적이고 온순한 짐승을 통하여, 너무도 인간적인 아내의 육체에서는 느낄 수 없는 감각세계에의 실마리를 찾을 수 있기 때문이다. '타자'는 바다나 산에서도 여자에게서와 마찬가지로 완전하게 구현될 수 있다. 산이나 바다는 예기치 않은 수동적인 저항으로 남자에게 자기를 성취할 기회를 준다. 그것들은 결국 지배를 허락하게 될 거부이며, 손에 넣을 수 있는 먹이이다. 바다와 산이 여자라면, 그것은 여자 또한 사랑하는 남자에게 바다와 산임을 뜻한다.*14

---

*14 바슐라르가 인용한 사미벨의 문장(《대지와 의욕의 꿈》)은 의미심장한 것이다. "내 주위를 에워싸고 엎드려 있는 산들이, 점점 나로서는 쳐부숴야 할 적이나 밭 밑에 짓밟아 버릴 암컷처럼, 또는 나 자신과 타인에게 내 가치의 증거품을 제시하기 위하여 정복해야 할 전리품처럼 보이지는 않게 되었다." '쳐부숴야 할 적'이라든가 '전리품'이라든가 권력의 '증거품'과 같은 공통의 관념을 통해서 산과 여자의 상반성이 기술되어 있다.
이 관련성은 이를테면 셍고르(세네갈 초대 대통령, 1906~2001)가 쓴 두 편의 시 속에도 나타나 있다.

벌거벗은 여자 알 수 없는 여자!

그러나 남자와 세계 사이에서의 매개 역할이 어떤 여자에게나 허용되는 것은 아니다. 남자는 상대에게서 자기 생식기관의 보조적 기관을 발견하는 것으로 만족하지 않는다. 상대인 여자는 생명의 신기한 개화(開花)를 구현하고, 동시에 그 생명의 불가사의한 신비를 감추고 있어야만 한다. 그러므로 여자에게는 무엇보다도 젊음과 건강이 요구된다. 왜냐하면 살아 있는 생명을 품에 안을 때 남자는 모든 생명에는 죽음이 내포되어 있음을 잊어야만 열중할 수 있기 때문이다. 남자는 더 바란다. 사랑하는 여인이 아름답기를 원한다. 여성미의 이상은 변하지만, 몇 가지 요구들은 변하지 않는다. 그 중에도 여자는 운명적으로 누군가에게 소유되기 마련이므로, 그 육체는 객체의 확고한 수동적 특질을 보여 주어야만 한다. 남성미는 능동적인 기능에 적응하는 것이다. 그것은 체력과 순발력과 유연성이다. 그것은 결코 쇠퇴해서는 안 되는 육체에 활기를 불어넣는 초월의 표현이다. 여성의 이상이 이와 같아지는 것은 스파르타나 파시스트 이탈리아, 나치 독일 같은 사회에 한해서이다. 그런 사회에서 여자는 국가의 목적에 바쳐질 뿐 개인의 목적에는 제공되지 않으며, 오로지 모성으로만 생각되고 에로티시즘의 여지는 조금도 허락받지 못한다. 그러나 여자가 남자에게 재산이 될 때 남자가 요구하는 것은, 그 육체가 순수한 사실성 속에 존재해야 한다는 점이다. 여자의 육체는 하나의 주체성의 구현으로 파악되는 것이 아니라, 그의 내재성 속에 고정된 하나의 사물로 파악되는 것이다. 그 육체는 세계의 다른 부분에 작용을 미쳐서는 안 되며, 자기 이외의 다른 존재가 기대하는 대상이 되어서도 안 된다. 즉 욕망을 억제해야 한다. 이런 요구의 가장 소박한 형태는, 호텐토트 족에서 볼 수 있는 미인의 이상형이다. 그들은 둔부가 커야 미인으로 여긴다. 둔부가 신경이 가장 둔감한 육체의 한 부분이며, 목적 없이 주어진 부분으로 생각되기 때문이다. 살찐 여자들에 대한 동양인의 취향도 이와 같은 종류이다. 아무 의도도 없고, 단지 거기에 있다는 것 이외에

---

탐스럽게 물오른 잘 익은 과일, 검은 포도주의 아련한 도취, 내 입을 달콤하게 만드는 입.
지평선이 펼쳐진 대초원, 동풍의 뜨거운 애무에 몸을 떠는 대초원.

오! 밀림의 침상에 누워 있는 콩고여, 패배당한 아프리카의 여왕이여,
산악의 페니스들은 그대의 침상을 높이 받치어라.
그대는 내 노래를 통해서, 내 입을 통해서 여자이니까, 그대는 내 아랫배를 통해서 여자이니까.

는 다른 의미가 없는데도 지방이 발달된 부조리한 사치가 그들을 즐겁게 해주고 있다.*15 형태와 조화의 관념이 개입하는 가장 세련된 감각을 지닌 문명사회에서도, 흉부와 둔부는 그 발달의 무목적성과 우연성 때문에 역시 특별한 대상으로 남아 있다.

풍습과 유행은 흔히 여성의 육체를 그 존재의 초월성(transcendence)으로부터 강제로 떼어놓는 데 전념해 왔다. 전족(纏足)을 한 중국 여자는 제대로 걸을 수가 없고, 손톱에 매니큐어를 칠한 할리우드 영화배우는 손을 거의 사용할 수가 없다. 하이힐, 코르셋, 파니어(둥글게 살을 넣어 퍼지게 만든 스커트), 파딩게일(고래뼈의 테를 붙여 불룩한 스커트), 크리놀린(심을 넣은 불룩한 스커트) 같은 것들은 여체의 곡선미보다는 허약성을 드러내는 데 그 목적이 있었다. 너무 살이 쪄서 몸이 무겁거나 또는 반대로 너무 말라서 흔든 일을 할 수 없거나, 불편한 복장이나 예의범절로 마비되었을 때, 여자는 남자의 눈에 자기 소유처럼 보인다. 화장과 보석 또한 육체와 얼굴의 화석화(化石化)에 일조를 한다.

장식품의 기능은 매우 복잡해서 일부 미개인들 사이에서는 종교적 성격까지 지닌다. 그러나 일반적인 역할은 여자를 우상으로 변형시키는 것이다. 그것은 모호한 우상이다. 남자는 그것이 육체적인 것이기를 바란다. 그 아름다움은 꽃이나 과일 같은 아름다움이기를 바라면서도, 그것은 또 조약돌처럼 매끄럽고 단단하며 오래 가야 한다. 장식품의 역할은 여자를 보다 자연과 닮게 하는 동시에 자연에서 떼어놓는 것이다. 즉 약동하는 생명에 인공으로 굳어버린 필연성을 부여한다. 여자는 자기 육체에 꽃과 모피, 보석과 패각(貝殼)과 깃털을 장식하여 자신을 식물과 표범, 다이아몬드나 진주층(眞珠層)으로 만든다. 또한 자기 몸에 향수를 뿌려서 장미와 백합 같은 향기를 퍼뜨린다.

그러나 깃털이나 겹주, 진주나 향수는 여자의 육체와 체취에서 오는 동물적 생기를 숨기는 역할을 한다. 그녀는 입술과 뺨이 화장을 하여 가면의 확고 부동성을 부여한다. 그 눈동자는 짙은 마스카라에 가려 이미 이상하게 반짝이

---

*15 호텐토트 족 여자들은 부시먼 족 여자들만큼 둔부가 발달하지도 일정하지도 않지만, 이런 자태가 아름답다고 생각하여 유년시절부터 딸의 둔부를 주물러 팔달시킨다. 마찬가지로 과식에 의한 여자의 인공비만법이 아프리카 여러 지방에서 실시되는데, 그 기본 방법은 운동을 안 하고 적당한 영양, 특히 우유를 풍부하게 섭취하는 것이다. 이 방법은 알제리, 튀니지, 모로코에 사는 아랍인과 유대인의 부유층에서 지금도 행해지고 있다.(뤼케, 〈심리학 잡지〉, 1934년호, '동굴의 비너스')

는 장식물에 지나지 않는다. 틀어올리고 지지고 다듬은 여자의 머리칼은 그 불안한 식물적인 신비성을 잃는다. 단장한 여자에게는 '자연'이 존재하지만, 그것은 이미 남자가 원하는 대로 인간의 의지에 의해 개조된 것이다. 자연이 여자 속에서 한껏 꽃피우고 한결 더 가혹하게 예속될수록 그만큼 더 여자는 바람직하다. 언제나 이상적인 에로틱한 대상이 되어 온 것은 부자연스러운 여자이다. 그래서 보다 더 자연스러운 미에 대한 취미는 보통 가짜의 허울좋은 형태에 불과하다. 레미 드 구르몽(상징주의 작가·비평가, 1858~1915)은 여자의 머리칼이 시냇물이나 초원의 풀처럼 자유롭게 물결치는 것을 좋아했다. 그러나 사람들이 시냇물의 물결과 이삭의 파도를 애무할 수 있는 것은 베로니카 레이크(미국 영화배우, 긴 금발로 유명함) 같은 여자의 머리이지, 자연에 되는 대로 맡겨 버린 더벅머리가 아니다. 여자가 젊고 건강할수록, 새롭고 윤기있는 육체가 영원히 싱싱하게 보일수록 기교는 필요 없다. 그래도 남자가 포옹하는 이 먹이의 육체적 약점과, 그 육체를 위협하는 파괴성을 남자의 눈에서 감출 필요가 있다.

 남자가 여자의 얼굴과 가슴이나 다리에서 하나의 엄격한 이상을 찾는 까닭은 남자가 여자의 우연적 숙명을 두려워하고, 그녀의 변함없는 필연적인 모습을 꿈꾸기 때문이다. 미개인들에게 이 이상이란 일반적 형태의 완성된 모습에 지나지 않는다. 입술이 두껍고 코가 납작한 종족은 입술이 두껍고 코가 납작한 미인을 만들어 낸다. 나중에는 더 복잡한 미학의 기준이 여자들에게 적용되었다. 그러나 아무튼 여자의 용모와 육체적 균형이 조화를 이룰수록 여자는 자연적 사물의 변화로부터 벗어나는 것처럼 보이기 때문에 남자를 한결 더 기쁘게 한다. 그래서 이런 기묘한 모순에 부딪친다. 즉 여자에게서 자연, 그러나 변형된 자연을 파악하길 원하면서도 남자는 오히려 여자를 인공에 맡긴다. 여자는 자연물일 뿐만 아니라, 또한 반자연물이다. 그것은 전기 파마나 탈모 크림, 브래지어의 문명사회에서 뿐만 아니라, 흑인이 사는 고원지대나 중국을 포함한 지구상의 어디에서나 그렇다. 스위프트(영국 풍자작가,《걸리버 여행기》의 저자, 1667~1745)는 셀리아에게 바친 그의 유명한 시에서 이런 기만을 고발했다. 그는 바람피우는 여자의 화장도구를 불쾌하게 묘사하고, 그 육체의 동물적인 예속을 신랄하게 혹평하고 있다. 그러나 스위프트가 분개하는 데에는 이중의 잘못이 있다. 왜냐하면 남자는 여자가 동물이면서 식물이기를 원하고, 동시에 인공적인 틀 뒤에 숨기를 바라기 때문이다. 남자는 여자가 파도 속에서 올라올 때나 양장점에서 나올 때,

알몸으로 있을 때나 옷을 입고 있을 때나 모두 좋아한다. 다시 말해서 인간세계에서 만나는 그대로, 스커트 밑에 있는 알몸을 원한다. 도시인은 여자에게서 동물성을 찾는다. 그러나 입대한 시골 젊은이에게는 매음굴이 도시가 지닌 매력의 전부이다. 여자는 들판이며 목장이기도 하지만, 바빌론(퇴폐한 문화를 상징하는 대도시)이기도 하다.

하지만 이것이야말로 여자에 대한 최초의 거짓말이고 최초의 배신이다. 그것은 생명 그 자체에 대한 거짓말이며 배신이기도 하다. 생명이 아무리 매력적인 외형으로 꾸며져 있더라도, 그 생명에는 언제나 늙음과 죽음의 씨앗이 살고 있다. 남자가 여자를 부리는 그 자체가 여자의 가장 고귀한 정절을 파괴하는 것이다. 즉 임신으로 몸이 무거워지면 여자는 성적 매력을 상실한다. 아이를 낳지 않더라도 갱년기에 이르면 매력이 사라지기 마련이다. 병이 잦고 추해지고, 늙은 여자는 배척당한다. 그런 여자를 두고 마치 식물처럼 시들었다거나 퇴색했다고들 말한다. 물론 남자에게도 늙고 쇠약해진다는 것은 그리 기분좋은 것이 아니다. 그러나 정상적인 남자는 다른 남자들을 육체로서 경험하지 않고, 그런 자주적인 다른 육체와는 추상적인 연대성만 갖는다. 남자가 육체의 퇴화를 감각적으로 느끼는 것은 자기에게 운명이 걸려 있는 여자의 육체에서이다. 비용(프랑스 최초의 서정 시인, 1431~1464)의 '투구 상인의 아름다운 아내'가 자기 육체의 노쇠를 느끼는 것은 남성의 적의에 찬 시선을 통해서이다. 늙은 여자나 못생긴 여자는 매력이 없을 뿐만 아니라, 남자로 하여금 공포가 섞인 증오를 일으키게 한다. 그런 여자들에게서는 '아내'의 매력이 사라지는 한편 '모성'으로서도 불안한 모습이 엿보인다.

그러나 '아내'도 위험한 먹이임에는 틀림없다. 싱싱한 거품을 헤치고 파도 사이에서 나타난 탐스러운 금발의 비너스(로마 신화에 나오는 미와 사랑의 여신)에게도 대지의 여신 데메테르는 살아 있다. 남자는 여자에게 얻는 쾌락을 통해 여자를 자기 것으로 삼으면서, 또한 생식의 모호한 힘을 일깨운다. 남자가 침입하는 곳과 여자가 아기를 낳는 곳은 같은 기관이다. 따라서 어떤 사회에서나 남자는 여러 금기에 의해 여성 성기의 위협으로부터 보호를 받는다. 그러나 그 반대는 그렇지 않다. 여자는 남성을 두려워할 아무 까닭도 없다. 남성은 속되고 종교와 관계 없는 것으로 여겨진다. 페니스는 신의 권위까지 올라갈 수 있으나, 남근숭배에는 공포의 요소가 조금도 보이지 않으며, 일상생활에서 여자가 그것으로부터 신비적인 보호를 받을 필요는 없다. 그것이 여자에게는 유리할 뿐이다. 많은 모권사회에서 성생활이 지극히 자유스러웠다는 점 또한 주목할 만하다. 그러나 그것은 여자의 유년시절이나 소녀시절에서처럼, 성교가 생식의 관념과 결부되지 않은 기간에 한해서이다. 말리노프스키는《독신자들의 집》에서 자유로이 동침하는 젊은이들이 자기들의 성교를 예사로이 자랑한다고, 좀 의외라는 듯이 이야기하고 있다. 이 경우 미혼녀는 임신이 불가능하다고 생각되었기 때문에 성행위는 종교와는 무관한 안전한 쾌락에 불과했다. 그러나 일단 결혼하면 남편은 사람들 앞에선 아내에게 어떤 애정표현을 해서도 안 되며, 손으로 만져도 안 된다. 자기들의 친밀한 관계를 암시하는 일체의 행동은 그 자체가 모독이 된다. 왜냐하면 그때 여자는 어머니라는 두려운 존재가 되고, 성교는 하나의 신성한 행위가 되기 때문이다. 그때부터 이 성행위는 금단과 경계로 에워싸인다. 토지를 경작할 때나 씨를 뿌릴 때, 나무를 심을 때도 성교는 금지된다. 그것은 수확의 풍요, 즉 공동체의 복지에 필요한 번식력이 개인간의 관계로 낭비되기를 원치 않기 때문이다. 풍요와 결부된 힘에 대한 경의(敬意)에서 그것을 절약하도록 명하는 것이다. 그러나 대부분의 경우 절제는 남편의 정력을 보호하기 위해서이다. 남자가 고기잡이나 사냥을 위하여 떠날 때, 특히 전쟁을 준비할 때는 절제가 요구된다. 여자를 가까이 하면 남성적인 요소는 약해지기 때문에, 남자가 온 힘을 다해야 할 때는 언제나 성교를 피해야만 한다. 남자가 여자에 대하여 느끼는 공포심은 일반적인 성관계에서 비롯된 공포심이거나 그 반대의 경우라고 생각된다. 특히 〈레위기〉에서 여자와는 무관한데도 몽정을 지저분한 것으로 여긴 사실은 주목할 만하다. 그리고 현대사회에서도 자위를 위험시하고 죄악시한다. 많은 아이들과 청소년들이 무서운 불안을 느끼면서 자위에 열중한다. 고독한 쾌락을 악덕으로 만드는 것은 사회, 특히 부모의 간섭이다. 그러나 최초의 사정에 대하여 본능적으로 공포를 느끼는 소년들도 적지 않다. 혈액이든 정액이든, 자신의 실체를 이루는 물질이 흘러 나오는 것이 불안하게 여겨지는 것이다. 자기의 생명, 자기의 '마나'가 몸 밖으로 빠져 나간다고 생각하기 때문이다.

그런데 주관적으로 남자가 여자 없이 성적 경험을 할 수 있더라도 객관적으로 여자는 남자의 성욕에 포함되어 있다. 플라톤이 양성구유(兩性具有)의 신화에서 말한 것처럼, 남성의 육체구조는 여성의 육체구조를 예상하고 있다. 비록 남자가 여자를 육신으로 또는 상상으로 취하지 못했더라도, 남자는 자신의 성을 발견함으로써 여자를 발견하게 된다. 반대로 남자가 여자를 두려워하는 것은 성본능의 육체화로서이다. 현실 체험의 내재적인 면과 초월적인 면은 결코 분리될 수 없다. 내가 두려워하거나 바라는 것은 언제나 나 자신의 존재가 구체화되어 나타나는 것이다. 그러나 무엇이건 나 자신이 아닌 것만을 통해서 내게 일어난다. 몽정과 발기 속에 여자의 또렷한 모습이 포착되지 않더라도, 적어도 '자연'과 '생명'의 형태로 나 자신이 아닌 비자아가 포함된다. 남자는 외부의 마술에 자신이 사로잡히는 것을 느낀다. 따라서 그가 여자에게 갖는 감정의 상반성은 자신의 성을 대하는 태도에서도 찾아볼 수 있다. 즉 그것을 과시하기도 하고 비웃기도 하며, 부끄러워하기도 한다. 사내아이는 자기 페니스를 도전적으로 자기 친구들과 비교해 보기도 한다. 최초의 발기는 그를 뽐내게도 하고 동시에 두렵게도 한다. 성인이 되던 자기의 성기를 초월과 권력의 상징으로 여기며, 마법의 선물이라도 되는 듯이 자랑한다. 그것은 우연한 특혜의 흐뭇한 자유이며, 자유로이 성취된 특혜이다. 남자가 자랑스럽게 느끼는 그것은 이런 모순된 틈을 가지고 있다. 그는 거기에 숨겨진 술책을 의심한다. 남자는 성기를 통하여 자기확립을 주장하지만, 뜻대로 되지는 않는다. 성기는 욕구불만으로 압박감을 느끼고, 갑자기 고개를 쳐들며, 때로는 꿈속에서 자위(自慰)한다. 그것은 이상하고 변덕스러운 생명력을 발휘한다. 남자는 '정신'으로 '생명'을 이기고, 능동성으로 수동성을 이기려고 한다. 그의 의식은 자연을 멀리하고 그의 의지는 자연을 마음대로 만든다. 그러나 그는 성(性)의 양상을 통해 자기 속에서 생명과 자연과 수동성을 재발견한다. '생식기는 의지의 진정한 중심이며, 그 반대의 극(極)은 두뇌이다'라고 쇼펜하우어는 쓰고 있다. 그가 여기서 의지라고 부르는 것은 고뇌와 죽음이 따르는 삶에 대한 집착이다. 한편, 두뇌란 삶을 관념화함으로써 삶에서 해탈하는 사고력을 가리킨다. 그에 따르면, 성적 수치는 어리석은 육체적 집착 앞에서 우리가 느끼는 감정이다. 그의 독특한 염세주의 사상에는 동의할 수 없지만, 성과 두뇌라는 대립관계에서 인간의 이원론(二元論)을 표현한 부분은 인정해야 할 것이다.

남자는 하나의 주체가 되어 세계를 설정하고, 자기가 설정한 우주 밖에 남아 (모든 현상을) 지켜보면서, 그 우주의 지배자가 된다. 만일 그가 육체 또는 성으로서 자기를 파악한다면, 그는 이미 자율적인 의식이나 투명한 자유를 잃은 것이다. 그는 세계에 휘말려들어가, 유한하며 덧없는 대상이 되고 만다. 그리고 분명 생식행위는 육체적 한계를 넘어서지만, 동시에 한계를 만들기도 한다. 생식의 아버지인 페니스는 생식의 어머니인 자궁과 대조를 이루고 있다. 여자의 자궁 속 새싹으로부터 자라난 남자는 자신 안에도 그 싹을 가지고 있으며, 스스로 생명을 제공한 이 씨앗에 의해 그 자신의 생명은 부정되고 만다. "아이들의 출생은 부모들의 죽음이다"라고 헤겔은 말했다. 사정(射精)은 죽음의 약속이며, 개체보다 종(種)을 확립한다. 성기의 존재와 그 활동은 주체의 자랑스런 개성을 부정한다. 이와 같은 생명의 정신 부정은 성을 파렴치한 대상으로 만든다. 남자는 페니스를 초월과 활동으로서, '타자'를 지배하는 방법으로서 파악하고, 그 범위 안에서 페니스를 찬미한다. 그러나 페니스는 수동적인 육체에 불과하며, 자신이 생명의 보이지 않는 힘에 농락당한다고 생각할 때, 그는 그 페니스를 부끄럽게 여긴다. 이 수치심은 아이러니 속에 쉽게 위장된다. 타인의 성기는 흔히 웃음을 자아낸다. 발기는 의도된 동작처럼 생각되지만, 실은 수동적이기 때문에 흔히 우스꽝스럽게 보인다. 생식기의 단순한 형태를 연상만 해도 곧 기분이 이상해진다. 말리노프스키에 따르면, 그가 같이 지내던 미개인들은 치부의 이름을 들려 주는 것만으로도 깔깔대며 웃었다고 한다. 외설스럽고 추잡한 농담도 이런 유치한 언어의 유희와 별 차이가 없다. 어떤 미개인들의 경우 여자가 밭에서 김을 매는 며칠 동안은, 그 마을에 온 이방인 남자면 누구를 막론하고 아무렇게나 농락할 수 있는 권리를 얻는다. 그래서 남자 한 사람에 여러 명의 여자들이 덤벼들어 그가 초주검이 되는 경우가 흔히 있다. 이때 그 마을 남자들은 이런 용감한 행위를 웃어 넘긴다. 이런 폭행으로 희생된 남자는 수동적이며 종속적인 육체가 되고 만 셈이다. 그는 여자들의 소유가 되고, 또 그녀들을 통하여 남편들의 소유가 되는 것이다. 한편 정상적인 성교에서는 남자가 여자의 소유자로서 자기를 확립하려고 한다.

그러나 남자가 육체적 조건의 모호성을 가장 분명하게 경험하는 것은 바로 이때이다. 남자는 성욕이 '타자'를 소유하는 한 방법이 될 때만 자기의 성욕을 자랑스럽게 인정한다. 그런데 이 소유의 꿈은 언제나 실패로 끝난다. 진정한 소유에서도 타자는 타자로서 소멸하며, 그것은 소비되고 파괴된다. 《아라비안 나이트》에 나오는 터키 황제가 아닌 이상, 새벽에 남자의 침실에서 여자가 물러나자마자 그녀의 목을 벨 권한은 그에게 없다. 여자는 남자의 품에 안긴 뒤에도 살아 남는다. 그리고 그 때문에 오히려 여자는 남자에게서 빠져 나올 수 있다. 남자가 포옹 드에 팔을 벌리면 그의 먹이는 남자와는 무관한 존재가 된다. 그녀는 다시 새롭게 일상으로 돌아가 일시적이나마 새로운 정부(情夫)에게 언제든지 소유될 수 있다. 남성이 꾸는 여러 가지 꿈들 가운데 하나는 영원히 자기만의 소유로 끝나도록 여자에게 '낙인을 찍는' 일이다. 그러나 아무리 거만한 남자도 여자에게 추억만을 남길 뿐, 가장 열렬한 이미지도 실제로 느끼는 감각에 비하면 냉담한 것임을 잘 알고 있다. 많은 문학작품들이 이런 실패를 묘사해 왔다. 여자가 자기의 몸을 한 남자에게만 바치는 것이 아니라 여러 남자들에게 바치기 때문에, 남자는 그녀를 정조가 없다거나 배신자라며, 이런 실패를 여자에게 구체화시킨다. 여자의 배반은 그 이상으로 부도덕한 행위이다. 왜냐하면 여자가 자기 정부를 하나의 먹이로 삼기 때문이다. 육체만이 다른 육체를 건드릴 수 있다. 남성은 자신이 육체가 되어야만 탐나는 다른 육체를 정복할 수 있다. 자기초월을 완성하라고 아담에게 주어진 것이 이브였다. 그런데 그녀는 그를 내재된 어둠 속으로 끌어들인다. 어머니가 아들을 위하여 만들었으나, 아들은 그곳으로부터 도망치려고 하는 저 시커먼 모암(母巖), 쾌락의 도취 속에서 정부(情婦)는 이 모암의 불투명한 점토 속으로 다시 남자를 가둔다. 남자는 여자를 소유하길 원했다. 그러나 오히려 그가 그녀에게 소유당한다. 체취·땀·피크·권태 등 많은 문학은 육체로 바뀐 의식의 이 음울한 수난을 묘사해 왔다. 흔히 이 혐오를 내포하는 욕망은 그것이 충족되면 혐오감을 느끼게 마련이다. "성교가 끝나면 인간은 슬프다." "육체는 슬프다." 남자는 애인의 품안에서 확실한 안정감을 느낀 일도 없다. 곧 남자의 욕망은 되살아난다. 그것은 흔히 여자 전반에 대한 욕망이 아니라 어느 특정한 여자에 대한 욕망이다. 그때 여자는 묘하게도 상대 남자를 불안하게 만드는 위력을 과시한다. 그도 그럴 것이, 남자의 성적 욕구는 허기나 갈증과 비슷한 보편적인 욕망처럼 느껴질 뿐이며 그 대상은 특정한 것이 아니기 때문이다. 그러므로 남자를 개별적인 여자의 육체와 결합시키는 연결은 '타자'가 만드는 것이다. 그것은 그가 자기의 뿌리를 박고 있는 불순하고 풍요한 복부와 같은 신비로운 유대, 일종의 수동적인 힘이다. 그것은 마술이다.

남자를 개혹시키는 마녀나 요술쟁이처럼 여자를 묘사하는 신문이나 소설의 틀에 박힌 문구는, 가장 오래되고 가장 보편적인 신화들을 반영하고 있다. 여자는 마술에 몸을 바친다. 알랭(프랑스 철학자·평론가, 《생활의 지혜》《인생론》저자. 1868~1951)은 마술을 사물 속에 흩어져 있는 정신이라고 했다. 어떤 행위가 능동적인 원인을 통하여 발생하는 대신 수동적으로 생겨날 때는 마술적이다. 정확히 남자들은 언제나 여자들은 태어날 때부터 '신적 내재성'을 부여받았다고 여겨 왔다. 여자는 농작물을 생산하고 아이를 낳지만, 그것은 여자의 의지에 따른 것이 아니다. 여자는 주체도, 초월도, 창조력도 아니며 유동체로 충만한 객체일 뿐이다. 남자가 그러한 신비를 숭배하는 사회에서 여자는 바로 그런 능력 때문에 의식에 참여한 사제로 존경받는다. 그러나 사회가 자연에, 이성이 생명에, 의지가 무기력한 상황에 맞서 싸워야 할 때, 여자는 마녀로 취급당한다.

사제와 마술사는 분명히 구별된다. 사제는 신이나 법률과 힘을 합쳐, 공동체의 이익을 위하여 그 모든 구성원의 이름으로 통제된 힘을 지배하고 조정한다. 반면에 마술사는 사회에서 이탈하여, 신이나 법률에 역행해서, 자신의 정념에 따라 움직인다. 그런데 여자는 남자들의 세계에 완전한 일원으로 편입되어 있지 않다. 타자로서 여자는 남자들과 대립한다. 따라서 그녀는 자기 힘을 남자들의 사회를 통하여 미래를 향해 초월하기 위해 쓰지 않는다. 여자 자신이 분리되고 대립되어 있기 때문에, 남자들을 분리의 고독 속으로, 내재의 어둠 속으로 끌어들이기 위해 이용하는 것은 마땅하다. 여자는 노래에 이끌린 선원들을 암초에 부딪치게 하는 세이렌(그리스 신화에서, 아름다운 노랫소리로 선원들을 매혹시켜 난파시켰다는 반인반어의 바다 마녀)이다. 또한 애인들을 짐승으로 변화시킨 키르케(그리스 신화의 마녀, 인간에게 마주(魔酒)를 먹여 돼지로 만들었다 함. 나중에 오디세우스가 물리침)이며, 어부들을 늪 속에 끌어들이는 물의 요정이다. 여자의 매력에 사로잡힌 남자는 더 이상 의지도, 계획도, 미래도 없다. 그는 이제 시민이 아니라 자기 욕망의 노예가 된 육체이다. 그는 공동체에서 제외되고 순간 속에 갇혀, 고뇌와 쾌락 사이에서 수동적으로 우롱당한다. 사악한 마녀는 의무 대신 정욕을, 하나로 (연결되어) 통합된 우주의 시간 대신 현재의 순간만을 내세워, 여행자를 그의 고향으로부터 멀리 억류시켜 망각에 잠기게 한다. 남자는 '타자'를 소유하려면 자기 자신 그대로 머물러 있어야 한다. 그러나 불가능한 소유에 실패하는 경우 그는 이 타자가 되려고 하나, 이 타자와 일체가 될 수는 없다. 그때 그는 소외되고, 파멸하며, 자기를 자신과 무관하게 만드는 미약을 마시고, 흘러가는 죽음의 강물 속에 뛰어든다. '어머니'는 아들에게 생명을 주었을 때 이미 아들을 죽음의 신에게 내맡긴 것이다. 애인은 상대 남자에게 생명을 포기하도록 하여 마지막 수면 속에 몸을 맡기게 한다. '죽음'에 '사랑'을 잇는 이 연결은 트리스탄 전설(중세의 전형적인 연애소설 《트리스탄과 이졸데》)이 비장하게 나타나지만, 그것은 더 깊은 진실을 내포하고 있다. 육체에서 태어난 남자는 사랑을 통해 육체로서 자기를 성취하고, 그 육체는 무덤으로 향하도록 운명지어져 있다. 여기서도 '여자'와 '죽음'의 결합은 분명해진다. 위대한 수확의 여인은 이삭을 여물게 하는 풍요성의 또 다른 모습이다. 그러나 그녀는 또한 덧없는 부드러운 육체 속에 해골이 드러나 보이는 무시무시한 신부처럼 보이기도 한다.*16

이와 같이 남자가 애인으로서 또는 어머니로서 여성성 안에서 사랑하고 미워하는 것은, 자기의 동물적 숙명에 응결된 이미지로서, 실존에 필요하지만 또한 유한성과 죽음으로 운명지어진 생명이다. 남자는 태어난 날부터 죽기 시작하는데, 그것이야말로 '어머니'가 구현하는 진리이다. 생식작용에 따라 남자는 자기를 부정하고 종을 주장한다. 그는 이것을 아내의 포옹 속에서 깨닫는다. 흥분과 쾌락 속에서 아직 생식행위를 하기도 전에 그는 자아를 망각한다. 비록 그가 애인과 어머니를 구별하려고 해도, 그는 그 두 사람으로부터 단지 하나의 분명한 사실, 즉 자기의 육체적 조건을 발견한다. 그는 그 조건을 수행하기를 원한다. 그는 어머니를 존경하고 애인을 그리워한다. 또 동시에 혐오감과 공포에서 그녀들을 배반하기도 한다.

이런 신화들의 거의 모든 것을 종합한 의미심장한 글이 장 리샤르 블로크(작가·비평가, 1884~1947)의 《쿠르드 족의 밤》 속에 나온다. 여기서 그는 도시를 한참 약탈하는 중에 사드라는 젊은이가 자기보다 훨씬 연상이지만 제법 아름다운 여자와 포옹하는 장면을 묘사하고 있다.

'밤은 사물과 감각의 윤곽을 점점 소멸시키고 있었다. 그는 이제 여자를 안고 있지 않았다. 세계의 개벽 이래 계속되어 온 끝없는 여행의 목적지에 드디어 도착한 것이다. 그는 주위에서 흔들리고 있는 끝도 없고 형체도 없는 무한한 공간 속으로 차츰 녹아들어갔다. 모든 여자들은 기복이 있는 하나의 거대한 대지, 욕망처럼 슬프고 여름처럼 불타오르는 대지에 녹아 들어갔다. ……하지만 그는 여자 속에 도사리고 있는 힘, 새틴처럼 부드러운 늘씬한 허벅지, 마

---

*16 예를 들면, 프레베르의 《랑데부》나 콕토의 《젊은이와 죽음》에서 '죽음'은 언제나 젊은 여자 연인의 모습으로 나타난다.

치 두 상아(象牙) 언덕 같은 무릎을 두려움이 섞인 감탄으로 바라보고 있었다. 그의 손이 여자의 미끈한 허리에서 척추를 더듬어 어깨까지 거슬러 올라갔을 때, 그는 세계를 떠받치고 있는 아치형 하늘을 걷는 것 같았다. 그러나 여자의 복부가 그를 끊임없이 부르고 있었다. 그것은 모든 생명이 태어나서 거기로 돌아가는 부드럽고 포근한 대양(大洋), 조수(潮水)와 수평선과 무한한 표면이 펼쳐진 안식처 중의 안식처였다.'

'그때 향기 그윽한 외피를 뚫고 그 아름다운 생에 도달하고야 말겠다는 격정이 그를 사로잡았다. 동시에 충동이 두 사람을 서로 감쌌다. 여자는 지표처럼 갈라져서 내장을 열어, 오로지 사랑하는 이의 정기를 한껏 마시기 위해 존재했다. 살인적인 황홀경에 이르렀다. 비수를 뽑아 서로 찌르고 찔리듯 둘은 하나가 되어 뒹굴었다.'

'……고립되고, 분리되고, 격리되어 떨어져 나온 그 사나이. 그는 이제 자신의 실체에서 솟아나왔다. 육체의 감옥에서 탈출하여, 드디어 육체와 영혼이 우주의 물질 속으로 흘러들어가려고 한다. 그에게는 그날까지 한 번도 느껴 보지 못했던 최고의 행복이 마련되어 있었다. 인간의 한계를 꿰뚫고 나가 주체와 객체, 질문과 대답을 같은 열광 속에 녹여 버리고, 존재하지 않는 모든 것을 존재에 통합하여, 최후의 경련으로 도달할 수 없는 영역에 도달하는 행복.'

'……악궁(樂弓)이 왔다 갔다 할 때마다 그가 마음대로 다루는 귀중한 악기에서 점점 더 날카로운 진동이 일다가, 갑자기 마지막 경련이 사드를 황홀의 정점에서 떼어 내어 대지와 진흙 속으로 던져 버렸다.'

여자는 욕망이 충족되지 않아서 애인을 자기 두 다리 사이에 꺼안고 놓지 않는다. 남자도 어느새 욕망이 되살아나는 것 같았다. 그때 그는 그녀가 자신의 정력을 빼앗아가는 강한 적처럼 보인다. 여기서 다시 여자를 자기 것으로 만들면서, 그는 그녀의 유방을 깊이 깨물어 그녀를 죽음에 이르게 한다. 이리하여 어머니에서 애인에게로, 그리고 죽음으로, 복잡한 굴곡을 거친 뒤에 순환의 고리를 매듭짓는다.

이런 경우 육체의 드라마의 어느 부분에 무게를 두느냐에 따라, 남자에게는 여러 가지 태도가 있을 수 있다. 만일 그가 생명이 유일하다고 생각하지 않고 자기의 기묘한 운명을 깨닫지 못하며, 죽음을 두려워하지 않는다면, 그는 자기의 동물성을 기꺼이 받아들일 것이다. 회교도의 경우, 여자는 아주 비참한 상태에 놓여 있다. 그것은 가정을 무시하고 국가에 봉사하는 것을 용납하지 않는 사회의 봉건적인 구조 때문이요, 그 문명에서는 전쟁을 이상으로 삼아 남자를 직접 '죽음'에 바치고, 여자에게서 그 매력을 박탈한 종교 때문이다. 마호메트 교도의 천국에서의 육감적인 향연에 언제라도 뛰어들 뜻을 가진 남자라면 지상에서 무엇을 두려워하랴? 그러므로 남자는 자신이나 여자에 대하여 경계할 필요가 없으며 여자를 유유히 향락할 수 있다. 《아라비안나이트》의 이야기는, 여자를 과일이나 잼, 고급 케이크나 향유와 같이 달콤한 쾌락의 원천으로 다루고 있다. 오늘날 이런 관능만족주의는 지중해 연안의 많은 국민들 사이에서 찾아볼 수 있다. 순간에 만족하고 영원불멸을 갈망하지 않으며, 하늘과 바다의 빛을 통하여 '자연'을 그 밝은 면에서 파악하는 남방 사람들은 여자를 탐욕스럽게 사랑한다. 전통적으로 그들은 여자를 경멸하여 인격적으로 대우하지 않는다. 그는 여자의 육체가 주는 즐거움과 모래나 물이 주는 즐거움 사이에 큰 차이를 두지 않는다. 여자들이나 자기 자신에게 있어서 그는 육체적 혐오감을 느끼지 않는다. 《시칠리아 섬에서의 대화》에서 비토리니는 일곱 살에 여자 나체의 아름다움을 발견했던 일을 놀라운 심정으로 이야기하고 있다.

    그리스와 로마의 합리주의적인 사고는 이 본능적인 태도를 뒷받침해 주고 있다. 그리스 사람들의 낙천주의 철학은 피타고라스 학파의 이원론을 뛰어넘었다. 열등한 자는 우수한 자에게 예속되므로 세상은 우수한 자에게 유익하다. 이런 조화된 사상은 육체에 대하여 아무 적의도 나타내지 않는다. '이데아'의 하늘이나 '도시' 또는 '국가'에 눈을 돌리고 자기를 '노우즈'(그리스 말로, 마음 또는 이성(理性)을 의미함)나 시민으로 생각하는 개인은 자기의 동물적인 조건을 초월했다고 믿는다. 그러므로 남자가 관능적 쾌락에 빠지든, 금욕주의를 실천하든, 남성사회에 완전히 통합된 여자는 이차적인 중요성밖에 없다. 확실히 합리주의는 한 번도 완전한 승리를 거둔 일이 없으며, 에로틱한 경험은 그 문명사회에서 모순된 성격을 지니고 있다. 의식이나 신화나 문학이 이를 입증한다. 그러나 여성의 매력이나 위험은 가벼운 형태로밖에 나타나지 않는다.

    여자에게 다시 무서운 위력을 안겨준 것은 그리스도교이다. 이성에 대한 공포는 인간이 가진 불행한 의식의 한 형태이다. 그리스도교도 남자는 자신으로부터 분리되어 있다. 육체와 영혼, 생명과 정신이 완전히 구분된다. 원죄는 육체를 영혼의 적으로 삼는다. 육체적인 모든 애착은 모두 악으로 본다.*17 그리스도를 통해 속죄되어 천국에 인도되었을 경우에만 남자는 구제된다. 그러나 인간은 근원적으로 타락한 존재이다. 그 탄생으로 말미암아 남자는 죽음뿐만 아니라 영겁을 두고 형벌을 받을 운명에 처해 있다. 신의 은총으로 천국의 문이 열릴 가능성은 있지만, 인간의 자연적인 존재에는 어디든 저주가 따라다닌다. 악은 절대적인 현실이며, 육체는 죄이다. 물론 여자는 언제까지나 '타자'일 뿐이므로, 남자와 여자는 서로 같은 육체라고 생각되지 않는다. 그리스도교도에게 증오할 만한 '타자'인 육체는 여자와 구별되어 있지 않다. 대지와 성욕과 악마의 유혹은 모두 여자로 구체화된다. 로마 교회의 장로들은 모두 이브가 아담을 원죄로 이끌었다는 사실을 강조한다. 테르툴리아누스의 말을 다시 한 번 인용해야겠다. "여자여! 그대는 악마에게 이르는 문이로다. 그대는 악마도 감히 정면에서 공격하지 못한 남자를 설득시켰다. 하느님의 아들이 죽어야만 했던 것도 그대 때문이로다. 그대는 언제라도 상복과 누더기를 걸치고 사라져야 마땅하다." 모든 그리스도교 문학은 남자가 여자에 대하여 느낄 수 있는 혐오감을 과장하려고 애쓴다. 테르툴리아누스는 여자를 '하수구 위에 세운 전당'이라고 정의했다. 성 아우구스티누스는 성기와 배설기의 혼합을 혐오스러운 것으로 강조한다. 즉 우리는 오줌과 똥의 중간에서 태어나고 있다는 것이다. 여자의 육체에 대한 혐오감은 대단해서, 그리스도교는 그의 신을 굴욕적인 죽음에 바치는 것은 동의하지만, 출생의 더러움만은 모면하게 하려고 한다. 동방교회에서는 에페수스 교의회가, 서방에서는 라테란 교의회가 그리스도의 처녀분만을 주장하고 있다. 초대교회의 장로들인 오리게네스, 테르툴리아누스, 히에로니무스는 마리아가 다른 여자들처럼 피와 불결함 속에서 분만했다고 생각했지만, 결국 성 암브로시우스와 성 아우구스티누스의 의견이 이겼다. 처녀의 태(胎)는 드디어 닫혀 버리고 만다.

중세 이래로 육체를 소유한다는 것이 여자에게는 치욕으로 여겨졌다. 과학

---

*17 12세기 말까지 신학자들은—성 안셀무스(이탈리아 출신 신학자·철학자. 불과 철학의 선구자. 1033~1109)를 제외하고—성 아우구스티누스의 교의에 따라, 원죄는 생식법칙 자체 속에 내포되어 있다고 생각했다. '음욕은 악덕이다……음욕을 통하여 태어난 인간의 육체는 원죄를 지닌 육체이다'라고 성 아우구스티누스는 쓰고 있다. 또 성 토마스는 이런 글을 남겼다. '남녀의 결합은 원죄 이래 음욕을 수반하기 때문에 그 원죄가 자식에게 유전된다.'

까지도 이 혐오로 오랫동안 마비되어 있었다. 린네(스웨덴의 유명한 박물학자, 1707~1778)는 자연에 관한 논문에서, 여자의 생식기에 관한 연구를 '증오할 만한 것'으로 여기고 무시했다. 프랑스의 의사 드로랑은 "이성과 분별이 충만한 남자라고 불리는 숭고한 동물이, 어째서 점액으로 더러워진 채 육체 맨 아래 부분에 수치스럽게 자리잡은 여자의 치부에 끌릴 수 있느냐"고 분개하고 있다. 오늘날에는 그리스도교 사상의 영향과 더불어 많은 다른 요소들이 개입되고 있으며, 또한 그리스도교 사상 자체도 간순하지 않은 면을 보이고 있다. 그러나 무엇보다도 청교도의 세계에서는 육체를 증오하는 관념이 아직 남아 있다. 예를 들어 포크너(미국의 소설가, 노벨문학상 수상. 1897~1962)의 《8월의 빛》을 보자. 주인공의 성에 대한 최초의 경험은 그의 마음에 심한 정신적인 상처를 입힌다. 처음으로 성교를 하고 나서 구토를 느낄 정도로 정신을 잃는 젊은이의 모습은 어느 나라의 문학에서나 흔히 볼 수 있다. 실제로는 지극히 드문 그러한 반응이 그토록 자주 묘사된다는 것은 결코 우연이 아니다. 특히 청교도주의가 침투한 앵글로색슨계의 국가들에서는, 여자는 대부분의 청년들과 많은 어른들에게 많든 적든 자각적인 공포를 불러일으키고 있다. 이런 두려움은 프랑스에서도 상당히 강하게 존재한다. 미셸 레리스(프랑스 작가·인류학자. 1901~1990)는 《장년의 남자》에서 이렇게 쓰고 있다. '나는 대체로 여자의 성기를 불결한 것으로, 혹은 하나의 상처로 보는 경향이 있다. 그렇다고 그 매력이 줄어드는 것은 아니다. 단지 피가 묻고, 축축하고, 불결한 모든 것처럼 그 자체가 위험한 것으로 여겨진다." 성병에 대한 생각이 이런 두려움을 자아낸다. 병을 옮기기 때문에 여자가 두려운 것이 아니라, 그 병이 여자로부터 오기 때문에 혐오스럽게 보인다는 것이다. 지나치게 잦은 성교만으로도 임질에 걸린다고 상상하는 젊은이들이 있다고 어떤 사람이 내게 이야기해 주었다. 성교로 인해서 남자는 근육의 힘과 두뇌의 명석함을 잃고, 몸의 인(燐)이 소비되며, 감각이 둔해진다고 생각하는 사람도 있다. 수음에도 그와 같은 위험이 따른다고 하는 것이 사실이다. 그리고 사회는 도덕적인 까닭에서 자위행위가 정상적인 성행위보다 한결 해롭다고 여긴다. 합법적인 결혼과 번식의 의지는 색욕(色慾)의 피해로부터 자신을 방어한다. 그러나 앞에서도 말한 바와 같이 모든 성행위에는 '타자'가 포함되어 있고, '타자'의 가장 흔한 얼굴은 여자의 얼굴이다. 남자는 여자 앞에서 자기 육체의 수동성을 가장 분명히 경험한다. 여자는 흡혈귀요, 식충이요, 술고래이다. 여자의 성기는 게걸스럽게 남자의 성기를 먹어치운다. 어떤 정신분석 학자들은 이런 상상에 과학적 근거를 부여하려고 시도했다. 여자가 성교에서 얻는 쾌락은 모두 여자가 남자를 상징적으로 거세하고 남자의 성기를 자기 것으로 만드는 데서 비롯된다는 생각이다. 그러나 이런 학설 자체가 정신분석의 대상이 될 필요가 있으며, 또 그러한 학설을 주창한 의사들은 거기에 역대 선조들의 공포심을 투사한 것처럼 보인다.*18

이런 공포의 원천은 '타자' 속에 아무리 그것을 병합해도 타성이 남는다는 데 있다. 가부장제 사회에서도 여자는 원시사회에서 지녔던 불안한 힘의 대부분을 간직하고 있었다. 그 때문에 여자는 결코 '자연' 그대로 방치되지 않았다. 여자는 금기로 에워싸이고, 의식으로 정화되어 사제의 감독 아래 놓여졌다. 결코 본디 모습 그대로가 아니라, 의식이나 성례(聖禮)를 통해 여자에게 접근하라고 남자들을 가르친다. 이런 의식이나 성례는 여자를 대지와 육체에서 분리시켜 인간으로 변신시킨다. 그러면 여자가 가진 마력을 교묘히 유도할 수 있다. 마치 피뢰침과 발전소의 발명 이래 낙뢰를 유도하는 것과 같이 집단의 이익을 위해 여자를 이용할 수도 있다. 여기서 남자의 여자에 대한 관계를 결정하는 진자운동(振子運動)의 다른 일면을 볼 수 있다. 남자는 여자가 자기 소유이면 사랑하고 남이면 두려워한다. 그러나 여자가 두려운 타자일수록 남자는 여자를 자기 것으로 만들려고 노력한다. 남자가 여자의 인격의 존엄성을 끌어올리고 자기와 동등한 존재로 인정하려는 것은 그 때문이다.

여성의 마력은 가부장적인 가족관계 속에서 완전히 길들여졌다. 여자는 사회 속에 우주의 힘을 끌어들이는 역할을 한다. 뒤메질은 저서 《미트라 바루나》에서, 로마와 마찬가지로 인도에서도 남성의 권력을 확립하는 데 두 가지 방법이 있음을 지적했다. 바루나(천계를 지배하는 신)와 로물루스(로마 건국의 전설적인 영웅. 제1대 왕), 간다르바(고대 인도 신으로 별자리를 관장하며 향을 먹고 산다)와 루페르키(고대 로마 무인. 목축의 신 파우누스의 별명)에게 그것은 공격이고 유괴이며, 폭동이고 광란이다. 그때의 여자는 강탈됐던 학대받아야 할 존재로 보였다. 강탈됐던 사비누스 여자들이 불임이라는 것이 밝혀지자 로마인들은 산양의 가죽끈으로 그녀들을 때렸다. 폭력에 다시 폭력을 가한 셈이다. 그러나 미트라(우애의 신)와 누마(로마의 전설적인 제2대 왕), 바라문 여승들과 고대 로마의 여사제들은 이와는 반대로 도시의 합리적인 질서와 안정을 확보하는 책임을 맡는다. 그때 여자는 복잡한 의식을 통

---

*18 사마귀의 신화에 아무 생물학적인 근거가 없음은 우리가 이미 증명했다.

하여 결혼으로 남편과 맺어지고, 남편과 협력하여 자연의 모든 여성적인 힘을 남편의 지배에 맡긴다. 로마에서는 사제의 아내가 죽으면 그 사제는 사임했다. 이집트에서도 이시스(이집트 여신, 오시리스의 누이이며, 아내가 됨)는 모신(母神)으로서의 최고 권력을 상실한 뒤에도 여전히 관대하고, 상냥하고, 친절했으며, 현명한 여성으로서 오시리스(옛 이집트의 신으로 죽은 자의 보호자. 이시스의 남편이요, 오루스의 아버지)의 훌륭한 아내로 남아 있었다. 그러나 여자가 이처럼 남자의 동료나 보좌, 반쪽이 될 때, 여자에게는 반드시 하나의 의식이나 혼이 주어진다. 남자도 인간의 본질을 같이하지 않는 사람에게는 그토록 안심하고 의지할 수 없다. 이미 말한 바와 같이 마누법전은 합법적인 아내에게 그 남편과 같은 낙원을 약속했다. 남성이 개성화하여 자기의 개성을 요구할수록, 그만큼 그는 아내의 개성과 자유를 인정하게 될 것이다. 자신의 운명에 무관심한 동양 남자는 자신의 향락의 대상이 되는 한 아내로 만족한다. 그러나 서양 남자가 자기존재의 개성을 자각할 정도에 이르면 다른 순종적인 자유의 개체로부터 인정받으려고 한다. 그리스 남자는 규방의 포로인 여자를 자기가 요구하는 동등한 인간이라고 생각하지 않는다. 그래서 자기의 육체와 마찬가지로 의식과 자유가 깃든 남자에게서 애정을 찾으려 한다. 아니면 자주성과 교양과 재치가 남성과 거의 듯먹는 창녀에게 사랑을 바치기도 한다. 그러나 사정만 허락한다면 남자의 요구를 최고로 만족시킬 수 있는 것은 아내이다. 로마 시민은 기혼부인을 하나의 인격체로 인정했다. 로마 시민은 코르넬리아(스키피오의 딸이자 그라쿠스의 아내. 굳센 성격의 여자로, 남편이 죽은 뒤 자녀를 정성껏 길러 로마 어머니의 이상적 유형이 되었다. BC 185~110)와 아리아 속에 자기의 분신을 갖고 있다.

 어떤 점에서 남녀의 평등을 선언한 것은, 역설적이지만 그리스도교이다. 그리스도교는 여자의 육체를 혐오한다. 만일 여자가 육체로서의 자신을 부정한다면, 남자와 같은 자격으로 구세주에게 속죄받는 신의 피조물이 된다. 그래서 여자는 남자들과 나란히 천상의 환희를 약속받은 영혼들의 대열에 동참하게 된다. 남자도 여자도 신의 종이 되고, 천사와 같이 거의 중성화되어, 성령의 도움으로 지상의 유혹을 물리친다. 만일 여자가 자기의 동물성을 부인한다면, 원죄의 육체화에서 벗어나, 원죄를 극복한 선택된 사람들 가운데에서도 가장 빛나는 승리의 화신이 될 것이다.*[19] 물론 인간들의 죄를 용서하는 신인 구세주는 남성이다. 그러나 인간은 구원받기 위하여 서로 협력해야만 한다. 그것도

---

*[19] 예를 들면 클로델의 작품에서 여자가 차지하는 특권적 지위는 여기서 비롯된 것이다.

가장 비천하고 가장 타락한 모습으로 순종적 선의를 표명하지 않으면 안 될 운명에 처해 있다. 그리스도는 신이지만, 온 인류를 지배하는 것은 여자, 즉 '어머니인 처녀'이다. 하지만 여자에게 위대한 여신의 옛 특권을 부활시키는 것은 사회를 초월한 여러 교파뿐이다. 로마 교회는 여자가 남자의 부속물임을 인정하는 가부장제 문화를 상징하며 또 섬기고 있다. 여자는 남자에게 순종하는 하녀가 됨으로써 축복받은 성녀가 되기도 한다. 이렇게 해서 중세 중엽에 남자에게 유리한 가장 완성된 여성상이 만들어졌다. 그리스도의 어머니 마리아의 얼굴은 영광으로 에워싸여 있다. 그녀는 죄 지은 여인 이브와는 반대의 모습이다. 그녀는 뱀을 발로 밟아 죽인다. 이브가 원죄의 중개자였지만, 성모는 구원의 중개자이다.

여자가 두려움의 대상이 되어 왔던 것은 '어머니'로서였다. 그러므로 여자를 변형시키고 복종시키려면, 바로 이 모성을 통해서 행해야만 한다. 마리아의 처녀성은 특히 하나의 부정적 의미를 지닌다. 즉 그 존재를 통하여 육체의 죄를 씻은 여자는 더는 육체적인 존재가 아니라는 것이다. 아무도 그녀를 만지거나 소유한 일이 없다. 아시아의 '대모신(大母神)'에게도 남편은 인정되지 않았다. 그녀는 세계를 낳고 홀로 그 세계에 군림했다. 변덕스럽고 음탕할 때도 있었지만, '어머니'로서의 위대성이 아내의 굴종적인 신분 때문에 감소되는 일은 없었다. 이와 같이 마리아는 성욕에 뒤따르는 더러움을 모른다. 여전사 미네르바(로마 신화에 나오는 지혜의 여신. 유피테르의 딸. 그리스 신화의 아테네에 해당)의 계보에 속하는 마리아는 상아탑이며, 난공불락의 성채이다. 고대의 사제들도 그리스도교 성녀들처럼 대부분 처녀들이었다. 선(善)에 바쳐지는 여자는 순결해야 한다. 그녀는 누구에게도 정복되지 않은 완벽한 형태로 여성적인 요소를 간직해야만 한다. 마리아의 아내로서의 성격을 거부한다면, 그것은 그녀에게서 '어머니인 여자'를 보다 순수하게 드높이기 위해서이다. 그러나 자기에게 할당된 종속적인 역할을 받아들여야만 마리아는 찬미된다. "나는 주의 여종이로소이다." 인류 역사상 처음으로 어머니가 자기 아들 앞에 무릎을 꿇는다. 어머니는 스스로 자신의 열등성을 인정한다. 그것이야말로 마리아 신앙에서 이룬 남성의 결정적인 승리이다. 마리아 신앙은 여자의 완전한 패배에서 얻은 남자의 권리 회복이다. 이슈타르(바빌로니아, 아시리아 신화에서 애욕의 여신), 아슈타르테(고대 시리아의 풍요와 다산의 여신. 가끔 그리스 신화의 아프로디테와 동일시된다), 키벨레(프리기아 지방의 생식력이 풍부한 대지의 위대한 여신. 이 여신의 숭배는 소아시아에서 발하여 지중해 지역의 여러 지방으로 퍼짐)는 잔인하고 변덕스럽고 음탕했다. 이 고대의 여신들은 세력이 막강했다. 삶과 죽음의 원천인 그녀들은 남자를 낳아 노예로 삼았다. 그리스도교에서는 삶과 죽음을 신에게만 의존하며, 어머니로부터 태어난 남자는 거기에서 영원히 벗어나, 이제 대지는 그 뼈가 묻히기만을 기다릴 뿐이다. 그의 영혼이 맞닥뜨릴 운명은 어머니의 힘이 미치지 못하는 영역에서 전개된다. 세례의식은 태반을 태우거나 강물에 던지는 의식을 우습게 여긴다. 지상에는 더 이상 마술이 활동할 여지가 없으며, 신이 유일한 왕이다. 자연은 본디 위험하지만 신의 은총 앞에서는 무력하다. 자연현상으로서의 모성 또한 어떠한 힘도 발휘하지 못한다. 만일 여자가 태어나면서부터 갖게 될 오점을 자기 안에서 극복하려면, 신 앞에 몸을 굽히는 길밖에 없다. 신의 의지는 여자를 남자에게 예속시킨다. 이런 예속을 거쳐 여자는 남성의 신화에서 새로운 역할을 맡을 수 있다. 여자가 지배자가 되기를 원하고 그 권리를 분명히 포기하지 않을 때는 얻어맞고 짓밟히지만, 가신(家臣)으로서는 존경을 받을 것이다. 여자는 자기의 원시적인 특질은 아무것도 잃지 않는다. 그러나 그 모습은 변한다. 불길한 것이 길한 것이 되어 나쁜 마력은 좋은 마력으로 변한다. 여자는 하녀로서 가장 화려한 예찬을 받을 권리를 얻는다.

여자가 복종하게 된 것은 '어머니'로서이기 때문에 여자가 대우와 존경을 받는 것도 첫째로 어머니로서이다. 모성의 오랜 두 얼굴 가운데에서 오늘날 남자들은 미소짓는 얼굴만 인정하려고 한다. 남자는 시간과 공간 속에서 제한을 받으며 하나의 육체와 유한한 생명밖에 소유하지 못하기 때문에, 어디까지나 외부의 '자연'과 '역사' 속의 한 개체에 불과하다. 또한 여자는 남자처럼 제한되고 정신이 깃들어 있는 한 남자와 비슷하지만, '자연'에 속하고 '생명'의 무한한 흐름과 이어진다. 그러므로 여자는 개체와 우주의 중개자처럼 보인다. 어머니의 모습이 안심할 만큼 신성한 것이 되었을 때, 남자가 애정을 가지고 그녀에게 향하는 이유를 알 수 있다. 자연 속에서 어찌할 바를 모르게 되면 남자는 거기에서 벗어나려고 하지만, 정작 자연에서 떨어져 나오면 또 자연으로 되돌아가려고 갈망한다. 가족이나 사회에서 확고한 지반을 마련하고, 법률이나 풍습과 조화를 이루면 어머니는 '선(善)'의 화신 그 자체이다. 그 영향으로 여자가 속한 자연도 선이 된다. 어머니는 이젠 정신의 적이 아니다. 가령 신비에 싸여 있을 때도 그것은 부드럽게 미소짓는 신비이다. 마치 레오나르도 다빈치가 그린 성모의 신비와 같은 것이다. 남자는 여자가 되고 싶어하지는 않는다. 그러나 자기 속에 모든 것을, 따라서 자기가 아닌 여자도 거두어 들이려고 한다. 남자는 어머니에게 숭배를 바칠 때에도 어머니가 가진 외적인 부(富)를 자기 것으로 만들려고 시도한다. 자기가 어머니의 아들임을 스스로 인정하는 행위는 자기 속에 어머니를 인정하는 것이며, 대지와 생명, 과거와 관련이 있는 존재로서의 여성을 자기가 거두어 들이는 것이다. 비토리니의 《시칠리아 섬에서의 대화》에서 주인공이 어머니 곁으로 찾아가는 것이 바로 그것이다. 즉 고향땅, 그 향기로운 과일, 유년시절, 선조들의 추억, 전통, 그리고 '그'라는 개인적 존재가 나온 뿌리를 찾아가는 것이다. 남자의 마음에 자기초월의 긍지를 드높이는 것은 바로 이러한 뿌리이다. 남자는 어머니의 팔을 뿌리치고 모험이나 미래, 전쟁을 향해 출발하는 자신을 찬탄의 눈으로 바라보기를 즐긴다. 붙잡는 사람이 아무도 없다면 그 출발은 별로 감동적이지 않을 것이다. 그것은 우연적인 사건일 뿐이지, 힘들여 쟁취한 승리처럼 보이지는 않을 것이다. 또한 어머니의 두 팔이 언제나 자기를 환영할 준비가 되어 있음을 알기 때문에 흐뭇할 것이다. 영웅은 활동의 긴장이 풀리면 다시 어머니의 곁에서 내재의 휴식을 맛보고자 한다. 어머니는 피난처이며 수면을 취할 수 있는 곳이다. 그는 어머니의 손에 애무를 받고, 다시 한 번 자연의 품 속에 잠겨, 자궁이나 무덤 속처럼 조용한 생명의 큰 흐름에 몸을 맡긴다.

　남자가 어머니의 이름을 부르면서 죽어가는 것이 전통이 된 것은 어머니의 시선 아래서는 죽음까지도 길들여져 탄생과 대칭을 이루며, 모든 육체의 생명과 불가분의 관계를 맺기 때문이다. 어머니는 지금도 고대 신화의 파르카 여신들(로마 신화에서 남자의 생명을 조종한다는 지옥의 세 여신. 그리스 신화에서의 모에라이 여신들과 동일시된다)처럼 죽음과 관련되어 있다. 죽은 사람을 묻고 애도하는 것은 어머니에게 어울린다. 그러나 어머니의 역할은 분명히 죽음을 생명과 사회, 선에 합치시키는 것이다. 그래서 '영웅적인 어머니들'의 숭배는 관례적으로 장려된다. 만일 사회가 어머니에게 아들을 죽음에 양보하도록 설득할 수 있다면, 사회는 자식을 죽일 권리가 있다고 생각한다. 어머니가 자식에게 행사할 수 있는 힘 때문에 사회는 어머니를 자기에게 예속시키는 것이 유리하다. 그래서 어머니는 그처럼 존경의 상징으로 에워싸이고 온갖 미덕을 부여받는다. 어머니에 관해서 일종의 종교가 창시되고, 이것을 무시하면 불경과 모독의 죄명으로 비난한다. 어머니는 도덕의 수호자가 된다. 남성의 봉사자, 권력의 시종으로서 어머니는 자기 아이들을 정해진 길로 조용히 이끄는 것이다.

사회가 확실히 낙관적일수록, 또 애정어린 권위를 순순히 받아들일수록, 어머니는 그 집단 속에서 더욱 변형될 것이다. 미국의 '엄마'는 필립 윌리가 《독사의 세대》에서 그리는 것 같은 우상이 되었다. 미국의 공인된 이데올로기는 가장 철저한 낙천주의이기 때문이다. 어머니를 찬미하는 것은 곧 출생과 생명과 죽음을 동물적인 동시에 사회적인 형태로 받아들이는 것이다. 그것은 자연과 사회의 조화를 선언하는 것이다. 오귀스트 콩트가 여자를 미래 '인류'의 신으로 받든 것도 이런 종합의 완성을 꿈꾸었기 때문이다. 그러나 그 때문에 모든 반역자들은 어머니의 상(像)에 악착같이 덤벼든다. 그들은 그것을 조롱함으로써 관습과 법률의 여자 수호자를 통해서 자기들에게 부과하게 될 조건들을 거부하는 셈이다.[*20]

---

[*20] 미셀 레리스의 '어머니'란 제목의 시를 여기 인용해야겠다. 특이한 몇 구절만 발췌했다.

> 검은빛·보랏빛·연보랏빛 옷을 입은 어머니—밤의 도둑—그녀의 숨은 솜씨로 당신들을 낳아서 젖 먹여 길러 관 속에 넣는 마법사. 그녀는 자기의 오그라진 육체를 공손히 관 속에 모시는 당신의 손에 마지막 장난감을 양보하지 않는다……
>
> 어머니—눈먼 조상, 불가침의 성단 위에 세워진 운명—당신들을 애무하는 자연, 향기를 보내는 바람, 당신들을 모두 함께 꿰뚫어(수많은 나선 위에 올려) 하늘로 보내고 그 육체를 썩히는 세계……
>
> 어머니—젊거나 혹은 늙기도, 아름답거나 혹은 추하기도, 자비롭거나 혹은 완고하기도 한—그것은 우스꽝스러운 그림, 질투하는 괴물, 은총을 잃은 전형(典型)—그 이념(준엄한 대문자의 삼각대 위에 앉은 시든 무녀(巫女)이 발랄하고 경쾌한 무지갯빛 생각들의 야릇한 모방에 불과하다면……
>
> 어머니—그 둥근 허리가 이제는 가늘어졌고, 그 탐스런 유방이 이제는 메말랐다. 그것은 처음부터 어떤 여자에게나 약속된 길이다. 월경의 파도 밑에 반짝이는 바위는 차츰 부서져 가고, 해묵은 사막의 모래 밑에는 화려하고 찬란한 대상(隊商)이 파묻혀 가네.
>
> 어머니—도사리고 있는 죽음의 천사, 포옹하는 우주의 천사, 세월의 물결 따라 흘러간 사랑의 천사—그것은 깊은 수반(水盤) 속에 던져질 일그러진 무늬(확실한 독의 표시)의 조가비, 잊힌 바다 속에서 자라나는 조가비이다.
>
> 어머니—모두의 그리고 우리 자신의 영원한 애도 속 검은 물구덩이—그것은 무지갯빛 감도는 김이 서린 악취를 풍기는 것이다. 언젠가는 벼락이 찢어 놓고야 말 팽팽한 너울을, 커

'어머니'를 후광으로 둘러싸는 존경의 마음과 '어머니'를 에워싸는 금기들은 어머니가 불러일으키는 육체적인 애정에 자연적으로 섞이는 적대적인 혐오감을 누른다. 하지만 잠재적인 형태에서 모성에 대한 혐오는 여전히 남아 있다. 특히 다음과 같은 사실에 주목하는 것은 흥미로운 일이다. 프랑스에서 중세 이후로 이런 증오를 자유로이 표현할 수 있는 이차적인 신화, 즉 '장모'의 신화를 만들어 냈다는 것이다. 우화시에서 통속 희극에 이르기까지 어떤 금기에도 보호받지 못하는 장모를 통해 남자는 모성 전체를 조롱한다. 남자는 자기가 사랑하는 아내가 그 어머니의 태내에서 태어난 것을 증오한다. 장모는 자기가 낳은 딸에게 운명지어진 노쇠함의 명백한 모습인 것이다. 장모의 비만과 주름은 젊은 아내에게 약속된 비만과 주름을 예고한다. 그래서 젊은 아내의 미래는 이와 같이 슬프게 예시된다. 장모의 곁에 있는 젊은 아내는 이제 한 개체가 아니라, 종(種)의 한 시기일 뿐이다. 그녀는 이제 바람직한 먹이도, 그리운 반려자도 아니다. 왜냐하면 그녀의 개별적인 실존은 보편적인 생명 속에 녹아 들어가기 때문이다. 그녀의 개성은 보편성에 의해 조롱받는다. 남자가 우스꽝스런 등장인물 속에서 객관화하는 것은 이런 조롱이다. 그러나 남자의 조소 속에 그토록 원한이 섞여 있는 것은, 아내의 운명이 온 인류의 운명, 즉 자기의 운명이라는 것을 잘 알고 있기 때문이다. 어떤 나라든 전설과 이야기는 모성의 잔인한 일면을 후처를 통해 보여 준다. 백설공주를 죽여 없애려던 것은 계모이다. 악랄한 계모—이를테면, 세귀르(프랑스 여류동화 작가, 1799~1874)의 여러 작품에 나오는 소피를 매질하는 피쉬니 부인—속에는 자른 머리를 모아 목걸이로 하는 고대의 칼리가 살아 있다.

그런데 신성시되는 '어머니'의 뒤에 초목의 즙과 별빛을 남자에게 봉사하는 흰 마녀의 무리가 있다. 눈에 자애가 넘치는 노파들, 선량한 하녀들, 자선단체의 수녀들, 놀라운 솜씨의 간호사들은 베를렌(프랑스 상징파 시인, 1844~1896)이 꿈꾸는 그런 애인 같은 존재들이다.

---

다란 짐승의 그림자 같은 물거품으로 팽창시켜 터뜨리는 악취를 풍기는 것……

우리가 아이를 낳았다는 그 죄를 용서받기 위해 영원히 맨발로 기고 있다는 생각이 어떤 순진한 매춘부의 머릿속에 어찌 떠오르지 않을 것인가?

상냥하고 사려 깊으며 도무지 놀라는 일이 없는 갈색 머리칼의,
아이처럼 당신 이마에 가끔 키스해 주는 여자.

그녀들은 포도덩굴이나 맑은 물의 청명한 신비를 간직하고 있다. 그녀들은 붕대를 감아 치료해 준다. 그녀들의 지혜는 생명의 말없는 지혜이다. 그녀들은 잠자코 이해해 준다. 곁에 있으면 남자는 모든 오만함을 잊고 몸도 마음도 어린아이로 되돌아가는 즐거움을 맛볼 수 있다. 그와 그녀들 사이에는 명예를 다투는 일이 없기 때문이다. 그가 자연의 그 비인간적인 미덕에 화를 내는 일은 없을 것이다. 그리고 현명한 여자는 헌신적으로 남자를 돌보면서 그의 하녀가 되어 살아가기를 자처한다. 남자가 이런 여자들의 지혜로운 힘에 순종하는 까닭은, 이런 순종을 통해 자기가 그녀들의 주인으로 머물 수 있다는 점을 알기 때문이다. 자매나 어린시절의 여자친구들, 청순한 소녀들, 장차 어머니가 될 여자들은 모두 이 축복받은 무리에 참가하고 있다. 그리고 아내까지도 그녀의 성적 매력이 사라졌을 때, 많은 남성들에게 애인보다는 오히려 아기 어머니로 보인다. 어머니가 성화(聖化)되고 굴종된 그날 이후로, 역시 성화되고 굴종된 아내에게서 두려움 없이 어머니의 모습을 재발견할 수 있다. 어머니를 재인식하는 것은 육체를 재인식하는 것이며, 결국 육체의 결합과 아내를 재인식하는 것이다.

결혼의식을 통해 그 마력의 무기를 빼앗기고, 경제적·사회적으로 남편에게 예속된 '착한 아내'는 남자에게 가장 귀중한 보배이다. 아내는 완전히 남편의 소유가 되므로 남편과 같은 본질을 나누어 갖게 된다. "그대가 가이우스라면 나는 가이아로다."(로마에서 결혼선약/올릴 때 쓰는 말) 아내는 남편의 이름을 따고 남편의 신을 믿으며, 남편은 아내를 책임진다. 남편은 아내를 자기의 반쪽이라고 부른다. 남편은 아내를 자기 집이나 토지, 가축이나 재산과 마찬가지로, 때로는 그 이상으로 자랑스럽게 여긴다. 남편은 아내를 통해서 자기 세력을 세상 사람들에게 과시한다. 아내는 남편의 판단 기준이 되며 이 세상에서 남편에게 돌아간 몫이다. 동양 사람들의 경우 아내는 뚱뚱해야 한다. 아내가 영양을 충분히 섭취했음을 남에게 보이는 것이 남편에게 명예로운 일이기 때문이다. 회교도는 되도록 많은 아내를 거느리고, 그녀들이 건강하게 보일수록 그만큼 더 존경받는다. 부르주아 사회에서 아내에게 주어진 역할의 하나는 생활 정도를 나타내는 것이다.

그녀의 아름다움·매력·지성·맵시는 자가용의 외형과 마찬가지로 남편의 부에 대한 외적 표시인 것이다. 부자 남편은 아내를 모피와 보석으로 감싸 준다. 가난한 남편은 아내의 성품과 살림재주를 자랑할 것이다. 아주 찢어지게 가난한 남자도 자기를 섬기는 여자를 손에 넣으면, 이 세상에서 커다란 무엇을 소유하고 있다고 느낀다. 《말괄량이 길들이기》(셰익스피어의 희곡)의 주인공은 이웃 사람들을 모두 불러, 자기가 얼마나 단호하게 아내를 길들였는가를 보여 준다. 남자들은 누구나 칸다울레스 왕(소아시아 지방의 옛 리디아 왕)과 많든 적든 닮은 데가 있다. 모두 자신의 능력을 과시하려는 생각에서 아내를 내세운다.

   그러나 여자는 남자의 사회적 허영심을 부추길 뿐만 아니라, 사사로운 자랑까지도 남자에게 맛보게 해 준다. 남자는 자기가 여자에게 끼치는 지배력에 흐뭇해 한다. 여자가 하나의 인격으로 취급받을 때는 쟁기가 밭이랑을 간다는 자연현상적인 비유에 더해 정신적인 상징이 겹쳐진다. 성적으로뿐만 아니라 도덕적·지적으로 남편은 아내의 모습을 '만들어' 간다. 남편은 아내를 교육하고 각인을 찍고 영향력을 남긴다. 남자가 만족해 하는 꿈의 하나는 자기의 의지를 사물에 침투시켜 형체를 빚고, 그 실질 속으로 돌입하는 것이다. 이때 여자는 더할 나위 없는 '부드러운 반죽'으로 얌전하게 빚어지며 세공하는 대로 이루어진다. 만들어지는 대로 되면서도 저항하기 때문에, 이것이 남자의 행위를 영속화시키는 것이다. 너무 쉽게 뜻대로 되는 재료는 감칠맛이 없다. 여자의 귀중한 점은, 그녀 속의 무엇인가가 어떤 포옹에도 자꾸만 제한 없이 빠져 나간다는 데 있다. 남자는 손아귀에 들어오지 않는 대상일수록 그만큼 더 지배할 가치가 있다고 여기는 현실의 지배자이다. 여자를 통해 남자 속에 하나의 미지의 존재가 눈을 뜨고, 그것이 자기 자신임을 남자는 자랑스럽게 여긴다. 부부간의 은밀한 쾌락 속에서 남자는 자기의 동물성을 자각한다. 남자는 '수컷'이다. 상대적으로 여자는 '암컷'이다. 그러나 이 말이 때에 따라서는 가장 즐거운 여운을 남긴다. 새끼를 낳아 젖을 먹이고, 핥아 주고 지켜 주고 생명의 위험에서 구해 주는 암컷은 인류의 모범이다. 남자는 감동을 느끼면서 아내에게 이런 인내와 헌신을 요구한다. 가장이 가정에 가두어 두고 싶은 것은 역시 '자연'이다. 그러나 그 자연은 사회나 가정, 가장에게 유익한 모든 미덕이 깃든 자연이다. 아이나 어른을 막론하고 남자에게 공통적인 욕망의 하나는 사물(또는 현상)의 내부에 숨어 있는 비밀을 드러내는 것이다.

이런 관점에서 보면 물질은 실망을 준다. 배가 찢어진 인형의 내용물이 밖으로 튀어나오면 그것은 이젠 내면성이 없다. 살아 있는 생명체의 내성은 더욱 알 수 없다. 여성의 자궁은 내재성과 깊이의 상징이다. 그것은 그런 비밀을 일부분 드러내고 있다. 특히 여성의 얼굴에 쾌락의 빛이 보일 때 그렇다. 그러나 그 얼굴은 비밀을 그대로 간직하고 있기도 하다. 남자는 가만히 앉아서 생명의 미지의 고동과 그 신비를 파괴하지 않고 교묘히 손에 넣을 수 있다. 여자는 동물 암컷의 기능을 인간세상에 들여온다. 여자는 생명을 유지하고, 내재의 영역을 지배하며, 자궁의 온기와 내성을 가정으로 옮겨 온다. 과거가 간직되고 미래가 예시된 집을 지켜 나아가며 활기를 불어넣는다. 여자는 미래의 세대를 낳고 아기를 기른다. 여자 덕분에 남자가 세계를 이리저리 뛰어다니며 일과 행위 속에서 소모하는 실존은 그녀의 내재 속에 다시 가라앉아 회복된다. 저녁에 집으로 돌아가면 남자는 지상에 닻을 내린다. 여자를 통해서 그날 그날의 연속성이 유지된다. 남자가 외부세계에서 어떤 위험에 부딪치든, 여자는 그에게 식사와 수면의 반복을 보장해 준다. 남자의 활동으로 파괴되고 소모되는 모든 것을 여자가 되돌려 준다. 여자는 피로한 노동자의 식사를 준비하고, 그가 아플 때는 간호해 주며, 옷을 수선해 주고 세탁해 준다. 그리고 여자는 자기가 이루어가며 영속시키는 부부의 세계에 넓은 세계 전체를 끌어들인다. 불을 지피고, 집을 꽃으로 장식하고, 태양과 물과 땅의 발산물을 손질한다. 베벨이 인용한 어떤 부르주아 작가는 이 이상을 다음과 같이 진지하게 요약하고 있다. '남자는 자기를 위해 심장이 고동칠 뿐만 아니라, 그 손으로 자기 이마를 닦아 주고, 평화와 질서와 안정이 흘러 넘치게 하며, 자기가 집에 돌아갈 때마다 보게 되는 사물들과 자신에게 무언의 권위를 미치는 그런 누군가를 원한다. 남자는 모든 사물에 이 표현할 수 없는 여인의 향기를 전해 줄 누군가를 원한다. 그 묘한 여인의 향기란 가정생활에 윤기를 더하는 따사로움이다.'

그리스도교의 출현 이래 여성상이 어느 정도 내면화된 것은 분명하다. 남자가 여자를 통해 파악하려는 아름다움과 따사로움, 친밀성은 이젠 감각적인 성질의 것이 아니다. 여자는 사물의 감미로운 외관을 나타내는 대신에 그 사물의 영혼이 된다. 여자의 마음속에는 육체의 신비보다 더 깊게 세계의 진리를 반영하는 은밀하고 순수한 것이 있다. 여자는 집과 가족, 가정의 영혼이다. 나아가 보다 큰 집단, 도시나 지방, 혹은 국가의 영혼이다. 도시는 그 태내에 시민들을 품고 있으므로 언제나 '어머니'와 흡사하다고 융은 지적하고 있다. 그래서 키벨레는 머리에 탑을 이고 있다. 같은 이유로 '어머니인 조국'이란 말도 하게 된다. 그러나 여자를 상징하는 것은 양분을 주는 토양뿐만 아니라, 한결 미묘한 현실이다. 구약성서와 묵시록에서 예루살렘과 바빌론은 어머니에 그치지 않고, 아내이기도 하다. 처녀의 도시도 있으며, 바벨이나 티르 같은 창녀의 도시도 있다. 또 사람들은 프랑스를 로마 교회의 '장녀'라고 부른다. 프랑스와 이탈리아는 같은 라틴계의 자매이다. 프랑스, 로마, 게르마니아를 상징하는 조각이나 콩코르드 광장에 있는 스트라스부르나 리옹을 나타내는 여인상에서는, 여자의 기능이 아니라 단지 여자다움이 나타나 있을 뿐이다. 여자와 장소의 이런 동일시는 단지 비유적일 뿐만 아니라, 많은 남자들을 통해 감정적으로 실현되고 있다.*21 여행자가 방문한 나라의 열쇠를 여자에게서 찾는 것은 흔히 있는 일이다. 이탈리아 여자나 에스파냐 여자를 품에 안았을 때, 그에게는 이탈리아나 에스파냐의 달콤한 본질을 손에 넣은 것 같은 느낌이 든다. "나는 새로운 도시에 도착하면 언제나 사창가를 찾아가는 것부터 시작한다"고 어떤 저널리스트는 말했다. 계피가 든 초콜릿 한 개가 지드(프랑스 작가, 1869~1951)에게 에스파냐 전체를 발견할 수 있게 했는데, 하물며 이국 여성과의 키스가 상대 남자에게 그 나라의 식물·동물·전통·문화와 더불어 한 나라의 모든 것을 알려 주지 않으랴. 여자는 그 나라의 정치제도나 경제적 부를 대표하지는 않지만, 그 육체적 정수와 신비한 마나를 동시에 구현한다. 라마르틴(프랑스 시인·정치가, 1790~1869)의 《그라지엘라》로부터 로티(프랑스 소설가, 1850~1923)의 장편소설이나 모랑(프랑스 소설가, 1888~1976)의 단편소설에 이르기까지, 외국인이 한 지방의 영혼을 자기 소유로 만들려는 것은 여자를 통해서임을 알 수 있다. 미뇽, 실비(동 다 네르발의 소설 속 주인공), 미레유(미스트랄의 서사시 속 여주인공), 콜롱바, 카르멘(메리메의 소설 속 주인공)은 각각 이탈리아, 발래(스위스 남서부의 주), 프로방스, 코르시카, 안달루시아의 가장 심오한 진실을

---

*21 클로델이 최근에 발표한 치욕적인 시에서는 그 동일시가 비유적으로 나타나 있다. 거기에서 그는 인도차이나를 '노란 여인'이라고 부른다. 이와 반대로 그 동일시가 흑인 시인의 시에서는 감정적이다.

조상이 잠들어 있는 검은 나라의 넋은
되살아나 말한다.
이 밤도
그대의 가는 허리를 불안하게 더듬는 힘이 되어.

드러내고 있다. 괴테가 알사스 여인 프레데리카로부터 사랑을 받았다는 것은 독일 사람들에게는 독일 병합의 상징처럼 보인다. 반대로, 콜레트 보도쉬(모리스 바레스의 소설 속 주인공)가 독일 사람과 결혼하기를 거부할 때, 바레스(프랑스의 전통주의적 낭만주의 작가·정치가, 1862~1922)의 눈에는 독일을 거부하는 것은 알사스였다. 바레스는 베레니스(바레스의 소설 속 주인공)라는 조그만 소녀를 통해 에그 모르트라는 마을과 세련되고 섬세한 문명 전체를 상징하고 있다. 그녀는 또한 그 작품 속에서 작가 자신의 감수성을 대변한다. 왜냐하면 남자는 자연과 도시와 세계의 영혼인 여자에게서 자기의 신비스러운 분신을 발견하기 때문이다. 남자의 영혼은 프시케(그리스 신화의 사랑의 신 에로스에게 사랑을 받은 미소녀로, 영혼의 운명을 상징)요, 한 여자이다.

에드가 앨런 포(미국 작가·시인, 1809~1849)의 《울라룸》 속에서 프시케는 여성의 특징을 갖고 있다. '여기서 언젠가, 나는 삼나무가 늘어선 길을 나의 영혼과 함께 방황한 적이 있었다. 나의 영혼은 프시케와 함께 삼나무가 늘어선 길을…… 이리하여 나는 프시케를 애무하고 키스했다. ……그리고 나는 말했다. 다정한 누나여, 그 무덤의 입구에는 뭐라고 씌어 있었나요?'

그리고 말라르메(프랑스 상징파 시인, 1842~1898)는 극장에서 '영혼 또는 우리의 관념'(즉 인간의 지성에 나타나는 신)과 대화할 때, 그것을 '매우 기품 있는 이상한 부인'*22(원문 그대로)이라고 불렀다.

꿈과는 다른 즈화르운 나
그 침묵으로 꿋꿋한 여자!
불가사의한 나…….

이와 같이 발레리(프랑스 시인·사상가, 1871~1945)는 영혼에게 묻는다. 그리스도교의 세계는 님프와 요정을 그다지 육체적이 아닌 존재로 대치시켰다. 그러나 가정·풍경·도시, 게다가 인간까지도 여전히 형체 없는 여성적인 것이 따라다니고 있다.

사물의 어둠 속에 묻혀 있는 이 진실은 또한 하늘에서 빛나기도 한다. 완전한 내재적 존재인 '영혼'은 동시에 초월자, 즉 '이념'이다. 도시나 국가뿐만 아니라 추상적인 실재나 제도도 여성의 모습을 띠고 있다. '로마 교회'·'유대 교회'·'공화제'·'인간성'은 여성적이며, 또한 '평화'·'전쟁'·'자유'·'혁명'·'승리'도 그러하

---

*22 《극장에서의 소묘》(1897년 간행된 산문작품의 집대성 《디바가시옹》에 수록)

다(이런 말들은 모두 프랑스어에서는 여성형이다). 남자는 이상을 본질적인 '타자'로서 자기 앞에 놓는다. 그리고 그것을—여성이 타자성(다른 존재)을 감각적으로 느끼게 하는, 형체를 가진 존재라는 이유로—여성화한다. 그 때문에 초상화나 언어에서도 거의 모든 비유가 여성이다.*23 영혼이며 이념이기도 한 여자는 또한 이 둘 사이의 중개자이기도 하다. 여자는 그리스도교 신자를 신에게 인도하는 '미의 여신'이며, 단테를 피안(彼岸: 현실 저편의 이상적 세계. 불교에서는 깨달음(열반)의 세계)으로 인도하는 베아트리체(단테의 《신곡》에 나오는 이상적인 여인상)이자, 페트라르카(이탈리아 시인. 1340~1374)를 시의 높은 정상으로 이끄는 라우라(프로방스 출생. 페트라르카의 시를 통해 영원히 전해지는 여인)이다. '자연'과 '정령'을 동일시하는 모든 교의에서 여자는 '조화'·'이성'·'진리'로 나타난다. 그노시스파(1세기 지중해 세계에서 일어난 종교사상)는 '예지'를 소피아라는 여자로 하고, 세계의 속죄와 창조까지도 그녀의 책임으로 돌렸다. 그렇게 되면 여자는 단순히 육체가 아니라 영광의 화신이다. 사람들은 더 이상 그녀를 소유하려 들지 않고, 금단의 영광 속에서 그녀를 존경한다. 에드가 앨런 포의 창백한 여자 망령은 물이나 바람, 추억과도 같이 유동적이다. 기사도의 연애나 17세기의 프레시외(17세기 멋과 문체에 뛰어난 사람들)에게는, 그리고 모든 우아한 전통에서 여자는 더 이상 동물적인 존재가 아니라 에테르와 같은 존재이며, 바람결이고 햇빛이다. 이렇게 해서 여자의 '밤'의 불투명성은 투명성으로, 불순은 순결로 바뀐다. 노발리스(독일 시인. 독일 로망티즘의 대표작가. 1772~1801)의 다음과 같은 글에서 이를 엿볼 수 있다.

'밤의 황홀, 하늘의 졸음이여, 그대는 내게로 내려왔다. 풍경은 조용히 떠오르고, 해방되어 재생된 나의 정신은 풍경 위를 날아갔다. 그 글은 구름이 되고, 그 구름을 통해 나는 지극히 사랑하는 애인의 빛나는 모습을 보았다.'

'어두운 밤이여, 그대 또한 우리에게서 기쁨을 누리는가? ……귀중한 향유는 그대의 두 손에서 흐르고, 한 줄기 빛이 그대에게서 떨어진다. 그대는 영혼의 고뇌에 찬 날개를 지니고 있다. 몽롱해서 말로 표현할 수 없는 감동이 우리를 사로잡는다. 즐겁게 떨면서도 조용하고 부드럽게 내게로 기울이는 진지한 얼굴이 나를 바라본다. 곧 나는 흐트러진 고수머리 밑으로 '어머니'의 그리운 젊음을 알아본다…… '밤'이 우리 마음속에 열어 준 무한한 눈은 반짝이는 별

---

*23 언어학은 이 문제에 관해 별로 언급하지 않는다. 모든 언어학자들이 구체적인 사물을 뜻하는 단어의 성별(性別)은 순전히 우연적이라고 한결같이 인정한다. 하지만 프랑스 말에서 대부분의 실재는 여성명사이다. 그리고 독일어에서는 수입된 대부분의 외래어, 즉 다른 나라의 말은 여성명사이다.

하늘보다 한결 더 천국 같은 세계를 펼쳐 보인다.'

여자가 아래쪽으로 이끄는 유혹은 역전되어, 이젠 남자를 대지의 깊숙한 곳으로 끌어내리지 않고 하늘로 불러올린다. 괴테는《파우스트》제2부의 끝부분에서 선언했다.

> 영원한 여성이
> 우리를 저 높은 곳으로 끌어올린다.

'성녀 마리아'는 다시 태어나 '선(善)'에 몸을 바친 여성들 가운데에서, 가장 완전하고 가장 존경받는 모습이므로, 문학이나 초상화를 통하여 그녀가 어떻게 표현되는가를 살펴보는 것은 흥미로운 일이다. 다음은 중세의 열렬한 그리스도교도들이 그녀에게 바친 기도를 발췌한 것이다.
"……높으신 성녀 마리아, 그대는 풍요의 '이슬'이요, 환희의 '샘'
자비의 '강물'이요, 우리의 갈증을 풀어 주는 맑은 우물이로다."
"그대는 신이 고아에게 젖을 주는 '가슴'……."
"그대는 모든 선(善)의 '진수'요, '알맹이'요, '핵심'이로다."
"그대는 속임수를 모르는 변함없는 사랑의 '여자'……."
"그대는 신의 제물을 씻어 맑게 하는 '연못'이요, 문둥병을 고치는 생명의 '약', 살레르노(이탈리아의 도시 이름)나 몽펠리에(프랑스의 도시 이름)에서도 견줄 자가 없는 솜씨 좋은 의사로다……."
"그대는 그토록 곱고, 희고, 갸름한 손으로 코와 입을 고치며, 눈과 귀를 새로이 만드는 치유의 손을 가진 '성모'로다. 그대는 독에 감염된 환자를 고치고, 중풍을 회복시키고, 비겁한 자에게 용기를 주시고, 죽은 자를 다시 살리시나이다."

우리가 이미 지적한 대부분의 여성적인 특징들을 이 기도 속에서 다시 찾아볼 수 있다. 마리아는 풍요, 이슬, 생명의 원천이다. 많은 비유는 성모를 맑은 물이나 우물이나 샘으로 비유하고 있다. '생명의 샘'이라는 표현은 가장 널리 알려진 표현의 하나이다. 마리아는 창조하지 않으나 풍요롭게 해 준다. 땅속에 숨어 있는 것을 빛 아래 드러나게 한다. 그녀는 사물의 표면 아래 갇혀 있는 심오한 현실, 즉 '핵심'이고 '진수'이다. 마리아를 통하여 욕망은 가라앉는다. 마리아는 남자를 깊이 만족시키기 위하여 남자에게 주어진 것이다. 생명을 위협하는 어디에서나 마리아는 생명을 구하고 회복시키며, 치료하고 몸을 튼튼하게 만든다. 생명은 신에게서 나온 것이므로, 인간과 생명의 매개자인 마리아는 또한 인류와 신의 중개자이기도 하다. '악마의 문'이라고 테르툴리아누스는 말했다. 그러나 변모된 마리아는 '하늘의 문'이다. 화가들은 낙원으로 향한 문이나 창을 여는 마리아의 모습을 곧잘 그려 낸다. 또한 지상과 하늘 사이에 사다리를 세워 놓는 마리아도 그린다. 더욱 분명한 것은, 마리아가 자기 '아들' 곁에서 인간의 구원을 위하여 변호하는 모습이다. 마지막 심판을 그린 많은 그림들은 마리아가 가슴을 드러내고, 그 영광된 모성의 이름으로 그리스도에게 애원하는 것을 보여 준다. 그녀는 외투자락 속에 남자아이들을 보호하고 있다. 그녀의 인자한 사랑은 위험을 무릅쓰고 바다나 전쟁터까지 그들을 따라간다. 그녀는 자비의 이름으로 신의 심판을 누그러뜨린다. 미소지으며 영혼의 무게를 재는 저울을 '선' 쪽으로 기울이는 '저울질하는 마리아'를 많이 볼 수 있다.

　이런 자비와 애정의 역할은 여자에게 주어진 모든 역할 가운데에서 가장 중요한 것의 하나이다. 여자는 사회에 합류하더라도 '생명'의 슬기로운 관용을 지닌 덕분에 교묘하게 그 사회의 한계를 벗어난다. 경우에 따라 여자가 불안해 보이는 것은 남성이 원하는 세계와 자연의 우연성 사이에 있는 이런 거리 때문이다. 그러나 여자가 유순해서 남자의 사업을 위협할 만한 힘이 없고, 단지 남성이 그어 놓은 선(線)들을 더 풍부하게 하고 부드럽게 하는 데 그친다면, 그 거리는 유익하다. 남성 신들은 '운명'을 대표한다. 반면에 여신들은 독단적인 호의와 변덕스러운 호의를 베푼다. 그리스도교의 신은 '심판'의 엄격성을 내보인다. 성모 마리아는 자비롭고 친절하다. 지상에서 남자는 법률과 이성과 필연성의 옹호자이다. 여자는 남자와 그가 믿는 필연성의 근본적인 우연성에 대해 알고 있다. 여자의 입술에, 그 부드러운 관용 위에 꽃피는 신비스런 아이러니는 바로 거기에서 오는 것이다. 여자는 진통 속에서 아기를 낳고, 남성의 상처를 간호한다. 갓난아기에게 젖을 먹이고, 죽은 사람을 묻어 준다. 여자는 무엇이 남자들의 자존심을 상하게 하고 의지를 꺾는가에 대해 잘 알고 있다. 남자 앞에 머리를 숙이고 육체를 정신에 복종시키면서, 여자는 정신과 육체의 경계선에 머물러 있다. 그리고 딱딱하고 고지식한 남성의 세계에 이의를 제기하고, 그 모난 부위를 부드럽게 한다. 쓸데없는 사치와 의외의 우아함을 그 속에 들여온다. 남자들을 지배하는 여자의 힘은 남자들에게 자신들의 진정한 조건을 겸손하게 의식하도록 다정하게 일깨워 주는 데서 온다. 그것은 여자의 환상이 아닌, 괴롭고 아이러니컬하며 애정어린 지혜의 비밀이다. 경박함이나 변덕, 무지도 여자에겐 매력적인 미덕이 된다. 그런 미덕들은 남자가 스스로 선택했으나 또한 갇혀 있기를 원치 않는 세계의 안팎에서 한결같이 꽃피우기 때문이다. 여자는 기존의 가치나 유익한 목적을 위하여 만들어진 도구 앞에서, 있는 그대로의 사물의 신비를 대립시킨다. 여자는 도시의 거리나 갈아 놓은 밭에 시의 입김을 불어넣는다. 시는 일상적인 산문의 저쪽에 존재하는 것을 파악하려는 노트이다. 여자는 하나의 훌륭한 시적 현실이다. 그것은 남자가 스스로 뜻을 세우지 않은 모든 것을 여자 속에 던져 버리기 때문이다. 여자는 '꿈'을 구현한다. 꿈은 남자에게는 가장 친밀하면서도 가장 낯선 것이다. 남자는 그것을 바라지도 않고, 행하지도 않는다 남자는 그것을 동경할 수는 있지만 도달할 수는 없다. 심오한 내재성이며 원대한 초월적 존재이기도 한 신비로운 '타자'는 그 모습을 꿈으로 돌린다. 그리하여 아우렐리아는 꿈속에서 네르발을 방문하고, 그에게 꿈의 형태로 온 세계를 준다. '그녀는 한 줄기 밝은 빛을 받아 자라기 시작했다. 그래서 차츰 정원은 그녀의 모습으로 바뀌고, 꽃밭이나 나무는 그녀의 옷에 장미무늬와 레이스가 되었다. 한편 그녀의 얼굴과 두 팔은 하늘의 붉게 물든 구름에 그 윤곽을 새기고 있었다. 그녀의 모습이 바뀌어감에 따라 나는 그녀의 모습을 잃어버렸다. 그녀는 본래의 크기에서 사라지는 것 같았기 때문이다. 나는 외쳤다. 아! 내게서 도망치지 말아요! 자연도 그대와 더불어 죽게 된다오.'

여자는 남자의 시적 활동의 실체 그 자체이므로 여자가 남자에게 영감을 불어넣어 주는 샘물로 이해되는 것은 마땅하다. 시의 신 뮤즈는 여자이다. 뮤즈는 창조자와 창조자가 길어 올리는 자연적 원천 사이의 중개자이다. 그의 정신이 자연 속에 깊이 스며드는 여자를 통해, 남자는 침묵과 풍요로운 밤의 심연을 탐색한다. 뮤즈는 스스로의 힘으로는 아무것도 창조하지 못한다. 그녀는 남자 주인에게 순종하는 하녀가 된 현명한 시퀼라(고대 여자 예언자)이다. 구체적이고 실제적인 분야에서도 여자의 충고는 유익할 것이다. 남자는 자기가 생각해 낸 목적을 동료의 도움 없이 혼자서 이루려 하고, 보통은 다른 남자의 의견을 귀찮게 여긴다. 그러나 남자는 여자가 다른 가치를 내세워, 남자의 지혜보다 더 본능적이고 더 현실에 직접적으로 일치하는 어떤 지혜의 이름으로 말을 걸어 온다고 상상한다. 에게리아가 의논하러 온 사람에게 가르쳐 주는 것은 '직관(直觀 :*24)'이다. 남자는 별에게 이것저것 질문하듯이 자존심을 버리고 여자에게 묻는다. 이런 '직관'은 사업이나 정치에까지 도입된다. 아스파시아와 맹트농 부인은 오늘날도 여전히 화려한 활약을 하고 있다.*25

남자가 기꺼이 여자에게 맡기는 또 다른 직능이 있다. 여자는 남자의 활동의 목적이며 결단의 원천이므로, 동시에 가치의 척도도 되며 특별히 뛰어난 판단자도 된다. 남자가 '타자'를 꿈꾸는 까닭은 그것을 소유하기 위해서 뿐만 아니라, 타자에 의해 확인받기 위해서이다. 자기와 동류인 남자들로부터 확인받기 위해서는 부단히 긴장해야 한다. 그래서 남자는 외부의 시선이 그의 생활이나 사업, 그리고 자신에게 어떤 절대적 가치를 부여해 주기를 원한다. 신의 시선은 가려져 있어 낯설고 불안하다. 그래서 신앙의 전성시대에도 극소수의 신비주의자들만이 신앙을 위해 화형대에 올랐다. 이런 신의 역할이 흔히 여자에게 주어졌다. 남자와 가까이에 있고, 남자에게 지배되는 여자는 남자와 무관한 가치를 설정하지 않는다. 그렇다고 해도 여자는 타자이며 남자들의 세계 밖에 머물러 있기 때문에, 그 세계를 객관적으로 파악할 수 있다. 저마다 특수한 경우에 용기나 힘과 아름다움의 유무를 알리고, 외부에서 그 보편적인 가치를 보증하는 것은 여자이다. 남자들은 협력이나 투쟁에 너무 몰두하고 있어서 서로에 대해 구경꾼의 입장이 될 수 없다. 서로 상대를 냉정하게 바라보는 일이 없기 때문이다. 여자는 남자들의 활동에서 떨어져 경쟁이나 투쟁에 개입하지 않는다. 여자가 처한 상황은 운명적으로 관찰하는 역할만 하게 한다. 기사가 말을 타고 결투를 하는 것은 자기의 귀부인을 위해서이며, 시인들이 얻으려고 하는 것은 여자들의 공감이다. 라스티냐크(발자크의 《고리오영감》 등 여러 작품에 등장하는 음모가이자 야심가)가 파리를 정복하려고 했을 때 먼저 여자를 손에 넣을 궁리부터 하는데, 그것은 그녀의 육체를 소유하기 위해서라기보다 오히려 여자만이 남자에게 가져다줄 수 있는 명성을 누리기 위해서였다. 발자크는 자기 소설의 젊은 주인공들 속에 자신의 젊은 날 이야기를 삽입시켰다. 그는 젊었을 때 연상의 애인 곁에서 자기 형성

---
*24 감각·경험·연상 등의 과정을 거치지 않고 대상을 직접 파악하는 것
*25 그녀들이 실제로 남자들 못지않는 지적능력을 발휘하고 있다는 것은 두말할 나위도 없다.

을 시작했다. 여자가 이런 교육자의 역할을 하는 것은 《골짜기의 백합》에서뿐만이 아니다. 플로베르의 《감정교육》이나 스탕달의 소설, 그리고 다른 많은 교육소설에서도 여자는 이런 역할을 맡고 있다.

이미 살펴본 바와 같이 여자는 자연인 동시에 반자연이다. 여자는 '자연'과 마찬가지로 '사회'도 구체화한다. 중세의 기사 연애나 《데카메론》(이탈리아 작가 보카치오가 1352년에 발표한 단편소설집), 《아스트레》(오노레 뒤르페의 전원소설)에서 볼 수 있는 것처럼 여자에게는 한 시대의 운명과 문화가 집약되어 있다. 여자는 유행을 만들고, 살롱에 군림하며, 여론을 이끌고 또 반영한다. 명성과 영광은 여자의 것이다. "군중은 여자이다"라고 말라르메는 말했다. 젊은 남자는 여자를 곁에서 '세계'나 '인생'이라 불리는 복잡한 현실에 눈떠 간다. 여자는 영웅, 모험가, 개인주의자가 무엇보다 먼저 목표로 삼고 싶어하는 표적의 하나이다. 고대에서는 페르세우스(그리스 신화에 나오는 제우스와 다나에의 아들. 메두사의 목을 베고 돌아오는 도중 안드로메다를 구출하여 그녀와 결혼함)가 안드로메다(에티오피아의 왕녀. 바다의 괴물에 희생되어 바위에 매달려 있었으나 페르세우스에게 구출되어 그와 결혼함)를 해방시키고, 오르페우스(그리스 신화의 인물. 음악의 명인. 아내 에우리디케가 결혼한 첫날 뱀에게 물려 죽자 노래로 지옥의 신을 매혹시켜 아내를 되찾았으나, 돌아오는 길에 하데스와 금령을 어겨 실패함)가 지옥까지 아내 에우리디케를 찾으러 가고, 트로이의 왕자 파리스가 아름다운 헬레나를 지키기 위하여 싸운 것을 볼 수 있다. 기사 이야기로 말한다면 사로잡힌 공주를 구출하는 것보다 용맹스런 행위는 없다고 해도 좋다. '멋진 왕자'가 '잠자는 숲속의 미녀'를 깨우지 않았거나, '나귀의 가죽부대'에 선물을 가득 채우지 않았다면 그 밖에 무슨 일을 했을까? 양치기 처녀와 결혼한 왕의 신화는 여자와 마찬가지로 남자의 마음을 흐뭇하게 해 준다. 부자는 가난한 사람에게 베풀어야 한다. 그렇지 않으면 그의 쓸모없는 부는 추상적인 것에 그친다. 《신데렐라》의 신화는 필립 윌리가 《독사의 세대》에서도 달콤하게 묘사하고 있는데, 번영한 나라에서 많이 읽히고 있다. 특히 다른 곳보다도 미국에서 더 영향력을 가지고 있는데, 그 이유는 미국 남자들이 부를 주체할 수 없기 때문이다. 1년이나 걸려 번 돈이지만, 그것을 한 여자에게 바치지 않는다면 어디에 쓸 것인가? 오손 웰스(미국 영화 배우·감독)는 무엇보다 《시민 케인》에서 극단적인 허위의 아량을 드러내고 있다. 케인이 무명의 여가수에게 선물 공세를 펴서, 그녀를 유명한 가수로 만들려고 결심하는 것은 자신의 힘을 확인하기 위해서이다. 프랑스에도 소규모 '시민 케인'의 예는 얼마든지 있다. 이런 류의 또 다른 영화 《면도날》(영국 소설가 서머셋 몸의 작품을 영화화함)에서는, 인도에서 절대적인 지혜를 얻고 돌아온 주인공이 그것을 활용하고자 한다. 그런데 그가 발견한 그 지혜의 유일한 용도는 한 사람의 창녀가 새로운 생활을 할 수 있도록 그 환경에서 구출하는 일이었다. 남자는 이렇게 기부자·해방자·속죄자로 자기를 꿈꿀 때에도 여전히 여자의 예속을 바라는 것이 분명하다. '잠자는 숲속의 미녀'를 깨우기 위해서는 그 미녀가 자고 있어야 하며, 사로잡힌 공주들이 존재하기 위해서는 식인귀나 용이 필요하기 때문이다. 하지만 남자는 곤란한 일에 호기심을 기울일수록 한층 더 여자에게 독립성을 부여하고 싶어한다. 정복하는 것은 해방시키거나 주는 것보다 더 매력적이다. 일반적으로 서양 남자가 생각하는 이상적인 여성은 남자의 지배를 자유의지로 받아들이거나, 또는 의견의 교환 없는 남자의 생각을 받아들이지 않지만, 마침내 그의 이론에 굴복하는, 즉 지성적으로 남자에게 저항하다가 끝내는 설복당하는 그러한 여자이다. 남자는 자존심이 강하면 강할수록 위험한 모험을 좋아한다. 순종하는 신데렐라를 아내로 맞아들이기보다 펜테실레이아(아마존의 여왕 및 여장부)를 정복하는 편이 한층 더 멋지다. "전사는 위험과 도박을 좋아한다. 그 때문에 가장 위험한 도박인 여자를 사랑한다"고 니체는 말했다. 위험과 도박을 좋아하는 남자는 여자를 정복할 희망을 품는 한, 여자가 아마존(열장)으로 변하는 것을 즐거운 마음으로 바라본다.*26 남자가 마음속에서 바라는 것은 이 투쟁이 그에게 하나의 도박에 머물 때, 여자가 거기에 자기의 모든 운명을 거는 일이다. 해방자 또는 정복자인 남자에게 진정한 승리는 바로 거기에 있다. 여자가 자유의지로 남자를 자기의 숙명으로 인정하기 때문이다.

그래서 '여자를 갖는다'는 표현은 이중의 의미를 포함한다. 대상으로서의 기능과 심판자로서의 기능은 분리될 수 없다. 여자가 인격으로 간주되는 순간부터, 남자는 그녀의 동의 없이 그녀를 정복할 수 없다. 그러므로 남자는 여자의 마음을 얻어야 한다. 멋진 왕자를 만족시키는 것은 '잠자는 숲속의 미녀'의 그 미소이다. 기사의 용맹스런 행동에 진실성을 부여하는 것은 행복과 감사에 넘친 공주의 눈물이다. 반대로 여자의 시선은 남자의 시선에 담긴 추상적인 냉혹성을 갖추지 못했기 때문에 쉽사리 유혹당하고 만다. 그래서 영웅주의와 시가 유혹의 수단이 된다. 여자는 유혹을 당하면서 영웅주의와 시를 찬양한다.

---

*26 미국의, 혹은 미국식으로 쓴 탐정소설이 그 뚜렷한 실례이다. 특히 피터 체이니의 소설 속 주인공들은 언제나 자기들 외에는 누구에게도 정복되지 않을 지극히 위험한 여자와 겨룬다. 소설 전편을 통해 전개되는 격투 뒤에 여자는 마침내 캠피온이나 칼라간에게 정복되어 그들의 품안에 쓰러진다.

개인주의자가 보기에 여자는 한결 더 본질적인 특질을 지니고 있다. 그에게 여자는 보편적으로 인정되는 가치의 기준으로서가 아니라, 그의 개인적인 재능과 그의 존재 자체를 발견해 주는 사람으로 보인다. 남자는 자기의 행위와 객관성, 그리고 보편적인 기준에 따라 평가된다. 그러나 그의 능력의 일부는 특히 생식능력은 여자에게만 흥미를 줄 수 있다. 그가 남성적이고, 매력적이며, 유혹적이고, 친절하고, 잔인하다든가 하는 것은 모두 여자의 눈으로 본 것이다. 따라서 이런 보다 내밀한 능력에 가치를 부여한다면 그에게는 절대적으로 여자가 필요하다. 여자를 통해 그는 타자로서, 가장 깊은 자아이기도 한 타자로서 자신의 눈에 비치는 기적을 경험할 것이다. 다음은 개인주의자가 사랑하는 여자에게서 무엇을 기대하는지를 잘 표현하고 있는 말로(프랑스 작가·정치가, 1901~1976)의 글이다.

'키요는 다른 사람의 목소리는 귀로 듣고 자기의 목소리는 목구멍으로 듣는다. 그리고 자기의 생명도 목구멍으로 듣는다. 그런데 다른 사람의 생명은? 다른 사람에게 나란 존재는 내가 행한 것만이 전부이다…… 그의 존재는 메이 한 사람에게만은 그가 행한 행위만이 아니었다. 또 그에게도 메이는 그녀의 전기(傳記)와는 다른 존재였다. 포옹, 인간에게 고독을 잊게 하는 그런 포옹도 인간에게 도움을 가져다주지 못했다. 그것은 모든 인간이 본연적으로 마음속 깊은 곳에서 집착하고 있는 저 광인이나, 유례 없는 괴물에게나 도움이 되는 것이다. 어머니가 돌아가신 뒤부터 키요에게는 메이만이 그를 키요 지조르가 아닌 가장 편협한 공조자로 생각하는 유일한 사람이었다. 메이는 그와 가장 긴밀한 관계에 있었다. ……세상 남자들은 나의 동지가 아니다. 그들은 나를 주시하고 나를 비판하는 자들이다. 나의 동지는 나를 주시하지 않으며, 나를 사랑하는 사람들이다. 내가 실패할 때도, 비열한 짓을 할 때도, 배신할 때도 나를 사랑하는 사람들이다. 동지들은 나를 사랑하는 사람들이지, 내가 이미 했거나 또는 앞으로 행할 어떤 것을 사랑하는 사람들이 아니라, 내가 나 자신을 사랑하는 한 나를 사랑할 사람들이요, 함께 죽을 수 있을 만큼 나를 사랑할 사람들이다.'[27]

키요의 태도가 인간적이고 감동적인 근원은 어디에 있을까? 바로 그가 메

---

[27] 《인간의 조건》.

이에게, 자기의 있는 그대로의 모습을 사랑해 달라고 요구하면서, 그 또한 자신이 좋아할 만한 달콤한 모습을 요구하지 않는, 이러한 서로의 관계를 내포하는 데 있다. 많은 남자들의 경우 이런 요구는 품위를 떨어뜨린다. 남자들은 자신의 있는 그대로의 정확한 모습 대신, 찬탄과 감사의 후광으로 에워싸여 신격화된 자신들의 이미지를 상대 여자의 살아 있는 두 눈 속에서 찾는다. 여자가 그토록 자주 물에 비유되어 온 것은 무엇보다 남성 나르시스가 모습을 비쳐 보는 거울이기 때문이다. 그는 선의 또는 악의를 가지고 여자를 대한다. 아무튼 남자가 여자에게 요구하는 것은, 자신의 밖에 머무르면서 자기 내부에서는 파악할 수 없는 모든 것이 되어 달라는 것이다. 왜냐하면 실존자의 내면은 무(無)에 불과하며, 자기 자신에 도달하기 위해서는 어떤 대상 속에 자기를 던져야 하기 때문이다. 여자는 남자가 육체적으로 소유할 수 있는 타인의 모습을 빌린, 자신의 신격화(神格化)된 모습 그 자체이기 때문에, 남자에게 있어서는 더할 나위 없는 보상이다. 남자가 스스로 '세계'의 중심이 되어, 자기의 가치와 법칙을 강요하는 존재를 품에 껴안았을 때, 그가 포옹하고 있는 것은 '유례 없는 괴물', 즉 자기 자신이다. 그리하여 남자는 자기의 것으로 만든 이 타자와 합일함으로써 자신에게 도달하기를 소망한다. 보물·약탈물·도박·위험·뮤즈·안내자·심판자·중개자·거울인 여자는 '타자'이다. 이 타자 속에서 주체는 제한받지 않고 자기를 초월하며, 주체를 부인하는 일 없이 주체에 대항한다. 여자는 부단히 타자이면서 종속물이 되는 '타자'이다. 그래서 여자는 남자의 기쁨이나 승리감을 위해 꼭 필요하기 때문에, 만일 여자가 이 세상에 없었다면 남자들은 여자를 일부러 만들어 냈을 것이라고 말할 수 있을 정도이다.

사실 남자는 여자를 만들어 냈다.*28 그러나 여자는 남자의 조작 없이도 존재한다. 그 때문에 여자는 남자들의 꿈의 구현인 동시에 실패작이기도 하다. 여성상 가운데에서 그 반대의 모습을 바로 만들어 내지 않는 것은 하나도 없다. 여자는 '생명'과 '죽음', '자연'과 '인공', '빛'과 '밤'이다. 어떤 면에서 여자를 보든, 비본질은 반드시 본질로 돌아가기 때문에, 우리는 늘 같은 진자 운동(振子運動)을 발견한다. 성모 마리아와 베아트리체의 모습 속에도 역시 이브와 키르케(호메로스의 《오딧세이아》에 나오는 마녀)가 존재한다.

―――――――――
*28 '남자는 여자를 창조했다. 무엇으로? 그의 신과 이상(理想)의 갈비뼈로.'―니체의 《우상의 황혼》.

키르케고르는 이렇게 쓰고 있다. '관념성은 여자를 통하여 삶 속에 들어간다. 여자가 없으면 남자는 어떻게 될까? 많은 남자가 젊은 여인의 덕택으로 천재가 되었다. ……그러나 그 많은 남자들 가운데 그녀와 결혼한 덕분에 천재가 된 사람은 아무도 없다.'

'여자가 남자를 관념성 속에서 생산적이 되게 한 것은 소극적인 관계의 경우이다. ……여자와의 소극적 관계는 우리를 무한하게 만든다. ……여자와의 적극적 관계는 남자를 더할 수 없이 유한하게 한다.'*29 즉 여자는 남자가 자기에게 초월성을 던져주는 '관념'에 머무르는 한 필요하지만, 자기를 위해 존재하는 자기에게 한정된 객관적 현실인 경우에는 유해하다는 말이다. 키르케고르는 약혼자와 결혼하기를 거부함으로써 여자와 유일한 가치 있는 관계를 확립했다고 생각한다. 그리고 무한한 타자로 만들어진 여자의 신화는 곧 그 반대를 불러일으킨다는 의미에서 그의 생각은 옳다.

여자는 허위적인 '무한성', 실질 없는 '이념'이기 때문에 유한성과 평범함 그리고 동시에 거짓으로서 모습을 드러낸다. 라포르그(프랑스 상징파에서 가장 독창적인 시인의 한 사람, 1860~1887)는 여자를 이런 모습으로 그리고 있다. 그는 모든 작품을 통해서, 남자도 여자와 마찬가지로 죄가 있다고 생각하는 기만에 증오를 표명한다. 오필리아와 살로메는 사실 '하찮은 여자들'에 불과하다. 햄릿은 이렇게 생각한다. "그래서 오필리아는 나를 자기의 '소유물'로서 사랑했다. 그리고 내가 사회적으로나 정신적으로 그녀의 하찮은 여자친구들의 소유물보다는 더 우수하기 때문에 나를 사랑했다. 등불을 켤 시간이 되면 쾌락과 위안에 관한 사소한 말 따위가 그녀의 입에서 얼마나 많이 새어나왔던가!" 여자는 남자를 꿈꾸게 한다. 하지만 그녀는 안락함이나 김이 오르는 국냄비를 생각하고 있다. 여자의 영혼을 은운하지만, 여자는 육체에 지나지 않는다. 그리고 사랑하는 남자는 '이상'을 추구한다고 생각하지만, 그는 이런 모든 신비를 생식의 목적에 이용하는 자연에 능락당하는 것이다. 사실 여자는 삶의 일상성을 대표한다. 여자는 어리석고 소심하며, 인색하고 따분하다. 특히 〈우리의 귀여운 친구〉라는 시에 이 같은 생각이 표현되어 있다.

나는 어떤 유형이라도 몸에 걸치고,

---
*29 《술 속에 진실이 있다》.

누구의 취미에도 맞는 영혼을 지녔어요.
내 갖가지 얼굴의 꽃을 꺾으세요.
나의 입술을 받아들여요, 하지만 결코 소리 나지 않게.
그리고 그 이상은 요구하지 마세요.
아무도, 나 자신도, 앞날을 똑똑히 꿰뚫어 본 적은 없으니까.
당신에게 손을 내밀 만큼
우리의 사랑은 평등하지 않잖아요.
그대는 단지 순진한 수컷에 불과하지만
나는 영원한 여성이에요.
나의 목적은 멀리 별 속으로 사라졌어요.
위대한 여신 이시스는 바로 나예요!
아무도 나의 베일을 걷어올리지 못했죠.
나의 오아시스만을 꿈꾸세요…….

 남자는 여자를 예속시키는 데 성공했다. 그러나 그로 인해서 여자의 소유를 바람직하게 했던 동기를 여자에게서 빼앗아 버렸다. 여자의 매력은 가정과 사회에 합류하면 변모되기보다는 오히려 사라진다. 하녀의 신분으로 전락한 여자는 더는 자연의 풍요한 모든 보물이 깃든 자유분방한 먹이가 아니다. 기사연애(騎士戀愛)가 생긴 뒤부터 결혼이 사랑을 죽인다는 생각이 보편적이 되었다. 아내는 지나치게 멸시받지 않으면 과도하게 존경받거나, 혹은 지나치게 일상적이고 평범한 존재가 됨으로써 이미 성욕의 대상이 아니다. 본디 결혼의식은 남자를 여자로부터 지키기 위함이었다. 여자는 남자의 소유물이 된다. 그런데 우리가 소유하는 모든 것은 거꾸로 우리를 소유한다. 결혼은 남자에게도 일종의 예속이다. 그는 결혼할 때 자연이 파놓은 함정에 빠지는 것이다. 싱싱한 젊은 여자를 탐낸 나머지 남자는 일생 동안 뚱뚱한 중년 부인과 메마른 노파를 먹여 살려야 한다. 자기의 생활을 미화할 우아한 보석이 지겹고 무거운 짐이 되어 버린다. 크산티페(소크라테스의 아내, 악처의 전형)는 남자들이 언제나 가장 큰 혐오감을 갖고 이야기해 온 여성의 한 전형이다.[*30] 하지만 아내가 젊었을 때도 결혼에는

---

*30 그리스나 중세시대에 많은 비탄의 주제였다.

어떤 기만이 숨어 있다. 왜냐하면 결혼은 에로티시즘을 사회화하려고 하지만 결국 그것을 말살해 버리기 때문이다. 에로티시즘은 본디 시간에 대한 순간성과 집단에 대한 개체성을 요구하기 때문이다. 그것은 커뮤니케이션으로부터의 분리를 주장한다. 모든 규제에 반역하는 그것은 반사회적인 원리를 내포한다. 풍습이 제도나 법률의 엄격성에 굴복한 일은 한 번도 없다. 연애는 어느 시대에나 이런 것에 대항해서 자기를 주장해 왔다. 고대 그리스와 로마에서 연애는 관능적인 양상으로 청년들이나 창녀들에게 호소했다. 육체적이면서 플라토닉한 중세의 기사도적인 연애대상은 언제나 다른 사람의 아내였다. 트리스탄(중세 유럽의 최대 연애담)은 간통의 서사시이다. 1900년경 여자의 신화를 새로 창조한 시대는 간통이 모든 문학의 주제가 되었다. 어떤 작가들, 예를 들면 베른스탱(프랑스 극작가, 파리 상업연극계에서 왕성히 활동함, 1876~1953)은 부르주아 제도의 최상의 방어로 색정과 연애를 결혼 속에 조화시키려고 노력했다. 하지만 이 두 가지가 양립될 수 없음을 보여 주는 포르토 리슈(프랑스 극작가, 연애 심리극에 뛰어난 솜씨를 발휘함, 1849~1940)의 《사랑하는 여자》에 더 깊은 진실이 담겨 있다. 간통은 결혼 자체가 존재하는 한 사라지지 않는다. 결혼의 목적은 남자를 자기 아내에 대하여 무감각하게 만들기 때문이다. 그런데 다른 여자들을 보면 남자들은 정신이 아찔할 정도로 매력을 느낀다. 그는 마땅히 그녀들에게로 시선을 돌릴 것이다. 여자들도 공범이 된다. 그녀들은 자기들에게서 모든 무기를 박탈하려는 질서에 반항하기 때문이다.

여자를 '자연'으로부터 분리시켜 의식(儀式)이나 계약으로 남자에게 예속시키기 위해, 여자들은 인격의 존엄을 인정받을 만큼 지위가 높아지고 자유도 얻게 되었다. 그러나 자유란 정확히 말해서 모든 예속에서 벗어나는 것이다. 그런데 본디 흉악한 세력에 압도당한 존재에게 자유가 부여되면 그것은 위험한 것이 된다. 남자가 중도에서 멈춘다면 그만큼 더 위험하다. 남자는 여자를 하녀로 삼고, 여자에게서 초월성을 박탈해 버린다는 조건 아래에서 비로소 여자를 자기들의 세계에 받아들인다. 여자에게 주어진 자유는 소극적인 용도로밖에 쓰일 수 없다. 그 자유는 자기를 거부하는 데 사용된다. 여자는 사로잡힌 몸이 되었을 때 비로소 자유로워진다. 여자는 자연적 객체(대상)로서의 자기 세력을 회복하기 위해 이런 인간적인 특권을 포기해야만 한다. 낮에는 여자가 표면적으로는 순종하는 하녀 역할을 하지만, 밤에는 암고양이나 암사슴으로 변한다. 여자는 다시 인어의 가죽을 뒤집어 쓰거나, 혹은 빗자루를 타고 악마의 무도회를 향해 날아간다. 때로는 자기 남편에게 이 밤의 마력을 발휘할 때도 있다. 하지만 자기 주인에게는 자신의 변신을 감추는 편이 더 안전하다. 여자가 먹이로 택하는 것은 외부 남자들이다. 그들은 그녀에 대한 권리가 없다. 그래서 그녀는 그들에게 식물·샘·별·마법사 그대로이다.

이리하여 그녀는 부정에 빠진다. 이것이 그녀의 자유가 취할 수 있는 유일한 구체적인 모습이다. 그녀는 자기의 욕망, 사상, 의식(意識)도 초월하여 부정을 저지른다. 그녀는 객체시되므로 그녀를 자기 것으로 차지하려는 모든 주체에게 바쳐진다. 규방에 들어앉아 있든, 베일 밑에 숨겨져 있든, 그녀가 누군가의 욕정을 불러일으킨다는 것은 이미 자기 남편과 사회의 믿음을 저버리는 것이다. 게다가 여자는 스스로 이런 운명의 공범자가 된다. 자기는 누구의 물건도 아니고 남자에게 일방적으로 종속되어 있지 않다는 것을 여자가 실증할 수 있는 유일한 방법이 거짓말과 간통밖에는 없기 때문이다. 그래서 남자의 질투심이 그토록 성급하게 머리를 드는 것이다. 전설 속의 제네비에브 드 브라방(전설에 나오는 비극의 여주인공. 민속 시가 속에서 흔히 전해지고 있다)과 데스데모나(오셀로의 아내. 이아고의 흉계로 죄밀이 남편에게 의심을 받고 살해당한다)처럼, 여자는 이유없이 의심받을 수 있고, 사소한 혐의로 죄를 덮어쓰기 쉽다. 그리셀다(보카치오의 《데카메론》에 나오는 인물. 절대복종을 요구하는 남편의 부당한 시험을 인내로 통과한 순종적인 여인)는 온갖 의심 속에서 가장 가혹한 시련을 받았다. 여자가 숙명적으로 시기와 의혹을 받지 않았다면, 이런 이야기는 터무니없을 것이다. 여자의 죄를 입증할 필요는 없다. 결백을 증명하는 것은 여자이다. 질투가 그치지 않는 것도 이 때문이다. 이미 말한 대로, 소유는 결코 적극적으로 실현될 수 없다. 모든 타인에게 물을 마시지 못하게 금한다 해도 자기가 그 샘을 소유하지는 못한다. 질투하는 남자는 이 사실을 잘 알고 있다. 물의 본질이 유동적인 것처럼 본질적으로 여자는 불안정하다. 그래서 어떤 인간의 힘으로도 자연의 진리를 거스를 수는 없다.

온갖 문학을 통해서, 《아라비안나이트》나 《데카메론》에서처럼 여자의 교활한 지혜가 남자의 경계심을 이기는 것을 볼 수 있다. 그런데 남자가 옥리(獄吏)처럼 되는 것은 개인주의적인 의지 때문만은 아니다. 사회가 여자의 행실에 대한 책임을 아버지·형제·남편으로서의 남자에게 돌리기 때문이다. 시민 각자는 자기가 친아버지의 아들로 공인되어야 하므로, 경제적·종교적 이유들로 여자에게 순결이 강요된다. 또 사회가 주어진 역할에 충실하도록 여자들에게 강요한다는 사실도 매우 중요하다. 이런 남자들의 이중의 요구는 여자를 이중인

격자로 만든다. 즉 남자는 여자가 자기 소유인 동시에 타인으로 머물러 있기를 원한다. 여자가 하녀인 동시에 마녀이기를 꿈꾼다. 그런데 남자가 공공연히 인정하는 것은 이런 두 가지 욕망 가운데 전자뿐이다. 후자는 남자가 자기 마음과 육체의 비밀 속에 감추는 기만적인 요구이다. 그것은 도덕과 사회를 부인한다. 그것은 '타자'나 반항하는 '자연'이나 '악녀'처럼 고약하다. 남자는 자기가 건설한 사회에 강요하려는 '선'을 자신은 전적으로 따르려고 하지 않는다. 그는 '악'과 부끄러운 내통을 계속하고 있다. 그러나 남자는 악이 경솔하게 감히 자기 얼굴을 표면에 드러내면 어디서나 이에 도전한다. 남자는 밤의 암흑 속에서 여자를 원죄로 유인하면서, 한낮에는 원죄와 원죄의 여인을 거부한다. 그리고 여자들도 침대의 비밀 속에서는 죄인이므로, 사람들 앞에서는 점점 더 열정적으로 여인의 정숙함을 미덕으로 숭배하게 된다.

원시인 사이에서와 마찬가지로 남성의 성기는 세속적인 데 반해, 여자의 성기는 종교적·마술적인 힘을 지니고 있다. 보다 더 근대적인 사회에서도 남자의 성적인 잘못은 죄가 없는 장난에 지나지 않는다. 흔히 너그럽게 봐준다. 남자는 사회법규를 따르지 않더라도 여전히 사회의 일원이다. 그는 집단의 질서를 근본적으로 위협하지 않는 짓궂은 아이에 불과하다. 반대로 사회에서 탈선한 여자는 '자연'과 악마에게 돌아가 제어할 수 없는 마력을 집단에 풀어 놓는다. 그녀의 방탕한 행위에 대한 비난에는 언제나 공포심이 섞여 있다. 만일 남편이 아내를 정숙하게 단속하지 못한다면, 남편도 아내의 잘못에 일부 책임을 지게 된다. 남편의 불행이 사회에는 하나의 불명예로 비친다. 그 가운데에는 아내의 죄에 대한 연대책임을 모면하기 위하여 남편이 아내를 죽여야 할 만큼 가혹한 사회도 있다. 또 다른 사회에서는 아내의 부정을 묵인한 남편을 벌하여 소란을 피우거나, 또는 나귀에 그를 벌거숭이로 태워 끌고 다니기도 한다. 또 그 공동체가 남편을 대신해서 죄지은 아내를 벌한다 그녀가 모욕한 것은 남편뿐만 아니라 공동체 전체이기 때문이다. 이런 풍습은 미신적이고 신비적이며, 관능적이고 육체가 맹위를 떨치는 에스파냐에서 특히 두드러졌다. 칼데롱(에스파냐 극작가·시인, 1600~1681), 로르카(에스파냐 극작가, 1899~1936), 발레 인클란(에스파냐 소설가, 1870~1936)은 그런 주제로 많은 희곡을 썼다. 로르카의 《베르나다 알바의 집》에서는 유혹당한 처녀를 벌하고자 마을 아주머니들이 모여 죄를 지은 '그녀의 국부'를 뜨거운 숯불로 지진다. 발레 인클란의 《신의 말씀》에서 간통한 여자는 악마와 춤추는 마녀로 여겨진다. 그녀의 잘못이 밝혀지자 온 마을 사람들이 모여서 그녀의 옷을 벗기고 물속에 빠뜨린다. 많은 전설은 간음한 여자를 나체로 만든 다음, 복음서에 써 있는 것처럼 돌로 쳐 죽이거나 산 채로 매장하고, 물에 빠뜨리거나 태워 죽였다고 전한다. 이렇게 해서 그녀의 사회적 신분을 박탈하여 그녀를 '자연'으로 되돌려 보낸다는 것이다. 여자는 그 죄로 자연의 나쁜 기운을 사회에 흩뜨려 놓았다. 그래서 속죄는 일종의 신성한 북새통 속에서 이루어진다. 그런 가운데 다른 여자들은 죄지은 여인을 나체로 만들고, 구타하여 학살함으로써, 이번에는 자기들의 신비로운, 그러나 사회와 협조하여 행동하기 때문에 유익한 영기(靈氣)를 발산시킨다.

이 가혹한 야만적 행위는 미신이 줄어들고, 공포가 소멸함에 따라 없어졌다. 그러나 지금도 시골에서는 신도 가정도 국가도 없는 집시 여자들을 의혹의 눈초리로 바라본다. 자신의 매력을 자유분방하게 발휘하는 여자, 즉 탕부(蕩婦), 요부, 음부(淫婦)를 여전히 업신여기고 냉대한다. 할리우드 영화계의 요부 가운데에는 키르케의 모습이 남아 있다. 단지 아름답다는 이유만으로 마녀 취급을 받고 화형당한 여자들도 있다. 행실이 부정한 여자들에 대한 시골사람들의 정숙한 체하는 위선적인 분노 속에는 낡은 공포의 잔재가 여전히 남아 있다.

이런 위험 자체가 도리어 모험적인 남자들에게는 여자를 아주 매혹적인 유희의 소재로 보게 만든다. 그들은 남편의 특권을 버리고, 사회적 법률에 의존하기를 거부하여 단숨에 여자를 정복하려고 시도할 것이다. 남자는 여자가 아무리 저항하더라도 자기 것으로 만들려고 한다. 여자가 남자에게서 빠져 나가는 그 자유 속에서도 남자는 여자를 추구한다. 그러나 헛된 노력이다. 자유에 한계를 긋는 것은 불가능하다. 자유로운 여자는 대체로 남자에 대해서도 자유롭다. '잠자는 숲속의 미녀'라도 불쾌하게 잠에서 깰 때가 있다. 자기를 깨우는 '멋있는 왕자님'을 알아보지 못하거나 미소를 짓지 않을 수도 있다. 이는 바로 《시민 케인》의 경우이다. 그의 보호 아래 있는 여자는 억압당하는 존재이며, 케인의 관용은 권력과 전제(專制)를 향한 의지로 드러난다. 영웅의 아내는 남편이 들려주는 무용담을 무관심하게 흘려 듣는다. 시인이 꿈꾸는 '뮤즈'는 그의 시를 들으면서 하품을 한다. 아마존 같은 여장부라 해도 때에 따라 전투를 거절할 수도 있고, 끝까지 싸워 이겨낼 수도 있다. 쇠퇴기의 로마 여자들이나 오늘날의 많은 미국 여자들은 자기들의 자의와 규정을 남자들에게 강요하고 있다. 신데렐라는 어디 있나?

　남자는 여자에게 주기를 희망하는데, 여자는 남자로부터 새삼 빼앗으려고 한다. 이젠 유희가 문제가 아니라, 자기를 지키는 것이 문제이다. 여자는 자유로워진 순간부터 자신이 자유로이 창조하는 운명 이외의 다른 숙명을 가지고 있지 않다. 그래서 남녀관계는 투쟁관계인 것이다. 남자와 동등해진 여자는 남자 앞에서 이질적인 '자연'이었던 때와 마찬가지로 남자에게 가공할 만한 존재로 보인다. 아기를 기르고 헌신적이며, 인내심이 강한 암컷이 탐욕스럽고 사나운 짐승으로 역전한다. 악녀도 '대지'나 '생명' 속에 자기의 뿌리를 내리고 있다. 그러나 대지는 무덤이고, 생명은 무자비한 투쟁이다. 부지런한 꿀벌과 암탉의 신화 대신, 파먹는 곤충인 사마귀와 거미의 신화가 등장한다. 여자는 이젠 새끼에게 젖을 물리는 암컷이 아니라, 수컷을 잡아먹는 암컷이다. 난소는 이제 무진장의 창고가 아니라, 정자가 거세되어 빠져 죽는 생명 없는 물질의 함정이다. 자궁, 평화롭고 안정된 이 따뜻한 동굴은 액체를 빨아먹는 과육, 육식식물, 경련을 일으키는 암흑의 심연이다. 거기엔 한 마리 뱀이 살고 있어서 남성의 정력을 질리지 않고 삼켜 버린다. 동일한 변증법은 에로틱한 대상을 검은 마녀로 만들고, 하녀를 배신자로, 신데렐라를 식인귀로, 모든 여자를 남자의 적으로 만들어 버린다. 그것은 남자가 기만적인 태도를 자기만의 유일한 본질로 설정했기 때문에 마땅히 치러야 할 대가이다.

　하지만 이런 적대적인 얼굴도 여자의 결정적인 모습은 아니다. 오히려 여자라는 인간의 마음속에는 선악이원론이 들어 있다. 피타고라스는 선의 원리를 남자에, 악의 원리를 여자에 비유했다. 남자들은 여자를 자기에게 종속시킴으로써 악을 초월하려고 했다. 그래서 어느 정도는 성공했다. 그러나 속죄와 구원의 사상을 내세워 지옥의 영원한 형벌이라는 말에 완전한 의미를 부여한 것이 그리스도교인 것처럼, 나쁜 여자가 자기의 모습을 뚜렷이 드러내는 것은 신성화된 여자와 대조될 때이다. 중세에서 현대까지 계속해서 이 '여자에 관한 논쟁'을 하는 동안, 어떤 남자들은 자기들이 꿈꾸는 축복받은 여자만 인정하려 들고, 또 어떤 남자들은 그들의 꿈을 배신한 저주받은 여자만 인정하려 한다. 그러나 만일 남자가 여자에게서 전체를 발견할 수 있다면, 그것은 여자가 동시에 양면성을 갖고 있기 때문이다. 여자는 생명이 의미를 갖는 가치와 반(反)가치를 하나도 남김 없이 육체적으로 생생하게 구현하고 있다.

다음의 예에서는 헌신적인 '어머니'와 부정한 '애인'의 모습을 취한 '선'과 '악'이 매우 뚜렷하게 대립하고 있다. 영국의 옛 민요 〈나의 아들 랜달〉에서 젊은 기사는 애인에게 속아 독을 마시고 어머니의 품에서 죽으러 돌아온다. 리슈팽(프랑스 작가, 세기말 로망파의 일원. 1849~1926)의 《새 잡는 끈끈이》는 한결 더 비장한 악취미로 같은 주제를 다루고 있다. 천사 같은 미카엘라는 요부 카르멘과 대조적이다. 어머니와 정숙한 약혼자, 인내심이 강한 아내는 남자들의 마음에 요부나 마녀가 입힌 상처를 헌신적으로 치료해 준다. 분명히 구분된 이 양 극단의 사이에도 수많은 모호한 중간형들이 존재한다. 즉 가엾은 여자, 밉살스런 여자, 죄 지은 여자, 남에게 희생된 여자, 애교를 떠는 여자, 연약한 여자, 천사 같은 여자, 악마 같은 여자 등이다. 그래서 갖가지 행동과 감정이 남자를 자극하여 풍족하게 해 주는 셈이다.

여자의 이런 복잡성 자체가 남자를 매혹시킨다. 하녀는 그리 힘 들이지 않고 남자를 현혹시킬 수 있다. 여자는 과연 천사인가, 악마인가? 그 불확실성이 여자를 스핑크스로 만든다. 파리에서 가장 유명한 창가(娼家)의 하나가 이 스핑크스라는 간판을 내걸고 있었다. '여자다움'의 전성시대, 코르셋이 유행하던 시대, 폴 부르제(프랑스 소설가·비평가. 반실증주의적 작가. 1852~1935)나 앙리 바타유(프랑스 극작가, 《결혼행진곡》 등으로 프랑스 극단의 총아가 되었다. 1872~1922)나 프렌치 캉캉의 시대에는 이 스핑크스의 주제가 코미디, 시, 노래에서 지칠 줄 모르고 유행했다. "그대는 누구냐, 어디서 왔느냐, 기괴한 스핑크스여!"라고 샹송은 노래했다. 그리고 여성의 신비에 대해 꿈꾸고 토론하는 것은 아직도 끝나지 않고 있다. 남자들이 여자들에게, 긴 부인복과 속치마, 모자에 달린 베일과 긴 장갑과 하이힐을 버리지 말도록 오랫동안 권장해 온 것도 이 신비를 지키기 위해서이다. '타자'에서 그 차이를 강조하고 있는 것은 모두 타자를 한층 바람직하게 만든다. 남자가 자기 것으로 만들고 싶어하는 것은 그러한 '타자'이기 때문이다. 알랭 푸르니에(프랑스 소설가. 1886~1914)는 편지에서 영국 여자들이 남자처럼 뻣뻣한 악수를 한다고 비난하지만, 그것은 단지 프랑스 여자들의 수줍어하는 듯한 조심성에 더 매력을 느끼기 때문이다. 여자가 먼 나라의 공주처럼 열렬히 사랑받기 위해서는 비밀에 싸인 채 미지의 상태로 머물러 있어야 한다. 푸르니에는 실생활에서 여자들에게 남달리 정중했던 것 같지도 않다. 하지만 유년기와 청년기에 느끼는 경이로움, 잃어버린 낙원에 대한 향수의 하나하나에서 이런 모든 것들을, 그는 접근하기 어렵게 보이는 것이 여자의 주요한 미덕이 된 그런 여자 속에 표현했다. 그는 이본느 드 갈레의 순결하고 금빛 어린 초상을 그렸다. 그런데 남자는 여자의 결점이 신비스러움을 만들어 낸다면 그것까지도 사랑한다.

"여자는 변덕을 부릴 줄 알아야지" 이렇게 어떤 남자가 알아들을 만한 여자에게 점잖게 일렀다. 변덕이란 예측할 수 없는 것이다. 그것은 여자에게 물결치는 파도 같은 모습을 준다. 거짓말마저 매혹적인 거울로 여자를 아름답게 분장시킨다. 애교와 간사스러움까지도 남자를 취하게 하는 향기를 여자에게 준다. 여자는 잘 속이고, 재빨리 도망가고, 정체를 알 수 없는, 겉과 속이 다른 점들이 있어서, 남자의 모순된 욕망에 가장 잘 어울리게 마련이다. 여자는 수없이 변신하는 '마야'다.

스핑크스는 보통 소녀의 모습으로 나타난다. 처녀성은 남자들에게 가장 불안한 비밀의 하나이기 때문이다. 그들이 난봉꾼일수록 더욱더 거기에 매력을 느낀다. 처녀의 순결은 앞으로 그것이 어떤 방종으로 흐를지도 모른다는, 또 그 순진한 처녀에게 어떤 사악함이 도사리고 있을지도 모른다는 생각을 갖게 한다. 또 동물이나 식물에 가깝지만, 이미 사회관습에 잘 순응하고 있는 처녀는 어린이도 어른도 아니다. 그녀의 수줍은 여성스러움은 두려움을 일으키는 것이 아니라 음탕한 불안을 자아낸다. 그러한 처녀가 여성적 신비에 꼭 들어맞는 표현의 하나인 셈이다. 하지만 '진정한 처녀'가 점점 드물어져서, 처녀에 대한 숭배도 오늘날에는 좀 시대에 뒤진 것이 되었다. 그 대신 강티용(프랑스 현대 희곡 작가. 〈마야〉는 그의 대표작)을 큰 성공에 이르게 한 희곡에서 그가 '마야'에게 부여한 매춘부의 얼굴은 그 위세를 그대로 간직해 오고 있다. 그것이야말로 가장 구체적인 여성 전형의 하나로, 악덕과 미덕의 교착을 가장 잘 발휘시키는 형태이다. 소심한 청교도에게 그런 여자는 악·수치·질병·영원한 형벌의 화신이다. 그녀는 공포와 혐오를 불러일으킨다. 그녀는 어떤 남자의 소유도 아니지만 어떤 남자에게나 몸을 맡기면서 이런 거래로 생계를 유지한다. 그녀는 거기서 원시적인 음탕한 모신(母神)의 가공할 만한 독립성을 재발견하고, 남성사회에서 합리화되지 못하며, 여전히 불길한 힘을 지닌 '여성'을 대표하고 있다. 남자는 성행위로도 자기가 그 여자를 소유하고 있다고 생각할 수 없다. 그는 오직 육체의 악마에게 맡겨질 뿐이다. 그것은 굴욕이며 부정이다. 육체를 다소간 저주받은 것이라고 생각하는 앵글로색슨 족이 특히 그렇게 느낀다. 이와 반대로 육체를 겁내지 않는 남자는 창녀의 육체가 받아들이는 너그럽고 싱싱한 긍정을 사랑하게 될 것이다. 어떤 도덕으로도 무미건조해지지 않는 여성다움의 찬양을 그런 여자에게서 찾을 수 있을 것이다. 일찍이 별이나 바다와 한패가 되게 했던 여자의 마력을 남자는 그녀의 육체에서 다시 찾게 되는 것이다. 헨리 밀러 같은 사람은 창녀와 동침할 때, 삶과 죽음과 우주의 심연 자체의 깊이를 측정하는 것처럼 느낀다. 그는 자기를 흔쾌히 맞아 주는 질(膣)의 축축한 암흑 속에서 신과 만난다.

'타락한 여자'는 위선적인 도덕의 세계 밖으로 추방된 일종의 소외된 인간이기 때문에, 그런 여자는 모든 공인된 미덕을 거부한 것으로 간주된다. 그 비천함이 그녀를 진정한 성녀의 일원으로 만든다. 왜냐하면 비하된 것은 언젠가는 고양될 것이기 때문이다. 그리스도는 자애에 넘친 눈으로 막달라 마리아를 보았다. 위선적인 미덕보다 죄는 한결 더 쉽게 천국의 문을 연다. 그래서 라스콜리니코프(도스토예프스키의《죄와 벌》남자 주인공)는 자기를 범죄로 이끈 남성적인 오만한 자존심을 소냐(《죄와 벌》여주인공)의 발 밑에 바친다. 그는 모든 남자에게 숨어 있는 이 분리에 대한 의지를 살인을 통해 격화시켰다. 그래서 모든 사람들에게 버림받고 멸시받는 천한 창녀는 자포자기 상태에 빠진 고백을 가장 잘 받아들일 수 있다.*31 '타락한 여자'란 말은 큰 파문을 일으킨다. 많은 남자들은 타락을 꿈꾸고 있으나 그것은 그렇게 쉬운 일이 아니다. 적극적인 형태로 악에 도달하기란 여간 힘든 것이 아니다. 악마 같은 남자도 극단적인 범죄 앞에서는 벌벌 떤다. 여자는 슬며시 사탄을 불러들이는 검은 미사를 큰 위험 없이 드릴 수 있다. 여자는 남성세계의 가장자리에 있다. 그래서 여자에 관계되는 행위는 대단한 결과를 자아내지 않는다. 하지만 여자도 인간이므로 여자를 통해 인간의 법도에 대항해 음

---

*31 마르셀 슈보브(프랑스 작가, 1867~1905)는 《모넬르의 책》(산문시)에서, 이 신화를 시적으로 설명했다. "나는 너에게 귀여운 창녀들의 이야기를 들려주겠다. 그러면 너는 일의 발단을 알게 될 것이다……. 알겠지. 창녀들은 남자들에게 동정(同情)의 소리를 외치고, 그 메마른 손으로 남자들의 손을 어루만진다. 그녀들은 아주 불행한 남자밖에는 이해하지 못한다. 그녀들은 남자와 함께 울고, 또 남자를 위로한다. ……그녀들 가운데 누구도 언제까지나 남자 곁에 머물러 있을 수는 없다. 그녀들은 남자가 더 이상 울지 않을 땐 부끄러워서 그냥 곁에 있지 못하고, 남자를 감히 정면으로 바라보지도 못한다. 그녀들은 남자들이 배워야 할 것을 다 가르치고 나면 곧 떠난다. 그녀들은 추위와 비를 무릅쓰고 와서 남자의 이마에 키스를 하고 남자의 눈물을 닦아 준다. 그리고 무서운 암흑 속으로 다시 사라진다. ……그 암흑 속에서 그녀들이 무엇을 할 수 있을까 하고 생각해서는 안 된다."

험한 반역을 행할 수도 있다.

뮈세(프랑스 시인·극작가·소설가, 19세기 로망파의 대표자 1810~1857)에서 조르즈 바타유(프랑스 소설가·사상가·무신론적 신비주의자, 1897~1962)에 이르기까지, 추하고 매력적인 창부는 '매춘부'에게 들락날락하는 것을 뜻한다. 사드 후작(프랑스 소설가, 그의 이름에서 '사디즘'이란 용어가 생겼다. 1740~1962)이나 자허 마조흐(오스트리아 작가, 그의 이름에서 마조히즘이란 용어가 탄생했다. 1836~1895)는 집념 어린 욕정을 여자의 육체에서 채운다. 그들의 추종자들, 그리고 '변태성욕'을 만족시켜야 할 남자들의 대부분은 보통 창녀를 찾는다. 창녀란 남성에게 가장 순종하는 여자이면서 또한 남자에게서 보다 더 잘 빠져나가는 여자이다. 이것이 그녀들에게 수많은 의미를 지니게 하는 것이다. 남자들의 변하기 쉬운 갈망을 한몸에 구현하는 여인상은 처녀·어머니·아내·자매·하녀·애인·열녀·상냥한 후궁, 그 어느 것에도 없다.

어떤 남자가 수많은 모습을 가진 '신화'의 이러저러한 면에 보다 각별히 집착하는 까닭과, 그것을 어떤 특수한 여자에게서 찾으려는 까닭을 발견하는 것은 심리학, 특히 정신분석학에 관한 문제이다. 그러나 온갖 콤플렉스·강박관념·정신병 속에 이 신화가 관련되어 있다. 특히 많은 신경증 환자들은 그 원인을 금기의 현혹적인 매력 속에 두고 있다. 하지만 그것은 금기가 미리 정해져 있을 때만 나타날 수 있다. 의적·사회적 억압만으로는 금기의 존재를 설명하기에 불충분하다. 사실상 사회적 금기는 단순한 인습만이 아니다. 그것은 여러 가지 의미들 가운데에서도 각 개인이 개별적으로 경험하는 하나의 존재론적인 의미를 내포한다. 그 한 예로 '오이디푸스 콤플렉스'를 살펴보는 것은 흥미있는 일이다. 이것을 흔히 본능적인 경향과 사회적인 규제와의 투쟁에 따른 산물로 보기 쉽다. 그러나 이는 무엇보다 주체 자체의 내면적인 갈등이다. 어머니의 젖가슴에 대한 아기의 집착은 우선 그 보편성과 내재성에서 볼 때 직접적인 형태로 나타난 '생명'에의 집착이다. 아기가 젖떼기를 거부하고 어머니의 젖가슴에 매달리는 것은 개체가 '전체'에서 분리되자마자 운명 지어지는 고독을 거부하는 것이다. 이런 길이 있은 뒤에 개체가 분리된 어머니의 육체에 대해서 그가 간직하고 있는 애착을 '성적(性的)'이라고 일컬을 수 있게 된다. 그의 관능은 그때 개입되고, 이질적인 대상에 대해서는 피하게 된다. 그러나 아이가 자신을 주체로서 받아들이는 것이 빠르면 빠를수록, 또 확실하면 확실할수록 자신의 자주성에 반발하는 육체적 결속이 그에게는 귀찮아진다. 그래서 그는 어머니의 애무에서 벗어나려고 하고, 어머니의 낡은 권위나 어머니가 자기에 대해서 갖는 권리, 때로는 어머니의 존재 자체가 그에게 일종의 수치심을 일으킨다. 특히 자기의 어머니가 육체를 가진 존재임을 알게 되면서 그는 거북하고 역겹게 생각한다. 애써 어머니의 육체에 대해 생각조차 하지 않으려고 한다. 그가 자기 아버지나 계부, 어머니의 정부에 대해 느끼는 혐오 속에는 질투보다도 분노가 더 강하다. 그의 어머니도 분명한 육체적인 존재라는 것을 상기시키는 것은, 그가 온 힘을 다해 거부하는 사건, 즉 자신의 출생을 상기시키는 것이다. 혹은 적어도 어머니에게 우주적인 대현상의 위엄을 부여하고자 하는 감정이 그에게는 있다. 어머니는 누구에게도 소속되지 않고 모든 개체를 감싸는 '자연'을 구현하고 있어야만 한다. 그는 어머니가 남자의 먹이가 되는 것을 싫어한다. 그것은 흔히 말하는 것처럼 그가 어머니를 소유하고 싶어서가 아니라, 어머니가 모든 소유의 피안에 존재하기를 원하기 때문이다. 어머니는 아내나 정부 같은 초라한 차원에 머물러서는 안 된다.

하지만 사춘기에 그의 성욕이 왕성해질 때 어머니의 육체에 자극을 받는 일이 있다. 그러나 그것은 그가 어머니에게서 일반적인 여성의 모습을 보기 때문이다. 그래서 흔히 어머니의 허벅지나 유방을 보고 욕정이 깨어나는 수도 있지만, 그 육체가 어머니의 것임을 이해하게 되면 곧 그 욕정은 사라진다. 수많은 불륜의 경우도 있다. 연령적으로 혼란기인 사춘기는 혐오가 모독을 불러일으키고, 금기에서 유혹이 생기는 비뚤어진 시절이기 때문이다. 그렇다고 아들이 순진하게 자기 어머니를 원하고 다음엔 외적 저항이 개입되어 그를 압박한다고 생각해서는 안 된다. 반대로 욕정이 생기는 것은 개체 자신의 마음에서 일어나는 저항 때문이다. 이 금기는 가장 정상적이고 가장 일반적인 반응이다. 그러나 그것은 본능적인 욕망을 억제하는 사회적 규범에서 오는 것은 아니다. 오히려 그런 존경심은 근원적인 혐오의 승화이다. 젊은 남자는 자기 어머니를 육체적으로 보려고 하지 않는다. 그는 어머니를 변형시켜, 사회가 제시하는 신성한 여자의 순결한 이미지에 동화시킨다. 그리하여 그는 다음 세대에 도움이 될 '어머니'의 이상적 모습을 드높이는 데 공헌한다. 그러나 어머니가 그토록 대단한 힘을 갖는 것은 오로지 개개인의 생각에 의해 추앙될 경우뿐이다. 여자는 누구나 '여자'의, 따라서 '어머니'의 보편적인 본질이 깃들어 있으므로, '어머니'에 대한 태도가 아내나 애인과의 관계에도 반영되는 것이 사실이다. 그러나 사람들이 흔히 상상하는 것처럼 그렇게 단순하지 않다. 관능적으로 자기 어머니를 그리워한 젊은이는 어머니에게서 일반적인 여자를 그리워했을지도 모른다. 그의 정욕은 어떤 여자를 통해서도 쉽게 진정될 수 있다. 그렇다고 그가 근친상간의 향수에 빠지는 것은 아니다.*32 거꾸로 자기 어머니에게 애정과 플라토닉한 존경을 품어 온 젊은이는 모든 여자가 어머니 같은 순결을 나누어 가졌기를 바랄지도 모른다.

병적이거나 정상적인 행위에 있어서 성욕의 중요성, 따라서 일반적으로 여자의 중요성은 잘 알려져 있다. 때로는 여자 이외의 대상이 여성화되는 일도 있다. 게다가 여자는 대부분 남자의 창조물이기 때문에, 남자는 남자의 육체를 통해서 여자를 창조할 수 있다. 남색(男色)의 경우에도 양성의 구별은 유지된다. 그러나 흔히 남자가 '여자'를 찾는 것은 물론 여성적인 존재 때문이다. 남자가 행복·고통·악덕·미덕·선망·체념·헌신·전제(專制) 같은 인생수업, 즉 자기 수업을 하는 것은 여자와, 여자에게 있는 가장 좋은 것과 가장 나쁜 것을 통해서이다. 여자는 도박이고 모험이지만, 동시에 시련이기도 하다. 여자는 승리의 개가이며, 또한 한결 쓰라린 실패를 극복한 개가이기도 하다. 여자는 파멸의 소용돌이요, 지옥과 죽음의 미혹이다. 많은 의의가 여자를 통해서 비로소 존재한다. 여자는 남자들의 행위와 감정의 실체이며, 남자들의 자유를 자극하는 모든 가치의 화신이다. 남자는 비록 가장 심한 환멸을 느낄 때에라도, 그 속에 그의 모든 굿이 포함되어 있는 한, 그 굿만은 결코 포기하려 들지 않는다.

그런 까닭에 여자는 기만적이고 이중적인 얼굴을 갖고 있다. 여자는 남자가 필요로 하면서 남자가 도달하지 못하는 전부이다. 여자는 '자연'과 남자 사이의 상서로운 중개자이고, 모든 이성(理性)에 반항하는 분방한 '자연'의 유혹이다. 여자는 선에서 악에 이르기까지 모든 도덕적 가치와 그 반대의 가치를 육체적으로 나타내고 있다. 여자는 행위의 실체이고, 행위의 방해물이며, 남자가 세계를 이해하기 위한 발단이고, 그 실패이다. 이와 같이 여자는 남자가 자기의 실존에 관하여 성찰하거나 표현하는 경우에 언제나 그 근원에 존재한다. 그런데 여자는 남자를 따돌리고, 침묵과 죽음 속에 가라앉으려고 애쓴다. 남자는 여자가 자기의 하녀이며 반려자일 뿐만 아니라, 자기의 관중이며 심판자

---

*32 스탕달의 예가 적절하다.

이기를 기대하고, 자기라는 존재를 인정해 주기를 바란다. 그러나 여자는 무관심과 야유와 조소로 남자를 거역한다. 남자는 자기가 원하는 것, 두려워하는 것, 사랑하는 것, 미워하는 것을 여자 속에 쏟아붓는다. 여자에 대해서 어떠한 것도 말하기가 어려운 것은 남자가 전적으로 여성을 통해 자기 자신을 추구하고, 또한 여성이라는 존재가 그의 '전부'이기 때문이다. 하지만 단지 여자는 비본질의 모습에서 '전부'이다. 여자는 완전히 '타자'인 것이다. 그리고 이러한 (비본질적) 타자로서 여자 또한 그녀 자신과는 다른 존재이며, 남자가 그녀에게서 기대하는 것과도 별개의 다른 존재이다. 여자는 남자의 전부이기 때문에, 마땅히 그녀가 그렇게—남자가 바라는 전부로서—존재하는 것은 결코 아니다. 여자는 영원한 속임수이다. 자신에게 도달하거나 존재자들의 전부와 화해하는 데도 결코 성공하지 못하는 실존의 속임수 그 자체이다.

### 제2장 다섯 사람 작가로 보는 여성신화

이제까지 집단적으로 나타난 여성신화를 확실히 분석해 보았다. 이제 우리는 그 신화가 몇몇 작가의 작품에서 띠고 있는 개별적이며 혼합적인 형태를 검토해 보려고 한다. 몽테를랑, D. H. 로렌스, 클로델, 브르통, 스탕달의 여성에 대한 각각의 태도는 그런 의미에서 특히 대표적인 것으로 여겨진다.

#### I. 몽테를랑 또는 혐오의 양식

몽테를랑은 피타고라스류의 오만한 이원론을 나름대로 이용한 남성들의 긴 전통 속에 이름을 남기고 있다. 그도 니체를 따라서 '영원한 여성'을 찬미하는 것은 허약한 시대뿐이며, 영웅은 '위대한 모성'에 반역해야만 한다고 생각한다. 특히 그의 영웅주의는 여자를 왕위에서 쫓아내려고 한다. '여자란 밤이며 무질서이고 내재성이다. 이렇게 발작적인 암흑은 순수한 상태의 여자, 바로 그 자체이다'[*33]라고 그는 톨스토이 부인에 관해서 쓰고 있다. 몽테를랑의 말에 따르면, 여성의 결점을 무슨 장점인 듯 떠받드는 태도는 현대 남성의 어리석음과 천박함을 드러내는 것이다. 여자들의 논리 결여, 완고한 무지, 현실파악의 무능함을 고발해야만 할 때, 오히려 여자의 본능, 직관, 통찰력에 대해서 운운하고

---

[*33] 《여성론》.

있다.

사실 여자들은 관찰자도 아니며 심리학자도 아니다. 여자는 사물을 볼 줄도 모르고 인간을 이해할 수도 없다. 그녀들의 신비는 일종의 함정이다. 그녀들의 심오한 보물이라는 것도 허무의 깊이를 말할 뿐이다. 여자들이란 남자에게 주는 것은 아무것도 없고, 다만 남자를 해칠 수 있을 뿐이다. 몽테를랑의 경우 큰 적은 우선 어머니이다. 젊은 시절의 희곡 《추방》에서 자기 아들의 사회 진출을 방해하는 어머니를 등장시키고 있다. 《올림픽》에서는 스포츠에 전념하려는 소년이 어머니의 소심한 에고이즘 때문에 '저지'당한다. 《독신자》, 《젊은 처녀들》에서도 어머니는 밉살스런 모습으로 묘사되어 있다. 어머니의 죄는 자기 아들을 그녀의 자궁 깊은 곳에 영원히 가둬두려고 하는 점이다. 어머니는 아들을 독점하여 자기 존재의 메마른 공허를 메꾸기 위하여 아들의 팔다리를 불구처럼 만들어 버린다. 어머니는 가장 고약한 교육자이다. 어머니는 아들의 날개를 잘라, 그가 갈망하는 정상에 이르지 못하게 하고 그를 우둔하게 만들며 그의 능력을 감소시킨다. 이런 비난들은 전혀 근거가 없는 것도 아니다. 그러나 몽테를랑이 여성인 어머니에게 퍼붓는 표면적인 비난의 그늘을 보면, 실은 그가 여자를 혐오하는 이유가 그 자신의 출생에 있음을 명백히 알 수 있다. 그는 자기를 신이라고 믿고 자기가 신이기를 원한다. 그것은 그가 남자이며 '뛰어난 인간'이고 몽테를랑이기 때문이다. 그러나 신은 사람이 낳는 것이 아니다. 신의 몸은―만일 신이 몸을 가지고 있다면―강인하게 단련된 근육으로 감싸인 의지이며, 생명과 죽음이 함께 깃든 육체가 아니다. 그가 혐오하는 이 덧없고 우발적이고 상하기 쉬운 육체의 책임을 그는 어머니에게로 돌린다. '아킬레우스(《일리아드》의 주인공, 가장 유명한 그리스 영웅)의 몸에서 유일하게 상처받기 쉬운 곳은 그의 어머니가 만졌던 부분이다.'[*34] 몽테를랑은 결코 인간의 조건을 있는 그대로 받아들이려 하지 않았다. 그가 자존심이라고 부르는 것은, 실은 육체를 통하여 세계에 참여하는 자유를 누리기 위해 감수해야 할 위험을 처음부터 두려워하여 도망치는 것이다. 그는 자유를 주장하지만, 참여는 거부한다. 유대감도 근원도 없이 오로지 자기 자신만을 돌보는 주관적 태도를 꿈꾼다. 자기의 육체적 근원을 회상할 때 이런 꿈은 방해를 받는다. 그럴 때마다 그는 같은 수법을 쓴다. 즉 그

---

[*34] 《여성론》.

러한 조건을 극복하는 대신에 그것을 부정하는 것이다.

몽테를랑이 보기에는 애인도 어머니와 마찬가지로 해로운 존재이다. 사랑하는 여인은 남자가 자기 자신 속에서 신을 부활시키는 것을 방해한다. 몽테를랑은 말한다. '여자의 몫은 생명 속의 자발적인 부분이다. 즉 여자는 감각으로 성장하고, 내재 속에 빠지며, 행복에 열중한다. 여자는 그 속에 남자를 가두어 두려고 한다. 여자는 자기초월의 충동을 느끼지 못하고, 위대성에 대한 감각도 없다. 여자는 자기 애인의 나약함을 사랑하고, 그의 강건함을 사랑하지 않는다. 그의 괴로움을 사랑하며, 그의 기쁨을 사랑하지 않는다. 여자는 남자의 높이까지 손을 뻗지 못한다. 그래서 남자를 잡기 위하여 자기의 수준으로 끌어내리려 한다. 왜냐하면 여자는 남자를 필요로 하는, 자기만으로는 불충분한, 일종의 기생적(寄生的) 존재이기 때문이다.' 도미니크의 눈을 통해서, 몽테를랑은 '애인의 팔에 연체동물처럼 매달려 라늘라그(파리에 있는 산보 장소)를 산책하는 여자들은 위장한 커다란 민달팽이와 같다'*35고 묘사한다. 그의 말에 따르면 여성운동가를 제외한 여자들은 모두 불완전한 존재들로, 노예근성이 있다는 것이다. 물러빠지고 근육도 없는 것 같은 여자들은 세계에 대해 손을 쓸 기반이 없다. 여자들은 애인이나 남편을 자기 것으로 만들려고 애를 쓴다. 몽테를랑은 예의 사마귀의 비유를 사용하지는 않았으나 역시 똑같은 내용의 말을 하고 있다. 곧 여자에게 있어서 사랑한다는 것은 상대를 잡아먹는 것이다. 자기를 준다고 하지만 실은 빼앗는 것이다. 그는 톨스토이 부인의 외침을 인용하고 있다.

'나는 그에 의하여, 그를 위하여 산다. 나를 위하여 그도 똑같이 해 주었으면 한다.' 그는 이런 미친 듯한 사랑의 열정을 고발하고 있다. 그는 또 다음과 같은 《전도서》의 말에서 무서운 진리를 발견한다. '당신의 불행을 바라는 남자가 당신의 행복을 바라는 여자보다 낫다.' 그는 '부하들 가운데 결혼한 사람은 반쪽 인간이 된다'는 리요테(프랑스 군인, 낭시 출생, 육군 장관 역임, 1854~1934)의 경험을 상기시킨다. 특히 그는 '우수한 남자'에게는 결혼이 좋지 않다고 판단한다. 그것은 우스운 속인화(俗人化)이다. 아이스킬로스 부인이라느니, '단테 부부댁 만찬에 간다'느니 하는 말을 할 수가 있겠는가? 위대한 사람의 위엄도 결혼 때문에 감소된다. 그리고

---

*35 《꿈》.

특히 결혼은 영웅의 장엄한 고독을 깨뜨린다. 영웅은 '자기 자신에게서 한눈을 팔지 않아야 한다.'[36] 이미 말한 바와 같이, 몽테를랑은 '대상이 없는' 자유를 선택했다. 즉 세계에 참여하는 진정한 자유보다 잘못 인식된 자주성을 선택했다. 그가 여자에 대해 옹호하려는 것은 이런 소극적 자유행사이다. 여자는 벅찬 짐이 된다. '사랑하는 여자가 자기의 팔에 매달려 있기 때문에 남자가 똑바로 걸을 수 없다는 것은 괴로운 상징이다.'[37] '내가 불타오르면 여자는 그것을 끈다. 내가 물 위를 걸으면 여자는 내 팔에 매달려 나를 가라앉힌다.'[38] 여자는 도자라고 빈약하고 소극적이며 그 매력은 착각일 뿐이라고 하면서, 몽테를랑은 '여자가 어떻게 그런 많은 힘을 가지고 있는가?'에 대해선 설명하지 않는다. 그는 단지 '사자가 모기를 무서워하는 것은 이상하지 않다'[39]고 교만하게 큰소리칠 뿐이다. 그러나 그 대답은 분명하다.

사람이 혼자 있을 때 자기를 최고로 여기고, 무거운 짐을 지기를 거부하면서 자기를 힘센 장사라고 생각하기란 쉬운 일이다. 몽테를랑은 쉬운 길을 선택했다. 그는 곤란한 가치들을 존중하는 척하면서, 실은 그것을 손쉬운 방식으로 손 안에 넣으려고 시도한다. '우리가 스스로에게 주는 왕관만이 쓸 만한 가치가 있다'고 《파시파에》(그리스 신화에서 미노스의 아내. 미노타우로스의 어머니)에서 왕은 말한다. 편리한 원칙이다. 몽테를랑은 자기 이마에 감당하기 어려울 만큼 무거운 관을 쓰고 자줏빛 의상을 두르고 있다. 그러나 그의 왕관은 색종이로 만들어졌고, 안데르센의 동화에 나오는 왕처럼 그가 알몸이라는 것이 타인의 눈에는 잘 보인다. 꿈속에서 바다 위를 걷는 것보다는 실제로 육지의 길을 걷는 편이 훨씬 더 힘들다. 사자인 몽테를랑이 겁을 먹고 여성인 모기를 피해 가는 것은 이 때문이다. 그는 현실의 시련을 두려워하고 있다.[40]

만일 몽테를랑이 정말 영원한 여성의 신화를 부수어 주었다면, 그에게 감사

---

[36] 《여성론》.
[37] 《젊은 처녀들》.
[38] 《젊은 처녀들》.
[39] 《젊은 처녀들》.
[40] 이런 증상은 아들러가 정신병의 전형적 원인으로 생각하는 그런 증상과 똑같다. '권력에의 의지'와 '열등감' 사이에서 분열된 인간은 현실이 던지는 시련을 피하기 위해 자기와 사회 사이에 되도록 먼 거리를 둔다. 따라서 그는 이러한 기만의 그늘 속에서만 유지될 수 있는 주장들이 현실에서는 점점 힘을 잃게 되리라는 것을 잘 알고 있다.

의 인사를 보내야만 하리라. 여자가 인간다운 존재로서 살아가는 것을 도우려면, '여자'를 부정하는 길밖에 없기 때문이다. 그러나 이미 본 바와 같이 그는 우상을 부수지 않고 그저 괴물로 바꾸어 놓았을 뿐이다. 그 역시 '여성'이라는 이 모호하고 돌이킬 수 없는 본질의 존재를 믿는다. 그도 아리스토텔레스와 성 토마스를 따라 여자는 부정적으로만 규정된다고 생각한다. 여자는 남성다움의 결여로 생겨난 존재이다. 모든 여성 개개인이 바꾸지 못하고 감수해야만 하는 운명이 바로 거기에 있다. 그러한 운명에서 빠져 나가려고 하는 여자는 인간의 최하층에 놓이게 된다. 그런 여자는 남자가 될 수도 없고, 여자가 되는 것도 포기하기 때문이다. 그런 여자는 웃음거리, 만화, 가짜에 불과하다. 여자는 육체이지만, 의식에 의해 조금도 현실성이 부여되지는 않는다. 자신이 유리할 때에는 플라톤주의자가 되는 몽테를랑은 여성과 남성의 '이념'만이 존재를 소유한다고 생각하는 것 같다. 여성에도 남성에도 속하지 않는 개체는 존재의 외관밖에는 소유하는 것이 없다. 그는 자주적 주체로서 대담하게 자기를 확립하고 생각하고 행동하는 이 '흡혈귀'들을 가차없이 단죄한다. 그리고 그는 앙드레 아크보(《젊은 처녀들》의 여주인공)의 초상을 그려서 자신을 인격화하려고 노력하는 모든 여성들이 보기 흉한 꼭두각시로 변해 버린다는 것을 증명하려고 한다. 물론 앙드레는 추한 데다 멋없는 너절한 의복을 입고 지저분하기까지 하며, 손톱과 팔목은 더 말할 것도 없이 때투성이다. 그녀가 교육을 제대로 받지 못했다는 것이 그녀의 여자다움을 완전히 없애버렸다. 코스탈(《젊은 처녀들》의 남주인공)은 그녀가 총명하다는 것을 우리에게 보증하고 있다. 그러나 그녀에 관한 일을 묘사할 때마다 몽테를랑은 그녀가 바보라고 독자들에게 믿게 만든다. 코스탈은 그녀에게 호감을 느끼고 있다고 말한다. 반면 몽테를랑은 독자들에게 그녀가 불쾌한 존재라는 인상을 갖게 한다. 이런 교활한 모호성으로 그는 여성의 지적 능력이 떨어진다고 주장하고, 이것이 여자의 근본적인 결함임을 내세워, 여자가 목표로 삼는 모든 남성적 특질을 여자에게서 일그러뜨리려고 애쓴다.

몽테를랑은 여성운동가들에 대해서만은 예외를 인정한다. 육체의 자주적인 행사를 통하여 여성운동가들은 하나의 정신과 혼을 정복할 수가 있다. 하지만 그런 높은 경지에서 그녀들을 끌어내리기는 간단할 것이다. 몽테를랑은 1,000미터 경기의 여자 우승자에게 찬사를 보내지만, 교묘하게 그녀에게서 떠나 버린다. 그녀를 극히 간단하게 유혹할 수 있음을 의심치 않으면서 그는 그녀에게 그러한 불명예를 안겨 주지 않으려는 것이다. 도미니크는 알방이 자기를 불렀던 정상에 가만히 머물러 있으려 하지 않았다. 도미니크는 그를 사랑하고 말았다. '완전히 정신이고 혼이었던 여자는 이제 땀을 흘리고 향기를 내뿜으며, 숨이 차서 가볍게 기침을 했다.'[*41] 분개한 알방은 그녀를 쫓아낸다. 스포츠로 단련하여 자기 속에 육체를 죽인 그런 여자를 사람들은 존경할지도 모른다. 그러나 여자의 육체 속에 자주적 존재가 깃들고 있다는 것은 말이 안 된다. 의식이 그렇게 자리잡는 순간 여자의 육체는 가증스러운 것이 된다. 여자에게 어울리는 것은 순수한 육체로 머물러 있는 것이다. 몽테를랑은 동양인의 태도를 찬성하고 있다. 향락의 대상으로 존재하기 때문에 여성은 무력하기 짝이 없지만, 이 세상에서 쓸모 있는 지위를 유지한다. 남성은 여성 속에서 이끌어내는 쾌락에서, 그리고 오로지 이 쾌락에서만 어떤 의의를 발견한다. 이상적인 여성은 완전히 바보이고, 절대적으로 복종한다. 그녀는 언제나 기꺼이 남자를 맞아들이고, 남자에겐 결코 아무것도 요구하지 않는다. 알방이 자기가 필요할 때 소중히 여기는 두스라는 여자가 바로 이러하다. '두스, 놀랄 만큼 바보이고, 바보인만큼 매력이 넘치는 여자······연애밖에는 쓸모가 없고, 그래서 쓸모가 없게 되면 남자가 단호히 밀리하는 그런 여자.'[*42] 조 쾌락과 돈을 순순히 받아들이는 얌전한 사랑의 동물과 같은 아라비아의 처녀 라디쟈가 바로 그러한 여자이다. 에스파냐의 기차 속에서 만난 '여성성을 취한 동물'이 바로 그렇다고 상상할 수 있을 것이다. '그녀의 태도가 너무도 우둔해, 나는 그녀에게 욕망을 품게 되었다.'[*43] 저자는 또 설명한다. '여자들의 메스꺼운 점은 영리한 체하는 것. 그녀들이 자기네들의 동물성을 과시할 때는 초인의 모습이 나타난다.'[*44]

하지만 몽테를랑은 동양 회교국의 군주와는 전혀 다르다. 우선 그에게는 관능적 욕구가 결여되어 있다. '여성성을 취한 동물'에 아무런 배려 없이 빠져서 즐기는 일 따위는 그에게 있을 수 없다. 여자들은 '병약하고 불결하며 깨끗한 데라곤 전혀 없다.'[*45] 코스탈은 젊은 남자의 머리 냄새가 여자들의 머리보다

---

[*41] 《꿈》.
[*42] 《꿈》.
[*43] 《카스티유의 왕녀》.
[*44] 《카스티유의 왕녀》.
[*45] 《젊은 처녀들》.

더 강렬하고 향기롭다고 솔직히 고백한다. 그는 솔랑즈 곁에선 '들척지근한 역겨운 냄새와 또 근육도 신경도 없는 흰달팽이 같은 몸뚱이' 옆에 있는 것처럼 구역질을 느낄 때가 가끔 있다.*46 그는 자기에게 보다 더 잘 어울리고 대등한 사람끼리의 포옹을 꿈꾼다. 거기에는 정복된 힘에서 생겨나는 감미로움이 있다. 동양 남자는 여자를 관능적으로 즐긴다. 그래서 남녀 애인 사이에 하나의 육체적인 평등관계가 이루어진다. '아가(雅歌, 구약성서)'에 나타난 열렬한 기원이나 《아라비안나이트》의 이야기 속에도, 사랑하는 여자를 예찬하는 수많은 아라비아의 시에도 그런 것이 나타나 있다. 물론 그 가운데에는 질 나쁜 여자들이 있기는 하지만 좋은 여자들도 많아, 관능적인 남자는 그런 여자들의 품 안에 편안히 몸을 내맡기고는 조금도 굴욕을 느끼지 않는다. 이에 반해 몽테를랑의 주인공은 늘 방어자세를 취한다. '상대편에게 빼앗기지 않고 빼앗는 것이 우수한 남녀 사이에 성립될 수 있는 유일한 방식이다.'*47 그는 공격적이며 남성적인 순간처럼 생각되는 욕정의 순간을 말하기는 좋아하면서도 쾌락의 순간은 교묘하게 피해 버린다. 아마 그 자신도 그런 순간에는 땀을 흘리고 숨을 헐떡이며 '체취를 발산'하게 되는 것을 느끼기 때문일까. 아니, 그렇지 않을 것이다. 누가 감히 그의 체취를 맡으며, 그의 땀내를 느낄 수 있겠는가? 그의 무장해제된 육체는 누구를 위해서도 존재하지 않는다. 그의 몽테를랑 앞에는 아무도 없기 때문이다. 그는 오로지 의식이요, 순수하고 투명한 지상의 존재이기 때문이다. 그리고 그의 의식에 쾌락이 존재한다고 하더라도 그는 그런 것을 생각하지 않는다. 자기에게 방해가 되기 때문이다. 그는 자기가 상대에게 주는 쾌락은 즐겨 말하면서도, 자기가 상대로부터 받는 쾌락에 대해서는 입 밖에 내지 않는다. 받는다는 것은 하나의 의존관계가 되기 때문이다. '내가 여자에게 원하는 것은 그녀에게 쾌락을 주는 것이다.'*48 관능적 쾌락에 뜨거운 만족을 느끼는 것은 공범관계를 나타내는 것이다. 그는 그러한 것을 결코 인정하지 않는다. 그는 상대를 지배하려는 오만불손한 고독을 더 좋아한다. 그가 여자에게서 구하는 것은 관능적인 만족이 아니라 두뇌적인 만족이다. 그리고 위험을 무릅쓰지 않고 자기를 표현하고 싶어하는 자존심의 만족이다. 여자 앞에

---

*46 《젊은 처녀들》.
*47 《젊은 처녀들》.
*48 《젊은 처녀들》.

서는 '말이나 황소 앞에 가까이 가려는 것과 같은 느낌을 받는다. 말이나 황소 앞에서처럼 여자 앞에서도 자기의 힘을 겨루어 본다는 톤안과 취미를 갖고 있기 때문이다.'*49 다른 남자들과 힘을 겨루어 본다는 일은 매우 대담한 짓일 것이다. 그들은 시합에 간섭을 하고, 뜻하지 않은 점수표를 만들고, 멋대로 판정을 내릴 것이다. 황소나 말 앞에서는 자기 자신이 심판관으로 머물러 있는데, 이 편이 훨씬 더 안전하다. 상대가 여자라도 마찬가지여서, 선택만 잘 한다면 그 여자 앞에서는 독무대를 이룰 수 있다. '나는 대등한 입장에서는 연애를 하지 않는다. 왜냐하면 여자에게서 내가 바라는 것은 어린아이이기 때문이다.' 이렇게 이치는 자명하면서도 아무것도 설명되지 않는다. 그는 왜 어린아이는 원하면서 대등한 자는 원하지 않는가? 차라리 자기와 대등한 자가 없다고 한다면 몽테를랑은 더욱 정직해 보일 것이다. 하지만 몽테를랑은 대등한 자를 원치 않는다는 것이 한결 더 정확할 것이다. 그는 자신과 대등한 자가 두려운 것이다. 그는 《올림픽》을 쓸 무렵 스포츠의 속임수가 개입될 수 없는 체급 차이와 엄밀한 승부를 예찬했다. 그러나 그 자신은 이런 교훈을 이해하지 못했다. 그 뒤의 작품과 생활태도를 보면 그와 마찬가지로 작중인물들도 모든 대결을 기피하고 있다. 단지 짐승, 풍경, 어린이 혹은 어린아이와 같은 여자들을 상대로 하고 있으며, 결코 대등한 자와는 상대를 하지 않는다. 일찍이 스포츠의 엄밀한 정확성에 반했던 몽테를랑이 이제는 자기의 겁 많은 자존심에 아무 비판도 가할 염려가 없는 그런 여자들만을 애인으로 맞아들이고 있다. 수동적이고 식물적이며, 유치하고 어리석고 돈으로 살 수 있는 여자들만을 선택한다. 그는 여자들에게 의식을 부여하는 것은 철저히 회피하려고 한다. 만일 의식의 흔적만이라도 발견하게 되면 반사적으로 몸을 움츠리고 자리를 피한다. 여자를 상대로 주체와 주체의 관계를 맺는다는 것은 생각할 수도 없는 문제이다. 남자의 왕국에서 여자는 단지 살아서 움직이는 하나의 물체여야 한다. 여자는 결코 주체로서 생각할 수 없다. 여자로서의 입장을 고려하려 들지도 않는다. 몽테를랑의 주인공은 위세당당해 보이지만 실은 적당주의의 도덕에 빠져 있다. 즉 자기 자신과의 관계만을 염두에 두고 있는 것이다. 그가 여자에게 끌린다기보다는 차라리 여자를 자기에게 끌리게 하는 것은 그 여자를 향락하기 위해서가

---

*49 《카스티유의 왕녀》.

아니라, 자기 자신을 향락하기 위해서이다. 여자의 실존은 절대적으로 열등한 것이어서 남자의 실질적이며 본질적인 불멸의 우월성을 훤히 드러내 보인다. 그것도 안전하게.

그래서 두스의 우둔성 때문에 알방은 '그리스 전설의, 거위를 아내로 맞이한 반신(半神)의 기분을 어느 정도 다시 맛볼'*50 수가 있다. 코스탈은 솔랑즈를 만지자마자 굉장한 사자로 변해 버린다. '서로 가까이 앉자마자 곧 코스탈은 처녀의 넓적다리에 (옷 위로) 손을 얹는다. 그러고 나서 정복한 고깃덩어리를 사자가 발로 누르듯이, 그 손으로 여자 몸의 중심부를 만진다……'*51 어두컴컴한 영화관 속에서 많은 남자들이 슬금슬금 행하는 이 거동을, 코스탈은 '영주(領主)의 원시적인 손버릇'*52이라고 선언한다. 만일 여자의 육체를 자기 것으로 하기 전에 애무하는 남자나 남편들이 모두 몽테를랑처럼 존대한 의식을 가지고 있다면 이 강렬한 변신을 쉽사리 경험할 것이다. '그는 이 여자의 얼굴에서 막연하게 냄새를 맡았다. 마치 다리 사이에 잡고 있는 고깃덩어리를 뜯어먹는 사자가 가끔 동작을 멈추고 그것을 핥는 것처럼.'*53

남자가 자기 여자로부터 얻는 쾌락은 이런 살벌한 자존심만은 아니다. 여자란 남자가 마음대로, 언제라도 안전하게 자기 안에 일어나는 마음의 불꽃을 실험해 보는 역할을 할 뿐이다. 코스탈은 어느 날 밤 고통에 지쳐서, 닭다리를 맛있게 뜯어먹을 정도로 고뇌의 유희에 빠지기도 한다. 그러한 유희는 몇 번이고 자주 할 수 있는 일은 아니다. 그러나 이것 외에도 강렬하고 묘한 즐거움이 있다. 예를 들면 관용이다. 코스탈은 자비심에서 여자들의 어떤 편지에는 답장을 쓰고, 거기에 성의를 다할 때도 가끔 있다. 영감을 받은 시골처녀에게 유식한 체하는 글을 쓰고, 그 끄트머리에 '당신이 내 글을 이해할지 모르겠소. 그러나 그것이 내가 당신 정도로 수준을 낮추는 것보다는 낫소'*54라고 썼다. 그는 때때로 한 여자를 자기가 좋아하는 이미지대로 상상하고 즐기기도 한다. '나는 당신이 내게 아랍 여인들처럼 베일에 가려 있기를 바라오……당신

---

*50 《꿈》.
*51 《젊은 처녀들》.
*52 《젊은 처녀들》.
*53 《젊은 처녀들》.
*54 《젊은 처녀들》.

이 나와는 별개의 것이 되도록 하기 위해서 나는 당신을 나의 수준으로 끌어 올리지 않은 것이오.*55 그는 솔랑즈의 몇 가지 아름다운 추억을 만들어 즐긴다. 그러나 그가 호탕한 기분을 가장 황홀하게 느끼는 것은 특히 여자와 동침할 때이다. 그는 환희와 휴식과 열정과 힘과 쾌락을 주는 자로서, 자기가 아낌없이 제공하는 그런 부유함에 크게 만족한다. 그는 자기 애인들에게서 아무것도 빚지는 일이 없다. 때로는 그런 사실을 확실히 하기 위하여 애인들에게 돈을 주기도 한다. 그러나 설령 성교가 평등하게 이루어질 때에도 여자는 일방적으로 채무자이다. 여자는 아무것도 주지 않으나, 남자는 빼앗는다. 그 때문에 그가 솔랑즈의 처녀성을 빼앗은 그날, 그녀를 화장실로 쫓아 버리고도 그는 마땅하다고 생각했다. 비록 마음 깊이 사랑하는 여자라고 하더라도 남자가 그 여자 때문에 신경을 쓴다는 것은 말도 안 된다. 그는 신의 섭리로 남성이 되었고, 여자가 무례한 세척기에 바쳐지는 것 역시 신의 섭리에 따른 것이다. 코스탈의 자존심도 여기에 이르러서는 아주 비열해져서, 교양 없는 외판원과 다를 바가 없다.

여자의 첫째 의무는 남자의 관대한 요구에 묵묵히 순종하는 일이다. 솔랑즈가 자기의 애무를 달갑게 여기지 않는다고 상상할 때 코스탈은 노발대발한다. 그가 라디쟈를 귀여워하는 것은, 그가 그녀의 몸에 들어가자마자 그녀의 얼굴이 기쁨으로 확 달아오르기 때문이다. 그때 그는 자기를 맹수라고 느끼는 동시에 당당한 군주라고 느끼며 만족해 한다. 하지만 빼앗기고 또 만족을 얻는 여자가 하나의 가련한 존재에 지나지 않으며, 의식의 대용품으로서 헐떡이는 생명 없는 단순한 육체에 지나지 않는다면, 빼앗고 만족을 주는 도취감은 도대체 어디에서 오는 것인지 당혹스럽다. 코스탈은 어째서 그처럼 보잘것없는 여자들을 상대로 많은 시간을 낭비할 수 있을까? 이런 모순은 결국 허영에 불과한 자존심의 정체를 보여 주는 것이다.

강자의, 너그러운 자의, 주인된 자의 보다 더 미묘한 즐거움은 불쌍한 인종에 대한 연민이다. 코스탈은 이따금 누이동생을 대하는 오빠 같은 우애와 미천한 사람들을 향한 동정심, '여자들에게 보내는 헤아릴 수 없는 연민'을 마음속에 느끼고 감동한다. 냉혹한 사람들에게서 예기치 않았던 상냥함을 느꼈을

---

*55 《젊은 처녀들》.

때 그보다 더 감동적인 것이 있을까? 그는 여자라는 병든 동물의 베갯머리에 몸을 굽힐 때 자기 마음속에 '에피날'의 이 고상한 이미지를 떠올린다. 그는 여성운동가일지라도 경기에 진 데다가 부상을 입고, 기진맥진해서 멍이 든 그런 여자를 보고 싶어한다. 여성들에게서 그가 바라는 것은 될 수 있는 대로 완전히 무력한 상태이다. 여자들이 다달이 겪는 곤란을 그는 지켜워한다. 그러면서도 '여자가 그런 곤란에 걸려 있다는 것을 알 때, 늘 여자에게 더욱 호감이 갔었다'라고 고백한다.*56 그도 이런 연민의 정에 넘어갈 때가 있다. 그래서 약속을 지키지는 못해도 언질을 주기는 한다. 앙드레에게 도와 주겠다는 약속도 하고, 솔랑즈에게 결혼할 것을 약속하기도 한다. 그러나 연민의 정이 그의 마음속에서 사라지자마자 이런 약속은 모두 취소되어 버린다. 그가 자기의 약속을 취소해선 안 될 이유라도 있단 말인가? 그는 스스로 유희의 규칙을 만들어 놓고, 자기 자신을 상대로 그 유희를 즐긴다.

여자가 가련하고 열등하다는 것만으로는 충분치 않다. 몽테를랑은 여자를 경멸할 만한 존재로 여기고 싶어한다. 그래서 때로는 욕정과 경멸의 갈등을 감동적인 비극이라고 주장할 때도 있다. '아! 경멸하는 자를 탐내다니, 얼마나 큰 비극인가!…… 거의 같은 동작으로 끌어당기고, 물리치고, 성냥개비처럼 불을 켠 즉시 던져버려야 한다는 것, 이것이 여자와 우리에 일어나는 관계의 비극이다!'*57 사실 그런 비극은 성냥개비에게만, 또 언제나 소홀한 취급을 받는 존재에게만 있는 것이다. 성냥을 켜는 사람은 손가락을 데지 않기만 한다면 이런 운동에 스릴을 느낄 것이 너무도 뻔하다. '경멸하는 그것을 욕망함'이 그 멋대로의 쾌락이 아니라면, 그는 자기가 존경하는 그것을 욕망하길 일부러 거부하지는 않을 것이다. 알방은 도미니크를 거절하지는 않을 것이다. 그는 '대등한 입장에서 사랑하는' 편을 택할 것이다. 그리고 그가 원하는 그것을 그토록 경멸하지 않고도 해 나갈 수 있었을 것이다. 요컨대, 젊고 예쁘고 열정적이고 순진한 에스파냐의 귀여운 무용수가 어떤 점에서 그렇게 경멸을 받을 수밖에 없었는지 아무리 생각해도 이해하기 어렵다. 그 귀여운 무용수가 가난했기 때문인가, 출생이 좋지 않아서 그랬는가, 교양이 없었기 때문인가? 몽테를랑의 눈에는 이것들도 결함이 될지 모른다. 그러나 무엇보다도 그는 여자라는

---

*56 《젊은 처녀들》.
*57 《카스티유의 왕녀》.

조건 때문에 이 에스파냐의 무용수도 가차없이 경멸한다. 여성의 신비가 남성의 꿈을 자극하는 게 아니라, 남성의 꿈이 여성의 신비를 창조한다고 그는 단호히 말한다. 하지만 그도 자기의 주관성이 요구하는 것을 대상 속에 반영하고 있다. 그가 여자를 경멸하는 것은 여자가 비열하기 때문이 아니다. 그가 여자를 경멸하기 때문에 여자가 비열해 보이는 것이다. 여자와 자기 사이에 거리가 멀면 멀수록 그는 그만큼 더 높은 정상에 앉아 있다고 느낀다. 이로써 그가 자기 작품 속 남자 주인공들의 애인으로 그토록 너절한 여자를 선택하는 까닭을 알 수 있다. 그는 성욕과 권태에 시달리는 시골 노처녀와, 바보 같고 욕심 많은 극우사상을 가진 소시민 여성을 등장시킨다. 이것은 뛰어난 인물을 일부러 아주 너절한 자로 재는 격이다. 경솔함의 결과로 남자가 우리 눈에 아주 작게 보이는 것이다. 그러나 그것은 아무래도 좋다. 코스탈은 자기를 위대하다고 믿으니까. 여자의 극히 사소한 약점이 그의 오만을 부풀게 하기에 충분하다.

《젊은 처녀들》의 한 구절은 특히 의미심장하다. 코스탈과 동침하기 전에 솔랑즈는 밤 화장을 한다. '그녀는 화장실에 가야만 한다. 그러자 코스탈은 자기가 전에 가지고 있었던 암말이 생각났다. 이 암말은 자존심이 대단하고 매우 민감해서 그가 그 등에 타고 있을 때는 한 번도 소변이나 대변을 누는 일이 없었다.' 육체에 대한 혐오(셀리아가 대변을 눈다고 말한 스위프트를 떠올린다), 여자를 가축과 등일시하려는 의도, 오줌을 누는 것 하나에도 여자에게서 어떤 자주성도 인정하지 않으려는 배타성 등이 여기서 폭로되고 있다. 그러나 무엇보다도 코스탈은 분개하는 동안 자기도 방광과 결장(結腸)을 가지고 있다는 사실을 까맣게 잊고 있다. 그와 마찬가지로 땀과 체취로 더러워진 여자에게 구토를 느낄 때에도 그는 자기에게서 나오는 분비물은 생각하지 않는다. 자기는 강철로 된 근육과 성기를 지배하는 일종의 순수정신 같은 것이라고 믿기 때문이다. '경멸은 욕망보다 더 고상한 것이다'라고 몽테를랑은 《욕망의 샘에서》 선언한다. 그리고 알바로는 '나의 양식은 혐오다'[58]라고 말한다. 마음속으로는 즐기고 있으면서 경멸이라니 대체 무슨 변명인가! 남을 깔보고 비판함으로써 우리는 그와 근본적으로 다르다고 느끼고, 자기는 비난받을 만한

---

[58] 《산티아고의 스승》.

결점이 전혀 없는 것 같은 기분에 마음 편해질 수 있다. 몽테를랑은 일생 동안 인간들에 대한 경멸을 얼마나 도취감에 취해서 표시해 왔던가! 자기가 총명하다고 믿기 위해서는 사람들의 어리석음을 고발하면 충분하고, 자기를 용감하다고 믿기 위해서는 사람들의 비겁한 태도를 지적하면 된다. 독일군의 프랑스 점령 초기에 그는 패전한 같은 나라 사람들에 대하여 경멸을 퍼붓기에 여념이 없었다. 그 자신은 프랑스 사람도 아니고, 패전 국민도 아니었다. 그는 하늘에서 내려다보고 있었던 것이다. 그는 완곡한 표현으로 남을 비난해도, 패전을 미연에 방지하기 위하여 다른 사람들 이상으로 아무것도 한 일이 없다는 것을 인정하고 있다. 그는 장교로 종군하려고도 하지 않았다. 그러나 곧 제정신을 잃을 정도로 격분해서 다시 남을 비난하기 시작했다.[*59] 그는 자기의 혐오감을 개탄하는 체하지만, 그것은 그 혐오감을 한층 성실하게 느끼면서 한층 즐기기 위해서이다. 사실 그렇게 하는 것이 유리하기 때문에 고의적으로 여자를 비열하게도 끌어내리려고 애쓴다. 그는 가난한 처녀들을 돈이나 보석으로 유혹하곤 즐거워한다. 그녀들이 그 악의 선물을 받으면 그는 그것을 무척 기뻐한다. 앙드레를 괴롭히는 즐거움 때문이 아니라 그녀가 타락하는 것을 보는 즐거움 때문에 그녀를 상대로 사디스트적인 유희에 빠진다. 그는 솔랑즈에게 아기를 죽이라고 부추긴다. 그녀가 이 계획을 승낙하자, 코스탈의 육감은 확 불타오른다. 그는 경멸의 황홀 속에서 이 잠재적인 살인녀를 자기 것으로 만든다.

이런 태도의 열쇠, 그것을 우리에게 보여 주는 것은 애벌레의 교훈이다. 숨은 의도는 어떠하든 간에 그것은 그 자체로서 충분한 의미가 있다.[*60] 몽테를랑은 애벌레들에게 오줌을 갈기면서 그 가운데 어떤 것들은 살려 두고, 다른 것들은 죽여버리며 즐거워한다. 그는 악착같이 살려는 애벌레들에게 조소적인 동정을 보내고, 너그럽게 그들에게 살 기회를 준다. 이런 유희에서 그는 황홀감을 느낀다. 애벌레가 없었다면 소변의 방출은 배설행위에 불과했을 것이다. 그러나 그것이 생사를 결정하는 도구가 된다. 기어다니는 벌레 앞에 오줌을 갈기는 남자는 신의 전제적인 고독을 맛볼 것이다. 보복을 두려워할 필요도 없다. 이와 같이 여자라는 동물을 다룰 때 남자는 높은 곳에 앉아서, 때로

---

[*59] 《하지(夏至)》.
[*60] 《하지》.

는 잔인하고 때로는 정답게, 공평하다가 변덕스럽게 주기도 하고 다시 빼앗기도 하고, 만족도 시켜 주고 동정도 하고 화도 낸다. 아무튼 남자는 자기 멋대로 즐길 뿐이다. 남자는 자유롭고 유일한 지버자이다. 그러나 동물은 모름지기 동물다워야 한다. 남자는 일부러 그런 동물을 골라서 그것들의 약점을 어루만져 준다. 그리고 하도 끈질기게 그것들을 동물로 취급하기 때문에, 그 동물들도 마침내 자기들의 조건을 받아 주게 된다.

그래서 미국 루이지애나 주와 조지아 주의 백인들은 흑인들의 거짓말과 사소한 도둑질을 대견스럽게 여긴다. 백인들은 피부 빛깔이 그들에게 주는 우월성의 증거를 거기에서 확인하는 듯한 기분을 느낀다. 만일 그러한 흑인들 가운데 한 사람이 자기가 결백하다고 우기기라도 하면 그는 그 때문에 한층 더 혹독한 대가를 치르게 된다. 마찬가지로 강제수용소에서는 계획적으로 인간을 타락하게 만든다. 지배민족들은 이런 비열한 행위에서 자기들의 본질이 초인간적이라는 증거를 발견했다.

이런 일치는 조금도 우연이 아니다. 몽테를랑이 나치 이념의 찬미자라는 것은 널리 알려진 사실이다. 태양의 차바퀴 모양인 나치스의 하켄크로이츠(갈고리 십자가) 모양이 어느 '태양'의 축제에서 승리한 것을 보고 그는 매우 기뻐했다. "태양의 차바퀴 모양이 승리한 것은 단지 '태양'의 승리, 이교국(異敎國)의 승리만이 아니다. 그것은 만물은 회전한다는 티양 원리의 승리이다. ……나는 오늘날 그 원리가 승리했음을 본다. 내가 이제까지 찬미했던 그 원리는 나의 피와 살이 되어 이제 나의 생명을 지배하는 것을 역력히 느낀다."*61 또한 독일 점령하에서 그가 어떤 위대한 감각으로, '힘의 위대한 양식을 과시하는'*62 독일 사람들을 프랑스 국민들에게 본보기로 제시했는지도 다 아는 사실이다. 지나치게 안이하고 비겁한 취미 때문에 대등한 자들 앞에서 도망친 그는 같은 동기에서 정복자 앞에 무릎꿇는다. 무릎을 꿇음으로써 정복자에게 동화된 기분이 된다. 그래서 자기도 바로 정복자가 된 것이다. 이것은 그가 언제나 원하던 바였다. 적이 황소 애벌레, 여자, 혹은 생명 그 자체이거나 자유이거나 하는 차이가 있을 뿐이다. 승리 이전에 벌써 그는 '전체주의의 마술사들'*63을 예찬

---

*61 《하지》.
*62 《하지》.
*63 《추분(秋分)》.

하고 있었다는 것도 틀린 말은 아니다. 이런 마술사들과 마찬가지로 그도 이제까지 줄곧 허무주의자였고 언제나 인간들을 몹시 미워해 왔다. '인간들은 지도를 받을 가치조차 없다(이렇게 미움을 받을 만큼 인간이 나쁜 짓을 저질렀을 리가 없는데).'[*64] 그들과 마찬가지로 몽테를랑은, 어떤 인종이나 국가 혹은 몽테를랑 자신에게는 절대적인 특권이 있으며 이것으로 다른 사람에게 어떤 권리라도 행사할 수 있다고 믿었다. 그의 도덕 전체가 전쟁과 박해를 환영하며 또 이를 정당화한다. 여자들에 대한 그의 태도를 판단하기 위해서는 이 윤리관을 좀더 자세히 검토해 보는 것이 좋다. 그도 그럴 것이, 결국 '어떤 근거에서' 비판을 받는지 여자들은 자신들을 위하여 알 필요가 있기 때문이다.

   나치의 신화에는 역사적인 기반이 있었다. 즉 허무주의는 독일의 절망을 표현했다. 영웅숭배는 수백만의 병사들이 목숨을 바치게 된 구체적인 목적에 이바지했다. 그러나 몽테를랑의 태도에는 어떤 구체적인 목적이 없고, 단지 그 자신의 실존적인 선택만을 표현하고 있다. 사실 이 영웅은 공포를 선택했다. 인간의 모든 의식 속에는 주권에 대한 욕구가 있다. 그러나 이 주권은 모험을 함으로써만 확립될 수가 있다. 어떤 우월성도 처음부터 부여된 일은 없다. 자기의 주관만으로 모든 것이 이루어진다면 인간은 아무것도 아니다. 인간의 행위나 업적 사이에서만 단계가 만들어질 수 있다. 가치는 끊임없는 노력으로 얻어지는 것이다. 몽테를랑 자신도 이를 잘 알고 있다. '위험을 무릅쓰고 얻은 것에 대해서만 소유할 권리가 있다.' 그런데 그는 남자들 사이에서 한 번도 위험한 일을 감행하려고 하지 않았다. 그가 인간을 무시하는 것도 인간과 정면으로 대결할 용기가 없기 때문임이 명백하다. '인간들은 귀찮은 장해물이다' 라고 《죽은 여왕》에서 왕은 말한다. 왜냐하면 허영심 강한 남자가 자기 주위에 만드는 흐뭇한 '요정의 나라'를 현실의 인간들은 부정하기 때문이다. 왕의 입장에서는 그러한 인간들을 부인해야만 한다. 몽테를랑의 작품 가운데 인간과 인간의 갈등을 묘사한 것이 하나도 없다는 점은 주목할 만하다. 공존이야말로 살아 있는 위대한 드라마이다. 그럼에도 그는 이것을 교묘하게 회피하고 있다. 그의 작품 속 주인공은 언제나 동물·어린이·여자·풍경을 앞에 두고 한결같이 혼자 서 있다. 그는 (《파시파에》의 여왕처럼) 자기 자신의 욕망으로 고

---

[*64] 《욕망의 샘에서》.

뇌하거나, 《산티아고의 스승》처럼) 자기 자신의 요구에 괴로워하고 있다. 하지만 그의 곁에는 아무도 없다. 《꿈》에 등장하는 알방 역시 동료라곤 한 사람도 없다. 프리네가 살아 있을 때에 알방은 그를 멸시하다가 그의 시체 위에서 비로소 그를 찬양한다. 몽테를랑은 실생활과 마찬가지로 작품에서도 단 한 가지 의식만 인정한다.

그 때문에 이 세상에서 모든 감정이 사라진다. 주체가 하나밖에 없다면 주체 사이에 서로 주고받는 관계는 있을 수 없다. 연애는 하찮은 것이다. 우정이 존귀하기 때문에 연애가 경멸을 당하는 것은 아니다. 왜냐하면 '우정엔 내장(內臟)이 빠져 있기 때문이다.'*65 그래서 인간의 유대관계는 모두 일방적으로 거부당한다. 영웅은 인간에게서 태어나지 않았다. 영웅은 공간과 시간의 제한을 받지 않는다. '현재의 외부 사정이나 과거 어느 시대의 외부 사정에 흥미를 기울일 타당한 까닭을 전혀 발견할 수 없다.'*66 타인에게 무슨 일이 일어나든 그는 전혀 관심이 없다. '솔직히 말해서 외부의 사건은 나에겐 조금도 관심거리가 아니다. 나는 그 외부의 사건이 나를 꿰뚫고 내 속에 빛을 비출 때만 그것을 사랑했다. ……그러므로 그것이 될 대로 되게 내버려 둔다.'*67 행동 따위는 불가능하다. '열정과 정력과 대담성을 가졌으면서도 인간적인 것은 어느 하나도 믿을 수가 없어서 누구에게도 사용하지 못했다.'*68 말하자면 초월성은 일체 금지되어 있는 것과 같다. 몽테를랑도 이 사실을 인정하고 있다. 연애와 우정은 보잘것없는 것이며, 경멸은 행동을 방해한다. 그는 예술을 위한 예술도 믿지 않고, 신도 믿지 않는다. 그 뒤엔 쾌락의 내재밖에는 남는 것이 없다. '나의 유일한 야망은 나의 감각을 누구보다 더 잘 사용하는 것이었다'*69고 그는 1925년에 쓰고 있다. 또 '나는 무엇을 원하는가? 그것은 평화와 시 속에서 나를 즐겁게 해 주는 무엇을 소유하는 것이다'*70라고도 했다. 그리고 1941년에는 이렇게 말했다. '그러나 남을 비난하는 나는 20년 동안 무엇을 했는가? 이 20년은 나의 쾌락으로 채워진 하나의 꿈의 연속이었다. 나는 내가 좋아하

---

*65 《욕망의 샘에서》.
*66 《자기의 소유》.
*67 《하지》.
*68 《욕망의 샘에서》.
*69 《욕망의 샘에서》.
*70 《욕망의 샘에서》.

는 것을 만끽하면서 천방지축으로 살아 왔다. 삶과 얼마나 긴밀한 접촉을 했던가!'*71 그것도 좋다. 그러나 그는 여자가 내재성 속에서 뒹굴고 있다는 바로 그 까닭으로 여자를 짓밟지 않았던가? 어머니와 애인의 독점적인 사랑에 대하여 몽테를랑은 한층 고상한 어떤 목적과 어떤 위대한 계획을 대치시키고 있는가? 그도 역시 '독점'을 구하고 있다. 그리고 '삶과의 긴밀한 접촉'에 관해서라면 몽테를랑보다 더 많은 경험을 한 여자들도 많다. 사실 그는 이상야릇한 쾌락, 동물이나 소년이나 어린 소녀에게서 얻을 수 있는 쾌락을 특히 즐긴다. 자기에게 반한 애인이 그녀의 열두 살 난 딸을 그의 침대에서 함께 재우려는 생각을 꿈에도 하지 않는다고 그는 분개한다. 그것은 태양답지 않은 치사한 행위이다. 여자의 관능에도 남성의 관능에 못지않게 고뇌가 있다는 사실을 그는 정말 모르는 걸까? 이런 기준에 따라서 남녀의 순위를 매긴다면 여성이 우세할 것은 틀림없다. 사실을 말하면 몽테를랑의 모순이 여기에 이르러서는 이만저만이 아니다. 그는 '교체'로 인해 모든 것의 가치가 사라지므로, 모든 것은 평등한 가치를 지닌다고 선언한다. 모든 것을 받아들여 포용하려고 한다. 아이를 가진 어머니들은 그의 너그러운 태도에 놀란다. 그는 이것을 보고 흐뭇해 한다. 하지만 독일군의 점령하에서 영화나 신문을 검열하는 '종교재판*72을 요구한 것은 바로 몽테를랑이다. 그는 춤을 추는 미국인 무용수들의 넓적다리를 보고는 구토를 느끼지만, 투우의 번들거리는 성기를 보고는 흥분한다. 취미도 사람에 따라 다르다. 각자는 자기 식대로 '요정의 왕국'을 재건한다. 이 고매한 탕아는 어떤 가치를 근거로 타인의 방탕에 역겨워하면서 침을 뱉는가? 그 방탕은 자기의 것이 아니기 때문인가? 그렇다면 모든 도덕은 몽테를랑에게서 나오게 되는 것이 아닌가?

이에 대해 향락을 누리는 것만이 전부가 아니라고 몽테를랑은 대답할 것이다. 향락을 누리는 데에도 일종의 방법을 택해야만 한다. 쾌락은 금욕의 이면이 되어야만 한다. 쾌락주의자는 영웅과 성자의 소질을 자신에게서 동시에 느껴야만 한다. 하지만 자기들의 쾌락과, 자기들 스스로 만들어 내는 관념을 잘

---

*71 《하지》.
*72 '우리는 프랑스인의 인간적인 가치들을 해친다고 판단되는 어떠한 것도 금지할 수 있도록 임의의 권한을 행사할 기구를 요구한다. 프랑스인의 인간적 가치들을 추구하기 위한 일종의 종교재판을.' 《하지》.

타협시키는 여성들도 많다. 몽테를랑의 자애증적(自愛症的) 몽상이 이런 여자들의 몽상보다 더 가치가 있는 것이라고 왜 우리는 그렇게 믿어야 하는가?

사실 문제가 되는 것은 꿈이다. 그는 꿈에 대하여 모든 객관적인 내용을 거부하기 때문에 그가 말로 재주를 부리는 위대성·신성·영웅주의와 같은 어휘들은 모두 아이들의 장난에 불과하다. 몽테를랑은 남자들 사이에선 자기 우월성을 시험하길 두려워해 왔다. 이 고귀한 와인에 취하기 위해 그는 홀연히 구름 속으로 물러갔다. '유일자(唯一者)'는 틀림없이 높은 자리에 있기 때문이다. 그는 신기루의 방 안에 처박힌다. 거울이 그의 모습을 무한히 반사하고 있어서 그는 자기 혼자서 세계를 가득 채우고 있는 듯한 기분이 된다. 그러나 실은 자신의 포로가 된 은둔자에 지나지 않는다. 그는 스스로를 자유롭다고 믿는다. 하지만 그는 자아를 위하여 자신의 자유를 소외시키고 있다. 그는 에피날의 판화에서 모방한 형태에 따라 몽테를랑의 조상을 간든다. 알방은 거울에 자기의 우둔한 얼굴이 비친 것을 보고는 도미니크를 밀어낸다. 이런 알방이야말로 노예상태를 반영하는 것이다.

사람은 타인의 눈을 통해서만 어리석게 보인다. 오만한 알방도 자기가 평소 경멸하던 집단의식에 자신의 마음을 복종시키고 만다. 몽테를랑의 자유는 하나의 태도이지 현실은 아니다. 대상의 부재로 말미암아 현실에서는 행동이 불가능하기 때문에 그는 제스처로 스스로를 위안하고 있다. 즉 그것은 하나의 흉내이다. 여자는 그에게 알맞은 상대다. 여자는 그의 상대역이 된다. 그는 주역을 독점하고 월계관을 쓰고 임금의 옷을 두른다. 그러나 이 모든 것은 그 자신만의 무대에서 홀로 이루어진다. 햇살이 내리비치는 맑은 하늘 아래 많은 사람들이 오가는 광장에 던져 놓으면, 그 배우는 환한 빛에 눈이 부셔서 더 서 있지 못하고 비틀거리다 쓰러져 버린다. 잠깐 제정신으로 돌아간 코스탈은 이렇게 외친다. "여자에 대한 '승리'란 얼마나 장난 같은 것인가!"[*73] 그렇다. 몽테를랑이 우리에게 제시하는 가치와 공적은 슬픈 희극에 불과하다. 그를 열중케 하는 용감한 행위도 제스처에 불과하며, 결코 계획된 것은 아니다. 그는 페레그리누스의 자살이나 파시파에의 대담성에, 그리고 결투에서 목숨을 뺏기 전에 적수에게 우산을 받쳐 주는 일본 무사의 아량에 감동한다. 그러나 그는

---

[*73] 《젊은 처녀들》.

'적수의 인격과 그가 주장한다고 여겨지는 사상은 그다지 중요하지가 않다'[74]고 선언하고 있다. 이 선언은 1941년에 묘한 반향을 불러일으켰다. 그는 또 이런 말도 했다. '그 목적 여하를 불문하고 전쟁은 모두 아름다우며 그 용도에 관계없이 힘은 언제나 놀라운 것이다. 동시에 영웅이며 성자라는, 허용될 수 있는 유일한 인간관을 우리가 유지하기를 원한다면, 우리는 신념 없는 투쟁이란 형식에 필연적으로 이르게 된다.'[75] 그런데 모든 주의·주장에 대해서 고상한 무관심을 보였던 몽테를랑이 저항운동 쪽이 아니라 국가주의적 혁명 쪽으로 기울었고, 그가 말하는 지상의 자유가 복종을 선택했으며, 영웅적 지혜의 비결을 그가 항독(抗獨) 지하운동가에게서가 아니라 정복자에게서 찾았다는 사실은 실로 기괴한 일이다. 이것도 우연은 아니다. 《죽은 여왕》과 《산티아고의 스승》의 위선적 숭고함은 마침내 이런 허황된 것에 이르고 만다. 그 작품들의 포부만큼 큰 의미가 있는 이 희곡에서, 오만불손한 두 남성이 그들의 공허한 자존심 때문에 단순히 인간이라는 죄로 두 여인을 희생시키는 것을 볼 수 있다. 그녀들은 사랑과 지상의 행복을 갈구한다. 그 죄로 한 여자는 생명을 빼앗기고, 다른 여자는 영혼을 빼앗긴다. 다시 한 번 어디에 근거를 두었느냐고 우리가 묻는다면 작자는 아무 근거도 없다고 거리낌 없이 대답할 것이다. 왕이 이네스를 죽이는 데 그렇게 어마어마한 동기를 두는 것을 작자는 원치 않았다. 이 살인은 평범한 정치적 범죄에 지나지 않을 것이다. '왜 나는 그녀를 죽이는가? 아마도 까닭이 있을 것이다. 그러나 나는 그 까닭을 규명하지 않는다'라고 왕은 말한다. 그 까닭이란 태양의 원리가 마땅히 지상의 따분함을 제압해야 한다는 것이다.

그러나 이 원리는 앞에서 본 바와 같이, 어떤 목적도 뚜렷이 밝히지 않는다. 파괴를 원하는 것뿐이다. 알바로에 대해서 몽테를랑은 어떤 책의 머리말에서 이렇게 말한 적이 있다. 현대 어떤 부류의 남성들 안에서 자기의 흥미를 끄는 부분은 '그들의 강렬한 신념, 외부 현실에 대한 경멸, 파괴에의 취미, 무의미한 것에 대한 열광'이라고. 산티아고의 스승도 바로 이런 열광 때문에 자기의 딸을 희생시킨다. 그녀는 신비라는 화려한 미사여구로 꾸며진다. 신비보다 행복을 선택한다는 것은 평범한 생각이 아닌가? 사실 희생과 금욕은 인간적 목적

---

[74] 《하지》.
[75] 《하지》.

을 전제로 해서만 의미가 있는 것이다. 또한 개별적인 애정이나 개인적인 행복을 뛰어넘는 목적들은 사랑과 행복의 가치를 인정하는 세상에서만 생각할 수 있다. '파리 여점원의 도덕성'은 공허한 요정의 왕국보다 더 참다운 것이다. 그도 그럴 것이 그것은 삶과 현실에 뿌리를 박고 있기 때문이다. 그리고 거기에서 비로소 고매한 이상이 생겨날 수가 있다. 디네스 드 카스트로가 부헨발트에 있는 것과, 왕이 국사(國事)로 독일대사관에 급히 달려가는 장면 같은 것은 쉽사리 상상할 수 있다. 파리의 여점원들은 독일군 점령 동안 우리가 몽테를랑에게서는 찾아볼 수 없었던 존경을 받을 만한 태도를 취했다. 그런데 그가 포식하고 있는 실속 없는 말들은 그 공허함으로 인해 오히려 위험스럽기까지 하다. 초인적 신비주의는 일시적 폭력행위를 모두 정당화하기 때문이다. 사실 우리가 지금 문제 삼고 있는 두 편의 희곡에서 하나는 육체적이고, 다른 하나는 도덕적인 살인을 통하여 그러한 신비설을 주장하고 있다. 사납고 고독하고 불우한 알바로가 날카로운 심문관이 될 가능성도 없지 않다. 인정을 못 받은 채 버려진 왕이 히틀러(나치 장군의 한 사람)가 될 가능성도 없지 않다. 쿠녀자를 죽이고, 유대인을 죽이고, 약한 남자와 유대화한 그리스도교도를 죽이고, 고매한 이상적 가치들을 내세워 죽여서 이익이 되거나 죽여서 즐거움이 되는 것은 깡그리 죽인다.

부정적 신비주의자가 자기를 주장할 수 있는 것은 부정을 통해서뿐이다. 참된 초월은 미래를 향한 긍정적이며 적극적인 전진이다. 거짓 영웅은 자기가 멀리 와 있으며, 하늘 높이 날고 있다는 것을 확신하기 위해서 언제나 뒤를 돌아보고, 자기의 발밑을 살핀다. 그는 경멸하고, 비난하고, 억압하고, 박해하며, 고문하고, 학살한다. 그는 이웃 사람에게 상처를 입히면 자기가 그보다 우수하다고 생각한다. 몽테를랑이 '삶과의 긴밀한 접촉'을 멈추고 교만하게 우리에게 손가락질하는 그 절정에는 바로 이런 생각들이 자리잡고 있다.

'아랍의 물레방아를 끄는 나귀처럼, 나는 장님인 양 같은 장소를 한없이 빙빙 돌고 또 돈다. 그러나 나는 새 물을 길어올리지 못한다.' 몽테를랑이 1927년에 서명한 이 고백에 덧붙일 내용은 거의 없다. 새 물은 한 번도 솟아오른 일이 없다. 아마 몽테를랑은 페레그리누스의 화형대에 불을 켜댔으면 좋았을 것이다. 그것이 가장 논리적인 해결방법이기 때문이다. 그는 자기숭배 속에 도피하는 길을 택했다. 그는 세상을 풍요하게 할 수가 없어서 거기에 자신을 던지는 대신 자기 모습을 비추는 것으로 만족했다. 그리고 자기 눈에만 보이는 환영에 관심을 갖고 자기 삶에 질서를 세웠다. '귀인들은 어떤 환경에서나 유유자적하다. 비록 패배했을 경우에도 그렇다'[*76]라고 그는 쓰고 있다. 그리고 패배한 경우에도 그는 만족하기 때문에 스스로를 왕처럼 생각한다. 그는 니체로부터 '여자는 영웅의 노리개다'라는 것을 배웠다. 그래서 영웅이 되기 위해서는 여자를 노리개로 삼으면 된다고 생각했다. 모든 일이 이런 식이다. 코스탈이 말하듯이 '결국 이 얼마나 장난 같은 짓인가!'

## Ⅱ. 로렌스 혹은 남자의 자존심

로렌스는 몽테를랑 같은 작가와는 정반대의 위치에 있다. 로렌스에게 문제란 여자와 남자 사이의 특이한 관계를 규정하는 것이 아니라 그 양쪽을 '생명'의 진실 속으로 되돌려 놓는 것이다. 이 진실은 표상(겉으로 드러난 상징적 개념도 아니고 의지도 아니다. 그것은 인간이 자기의 뿌리를 박아 둔 동물성을 내포한다. 로렌스는 성기와 두뇌의 대립을 격렬히 부정한다. 그에게는 쇼펜하우어의 염세주의와 근본적으로 대립되는 우주적 낙천주의가 있다. 남근 속에 표현되는 생명의 의욕은 기쁨인 것이다. 그래서 그 속에 상상도 행동도 그 원천을 두어야 하며, 그렇지 못하면 그것은 공허한 개념과 보람 없는 메커니즘(기계적 구조)이 되어 버린다.

단순한 성(性)의 주기(週期)로는 불충분하다. 그것은 내재성 속에 떨어져 버리기 때문이다. 그것은 죽음과 동의어이다. 그러나 이 불완전한 현실—성과 죽음—은 육체의 옥토에서 떨어져나온 삶보다는 더 가치가 있다. 남자는 안타이오스처럼, 때때로 대지와의 접촉에서 활력을 회복하는 것이 필요할 뿐만 아니라, 그의 남자로서의 삶은 즉시 (대지와도 같은) 여성성을 지닌 대상을 설정하고 요구하는 남성다움의 표현이 전부여야 한다.

그러므로 여자는 노리개도 먹이도 아니다. 여자는 주체에 대한 객체가 아니라, 정반대를 표시하는 극(極)의 존재에 반드시 필요한 또 하나의 극이다. 이런 진실을 인정하지 않은 남자들, 예를 들면 나폴레옹 같은 남자는 남자로서의 삶에 실패했다. 그들은 낙오자이다. 자기의 개별성을 주장함으로써가 아니

---

[*76] 《하지》.

라, 자기의 일반성을 최고도로 성취하는 데서 개인은 자기를 구제할 수가 있다. 남성이든 여성이든 간에 성적인 관계에서는 자존심의 만족이나 자아의 고양 같은 것을 결코 찾아서는 안 된다. 자기의 성을 의지의 도구로서 쓰는 것, 바로 거기에 돌이킬 수 없는 과오가 있다. 자아의 장벽을 부수고 의식의 한계조차 뛰어 넘어, 모든 개인적인 지배욕을 단념해야만 한다.

아이 낳는 여인을 표현한 저 작은 조각상만큼 아름다운 것은 없다고 로렌스는 말한다. '강렬한 감각의 무게 아래서 '무의미한 것들에까지 추상화'된, 무섭도록 공허하고 여위해진 얼굴.'*77 이런 황홀은 희생도 아니고 포기도 아니다. 남녀의 한쪽이 다른 쪽에게 얌전히 삼켜져서는 안 된다. 남자도 여자도 한 쌍에서 부서져 나온 파편처럼 보여서는 안 된다. 성은 상처가 아니다. 양쪽 다 저마다 훌륭하게 극을 이루는 하나의 완전한 존재이다. 한쪽이 남성다움 속에서 확립되고, 다른 쪽이 여성다움 속에서 확립될 때 '각자가 성의 양극 사이의 교류를 실현하는'*78 성행위란, 어느 편이 정복하거나 항복하는 것도 아닌 서로 상대방을 통해서 이루는 신비로운 완성이다. 우르술라와 비르킨(연애하는 여인들의 등장인물)이 드디어 서로 상대를 발견했을 때 '그들은 서로간에 자유라고 부를 수 있는 별의 균형을 주고 받았다…… 그녀는 그에게, 그는 그녀에게 마찬가지였다. 즉 신비롭고 구체적인 '다른 현실'의 기억조차할 수 없는 먼 태곳적 장엄함이었다. 애정의 용감한 강탈 속에서 서로 상대에게 다다름으로써 두 연인은 함께 '타자'에, '전체'에 이른다. 폴과 클라라(아들과 연인의 등장인물)도 그들이 사랑할 때에는 이러했다. 그녀는 그에게 있어서 '그의 생명과 호흡을 같이 하는 강렬하며 기묘하고 야성적인 생명이었다. 그 생명이 그들을 압도했으므로 그들은 침묵할 수밖에 없었다. 그들은 서로 만났다. 그리고 그들의 만남 속에는 무수한 초목들에서 돋아나는 새싹의 약동과 반짝이는 별들의 선회가 섞여 있었다.' 채털리 부인과 멜러즈도 이와 같은 우주의 환희에 다다른다. 서로 상대와 섞임으로써 그들은 나무와 빛과 비바람과 섞인다.

로렌스는 이 이론을 '채털리 부인의 변호'에서 충분히 전개시켰다. '결혼이란, 지속적이고 근본적으로 남근과 관계가 없다면, 곧 태양과 대지와 달과 별과 위성과 결부되지 않는다면, 날이나 달의 리듬과 계절과 해와 긴 세월과 세기

---

*77《연애하는 여인들》.
*78《연애하는 여인들》.

의 리듬과 관련이 없다면 단순한 환상에 불과하다. 피의 교감에 기초를 두지 않았다면 결혼은 아무것도 아니다. 피야말로 영혼의 실체이기 때문이다.' '남자의 피와 여자의 피는 섞일 수 없는, 영원히 이질적인 두 강이다.' 그 때문에 이 두 강은 그 굴곡으로 삶 전체를 에워싼다. '남근은 여자의 피의 계곡을 채우는 피의 기둥이다. 남성 피의 힘찬 강물은 여성 피의 강물을 그 가장 깊은 곳에서 에워싼다……하지만 두 강 가운데 어느 것도 그 둑을 무너뜨리지는 못한다. 그것은 가장 완전한 결합이다……그리고 그것은 가장 위대한 신비의 하나이다.' 이 결합은 생명의 기적적인 풍요함이다. 그러나 그런 결합은 '개성'의 주장을 포기해야만 한다. 현대사회에서 흔히 볼 수 있듯이, 개성이 자기를 굴복시키지 않고 목표에 도달하려고 할 때 그 시도는 실패에 이르고 만다. 그때는 각자의 생명이 흐름을 붕괴시키는 '개인적이고 창백하고 차디차고 신경질적이며 시적인' 성욕만이 있을 뿐이다. 연인들은 상대를 서로 도구로 다룬다. 두 사람 사이에 증오를 낳게 하는 것이 바로 이것이다. 이를테면 채털리 부인과 마이클리스의 경우가 그렇다. 그들은 자기들의 주관 속에만 파묻혀 있다. 그들은 알콜이나 아편이 주는 것과 유사한 흥분을 느낄 수는 있어도, 그 흥분에는 대상이 없다. 그들은 거기에서 상대를 보지 못하기 때문이다. 결국 무엇에도 다다르지 못한다.

로렌스라면 코스탈을 가차없이 비판했으리라 생각된다. 그는 제랄드를 통해 이런 오만하고 이기적인 남성을 묘사하고 있다. 제랄드가 구드런과 함께 지옥에 떨어지는 책임의 대부분은 제랄드에게 있다. 지능적이고 멋대로인 그는 무의미한 자기 주장에 만족하여 삶에 완강히 저항한다. 사나운 암말을 제어하는 쾌락 때문에, 저쪽에서 기차가 요란하게 달려올 때 이쪽 울타리에 그 암말을 매어놓고, 빠져 나오려고 날뛰는 그 옆구리를 피로 물들이고 나서 그는 자기의 억센 힘에 스스로 도취된다. 이런 지배욕은 그 대상이 되는 여자를 비하시키고 만다. 연약해진 여자는 노예로 변한다. 제랄드는 미네트 위에 몸을 굽힌다. '폭행을 당하는 노예(그 존재이유는 끊임없이 폭행을 당하는 데 있다)인 순진한 그녀의 시선을 보고 제랄드는 온몸을 부르르 떨었다…… 그의 의지만이 유일한 의지였고, 그녀는 그의 의지의 수동적 실체였다.' 실로 비참한 지배이다. 여자가 수동적 실체에 지나지 않는다면, 남성이 지배하는 것은 대단한 것이 못 된다. 그는 빼앗아서 부유해진다고 생각하지만, 그것은 망상에 지나지 않는다. 제럴드는 구드런을 자기 품에 꼭 끌어안는다. '그녀는 그라는 존재의 풍부하고 사랑스런 실체였다…… 그녀는 그의 존재 속으로 사라져 버렸고, 그는 완성에 도달했다.' 그러나 그녀를 떠나는 순간 그는 다시 고독과 공허감에 빠진다. 그리고 이튿날 그녀는 약속한 장소에 오지 않는다.

만일 여자가 강하다면, 그녀에게도 남자의 요구들과 같은 요구들이 일어난다. 끌리거나 반발하기도 하면서 그녀는 마조히즘적이 되기도 하고 사디즘적이 되기도 한다. 미친 듯이 날뛰는 암말의 허리를 제럴드가 허벅지 사이로 죄는 것을 보고 구드런은 흥분해서 정신을 못 차린다. 또 '제럴드의 유모가 예전에 그의 귀여운 궁둥이를 꼬집었다'는 이야기를 듣고도 흥분했다. 남성의 거만은 여성의 저항을 불러일으킨다. 채털리 부인이 밀렵감시인의, 그리고 우르술라가 비르킨의 성적 순수성에 정복되어 구제되는 데 반하여, 제럴드는 구드런을 끝없는 투쟁으로 이끌어 넣는다. 부친상을 당하여 상심한 그는 어느 날 그녀의 품속에 몸을 맡긴다. '그녀는 생명의 온천이었다. 그는 그녀가 훌륭하다고 생각되었다. 그녀는 모든 것의 어머니였고 실체였다. 그녀의 부드러운 가슴에서 풍겨 오는, 기적처럼 감미로운 향기가 갈증을 풀어 주는 수액처럼, 생명 자체를 달래 주는 물결처럼 병들고 시든 그의 뇌수를 흠뻑 적셔 주어, 다시 한 번 어머니의 품에서 목욕을 하듯 그는 마냥 흐뭇하기만 했다.' 그날 밤 그는 여자와의 합일이 어떤 것인가를 예감한다. 그러나 때는 이미 너무 늦었다. 그의 행복의 토대가 흔들리고 있다. 구드런은 진정한 의미에서 거기에 있지 않았기 때문이다. 제럴드를 자기 거기 위에 재우고 있긴 하지만, 그녀는 잠이 깬 채 갈피를 못 잡고 마음은 그에게서 떠나 있다. 이것이야말로 자신의 먹이가 된 자가 마땅히 받아야 할 벌이다. 그는 혼자서는 고독을 깰 수 없다. 그는 자아의 장벽을 쌓아서 '타자'의 장벽으로 만들었다. 그래서 타자와 결코 하나가 될 수 없게 된다. 드디어 제럴드는 구드런과 자기 자신에 의해 죽는다.

이와 같이 남녀 양성은 어느 편도 처음부터 특권자처럼 보이지 않는다. 어느 한편도 주체는 아니다. 여자는 먹이도 아니고 단순한 구실도 아니다. 말로(프랑스 소설가, 1830~1907)도 지적하듯이, 로렌스에게는 힌두교도와 달리 여자가 하나의 풍경처럼 무한과 접촉할 기회라는 것만으로는 충분치 않다.*79 이것도 여자를 하나

---

*79 *《채털리 부인의 연인》의 프랑스어판 머리말.

의 객체로 만드는 다른 방법이다. 여자도 남자와 꼭 마찬가지로 현실적이다. 그리고 현실적인 합일이야말로 그가 이루어야 할 목표인 것이다. 그 때문에 로렌스가 호의적으로 그려 내는 남자주인공들은 자기들의 애인에게서 육체의 선물보다 훨씬 더 많은 것을 요구하고 있다. 예를 들면 폴은 감상에 빠져 자신을 희생하고 그에게 몸을 맡기는 미리암을 용납하지 않는다. 비르킨은 우르슐라가 자기의 품속에서 쾌락만을 구하는 것으로 만족키길 원치 않는다. 냉정하든 열렬하든 간에 자기 속에 파묻혀 사는 여자는 남자를 고독하게 남겨 둔다. 남자는 그런 여자를 거부할 게 틀림없다. 남자든 여자든 육체와 정신을 서로 주고받아야만 한다. 이런 주고받음이 실현되면 그들은 틀림없이 오래도록 서로 정조를 지킬 것이다. 로렌스는 일부일처제를 찬성한다. 그는 오직 존재의 개별성에 관심을 기울이면서 다양성을 추구한다. 그러나 남근 중심의 결혼은 일반성에 기초를 두고 있다. 남성과 여성이 전류가 통하게 되면 어떤 변화에의 욕망도 생기지 않는다. 이것은 자기 속에 닫힌 완전하고 결정적인 교류이다.

남녀 서로간의 선물, 서로간의 정조—이를 통해서 정말 남녀가 서로를 인식하게 되는 것일까? 좀처럼 그렇게는 안 된다. 로렌스는 남성의 패권을 열렬히 믿고 있다. '남근 중심의 결혼'이라는 말 자체가, 또한 '성적(性的)'과 '남근 중심'을 동일시한다는 사실이 그것을 충분히 증명한다. 신비스럽게 결합되는 피의 두 흐름 가운데 남근의 흐름 쪽에 특권이 있다.

'남근은 두 강을 연결하는 기능을 한다. 그것은 두 개의 다른 리듬을 하나의 흐름으로 결합시킨다.' 그래서 남자는 한 쌍이 가진 두 요소 가운데 하나일 뿐만 아니라 또한 그 연결요인이 된다. 남자는 남녀를(남자와 여자라는 분리된 두 관념을) 초월한다. '미래로 통하는 다리, 그것은 남근이다.' 로렌스는 '어머니 여신'의 숭배를 남근숭배로 바꾸어 놓으려고 한다.

우주의 성적 성격을 드러내 보이려고 할 때 그가 상기시키는 것은 여자의 자궁이 아니라 남자의 생식력이다. 그는 여자 때문에 흥분한 남자를 묘사한 적이 거의 없다. 그 대신 남성의 강렬하고 미묘하며 은근한 부름에 정신을 못 차리는 수많은 여자들을 등장시키고 있다. 그의 여주인공들은 아름답고 건강하지만 남자를 아찔하게 하지는 못한다. 반면에 그의 남자 주인공들은 여자의 마음을 뒤흔들어 놓는 야성적 매력을 갖추고 있다. '생명'의 불가사의하고 위력에 찬 신비를 구현하는 것은 남성이라는 동물이다. 여자들은 이 남성이라는 동물의 마법에 옴짝달싹 못한다. 어떤 여자는 여우에게 홀리기도 하고, 또 어떤 여자는 종마에게 반하기도 한다. 구드런은 무척 흥분해서 젊은 황소 떼에게 도전한다. 그녀는 수토끼의 씩씩한 저항에도 마음이 흔들린다.

이와 같은 우주적인 (성적) 특권에 사회적 특권이 생기게 된다. 이는 남근의 전류가 격렬하고 공격적이며 또 그것이 미래 지향적이기 때문이며—로렌스는 이 점에 관해서는 충분히 설명하지 않는다—따라서 '생명의 깃발을 들고 나아가는 것'은[80] 남자의 일이다. 남자는 궁극의 목적을 향해 나아가면서 자신의 초월성을 구현한다. 여자는 자기 감정에 사로잡혀 있고 완전히 내면적이며, 내재에 운명지어져 있다. 남자는 다만 성생활에서 능동적 역할을 할 뿐만 아니라 초월성을 드러낸다. 남자는 성적 세계에 뿌리를 박고 있지만, 그 세계로부터 탈출한다. 반면에 여자는 그 세계에 처박혀 살아간다. 사상과 행동도 남근 속에 그 뿌리를 박고 있다. 남근이 없는 여자는 사상에도, 행동에도 권리가 없다. 때때로 여자는 남자의 역할을 훌륭히 할 수도 있다. 그러나 그것은 진실이 결여된 하나의 연기이다.

'여자는 아래로 지구의 중심으로 향하는 극을 가지고 있다. 여자의 깊은 적극성은 아래쪽의 흐름, 즉 달의 인력이다. 그리고 남자는 위쪽으로 극성을 갖는데, 바로 태양과 낮의 활동성 쪽이다.'[81] 여자에게 '가장 심오한 의식은 복부와 허리에 깃들어 있다. ……만일 여자가 위쪽으로 향하면 모든 것이 붕괴하는 순간이 온다.'[82] 행동의 영역에서 선도자·능동자가 되어야 하는 것은 남자이다. 반면에 여자는 정서면에서 적극적이다.

이와 같이 로렌스는 코날드(프랑스 정치사상가. 군주정치와 가톨릭교의 열렬한 옹호자. 1754~1840), 오귀스트 콩트(프랑스 철학자. 실증주의 창설자. 1798~1857), 클레망 보텔(20세기 초 프랑스 저널리스트·유대 소설가)의 전통적인 부르주아의 사고방식을 답습하고 있다. 여자는 자기의 실존을 남자의 실존에 종속시켜야만 한다. '여자는 당신과 당신이 지향하는 심오한 목적을 믿어야만 한다.'[83] 그렇게 되면 남자는 여자에게 무한한 애정과 감사를 바칠 것이다. '아! 아내가 당신을 믿고, 당신에겐 자신이 모르는 깊은 목적이 있을을 인정할 때 아내가 기다리는 가정으로 돌아가는

---

[80] 《무의식의 환상》.
[81] 《무의식의 환상》.
[82] 《무의식의 환상》.
[83] 《무의식의 환상》.

것은 얼마나 즐거운 일인가……이때 당신은 사랑스러운 아내에게 헤아릴 수 없는 감사를 느낀다……*84 아내의 이런 사랑에 보답하기 위해 남자에게는 참으로 위대한 목적이 있어야 한다고 로렌스는 덧붙인다. 만일 남자의 의도가 협잡에 지나지 않는다면, 그 부부는 시시한 거짓 속에 몰락하고 만다. 오히려 여성 주기 속에 파묻혀 있는 편이 더욱 낫다. 즉 피에르와 나타샤(톨스토이의 《전쟁과 평화》 속 주요인물)처럼 서로 거짓말을 하는 것보다 안나 카레니나와 브론스키(톨스토이의 《안나 카레니나》 속 주인공들), 카르멘과 돈 호세(메리메의 《카르멘》 속 주인공들)처럼 사랑과 죽음을 택하는 편이 더욱 낫다.

그러나 이 점을 빼면 로렌스가 설교하는 것은 프루동이나 루소 식으로, 아내가 자기생존의 의의를 남편에게서 이끌어 내는 일부일처제의 결혼이다. 부부간의 역할을 뒤엎으려는 아내에 대해서는 몽테를랑 못지않게 로렌스도 증오에 찬 욕설을 퍼붓는다. 여자가 '위대한 모성'의 역할이나 생명의 진실을 보존하는 역할을 단념하도록 해 보라. 그러면 독점욕이 강하고 욕심이 많은 여자는 남성을 불구로 만들고 내재 속에 떨어뜨리며, 그의 궁극적인 목적에서 이탈시켜 버릴 것이다. 로렌스는 모성을 저주하기는커녕, 도리어 정반대의 입장을 취한다. 그는 자기가 육체를 가진 존재라는 것을 기뻐하고, 자기의 탄생을 받아들이며, 자기 어머니를 몹시 사랑한다. 어머니들은 그의 작품 속에서 참다운 여성의 훌륭한 본보기로 등장한다. 어머니야말로 순수한 헌신과 절대적 관용이다. 그녀들의 뜨거운 애정은 자기 자식에게 고스란히 바쳐진다. 그녀들은 자기 자식이 한 사람의 남자가 되는 것을 인정하고, 그것을 자랑으로 여긴다. 그러나 남자를 그의 유년시절로 되돌아가게 하려는 이기적인 애인(여자)은 경계해야만 한다. 그런 여자는 남성의 비약을 가로막는다. '여자의 행성인 달은 우리를 뒤로 끌어당긴다.'*85 그녀는 끊임없이 사랑에 대해 말한다. 그러나 그녀에게 사랑한다는 것은 빼앗는다는 것이며 자기 속에 느끼는 공허를 채운다는 것이다. 이런 사랑은 증오에 가깝다. 그래서 자기를 남자에게 전혀 줄 줄 모르는 탓으로 무서운 공허에 고뇌하는 헤르미온은 비르킨을 자기 포로로 삼으려고 한다. 그러나 실패하자 그를 죽이려 든다. 그녀가 그를 찌르고 느낀 관능적인 황홀감은 쾌락의 이기적인 경련과 같다.

로렌스는 의식을 요구하는 셀룰로이드나 고무인형 같은 현대여성을 싫어한

---

*84 《무의식의 환상》.
*85 《무의식의 환상》.

다. 여자가 성적으로 자기 자신을 의식할 때, 돌연 그녀는 '온통 두뇌적으로 행동하고, 기계적 의지의 명령에 따라 삶의 길을 걸어간다.'*86 로렌스는 여자가 자율적인 관능을 가지는 것을 금한다. 여자는 자기를 주도록 되어졌고, 빼앗도록 되어 있진 않다. 겔러즈의 입을 통해서 로렌스는 동성애를 하는 여자들에 대한 혐오를 부르짖는다. 남성 앞에서 초연하거나 도전적인 태도를 취하는 여자도 역시 그의 비난의 대상이 된다. 미리엄이 그의 허리를 애무하며 '당신은 멋있어'라고 할 때 폴은 모욕을 당한 듯 기분이 상한다. 구드룬도 자기 애인의 아름다움에 반했을 때 미리엄과 같은 과오를 범한다. 이런 관조적인 태도는 남자와 여자를 오히려 갈라 놓는다. 마치 남근을 하찮게 여기고, 남성의 체조를 우습게 여기는 냉정하고 지적인 여성의 빈정거림과 꼭 마찬가지로. 쾌락의 집요한 추구 또한 좋지 않다. 거기에도 이반을 가져오는 짜릿하고 고독한 향락이 있으므로 여자는 그런 쪽으로 나아가서는 안 된다. 로렌스는 여성으로서의 사명을 망각하는 독립적이고 지배적인 여성들의 수많은 초상을 그려 왔다. 우르술라와 구드룬도 그런 부류에 든다. 출발부터 우르술라는 독점욕이 강한 여자로 등장한다. '남자는 그녀에게 마지막 피 한 방울까지 몸을 맡겨야 한다.'*87 그녀는 그 뒤로 자기의지를 극복하는 법을 배운다. 그러나 구드룬은 마지막까지 완강하다. 지능적인 예술가 기질의 그녀는 남자의 자립과 행동의 가능성을 심하게 질투한다. 그녀는 자기의 개성을 고스란히 간직하려 들며, 자기 자신을 위해서 살려고 한다. 빈정대기 잘하고 소유욕이 강해서, 그녀는 언제나 자기 주관 속에 파묻혀 있다.

누구보다도 솔직한 까닭에 가장 심각한 것은 미리엄의 모습이다.*88 구드룬의 실패는 제랄드에게도 얼마간의 책임이 있다. 그러나 미리엄은 폴을 상대로 자기 불행의 짐을 혼자서 지고 있다. 그녀 역시 남자가 되기를 원하며 남자들을 증오한다. 그녀는 자기를 자기의 일반성 속에서 인정하지 않는다. 그녀는 '두각을 드러내려고' 한다. 그 때문에 생명의 큰 흐름이 그녀를 꿰뚫지 못한다. 그녀는 마녀나 혹은 여승을 닮을 수는 있어도 결코 디오니소스 신의 여사제를 닮을 수는 없다. 그녀는 자기 머리 속에서 사물(또는 현상)을 재창조하

---

*86 《무의식의 환상》.
*87 《연애하는 여인들》.
*88 《아들과 연인》.

여 거기에 종교적 가치를 부여하지 않고서는 사물에 감동하는 법이 없다. 그런 열정이 오히려 그녀를 생명으로부터 떼어놓는다. 그녀는 시적이며 신비적이어서 순응성이 없다. '그녀의 과도한 노력은 도리어 무위로 끝났다. ……그녀는 서투른 것은 아니었지만 그렇다고 적절히 움직인 적은 한 번도 없었다.' 그녀는 오로지 내면적 기쁨만 추구한 채 현실을 두려워하고 있다. 성욕도 두려워한다. 폴과 동침할 때에도 그녀의 마음은 어떤 공포 속에 움츠러든다. 그녀는 언제나 의식적인 존재로 머물러 있기에, 결코 하나의 생명체로서 살아간다고 볼 수 없다. 즉 그녀는 반려자가 아니다. 그녀는 그와 융합되기를 동의하지 않는다. 자기 안에 그를 흡수해 버리려 한다. 남자는 이런 의지에 감정이 상한다. 그녀가 꽃을 애무하는 것을 보자 그는 화가 머리끝까지 치민다. 마치 그녀가 꽃의 마음을 잡아 뽑으려는 듯이 보였기 때문이다. 그는 그녀를 매도한다. '당신은 언제나 사랑을 구걸하는 것처럼 보여 당신은 사랑을 하려는 게 아니라, 사랑받고 싶어해. 그것은 당신의 영원하며 비정상적인 갈망이지. 당신은 적극적이지 않고 늘 수동적인 태도로 쉬임없이 사랑을 흡수해 버리려고만 해. 나로서는 잘 알 수 없지만, 당신은 무엇이 결핍되어 있기 때문에 사랑으로 그것을 메우려는 거야.' 성욕은 공허를 메우기 위하여 있는 게 아니다. 그것은 어떤 완성된 존재의 표현이어야 한다. 여자들이 사랑이라고 부르는 것은 남성적인 힘 앞에서 그녀들이 붙잡고 싶어하는 탐욕의 다른 이름인 것이다. 폴의 어머니는 미리엄을 꿰뚫어보고 있다. '그녀는 그의 전부를 원한다. 그녀는 그를 그 자신에게서 떼어 내 삼켜 버리려고 한다.' 그녀는 자기 남자친구가 병이 나면 그를 간호할 수 있기 때문에 기뻐한다. 그녀는 그를 돌봐 준다고 하지만, 사실 그것은 그에게 자기 의지를 강요하는 한 방법이다. 그녀는 폴에게서 떨어져 있기 때문에 폴의 '아편이 주는 열병과도 같은 열정'을 자극할 수는 있지만, 기쁨과 평화를 가져다줄 수는 없다. 그녀 사랑의 깊은 곳에서, 그녀 자신의 은밀한 곳에서 '그녀는 폴을 미워했다. 그가 그녀를 사랑했고 지배했다는 이유로.' 그래서 폴은 그녀와 사이가 멀어진다. 그는 클라라 곁에서 마음의 평정을 찾으려고 한다. 아름답고 발랄하고 동물적인 이 여자는 아낌없이 자기를 준다. 그래서 이 연인들은 자기네 두 사람을 모두 초월하는 황홀한 순간에 다다른다. 하지만 클라라는 이런 계시를 깨닫지 못한다. 그녀는 이런 기쁨을 폴 자신의 개별성 덕분으로 여긴다. 그리고 그를 자기 것으로 만들고 싶어한다. 그러나 그녀는 그를 잡아 두는 데 실패한다. 그녀도 그를 완전히 자기 것으로 만들고 싶어하기 때문이다. 사랑이 개별화하자마자 그 사랑은 공허한 이기주의로 변하고 에로티시즘의 기적은 사라진다.

여자는 개인적인 사랑을 단념해야만 한다. 멜러스도, 동 시프리아노도 자기 연인에게 사랑의 말을 속삭이려 하지 않는다. 모범적인 여성 테레사는 케이트가 동 라몽을 사랑하느냐고 물었을 때 화를 낸다.[*89] '그는 나의 생명이다'라고 그녀는 대답한다. 그녀가 그에게 허용한 선물은 사랑과는 전혀 다른 것이다. 여자도 남자처럼 모든 자존심과 외고집을 버려야만 한다. 여자가 남자에 대하여 생명을 구현하고 있다면 남자 또한 여자에 대하여 생명을 구현하고 있다. 채털리 부인은 이 진리를 깨달음으로써 비르소 평화와 환희를 느낀다. '그녀는 자신을 피로케 하고 단단히 굳게 했던 여자의 완고하고 화려한 힘을 버릴 것이다. 그녀는 새로운 생명의 물 속에, 말없는 예찬의 노래를 부르는 자궁과 내장 깊숙이 빠질 것이다.' 그래서 그녀는 디오니소스의 여사제로 초대되어 도취에 빠진다. 자기 애인에게 맹목적으로 복종하며, 그의 품안에서 자기를 추구하는 일 없이 그녀는 그와 함께 비와 나무와 봄철의 꽃과 조화를 이룬 남녀 한 쌍을 이룬다. 이렇게 해서 우르술라도 비르킨의 품 안에서 자기의 개성을 포기하고, 두 사람은 '별의 균형'에 다다른다.

그런데 로렌스의 이상을 남김없이 반영하고 있는 작품은 특히 《날개 돋친 뱀》이다. 동 시프리아노는 '생명의 깃발을 들고 나아가는' 남자들 가운데 한 사람이기 때문이다. 그는 어떤 사명을 품고 이에 전적으로 몰두한다. 그 결과 그에게서 남성적 힘은 초월되어 신성에까지 드높여진다. 그가 신의 칭호를 받는다고 해도 허황된 일은 아니다. 완전한 남자는 모두 신이기 때문이다. 그러므로 그런 남자는 여자의 절대적 충성을 받을 만하다. 서양의 편견에 사로잡힌 케이트는 처음에 여자의 이런 예속을 거부하고, 자기의 개성과 제한된 실존을 고집한다. 그러나 차츰 그녀는 생명의 위대한 흐름을 받아들여 시프리아노에게 자기의 몸과 마음을 맡긴다. 이것은 노예의 복종이 아니다. 그와 함께 살기를 결심하기 전에 그녀는 그에게 자기를 필요한 존재로 인정해 줄 것을 요구한다. 사실 여자는 남자에게 필요하기 때문에 그는 그녀의 이런 요구를 인정한

---

[*89] 《날개 돋친 뱀》.

다. 이때 비로소 그녀는 그의 반려 이외의 결코 다른 것이 되지 않을 것을 동의한다. 그녀는 그의 목적과 가치, 그의 세계를 자신의 것으로 한다. 이런 복종은 에로티시즘 그 자체에서 드러난다. 로렌스는, 여자가 몸을 뒤흔드는 경련 때문에 남성에게서 고립되어 혼자 쾌락의 추구 속에 몰두하는 것을 원치 않는다. 그는 여자에게 일부러 오르가슴을 주지 않는다. 동 시프리아노는 여자 속에서 이런 신경적인 쾌락이 가까이 온 것을 느끼면 케이트로부터 몸을 빼낸다. 그녀는 이런 성적 자주성조차 단념한다. '그녀의 여자로서의 강렬한 의욕과 욕정은 그녀 속에 가라앉아 사라져 갔다. 그래서 홀로 뒤에 남겨진 그녀는, 땅에서 소리없이 솟아나지만 신비로운 힘 속에 그토록 활발하고 뜨거운 샘물인 듯 부드러움과 순종이 몸 속에 넘치는 것을 느꼈다.'

이것으로 로렌스의 소설이 무엇보다도 '여성교육'인 까닭을 알 수 있다. 우주질서에 순종하기란 남자보다도 여자에게 훨씬 곤란한 일이다. 남자는 그 질서에 자율적으로 따르지만 여자는 남성이라는 매개를 필요로 하기 때문이다. '타자'가 외부에서 오는 의식과 의지의 모습을 받아들일 때 거기에는 현실에의 복종이 있다. 이와 반대로, 자주적 순종은 묘하게도 주권적 결정과 흡사하다. 로렌스의 남자 주인공들은 처음부터 저주받은 자이든가, 아니면 처음부터 예지의 비밀을 알고 있다.*90 그들이 품는 우주에의 순종은 꽤 오래 전부터 완전한 것이 되었다. 그래서 그로부터 많은 내적 신념을 이끌어 내기 때문에 그들은 자만심으로 가득 개인주의자와도 같이 오만해 보인다. 그들의 입을 통해서 말하는 하나의 신이 있다. 그 신은 로렌스 자신이다. 한편, 여자는 그들의 신성 앞에 몸을 굽혀야만 한다. 남자가 오로지 하나의 남근으로서, 두뇌를 가진 존재가 아닌 한 남성적 성질을 가지는 개인은 남자의 특권을 유지한다. 그러므로 여자는 악이 아니며, 선도 될 수 있다. 그러나 그것은 예속자로서이다. 로렌스가 우리에게 제시하는 것도 역시 '참된 여성'의 이상으로서 자신을 '타자'로서 규정하기를 주저하지 않는 여성성인 것이다.

### Ⅲ. 클로델과 주의 여종

클로델의 가톨릭주의적 특이성은 악조차도 선으로 돌려놓을 만큼 완고한

---

*90 모든 인물들 가운데 가장 쾌활한 《아들과 연인》의 폴 한 사람만은 예외이다. 그러나 이것은 남성들의 인생수업을 우리에게 보여 주는 유일한 소설이다.

낙관주의이다.

'악 속에조차도 그냥 버려서는 안 될 그 자체의 선이 있다.'[*91]

창조주의 관점이라 해도 좋은 관점—창조주를 전지전능하고 자비롭다고 상상하기 때문에—을 채택함으로써 클로델은 이 세상의 온갖 창조물에 찬성하고 있다. 지옥과 원죄가 없다면 자유도 구원도 없다. 허무에서 이 세계를 창조했을 때 신은 과오와 속죄를 생각하고 있었다. 유대인과 그리스도교도 사이에서는 이브의 불복종 때문에 그 딸들이 대단히 불리한 입장에 놓여 있다. '교회'의 신부들이 여자를 얼마나 냉대했는지는 다 아는 사실이다. 그런데 여자가 신의 의도를 받드는 데 이바지했음을 인정한다면 여자는 마땅히 정당화될 것이다. '여자! 일찍이 지상의 낙원에서 신에게 불복종 한 존재여. 이로써 일찍이 여자와 신 사이에 깊은 동의가 이루어졌네. 여자는 속죄를 위해 그 육체를 신에게 맡긴 거라네!'[*92] 여자는 죄의 원천이며, 인간은 여자 때문에 낙원을 잃었다. 그러나 인간의 죄는 속죄받아 이 세상은 다시 축복을 받고 있다.

'우리는 신이 처음에 우리를 살게 한 에덴에서 한 발자국도 나간 일이 없다.'[*93]

'이 세상은 모두 약속의 땅이다.'[*94]

신의 손길에서 나온 것의 어느 하나도, 주어진 것의 어느 하나도 그 자체로서 나쁜 것은 있을 수 없다. '우리는 신이 만들어 낸 모든 창조물과 더불어 신에게 기도한다. 신이 만들어 준 것의 어느 하나도 무익한 것은 없다. 우리의 구원과 관계없는 것은 하나도 없다.'[*95] 뿐만 아니라 필연적이지 않은 것은 하나도 없다. '신이 창조한 모든 것은 서로 통하고 있고, 모두 동시에 서로를 필요로 한다.'[*96] 그래서 여자는 우주의 조화 속에 자기의 위치를 차지하고 있다. 더구나 평범한 위치가 아니다. '허무의 이 덧없는 꽃에 '영원'을 결부시킨다. '악마'의 눈에 불미스러운 일종의 이상한 열정이 일어난다.[*97]

---

[*91] 《정오의 분할》.
[*92] 《소피의 모험》.
[*93] 《삼성(三聲)의 칸타타》.
[*94] 《루아르-에-쉐르에서의 대화》.
[*95] 《비단 구두》.
[*96] 《마리아에의 알림》.
[*97] 《소피의 모험》.

확실히 여자는 파괴적일 수도 있다. 클로델도 레쉬[98]에게서 남자를 파멸로 이끄는 고약한 여자를 묘사하고 있다. 《정오의 분할》에서 이세는 남자를 사랑의 함정에 빠뜨려 그의 삶을 짓밟는다. 그러나 파멸의 위험이 없다면 구원도 존재하지 않을 것이다. 여자는 '신이 이 놀라운 세계 속으로 일부러 집어 넣은 위험요소이다.'[99] 남자가 육체의 유혹을 경험하는 것은 좋은 일이다. '우리 삶에 극적인 요소를 주는 것은, 우리 속에 숨어 있는 적, 강렬한 자극제이다. 만일 우리의 영혼이 그토록 사나운 적에게 공격을 받지 않는다면, 그 영혼은 잠이 들고 말 것이다. 그런데 그렇지 않은 까닭에 그 영혼은 벌떡 일어난다……이것은 승리를 배우는 투쟁이다.'[100] 남자가 자기의 영혼을 의식하는 것은 정신의 길을 통해서뿐만 아니라 육체의 길을 통해서이기도 하다. '그리고 여자의 육체보다 더 강력하게 말하는 것이 남자에게 있을까?'[101] 남자를 잠에서, 안일함에서 일깨우는 것은 모두 그에게 유익한 것이다. 사랑은 어떤 형태로 나타나든 간에 '우리의 평범한 이성을 통해 정돈된, 우리의 개인적인 조그만 세계 속에 하나의 심각한 교란적 요소로서'의 효력이 있다.[102] 대개 여자는 단지 착각을 주는 기만자일 뿐이다.

'나는 지킬 수 없는 약속이다. 바로 거기에 나의 매력이 있다.'

'나는 현재 없는 것에 대한 아쉬움과 더불어 현재 있는 것에 대한 즐거움이다. 나는 오류의 얼굴을 한 진리이다. 나를 좋아하는 사람은 오류와 진리를 구별하려고 애쓸 필요가 조금도 없다.'[103]

착각이 유익할 때도 있다. 이것이 바로 수호천사가 도냐 프루에즈에게 알리는 것이다.

"죄마저도! 죄도 도움이 된다."

"그러면 그가 나를 사랑한 것은 좋은 일이었는가?"

"그대가 그 사람에게 욕망을 가르친 것은 좋은 일이었다."

"환상에 대한 욕망도? 영원히 그에게서 빠져 나가는 환영 같은 욕망도?"

---

[98] 《교환》.
[99] 《소피의 모험》.
[100] 《뜨는 태양 속의 검은 새》.
[101] 《비단 구두》.
[102] 《입장(立場)과 제의(提議)》.
[103] 《도시(都市)》.

"욕망은 현실에 있는 것을 바라는 것이며, 환상은 존재하지 않는 것을 바라는 것이다. 환상을 통한 욕망은 존재하지 않는 것을 통해서 존재를 바라는 것이다."[104]

신의 섭리에 따라 프루에즈는 로드리그에게 '그의 심장을 꿰뚫는 검'[105]과 같다.

그러나 신의 손 안에서 여자는 이런 검으로만 쓰이는 것은 아니다. 이 세상의 부는 언제나 거부해야 하는 것만이 아니라 양식이 되기도 한다. 남자는 그것을 취해서 자기의 것으로 만들어야 한다. 사랑하는 여자는 남자에게 그의 입술에서 흘러나오는 예찬의 노래가 되어야 한다.

'그대는 얼마나 아름다운가, 비올렌. 그리고 그대가 있는 이 세상은 얼마나 아름다운가.'[106]

'내 앞에 서 있는 여자는 대체 누구인가? 산들바람보다 더 부드럽고, 푸른 나뭇잎 사이에 스미는 달빛 같은 여자…… 아직도 연약한 날개를 펼치고 있는 어린 꿀벌처럼, 커다란 암사슴처럼, 자신의 아름다움을 모르는 꽃처럼 보인다.'[107]

'나에게 그대의 향기를 맡게 해다오. 마치 잘 닦여진 제단 위에 놓인 푸르고 노오란 꽃들처럼 향기를 발산하는 대지와 같은 그대의 향기를.

또 밀짚과 초목에서 발산하는 여름의 향기 같은, 그리고 가을의 향기 같은 그대의 향기를.'[108]

사랑하는 여자는 자연 전체를 내포한다. 장미·백합·별·열매·새·바람·달·해 그리고 분수이며, '대낮의 햇빛을 받은 거대한 항구의 평화로운 속삭임이다.'[109] 나아가 그녀는 이런 것보다 훨씬 더한 것, 자기와 대등한 것이다.

'그런데 이때 밤의 생생한 모래 속에서 빛나는 하나의 별이, 나에게는 하나의 별 이상의 아주 다른 것으로 바뀌어 버렸다. 나와 같은 인간적인 어떤 존재

---

[104] 《비단 구두》.
[105] 《비단 구두》.
[106] 《마리아에의 알림》.
[107] 《처녀 비올렌》.
[108] 《도시》.
[109] 《비단 구두》.

로…….*110

'그대는 이제부터 외롭지 않다. 그대 속에는 그대와 함께 영원히 헌신적인 여자가 있다. 영원히 그대의 것이 되어 다시는 도망치지 않을 사람, 그대의 아내가 있다.'*111

'나의 말에 귀를 기울이고 나를 믿어 주는 사람. 우리를 품에 안고, 한 여자가 있음을 확신시켜 주는 낮은 목소리의 반려자.'*112

그녀의 육체와 영혼을 품에 안음으로써 남자는 이 세상에서 자기의 뿌리를 발견하고 자기 성취를 이룬다.

'나는 이 여자를 선택했다. 그래서 그녀는 나의 삶의 기준이며 이 세상에서의 나의 몫이 되었다.'*113 그녀는 가벼운 짐은 아니다. 그러나 남자는 제멋대로 살도록 태어난 것은 아니다.

'그 어리석은 남자는 자신이 이 부조리한 인간, 이 무겁고 귀찮은 거대한 존재와 함께 있는 것을 깨닫고 새삼 놀란다.

그처럼 많은 옷과 숱 많은 머리털은 어떻게 하면 좋을까?

그는 그것들을 이제 버릴 수도 없고 버릴 생각도 없다.'*114

이 무거운 짐은 보물이기도 하기 때문이다. '나는 커다란 보물입니다'라고 비올렌은 말하고 있다.

한편 여자도 남자에게 자기를 줌으로써 이 세상에서의 자기 운명을 성취한다.

'그도 그럴 것이, 꺾이기 위해서가 아니라면 여자가 된다는 것이 무슨 소용인가?……그리고 장미가 꺾이기 위해서가 아니라면? 더욱이 여자로 태어나고서는? 다른 사람의 것이 되고, 힘센 사자의 먹이가 되기 위해서가 아니라면?'*115

'우리는 어찌하면 좋을까? 남자의 품속에서가 아니면 여자가 될 수 없고, 그

---

*110 《비단 구두》.
*111 《도시》.
*112 《굳은 빵》.
*113 《도시》.
*114 《정오의 분할》.
*115 《세 가지 목소리의 칸타타》.

의 마음속에서가 아니면 술잔이 될 수 없으니.'*116

'그러나 그대, 나의 영혼이여, 말해 주오. 나는 헛되이 만들어지지 않았다고, 나를 꺾을 사명을 지닌 남자가 이 세상에 있다고!'

'나를 기다리고 있었던 심장, 그 심장을 가득 채운다는 것이 나로서는 얼마나 즐거운가.'*117

두말할 것도 없이, 이 남녀의 결합은 신 앞에서 이루어져야 한다. 그것은 신성한 것이며 영원 속에 자리잡고 있다. 그것은 마음에서 우러나는 의지로 동의되어야 하며, 개인의 의사에 따라 파기될 수 없다. '두 사람의 자유로운 인격이 서로 주고받는 사랑과 동의가 신에게는 너무나 위대해 보였기 때문에, 신은 그것을 하나의 은총의 의식으로 삼으셨다. 여기에서도 마찬가지로 은총의 의식은 마음의 간절한 소망에 지나지 않았던 것에 현실성을 부여하고 있다.'*118

그리고 '결혼은 쾌락이 아니라 쾌락을 희생하는 것이다. 그것은 이 순간부터 영원히 그리고 자기라는 존재를 뛰어넘어 서로 만족하게 되도록 두 영혼을 단련하는 것이다.'*119

이런 결합을 통해서 남녀는 서로 기쁨을 나눌 뿐만 아니라, 저마다 자기의 존재를 파악하게 된다. '나의 안에 있는 영혼을 일깨워 준 것은 그 사람이다!……그는 나에게로 다가와서 손을 내밀어 주었다……그는 하늘이 나에게 정해 준 운명의 사람이다! 어떻게 말해야 좋을까? 그 사람이야말로 나의 근원이다! 그 사람에 의해, 그 사람을 위해, 나는 이 세상에 태어났다.'*120

'다른 데 정신이 팔려 미처 생각도 못했기 때문에 존재하지 않는다고 생각한 나 자신의 일부분, 아, 신이여, 그것은 존재하고 있사오며, 열렬히 살고 있나이다.'*121

그리고 그 존재는 그것이 보충하는 존재에 대해서 정당한 것으로, 또 필요한 것으로 보인다. '그에게는 그대가 필요하다'라고 프루에즈의 천사는 말한다. 그리고 로드리그는 이렇게 말한다.

---

*116 《세 가지 목소리의 칸타타》.
*117 《세 가지 목소리의 칸타타》.
*118 《입장과 제의Ⅱ》.
*119 《비단 구두》.
*120 《토비와 사라의 서(書)》.
*121 《모욕받은 아버지》.

'그것도 그럴 것이, 필요치 않은 존재가 되는 것 이외에, 무엇을 죽음이라고 부르는가?

언제부터 그녀는 나 없이도 살 수 있게 되었나? 내가 그녀에게, 그녀 자신이 되는 데 필요한 것이 아니게 된 때는 언제부터일까?'*122

'타인의 시선 속이나, 타인과의 신비스런 관계 속에서가 아닌 다른 데서 만들어지는 사람은 없다고 한다. 하지만 우리 두 사람 사이는 그 이상의 것이다. 그대가 말하는 것에 따라 나는 존재한다. 이 두 사람 사이에는 하나의 울림이 있다. 오리온이여, 우리를 만들 때 당신이 썼던 재료가 아직 조금 남아 있다고 나는 생각한다. 그리고 나는 당신이 불완전하게 만든 바로 그 존재이다.'*123

이 재결합의 기적적인 필연성 속에 낙원을 되찾고 죽음을 극복하게 된다.

'이리하여 남자와 여자로, 일찍이 낙원 속에 존재했던 인간이 여기 다시 만들어졌다.'*124

'우리 둘은 서로 의존하지 않고는 죽음에서 헤어날 수가 없다. 마치 보랏빛이 오렌지빛과 섞여서 순수한 진홍빛을 나타내는 것처럼.'*125

요컨대 두 사람은 하나의 타자의 모습을 통해서 절대적 '타자', 즉 신에게 다다르는 것이다.

'우리가 서로 주고받는 것은 여러 가지 모습을 띤 신(God, 유일신)이다.'*126

'만일 처음에 그대가 나의 눈 속에서 천국을 보지 않았다면 그대는 그토록 천국을 동경했을까?'*127

'아! 여자가 되는 것을 그만두고, 당신이 감출 수 없는 그 신을 당신의 얼굴 위에서 보게 해 주시오.'*128

'신에 대한 사랑은 살아 있는 모든 창조물에 대한 사랑과 같은 감정을 우리 마음속에 일깨워 준다. 우리 인간은 자기 힘만으로는 완전하지 못하며, 우리

---

*122 《비단 구두》.
*123 《모욕받은 아버지》.
*124 《성자(聖者)의 노트》.
*125 《비단 구두》.
*126 《성자의 노트》.
*127 《성자의 노트》.
*128 《비단 구두》.

를 자기 실현으로 이끄는 최고의 선은 우리 외부의 어떤 존재라는 감정을.'*129

이와 같이 인간은 저마다 상대방에게서 현세에서의 자기 생명의 의미와 또 그 생명의 불완전성의 명백한 증거를 발견한다.

'나는 그에게 천국을 줄 수는 없지만 적어도 지상으로부터 떼어 놓을 수는 있다. 나만이 그의 욕망에 따른 필요한 것들을 그에게 줄 수 있다.'*130

'내가 그대에게 요구해 왔던 것, 내가 그대에게 주고자 했던 것은 시간과는 양립할 수 없으나 영원과는 양립할 수 있다.'*131

하지만 여자와 남자의 역할은 전혀 같지 않다. 사회적인 면에서는 남자에게 명백한 우선권이 있다. 클로델은 (남녀 사이에) 서열이 있다고, 특히 가족 사이에 서열이 있다고 믿고 있다. 그리고 가족의 우두머리는 남편이다. 안느 베르코르(마리아에 대한 고백에서 비올렌의 아버지)는 그의 가정 위에 군림한다. 동 펠라즈(비단 구두의 등장인물, 프루에즈의 남편)는 도냐 프루에즈라는 가련한 꽃을 돌보는 역할을 떠맡은 정원사로 자처하고 있다. 그는 그녀에게 명령을 내리고, 그녀 쪽에서도 그 명령을 거부하려고 하지 않는다. 단지 남자라는 것만으로도 특권을 누릴 수 있다. '한 집단의 남자와 자신을 비교하다니, 나는 얼마나 주제넘은 여자인가?'라고 시뉴는 스스로 묻고 있다.*132 밭을 갈고, 대성당을 짓고, 칼을 들고 싸우며, 세계를 탐험하고, 땅을 정복하고, 행동하고, 계획하는 것은 남자이다. 이 지상에서 신의 목적이 성취되는 것도 남자를 통해서이다. 여자는 여자일 뿐이다. 여자는 그 자리에 남아서 기다리며 지키는 인간이다.

'나는 뒤에 남아서 늘 거기에 머물러 있는 여자에요.'라고 시뉴는 말한다.

그녀는 그가 '정의'를 위하여 먼 곳에서 싸우는 동안 쿠퐁텐의 재산을 지키며 그의 가계를 무리없이 관리한다. 여자는 전사에게 희망이라는 위안거리를 제공한다. '나는 거부할 수 없는 희망을 제공한다.'*133 그리고 연민이라는 위안거리도.

'나는 그가 불쌍해졌다. 그 사람은 모욕을 당한 자신의 어머니에게로밖에

---

*129 《입장과 제의 I》.
*130 《비단 구두》.
*131 《모욕받은 아버지》.
*132 《인질》.
*133 《도시》.

달리 어디로 향할 것인가.'*134

또한 '황금의 머리'(황금 머리의 주인공)는 죽음을 앞에 두고 중얼거린다.

'이것이야말로 부상자를 위한 격려, 불구자의 버팀목, 죽어 가는 자의 반려(伴侶)······.'

이와 같이 여자가 남자의 약점을 잘 알고 있다는 것에 대하여 클로델은 불만을 품고 있지 않다. 오히려 그 반대이다. 그는 몽테를랑과 로렌스에게서 과시되는 남성의 자부심을 모독으로 여기는 것 같다. 남자가 자기를 육체로 만들어진 비참한 존재로 알고, 자기의 기원과 그 기원에 대응하는 죽음을 잊지 않는 것은 좋은 일이다. 어떤 아내든지 마르트가 하는 말들을 할 수 있다.

'그렇습니다. 당신에게 생명을 준 것은 내가 아닙니다. 하지만 나는 당신에게서 생명을 되돌려 받기 위해 이 세상에 온 것입니다.' 거기에서 남자는 여자를 앞에 놓고서, '채권자 앞에 나온 빚쟁이처럼 자책감에서 오는 혼란한 감정을 느낀다.'*135

하지만 이 허약함은 힘 앞에 굴복해야만 한다. 결혼을 함으로써 아내는 자기를 돌보아 줄 남편에게 '자기를 맡긴다.' 예를 들어 랄라는 자기에게 발을 올려놓은 쾨브르를 마주 보고 누워서 잔다. 남편과 아내, 아버지와 딸, 오라버니와 누이동생의 관계는 군신의 관계이다. 시뉴는 조르주 앞에서 봉건군주에 대한 기사의 맹세를 한다.

'당신은 영주, 그리고 나는 불을 지키는 천한 무녀.'*136

'신참 기사처럼 나로 하여금 맹세를 하게 해주소서! 오, 나의 영주여! 오, 나의 오라버니여, 당신의 손 안에서 맹세를 하게 하여 주소서! 서원하는 수녀처럼 맹세하게 해주소서. 오, 나와 한 집안의 남성이여!'*137

정절과 충의만이 신하의 가장 큰 미덕이다. 여자는 온순하고 겸허하며 조심스럽지만 가문과 집안의 명성에 관계된 문제에서는 오만하고 용감하다. 이를테면, 자존심이 강한 시뉴 드 쿠퐁텐이라든지, 암살당한 아버지의 시체를 어깨에 메고 돌아와 은둔생활의 고난과 십자가의 고통을 한몸에 걸머지고, '황

---

*134 《교환》.
*135 《교환》.
*136 《인질》.
*137 《인질》.

금 머리'의 임종을 지켜 본 뒤 그 자리에서 죽음을 선택한 '황금의 머리'의 왕비가 그렇다. 여성은 흔히 조정자·중재자의 모습으로 묘사된다. 여자는 모르드케의 명령에 순종하는 에스터이며, 승려들에게 복종하는 유디트이다. 여자의 연약함, 소심, 수치 같은 것을 여자는 자기 주인의 것이며 또한 자기 것이기도 한 그 대의에 충성함으로써 극복할 수 있다. 여자는 그 헌신 속에서 자기를 세상에서 가장 귀중한 기구로 만드는 힘을 이끌어 낸다.

인간적인 면에서 보면 여자는 복종 속에서 그 위대성을 이끌어 내는 셈이 된다. 그러나 신의 눈에 비친 여자는 완전한 자율적인 인격체이다. 남자의 경우 존재는 초월성에 이르고, 여자의 경우에는 그냥 그대로 유지된다는 것이 현세에서 볼 수 있는 남녀간의 차이이다. 아무튼 초월성이 완성되는 것은 현세에서가 아니라 신에게서이다. 그리고 여자는 자기 반려자인 남자 못지않게 신과 직접적이며 한결 친밀한 비밀스런 관계까지 맺고 있다. 신이 시뉴에게 말을 건네는 것은 남자―역시 사제―의 목소리를 통해서이다. 하지만 비올렌은 신의 목소리를 자기 마음의 고독 속에서 듣는다. 그리고 프루에즈는 수호천사와만 관계를 갖는다. 클로델이 그리는 가장 숭고한 인물은 여자이다. 즉 시뉴, 비올렌, 프루에즈 같은 여자들이다. 클로델에 따르면 그 이유는, 성스러운 상태란 것은 단념 속에 존재하기 때문이라고 한다. 그리고 여자는 인간의 계획에 참여하는 경우도, 개인적 의지를 갖는 경우도 비교적 적다. 자기를 주기 위하여 태어났지, 빼앗기 위하여 생겨난 것이 아니기 때문에 여자는 완전한 헌신에 보다 더 가깝다. 지상의 기쁨이 극복되는 것은 여자를 통해서이다. 이 지상의 기쁨은 정당하고 훌륭한 것이지만, 그 기쁨을 희생하는 일은 더욱 훌륭한 것이다. 시뉴는 교황을 구한다는 하나의 확고한 동기에서 희생을 감수한다. 프루에즈는 로드리그와 금지된 사랑을 하고 있기 때문에, 처음에는 할 수 없이 단념한다.

'그러면 내가 당신의 품에 부정한 여자로 안겨 주기를 바라십니까?……그러면 나는 당신의 마음속에서 곧 죽어 갈 여자에 지나지 않을 뿐, 당신이 동경하는 영원한 별은 되지 못할 것입니다.'[138]

그러나 이 사랑이 합법화될 가능성이 있는데도 그녀는 현세에서 그 사랑을

---

[138] 《비단 구두》.

성취하려고 하지 않는다. 왜냐하면 '천사'가 그녀에게 이렇게 속삭였기 때문이다.

'프루에즈여, 나의 자매여, 광명 속에서 내가 맞이하는 신의 딸이여. 천사들의 눈에 비치는 프루에즈, 그가 모르고 바라보고 있는 것은 바로 그러한 너 프루에즈이다. 너는 그에게 주기 위하여 그러한 너를 만들었다.'[139]

그녀는 인간이며, 여자이다. 그래서 저항 없이는 단념하지 못한다.

'그는 나의 이 기분을 모를 것이다!'[140]

그러나 그녀는 자기와 로드리그의 진정한 결혼은 거절을 통해서만 완성된다는 것을 알고 있다.

'이젠 더 빠져 나갈 길이라고는 없을 때, 그 불가능한 결혼 속에 그 사람이 영원히 나에게 묶여 있을 때, 나의 강력한 육체의 외침으로부터, 그리고 이 냉혹한 공허감으로부터 빠져 나갈 길이 더는 보이지 않게 될 때, 나 자신의 허무와 함께 그 사람의 허무가 그 자신에게 증명될 때, 그 사람의 공허 속에서 나의 공허가 증명할 수 없는 비밀이 하나도 남아 있지 않을 때,

그때야말로 나는 갈가리 찢겨 달아날 곳도 없는 그 사람을 신에게 데리고가 청천벽력을 맞게 하리라. 그때야말로 나에게는 남편이 생기고, 나는 신을 내 품안에 안을 수 있다.'[141]

비올렌의 결심은 더욱 신비스럽고 모호하다. 왜냐하면 그녀는 사랑하는 연인과 합법적으로 맺어질 수 있는데도 나병과 실명을 선택했기 때문이다.

'자크, 그럴지도 몰라. 우리가 결합하는 것이 정당하고 좋은 일이라고 보기에는, 우리는 서로 너무나 사랑하고 있어.'[142]

그런데 여자들이 이토록 특이하게 신성에 다다르기 위해 영웅적 행위에 헌신하는 주된 이유는, 클로델과 같이 여자를 남자의 입장에서 보고 있기 때문이다. 확실히 남녀 양성의 어느 쪽도 보조적 성의 눈으로 바라보면 서로에게 '타자'로 나타난다. 그러나 남자인 그의 눈에 '완전한 타자'로 비치기 쉬운 것 또한 여자이다. 우리는 '자기 혼자만으로는 불완전한 존재임을 느끼게 하는 어

---

[139] 《비단 구두》.
[140] 《비단 구두》.
[141] 《비단 구두》.
[142] 《처녀 비올렌》.

떤 신비스런 초월성'을 알고 있다. 그리고 '이것으로 말미암아 우리를 지배하는 여자의 힘은 신이 내려주시는 은총과 같다.'*143 '우리'는 여기서 남성만을 나타낼 뿐, 인간을 가리키지 않는다. 그리고 여자는 남자들의 불완전함에 대한 무한의 호소이다. 어떤 의미에서 이것은 종속의 새로운 원리라고도 말할 수 있다. 성자들의 영적 교류에서도 각자는 다른 모든 사람들의 도구가 된다. 그러나 여자는 일방적이긴 하지만, 남자에 대한 좀더 분명한 구원의 도구이다. 《비단 구두》, 그것은 로드리그의 구원의 서사시이다. 극은 로드리그의 형제가 그를 위하여 신에게 올리는 기도로 막이 열려, 프루에즈의 인도로 성인의 경지에 오른 로드리그의 죽음을 끝으로 막이 내린다. 그러나 어떤 의미에서, 여자는 이런 방법으로 최고의 자율성을 얻는다. 왜냐하면 그녀의 사명은 그녀 속에 내면화하여 남자를 구제하는 데에, 혹은 남자에게 모범이 되는 데에 소용됨으로써 고독 속에서 자기 자신을 구제하는 것이 되기 때문이다. 피에르 드 크라옹(마리아에 대한 고백의 등장인물. 석공)은 비올렌에게 그녀의 숙명을 예언한다. 그리고 마음속에서 그녀의 희생이라는 신기한 과실을 딴다. 마침내 그는 대성당의 돌 속에서 남자들을 향하여 그녀의 덕을 찬양하게 된다. 하지만 비올렌은 이런 일을 자기 혼자서 해낸 것이다. 클로델에게는 베아트리체 앞에서의 단테나 그노시스 교도, 그리고 여자를 탄생의 주라고 부르는 생 시몽 파의 계보로 이어지는 절대적 여성 숭배가 있다. 하지만 남자나 여자나 똑같이 신의 피조물이기 때문에 그는 여자에게도 자주적인 운명을 부여했다. 그래서 여자는 자기를 '타자'로 만듦으로써—나는 신의 여종이다—자기를 주체로서 실현한다. 그리고 여자가 타자가 되는 것은 자기 존재 안에서이다.

《소피의 모험》의 다음 한 구절은 클로델의 개념이 거의 다 요약되어 있다. 신은 여자에게 이런 이야기를 했다. '아무리 크게 변형된다고 하더라도 그 얼굴은 신의 완전함을 갖추고 있다. 신은 여자를 바람직한 것으로 만들었다. 신은 끝과 시작을 동시에 부여했다. 신은 여자를 자기 목적에 다르도록 만들었다. 그리고 여자가 만들어진 저 창조의 깊은 잠을 남자에게 돌려줄 수 있게 했다. 여자는 운명의 버팀목이다. 여자는 선물이고 소유의 가능성이다…… 여자는 창조주와 피조물을 끊임없이 잇고 있는 애정의 연결고리이다. 여자는 신을 포

---

*143 《비단 구두》.

함하고 있다. 여자는 보며 창조하는 존재이다. 그녀는 그(창조주)와 더불어 창조의 인내와 능력을 나누어 갖는다.'

생각하기에 따라서는 여자를 이 이상 높이 평가할 수가 없을 것 같다. 그러나 그 바탕에 있어서는 클로델은 약간 근대화된 가톨릭의 전통을 시적으로 표현한 데 지나지 않는다. 이미 말한 바와 같이 이 세상에서 여자의 사명은 초자연적인 자주성에 아무 해도 끼치지 않는다. 그러나 거꾸로 여자에게 이 초자연적인 자주성을 인정함으로써 가톨릭교도는 이 세상에서 남성의 특권을 유지할 권리가 있다고 생각한다. '신의 세계에서는' 여자를 숭배하지만 이 세계에서는 여자를 하녀로 취급한다. 게다가 여자에게 완전한 복종을 요구하면 할수록 그만큼 확실히 여자를 구제의 길로 이르게 하는 것이 된다. 아이들, 남편, 가정, 토지, 조국, 교회에 헌신하는 것, 그것이 여자의 역할이며, 부르주아 사회가 여자에게 끊임없이 할당해 온 역할이다. 남자는 자기의 활동을 제공하고, 여자는 자기 인격을 드러낸다. 신의 의지라는 이름 아래 이런 계급 제도를 신성화한다는 것은 그런 차별을 개선하려는 노력이 아니라, 반대로 영원 속에 그것을 고정시키려는 시도이다.

### Ⅳ. 브르통 또는 시

클로델의 종교적 세계와 브르통의 시적 우주 사이를 갈라 놓는 깊은 심연이 있음에도, 그들이 여자에게 배당한 역할 속에는 하나의 유사점이 있다. 즉 여자는 교란의 요소라는 것이다. 여자는 남자의 잠들어 있는 내재성을 끌어 낸다. 입·열쇠·문·다리 등 그 표현은 다를지라도, 여자는 모두 단테를 천국으로 인도하는 베아트리체이다. '외부 세계를 잠깐만이라도 주의 깊게 관찰한다면 알 수 있듯이, 여자를 향한 남자의 사랑이 하늘을 살빛의 커다란 꽃들로 메우려 집요하게 노력하는 것을 본다. 그것은 언제나 안전한 경지를 추구하는 정신에 대해서 가장 가공할 장애물이다.' 한 여자에 대한 사랑은 '타자'에 대한 사랑으로 통한다. '인류에 대한 사랑의 수문이 활짝 열리는 것은 한 인간에 대한 선택적 사랑이 최고조에 이르렀을 때이다······.' 그런데 브르통에게 천국은 이국의 하늘이 아니다. 천국은 바로 이 세상에 있는 것이다. 그 천국은 일상적인 평범한 것에서도 베일을 벗길 줄 아는 사람에게만 나타난다. 무엇보다도 에로티시즘은 잘못된 인식의 유혹을 거절한다. '현대에서 성의 세계는······ 내가 알기에 우리의 우주탐구 의욕에 대해 언제나 타파하기 어려운 어둠의 핵을 대립시켜 왔다.' 신비와 충돌한다는 것, 그것은 신비를 발견하는 유일한 수단이다.

여자는 수수께끼이며, 또 수수께끼를 제시한다. 여자의 복잡한 얼굴은 겹쳐져 '스핑크스의 궁극적 변신을 볼 수 있는 유일한 존재'임을 보여준다. 그러므로 여자는 계시이다 '당신은 비밀의 모습 바로 그것이었다'고 브르통은 사랑하는 여자를 향하여 말한다. 그리고 좀더 나아가서 '당신이 나에게 가져온 계시가 무엇이 되었는지 내가 알기 전부터 나는 그것이 하나의 계시인 것을 알았다'*144고 했다. 즉 여자는 시라는 것이다. 제라르 드 네르발(프랑스 시인, 저널 리스트, 1808~1855.)에게도 이것은 여자의 역할이다. 하지만 실비와 오렐리아(네르발 작품 중 의 여주인공들)의 경우에 여자는 추억이나 환영과 같은 확실함밖에 없다. 꿈은 현실 이상으로 진실하지만 그것과 정확히 일치하지는 않기 때문이다. 브르통의 경우에 그 우연의 일치란 완벽한 것이다. 즉 하나의 세계밖에 없는 것이다. 시는 사물 속에 객관적으로 현존해 있으며, 여자는 분명히 살과 뼈를 갖춘 존재이다. 여자를 만나는 것은 꿈이 아니라, 완전히 잠기 깬, 평범한 하루 속에서의 우연한 일이어야 한다. 그날도 달력의 모든 여느 날과 마찬가지로—4월 5일, 4월 12일, 10월 4일, 5월 29일이라는 식으로—그런 날짜가 카페나 거리 모퉁이의 평범한 액자 속에 꽂혀 있는 현실 속에서의 나날들이다. 그러나 여자란 늘 어떤 이상한 특징에 의해 돋보인다. 나쟈(나쟈의 여주인공)는 '다른 모든 통행인들과는 반대로 고개를 치켜들고 걸어간다……묘하게 화장을 하고……나는 전에 그런 눈을 한 번도 본 적이 없다.' 브르통은 그녀에게도 다가간다. '그녀는 생긋 웃었다. 그 웃음은 매우 의미심장한 것으로, 마치 모든 것을 다 알고 있는 것처럼 보였다.'《광기의 사랑》속에서 '막 돌아온 이 젊은 여자는 안개 속에 싸여 있는 것 같았다—불의 옷이라도 입고 있는 것일까?……그리고 1934년 5월 29일, 그곳에서 그녀는 '파격적으로' 아름다웠다고 분명히 단언할 수 있다.'*145 시인은 그녀가 자기 운명에 어떤 영향을 끼칠 상대임에 틀림없다는 것을 바로 안다. 경우에 따라서 그것은 하찮은 제2차적인 역할일 뿐이다. 예를 들면《연통관》에서 델릴라의 눈에 비치는 아이처럼. 하지만 그런 때에도 그녀의 주위에는 사소한 기적들이 일어난다. 브르통은 델릴라와 밀회하던 그날, 오랫동안 만나지 못했던 삼손이라는 한 친

---

*144《광기의 사랑》.
*145 브르통이 강조하고 있다.

구의 이름이 올라간 호의적인 기사를 보게 된다. 또 때로는 기적 같은 일이 잇따라 일어난다. 5월 29일의 낯선 여자, 즉 뮤직홀에서 수중쇼 1막을 연기해 보인 물의 요정은, 전에 어떤 레스토랑에서 공연을 한 일이 있는 '물의 요정, 식사를 하다'라는 쇼 프로의 끝없는 인기를 통해 이미 예고되어 있었다. 그리고 시인과 그녀의 최초의 장시간의 외출은 2년 전에 그가 쓴 시 속에 자세히 씌어 있다. 이런 마법사같은 여자들 가운데에서 가장 이상한 여자는 '나쟈'이다. 그녀는 미래를 예언한다. 그녀의 입술에서는 그녀의 친구가 그 순간에 머릿속에서 생각하고 있는 말과 이미지가 흘러나온다. 그녀의 상상과 의지는 신의 계시이다. '나는 방황하는 영혼이다'라고 그녀는 말한다. 그녀는 '순수한 직관에만 기초를 두고 부단히 기적을 일으키는 독특한 방법으로' 인생을 살고 있다. 그녀의 주위에는 객관적 우연이 이상한 사건들을 수없이 일으키고 있다. 그녀는 외부에 대해선 놀랍도록 무관심해서 규칙과 이성을 무시한다. 그래서 끝내 그녀는 정신병원에 들어가고 만다. 그것은 '자유로운 정신, 이를테면 어떤 마법으로 일시적으로는 불러 올 수 있지만, 절대로 예속시킬 수는 없는 대기 중에 떠다니는 정령 같은 그런 것이었다.' 그렇기 때문에 그녀는 여성의 역할을 충분히 이행하는 데 실패한다. 예언자요, 무녀요, 신의 영감을 받은 그녀는 네르발을 방문했던 비현실적 존재에 너무도 가깝다. 그녀는 초현실적인 세계의 문을 연다. 하지만 자기 자신을 준다는 것에 대해 모르기 때문에 그런 세계를 줄 수가 없다. 여자가 자기를 성취하고 현실적으로 달성하는 것은 사랑 안에서이다. 개별적으로, 개별적인 숙명을 받아들이면서—세상을 뿌리 없는 풀처럼 떠돌아다니는 것이 아니라—비로소 그녀는 '전체'를 한 몸에 표현할 수 있다. 그녀의 아름다움이 최고 절정에 이르는 시기는 '일찍이 존재했었던 모든 것, 존재하도록 요청된 모든 것이, 바로 '지금' 존재하려는 것 속에 아름답게 잠겨 비침으로써 여자가 되는' 그런 밤의 한때이다. 브르통의 경우에 '그 장소와 표현형식을 발견하는 것'은, '영혼과 육체 속에 진리를 소유' 하는 것과 같다. 그리고 이런 소유는 남성과 여성의 서로 주고받는 사랑, 물론 육체적인 사랑 속에서만 가능한 것이다. '사랑하는 여자의 초상은 미소짓는 얼굴을 보이는 모습이어야 할 뿐만 아니라, 물음을 던지는 신탁 같은 것이어야 한다.' 그러나 그 여자 자체가 단순한 이념이나 이미지 이상의 것이 아니면, 초상은 신탁의 역할을 수행하지 못한다. 여자는 '물질 세계의 주춧돌'이 되어야만 한다. 투시자에게는 이 세계 자체가 시이며, 그는 이 세계에서 현실적으로 베아트리체를 소유해야만 한다. '서로간의 사랑은 둘 사이에 어떠한 것도 끼어들 수 없는 온전한 자력을 발생하는 유일한 것이며, 육체는 태양이 되고 또 그 육체에 찍힌 화려한 흔적이 되고, 정신은 끊임없이 솟아나 영원히 마르지 않는 샘이 되어 금잔화와 백리향 사이를 두고두고 흘러간다.'*146

이런 불멸의 사랑은 단 하나밖에 있을 수 없다. 《연통관》에서 《비법 17》에 이르기까지 유일하고 영원한 사랑을 여러 다른 여자들에게 끈질기게 바치려는 브르통의 태도에는 모순이 있다. 그러나 그에 따르면, 사회적인 환경이 자신의 선택의 자유를 가로막고 인간을 잘못된 선택으로 이끌어 간다는 것이다. 게다가 이와 같은 오류를 통해서 그는 실제적으로 '한 여자를 꾸준히 찾아 왔다는 것이다. 그래서 그가 이제까지 '사랑해 온 여러 얼굴들을 기억한다고 하더라도 그 모든 여자의 얼굴들 가운데에서 한 여자의 얼굴밖에는 찾아 내지 못한다. 즉 '마지막'*147으로 사랑한 그 얼굴밖에.' '또한 나는 전혀 다른 외모를 가진 얼굴들에서 하나의 공통점을 찾으려고 하는 것을 몇 번이나 확인할 수 있었다.' 《광기의 사랑》에서 물의 요정에게 그는 이렇게 묻는다. '당신이 기다리고 기다리던 그 여자인가? 오늘에서야 당신은 겨우 내 앞에 올 수 있었던가?' 하지만 《비법 17》에서는 이렇게 말한다. '그래도 알다시피, 처음으로 당신을 보았을 때 나는 서슴지 않고 당신을 알아보았다.' 새롭게 완성된 세계에서는 연인들은 서로 무조건적인 증여가 이루어지기 때문에 헤어질 수 없게 될 것이다. 사랑하는 여자가 자기의 전부인 이상 다른 여자를 받아들일 여지가 없기 때문이다. 그러나 그 사랑하는 여자는 다른 여자이기도 하다. 그녀가 개성적이면 개성적인 만큼 더욱 그러하다. '이례적인 것은 사랑과 분리될 수 없다. 당신은 단 하나밖에 없는 여자이기 때문에, 당신은 나에게 있어서 언제나 또 다른 여자, 즉 또 하나의 다른 당신 자신이 될 수밖에 없다. 저기 보이는 앞 다투어 피어나는 수많은 꽃들처럼, 나는 결국 빨간 속옷으로, 나체로, 희색 내의로 차례차례 갈아 입는 당신을 사랑한다.' 또 이 여자와는 다른 사람이지만 똑같이 하나밖에 없는 여자에 대하여 브르통은 이렇게 쓰고 있다. '내가 생각하는 서로 주고받는 사랑이란, 미지의 것이 나를 잡을 수 있는 수많은 시점에서, 나의

---

*146 《비법 17》.
*147 브르통이 강조하고 있다.

욕망을 통해 신격화된 더욱 놀랍고 더욱 선명한 내 사랑하는 여자의 충실한 모습을 비쳐 보이는 그런 식의 거울 장치이다.'

관능적이면서 인공적이고 자연적이며 동시에 인간적인 이 유일한 여자는 초현실주의자들이 좋아하는 정체불명의 물건과 같은 마력을 지닌다. 그녀는 시인이 고물시장에서 발견하거나 꿈속에서 창조하는 구두 모양의 스푼이나, 늑대 모양의 테이블, 대리석으로 된 각설탕과 같다. 그녀는 갑자기 그 진실한 모습을 드러낸 낯익은 물건들의 신비감을 갖추고 있다, 그리고 나무와 돌의 신비성도. 그녀는 그 모든 것이다.

> 숲 속의 타오르는 장작불 같은 머리카락을 가진
> 뜨거운 번개 같은 생각을 가진
> 모래시계 같은 몸집을 가진
> ……해초와 같고, 옛날 사탕과 같은 성기를 가진 나의 여자
> ……메마른 초원의 눈을 가진 나의 여자

하지만 무엇보다도 그녀는 아름답다. 브르통에게 아름다움은 응시하는 개념이 아니라, 열정을 통해서만 모습을 나타내는—따라서 존재하는—하나의 현실이다. 여자를 통하지 않고는 이 세상에 아름다움은 존재하지 않는다.

'진실하게 서로 선택한 두 존재의 융합이 옛 태양의 시대의—지금은 사라진—가치를 모든 것에 회복시키는, 그러나 알래스카의 분화구 주위의 화산재 밑에 눈을 묻어 두는 것과 같은 자연의 변덕스러움에 의해 고독이 맹위를 떨치고 있는, 그러한 모순된 지대의 인간의 도가니 밑바닥 같은 그러한 곳에, 벌써 몇 해 전에 새로운 아름다움을 찾아갈 것을, 오로지 열정적인 목적에서 고찰된 아름다움을 찾아갈 것을 나는 권유했다.'[148]

'경련적인 아름다움은 에로틱하고 베일에 싸여 있으며, 폭약이 장치되어 있고, 마법적 분위기를 띠기도 한다. 그렇지 않으면 존재하지 않을 것이다.'[149]

이 세상에 존재하는 모든 것은 여자에게서 그 의미를 이끌어 낸다. '본질과 존재의 융합이 최고도로 실현되는 것은 바로 사랑을 통해서, 그 사랑만을 통

---

[148] 《광기의 사랑》.
[149] 《광기의 사랑》.

해서이다.' 본질과 존재의 융합은 연인들을 위해서 실현되고 그와 동시에 온 세계를 통해서 실현된다. '사랑으로 성취되는 것 같은, 유일한 존재 속에서 이루어지는 세계의 영원한 재창조·재채색(再彩色)은 무수한 빛을 통해 지상세계의 행로를 비추고 있다.' 모든—그렇지 않으면 거의 모든—시인들에게 여자는 자연의 화신이다. 그러나 브르통에 따르면 여자는 자연을 표현할 뿐만 아니라, 자연을 해방시킨다. 자연은 뚜렷한 언어로 말하지 않기 때문에 자연의 진리를 파악하기 위해서는 자연의 비법을 통찰하는 길밖에 없다. 자연의 진리란 자연의 미와 같으며, 시는 단순한 자연의 반영이라기보다는 오히려 그 신비를 풀어 가는 열쇠이다. 그리고 이런 의미에서 여자는 시와 같다. 따라서 여자는 반드시 필요한 중개자이며, 이 중개자 없이는 대지도 침묵을 지킬 것이다. '사랑인, 유일한 사랑인, 하나의 존재에 대한 사랑인 용광로의 불꽃이 나를 향해 불타는 정도에 따라서, 자연은 빛나거나 꺼지기도 하며, 나에게 복종하기도 하고 반역하기도 한다. 이 사랑이 없었을 때 나는 참으로 공허한 하늘을 경험했다. 존재하는 것에 가치를 부여하는 데는 오직 나에게서 출발하는 커다란 불꽃 무지개만이 부족했다…… 나는 우리 둘이서 막 불을 붙여 세차게 타는 잔나뭇가지의 모닥불 위에 펴진 당신의 손을, 당신의 마법 같은 손을, 내 생명의 불꽃 위를 떠도는 당신의 투명한 손을 눈이 부시도록 바라보고 있다.' 브르통에게 있어서 사랑하는 여자는 모두 자연의 경이이다. '고색창연한 우물 내벽을 기어가는 못 잊을 조그만 한 포기 고사리.' '……무언지 모르게 눈이 부시고 하도 엄숙해서……자연의 위대한 물리적 필연을 떠올리지 않을 수 없다. 한편으로는 막 피어나기 시작한 늘씬한 꽃의 무기력을 한결 정겹게 떠오르게 하는 그 무엇.' 그러나 이와는 반대로 모든 자연의 경이는 사랑하는 여자와 융화된다. 브르통이 동굴·꽃·산을 보고 감격할 때 그가 찬양하는 것은 사랑하는 여자이다. 테드의 계단 위에서 두 손을 말리는 여자와 테드 자신과의 사이에 모든 거리는 제거된다. 시인은 단 한 번의 기도 속에서 산과 여자 모두의 가호를 빈다. '놀라운 테드여! 내 생명을 잡아다오! 천국의 입구이면서 지옥의 입구여, 나는 그러한 당신의 수수께끼 같은 모습, 자연의 아름다움을 찬미하고 모든 것을 삼킬 수도 있는 모습을 좋아한다.'[*150]

---

[*150] 《광기의 사랑》.

아름다움은 아름다움 이상의 것이다. 아름다움은 '인식의 깊은 밤'과 뒤섞인다. 그것은 진리이고 영원이며, 절대이다. 여자가 전해주는 것은 세계의 일시적이며 우연적인 실상도 아니요, 그 필연적인 본질, 즉 플라톤이 상상했던 응고된 본질도 아니며, 오직 '폭약을 장치한' 그 본질이다. '내가 내 속에서 찾고 있는 보물은, 당신을 안 이래로 무한히 펼쳐질 저 초원을 열 수 있는 열쇠뿐이다. 그 초원은 아직 단 한 포기의 풀이 생명을 되풀이하고 있을 뿐이다. 그 풀은 끊임없이 자라서, 결국 계속 넓어지는 진폭이 나를 죽음에까지 이끌어 갈 것이다……그럴 것이, 시간의 끝까지 당신과 나 사이인 여자와 남자는 자기 차례가 오면 결코 뒤돌아 보는 일 없이 석양의 햇빛 속을 길이 다할 때까지, 생명과 생명 망각의 끝까지 나아갈 것이기 때문이다……최대의 희망—내가 말하는 희망은 다른 모든 희망을 집약시킨 희망을 의미한다—그것은 모든 사람의 것이 되어, 모든 사람을 위하여 영속하는 것이다. 그리고 상호성 없이는 존재할 수 없는 서로간의 절대적 제공이, 모든 사람의 눈에, 생명 위에 놓여진 단 하나의 자연적이고 또 초자연적인 다리로 보이기를 바라는 것이다.'

이리하여 사랑을 품고 또 품게 함으로써 여자는 어떤 남자에게나 유일하고 가능한 구원이 되는데, 《비법 17》에서 여자의 사명은 확대되고 뚜렷해진다. 즉 여자는 인류를 구제해야만 한다. 본디 브르통은 육체의 권리 회복을 요구함으로써 색정의 대상으로서의 여자를 찬양하는 푸리에(프랑스 철학자·사회학자. 1772~1837)의 전통과 언제나 그 맥락을 같이했다. 브르통이 여자를 개혁자로 보는 생 시몽의 사상에 귀착하는 것은 지극히 마땅하다. 현 사회에서 지배자는 남자이므로, 구르몽(프랑스 작가·평론가. 1858~1915)은 랭보(프랑스 상징파 시인. 1854~91)를 매도할 때 '계집애 같은 기질!'이란 말을 쓴다. 하지만 '오늘날 이 세상에서 매우 시끄럽게 차츰 파산 쪽으로 기울어져 가고 있는 남자의 사상을 물리치고, 여자의 사상을 발현시켜야 할 시기가 온 것 같다. ……물론 그것은 역시 패배한 여자, 남자의 상상 속에서 노래하는 여자이다. 그러나 여자에게나 남자에게나 몇 고비의 시련 끝에 그것은 재발견된 여자가 될 것이다. 무엇보다도 먼저 여자는 자기 자신을 발견해야만 한다. 그리고 여자는 일반적으로 여성에 대한 남성의 견해 때문에 갇혀 있는 지옥을 빠져나와, 자각하기를 배워야만 한다.'

여자가 이행해야 할 역할은 무엇보다도 먼저 평화를 이루는 것이다. '나는 그때마다 여자의 목소리가 들리지 않는 데에 놀랐다. 그리고 자기들이 가지고 있는 말할 수 없이 아름답고 소중한 두 목소리(하나는 남자에게 말을 걸기 위하여, 다른 하나는 어린애와 같은 신뢰를 부르기 위하여)를 그녀가 될 수 있는 대로 이용하려 하지 않는 데 놀랐다. 여자에 대한 거절과 경계하는 커다란 외침 소리, 언제나 권위를 내세우는 이 외침 소리를 듣지 않기 위해서는 어떤 기적, 어떤 미래가 있어야 하는가. ……앞으로 전혀 다른 기적을 행하게 될 여성이 단순히 여자로서 투쟁의 상대인 남자들에게 손을 내밀며, 당신들은 형제들이라고 말해 올 날은 언제일까.' 여자가 오늘날 환경에 적응하지 못하는 듯, 안정을 잃은 듯 보이는 것은 남성의 전제가 여성에게 부과한 냉대의 결과이다. 하지만 남성이 그 비밀을 놓쳐버린 생명의 원천에 뿌리를 내리고 있다는 데서 여자는 하나의 경이적인 힘을 얻을 수 있는 것이다. '멜뤼진, 두려운 생명에 다시 사로잡힐 것 같은, 자갈이나 수초 혹은 밤의 솜털 따위의 하찮은 것들을 지닌 멜뤼진. 내가 떠올리는 것은 그녀이며, 그녀만이 이 야만의 시대를 이겨 낼 수 있다고 나는 생각한다. 그녀의 모습은 여자 전체이다. 하지만 또 그녀는 오늘날 있는 그대로의 여자이다. 그 인간적인 기초를 박탈당하고 흔들리는 뿌리에 묶여 있다고도 말할 수 있는 여자, 그러나 그 덕분에 자연의 원시적인 힘과 불가사의한 대화가 가능한 여자이다…… 전설에서는 남자의 불안과 질투로 인간으로서의 기본 권리를 박탈당했다고 하는 여자.'

그래서 오늘날 여자의 편을 드는 것은 지극히 마땅하다. 인간의 삶에서 여자의 진정한 가치가 회복될 때까지 '예술에서 뚜렷한 목소리로 남자에 맞서 여자의 편에 서야만 한다는 것을 선언할' 시기가 왔다. '어린애 같은 여자.*151 예술은 체계적으로 감각적인 세력 전체에 그런 여성성이 자리하도록 작용해야만 한다.' 어째서 어린애 같은 여자인가? 브르통은 우리에게 이렇게 설명한다. '내가 어린애 같은 여자를 선택하는 것은 다른 여자와 대립시키기 위해서가 아니라 그녀 속에, 오로지 그녀 속에만 시각이 '다른*152 프리즘이 완전한 투명 상태로 깃들어 있다고 생각되기 때문이다.'

여자가 단순히 인간적 존재로서 동일시되는 것만으로는, 남자라는 인간적 존재와 마찬가지로 몰락해 가는 이 세상을 구제할 수 없을 것이다. 생명과 시

---

*151 1930년대 초현실주의 작가들이 이상으로 한 여성상. 어린애(소녀) 특유의 때문지 않은 아름다움 가운데, 미래의 성적인 매력이 엿보이는 여자의 이미지.
*152 브르통이 강조하는 점이다.

의 참된 모습으로서 인류를 구할 수 있는 '다른' 요소를 이 문명 사회에 전하는 것은 오로지 '여성적 요소'뿐이다.

브르통의 견해는 오로지 시적인 것이기 때문에, 여성을 오로지 시, 즉 타자로서 보고 있다. 여자의 숙명에 대해서 물어 보는 한, 그 대답은 남녀가 서로 주고받는 사랑의 이상 속에 포함되어 있다고 말할 수 있다. 여자는 사랑 이외의 다른 사명이 없다. 이런 사실과는 관계 없이 여자에게는 조금도 열등한 점이 없다. 남자의 사명도 역시 사랑이기 때문이다. 하지만 우리가 알고 싶은 것은 여자에게도 사랑이 세계의 열쇠가 되며 아름다움의 계시가 되는가 그 여부이다. 여자는 자기 애인에게서 그런 아름다움을 발견하는가? 아니면 자기 자신의 모습에서 그런 아름다움을 발견하는가? 여자는 하나의 감각적인 존재를 통해서 시를 실현하는 시적 활동이 가능한가? 아니면 상대방 남성의 작품을 인정하는 것만으로 만족하는가? 여자는 그 자체로서 시이다. 즉 남성에 대한 시이다. 여자는 자기 자신에게도 역시 시인지 그 여부를 말하지 않고 있다. 브르통은 주체로서의 여자에 대해서는 언급한 일이 없다. 그는 악녀의 모습도 결코 상기시킨 일이 없다. 그의 작품 전체에서—몇 차례의 선언과 몇 권의 팸플릿을 통해서 군중을 매도하고 있는데도—그는 세계의 겉으로 드러난 저항 정신들을 하나하나 지적하는 데에는 전념하지 않고, 그 숨어 있는 진리를 밝히는 데 열중하고 있다. 그가 여자에게 흥미를 보이는 이유는 여자에게 매우 훌륭한 '입'이 있기 때문이다. 자연 속에 깊이 닻을 내리고 대지 가까이 있는 여자는 또한 천국의 열쇠처럼 보이기도 한다. 소피아(그리스 말로 지혜라는 뜻)에서 '속죄'의, 나아가서는 창조의 원리까지도 보았던 그노시스 교도에게나, 베아트리체를 길의 안내자로 선택한 단테에게나, 라우라의 사랑으로 광명이 비쳐진 페트라르카처럼, 브르통에게는 비교적(秘教的) 자연주의가 있다. 그 때문에 자연 속에 가장 깊이 닻을 내리고 대지에 가장 가까이 있는 존재 또한 천국의 열쇠가 된다. 진리·아름다움·시로서의 여자는 '전체'이다. 거듭 말하지만 '타자'의 모습 아래에서의 전체이며, 자기 자신을 제외한 '전체'이다.

### V. 스탕달 또는 진실의 로마네스크

현대를 떠나서 내가 다시 스탕달로 되돌아가는 까닭이 있다. '여자'가 악녀로, 님프로, 성모로, 요부로 차례차례 변장하는 가장무도회에서 빠져 나와, 현실적인 육체를 가진 여자들 가운데에서 살아가는 한, 남자를 만나는 것이 마음 든든한 일이기 때문이다.

스탕달은 소년시절부터 여자를 감각적으로 사랑했다. 그는 여자들 속에 사춘기의 동경을 투영한 인물이다. 즉 아름다운 미지의 여인을 어떤 위험에서 구해 주고 그녀의 사랑을 얻는 그런 공상을 즐겼다. 파리에 닿아 그가 열렬히 갈망하던 것은 이렇다. '매력적인 여자와 사귀고 우리는 서로 사랑할 것이다. 그녀는 나의 마음을 알아 줄 것이다.' 만년에 그는 자기가 가장 사랑하던 여자들 이름의 머리글자를 땅에다 썼다. '몽상이야말로 내가 무엇보다도 좋아했던 것이었다'고 그는 우리에게 고백한다. 이런 몽상의 중심이 된 것은 언제나 여성의 이미지였다. 그런 여자에 대한 추억은 시골 풍경에까지 생명을 주어 활기를 띠게 한다. '돌르에서 큰 길을 통해 아르부아에 가까이 갔을 때쯤, 도중에 본 암석의 선이 나에게는 메틸드(스탕달이 가장 사랑하던 이탈리아 여자)의 영혼을 떠올리게 하는 뚜렷한 혼이 보이는 뚜렷한 하나의 이미지였다.' 그는 음악·그림·건축, 그 밖에 좋아하던 모든 것을 불행한 남자 애인의 마음으로 사랑했다. 로마를 걸으면 가는 곳마다 한 여자의 이미지가 떠오른다. 여자들이 그에게 불러일으키는 후회나, 욕망, 슬픔, 기쁨 속에서 그는 자기 자신의 심리 상태를 알 수 있었다. 그는 여자들에게서 평가를 받고 싶어했다. 그는 여성들의 살롱에 출입하면서 그녀들의 눈에 띠려고 애썼다.

그의 가장 큰 행복, 가장 큰 불행은 여자들에게 달려 있었다. 여자들이 그의 주요한 관심사였다. 그는 남자들의 우정보다도 여자들의 사랑과 우정을 더 좋아했다. 여자들은 그가 책을 쓰는 데 영감을 주었으며, 그의 작품 속에 등장인물이 되어 나타났다. 그는 주로 여자들을 위해서 글을 썼다. '나는 1900년에 롤랑 부인, 멜라니 길베르……같은, 내가 사랑하는 영혼에게 내 글이 읽힐 행운을 갈망한다.' 이런 여성들은 그의 삶의 실제 내용이었다. 도대체 그녀들의 이런 특권은 어디에서 오는 것인가?

이런 연약한 마음의 남자친구(스탕달)는—그녀들의 진실 속에서 있는 그대로 그녀들을 사랑했기 때문에—여자의 신비성 따위는 믿지 않는다. 그는 어떤 본질로도 모든 여자를 한 번도 규정한 일이 없다. '영원한 여성'을 말하는 사상은 그에게 현학적이고 우스꽝스럽게 보인다. '현학자들은 2천 년 이래 우리에게 반복하기를, 여자의 정신은 보다 더 날카롭지만, 남자의 정신은 보다 더

견실하다고 한다. 여자는 사고에 있어 보다 더 섬세하지만, 남자는 보다 더 높은 주의력을 갖추었다고 한다. 전에 손질이 잘 된 베르사유 궁의 정원을 산책하고 있던 파리의 어떤 어리석은 남자가 당장 눈으로 본 것만을 가지고 결론짓기를, '나무는 모두 날 때부터 잘려져 있는 것이다'라고 말했다.' 남자와 여자 사이에 인정되는 차이는, 남녀 저마다 삶을 살아가는 모습을 그대로 반영하고 있다. 예를 들면, 여자들은 왜 그녀들의 연인들보다 더 낭만적인가? '가만히 방 안에 앉아서 수를 놓고 있는 여자는 단조로운 일에 기계처럼 손만 움직이기 때문에 마음으로는 자기 연인을 몽상한다. 한편 남자는 평원을 달리는 기병대와 같기 때문에, 만일 잠시라도 한눈을 팔아 한 동작이라도 잘못하면 책망을 당하게 된다.' 이와 마찬가지로 사람들은 여자가 상식이 없다고 비난한다. '여자는 이성보다는 감정을 더 좋아한다. 그것은 다 아는 사실이다. 우리의 평범한 습관에 따라 여자들은 가족에 대해 아무 책임도 지지 않기 때문에 '이성'을 조금도 쓰지 않는다. ……그러나 당신의 아내에게 소유지 가운데 두 자리쯤 선별하여 관리를 맡겨 보라. 그녀는 장부를 당신보다 더 잘 처리해 놓을 것이다.' 역사상 여자 천재가 적은 까닭은, 사회가 여자에게 자기표현의 수단을 일체 금하기 때문이다. '여자로 태어나는 천재는 공공의 행복 차원에서 애초부터 잃어버린 것과 마찬가지이다. 자기의 능력을 발휘할 수단이 우연히 부여되었을 때, 여자들이 가장 어려운 재능에 다다르는 것을 보라.' 여자에게 최악의 핸디캡은 교육의 기회가 적다는 것이다. 압박자는 언제나 피압박자를 쓸모없는 존재로 약화시키려고 노력한다. 남자는 고의적으로 여자에게 기회를 주지 않으려고 한다. '우리는 우리 모두의 행복에 도움이 될 여자의 가장 훌륭한 장점을 그 속에서 그냥 잠자게 내버려두고 있다.' 열 살 때의 소녀는 그녀의 남자형제보다 더 활발하고 더 영리하다. 스무 살이 되면 장난꾸러기 사내아이는 지혜로운 사나이가 되고, 여자아이는 '요령없고 소심하고 거미까지 무서워하는 바보'가 되어 버린다. 그 책임은 그녀가 받은 교육에 있다. 여자들에게도 사내아이들이 받는 것과 같은 교육을 받게 해야만 한다. 반여성론자들은 교육을 받은 총명한 여자는 '여자답지 못한 여자'가 된다고 주장한다. 그런 비난의 근거는 교육을 받은 여자들이 아직도 예외적인 존재로 여겨진다는 데 있다. 만일 여자들이 모두 남자들과 마찬가지로 자연스럽게 교양을 쌓을 기회를 얻는다면, 여자도 남자와 같이 교양을 차곡차곡 높여 나갈 수 있을 것이다. 하지만 먼저 여자를 불구로 만든 뒤에, 자연에 반대되는 법칙으로 묶으려고 한다. 여자들의 뜻과 다른 결혼을 시켜 놓고 그녀들이 정숙하기를 바라며, 이혼조차 무슨 비행이라도 되는 것처럼 비난한다. 일을 떠나서는 행복이 없음을 알고도, 대부분의 여자들을 무위 속에 내버려둔다. 이런 여자의 생활조건에 스탕달은 분개했고, 거기서 그는 여자들을 비난하는 모든 단점들의 원인을 간파했다. 여자들은 천사도, 악마도, 스핑크스도 아니며, 지혜롭지 못한 사회풍습이 반노예로 만들어 버린 인간일 뿐이다.

여자들 가운데에서도 가장 우수한 여자들이 그들의 억압자들을 흉하게 만드는 결점들을 스스로 피하려는 것은, 바로 자신들이 억압당하는 사람들이기 때문이다. 여자 그 자체로서는 남자보다 열등하지도 우수하지도 않다. 그러나 흥미로운 역작용으로 그 불행한 처지가 도리어 그녀들을 유익하게 만든다. 스탕달이 얼마나 근엄한 정신을 싫어하는지는 다 아는 사실이다. 돈·명예·지위·권력 같은 것이 그에게는 가장 어리석은 우상처럼 보였다. 너무나 많은 남자들이 그런 우상 때문에 이성을 잃는다. 현학자·권세가·부르주아·남편은 자기 속에 있는 생명과 진리의 모든 불꽃을 질식시키고 있다. 기성 사상과 빌어 온 감정으로 옷을 입고, 사회관습에 복종하는 그런 인물들의 손은 텅 비어 있을 뿐이다. 이런 넋 빠진 인간들이 꿈틀거리는 세상은 지루하고 황량하기만 하다. 불행하게도 이런 침울한 늪 속에 빠져 있는 여자들이 많다. 그것은 '편협한 파리(Paris)적인 생각'을 하는 인형들이다. 아니면 위선적인 독신자들이다. 스탕달은 '현숙한 체하는 여자들에 대하여, 그리고 그런 여자들에게 빼놓을 수 없는 위선에 대하여 심한 혐오'를 느꼈다. 그런 여자들은 자기들이 하는 하찮은 일에서 자기 남편들이 과시하는 것과 같은 근엄성을 보인다. 교양이 없어서 어리석고, 시기심 많고, 허영심이 강하며, 수다스럽고, 하는 일 없이 심술만 부리고, 쌀쌀하고, 인정미 없고, 건방지고, 악의가 있는 여자들은 파리에도, 지방에도 얼마든지 있다. 레날 부인(⟨적과 흑⟩에 나오는 여성)이나, 샤스텔레 부인(⟨뤼시앙 뢰방⟩에 나오는 여성) 같은 고귀한 인물의 이면에는 이런 모습들이 가득한 것을 볼 수 있다. 스탕달이 가장 증오심을 가지고 공을 들여 그린 여자는 롤랑 부인이나 메틸드 부인과는 정반대가 되는 그랑데 부인(⟨뤼시앙 뢰방⟩에 덕오는 여성)일 것이다. 미인이긴 하지만 무표정한 얼굴로 거들먹거리고 다시는 매력 없는 여자이다. 그녀는 그 '유명한 부덕(婦德)' 때문에 상대를 두렵게 하며 영혼에서 우러나오는 진정한 수치심도 모른다. 그녀는 자존심이 강하고, 자기 역할을 의식하는 데 급급하며, 오로지 외면적으로 위대성을 본뜨는 것밖에 모른다. 또 본심이 야비하고 저속하다. '그녀는 너무나 평범해서⋯⋯ 나를 따분하게 한다'고 뢰방(뤼시앙의 아버지)은 생각한다. '빈틈없이 합리적이며, 자기 계획을 성공으로 이끄는 데에만 열중하고 있다.' 그녀의 모든 야심은 자기 남편을 장관으로 만드는 것뿐이다. '그녀의 정신은 무미건조하다.' 신중하며 타협적인 그녀는 항상 사랑에는 경계심을 품었다. 고귀한 마음의 움직임을 보이는 것도 불가능했다. 이 메마른 영혼 속에 열정이 일어나도 그녀는 그것을 빛남 없이 다 타 버리도록 내버려둘 뿐이다.

　스탕달이 여자들에게서 무엇을 요구하는지 알려면 이런 여성상의 반대를 생각하면 된다. 우선 무엇보다도 근엄과 권위의 함정에 빠지지 말아야 한다. 세상에서 말하는 중요한 일들은 그녀들의 손이 미치지 못하는 데 있기 때문에, 그녀들은 자기를 망각할 위험성이 남자들보다 적다. 스탕달이 무엇보다도 높이 평가하는 이 자연성, 순진성, 관용성을 여자들은 보존할 기회가 더 많다. 스탕달이 여자들에게서 좋아한 것은 오늘날 우리가 진정(眞正)이라고 부르는 그것이다. 스탕달이 사랑했고, 혹은 애정을 가지고 작품화한 모든 여자들의 공통적인 특징이 바로 거기에 있다. 그 여자들은 모두 자유롭고 진실한 존재들이다. '이탈리아와 루크레티아 보르지아풍의 고급 창녀'였던 앙젤라 피에트라그루아(스탕달이 젊었을 때 사랑했던 이탈리아 여성)나 '뒤 바리 부인 풍(風)의 창녀인 아쥐르 부인(역시 스탕달이 사랑했던 여자)은 내가 만난 여자들 가운데에서 가장 인형 같지 않던 프랑스 여자들 가운데 하나'로, 공공연히 사회관습에 도전한다. 라미엘(소설 《라미엘》의 여주인공)은 인습과 관례와 법률을 조소한다. 상세베리나 부인은 열렬히 음모에 가담하여 범죄 앞에서 후퇴하지 않는다. 다른 여자들은 그런 지성의 강렬한 힘으로 일반 대중 위에서 초연히 살아간다. 망타(스탕달의 연인)나 자기 주위의 사회를 비판하고 비난하고 경멸하면서, 그런 사회로부터 거리를 두려는 마틸드 드 라 몰르도 그러하다. 또 다른 여성들 안에서는 자유가 완전히 소극적인 형태를 취하고 있다. 샤스텔레 부인에게서 뚜렷이 드러나는 특징은 부차적인 일체의 것에 대하여 초연한 점이다. 자기 아버지의 의지나 의견에 따르면서도 부르주아의 가치에는 역시 부정적이다. 그러한 초연성을 유치하다고 사람들은 비난하지만, 그것은 그녀의 순진한 쾌활성의 원천이 된다. 클레리아 콩티(파르마의 수도원에 나오는 여성)는 그 신중한 점에서 뛰어났다. 무도회나 처녀들의 관례적인 오락 같은 것에도 그녀는 언제나 냉담했다. 그녀는 자기 '주위에 대한 경멸이나, 어떤 막연한 공상의 아쉬움 때문에' 늘 방심하는 것 같은 상태였다. 그녀는 세상을 비판하고, 그 저속성에 분노한다. 영혼의 독립성이 가장 깊숙이 숨어 있는 것은 레날 부인의 경우이다. 그녀는 자기의 운명을 체념하지 못하고 있다는 것을 스스로도 모르고 있다. 자기 주위 사람들의 저속함에 대하여 혐오를 분명히 표시하는 것은 그녀의 극도로 섬세한 마음과 예민한 감수성이다. 그녀는 조금도 위선이 없으며 너그럽고 강렬할 만큼 감동할 수 있는 고귀한 마음을 지니고 있다. 그리고 행복을 느낄 줄도 안다. 그녀가 자기 속에 지니고 있는 그 정열의 꽃불을 외부에서는 아무도 느끼지 못하지만, 자기 몸을 완전히 불사르기에는 단 한 번의 입김만으로도 족할 것이다. 이런 여자들은 그저 단순히 '살아 있는' 것이다. 그녀들은 자기 자신의 진정한 가치의 원천은 외부의 사물 속이 아니라 마음속에 있다는 것을 안다. 그것이 그녀들이 살고 있는 세계의 매력을 이루는 것이다. 그녀들은 그런 세계에서 꿈과 욕망과 쾌락과 감동과 창의성을 가지고 산다는 그 유일한 사실 때문에 권태를 물리칠 수 있다. 저 '활동적인 영혼', 상세베리나 부인은 권태를 죽음보다도 더 두려워한다. 권태 속에 정체되어 있는 것은 '죽음에서 견디어 내는 것이지, 사는 것은 아니다'라고 그녀는 말했다. 그녀는 '언제나 무엇에 열중하고 행동하며 또 늘 쾌활하다.' 모든 여자들은 의식적이든 무의식적이든, 유치하든 생각이 깊든, 경솔하든 신중하든, 대담하든 은밀하든 간에 인간들이 빠지는 깊은 잠을 거부하고 있다. 그 자유를 순수하게 보존해 둔 이 여자들은 일단 자기들에게 알맞은 대상을 만나게 되면, 열정 때문에 곧 영웅주의에까지 이른다. 그녀들의 기력과 정력은 전적으로 앙가주망(engagement, 사회참여)의 강렬한 순수성으로 나타난다.

자유만으로는 그녀들에게 그토록 대단한 낭만적 매력을 부여하기에 충분치 않다. 사람들은 순수한 자유를 존경하지만 거기에 감동되지는 않기 때문이다. 마음을 감동시키는 것은 자유가 속박을 벗어나 자기완성을 성취하려는 그 노력이다. 투쟁이 격렬한 만큼 여자의 노력은 한결 감동적이다. 외적인 구속을 물리친 승리만으로도 벌써 스탕달을 즐겁게 하기에 족하다.《이탈리아 기록》(이탈리아의 고대기록을 소재로 삼은 단편 소설)에서 그는 여주인공들을 수도원 깊숙한 곳이나 혹은 그녀들을 시기하는 남편의 저택 속에 가두어 둔다. 이런 여자들이 자기 애인을 만나려면 온갖 책략을 다 써야 한다. 비밀의 문, 줄사다리, 피 묻은 상자, 유괴, 감금

살인, 열정과 반항의 분출, 이런 것들이 재주를 다한 수단으로 총동원된다. 죽음과 가혹한 고문은 스탕달이 묘사하는 광포한 영혼의 대담성을 한층 선명하게 보여 준다. 한결 원숙한 작품에서도 스탕달은 이러한 사랑의 외적 표현들에 공감하는 것 같다. 이것이야말로 마음에서 우러나오는 참된 자기 표현이라는 것이다. 입과 그 미소를 구분할 수 없는 것처럼, 이 양자도 구분할 수가 없다. 클레리아는 파브리스와 편지를 주고받기 위해 알파벳을 고안하면서 연애를 새롭게 했다. 상세베리나는 결코 신중하게 행동하는 일이 없는, 언제나 솔직한 영혼으로 묘사된다. 그녀가 음모를 기도하고 대공을 독살하고 파르마의 수도원을 침수시킬 때, 이 영혼이 그 전모를 드러낸다. 그녀가 실행을 결의한 숭고하고 광기 어린 무모한 행동이야말로 정녕 그 영혼이다. 마틸드 드 라 몰르가 자기 창에 기대 놓은 사다리는 연극의 소도구와는 전혀 별개의 것이다. 그것이야말로 그녀의 자존심에 찬 무모함, 이상취미, 도발적 용기가 구현한 바로 그것이다. 이런 영혼의 소유자가 지닌 품성은 그 영혼이 적—감옥의 벽, 군주의 의지, 가족의 엄격성 등—에게 에워싸였을 때 비로소 명확히 표출된다.

  하지만 가장 극복하기 어려운 구속은 각자가 자기 자신 속에서 발견하는 구속이다. 그 경우에 자유의 갈등은 가장 불안정하고 가장 통렬하다. 그가 묘사하는 여주인공들이 가혹함을 겪는 포로일수록 스탕달의 공감이 크다는 것도 명백하다. 확실히 그는 인습을 완전히 타파하려는 창녀형 여성(숭고하든 숭고하지 않든 간에)들에게 호감을 갖는 것이 확실하다. 그러나 그는 신중과 수치심으로 억눌리는 메틸드에게 더욱 깊은 애정을 기울여 사랑하고 있다. 뤼시앙 뢰방은 해방된 여성 유형인 오캥구르 부인의 곁에서 즐기고 있지만, 그가 열정적으로 사랑하는 사람은 정숙하고 얌전하고 곧잘 망설이는 샤스텔레 부인이었다. 그는 어떤 일에도 흔들리지 않는 상세베리나의 완고한 영혼을 찬탄한다. 하지만 클레리아를 더 좋아한다. 파브리스의 마음을 사로잡는 것은 이 처녀이다. 그리고 자존심과 편견과 무지 덕에 중요 여성인물이 된 레날 부인은 스탕달이 창조한 모든 여성들 가운데에서 그를 가장 놀라게 하는 여성이다. 그는 자기 여주인공들을 시골의 비좁은 환경 속에서 어리석은 남편이나 혹은 아버지에게 감시를 받고 있다는 투로 즐겨 묘사한다. 더욱이 그런 여자들이 교양도 없고, 허위의 사상에 젖어 있는 것을 좋아한다. 레날 부인과 샤스텔레 부인은 둘 다 완고한 정통 왕조주의자(王朝主義者)들이다. 전자는 소심한 성격에

다 아무 경험도 없는 여자이고, 후자는 우수한 지성의 소유자이지만 그 가치를 제대로 알지 못한다. 이 두 여자들은 자기들의 과오에 책임을 져야 할 인물이 아니라, 오히려 제도와 사회풍습의 희생자들이다. 그리고 시가 좌절에서 나오는 것처럼 소설은 과오에서 나온다.

사물을 잘 판단하여 행동을 결정하는 명쾌한 정신이라면, 우리는 이것을 냉정하게 인정하거나 비난하거나 한다. 한편 어둠 속에서 자기의 길을 찾아가는 고결한 마음의 용기와 책략을 사람들은 걱정과 동정과 비웃음으로써 찬탄한다. 그녀들은 기만당하고 있기 때문에 여자들에게는 그 수치심이나 자존심이나 극도의 미묘함과 마찬가지로 무익하고 매혹적인 미덕이 아름답게 꽃피운 것으로 보인다. 이것은 어떤 의미에서는 결점이다. 그것은 거짓말·신경과민·노여움을 자아낸다. 그런데 그것은 여자들이 놓여 있는 상황을 통해 대체로 충분히 설명할 수 있는 것이다. 여자가 사소한 일, 혹은 '감정적으로만 중요한 일'에 자존심을 세우는 까닭은 '이른바 중요한' 모든 사물(또는 현상)은 그녀의 손이 미치지 않는 것이기 때문이다. 여자의 수치심은 자기가 괴로워하고 있는 의존관계에서 생기는 것이다. 행동으로 자기 능력을 발휘하는 것이 금지되어 있기 때문에 여자는 그 존재 자체를 문제 삼는다. 타인의 의식, 특히 연인의 의식을 통해 그녀들은 자기의 진실이 밝혀지는 듯한 생각이 든다. 그리고 그것이 걱정이 되어 거기서 도피하려고 한다. 도피·주저·반항·기만 속에서도 진정한 가치를 보려고 하는 마음이 그녀들에게서 보인다. 그래서 여자들의 이런 태도는 존경할 만한 것이다. 그러나 이런 기분은 어색하게, 나아가 기만적인 형태로까지 표현되기 때문에, 오히려 여자들 스스로가 감동되어 조금은 우습게 보이기도 한다. 자유가 그 자신의 함정에 빠져 자기 자신을 속이려고 할 때, 자유는 가장 깊이 있게 인간적이 된다. 그래서 스탕달에게도 가장 매혹적으로 보인다.

스탕달의 작품에 등장하는 여성은 예기치 않은 문제에 부딪쳤을 때 감동적이다. 그때는 어떤 벌이나 수단, 어떤 분별이나 외부에서 부여하는 어떤 범례도 지도적인 힘이 되지 못한다. 그녀들은 자기 스스로 결정해야 한다. 이 버려진 고독의 상태는 자유의 극단적 순간이다. 클레리아는 자유주의 사상 속에서 키워진 영리하고 이성적인 여자이다. 그렇지만 타인에게서 배운 의견은, 그것이 옳건 그르건 정신적 갈등이 생겼을 때 전혀 도움이 되지 않는다. 레날 부인은 그녀가 지니고 있는 도덕을 등지고 쥘리앙을 사랑한다. 클레리아는 그녀의 이성에 반하여 파브리스를 구제한다. 위 두 경우에서 모두 인정된 모든 가치에 대한 동일한 초월을 볼 수 있다. 스탕달을 열광시키는 것은 이 대담성이다. 게다가 그 대담성은 거의 뚜렷하게 고백되지 않았기 때문에 더욱더 감동적이고, 한결 자연적이며, 자발적이며, 참된 것이다. 레날 부인의 경우는 과감성이 순진성에 가려져 있다. 그녀는 사랑이 뭔지 아직 모르기 때문에 그것을 자각하지 못하고 무저항으로 지고 만다. 마치 이제까지 밤중에 살아 왔기 때문에 열정이 번쩍이는 빛 앞에서는 무방비 상태가 되는 것처럼 말이다. 신과 지옥을 망각하고 사랑을 받아들여 현혹되고 만다. 그 불꽃이 꺼지면 그녀는 또다시 남편들이나 수도사들이 지배하는 암흑 속에 떨어진다. 자기 자신의 판단 밖에는 신뢰하지 않는 그녀이지만, 명백한 사실에는 그녀도 꼼짝을 못한다. 그녀는 쥘리앙을 다시 만나자 자기의 영혼을 그에게 맡긴다. 그녀의 후회와 고해 신부가 그녀에게 억지로 쓰게 한 편지는, 사회가 가둔 이 열렬하고 성실한 영혼이 그 감옥에서 탈출해, 행복의 천상에 다다르는 데까지 얼마나 먼 길을 가야하는지 알려 준다.

클레리아에게는 마음의 갈등이 보다 자각적이다. 그녀는 아버지에 대한 성의와 애인에 대한 연민 사이에 서서 망설인다. 그리고 자기 마음속에서 어떤 명분을 찾으려고 한다. 스탕달이 믿고 있는 가치의 승리는, 위선적인 문명에 희생이 된 사람들에게 패배라고 느껴지는 만큼 그에게는 더욱더 빛나 보인다. 그는 그런 사람들이 믿는 허위에 대하여 열정과 행복의 진리를 통하게 하려고 갖가지 책략을 이용하는 것을 보고 기뻐한다. 클레리아가 성모 마리아에게 쥘리앙을 더는 '만나지' 않겠다고 약속해 놓고도, 눈을 감고 있다는 조건으로 그의 키스와 포옹을 받아들이는 것은 우습기도 하고 놀랍기도 하다. 스탕달은 샤스텔레 부인의 망설임과 마틸드 드 라 몰르의 모순된 행위를 똑같이 애정어린 아이러니로 바라보고 있다. 간단하고도 마땅한 목적에 다다르기 위하여 이런 많은 우여곡절과 마음의 가책과, 남 모르는 승리와 패배가 있다는 것은 그에게 요절복통할 희극이 아닐 수 없다. 이런 드라마에는 우스운 데가 있다. 거기 등장하는 여배우가 비판자인 동시에 당사자이기 때문이며, 그녀가 자기 자신에게 속고 있기 때문이며, 또 한꺼번에 일을 해결하려면 법령 하나만 있으면 충분할 것을 공연히 복잡한 길을 걸어야만 하기 때문이다. 그렇긴 하지만 이런 복잡성은 고상한 혼을 괴롭힐 수 있는 가장 존경할 만한 배려를 증명하는 것이기도 하다. 그녀는 어디까지나 자기 스스로 존경받을 만한 존재이기를 바란다. 다른 사람의 평가보다도 자신의 평가를 더욱 높이 생각한다. 그래서 자기를 하나의 절대적인 존재로 실현한다. 이 메아리 없는 고독한 마음의 갈등은 정부 내각의 위기보다도 더 중요성을 지닌다. 샤스텔레 부인이 뤼시앙 뢰방의 사랑에 응할까 말까 생각할 때 그녀는 자기와 세계에 대하여 결단을 내린다. 다른 사람을 믿어도 좋을까? 자기 자신의 마음을 믿어도 좋을까? 사랑의 가치, 인간의 맹세의 가치는 무엇인가? 믿는다는 것, 사랑한다는 것은 어리석은 짓인가, 고결한 것인가? 이런 의문들은 삶의 의미, 한 사람 한 사람의 삶, 또는 모든 삶의 의미 그 자체를 묻고 있는 것이다. 분별력이 있는 인간은 실제로 자기 삶에 대하여 기존의 정당성을 그대로 받아들이는 데 지나지 않으므로 경박한 것이다. 이에 반해서 열정적이며 사려 깊은 여성은 순간순간 기존의 가치를 검토한다. 그녀는 기둥 없는 자유의 끊임없는 긴장을 알고 있다. 그 때문에 자기가 언제나 위험에 처해 있다고 느낀다. 즉 그녀는 한순간에 모든 것을 얻을 수도, 모든 것을 잃을 수도 있다. 여자의 이야기에 영웅적인 모험의 색채를 가미시키는 까닭은 불안 속에서도 이런 위험을 극복하려는 데에 있다. 내기에 건 것은 한없이 크다. 그것은 각자의 몫이며, 그녀의 유일한 몫인 이 실존의 의미 그 자체인 것이다. 미나 드 방겔(스탕달의 동명 중편소설의 여주인공 이름)의 과감한 생활방식이 어떤 의미에서는 무분별하게 보일지도 모른다. 하지만 그녀는 모든 도덕을 거기에 몽땅 걸고 있다. '그녀의 삶은 의도가 잘못되었음을 말해주는가? 그녀의 행복은 여덟 달 동안 계속되었다. 그것은 이 세상의 현실에 만족하기에는 너무나도 열렬한 영혼이었다.' 마틸드 드 라 몰르는 클레리아나 샤스텔레 부인만큼 솔직하지 못하다. 그녀는 자기의 행동을 사랑이나 행복이라는 명백한 사실보다도 오히려 자기 자신에 대한 생각으로써 규제하고 있다. 사랑하는 남자 앞에서 자신을 낮추는 것보다 높이는 것이, 굴복하는 것보다 저항하는 것이 더 자존적이며 위대한가? 그녀도 이런 여러 가지 의문 가운데 홀로 서서, 생명보다 소중히 여기는 그 자존심을 여기에 걸어 버리려고 한다. 이것은 무지와 편견과 기만의 어둠을 통하여, 열정이 출렁대는 강렬한 빛 속에서 참된 삶이 무엇인지를 열렬히 탐구하는 것이다. 여자의 이런 운명에 열렬한 찬사를 부여하는 것은, 여기에 행복인가, 죽음인가, 위대한 것인가, 굴욕인가 하는 무한한 모험이 있기 때문이다.

여자는 물론 자기가 발산하는 매혹에 대해서는 알지 못한다. 스스로를 관조하며 어떤 역할을 연기한다는 것은 올바르지 못한 태도이다. 그랑데 부인이 자기를 롤랑 부인에게 비교하는 바로 그 자체가, 자기가 롤랑 부인과 닮지 않았음을 입증하는 것이다. 마틸드 드 라 몰르가 매력이 있는 것은 자기의 코미디 속에서 혼란을 일으켜, 자기의 마음을 잘 조절하고 있다고 생각하는 순간에 도리어 자기 마음의 포로가 되기 때문이다. 그녀는 자기의 의지로부터 벗어나는 정도에 따라 우리를 감동시킨다. 그러나 가장 순수한 여주인공들은 자기 자신을 의식하지 않는다. 레날 부인은 자기의 매력을 알지 못하며, 샤스텔레 부인은 자기의 총명함을 모른다. 여기에 이들 여성의 연인이 되는 남자의 가장 깊은 즐거움의 하나가 있기 때문에, 그 연인에게 작자와 독자는 감정이입이 된다. 그 연인은 이런 비밀의 부(富)를 밝혀 주는 증인이기도 하다. 사람들의 시선으로부터 멀리 있을 때 레날 부인이 보여주는 격한 감정, 샤스텔레 부인의 측근자들이 보지 못하는 그 '활발하고 변화무쌍하고 깊이 있는 정신', 그런 것들은 이 연인만이 찬탄할 수 있다. 다른 사람들도 상세베리나 부인의 정신을 높이 평가하긴 하지만 연인만이 그녀의 영혼을 가장 깊이 통찰할 수 있다. 여자를 상대로 남자는 관조의 쾌락을 맛본다. 남자는 경치나 그림을 대할 때처럼 여자에게 도취한다. 여자는 남자의 마음속에서 노래하며, 하늘에 색조를 더한다. 이런 계시를 통해서 남자들은 자각한다. 남자의 영혼이 섬세하고 다감하고 열정적이어야만 여자의 섬세함과 감수성과 열정을 이해할 수가 있다. 여자의 감정은 여러 가지 음영과 필요의 한 세계를 창조하고 있으며, 그 세계의 발견은 사랑하는 남자의 마음을 풍요하게 한다. 레날 부인 옆에서 쥘리앙은 자기가 지향하고 있던 야심가와는 완전히 다른 인간이 된다. 그는 새로이 스스로를 선택한다.

남자가 여자에 대하여 표면적인 욕망만을 가지고 있다면 여자를 유혹하는 일이 즐거울 것이다. 그러나 진정한 연애는 남자의 삶에 변화를 준다. '베르테르 식*[153]의 사랑은 영혼을⋯⋯'미(美)'의 감정과 향락에 개방한다. 그 미가 어떤 형태로, 비록 허름한 옷을 입고 나타난다고 하더라도, 그것은 부가 없이도 행복을 발견하게 한다⋯⋯.' '그것은 모든 것과 연결되는 인간의 삶에 있어서

---

*153 괴테의 《젊은 베르테르의 슬픔》(1774)은 인습적인 사회에 반항하고, 내면의 열정에 흔들리는 젊은이들의 사랑을 그리고 있다. 특히 프랑스 문학에 끼친 영향은 크다.

새로운 목표이며, 그것에 의해 모든 양상이 달라진다. 연애의 열정은 남자의 눈에, 온 자연을 마치 어제 만들어 낸 새로운 것처럼 그 숭고한 세계와 더불어 비쳐 준다.' 사랑은 그날그날의 매너리즘을 깨드리고 권태를 제거해 준다. 스탕달은 권태에서 뿌리 깊은 악을 본다. 거기에는 살기 위해서도 또는 죽기 위해서도 일체의 까닭이 없는 것이다. 연인에게는 하나의 목적이 있어, 그것만으로도 하루하루가 하나의 모험이 되기에 충분하다. 스탕달에겐 망타의 지하실에 사흘 동안 숨어서 사는 것이 얼마나 즐거운 일이었는지 모른다. 줄사다리와 피 묻은 상자는 그의 소설 가운데서 이런 야릇한 취향을 표현하고 있다. 사랑, 곧 여성은 실존의 진정한 목적을 나타낸다. 즉 여성은 아름다움이고 행복이며, 남성은 감각을 새롭게 하고 이 세계를 새로운 눈으로 바라보게 한다. 그것은 남자에게서 혼을 빼앗아갔다가 다시 소유케 한다. 여자를 사랑하는 남자는, 남자를 사랑하는 여자와 똑같은 긴장과 위험을 알고 있다. 쥘리앙이 마틸드가 세워 놓은 사다리 밑에서 망설일 때, 그는 이제부터의 온 생애를 여기에 걸고 생각하는 것이다. 이 순간에 그의 참된 가치가 발휘된다. 여자를 통하여, 여자의 영향 아래, 여자의 행동에 반응하면서, 쥘리앙도, 파브리스도, 뤼시앙도 인생수업을 하고 자기 자신을 깨닫는다. 스탕달에게 있어서 여자는 헤겔이 한때 그렇게 생각하려고 했던 것처럼, 시련이고 보상이며, 심판자이고 친구이다. 그것은 바로 서로간의 인식 가운데에서 다른 주체에게 여자가 그에게서 받은 것과 같은 진리를 부여하는 다른 의식이다. 사랑 가운데 서로 인정하는 행복한 한 쌍의 남녀는 세계도 시간도 두려워하지 않는다. 그것은 자기들만으로 충족된 완전성을 실현하고 있기 때문이다.

 그런데 여기서는 여자가 단순한 타자가 되어서는 안 됨을 생각해 볼 수 있다. 왜냐하면 여자는 그 자신이 하나의 주체이기 때문이다. 스탕달은 결코 여자 주인공을 남자 주인공과의 관계에서만 쓰는 데 그치지 않았다. 그는 여성 인물에게 그녀 자신의 운명을 빠짐없이 부여하고 있다. 그뿐 아니라 더욱 희귀한 일을 시도했다. 그것은 어느 소설가도 일찍이 생각해 보지 않았던 그런 시도로, 자기 자신을 한 여성인물 속에 던져 버린 것이다. 마리보가 마리안느라는 인물에게, 혹은 리차드슨이 클라리스 할로콰는 인물에게 한 것처럼 라미엘에게 약간 몸을 굽혀 들여다 본 정도가 아니라, 그는 쥘리앙의 운명에 결부된 것처럼 이 여주인공의 운명과 하나가 되어 버린다. 그 때문에 라미엘의 모습은 좀 이론적이지만, 대단히 의미심장하다. 스탕달은 이 소녀의 주위에 생각할 수 있는 온갖 장애를 늘어놓는다. 그녀는 가난한 시골처녀로, 무지하고 온갖 편견으로 뭉친 사람들의 손에서 거칠게 자란다. 그러나 그녀가 '바보 같다'는 짤막한 말의 의미를 깨달은 날부터는 자기의 갈 길에서 모든 도덕적인 장벽을 제거해 버리려고 한다. 그녀의 자유로운 정신은 호기심이나 야망, 희열의 온갖 충동을 스스로 받아들이고 책임지게 한다. 이렇듯 결연한 마음 앞에서는 물질적인 장애일지라도 조금도 방해가 되지 않는다. 단 한 가지 문제는, 그녀 자신이 평범한 사회에서 자기 능력에 상응한 삶 개척하는 데에 있다. 그것은 범죄와 죽음 속에서 실행되어야만 한다. 그런데 이것 또한 쥘리앙의 운명이다. 있는 그대로의 사회에는 위대한 영혼이 있을 자리가 없다. 결국 남자도 여자도 같은 운명에 처하게 된다.

스탕달이 너무나 열렬하고 확고한 페미니스트였다는 점은 주목할 만하다. 페미니스트는 보통 모든 것에 보편적인 입장을 취하는 합리적인 정신이다. 스탕달이 여성의 해방을 요구하는 것은 일반적인 자유를 위해서뿐만 아니라, 개인적 행복을 위해서이기도 하다. 그는 여자를 해방시켜도 연애는 이로 인해 조금도 잃는 것이 없다고 생각한다. 오히려 여자가 남자와 대등해지기 때문에 남자를 보다 잘 이해하게 되어 사랑은 더욱 진실하게 된다. 물론 여자에게서 느끼는 특징의 어떤 것은 잃어버릴 것이다. 그러나 그런 특징들의 가치는 거기에 나타나는 자유에서 온다. 이 자유는 또 다른 형태로 나타나리라. 그리고 순수하고 열정적인 사랑은 이 세계에서 결코 사라지지 않을 것이다. 다른 상황에 놓여 있는 다른 두 존재는 자유 속에 서로 대등하게 마주하고 서로 상대를 통해 실존의 정당성을 찾으면서 언제나 위험과 약속에 찬 모험을 하며 살아갈 것이다. 스탕달은 진리를 믿는다. 진리를 피하려고 하자마자 사람은 살면서 죽어 가는 것이다. 그러나 진리가 빛나는 곳에 아름다움과 행복과 사랑과 그 자체 속에서 의의를 갖는 기쁨이 빛나는 것이다. 그 때문에 진실을 가장한 기만을 물리침과 동시에 신화의 거짓된 시도 거부한다. 그에게는 인간적 현실로 충분한 것이다. 그에 따르면 여자는 오로지 인간적인 존재일 뿐이다. 어떤 형태의 꿈도 그 이상의 매혹적인 것을 만들 수는 없다.

## Ⅵ. 요약

이와 같은 여러 가지 실례들을 통해 작가들 저마다의 작품 속에는 위대한 신화들이 반영되어 있음을 알 수 있다. 여자는 우리에게 '육체'로서 나타난다. 남자의 육체는 어머니 자궁에서 생겨나 애인의 품 속에서 재창조된다. 그래서 여자는 '자연'에 가깝게 맞닿아 자연을 육체화하고 있는 것이다. 짐승, 피의 계곡, 꽃핀 장미, 요부, 언덕의 곡선으로서 여자는 남자에게 흙, 수액, 생명의 아름다움, 그리고 세계의 영혼 등을 일깨워 준다. 여자는 시의 비밀을 간직하고 있을 수 있다. 현세와 저세상과의 '매개자'일 수도 있다. 미의 신 또는 무녀로서의 여자는 초자연·초현실의 문을 열 수 있다. 여자는 '내재성'에 바쳐진다. 그 수동성으로 평화나 조화를 가져 온다. 그러나 이런 역할을 거부하면 여자는 곧 사마귀나 식인귀가 된다. 아무튼 여자는 하나의 주체를 자기완성에 이르게 하는 '특수한 타자'이다. 즉 남자가 갖는 삶의 기준의 하나로 남자의 균형, 구제, 모험, 행복이다.

그러나 이런 신화들은 각자에게 전혀 다른 식으로 해석된다. '타자'는 각기 어느 '한쪽'이 자기를 확립하는 방법을 통해 결정된다. 모든 남자는 자기를 자유나 초월성으로서 주장하지만, 모두 이것에 같은 의미를 부여하고 있는 것은 아니다. 몽테를랑의 경우는 초월성은 하나의 상태이다. 그 혼자만이 초월자로서 영웅의 하늘을 비상하고 있다. 여자는 지상에서 그의 발 밑에 구르고 있다. 그는 여자와 자기와의 거리를 재는 것을 좋아해서 때때로 여자를 자기 쪽으로 이끌어 올려, 잡아서 다시 던져 버린다. 그는 결코 끈적거리는 암흑의 장소에까지 내려오지는 않는다. 로렌스는 초월성을 남근 속에 둔다. 남근은 여자를 통해서만 생명과 힘이 된다. 그러므로 내재성(여성)도 선이며 필요이다. 땅에 닿지 않으려는 가짜 영웅은 반신이긴커녕 한 사람의 인간도 되지 못한다. 여자는 경멸스러운 존재가 아니라 풍부한 부이며 뜨거운 샘이다. 하지만 개인적 초월성을 모두 단념하고 남성의 초월성을 키우고 돕는 일에 그쳐야만 한다. 이와 똑같은 헌신을 클로델 또한 여자에게 요구하고 있다. 그에게도 여자 또한 생명을 유지하는 존재이며, 한편 남자는 행위로써 생명을 힘차게 이어가는 존재이다. 그러나 가톨릭 교도의 경우는 이 지상에서 행해지는 일체가 모두 공허한 내재 속에 잠겨 있다. 유일한 초월자는 신이다. 신의 눈에는 행동하는 남자와 남자를 섬기는 여자가 모두 동등하다. 자기의 지상적 조건을 초월하려는 것은 각자에게 달렸다. 아무튼 구제는 자주적인 기도이다. 브르통의 경우는 남녀의 계급 질서가 거꾸로 되어 있다. 남성이 그 초월성을 두고 있는 의식적 사고는 하나의 어리석은 신 비화로서, 이는 전쟁·기만적 행동·관료주의·인간성의 부정 등을 낳는다. 진리는 오히려 내재·현실의 불투명한 모습 그 자체이다.

 진정한 초월은 내재를 뒤집을 때 성취된다. 브르통의 태도는 몽테를랑의 그것과 정반대이다. 몽테를랑은 여자에게서 해방되기 때문에 전쟁을 사랑한다. 브르통은 여자가 평화를 가져오기 때문에 여자를 존경한다. 전자는 정신과 주관성을 혼동하고 주어진 세계를 거부한다. 후자는 정신이 세계의 중심 속에 객관적으로 존재한다고 생각한다. 여자는 그의 고독을 메워 주기 때문에 몽테를랑에게는 해를 끼친다. 그러나 브르통에게는 여자가 그를 주관성으로부터 떼어놓기 때문에 계시가 되는 것이다. 스탕달의 경우는 앞에서 말했듯이 여자라는 존재가 거의 신화적 가치를 띠고 있지 않다. 여자도 하나의 초월적 존재라고 생각한다. 이 휴머니스트에게는 자유와 자유가 서로 주고받으며 교류하는 관계 속에서 자기를 완성한다. 그러므로 삶에 '짜릿한 맛의 소금'을 가미하기 위해서는 '타자'가 단 하나의 타자인 것만으로 충분하다. 그는 '별과 같은 안정'을 원하지 않고 혐오의 양식을 먹으려고도 하지 않는다. 그는 기적을 기다리지 않는다. 그는 우주라든지, 시 같은 것을 상대하려 하지 않고 오로지 자유를 상대하려 한다.

 즉 그는 자기 자신을 하나의 투명한 자유로서 경험한다. 다른 사람들(여기가 가장 중요한 점의 하나이지만)은 자기를 초월적 존재라고 생각하지만 자기 중심의 불투명한 어떤 것의 포로로 느끼기도 한다. 그들은 여자 속에 '어둠에 깨어지지 않는 핵'을 투사한다. 몽테를랑에게는 거기서 어떤 불명료한 기만이 생기는 아들러적 콤플렉스가 있다. 그는 이 자부와 공포가 섞인 것을 여자 속에서 구체화한다. 그가 여자에게 품는 혐오는, 그것이 자기 자신에게서 느껴지지나 않을까 두려워하는 기분인 것이다. 그는 여자 속에서 자기의 불만스러운 결점이 나타날 것 같은 가능성을 짓밟아 버리려고 한다. 여자는 그의 마음속에 살고 있는 온갖 괴물이 처넣어질 구멍이다.*[154] 로렌스의 일생은, 그 또한 이

---

*154 스탕달은 몽테를랑이 즐기는 잔인성을 미리 비판하고 있다. '냉담한 마음으로 도대체 무엇을 할 수 있을까? 그것은 두려움 없는 사랑놀이. 두려움이란 언제나 자기의 가치를 확인해야만 안심할 수 있는 소인배의 영혼에서 생기는 것이다.'《연애론》

와 유사한 콤플렉스, 물론 순수한 성적인 것이지만, 그것으로 고민한다는 점을 보여 준다. 그의 작품에서 여자는 보상(신체적, 정신적으로 뒤떨어진다고 느낄 때, 이것을 극복하고자 하는 마음, 아들러 용어)의 신화적 가치를 지니고 있다. 작가가 그다지 확신을 가지지 못했던 남성의 능력이 여자를 통해 높여진다. 그가 동 시프리아노의 발 밑에 무릎 꿇고 앉은 케이트를 묘사할 때 그는 남성이 프리다(로렌스의 아내)에게 이겼다는 식으로 느낀다. 그도 또한 여자에 의해 자기의 능력이 의심받는 것을 허용치 않는다. 만일 여자가 자기의 목적에 불길한 말이라도 걸어온다면, 그는 그 목적을 아마도 믿지 못할 것이기 때문이다. 여자는 그에게 자신감을 불어넣는 역할을 한다. 몽테를랑이 여자에게서 자기의 확실한 우월성을 구하듯, 그는 여자에게서 평화·휴식·신뢰를 구한다. 즉 그들은 자기들에게 부족한 것을 구하고 있는 것이다. 클로델에게는 자신감이 부족하지 않다. 그가 소심하다고 하더라도 그것은 신의 비밀 속에서만 그렇다. 그러므로 그에게 남녀간에 일어난 투쟁의 흔적은 조금도 없다. 남자는 여자의 무게를 용감하게 짊어진다. 여자는 유혹의 기회이기도 하고, 구원의 기회이기도 하다. 브르통에게 남자는 자기 속에 머무르는 신비를 통해서만 비로소 진실한 것으로 여겨진다. 나쟈는 그의 발자국이 향하는 별, '심장이 없는 꽃의 마음'과 같은 그 별을 보길 좋아한다. 남자의 꿈·예감·내면의 언어에서 자발적으로 흘러나오는 것, 그런 것들이 그가 스스로 깨닫고 있는 의지나 이성의 통제를 깨어 버리고 흘러나간다. 여자는 그녀의 의식적 인격보다 훨씬 본질적인, 가려진 어떤 것이 스스로 깨달을 수 있는 형태로 드러난 존재이다.

스탕달, 그는 자기 자신과 고요하게 일치한다. 그러나 그는 여자가 그를 필요로 하는 것처럼 그도 여자를 필요로 한다. 그의 흐트러진 실존이 어떤 한 사람의 모습과 한 운명의 통일성 안에 분명히 정리되기 위해서이다. 인간이 존재에 도달하는 것은 다른 인간에게 도달하려는 것과 같은 것이다. 단 타인이 그에게 그 의식을 빌려 주어야만 한다. 타인은 같은 동료의 인간에게 너무도 냉담하다. 오직 사랑하는 여자만이 애인에게 자기의 가슴을 열고 거기에 그를 거침없이 넣어 준다. 신에게서 이상적인 증인을 발견하는 클로델은 예외로 하고, 앞에서 본 작자들은 모두 말로의 말을 빌면, 그들 속에서 그들만이 알고 있는 '비길 데 없이 뛰어난 괴물'을 여자가 사랑해 주었으면 하고 기다리고 있다. 협력을 하든 투쟁을 하든, 남자들은 이러한 일반성 속에서 서로 맞서고 있다. 그들의 남자동료들이 보기에 몽테를랑은 작가이며, 로렌스는 이론가이며, 브르통은 어떤 예술 유파의 지도자이며, 스탕달은 외교관이거나 기지가 있는 사람이다. 여자만이 저마다 그 어떤 남자에게서는 호화롭고 잔인한 왕자를, 이 남자에게서는 방심할 수 없는 야수적 인물을, 저 남자에게서는 신이나 태양 혹은 '스핑크스의 발 밑에 쓰러뜨려진 차갑고 음울한'*155 존재를, 또 다른 남자에게서는 호색한·매혹자·연인을, 이런 식으로 숨겨진 것을 분명히 드러내 준다.

그들 각자에게 이상적인 여자는 자기에게서 바로 그 자신을 뚜렷이 드러내 줄 수 있는, '타자'를 정확히 구현하는 여성이다. 고독한 영혼의 몽테를랑은 여자 속에서 순수한 동물성을 찾고 있다. 남근숭배자 로렌스는 여자의 성을 그 일반성 속에서 요약하려고 한다. 클로델은 여자를 누이동생과 같은 영혼으로 정의한다. 브르통은 자연 속에 뿌리박은 멜뤼진을 사랑하고, 자기의 희망을 어린애 같은 여자에게 건다. 스탕달은 자기의 애인이 총명하고 교양이 있으며, 정신도 행동도 자유로운 사람이기를 바란다. 즉 자신과 대등한 여자이기를 바란다. 그러나 대등한 여자에게, 어린애 같은 여자에게, 자매 같은 영혼에게, 성으로서의 여자에게, 짐승으로서의 여자에게 준비되어 있는 유일한 지상의 운명, 그것은 언제나 남자이다. 여자를 통해서 자기를 구하는 자아가 무엇이든, 여자가 시련의 수단임을 인정하지 않는다면 자기에게 다다를 수 없다. 아무튼 여자에게는 자기 망각과 사랑이 강력히 요구된다. 몽테를랑은 그로 하여금 남성의 권위를 가늠하게 하는 여자를 찬성한다. 로렌스는 자기를 위하여 스스로를 포기하는 그런 여자에게 열렬한 찬사를 보낸다. 클로델은 남성에게 복종함으로써 신에 복종하는 추종자·하녀·헌신자로서의 여자를 찬양한다. 브르통은 여자가 자식이나 애인에게 가장 온전한 사랑을 바칠 수 있기 때문에 여자에게 인류의 구제를 기대한다. 그리고 스탕달의 경우에도 여성인물이 남성인물보다 더 감동적인 까닭은 그녀들이 남자보다도 더 격렬한 기세로 그 열정에 빠지기 때문이다. 그녀들은 프루에즈가 로드리그의 구제에 공헌하는 것처럼, 남자가 운명을 개척하려는 것을 돕는다. 스탕달의 소설에서는 여자가 애인을 파멸이나 감옥, 죽음에서 구출해 내는 일이 흔히 있다. 몽테를랑이나 로렌스는 여자의 헌신을 의무로서 요구한다. 그러나 좀더 소탈하고 오만하지 않은 클로델,

---

*155 *《나쟈(Nadja)》.

브르통, 스탕달은 여자의 헌신을 고귀한 선택이라고 찬탄한다. 그들은 그러한 헌신을 바람직한 것으로는 생각하지만 자기네들이 그런 헌신을 받을 만하다고 주장하지는 않는다. 그러나 경탄할 만한 스탕달의 《라미엘》은 제외로 하고 그들의 모든 작품은 그들이 여자에게 애타주의(愛他主義)를 기대했음을 보여준다. 콩트가 여자에게서 감탄하여 의무로서 강요한 그런 애타주의, 콩트의 말에 따르면 명백한 열등성인 동시에 모호한 우월성이었던 그런 애타주의를 말하는 것이다.

이런 실례는 얼마든지 열거할 수 있지만 언제나 같은 결론에 다다른다. 여자를 정의할 때 작가 한 사람 한 사람은 자신의 일반적인 윤리와 자기에 대한 개성적인 생각을 주렷이 밝히고 있다. 또 여자라는 것에 대한 생각을 통해서 자기의 세계관과 이기적인 꿈과의 모순을 독로하고 있다. 그 작품 전체 속에 여성적 요소가 결여되어 있거나 부족한 듯하게 나타나 있는 점이 이와 같이 분명한 사실을 증명하는 것이다. 로렌스의 경우처럼 '타자'의 모든 양상이 그 전체 속에 요약되어 있을 때 여성적인 요소는 매우 중요해진다. 여자는 단지 타자로서 파악되는 경우에도 작가가 그 여자의 개개의 운명에 관심을 기울인다고 할 때, 이것은 스탕달의 경우이지만, 그 역시 중요성을 지닌다. 오늘과 같이 각 개인의 문제가 부차적인 것이 되어 가고 있는 시대에는 그런 중요성은 상실되었다고 말할 수 있다. 그렇지만 자기 초월을 위한 것이라고 하더라도 남자 각자가 자기의 의식을 지닐 필요가 있다는 정도에 있어서는 여자는 더욱 타자로서 어떤 역할을 한다.

### 제3장 신화와 진실

여자의 신화는 문학에서 커다란 역할을 한다. 하지만 일상생활에서는 어떤 중요성이 있는가? 관습이나 개인의 행위에 어느 정도의 영향을 끼치는가? 이런 의문에 대답하려면 그것이 현실과 유지하고 있는 관계를 정확히 살펴보아야만 한다.

신화에는 여러 가지 종류가 있다. 여자의 신화는—인류를 남녀 두 범주로 나누어 '구분'하는 인간적 조건의 불변하는 하나의 양상을 승화시키는—정적인 신화이다. 여자의 신화는 경험 속에서 파악된, 혹은 경험으로부터 개념화된 현실을 플라톤적 하늘에 투사하는 것이다. 사실이나 가치, 의미, 지식, 경험적 법칙에 초월적, 비시간적, 불변적, 필연적인 '이념'이 대치되어 있다. 이 이념은 주어진 사실의 피안에 자리하기 때문에 도저히 실증할 수 없는 것이다. 이는 절대적 진리로 인정되기 때문이다. 그래서 여자들의 분산되고 우연한, 다양한 실존에 대하여 신화적 사고방식은 유일하고 변함없는 '영원한 여성'을 대립시키려고 한다. 이미 정해진 여자의 정의가 뼈와 살이 붙은 여자들의 행동과 모순된다면 나쁜 쪽은 그런 여자들이다. '여성'이 하나의 본질이라고는 말하지 않으나 여자들이 '여성적'이지 않다고 말하기도 한다. 현실에서의 체험들은 부정될 수 있어도 신화는 결코 부정될 수 없다. 하지만 이런 신화는 어떤 의미에서는 여자에게서 그 기원을 찾아볼 수 있다. 예를 들면 여자가 남자 이외의 다른 것임은 두말할 나위도 없다. 그리고 이 다른 것의 성질은 욕망·포옹·사랑 속에서 구체적으로 경험된다. 그러나 그 현실적 관계는 각자가 자기를 본질적인 것으로 주장하는 의식의 투쟁이며, 서로가 확인하는 자유와 자유의 인식 작용(認識作用)이며, 적대감에서 협력으로 옮아가는 부단한 과정이다. '남녀 사이에 서로 주고받는 사랑의 교류를 무시하여 '여자'라는 존재를 '절대적 타자'의 위치에 두는 것은, 여자가 하나의 주체이며 동등한 인격체라는 경험적 사실을 거부하는 것이다.

구체적인 현실에서 여자는 여러 가지 모습으로 나타난다. 그런데 여자에 대해 엮은 신화들의 하나하나는 여자를 전체적으로 요약하듯이 말한다. 그리고 모두가 저마다 유일한 것임을 자처한다. 그 결과 서로 모순되는 숱한 신화들이 산재함으로써 '여성'이라는 생각의 기이한 모순 앞에서 남자들은 망연자실한다. 저마다 유일한 '진리'를 담고 있다고 주장하는 다수의 원형에 어느 여자든 관계가 있기 때문에, 남자들은 그들의 배우자에 대하여, 인간이 어떻게 빛과 어둠을 동시에 지닐 수 있는지 동시에 이해하지 못한 소피스트(고대 그리스에서 변론술 등을 시민들에게 가르쳤던 철학자들)와 같은 놀라움을 다시 느낀다. 절대화하기 쉬운 경향은 사회적인 표상에 이미 나타나고 있다. 어린아이의 정신구조에서 관계가 곧 사물의 형태를 취하는 것과 같이, 관계는 분류에, 작용은 전형 속에 정착해 버리기 쉽다. 예를 들면 가부장제 사회는 재산보유라는 가치에 집중되어 있기 때문에, 필연적으로 재산소유자 곁에, 그 재산을 소유자에게서 빼앗아서 유통시키려 하는 남자들과 여자들이 존재한다. 남자들—건달·사기꾼·도둑놈·투기자—은 일반적으로 그 집단에서 인정되지 않는다. 여자들은 그녀들의 관능적인 매력을 이용하여 합법성에서 이탈되는 일 없이 젊은 남자이든 한 가족의 아버지이든, 남자들을 유혹하여 그들의 재산을 탕진케 할 수가 있다. 여자들은 남자들의 재산을 빼앗거나 상속권을 자기 것으로 만들어 버리기도 한다. 그래서 이런 역할은 불길한 것으로 여겨지며, 그런 짓을 하는 여자들은 '악녀'라고 불린다. 사실 그런 여자들은 다른 가정(그녀들의 아버지·형제·남편·애인의 집)에서는 반대로 수호의 천사처럼 생각될 수도 있다. 부유한 재산가의 껍데기를 벗기는 창녀가 화가나 작가에게는 예술의 후원자이다. 아스파시아나 퐁파두르 부인과 같은 인물의 모호성은 구체적인 경험 속에서는 쉽게 이해될 수가 있다. 그러나 여자를 사마귀·맨드레이크(악령이 깃들었다고 믿어진, 사람 모양의 식물)·악마라고 규정한다면, 여자에게서 '시의 여신' '어머니 여신' '베아트리체'를 발견하는 것 또한 이치에 맞지 않는다.

집합적 표상(상징)과 사회적 유형은 일반적으로 대립어의 짝맞춤을 통해서 만들어진 것이다. 상반성은 '영원한 여성'의 근본적인 특질처럼 생각된다. 상관어로서 성스러운 어머니는 잔인한 계모로, 천사 같은 소녀는 타락한 처녀로 대비된다. 그래서 '삶과 같은 어머니' 혹은 '죽음과 같은 어머니'라고도 한다. 또 동정녀를 순수한 정신이라고도 하고 악마에 바쳐진 육체라고도 한다.

현실은 사회나 개인에게 상반되는 두 원리 가운데 어느 하나를 선택하라고 명령하지는 않는다. 개개의 시기, 개개의 경우에 사회와 개인이 그들의 필요에 따라서 결정하는 것이다. 아주 흔히 개인과 사회는 그들이 채택한 신화 속에서 그들이 인정하는 제도와 가치를 투영시키고 있다. 여자를 가정에 붙들어 매려는 가부장제는 여자를 감정·내면성·내재성으로 정의한다. 사실 실존자는 누구나 내재성인 동시에 초월성이다. 실존자에게 목표도 제공하지 않고, 어떤 목표에도 이르지 못하도록 가로막고, 승리감을 맛보도록 허락하지도 않을 때, 그 초월성3은 헛되이 과거 속에, 즉 내재성 속에 다시 묻혀버린다. 이것이 가부장제 사회가 여자에게 부여한 운명이다. 그러나 노예가 된 것이 노예의 천직이 아니듯 그것은 결코 여자의 천직이 아니다. 오귀스트 콩트의 학설에서 이 신화가 발전되었음이 명백하다. '여자'와 '애타정신(愛他精神)'을 동일시하는 것, 그것은 남자에게 여자의 헌신에 대한 절대적 권리를 보증하는 것이며, 여자에게는 지상명령적인 의무를 부과하는 것이다.

신화를 의미의 파악과 혼동해서는 안 된다. 의미는 대상에 내재적이다. 그 의미는 생생한 체험 속에서 의식에 반영되는 것이다. 그런데 신화란 의식이 아무리 도달하려 해도 끝까지 달아나는 초월적 이념이다. 미셸 레리스는 《남자의 연령》에서 여성 생식기의 모습을 그리며 우리에게 의미를 제시하고 있지만, 신화로 발전시키지는 않았다. 여자의 육체를 앞에 두고 느끼는 현혹감이나 월경에 대한 혐오감은 구체적 현실을 두려워하는 극한의 공포이다. 여성의 육체에서 쾌락적 성질을 발견하는 체험 속에는 아무런 신비스러운 것이 없다. 그런 성질을 꽃이나 조약돌의 비유로 표현하려고 해도 신화는 되지 않는다. 그러나 '여자' 그것은 육체이다. 육체는 밤이요 죽음이며, 여자가 우주의 광채라고 하면 그것은 지상의 진실을 떠나서 공허한 하늘로 올라가 버린다. 왜냐하면 남자도 여자에게는 육체이기 때문이다. 그리고 여자는 단순히 육체적 대상이 아니기 때문이다. 육체는 저마다의 경험 속에서 개성적인 의미를 갖고 있다. 이와 마찬가지로 여자는—남자와 다를 바 없이—자연에 뿌리박은 존재라는 것도 틀림없는 사실이다. 여자는 남자보다 한결 더 종(種)에 예속되며 그 동물성은 더욱 뚜렷하다. 그러나 남자와 마찬가지로 여자에게도 주어진 특성은 실존이라는 사실을 통해서 형태를 드러낸다. 여자도 인간이 지배하는 세계에 속한다. 이것을 '자연'과 동화시키려는 것은 하나의 편견이다.

이보다 더 지배계층(여기에서는 남성)에 유리했던 신화가 있을까. 그 계급이 장악한 모든 특권을 정당화하고 그 남용조차 허용하기 때문에, 남자들은 여자들에게 생리적으로 운명지어진 괴로움이나 부담을 덜어 주려고 생각할 필요가 없다. 그런 것은 '자연이 원한' 것이다. 그런데 오히려 그것을 구실 삼아 여성의 비참한 처지를 더욱더 증가시키려고 한다. 이를테면 여자에게는 성적 쾌락을 누릴 권리를 일체 인정치 않고, 여자를 소나 말처럼 부리게 하려는 것이다.*156

이 모든 신화 가운데에서 남자의 마음에 가장 깊이 뿌리박고 있는 것은 여성의 '신비'라는 것이다. 여기에는 많은 유리한 점들이 있다. 그리고 처음에는 설명될 듯하지 않던 것이 쉽게 설명된다. 여자를 '이해'할 수 없는 남자는 자기

---

*156 발자크의 《결혼의 생리》 참조. "여자의 불평·외침·고통을 조금도 걱정하지 마시오. 자연은 여자를 우리가 쓰도록 만들었소. 여자는 어린아이·고뇌·남자의 주먹·고통을 다 감당하게 되어 있소. 냉혹함을 자책하지 마시오. 자칭 문명국의 모든 민법전(民法典)에, 남자는 여자의 운명을 규정하는 법률을 다음과 같은 피 어린 서론 밑에 제정하고 있소. '약한 자여! 불행할지어다!'"

의 무능력을 일반적인 저항으로 대치하여 덮어 버리고 싶어한다. 자기의 무지를 인정하지 않고 신비라는 것이 있다는 듯 말한다. 이것은 태만과 허영심을 동시에 감추려는 것이다. 여자에게 반했을 때 이렇게 환멸에서 모면하려 한다. 사랑하는 여자의 행동이 변덕스럽거나, 말이 어리석거나 하면 신비스럽다는 것이 구실이 된다. 요컨대 신비의 덕택으로 키르케고르에게는 적극적인 소유보다 무한히 사랑하고 꿈꿀 수 있는 이 소극적 관계가 언제까지나 이어진다. 살아 있는 수수께끼를 앞에 두고 남자는 언제까지나 고독한 채로 있다. 꿈, 희망, 두려움, 사랑, 허영만을 지닌 채 그는 홀로 고독하다. 많은 사람들에게 악덕에서 신비적인 황홀에까지 이를 수 있는 이런 주관적 유희는 살아 있는 인간을 상대로 하는 진정한 관계보다 좀더 매력적인 경험이다. 그토록 유리한 환상은 대체 어디에 기초를 두고 있는가?

확실히 어떤 의미에서 여자는 신비적이다. 마테를링크의 말에 따르면, '모든 사람들이 그런 것처럼 신비적'이다. 누구나 자기에 대해서만 주체이며, 자기만을 내재성 속에서 파악할 수 있다. 이런 관점에서 타자는 언제나 신비적이다. 남자들의 관점에서 상대방의 불투명성은 타자인 여성에게서보다 더 명백하다. 그들은 어떤 공감대의 활용으로도 여성의 개성적인 체험 속에 침투할 수가 없다. 여자의 에로틱한 쾌락, 월경의 불쾌감, 분만의 고통 등은 아무리 노력해도 알 수 없다. 사실 이런 신비는 서로에게 공통적인 것이다. 타자로서, 남성의 타자로서, 모든 남자의 마음에 여자는 알 수 없는, 그 자체로 닫혀진 존재이다. 남성의 에로티시즘이 어떤 것인지 여자는 알지 못한다. 그러나 이제까지 보아온 일반적인 통례에 따르면 남자가 세계를 생각하는 일정한 방식은 '그들의 관점에서 절대의 것으로' 정해져 있다. 여기서도 다른 경우와 마찬가지로 남자는 남녀 사이에 서로 주고받는 교류적 관계를 인정하지 않는다. 남자가 보기엔 신비스러운 여자는 그 자체로서 신비스럽다고 생각된다.

솔직히 말해서 여자가 살고 있는 상황이 이렇게 보이도록 되어 있는 것이다. 여자의 생리적 운명은 대단히 복잡하다. 여자 자신도 남의 이야기를 하듯이 그것을 받아들인다. 그녀의 육체는 자기의 명백한 표현이 아니다. 여자는 그 속에서 자기가 소외된다고 느낀다. 모든 개인의 생리적인 삶과 육체적인 삶, 더 정확히 말한다면 개인의 사실성과 그것을 떠맡고 있는 자유 사이에 존재하는 관계는, 인간의 조건 속에 포함되어 있는 가장 풀기 어려운 수수께끼이다.

그러나 신비라고 부르는 것은 의식의 주관적 고독도 아니며 유기적 생명의 비밀도 아니다. 그 말이 지닌 진정한 의미는 의사 소통과 같은 뜻이다. 완전한 침묵이나 밤이나 부재를 뜻하는 것이 아니라, 자기표현을 할 수 없는 존재를 뜻하는 것이다. 여자가 신비스럽다는 말은 여자가 침묵을 지키고 있다는 뜻이 아니라, 여자의 말이 잘 들리지 않는다는 뜻이다. 여자는 거기에 있지만 베일 밑에 숨겨진 채로 있다. 여자는 불확실한 겉모습 저편에 실재하고 있다. 여자는 누구인가? 천사인가, 악마인가, 무녀인가, 배우인가? 이런 물음에 알맞은 대답은 하기가 어렵다고 생각된다. 오히려 여자라는 존재는 근본적 모호성이 있기 때문에 어떤 대답도 적절하지 않다고 생각된다. 자기 마음속에서도 자기 자신에 대해 갈피를 못 잡는 여자는, 곧 스핑크스이다.

사실 여자도 자기가 '누구라고' 단정하기가 곤란할 것이다. 그 질문에는 대답이 없다. 그러나 숨겨진 진실이 너무도 유동적이어서 파악되지 않는다는 것이 아니다. 이 영역에는 진실이란 것이 없기 때문이다. 어떤 실존자도 그가 행하는 것 외에 어떠한 것도 아니다. 가능성은 현실의 영역을 벗어나지 않으며 본질은 실존을 선행하지 않는다. 그 순수 주관성에서 인간은 '(고정불변의) 어떠한 것도 아니다.' 그 사람의 행위에 따라서 인간은 평가된다. 농부의 아내에 대해서는 일을 잘한다든가 못한다든가 말할 수 있고, 여배우에 대해서도 재능이 있다든가 없다든가 그렇게 말할 수 있다. 그렇지만 여자를 내재적 모습 그대로 본다면 그녀에게 대해 무엇 하나 말할 수가 없고, 무엇 하나 표현할 수가 없다. 그런데 연인이나 부부관계에서는 여자가 종속자, 이를테면 타자의 입장에 있는 모든 관계에서 여자는 언제나 내재적으로 생각된다. 여자도 친구로서, 동료로서, 일의 협력자로서는 조금도 신비스러울 것이 없다는 점에 주목해야 한다. 반대로 남자가 종속적인 위치일 때, 예를 들면 자기보다 연상이며 돈이 많은 남자나 여자 앞에서 젊은 청년이 비본질적인 객체가 되어 있을 때에는 그 또한 신비에 싸일 것이다. 이런 것은 경제적인 의미에서의 여성 신비의 하부구조를 우리에게 드러내는 것이다. 감정이라는 것도 어떠한 (고정불변한) 실재적인 것이 될 수 없다. 지드는 이렇게 쓰고 있다.

'감정의 영역에서는 현실적인 것과 상상적인 것이 분명히 구별되지 않는다. 사랑하기 위해서는 사랑하고 상상하는 것만으로도 충분하다. 마찬가지로 사랑하고 있을 때 사랑하고 있다는 상상을 하는 것만으로도 곧 사랑을 좀더 부풀리기에 충분하다.' 상상과 현실의 경계를 정하는 것은 행위를 통해서만 가능하다. 이 사회에서 특권적 지위를 확보하고 있는 남자는 자기의 애정을 거침없이 밝힐 수 있다. 즉 남자는 여자를 거느리거나 적어도 도와 준다. 결혼을 함으로써 여자에게 사회적 지위를 부여한다. 여자에게 선물도 한다. 경제적·사회적 독립이 그로 하여금 창의와 착안을 가능하게 한다. 빌파리지 부인과 떨어져 있는 노르푸아 씨는 하루 걸러 한 번씩 여행을 하며 그녀를 만나러 간다(프루스트의 《잃어버린 시간을 찾아서》 속 인물들). 대개 남자는 바쁘고, 부인은 한가하다. 그가 그녀와 지내는 시간은 그가 그녀에게 '주는 것'이므로 그녀는 그것을 받는 입장이 된다. 즐거워서? 열정적이라서? 그렇지 않으면 단순히 기분전환을 위해서? 그녀는 이런 혜택을 사랑 때문에, 아니면 이익 때문에 받아들이는가? 그녀는 남편을, 아니면 결혼을 사랑하는가? 물론 남자가 여자에게 주는 이러한 애정의 징표들 자체도 모호하다. 그런 혜택을 그는 사랑으로, 아니면 동정으로 주는가? 그러나 흔히 여자는 남자와의 교제에서 많은 이익을 발견하지만, 남자에게 여자와의 교제는 남자가 그 여자를 사랑하는 정도밖에는 소용이 없다. 그래서 그의 태도에서 그 애정의 정도를 거의 추측할 수 있다. 한편, 여자는 자기 자신의 마음을 규명할 방도가 거의 없다. 여자는 기분에 따라서 자기 애정에 대한 여러 가지 견해를 취하게 되는 것이 보통이지만 그런 애정을 오로지 수동적으로 느끼고 있는 한, 어떤 해석도 진실이라는 점에서는 큰 차이 없이 같은 것이다. 아주 드문 예이긴 하지만, 여자가 경제적·사회적 특권을 가진 경우에는 신비의 대상이 뒤바뀐다. 그런 사실은 이런 신비로움의 감정이 하나의 성에 부속물처럼 붙어 있는 게 아니라, 어떤 상황에 따른 것임을 잘 보여 주고 있다. 대다수의 여자들에게는 초월의 길이 분명히 막혀 있다. 그녀들은 아무것도 '하지 않기' 때문에 아무것도 '될 수' 없다. 그녀들은 자신들이 무엇이 '될 수 있었을까'를 한없이 자문한다. 그래서 자신들이 '무엇인가'에 대해서도 묻게 된다. 이것이야말로 헛된 질문이다. 남자가 여자의 이 비밀의 본질을 포착하지 못하는 것도 결국은 그런 본질이 전혀 존재하지 않기 때문이다. 여자는 사회의 가장자리에 머물러 있어야 하기 때문에 이 사회를 통해서 자신을 객관적으로 정의할 수가 없다. 그 신비의 밑바닥을 부수면 그 속은 텅 비어 있을 뿐이다.

게다가 모든 피압박자들처럼 여자는 자기의 객관적인 모습을 일부러 숨기려고 하는 일도 있다. 노예·하인·토착민 등 모두 지배자 마음대로 그들의 운명이 좌우되기 때문에 언제나 변함 없는 미소나 수수께끼 같은 무감동으로 지배자를 대할 줄 알게 되었다. 그들은 자기들의 진정한 감정과 그들의 진정한 행동을 조심스럽게 감춘다. 여자들도 처녀 때부터 남자들에게는 거짓말을 하도록, 책략을 쓰도록 가르침을 받는다. 여자는 남자들을 언제나 가면으로 대한다. 용의주도한 여자는 위선자이며 배우이다.

그러나 신비주의가 인정하듯이 '여성의 신비'는 보다 깊은 뜻을 지닌 하나의 현실이다. 실제로 여성의 신비는 '절대적 타자'의 신화에 직접 포함되어 있다. 비본질적 의식 또한 '코기토(즉자)'를 작용시킬 수 있는 반투명의 주체성임을 인정한다면, 그 비본질적 의식도 실제로 자주적이며 본질로 되돌아간다는 것을 인정할 수 있다. 어떤 교류적 관계이든 불가능하게 보이기 위해서는 '타자'는 자기에게도 타자가 되어야만 한다. 그 주체성 자체가 타성을 띠어야만 하는 것이다. 순수한 내재적 현존 속에 소외되어 있는 이러한 의식이야말로 분명히 '신비' 그 자체이다. 그 의식이 대자(對自, (객관화된) 자기 의식을 갖는 상태)에 대하여 그러하다는 사실에 비추어 볼 때, 즉자(卽自, 자기가 (객관화 없이) 독립적으로 존재하는 상태)에 대해서 '신비'이다. 절대적 신비이다. 그 허위가 만드는 비밀 저편에는 흑인종과 황인종의 신비가 있다. 그들이 절대적으로 비본질적인 '타자'로서 생각되는 한 그러하다. 보통 유럽인을 몹시 당황하게 하는 미국 시민이 조금도 '신비적'이라고 생각되지 않는 것은 주목할 만하다. 그것은 아무래도 '이해'가 되지 않는다. 이와 마찬가지로 여자라고 해서 언제나 남자를 '이해'하는 것은 아니다. 그러나 남자의 신비라는 것은 없다. 즉 부유한 미국인이나 남성은 '지배자' 쪽이고, 신비는 노예의 특성이라는 것이다.

물론 신비의 확실한 현실에 대해서는 기만으로 가득한 희미한 빛 속에서 꿈을 꾸는 수밖에 없다. 주변 세계의 어떤 환각처럼 그 신비를 포착하려고 하면 그것은 곧 사라져 버린다. 문학은 '신비스러운' 여성을 그리려고 하지만 늘 실패한다. 그런 여자들이 소설의 시초에는 묘한 수수께끼의 인물처럼 나타날지도 모르지만, 그 이야기가 미완성으로 끝나지 않는 한 그들의 비밀은 끝내는 드러나고 만다. 비밀을 드러내게 되면 논리정연한 평범한 인물이 된다. 예를 들어, 피터 치니(영국 추리 작가)가 쓴 작품의 주인공들은 언제나 여자의 느닷없는 변덕에 놀란다. 그녀들이 어떻게 처신을 할지 결코 예측할 수가 없다. 그녀들은 독자들의 계산을 여지없이 빗나가게 한다. 그러나 일단 그 행동의 동기가 독자들에게 이해되면 그녀들은 매우 간단한 기계장치처럼 단순하게 보인다. 이 여자는 스파이이고, 저 여자는 도둑이라는 식으로, 줄거리가 제아무리 교묘하더라도 거기에는 언제나 열쇠가 있다. 작가가 제아무리 재주가 있고 상상력이 풍부하더라도 그러는 수밖에 달리 도리가 없다. 신비는 그저 신기루에 지나지 않기 때문에 잡으려고 하면 사라져 버린다.

이와 같이 신화는 주로 남성이 그것을 어떻게 다루는가 하는 그 응용 방법에 따라 다르게 설명된다는 것을 알 수 있다. 여자의 신화는 하나의 사치이다. 그 신화는 남자가 그 욕구의 격렬한 영향에서 벗어날 때 나타난다. 관계들이 더 많이 구체화될수록 그 관계들이 관념화되는 수는 적다. 고대 이집트 농민, 베두인 족 농민, 중세의 직인(職人), 현대의 노동자, 이런 사람들은 노동의 필요성과 가난 때문에 자기의 상대가 되는 여자들과 너무도 한정된 관계를 맺고 있다. 그래서 그들은 여자를 행복하게도 불행하게도 만들 여유가 없다. 흑과 백의 여인상이 툭쑥 드러난 것은 꿈꿀 여유가 생긴 시기나 계급에 있어서이다. 하지만 사치도 또한 효용성이 있다. 이런 공상은 이해관계에 따라 엄격히 좌우된다. 확실히 신화의 대다수는 남자가 자기의 실존과 사회에 대하여 취하는 자발적인 태도 속에 뿌리를 박고 있다. 그러나 생활 체험을 '초월적 이념'으로 높인 것은 가부장제 사회가 자기정당화의 목적으로 행한 것이다. 이 사회는 신화를 통하여 한 사람 한 사람의 인간에게 그 법칙과 풍습을 알기 쉬운 형태로 강요했던 것이다. 집단의 명령은 신화의 형태로 저마다의 의식에 침투했다. 종교·전통·언어·이야기·유행가·영화 등을 매개로 신화는 물질적 현실에 가장 엄격하게 종속된 실존자들에게까지 스며들었다. 사랑하는 여자에게 배반당한 남자는 여자를 화냥년이라고 욕한다. 성적불능의 강박관념에 고민하는 남자는 여자를 사마귀라고 한다. 자기 여자에게 만족하는 남자는 여자를 '조화' '휴식' '풍요한 대지'라고 생각한다. 값싸고 영원한 취미, 자기만의 절대적인 것을 좋아하는 많은 남자들은 신화로 마음을 만족시킨다. 사소한 감동, 어떤 불만도 시간을 뛰어넘은 '이념'의 반영이 된다. 이런 환상이 쉽게 허영심과 결부된다.

신화는 상식적이며 사려를 가장한 정신이 분별없이 뛰어들어 빠져 버리는 허위적 객관성의 함정이다. 살아 온 체험과 그 체험이 요구하는 자유로운 판단을 고정된 우상으로 다시 한 번 바꾸어 놓는 것이 문제이다. 자주적 실존자와의 진정한 관계를 '여자'의 신화는 신기루로 바꾸어 놓으려 한다. '환상이여! 환상이여! 그것은 잡을 수 없는 것이기 때문에 죽어야만 한다. 그렇지 않으면 그것을 안정시키고 가르쳐서, 보석의 취미를 버리게 하고, 진정 우리의 동등한 배우자로, 친한 벗으로, 이 현세의 협력자로 만들어, 다른 옷을 입히고 머리를 짧게 깎게 해서 모든 것을 말해 주어야만 한다……'고 라포르그는 외치고 있다. 여자를 상징적으로 가장시키는 일을 단념한다고 하더라도 남자는 아무것도 잃는 것이 없다. 꿈이 집단적이며 명령을 통해 구성되었다면 그 꿈은 평범해서, 살아 있는 현실 곁에서는 매우 빈약하고 단조로운 것이다. 진정한 몽상가와 시인에게는 그 살아 있는 현실이야말로 낡은 불가사의보다 훨씬 더 풍부한 원천이다. 여자를 가장 성실하게 생각하던 시절은 우아한 연애문학이 꽃피던 봉건시대도 아니며, 여자의 환심을 사던 19세기도 아니다. 그것은 18세기처럼 남자가 여자를 동등하게 생각한 시대이다. 여자들이 진정한 짝으로 보이던 것은 바로 그때였다. 그것을 이해하기 위해서는 《위험한 관계》《적과 흑》《무기여 잘 있거라》를 읽는 것으로 족하다. 라클로, 스탕달, 헤밍웨이의 여주인공들은 신비감은 없지만, 매력적이다. 여자에게서 한 인간적 존재를 인정한다 해서 남자의 생활경험을 빈약하게 만들진 않는다. 그것이 주체와 주체의 서로 주고받는 관계에서 이루어진다면 그 다양성, 풍요성, 강인성도 무엇 하나 잃는 것이 없다. 신화를 거부하는 것은 남녀간의 모든 극적관계를 깨뜨려 버리는 것도 아니고, 여자라는 현실을 통하여 남자가 올바르게 발견하는 의의를 부정하는 것도 결코 아니다. 그것은 시와 사랑과 모험과 행복과 꿈을 잃어버리는 것이 아니라 단지, 행동·감정·열정이 진리 속에 존재하기를 요구하는 것뿐이다.[157]

'여자는 사라져 가고 있다. 여자는 어디로 갔는가? 오늘날 여자는 여자가 아니다.' 이런 신비적 슬로건이 어떤 의미를 갖는지 이미 보았다. 남자의 눈에, 또 남자의 눈을 통하여 사물을 보는 한 무리의 여자들 눈에 '진정한 여자'이기 위해서는, 여자의 몸을 가지고 애인이나 어머니로서 여자의 역할을 하는 것만으

---

[157] 라포르그는 여자에 대하여 또 이렇게 말하고 있다. '여자는 그 성 이외에 어떠한 무기도 없이 노예의 신분과 게으름 속에 오래도록 남겨져 있었기 때문에 오늘과 같은 '여성'이 되었다…… 우리는 여자를 그대로 내버려 두었다. 여자는 우리를 위해 이 세상에 존재한다…… 아니, 그것은 모두 거짓말이다. 여자와 더불어 우리는 이제까지 인형놀이를 해 왔다. 그것은 너무 오랫동안 계속되었다!'

로는 아직 충분치 않다. 주체는 성본능이나 모성을 통하여 스스로의 자율성을 주장할 수 있다. '진정한 여자'는 '타자'로서 자기를 받아들이는 여자이다. 오늘날 남자의 태도에는 이중성이 있다. 그 이중성은 여자에게 실로 괴로운 모순을 안겨 준다. 남자들은 매우 폭넓게 여자를 동등자·평등자로서 인정한다. 그렇지만 그들은 여자가 비본질적인 존재로서 남아있기를 계속 요구하고 있다. 여자에게 있어서 이 두 운명은 양립하지 못한다. 그 어느 쪽에도 원만히 적응하지 못하고 그 양자 사이에서 망설이고 있다. 여자의 불안정성은 거기에서 온다. 남자의 경우는 공적 생활과 사생활 사이에 충돌이 별로 없다. 남자는 행동과 일에 있어서 사회에 대한 세력을 확립하면 할수록 더욱더 남자답게 보인다. 그의 인간적 가치와 생명적 가치는 뒤섞여 있다. 반면에, 여자의 자주적 성공은 사람들이 '진정한 여자'에게 객체가 될 것을, '타자'가 될 것을 요구하기 때문에 그 여자다움과는 모순된다.

이 점 때문에 남자들의 감수성과 성감까지 변해 버릴 가능성이 많다. 이미 새로운 미학이 생겼다. 편평한 가슴과 가는 허리(미소년 스타일의 여자)의 유행은 일시적이었으나 그렇다고 지난 세기에 이상적이었던 풍만한 육체로는 되돌아가지 않았다. 여자의 몸이 어느 정도 풍만하길 바라지만, 소극적이다. 여자의 몸은 날씬하고 지방이 있어서는 안 된다. 근육이 발달하고 부드러우며 건강해서 초월성을 나타내야 한다. 온실의 식물처럼 창백하지 않고, 우주의 태양과 대결하며 일하는 사람의 흉상처럼 검게 타는 편이 좋다. 여자의 옷도 실용적이 되었다고 해서 성의 특징을 잃어버린 것은 아니다. 그 반대로 짧아진 스커트는 다리와 허벅지를 전보다 훨씬 더 아름답게 보이게 했다. 노동을 하는 것이 여자의 성적 매력을 잃게 한다는 것도 이해할 수가 없다. 여자를 사회적 인간인 동시에 관능적인 먹이처럼 느끼는 것은 매우 자극적일 수 있다. 최근에 출간된[*158] 페네의 소묘(素描) 시리즈에서, 젊은 남자가 자기의 결혼식을 집행하던 아름다운 여시장에게 반해서 그 결혼을 취소하는 그림을 보았다. 여자가 '남자의 일'을 하면서도 매력적이라는 것은 오랫동안 다소 외설스러운 농담의 주제가 되어 왔다. 반감이나 야유가 차츰 둔해져서 에로티시즘의 새로운 형태가 생겨나고 있는 것 같다. 아마 거기에서 또 새로운 신화가 생겨나리라.

---

*158 1948년 11월 출간.

확실한 것은, 오늘날 여자들은 자신의 자율적 개인조건과 여성적 숙명을 함께 떠맡아 살아 가기가 매우 어렵다는 사실이다. 여자들로 하여금 때로는 '잃어버린 성(性)'이라고 생각하게 하는 어색함과 막연한 불안함의 원인도 실은 거기에 있다. 그리고 자기를 해방하려는 노력보다 맹목적인 예속생활을 얌전히 받아들이는 편이 틀림없이 한결 편할 것이다. 또한 죽은 자들이 산 자들보다 대지에는 더욱 적합하다. 아무튼 과거로 되돌아간다는 것은 바람직하지도 않거니와 가능하지도 않다. 기대하고 싶은 것은 남자들 또한 새로 나타나는 이 상황을 거리낌없이 받아들이는 것이다. 그때 비로소 여자는 비통한 슬픔 없이 살아갈 수 있을 것이다. 그때야말로 라포르그의 소원이 이루어질 수가 있을 것이다. '오 젊은 처녀들이여, 언제 그대들은 우리에게 '착취'라는 숨은 동기 없이 친한 형제가 될 것인가? 언제 우리는 서로 마음으로부터의 악수를 할 수 있을 것인가?' 그때는 '남자가 일방적으로 여자에게 짐 지운 운명의 무게 아래 더는 신음하지 않는 멜뤼진, 해방된 멜뤼진……은 '자기의 인간으로서의 기초*[159]를 다시 발견하리라. 그때 그녀는 완전한 인간이 되리라. '여자의 무한한 속박에서 벗어나, 스스로 자기의 삶을 이끌어 갈 때, 남자(이제까지 혐오스러웠던 존재)는 여자를 자유롭게 하리라.'*[160]

---

*[159] 브르통 《비법 17》.
*[160] 랭보 《견자(見者)의 편지》.

제2부
# 현대 여성의 삶

여자라는 것은 얼마나 불행한가! 그러나 여자의 진짜 불행은, 그것이 불행이라는 사실을 모른다는 것이다.
―키르케고르

절반은 희생, 절반은 공모(共謀), 모든 사람들처럼.
―J.P. 사르트르

# 프롤로그

오늘날 여자들은 '여성스러움'의 신화를 뒤엎고, 자신들의 독립성을 더욱 구체적으로 확립하기 시작했다. 그러나 그녀들이 인간 존재로서의 조건을 완전히 살리기란 결코 쉬운 일이 아니다.

여성의 세계에서 여성들에 의해 형성된 그녀들의 통상적 운명은 결혼이다. 실제로 결혼은 지금도 여자를 남자에게 굴종시키고 있다. 남성의 위신은 아직 빛을 잃지 않았다. 그것은 여전히 경제적·사회적으로 공고한 기초 위에 서 있다. 따라서 여자의 전통적인 운명을 주의깊게 살펴볼 필요가 있다. 여자는 어떤 식으로 그 신분을 학습하는가? 그것을 스스로 어떻게 체험하는가? 어떤 세계에 갇혀 있는가? 여자에게 어떤 탈출방법이 허용되는가? 그러한 문제들을 나는 여기에서 다루려고 한다. 이를 통해 우리는, 무거운 과거를 물려받았지만 새로운 미래를 만들어 나가려고 노력하는 여자들 앞에 어떤 문제가 놓여 있는지 비로소 이해할 수 있을 것이다. 물론 여기서 쓰이는 '여성' 또는 '여성적'이라는 말은 어떤 원형도, 어떤 확고부동한 본질도 뜻하지 않는다. 또한 나의 주장들 가운데 대부분은 '현재의 교육과 풍습을 배경으로' 이해해야 한다. 아울러 여기에서는 영원한 진리가 아니라, 여자들이 저마다 여자로서 살아가는 모든 실존의 공통적 배경을 그리려고 한다.

# 제1편
# 형성

### 제1장 유년기

여자는 태어나는 것이 아니라 만들어지는 것이다. 남자가 사회에서 취하고 있는 형태는 결코 어떤 생리적·심리적·경제적 운명으로 결정되는 것이 아니다. 문명 전체가 수컷과 거세당한 개체 사이의 중간 산물을 만들어, 그것에 여성이라는 이름을 붙였을 뿐이다. 타인이 끼어들어야 비로소 개인은 '타자'가 된다. 어린이는 자기만을 위하여 존재하는 동안에는 자기가 성적으로 구별되어 있다는 것을 이해하지 못한다. 소녀·소년에게 처음 얼마 동안 육체는 주체성의 발현이며, 외부세계를 이해하기 위한 도구이다. 아이들이 세계를 파악하는 것은 눈이나 손을 통해서이지 생식기를 통해서가 아니다. 출생의 드라마는 물론, 젖을 떼는 이유기(離乳期)의 드라마도 남녀 유아에게 모두 똑같이 전개된다. 그들은 같은 흥미와 쾌감을 느낀다. 우선 입술로 빠는 행위가 그들에게 최초이자 최대의 쾌감의 원천이 된다. 곧이어 항문기에 접어들면 아이들은 남녀 공통의 배설작용에서 가장 큰 만족감을 느낀다. 남녀 아이들의 성욕 발달도 유사하다. 그들은 같은 호기심과 무관심으로 자신의 몸을 더듬고, 음핵과 음경에서 똑같이 막연한 쾌감을 끌어낸다. 그 감각은 이미 확실해진 범위에서 어머니에게 향해 있다. 부드럽고 매끄럽고 탄력 있는 여성의 육체는 성적인 욕망을 자극한다. 그리고 그 성적 욕망은 뚜렷한 형태로 드러난다. 여자아이도 남자아이처럼 공격적인 방법으로 어머니를 포옹하고, 만지고, 애무한다. 또 동생이 태어나면, 남녀 아이들은 똑같이 질투하고 그 질투를 행동으로 나타낸다. 즉 화를 내거나 토라지거나 비정상적으로 배설한다. 그들은 어른들의 애정을 얻으려고 똑같이 아양을 부린다. 열두 살까지는 여자아이도 남자형제들 못지않게 튼튼하며, 결코 뒤지지 않는 지적 능력을 나타낸다. 여자아이들이 남자형제들과 경쟁하지 못할 영역은 하나도 없다. 만일 여자아이가 성인이 되기 전부터, 때로는 아주 어렸을 때부터 이미 성적으로 특별한 것처럼 우리들 눈에 비쳐지는 일이 있더라도, 그것은 신비한 본능이 그 여자아이를 태어날 때부터 수동성·교태·모성애에 어울리게 해 버렸기 때문이 아니다. 거의 처음부터 아이의 생활에 타인이 개입하여, 아이는 강제적으로 그 삶의 직분을 떠맡게 돼 버렸기 때문이다.

갓난아기의 세계는, 처음에는 내재적 감각의 형태로밖에 존재하지 않는다. 마치 태내의 어둠 속에서 살고 있을 때처럼 아기는 '전체'의 품안에 잠겨 있다. 모유로 키워지든 분유로 키워지든, 아직 모체의 온기에 싸여 있다. 그러다가 아기는 서서히 자기와는 별개의 것으로 사물을 지각하는 법을 배워 나간다. 자기와 사물을 확실히 식별하게 되는 것이다. 동시에 그는 수유를 받던 어머니의 몸으로부터 갑자기 분리당한다. 때에 따라 이 분리에 대하여 그는 격렬한 발작으로 반항하기도 한다.*¹ 어쨌든 생후 6개월쯤 되어 이런 분리가 일어날 무렵부터, 그는 나중에 진짜 시위 행위로 바뀌는 태도 속에서 타인의 주의를 끌려는 욕구를 보이기 시작한다. 물론 이런 태도를 의식적으로 취하는 것은 아니다. 게다가 어떤 상황에서 살아가기 위해 꼭 그렇게 할 필요는 없다. 유아는 모든 실존자가 겪는 근본적 드라마―'타자'와의 관계란 드라마―속에서 직접 살고 있는 것이다. 인간은 고뇌 속에 내던져진 자신의 존재를 의식한다. 그래서 자신의 자유와 주체성으로부터 도망쳐 '나와 '전체'의 품안에 포근하게 몸을 묻고 싶어한다. 이로써 인간의 세계적·범신론적 몽상들, 즉 망각이나 수면, 무아의 경지나 죽음에 대한 욕구 등이 나타난다. 그러나 인간은 개별적인 자아를 결코 버릴 수 없다. 그래서 그는 최소한 즉자존재(卽自存在, 실체가 아직 자기 안에만 머물러 있어 (객관화된) 자기가 어떤 존재인지 모르는 상태. 이와 반대되는 말은 대자존재(對自存在)이다)의 안정에 다다르기를, 사물로서 고정돼 버리기를 원한다. 인간이 자신의 눈에 하나의 존재로 비쳐지는 것은, 특히 그가 다른 사람들의 시선에 고정될 때이다. 아이의 행동에 대한 해석도 이런 맥락에서 내려져야 한다. 그는 육체라는 형태로 미지의 세계에 던져진 유한하고 고독한 자신을 발견한다. 아이는 타인이 그 실재성과

---

*1 주디트 고티에는 회상기에서, 자기가 유모에게서 떨어졌을 때 몹시 애처롭게 울었기 때문에 다시 유모 품에 안기게 되었다고 한다. 그래서 젖떼는 시기가 훨씬 늦어질 수밖에 없었다.

가치를 세워 줄 어떤 이미지 속으로 자기의 존재를 소외시켜 이 파국을 보상하려고 한다. 어린아이가 자기를 식별하기 시작하는 때는, 거울에 비친 자기 모습을 포착하는 시기인 이유기와 일치하는 것 같다.*2 아이의 자아는 거울에 비친 자기의 육체와 합체되어 있기 때문에, 그 결과 오직 자기를 소외하는 방법으로만 형성된다. 이른바 거울의 역할이 다소 중대하다 해도, 어린아이는 여섯 달쯤 되면 부모의 표정을 이해하고, 부모의 눈길 아래서 자기를 하나의 객체로 파악하기 시작한다는 사실은 틀림없다. 그는 이미 세계를 향하여 자기를 초월하는(자기의 한계선을 극복하고 뛰어넘는) 하나의 자주적인 주체이다. 그러나 그는 소외된 형태에서만 자기 자신과 맞닥뜨리게 된다.

어린아이는 성장하면서 두 가지 방법으로 세상에 던져진 자신과 싸운다. 먼저 그는 분리를 부정하려고 한다. 그는 어머니의 품에 몸을 웅크리고 앉아서 그 생생한 온기와 애무를 원한다. 또 다른 사람들의 동의(同意)를 통해 자신을 정당화하려고 노력한다. 어린아이에게 어른이란 마치 신과 같다. 어른들은 그에게 존재성을 부여하는 힘이 있기 때문이다. 그는 자기를 어떤 때는 귀여운 천사로, 어떤 때는 괴물로 바꿔 버리는 어른들의 눈길에 마력을 느낀다. 이런 두 가지 방어 방법은 서로 대치되는 것이 아니다. 오히려 서로 스며들고 완성된다. 유혹 어린 애교가 뜻대로 성공했을 때는, 뽀뽀와 애무라는 육체적인 보증으로 그는 자신이 정당화되었다는 감정을 발견한다. 어린아이가 엄마의 무릎에서, 그 자애로운 눈길 아래서 느끼는 것도 그와 같은 행복한 수동성이다. 처음 3, 4년 동안은 여자아이와 남자아이의 태도 사이에서 차이를 찾아볼 수 없다. 남녀 어느 쪽이나 이유기 이전의 행복한 상태를 언제까지나 유지하려고 애쓴다. 여자아이와 마찬가지로 남자아이에게서도 과시와 애교 행위가 엿보인다. 남자아이도 여자형제들 못지않게 사람들로부터 귀염을 받고 미소와 칭찬을 얻고 싶어한다.

아이는 분열을 극복하기보다 그 사실을 전혀 인정하지 않는 데에 더 철저하고, 타인의 의식에 의해 고정되기보다 '전체'의 품안에 잠기는 데 적극적이다. 육체와의 결합은 타인의 시선 아래서 이루어지는 어떤 책임포기보다도

---

*2 이는 라캉 박사가 〈개인의 형성과 가족의 영향〉에서 제시한 이론이다. 여기에 나타난 기본적 사실은 매우 중요한 것으로, 개인의 성장 과정에서 '자아가 관조의 모호한 형태를 취하고 있다'고 설명한다.

더 철저한 자기소외를 일으키기 때문이다. 과시와 애교는 어머니의 품안에 단순히 몸을 맡기는 것보다 더욱더 복잡하고 어려운 단계임을 보여 준다. 어른의 눈길이 부리는 마술은 종잡을 수 없다. 아이는 자기 모습이 어른의 눈에 보이지 않을 거라고 말한다. 그러면 부모들은 그 놀이에 끼어들어 아이를 더듬어 찾는 척하며 소리 내어 웃다가, 느닷없이 이렇게 말한다. "그만 좀 해 둬라. 너는 아주 잘 보이는 걸." 어른이 아이의 말을 듣고 웃으면 아이는 그 말을 되풀이하지만, 이번에는 어른은 그저 무시하듯 어깨를 움츠릴 뿐이다. 카프카의 세계처럼 불안정하고 예상할 수 없는 이 세상에서는 발자국을 떼어 놓을 때마다 무엇에 채여 비틀거리고 넘어지게 된다.*3 그 때문에 많은 아이들은 어른이 되는 것을 두려워한다. 더 이상 부모가 그들을 무릎 위에 앉히지 않고, 부모의 침대에서 재워 주지도 않게 되면 그들은 실망하고 낙담한다. 이런 육체적인 실망을 통해서 아이들은, 인간이 고뇌 없이는 깨달을 수 없는, 세상에 내던져진 고독한 존재임을 차츰 더 절실하게 느끼게 된다.

여자아이가 남자아이보다 우선적으로 이득을 얻는 것처럼 보이는 때가 바로 이 시기이다. 제2의 이유(離乳)는 처음만큼 잔인하지도 않고 또 갑작스럽지도 않지만, 어쨌든 어린아이는 자신을 안아 주는 엄마의 육체에서 분리되고 만다. 또 남자아이에게는 갈수록 뽀뽀와 애무의 횟수가 줄어든다. 그러나 여자아이는 여전히 귀염을 받고 계속 엄마의 치마폭에서 생활하도록 허용된다. 아빠도 여자아이는 무릎에 앉히고 머리를 쓰다듬어 주며, 부드러운 옷을 입히고 눈물이나 변덕스러운 성질에도 너그러우며, 공들여 머리도 매만져 주고 아이가 하는 표현과 아양도 받아 준다. 육체의 접촉과 상냥한 눈길이 소녀를 고뇌와 고독으로부터 지켜 준다. 이와 반대로 남자아이에게는 애교조차도

---

*3 〈파란 오렌지〉에서 야쉬 고클레르(현대 프랑스 여류작가)는 자기 아버지에 대해 다음과 같이 말한다. '그의 기분이 좋을 때에도 그의 기분이 나쁠 때와 마찬가지로 무서웠다. 왜냐하면 그가 기분 좋은 까닭을 나는 전혀 알 수 없었기 때문이다. ……신의 변덕과 마찬가지로 아버지의 좋은 기분을 확신할 수 없어서 나는 불안한 마음으로 아버지를 대했다. ……나는 마치 동전 던지기 놀이를 할 때처럼 어떤 결과가 나올지 걱정하면서 내 말을 던졌다.' 그리고 더 뒤에 가서는 다음과 같은 일화를 이야기하고 있다 '하루는 혼나고 나서 낡은 테이블·비·난로·냄비·우유병·프라이팬 등의 단어들 중얼거리고 있자니까, 엄마가 그것을 듣고 웃음을 터뜨렸다. ……며칠 뒤에는 나에게 또 꾸중을 하는 할머니의 마음을 누그러뜨리려고 그것을 다시 되풀이했는데, 할머니는 오히려 화를 냈다 나는 엄마를 웃게 한 것보다 더 엄한 벌을 받았다. 나는 ㅁ-음속으로 어른들은 도무지 알 수가 없다고 생각했다.'

금지된다. 아양을 떨거나 감상적인 태도를 취하면 부정적인 반응을 얻는다. "사내녀석이 안아 달라고 하다니⋯⋯. 남자는 거울 같은 걸 보는 게 아냐⋯⋯. 남자란 눈물을 짜서도 안 돼." 이런 면박을 받기 일쑤이다. 어른들은 남자아이가 '꼬마 어른'이기를 바란다. 남자아이는 어른들로부터 독립해야 어른들의 찬사를 받을 수 있다. 남에게 잘 보이려고 하지 않아야 오히려 잘 보이는 법이다.

많은 남자아이들은 가혹한 독립을 선고받은 데 겁을 먹고 차라리 여자아이가 되고 싶어한다. 어려서 남자아이에게 여자아이와 같은 옷을 입히던 시대에는, 부모가 여자 옷을 벗기고 바지로 갈아입힌 다음 긴 머리를 자를 때, 남자아이는 흔히 눈물을 흘렸다. 그 중에는 완강히 여자처럼 지내기를 고집하는 남자아이도 있는데, 이것은 일종의 동성애적 경향의 표출이다. '나는 여자아이가 되기를 열렬히 원했다. 그래서 남자로 태어난 위대함도 모른 채, 나중에는 쭈그리고 앉아서 소변을 보겠다고 떼를 쓰기까지 했다'고 모리스 삭스(1·2차 세계대전 때의 흥미 있는 수상록《안식일》저자, 현대 프랑스 작가)는 말한다. 그러나 처음에 남자아이가 여자형제들에 비하여 냉대받는 것처럼 보인다면, 이는 부모가 남자아이에게 보다 더 큰 기대를 걸기 때문이다. 남자아이에게 부가되는 여러 가지 요구는 직접적으로 더 높은 하나의 가치를 낳는다. 어머니와 할머니가 누이동생을 귀여워할 때 질투했다고, 모라스(현대 프랑스 문인·정치가)는 그의 회상기에서 말한다. 그때 아버지는 그의 손을 잡고 밖으로 데리고 나가 이렇게 말했다고 한다. "우리는 남자다. 여자들은 그냥 내버려 두자." 남자아이에게 여러 가지가 요구되는 까닭은 그 우월성 때문이라는 식으로 어른들은 남자아이를 설득한다. 그 험난한 앞날을 격려받으면서, 남자아이는 남성으로서의 긍지를 주입당한다. 이 '남자다움'이라는 추상적 개념은 남자아이에게서 하나의 구체적 형태를 취한다. 즉, 그것은 페니스 속에 화신(化身)으로 나타난다. 그가 자기의 무기력한 작은 성기에 대하여 자부심을 느끼는 것은 자발적이 아니라, 주위 사람들의 태도를 통해서이다. 어머니나 유모들은 남근과 남성의 개념을 동일시하는 전통을 이어받고 있다. 그녀들이 사랑에 대한 감사와 굴종 속에서 그 위력을 인정하기 때문인지, 아니면 유아의 몸에서 빈약하고 가련한 모습을 한 그것을 보는 일이 하나의 복수가 되기 때문인지, 하여튼 유아의 성기를 이상하리만치 즐겁게 다룬다. 라블레(16세기 프랑스 작가)는 가르강튀아의 유모들이 했던 못된 놀이와 이야기를 전하고 있다.*⁴ 역사는 루이 13세의 유모들의 예도 기록하고 있다. 하지만 별로 대담하지 않은 여자들도 남자아이의 성기에 애칭을 붙이고, 아기에게 그것을 말할 때 마치 그 아이 자신이기도 하고 또 다른 사람이기도 한 하나의 작은 인격에 대해 이야기하듯이 말한다. 앞에서 이미 인용한 말을 빌리면, 그녀들은 그것을 '그 사람보다도 더 교활하고 현명하며 교묘한 제2의 자아'*⁵로 만들어 버린다. 해부학적으로 말하면, 페니스는 이런 역할을 이행하기에 참으로 적합하다고 할 수 있다. 그것은 육체에서 떼어 내던 마치 자연의 조그만 장난감 또는 인형처럼 보인다. 그러므로 그 분신의 값을 올리는 것은 그 아이의 값을 올리는 것과 같다고 말할 수 있다.

어떤 아버지가 나에게 말하기를, 자기 아들 가운데 한 아이는 세 살이 될 때까지 앉아서 소변을 봤다고 한다. 주위에 여자형제와 여자 사촌들뿐이라 그 아이는 겁 많은 울보로 자랐다는 것이다. 그런데 하루는 그의 아버지가 그를 화장실로 데리고 가서, 지금부터 남자가 소변 보는 법을 가르쳐 주겠다고 말했다. 그날 뒤로 그 아이는 서서 소변 보는 것을 아주 뽐내며, '구멍으로 소변을 보는' 여자아이들을 경멸하게 되었다. 그의 여자아이에 대한 경멸은, 여자아이들에게 한 기관이 없다는 데서 비롯된 것이 아니며, 그녀들이 자기처럼 아버지에게 특별한 지도를 받지 못했다는 데서 비롯된 것이다. 따라서 페니스는 남자아이에게 우월감을 주는 선천적 특권이 아니며, 반대로 그 페니스의 높은 가치평가는 두 번째 이유(離乳) 때의 고난에 대한 하나의 보상—어른들이 고안하고 남자아이들이 열렬히 받아들이는—처럼 생각된다. 그럼으로써 남자아이는 이제 아기도 될 수 없고, 여자아이도 될 수 없다는 아쉬움으로부터 보호를 받는다. 그 결과 남자아이는 성기 속에서 자기의 우월과 자랑스러운 절대성을 구상화(具象化, 구체화)한다.

여자아이의 운명은 이것과는 매우 다르다. 어머니나 유모들은 여자아이의

---

*⁴ '그는 벌써 브라게트(바지 앞섶)를 사용하기 시작했다. 시녀들은 날마다 이 브라게트를 아름다운 꽃다발, 아름다운 리본, 예쁜 꽃송이로 장식하고 원통형 고약(膏藥)이라도 주무르듯 틈만 있으면 주물러 댔다. 바게트(몽둥이)가 귀를 곤두세우게 되면 그녀들은 그것이 재미있었던지 모두 깔깔거리고 웃어 댔다. 어느 여자는 그 바게트를 '나의 귀여운 송곳'이라고 불렀다. 다른 여자들은 '나의 편', '나의 산호가지', '나의 새싹', '나의 병마개', '나의 구멍마개', '나의 쑤시개', '나의 밧장이', '나의 장신구'……라고 제각기들 불렀다.'

*⁵ A. 발랭, 《어린이의 내면생활》 참조.

생식기에 대하여 존경도 애정도 보이지 않는다. 그녀들은 표면만 본다. 손으로 잡히지도 않는 그 숨은 성기에 대해 주의를 기울이지 않는다. 어떤 의미에서 여자아이에게는 성기가 없다고 말할 수 있다. 그러나 여자아이는 이 부재(不在)를 결함으로 생각하지 않는다. 그녀의 육체는 그녀에게 분명히 하나의 완전체인 것이다. 하지만 그녀는 자신이 남자아이들과 다른 모양으로 세상에 놓였음을 발견하게 된다. 더욱이 여러 가지 요인이 복합되면, 그녀의 눈에 보이는 이 차이가 열등감을 낳을 수도 있다.

그 유명한 여성의 '거세(去勢) 콤플렉스'만큼 정신분석학자들 사이에서 크게 논란의 대상이 되었던 문제는 많지 않다. 오늘날 대부분의 정신분석학자들은 페니스에 대한 선망이 경우에 따라 여러 가지 형태로 지극히 다양하게 나타난다는 점을 인정하고 있다.*6 우선 나이를 먹도록 남성의 육체구조를 모르는 여자아이들이 많다. 아이들은 남자와 여자를 마치 해와 달이 있는 것과 마찬가지로 자연스럽게 받아들인다. 어린이는 말에 내포된 본질을 믿는데, 그 호기심은 본디 분석적이 아니기 때문이다. 많은 여자아이들에게 남자아이의 두 다리 사이에 늘어진 그 조그만 살덩이는 의미 없는 하찮은 것, 아니 경멸받아 마땅한 것이기도 하다. 그것은 의복이나 머리털의 특이함과도 다를 바 없는 일종의 특이함일 뿐이다. 여자아이는 이따금 갓난 남동생에게서 페니스를 발견하는 수가 있는데, "여자아이가 아주 어렸을 때는 남동생의 페니스에 관심을 기울이는 일이 없다"고 H. 도이치는 말했다. 그녀는 그 예로, 처음 남동생의 페니스를 보았을 때는 전혀 무관심했으나 훨씬 뒤에 자기의 개인적 관심사와 관련해 비로소 페니스의 가치를 인정하기 시작한, 생후 18개월 된 여자아이의 경우를 인용하고 있다. 여자아이는 때로는 페니스를 하나의 이상한 물건으로, 마치 혹이나 유방이나 무사마귀처럼 군살이 늘어진 일종의 모호한 물체로 보는 일조차 있다. 그것은 혐오감을 불러일으킬 수도 있다. 물론 여자아이가 형제나 친구의 페니스에 관심을 보이는 경우가 많다는

---

*6 프로이트와 아들러의 저서 외에도 이 문제에 대해서는 풍부한 문헌들이 남아 있다. 아브라함은 최초로, 여자아이는 자기 성기를 거세 때문에 생긴 상처로 생각한다는 견해를 발표했다. 카렌 호나이, 어니스트 존스, 잔 랑플 드 그루, H. 도이치, A. 발랭 등은 이 문제를 정신분석의 관점에서 연구했다. 소쉬르는 정신분석을 피아제와 뤼케의 주장과 타협시키려고 시도했다. 그 밖에 폴라크의 《성적 상위(相違)에 대한 어린이들의 생각》 참조.

것은 사실이다. 하지만 그것은 그녀가 페니스에 대하여 성적으로 질투를 느낀다는 의미는 아니며, 그런 기관(器官)의 부재 때문에 깊은 타격을 받는다는 말은 더욱 아니다. 그녀는 무엇이든 가지고 싶어하듯이 페니스도 자기 것으로 만들고 싶어한다. 그러나 그런 욕망은 극히 표면적인 데서 그칠 수도 있다.

배설작용, 특히 비뇨작용이 아이들의 흥미를 몹시 끈다는 것은 확실하다. 잠자면서 오줌을 싸는 것은, 다른 아이를 편애하는 부모에 대한 항의 표시인 경우가 많다. 남자아이들이 앉아서 소변을 보는 나라도 있고, 반대로 여자들이 서서 소변을 보는 경우도 있다. 이것은 특히 농촌여성들에게서 많이 볼 수 있는 습관이다. 하지만 현대 서구사회에서는 일반적으로 여자는 쭈그리고 앉으며, 서 있는 자세는 남자 전용으로 여겨지고 있다. 이런 상위(相違)가 여자아이에게는 가장 두드러진 성적 차별이다. 여자아이가 소변을 보려면 쭈그리고 앉아야 하기 때문에 엉덩이가 드러나므로 숨어서 일을 봐야 한다. 이는 부끄럽고 불편한 굴욕이다. 또 여자는 깔깔대고 웃을 때 무의식적으로 오줌이 나와 괴로울 때가 많은데, 이런 때의 수치감은 한결 더하다. 여자아이는 남자아이보다 소변을 참기가 더 어렵다. 남자아이들에게는 배뇨작용이 자유로운 놀이처럼 보인다. 그 유희는 자유를 발휘할 수 있는 모든 놀이가 지니는 매력을 담고 있다. 페니스는 손으로 마음껏 조작되며, 그것을 통해서 행동할 수 있는 것은 남자아이에게 최대의 흥밋거리들 가운데 하나이다. 어떤 여자아이는 남자아이가 오줌 누는 것을 보고 감탄하여 "참 편리하겠다!"[7]고 환호성을 질렀다고 한다. 남자아이는 오줌줄기를 어떤 방향으로든 마음대로 멀리까지 날릴 수 있다. 남자아이는 거기서 우월감을 느낀다. 프로이트는 '이뇨제에 대한 과거의 뜨거운 결말'에 대하여 말했고, 슈테켈은 양식 있게 이 공식을 논박했다. 그러나 카렌 호나이도 지적했듯이[8] '특히 사디즘적 성격을 띤 전능의 환상이 가끔 남성의 오줌 방출과 결부되는 일이 있다'는 것은 사실이다. 일부 어른에게도 남아 있는 이 환상[9]이 아이에게는 중요하다. 아브라함은 '여자들이 살수기로 정원에 물을 뿌릴 때 느끼는 대단한 쾌감'에 대하여 말하고 있다. 이 쾌감의 근원이 반드시 살수기와 페니스의 동일시에 있지 않다는

---

[7] A. 발랭의 인용.
[8] '여성에게 나타나는 거세 콤플렉스의 기원', 〈국제 정신분석 잡지〉 1923~1924.
[9] 몽테를랑의 《하지》에 나오는 '애벌레' 참조.

점에서,*¹⁰ 나는 사르트르와 바슐라르*¹¹의 주장에 동의한다. 모든 분출(噴出)은 기적과 마찬가지로 인력(引力, 중력)에 대한 하나의 도전으로서 나타난다. 그것을 조종하고 지배한다는 것은, 자연법칙에 대해 조그만 승리를 거두는 일이다. 어쨌든 거기에서 남자아이는 여자형제들에게는 금지된 그날그날의 즐거움을 느낄 수 있다. 게다가 특히 시골에서는 오줌의 분출을 통해서 여러 가지 사물, 즉 물·대지·이끼·눈(雪) 등과 많은 관계를 확립할 수 있다. 여자아이들 가운데에는 이런 경험을 알기 위해 반듯이 드러누워서 오줌을 위쪽으로 뿜어 올리려 하거나 아예 서서 누는 연습을 하는 아이도 있다. 카렌 호나이에 따르면, 여자아이는 또한 남자아이에게 노출의 가능성이 부여된 것을 부러워하는 듯하다. 병상에 있던 한 여자는 남자가 길가에서 오줌 누는 모습을 보고 느닷없이 이렇게 외쳤다. '신께 무엇이든 한 가지만 소원을 빌 수 있다면, 내 일생에 단 한 번이라도 남자처럼 소변을 볼 수 있게 해 달라고 빌고 싶다.' 남자아이들은 자기의 페니스를 만질 권리가 있어 그것을 장난감처럼 다룰 수 있지만, 여자아이들은 자신들의 성기를 하나의 금제물(禁制物)처럼 생각한다. 이런 요인들이 모여 여자아이들로 하여금 남성 성기의 소유를 갈망하게 한다는 것은, 심리학자들이 수집한 많은 조사와 고백이 입증하고 있다. 하벨로크 엘리스*¹²는 그가 제니아라고 부르던 환자의 다음과 같은 말을 인용하고 있다. "물 솟구치는 소리, 특히 목이 긴 살수기 관(管)에서 나오는 물소리는, 어렸을 때 오빠나 그 밖의 남자들에게서 보았던 오줌이 솟구치는 소리를 상기시켜 늘 나를 몹시 흥분에 빠뜨렸다." 그리고 다른 환자인 R.S. 부인은 어렸을 때 친구의 페니스를 두 손으로 움켜잡으면 무한히 기뻤다고 말했다. 어느 날 그녀는 살수기를 손에 들었다. "마치 페니스를 움켜잡고 있을 때처럼, 그 살수기를 잡고 있는 것이 나에게는 뭐라 말로 표현할 수 없는 즐거움이었다." 그녀는 자기에게 페니스는 전혀 성적(性的)인 의미가 없었다는 사실을 강조하고 있다. 그녀에게 페니스란 그저 배뇨기구일 뿐이었다. 특히 흥미로운 예는 하벨로크 엘리스*¹³가 수집한 것으로, 나중에 슈테켈도 분석해 본 플로리라는

---

*10 하지만 경우에 따라서는 그런 동일시가 명백할 수도 있다.
*11 제1부 제1편 제2장 참조.
*12 하벨로크 엘리스의 《배수증(排水症)》 참조.
*13 하벨로크 엘리스의 《성심리 연구》 제13권.

여성의 경우이다. 그에 대한 자세한 내용은 다음과 같다.

　이것은 매우 총명하고 예술적 감각이 있는, 활동적이며 생리적으로도 정상이고 성도착자도 아닌 한 여자에 관한 이야기이다. 그녀의 말에 따르면 배뇨작용은 그녀의 유년시절에 커다란 역할을 했다. 그녀는 형제들과 오줌 누기를 하면서, 조금도 더럽다는 생각 없이 서로 상대의 손을 적셨다. '남성 우위에 대한 내 최초의 생각은 배뇨기관과 관련되어 있었다. 나는 그토록 편리하고 장식적인 기관을 내게 주지 않은 자연이 원망스러웠다. 주둥이가 깨진 그 어떤 병도 나보다 비참하진 않았을 것이다. 아무도 내게 남성의 우위와 우월함을 가르칠 필요는 없었다. 나는 내 눈앞에 쉬임없이 나타나는 그 확실한 증거를 목격했기 때문이다.' 그녀는 밖에서 소변 보는 일에 매우 쾌감을 느꼈다. 숲 한쪽 구석에서 낙엽 위에 쏴 하고 끼붓는 그 황홀한 음향에 비교할 만한 것은 아무것도 없다고 생각하면서, 그녀는 그것이 스며드는 과정을 지켜보았다. 그러나 그녀를 가장 매혹한 것은 물에 방뇨하는 행위였다. 그것은 많은 남자아이들이 느끼는 쾌감으로, 소년이 못이나 개울에 오줌 누는 모습을 그린 천진하고 통속적인 판화도 여럿 존재한다. 플로리는 드로어즈(여성용 속바지) 때문에 자기가 해 보려고 한 실험이 여의치 않았다고 아쉬워했다. 그녀는 자주 시골길을 산책할 때 되도록 오랫동안 참았다가 갑자기 선 채로 소변을 보곤 했다. '이 쾌감이 불러일으키는 이상한 금단(禁斷)의 감각과, 또 선 채로 분수처럼 뻗칠 수 있다는 놀라운 기분을 나는 뚜렷이 기억한다.' 그녀는 어린아이의 복장 형태가 여성 일반의 심리에 대단한 영향을 끼친다고 생각한다. '먼저 드로어즈를 내리고, 다음으로 그 앞부분을 더럽히지 않도록 쭈그리고 앉아야만 한다는 것이 나를 우울하게 했다. 뿐만 아니라 뒷자락을 걷어올리면 엉덩이를 드러내야 하므로 많은 여자아이들은 수치심을 앞쪽이 아니라 뒤쪽에서 느꼈다. 내가 처음으로 알게 되었던 성적 구별의 커다란 차이는, 이처럼 남자아이들은 서서 오줌을 누고 여자아이들은 앉아서 소변을 본다는 것이었다. 나의 가장 오래된 수치심이 치골(恥骨)보다 오히려 둔부 쪽에 있었던 것은 아마 그 때문이었을 것이다.' 이런 인상은 모두 플로리에게 대단한 중요성을 갖고 있었다. 왜냐하면 그녀에게 소변을 보게 하기 위하여, 아버지는 몇 번이고 그녀를 피가 날 정도로 회초리로 때렸고, 어떤 때는 가정교사도 그녀의 볼기를 쳤기 때문이다. 그녀는 마조히즘의 꿈과 환상에 사로잡혀, 모든 학생들이 보는 앞에서 여선생에게 매를 맞고 저도 모르게 오줌을 지린다는, '나에게 형용할 수 없는 기묘한 쾌감을 안겨 주는 상상'에 잠기기도 했다. 15살 때는 너무도 급해 인기척이 없는 거리에서 선 채로 소변을 본 일이 있었다. "나의 감정을 분석해 보면 가장 중요한 것은 서 있다는 수치심과, 나와 지면 사이의 방사거리가 길다는 점이었습니다. 옷자락으로 가려졌다고는 하지만, 이 사건을 중대하고도 우스꽝스러운 것으로 만든 요인은 다름 아닌 이 거리였죠. 보통 이 자세에는 친밀한 요소가 있었습니다. 어린아이라면 몸집이 큰 편이라 해도 방사 거리는 뻔한 것입니다. 그러나 15살에 키도 큰 편이었던 나는 그 거리를 생각하니 부끄러워졌습니다. 내가 전에 이야기한,*14 포츠머스의 신식 화장실에서 질겁을 하고 뛰어 나온 부인들은, 두 다리를 벌리고 선 자세로 스커트를 걷어올리고 하체에서 그렇게 긴 방뇨를 하는 것이, 여성으로서 매우 음란한 행동이라고 생각했을 게 틀림없습니다." 그녀는 스무 살에도 이런 경험을 다시 한 번 반복한 뒤부터는 종종 그렇게 하게 되었다. 언제 남에게 들킬지 모르는 데다 도중에 그만둘 수도 없는 그런 상태에서, 그녀는 수치와 쾌락이 교차된 기분을 느꼈다. "오줌은 내게서 제멋대로 뛰쳐나가는 것으로 생각되었는데, '그럼으로써 내가 원해서 배출한 것 이상으로 내게 쾌감을 안겨 주었습니다.*15 오줌이 무엇인가 눈에 보이지 않는 힘에 의해 몸 밖으로 끌려 나갔기 때문에 그럴 수밖에 없었다는 이 기묘한 감각은, 오로지 여성만이 느끼는 쾌락이며 미묘한 매력입니다. 자기보다도 강한 의지에 의해 물의 흐름이 자기로부터 분출된다는 느낌 속에는 강렬한 매력이 있습니다." 그 뒤로 플로리는 언제나 배뇨집착과 혼합된 성피학증을 나타내게 되었다.

이 사례는 유아기 경험의 여러 가지 요소들을 밝혀 놓은 점에서 대단히 흥미롭다. 그런데 이런 요소들이 그토록 중요성을 띠는 것은 분명히 특수한 경우에 한한다. 정상적으로 자란 여자아이들에게는 남자아이의 배뇨 특권이, 여자

---

*14 그녀가 전에 이야기한 어떤 일화에 대한 암시. 포츠머스라는 곳에 서서 소변을 보는 신식 여성용 변기가 개설되었다. 그곳엔 어느 손님이나 들어가자마자 곧바로 뛰쳐나왔다.
*15 플로리가 특히 강조했다.

의 열등감을 자아내는 직접적 원인이 될 만큼 그렇게 중요한 것은 아니다. 프로이트의 견해에 따라 단순히 페니스의 발견만으로도 트라우마(신체적·정신적 충격을 겪은 뒤에 나타나는 정신 장애)가 생긴다고 생각하는 정신분석학자들은, 유아의 심리를 전적으로 잘못 알고 있다. 유아의 심리는 정신분석학자들이 생각하는 것보다 훨씬 더 비합리적이다. 유아는 뚜렷한 범주를 설정하지도 못하고 모순을 개의치도 않는다. 어린 여자아이가 페니스를 보고, "나도 전에 그런 것을 가지고 있었다" 또는 "나도 언젠가는 그런 것이 생길 거다"라고 하든가, "나도 그런 것을 가지고 있다"고 했다면, 그것은 마음에도 없는 단순한 반항심에서 나온 거짓말이 아니다. 실재(實在)와 부재(不在)는 서로 양립할 수 없는 것이 아니다. 그 그림이 증명하듯이 어린아이는 현재 눈으로 보는 것보다 자신이 그렇다고 결정해 버린 유의미한 '유형(類型)'들을 훨씬 더 믿는다. 그래서 실물을 보지 않고 그림을 그리는 일이 흔히 있다. 어린아이는 어떤 경우에도 스스로 자신의 지각 속에 끌어들인 것만 보려고 한다. 바로 이 점을 강조하면서 소쉬르*16는 루케의 다음과 같은 대단히 중요한 관찰을 인용하고 있다.

'어린아이는 한번 선(線)을 잘못 그으면, 그 선은 존재하지 않는 것으로 생각한다. 대신 새로 그은 선에 열중하면서 먼저 그은 선은 전혀 보지를 못한다. 종이 위에 계속해서 선이 몇 줄씩 겹치더라도 아이는 더 이상 그것들을 염두에 두지 않는다.'

남성의 강인한 육체구조가 여자아이에게 강한 인상을 주는 경우가 흔히 있다. 이때 문자 그대로 그녀에게는 '자기 자신의 육체가 더는 보이지 않는다.' 소쉬르는 4세의 여자아이가 남자아이처럼 창살둔의 문살 사이로 오줌을 누려고 하면서 '물이 나오는 조그마하고 길쭉한 것'을 갖고 싶다고 말하는 예를 인용하고 있다. 그 아이는 자기가 페니스를 가지고 있다고, 또 동시에 가지고 있지 않다고도 주장했는데, 이것은 피아제가 어린아이들에 대해 언급한 '융화(또는 참여)'의 사고와 부합한다. 아이들은 모두 페니스를 갖고 태어나지만 그 즉시 부모들이 계집애로 만들려고 어떤 아이의 그것은 잘라 버린다고, 여자아이는 진심으로 생각한다. 이런 생각은 어린아이의 인위주의(人爲主義)를 만족시킨다. 그 어린아이는 자기 부모들을 신격화하여, '자기가 소유하고 있는 모든 것

---

*16 정신발생학과 정신분석, 〈프랑스 정신분석 잡지〉 1933년호.

의 원인이 부모에게 있는 것처럼 생각한다'는 것이 피아제의 설명이다. 어린아이는 처음에는 거세를 징벌이라고 여기지 않는다. 거세가 실망의 성격을 띠기 위해서는 그 소녀가 어떤 까닭으로든 자기의 처지에 불만을 느끼고 있어야만 한다. H. 도이치가 정확하게 지적하다시피, 단순히 페니스를 보는 것과 같은 외적 사건(外的事件)이 내면적 변화를 불러일으키지는 않을 것이다. '남성 성기를 보고 정신적 충격을 입는 일이 있을지도 모르지만, 이는 그런 결과를 낳을 만한 어떤 경험적 사실이 선행되어야만 가능하다'고 H. 도이치는 말한다. 여자아이가 자위나 노출의 욕구를 만족시키는 방법을 찾아내지 못했다든가, 부모로부터 수음을 질책당했다든가, 자신이 남자형제보다 사랑이나 우대를 덜 받는다고 느꼈을 때는, 자기의 불만을 남성 성기에 투사(投射)하게 된다. '여자아이는 남자아이와의 육체적 차이를 발견하게 되면서 자신이 이전부터 느끼고 있던 어떤 것에 대한 필요성을 확인하게 되는데, 이는 말하자면 자기 자신의 처지에 대한 합리화이다.'*17 그리고 부모와 주위로부터의 존중은 남자아이의 위신을 높여 주는데, 여자아이의 눈에 페니스가 그 위신의 원인과 상징이 된다는 사실은 아들러가 강조하는 그대로이다. 그녀의 남자형제는 우월해 보이며, 그 자신도 자기가 남자임을 자랑스럽게 여긴다. 그래서 여자아이는 남자형제를 부러워하고 자기를 비관하게 된다. 때로는 그 때문에 자기 어머니를, 아주 드물게는 자기 아버지를 원망하는 수도 있다. 아니면 페니스가 훼손된 데 대하여 자기 자신을 책망하거나 또는 페니스가 자기 몸 속에 숨어 있으므로 언젠가는 나타날 것이라고 스스로를 위로한다.

페니스가 없다는 것은, 이를테면 여자아이가 페니스의 소유를 진정으로 원하지 않는다 하더라도, 여자아이의 운명에서 중요한 역할을 하는 것만은 확실하다. 남자아이가 눈에 보이고 손에 잡히는 그 기관에서 얻는 큰 이득은, 부분적으로라도 그것을 통해 자기 자신을 소외(분리)시킬 수 있다는 점이다. 자기 육체의 신비와 그 위험성들을 남자아이는 자기의 몸 밖으로 투사함으로써 그 위험성들을 자기로부터 멀리할 수 있다. 확실히 그는 자기의 페니스에서 위험을 느끼며 거세를 두려워한다. 하지만 그것은 여자아이가 자기 '내부'에 대하여 느끼는 걷잡을 수 없는 불안, 때때로 여성의 삶 전체에 걸쳐 영속되는 불안

---

*17 H. 도이치의 《여성심리》 참조. H. 도이치 여사는 또 R. 아브라함과 J.H. 반 오포이센의 권위 있는 학설을 인용하고 있다.

보다는 훨씬 극복하기 쉬운 공포이다. 여자아이는 자기 내부에서 일어나는 모든 일에 극도의 불안을 느낀다. 여성이 보기에 자신은 남성에 비해 훨씬 불투명한, 생명의 불가사의한 불안에 더욱 깊이 싸여 있다. 남자아이는 자기를 인식할 수 있는 제2의 자아를 가지고 있다. 따라서 대담하게 자기의 주체성을 짊어질 수 있다. 그를 자신으로부터 소외(분리)시킬 수 있는 제 2의 자아는 자주와 초월과 권력의 큰 상징이 된다. 그리하여 그는 자기 페니스의 길이를 재고 친구들과 오줌의 사정거리를 겨룬다. 나중에는 발기와 사정(射精)이 만족과 도전의 원천이 된다. 하지만 여자아이는 자기 몸의 어떤 부분에도 자신을 구현할 수 없다. 여자아이에게는 그 보상으로서, 그녀 곁에서 제2의 자아 역할을 이행할 외부의 한 물체가 주어진다. 그것이 바로 인형이다. 여기서 주의해야 할 점은, 상처 입은 손가락에 감긴 붕대도 '인형'으로 불린다는 사실이다. 옷을 입혀 고립된 손가락은 어린아이에게 일종의 기쁨과 자랑의 대상이 된다. 이를 통해 아이는 자기를 다른 것에 반영하는 소외의 과정을 잠깐 실행해 본다. 페니스라는 분신, 즉 자연적인 장난감의 역할을 가장 만족스럽게 대행할 수 있는 것은 사람의 얼굴을 한 조그만 상(像)이다. 하지만 그것이 없으면 옥수수 또는 나무토막이라도 무방하다.

둘의 커다란 차이는, 인형이 그 완전한 형태에서 몸을 대표하는 동시에 한편으로는 하나의 수동적 물체에 그친다는 것이다. 그 때문에 여자아이는 자기를 거기에 송두리째 반영하고, 이 반영된 자기 전체를 생기 없는 비활성체로 간주하도록 유도된다. 남자아이가 페니스 속에서 자주적 주체로서의 자기를 추구하는 데 반하여, 여자아이는 자기가 인형과 같이 예쁘게 단장되어 귀염을 받고 싶다고 공상하는 그대로 인형을 꾸미며 귀여워한다. 더 나아가 그녀는 자기 자신을 신기한 인형으로 생각한다.*18 칭찬과 꾸중, 시각적 이미지와 말을 통하여, 여자는 '예쁘다' 또는 '밉다'는 말의 뜻을 발견해 간다. 그녀는 귀염을 받기 위해서는 '그림처럼 아름다워야만' 한다는 것을 곧 알게 된다. 그래서 한 폭의 그림을 닮으려고 노력한다. 그녀는 분장하고 거울을 들여다보며, 동화 속 공주나 요정과 자기를 비교해 본다. 이 유아기의 교태를 보여 주는 뚜렷한 실례가 있다. 바로 마리 바슈키르체프의 경우이다. 세 살 하고도 6개월이 지나서

---

*18 여자와 인형 사이의 유사성은 성년기가 되어도 계속된다. 프랑스 속어로 여자를 인형이라 부른다. 영어로는 굴치장한 여자를 가리켜 '인형처럼 치장했다'고 한다.

젖을 늦게 뗀 그녀가 너덧 살 무렵에, 남에게 칭찬을 받고 타인을 위하여 존재하고 싶다는 욕구를 아주 강렬하게 느낀 것은 결코 우연이 아니다. 이유(離乳)의 충격은 그보다 일찍 젖을 떼는 보통의 아기들보다 성숙한 아이에게 더 컸음에 틀림없다. 따라서 그녀는 어머니 품에서 억지로 떨어져 나오는 괴로움을 견디느라 남다른 노력을 기울였을 것이다. 그녀는 일기에 이렇게 썼다. "나는 다섯 살 때 어머니의 레이스 드레스를 입고, 머리에 꽃을 꽂고, 거실로 춤을 추러 가곤 했습니다. 나는 유명한 무용가 프티파였고, 온 집안 식구들의 눈이 내게로 쏠려 있었습니다……."

이 나르시시즘은 여자아이에게는 매우 일찍 나타나며 여자의 생애에서 매우 중요한 역할을 하기 때문에, 사람들은 무엇인가 여성의 신비로운 본능으로부터 이것이 비롯된다고 흔히 생각한다. 그러나 여성에게 그런 태도를 명하는 것이 실은 육체적 숙명이 아니라는 것은 이제까지 고찰해 온 그대로이다. 여자아이를 사내아이와 구별하는 차이는, 여자아이 스스로 여러 면에서 인정해 나아가는 상황이다. 페니스는 확실히 그 특권을 형성하고 있긴 하지만, 어린아이가 배설작용에 흥미를 잃고 사회화되면 그 가치는 자연적으로 감소한다. 만약 8, 9세가 지나서도 남자아이의 눈에 페니스가 아직 가치 있게 비친다면, 그것은 페니스가 사회적으로 높이 인정받고 있는 남자다움의 상징이 되어 버렸기 때문이다. 사실 이 경우에는 교육과 주위 사람들의 영향이 몹시 크다. 모든 아이들은 젖떼기에 따른 분리를 교태와 과시의 행동으로 보상받으려고 애쓴다. 사람들은 남자아이에게 이 단계를 극복하도록 강요한다. 그의 나르시시즘을 페니스에 고정시켜 그를 나르시시즘으로부터 해방한다. 한편 여자아이는 모든 아이들에게 공통된 자기 객체화 경향 속에 그대로 머무르게 된다. 인형은 이런 경향을 조장한다고도 말할 수 있으나, 그렇다고 해서 결정적 역할을 하는 것은 아니다. 남자아이도 곰이나 어릿광대 인형을 귀여워하고 그 속에 자기를 반영하기도 한다. 페니스나 인형 같은 요인이 큰 비중을 차지하는 것은 아이들 생활의 총괄적인 형태 속에서이다.

이처럼 '여성다운' 여자의 본질적 특질로 불리는 수동성은, 유년시절부터 이어져 온 것이다. 그러나 이 수동성이 생물학적 조건 때문이라고 주장하는 것은 잘못이다. 실제로 그것은 교육자들이나 사회가 그녀에게 강요하는 운명인 것이다. 남자아이가 무한한 가능성을 지니는 것은, 타인에 대한 그의 존재 방식 자체가 자기 사람을 스스로 이끌어 가게 하기 때문이다. 그는 세계를 향해 자유롭게 나아감으로써 자신의 존재를 단련해 나간다. 다른 남자아이들을 상대로 강한 의지와 독립심을 겨루면서 여자아이들을 경멸한다. 나무에 기어오르고, 친구들과 싸우며 거친 장난으로 대결하고, 자기 육체를 자연을 지배하는 하나의 수단과 투쟁의 도구로 파악한다. 그는 자기의 성기와 마찬가지로 자기의 근육을 자랑한다. 유희·스포츠·싸움·도전·시련을 통하여 자기 힘의 균형 있는 쓰임새를 발견한다. 동시에 폭력에 대한 준엄한 인내의 가르침을 터득한다. 그는 어려서부터 구타를 견디고 고통에 굴하지 않으며, 눈물을 부정하는 법을 배운다. 그는 계획하고 창조하고 과감하게 행동으로 옮긴다. 물론 '다른 사람과의 관계 속에서' 존재하는 그 자신 또한 시험을 받는다. 자기의 남성다움에 의문을 던지며, 그 결과 어른과 친구에 비교하여 스스로에게 많은 의문을 품는 수가 있다. 그러나 대단히 중요한 것은, 이런 자기의 객관적 모습에 대한 관심과 구체적 자기 투영(投影) 안에서 자기를 확립하려는 그의 의지 사이에 근본적인 대립이 없다는 점이다. 그가 자기의 존재를 만들어 나아가는 것은 오직 무엇인가를 행한다는(만드는) 동작을 통해서이다.

 이와 반대로, 여자의 경우에는 처음부터 '자기'의 자주적 존재와 '타자'라는 존재 사이에 충돌이 있다. 그녀는 남의 마음에 들기 위해서 노력해야 하고 자신을 객체로 만들어야 한다는 가르침을 받는다. 그 결과 자율성이 부정된다. 그녀는 마치 살아 있는 인형처럼 다뤄지고 자유를 금지당한다. 이리하여 일종의 악순환이 되풀이된다. 왜냐하면 그녀가 자기를 에워싸고 있는 세계를 발견하고 파악하고 이해하기 위하여 자기의 자유를 행사하는 일이 적으면 적을수록, 그만큼 세계 속에서 자신의 가능성을 발견하는 일 역시 적어지기 때문이다. 또 그만큼 주체로서의 자기를 확립할 수 없게 되기 때문이다. 만일 그런 식으로 마음대로 하라고 격려를 받는다면, 여자아이는 남자아이와 같은 활력과 탐구심, 진취적 기상과 대담성을 드러낼 수 있을 것이다. 이런 일은 여자아이가 남성적인 교육을 받았을 때 흔히 볼 수 있는 현상이다. 이 경우 여자아이는 많은 고뇌를 모면하게 된다.[*19] 주로 아버지가 딸을 이런 식으로 양육하고 싶어하는 것은 흥미로운 일이다. 남자 손에 키워진 여자는 여성스러움의 결점

---

[*19] 적어도 아주 어렸을 때는 그렇다. 사회 여건상 사춘기에는 그 때문에 갈등이 오히려 격화될지도 모른다.

들을 많이 모면할 수 있다. 하지만 여자아이를 남자아이와 똑같이 다루는 일은 관습이 허용하지 않는다. 나는 어느 마을에서 아버지의 뜻에 따라 늘 바지를 입는 서너덧 살 된 여자 아이들 몇을 보았는데, 그 애들은 모든 아이들의 놀림감이 되어 있었다. "저 애들은 도대체 계집애냐? 사내냐?"라며 그 아이들은 직접 확인해 보자고 나섰다. 그래서 마침내 여자아이들은 자기들에게도 여자 옷을 입혀 달라고 울며 떼를 썼다. 여자아이는 혼자서 외톨이로 살아가지 않는 한, 비록 부모가 남자아이와 같은 생활방식을 허락하더라도 주위 사람들이나 친구들이나 선생님들에게 빈축을 산다. 아버지의 영향에 대한 해독제로는 언제나 숙모, 할머니, 여자 사촌들이 대기하고 있다. 보통 딸의 교육에 대해 아버지에게 할당된 역할은 대단한 것이 아니다. 여성이 뒤집어쓴 불운 가운데 하나는 미슐레(19세기 프랑스 역사가)가 정확히 지적한 대로, 유년기의 여자아이는 여자의 손에 맡겨진다는 것이다. 남자아이도 처음 얼마 동안은 어머니의 손에서 키워진다. 그러나 어머니는 남자아이의 남성다움을 존중하며, 남자아이는 곧 그녀의 손에서 벗어난다.*20 한편 어머니는 딸을 여성의 세계에 완전히 발을 들여놓게 하려고 한다.

  어머니와 딸의 복잡한 관계는 나중에 살펴보기로 하자. 딸은 어머니의 분신인 동시에 타인이기도 하다. 어머니는 딸을 가슴깊이 사랑하는 동시에 딸에게 적대감을 품기도 한다. 어머니가 딸에게 자신의 운명을 강요한다. 이는 어머니 자신의 여자다움을 자랑스럽게 요구하는 한 방법이기도 하고, 또 그 억울함에 복수하는 방법이기도 하다. 이와 같은 과정은, 남색가나 도박광이나 마약중독자처럼 자기가 어떤 부류에 속해 있음을 자랑으로 여기는 동시에 부끄럽게도 느끼는 사람들 모두에게서 나타난다. 그들은 열렬한 선전으로 동조자를 획득하려고 노력한다. 이와 마찬가지로 어머니는 딸이 자기에게 맡겨졌을 때, 오만과 한(恨)의 감정이 뒤섞인 열의를 가지고 딸을 자기와 닮은 여자로 변형시키는 데 열중한다. 그리고 딸의 행복을 진심으로 바라는 너그러운 어머니조차도 딸을 '진정한 여자'로 키우는 것이 우선 안전하다고 대개 생각한다. 사회는 이런 것을 가장 쉽게 받아들여 주기 때문이다. 그래서 딸은 여자아이를 친구로 사귀고, 여선생에게 맡겨지며, 그리스·로마 시대의 귀부인처럼 그대로 세상

---

*20 물론 예외도 많다. 그러나 여기서는 남자아이의 성장과정에 따르는 어머니의 역할을 연구할 여유가 없다.

의 현모양처들에 둘러싸여 생활하게 된다. 여자로서의 운명을 깨우쳐 주는 책이나 놀이를 택하게 되고, 귀에는 현명한 여자로서의 귀감이 주입되며, 여자로서의 미덕을 배우고, 요리·재봉·가사와 함께 화장·매력·수치심 등에 대해서도 교육받는다. 또 여자아이에게는 소중히 다뤄야단 할 불편하고 값비싼 옷을 입히고, 머리도 복잡하게 빗도록 지시하며, 지켜야 할 엄한 예의범절이 내려진다. "몸을 반듯이 가누어라. 오리처럼 걸으면 안 돼." 우아해지기 위해서 그녀는 활발한 동작을 억제해야만 한다. 말괄량이 같은 자세를 취해서는 안 되며, 과격한 운동은 물론 싸움을 해서도 안 된다. 한마디로 말해서 그녀는 언니들처럼 하녀 겸 우상(偶像)이 되기를 강요당한다. 오늘날은 여권신장 덕분에 여자에게 학문을 하고 스포츠에 전념하도록 장려하는 것이 차츰 마땅한 것으로 여겨지고 있다. 그러나 여자아이가 그런 전문분야에서 성공하지 못했다 하더라도 남자아이처럼 질책당하지는 않는다. 세상은 대체로 여자에게 그것과는 다른 종류의 성취를 요구하기 때문에 그런 종류의 성공을 더욱 어렵게 만든다. 사람들은 그런 여자 또한 여자이기를 요구받는다. 그녀는 여자다움을 잃어서는 안 된다.

아주 어린 여자아이는 그다지 어려움 없이 이런 운명을 준수한다. 어린이는 유희와 공상의 세계에서 살아간다. 인간의 처세방법을 흉내 내고 행위를 모방하면서 논다. 공상적인 행위를 하는 동안에는, 행위와 존재가 뚜렷이 구분되지 않는다. 여자아이는 남자아이의 현실적 우월성에 대한 대가를, 자기의 운명 속에 포함되고 이미 자기의 유희 속에서 실현되고 있는 약속 가운데서 발견할 수 있다. 아직 자기의 유치한 세계밖에 모르는 소녀는 처음엔 어머니가 아버지보다 더 많은 권력을 장악하고 있는 것으로 생각한다. 그녀는 세계가 일종의 모권제도(母權制度) 아래 있는 것처럼 상상한다. 그녀는 어머니를 모방하고 어머니와 동화된다. 그녀 내부에서 역할이 뒤바뀌는 일도 흔히 있다. '내가 커지고 엄마가 작아지면……' 여자아이는 진심으로 어머니에게 이런 말을 한다. 인형은 그녀의 분신일 뿐만 아니라 그녀의 아기이기도 하다. 진짜 아기도 어머니에게는 하나의 '제2의 자아'라는 점에서 볼 때, 이 두 기능이 양립할 수 없는 것은 아니다. 여자아이가 제 인형을 꾸짖고 벌주고 달랠 때, 그녀는 자기 어머니로부터 자신을 지키는 동시에 어머니의 권위를 몸소 익히는 것이다. 그녀는 모녀 한 쌍의 두 요소를 집약하는 것이다. 그녀는 자기의 인형을 신뢰하고 교육하고 자기의 절대적인 권위를 확립하며, 때에 따라서는 인형의 팔을 잡아 비틀고 때리고 학대하는 일도 있다. 즉 그녀는 인형을 통해서 주체성의 확립과 소외의 경험을 쌓는 것이다. 때로는 어머니가 이 상상의 생활에 가담하기도 한다. 여자아이는 어머니와 함께 그 인형을 상대로 아빠엄마놀이를 하는데, 이것은 남자를 배제한 부부인 것이다. 여기에도 또한 선천적이고 신비한 '모성본능'은 전혀 없다. 여자아이는 아이를 돌보는 일이 어머니의 몫임을 눈으로 보고, 또 주위에서도 그렇게 가르친다. 이제까지 들은 이야기나 읽은 책, 그녀의 사소한 경험은 남김없이 이러한 것들을 확인해 준다. 그녀는 그와 같은 미래를 만족할 만한 행복으로 여기도록 이끌어지고, 그것이 뒷날 구체적인 모습을 갖추도록 하기 위해 그녀에게 인형이 주어진다. 이리하여 그녀는 자신의 '사명'을 꼼짝없이 떠맡게 된다.

아이를 키우는 것이 여자의 운명처럼 생각되고, 남자아이 이상으로 자기 '신체 내부'에 관심을 갖기 때문에, 여자아이는 생식의 신비에 특별한 호기심을 보인다. 여자아이는 아기가 배추밭에서 태어난다든가 황새가 아기를 데려온다든가 하는 이야기를 어느새 믿지 않게 된다. 특히 어머니에게서 남동생이나 여동생이 태어나면, 여자아이는 곧 아기가 어머니의 몸 속에서 만들어진다는 것을 알게 된다. 게다가 오늘날의 부모들은 옛날 부모들처럼 그 사실을 비밀로 하지 않는다. 여자아이는 출산을 마치 마법처럼 여기기 때문에, 겁을 먹기보다는 감탄하는 것이 보통이다. 그녀는 아직 출산의 생리적인 원리를 완전히 파악하지는 못한다. 첫째로 여자아이는 아버지의 역할을 모른다. 그래서 여자가 임신을 하는 것은 어떤 음식물을 먹었기 때문이라고 상상한다. 여왕이 어떤 과실이나 생선을 먹은 뒤에 사랑스런 여자아이나 옥동자를 분만한다는 이야기 등, 이것은 동화의 주제이다. 그래서 차츰 어떤 여자아이는 임신과 소화기능 사이에 어떤 관련이 있다고 생각하게 된다. 이런 의문과 발견이 모여서 여자아이들 대부분의 관심을 차지한 뒤 그 상상력을 키워 간다. 나는 그 전형적인 예로 융이 수집한 사례를 인용해 본다.*[21] 그런데 이는 프로이트가 거의 같은 시기에 분석한 한스 소년의 예와 여러 가지 두드러진 유사점을 보여 주고 있다.

---

*21 융의 《어린이의 갈등 심리》.

아기가 어디에서 왔느냐고 안나가 자기 부모에게 묻기 시작한 것은 세 살 무렵부터이다. 그녀는 아기가 '어린 천사'라는 이야기를 듣고, 처음에는 사람이 죽으면 천국에 갔다가 아기의 모습으로 다시 태어난다고 상상했던 모양이다. 그녀가 네 살 때 남동생이 생겼다. 그녀는 어머니의 임신을 알아차린 것 같지는 않았으나, 해산 다음 날 어머니가 누워 있는 것을 의아하고 어리둥절한 표정으로 바라보다가 드디어 이렇게 물었다. "엄마는 안 죽어?" 그녀가 잠시 할머니 집으로 보내졌다가 돌아왔을 때에는 한 간호사가 침대 곁에서 어머니의 시중을 들고 있었다. 그녀는 처음에는 간호사를 싫어했으나 얼마 지나지 않아 간호사놀이를 하면서 재미있게 놀았다. 그녀는 남동생을 질투했다. 비웃고, 혼자 지껄이고, 말을 듣지 않고, 말썽을 부리는가 하면, 할머니에게 가겠다고 위협하곤 했다. 그녀는 사실을 말해 주지 않는다고 어머니에게 몇 번씩이나 투덜댔다. 아기의 출생에 대해 어머니가 거짓말을 한다고 의심했기 때문이다. 똑같이 아기를 '갖는다'고 해도 간호사로서 갖는 것과 어머니로서 갖는 데 차이가 있다는 점을 어렴풋이 느끼고, 그녀는 어머니에게 자주 이렇게 물었다.

"나도 언젠가는 엄마처럼 여자가 되는 거야?"

그녀는 밤중에 큰 소리로 엄마 아빠를 부르는 습관이 생겼다. 주위에서 메시나의 대지진 이야기가 한창 화제로 떠올랐기 때문에, 그것을 공포의 구실로 삼아 쉴 새 없이 질문하는 것이었다. 그러던 어느 날 그녀는 단도직입적으로 묻기 시작했다.

"왜 소피는 나보다 작아? 프리츠는 태어나기 전에 어디에 있었어? 하늘나라에 있었나? 거기서 뭘 했어? 왜 지금은 하늘나라에서 내려왔어?"

어머니는 풀과 나무가 땅에서 나는 것처럼, 동생이 자기 뱃속에서 생겨났다고 설명했다. 안나는 그 설명에 매우 만족한 것 같았다. 이어 그녀는 이런 질문을 했다.

"아기가 저 혼자서 나왔어?"

"그럼."

"하지만 걷지도 못하는데 어떻게 나왔어?"

"기어 나왔단다."

"그럼 여기에 구멍이 있나?"

그녀는 자기 가슴을 가리켰다.
"아니면 입으로 나왔어?"
그녀는 대답도 기다리지 않고 큰 소리로 말했다. 동생을 데려온 것이 황새라는 사실은 잘 알고 있다고. 그런데 그날 밤, 불쑥 이런 말을 했다.
"우리 오빠*22는 이탈리아에 있는데, 천과 유리로 된 부서지지 않는 집을 가지고 있어요."
그 뒤부터 그녀는 지진에 대해서 흥미를 잃고, 분화(噴火) 사진을 보여 달라고도 하지 않았다. 그녀는 인형에게 황새 이야기를 여전히 들려주고 있었지만 그렇게 생각하는 것처럼 보이지는 않았다. 그런데 얼마 안 되어 그녀는 새로운 호기심을 갖기 시작했다. 아빠가 침대에 누워 있는 모습을 보고 물었다.
"아빠는 왜 자리에 누워 있어? 아빠도 뱃속에 풀이 났어?"
그녀는 어느 날 꿈 이야기를 했다. 자기가 가지고 있는 노아의 방주(여러 가지 동물들을 모은 장난감)가 꿈에 나왔다면서 이렇게 말했다.
"아래쪽에 뚜껑이 열리게 되어 있어서, 조그만 동물들은 모두 이 뚜껑을 통해 아래로 떨어져 버렸어요."
그러나 실제로 그녀가 가지고 노는 노아의 방주는 지붕이 열리게 되어 있었다.
그 무렵 그녀는 다시 악몽을 꾸기 시작했다. 그녀가 아버지의 역할을 매우 궁금히 여겼음은 추측할 수 있는 일이다. 어떤 임신부가 그녀의 어머니를 찾아왔다. 다음 날 어머니는 안나가 스커트 밑에 인형을 집어넣었다가, 그 인형 머리를 앞으로 슬슬 끄집어 내면서 이렇게 말하는 것을 들었다.
"자, 보세요. 아기가 나오고 있어요. 벌써 거의 다 나왔어요."
잠시 뒤에 오렌지를 먹으면서 그녀는 이렇게 말했다.
"이걸 삼켜서 뱃속 밑바닥까지 쑥 내려가게 해야지. 그러면 아기가 생길 거야."
어느 날 아침 아버지가 화장실에 갔을 때, 그녀는 아빠의 침대에 튀어 올라 배를 깔고 두 다리를 파닥거리면서 말했다.

---

*22 그녀의 놀이에서 커다란 역할을 하던 가상의 큰오빠를 가리킨다.

"그렇지, 아빠는 이런 식으로 한 거지?"

다섯 달 동안 그녀는 이에 대한 관심을 버린 것 같았다. 그러나 다시 아버지에 대한 의혹을 표시하기 시작했고, 아버지가 자기를 물에 빠뜨리려 했다는 둥 제멋대로 생각했다. 하루는 정원사가 지켜보는 가운데 땅에 씨를 뿌리며 놀던 안나가 아빠에게 질문공세를 폈다.

"눈은 머리에 심는 거야? 그리고 머리카락도?"

아빠는 그것들이 자라기 전에 이미 아기 몸 속에 있었다고 설명했다. 그러자 그녀는 또 물었다.

"그런데 프리츠는 어떻게 엄마 속으로 들어갔어? 누가 아기를 엄마 몸 속에 심었어? 아빠도 그래. 도대체 누가 아빠를 아빠의 엄마 속에 심은 거야? 그리고 프리츠는 어디로 나왔어?"

아버지는 미소지으며 이렇게 되물었다.

"너는 어떻게 생각하니?"

그랬더니 그녀는 자기의 생식기를 가리키며 말했다.

"아기는 이리로 나왔어?"

"암, 그렇지."

"하지만 어떻게 해서 아기가 엄마 속에 들어간 거야? 누가 그 속에 씨를 뿌렸어?"

그래서 아버지는 그녀에게 씨를 뿌린 것은 아버지라고 설명했다. 그녀는 아주 만족한 모습으로, 이튿날 엄마를 놀려 대는 것이었다.

"아빠한테 들었어. 프리츠는 작은 천사였는데 황새가 데려왔대."

그녀는 전보다 훨씬 침착해졌다. 그래도 오줌을 누는 정원사들 가운데 아빠가 섞여 있는 꿈을 꾸었다. 또 정원사가 서랍을 단들며 깎고 있는 것을 본 뒤에는 그가 그녀를 위하여 생식기를 깎아 주는 꿈도 꾸었다. 틀림없이 그녀는 아버지의 정확한 역할을 알고 싶어 거기에 열중했던 것이다. 그녀는 다섯 살에 거의 모든 것을 알게 되었다. 그 뒤로는 그 문제에 관해 어떤 혼란도 겪지 않았다.

이것은 전형적인 이야기다. 물론 여자아이가 아버지의 역할에 대하여 그토록 자세히 알고 싶어하지 않거나, 부모가 그 점에 대하여 매우 회피적인 태도를 보이는 경우도 자주 있지만 말이다. 많은 여자아이들이 앞치마 밑에 방석을 집어넣고 임신 흉내를 내거나, 스커트의 주름을 이용해서 인형을 요람 속으로 떨어뜨리거나, 인형에게 제 젖을 먹이기도 한다. 남자아이도 여자아이와 마찬가지로 모성의 신비에 감탄한다. 아이들은 모두 사물의 내부에 숨어 있는 보물을 예감하는 오묘한 상상력이 있다. 모든 어린이는, 보다 작은 다른 인형들이 안에 들어 있는 인형이나, 다른 작은 상자들을 담고 있는 상자나, 한가운데 작은 복제(複製)들이 붙은 판화처럼, '끼워 넣는 경이'에 민감하다. 어린이들은 누구나 그들의 눈앞에서 싹을 까보이거나, 알 속에서 새끼가 나오는 것을 보거나, 물속에서 '수중화(水中花 : 물에 넣으면 퍼져서 화초 모양이 되는 조화)'의 경이가 펼쳐질 때 황홀해한다. 한 남자아이는 설탕으로 만든 작은 알로 가득 찬 부활절 달걀을 열어 보면서 "야, 엄마다!" 하고 외쳤다. 뱃속에서 아기가 나오는 것, 그것은 마치 요술처럼 신기한 일이다. 어머니는 요정과 같이 신비한 힘을 지닌 존재처럼 보인다. 많은 남자아이들은 자기들에게 이와 같은 특권이 주어져 있지 않다는 것을 비관한다. 나중에 남자아이들이 새 둥지에서 알을 훔치고, 어린 초목을 짓밟고, 분노의 표현 가운데 하나로 자기들 주위에 있는 생명을 파괴하는 것은, 자기들에게 생명을 개화(開花)시키는 힘이 없다는 데 대한 복수이다. 한편 여자아이는 언젠가 그것을 창조할 수 있다는 생각에 감격한다.

인형놀이로 구체화되는 이러한 희망 외에 가정생활도 또한 여자아이에게 자기 확립의 가능성을 제공하고 있다. 가사의 대부분은 어린아이도 할 수 있는 일이다. 보통 남자아이는 가사를 면제받지만, 자매는 비질하고, 먼지 털고, 채소를 다듬고, 갓난아기를 씻기고, 불에 올려 놓은 냄비를 지켜보도록 지시를 받는다. 특히 맏딸은 대개 어머니와 함께 일한다. 편리함 때문인지 적대감과 사디즘 때문인지, 어머니는 자기 일의 대부분을 맏딸에게 맡긴다. 그래서 맏딸은 일찍부터 근면한 세계에 합류된다. 이때 그녀는 자기가 중요하다고 느끼며, 이 의식은 자신이 여성이라는 사실에 쉽게 받아들이게 만든다. 그러나 아무 일도 하지 않고 누릴 수 있는 무상의 행복이나 어린아이 같은 무관심은 그녀에게 허락되지 않는다. 나이에 비해 일찍 여자가 된 그녀는 이 특수화가 인간에게 부과하는 한계를 너무 빨리 체험한다. 그녀는 일찍부터 어른이 되어 성년기에 도달하는 것이다. 이 사실이 그녀의 생애에 특이한 성격을 부여한다. 여자아이가 과중한 일을 걸머지게 되면, 일찍부터 노예가 되어 즐거움이 없는 생활을 강요받기도 한다. 그러나 만일 자기의 능력에 상응하는 노력만 요구된다면, 그녀는 자기가 마치 어른처럼 유능하다는 데 자부심을 느끼고, 어른과 책임을 같이한다는 데서 즐거움을 맛본다. 이런 연대는 어린이와 주부 사이에 뚜렷한 거리가 없다는 사실 때문에 가능하다. 전문화된 직업에 종사하는 성인 남자는 여러 해에 걸친 수업을 통해서 유아 단계로부터 분리되어 있다. 아버지의 활동은 남자 어린아이가 볼 때 깊은 신비에 싸여 있다. 남자아이 내부에는 미래의 그가 될 성인 남성의 모습이 거의 형성되어 있지 않다. 이와는 반대로 어머니의 활동은 여자아이의 손이 미칠 수 있는 거리에 있다. "아직 어려도 벌써 어엿한 여자이오" 이렇게 부모는 말한다. 또 여자아이는 남자아이보다 더 조숙하다고 생각되는 때가 많다. 사실 여자아이가 어른의 단계에 더 가깝다고 말할 수 있는 까닭은, 대다수의 여자의 경우 전통적으로 이 단계가 한층 유아적인 상태로 머물러 있기 때문이다. 실제로 여자아이는 스스로 조숙하다고 생각하여, 갓난아이 곁에서 '작은 엄마' 노릇 하기를 좋아한다. 그녀는 혼자서 어른처럼 젠 체하며 이론을 따지고 남에게 명령한다. 아직 코흘리개 수준인 형제들에게 우월감을 느끼며 어머니와 대등한 입장에서 말을 주고받는다.

 이런 보상을 얻음에도 불구하고, 여자아이는 자기에게 주어진 운명을 받아들이는 데 아쉬움을 금치 못한다. 자라면서 그녀는 남자아이들이 지닌 사내다운 기질을 부러워한다. 부모나 조부모가 딸보다 아들을 원했다는 말을 입 밖에 낼 때가 있거나 여자아이보다 남자아이에게 한층 더 애정을 쏟기도 한다. 몇몇 조사에 따르면 부모는 대개 딸보다 아들을 바란다. 사람들은 남자아이에게는 더욱 성실하고 존중하는 태도로 말을 걸며 권리를 더 많이 인정해 준다. 그리고 남자아이 쪽에서도 여자아이를 무시한다. 남자아이들끼리만 놀고, 여자아이는 그 놀이에 끼워 주지 않고 바보 취급을 한다. 특히 남자아이들은 여자아이들을 오줌싸개라고 불러 여자아이의 어렸을 적 남모르는 굴욕감을 되살려 놓는다. 프랑스의 남녀공학 학교에서는 남학생이 여학생을 일부러 억압하고 괴롭힌다. 그런데 만일 여자아이가 지지 않으려고 남자아이와 싸움이라도 한다면 그녀 쪽이 심한 책망을 듣는다. 여학생은 남학생이 특별한 인간같이 여겨지는 활동을 할 때 이중적인 의미에서 그것을 부러워한다. 왜냐하면 여자아이들은 자기들의 힘을 세계에 분명히 보여 주고 싶다는 자연스런 희망을 품게 되지만 자기들에게 강요된 열등한 위치에 불만이 있기 때문이다. 특히 그녀들은 나무·사다리·지붕 위에 올라가는 것을 금지당하는데, 이것을 몹시 억울하게 생각한다. 아들러는 높낮이의 관념이 대단한 중요성을 지닌다고 지적한다. 많은 영웅신화에서 보는 바와 같이, 공간적 상승의 관념은 정신적 우월을 의미한다. 정점·정상에 도달한다는 것은 절대적 주체로서 주어진 세계의 피안에 떠올라 나타나는 것이다. 남자아이들 사이에서는 그것이 끊임없는 도전의 명분이 된다. 이런 용감한 행위가 금지되어, 나무나 바위 밑에 앉아서 의기양양해 하는 남자아이를 올려다보아야 하는 여자아이는 자신이 몸도 마음도 모두 남자아이보다 열등하다고 느낀다. 달리기나 높이뛰기 시합에서 뒤처지거나, 싸우다가 밀려 넘어져 땅에 나둥그러지거나, 또는 예외 취급을 받을 때도 그녀는 역시 같은 열등감을 느낀다.

　어린아이가 성장함에 따라 그의 세계는 갈수록 확대되고, 이와 함께 남성의 우위도 더욱 확립된다. 어머니에의 동화(同化)는 더 이상 만족할 만한 해결책으로 보이지 않는 경우가 많다. 여자아이가 처음에 순순히 여성의 사명을 받아들이는 것은 권리포기를 의미하는 것이 아니다. 그 반대로 지배하기 위해서이다. 주부들의 사회가 여자아이의 눈에 특권처럼 보이기 때문에 그녀는 주부가 되고 싶어한다. 그러나 교제·공부·유희·독서를 통해 어머니의 품에서 떠나게 되면, 그녀는 세계의 지배자는 여자가 아니라 남자라는 사실을 깨닫게 된다. 페니스의 발견 이상으로 이런 직관적인 인식이 그녀의 자기 자신에 대한 의식을 급격히 변화시킨다.

　여자아이는 우선 남녀의 계급 차이를 가정에서 발견한다. 평소에 흔히 느껴지는 것은 아니더라도, 그녀는 최고의 권력을 쥔 사람이 아버지라는 사실을 서서히 깨닫게 된다. 그 권력은 남용되지 않기 때문에 더욱 빛을 발한다. 가정에서 실제로 지배력을 행사하는 사람이 어머니라고 하더라도, 그녀는 아버지의 의사를 우선적으로 존중하는 기술을 잘 터득하고 있다. 중대한 순간에 어머니가 명령하고 칭찬하고 벌을 주는 것은, 반드시 아버지의 이름 아래 행해지거나 또는 아버지를 통해서 실현된다. 아버지의 생활은 신비스런 권위로 에워싸여 있다. 아버지가 집에서 보내는 시간, 아버지가 일하는 방, 아버지 주위에 있는 물건들, 아버지의 일, 아버지의 습성 등은 모두 신성한 성격을 띤다. 가족을 부양하는 것은 아버지이다. 그는 집안의 책임자이며 가장이다. 평소에 아버지는 밖에서 일을 하므로, 그를 통해서 가정과 바깥 세상이 연결된다. 아버지는 이 파란만장하고 광대무변하며 헤쳐 나아가기 어려운 신기한 세상의 화신이다. 또한 초월자이며 신이다.*²³ 여자아이가 자기를 안아 올리는 억센 두 팔 속에서, 자기의 몸을 의탁하는 늠름한 육체 속에서 육감적으로 경험하는 것은 바로 그것이다. 그 옛날 이시스가 라(Ra)에게, 또 지구가 태양에게 왕좌를 뺏기고 만 것처럼, 어머니는 아버지에게 왕좌를 빼앗기고 만다. 그렇게 되면 여자아이의 처지는 근본적으로 달라진다. 왜냐하면 그녀는 앞으로 자기도 전능한 어머니처럼 한 사람의 여자가 되기를 소망하고 있었기 때문이다. 그녀는 결코 절대자인 아버지처럼은 될 수 없을 것이다. 그녀를 어머니와 이어 주고 있던 관계는 적극적인 경쟁심이었다. 그러나 이제 그녀는 아버지가 그녀에게 찬성해 주길 스극적으로 기대하는 수밖에 없다. 남자아이는 하나의 경쟁의식을 통해서 아버지의 우월성을 손에 넣는다. 한편 여자아이는 무력한 경외심만으로 아버지의 우월성을 받아들인다. 프로이트의 '엘렉트라 콤플렉스'가 그의 주장처럼 성적 욕망이 아니라는 점은 앞에서 말한 바와 같다. 그것은 복종과 찬미 속에 자기를 객체로 만드는 데 동의해 버린 주체의 철저한 자기포기이다. 아버지가 딸에게 애정을 표시하면 그 딸은 자기의 존재가 훌륭히 정당화되었다고 느낀다. 이때 그녀는 다른 사람이 힘들여 손에 넣어야만 하는 가치를 남김없이 차지한 셈이다. 그녀는 충족되고 신격화된다. 어쩌면 그녀는 일생 동안 이 충족감과 평화를 그리워하고 추구하며 살아갈지도 모른다. 이러한 애정을 거절당한다면, 그녀는 자기에게 죄가 있어서 벌을 받았다고 언제까지나 느낄지도 모른다. 또는 자기에 대한 칭찬을 다른 곳에서 찾고, 자기 아버지에게 무관심해지거나 반감을 품게 될지도 모른다. 더욱이 아버지가 세계의 열쇠를 쥐고 있는 유일한 사람은 아니다. 일반적으로 모든 남자들은 남성으로서의 위엄과 권위를 나누어 갖고 있다. 그들을 아버지의 '대용품'으로 간주할 필요는 없다. 할아버지, 오빠, 숙부, 친구의 아버지, 집에 찾아오는 남자들, 선생, 신부, 의사 등이 여자아이를 매료하는 것은 우선 남자로서이다. 성인 여자가 '남자'에게 표시하는 감정적인 배려는 남자를 우상으로 만들기에 충분하

---

*23 '아버지의 너그러운 팔품에서 나는 엄청난 사랑과 극도의 공포를 느꼈다'고 노아유 백작부인(현대 프랑스 여류시인)은 자기 아버지에 대해 말하고 있다. '무엇보다도 아버지라는 존재는 나를 놀라게 했다. 첫 남자는 어린 소녀를 놀라게 하는 법이다. 나는 모든 것이 그의 뜻에 좌우된다는 사실을 잘 알게 되었다.'

다.*24

모든 것이 여자아이에게 이런 성적 차별을 확신하게 만든다. 여자가 받는 역사적·문화적 교육과, 여자아이를 달래는 데 쓰이는 노래나 동화 등은 모두 남자들을 칭송하고 있다. 그리스, 로마제국, 프랑스, 그 밖의 모든 나라를 만든 것도 남자들이며, 지구를 발견하고 개발할 수 있는 도구를 발명한 것도 남자들이고, 지구를 다스리면서 조각·그림·서적들로 가득 채운 것도 남자들이다. 전설, 동화, 이야기 등 모든 아동문학은 남자들의 오만과 욕망이 만들어 낸 신화를 반영한다. 여자아이가 세계를 탐구하고, 거기에서 자기의 운명을 읽어내는 것은 남자들의 눈을 통해서이다. 남성의 우위는 압도적이다. 잔다르크란 한 여자에 대하여, 페르세우스, 헤라클레스, 다윗, 아킬레스, 랜슬롯, 뒤 게클랭, 바야르, 나폴레옹 등 그녀와 비교될 수 있는 남자들의 수는 얼마나 많은가! 더욱이 잔다르크는 그녀 뒤에 천사장 성 미카엘이라는 남성적인 거대한 그림자를 업고 있지 않는가! 유명한 여성의 전기만큼 따분한 것도 없다. 위대한 남성의 전기와 비교하면, 여성의 전기는 빛바랜 존재인 것이다. 또한 그 대부분은 어떤 남자 영웅의 은밀한 영향을 받고 있다. 이브는 그녀 자신을 위하여 만들어진 것이 아니라, 아담의 반려자로서 그의 옆구리에서 끄집어 내어 만들어졌다. 성서에서 눈부신 활약을 하는 여자는 별로 없다. 룻(구약성서에 나오는 여자 인물)도 결국 남편을 발견했을 뿐이다. 에스더는 페르시아 왕 크세르크세스 앞에 무릎을 꿇고 유대인의 용서를 얻었다. 그러나 그녀는 양아버지 모르드개 손에서 순종하는 도구에 불과했다. 유디트는 보다 더 대담했지만 그녀도 제사장에게 복종했을 뿐이고 그 공적에도 의문점이 남는다. 또한 그녀의 공적은 젊은 다윗의 순수하고 빛나는 승리에는 비교할 수도 없을 것이다. 신화 속 여신들은 경

---

*24 아이들 가운데 특히 맏딸에게서 부친 숭배를 볼 수 있다는 점은 주목할 만하다. 남자는 맏이에게 더욱 관심이 쏠린다. 어머니가 나중에 태어난 아이들을 돌보느라 바쁠 때, 아버지가 흔히 아들을 위로하는 것처럼 딸을 위로하는 경우가 있다. 그래서 딸은 아버지를 몹시 따르게 된다. 이와는 반대로 막내딸은 한 번도 아버지를 독점하지 못한다. 그래서 보통 아버지와 큰언니를 동시에 질투한다. 그녀는 아버지의 호의로 대단한 후광을 받고 있는 이 맏딸과 친밀해지든가, 어머니에게 향하든가 또는 자기 가정을 박차고 외부에 구원을 청하든가 한다. 대가족에서 막내딸은 다른 방법으로 특권적 지위를 찾아낸다. 물론 경우에 따라서는 아버지가 막내딸에게 특이한 편애를 보이는 수도 있다. 그러나 내가 알고 있는 거의 모든 사례는, 맏딸과 막내딸의 상반된 태도에 대한 위와 같은 소견을 뒷받침하고 있다.

박하고 변덕스러우며 유피테르 앞에서는 하나같이 위축된다. 프로메테우스가 오만하게 천국의 불을 훔쳐 오는 데 비해, 판도라는 재앙의 상자를 열고 만다.

물론 동화 속에는 가공할 만한 힘을 행사하는 마녀나 노파가 있기는 하다. 그 가운데에서도 안데르센의 《천국의 뜰》에 나오는 '바람의 어머니' 모습은 원시적 대여신(大女神)을 떠올리게 한다. 그녀의 장승 같은 네 아들은 무서워 떨면서 그녀에게 복종한다. 그녀는 아들들의 품행이 나쁠 때에는 그들을 때리고 부대 속에 가둔다. 그들은 매력적인 인물이 아니다. 남성의 지배에서 벗어나 있는 요정, 인어, 물의 정령 등이 훨씬 매력적이다. 그러나 이런 여성들의 존재는 불안정하고 개성이 뚜렷하지 않다. 그녀들은 자신만의 고유한 운명 없이 인간세계에 개입한다. 안데르센의 조그만 인어는 여자가 된 날부터 사랑의 멍에를 알게 되고, 수반되는 고통을 운명으로 얻는다.

고대 전설과 마찬가지로 현대의 이야기에서도 남자는 특권적 영웅이다. 세귀르 부인(19세기 프랑스의 아동 문학가)의 저서만은 흥미로운 예외이다. 그녀의 저서들은 모계사회를 묘사하고 있으며, 여기에 등장하는 남편은 우스꽝스러운 인물로 표현된다. 그러나 일반적으로 아버지의 모습은 현실세계에서와 마찬가지로 영광의 후광에 싸여 있다. 《작은 아씨들》(미국 여류작가 올컷의 소설)의 여성 드라마는 부재(不在)에 의해 신성화된 아버지의 비호 아래 전개된다. 모험소설 속에서 세계일주를 하고, 선원이 되어 배를 타고 항해하며, 정글에서 빵나무 열매를 먹고 목숨을 연명하는 것은 으레 남자아이로 정해져 있다. 중대한 사건들은 모두 남자들이 일으킨다. 현실은 이런 소설이나 동화를 뒷받침한다. 여자아이는 신문을 읽든 어른들의 대화를 듣든, 예나 지금이나 남자가 세계를 지배하고 있음을 알게 된다. 그녀가 존경하는 국가원수·장군·탐험가·음악가·화가는 모두 남자이고, 그녀의 가슴을 감동으로 설레게 하는 사람도 남자이다.

이 위엄과 권위는 초자연적인 세계에도 반영되어 있다. 일반적으로 종교가 여자들의 삶에서 수행하는 역할의 결과로서, 남자아이 이상으로 어머니에게 지배를 받는 여자아이는 종교적인 영향도 더 크게 받기 쉽다. 그런데 서양 종교에서 아버지인 신은 남자이며, 특히 남성적 특성인 탐스러운 흰 수염을 기른 *25 노인으로 표현되어 있다. 그리스도교도에게 그리스도는 더욱 구체적이어

---

*25 "한편, 나는 신을 '볼' 능력이 없는 데 대해 더 이상 걱정하지 않았다. 얼마 전부터 돌아가신 할아버지의 모습에서 신을 상상할 수 있었기 때문이다. 그 모습은 사실 인간적이었다.

서 긴 금발의 수염을 늘어뜨린 살과 뼈로 된 남자이다. 신학자들의 말에 따르면, 천사들은 남자도 여자도 아니라고 한다. 천사는 성별이 없다. 하지만 그들은 남성 이름을 가지며 미소년의 모습으로 나타난다. 이 세상에서 신의 사도는, 교황과 신도들이 그 반지에 입맞춤하는 주교, 미사를 드리고 설교하고 비밀스런 고해실에서 신도들의 무릎을 꿇리는 신부도 모두 남자이다. 신앙심이 깊은 소녀와 영원한 아버지와의 관계는, 그녀와 현세의 아버지 사이에 유지되는 관계와 유사하다. 그런 관계가 상상의 기반 위에서 전개되기 때문에, 그녀는 더욱 완벽한 자기포기까지도 경험한다. 가톨릭은 특히 소녀에게 혼란을 불러일으키는 경우가 있다.*26 성모는 무릎 꿇고 천사의 말을 들으며 "나는 주의 종입니다"라고 대답한다. 막달라 마리아는 그리스도의 발밑에 무릎을 꿇고 그녀의 긴 머리카락으로 그 발을 씻는다. 성녀들은 무릎을 꿇고 찬란히 빛나는 그리스도에게 사랑을 맹세한다. 여자아이는 무릎을 꿇고 향내에 싸인 채 신과 천사의 눈길, 즉 남자의 눈길에 자기 몸을 맡겨 버린다. 여자가 사용하는 관능적 언어와 신비스런 언어 사이의 유사점은 여러 차례 강조돼 온 바와 같다. 예를 들면 어린 그리스도에 대하여 성 테레사는 다음과 같이 쓰고 있다.

오 사랑하는 이여, 당신의 상냥한 눈길을 이 세상에서 못 보는 것도, 당신의 이루 말할 수 없는 입맞춤을 못 느끼는 것도 당신의 사랑으로 참아 내겠으니, 그 사랑으로 이 몸을 감싸 주소서…….

사랑하는 이여, 당신의 부드러운 첫 미소를 지금 바로 보여 주소서. 아! 타오르는 열망 속에 저를 내버려 두옵소서. 부디 이 몸을 당신 품에 감추어 주소서!

당신의 숭고한 눈길에 매혹되었으면, 당신 사랑의 포로가 되었으면. 언젠

---

그러나 나는 할아버지의 몸에서 머리를 떼고, 푸른 하늘을 배경으로 흰 구름이 턱수염이 되도록 상상하여 곧 신으로 만들었다"고 야쉬 고클레르는 《파란 오렌지》에서 말하고 있다.
*26 스칸디나비아나 앵글로색슨 같은 프로테스탄트 나라보다 이탈리아·스페인·프랑스 등 가톨릭 국가에서, 여성은 훨씬 더 수동적으로 남자에게 맡겨지고 비굴하며 굴욕적인 존재라는 사실은 의심할 여지가 없다. 그리고 이는 대부분 여자 자신의 태도로부터 말미암은 것이다. 성모 숭배·고해 등이 여자들을 마조히즘으로 이끈다.

가 그렇게 되길 바라리다. 당신은 나를 이끌어 사랑의 보금자리로 데려가 내 위에서 녹아내리겠지요. 끝내는 나를 이 불타는 심연에 빠뜨려 영원토록 행복한 희생자가 되게 하겠지요.

그러나 위와 같은 강한 감정의 토로가 늘 성적인 성격을 띤다고 단정해서는 안 된다. 오히려 여자의 성적 감정이 발달해 갈 때, 어린시절부터 여자가 남자에게 느끼던 종교적 감정이 이미 거기에 스며드는 것이다. 여자아이가 고해신부 곁에서, 심지어는 쓸쓸한 제단 아래서, 뒷날 자기 애인의 품에서 경험하는 것과 같은 전율을 느끼는 것은 사실이다. 여자의 사랑이란 하나의 의식이 그 의식을 초월하는 존재에 대하여 스스로를 객체화하는 경험의 한 형태이기 때문이다. 신앙심 깊은 처녀가 교회에서 은밀하게 맛보는 것 또한 이런 수동적인 쾌감이다.

그녀는 꿇어 엎드려 양손에 얼굴을 파묻고 자기포기의 기적을 체험한다. 그녀는 무릎을 꿇고 천상에 오른다. 그녀는 신의 팔에 몸을 맡김으로써 구름과 천사에 에워싸여 하늘 높이 오를 수 있다고 확신하게 된다. 그녀는 이 놀라운 경험을 바탕으로 자기가 지상에서 맞이할 미래를 만들어 간다. 여자아이는 그 밖에 여러 가지 방법으로 미래를 발견할 수도 있다. 그럼에도 불구하고 모든 것은 그녀가 남자들의 품에 북받치는 감격으로 몸을 맡겨 영광의 천국으로 옮겨지도록 권유한다. 여자는 행복해지기 위해서 사랑받아야만 하며, 사랑을 받기 위해서는 사랑을 기다려야만 한다고 배운다. 여자란 잠자는 숲속의 미녀이고 당나귀 공주이며, 신데렐라이고 백설공주이다. 사랑이 오기를 기다리고 참는 것이다. 우행가나 동화에서 젊은 남자는 여자를 찾아 모험을 떠난다. 그는 용을 단번에 쳐서 두 도막을 내고 거인을 단숨에 때려눕힌다. 여자는 탑 또는 성이나 궁전, 동굴 속에 갇혀 있거나 바위 위에 사슬로 묶인 채 잠들어 있다. 여자는 기다리고 있다. '언젠가는 나의 왕자가 찾아와 주리라……. 언젠가는 그가 오리라 나의 연인이 될 사람이…‥.' 유행가의 가사는 그녀에게 인내와 희망의 꿈을 불어넣는다.

여자에게 가장 필요한 것은 남자의 마음을 사로잡는 것이다. 비록 억척스럽고 용감한 성격일지라도 뭇 여주인공들이 간절히 바라는 건 바로 이것이다. 게다가 대개 그녀들에게 미모 이외의 다른 장점은 요구되지 않는다. 따라서 여자아이의 경우 외모에 대한 걱정이 강박관념으로 나타나는 것도 마땅한 일이다. 공주든 양치기 처녀든, 사랑과 행복을 얻기 위해서는 반드시 예뻐야 한다. 잔인하게도 추하다는 것은 심술궂다는 것과 결부되어 버린다. 그래서 추녀에게 불행이 덤벼들 때는 과연 운명이 그녀의 죄를 벌했는지, 그 추함을 벌했는지 뚜렷이 알 수가 없다.

흔히 빛나는 미래가 약속된 미녀는 희생자로 나타난다. 주느비에브 드 브라방(유럽 전설에 나오는 여인, 남편에게 의심을 받고 숲속에 추방되어 생명을 잃는다)이나 그리셀리디스(보카치오, 페트라르카, 초서 등의 작품에 나오는 모범적이고 온순한 여성)의 이야기는 생각처럼 깨끗하지 않다. 사랑과 괴로움이 그 속에서 불안한 형태로 헝클어져 있다. 여자가 가장 훌륭한 승리를 거두는 것은 비참한 심연에 떨어졌을 때이다. 상대가 신이든 남자든, 여자아이는 가장 철저한 자기포기에 동의함으로써 자신이 절대적인 힘을 얻게 되리라고 배운다. 그녀는 최고의 승리를 약속해 주는 마조히즘을 즐긴다. 사자 발톱에 찢겨 하얀 피부를 피로 물들인 성녀 블랑딘, 유리관 속에 죽은 사람처럼 누워 있는 백설공주, 잠자는 미녀, 실신한 아탈라(샤토브리앙의 소설 《아탈라》 여주인공)처럼, 오직 수동 자세로 상처 입고 괴롭힘을 받고 굴욕과 모욕을 당하는 가련한 여주인공들은, 그 후배들에게 학대받고 버림받고 체념한 미녀의 매혹적인 위엄과 권위가 이러하다고 가르쳐 준다. 남자형제들이 영웅놀이를 하는 데 비하여 여자아이들이 순교자놀이를 하고 싶어하는 것은 그다지 놀랄 일이 못 된다. 이교도들은 그녀를 사자 우리에 던져 넣고, 푸른 수염의 사나이는 그녀의 머리채를 잡아 돌리고, 남편인 왕은 그녀를 숲속으로 추방한다. 그녀는 단념하고 괴로워하다가 죽는다. 그리고 그 이마에는 영광의 빛이 비친다. '아직 어린아이에 불과한데도, 나는 언제나 남자들의 관심을 끌어 그들을 혼란스럽게 하고, 그들에게 구제되고, 그들의 팔에 안겨 죽기를 소원했다'고 노아유 부인은 쓰고 있다. 이런 마조히즘의 꿈을 보여 주는 확실한 실례는 마리 르 아르두앵(현대 프랑스 여류작가)의 《검은 돛》에서도 볼 수 있다.

나는 일곱 살에 어느 갈비뼈로 했는진 모르지만, 내 최초의 남성을 만들었다. 그는 키가 크고 날씬하고 매우 젊었으며, 땅바닥까지 닿는 긴 소매가 달린 검은 새틴 수도복을 입고 있었다. 그의 아름다운 금발은 어깨 위에 탐스럽게 드리워져 있었다. ……나는 그를 에드몽이라고 불렀다. ……마침내 내가 그에게 두 형제를 안내해 주는 날이 왔다. ……그 삼형제는 에드몽, 샤를, 그리고 세드릭이었다. 셋 다 검은 새틴 옷을 입고 있었고, 모두 금발에 키가 늘씬했다. 이들은 나에게 묘한 행복을 느끼게 했다. 비단신을 신은 그들의 발은 매우 아름다웠고 그 손도 무척 부드러워서, 그들의 온갖 동작이 나의 영혼까지 스며들었다. ……나는 그들의 여동생 마르그리트가 되었다. 오빠들의 변덕스러운 기분에 굴종하여 완전히 그들의 뜻대로 움직인다고 상상하는 게 좋았다. 나는 큰오빠 에드콩이 나의 생사여탈권을 장악하고 있다고 상상했다. 나에게는 그의 얼굴을 똑바로 쳐다보는 일도 허락되지 않았다. 그는 하찮은 트집으로 나를 매질했다. 그가 말을 걸어오면 공포와 비탄에 기가 질려 대답할 말도 찾지 못한 채, 그저 우물거리며 "네", "아뇨"를 연발할 뿐이었다. 그리고 거기에서 스스로를 바보라고 느끼는 묘한 쾌감을 맛보았다. ……그가 가하는 고통이 견딜 수 없이 심할 때 나는 "감사합니다"라고 중얼거렸다. 이윽고 고통으로 거의 기절할 지경이 되면, 비명을 지르지 않으려고 내 입술을 그의 손으로 눌렀다. 그러면 어떤 충동으로 가슴이 미어질 듯하여 행복의 절정에서 죽어 버리고 싶은 상태에 도달했다.

정도의 차이는 있으나, 아직 그런 나이에 이르기 전부터 여자아이는 자기가 연애할 나이가 된 것처럼 상상한다. 아홉 살이나 열 살 때부터 화장하기를 즐거워하고, 가슴에 패드를 집어넣어 부풀려서 성인 여자처럼 자신을 꾸민다. 그러나 그녀는 어린 남자아이를 상대로 에로틱한 경험을 실현할 생각은 전혀 없다. 여자아이가 남자아이와 함께 화장실에서 '서로 보여 주기' 장난을 하는 것도 단순히 성적 호기심 대문일 뿐이다. 실은 사랑을 꿈꾸는 상대는 어른인 것이다. 그것은 순전히 공상 위에 그린 인물일 수도 있고, 현실의 인간을 바탕으로 한 인물일 수도 있다. 후자의 경우에 여자아이는 그 남자를 멀리서 사랑하는 것으로 만족한다. 콜레트 오드리(현대 프랑스 여류작가)의 회상에서 나타나는 한 예는 이런 유년기 공상의 아주 좋은 본보기이다. 그녀는 자신이 다섯 살 때 이미 사랑을 발견했다고 말하고 있다.

물론 유년시절의 유치한 성적 쾌락, 예를 들면 식당의자로 말타기를 한다든가 잠들기 전에 자기 몸을 애무하는 가운데서 얻는 만족과 그것은 아무 관계도 없었다…… 그 사랑의 감정과 앞에서 달한 쾌락 사이의 유일한 공통점은 내가 그 양쪽 모두를 주위 사람들에게 조심스럽게 감추고 있었다는 것이다…… 그 청년에 대한 나의 사랑은 잠들기 전에 그를 생각하고 멋진 이야기를 상상하는 데 있었다…… 프리바(파리 부르에있는)나는 아버지 밑에 있는 과장들을 차례로 모두 사랑하게 되었다…… 하지만 그들이 일을 그만두고 떠났다고 깊은 상처를 입은 적은 한 번도 없었다. 그도 그럴 것이 그들은 연애의 꿈을 꾸기 위한 구실에 불과했기 때문이다. 밤에 잠자리에 들면 나는 내가 너무 어리고 수줍은 데 대하여 복수를 했다. 나는 정성을 다해 그 모든 것을 준비했다. 그 젊은이를 내 눈앞에 그려 내는 것은 쉬운 일이었으나, 중요한 것은 나를 변형시켜 내부에서 나 자신을 바라볼 수 있도록 하는 것이었다. 왜냐하면 나는 나 자신을 버리고 성숙한 여자가 되어야 했기 때문이다. 먼저 나는 18세 정도의 미인이 되었다. 봉봉 상자 하나가 나에게 많은 도움이 되었다. 길고 납작한 네모꼴 봉봉 상자에는 비둘기들에 에워싸인 두 젊은 처녀의 그림이 그려져 있었다. 그 가운데 나는 갈색 고수머리에 긴 모슬린 옷을 입은 처녀였다.

  우리는 10년이나 떨어져 있다가 만났다. 그는 거의 옛날 그대로의 모습으로 돌아와 이 훌륭한 처녀를 보고 눈이 휘둥그레진다. 그녀는 그를 기억하지 못하는지 아무렇지 않은 듯이 아주 자연스럽게 응대했다. 나는 이 첫 만남을 위해 정말 근사한 대화를 생각해 냈다. 이어서 오해가 생겨나고 그는 그녀의 마음을 얻지 못해, 낙담과 질투의 참담한 시간을 계속 보내게 된다. 드디어 그는 참다 못해 사랑을 고백한다. 그녀는 잠자코 듣고만 있다가, 그가 이제는 다 틀렸다고 생각했을 때, 자기가 그를 한 번도 잊지 않고 사랑해 왔음을 그에게 알린다. 둘은 서로 잠시 얼싸안는다. 그 장면은 평범한 공원 벤치에서 저녁에 이루어졌다. 나는 바짝 접근한 두 그림자를 보았고 속삭이는 목소리를 들었다. 동시에 두 육체의 뜨거운 접촉을 느꼈다. 그러나 거기서부터는 완전히 흐리멍덩해져서…… 결혼까지 이르는 일은 결코 없었다.*[27]…… 이튿날 얼굴을 씻을 때 나는 그 일을 잠깐 생각하곤 했다. 거울

---

*[27] M. 르 아르두앵의 마조히즘적 상상과는 반대로 콜레트 오드리의 상상은 사디즘에 속한다. 그녀는 애인이 상처를 입고 위험에 빠져 있을 때, 그의 자존심을 꺾고 용감하게 그를 구하고 싶어한다. 그것은 결코 수동성을 받아들이지 않고 인간적인 자주성을 획득하려고 노력하는 여성이 지니는 개인적인 태도이다.

속에 비친 비누투성이 얼굴이, 왜 그토록 나를 황홀케 하고(여느 때는 스스로 아름답다고 생각한 적이 없었다) 희망으로 내 마음을 채웠는지 알 수 없었다. 미래의 저쪽에서 나를 기다려 주는 것 같은, 좀 얼떨떨하고 흐리멍덩한 이 얼굴을 나는 몇 시간씩이나 바라보았다. 하지만 서두르지 않을 수 없었다. 한번 씻어 버리면 그것으로 끝난다. 나는 어린이의 평범한 얼굴을 다시 보고는 더 이상 흥미를 느끼지 못했다.

유희라든가 몽상은 여자아이를 수동적인 삶의 방향으로 틀어 놓는다. 그러나 그녀는 여자이기 전에 한 인간이다. 게다가 자기를 여자로 받아들이는 것은 스스로를 포기하고 거세되는 일임을 벌써 알고 있다. 가령 책임포기에 매력이 있더라도 거세는 불쾌한 일이다. '남자'나 '연애'는 아직 아득한 미래의 안개 속에 싸여 있다. 현재 여자아이는 남자형제들과 마찬가지로 능동성과 자주성을 원하고 있다. 자유의 무거운 짐이 아이들에게는 별로 무겁지 않다. 그것은 책임을 수반하지 않기 때문이다. 그들은 어른의 비호 아래 자신들의 안전을 향유하고 있다. 그들은 자기로부터 도피하려는 유혹은 느끼지 않는다. 그들은 생명에 대한 자발적인 약동과 놀이와 웃음과 모험을 좋아하는데, 그것은 여자아이에게도 어머니의 세계를 따분하고 숨 막히는 것으로 생각하게 한다. 그녀는 어머니의 권위로부터 벗어나고 싶어한다. 이것은 남자아이가 받아들이는 권위보다도 훨씬 일상적이고 사적인 형태로 발휘되는 권위이다. 콜레트가 애정을 다하여 그린 '시드'(콜레트의 어머니의 별명)처럼 이런 권위가 포용력 있고 신중한 경우는 그리 흔치 않다. 어머니가 마치 사형집행인처럼 어린아이를 상대로 자기의 지배본능과 사디즘을 만족시키는, 정신이상에 가까운 경우—이런 경우가 의외로 많다*28—에도 그렇듯이, 딸은 지배적인 주체로서 자기를 주장하려는 어머니에게 딱 맞는 객체이다. 이런 방법은 어린아이를 격렬한 반항으로 이끈다. C. 오드리는 정상적인 여자아이가 정상적인 어머니에 대해 갖는 반항심을 다음과 같이 그리고 있다.

나는 비록 그것이 아무리 결백하다 해도 진실을 말할 수 없었다. 어머니

---

* 28 V. 르딕의 《질식》, S. 드 테트바뉴의 《어머니의 원한》, H. 바쟁의 《살무사를 손에》 참조.

앞에서는 절대로 자신이 결백하다고 느낄 수가 없었기 때문이다. 아직 어린 나에게 어머니는 없어서는 안 될 어른이었다. 나는 그 사실을 견딜 수가 없었다. 내 마음속 깊은 곳에서 아물지 않는 잔인한 상처 같은 것이 있어, 그것이 언제 다시 나를 들쑤셔 댈지 알 수 없었다. ……내가 생각하고 있던 것은, 어머니가 지나치게 엄격했다는 것도, 또 어머니에게 그럴 권리가 없다는 것도 아니다. 나는 그저 온 힘을 다해 아니, 아니, 아니라고 생각하고 있었다. 내가 어머니를 비난했던 것은 그녀의 권위도, 그 명령이나 독단적인 금지도 아니고, 단지 나를 지배하려는 것에 대해서였다. 그녀는 자주 그런 속마음을 말하곤 했다. 말로 하지 않을 때도 그녀의 눈이나 목소리가 그 말을 하고 있었다. 어머니는 부인들에게, 아이들은 벌을 받고 나면 한결 온순해진다고 말한 적이 있었다. 이 말은 나의 목에 걸려서 잊히지가 않았다. 나는 그 말을 토해 버릴 수도, 삼켜 버릴 수도 없었다. 이 분노 때문에 나는 그녀 앞에서 죄의식을 느꼈고, 나 자신 앞에서는 수치심을 느꼈다. (왜냐하면 결국 나는 그녀가 두려워서, 어떤 난폭한 말이나 불손한 태도 외에는 복수가 될 만한 행동을 취하지 못했기 때문이다) 그럼에도 불구하고 그것은 또한 나의 승리이기도 했다. 그도 그럴 것이 상처가 존재하는 한, 그리고 나에게 오직 억압·순종·징벌·굴욕만 되풀이하는 무언의 광포(狂暴)가 살아 있는 한, 나는 정복될 리가 없기 때문이다.

어머니가 위신을 잃는 경우가 자주 있는데, 그럴 때 이 반항은 더욱 격심해진다. 어머니는 기다리고, 참고, 불평하고, 소리지르고, 잘잘못을 따지는 여자처럼 보인다. 나날의 현실에서 이런 손해 보는 역할이 존경받는 결과로 이어지는 일은 없다. 그녀는 희생자로서 멸시를 받고 소외당하며, 신경질적인 여자로 미움을 산다. 어머니의 운명은 무미건조한 반복의 전형처럼 보인다. 그녀는 인생에서 정처 없이 어리석은 방황만을 반복할 뿐이다. 주부의 역할 속에 틀어박힌 그녀는 성장하려는 생명을 가로막는다. 그녀는 딸에게 장애물처럼 앞길을 가로막는 존재가 된다. 그녀의 딸은 어머니를 닮고 싶어하지 않는다. 딸은 여자로서의 속박에서 벗어난 여성들, 즉 배우·작가·교수를 숭배한다. 또 운동이나 공부에 몰두하며, 나무에 오르다가 옷이 찢어지기도 하고, 남자아이들과 경쟁하려고 애쓴다. 대개 그녀는 마음이 맞는 동성친구를 만들어서 마음을 털어놓는다. 그것은 연애처럼 배타적인 우정으로, 보통 성에 관한 비밀도 나눈다. 이런 여자아이들은 자기들이 얻은 정보를 교환하고 비평한다. 그 가운데 한 아이가 친구의 오빠와 연애를 하면서 삼각관계를 형성하는 경우도 종종 있다. 《전쟁과 평화》의 소냐는 나타샤의 친한 친구로, 나타샤의 오빠인 니콜라이를 사랑한다. 어느 경우나 이런 우정은 비밀에 싸여 있다. 또 일반적으로 이 시기의 아이들은 비밀을 가지고 싶어한다. 그들은 정말 시시한 것까지 비밀로 한다. 그런 식으로 자기의 호기심을 좌절시키는 어른들의 비밀스러운 세계에 반항하는 것이다. 또한 이것은 자기에게 중요성을 부여하는 한 방법이기도 하다. 그녀는 온갖 방법을 다하여 이 중요성을 획득하려고 노력한다. 그녀는 어른들 생활에 끼어들려고 시도하고, 어른을 주제로 자기가 그 속에서 중요한 역할을 맡는 엉터리 소설을 창작한다. 여자친구들과 짜고 남자아이들의 경멸에 경멸로 대응하는 듯한 태도를 보인다. 자기들끼리 떼를 지어 남자아이들을 비웃고 조롱한다. 그러나 남자아이 쪽에서 그녀들을 대등하게 대해 주면 곧 기뻐서 어쩔 줄 몰라한다. 그녀들은 남자아이의 지지를 바라는 것이다. 자기들도 특권계급에 끼어들고 싶은 것이다. 원시 유목민의 경우에는 여성들을 남성 우위 사회에 굴복시키는 이런 움직임이, 남자들 세계에 끼어들도록 허락받은 요즘 소녀들에게는 자기 운명을 거부하는 태도로 나타난다. 그녀 내부의 초월성이 내재성의 부조리를 비난하는 것이다. 그녀는 예의범절의 규칙에 억압되고, 옷차림에 구속을 받고 가사에 얽매이면서, 자신이 지닌 모든 열정이 금지되어 있는 데 분개한다. 이 점에 대해서 많은 조사가 실시되었는데 그 결과는 거의 같다.*[29] 즉 예전의 플라톤처럼 모든 남자아이들은 여자아이가 되는 것이 싫다고 단언한다. 거의 모든 여자아이들은 남자아이로 태어나지 못한 것을 한탄한다. 하벨로크 엘리스가 작성한 통계에 따르면, 여자아이가 되고 싶은 남자아이는 100명 중 하나밖에 없었지만, 여자아이의 75% 이상은 성전환을 원하고 있었다. 칼 피팔의 조사에 따르면 (보두앵의 《아동심리》라는 저서에 보고된), 12세부터 14세까지 20명의 소년 중 18명은 세상에서 제일 싫은 것이 여자

---

*[29] 예외도 없지는 않다. 예를 들면, 사내아이와 여자아이가 똑같은 시설 아래 안락함과 자유를 만끽하며 남녀공학에서 공부하는 스위스의 어떤 학교에서는 전교생이 만족하고 있다. 그러나 이런 경우는 매우 예외적이다. 확실히 여자아이도 사내아이와 마찬가지로 행복해질 수 있을 것이다. 하지만 실제 사회에서 여자아이는 행복하지 않은 것이 현실이다.

아이가 되는 일이라고 했다. 22명의 소녀 가운데 19명은 남자아이가 되고 싶어 했다. 그 이유는 다음과 같다. '남자아이가 더 좋다. 그들은 여자처럼 고생하지 않아도 되니까…… 우리 어머니의 사랑도 내가 남자라면 더 많이 받을 수 있다. 남자아이는 더 재미있는 일을 한다…… 남자아이가 공부를 더 잘할 수 있다…… 여자아이를 겁주고 즐겁게 웃을 수 있다…… 남자아이들은 무서워하지 않아도 된다…… 남자아이가 더 자유롭다…… 남자아이들의 놀이가 더 재미있다…… 남자아이는 옷차림에 구속을 받는 일이 없다…….' 이 마지막 불만은 여러 번에 걸쳐 표출되었다. 여자아이들은 거의 모두가 옷이 방해되어 활동하기 불편하다고, 더러움을 잘 타는 밝은 색 옷이나 스커트에 늘 신경을 써야 한다고 불평한다. 10살에서 12살 사이 여자아이들은 대부분 문자 그대로 '선머슴', 즉 확실한 남자아이로 공인을 받지 못한 아이들이다. 그녀들은 그것을 마치 박탈행위나 부정행위처럼 여기고 괴로워할 뿐만 아니라, 그녀들에게 주어진 제도 자체가 불건전한 것이라고 생각한다.

　그녀 안에서 생명의 흘러넘치는 활력은 억압되고, 쓸모를 잃은 그 생명력은 그녀를 신경쇠약에 빠져 들게 한다. 지나치게 얌전한 그녀들의 일만으로는 그 넘치는 정력을 소모하지 못한다. 그래서 그녀들은 따분함을 느낀다. 또 그 때문에 자기를 괴롭히는 열등감을 메우기 위하여 침울하고 로맨틱한 공상에 빠진다. 그녀들은 그런 안이한 도피를 취미로 삼게 되어 현실감각을 점차로 상실한다. 또 자기 감정에 앞뒤 분별없이 몸을 맡긴다. 그녀들은 행동할 수 없는 대신, 수다를 떨어서 두서없는 말 속에 진실한 말을 섞고 싶어한다. 소외되고, 이해받지 못한 채 자기 도취의 감정에 빠져서 위안을 찾는다. 자신을 소설의 여주인공처럼 생각하여 찬미하고 동정한다. 소녀가 멋을 부리고 연극을 잘하는 것은 마땅한 일이다. 이런 결점은 사춘기 때 더욱 두드러질 것이다. 그녀들의 고뇌는 초조함, 분노의 폭발, 눈물을 통해 나타난다. 그녀들은 눈물을 잘 흘리는 성향—그 뒤에도 많은 여성들이 간직하고 있는 성향—이 있다. 그 까닭은 대개 그녀들이 자신을 희생자로 자처하기를 좋아하는 데 있다. 그것은 가혹한 운명에 대한 항의인 동시에, 사람들의 동정을 끌어내는 하나의 방법이다. "여자아이란 울기를 잘한다. 내가 알기로는 이 상태를 이중으로 즐기기 위해, 울려고 거울 앞으로 다가간 여자아이도 있었다"고 뒤팡루(19세기 프랑스 교육자.《여자 교육에 대한 편지》의 저자)는 말하고 있다.

여자아이가 겪는 비극의 대부분은 그녀들의 가정과 관련이 있다. 그녀들은 어머니와의 관계를 끊으려고 애쓴다. 어떤 때는 어머니에게 적대감을 품고, 또 어떤 때는 어머니의 보호를 간절히 바란다. 그녀들은 아버지의 사랑을 독점하고 싶어한다. 그녀들은 질투가 많고 민감하고, 까다롭다. 곧잘 허황된 이야기를 꾸며 낸다. 자기는 양녀이고 부모는 친부모가 아니라고 공상하기도 한다. 부모의 숨은 생활을 가상하고 그들의 관계에 대한 추측에 잠긴다. 그녀들은 아버지가 아내에게 이해 받지 못하는 불행한 사람이고, 자기라면 반드시 됐을 이상적인 반려자를 만나지 못했다는 식으로 상상하려 든다. 또는 그 반대로 어머니가 아버지를 우락부락하고 야만스럽다고 생각하며, 그와의 육체관계를 매우 혐오한다는 식으로 상상하려고 한다. 공상, 연극, 유치한 비극, 허위적인 기쁨, 기이한 행동 등의 원인은 여자의 알 수 없는 마음속에서 찾을 것이 아니라, 여자아이가 처한 상황 속에서 찾아야 한다.

자기를 하나의 주체로, 자율성·절대성·초월성을 갖춘 존재로 느끼는 개인에게, 자기 안에서 열등성을 선천적 본질로서 발견하게 되는 것은 기묘한 경험이다. '일자(一者, 단 하나의 존재)'로서 스스로 자기 자신을 설정하는 사람이, 자기 자신을 또한 스스로 타자로서 바라보는 것도 특이한 경험이다. 인생수업을 쌓아 가는 과정에서 자기 자신을 여자로서 자각했을 때, 소녀 내부에서 일어나는 현상이 바로 이런 것이다. 그녀가 속해 있는 환경은 남자의 세계에 의해 사방이 막혀 있고 제한되며, 지배되고 있다. 여자가 제아무리 높이 뛰어오르고 멀리 밀고 나아가더라도, 언제나 그녀의 머리 위에는 천장이 있고, 앞길을 가로막는 벽이 있다. 남자가 받드는 신들은 저 멀리 하늘 위쪽에 있기 때문에 실제로는 없는 거나 마찬가지지만, 여자아이는 인간의 얼굴을 한 신들 한가운데서 살고 있는 것이다.

이런 처지가 여성만의 것은 아니다. 그것은 미국의 흑인들이 경험하는 상황이기도 하다. 부분적으로 그들은 하나의 문명에 녹아들어 있지만, 그 문명에서는 수준 낮은 계급으로 간주된다. 빅 토마스[*30]가 인생의 여명기에서 대단히 혐오스러운 심정으로 경험한 것은 이 결정적인 열등성, 그의 피부색에 새겨진 저주받은 타자성(他者性)이다. 그는 비행기가 날아가는 것을 본다. 그러나

---

[*30] R. 라이트, 《흑인 소년》 참조.

자기는 흑인이기 때문에 하늘이 자기에게 닫혀 있다는 것을 안다. 소녀는 여자이기 때문에, 바다와 남북극의 무수한 모험과 즐거움이 자기에게 금지되고 있음을 안다. 그녀는 불우한 편에서 태어나 버린 것이다. 이 둘 사이의 큰 차이는, 흑인들은 반항 속에서 자기들의 운명을 감수한다는 것이다. 즉 흑인은 그 불운의 대가로 어떤 특권도 얻지 못하는 반면에, 여자는 공범관계로 끌려 들어간다. 이미 지적한 바와 같이, 최상의 자유를 누리기를 바라는 주체의 진정한 욕구와 아울러, 실존자 속에는 자기포기와 도피를 원하는 비본래적 욕구가 있다. 부모도 교육자도, 책도 신화도, 여자도 남자도, 여자아이의 눈에 수동적인 기쁨만을 보여 준다. 여자아이는 아주 어렸을 때부터 그 기쁨을 맛보도록 교육받는다. 유혹은 점차로 더 교묘해진다. 그리고 여자아이는 자기 초월을 위한 시도가 보다 심한 저항에 부딪히면 부딪힐수록, 더 숙명적으로 그 유혹에 굴복하게 된다. 그런데 자기의 수동성을 받아들임으로써 그녀는 외부에서 자기에게 가해지는 운명을 저항 없이 받아들이게 된다. 그녀는 이러한 운명에 쉴 임없이 공포를 느끼게 된다. 대담하든 소심하든 남자아이는 열린 미래를 향하여 돌진한다. 그는 선원이나 기사(技師)가 될 수 있다. 농촌에 머물러 있을 수도, 도시로 떠날 수도 있다. 그는 넓은 세계를 볼 수 있고 부자가 될 수도 있다. 예상할 수 없는 가능성이 기다리는 미래를 앞두고 소년은 자유로운 자기를 느낀다. 여자아이는 앞으로 아내가 되고 어머니가 되고 할머니가 될 것이다. 그녀는 자기 어머니가 그랬듯이 집안 살림을 꾸려 나갈 것이다. 그녀는 어머니가 자기를 돌보았듯이 아이들을 돌보리라. 그녀의 일생은 12살에 벌써 결정된다. 그것을 그녀는 스스로 만들어 가는 것이 아니라, 날마다 발견해 나간다. 그녀는 호기심에 가득 차 있지만, 그 모든 단계가 이미 결정되어 하루하루가 그녀를 무시한 채 그 방향으로 끌려가는 일생을 상상할 때, 두려움에 휩싸이지 않을 수 없다.

그 때문에 여자아이는 남자형제들보다 훨씬 더 성(性)의 신비에 신경을 쓴다. 확실히 남자아이들도 성의 신비에 대단한 관심을 기울인다. 그러나 그들이 미래에 담당할 남편이나 아버지의 역할은 그다지 신경 쓰이는 일은 아니다. 반면에 결혼하거나 어머니가 되는 경우 여자아이의 운명 전체가 위험에 직면하게 된다. 그래서 그녀가 성의 비밀을 예감하기 시작하면 곧 자기 육체가 불길한 위협처럼 생각된다. 출산의 마력은 사라져 버린다. 다소 일찍 체계적으로

지식을 얻은 여자아이는, 아기가 어머니의 뱃속에 우연히 생기는 것도 아니고, 또 지팡이를 한 번 휘두르기만 하면 아기가 쏙 나오는 것도 아니라는 사실을 알게 된다. 여자아이는 불안한 마음으로 자문자답한다. 언젠가는 기생체가 자기 육체 내에서 증식한다는 것이, 그녀에게는 이젠 어렸을 때처럼 신기한 일이 아니라 무서운 일이라고 생각되는 게 보통이다. 그녀는 이 무서운 종기를 생각하면 오싹 소름이 끼친다. 게다가 대체 아기는 어떻게 나오는가. 출산의 비명과 진통을 누구에게도 들은 적 없지만, 그녀는 지나가는 말을 듣거나 '너희는 고통 속에 출산하리라'는 성서의 구절을 읽기도 한다. 그녀는 상상조차도 할 수 없는 고통을 예감한다. 그녀는 배꼽 언저리에서 일어날 기묘한 작용을 생각해 본다. 가령 태아가 항문을 통해서 나오는 것이라고 상상한다면, 그녀는 커다란 불안에 사로잡힌다. 출산과정을 알아냈다고 생각했을 때, 여자아이들이 신경성 변비의 발작을 일으키는 일이 흔히 있다. 정확한 설명도 별로 도움이 되지 못한다. 팽창·찢김·출혈의 광경이 그녀의 머리에서 떠나지 않는다. 여자아이는 상상력이 풍부하기 때문에 이런 망상에는 더욱 민감하다. 하지만 두려움 없이 그것을 직시하기란 여자인 이상 절대적으로 불가능한 일이다. 콜레트는 졸라의 저서에서 출산을 묘사한 부분을 읽고 실신했다가 어머니에게 발견되었다고 말한다.

저자는 '노골적이고 생생한 세부묘사를 해부학적으로 자세하고 풍부하게 구사하여 색채·체위·비명을 마음껏 내보이면서' 출산 장면을 그리고 있었다. 그것은 시골소녀인 내가 아는 지식으로는 도저히 상상할 수 없는 것이었다. 나는 조그만 암컷으로서의 자신의 운명을 알고는 목을 떨었고 위협을 느꼈다…… 또 다른 문장은 내 눈앞에 갈기갈기 찢긴 육체, 배설물, 더러운 피를 묘사했다…… 나는 마치 밀렵꾼들이 부엌으로 가져온, 방금 죽은 조그만 토끼처럼 축 늘어져 잔디 위에 쓰러지고 말았다.

어른들이 베푸는 위로도 소녀의 불안을 제거하진 못한다. 성장함에 따라 여자아이는 어른들의 말을 그대로 믿어서는 안 된다는 사실을 깨닫게 된다. 대체로 그녀들은 바로 이 생식의 비밀에 관해서 어른들의 거짓말을 하고 있다는 사실을 알아차린다. 또 그녀는 어른들이 더없이 무서운 일들을 마땅한 일인

듯이 생각한다는 사실도 알게 된다. 여자아이는 어떤 심한 육체적 충격, 즉 편도선을 제거하거나 이를 빼거나 생인손을 앓아서 피부를 절개하는 일을 경험했을 때는, 기억에 남아 있는 그때의 고통을 출산에 비추어 생각할 것이다.

임신과 출산이 나타내는 육체적 특징은 곧 부부 사이에 '어떤 육체적인 일'이 일어났음을 암시한다. '피를 나눈 형제, 순수한 피〔純血〕, 섞인 피〔混血〕'라는 표현 속에서 자주 접하게 되는 '피'라는 말이, 가끔 아이들의 상상에 방향을 제시할 때가 있다. 결혼에는 엄숙한 피의 이입 같은 것이 수반된다는 상상이다. 그러나 대개 그 '육체적인 무엇'은 대소변의 배설계와 결부되어 있는 것처럼 보인다. 특히 아이들은 남자가 여자 몸 속에 오줌을 눈다고 상상하기 쉽다. 그러므로 성적 활동을 '더러운' 일로 생각한다. '더러운' 짓이 엄격히 금지되어 있는 어린이에게 그것은 놀랄 일이 아닐 수 없다. 대체 어른들은 어떻게 그 더러운 것을 자기들의 생활 속에 끌어들인단 말인가. 어린이는 자기가 발견한 사실이 너무 부조리하기 때문에 우선은 혐오감에서 보호된다. 그는 이야기를 듣거나, 책을 읽거나, 글을 쓰거나 해도 거기에서 아무 의미도 발견하지 못한다. 모든 것이 그에게 비현실처럼 보이기 때문이다. 카슨 매컬러스의 흥미진진한 책 《결혼식의 하객》에서 어린 여주인공은 뜻하지 않게 이웃집 남녀가 나체로 침대에 누워 있는 것을 발견한다. 그러나 사건이—그녀가 생각하기에 좀처럼 일어날 수 없는—너무나 기이한 것이었으므로 이 사실은 오히려 그녀가 그 일을 지나치게 중요시하지 않게 만든다.

한여름의 어느 일요일이었다. 마를로의 방문이 열려 있었다. 그녀는 단지 방 안의 일부와 세간 몇 가지와, 마를로 부인의 코르셋이 그 위에 던져져 있는 침대 다리만 볼 수 있었다. 그런데 조용한 방에서 이상한 소리가 났다. 그녀는 문턱으로 다가갔다가 이상한 광경을 보고 깜짝 놀랐다. 그녀는 그 광경을 처음 보고 "마를로 부인이 발작을 일으켰어!" 하고 외치며 부엌 쪽으로 달아났다. 베레니스는 방으로 급히 달려가 보았다. 그러나 방 안을 들여다보고, 입술을 꼭 다물며 문을 쾅 하고 닫아 버렸다······ 프랑키는 왜 그러는지 베레니스에게 물어보려고 했다. 하지만 베레니스는 그것이 그 사람들에게는 보통 있는 일이라고만 말할 뿐이었다. 그리고 나서 다른 사람을 위해서는 적어도 방문은 닫을 줄 알아야 하지 않겠냐고 덧붙였다. 프랑키는 그

다른 사람이 자기를 가리킨다는 것을 알아차렸지만, 납득이 가지 않아서 무슨 발작이냐고 물었다. 그러나 베레니스는 단지 이렇게 대답했다. "응, 보통 발작이야." 프랑키는 베레니스의 목소리 톤으로 보아 그녀가 자기에게 다 말하지 않았다는 것을 알았다. 나중에 그녀는 마를로 부부를 보통 사람들로 기억하게 되었다.

아이들에게 낯선 사람을 조심하라고 주의를 주거나 성적인 사건을 설명할 때, 사람들은 마치 병자·변태·광인(狂人)에 대해 이야기하듯이 말하게 마련이다. 그것은 편리한 설명 방법이다. 영화관에서 옆자리의 남자와 몸이 닿거나, 길에서 바지 앞 단추를 빼놓고 다니는 남자를 목격한 여자아이는, 그들을 미친 사람이라고 생각한다. 확실히 미친 사람과 마주치는 것은 불쾌하다. 간질이나 히스테리 발작 및 격렬한 싸움은 어른세계 질서의 결점을 보이는 것이며, 그런 일을 목격한 어린아이는 신변의 위험을 느낀다. 그러나 조화롭게 형성된 사회에도 부랑자나 걸인이나 심한 상처가 난 불구자가 있는 것처럼, 몇몇 비정상적인 사람들이 있다고 해서 사회의 기초가 뒤흔들리는 것은 아니다. 어린아이가 정말 두려워하는 것은, 부모나 친구나 선생이 은밀히 비밀스런 악마 의식을 거행하고 있진 않을까 의심할 때이다.

내게 사람들이 처음으로 남녀 사이의 성적 관계에 대한 이야기를 들려 주었을 때, 나는 있을 수 없는 일이라고 잘라 말했다. 그것을 긍정한다면 우리 부모님도 그런 관계를 가진 셈이 되기 때문이다. 부모님이 그런 관계를 가졌으리라고 믿기에는 나는 부모님을 너무나 존경했다. 그런 추잡한 짓을 부모님이 절대로 할 리가 없다고 나는 말했다. 그러나 불행히도 얼마 안 있어 부모님이 그런 행동을 하는 소리를 듣고, 나는 내가 그동안 잘못 알고 있었다는 사실을 마침내 깨닫게 되었다⋯⋯ 두려운 순간이었다. 나는 두 귀를 틀어막고 이불 속에 얼굴을 파묻었다. 그 자리에서 몇 천 리쯤 떨어진 곳으로 도망치고 싶었다."[31]

---

[31] 리프만 박사의 《청소년기와 성격》에서 인용.

정장을 한 점잖은 인간, 품위와 겸손과 이성을 거론하는 인간의 모습에서, 벌거벗은 두 마리 짐승이 맞붙어 뒹구는 형상으로 어떻게 옮겨 갈 수 있을까? 여기에는 어른의 권위를 뒤흔들고 폭풍을 부르는, 어른 스스로 불러일으킨 어른에 대한 의혹이 있다. 어린아이는 가끔 이 무시무시한 새로운 사실을 완강히 부정한다. '우리 부모님은 그런 짓을 하지 않는다'고 주장한다. 또는 성교에 고상한 이미지를 부여하기도 한다. 한 여자아이는 이렇게 말한다.

"어린애를 갖고 싶을 때는 의사한테 가서 옷을 벗고, 봐서는 안 되기 때문에 눈을 가려요. 의사는 아빠와 엄마를 서로 맞붙여서 모든 일이 잘되도록 도와줘요."

그녀는 애정행위를 외과수술로 바꿔 놓았다. 그것은 별로 유쾌한 일은 아니지만, 그래도 치과의사에게 치료받는 행위처럼 조금도 부끄러울 게 없다. 그러나 부정하며 회피하려 해도 불안과 의혹이 어린아이의 마음속 깊이 숨어든다. 이유(離乳) 때 못지않게 괴로운 징후가 나타난다. 이번에는 어린아이를 어머니의 육체로부터 떼어 놓는 게 아니라, 어린아이 주위에서 보호자의 세계가 무너져 내리는 것이다. 어린아이는 머리 위의 지붕이 철거되고 캄캄한 미래 앞에 버려져 완전히 외톨이가 된 자신을 발견한다. 여자아이의 불안을 더욱 가중시키는 것은, 자기를 덮치고 있는 정체불명의 저주가 무엇인지 분명히 식별할 수 없다는 사실이다. 입수한 지식은 통일성이 결여되어 앞뒤가 맞지 않고 책은 모순투성이다. 전문적인 설명조차도 그 짙은 어둠을 없애 버리지 못한다. 수많은 문제가 산처럼 쌓인다. 성행위는 괴로운 것인가? 아니면 즐거운 것인가? 시간은 얼마나 걸리나? 5분 아니면 밤새도록? 어떤 여자는 한 번의 성행위로 어머니가 되었다든가, 또 때로는 몇 시간이나 육체적 쾌락이 있은 다음에도 임신하지 않았다는 내용을 책에서 읽은 적이 있다. 어른들은 날마다 '그것'을 하는 것일까? 아니면 어쩌다 하는 것일까? 어린아이는 성경을 읽고 사전을 뒤지고 친구들에게 물어서 알려고 노력하며, 어둠과 혐오 속을 암중모색한다. 이 점에 관한 흥미로운 참고자료는 리프만 박사가 실시한 조사결과이다. 여기서 처녀들이 자기들의 성적 깨달음에 관해 박사에게 제공한 몇 통의 회답은 다음과 같다.

나는 불명료하고 비뚤어진 생각을 품고 계속 방황했다. 어머니도, 학교 여선생님도, 그 누구도 이 문제에 대하여 말하는 사람은 없었다. 그 어느 책도 이 문제를 근본적으로 다룬 것은 없었다. 처음에는 나에게 그토록 자연스럽게 생각되었던 행위가 점차 어떤 위험하고 추악한 신비의 막으로 싸여 갔다. 12살 난 상급생들은 상스러운 농담으로 그녀들과 우리 하급생들 사이를 잇는 다리를 만들려고 했다. 아이는 어떻게 생기는가, 결혼식을 그렇게 야단스럽게 하는 것으로 보아 사람들은 그것을 한 번밖에 하지 못하는 게 아닌가 등등의 문제에 관한, 얄팍한 지식을 토대로 한 막연하고 아주 불쾌한 농담이었다. 15살 때 시작된 월경은 내게 새로운 놀라움이었다. 마침내 이번에는 내가 그 윤무(輪舞) 속에 뛰어들 차례임을 알았다……

……성교육! 이것은 우리 부모님 집에서는 암시조차 해선 안 되는 말이었다!……나는 이 책 저 책을 뒤져 보았다. 그러나 어디에서 길을 찾아야 할지 몰랐기 때문에 괜히 애만 쓰고 초조하기만 했다…… 나는 남녀공학 학교에 다녔다. 선생님에게는 그 문제가 존재하지 않는 것처럼 보였다…… 훌럼의 저서 《남자아이와 여자아이》가 마침내 내게 진리를 전해 주었다. 나의 초조와 과도한 흥분상태는 사라졌다. 하지만 나는 그때부터 대단히 불행해졌고, 또 에로티시즘과 성들만이 현실에 실재하는 사랑을 이루고 있다는 사실을 인정하고 이해하는 데에는 많은 시간이 필요했다

내가 성에 눈을 뜬 과정은 이러하다. Ⅰ. 최초의 질문과 막연한 관념(조금도 만족하지 못한) 상태. 3살 6개월부터 11살까지…… 그 뒤 수년간 내가 제기한 물음에 회답이 없었다. 7살이 된 내가 토끼에게 먹이를 줄 때, 어미 토끼 밑으로 새빨간 새끼토끼들이 기어 나오는 모습이 갑자기 눈에 띄었다…… 동물의 경우나 사람의 경우도 새끼는 어미의 뱃속에서 생겨 옆구리로 나온다고, 어머니는 말해 주었다. 옆구리에서 태어난다는 것이 내게는 불합리하게 생각되었다…… 아이 보는 하녀가 임신·수태·월경에 대해 내게 여러 가지를 이야기해 주었다. 끝으로 내가 아버지에게 그의 진실한 역할에 관해 물었을 때, 이 마지막 질문에 대해 아버지는 꽃가루와 암술의 모호한 이야기로 대답을 대신했다. Ⅱ. 스스로 터득하기 위한 몇 가지 시도(11살부터 13살까지). 나는 백과사전과 의학서적을 한 권씩 꺼내 왔다…… 그것은 귀에

익지 않은 과장된 말로 쓰인 이론적 지식에 불과했다. Ⅲ. 기성 지식의 정리 (13살부터 20살까지). (a) 일상생활 속에서. (b) 과학적 저술 속에서.

나는 8살 때, 나와 동갑인 남자아이와 자주 함께 놀았다. 어느 날 우리는 그 문제에 대해 이야기했다. 어머니가 말해 주었기 때문에, 나는 벌써 여자가 몸 속에 많은 알을 지니고 있다는 것을 알고 있었다. 그리고 어머니가 아기를 몹시 갖고 싶어할 때마다, 아기가 그 알들 가운데 하나에서 생긴다는 것을 알았다…… 그 어린 남자친구에게 그런 설명을 해 주었을 때, 나는 그에게서 이런 대답을 들었다. "넌 진짜 바보다! 푸줏간 주인과 그 마누라는 말이야, 어린애를 갖고 싶으면 둘이 침대에 들어가 더러운 짓을 한다고." 나는 그 말에 분개했다…… 그때(12살 하고 6개월 되던 때) 우리 집에는 하녀가 하나 있었는데, 그녀는 우리에게 온갖 추잡한 이야기를 다 들려주었다. 나는 낯이 붉어져서 그것을 어머니에겐 한마디도 전하지 못했다. 그렇지만 어머니에게, 남자 무릎 위에 앉으면 어린애가 생기느냐고 물어보았다. 어머니는 될 수 있는 대로 내게 모든 것을 잘 설명해 주었다.

나는 아기들이 어디서 태어나는가를 학교에서 배웠다. 그러고는 그것이 좀 무서운 일이라는 인상을 받았다. 그렇지만 대체 아기들은 어떻게 나오는가? 우리는 둘 다 그 문제에 대하여, 이를테면 어처구니없는 생각을 하고 있었다. 그런 경향이 특히 심해진 것은 어느 겨울날 아침 학교로 가는 도중에, 어두침침한 데서 만난 어떤 남자가 우리에게 자기 생식기를 내보이며 다가와서, "어때, 아주 귀엽지?" 하던 그때부터였다. 우리 둘의 혐오감은 이루 말할 수가 없었는데, 글자 그대로 구역질이 날 지경이었다. 나는 21살이 될 때까지 아기가 배꼽에서 나온다고 상상했다.

한 여자아이가 나를 따로 불러내어 이렇게 물었다. "아기가 어디서 나오는지 알아?" 마침내 그녀는 결심하고 이렇게 밝혔다. "봐! 넌 정말 바보야! 아이는 여자 뱃속에서 나오는 거야. 그리고 아이가 생기려면 여자는 남자와 지독하게 구역질나는 짓을 해야 돼!" 그러고 나서 그녀는 내게 그 구역질나는 짓을 좀더 자세하게 설명해 주었다. 나는 그 설명을 듣고 완전히 변해 버렸다. 그리고 그런 일이 일어날지도 모른다는 생각을 완강히 거부했다. 나는 부모님과 같은 방에서 잤다…… 그 뒤 어느 날 밤에, 믿을 수 없는 일이 실제로 일어나는 소리를 들었다. 그때 나는 부끄러웠다. 그렇다. 부모님이 부끄러웠다. 그 사건이 나를 다른 사람으로 만들어버렸다. 나는 끔찍한 도덕적 고뇌를 체험했다. 그런 것을 벌써 알아 버렸기 때문에 내 자신이 철저히 타락한 인간처럼 생각되었다.

체계적인 교육으로도 그 문제만은 해결할 수 없으리라는 점을 말해 두어야겠다. 부모나 선생이 제아무리 선의를 갖고 있더라도 성적인 경험을 말이나 개념으로 표현할 수는 없을 것이다. 사람은 그것을 경험으로밖에 이해하지 못한다. 모든 분석은 더할 나위 없이 진지하더라도 유머러스한 일면이 있으므로 진리를 전하는 데는 실패하고 만다. 꽃의 시적인 연애와 물고기의 결혼에서 출발하여 병아리·고양이·염소를 거쳐 인류에까지 올라갔을 때, 우리는 생식의 신비를 충분히 이론적으로 설명할 수는 있다. 그러나 성적 쾌락과 성애의 신비는 여전히 제자리걸음을 하고 있다. 조용한 피를 지닌 여자아이에게 애무와 키스의 쾌감을 어떻게 설명하랴? 가족끼리는 때로 키스를 입술로도 주고받는다. 그런데 왜 어떤 경우에는 이런 점막의 접촉이 황홀감을 낳는가? 그것은 장님에게 색채를 설명하는 것과 같다. 색정작용(色情作用)에 그 의미와 통일성을 부여하는 직감적 흥분과 욕망이 결여되어 있는 한, 그 작용의 여러 가지 요소는 불쾌하고 괴상하게 보인다.

특히 여자아이는 자기가 처녀로 봉인된 상태에서 여자가 되기 위해서는, 남자의 성기가 자기를 관통해야 한다는 사실을 알게 되었을 때 심한 분노를 느낀다. 노출증이라는 도착증상이 세상에 퍼져 있기 때문에 많은 여자아이들은 발기한 페니스를 보아 왔다. 하다못해 여자아이들은 짐승의 성기 정도는 이미 보았고, 더욱이 유감스럽게도 말의 성기가 그녀들의 시선을 끄는 일은 무척 흔하다.

그녀들이 그것에 공포를 느끼는 것은 쉽게 짐작이 간다. 출산에 대한 공포, 남자의 성기에 대한 두려움, 결혼한 사람을 위협하는 '발작'에 대한 공포, 불결한 성행위에 대한 혐오감, 아무 의미도 없어 보이는 행위에 대한 경멸 같은 것들이 어우러져, 종종 여자아이로 하여금 "나는 결혼은 안 할 테야"라고 선언하게 한다.*32 이것이야말로 고통과 광기와 외설에 대한 가장 확실한 방어책이다. 때가 되면 처녀성의 상실이나 출산도 그다지 두렵게 생각되지 않는다는 것과, 수백만 여성들이 그것을 감수하고 그렇게 해 왔어도 건강을 잃지 않았다고 설명해도 아이들은 이해하지 못한다. 어린아이가 외부 사건에 공포를 느낄 때, 어른은 너도 앞으로 그런 일을 아주 자연스럽게 받아들이게 된다고 예언하면서 아이를 달랜다. 이때 어린아이는 미치광이로 얼이 빠진 자신의 미래를 상상하고 무서워한다. 번데기가 되고 나비가 되는 애벌레의 변신은 어린아이를 불안하게 한다. 그것은 그렇게 긴 잠을 자고 난 뒤에도 역시 같은 애벌레인가? 화려한 날개 밑에서 나비는 자기가 이전에 어떤 모습을 하고 있었는지 알고 있을까? 나는 번데기를 보고 깜짝 놀라서 깊은 생각에 잠긴 몇몇 소녀들을 알고 있다.

하지만 그럼에도 불구하고 변신은 이루어진다. 여자아이는 그 의미를 알지 못한다. 그러나 그녀는 자기와 세계와의 관계에서, 또 자기와 자기 육체와의 관계에서 무엇인가가 미묘하게 변하고 있음을 자각한다. 그녀는 이제까지 무관심했던 촉각·미각·후각에 민감해지고, 머릿속에는 이상야릇한 영상이 자리잡는다. 거울 속의 자신을 잘 알아보지 못한다. 그녀는 자신을 '이상하게' 느끼고, 사물들도 '이상하게' 보인다. 리처드 휴즈가 《자메이카의 회오리 바람》에서 묘사한 소녀 에밀리의 모습이 바로 그러하다.

에밀리는 몸을 식히기 위하여 복부까지 물속에 담그고 앉았다. 그녀가 몸을 움직일 때마다 수백 마리의 조그만 물고기들이 이상한 입술로 그녀를 쪼며 간지럼을 태웠다. 그것은 마치 무의미한 가벼운 키스 같았다. 요즘 그녀

---

*32 "나는 혐오감에 사로잡혀서, 모성의 법칙에 전혀 따르지 않아도 좋을 종교적 사명을 내게 맡겨 주시도록 신에게 간청했다. 나도 모르게 마음속에 품고 있던 불유쾌한 비밀을 오랫동안 곰곰이 생각한 끝에, 신의 계시도 있었지만, 대단히 큰 혐오감 때문에 마음이 굳어져 '순결은 확실히 나의 사명이다'라는 결론을 내렸다"고 야쉬 고클레르는 파란 오렌지에 쓰고 있다. 무엇보다 그녀는 관통(貫通)의 관념을 두려워한다. "신혼 첫날밤이 두려운 것은 그 때문이다! 이 발견은 내가 전부터 느끼고 있던 혐오감에, 더할 나위 없이 괴로운 것이라고 스스로 상상해 왔던 이 동작에 대한 육체적 공포심을 더해 나를 아연케 했다. 만일 이런 과정을 통해서 어린애를 낳는다는 것마저 상상했다면, 나의 공포는 한층 심했을 것이다. 하지만 오래전부터 아이는 어머니의 뱃속에서 생겨난다고 알았기 때문에, 아이가 뱃속에서 분열되어 나오는 것이라고 나는 생각했다."

는 사람들과 몸이 스치는 것을 싫어하게 되었다. 그것은 정녕 징그러운 일이다. 그녀는 더 이상 참을 수 없어서 물에서 나와 옷을 입었다.

마가렛 케네디(현대 영국 여류 소설가)의 침착한 '테사'(소설 《영원한 책》의 여주인공)도 다음과 같이 기묘한 동요를 느끼고 있다.

갑자기 그녀는 자기가 몹시 불행하게 느껴졌다. 열린 창문을 통하여 물결처럼 밀어닥치는 달빛을 받아 뚜렷이 둘로 나뉜 넓은 거실의 어둠을 물끄러미 바라보았다. 그녀는 견딜 수가 없었다. 들리지 않을 만큼 작은 외침과 함께 벌떡 일어나 "아! 세상이 다 싫어!"라고 외쳤다. 그러고는 조용한 집 안을 가득 채우고 있는 슬픈 예감에 사로잡혀 떨며, 분노하여 쫓기는 듯 산속에 몸을 숨기려고 달려갔다. 그녀는 산길에서 비틀거리며 또 중얼거리기 시작했다. "죽고 싶다. 죽어 버리고 싶다."

그녀는 자기가 무의식중에 그런 말을 했다는 것을 알고 있었다. 죽고 싶은 생각은 추호도 없었다. 그러나 그 격렬한 말이 마음을 달래 주는 것 같았다.

이미 인용한 카슨 매컬러스의 저서에는 이 불안한 시기가 길게 묘사되어 있다.

어느 여름이었다. 프랑키는 자기 자신이 너무나 싫어졌다. 그녀는 자신에 대해 염오감을 느꼈다. 자신은 부엌에서 오락가락하는 뜨내기, 쓸모없고, 더럽고, 굶주리고, 비참하고, 서글픈 여자가 되어 있었다. 게다가 죄를 지은 여자였다. ……이 봄은 언제까지나 끝나지 않는 기묘한 계절이었다. 사물은 변하기 시작했다. 그런데 프랑키는 그 변화를 제대로 이해하지 못했다. 4월의 녹음과 꽃 속에 그녀를 슬프게 하는 그 무엇이 있었다. 그녀는 자기가 왜 슬픈지 알 수 없었다. 그러나 이 묘한 슬픔 때문에 그녀는 도시를 떠났어야 했다고 생각했다…… 그녀는 도시를 떠나 멀리 가 버렸어야 했다. 왜냐하면 올 늦봄은 무료하고 너무 들척지근했기 때문이다. 기나긴 오후는 더디게 지나가고, 계절의 푸르른 따사로움은 그녀를 역겹게 했다…… 여러 가지 일로 그녀는 갑자기 울고 싶었다. 이따금 그녀는 아침 일찍 마당에 나아가 오랫동안 새벽 풍경을 바라보며 서 있었다. 그러는 동안 마음속에 질문 같은 것이 떠올랐다. 그러나 하늘은 대답이 없었다. 전에는 미처 주목하지 못했던 여러 가지 것들이 마음을 스치기 시작했다. 저녁 산책길에 바라보는 이 집 저 집의 등불이라든가, 골목에서 올라오는 낯선 목소리. 그런 등불을 바라보고 목소리에 귀를 기울이노라면, 그녀 안의 무엇이 기대감으로 경직되어 갔다. 그러나 등불이 꺼지고 목소리가 잠잠해지면 기대엔 아랑곳없이 그것으로 끝이었다. 그런 것이 두려웠다. 그렇게 되면 느닷없이 자기가 누구이고, 이 세상에서 무엇이 되려고 하며, 왜 거기서 등불을 바라보고 목소리에 귀를 기울이고 하늘을 지켜보면서 홀로 있는지 스스로에게 묻고 싶어진다. 이렇게 두려움에 빠져드는 동안 그녀는 가슴이 죄어드는 통증을 느꼈다.

……그녀는 도시를 산책하고 있었다. 눈에 띄고 귀에 들리는 여러 가지 물체와 그 현상들이 어중간하게 느껴졌다. 그 불안은 여전히 남아 있었다. 그녀는 무엇이든 하려고 서둘렀다. 하지만 그것은 꼭 해야만 할 일이 결코 아니었다…… 봄의 긴 석양을 보낸 뒤에 시가를 거닐면 그녀의 신경은 우울한 재즈 가락처럼 마구 떨리며, 그 심장은 굳어져 금방이라도 고동이 멈출 것만 같았다.

이 불안정한 시기에 일어나는 현상은, 어린애의 몸이 한 여자의 몸으로 바뀌어 가는 것이다. 주체가 유아단계로 고정되는 선천적 발육부전(發育不全)의 경우를 제외하고는, 열두서너 살 무렵부터 사춘기의 위기가 시작된다. 이 사춘기의 위기는 남자아이보다 여자아이에게 훨씬 더 일찍 시작되며, 한결 더 중대한 변화를 가져온다. 여자아이는 불안과 불쾌한 기분으로 사춘기를 맞게 된다. 유방과 모발조직이 발달하는 시기에는 특수한 감정이 생긴다. 그것은 때로 자만심으로 바뀌기는 해도 본디는 수치심으로 시작되는 감정이다. 여자아이는 갑자기 수치심을 느끼고, 자기 자매나 어머니 앞에서도 알몸이 되기를 꺼린다. 그녀는 놀람과 혐오가 섞인 심정으로 자기 몸을 살핀다. 그리고 얼마 전까지만 해도 배꼽과 마찬가지로 아무런 불쾌감도 주지 않던 유두 밑에 나타난, 약간의 고통을 수반하는 딱딱한 심(芯)의 부피감을 관찰하며 고민한다. 그녀는 자기 몸 가운데 상처받기 쉬운 한 부분에서 불안을 느낀다. 물론 이 상처는 화상이나 치통의 아픔에 비하면 가벼운 것이다. 그러나 다친 것이든 병이 난 것이든 아픔은 틀림없이 비정상적인 것이다. 젊은 여자의 가슴에는 대개 정체불명의 희미한 분노가 깃들어 있다. 변화가 일어나고 있다. 그것은 병이 아니라, 존재의 법칙 그 자체에 포함되어 있는 것이다. 하지만 그것은 투쟁이며 고뇌이다.

여자아이는 출생에서부터 사춘기까지 꾸준히 성장해 왔다. 그러나 그녀는 이제까지 자기가 성장해왔다고 느낀 적은 한 번도 없었다. 날마다 그녀의 몸은 더할 나위 없는 완성된 하나의 육체로서 그녀의 눈에 비쳐 왔다. 그런데 지금, 그야말로 그녀는 '여자가 되어 가고' 있는 것이다. 이 말 자체가 그녀를 공포로 몰아간다. 생명 현상들은 그것이 하나의 균형을 찾아, 그 생기 없는 겉모습이 생생한 꽃과 윤기 흐르는 털을 가진 짐승처럼 확실한 모습을 갖추었을 때 비로소 안정된 상태에 이르게 된다.

그런데 소녀는 자기 가슴의 새로운 부피감 안에서 '살아 있다'라는 말의 모호성을 느끼게 된다. 그녀는 금도 다이아몬드도 아니다. 그 내부에서 무엇인가 불순한 연금술이 둥들여 이루어지는, 불가사의하게 변동하는 하나의 불확실한 물질이다. 그녀는 명주실 타래 같은 머리를 조용히 늘어뜨리고 있는 데는 익숙해져 있다. 하지만 겨드랑이나 하복부의 새로운 발모가 그녀를 짐승이나 해초(海草)로 변신시켜 버린다. 전부터 이런 것을 다소 알고 있었더라도, 그녀는 급격한 변화 속에서 이제까지의 자기 자신에게서 자기를 분리시키려는 결정적인 운명을 예감한다. 그녀는 지금 자기 하나만의 존재 시기로부터 떠나 한 생명의 고리 속에 던져졌다. 그녀는 남자, 자식, 가정이라는 무덤에 자신을 바치는 하나의 운명적인 의존성을 예감한다. 유방은 그 자체로서는 아무 쓸모없이 불쑥 솟아난, 이상발육된 화학 물질처럼 보인다. 팔·다리·피부·근육·둥근 엉덩이도 이제까지는 어느 것이나 모두 각각 명확한 용도가 있었다. 배설기관으로 한정된 성기만이 좀 수상쩍었으나 그것은 숨어 있어서 남의 눈에 띄지 않았다. 그런데 유방은 스웨터나 블라우스 아래서도 드러난다. 그래서 여자아이가 이제까지 자기와 하나라고 여겨왔던 이 육체가 그녀의 눈에 새로이 비치게 된다. 그것은 남들이 눈여겨볼 뿐만 아니라, 또 그들 눈에 띄는 하나의 물체이다. 어떤 여인은 이렇게 말했다. "나는 2년 동안 가슴을 숨기기 위해 반코트를 입고 다녔죠. 그토록 가슴이 부끄러웠어요." 다른 여인은 또 다음과 같이 이야기했다. "나이는 같지만 나보다 일찍 성숙한 동성친구가 공을 주우려고 몸을 구부렸을 때, 그녀의 벌어진 옷깃 사이로 벌써 무겁게 늘어진 두 개의 유방이 엿보였어요. 그때 느낀 이상한 동요를 나는 지금도 기억하고 있어요. 이제 나의 몸도 그녀와 비슷해질 거라는 생각이 들자마자, 나는 나 자신에 대하여 얼굴을 붉히고 말았답니다." 또 다른 여자가 말했다. "13살 때 나는 짧은 옷을 입고 다리를 드러낸 채 걸어다녔죠. 어떤 남자가 히죽거리면서 내 장딴지가 굵다고 은근히 말하더군요. 이튿날 어머니는 내게 긴 양말을 신기고 스커트도 길게 늘였답니다. 하지만 나는 내 모습을 남들이 보고 있다는 생각이 들었을 때 돌연 느낀 그 충격을 영영 잊을 수 없을 겁니다." 여자아이는 자기 몸이 자기에게서 도망치는 것을 느낀다. 그녀의 몸은 더 이상 그녀에게 개성의 명확한 표현이 아니다. 그녀와는 다른 물체이다. 그와 동시에 그녀는 타인에게 하나의 물체로 파악된다. 거리에서 사람들은 그녀에게 눈길을 돌리고 그녀의 몸매를 평가한다. 그녀는 자신이 남들에게 보이지 않았으면 좋겠다고 생각한다. 그녀는 육체가 변해 가는 것을, 그리고 자기 몸을 남에게 보이기를 두려워한다.

이런 혐오감은 젊은 처녀들에게 여위고 싶다는 소망으로 나타난다. 그래서 그들은 잘 먹지 않는다. 억지로 먹이면 토해 버리고, 끊임없이 체중을 경계한다. 또 다른 여자들은 병적으로 소심해진다. 객실에 들어가거나 거리로 나오는 것조차 고문처럼 여긴다. 거기에서 정신병으로 발전되는 경우도 있다. 전형적인 예는 《강박관념과 신경쇠약》이란 저서에서, 다음과 같이 자네(Janet : 프랑스의 심리학자. 프로이트보다 앞서 무의식의 개념을 세웠으며, 행위심리학을 수립함)가 나디아라는 이름으로 묘사한 환자의 경우이다.

나디아는 부유한 가정의 딸로 매우 총명한 소녀였다. 맵시 있는 예술가 유형의 그녀는 특히 음악에 뛰어난 소질을 보였다. 그러나 어렸을 때부터 고집이 세고 성급한 성격을 나타냈다. '그녀는 터무니없이 사랑받기를 갈망했고 모든 사람들, 즉 부모, 자매들, 하인들의 맹목적인 사랑을 요구했다. 하지만 애정을 약간이라도 얻게 되면 심한 억지를 부리고 안하무인으로 행동했기 때문에, 곧 사람들은 그녀의 곁을 떠났다. 그녀는 무척 예민했기 때문에, 사촌들이 그 성격을 고쳐 주려고 놀려 댄 것이 그녀에게 수치심을 주는 결과가 되었고, 그 수치심은 그녀의 육체에 낙인을 찍은 듯했다.'

또한 사랑받고 싶은 욕구는 '언제까지나 어린아이인 채로 남아 있고 싶어하게 한다. 사람들에게 귀염을 받으며, 어떤 무리한 요구라도 할 수 있는 그런 어린 소녀로 남고 싶어하는 것이다. 요컨대 이 욕구는 그녀에게 성장에 대한 공포를 느끼게 했던 것이다⋯⋯ 너무 빨리 찾아온 사춘기가 성장의 공포에 수치심의 공포까지 더하여 비정상적으로 사태를 악화시켰다. '남자들은 통통한 여자가 좋다니까 나는 언제까지나 말라깽이로 남을 테야.' 이렇게 그녀는 다짐했다. 음모와 가슴의 발달로 인한 두려움이 그녀의 공포를 더 가중시켰다. 그녀는 11살 때부터 짧은 스커트를 입었다. 그런데 모두가 자기를 지켜보는 것만 같았다. 그래서 긴 스커트를 입게 되었는데, 이번에는 발이나 허리 같은 곳을 부끄러워하게 되었다. 월경의 시작은 그녀를 반미치광이로 만들었다. 그녀는 음모가 나기 시작했을 때 '이런 추악한 게 난 사람은 세상에 자기 혼자뿐'이라고 확신했고, '이 야만인의 장식을 제거하기 위하여' 20살 때까지 제모에 열을 올렸다. 가슴의 발달은 이 강박관념을 악화시켰다. 다른 사람의 비만은 싫지 않았지만, 자기의 비만은 하나의 큰 결점처럼 여겨졌다. '나는 별로 예뻐지고 싶지 않지만, 만일 뚱뚱해진다면 그야말로 끔찍한 치욕일 것이다. 그것이야말로 참을 수 없는 일이다. 만약 불행하게도 살이 찐다면, 나는 누구에게도 모습을 드러내지 못할 것이다.' 그래서 그녀는 살찌지 않을 모든 수단을 강구했다. 자기 주위를 경계하는 한편, 자신을 맹세로 구속했다. 자신에게 주술도 걸었다. 5번이든 10번이든 계속 기도하고 한 발로 5번 뛰겠다고 맹세했다. '만약 같은 곡에서 피아노 약음이 4번 나온다면, 어른이 돼서 모두의 사랑을 잃는 운명도 달갑게 받아들이겠다.' 그녀는 드디어 아무것도 안 먹기로 결심했다. '나는 살찌는 것도, 키 크는 것도, 어른을 닮아 가는 것도 싫었다. 왜냐하면 언제까지나 어린 소녀로 남아 있고 싶었기 때문이다.'

그녀는 이젠 아무 음식도 입에 대지 않겠다고 엄숙히 맹세했다. 그러나 어머니의 애원에 못 이겨 이 맹세를 깨뜨렸다. 하지만 그 뒤에도 몇 시간씩 무릎을 꿇고 서약서를 썼다가 찢어 버리고, 다시 쓰는 그녀의 모습을 볼 수 있었다. 18살 되던 해 어머니와 사별한 그녀는 그 뒤로 다음과 같은 식단만을 자신에게 허락했다. 즉 묽은 수프 두 그릇, 달걀 노른자 하나, 식초 한 큰술, 1개분의 레몬주스와 홍차 한 잔, 이것이 그녀가 하루에 섭취하는 전부였다. '때로는 몇 시간씩 온통 먹을 것만 생각하면서 보낼 만큼 몹시 허기진 적도 있었다. 나는 군침을 삼키면서 손수건을 씹었다. 땅바닥을 뒹굴 정도로 배가 고팠다.' 하지만 그녀는 유혹을 참아 냈다. 그녀는 미인인데도 자기 얼굴이 붓고 여드름투성이라고 우겼다. 의사가 그런 것이 보이지 않는다고 하면 자기의 피부와 살 사이에 있는 여드름을 알지 못하기 때문이라고 말했다. 마침내 그녀는 가족을 떠나 조그만 방에 틀어박힌 채, 간호사와 의사 말고는 아무도 만나지 않게 되었다. 외출하는 일도 없었으며, 아버지를 만나는 것조차 꺼렸다. 어느 날 아버지는 그녀에게 얼굴이 좋아졌다고 말했다. 이 한마디가 그녀의 병세를 일시에 악화시켰다. 그녀는 살찐 얼굴, 윤기 흐르는 안색, 통통한 체격이 될까 두려웠다. 그녀는 거의 언제나 어둠 속에서 살았다. 그토록 남의 눈에 띄는 게 그녀에게는 견딜 수 없었던 것이다.

여자아이에게 자기 외모에 대한 수치심을 갖게 하는 결정적 원인은 대개 부모의 태도이다. 어떤 여자는 이렇게 고백한다.*33

나는 집에서 늘 들어오던 말들 때문에 심한 육체적 열등감에 시달렸다…… 우리 어머니는 허영심이 매우 강해서, 언제나 나를 되도록 남의 눈에 돋보이게 하려고 극성을 부렸다. 특히 나의 결점인 축 처진 어깨, 너무 긴장된 허리, 납작한 엉덩이와 가슴 등을 감추기 위해, 어머니는 늘 양재사에게 감당할 수 없을 정도의 주문을 하는 것이었다. 목이 굵다는 이유로 나는 몇 해 동안 목을 옷으로 감추어야 했다…… 나는 유난히 발이 매우 못생겨서 사춘기 동안 고통을 겪었다. 그리고 내 걸음걸이 때문에 어머니는 늘 나를 성가시게 했다…… 그 간섭에도 확실히 까닭은 있었다. 그러나 그것은 나를 몹시 불행하게 만들었다. 내가 '말괄량이'였기 때문에 특히 그랬다. 그리고 때로는 완전히 기가 죽어서, 어찌해야 좋을지 전혀 짐작도 안 가는 때가 있었다. 내가 누구를 만날 때 먼저 생각하는 것은 '내 발만이라도 숨길 수 있다면'이었다.

이런 수치심은 결국 여자아이에게 어색한 행동을 취하게 하고, 줄곧 얼굴을

---

*33 슈테켈, 《불감증의 여자》.

붉히게 한다. 또 부끄러움 때문에 붉어진 얼굴이 그녀의 겁내는 마음을 한층 부추김으로써, 붉어진 얼굴 자체가 일종의 공포심의 대상이 된다. 슈테켈은 특히 어떤 여자에 대하여 이런 이야기를 한다.*34 '한 소녀는 병적일 정도로 심하게 얼굴이 붉어졌기 때문에, 1년 동안 이가 아프다는 핑계로 얼굴 주위에 붕대를 둘둘 감고 있었다.'

때때로 전사춘기(前思春期)라고 불리는 월경 시작 이전의 시기에, 여자아이는 아직 자기 육체에 대한 혐오를 경험하지 못하는 경우가 있다. 그녀는 여자가 되는 것을 자랑스럽게 여기고, 가슴의 성숙을 만족스럽게 바라보며, 윗옷 속에 손수건을 넣어 가슴을 부풀리고 언니들 앞에서 뽐낸다. 그녀는 아직 자기 안에서 일어나고 있는 현상의 의미를 파악하지 못하고 있다. 최초의 월경은 그녀에게 그 의미를 밝혀 줌으로써 수치심을 느끼게 한다. 그 수치심이 이미 존재했다면 그것은 이 시점에서 확인되고 강해진다. 모든 증언은 다음과 같은 점에서 일치한다. 즉 소녀가 월경을 미리 알았든 몰랐든 간에, 그 사건은 그녀에게 늘 불쾌하고 굴욕적인 것으로 나타난다. 흔히 어머니들은 그 일을 미리 알려 주기를 소홀히 하고 있다. 이미 언급한 바와 같이*35 어머니들은 딸에게 월경의 비밀을 설명하기보다 임신과 출산, 심지어는 성교의 비밀까지도 자진해서 밝히기가 쉽다. 어머니들 자신이 여성의 굴욕에 혐오감을 품고 있기 때문이다. 이 혐오감은 여성이 남성이라는 성 앞에서 느꼈던, 설명하기 어려운 지난날의 공포를 반영한 것으로, 어머니들이 자손 대대로 전하는 혐오감이다. 여자아이는 자기 속옷에서 이상한 얼룩을 발견하면, 자기가 설사나 치명적인 출혈을 일으켰든지 또는 부끄러운 병이라도 걸렸다고 생각한다. 1896년 하벨록 엘리스의 조사에 따르면, 미국의 어느 여고생 125명 가운데 36명이 초경 때 이에 대하여 아무것도 몰랐으며, 39명은 막연히 알 뿐이었다. 즉 그녀들 가운데 반수 이상은 무지했던 셈이다. 헬렌 도이치의 의견을 따르면, 1946년에도 사태는 별로 달라지지 않았다. H. 엘리스는 '알 수 없는 병'에 걸렸다고 믿었기 때문에 생투앙에서 센 강에 투신한 어떤 소녀의 경우를 인용하고 있다. 슈테켈은 또 '어떤 어머니에게 보내는 편지'에서, 생리혈 속에서 자기 영혼을 더럽히는 부정의 증거와 천벌을 발견하고는 자살을 기도한 소녀의 사건을 이야기

---

*34 슈테켈, 《불감증의 여자》.
*35 H. 도이치가 《여성심리》에서 인용한 달리와 차드위크의 연구 참조.

하고 있다. 소녀가 공포를 느끼는 것은 마땅하다. 소녀에게는 자신의 생명이 자기에게서 떠나가는 것처럼 생각되는 것이다. 클라인과 영국의 정신분석학파에 의하면, 그 피가 그녀의 눈에는 내장기관이 찢어져서 나온 것으로 보인다고 한다. 여러 가지로 신중히 교육받아서 그렇게 심한 고뇌 없이 사건을 받아들이는 경우에도, 그녀는 부끄러워 자기를 더럽다고 느낀다. 그녀는 화장실로 달려가 더러워진 속옷을 세탁하거나 감추려고 애쓴다. 콜레트 오드리의 저서 《추억의 눈동자》에서, 이 경험에 대한 다음과 같은 전형적인 이야기를 찾아볼 수 있다.

이런 흥분이 절정에 다다랐을 때 격렬한 갈등의 극은 막을 내렸다. 어느 날 저녁, 옷을 벗었을 때 나는 내가 병에 걸린 줄 알았다. 그다지 두렵지는 않았다. 내일이면 낫겠지 하는 생각에 아무 말도 하지 않고 있었다⋯⋯ 4주 뒤에 그 병은 재발했는데 이번엔 더욱 심했다. 나는 조용히 욕실로 가서 문 뒤에 있는 세탁물 바구니에 팬티를 벗어 던졌다. 몹시 더운 날이라 바닥의 마름모꼴 마루판이 내 맨발 밑에서 미지근하게 느껴졌다. 돌아와서 침대 속으로 들어갔을 때, 어머니가 내 방문을 열었다. 어머니는 내게 그 일을 설명해 주려고 온 것이었다. 이때 그녀의 말이 내게 준 어떤 영향을 주었는지는 기억이 나지 않는다. 그런데 어머니가 속삭이는 동안 카키가 갑자기 머리를 내밀었고, 나는 그 호기심에 찬 둥근 얼굴을 보고 벌컥 화가 났다. 내가 나가라고 소리를 지르자 그 애는 깜짝 놀라서 급히 사라져 버렸다. 나는 어머니에게, 그 애가 들어오기 전에 노크를 안 했으니까 곧바로 가서 꾸짖어 주라고 말했다⋯⋯ 어머니의 냉정한 태도와 모든 것을 다 알고 있다는 듯 부드럽고도 만족한 모습에서 나는 완전히 혼란에 빠지고 말았다. 어머니가 나간 뒤, 나는 참담한 기분에 잠겨 버렸다.

갑자기 두 개의 추억이 되살아났다. 두세 달 전에 카키와 함께 산책 갔다가 돌아오는 길에, 어머니와 우리는 탐스러운 흰 수염을 기른 나무꾼같이 건장한 노의사를 만났다. "따님이 많이 컸군요, 부인." 그는 나를 보며 말했다. 그 순간부터 나는 까닭 없이 그를 미워했다. 그로부터 얼마 뒤에 파리에서 돌아왔을 때, 어머니는 옷장 속에 작고 새하얀 수건 한 다발을 넣어 두었다. "그건 뭐야?" 카키가 물었다. 어머니는 사실의 4분의 3은 감추고 나머지 일부만을 밝힐 때 어른들이 흔히 취하는 그런 태도로, "곧 콜레트가 쓰게 될 물건이야"라고 대답했다. 나는 물어볼 용기도 없어 잠자코 있었지만 어머니가 미웠다.

그날 나는 밤새도록 자리에서 몸을 이리저리 뒤척거렸다. 그런 일이 있을 리 없었다. 하지만 알 것도 같았다. 어머니가 착각을 하고 있는 것이다. 그것은 이미 지나가 버려서 다시는 일어나지 않는다…… 이튿날 나는 남모르게 변해 더럽혀진 몸으로 다른 이들을 대해야만 했다. 나는 여동생을 원망스럽게 바라보았다. 왜냐하면 그녀는 아직 아무것도 모르는 만큼, 자기도 모르는 사이에 나보다 압도적인 우월성을 차지하게 되었기 때문이다. 그리고 나는 한 번도 그 일을 겪은 적이 없으면서도, 그것을 알고 있는 남자들을 미워하기 시작했다. 또한 그렇게도 침착하게 감수하고 있는 여자들도 미웠다. 그녀들이 내 몸에서 일어나는 일을 안다면 모두 기뻐할 것이라고 나는 확신했다. '드디어 네 차례가 왔구나' 하고 그녀들은 생각할 것이다. 나도 여자아이를 보면 곧 저 아이도 그렇게 되겠구나 하고 생각했다. 세계는 나를 꽉 잡고 놓아 주지 않았다. 나는 불쾌감을 가득 품은 채 걸었다. 달릴 용기도 없었다. 대지도, 햇살에 따듯해진 녹음도, 음식들도 이상한 냄새를 풍기는 것만 같았다…… 의기는 사라졌다. 한 번 지나간 위기는 다시 일어나지 않으리라, 온갖 상식에 어긋나는 희망을 다시 품어 보았다. 한 달 뒤 나는 명백한 증거에 굴복하여 망연자실한 채, 이번에는 결정적으로 그 병을 인정할 수밖에 없었다. 그 뒤로 나의 기억 속에는 '이전(以前)'이 있게 되었다. 나의 여생은 벌써 '이후(以後)'가 되어버린 것이다.

소녀들 대부분의 상황은 비슷비슷하다. 두려워서 주위 사람들에게 자기의 비밀을 알리지 않는 일이 많다. 어떤 여자친구가 내게 이야기하기를, 그녀는 어머니 없이 아버지와 여자 가정교사 사이에서 살았기 때문에, 월경을 시작했다는 것이 발각되기까지 자기의 더러워진 속옷을 감추며 석 달 동안이나 공포와 수치 속에서 살아갔다고 한다. 또 동물의 생명이 지닌 가장 가혹한 측면을 알고 있으므로 쉽게 동요하지 않으리라고 생각되는 농촌 부녀자들까지도, 시골에서는 월경이 아직도 터부의 성격을 갖고 있기 때문에 그 저주스러운 것에 공포를 느끼고 있다. 남에게 말할 수 없는 자기의 비밀을 감추려고, 숨겨 두었던 내의를 한겨울에 얼어붙은 개울에서 남몰래 빨아 말리지도 않고 입고 있는 젊은 시골여자를 나는 본 일이 있다. 이와 비슷한 사례는 백 가지라도 인용할 수 있을 터이다. 이 놀랄 만한 불행을 고백해도 구제되지 않는다.

"바보! 머리에 피도 안 마른 것이!" 하며 사납게 딸의 뺨을 때리는 그런 어머니는 물론 예외겠지만, 기분 나쁜 표정인 어머니도 적지 않을 것이다. 어머니들 대부분은 아이에게 충분한 설명을 해 주지 않는다. 여자아이는 최초의 월경의 충격과 함께 시작되는 새로운 상황을 눈앞에 두고 불안으로 가득 찬다. 여자아이는 미래가 자기에게 이 밖에도 여러 가지 뜻하지 않은 고통을 안겨주지나 않을까 전전긍긍한다. 또는 이제부터는 그저 남자 곁에 있거나 남자와 접촉만 해도 임신할지 모른다고 상상하여, 남자에게 정말 공포를 느끼는 수도 있다. 납득할 만한 설명으로 이 불안을 없애더라도 그 여자아이에게 마음의 평화는 좀처럼 되돌아오지 않는다. 이제까지 여자아이는 약간 억지조작을 하면 자기를 무성체(無性體)로 생각할 수 있었다. 또한 소녀는 자기를 아무렇게도 생각하지 않을 수 있었다. 하룻밤 자고 일어났더니 자기가 남자로 변해 있었다는 식으로 공상할 수도 있었다. 지금은 어머니와 숙모들이 흐뭇한 표정으로 "이젠 다 자랐군요" 하며 서로 속삭인다. 부인연맹의 승리이다. 여자아이는 이것으로 그녀들의 것이 되었다. 그녀는 영원히 여자 편에 서게 된 것이다. 여자 편이 된 것을 자랑으로 아는 소녀도 있다. 이제 자신도 어른이 되었으니 자기 생활에 커다란 변화가 일어날 것으로 생각한다. 예를 들면, 티드 모니에(민중주의 작가에 속하는 프랑스 여류소설가)는 이렇게 이야기한다.

　　우리 가운데 몇 사람은 여름방학 동안 '성숙한 처녀'가 되었다. 어떤 친구들은 학교에서 그렇게 되었다. 우리는 그 친구들이 신하를 맞이하는 여왕처럼 앉아 있던 학교 화장실에 '피를 보러' 차례로 갔다.

그러나 소녀는 곧 실망한다. 왜냐하면 그녀는 아무 특권도 얻은 것이 없으며, 인생은 여전히 같은 흐름대로 따라가기 때문이다. 오직 한 가지 새로운 점은 달마다 반복되는 불결한 사건뿐이다. 자기가 이런 운명을 선고받았음을 알았을 때, 몇 시간씩 우는 여자아이도 있다. 그녀들의 혐오감을 더욱 부채질하는 것은 이 부끄러운 결점이 남자들에게도 알려진다는 사실이다. 적어도 그녀들은 여성의 굴욕적인 조건이 남자들에게는 신비에 싸여 있기를 바란다. 하지만 그렇기는커녕 아버지·형제·사촌·세상 남자들 모두가 알고 있을 뿐만 아니라, 때로는 그것이 놀림거리가 되는 일도 있다. 여자아이가 너무도 육감적인 자기 신체에 혐오를 느끼고 또 그 감정이 증대되는 시기도 바로 이때이다. 그리고 최초의 놀라움이 지나가도 다달이 생기는 불쾌감은 좀처럼 지워지지 않는다. 소녀는 자기 몸에서 피어오르는 이 숨 막힐 듯한 썩은 냄새, 늪이나 시든 제비꽃 냄새가 날 때마다, 어렸을 적 벗겨진 상처에서 흘러나오던 피처럼 빨갛지도 않은 기분 나쁜 피를 볼 때마다, 매번 똑같은 혐오감을 느낀다. 그녀는 낮이나 밤이나 옷 갈아입을 생각만 해야 하고, 속옷과 침대 시트에 신경을 써야 하며, 갖가지 사소하고 현실적이며 귀찮은 문제들을 해결해야 한다. 절약하는 가정에서는 위생수건을 다달이 빨아서 손수건 묶음 사이의 제자리에 챙겨두어야 한다. 그러므로 그녀는 자기 몸에서 나온 배설물을 빨래하는 사람의 손에, 즉 세탁부·식모·어머니·언니의 손에 넘겨야 한다. '동백' '에델바이스' 같은 꽃 이름이 씌어 있는 상자에 넣어 약방에서 팔고 있는 수건 종류는 사용한 뒤 버리게 되어 있다. 그러나 여행이나 휴양생활을 할 때라든가 소풍을 갔을 때 그것을 처리하기란 그다지 쉽지 않다. 화장실 변기에는 분명히 사용이 금지되어 있기 때문이다. 《정신분석 일기》[*36]의 소녀 주인공은 위생수건에 대한 혐오감을 묘사하고 있다. 월경을 할 때는 언니 앞일지라도 어두운 곳이 아니면 옷을 벗으려고 하지 않는다. 이 거북하고 거추장스런 물건은 심한 운동 중에 벗겨지는 경우도 있다. 그것은 거리 한복판에서 팬티가 아래로 내려가는 것보다 더욱 심한 굴욕이다. 이런 참혹한 공상이 때로는 신경쇠약증을 유발한다. 일종의 자연의 악의 때문인지, 출혈 초기에는 불안과 고통을 모르고 지나갔다가 그 뒤에 비로소 느끼기 시작하는 경우도 종종 있다. 소녀에게는 월경불순이 자주 있다. 월경은 산책 도중에, 거리에서, 친구 집에서 느닷없이 시작될 우려가 있다. 소녀들은 슈브뢰즈 부인[*37]처럼 그들의 옷이나 자리를 더럽힐 위험이 있다. 이런 가능성 때문에 끊임없이 전전긍긍하며 사는 여성도 없지 않다. 소녀는 이런 여성의 결점에 대하여 강한 혐오를 느끼면 느낄수록, 우연히 또

---

*36 클라라 말로의 번역서.
*37 프롱드의 난(亂) 동안 남자로 변장한 슈브뢰즈 부인은 말을 무리하게 오래 탄 뒤에, 피의 얼룩이 말안장에 묻어 정체가 탄로나고 말았다.

는 남모르게 무서운 굴욕을 당하지 않도록 경계하면서 그 일에 더욱 신경 쓰지 않을 수 없다.

젊은이의 성욕에 대한 조사 가운데 리프만 박사*38가 이 문제에 관하여 얻은 일련의 회답은 다음과 같다.

나는 16살에 처음으로 월경을 했다. 그날 아침 그것을 확인하고 대단히 두려웠다. 사실 언젠가 그것이 오리라는 사실은 알고 있었다. 하지만 너무 부끄러워서 한나절 동안이나 드러누워 있었고, 어떤 물음에도 일어날 수 없다는 대답밖에 하지 않았다.

12살도 채 안 돼서 처음으로 월경을 했을 때는 너무 놀라서 말도 못하고 망연히 있었다. 어머니는 공포에 사로잡힌 내게 아주 간단히, 그것은 달마다 있는 일이라고 일러 주었을 뿐이다. 나는 그것을 극히 지저분한 일로 여겼다. 또 그것이 남자들에게는 일어나지 않는다는 사실을 도저히 인정할 수 없었다.

이런 일이 있자 어머니는 나를 일깨워 줄 결심을 하게 되었다. 동시에 월경에 관해서도 가르쳐 주셨다. 나는 월경이 시작됐을 때, 곧 기쁨에 빛나는 얼굴로 아직 자고 있는 어머니에게 달려갔다. "엄마, 그게 시작됐어!" 이렇게 외치며 어머니를 흔들어 깨웠다. "그런 일로 깨운 거니?" 어머니의 대답은 그것뿐이었다. 그때 나는 두 번째로 실망했다. 아무튼 나는 그 일을 나의 인생에서 진정한 변화로 여겼다.

처음 월경을 했을 때 몇 분이 지나도 출혈이 멎지 않는 것을 확인하고 나는 가장 지독한 공포에 떨었다. 그럼에도 불구하고 나는 누구에게도, 심지어 어머니에게도 그것을 알리지 않았다. 그때 내 나이는 15살이었다. 게다가 고통도 별로 느끼지 못했다. 다만 딱 한 번은 너무 지독한 고통이 일어나서, 나는 실신한 채 세 시간 가까이 내 방 바닥에 쓰러져 있었다. 하지만 그때

---

*38 W. 리프만 박사의 《청소년기와 성욕》 참조.

도 나는 아무 말도 하지 않았다.

처음으로 월경했을 때 나는 13살이었다. 나는 전부터 친구들과 그것에 대한 이야기를 나눴으므로, 이제 내 차례가 와서 어른들 틈에 끼게 되었다는 사실을 무척 자랑스럽게 여겼다. 나는 아주 거만하게, 오늘은 몸이 좋지 않아서 수업을 받을 수 없다고 체육 선생에게 설명했다.

내게 이것을 일깨워 준 사람은 어머니가 아니었다. 나는 19살 때 비로소 월경을 했고, 내의를 더럽혔기 때문에 꾸중을 들을까 겁이 나 밭으로 그것을 묻으러 갔다.

18살이 되어서 처음 월경을 했을 때,[*39] 나는 아무런 사전지식도 없었다…… 그날 밤, 심한 복통을 수반한 많은 출혈이 있었다. 그래서 단 한순간도 편히 쉴 수가 없었다. 날이 밝자마자 가슴을 두근거리며 어머니에게 달려가 계속 흐느껴 울면서 도움을 청했다. 그러나 나는 가혹한 책망밖에 얻은 것이 없었다. "좀더 일찍 알아차려서 시트와 침대를 더럽히지 말았어야 했을 게 아니냐." 월경에 대한 설명 대신 이 말이 전부였다. 그래서 나는 내가 어떤 잘못을 저질렀는지 생각하면서 엄청난 고뇌에 사로잡혔다.

나는 그것이 어떤 것인지 벌써 알고 있었다. 그래서 그것을 고대하여 기다리기까지 했다. 그렇게 되면 어머니가 아기 만드는 방법을 가르쳐 주리라 기대했기 때문이다. 굉장한 날이 드디어 왔다. 그러나 어머니는 침묵을 지키고 있었다. 그래도 나는 무척 즐거웠다. "이젠 너도 아기를 낳을 수 있어. 너도 한 사람의 어엿한 여자야." 나는 내 자신에게 그렇게 말했다.

이런 위기는 여자가 아직 민감한 어린 나이일 때 나타난다. 남자아이는 15, 16살이 되어야 겨우 사춘기에 이른다. 그런데 여자아이가 여자가 되는 것은 13, 14살 무렵이다. 그러나 그러한 경험의 근본적인 차이가 나이에서 오는 것

---

*39 그녀는 베를린의 어느 가난한 집안 딸이었다.

은 아니다. 또 그 차이는 소녀들의 경우 자신에게 불쾌한 충격을 주는 생리적 현상 속에 존재하는 것도 아니다. 사춘기는 양성(兩性)에게 근본적으로 서로 다른 의미가 주어지는데, 사춘기가 그들에게 같은 미래를 예고하지 않기 때문이다.

확실히 소년들도 사춘기에 이르면 자기 육체를 귀찮은 존재로 느낀다. 하지만 유년시절부터 자기의 남성다움을 뽐내기 때문에, 그들은 남성다워지는 것을 목표로 의기양양하게 자기형성의 시기를 넘긴다. 그들은 자신을 남자로 만드는 자기 다리에 난 털을 자랑스럽게 내보인다. 전보다 더 그들의 성기는 비교와 도전의 대상이 된다. 분명 어른이 된다는 것은 남자들을 불안케 하는 변신이다. 책임이 따르는 자유를 알게 되었을 때 고뇌하는 청년이 많다. 하지만 그들은 남성의 권위에 도달할 때 희열을 느낀다.

이와 반대로 소녀는 어른이 되면, 여성에게 주어지는 한계들 안에 스스로를 가두어야만 한다. 소년은 돋아나기 시작한 털에서 무한한 약속을 발견하고 찬미한다. 소녀는 자기 운명을 막는 '갑자기 시작된 잔인하고 출구도 없는 비극' 앞에서 혼란을 겪는다. 페니스가 사회적 관계에서 특권의 가치를 이끌어 내는 것과 마찬가지로, 월경을 일종의 불운으로 만드는 것도 이 사회적 관계이다. 페니스는 남성을, 월경은 여성을 상징한다. 월경의 시작이 수치스런 일로 받아들여지는 것은, 여성성이 타자성과 열등성을 의미하기 때문이다. 소녀의 삶은 그녀에게 이런 이해할 수 없는 본질에 의해 결정되는 것처럼 보인다. 페니스가 없다는 것만으로 그 본질에 명확한 구체성을 부여할 수는 없다. 허벅지 사이에서 흘러나오는 붉은 피에서 발견되는 것이 바로 그 본질이다. 소녀가 이미 자기 조건을 받아들였다면, 그녀는 그 사건을 즐겁게 맞이한다…… '이제 너도 어엿한 한 여자이다.' 만일 그것을 늘 거부해 왔다면, 피 어린 선고(宣告)는 그녀를 넋을 잃게 만들 것이다. 대개 소녀가 망설이고 있을 때, 월경은 그녀를 혐오와 공포 쪽으로 기울게 한다. '여자가 된다는 말의 의미는 이것이었구나!' 이제까지 막연하게 외부로부터 그녀에게 짐이 되어 온 운명이 이제 그녀의 몸속에 도사리고 있다. 달아날 방법이 없다. 그녀는 막다른 곳에 내몰린 느낌을 받는다. 성적으로 평등한 사회라면 소녀는 월경을 성인으로서의 삶을 살아가기 위한 여성 특유의 수단으로만 생각했을 것이다. 인간의 육체는 남자든 여자든, 이보다 더 불쾌한 속박을 많이 경험한다. 하지만 그들은 그런 것에는 쉽사리 적응한다. 왜냐하면 그런 속박은 누구에게나 공통적인 것이어서 아무에게도 결점으로 느껴지지 않기 때문이다. 월경이 사춘기 소녀에게 혐오감을 주는 것은, 이것이 그녀를 보다 열등한 손상된 존재 영역의 범주로 던져 넣기 때문이다. 이런 추락의 감정이 그녀를 무겁게 짓누른다. 그녀가 인간으로서 자존심을 잃지 않는다면, 피 흘리는 자신의 육체에 대한 자부심을 잃지 않을 것이다. 그녀가 만일 이 인간으로서의 자존심을 간직하는 데 성공한다면, 자기의 육체에 대한 굴욕을 느끼는 일도 훨씬 적어질 것이다. 스포츠·사회·학문·종교 등의 활동분야에서 초월의 길을 개척해 나아가는 여성은, 자기가 거세되어 있다는 사실(여자라는 것)에서 결함을 인정하지 않으며, 또 이를 쉽게 극복한다. 이런 시기에 그녀가 정신병의 징후를 나타내기 쉬운 것은, 상상도 할 수 없는 시련을 자기에게 강요하는 무거운 운명 앞에서 자신이 무방비 상태라고 느끼기 때문이다. 자기가 여자가 되었다는 것이 그녀에게는 질병이나 고통, 죽음을 의미하며, 그녀는 이 운명에 현기증을 느낀다.

이런 고뇌를 여실히 증명하는 한 예는, H. 도이치가 몰리라는 이름으로 묘사한 환자에게서 볼 수 있다.

몰리는 14살 때부터 정신적 혼란으로 고통받기 시작했다. 그녀는 다섯 남매 가운데 넷째 아이였다. 아버지는 지극히 엄격해서 식사 때마다 자기 딸들을 꾸짖었고, 어머니는 불행한 여인이었다. 부모는 서로 말도 하지 않을 때가 많았다. 오빠 하나는 가출해 버렸다. 몰리는 재주가 비상하고 탭댄스를 뛰어나게 잘했지만, 소심한 그녀는 가정의 분위기를 괴롭게 느꼈고, 남자 아이들을 무서워하고 있었다. 그녀의 언니는 어머니의 반대를 무릅쓰고 결혼했다. 그녀는 언니의 임신에 강한 호기심을 느꼈다. 언니는 난산으로 의료용 집게를 사용해야만 했다. 출산에 대해 자세히 알게 되고, 또 아이를 낳다가 죽는 일이 자주 있다는 사실을 알게 된 몰리는 심한 충격을 받았다. 그녀는 두 달 동안 갓난아기를 돌봐 주었다. 언니가 집을 나갈 때는 집안에 무서운 소란이 벌어졌으며, 어머니는 실신하고 말았다. 함께 있던 몰리도 기절했다. 그녀는 교실에서 학우가 기절하는 것을 본 적이 있었다. 죽음과 기절의 관념이 머리에서 사라지지 않았다. 처음 월경했을 때 그녀는 당황한 기색으로 어머니에게 "그게 나왔어" 하고 말했다. 언니와 함께 위생수건을 사러나갔다. 거리에서 남자를 만나면 그녀는 고개를 숙였다. 일반적인 방식으로 그녀는 자기 자신에게 느끼는 혐오감을 표현했던 것이다. 월경을 할 때 고통을 느끼진 않았다. 그녀는 언제나 어머니에게 그것을 숨기려고 했다. 한번은 시트에 흔적이 묻어 있는 것을 보고 어머니는 그녀에게 월경기간이냐고 물었다. 사실 그랬지만 그녀는 그것을 부인했다. 하루는 언니와 이런 말을 주고받았다.

"이제 나는 무엇이든 할 수 있을 거야. 아기도 낳을 수 있고."
"그러려면 남자와 함께 살아야지."
"나는 두 남자와 함께 살고 있잖아. 아빠와 형부하고 말야."

아버지는 딸들이 성폭행이라도 당할까 봐 혼자 외출하는 것을 허락하지 않았다. 이런 염려는 남자들이 두렵고 무서운 존재라는 몰리의 생각을 더욱 부추겼다. 임신이 되면 아이를 낳다가 죽을지도 모른다는 공포는 초경 때부터 매우 강해져서, 그녀는 점차로 방을 떠나지 않게 되었다. 심지어는 하루 종일 침대에 머물러 있었다. 외출을 해야할 때면 발작을 일으키고 기절했다. 그녀는 자동차·택시를 무서워했다. 잠도 오지 않았고, 자면서도 강도가 집에 들어오는 것처럼 생각되어 비명을 지르며 울부짖었다. 또한 식욕이상(食慾異常)이 생겨서, 때로는 기절하지 않기 위해서라며 마구 먹어 댔다. 또 그녀는 자기가 갇혀 있다고 느끼며 두려움에 휩싸일 때도 있었다. 결국 그녀는 학교도 다니지 못하고 정상적인 생활도 할 수 없게 되었다.

월경의 발작과는 관계없지만, 소녀가 자기 내부에 대하여 느끼는 불안을 나타낸다는 점에서 위와 비슷한 이야기가 있다. 다음은 낸시라는 소녀에게 일어난 이야기이다.[*40]

그 소녀는 13살 때 언니와 매우 친했다. 언니가 아무도 모르게 약혼하고 나서 결혼했을 때, 그녀는 그 속내를 듣고 흡족해 했다. 어른들의 비밀을 안다는 것은 어른으로서 인정받는 것이다. 그녀는 얼마 동안 언니 집에서 지냈다. 그러나 언니가 곧 아기를 하나 '사야'겠다는 말을 했을 때, 낸시는 형

---

[*40] 역시 H. 도이치의 《여성심리》에서 인용.

부와 앞으로 태어날 아기에게 질투를 느꼈다. 또한 그들이 자기를 어린애 취급하여 대수롭지 않은 일을 숨기는 것이 견딜 수 없었다. 낸시는 내장에 이상을 느끼고는 맹장수술을 받겠다고 했다. 수술은 성공적이었으나 병원에 있는 동안 무서운 흥분 속에서 지냈다. 그녀는 자기가 아주 싫어하는 간호사와 언쟁을 했다. 의사를 유혹하려고 그에게 밀회를 청하고 도발적인 태도를 보였으며, 신경발작을 통해 의사가 자기를 여자로 봐 주길 바랐다. 그녀는 수년 전에 있었던 남동생의 죽음이 자기에게 책임이 있는 것처럼 스스로를 책망했다. 그리고 무엇보다도 그녀는, 의사가 자기의 맹장은 절제하지도 않고 위 속에 메스를 넣어 둔 채 그대로 잊고 있다고 확신했다. 그녀는 동전 한 개를 삼켰다는 구실로 엑스레이 촬영을 요구했다.

이 수술하고 싶은 욕구, 특히 맹장 절제의 욕구는 이만한 연령에 흔히 있는 것이다. 이런 식으로 소녀들은 성폭행·임신·해산의 공포를 나타낸다. 그녀들은 자기들의 뱃속에 알 수 없는 위협적인 뭔가가 있는 것처럼 느끼고, 자기들을 노리는 미지의 위험으로부터 외과의사가 자기들을 구해 주기를 바란다.

소녀에게 여자의 운명을 선고하는 것은 월경의 시작만이 아니다. 그 외에도 여러 가지 괴상한 현상들이 일어난다. 그때까지 그녀의 성감대는 음핵에 있었다. 어릴 때 자위 행위가 왜 남자보다 여자에게 적게 나타나는지는 알기 어렵다. 여자아이는 처음 2년 동안, 생후 몇 달이 지나지 않은 무렵부터 자위 행위에 몰두하다 2살 무렵에는 그것을 일단 포기하고, 그 뒤에도 한동안은 다시 생각하지 않는 듯하다. 해부학적 구조상으로도 남성의 육체에 심어진 줄기가, 숨어 있는 점막보다 더 자위를 유도한다. 그러나 여자아이는 밧줄타기·나무오르기·자전거타기에 따르는 여러 가지 마찰, 의복의 스침, 놀이에서 몸과 몸의 우연한 접촉, 또 심지어는 친구·선배·어른들의 비밀스런 시도를 통해 이런 감각을 발견하고, 그것을 재현하려고 애쓰는 경우가 있다. 아무튼 쾌감은 이에 도달했을 때는 자율적인 감각이 된다. 그것은 어린이의 모든 놀이에 부수적으로 붙는 무구함과 순진함을 갖추고 있다.*41 그녀는 이런 내밀한 즐거움과 여

---

*41 흔히 부모나 종교적 배려가 직접·간접으로 개입하여 그것을 하나의 죄행(罪行)처럼 생각되게 하는 경우는 물론 예외이다. 어린이들을 악습으로부터 구한다는 구실로 그들에게 가끔 가해지는 여러 가지 가공할 행위들의 예는 부록으로 들었다.

자로서의 자기 운명 사이에 있을 수 있는 어떤 관련성을 찾아내려 하지 않았다. 만일 이제까지 그녀가 남자아이와 성적 관계가 있었다고 하더라도, 이는 거의 호기심에 근거를 둔 것이었다. 그런데 지금이야말로 그녀는 한 번도 경험하지 못했던 마음을 뒤흔드는 흥분이 온몸을 휘감는 것을 비로소 느낀다. 성감대의 감수성이 발달하기 시작한다. 여자에게는 이 성감대가 너무나 많아서, 그 몸 전체를 성감대로 생각할 수 있을 정도이다. 가족의 애무, 순진한 입맞춤, 양재사·의사·미용사의 무심한 접촉, 머리나 목에 얹은 부드러운 손길이 그녀에게 그것을 가르친다. 그녀는 남자아이나 여자아이와 함께 놀고 다투는 동안에, 보다 더 깊은 동요를 경험한다.

때로는 그녀가 일부러 그런 동요를 추구하는 수도 있다. 질베르트가 샹젤리제에서 프루스트와 다툰 것이 그런 예의 하나이다. 또 춤추는 상대의 품에서, 어머니의 순박한 눈길 아래서 그녀는 묘한 나른함을 느낀다. 집에 가두어 고이 기른 처녀는 이보다 더 뚜렷한 경험에 직면하게 된다. '상류' 사회에서는 서로 약속이라도 한 듯이 이런 한탄스런 사건들에 대해 모두 입을 다문다. 할아버지나 아버지의 애무가 꼭 그렇다고는 말할 수 없지만, 집에 드나드는 사내들을 비롯하여 숙부나 사촌 오빠들의 애무는, 어머니가 상상하는 것보다 훨씬 더 유해하다. 어떤 선생이나 신부, 어떤 의사는 방약무인하고 파렴치하다. 그러한 경험담은 비올렛 르딕의 《질식》이나 S. 드 테르바뉴(현대 프랑스 소설가)의 《어머니의 원한》, 야쉬 고클레르의 《파란 오렌지》 등에서 찾아볼 수 있다. 슈테켈은 특히 할아버지들이 위험한 경우가 많다고 생각한다.

> 내가 15살 때였다. 장례식 전날 우리 할아버지가 집으로 자러 왔다. 이튿날 어머니는 벌써 일어나 있었다. 할아버지는 내 침대에서 자기와 함께 놀아도 좋겠느냐고 나에게 물었다. 나는 그에게 대답도 하지 않고 벌떡 일어났다…… 나는 사내들이 무서워졌다.

이렇게 어떤 여자는 이야기하고 있다.[42]

---

[42] 《불감증의 여자》.

또 다른 소녀는 8, 9살 무렵 70살의 친척 할아버지가 자기의 생식기를 만졌을 때 심각하게 충격받은 일을 기억하고 있다. 할아버지는 그녀를 무릎 위에 앉히고 슬며시 그 질 속에 손가락을 집어넣었다. 여자아이는 몹시 아팠지만 감히 아프다는 말을 할 수가 없었다. 그때부터 그녀는 성적인 것 모두를 매우 두려워하게 되었다.*43

이런 사건은 여자아이들이 수치심 때문에 말하지 못하므로 침묵 속에 지나가 버리는 것이 보통이다. 또 만일 그 일을 그녀가 부모에게 터놓고 이야기하면, 부모는 의외로 그녀를 꾸짖는 경우가 많다. "바보 같은 소리 말아라…… 네가 잘못 생각하는 거야." 그녀는 낯선 사내들의 기묘한 행동에 대해서도 입을 다물고 있다. 한 소녀는 리프만 박사에게 이런 이야기를 했다.*44

우리는 구둣방 지하에 방 한 칸을 빌려서 살고 있었다. 집주인은 내가 혼자 있을 때면 찾아와서 나를 껴안고 몸을 앞뒤로 흔들면서 무척 오랫동안 키스했다. 게다가 가벼운 키스도 아니어서 혀를 내 입 속에 깊숙이 넣었다. 나는 그런 짓을 하는 그가 꼴도 보기 싫었다. 하지만 그가 아주 무서웠기 때문에 그것을 한마디도 입 밖에 내지 못했다.

대담한 급우나 품행이 나쁜 여자친구들 말고도, 영화관에서 소녀의 무릎을 짓누르는 무릎, 야간열차에서 그녀의 다리를 만지는 손도 있다. 그녀가 지나갈 때 히죽거리며 놀려 대는 청년들, 거리에서 그녀의 뒤를 따라붙는 사내들도 있다. 그리고 은근한 포옹과 접촉이 있다. 소녀는 이런 갑작스런 일의 의미를 잘 이해하지 못한다. 15살의 머릿속에는 가끔 이상한 혼란이 일어난다. 이론적인 지식과 구체적인 경험이 적절하게 어우러지지 않기 때문이다. 어떤 소녀는 벌써 열띤 동요와 욕망의 아픔을 남김없이 경험했으면서도, 프랑시스 잠(현대 프랑스 시인)이 창조한 클라라 델레뵈즈(《토끼 이야기》 속에 수록되어 있음)처럼, 자기가 어머니가 되려면 남성의 키스 한 번으로 충분하다고 상상한다. 또 다른 소녀는 생식기의 구조를 정확히 알면서도, 춤추는 상대가 자기를 껴안을 때 자기가 느낀 욱신거리는 감각을 편두통

*43 《불감증의 여자》.
*44 리프만의 《청소년기와 성욕》.

으로 착각한다. 확실히 오늘날의 처녀들은 성에 대해 예전보다 더 잘 알고 있다. 하지만 몇몇 정신과 의사들의 주장처럼, 아직도 생식기가 배뇨 이외의 용도로 쓰일 수 있다는 사실을 모르는 처녀들이 매우 많다.*45 아무튼 그녀들은 자기들의 성적 충동과 생식기의 존재 사이에 어떤 관련성이 있는지 거의 인식하지 못하고 있다. 그것은 남성의 발기처럼 이런 관련성을 보여 주는 명확한 표시가 그녀들에게는 하나도 없기 때문이다. 남자나 연애에 관한 그녀들의 로맨틱한 꿈과 그녀들에게 밝혀진 몇 가지 생생한 사실 사이에는 상당한 거리가 있어서, 그녀들은 그 사이에 어떤 연결고리도 생각해 내지 못한다. 티드 모니에*46는 남자의 몸이 어떻게 생겼는지 보고 와서 그것을 이야기해 주기로 여자친구들과 약속했을 때의 일을 다음과 같이 말하고 있다.

나는 일부러 노크도 하지 않고 아버지의 방에 들어가 훔쳐 본 것을 이렇게 설명했다. "그것은 고기 다리뼈에 붙어 있는 손잡이를 닮았어. 즉 두루마리 같은데, 그 끝에 둥근 것이 하나 붙어 있어." 설명하기 어려워서 나는 그림을 그렸는데, 똑같은 그림을 석 장이나 그렸다. 그리고 각자 자기 그림을 품속에 감춰 가지고 다니면서 가끔 그것을 꺼내 보며 웃음을 터뜨렸다. 그런 다음엔 깊은 생각에 잠겼다…… 존경과 한숨과 수줍음과 손에 입맞추는 것이 바로 사랑이라고 하는 아름답고 로맨틱한 이야기, 그리고 감상적인 유행가들. 이런 것들과 이 물체 사이의 관련성을 우리가 어떻게 찾아내겠는가. 그런 이야기 속에선 이 같은 물체는 남자에게 없는 듯이 순화되어 있는데, 그런 관계를 우리같이 순진한 소녀들이 어떻게 인식할 수 있겠는가?

그럼에도 불구하고 독서·대화·목격·얼핏 엿들은 말 등을 통해 소녀는 자기의 육체적인 동요에 하나의 의미를 부여한다. 그녀는 호소하고 욕망한다. 열기와 전율, 땀, 까닭 모를 불쾌감으로 그녀의 육체는 하나의 새로운 불안한 세계 안에 놓이게 된다. 젊은 남자가 자신의 성적 성향을 내세우는 것은, 자기의 욕구를 기꺼이 인정하기 때문이다. 남성의 성욕은 공격적이며 곧바로 알아차릴 수 있다. 그는 성적 욕구를 통해 자기의 주체성과 초월성을 긍정하고 확인

*45 H. 도이치의 《여성심리》 참조.
*46 《자아(自我)》 참조.

한다. 그는 친구들에게 성욕을 자랑한다. 그의 성기는 관능적 존재지만 그에게 여전히 자랑스러운 쿤신이다. 그가 여성에게 보내는 충동은, 그가 자신을 세계로 던지는 충동과 같은 성질이다. 그는 거기에서 자신을 인정하게 된다. 이와는 반대로, 여자아이의 성적 생활은 언제나 비밀리에 이루어진다. 그녀의 에로티시즘이 변형되어 그녀의 몸 곳곳을 침범할 때 그 비밀은 고뇌를 불러일으킨다. 그래서 그녀는 그 동요를 마치 수치스러운 병처럼 괴로워하며 견딘다. 그 동요는 능동적인 것이 아니다. 그것은 하나의 상태로, 상상 속에서라도 그녀는 어떤 자주적인 결정으로 거기서 자신을 해방할 수 없다. 그녀는 붙잡고 희롱하고 유린하는 것을 공상하지 않는다. 그녀는 원하고 기다린다. 그녀는 자기를 의존적인 존재로 느끼고, 자기의 소외된 육체 속에서 위험을 감지한다.

왜냐하면 그녀의 막연한 희망과 행복한 수동성의 꿈은, 그녀의 몸이 다른 사람을 위해 존재하는 물체라는 분명한 증거를 보여 주기 때문이다. 그녀는 성적 경험을 자신의 내재성 속에서만 알고 싶어한다. 그녀가 바라는 것은 손·입·그 밖에 자기 육체의 다른 부분의 '접촉'이지, 자기와 다른 손·입·육체가 아니다. 그녀는 상대의 이미지를 그림자 속에 버려두거나 또는 이상(理想)의 안개 속에서 놓쳐 버린다. 하지만 그녀는 상대의 존재가 자기를 따라다녀도 그것을 막지 못한다. 남자에 대한 그녀의 어린애 같은 공포나 반발은 전보다도 훨씬 모호해지고, 또 그 때문에 한결 불안한 성격을 띠고 있다. 그 공포와 반발은 전에는 유아의 신체 구조와 성인의 미래 사이에 드러나는 깊은 균열에서 비롯된다. 그러나 지금은 소녀가 자기의 몸을 통해 경험하는 복잡성 속에 그 원천을 둔다. 그녀는 자기가 타인에게 소유될 운명인 까닭이, 자기 스스로 그것을 원하기 때문임을 깨닫는다. 그래서 자기의 욕망에 반항한다. 그녀는 스스로 먹이가 되는 수치스러운 피동(被動)을 희망하는 동시에 몹시 두려워한다. 남자 앞에서 나체가 된다는 생각만 해도 그녀는 불안해서 어쩔 줄 모르지만, 또 그렇게 되면 남자의 시선에 자기가 영구히 맡겨진다고도 느낀다. 붙잡고 만지는 손은 눈보다 훨씬 위압적인 존재이다. 그래서 손은 그녀에게 더욱 위협을 가한다. 그러나 육체적 소유의 가장 명백하고 가증스러운 상징은 남성 성기에 의한 관통이다. 그녀는 자기 자신과 하나인 이 육체를 남자들이 마치 가죽을 뚫듯이 뚫고, 천을 찢듯이 찢을 수 있다는 것을 증오한다. 그런데 거기서 오는 상처나 고통 이상으로 소녀가 싫어하는 것은, 그 상처와 고통이 남에 의해 가해진다는 사실이다. "내 몸이 남자에게 관통된다고 생각하면 너무 무섭다"라고 언젠가 한 소녀가 내게 말한 적이 있다. 페니스에 대한 공포가 남자에 대한 혐오감을 낳는 것은 아니지만, 그것은 그 확증이며 상징이다. 관통의 관념은 대개 여자에게, 마음속으로 더럽고 굴욕적인 느낌을 갖게 하며 공포가 그것의 매우 중요한 요소가 된다.

 소녀의 불안은 악몽으로 나타나 그녀를 괴롭히고, 환상으로 나타나 그녀에게서 떠나지 않는다. 대개 강간의 관념이 강박관념이 되는 것은, 소녀가 자기 내부에 어느새 숨어드는 쾌감을 깨달았을 때이다. 강박관념은 다소간 명백한 여러 가지 상징을 통해 꿈이나 행동에 나타난다. 소녀는 잠자리에 들기 전에 추잡한 목적을 품은 도둑이 자기 방에 숨어들지 않았나 하고, 방 안을 살펴본다. 소녀는 집 안에 강도가 침입하는 소리를 들었다고 생각한다. 침입자가 창으로 들어와서는 손에 든 칼로 자기를 찌르는 장면을 상상한다. 정도의 차이는 있겠지만, 아무튼 남자가 그녀에게 공포스러운 존재인 것은 사실이다. 그녀는 자기 아버지에 대해서도 일종의 혐오감을 느끼기 시작한다. 그래서 이젠 아버지의 담배 냄새도 참을 수 없게 된다. 아버지가 사용한 욕실에 들어가는 것도 싫다. 그녀가 비록 아버지를 깊이 사랑한다 해도 이 육체적 혐오는 자주 일어난다. 막내딸의 경우에 흔히 그렇듯이, 그녀는 마치 아버지를 증오하기라도 하듯 매우 화난 모습을 보인다. 정신과의사가 젊은 여자 환자들로부터 특히 자주 듣는 꿈 이야기가 하나 있다. 그녀들은 나이 많은 한 여자 앞에서 그녀의 동의 아래 자기가 어떤 남자에게 폭행당하는 꿈을 꾼다. 그녀들은 상징적으로 자기 어머니에게 자기의 욕망에 몸을 맡기는 데 대한 허락을 구하는 것이 분명하다. 왜냐하면 그녀들을 가장 강하게 누르는 속박 가운데 하나가 위선이기 때문이다. 소녀는 자기 속이나 자기 주위에서 생명과 성(性)의 신비로운 동요를 발견하는 바로 그 순간, '순결'과 '무구함'에 바쳐지고 만다. 사람들은 그녀가 눈처럼 깨끗하고 수정처럼 투명하기를 바란다. 비쳐 보일 정도로 얇고 가벼운 모슬린 옷을 입히고, 그 방은 살구색 벽지로 꾸민다. 사람들은 그녀가 가까이 다가오면 목소리를 낮춘다. 외설적인 책을 읽지 못하게 한다.

 그런데 꺼림칙한 이미지나 욕망을 마음속에 품지 않는 마리아의 딸은 한 사람도 없다. 그녀는 그런 이미지와 욕망을 가장 친한 친구는 물론, 심지어는 자기 자신에게도 숨기려고 애쓴다. 그녀는 이제 그것을 스스로에게 금지하면서 살아가고 생각할 수밖에 없다. 자기 자신에 대한 불신은 그녀에게 음험하고 불행한 병적인 상태를 가져다준다. 그리고 나중에는 이런 억압을 극복하는 일이 그녀에겐 더할 나위 없이 어렵게 된다. 그러나 스스로 아무리 모든 것을 억압하더라도, 그녀는 이루 말할 수 없는 과오의 중압감을 느끼게 된다. 그녀는 여자로의 변신을 치욕스럽게 여길 뿐만 아니라 후회하는 마음으로 받아들인다.

사춘기가 여자아이에게 괴로운 혼란기라는 것은 두말할 나위가 없다. 그녀는 그냥 소녀로 머물러 있고 싶어하지는 않는다. 하지만 그녀의 생각에는 어른의 세계가 두렵고 따분할 것만 같다. 콜레트 오드리는 이렇게 말하고 있다.

> 나는 어른이 되고 싶기는 했지만, 눈앞에 보이는 어른들과 같은 생활을 하고 싶다는 생각은 한번도 한 일이 없었다…… 이와 같이 내 마음속에는, 어른의 조건을 절대로 받아들이지 않고 또 부모·주부·가정부·가장(家長) 등과 결코 연대하는 일 없이 어른이 되겠다는 의지가 자라고 있었다.

그녀는 어머니의 멍에로부터 벗어나고 싶었다. 그러나 동시에 어머니에게 보호받고자 하는 강렬한 욕구도 있었다. 그녀에게 이런 피난처가 필요했던 것은 그녀의 양심을 짓누르는 과실, 즉 자위 행위, 수상한 교제, 불량한 독서 때문이었다. 15살 소녀가 여자친구에게 보낸 다음의 편지[*47]는 그 전형이다.

> 엄마는 X댁의 큰 무도회에 갈 때 내게 긴 옷을 입히려고 해…… 나로서는 처음 입는 긴 옷이야. 엄마는 내가 입지 않으려고 하니까 놀라셨어. 나는 엄마에게, 마지막으로 짧은 핑크색 옷을 입게 해 달라고 졸랐어. 무서운 걸 어떡해. 내가 긴 옷을 입으면 엄마는 멀리 여행을 떠나서 언제 돌아올지 모른다는 생각이 들거든. 참 바보 같지? 가끔 엄마는 내가 어린아이인 것처럼 나를 바라보곤 해. 아! 만약 엄마가 안다면! 엄마는 내 양손을 침대에 잡아매 놓고 나를 멸시하겠지.

---

[*47] H. 도이치가 인용한 것.

슈테켈의 저서 《불감증의 여자》 속에는 여성의 유년기에 대한 주목할 만한 자료가 있다. 21살 무렵의 고백을 상세히 기록한 비엔나의 어느 '깜찍한 소녀' 이야기이다. 이 고백은 이제까지 우리가 개별적으로 연구한 모든 시기를 구체적으로 종합한 것이다.

'나는 5살 때 처음으로 소꿉친구 하나를 사귀었다. 리하르트라는 6, 7살 되는 사내아이였다. 나는 늘 남자아이와 여자아이를 어떻게 구분하는지 알고 싶었다. 남들은 귓불 또는 코로 구별한다고도 했다. 사람들이 내게 무엇을 감추고 있다고 느끼면서도 나는 그 설명에 만족했다. 갑자기 리하르트가 쉬를 하고 싶어했다…… 나는 그에게 내 변기를 빌려 주었다. 그의 페니스를 보았을 때, 나는 매우 놀라 감격해서 외쳤다. "너 그게 뭐니? 참 예쁘구나! 아, 나도 하나 가졌으면." 동시에 나는 대담하게도 그것을 만져 보았다……'

그러나 그 광경을 숙모에게 들켜서, 그때부터 엄중한 감시를 받았다. 9살 때 그녀는 8살과 10살인 다른 두 소년이랑 함께 결혼놀이와 의사놀이를 했다. 모두들 그녀의 성기를 만졌다. 하루는 그 가운데 한 소년이 자기 성기를 그녀에게 갖다 대며, 자기 부모도 결혼했을 때 그렇게 했다고 말했다. 그녀는 아주 화가 났다. "말도 안 돼! 그런 추잡한 짓을 했을 리 없어!" 그녀는 이런 놀이를 오랫동안 계속했고 그 두 소년과 연애적인 깊은 성적 관계를 맺게 되었다. 하루는 숙모가 그것을 알게 되어 큰 소동이 벌어졌다. 어른들은 그녀를 감화원(感化院)에 보내겠다고 위협했다. 그녀는 자기가 무척 좋아하는 아르투르를 못 만나게 되어 몹시 괴로워했다. 공부를 소홀히 했고, 글씨는 비뚤어졌으며, 눈매까지 험해져 버렸다. 그녀는 월터와 프란츠라는 남자아이들과 또 다른 교제를 시작했다.

'월터는 나의 생각과 관능의 모든 것을 점령하고 있었다. 나는 그의 앞에 서거나 앉아서 글씨 쓰기 연습을 하면서, 그가 스커트 밑으로 내 몸을 만지는 것을 허락했다. 엄마가 문을 열면 그는 재빨리 스커트 밑에서 손을 뺐고 나는 계속 쓰기에 여념이 없는 체했다. 드디어 우리는 남녀 사이의 정상적인 관계를 가졌으나, 나는 그에게 많은 것을 허락하지는 않았다. 나는 그가 내 질 속으로 들어왔다고 생각되면, 곧 누가 왔다고 말하며 그에게서 몸을 빼냈다. 나는 그것이 죄짓는 행위라고는 생각지 않았다.'

'나와 남자아이들의 교제는 끝났다. 여자아이들과의 우정만 남았다. 나는 집안이 좋고 교양 있는 에미라는 소녀가 좋아졌다. 한번은 12살 되던 크리스마스 때, 우리는 조그만 하트형 금메달 안쪽에 우리 두 사람의 이름을 새겨 교환했다. 우리는 '영원한 정절'을 맹세함으로써 그것을 일종의 약혼으로 생각했다. 내 지식의 일부는 에미에게서 얻었다. 에미는 내게 성적인 문제도 가르쳐 주었다. 나는 이미 2학년 때 아이를 가져온다는 황새 이야기를 의심하기 시작했다. 나는 아이가 뱃속에서 나오며, 아이가 나오기 위해서는 절개를 해야 한다고 생각했다. 에미는 특히 자위에 관해 이야기해서 나를 놀라게 했다. 학교에서는 복음서의 몇 대목이 성문제에 더해 우리의 눈을 뜨게 해 주었다. 예를 들면, 성모 마리아가 성녀 엘리자베스를 보러 온 장면에서 나오는 '뱃속에 있는 아기가 기뻐서 뛰어놀았다'는 문구를 비롯하여 성서의 흥미로운 다른 대목들이 그러했다. 우리는 그런 대목에 밑줄을 그었다가, 그것이 발각되어 반에서 나쁜 훈육 점수를 받을 뻔했다. 에미는 또 실러가 《군도(群盜)》에서 말하는 '9개월의 기억'이라는 구절을 내게 가르쳐 주었다. 그런데 에미의 아버지가 전근을 가게 되어 나는 또 혼자가 되었다. 우리는 둘이 함께 발명한 암호 문구로 편지를 교환했으나, 나는 외로웠기 때문에 에들이라는 유대인 소녀를 좋아하게 되었다. 한번은 에들과 함께 학교에서 나가다가 에미에게 들켰다. 에미는 질투심 때문에 내게 덤벼들었다. 나는 상업학교에 들어갈 때까지 에들과 함께 있었다. 우리는 나중에 시누이와 올케 사이가 되리라 꿈꾸며 매우 친한 친구로 지냈다. 왜냐하면 나는 대학생이었던 에들의 오빠를 무척 사랑했기 때문이다. 그가 말을 걸어 오면 나는 당황하여 엉뚱한 대답밖에 할 수 없을 정도였다. 노을이 질 때면 나는 에들과 조그만 소파에 서로 꼭 붙어 앉아서 그의 피아노 소리를 들었는데, 그러자면 왠지 뜨거운 눈물이 흘렀다.'

'에들과 친해지기 전에 나는 몇 주일 동안 엘라라는 가난한 집 딸과 자주 어울렸다. 그녀는 침대에서 나는 소리에 잠이 깨어, 부모가 '마주 대하고' 있는 모습을 보았다. 그녀는 내게 와서 말하기를, 아빠가 엄마 위에서 자면 엄마는 굉장히 소리를 지르는데, 그러면 아빠는 빨리 씻고 오라고 말했다고 한다. 나는 그녀의 아빠가 한 행위가 마음에 걸려서 그를 거리에서 만나면 피했고, 그녀의 엄마에게는 깊은 동정심을 느꼈다(그토록 소리를 질렀으니

제1편 형성 419

그 엄마는 괴로웠을 거라고 생각했다). 나는 다른 여자친구와 함께 페니스의 길이에 대하여 이야기한 적도 있다. 한번은 12센티에서 15센티라는 말을 들었다. 재봉 시간에 우리는 스커트 위에 자를 대고, 문제의 그곳에서 복부를 따라 그 길이를 재 보았다. 분명히 배꼽까지는 이르렀다. 그래서 우리가 결혼하면 우리 몸에 글자 그대로 말뚝이 박힌다는 생각에 무서워졌다.'

그녀는 수캐가 암캐와 교미하는 장면을 보았다. '거리에서 말이 오줌 누는 것을 보면, 나는 거기서 눈을 뗄 수가 없었다. 그 페니스의 길이가 내게 깊은 인상을 준 것 같았다.' 그녀는 파리도 관찰하고 시골에서는 짐승들을 눈여겨보았다.

'12살 때 나는 편도선염이 심해서 단골 의사에게 진찰을 받았다. 그는 내 침대에 가까이 앉더니 대번에 손을 이불 밑으로 넣어 그곳을 만졌다. "그만둬요!" 나는 소리치며 벌떡 일어났다. 엄마가 달려왔고, 의사는 몹시 난처해 했다. 그는 되려 나더러 무례하다며 자기는 장딴지를 짚어 보려고 했을 뿐이라고 주장했다. 나는 억지로 그에게 사과해야만 했다…… 드디어 나는 월경을 하게 되었고, 아버지가 피 묻은 생리대를 발견했을 때에는 야단이 났다. 왜 깨끗한 남자인 그가 부정(不淨)한 여자들 틈에 끼어 살아야만 하는가? 마치 월경을 시작한 것도 내 잘못인 것만 같았다.'

15살 때 그녀는 다른 여자친구가 생겼고, 둘은 가족 가운데 누구도 편지를 읽을 수 없도록 속기법으로 편지를 써서 주고받았다.

'우리는 서로의 발견에 관해 써야 할 것이 태산같이 많았다. 그녀는 화장실 벽에서 발견한 많은 시(詩)를 내게 알려 주었다. 나는 그 가운데 하나를 기억하고 있다. 나의 상상 속에서 그토록 고상했던 사랑을 그 시가 밑바닥에 내동댕이쳐 짓밟아 버렸기 때문이다. '사랑을 한다는 것은 무엇인가? 하나의 막대로 이어지는 두 개의 궁둥이.' 나는 결코 거기까지는 가지 않겠다고 결심했다. 젊은 처녀를 사랑하는 남자라면 그녀에게 그런 짓을 요구할 리가 없다. 내가 15살 하고 여섯 달 되던 때 남동생이 생겼다. 나는 몹시 질투했다. 줄곧 외동딸로 자라 왔기 때문이다. 내 여자친구는 동생의 몸이 어떻게 생겼는지 보고서 알려 달라고 졸랐다. 하지만 나는 그녀가 알고 싶어하는 정보를 결코 가르쳐 줄 수 없었다. 이 시기에 다른 여자친구가 내게 결혼 첫날밤을 묘사해 주었다. 그 이야기를 듣고 나는 호기심에서 결혼하고 싶은 생각이 들었다. 다만 그녀의 묘사에 따르면 '말처럼 헐떡거린다'는데, 그것만은 나의 미적 감각을 손상시켰다…… 사랑하는 남편에게 옷을 벗기게 하고 그에게 안겨 침대로 갈 수 있다면, 우리 가운데 누가 결혼을 원치 않으랴. 그것은 깨가 쏟아지도록 재미난 일처럼 보였다.'

이것은 정상적인 사례로 병적인 경우가 아니지만, 아마도 사람들은 이 소녀를 이상한 '변태'라고 할 것이다. 그러나 실은 그저 다른 소녀들보다 그녀에 대한 감시가 부족했을 뿐이다. '좋은 가문 출신' 소녀들의 호기심과 욕망은 비록 행위로 나타나지 않아도, 역시 환상과 유희의 형태로 존재한다는 데에는 변함이 없다. 나는 전에 매우 신앙심이 깊고 어이없을 정도로 순진한 소녀를 알고 있었다. 그녀는 결혼한 뒤에 현모양처가 되었고 여전히 신앙심이 깊었다. 그런데 이 소녀가 어느 날 저녁 아주 흥분해서 언니에게 이렇게 고백했다. "남자의 눈앞에서 옷을 벗는다는 것은 얼마나 신나는 일일까! 언니, 잠깐만 남편인 척해 줘." 그러고는 감동에 몸을 떨면서 옷을 벗기 시작했다. 어떤 교육을 시키더라도, 소녀가 자기의 육체를 의식하고 자기의 운명을 꿈꾸는 것을 막을 도리는 없다. 기껏해야 그녀에게 엄격한 억제를 가하는 수밖에 없는데, 그것은 뒷날 그녀의 성생활 전체에 무거운 짐이 될 것이다. 바람직한 것은 오히려 그녀가 자기에게 도취되거나 수치스럽게 생각하지 않고 스스로를 자연스럽게 받아들이도록 가르치는 일이다.

사춘기의 소녀가 어떤 비극으로 괴로워하는지 이제 이해가 될 것이다. 그녀는 자기가 여성이라는 사실을 받아들이지 않고는 어른이 될 수 없다. 그녀는 자기의 성(性)이 자기를 불완전하고 무력한 존재로 운명지었다는 현실을 알고 있다. 그리고 그녀는 지금 그 성을 불결한 병과 아리송한 죄의 형태로 발견하고 있다. 그녀의 열등성은 무엇보다도 먼저 결핍처럼 이해되었다. 페니스의 결여가 오욕과 결점으로 바뀌었다. 그녀는 상처를 입고 치욕을 느끼며 불안과 죄의식을 간직한 채 미래를 향해 나아가고 있다.

## 제2장 젊은 처녀

소녀는 유년시절에 늘 속박되고 거세되어 왔다. 하지만 그녀는 자주적인 개체로 자신을 파악하고 있었다. 부모님이나 친구와의 관계를 통해, 또 공부와 유희를 통해 자기를 하나의 초월자로 인식해 왔다. 미래의 수동적인 여자의 삶은 그저 꿈만 꾸었을 뿐이다. 그러나 일단 사춘기가 되면 그 미래는 가까이 접근해 올 뿐만 아니라, 육체 속에 들어와 가장 구체적인 현실이 된다. 그 미래는 늘 그래 왔던 것처럼 숙명적인 성격을 간직하고 있다. 사춘기 소년이 활발하게 성년기를 향하여 나아가는 것과 달리, 소녀들은 예측할 수 없는 새로운 시기가 시작되는 것을 불안한 마음으로 문 앞에서 기다린다. 앞으로의 계획은 이미 짜여 있고 소녀가 거기에 도달하는 것은 오로지 시간문제다. 어린이였던 과거로부터 이미 이탈한 소녀에게 현재는 다만 과도기로 생각될 뿐이다. 그녀는 현시점에서 어떤 확실하고 유효한 목적도 발견하지 못하고 단지 시간만 흘려보내고 있을 뿐이다. 그녀의 젊음은 다소 가장된 채 기다림 속에 소비된다. 그녀는 '남자'를 기다린다.

 물론 사춘기 소년도 여자를 꿈꾸며 욕정을 품는다. 그러나 남자에게 여자는 삶의 한 요소에 불과하다. 여자는 남자의 운명을 좌우하지 못한다. 소녀는 유년시절부터 여자로서 자기를 실현하려고 했던 또는 여성으로서의 한계를 뛰어넘으려고 했던, 결국 자신의 성취와 탈출을 남성에게 기대하는 수밖에 없었다. 그는 페르세우스(그리스 신화에서 제우스의 아들. 메두사를 죽이고 안드로메다를 구출하여 결혼한 영웅)나 성 게오르기우스처럼 사람을 황홀하게 하는 얼굴인 데다가 해방자이며, 돈도 있고 권력도 있다. 그는 행복의 열쇠를 쥐고 있는 동화 속 왕자님이다. 그녀는 어머니의 무릎에 안겨 쉬던 때처럼, 남자의 애무 속에서 '삶'이라는 커다란 흐름에 휩쓸리게 될 자신을 예감한다. 남자의 부드러운 권위에 몸을 맡기면 아버지의 품안에서와 똑같은 편안함을 발견하리라고 생각한다. 이리하여 포옹과 눈길의 마력은 그녀를 다시 우상으로 만들어 줄 것이다. 그녀는 언제나 남자가 우위라는 설교를 들어 왔다. 남성의 권위는 유치한 환상이 아니다. 그것은 경제적·사회적 기반을 토대로 하기 때문이다. 남자들은 분명히 이 세상의 주인이다. 모든 사람이 처녀들에게, 남자의 종이 되어야 그녀들에게 유리하다고 설교한다. 부모는 그렇게 그녀를 유도한다. 아버지는 딸이 거둔 성공을 자랑하고, 어머니는 딸의 미래에서 약속된 번영을 본다. 여자들은 남성의 흠모를 가장 많이 받는 친구를 부러워하고 감탄한다. 미국 대학에서 여학생의 지위는 그녀가 쌓은 '데이트'의 횟수에 따라 결정된다. 결혼은 명예로운 경력이며, 여러 가지 다른 일만큼 고되지도 않다. 그것은 여자에게 완전한 사회적 권위를 쥐어 주는 유일한 수단이며, 애인이자 어머니로서 성적인 자기실현을 가능하게 한다. 이런 식으로 주위 사람들은 그녀의 미래를 고려하고 그녀도 자신의 미래를 생각한다. 어떤 의미에서는 보호자인 남편을 얻는다는 것이 여자에게 여러 가지 사업 중에 가장 중요한 사업임을 누구나 인정한다. 남자에게 '타자'는 여자 속에 구체적으로 나타나 있는 것처럼, 여자의 눈에는 '타자'가 남자 속에 구체적으로 나타난다. 그러나 이 '타자'는 본질적인 모습으로 그녀에게 나타나고, 그녀는 그 앞에서 자기를 비본질로 파악한다. 그녀는 부모의 가정에서, 어머니의 지배에서 해방될 것이다. 그러나 그녀는 이제 능동적인 정복을 통해서가 아니라 새로운 주인의 손에서 다시 수동적·순종적으로 자신의 미래를 개척한다.

사람들은 여자가 이런 자기포기를 감수하는 것은 육체적·정신적으로 남자보다 열등해서 남자와 경쟁이 불가능하기 때문이라고 흔히 주장한다. 헛된 경쟁을 포기하고 자기의 행복과 미래의 보장을 우수한 계급의 일원에게 맡기는 것이라고도 한다. 사실 여자의 겸양은 어떤 선천적인 열등성에서 오는 것이 아니다. 반대로 이 온순한 태도야말로 그녀의 모든 무능함을 낳는다. 그 겸양의 근원은 그 소녀의 과거 속에, 그녀를 에워싸고 있는 사회 속에, 그리고 정확히 말해서 그녀 앞에 제시된 미래 속에 있다.

사춘기는 소녀의 육체를 변화시킨다. 그 육체는 전보다 한결 허약해진다. 여성의 생식기는 상처받기 쉬우며, 그 기능은 미묘해진다. 전과 달리 거추장스러워진 유방은 무거운 짐이 되어, 심한 운동을 할 때마다 흔들리고 고통마저 느끼게 하여 그 존재를 환기시킨다. 이 무렵부터 여자의 근력·지구력·민첩함이 남자에 비하여 뒤떨어지게 된다. 호르몬 분비의 불균형이 신경과 혈관운동의 불안정을 초래한다. 월경 때에는 괴로움이 따른다. 두통·피로·복통은 평소의 활동을 힘들게 하거나 아예 불가능하게 한다. 이런 불쾌한 일에 가끔 심리적인 이변이 끼어든다. 신경질적이 되고 민감해져서, 여자는 달가다 반(半)정신착란을 일으키는 수가 종종 있다. 신경계통과 교감신경계통에 대한 신경중추의 조절이 정확하지 않다. 일종의 순환불순인 자가중독으로 인하여, 육체는 여성과 세계 사이를 장벽처럼 갈라놓고, 뜨거운 안개가 되어 그녀를 짓누르고 질식시키고 이반시킨다. 이 가엾은 피동적인 육체를 통하여 온 세계는 너무나 무거운 짐이 된다. 고통으로 짓눌려 옴짝달싹도 못하게 된 그녀는, 세계의 여타 부분에서 이방인이기 때문에 자기 자신에 대해서도 이방인이 된다. 전체는 분해되고 순간은 이제 연결되지 않으며, 타인은 추상적으로만 인식된다. 우울증의 경우처럼 논리성이 온전히 남아 있기만 하다면, 기능의 혼란 가운데서 드러나는 열정의 존재를 확실하게 드러내 보여 줄 것이다. 이런 사실들은 대단히 중요하다. 그러나 여자가 이런 사실에 중요성을 부여하느냐 마느냐는 그것을 의식하는 방식에 달려 있다.

소년들이 실제로 폭력을 배워 공격성, 권력욕, 도전정신을 표명하는 것은 13살 무렵이다. 그때는 마침 소녀가 거친 장난을 그만둘 시기이다. 스포츠는 여자도 할 수 있다. 그러나 인위적인 규칙에 따라야 하는 특수한 스포츠는 자연적·습관적인 체력 사용의 대체물(代替物)이 되지는 못한다. 스포츠는 생활의 가장자리에 존재하여, 치고받는 난투나 예상 못할 싸움의 고조처럼 세계나 자기 자신에 대하여 생생하게 가르쳐 주지는 않는다. 스포츠를 하는 여자는, 결투에서 상대를 때려눕힌 소년이 느끼는 승리의 쾌감을 결코 맛보지 못한다. 게다가 많은 나라에서 대부분의 젊은 처녀들은 아무런 스포츠 훈련도 받지 못한다. 싸움이나 결투가 금지되어 있기 때문에 수동적으로 그 육체에 따를 뿐이다. 그녀들은 어렸을 때보다 한결 더 명확하게 한계를 지어, 자기들에게 주어진 세계 저편에 '나타나거나' 다른 사람들 '위에' 두각을 나타내는 일을 단념해야만 한다. 가능성의 한계를 발견하고 과감히 도전해 나아가는 일이 그녀들에게는 금지되어 있다. 특히 청년들에게 그토록 흔한 '도전'의 태도가 그녀들에게는 거의 보이지 않는다. 물론 여성들도 서로 비교하는 일이 있지만 '도전'은 그 소극적 대결과는 다른 것이다. 두 개의 자유는 이 세상에 대한 영향력의 한계를 서로 넓히려고 주장하는 한, 정면대결을 피할 수 없다. 상대보다 더 높이 기어오르고 상대의 팔을 꺾는 것은 온 세상에 자기의 주권을 주장하는 것이다. 이런 정복행위는 소녀에게는 허락되지 않고, 특히 폭력은 용납되지 않는다. 어른들의 세계에서도 평상시에는 폭력이 대단한 역할을 하지 못한다. 그럼에도 불구하고 폭력은 성인사회에서 떠나지 않으며, 수많은 남성적 행위는 폭력 가능성을 기반으로 일어난다. 거리의 뒷골목마다 싸움이 벌어지지만, 보통 그 싸움은 호지부지되고 만다. 그러나 남자가 자기의 주권이 확립되어 있다고 자각하기 위해서는, 자기의 확신을 자기 주먹 속에서 실감하는 것으로 충분하다. 남성은 모든 모욕에 대하여, 자기를 객체로 취급하려는 모든 시도에 대하여 싸우든가 타격에 용감하게 몸을 내맡길 수 있다. 그에겐 이런 유효한 수단이 있다. 남성은 가만히 앉아 다른 사람에게 초월당하지 않는다. 그는 자기 주체성 속에서 자기를 발견한다. 폭력은 남자들 각자가 자기 자신에, 자기의 열정과 의지에 찬성한다는 정당한 증거이다. 폭력을 근본적으로 거부한다는 것은 스스로 모든 객관적 진리를 거부하는 것이며, 추상적인 주관 속에 침거하는 것이다. 근육을 통하지 않는 분노나 반항은 상상으로 그친다. 남성이 자기 심장의 고동을 지구 표면에 새길 수 없다는 것은 무섭도록 실망스러운 일이다.

 미국 남부에서는 흑인이 백인에게 폭력을 행사한다는 것은 전혀 불가능하다. 신비스러운 '흑인의 영혼'을 해명할 열쇠는 바로 이 금지령이다. 흑인이 백인 세계에서 시련을 겪는 방식, 그 사회에 자신을 적응시키는 행동을 찾는 행위 등, 흑인이 느끼고 행동하는 모든 태도는 그가 강요당하는 수동성에서 설명된다. 독일군의 점령기간 중, 점령군에 대항해서 폭력행위로 맞서지 않겠다고 결의한 프랑스 국민들은—그것이 이기적인 신중함 때문이든, 그럴 수밖에 없었기 때문이든—세계에서 자기들의 지위가 뿌리째 뒤엎어졌음을 느꼈다. 그들의 상황은 그들을 객체(물품)로 바꿔 버린 타인의 뜻에 달려 있어서, 이미 구체적인 표현수단을 잃은 그들의 주체성은 이저 이차적인 현상에 불과했다.

 이처럼 세계는 우쭐대며 자기를 나타낼 수 있도록 허용된 젊은 남자에 대한 것과, 즉석의 효과를 박탈당한 감정을 지닌 젊은 처녀에 대한 것이 전혀 다른 면을 가지고 있다. 남자는 끊임없이 세계에 의문을 품고 그때그때 주어진 조건에 저항할 수 있으므로, 그가 그 세계를 받아들일 때는 능동적으로 확인한다는 인상을 갖는다. 여자는 그저 받아들이고 견뎌 낼 뿐이다. 세계는 여자 없이도 규정되고 불변한다. 이 육체적인 무력함은 대개 여자의 소심함으로써 표출된다. 그녀는 자기 육체 속에서 경험하지 못한 어떤 힘도 믿지 않고, 감히 계획하지도 반항하지도 창조하지도 못한다. 순종과 체념에 몸을 맡긴 그녀는 기존 사회의 권위만 받아들인다. 그녀는 사물의 질서를 처음부터 주어진 것으로 생각한다. 어떤 여성이 내게 들려준 이야기로는, 그녀는 사춘기 때 자기기만을 통해 자기의 육체적 연약성을 매우 완강히 부정했는데, 이를 인정한다는 것은 지적(知的)이거나 정치적인 영역에서조차 무엇을 계획하는 의욕과 용기를 잃게 했다고 한다.

 나는 남자처럼 키워지고 또 자신이 남자만큼 강하다고 생각하는 씩씩한 한 처녀를 안다. 그녀는 무척 예뻤으며 달마다 괴로운 월경을 겪었지만, 그래도 자기가 여성이라는 사실을 조금도 의식하지 않았다. 성격이 거칠고 활기가 넘쳐, 소년과 같은 실천력이 있었고 대담했다. 거리에서 어린이나 부녀자들이 학대받는 광경을 보면 끼어들어 주먹을 휘두르는 일도 마다하지 않았다. 그러나 한두 차례의 불행한 경험을 통해 그녀는 폭력이 남성의 것임을 깨달았다. 자기의 연약함을 알게 되자, 그녀의 자신감은 대부분 무너졌다. 이는 그녀를 여자답게 만들고, 수동적으로 자기를 실현하며 예속을 받아들이게 하는 변화의 시작을 뜻했다. 자기 육체를 더 이상 신뢰하지 않는 것은 자기 자신에 대하여 신뢰를 잃어버리는 것이다. 모든 주체가 자기의 육체를 자기의 객관적 표현으로서 파악한다는 점을 이해하려면, 청년들이 자기들의 근육에 부여하는 중요성을 보면 된다.

청년의 성적 충동은 그가 자기의 육체에서 이끌어 낸 자존심을 더 큰 확신으로 이끌어 줄 뿐이다. 그는 거기서 자기 초월의 암시와 그 가능성을 발견한다. 처녀도 자기의 육체적 욕망을 인정할 수 있지만, 그것은 대개 수치스러운 성격을 띠고 있다. 그녀의 육체는 매우 곤혹스럽고 번거로운 대상으로 받아들여진다. 그녀가 어렸을 때 줄곧 자기 '내부'에 대하여 지닌 결여의 감정—거세당한 느낌—은, 월경을 귀찮고 지겨운 것으로서 미심쩍게 여기게 한다. 월경의 속박이 무거운 장애로 느껴지는 것은 그녀의 심리적인 태도 때문이다. 일정한 기간 동안 처녀를 짓누르는 그 위협이 너무도 견딜 수 없게 생각되면, 그녀는 자기의 사나운 꼴이 남에게 알려질까 두려워 여행이나 오락을 포기할 정도이다. 그녀가 느끼는 혐오감은 육체의 모든 기관에 파급되어 혼란과 고통을 증가시킨다.

이미 살펴본 바와 같이 여성 생리의 특징 가운데 하나는 내분비 기관과 신경계 사이의 밀접한 관계로, 이 두 기관이 서로 작용하여 생리에 영향을 미친다는 것이다. 여성, 특히 처녀의 육체는 이른바 정신생활과 그 생리학적 현실 사이에 관계가 있다는 의미에서 '히스테리성(性)' 육체이다. 소녀가 사춘기의 여러 가지 불안한 변화들을 발견함으로써 생기는 놀라움은 그 불안을 더욱 격화시킨다. 그녀는 자기의 육체를 의심하며 불안한 마음으로 탐색하기 때문에, 자기 육체가 언제나 병에 걸린 것처럼 생각된다. 사실 이것은 병이다. 이미 설명했듯이 그녀의 육체는 연약하며 틀림없이 기능적인 혼란이 일어날 수 있다.

그러나 산부인과 의사들은 그들을 찾아온 환자 가운데 90퍼센트는 상상에 의한 환자로, 그녀들의 불쾌감은 생리학적 문제를 전혀 수반하지 않거나 기능적 혼란 자체가 심리적 태도에서 비롯된다는 데 의견을 모은다. 다시 말하면 여성의 육체를 괴롭히는 것은 대부분 여성으로서의 고뇌에서 비롯된 것이다.

이와 같이 여성의 생물학적인 처지가 불리한 조건이더라도, 그것은 여성이 그 처지를 받아들이는 태도 때문이다. 신경쇠약이나 혈액순환의 불안정쯤은 병적인 것이 되지 않는 이상, 여성이 어떤 직업에 종사하든 지장을 주지 않는다. 남성들 사이에도 매우 다양한 체질이 있지 않은가. 한 달에 하루이틀쯤의 가벼운 병은 비록 괴롭더라도 장애가 되진 않는다. 사실 많은 여성들은 거기에 적응하고 있으며, 특히 달마다 겪는 '저주'가 더욱 지장이 될지 모를 여성 운동선수, 여성 여행가, 중노동에 종사하는 여성들도 잘 순응하고 있다. 대부분의 직업은 여성이 낼 수 있는 힘보다 더 많은 힘을 요구하지 않는다. 그리고 스포츠의 목표는 육체적 능력과 무관한 성공이 아니라, 각 육체에 어울리는 완성을 이루어 내는 것이다. 페더급 선수와 헤비급 선수의 가치는 동일하고, 여자 스키선수는 보다 빠른 남자 스키선수에게 뒤떨어질 까닭이 없다. 그들은 저마다 다른 두 범주에 속해 있기 때문이다. 여자 운동선수들은 남성과 비교하여 자신의 신체가 불리하다고 느낄 필요가 없다. 그녀들은 자기 자신에게 어울리는 완성을 적극적으로 지향해 나아가기만 하면 된다. 육체적인 열세는 분명 여성에게 폭력을 배울 기회를 주지 않는다. 그러나 만일 여성이 그 육체에 자신을 갖고 다른 방법으로 세계 속에 진출할 수만 있다면 그 결점은 쉽게 보완될 것이다. 수영을 하든, 높은 산에 오르든, 비행기를 조종하든, 자연의 힘과 맞서든, 위험을 무릅쓰고 모험을 하든, 그녀는 세계를 앞에 두고 내가 말한 그런 소심함을 느끼지는 않을 것이다. 이런 (소심한) 여성의 특징들은 여성에게 거의 출구를 제공하지 않는 상황에서만, 그것도 직접적인 방식이 아니라, 어린시절부터 그녀의 마음속에 뿌리내린 열등 콤플렉스를 강화하는 방식을 통해서만 나타나는 것이다.

여성의 지적 완성을 어렵게 하는 것 또한 이 콤플렉스이다. 소녀들이 사춘기가 시작된 뒤, 지적이고 예술적인 영역에서 퇴코한다는 것은 흔히 지적된 바이다. 거기에는 많은 원인들이 있다. 가장 흔한 원인들 가운데 하나는, 소녀들은 자기 형제들이 받는 격려를 주위에서 받지 못할 뿐만 아니라, 오히려 의욕을 꺾인다는 것이다. 사람들은 그녀도 '역시' 한 사람의 '여자'가 되기를 원한다. 그래서 그녀는 직업적 활동에서 오는 책임과, 여성이기 때문에 감수해야 할 책임을 모두 짊어져야만 한다. 어떤 직업학교의 여교장은 이 점에 대하여 다음과 같이 말하고 있다.

> 젊은 처녀는 어느 날 일을 해서 벌이를 하는 존재가 된다. 그녀는 이제 가족과는 무관계한 새로운 욕망을 갖는다. 이때 그녀는 매우 비상한 노력을 해야만 하는 경우가 적지 않다…… 그녀는 낮 시간에 한 여러 가지 일로 복잡해진 머리를 식히지 못한 채 지쳐서 밤에 집으로 돌아온다…… 그때 어떤 일들이 그녀를 맞는가? 어머니는 그녀가 돌아오자마자 심부름을 보낸다. 또 그녀는 덜 끝난 집안일을 해야 하고, 자기의 옷가지도 빨고 다리미질도 해야 한다. 그녀는 계속 마음에 걸리는 여러 가지 생각들로부터 벗어날 수 없다. 집에서 이행해야 할 의무가 없는 오빠나 남동생의 위치와 자기의 위치를 비교하고 자기가 불행하다고 느낀다. 그래서 반감을 품게 된다.*48

어머니가 여학생이나 갓 취직한 딸에게 마구 시키는 가사나 잡무는 그녀들을 피로에 지치게 하고 만다. 나는 전쟁 중에 세브르의 여자 고등사범학교 입학을 목표로 내가 가르치던 여학생들이, 학업에 가중되는 가사노동으로 건강을 해치는 것을 보았다. 한 여학생은 포트씨(氏)병(결핵성 척수염)에 걸렸으며, 또 다른 여학생은 뇌막염에 걸렸다. 차츰 알게 되겠지만 어머니는 자기 딸의 해방에 은근히 반감을 품는다. 그래서 정도의 차이는 있지만 고의로 자기 딸을 속박하려고 애쓴다. 청년은 남자가 되기 위해 노력하면 존경을 받는다. 이미 그에게는 대단한 자유가 인정되어 있다. 그런데 사람들은 젊은 처녀에게는 집에 남아 있기를 요구한다. 그녀의 외출은 감시를 받고, 마음대로 오락이나 즐거움을 누리도록 허락되지 않는다. 여자들끼리의 긴 여행이나 도보여행 또는 자전거 여행을 계획하거나, 당구나 공굴리기에 열중하는 여성은 아직 드물다.

여성 교육에서 오는 자발성의 부족은 말할 것도 없고, 또한 사회풍습이 그녀들의 자립을 어렵게 하고 있다. 만일 여자들이 거리를 거닐기라도 하면, 남

---

*48 리프만의 《청소년기와 성욕》에서 인용.

자들이 추파를 보내며 접근해 온다. 내가 아는 젊은 처녀들은 조금도 소심하지 않은데도 파리 시가를 자기들끼리 산책하면 별로 즐겁지 않다고 한다. 끊임없이 남자들이 귀찮게 굴어서 늘 경계해야 하기 때문에 즐거움은 모두 사라져 버리고 만다는 것이다. 만일 여학생들이 남학생들처럼 즐겁게 떼를 지어 거리를 돌아다니면 구경거리가 된다. 성큼성큼 걷거나, 노래를 부르거나, 큰 소리로 지껄이거나, 깔깔대며 웃거나, 사과를 깨물어 먹거나 하면, 그것은 일종의 도발행위로 간주되어 남자들이 그녀들을 모욕하거나 따라와 시비를 걸 구실이 된다. 조심성이 없는 것은 곧 단정치 못한 것과 통한다. 여성의 의무이자 명문가 처녀의 제2의 천성이 된 이 자기억제는 자발성을 완전히 죽여 버린다. 처녀의 넘치는 활력은 늘 억압받는다. 거기서 긴장과 권태가 생기고, 그 권태는 감염된다. 그녀들은 곧 서로에게 싫증을 내게 된다. 똑같은 감옥에 갇혀 있다는 사실은 여자들 사이에 결속감을 불러일으키지 않는다. 대신에 여자들은 (모든 가능성이 열려 있는) 남자친구를 필요로 하게 되었다. 자기 자신에게 만족하지 못하는 이 상황은 소심함을 낳고, 그것이 그녀들의 모든 생활에 확대되어 공부 분야에도 나타난다. 그녀들은 화려한 승리가 남자들을 위해 따로 마련된 것으로 생각한 나머지, 너무 높은 곳은 감히 쳐다보지도 못한다. 앞에서 이미 지적한 바와 같이, 15살 소녀들은 자기들을 소년들과 비교하여, "사내아이가 더 우수하다"고 단정한다. 이런 확신은 그녀들을 의기소침하게 만들며 나태하고 평범한 삶을 살아가도록 부추긴다. 남성을 조금도 특별히 존경하지 않는 어떤 소녀가 한 남자를 비겁하다고 나무랐다. 그러나 남자가 '네가 더 겁쟁이'라고 지적하자 "오! 여자가 어디 남자와 같은가요!" 하고 아무렇지 않은 듯 응수했다.

이 패배주의의 근본적 원인은, 처녀가 자기 미래에 대한 책임이 자기에게 있다고 생각하지 않는 데 있다. 그녀는 자기 운명이 결국 자기 뜻대로 되지 않기 때문에, 자신에게 많은 걸 요구해 봤자 소용없다고 판단한다. 자신이 남자보다 열등함을 알기 때문에 남자에게 헌신하는 것이 아니라, 남자에게 바쳐진 몸이기 때문에 스스로 열등하다는 생각을 받아들여 그렇게 되는 것이다.

사실 남성들의 입장에서 볼 때 여성이 스스로의 가치를 높이는 것은 그녀가 인간적인 가치를 증대시켜서가 아니라, 남성의 이상에 맞춰 자기를 형성하기 때문이다. 아직 경험이 없는 여자들은 이 사실을 이해하지 못할지도 모른다. 그녀는 청년들과 마찬가지로 공격성을 보이는 경우도 있다. 그리고 노골적인 권위와 콧대 높은 솔직함으로 승리를 획득하려고 한다. 그러나 이런 태도 때문에 그녀는 거의 틀림없이 실패한다. 가장 비천한 여자부터 가장 존귀한 여자에 이르기까지, 그녀들은 모두 남자의 마음에 들기 위해서는 자기의 긍지를 포기해야 한다는 가르침을 받는다. 어머니들은 딸들에게, 이제부터는 사내아이들을 동등한 친구로 대하지 말고, 나서지도 말고 언제나 수동적인 역할을 감수하라고 엄명한다. 만일 처녀들이 총각들의 우정을 얻고 환심을 사려면, 그녀들이 주도하는 것처럼 보이지 않도록 세심한 주의를 기울여야 한다. 남자들은 머슴애가 되다 만 말괄량이도, 학식을 뽐내는 총명한 여자도 좋아하지 않는다. 너무 대담하고, 너무 교양 있고, 너무 총명하고, 너무 개성적인 여자는 남자를 불안하게 한다. G. 엘리엇이 지적한 것처럼, 소설에서는 보통 금발의 둔한 여주인공이 남성적인 성격을 가진 갈색머리 여인을 이기는 법이다. 《플로스 강의 물방앗간》(G. 엘리엇의 소설)에서 매기는 이런 역할을 뒤집어 놓으려고 헛된 노력을 하다가 마침내 죽고 만다. 그래서 스티븐과 결혼하는 것은 금발의 루시이다. 《모히칸 족의 최후》(페니모어 쿠퍼의 유명한 모험소설)에서도 주인공의 마음을 사로잡는 것은 용감한 클라라가 아니라 유순한 앨리스이다. 《작은 아씨들》의 호감 가는 여성인 조는 로리에게 한갓 유년시절의 친구에 불과하며, 그는 머리카락이 엉클어진 멋없는 에이미에게 사랑을 바친다. 연약하고, 여자는 무능하고, 수동적이며, 순종적인 태도를 보인다. 처녀는 아름답게 치장하고 곱게 화장해야 할 뿐만 아니라, 자기의 자발성을 억제하는 대신 손위 여자들에게서 배운 세련된 매력과 우아함을 드러내야 한다. 모든 자기 주장은 그녀의 여자다움과 유혹의 기회를 감소시킨다.

청년이 인생을 향한 출발을 비교적 쉽게 하는 것은, 인간으로서의 사명과 남성으로서의 사명이 서로 모순되지 않기 때문이다. 벌써 그는 유년시절에 이 행복한 운명을 예고 받는다. 그는 자기를 독립적이며 자유로운 존재로 완성해 가면서 사회적 가치와 병행하여 남성의 권위를 획득한다. 야심가는 라스티냐(발자크의 소설에 나오는 젊은 야심가)처럼 돈과 명예와 여자를 한꺼번에 손에 넣으려고 한다. 그는 여자들이 권력 있고 유명한 남자를 좋아한다는 말로써 자신을 격려한다. 이에 반해서 처녀의 경우 인간으로서의 조건과 여성으로서의 사명 사이에는 모순이 있기 때문에, 사춘기는 여성에게 있어서 무척 어렵고 극히 결정적인 시기이다.

이제까지 그녀는 자주적 개체였으나, 이제는 그 주권을 포기해야만 한다. 그녀는 자기 형제들 사이에서 더욱 심각하게 과거와 미래 사이에서 분열된다. 뿐만 아니라 삶의 주체로서 능동적이며 자유로운 삶을 살아가기를 바라는 그녀의 타고난 욕구와, 그녀에게 수동적 객체이기를 요구하는 성적 경향 및 사회적 요구 사이에 알력이 생긴다. 그녀 스스로는 자기를 본질로서 파악하고 있다. 그런데 어떻게 스스로 비본질이 될 결심을 하게 될까? 만일 '타자'로서만 자기 성취를 이룰 수 있는 거라면, 어떤 방법으로 '자아'를 포기할 수 있을까? 젊은 여성은 이런 괴로운 딜레마에 맞닥뜨려서 몸부림치는 것이다. 욕망에서 혐오로, 희망에서 공포로 흔들리며, 스스로 바라는 것을 거부하면서, 그녀는 어린이로서 독립했던 시절과 여성으로서 복종해야만 하는 시기 사이에서 아직도 방황하고 있다. 이 불확실성이 사춘기를 벗어나려는 그녀에게 설익은 과실의 시큼한 맛을 보여 주는 것이다.

  젊은 처녀는 자기의 상황에 대하여, 이제까지 해 온 선택에 따라 아주 다양하고 색다르게 반응한다. 미래의 주부로서 '사랑스러운 여인'은 그 변신을 쉽게 받아들이는 수도 있다. 하지만 그녀는 또 '사랑스러운 여인'의 조건으로부터 지배욕을 이끌어 낼 수도 있는데, 이것이 그녀를 남성의 속박에 용감하게 반항하도록 이끈다. 그녀는 성적 대상이나 하녀 취급에 만족하지 않고 모권제도를 확립하려고 한다. 이런 경향은 아주 어려서부터 무거운 책임을 짊어진 맏딸들에게서 흔히 찾아볼 수 있다. '말괄량이'는 자기가 여자라는 사실을 발견하고 때로는 심한 환멸을 느낀 나머지 그대로 동성애에 빠지는 수도 있다. 하지만 그녀가 독립적인 영혼으로서 강렬하게 구하던 것은 세계를 소유하는 것이었다. 그러므로 그녀가 여성으로서의 능력과 모성의 경험, 즉 자기 운명의 일부를 몽땅 포기하지는 않을지도 모른다. 일반적으로 젊은 처녀는 다소간의 저항을 거쳐서 자기가 여성이라는 사실에 동의한다. 어린애같이 애교를 부리던 시절, 아버지와 마주 대할 때, 또 성적인 몽상 안에서 그녀는 벌써 수동성의 매력을 알게 되며 그 위력 또한 발견한다. 자기 육체에 대해 느끼는 수치심에 곧 허영심이 섞인다. 그녀의 가슴을 두근거리게 했던 그 손, 그녀를 당황하게 했던 그 눈길, 그것은 슬픈 하소연이며 애원이었던 것이다. 그녀는 자기의 육체가 이상한 마력을 지니고 있음을 깨닫는다. 그것은 보물이며 무기이다. 그녀는 그러한 사실에 긍지를 느낀다. 자주적이었던 유년시절 이후로 사라졌던 그녀의 교태가 부활한다. 그녀는 화장도 하고 머리도 매만지기 시작한다. 유방을 감추는 대신 그것을 크게 하기 위해 앞으로 모으는 한편, 거울을 들여다보며 미소짓는 법을 연구한다. 사랑의 두근거림과 교태의 연결은 너무 밀접하기 때문에, 그녀의 성적 감수성이 눈떠 있지 않는 한, 자신이 남자의 마음에 들려는 격렬한 욕망을 갖고 있다는 점을 그녀는 좀처럼 눈치채기 어렵다.

실험을 통해 우리는, 갑상선 발육부전으로 무감각과 우울증을 앓고 있는 환자를 갑상선 추출물 주사로 바꾸어 놓을 수 있음을 알게 되었다. 환자들은 명랑해지면서 웃는 표정으로 바뀐다. 유물론적 형이상학에 젖어 있는 심리학자들은 대담하게도 여자의 애교와 교태를 갑상샘의 비밀스런 작용에 따른 '본능'이라고 말한다. 그러나 이런 막연한 설명은 여기서도 유아기의 경우와 마찬가지로 가치가 없다. 실제로 림프성 체질이나 빈혈증 같은 유기적인 결함의 경우, 언제나 육체는 과중한 짐처럼 견뎌야 할 대상이 된다. 자신으로부터 소외되어 적대적이 된 육체는 아무 희망도 약속도 품지 않는다. 하지만 몸이 균형을 찾고 생기를 회복하면 그 주체는 자기 육체를 인식하고 그 육체를 통해 타인에게로 자기초월을 한다(타인에게로 관심을 돌린다).

젊은 처녀에게 성적 초월은, 자기가 원하는 것을 얻기 위하여 자기를 먹이로 삼는 것이다. 그녀는 하나의 객체가 되어 자기를 객체로 자각한다. 그녀는 자기 존재의 새로운 양상을 발견하고는 놀란다. 그 결과 자기가 이중(二重)의 존재가 된 것처럼 생각한다. 자기와 정확하게 일치하는 대신, 여기서부터 그녀는 자신의 '외부'에 존재하기 시작한다. 그래서 로자몬드 레이먼(영국 현대 여류 소설가)의 《왈츠에의 초대》에서, 올리비아는 낯선 얼굴을 거울 속에서 발견하는 것이다. 그 얼굴은 그녀 앞에 느닷없이 나타난 그녀의 객체이다. 거기서 그녀는 동요하지만, 이 동요는 곧 사라지고 감동이 솟아났다.

얼마 전부터 그녀가 이렇게 머리끝에서 발끝까지 자신을 바라볼 때면 어떤 특이한 감동이 밀려왔다. 예기치 않게 그녀는 자기 앞에서 낯선 여자, 새로운 존재를 보게 된 것이다.

그것은 두서너 차례나 거듭 일어났다. 그녀는 거울 속의 자기를 보고 관찰했다. 그러나 어떤 일이 생겼는가?…… 오늘 그녀가 본 것은 전혀 다른 모습이었다. 어두우면서도 밝은 신비로운 얼굴, 전류의 흐름처럼 생기 있게 물

겹치는 거리칼이었다. 의상 때문이겠지만 그녀의 몸은 균형 있고 날씬해 보였다. 또 중심이 잡혀 있고, 명랑하고 행동이 자유로우며 동시에 안정적으로 보여서, 한마디로 생기발랄했다. 그녀 앞에는 초상화처럼 장밋빛 옷을 입은 예쁜 처녀가 있었다. 방 안의 모든 것이 거울에 비친 그녀를 감싸고 "이것이 당신이오……" 이렇게 속삭이며 가리키는 듯했다.

올리비아를 매혹한 것은, 자기의 어린애 같은 꿈을 인정해 주며 또 자기 자신이기도 한 그 이미지 속에서 그녀가 읽었다고 생각하는 어떤 약속이다. 그러나 젊은 처녀는 또란 다른 처녀의 육체처럼 자기를 감탄시키는 이 몸을 육체적 존재로서 사랑한다. 그녀는 자신을 애무하며 둥근 어깨와 팔을 어루만진다. 그녀는 가슴과 다리를 바라본다. 고독한 쾌락으로부터 몽상이 생겨나고, 그렇게 애정을 다해 자신을 자기 것으로 소유하고 싶다고 생각한다. 사춘기 소년의 경우라면, 소유해야 할 대상 쪽으로 그를 밀어 보내는 성적 충동과 자기애(自己愛) 사이에는 하나의 대립이 있다. 즉 그의 나르시시즘은 보통 성적 성숙기에 사라진다. 한편 여자는 자기에 대해서처럼 애인에 대해서도 수동적 대상이기 때문에, 그녀의 에로티시즘에는 처음부터 모호성이 존재한다. 복잡한 충동 속에서 여자는 자기 육체를 차지한 남성으로부터 자기 육체가 찬미되기를 바란다. 여자가 남성을 매혹하기 위하여 아름다워지기를 원한다거나, 자기가 아름답다는 것을 확인하기 위하여 매혹하려고 애쓴다는 견해는 사실을 너무 단순화하는 것이다. 여자는 자기 방 안에서도, 사람들의 눈길을 끌려고 시도하는 살롱에서도, 남자에 대한 욕망과 자기 자신에 대한 사랑을 확실하게 구분하지 않고 있다. 이런 혼동이 마리 바슈키르체프의 경우 명백하게 나타난다. 이미 살펴본 바와 같이, 젖떼는 시기가 늦었던 까닭에 그녀는 다른 어느 아이보다 더 절실하게 타인의 눈길을 끌고 또 칭찬받기를 원하게 되었다. 다섯 살 때부터 사춘기를 벗어날 때까지, 그녀는 자기 모습에 사랑의 전부를 바쳐 왔다. 그녀는 자기의 손과 얼굴, 자기의 맵시에 미칠 듯이 감탄해 왔다. '나는 나 자신의 여주인공이야……' 그녀는 현혹된 관중에게 주목을 받고, 그 답례로 그들을 긍지에 찬 눈길로 내려다보기 위하여 가수가 되기를 원한다. 그러나 이 자폐성은 비현실적인 꿈으로 나타난다. 그녀는 12살 때 벌써 연애를 한다. 그것은 그녀가 사랑받기를 원하고, 또 상대에게 불어넣으려는 열정 속에서 자기가 자기에게 바치는 사랑의 확증만을 찾기 때문이다. 그녀는 한마디 말도 나눠 보지 못했던 사랑하는 H 공작이 자기 발밑에 엎드려 "그대는 나의 화려함에 이끌려 나를 사랑하게 되리라…… 그대는 내가 진심으로 바라던 그대로의 훌륭한 여자라오" 이렇게 말하는 꿈을 꾼다. 그것은 《전쟁과 평화》의 나타샤에게서 우리가 보는 것과 같은 반대 감정의 병존이다.

엄마도 날 이해하지 못한다. 정말 나는 왜 이렇게 총명하담! "나타샤는 정말 예쁘구나!" 하고 나는 자신을 3인칭으로 부르면서 계속 생각했다. 그리고 나를 극구 찬탄해 마지않는 어떤 훌륭한 남성의 입에서 그런 감탄이 새어 나온다고 생각했다. "그녀는 모든 것을 갖추고 있다. 총명하고 상냥하고 예쁘고 재치 있는 여자이다. 수영도 잘하고 말도 잘 타고 노래마저 잘 부른다. 그래, 정말 넋을 잃을 만큼 아름다운 목소리를 가졌어!"
그녀는 그날 아침, 다시금 자기에 대한 사랑과 숭배의 기분으로 되돌아갔다. 그녀의 정신상태는 늘 이랬다. "나타샤는 천하일색이다!" 그녀는 3인칭 집합명사와 같은 남성의 입을 빌려 이렇게 중얼거렸다. "그녀는 젊고 예쁘고, 게다가 목소리마저 아름다우며, 아무에게도 폐를 끼치지 않으니 그녀를 조용히 놔두자!"

캐서린 맨스필드도 베릴이라는 인물을 통해 여자의 운명을 낭만적으로 꿈꾸는 욕망과 나르시시즘이 밀접하게 얽혀 있는 경우를 그렸다.

식당에서는 베릴이 반짝반짝 타오르는 장작불 앞에서 방석에 앉아 기타를 치고 있었다. 그녀는 자기 자신을 위하여 기타를 치며 작은 목소리로 노래하면서 자기를 지켜보고 있었다. 아궁이의 부드러운 불빛이 그녀의 구두와 기타의 빨간 몸통에, 그녀의 하얀 손가락에 비추어 반짝거리고 있다…….
'만일 내가 밖에서 창문 안을 들여다보고, 이런 모습으로 있는 나를 발견하면 매우 감동할 거야'라고 그녀는 몽상에 잠겼다. 그녀는 아주 조용히 반주를 하며 노래는 부르지 않고 기타 소리를 듣고만 있었다.
"내가 어린 그대를 처음 보았을 때, 오! 그대는 정말로 외톨이라고 생각했지. 그대는 그 조그만 발을 방석에 올려놓고 앉아 기타를 치고 있었네. 아! 나는 그대를 영영 잊을 수 없구나……." 베릴은 고개를 들어 노래하기 시작했다.

달도 지쳤네…….

그런데 누군가 문을 요란하게 노크했다. 하녀의 새빨개진 얼굴이 나타났다. 아, 안 되겠어. 그녀는 이런 바보 같은 계집애가 싫었다. 그녀는 어두운 객실로 달아나 이리저리 걷기 시작했다. 오! 가슴이 설레었다. 벽난로 선반에 거울이 놓여 있었다. 그녀는 두 손으로 얼굴을 받치고 자기의 창백한 모습을 바라보았다. 이토록 아름다울 수가! 그러나 봐 주는 사람은 아무도 없었다. 아무도……. 베릴은 생긋 웃었다. 그리고 그 미소가 너무 아름다워서 다시 웃었다.《서곡(序曲)》

젊은 처녀의 이런 자기숭배는 자신의 육체만 사랑해서 나타나는 것은 아니다. 그녀는 자기 전체를 소유하고 예찬하기를 바라고 있다. 그녀가 기꺼이 자기 마음을 털어놓는 자신의 일기를 통해 추구하는 목적도 바로 그것이다. 유명한 마리 바슈키르체프의 일기가 그런 종류의 전형이다. 젊은 처녀는 조금 전까지 자기 인형에게 말을 건넸듯이 자기 일기장에게 말한다. 그것은 친한 친구이며, 속내를 털어 놓을 상대이다. 그녀는 그것을 마치 사람처럼 부른다. 페이지 속에는 부모·친구·선생님에게 숨겨 온 어떤 진실이 적혀 있으며, 필자는 홀로 거기에 도취된다. 어떤 12살 난 소녀는 20살까지 일기를 썼는데, 일기장에 이렇게 써 놓았다.

나는 작은 일기장
상냥하고 예쁘고 신중하죠
그대의 비밀을 모두 말해 줘요
나는 작은 일기장*49

---

*49 드베스의《사춘기 자립의 위기》에서 인용.

다른 처녀들의 일기장에는 '내가 죽은 뒤에나 읽을지어다' 또는 '내가 죽으면 태워 버려야 한다'라고 적혀 있기도 하다. 전사춘기(前思春期) 단계에 있는 소녀들에게 발달되는 비밀의식은 비밀을 점점 더 중요하게 만든다. 그녀는 타인의 접근을 허락하지 않는 고독한 자기만의 세계에 파묻혀, 숨겨진 자아를 지인들에게 터놓기를 거부한다. 그녀는 숨겨진 자아가 자기의 참된 자아라고 생각하지만, 실제로 그것은 상상 속 인물에 불과하다. 그녀는 자기를 톨스토이 소설의 나타샤와 같이 무용수로, 마리 르네뤼(프랑스 현대 여류극작가. 《일기》로 유명함)가 그러했던 것처럼 성녀로, 또는 단순히 그녀 자신이라는 하나의 경이로운 존재로 여긴다. 이런 여주인공과 그녀의 부모나 친구들이 인정하는 객관적인 얼굴 사이에는 여전히 엄청난 차이가 있다. 그래서 남들이 자기를 이해하지 못한다고 믿는다. 그녀와 그녀 자신과의 관계는 더욱 열정적이 될 뿐이다. 자기의 고독에 도취되어 자신을 남들과는 다른 아주 뛰어나고 예외적인 인간이라고 느낀다. 그녀는 아름다운 미래가 현재의 평범한 삶을 보상해 줄 거라고 기대한다. 그녀는 꿈을 꾸면서 이 답답하고 초라한 삶에서 벗어난다. 그녀는 늘 꿈꾸기를 좋아했고, 이제부터는 더욱 이런 경향에 빠질 것이다. 자기를 위협하는 세계를 판에 박은 시구(詩句)로 감춘다. 그녀는 달빛이나 장밋빛 구름, 벨벳 같은 밤으로 남성을 꾸민다. 자기의 육체를 대리석과 벽옥, 나전(螺鈿)의 전당으로 만든다.

　그리고 유치하고 허황된 이야기를 자신에게 들려준다. 그녀가 그런 어리석은 일에 그토록 자주 빠지는 것은 세계를 올바로 파악하지 못하기 때문이다. 행동해야 한다면 먼저 명확히 관찰해야 함에도 그녀는 안개 속에서 기다리곤 한다. 총각도 역시 꿈을 꾼다. 특히 자신이 능동적 역할을 하는 모험을 꿈꾼다. 그러나 젊은 처녀는 모험보다는 초자연적인 것을 더 좋아하여, 사물이나 사람에게 몽롱한 마법의 빛을 뿌린다. 마법의 관념은 수동적인 힘의 관념이다. 젊은 처녀는 수동적인 운명을 짊어졌으면서도 힘을 원하기 때문에 결국 마법을 믿을 수밖에 없다. 남자들을 자기의 지배 아래 예속시키는 육체의 마법이나, 아무것도 하지 않고도 자기 욕망을 채울 수 있는 운명의 마법을 믿어야 한다. 반대로 현실 세계에 관해서는 망각하려 애쓴다.

　'나는 가끔 학교에서 수업 주제로부터 어떻게든 벗어나 꿈의 나라로 날

아가 버린다……' 이렇게 어떤 처녀는 쓰고 있다.*50 '그러면 나는 즐거운 공상에 너무 열중한 나머지 현실감각을 완전히 잃는다. 의자에 우두커니 앉아 있다가 정신이 들었을 때는 네 개의 벽에 갇힌 자신을 발견하고 새삼 놀란다.'

'시 쓰는 것보다 공상하기를 더 좋아한다'는 다른 처녀도 있다. '머릿속에서 두서없이 즐거운 이야기를 생각하거나, 별빛이 비치는 산을 바라보며 전설을 지어내기를 좋아한다. 그것이 훨씬 더 재미있다. 더 막연하며, 또 편안하고 상쾌한 기분을 주기 때문이다.'

몽상은 어떤 병적인 형태를 취하는 수도 있고, 다음의 경우처럼 존재 전체를 위협하는 수도 있다.*51

지적이며 공상적인 소녀 마리 B는 14살 무렵 사춘기를 겪으면서, 과대 망상과 더불어 정신착란 발작을 일으켰다. '갑자기 그녀는 부모에게 자기가 스페인 여왕이라고 선언하고, 위엄 있는 태도를 취하며, 커튼을 몸에 둘렀다. 그녀는 웃고 노래하며, 지휘하고 명령했다.' 2년 동안 월경 중에는 이런 상태가 반복되었다. 그 뒤 8년 동안은 정상적인 생활을 했으나, 그녀는 매우 몽상적이 되었고 사치를 좋아했으며, 종종 "나는 한낱 고용인의 딸이야"라고 괴로운 심정을 털어놓기도 했다. 23살 때는 무기력해졌으며 자기 주위 사람들을 무시하고 여러 가지 야망을 드러냈다. 그녀는 성 안느 정신병원에 입원해 8개월을 지낼 정도로 쇠약해졌다. 그 뒤 집으로 돌아가 3년 동안 병석에 누워 있었다. '불쾌하고 심술궂고 난폭하고 변덕스러운 그녀 때문에, 주위 사람들 모두가 정말 지옥 같은 생활을 보냈다.' 그녀는 다시 성 안느 병원에 입원해서 결국 퇴원하지 못했다. 그녀는 병석에 누운 채 아무것에도 흥미를 기울이지 않았다. 월경 기간인 듯한 일정 기간에는 자리에서 일어나 이불을 두른 채, 과장된 태도로 거드름을 피우며 의사에게 미소를 짓거나 그들을 비웃는 듯한 눈초리로 바라보았다. ……그녀가 하는 말들은 주로 성적

---

*50 마르그리트 에바르의 《처녀》에서 인용.
*51 보렐과 로뱅의 공저(共著), 《병적 몽상》 참조. 민코프스키의 《정신분열증》에서 인용.

인 표현들이었으며, 오만불손한 그녀의 태도는 과대망상증을 앓고 있다는 증거였다. 그녀는 점점 더 몽상 속으로 빠졌고, 몽상하는 동안은 만족한 미소가 얼굴에 떠올랐다. 이제 화장이라고는 조금도 하지 않았고 자기 침대까지 더럽혔다. '그녀는 기묘한 장신구를 자랑한다. 내의도 입지 않고 종종 시트조차 없이 알몸을 드러내 놓고, 그렇지 않을 때면 이불로 몸을 감싼다. 머리는 은종이로 된 왕관으로 꾸몄고, 팔·손목·어깨·발뒤꿈치는 노끈과 리본으로 감쌌다. 같은 종류의 반지들로 손가락을 장식했다.'

그러나 그녀는 자기 상태에 대해 아주 또렷한 의식으로 속내를 드러낼 때도 있었다.

"나는 전에 일으켰던 발작을 기억해요. 마음속으로는 그것이 사실이 아님을 알고 있었죠. 인형놀이를 하면서 그 인형이 살아 있지 않다는 것을 잘 알면서도 살아 있다고 믿으려는 어린아이와 같았어요. 나는 머리카락을 묶고 폭이 넓은 화려한 드레스를 입었죠. 그것이 재미있었어요. 그리고 점차 나도 모르게 거기에 매혹되는 것 같았어요. 나의 생활은 꿈과 같았죠…… 나는 어떤 역을 맡은 배우 같았고, 상상의 세계에 있었죠. 거기서 여러 생(生)을 살아 봤어요. 그리고 모든 생에서 주인공이었죠…… 아! 내가 얼마나 여러 가지 삶을 살았는지 몰라요. 한번은 금테 안경을 쓴 잘생긴 미국인과 결혼했는데…… 우리는 거대한 저택에서 방을 따로 썼죠. 내가 베푼 그 굉장한 연회!……석기시대에서도 살아 봤어요…… 나는 방탕한 생활도 해 봤어요. 나와 동침한 남자들의 수를 다 헤아리진 못했지요. 여기서는 사람들의 성장이 좀 뒤처졌나 봐요. 이곳 사람들은 내가 허벅지에 금팔찌를 끼고 알몸이 되어 있는 것을 이해하지 못해요. 예전에는 내가 무척 좋아하던 남자친구가 여럿 있었죠. 우리 집에서 여러 차례 연회도 베풀었어요. 꽃과 향수와 담비 모피도 있었고, 남자친구들은 내게 미술품·조각상·자동차를 주었죠…… 시트 속에서 알몸으로 있으면 예전 생활이 생각나곤 하죠. 나는 거울에 비친 나 자신을 예술가로서 사랑했어요…… 마법에 걸린 듯한 황홀감 속에서 나는 내가 바라던 모든 것이었으니까요. 나는 어리석은 짓까지 했어요. 모르핀과 코카인 중독자였어요. 애인도 몇씩 거느렸죠…… 그들은 밤중에 우리 집에 숨어들었어요. 그들은 둘이 왔는데 미용사를 데리고 왔고, 우편엽서를 보고 있었죠."

또한 그녀는 한 사람의 의사를 사랑했고 자기가 그의 애인이라고 공언했다. 그것이 현실이라면 그녀는 세 살 된 딸이 있었을 것이다. 그녀는 또 6살 된 딸이 있는데 아주 행복하게 여행을 하고 있었다. 아이의 아버지는 아주 멋있는 사나이였다. 또 다른 비슷한 이야기가 많은데, 그것 하나하나는 모두 그녀가 상상 속에서 체험한 가공적인 삶의 이야기이다.

이런 병적인 몽상은 본질적으로 자기가 격에 맞는 생활을 하지 못한다고 생각하거나, 또 존재의 실상에 직면하기를 두려워하는 젊은 처녀의 나르시시즘을 만족시키기 위한 것이다. 마리 B는 많은 사춘기 소녀들에게 공통적인 보상(補償)의 과정을 극단적으로 경험한 것에 지나지 않는다.

그렇지만 젊은 처녀에게는 고독한 자기숭배에 빠지는 것만으로 충분치 않다. 자기완성을 위해서 그녀는 타인의 의식 속에 살아야 한다. 그녀는 자주 자기 친구들에게 도움을 청한다. 더 어렸을 때는 마음의 벗이, 그녀가 어머니의 영향권에서 탈출하여 세계, 특히 성(性)의 세계를 탐험하게끔 도와주었다. 이제 그 벗은 자아의 제한으로부터 처녀를 구해 주는 객체인 동시에, 자아를 그녀에게 돌려주는 증인이기도 하다. 어떤 소녀들은 자기들의 알몸을 서로 보이기도 하고 가슴을 비교해 보기도 한다.

독자들은 아마 기숙사 여학생들의 이런 대담한 유희를 묘사한 《제복의 처녀》 한 장면을 기억할 것이다. 처녀들은 막연하거나 정확한 애무를 주고받는다. 콜레트가 《학창시절의 클로딘》에서 보여 주듯이, 또 그만큼 솔직하지는 않지만 로자몬드 레이먼이 《먼지》에서 지적하듯이, 거의 모든 젊은 처녀들에게는 동성애적인 경향이 있다. 이런 경향은 나르시시즘의 쾌락과 거의 구별되지 않는다. 어떤 처녀는 자기 살결의 부드러움과 자기 몸의 아름다운 곡선을 상대 여자에게서 열정적으로 구한다. 반대로 이 처녀들이 자기 자신에게 바치는 열애에는 일반적인 여성다움의 숭배가 포함되어 있다. 성적으로 남자는 '주체'이다. 그러므로 남자들은 보통 자신을 이성에게 향하도록 하는 욕망에 의해 분리되어 있다. 그러나 여자는 욕망의 절대적인 '대상'이다. 그래서 여자들의 고등학교·대학교·기숙사·직장에서는 그토록 '특수한 우정'이 꽃핀다. 그 가운데 일부는 순수하게 정신적이지만 어떤 우정은 어느 정도 육체적이다. 전자의 경우에는 무엇보다도 마음을 터놓고 비밀을 주고받는 것이 특히 중요하다. 가장 열렬한 신뢰의 증거는, 자기 일기를 선택된 친구에게 보여 주는 것이다. 성적인 포옹 대신 친구들끼리 깊은 애정 표시를 교환한다. 그리고 종종 간접적으로 자기 감정의 육체적 증거를 주고받는다. 그래서 나타샤는 소냐에 대한 자기의 사랑을 증명하기 위하여 빨갛게 달궈진 자(尺)로 자기 팔을 지진다. 특히 그녀들은 서로를 수많은 애칭으로 부르고, 열렬한 편지를 교환한다. 그 실례로 뉴잉글랜드의 청교도인 젊은 처녀 에밀리 디킨슨(19세기 미국 여류시인)이 사랑하는 동성친구에게 보낸 편지가 여기 있다.

> 나는 오늘 하루 종일 당신을 생각했습니다. 그리고 간밤에는 밤새도록 당신 꿈을 꾸었습니다. 꿈속에서 가장 화려한 정원을 당신과 함께 산책했고, 당신을 도와 장미를 꺾었습니다. 내 바구니는 결코 채워지지 않습니다. 그래서 이렇게 하루 종일 당신과 함께 장미를 꺾으며 산책하기를 원하고 있답니다. 밤이 가까워지면 나는 행복해집니다. 나와 어둠과 꿈과 언제까지나 채워지지 않는 바구니 사이에 걸쳐 있는 시간을, 초조하게 헤아리고 있답니다.

망두스는 그의 저작 《처녀의 마음》에서, 이와 비슷한 수많은 편지를 인용하고 있다.

> 사랑하는 수잔…… 나는 '솔로몬의 아가(雅歌)' 몇 구절을 여기 옮겨 놓고 싶어요. 참으로 아름다운 그대여, 나의 사랑하는 친구여! 신의 약혼자, 그대는 샤론(이스라엘의 큰 늪 같은 평원)의 장미와 골짜기의 백합을 닮았어요. 그리고 그대는 신의 약혼자처럼 나에겐 여느 처녀와는 다르게 소중하기만 해요. 그대는 아름답고 기품 있는 수많은 것들의 상징이에요. 백옥 같은 수잔, 나는 얼마쯤 신앙심과도 같은 순수하고 헌신적인 마음으로 그대를 사랑해요.

다른 한 소녀는 이만큼 고상하지는 않은 감동을 일기에서 고백하고 있다.

> 나는 그 조그만 흰 팔에 허리를 꽉 안긴 채, 한 손을 그녀의 둥근 어깨에 얹고, 한 팔을 그녀의 따뜻한 팔에 대고, 그 부드러운 가슴에 몸을 밀착시켰다. 그때 내 눈앞에서 그녀의 예쁜 입술이 고운 이를 반쯤 내보이며

살짝 벌어졌다…… 나는 몸이 바르르 떨리며 얼굴이 달아오르는 것을 느꼈다.*52

《처녀》라는 저서에서 에바르 부인도 이런 애정 표현을 많이 수록하고 있다.

나의 사랑하는 조정, 나의 그리운 사람. 나의 귀여운 죠정. 오! 아직도 날 사랑한다고 말해 줘요. 내가 영원히 그대의 헌신적인 친구라고 말해 줘요. 나는 슬퍼요. 그토록 그대를 사랑합니다. 오, 나의 L…… 나의 이 심정을 말로는 도저히 전할 수 없어요. 나의 사랑을 표현할 말 같은 것도 없고요. '우상숭배'란 말도 내가 느끼는 것에 비하면 아무것도 아니에요. 어느 때는 심장이 터질 것만 같아요. 그대에게 사랑받는 것은 넘치도록 아름다워, 그저 꿈만 같지요. 오, 나의 소중한 사람이여, 말해 줘요. 앞으로도 오래오래 나를 사랑해 줄 거죠?

처녀들의 이토록 열렬한 애정이 사춘기 젊은이들 특유의 죄 많은 사랑으로 미끄러지기는 쉬운 일이다. 때로는 둘 가운데 한쪽이 상대를 지배하여 사디즘이 섞인 권력을 휘두르는 수도 있다. 그러나 대개는 굴욕도 다툼도 없이 서로 주고받는 연애이다. 주고받는 쾌락은 두 사람이 커플이 되기 전에 홀로 자신을 사랑하던 그때와 마찬가지로 순결하다. 그러나 이런 순수 자체는 무의미한 것이다. 사춘기 처녀가 인생에 발을 들여놓고 '타자'에게 접근하기를 바랄 때, 그녀는 자기를 위하여 아버지의 시선이라는 마술을 소생시키려 한다. 그녀는 어떤 신성한 사랑과 애무를 갈망한다. 그녀는 남성만큼 낯설지도 않고 두렵지도 않으면서, 남성의 권위를 지닌 어떤 여성에게 마음의 문을 열 것이다. 직업을 가지고 생계를 꾸리며 어떤 사회적 지위를 확보한 여성은 남성과 마찬가지로 쉽게 처녀의 마음을 사로잡는다. 여학생들의 마음속에 여교사나 사감에 대한 정염의 불꽃이 얼마나 불타오르는지, 이는 널리 알려진 사실이다.《여성부대(女性部隊)》에서 클레멘스 데인은 불타는 사랑의 열정을, 순결하게 묘사하고 있다. 젊은 처녀가 절친한 동성친구에게 자기의 격정을 털어놓는 경우

---

*52 망두스의《처녀의 마음》에서 인용.

도 있다. 그녀들은 그 열정을 공유하며 서로가 보다 더 생생하게 그것을 느끼려고 자극하는 경우도 있다. 그래서 한 여학생은 자기가 좋아하는 동성친구에게 이렇게 쓰고 있다.

나는 감기에 걸려 자리에 누워 있어요. X양밖에는 생각하지 못하고 있어요…… 나는 여자를 이토록 사랑한 적이 없었어요. 벌써 1학년 때부터 X양을 무척 좋아했어요. 그러나 지금은 그것이 진정한 사랑이 되었어요. 내가 당신보다 더 흠뻑 빠져 있다고 생각해요. 나는 당신을 포옹하고 있는 것만 같아요. 그럴 땐 반쯤 넋이 나간 사람처럼 제정신이 아니에요. 그리고 당신을 만나기 위하여 학교에 가는 것이 무척 즐겁답니다.*53

이보다 흔한 예는, 처녀가 자기의 우상에게 자기 심정을 대담하게 고백하는 것이다.

사랑하는 그대여, 나는 당신과 마주하고 있으면 도저히 말로는 표현할 수 없는 상태에 이르게 된답니다.…… 당신을 못 볼 때는 모든 것을 희생하고라도 만나고 싶은 생각뿐이에요. 나는 당신을 한시도 잊은 적이 없답니다. 당신의 모습을 보면 나의 눈은 눈물로 가득 차서, 어딘가 숨어 버리고 싶어져요. 당신 앞에서 나는 보잘것없는 존재이며 아무것도 모르게 된답니다. 당신이 말을 걸어오면 당황해서 가슴이 두근거립니다. 내게는 요정의 부드러운 목소리가, 사랑이 깃든 표현할 수 없는 어떤 소리가 들리는 것 같아요. 나는 당신의 작은 움직임 하나도 놓치지 않고 지켜보고 있답니다. 나의 말은 이젠 무엇인지 모를 소리를 혼자 지껄이는 것에 불과해요. 사랑하는 당신, 당신은 분명 무슨 뜻인지 알 수 없다고 하시겠죠. 하지만 내게는 그것이 분명하기만 해요. 그것은 내가 진심으로 당신을 사랑하고 있다는 뜻입니다.*54

---

*53 마르그리트 에바르의 《처녀》에서 인용.
*54 마르그리트 에바르의 《처녀》에서 인용.

어느 실업학교의 여교장은 이렇게 말한다.*55

나는 젊었을 때, 젊은 여선생들 가운데 한 사람이 점심을 싸 왔던 종이를 가지고 여학생들끼리 서로 다투다 그 조각을 20페니나 주고 샀던 일을 기억한다. 또한 그녀가 다 쓴 지하철 승차권도 수집벽의 대상이 되었다.

동성의 사랑을 받고 있는 여성은 남성의 역할까지 해야 하기 때문에 결혼하지 않는 편이 바람직하다. 결혼이 반드시 젊은 추종자를 낙담시키는 것은 아니지만 그녀에게 달갑지 않은 것만은 사실이다. 자기가 사랑하는 대상이 남편이나 애인의 권력에 복종하는 듯 보이는 것을 싫어하기 때문이다. 흔히 이런 열정은 비밀리에, 또는 적어도 순전히 정신적인 형태로 전개된다. 그러나 이 경우에 구체적 에로티시즘으로의 이행(移行)은, 사랑받는 대상이 남성인 경우보다 훨씬 더 쉽다. 그녀가 동년배의 동성친구들과 그러한 경험이 없다 하더라도, 여성의 육체는 젊은 처녀를 두렵게 하지 않는다. 그녀는 종종 자매나 어머니를 상대로 애정에 육감(肉感)이 섬세하게 섞여 있는 친밀감을 경험해 왔다. 그녀가 찬탄해 마지않는 여자친구 곁에서 애정이 성적 쾌락으로 옮겨 가는 과정은 부지불식간에 이루어진다. 《제복의 처녀》(여학생을 주제로 다룬 독일영화)에서 도로테아 위크가 헤르타 틸의 입술에 키스했을 때, 이 키스는 모성적인 동시에 성적이었다. 여성들 사이에는 수치심을 누그러뜨리는 공범성이 존재한다. 한 여자가 상대편 여자에게 일으키는 성적 흥분은 일반적으로 난폭함을 수반하지 않는다. 동성애의 애무에는 처녀성 상실도, 삽입도 없다. 그녀들은 유년기의 음핵적 에로티시즘을 불안한 변신 없이 만족시킨다. 젊은 처녀는 소외된 자신을 깊이 느끼는 일도 없이 수동적 대상으로서의 사명을 완수할 수 있다. 이것은 르네 비비앙(프랑스 현대 여류시인)이 다음과 같은 시에서 표현하고 있다. 여기서 그녀는 '저주받은 여인'(동성애에 열중하는 여자)과 그 애인들과의 관계를 노래하고 있다.

우리의 육체는 거울에 비친 그녀들의 육체이다.
우리의 꿈 같은 키스에는 은밀한 달콤함이 있고,

---

*55 리프만의 《청소년기와 성욕》.

우리의 손가락은 뺨의 솜털조차 스치지 않는다.
그리고 허리띠가 풀릴 때
동시에 우리는 애인이자 자매가 된다.*56

또 이런 시도 있다.

우리는 우아함과 섬세함을 사랑하기 때문에
나의 소유라도 그대의 젖가슴을 해치지 않으리라……
나의 입술이 그대의 입술을 모질게 깨물 리도 없다.*57

'젖가슴' 또는 '입술'이란 부적절한 시어를 통하여 그녀가 여자친구에게 분명히 약속하는 것은, 상대를 폭력으로 다루지 않겠다는 것이다. 그리고 사춘기 처녀가 남자보다 오히려 손위의 여자에게 첫사랑을 고백하는 것은, 어느 정도는 폭력과 폭행을 두려워하기 때문이다. 남성적인 여자는 그 처녀에게 아버지이자 어머니와 같은 존재가 된다. 그녀는 아버지의 권위와 초월성을 갖고, 가치의 원천과 기준이 되며, 현실세계를 초월한 신 같은 존재이다. 그러나 한편으로 그녀는 어디까지나 여자이다. 어렸을 때 어머니의 애무에서 너무 일찍 떨어져 나왔거나, 또는 도리어 어머니에게 너무 오래도록 귀염을 받은 사춘기 소녀는, 자기 형제들처럼 따뜻한 젖가슴을 꿈꾼다. 그녀는 자기 육체와 닮은 이 남성 같은 여성의 몸에서, 어머니의 젖가슴으로부터 분리될 때 잃어버린 생명과의 직접적인 결합을 거리낌 없이 되찾는다. 그리고 그녀를 감싸 주는 이 타인의 눈길에 의해 그녀를 고독하게 하는 분리가 극복된다. 물론 모든 인간 관계에는 투쟁이 수반되며, 모든 사랑에는 질투가 따른다. 그렇지만 이 경우에는 처녀와 첫 남성 애인 사이에서 일어나는 많은 곤란한 일들이 일어나지 않는다. 동성애 경험이 진짜 연애의 형태를 취하는 경우도 있다. 그것은 매우 행복한 감정을 가져다주기 때문에 그녀는 언제까지나 그것을 반복하려 하며, 그것에 대해 향수를 느낀다. 또 그런 경험은 더욱 에로틱한 동성애의 경향을 나타

---

*56 《손을 맞잡을 때》.
*57 《잔향》.

나게 할 수도 있다.*58

그러나 대개 그것은 처녀시절의 한 단계에 불과하다. 그런 경험은 너무 쉽기 때문에 오히려 길게 지속되지 않는다. 처녀는 손위의 여자에게 바치는 사랑 속에서 자기 자신의 미래를 갈망한다. 그녀는 우상과 하나가 되길 원한다. 그러나 특출하게 뛰어나지 않은 한 우상은 이내 그 아우라를 상실한다. 손위 여성의 정체가 드러나기 시작하면 손아래 여성은 비판하고 비교한다. 자신과 닮아 두렵지 않다고 해서 선택된 그 타자는, 언제까지나 권위를 보전할 수 있을 만큼 충분한 타자는 아니다. 남성의 신(神)들은 아득히 먼 하늘에 있기 때문에 그보다 안정적이다. 호기심과 관능이 젊은 처녀에게 보다 더 강렬한 포옹을 원하도록 부추긴다. 흔히 처녀는 처음부터 동성애를 과도적인 단계, 통과의례, 대기 상태 정도로만 생각한다. 그녀는 자신이 꿈꾸면서도 경험할 용기나 기회가 없었던 연애를 별 위험 없이 모방하고 있다고 다소나마 시인하면서, 사랑·질투·분노·허영·환희·고통 등의 흉내를 내고 있었던 것이다. 그녀는 남자에게 바쳐진 몸이다. 그녀도 그것을 알고 있고, 일반적이고 완전한 여자의 운명을 희구한다.

남자는 처녀의 마음을 사로잡지만 두렵게도 한다. 남자에 대해 갖는 모순된 두 가지 감정을 융화하기 위하여, 그녀는 남자 안에서 그녀를 두렵게 하는 수컷과 그녀가 경건히 숭배하는 우상을 분리한다. 그녀는 남성 친구들에게는 퉁명스럽고 그들을 피하기 일쑤이면서, 먼 나라의 왕자를 우상시한다. 그녀가 침대머리에 붙여 놓고 있는 브로마이드 속 영화 배우들은 저 세상에 있거나 또는 이 세상에 있더라도 가까이할 수 없는 영웅들, 또는 우연히 만났지만 다시 만날 가망이라곤 전혀 없는 그런 낯선 사나이들뿐이다.

이와 같은 연애에서는 아무런 문제도 일어나지 않는다. 이런 연애의 대상은 주로 사회적·지적인 명성은 지녔으되, 그 육체는 성적 불안을 일으키지 않는 남자, 예컨대 좀 특이한 노교수 등이다. 이런 노인은 처녀가 유폐되어 있는 세계 저편에 나타나기 때문에, 그녀는 그를 은밀히 사모하여 신에게 몸을 바치는 것처럼 헌신할 수 있다. 이런 헌신은 조금도 부끄러울 것이 없으며 육체적으로 그를 원하는 것이 아니므로 얼마든지 할 수 있다. 소설 같은 사랑에 빠

---

*58 제4장 '동성애의 여자' 참조.

진 여자는 그 선택된 남자가 전혀 볼품없고 조금 우스꽝스러운 남자라도 개의치 않는다. 그만큼 안전하다고 생각되기 때문이다. 그녀는 자기를 그에게서 떼어 놓는 여러 가지 장애물들을 개탄하는 척하지만, 실은 그와의 사이에는 어떤 현실적 관계도 가능하지 않기 때문에 그를 선택한 것이다. 그리하여 젊은 처녀는 순수하게 주관적으로, 자기의 순결을 해치지 않는 추상적인 연애를 경험할 수 있다. 그녀는 가슴이 두근거리고, 상대 남자가 없을 때 괴로워하며, 있을 때는 고통·분노·희망·원한·열광을 체험한다. 그러나 실제 그녀의 육체는 순결하고, 그녀 자신은 행동으로부터 완전히 떨어져 있다. 우상이 멀면 멀수록 그만큼 더 훌륭한 인물이 선택된다는 점도 흥미로운 일이다. 날마다 만나는 피아노 교사는 익살스럽고 못생긴 남자가 바람직하다. 그러나 머나먼 이국(異國)에서 살아가고 있는 외국인에게 반하는 경우라면, 보다 미남이고 남성적인 사나이가 선택된다. 중요한 것은 어떻든 간에 성적 문제가 전혀 일어나지 않는다는 사실이다. 이런 두뇌적 연애는 '타자'의 현실적 존재 없이, 에로티시즘이 본인 내부에서만 나타나는 나르시시즘적 태도를 연장하고 굳히는 것이다. 흔히 처녀가 비정상적으로 강렬한 상상 속의 삶을 살아가는 것은, 그녀가 거기에서 구체적인 경험을 회피할 수 있는 구실을 발견하기 때문이다.

   그녀는 환상과 현실의 혼동을 선택한다. 여러 실례들 가운데에서도 H. 도이치는 대단히 의미심장한 예를 보고하고 있다.*59 그것은 예쁘고 매력적인 젊은 처녀의 이야기이다. 그녀는 쉽게 남자의 환심을 살 수 있었는데도 주위에 있는 젊은 남자들과의 교제를 모두 거절했다. 하지만 13세 때 그녀는 마음속으로 한 17세 소년을 특별히 사모하고 있었다. 그 소년은 못생긴 편으로, 그 소녀에겐 한 번도 말을 건넨 일이 없었다. 그런데도 그녀는 그의 사진을 입수하여 거기에 직접 헌사를 써 넣었고 3년 동안 날마다 상상 속 경험에 대하여 일기를 썼다. 일기 속에서 두 사람은 키스와 열정적인 포옹을 나누고, 때로는 울면서 싸우기도 했는데, 그럴 때 그녀는 정말 눈이 빨갛게 되었고 눈두덩이 부었다. 그리고 다음엔 서로 화해하고 그가 꽃다발을 선물했다는 등의 이야기를 적었다. 이사하여 그와 멀리 떨어지게 되자 그녀는 편지를 썼다. 그러나 그것은 한 번도 그에게 보내진 적이 없으며, 답장도 그녀가 썼다. 이런 이야기는 아주 명

---

*59 《여성심리》에서.

백하게 그녀가 두려워하는 실제 경험에 대한 방어수단인 것이다.

앞의 예는 거의 병적이다. 그러나 H. 도이치는 그 내용을 확대하여 매우 보편적인 하나의 과정 안에서 설명해 주고 있다. 마리 바슈키르체프의 경우도 공상적인 애정생활의 경박한 실례이다. 스스로 사랑한다고 주장하는 H 공작에게 그녀는 한 번도 말을 건넨 일이 없었다. 그녀가 실제로 바라는 것은 자신의 자아를 드높이는 것이었다. 그러나 그녀는 여자이기 때문에, 특히 그 시대나 그녀가 속해 있는 계급에서 자립해 성공을 거둔다는 것은 아예 불가능했다. 18살에 그녀는 분명 이렇게 쓰고 있다. '나는 C에게 남자가 되고 싶다는 편지를 썼다. 나는 자신이 어엿한 인물이 될 수 있음을 알고 있다. 그러나 치마를 두르고 어디에 갈 수 있을까? 결혼은 여자의 유일한 직업이다. 남자에겐 오만 가지 가능성이 있지만 여자에겐 단 한 가지밖에 없다. 은행놀이(트럼프놀이의 일종)에서 제로(0)와 같은 것이다.'

그러므로 그녀는 남자의 사랑이 필요하다. 그러나 그녀에게 최고의 가치를 부여하기 위해서는 그 자신이 최고의 양심이어야만 한다. '나보다 수준 낮은 남자는 결코 나를 기쁘게 할 수 없으리라' 이렇게 그녀는 쓰고 있다. '돈 많고 자주성이 강한 남자는 자부심과 더불어 어딘지 모르게 유연한 분위기를 풍긴다. 자신만만한 남자는 당당한 태도를 취한다. 나는 H 공작의 그 변덕스럽고 교만하고 잔인한 태도를 좋아한다. 그에게는 네로 황제와 같은 기질이 있다.' 더욱이 그녀는 이런 글도 썼다. '사랑하는 남자의 우월한 권위 앞에서 여자가 스스로를 하찮게 여기는 것은, 뛰어난 여자가 체험할 수 있는 '자기 자신에 대한 사랑'에서 오는 가장 큰 환희임에 틀림없다.' 이렇게 해서 나르시시즘은 마조히즘과 통한다. 이런 관계는 '푸른 수염의 사나이'(페로의 동화 속 인물)나 '그리셀리디스'(페로의 동화)나 순교한 성녀들을 꿈꾸는 어린이에게 일찍부터 발견되는 것이다. 자아는 타자를 위하여, 타자에 의해 만들어진다. 따라서 타자가 강하면 강할수록 자아는 부(富)와 힘을 갖는다. 자아는 자기의 지배자를 매료하여, 그가 가진 모든 능력을 자기 속에 거두어 들인다. 네로에게 사랑받는 마리 바슈키르체프는 네로가 될 것이다. 타자 앞에서 자기를 무(無)로 돌리는 것은, 자기 속에서 자기를 위하여 타자를 실현하는 것이다. 이 '무'가 되려는 꿈은 존재를 위한 오만한 의지이다. 사실 마리 바슈키르체프는 자기를 완전히 잃는다 해도 개의치 않을 만큼 훌륭한 남자를 만난 일이 없었다. 자기 자신이 만든 던 곳의 신 앞에 무릎을 꿇는 것과, 현실의 어떤 남성에게 몸을 맡기는 것은 별개의 문제이다.

많은 처녀들은 오랫동안 현실세계를 통해서 자기들의 꿈을 실현하려고 인간힘을 쓴다. 그녀들은 다른 남자들보다 지위나 자질, 지성 등이 더 우수해 보이는 남자를 구한다. 그녀들보다 연상이며 이 세상에서 이미 지위를 구축하고 권위와 위신을 누리는 그런 남자를 원한다. 재산과 명성은 그녀들을 매혹한다. 선택된 남자는 사랑을 통해 그녀들에게 그의 영예와 가치를 나눠 주는 절대적 '주체'인 것이다. 그의 우월성은 젊은 처녀가 그에게 쏟는 사랑을 이상화한다. 처녀가 모든 것을 그에게 바치는 까닭은 그가 남성이기 때문이 아니라, 그녀에게 선택된 존재이기 때문이다. "나는 초인을 원하는데 눈에 띄는 것은 남자들뿐이다"라고 최근에 어떤 여자친구가 내게 말했다. 이런 높은 기준들을 내걸어, 젊은 처녀는 너무도 평범한 구혼자를 물리치고 성(性) 문제를 교묘히 회피한다. 그녀는 또한 꿈속에서, 아무 위험 없이 매혹적인 이미지로 나타난 자기 자신의 모습을 소중히 아낀다. 그렇다고 실제 자기가 그 모습처럼 되고 싶다는 것은 아니다. 예컨대 마리 르 아르두앵*60에 따르면, 자기는 정말 냉정하고 성정(性情)이 억센 여자였는데, 자기를 어떤 남자에게 헌신하는 희생자로 생각하는 것이 즐거웠다고 한다.

나는 어떤 수치심 때문에, 꿈속에서 그토록 경험했던 내 천성의 숨은 성향을 현실에서는 도저히 표현할 수 없었다. 내가 나를 알게 된 바로는, 나라는 여자가 사실 제멋대로이며 사납고 콧대가 세다는 것이다. 나는 필요할 때면 늘 자기를 포기하는 훌륭한 여자로서의 내 모습을 자주 그려 보곤 했다.

오로지 의무에 의해서만 살아가고, 거의 바보처럼 어떤 남자에게 반해 그의 사소한 뜻도 거스르지 않으려고 애썼다. 우리는 진저리 나는 가난 속에서 몸부림쳤다. 그는 일에 지쳐 저녁이면 여위고 해쓱해서 돌아왔다. 나는 불빛도 없이 저무는 창가에서 그의 옷을 깁느라 시력을 잃어 가고 있었다. 그리고 연기에 그을린 좁은 부엌에서 그를 위해 비참할 정도로 초라한 음식

---

*60 《검은 돛》 참조.

을 만들었다. 하나밖에 없는 우리의 아이는 병마 때문에 줄곧 생명의 위협을 받고 있었다. 그래도 언제나 내 입가에는 괴롭지만 상냥함이 깃든 미소가 흘렀다. 그리고 내 눈에는 현실에서 혐오감 없이는 견딜 수 없었던 저 묵묵한 용기의 처절한 표정이 어려 있었다.

이런 나르시시즘의 만족 외에도 어떤 처녀들은 지도자나 선생의 필요를 보다 구체적으로 느끼기도 한다. 그녀들은 부모의 압력으로부터 벗어날 때, 아직 익숙지 않은 자유에 적잖이 당황한다. 그런 자유의 부정적인 사용 외엔 별로 아는 것이 없기 때문에, 그녀들은 변덕과 무절제한 행동으로 치닫게 된다. 그리고 다시 자기들의 자유를 포기하고 싶어한다. 변덕스럽고 교만하고 반항적이며 뻔뻔스러운 처녀가, 교양 있는 남자에게 길들여져 귀엽고 상냥해진다는 이야기는 영화나 통속소설에서 흔히 볼 수 있다. 그것은 남자와 여자의 비위를 한꺼번에 맞추는 상투적인 스토리이다. 세귀르 부인(프랑스의 19세기 아동문학가)이 《참 귀여운 어린이!》에서 한 이야기도 바로 그 예이다. 지젤은 어렸을 때 지나치게 관대한 아버지에게 실망한 나머지 엄격한 늙은 아줌마를 좋아하게 된다. 처녀가 되어서는 잔소리가 많은 청년 줄리앙의 영향을 받는다. 그는 그녀의 진짜 모습을 파헤쳐 보여 주고, 눈물이 쏙 빠지게 면박을 주어서라도 그녀의 버릇을 고치려고 노력한다. 그녀는 돈 많고 사람좋은 공작과 결혼하는데, 그와의 생활에서 조금도 행복을 느끼지 못한다. 결국 그녀가 환희와 깨달음을 발견한 것은, 과부가 된 뒤에 자기를 이끌어주는 까다로운 사랑을 받아들였을 때였다. 루이자 올컷의 《좋은 아내들》에서 독립심이 강한 조는 앞으로 자기의 남편 될 사람에게 반하는데, 이는 그녀가 저지른 경솔한 행위를 그가 가차없이 나무랐기 때문이다. 그 역시 그녀에게 잔소리가 심하다. 그러면 그녀는 얼른 사과하고 다소곳이 순종한다. 미국 여성들의 자존심은 좀 상하겠지만, 할리우드 영화는 애인이나 남편의 건전한 폭력으로 길들여지는 사나운 처녀들을 우리에게 수없이 보여 주고 있다. 양쪽 뺨과 궁둥이를 갈기는 것이 유혹의 확실한 수단처럼 보인다. 그러나 현실에서는 정신적 연애에서 성적 연애로의 이행이 그렇게 간단하지가 않다. 정도의 차이는 있지만 많은 여성들은 공통적으로 환멸을 느끼게 될까 두려워 자기들의 욕정의 대상에 다가가는 일을 조심스레 피한다. 만일 영웅·거인·반신(半神)이 처녀의 마음에 싹트게 한 사랑에 응하여 그 사랑

제1편 형성 449

을 현실적 경험으로 바꿔 놓는다면, 젊은 처녀는 그것을 두려워한다. 그녀의 우상이 구역질 나는 하나의 수컷으로 생각되기 때문에 그로부터 도망쳐 버린다.

자기들에게 '재미'있거나 '매력적'으로 보이는 남자를 유혹하기 위해 수단과 방법을 가리지 않는 요염한 처녀들도 있다. 그러나 모순되게도 남자가 너무 적극적인 반응을 보이면 도리어 화를 낸다. 그녀들이 그를 좋아한 것은 접근하기 어렵게 보였기 때문이다. 그래서 그 남자는 연인이 되면 평범해 보인다. '다른 남자들과 다름없다.' 젊은 처녀는 환멸을 느끼고 그를 원망한다. 그녀는 처녀의 감수성을 위협하는 육체적 접촉을 거부하기 위하여 그러한 구실을 방패로 삼는다. 젊은 처녀가 그 '이상적인 남자'에게 조용히 굴복할 때도, 그녀는 남자의 품안에서 무감각한 채로 있다. 슈테켈[*61]은 이런 말을 한다. '강박관념에 사로잡힌 처녀들은 이런 일이 일어나고 나서 바로 뒤에 자살하기도 하는데, 그것은 '이상적인 남자'가 '난폭한 동물'의 형태로 본성을 드러내므로, 그녀가 상상했던 연애의 구조가 허물어지기 때문이다.' 종종 어떤 처녀는 남자가 그녀의 친구인 한 여자에게 환심을 사기 시작할 때 그를 사랑하게 되거나, 기혼남을 연애상대로 선택하게 되는데, 그런 것도 불가능한 사랑에의 취미에서 비롯되는 것이다. 그녀는 돈 후안에게 자진해서 열중한다. 어떤 여자에게도 매이지 않는 이런 유혹자에게 복종해 그의 마음을 사로잡길 꿈꾼다. 그녀는 그의 마음을 돌이켜 보리라 희망을 품는다. 그러나 실제로는 그런 계획이 실패할 것을 그녀도 알고 있다. 이 점이 그를 선택한 까닭의 하나이다. 어떤 처녀들은 현실적이며 완전한 연애를 경험하기란 영원히 불가능하다고 확신한다. 이들은 일생 동안 도달할 수 없는 이상을 추구할 것이다.

즉 처녀의 나르시시즘과 그녀의 성욕이 원하는 경험 사이에는 갈등이 있는 법이다. 여자는 자기포기 속에서 본질을 발견한다는 조건에서만 자기가 비본질적인 존재임을 인정한다. 이 경우 자기가 대상이 되면 그녀는 거기서 우상이 되어 자기를 자랑스럽게 긍정한다. 그러나 자기를 비본질적인 것으로 복귀시키려는 엄격한 변증법은 거부한다. 여자는 매력 있는 보물이 되기를 원하기 때문에 사람들의 손에 잡히는 물건이 되고 싶지 않다. 그녀는 마력을 지닌 신기한

---

*61 《불감증의 여자》.

숭배물이 되기를 원한다. 보이고 만져지고 상처받는 하나의 육체로 여겨지는 것은 좋아하지 않는다. 그래서 남자는 먹이가 되는 여자를 극진히 사랑하지만, 마녀 데메테르로부터 도망치는 것이다.

젊은 처녀는 남자의 흥미를 끌고 감탄시키는 데 자부심을 느낀다. 그러나 자기가 그런 일을 당하면 오히려 분개한다. 사춘기와 때를 같이하여 그녀는 수치심을 배웠다. 그런데 이 수치심에는 그녀의 교태와 허영심이 섞여 있다. 남성의 눈길은 그녀에게 즐거움을 주는 동시에 상처를 입힌다. 그녀는 자기가 보이고 싶은 한도내에서만 남이 보아 주기를 원한다. 그녀의 두 눈은 언제나 지나치게 날카롭다. 이런 일관성 없는 태도가 남자들을 곤란하게 한다. 즉 그녀는 자기 어깨나 가슴 또는 다리를 노출하면서도, 남자들이 자기를 쳐다보면 곧 얼굴을 붉히며 화를 낸다. 그녀는 남자를 도발하면서 즐거워하지만, 자기가 남성에게 욕망을 일으켰다고 깨달으면 혐오감을 느끼고 곧 뒤로 물러선다. 남성의 욕망은 칭찬인 동시에 모욕이기 때문이다. 그녀는 자기 매력에 책임을 느끼고 그 매력을 자유로이 발산한다고 생각하는 동안은 승리감에 도취된다. 그러나 자기의 용모·태도·육체가 남에게 알려져 인정받게 되면, 그녀는 자기의 이런 것들을 탐내는 타인의 무례한 자유로부터 감추려고 한다. 이것이 바로 수치심 본연의 심원한 감각이다. 이 수치심은 놀랍게도 아주 대담한 교태에도 따른다. 처녀는 평소에 자신의 자주성이 수동적인 상태라는 점을 깨닫지 못해, 놀라운 대담성을 보이는 경우가 있다. 그녀는 그 사실을 깨닫게 되면 곧 불쾌하게 여기고 화를 낸다. 시선보다 더 모호한 것은 없다. 시선은 멀리 떨어져 있으면 그 거리 때문에 아주 점잖게 보인다. 그러나 시선은 바라본 모습을 음험하게 독점한다. 아직 미숙한 여성은 이런 함정에 걸려 몸부림친다. 그녀는 처음에는 홀딱 반하지만 곧 진저리를 치고 자기 내부의 욕망을 죽여 버린다. 아직도 불안정한 그녀의 육체에서는 애무가 때로는 미묘한 쾌감처럼, 때로는 달갑지 않은 간지럼처럼 느껴진다. 키스도 우선은 그녀를 감동시키지만, 나중에는 느닷없이 웃게 만들고 반감을 일으킨다. 다소곳이 키스를 받아들이지만 보란 듯이 입을 닦아 버린다. 입가에 미소를 띠고 상냥한 체하다가도 난데없이 빈정대며 냉담하게 군다. 철석같이 약속했다가도 일부러 그것을 잊어버린다. 마틸드 드 라 몰(적과 흑 등장인물)이 그러하다. 그녀는 줄리앙의 뛰어난 미모와 드문 자질에 매혹되어 연애를 통해 특별한 운명에 도달하기를 바라지만, 자기 관능이나 타인의 의식에 지배되기를 완강히 거부한다. 그녀의 마음은 추종에서 오만으로, 애원에서 멸시로 바뀐다. 자기가 제공하는 모든 것을 다시 자기에게 갚도록 한다. 마르셀 아를랑이 묘사한 '모니크' 또한 그러하다. 그녀는 마음의 동요와 죄를 혼동하고 있다. 그녀에게 연애는 일종의 수치스런 자기포기이다. 그녀의 피는 끓고 있지만, 그 열정을 혐오한다. 그리고 결국 굴복하지만 그때까지는 언제나 거부한다.

'풋과실'은 유치하고 사악한 성질을 과시함으로써 남자에 대하여 자기를 방어한다. 젊은 처녀들은 흔히 절반은 거칠고, 절반은 영리한 모습으로 묘사된다. 그 중에서도 콜레트는 《학창시절의 클로딘》이나 《청맥(靑麥)》에서 젊은 처녀를 매혹적인 뱅카의 모습으로 그리고 있다. 뱅카는 자기 앞에 펼쳐져 있는 세계에 대하여 열렬한 흥미를 가지고 거기에서 여왕으로 군림한다. 하지만 그녀도 남자에 대한 호기심과 관능적이며 공상적인 욕망을 지니고 있다. 뱅카는 가시덤불에 긁히고, 새우를 낚고, 나무에 기어오르지만, 남자친구인 필이 자기 손을 만질 때는 깜짝 놀란다. 이때 그녀의 몸뚱이는 비로소 육체가 되며, 처음으로 자기가 여자임을 자각한다. 가슴이 설레면서 예뻐지고 싶어한다. 그녀는 때때로 머리를 매만지고, 화장하고, 은은히 비치는 모슬린 옷을 입고, 교태를 부리며 유혹하는 데 즐거움을 느낀다. 그렇지만 '타인을 위해서' 뿐만 아니라 '자기를 위해서'도 존재하고 싶기 때문에, 다른 때는 너절한 헌옷을 걸치고, 맞지도 않는 바지를 입는다. 그녀 내면의 일부에서는 그 교태를 비난하고 책임포기처럼 생각하기도 한다. 그래서 그녀는 일부러 손가락에 잉크를 묻히고, 머리는 풀어 산발하고, 더럽고 구질구질한 차림으로 나타난다. 이런 반항심 때문에 그녀는 어색해지고, 또 이 사실을 아주 못마땅하게 느낀다. 그 때문에 화가 나 얼굴을 붉히고 서툰 짓을 되풀이한다. 그리고 이루지 못한 유혹적 시도들을 몹시 후회한다. 이 시점에서 젊은 처녀는 어린이로 남고 싶지도 않지만, 그렇다고 어른이 되는 데 동의하지도 않는다. 그녀는 번갈아 자기의 유치한 행위와 여성으로서의 체념을 스스로에게 나무라며, 끊임없는 거부의 태도를 고수한다.

이것이야말로 젊은 처녀의 특징이기 때문에, 그 행위의 대부분을 이해하는 열쇠가 거기 있다. 그녀는 자연과 사회가 자기에게 부여하는 운명을 그대로 받아들이지 않는다. 그렇다고 그것을 적극적으로 거부하지도 않는다. 이처럼 그녀는 세계와의 투쟁을 시작하기에는 내적으로 너무도 분열되어 있다. 현실을 도피하거나 형식적으로 현실을 부인하는 데 그친다. 그녀의 온갖 욕망의 이면에는 어떤 불안이 겹쳐 있다. 자기 뜻대로 미래를 소유하기를 갈망하지만, 과거와 단절되는 것을 두려워한다. 한 남자를 '갖고' 싶지만 그의 먹이가 되는 것은 싫다. 여러 공포들의 뒤에는 언제나 욕망이 숨어 있다. 성폭행은 그녀를 소름끼치게 하지만 수동적이 되는 것은 즐겁고 기쁘다. 그래서 기만과 책략을 쓰지 않을 수 없다. 그녀는 온갖 부정적 강박관념으로 향하는 경향이 있다. 그것은 욕망과 불안의 양면성으로 나타난다.

사춘기 소녀에게서 가장 흔히 볼 수 있는 반항의 하나는 냉소이다. 여학생이나 여점원이나 여자 잡역부 등은 감상적이며 외설스러운 이야기를 나누거나 좋아하는 사람에 대한 이야기를 할 때, 남자들과 길에서 스쳐 지나갈 때, 또는 포옹하고 있는 연인들을 목격할 때 폭소를 터뜨린다. 나는 뤽상부르 공원의 연인들의 거리를 일부러 장난삼아 지나가는 여학생들을 보았다. 어떤 여학생은 터키탕에 가서 배가 나오고 유방이 늘어진 뚱뚱한 부인들을 놀려 주기도 한다. 여자의 육체를 비웃고, 남자들을 웃음거리로 만들고, 연애를 조소하는 것은 성본능을 부인하는 한 방법이다. 이런 냉소에는 어른들에 대한 도전과 함께 자신의 혼란을 극복하려는 의도가 엿보인다. 그녀들은 성의 위험한 마력을 없애기 위해 이미지와 말로 장난을 친다. 나는 여고 1학년 학생들이 라틴어 교과서에서 대퇴란 말을 발견하고 웃음을 터뜨리는 것을 보았다. 심지어 소녀는 누가 자기에게 키스하거나 자기 몸을 주무르기라도 하면, 상대가 친구라도 그 보는 앞에서 비웃어 코복하기도 한다. 어느 날 저녁 기찻간에서, 두 처녀가 절호의 행운을 만난 듯 기뻐하는 샐러리맨에게 달콤한 말로 희롱당하던 일을 나는 기억한다. 그녀들은 대화를 주고받는 틈틈이 성본능과 수치심이 복잡하게 얽힌 사춘기 특유의 태도를 보이면서 히스테릭하게 웃고 있었다.

처녀들은 폭소와 함께 언어에서 도움을 구하기도 한다. 어떤 여자의 입에서는 그녀의 형제들조차 얼굴을 붉힐 만큼 추잡한 말이 새어 나올 때도 있다. 짐작건대 그녀들이 사용하는 말은 좀 무지한 탓에 분명한 이미지를 스스로 떠올리지 못하므로, 아무렇지 않은 듯이 그런 말을 쓰는지도 모른다. 그녀들이 그런 말을 사용하는 목적은 분명한 이미지가 나타나는 것을 방해하지는 않더라도, 적어도 그 이미지를 약화시키는 데 있다. 여고생들이 주고받는 음담

패설은 성욕을 만족시키기 위해서라기보다 오히려 성본능을 부인하기 위한 것이다. 그녀들은 성행위를 기계적이거나 반쯤 외과적인 수술처럼 우스꽝스러운 모습으로만 생각하려 한다.

그러나 웃음과 마찬가지로 음담을 하는 것은 단순한 저항에 그치는 것만이 아니라 어른들에 대한 도전이자 일종의 모독이며, 일부러 타락해 버리겠다는 행위이다. 젊은 처녀는 여러 가지 기묘한 방법으로 자연과 사회를 자극하고 과감히 멸시하면서 이 세계에 거부하는 몸짓을 보낸다. 그녀들에게 흔히 있는 기식벽(寄食癖)은 자주 지적되어 왔다. 그녀는 연필심, 풀, 나뭇조각, 생새우를 먹고, 아스피린 알약을 열두 알씩 삼킨다. 심지어 파리나 거미까지도 먹는다. 나는 그런 것을 먹는 아주 얌전한 처녀를 보았다. 그녀는 커피와 백포도주를 섞어 억지로 마셨다. 또 어떤 때는 각설탕을 식초에 담가 먹기도 했다. 내가 본 다른 처녀는 샐러드에서 발견한 구더기를 악착같이 씹어 먹었다. 어린이들은 누구나 눈이나 손으로, 더 나아가서는 입과 위로 세계를 체험하는 데 애착을 느낀다. 그런데 사춘기 소녀는 특히 소화가 안 되거나 징그러운 것에서 세계를 탐험하고 싶어한다. 흔히 소녀는 징그러운 것에 구미가 당긴다.

어느 소녀는 맘먹고 꾸미기만 하면 매우 예쁘고 매력있게 보였는데, 자기가 '더럽다'고 여기는 것에 대단한 매력을 느끼고 있었다. 벌레들을 만지작거리고, 더러워진 생리용품을 지켜보고, 상처에서 흐르는 피를 빨아 먹곤 했다. 불결한 것을 가지고 논다는 것은 명백히 혐오감을 극복하는 한 방법이다. 이런 감정은 사춘기에 대단히 중요하다. 소녀는 너무도 육감적인 자기 몸과 월경, 어른들의 성행위와 자기가 복종해야 하는 남성에 대하여 혐오를 느낀다. 그녀는 자기에게 혐오감을 불러일으키는 모든 것과 특별히 친숙해짐으로써 그 혐오감을 부인하는 것이다. '나는 달마다 피를 흘리기 때문에, 상처의 피를 빨아 먹어서 내 몸의 피가 무섭지 않다는 것을 증명하고 싶다. 아무래도 불쾌한 시련에 굴복하느니 차라리 하얀 구더기를 깨물어 먹는 편이 낫다.' 이런 태도는 이런 나이에 빈번한 자해에서 훨씬 더 명확하게 입증된다. 젊은 처녀는 면도칼로 허벅지에 상처를 내고 자기 몸을 담뱃불로 지지며, 피부를 벗기기도 한다. 내가 젊었을 때 어떤 여자친구는 따분한 가든파티에 가지 않으려고 도끼로 자기 발을 찍었다. 6주 동안이나 누워 있어야 할 정도였다. 이 같은 사디즘적 마조히즘의 행위는 성적 경험에 선행하는 행위이며, 아울러 그에 대한 반역 행위이기도 하다. 이런 시련을 견뎌 앞으로 닥쳐올 모든 시련에 굳게 대비하고, 결혼 첫날밤을 포함한 모든 시련을 무사히 넘길 수 있어야만 한다. 젊은 처녀가 자기 가슴에 민달팽이를 올려놓거나 아스피린 한 병을 삼킬 때, 자기 몸에 상처를 낼 때, 그녀는 미래의 애인에게 도전하고 있는 셈이다. '당신은 내가 내 몸에 가한 것보다 더 심한 짓을 하지는 못할 것이다.' 이런 것은 성적 모험에 대한 병적이며 오만한 입문이다.

수동적인 먹이로서 바쳐질 그녀는 고통과 혐오감을 참아 내면서까지 자기의 자유를 주장한다. 자기 몸을 칼로 긋고 불등걸로 지질 때, 그녀는 자기의 처녀성을 박탈하는 관통에 저항하는 것이다. 즉 그런 저항으로 처녀성의 박탈을 무효화하는 것이다. 자기의 행위 속에서 스스로 고통을 받아들이기 때문에 마조히스트라고 할 수 있는 그녀는 사디스트이기도 하다. 자신은 하나의 자주적 주체로서 이 의존적 육체, 즉 굴복할 운명인 육체를 채찍질하고 비웃고 괴롭히기 때문이다. 그녀는 육체를 혐오하면서도 그 몸으로부터 벗어나려고 하지 않는다. 왜냐하면 이런 모든 상황에서도 자기의 숙명을 진심으로 거부하지는 않기 때문이다.

사디즘적 마조히즘의 기벽에는 근본적인 속임수가 포함되어 있다. 소녀가 그런 취미에 빠질 때는 자기거부를 통해 여성으로서의 미래를 맞이하는 것이다. 먼저 그녀가 육체로서의 자기를 인정한다면, 자기 몸을 증오하여 상처내지는 않을 것이다. 그녀의 강한 분노를 터뜨리는 것도 체념의 기초 위에서 일어난다. 소년이 자기 아버지와 세계에 저항할 때, 그는 효과적인 폭력을 행사한다. 친구에게 시비를 걸어 싸우고, 주체로서 주먹을 휘두르며 자기를 주장한다. 그리하여 그는 세계에 자기 의견을 내세우며 세계를 초월한다. 그러나 사춘기 소녀에게는 자기를 주장하고 의견을 내세우는 일이 금지되어 있다. 그녀의 마음에 그토록 반항심을 싹트게 하는 원인이 바로 여기에 있다. 그녀는 세계를 바꾸어 보려고도, 거기서 한 단계 더 높아지려고도 하지 않는다. 그녀는 자기가 얽매여 있음을 알고 있다. 또는 적어도 그렇게 믿고 있다. 어쩌면 그렇게 되기를 바라는지도 모른다. 따라서 할 수 있는 일은 파괴뿐이다. 그녀의 분노 속에는 절망이 있다. 화가 치미는 저녁에는 유리컵을 깨고 유리창을 부수고 화분을 깨트린다. 그것은 운명을 이기기 위한 행동이 아니라 형식적인 반항에 불과하다. 젊은 처녀는 현재의 무기력을 통해 미래의 복종에 반항한다. 헛된 분노 폭발은 그 구속에서 그녀를 해방하기는커녕, 오히려 구속을 더욱 심하게 만들 뿐이다. 그녀 자신과 그녀를 둘러싸고 있는 세계에 대한 폭력은 언제나 부정적인 성격을 띤다. 폭력은 효과를 낳기보다는 남들의 이목을 끄는 정도이다. 바위를 기어오르거나 친구와 싸우는 소년은 육체적 고통과 상처와 혹들을 그가 열중하고 있는 적극적 활동들의 사소한 결과로 생각한다. 그는 그런 것을 스스로 구하지도 않고, 열등감 때문에 자기를 여자와 같은 상황에 놓는 경우를 제외하고는 그것을 피하지도 않는다.

한편 젊은 처녀는 자기가 괴로워하는 모습을 바라본다. 그녀는 폭력과 반항의 결과에 관심을 쏟기보다는, 자기 자신의 마음속에서 그것을 즐기며 좋아한다. 그녀의 도착증은 어린이의 세계에 닻을 내리고, 거기서 벗어나지 못하거나 또는 벗어나려고 생각조차 하지 않는 데서 비롯된다. 그녀는 새장에서 나오려고 하기보다는 그 속에서 몸부림친다. 그녀의 태도는 부정적이고 내성적이며 상징적일 뿐이다. 그 도착증은 좋지 않은 형태를 취할 때도 있다. 상당히 많은 수의 젊은 처녀들에게 도벽이 있다. 이런 도벽은 대단히 모호한 성질의 '성적 승화'이다. 법률을 위반하고 금기를 침범하려는 의지, 금지된 위험한 행위가 가져다주는 도취는 도벽이 있는 여자에겐 본질적인 것이다. 그런데 거기에는 양면성이 있다. 권리도 없이 남의 물건을 절취한다는 것은 오만하게 자기의 자주성을 주장하는 것이며, 절도를 벌하는 사회에 맞서서 주체로서의 자신을 내세우는 것이다. 그것은 기성 질서를 거부하고, 그 질서의 옹호자들에게 도전하는 행위이다. 그러나 그 도전은 또한 마조히즘의 양상을 띠고 있다. 절도를 범하는 처녀는 자신이 무릅쓸 위험과 붙잡힌다면 떨어질 나락에 스릴을 느끼고 있다. 훔친다는 행위에 그토록 관능적인 매력을 주는 것은 잡힌다는 위험이다. 만일 붙잡힌다면 비난으로 가득 찬 시선 아래서, 자기 어깨를 잡고 있는 손 밑에서, 치욕 속에서, 객체로서 도움을 빌리지 않고도 완전히 자기를 실현할 수 있을 것이다. 먹이가 된다는 불안 속에서 붙잡히지 않고 훔친다는 행위에는, 사춘기 여성 성본능의 위험한 장난이 숨어 있다.

사춘기 처녀들에게서 볼 수 있는 여러 가지 부도덕한 위법행위는 이런 의미를 지닌다. 어떤 처녀들은 익명의 편지를 보내는 데에 남다른 취미가 있고, 또 어떤 처녀들은 주위 사람들에게 질 나쁜 장난을 치고 재미있어 한다. 14살이 된 한 소녀는 어떤 집에 유령이 나온다는 것을 온 마을 사람들에게 믿게 했다.

그녀들은 자기의 능력을 은밀히 시험하고, 사회에 반항하고 도전하며, 가면이 벗겨질 위험을 동시에 향유하고 있다. 이것은 쾌락의 매우 중요한 요소이므로, 그녀들은 대개 스스로 가면을 벗고 악행을 자백한다. 거기다가 자기가 범하지 않은 과실이나 범죄를 실제로 저지른 것처럼 자책하기도 한다. 객체가 되길 거부하는 것이 결국 자기를 객체로 만드는 점은 그리 놀랄 일이 못 된다. 이러한 과정은 모든 부정적 강박관념들에 공통적으로 나타난다. 히스테리성 마비에 걸린 환자는 마비를 두려워하면서도 한편으로는 그것을 바라고 결국 그렇게 되고 만다. 이것은 단 하나의 감정 때문에 일어난다. 병에 대한 생각을 버리지 않으면 이 병은 낫지 않는다. 신경쇠약 환자의 틱 증세도 마찬가지이다. 젊은 처녀의 잘못된 신념은 편집증, 틱증, 반항, 도착증 등 신경병 환자들의 유형에 가깝다. 그녀의 마음속에는 이미 지적한 바와 같이, 욕망과 불안의 상반성 때문에 신경증 징후가 많이 발견된다. 예를 들면 '가출'은 아주 빈번하게 일어나는 일이다. 무턱대고 가출하여 집에서 멀리 떨어진 곳을 방황하다가 2, 3일 뒤 제 발로 힘없이 걸어 돌아온다. 이런 행동은 정말 집을 나가거나 가족들과 인연을 끊는 실제적 행위가 아니라, 단지 탈출극에 불과하다. 그래서 젊은 처녀에게 주위 사람들과 영원히 헤어지는 게 어떻겠냐고 하면 대개 당황해서 어쩔 줄 몰라 한다. 그녀는 그저 주위 사람들의 곁을 떠나 보고 싶었을 뿐, 영영 헤어지길 바란 건 아니기 때문이다. 이런 일시적 가출은 때로는 매음의 환상과 연결된다. 젊은 처녀는 자기가 매춘부가 되어 있는 꿈을 꾼다. 그녀는 다소 겁을 내면서 그 역할을 해 보기도 한다. 화장을 짙게 하고, 창가에 기대어 지나가는 사람에게 추파를 던진다. 때에 따라서는 실제로 집을 나가서, 연극을 현실과 혼동할 정도로 지나치게 하는 경우도 있다. 이런 행위는 대개 성적 욕망에 대한 혐오와 죄의식의 표출이다. '나는 이런 생각, 이런 욕망이 있으니까 매춘부보다 더 나을 것이 없다. 나는 매춘부이다'라고 젊은 처녀는 생각한다. 때로는 그런 생각에서 벗어나려고 한다. '결말을 내자. 아예 철저히 하자' 하고 생각하는 것이다. 그래서 아무나 처음 만나는 남자에게 몸을 맡겨 성행위란 별것이 아님을 스스로에게 입증하려고 한다.

동시에 그러한 태도는, 딸여 어머니의 엄격한 정조관념에 두려움을 느끼든가 혹은 어머니의 품행이 좋지 않다고 추측하든가, 어쨌든 일반적으로 어머니에게 적대감을 나타내는 것이다. 또는 자기에게 너무 냉담했던 아버지에 대한 원망의 표현이기도 하다. 아무튼 이런 강박관념에는—이미 말한 바 있고 또 자주 그것과 연관이 있는 상상임신처럼—신경병적 혼란의 특색인, 반항과 공범성이 복잡하게 얽힌 착란이 존재한다. 이 모든 행동에서 젊은 처녀가 자연이나 사회질서를 극복하려는 노력도 하지 않고, 가능성의 한계를 확대하거나 가치기준의 변혁을 시험하려 하지 않는다는 점은 주목할 만하다. 그녀는 (가치기준의) 경계선과 법률이 보전되어 있는 기성 세계 안에서 반항을 표명하는 것만으로 만족한다. 이런 것이 흔히 '악마적'이라고 불리는 젊은 여성의 태도이다. 선(善)은 우롱당하기 위해 인정되고, 규칙은 위반되기 위해 마련되며, 신성(神聖)은 모독되기 위해 존경받는다는, 그런 근본적인 현실기만(現實欺瞞)을 내포한 태도인 것이다. 젊은 처녀의 태도는 대개 자기 기만이라는 불안한 그림자 속에서 그녀가 세계와 자신의 운명을 받아들임과 동시에 거부하는 몸짓을 나타낸다는 사실을 통해 설명된다.

그러나 자기가 처한 상황을 소극적으로 거부하는 데 그치고 있는 것은 아니다. 그녀는 그 불충분한 부분을 보충하고자 노력한다. 미래가 그녀를 위협한다면, 현재 역시 그녀를 만족시키지 못한다. 그녀는 여자가 되기를 망설이면서도 자신이 아직 어린애에 지나지 않는다는 사실에 속이 탄다. 이미 과거에서 떠났지만 아직 새로운 생활에는 참여하지 않는다. 시간만 보낼 뿐 아무것도 하지 않는다. 아무것도 하지 않기 때문에 아무것도 갖고 있지 않으며 글자 그대로 전무(全無)한 상태이다. 그녀는 이런 공허함을 채우려 노력하지만 기껏해야 연극을 하거나 기만을 부릴 뿐이다. 그녀는 앙큼하게도 거짓으로 '이야기를 지어 골치 아픈 문제들을 일으킨다'는 비난을 자주 받는다. 사실 비밀과 허위는 그녀의 운명이다. 여자는 16살만 되면 벌써 참담한 시련을 겪는다. 사춘기, 월경, 성의 각성, 최초의 불안, 최초의 욕망, 공포, 혐오, 음란한 경험 등 이런 모든 것들을 자기 마음속에 간직하고 있다. 그 결과 비밀을 소중히 지키는 법도 배웠다. 생리대를 감추고 애써 월경을 숨겨야 한다는 사실이 벌써 그녀를 거짓말로 이끄는 것이다.

K.A. 포터(미국 현대 여류소설가)는 《인류》라는 작품에서, 1900년 무렵 미국 남부의 처녀들이 무도회에 갈 때 월경을 멈추게 하려고 소금과 시트론의 혼합물을 삼켜 병이 났다는 이야기를 한다. 그녀들은 그늘진 자신의 눈자위를 보고, 손을 만져보고, 또는 냄새를 맡고 자기들의 상태를 청년들이 알아차리지 않을까 두려워

한다. 그리고 그런 생각 때문에 그녀들은 낭패를 본 것이다. 다리 사이로 피 묻은 천을 느낄 때. 그리고 일반적으로 육체라는 선천적인 불행을 알 때, 우상이나 요정이나 먼 나라 공주의 역할을 한다는 것은 어려운 일이다. 자신이 육체로 인정되는 것을 반사적으로 거부하는 태도는 기만에 가깝다.

그러나 특히 사춘기 처녀에게 비난 받을 원인을 제공하는 거짓은, 그녀가 스스로 불안정하고 흐트러진 존재임을 느끼고 또 자기의 결점을 잘 아는데도 객체(대상물), 그것도 아주 사람을 매혹하는 객체로서 자신을 가장해야 한다는 데 있다. 화장, 파마, 코르셋, '스펀지를 넣은' 브래지어 따위는 모두 거짓이며, 또 얼굴 자체도 가면이 된다. 기교로 얼굴에 자연스러운 표정을 띠고, 정말 감탄하는 것처럼 수동성을 교묘히 나타낸다. 그녀가 여성적인 기능을 한창 발휘하는 도중에, 갑자기 평소의 낯익은 모습을 떠올릴 때만큼 사람을 놀라게 하는 일은 없다. 그녀의 초월성은 자기를 부정하고 내재성을 모방한다. 눈은 더 이상 사물(또는 현상)을 꿰뚫어보지 않으며, 비추어 줄 따름이다. 육체는 이미 사는 것이 아니고 기다릴 뿐이다. 모든 동작과 미소는 호소(呼訴)가 된다. 무장을 해제당한 채 기다리는 젊은 처녀는 내맡겨진 꽃이며, 곧 수확될 과실에 지나지 않는다. 유혹당하기를 갈망하고, 또 여자에게 그런 우혹을 충동하는 것은 남자이다. 그 뒤에 남자는 화를 내고 여자를 비난한다. 그러나 책략이 전혀 없는 소녀에게 남자는 냉담할 뿐만 아니라 반감까지 품는다. 그는 자기에게 함정을 파는 여자에게만 유혹된다. 먹이를 노리는 것은 제물로 바쳐져 있는 여자 쪽이기 때문이다. 이 경우 수동적인 자세가 안성맞춤으로 계략에 이용된다. 그녀는 자기의 약점을 힘의 도구로 삼는다. 그녀에게는 정정당당한 공격이 금지되어 있으므로 어쩔 수 없이 술책과 계략에 의존하는 수밖에 없다. 게다가 여자로서는 어떻게 해서든지 공짜로 바쳐지는 것처럼 보이는 편이 훨씬 더 유리하기 때문에, 믿을 수 없고 교활하다는 비난을 받게 마련이다. 그것은 사실이다. 하지만 처음부터 남자가 자신의 지배적 권의를 요구하므로 여자로서는 부득이 복종의 신화를 제공할 수밖에 없다. 더구나 사람들이 과연 그때, 그녀의 가장 본질적인 요구들을 포기하라고 그녀를 다그칠 수 있을까? 남자의 환심을 사려는 여자의 마음은 처음부터 변질될 수밖에 없을 것이다. 게다가 그녀의 속임수는 단순히 계획된 술책이 아니다. 모든 길이 막혀 아무것도 할 수 없는데도 그런 세계에 존재하지 않으면 안 된다는 저주가 그녀를 짐스럽게 억누르고 있다. 어렸을 때 그녀는 무용가나 성녀를 흉내내며 놀았다. 성장한 뒤부터는 자신의 흉내를 낸다. 진실이란 대체 무엇인가? 그녀가 갇혀 있는 영역 안에서는 무의미한 물음이다. 진실은 베일이 벗겨진 현실이다. 베일의 제거는 행동을 통해 이루어진다. 그런데 그녀는 행동하지 않는다.

자신에 대하여 자기에게 들려주는 상상의 이야기, 타인에게도 자주 들려주는 그 이야기는, 그녀가 자기 속에서 느끼는 가능성을 일상생활의 평범한 기록보다 훨씬 잘 표현하는 것 같다. 그녀에겐 자기의 가치를 잴 수단이 없다. 그래서 연극으로 스스로를 위로하고 있다. 그녀는 어떤 인물을 연기하여 그에 중요한 의미를 부여한다. 또 엉뚱한 행동으로 자기를 특이한 존재로 만들려고 애를 쓴다. 왜냐하면 기성의 현실에서는 명확한 활동을 통한 여자의 개성화가 허용되지 않기 때문이다. 그녀는 자기가 남자의 세계에서는 책임을 부담하지 않는 무의미한 존재임을 잘 알고 있다. 그래서 '상상의 이야기를 지어 내는 일' 외에, 그녀가 해야 할 중요한 일은 아무것도 없다. 지로두(프랑스현대 작가)의 엘렉트라(소포클레스의 비극. 지로두가 이 작품에서 제목과 주제를 빌려 왔다. 엘렉트라는 아가멤논과 클리타임네스트라의 딸로, 동생 오레스테스와 함께 자기 아버지의 원수를 갚는다)는 늘 말썽을 일으키는 여자이다. 왜냐하면 진짜 칼로 실제 살인을 하는 것은 오레스테스의 역할이기 때문이다. 젊은 처녀는 어린애처럼 싸움이나 분노에 지쳐서 병이 나고 히스테리를 일으키는데, 그것은 사람들의 주의를 끌고 문제의 인물이 되기 위해서이다. 타인의 운명에 간섭하는 것도 실은 주위의 관심을 자기에게 집중시키기 위함이다. 수단은 뭐든지 상관없다. 그녀는 자기 비밀을 털어놓고, 있지도 않은 비밀을 만들어 내며, 남을 배신하고, 중상모략한다. 자기 생활 자체에서 구원을 발견하지 못하므로, 스스로 사는 보람을 느끼려면 자기 주위에 비극이 필요한 것이다. 그녀가 변덕스러운 것도 이와 같은 까닭에서이다. 우리가 마음속에 그리는 여러 가지 환상이나 위안이 되는 이미지들은 서로 모순된다. 오직 행동만이 시간의 다양성을 하나로 이어준다. 젊은 처녀가 마음속에 품고 있는 것은 참된 의지가 아니라 여러 가지 욕망들이다. 그래서 그녀는 이리저리 한 욕망에서 다른 욕망으로 옮겨 간다.

이런 무분별한 행동은 때로 위험해지는 수가 있는데, 그것은 각 순간마다 꿈속에서만 일어난다고 생각되는 행동이 실은 현실로 나타나기 때문이다. 그녀는 비타협적인 까다로운 위치에 자기를 놓고 싶어하며, 결정적이고 절대적인 것을 좋아한다. 즉 미래를 마음대로 할 수 없기 때문에 영원한 것을 손에 넣으려고 한다. '나는 결코 양보하지 않을 거야. 나는 언제나 모든 것을 필요로 해. 나는 내 삶을 받아들이기 위해, 이것을 특별히 더 좋은 것으로 만들어야만 해'라고 마리 르네튀는 쓰고 있다. 이 말에 아누이(프랑스 현)의 앙티곤은 메아리처럼 호응한다. '나는 모든 것을 원한다. 지금 바로.' 이런 어린아이 같은 제국주의는 자기의 운명을 꿈꾸는 인간에게만 일어난다. 꿈은 시간과 장애물을 제거해 주지만, 그 꿈이 빈약한 현실을 보충하려면 끝까지 과격해야 하기 때문이다. 진실한 계획을 세운 사람은 누구나 자기가 지닌 구체적 힘의 증거가 되는 한계를 알고 있다. 젊은 처녀는 자기에게 속하는 것이 '아무것도 없기' 때문에, '모든 것'을 받아들이려고 한다. 거기에서 어른, 특히 남성에 대한 그녀의 '무서운 아이'의 성격이 드러난다. 그녀는 현실세계에 자기를 던질 때 개인에게 강요되는 제한을 인정하려 하지 않는다. 뛰어넘어 보라고 다른 사람을 부추긴다. 그리하여 힐다*62는 솔네스가 그녀에게 왕국을 세워 주기를 기다리고 있다. 왕국을 정복해야 할 사람은 그녀가 아니기 때문에 무턱대고 그것을 원하는 것이다. 그녀는 그에게 이제까지 한 번도 본 적 없는 가장 높은 탑을 세워 달라며 '그가 세운 탑 꼭대기까지 올라가라'고 요구한다. 남자는 기어오르기를 망설이며 그 높이 앞에서 현기증을 일으킨다. 지상에서 쳐다보고 있는 그녀는 사고나 인간의 약점을 부정한다. 현실이 그녀의 위대한 꿈에 어떤 제한을 가한다는 사실을 인정하려 들지 않는다. 스스로 위험을 무릅써야만 할 아무 이유도 없기 때문에, 어떤 위험 앞에서도 물러서지 않는다. 따라서 그녀가 보기에 어른들은 언제나 쩨쩨하고 소심하다. 꿈속에서 아주 이상한 대담성을 발휘할 수 있는 그녀는 현실 속에서도 어른들을 부추겨 그와 동등한 일을 해 보려고 도전하는 것이다. 실제로 시련이 맞닥뜨릴 일이 없기 때문에, 실패의 수치를 두려워하는 일 없이 실로 경탄할 만한 용기로 자신을 꾸민다.

그렇지만 이런 자제력의 부족으로 그녀 앞에 펼쳐질 미래는 다직 모든 것이 불확실하기만 하다. 그녀는 자기를 무한한 존재로 꿈꾼다. 그녀는 타인에게 칭찬받을 만한 인물을 빌려서, 그 속에 자기를 거짓되게 옮겨 놓고 있다. 이 인물의 선택은 타인의 의지에 좌우된다. 자기와 동일시하고, 수동적으로 그 존재에 종속되어 있는 분신 속에서 그녀는 무엇인가 위험을 느끼고 있다. 그 때문에

---

*62 입센의 《건축가 솔네스》 참조.

그녀는 화내기 쉽고 허영심이 강하다. 아주 사소한 비판이나 야유에도 완전히 흥분한다. 자기의 가치를 자신의 노력에서 이끌어 내는 것이 아니라, 그때그때 변덕스런 타인의 의견으로부터 끄집어 내기 때문이다. 그 가치는 개별적인 활동으로 정해지는 것이 아니라 평판이라는 세상의 목소리를 통해 만들어진다. 그러므로 그것은 양적으로 측정될 수 있는 것처럼 보인다. 어떤 상품은 너무 흔하면 가치가 감소된다. 마찬가지로 젊은 처녀는 다른 어떤 젊은 처녀도 자기와 같지 않을 때만 귀하고, 예외적이고, 주목할 만하고, 비범한 것이다. 그녀의 여자친구들은 경쟁자이며 적이다. 그녀는 자기 친구를 업신여기고, 그녀들의 존재를 부인한다. 그녀는 질투가 강해지고 악의를 품게 된다.

사춘기 소녀를 비난받게 하는 모든 결점들은 그녀가 처한 상황을 설명해 준다. 희망에 부풀고 야심으로 가득 찬 나이에, 삶에 대한 의지가 왕성한 나이에, 자기가 수동적이며 의존적이라는 현실을 자각한다는 것은 괴로운 일이다. 여성이 자기에게는 어떤 것도 성취하도록 허용되지 않으며 자기 자신을 부인해야만 하고, 자기의 미래는 남성의 자의(恣意)에 달려 있음을 아는 때가 바로 자신감에 충만한 이 시기이다. 성적인 면에서와 마찬가지로 사회적인 면에서도 새로운 갈망에 눈을 뜬들, 그녀는 계속 불만스럽게 살아야만 한다고 강요받는다. 생명력이 넘치거나 내적으로 꿈틀거리는 모든 욕구들은 그 즉시 저지되어 버린다. 그녀의 마음이 균형을 이루기 어렵다는 것은 충분히 이해할 수 있다. 그 불안한 기분, 눈물, 히스테리 등은 생리적 허약함의 결과라기보다 오히려 사회에서 소외당하는 데 대한 심각한 부적응의 표시이다.

젊은 처녀는 이런 상황을 온당치 못한 여러 가지 방법으로 도피하기도 하지만, 정당하게 받아들이는 경우도 있다. 그녀는 자기가 지닌 결점들에 화가 난다. 하지만 때로는 자기의 특출한 재능에 놀라기도 한다. 이러한 결점들과 재능은 같은 근원에서 뻗어 나온다. 그녀는 세계를 향한 거부, 불안한 기대, 허무 등을 도약대로 삼아 자기의 고독과 자유 속에서 새롭게 떠오를 수 있다.

젊은 처녀는 얽히고설킨 괴로운 투쟁에 부딪혀 남몰래 홀로 고민한다. 이런 복잡성은 그녀를 풍요롭게 한다. 그녀의 내면생활은 자기 형제들보다 더 심오하게 발전한다. 그녀의 마음은 한결 뉘앙스가 풍부해진다. 왜냐하면 보다 다양한 자기의 내적 움직임에 더욱 주의를 기울이기 때문이다. 그녀는 외적인 목적을 향해 나아가는 젊은 사내들보다 심리적인 감각이 더욱 풍부하다. 그녀는 자기를 세계와 대립시키는 이런 저항에 무게를 더할 수도 있다. 그녀는 진실함과 타협주의의 함정을 피한다. 주위 사람들이 허위로 꾸미는 거짓말도 그녀에게 발각되어 모순적으로 비춰진다. 그녀는 날마다 자기 처지의 모호함을 느낀다. 그래서 보람 없는 저항을 뛰어넘어 기성세대의 낙관주의, 구태의연한 가치, 위선적 온건주의의 도덕성 등을 용기내어 의심해 보기도 한다. 《플로스 강의 물방앗간》에서 매기가 보여 주는 감동적인 예가 그러하다. 조지 엘리엇은 이 여성을 통해 빅토리아 왕조의 영국에 대한 젊은이의 회의와 용감한 저항의식을 구체화하고 있다. 남자 주인공들, 특히 매기의 오빠인 톰은 세간에서 통용되는 사고방식을 강력히 주장하고, 도덕을 형식적 규칙에 고정시킨다. 그러나 매기는 거기에 생생한 입김을 불어넣어, 그런 원리를 뒤집어엎고 고독의 끝까지 나아간다. 그리고 남성들의 경직된 세계 저편에 순수한 자유로 떠오른다.

　사춘기 처녀는 이 자유를 소극적으로만 사용한다. 하지만 유연한 사고방식을 어떻게 사용하느냐에 따라 훌륭한 감수성이 생길 수도 있다. 그러면 그녀는 헌신적이고, 사려 깊고, 이해심이 많으며, 다정한 여자가 된다. 로자몬드 레이먼이 그린 여주인공들은 이처럼 부드럽고 너그러운 인물이다. 《왈츠에의 초대》에서는 아직 수줍고 어색하고 거의 애교라고는 없는 올리비아가, 가슴 설레는 호기심으로 자기가 내일 들어갈 사교계를 세심하게 탐구하는 모습을 볼 수 있다. 그녀는 차례로 자기 곁을 찾아오는 춤 상대들의 이야기를 귀담아 듣고 그들의 비위에 맞도록 대답하려고 노력한다. 그녀는 남자들의 메아리처럼 반응하며, 주는 것은 무엇이든 받아들인다. 《먼지》의 주인공 쥬디도 같은 매력의 소유자이다. 그녀는 어린 시절의 즐거움을 버리지 않는다. 밤중에 숲이 우거진 강에서 알몸으로 수영하기를 좋아하고, 자연과 책과 아름다움과 삶을 사랑한다. 나르시시즘 같은 자기숭배에 빠지지 않는다. 거짓도 이기심도 없는 그녀는 남성을 통해 자기찬미 따위를 구하는 일도 없다. 그녀의 사랑은 오직 주는 것이다. 상대가 남자든 여자든, 제니퍼든 로디든, 자기가 좋아하는 모든 존재에 사랑을 바친다. 자기를 잃는 일 없이 자기를 준다. 그녀는 자주적인 학생으로서 자기 자신의 세계와 자기의 계획을 갖고 있다. 그런데 그녀를 남자와 구별짓는 것은 그 무엇인가를 기다리는 태도와 부드러운 순종이다. 그녀는 매우 미묘한 방법으로 '타자'에게 자기를 제공한다. 그녀가 이웃집의 모든 총각들이나 그들의 집, 그들의 자매와 그들의 세계를 한꺼번에 사랑할 정도로, '타자'는 그녀의 눈에 신비로운 차원으로 비친다. 제니퍼가 그녀를 매혹하는 것은 친구로서가 아니라 '타자'로서이다. 그리고 주디는 로디와 그 사촌들을 대할 때에는 그들의 소망에 맞게, 재능껏 자기를 거기에 순응시켜 그들을 매혹한다. 그녀는 인내요, 온화함이요, 허용이요, 소리 없는 고뇌이다.

마가렛 케네디의 《영원한 처녀》에 나오는 야성적이고 헌신적인 테사는 그녀와는 다르지만, 사랑하는 사람을 마음으로 받아들인다는 점에서 역시 대단히 매력적인 여성으로 등장한다. 그녀는 자기를 포기하지 않는다. 그녀는 장신구, 화장, 변장, 위선, 부자연스러운 애교, 신중, 여성적 복종 따위를 싫어한다. 사랑받기를 원하나 가면은 쓰지 않는다. 루이스의 기분을 맞추지만 비굴하지는 않다. 그를 이해하고 그와 함께 감동한다. 그러나 만일 그들 사이에 논쟁이 벌어진다면, 그녀를 굴복시킬 수 있는 것은 애무가 아님을 루이스는 잘 알고 있다. 콧대가 세고 허영심 강한 플로렌스가 키스에 정복되는 것과는 달리, 테사는 사랑 속에 자유로이 머문다는 놀라운 일에 성공하고 있다. 이런 사실이 그녀로 하여금 적대감도 오만함도 없이 사랑할 수 있게 하는 것이다. 그녀의 소박함은 기교가 갖춘 모든 매력을 지니고 있다. 그녀는 사랑받기 위하여 결코 자기를 꾸미지 않을 뿐만 아니라, 비굴해지지도 않고 객체가 되어 버리는 일도 없다. 모든 삶을 음악적 창조에 바친 예술가들에게 에워싸여 있어도, 그녀는 탐욕스런 악마를 자기 마음속에서 느끼지 않는다. 그녀는 그들을 사랑하고 이해하며 온 마음을 다해 돕는다. 그러나 지나치지 않은 상냥함, 자연스런 호의로 그렇게 하는 것이다. 그 때문에 그녀는 타인을 위해 자기를 잊을 때라도 완전히 자주적이다. 이런 순수한 천성 덕택으로 그녀는 사춘기의 여러 갈등을 수월하게 넘겨 버렸다. 세상의 비정함 때문에 고뇌하는 경우는 있지만, 그녀 자신의 내부에서는 분열이 없다. 걱정거리라고는 없는 어린아이처럼, 동시에 지극히 현명한 부인처럼 잘 조화되어 있다. 세심하고 너그러우며, 감수성이 예민하고 열정적인 젊은 처녀는 언제든지 위대한 연인이 될 수 있다.

사랑을 만나지 못할 때면 시를 만나기도 한다. 여자는 행동하지 않기 때문에 보고 느끼고 기록한다. 어떤 색채와 어떤 미소는 그녀의 마음속에 깊은 반향을 일으킨다. 왜냐하면 그녀의 외부에 이미 세워진 도시에, 성숙한 남자들의 얼굴 위에 그녀의 운명이 흩어져 있기 때문이다. 그녀는 젊은 남자보다도 더 열정적이며 욕심 없는 형태로 이를 접촉하고 맛본다. 인간 세계에 합류하거나 거기에 잘 적응되지 못하는 까닭으로, 그녀는 어린아이처럼 그 세계를 볼 수 있다. 사물에 영향을 주는 데만 흥미를 보이는 대신, 그 사물의 의미에 집착한다. 그래서 사물의 특수한 모습이나 뜻밖의 변형을 잘 알아차린다. 그녀는 마음속에 창조적 대담성을 느끼는 일이 드물며, 자신을 표현하는 기술이 결여되어 있는 경우도 많다. 그렇지만 회화·편지·수필·소묘에서는 독창적인 감수성을 나타낸다. 젊은 처녀는 무엇에나 열정적으로 골두한다. 아직 자기의 초월성을 훼손당하지 않았기 때문이다. 이로써 그녀는 자기 활동을 더욱더 열정적으로 만든다. 어떠한 것이도 구애받지 않는 그녀가 자기 허무의 한가운데서 도달하려고 추구하는 것은 바로 '온전함(全)'이다. 그래서 자연에 특수한 사랑을 바치고 청년 이상으로 자연을 숭배한다. 존재하는 모든 것을 가장 뚜렷하게 요약해 보여 주는 것은 억압되지 않는 비인간적인 '자연'이다. 사춘기 소녀는 아직 세계의 어떤 작은 부분도 소유하지 못했다. 이런 무소유 덕분에 세계 전체가 그녀의 왕국이다. 그녀는 세계를 소유할 때, 자랑스럽게 자기를 소유한다. 콜레트는 청춘의 향연에 관하여 자주 이런 이야기를 했다.*63

나는 새벽을 무척 좋아하게 되었기 때문에, 어머니는 상으로 내게 그것을 허락해 주었다. 어머니에게 3시 반에 깨워 달라고 부탁해서, 양팔에 바구니를 하나씩 들고, 개천의 좁은 골짜기에 숨어 있는 채소밭으로 딸기며 까치밥나무 열매를 따러 갔다.
3시 반에는 만물이 본연의 습하고 혼돈한 푸른빛 속에 잠들어 있었다. 내가 모랫길을 내려갈 때에 자신의 무게 때문에 낮게 깔린 안개가 먼저 내 다리를, 다음엔 날씬한 내 몸을 적시고, 내 몸에서 다른 어떤 부분보다 민감한 입술, 귀, 코에 이르렀다…… 이 길에서, 이 시간에, 나는 나의 가치를, 뭐라고 표현할 수 없는 매력을, 그리고 처음 불어오는 미풍을, 처음 날아오는 새를 의식했고, 막 떠올라 으양새가 이지러진 달걀 같은 태양과 공모하는 기분을 느꼈다…… 나는 첫 미사의 종이 울릴 때 돌아왔다. 그러나 나의 배가 가득 차기 전에는 돌아오지 않았다. 사냥개처럼 숲속을 혼자서 크게 한 바퀴 돌고, 내가 그토록 좋아하지만 남들은 모르는, 두 샘의 물을 맛보기 전에

---

*63 《시드(Sido)》.

는 돌아오지 않았다…….

메리 웨브(영국 현대 여류소설가)도 《그늘의 무게》에서, 어떤 처녀가 낯익은 풍경 속에서 경험할 수 있는 열렬한 환희를 그리고 있다.

집안 분위기가 너무 험악해지면 앰버의 신경은 찢어질 듯이 긴장되었다. 그럴 때면 그녀는 언덕을 통해 숲까지 가곤 했다. 도머의 사람들이 법률의 강제 아래 살고 있는 동안에, 숲은 본능만으로 살아간다고 생각되었다. 자연의 아름다움에 눈뜬 그녀는 자신에게 매우 특별한, 아름다움에 대한 깨달음에 이르렀다. 그녀에게는 어떤 유사점들이 보이기 시작했다. 자연은 이미 자잘한 세부의 우연적인 집적(集積)이 아니라 하나의 조화이며, 엄숙하고 위엄 있는 한 편의 시(詩)였다. 여기서는 아름다움이 지배하고 있었다. 꽃의 빛도 별빛도 아닌 어떤 빛이 반짝이고 있었다…… 마음을 사로잡는 신비롭고 가벼운 진동이 빛과 함께 숲속을 달리는 것 같았다. 이 녹음의 세계를 향한 앰버의 외출은 마치 종교의식과도 같았다. 만물이 정적에 잠긴 어느 날 아침 그녀는 '새의 동산'으로 올라갔다. 바쁘고 초조한 하루가 시작되기 전에 그녀는 흔히 그렇게 했다…… 그녀는 조류 세계의 부조리한 모순 속에서 어떤 위안을 느꼈다…… 그리고 드디어 숲의 위쪽까지 올라가서 아름다움과 맞붙잡고 씨름을 했다. 자연과의 대화에는 그야말로 서로 옥신각신하며 다투는 그 무엇, 즉 "네가 나를 축복해 줄 때까지 나는 너를 떠나 보내지 않겠다"고 말하는 분위기 같은 게 있었다. 그녀가 야생 사과나무에 기대어 있을 때, 갑자기 어떤 내면의 감각으로 수액이 올라가는 소리가 들리는 듯했다. 그 동작이 너무 생생하고 힘차서, 그녀는 밀물처럼 철썩거린다고 생각할 정도였다. 다음엔 바람이 나무의 꽃가지 밑으로 세차게 지나갔다. 그래서 그녀는 그 이상스런 나뭇잎의 종알거리는 소리에 다시 눈을 떴다…… 꽃잎마다 나뭇잎마다 제가 나온 깊은 곳을 회상하면서 어떤 음악을 노래하는 것 같았다. 살그머니 부풀어 오른 꽃망울 가운데 어느 것도 연약하기보다는 너무나 무거운 메아리로 가득 차 있는 것 같았다…… 언덕 꼭대기에서 한 가닥 훈풍이 불어와 나뭇가지 사이로 미끄러지듯 파고들었다. 일정한 형태가 있고 또 형태의 죽을 운명을 아는 사물은, 거기를 지나가는, 형태도 없고 표현할 수도 없는 그것을 향해 전율하고 있었다. 그것 덕분에 숲은 이젠 단순한 집단이 아니라 성좌처럼 찬란한 통일체였다…… 그 자체가 연속적인 부동의 존재 속에서 자신을 유지하고 있었다. 자연의 정기가 통하는 이곳에서, 숨이 막힐 듯한 호기심에 사로잡힌 갬버를 유혹한 것은 그것이었다. 그것이야말로 그녀를 기묘한 황홀감 속에서 더 이상 꼼짝달싹 못하게 했다……

에밀리 브론테(19세기 영국 여류소설가)나 안나 드 노아유처럼 서로 다른 많은 여성들은 젊은 시절에—더 나아가 평생에 걸쳐—이와 비슷한 열정을 경험했다.

내가 인용한 문장은 사춘기 여성이 들과 숲에서 어떤 구원을 찾아내는지 잘 보여 주고 있다. 아버지의 집은 어머니·규칙·습관·관례 등이 지배하고 있다. 그녀는 이런 과거로부터 벗어나고 싶어한다. 이번에는 그녀 자신이 절대적인 주체가 되기를 원한다. 그러나 사회적으로는 아내가 되는 길밖에 달리 어른들의 세계에 도달할 방법이 없기 때문에, 그녀는 자기포기를 자유의 대가로 지불한다. 한편, 그녀는 식물이나 동물 사이에선 인간적인 존재이다. 그녀는 가족과 남성으로부터 동시에 자유의 몸이 된 주체이자 자유 그 자체이다. 그녀는 숲의 비밀 속에서 자기 영혼의 고독한 모습을 발견하고, 광대한 평원의 지평선 속에서 초월성의 실재하는 형태를 본다. 그녀 자신이 무한한 광야요, 하늘로 솟은 나무 꼭대기이다. 그녀는 미지의 미래를 향한 이 길을 지금 더듬어 갈 수 있으며, 또 앞으로도 더듬어 갈 것이다. 언덕 꼭대기에 앉아서 그녀는 자기 발밑에 펼쳐진 세계의 모든 부를 지배한다. 출렁이는 물결과 번쩍이는 빛을 통해, 그녀는 자기가 아직 모르는 환희와 눈물과 황홀을 예감한다. 연못의 잔물결과 태양의 반점이 그녀에게 막연히 약속하는 것은 그녀가 마음속으로 떠나는 내면의 모험이다. 향기와 빛깔은 신비로운 말들을 속삭이는데, 거기서도 어떤 한마디가 압도적으로 뚜렷하게 떠오른다. 바로 '삶'이란 단어이다. 삶이란 호적에 기재되는 추상적인 운명이 아니라, 미래이며 육체적인 부(富)이다. 한 육체를 갖는다는 것이 이제는 수치스런 약점으로 보이지 않는다. 어머니의 눈길 아래서 거부하는 저 욕망 속에, 사춘기 소녀는 나무 속에서 가지를 향해 올라오는 수액을 느낀다. 그녀는 더 이상 저주받은 존재가 아니다. 그녀는 자랑스럽게 나뭇잎과 꽃과의 혈연관계를 받아들인다. 그녀는 화관(花冠)을 짓밟고 자기의 빈손에도 언젠가는 싱싱한 먹이가 가득 들어올 것이라고 믿는다. 육체는 이젠 더러운 것이 아니며 환희이자 아름다움이다. 하늘과 광야와 혼연일체가 된 젊은 처녀는 세계를 활기차게 열광시킨다. 그녀는 결코 시들지 않는 영기(靈氣)이며, 히스의 새싹 한 잎 한 잎이다. 땅에 뿌리를 내린 개인, 무한한 의식인 그녀는 정신이며 생명이다. 그녀의 존재도 대지 자체와 마찬가지로 절대적이며 결정적이다.

그녀는 이따금 '자연'의 저편에서 좀더 먼, 한층 매혹적인 현실을 찾는다. 신비로운 황홀감 속에서 자신을 잊고 싶어한다. 믿음이 두터웠던 시대에는 많은 처녀들의 영혼이 자기존재의 공허를 메워 달라고 신에게 빌었다. 시에나의 카타리나(14세기 이탈리아 도미니크회의 수녀, 성녀)나 아빌라의 테레사(16세기 스페인의 신비사상가, 수녀)의 천성도 어렸을 때 이미 명확히 드러났다.*64 잔다르크는 묘령의 젊은 처녀였다.

그 밖의 시대에 최고의 목적으로 지향되었던 것은 인류이다. 이때 신비한 감정몰입은 구체적인 계획으로서 나타난다. 그러나 역시 절대를 향한 생생한 욕망은 롤랑 부인(프랑스 혁명 때 처형된 여걸)과 로자 룩셈부르크(독일의 급진적인 여성혁명가)의 마음속에 그녀들의 생명을 기른 불꽃을 낳았다. 젊은 처녀는 그 굴종이나 가난 속에서, 거부의 밑바닥에서 가장 극단적인 대담성을 이끌어 낼 수도 있다. 그녀는 시(詩)를 만나고, 영웅주의도 만난다. 그녀가 사회에 제대로 참여하지 못한다는 사실을 받아들이는 하나의 방법은, 제한된 지평선을 뛰어넘는 것이다.

타고난 부유함과 뛰어난 능력, 그리고 유리한 환경 덕분에 몇몇 여성들은 어른 사회에 뛰어든 다음에도 처녀시절의 열정적인 계획들을 계속 성취하며 살아갈 수 있었다. 그러나 그것은 어디까지나 예외이다. 조지 엘리엇이 매기 툴리버를, 마가렛 케네디가 테사를 죽게 한 데에는 다 까닭이 있다. 브론테 자매만 해도 쓰라린 운명을 경험했다. 젊은 처녀는 감동을 불러일으키기 쉽다. 그녀는 연약한 몸으로 외롭게 세계에 대항하기 때문이다. 그러나 세계는 너무나 강력해서, 그런 세계를 완강히 거부하면 그녀는 자멸하고 만다. 신랄함과 독특한 기지로 유럽을 사로잡은 미녀 주일렌은 자기의 구혼자들을 모두 두려움에 떨게 했다. 그녀는 모든 양보를 거부한 결과 매우 긴 세월 동안 독신으

---

*64 여성과 관련된 신비적 신앙의 특징들은 다음 기회로 미룬다.

로 지내야만 했으며, 이런 생활은 그녀에게 무거운 짐이 되었다. 어쨌든 그녀는 '처녀와 순교자'라는 표현이 같은 말이라고까지 공언하던 여성이었으니 말이다. 이렇게까지 완강하기는 드문 일이다. 대개 그 싸움은 너무도 일방적이라고 생각되므로, 젊은 처녀는 결국 양보하고 만다. '당신네들은 15살에 모두 죽습니다'라고 디드로는 소피 볼랑에게 편지를 썼다. 싸움이 흔히 그렇듯이 형식적인 반항에 불과하다면 패배는 확실한 것이다. 꿈속에서는 요구가 많고 큰 희망에 부풀어 있지만, 본디 수동적인 젊은 처녀는 어른들에게 약간 동정어린 미소를 자아낸다. 끝내 어른들은 그녀를 체념시킨다. 그리고 실제로 헤어졌을 때는 반항심이 강한 개성적인 처녀라 하더라도, 2년 뒤 다시 만나면 온순해지고 여자의 삶에 동의할 각오가 되어 있다. 그것은 콜레트가 뱅카에게 예언한 운명이다. 모리아크의 초기 소설의 여주인공들도 이런 식이다. 처녀시절의 위기는 의사 라가슈가 '상사(喪事)'라고 부르는 것과 유사한 일종의 '일'이다. 젊은 처녀는 조금씩 자기의 유년시절을 묻어 버린다. 그녀는 본디 자주적이며 절대적이었던 그때의 자기를 버리고, 이제부터 온순하게 어른들의 삶 속으로 들어간다.

물론 나이만으로 명료한 구분을 짓는다는 것은 무리이다. 일생 동안 어린아이로 머무르는 여성도 있으며 이미 설명한 여러 가지 행동들이 비교적 나이가 들어서까지 계속되는 경우도 있다. 그렇지만 전반적으로, 15살의 '풋내기 처녀'와 '성숙한 처녀' 사이에는 커다란 차이가 있다. 성숙한 처녀는 현실에 적응하여 이젠 상상만으로는 움직이지 않으며, 또 이전만큼 자기분열을 일으키지도 않는다. 마리 바슈키르체프는 18살 무렵에 다음과 같이 썼다.

젊음의 끝자락에 다가가면 갈수록 그만큼 나는 무관심해진다. 지금은 나를 초조하게 하는 것이 거의 없다. 그러나 예전에는 모든 것이 나를 초조하게 만들었다.

이렌느 르웰리오티는 다음과 같이 적고 있다.

여자가 남자들에게 받아들여지기 위해서는 그들처럼 생각하고 행동해야 한다. 그렇지 않으면 그들에게 당신은 옴 오른 암양 취급을 받고, 고독은 당신의 운명이 된다. 그런데 지금 나는 고독에 지쳤다. 나는 군중이 나의 주위에 있기를, 아니 나와 함께 있기를 원한다…… 현재에 살 것, 그리고 이젠 존재하기를 그만둘 것, 기다리고, 꿈꾸고, 입을 다물고, 몸을 움직이지 않으며, 모든 것을 자기의 마음속에서 이야기할 것.

그리고 좀더 나아가서 이렇게 썼다.

나는 너무나 귀여움을 받은 탓에 대단한 야심가가 되었다. 그것은 벌써 15살 때의 떨리고 감동적인 그런 행복은 아니다. 삶에 복수하고 그것을 거슬러 올라가는 식의 차고 매서운 일종의 도취이다. 나는 연애를 흉내 내고 사랑하는 체한다. 하지만 사랑하고 있는 것은 아니다…… 나는 더 똑똑해지고 냉정해지고, 분별 있는 사람이 된다…… 그러나 마음은 잃어만 가고 있다. 금이 간 것이다…… 두 달 동안에 나는 소녀시절과 작별했다.

19살 난 젊은 처녀의 고백도 거의 같은 어조이다.*65

옛날에는, 아! 이 시대에 적응할 수 없을 것 같던 정신상태와, 이 시대의 부름 사이에서 벌여야 했던 말 못할 투쟁! 지금에 와서야 내 마음이 가라앉는 것 같다. 새로운 위대한 사상 하나하나는 내 속에 들어올 때마다 괴로운 분열과 파괴와 부단한 재건을 되풀이하는 대신에, 이미 내 마음속에 존재하는 것에 놀랍게도 딱 들어맞는다…… 지금 나는 이론적 사상에서 일상생활로 천천히 쉬임없이 옮겨 가고 있다.

젊은 처녀는—특별히 못나지 않았다면—마침내 자신이 여자임을 받아들이게 된다. 그리고 대개 여자의 운명 속에 결정적으로 자리잡기까지, 그녀는 거기서 이끌어 낼 수 있는 쾌락과 승리를 부담 없이 즐기며 행복도 많이 누린다. 아직은 어떤 의무도 강요당하지 않고 책임도 없이 가만히 대기하고 있는 그녀에게, 지금 삶은 하나의 중간단계에 불과하기 때문에 공허나 환멸로는 보이

---

*65 드베스의 《사춘기 자립의 위기》에서 인용.

지 않는다. 그맘때 처녀의 화장과 교태에는 아직 무게가 없는 유희성이 따르고, 미래의 아름다운 꿈은 그 공허함을 그녀 안에 감추어 둔다. 버지니아 울프는 어느 날 저녁 파티에 참석한 한 멋쟁이 처녀의 인상을 다음과 같이 그리고 있다.

나는 어둠 속에서 온몸이 빛나는 것을 느꼈다. 나는 비단 스타킹을 신은 두 다리를 살짝 서로 비볐다. 목걸이에 박힌 보석들이 가슴 위에 차갑게 놓여 있다. 나는 잘 차려입어 준비를 마친 상태이다…… 머리칼은 보기 좋게 물결을 이루고, 입술은 아주 붉다. 계단을 올라오는 남자들이나 여자들과 합류할 준비가 되어 있다. 그들은 나의 동료들이다. 나는 그들의 앞을 지나간다. 그들이 나의 시선에 드러나는 것처럼, 나도 그들의 시선에 드러난다…… 향기와 빛이 넘치는 이 분위기 속에서 나는 오그라든 잎을 펼치는 고사리처럼 활짝 피어난다…… 내 마음속에서 무수한 가능성이 피어오름을 느낀다. 나는 처음에는 말괄량이였다가, 쾌활했다가, 힘없이 우울해진다. 나는 한 자리에 깊이 뿌리박은 채 흔들리고 있다. 온몸을 금빛으로 빛내며 저쪽으로 몸을 기울여 그 청년에게 "어서 와요……" 하고 말한다. 그가 다가온다. 내가 일찍이 경험한 적 없는 흥분된 순간이다. 몸이 떨리고 흔들린다…… 나는 새틴 드레스를 입고, 그는 검정과 흰색으로 배합된 정장을 입고, 우리 둘이 나란히 앉아 있으면 정말 멋있지 않을까? 이젠 동료들이, 남자든 여자든 여기 있는 모두가 내 얼굴을 뚫어지게 바라볼지도 모른다. 나는 당신들에게 시선을 되돌려 준다. 나는 당신들의 일원이다. 나는 여기 나의 세계에 있다…… 문이 열린다 문은 쉴 새 없이 열린다. 이번에 문이 열리면 나의 삶은 아마 완전히 변할 것이다…… 문이 열린다. "으, 어서 와요" 하고 나는 머리끝부터 발끝까지 황금빛 물결을 이루며 몸을 굽혀 그 청년에게 말한다. 그는 내게로 다가온다.*66

하지만 젊은 처녀는 성숙해 갈수록 그만큼 어머니의 권위에 눌리고 만다. 집에서 집안일을 하고 있다면, 그녀는 자기가 조수에 지나지 않는 데 고뇌한

---

*66 버지니아 울프의 《파도》.

다. 그녀는 자기의 가정, 자기의 아이에게 자신을 바치고 싶어한다. 가끔 어머니와의 경쟁이 격렬해진다. 특히 큰딸은 어머니가 남동생이나 여동생을 낳으면 화를 낸다. 그녀는 어머니의 임무가 다 끝났으므로, 이젠 자기가 아이도 낳고 살림을 주관할 차례라고 생각한다. 한편 밖에서 직업을 갖고 일한다면, 그녀는 집에 돌아왔을 때 자기가 아직도 단순히 가족의 일원으로만 취급될 뿐, 자주적인 개인으로 인정되지 않고 있다는 데 불만을 느낀다.

옛날처럼 낭만적이지 못한 그녀는 연애보다 결혼에 대해 훨씬 많이 생각한다. 그녀는 더 이상 미래의 남편을 마법 같은 후광으로 장식하지 않는다. 이 세상에서 안정된 지위를 얻어 아내의 삶을 시작하는 것이 그녀의 소원이다. 버지니아 울프는 시골 부잣집 처녀들의 상상을 다음과 같이 묘사하고 있다.

곧 꿀벌들이 인동덩굴 주위에서 붕붕거리는 뜨거운 한낮이 되면 내 사람이 올 거야. 그가 한마디밖에 말하지 않으면 나도 한마디만 대답하겠어. 내가 지닌 모든 것을 그에게 주어야지. 아이들을 낳고, 앞치마를 두른 식모와 빗자루를 든 하녀를 둘 거야. 내 부엌에는 양고기를 데우기 위해 넣어 둔 바구니가 있고, 들보엔 햄이 걸려 있고, 줄줄이 엮인 양파가 햇빛에 반짝이고 있어. 나는 어머니를 닮아 조용히, 푸른색 앞치마를 두르고, 손에는 찬장열쇠를 쥐고 있을 거야.*67

이와 비슷한 꿈은 불쌍한 프루 산에게서도 떠나지 않는다.*68

한평생 결혼하지 않는다는 것은 참으로 무서운 운명이라고 나는 생각했다. 처녀들은 누구나 결혼한다. 그녀는 집 한 채와 등불을 손에 넣을 것이다. 그리고 아마 저녁때 자기 남편이 돌아올 시간이면 그 등불을 밝힐 것이다. 촛불밖에 없더라도 마찬가지이다. 그것은 창가에 놓을 수 있으니까. 그러면 남편은 생각한다. '아내가 있구나. 촛불을 켜 놓았군.' 그리고 언젠가 베길디 부인이 그녀에게 갈대요람을 만들어 줄 것이다. 그리고 또 언젠가는 거기에서 아름다운 아기를 볼 수 있을 테고, 세례식 초대장이 발송될 것이다. 이웃

---
*67 버지니아 울프의 《파도》.
*68 메리 웨브의 《산(Sarn)》.

사람들은 꿀벌들이 여왕벌 주위에 모이듯 어머니 주위에 모여들 것이다. 일이 제대로 안 될 때 흔히 나는 이렇게 생각했다. '괜찮아, 프루 산! 언젠가는 너도 네 벌집 속에서 여왕이 될 거야.'

나이가 찬 처녀들은 대부분 부지런하든 경박한 생활을 하든, 또는 아버지 집에 매여 살든 어느 정도 거기서 벗어나 있든, 남편―최소한 진심으로 사귀는 연인이라도 있어야 하리라―을 정복하는 것이 급선무이다. 이에 대한 걱정은 여성들 사이의 우정에 좋지 않은 결과를 불러온다. '마음의 친구'는 그 특권적 지위를 상실한다. 젊은 처녀는 자기 친구를 동료라기보다 오히려 경쟁상대로 본다. 이런 처녀들 가운데에 총명하고 재주 있는, 그러나 자기를 '먼 나라의 공주'라고 생각하는 한 아가씨가 있었다. 그녀는 시나 수필 속에 자기의 모습을 그렸는데, 자기는 어린시절 친구들에게 아무 미련도 없다고 솔직히 고백하고 있다. 못생기고 어리석은 친구는 마음에 안 들고, 예쁜 친구는 두렵다는 것이다. 남자를 초조하게 기다리는 것은 대개 책략과 술책과 굴욕을 의미하며, 이는 젊은 처녀의 앞길에 장애가 된다. 그녀는 이기적이고 냉혹해진다. 그리고 '매력 있는 왕자님'의 출현이 늦어지면 혐오와 불쾌감이 생긴다.

젊은 처녀의 성격과 행동은 그녀의 상황을 드러낸다. 그래서 그녀의 처지가 바뀌면 그녀의 모습도 다르게 나타난다. 오늘날은 처녀가 자기의 운명을 남자에게 맡기는 대신, 그것을 자기의 손아귀에 쥘 수도 있게 되었다. 그녀가 연구, 스포츠, 직업적 훈련, 사회적·정치적인 활동에 몰두하면, 남성에 대한 강박관념으로부터 해방되어 연애나 성에 관한 갈등에 시달리는 일이 훨씬 적어진다. 그렇지만 처녀는 자주적인 개체로서 자기를 완성하기가 청년보다 훨씬 더 어렵다. 이미 말한 바와 같이 가족도 사회풍습도 그녀의 노력을 돕지 않는다. 게다가 그녀가 자립을 선택한다고 해도, 역시 그녀의 삶에서 남자와 사랑이 차지할 자리는 이미 비워져 있다. 보통 그녀는 어떤 일에 온 생명을 바쳐 몰두하면, 여자로서의 삶에 실패하지나 않을지 걱정하게 된다. 이런 감정은 스스로에게도 그다지 드러나지 않았지만, 그것은 엄연히 존재하여 집중된 의지를 헝클어뜨리며, 한계를 분명히 표시한다. 아무튼 일하는 여성은 그녀의 직업적인 성공을 순수한 여성으로서의 성공과 화해시키려고 한다. 그것은 그녀가 반드시 많은 시간을 여자다운 몸치장이나 미용에 써야 한다는 뜻은 아니다. 그러나 보다 중대한 것은, 이런 태도로는 그녀의 관심이 분산되는 것을 각오해야만 한다는 점이다. 남학생은 공부시간 틈틈이 자유로운 사색의 유희를 즐기는데, 거기서 최고의 아이디어를 얻는 수도 있다. 그러나 여자의 몽상은 전혀 다른 방향으로 기울어져 있다. 즉 그녀는 자기의 외모나 남자, 사랑에 대해 생각한다. 그녀는 학문과 직업에 대해 필요 이상의 노력을 하려 들지 않지만, 이 영역에서는 과잉만큼 필요한 것은 없다. 문제는 여자의 지능 부족이나 집중력 결여 따위가 아니라, 그녀의 관심이 잘 타협되지 않는 여러 가지 것들로 분산된다는 것이다. 여기서 악순환이 생긴다. 흔히 놀라운 것은 여자가 한 남자를 얻게 되면 음악·공부·직업 등을 쉽게 포기해 버린다는 점이다. 그것은 여자가 그녀 자신의 계획에 자기를 소극적으로만 참가시켜, 설령 그것을 해내더라도 커다란 이익을 얻을 수 없기 때문이다. 모든 것이 앞을 다투어 그녀의 개인적 야망을 제한하려고 한다. 게다가 사회의 거대한 압력은 그녀에게, 결혼을 통해 사회적 지위와 정당성을 발견하라고 권유한다. 따라서 그녀가 이 사회에서 자기의 지위를 스스로 창조하려고 노력하지 않거나, 또는 소극적으로만 노력하는 것도 마땅하다. 완전한 경제적 평등이 사회에서 실현되지 않은 상태에서, 풍습이 아내나 애인인 여성에게 남성들의 특권을 이용하는 방법을 통해서만 사회적 성취를 이루도록 허락하는 한, 여성은 수동적인 형태로 성공의 꿈을 계속 꿀 것이고, 그녀 자신의 완성은 억제될 것이다.

하지만 젊은 처녀가 어떤 식으로 어른의 생활에 다가가든, 그 연습기간은 끝난 것이 아니다. 그녀는 점진적이든 급진적이든 성에 입문하는 과정을 거쳐야만 한다. 그런데 그 가운데에는 이를 싫어하는 젊은 처녀들도 있다. 소녀시절에 불쾌한 성적 경험을 했거나, 서투른 성교육 때문에 부지불식간에 성적 공포감이 마음속에 뿌리박혔다면, 처녀들은 사춘기 소녀시절의 남자에 대한 혐오감을 잊지 않게 된다. 또 어떤 여자들에게는 본의 아니게 처녀성이 연장되는 경우도 있다. 그러나 대다수의 젊은 처녀는 얼마쯤 나이를 먹게 되면 자신의 성적 운명을 성취한다. 그녀가 그것을 어떻게 성취하느냐는 명백히 그녀의 과거 전체와 밀접한 관계가 있다. 그러나 또 전혀 예기치 않은 상황 속에 새로운 경험을 하는 수도 있다. 이에 대하여 그녀는 자유로운 반응을 보인다. 지금부터 검토해야만 하는 것은 이 새로운 단계이다.

### 제3장 성 입문

어떤 의미에서 여자의 성(性) 입문은 남자와 마찬가지로 아주 어렸을 때부터 시작된다고 말할 수 있다. 구순기, 항문기, 성기기에서 성년기에 이르기까지, 이론적이고 실제적인 수련이 쉴 새 없이 계속되는 것이다. 그러나 젊은 처녀의 성적 경험은, 이 전에 했던 성적 활동의 단순한 연장이 아니다. 이 새로운 성적 경험은 대개 예상 밖으로 갑작스레 찾아와 과거와의 결별을 불러일으킨다. 이런 성적 경험을 거치는 바로 그 시기에, 젊은 처녀가 부딪치는 모든 문제들이 하나의 절박하고도 심각한 형태로 나타난다. 이런 위기는 간단히 해결될 수 있으나, 자살이나 광증(狂症)으로 마무리되는 비극적인 경우도 있다. 아무튼 여자가 거기에 어떻게 반응하느냐에 따라 그녀의 운명 대부분이 좌우된다. 모든 정신과 의사들은 성적 경험의 첫걸음이 젊은 처녀에게 너무나 중요하다는 데 의견을 같이하고 있다. 즉 그 첫걸음이 일생 동안 영향을 끼친다는 것이다.

생물학적·사회학적·심리학적 관점에서 동시에 살펴볼 때, 이런 문제에 대한 남자와 여자의 입장은 근본적으로 다르다. 남자의 경우, 유아의 성적 본능에서 성숙기에 이르는 과정은 비교적 단순하다. 거기에는 성적 쾌락의 객관화가 있는데, 그 쾌락은 자신의 내재적 존재 안에 실현되는 게 아니라 하나의 초월적 존재를 목표로 나아가게 된다. 발기는 이런 욕구의 표현이다. 성기·손·입 등 그의 온 몸을 통해 남자는 상대에게 다다른다. 그러나 이런 활동이 한창 진행되는 중에도, 그는 평소와 같이 자기가 지각하는 객체와 자기가 다루는 도구에 대하여 주체로서 머무른다. 남자는 자기의 자주성을 잃지 않고 타자를 향해 자기를 던지는 것이다. 여성의 육체는 남자에겐 하나의 먹이이다. 그는 자기의 관능이 모든 객체에 대하여 요구하는 특질을 여성의 육체에서 포착한다. 물론 그는 그 특질을 완전히 자기 것이 되게 하지는 못한다. 하지만 적어도 그것을 취할 수는 있다. 애무와 키스는 반쯤 실패하지만 이런 실패 자체도 자극이며 기쁨이다. 사랑의 행위는 그 자연스러운 완성, 즉 오르가슴 속에서 하나됨을 발견한다. 성교에는 뚜렷한 생리적 목적이 있으며, 남성은 사정을 통해 자기를 압박하던 분비물을 방출한다. 성적으로 흥분한 뒤에, 남자는 확실히 쾌감을 수반하는 완전한 해방감을 얻는다. 물론 쾌락만이 그 목적은 아니다. 쾌락 뒤에는 흔히 환멸이 따른다. 욕구가 충족됐다기보다 그저 사라졌기 때문이다. 그러나 아무튼 하나의 결정적인 행위가 성취되고, 남성은 다시 완전한 육체로 되돌아간다. 그가 자신이 속한 종(種)에게 한 봉사는 자신의 향락과 혼연일체가 된다.

여자의 성욕은 이보다 훨씬 더 복잡한데, 그것은 여성이 처한 상황의 복잡성을 반영하고 있다. 앞에서 본 바와 같이 암컷은 종으로서의 능력을 자기의 삶에 잘 조화시키지 못한 채, 개체 자신의 목적과 상반된 이해관계에 얽혀 종의 먹잇감으로 전락해 버린다.[*69] 이런 이율배반은 인간 여자에게서 그 정점에 이른다. 그것은 특히 음핵과 질이라는 두 기관의 대치를 통해 표현된다. 유아기에 여성 에로티시즘의 중심이 되는 것은 음핵이다. 일부 정신과의사들은 어떤 여자아이들에게는 질의 감각이 존재한다고 주장하지만, 그것은 매우 미심쩍은 의견이다. 게다가 어차피 거기에는 부차적인 중요성밖에 없다. 음핵의 조직은 성년기[*70]에도 변화하지 않고, 여성은 한평생 이 성적 자주성을 보유한다. 음핵의 경련은 남성의 오르가슴처럼 거의 기계적인 방법으로 얻어지는 일종의 발기와 소멸 과정이다. 그러나 그것은 정상적인 성교에 간접적으로만 연결되어 있을 뿐, 생식에는 아무 역할도 하지 않는다.

여자가 관통되고 수태하는 것은 질을 통해서이다. 질은 남성의 개입으로 비로소 성의 중심이 되고, 남성의 개입은 성폭행의 성질을 띤다. 옛날에 여성은 사실상 또는 위장된 형식의 약탈에 의해, 어린이의 세계에서 유리되어 아내로서의 삶에 던져졌다. 그녀를 처녀에서 여자로 바꾸는 것은 폭력이다. 그래서 처녀성을 '빼앗는다'거나 처녀의 꽃을 '꺾는다'고 말한다. 이런 처녀성 상실은 계속적인 발전의 원만한 결말이 아니라, 과거와의 급격한 단절이며 새로운 과정의 시작이다. 그때 쾌락은 질의 내부 표면이 수축함으로써 일어난다. 이 수축이 정확하게 결정적인 오르가슴으로 바뀌는가? 이것은 아직도 논의되고 있는 점이다. 해부학의 조사 결과도 매우 모호하다. 그 가운데에서도 〈킨제이 보고서〉는 다음과 같이 밝히고 있다. '해부학 및 임상의학은 질 내벽 대부분에 신경이 분포되어 있지 않다는 것을 충분히 증명하고 있다. 질 안에서 이루어지는 많은 외과수술은 마취제의 힘을 빌리지 않고도 가능하다. 질내의 신경은 음핵 저부(底部)에 가까운 내벽 속의 어떤 부분에 국한되어 있음이 증명되

---

[*69] 제1부 제1편 제1장 참조.
[*70] 어떤 미개인들 사이에서 관습이 된 음핵의 절제(切除)를 하지 않는 한.

었다.' 하지만 이 신경분포지대의 자극 외에, '여성은 질내에 물체의 침입을, 특히 질근육의 수축을 통해 지각할 수가 있다. 그러나 이렇게 해서 얻어진 쾌감은 아마 신경의 성적 자극보다도 근육의 탄력성에 관계되는 것 같다.' 물론 질의 쾌감이 존재한다는 점에는 의심할 여지가 없다. 그리고 성숙한 여성들 사이에서 질의 마스터베이션이라는 것도 〈킨제이 코고서〉의 보고결과 이상으로 성행하는 듯하다.*71 그러나 확실한 것은, 질의 반응이 매우 복잡하여 심리적·생리적이라고도 일컬을 수 있다는 점이다. 그 반응은 단순히 신경계통 전반에 관계될 뿐만 아니라, 주체가 경험하는 온갖 상황에 영향을 받기 때문이다. 질이 반응하기 위해서는 한 인간의 뿌리 밑바닥으로부터의 동의가 필요하다. 최초의 성교를 통해 만들어진 새로운 성적 감각의 범위가 명확히 확립되려면, 신경계통의 일종의 '몽타주', 즉 아직 윤곽이 나타나지는 않았지만 곧 음핵 감각계통마저 포함하게 될 온전히 새로운 하나의 형태를 공들여 완성해야 한다. 이런 형태의 실현에는 오랜 시간이 걸리는데, 때로는 전혀 이루어지지 않는 경우도 있다. 여성이 두 감각 범위에서 어느 쪽을 선택한다는 것은 실로 기이한 일이다. 둘 중의 한 편은 어린시절의 독립적 삶을 연장해 주고, 다른 편은 남성과 아이에게 그녀를 바치는 것이다. 정상적인 성행위는 사실상 여성을 남성과 종(種)에 예속시킨다. 공격적인 역할을 하는 것은, 거의 모든 동물의 경우와 마찬가지로 남성 쪽이다. 이에 반해서 여성은 남성의 포옹에 따를 뿐이다. 일반적으로 여성은 언제나 남성에게 정복될 수 있지만, 그는 페니스의 발기상태가 유지되지 않는 한 그녀를 정복할 수가 없다. 처녀막 이상으로 확실하게 문을 닫는 질 경련과 같은 강한 반항만 아니라면, 여성의 거부는 극복될 수 있다. 질 경련의 경우라도 아직 남성에게는 완력에 좌우되는 육체를 상대로 만족을 얻을 수 있는 방법이 남아 있다. 여자는 객체이기 때문에, 그녀가 움직이지 않아도 그 본디 역할은 근본적으로 바뀌지 않는다. 그래서 많은 남성들은 자기와

---

*71 인공 페니스의 사용은 고대, 심지어는 그 이전부터 현대에 이르기까지 줄곧 이어져 왔다. 다음은 최근에 질 조는 방광에서 발견된 물건의 목록이다. 이것들을 끄집어내기 위해 외과수술을 해야만 했다. 연필·봉랍(封蠟) 덩어리·머리핀·실패·골제침(骨製針)·머리고데기·바늘·뜨개바늘·바늘집·컴퍼스·유리마개·양초·코르크마개·찻잔·포크·이쑤시개·칫솔·포마드병(슈레더가 인용한 실례에 따르면 병에 풍뎅이가 들어 있어서 일본의 린노다마(rin-no-tama) 같았다고 한다)·달걀 등등. 큰 물건들은 물론 기혼여성의 질에서 발견되었다(H. 엘리스의 《성심리 연구》 제1권에서).

잠자리를 같이하는 여성이 성교를 원하는지 또는 그저 거기에 따를 뿐인지 애써 알려고도 하지 않는다. 남성은 죽은 여성과도 동침할 수 있다. 성교는 남성의 동의 없이는 이루어지지 않으며, 그 자연적인 결말은 남성의 만족이다. 또한 여성은 전혀 쾌감을 느끼지 못해도 임신이 된다. 게다가 임신은 그녀에겐 결코 성적 과정의 완성이 아니다. 오히려 그 순간부터 그녀는 종(種)이 요구하는 봉사를 시작해야 한다. 그것은 임신·분만·포유(哺乳)의 과정을 통해 천천히 그리고 고통스럽게 실현된다.

남성과 여성의 '해부학적 운명'은 이와 같이 크게 다르다. 남녀가 저마다 도덕적·사회적 상황 또한 다르다. 가부장제 문화는 여성에게는 순결을 요구했으며, 정도의 차이는 있지만 남성에게는 성욕을 만족시키는 권리를 공공연히 인정했다. 반면에 여성은 결혼 속에 갇히게 됐다. 그녀들의 육체적 행위는 법률이나 의식을 통해 신성시되지 않는 한, 흠이고 타락이며, 실패이고 약점이다. 여자는 정조와 명예를 스스로 지켜야 한다. 만일 '몸을 허락'하거나 '타락'한다면 멸시를 받게 된다. 한편 그녀를 정복한 남자에게 퍼부어지는 비난 속에는 찬탄의 뜻이 담겨 있다.

원시문명 이래 오늘날에 이르기까지, 사람들은 한결같이 여자에게는 침대가 '헌신'의 장소인 듯이 인식해 왔다. 남성은 선물로 또는 그녀의 부양을 책임지는 것으로 그 헌신에 대한 감사를 대신해 왔다. 그러나 헌신한다는 것은 주인을 갖는 것이며, 그 관계에는 아무런 대등성도 없다. 결혼의 구조 자체가 매춘 행위와 다를 바 없다. 즉 여자는 '자기 몸을 주고', 남자는 그 대가를 지불한 뒤 여자를 소유한다. 남성이 여성이라는 약자를 지배하고 소유하는 일을 금하는 걸림돌은 아무것도 없다. 하녀와의 정사(情事)는 언제나 묵인되어 왔지만, 운전사나 정원사에게 몸을 맡긴 부인은 사회적으로 명예를 잃고 만다. 그토록 인종적 편견이 심한 남부 미국인들 사이에서도, 남북전쟁 전이나 오늘이나 변함없이 흑인여자와 동침하는 것은 관례에 따라 허용되고 있다. 그들은 이 권리를 중세 영주의 교만한 자율권처럼 행사해 왔다. 그러나 만일 백인여자가 흑인과 관계를 가졌다면 노예시대에는 사형당했을 것이고, 오늘날(글쓴이가 살았던 시대)에는 무자비한 폭력에 희생됐을 것이다. 남자는 어떤 여자와 동침했다는 말 대신에 그녀를 '소유했다'거나 '가졌다'고 말하지만, 거꾸로 여자는 남자를 '가졌다'고 말하고 싶을 때는 속된 말로 그와 '잤다'고 말한다. 그리스인들은 남성을 모르는 여성을 가르켜 '정복되지 않은 처녀'라고 부른다. 로마인은 메살리나에게 '굴하지 않는'이란 호칭을 부여했는데, 그것은 그녀의 연인들 가운데 어느 누구도 그녀에게 만족을 주지 못했기 때문이다. 요컨대 남자에게 성행위는 정복이며 승리이다. 다른 사람의 발기는 자발적 행위의 시시한 촌극처럼 보이는 것이 보통이지만, 막상 자기의 경우가 되면 남자는 누구나 자기의 발기를 자랑스럽게 바라본다. 남성의 섹스 용어는 군대 용어에서 유래했다. 사랑하는 남자는 병사처럼 혈기가 왕성하고, 그의 성기는 활(弓)처럼 팽팽하며, 사정할 때는 '발사한다.' 그것은 기관총이며 대포이다. 남성은 공격이니, 습격이니, 승리니 하는 말을 함부로 지껄인다. 그의 성적 흥분 속에는 어떤 영웅주의적 취미가 있다.

'한 존재의 다른 존재에 대한 지배로 성립되는 생식행위는, 한쪽에는 정복자의 느낌을, 다른 한쪽에는 피정복자의 느낌을 불러일으킨다. 그래서 가장 문명화된 세계에서도 연애관계를 다룰 때면 사람들은 전쟁의 개념에 연애의 개념을 선명히 투사해서, 정복·공격·습격·공방전·패배·항복이라는 말을 사용한다. 이와 같이 한 존재가 다른 존재에게 더럽혀지는 행위는, 더럽히는 쪽에 일종의 자부심을 제공한다. 그러나 더럽혀지는 쪽은 비록 합의하에 그 일을 했더라도 다소 굴욕을 느낀다'고 뱅다(프랑스 사상가·소설가, 1867~1956)는 쓰고 있다.*72 이 마지막 한 구절은 새로운 신화를 소개하고 있다. 즉 남성은 여성을 더럽힌다는 신화이다. 사실 정액은 배설물이 아니다. '몽정(夢精)'을 밤의 오염이라고 쓰는 까닭은 그것이 자연적인 목적에서 빗나갔기 때문이다. 그러나 커피가 깨끗한 옷을 더럽힌다고 해서, 그것이 오물이며 위(胃)를 더럽힌다고 말하는 사람은 없다. 어떤 남성들은 거꾸로 여자가 불결하다고 주장한다. 여자는 '체액으로 더러워져 있어' 남성을 더럽히는 것은 여성이라는 이야기이다. 아무튼 더럽히는 쪽이 된다는 사실은 아주 막연한 우월성밖에 나타내지 못한다. 그것은 아무렇게나 해석될 수 있기 때문이다. 사실 남성의 특권적 지위는 그의 생물학적·공격적 역할이, 우두머리이자 주인으로서의 사회적 역할과 잘 결합되는 데서 생기는 것이다. 생리학적 차이가 커다란 의미를 지니는 것은 사회적인 역할을 통해서이다. 이 세상에서 남성은 주권자이기 때문에, 그는 그 절대적 힘의 표시로 욕망의 난

---

*72 《우리엘의 보고》.

폭성을 주장한다. 선천적으로 성적 능력을 타고난 남자를 가리켜 '강하다'거나 '세다'고 한다. 이 두 형용사는 남성을 행동자·초월자로 묘사하고 있다. 이에 반해서 여성은 물체에 불과하기 때문에, 여성에 대해서는 '뜨겁다' 혹은 '차다'고 한다. 이는 그녀가 수동적인 성질 외에는 다른 것을 발휘하지 못한다는 뜻이다.

따라서 젊은 여성의 성욕을 눈뜨게 하는 사회적 풍토는 총각이 자기 주변에서 찾아내는 사회적 풍토와는 전혀 다르다. 게다가 여성이 처음으로 남성과 부딪힐 때의 에로틱한 태도는 지극히 복잡하다. 처녀는 욕망이라는 것을 알지 못하며 남성이 그 관능을 눈뜨게 해 준다고 흔히들 말하지만, 그것은 사실과 다르다. 이 전설 또한 남성의 지배욕을 드러내고 있다. 남성은 삶의 반려자인 여성에 대하여, 그녀가 그에 대하여 갖는 욕망조차도 자주적이 아니기를 바라고 있다. 실제로는 남자도 여자와 접촉함으로써 비로소 욕망이 일어나는 경우도 흔하며, 또 그와 반대로 대부분의 젊은 처녀들은 남자의 손길이 전혀 스치지 않아도 벌써 열렬히 애무를 기다린다. 이사도라 던컨은 《나의 생애》에서 이렇게 쓰고 있다.

전날까지만 해도 남자아이와 같던 나의 엉덩이가 갑자기 둥글어지기 시작했다. 내 가슴은 무한한 기대로 부풀었고, 하나의 소호가 몸 속에서 솟아올랐다. 그 의미는 너무도 분명하다. 나는 이젠 밤잠을 이루지 못하고 달아오른 몸을 뒤척이고 있다. 열병을 앓듯 괴로워 못 견디듯이.

슈테켈에게 자기 생애의 긴 고백을 한 어떤 젊은 여인은 다음과 같이 말하고 있다.

나는 열심히 추파를 보내기 시작했다. 나에겐 '신경의 간지럼'(원문 그대로)이 필요했다. 나는 춤에 열중했고, 그 즐거움에 완전히 젖어 들기 위해 춤추면서 눈을 감았다…… 춤을 추면서 어느 정도 노출광 같은 짓을 했다. 수치심이 관능에 눌리고 말았기 때문이다. 처음 1년 동안 나는 열심히 춤을 추었다. 나는 잠자기를 좋아해 많이 잤다. 날마다 자위를 즐겼는데, 이것은 보통 한 시간 동안이나 계속되었다…… 대개 땀이 날 때까지 자위를 했고, 지쳐서 곯아떨어질 때까지 계속했다…… 나는 불타오르고 있었으므로, 진정시켜 주려는 남자가 있었다면 누구든 받아들였으리라. 나는 특정한 상대가 아니라 남자라는 성(性)을 구하고 있었다.*73

처녀가 느끼는 충동은 대개 뚜렷한 욕구로 나타나지 않는 편이다. 처녀는 자기가 무엇을 원하는지 정확히 모르고 있다. 그녀에게는 유년시절의 공격적 에로티시즘이 살아 남아 있다. 그녀의 첫 번째 충동은 붙잡는 것이었으며, 그녀는 지금도 포옹과 소유의 욕망을 품고 있다. 그녀는 자기가 갈망하는 먹이가 미각·후각·촉각을 통하여 자기에게 가치로 인정될 수 있는 성질을 갖고 있기를 바란다. 왜냐하면 성욕은 고립된 영역이 아니라 관능의 꿈이며 환희의 연장이기 때문이다. 어린이와 청년기의 모든 남녀는 부드러운 것, 크림 같은 것, 새틴 같이 매끄러운 것, 말랑말랑한 것, 탄력적인 것을 좋아한다. 즉 부서지거나 무너지지 않고, 압력에 휘며, 시선이나 손가락 밑을 미끄러져 가는 것을 좋아한다. 남자와 마찬가지로 여자도 흔히 유방에 비유되는 모래언덕의 기분 좋은 온기와 명주의 가벼운 감촉, 깃털이불의 속털 같은 부드러움, 꽃이나 과실의 벨벳 같은 살결에 매혹된다. 그리고 특히 젊은 처녀는 부드럽고 연한 빛깔이나 그물 모양의 베일, 모슬린의 가벼움을 좋아한다. 그녀는 거친 천·자갈·조약돌·쓴맛·자극적인 냄새 따위를 좋아하지 않는다. 그녀도 처음에는 형제들과 마찬가지로 어머니의 몸을 애무하고 사랑했다. 그 나르시시즘 속에서 막연하면서도 뚜렷한 동성애적 경험을 통해 그녀는 자기를 주체로서 확립하고, 다른 여성의 육체를 소유하려고 노력한다. 남성과 대결할 때 그녀는 주먹과 입술로 먹이를 능동적으로 애무하려는 욕구를 가지고 있다. 그러나 단단한 근육과 꺼칠꺼칠한 털복숭이 피부, 독한 냄새를 풍기는 거친 모습의 남자는, 그녀의 욕망을 자극하지 못하며 혐오감마저도 일으킨다. 르네 비비앙의 다음 글은 그러한 기분을 표현한 것이다.

나는 여자이기 때문에 아름다운 것을 취할 자격이 없다.
……나는 추한 남자들의 것에 지나지 않는다.

---

*73 《불감증의 여자》.

당신의 머리카락과 당신의 눈동자는 내겐 금지되어 있다.
당신의 긴 머리칼이 향기롭기 때문이다.

　기질이 강한 여성에게 자신이 바라는 것을 취하려는 소유적 경향이 그대로 남는다면, 그런 여성은 르네 비비앙처럼 동성애 쪽으로 기울게 된다. 또는 자기가 여자처럼 다룰 수 있는 남자에게만 애정을 느낀다. 라실드(프랑스 20세기 초 염의 여류소설가)의 《베누스 씨》에 나오는 여주인공은 젊은 남자 연인을 사들여 그를 열렬히 애무하며 즐기면서도 처녀성을 잃지는 않는다. 13~14살 된 소년이나 어린애만 애무하기를 즐기면서, 성인 남자에게는 몸을 허락하지 않는 여자도 있다. 그러나 이미 보아 온 바와 같이, 유년시절부터 수동적인 성욕도 함께 발달된 대다수의 여자들은 다른 사람에게서 포옹이나 애무받기를 좋아한다. 사춘기 이후부터는 특히 남자의 품에서 스스로 육체적 대상이 되기를 원한다. 보통 주체의 역할은 남자가 한다. 여자는 그 사실을 알고 있다. '남자는 아름답지 않아도 좋다'는 말을 그녀는 몇 번이고 되풀이 들어 왔다. 여자는 남자에게서 객체가 지니는 무기력한 특징을 찾을 것이 아니라, 남성적인 정력과 완력을 찾아야 한다. 이리하여 여자는 그녀 자신 속에서 둘로 나뉜다. 그녀는 자기를 부들부들 떠는 가련한 물체로 바꿔줄 거친 포옹을 갈망한다. 그러나 난폭과 완력은 한편으로 그녀에게 상처를 입히는 불쾌한 방해물이기도 하다. 그녀의 정욕은 그녀의 피부와 손에서 동시에 국부화(局部化)된다. 그리고 한쪽의 욕구는 다른 한쪽의 욕구와 부분적으로 대립한다. 그래서 그녀는 자기에게 가능한 범위에서 타협을 선택한다. 그녀는 남성적이라 해도, 대상물로서 호감이 가는 젊고 매력적인 남성에게 몸을 맡긴다. 아름다운 소년에게서 그녀는 자기가 원하는 매력을 남김없이 찾아낼 수가 있다. 솔로몬의 '아가(雅歌)' 속에는 신부의 희열과 신랑의 희열 사이의 정연한 조화가 보인다. 그녀가 그에게서 구하는 것은, 그가 그녀에게 구하는 것이다. 그것은 지상의 짐승과 꽃, 보석이고, 시내(川)이며, 별이다. 그러나 그녀는 이런 보배를 자기 손으로 잡을 수가 없다. 여성의 신체구조상 그녀는 거세된 내시처럼 어색하고 무력하게 머물러 있어야 한다. 소유의 욕망은 이를 구체화할 수 있는 기관이 없기 때문에 좌절되고 만다. 게다가 남자는 수동적 역할을 거부한다. 또 젊은 처녀가 그 환경 탓으로 남자의 먹이가 되어 상대편의 애무에 흥분한다 해도, 그녀 쪽에서 얼굴을 쳐다보며 그를 애무한다면 전혀 즐겁지 않은 경우도 많다. 여성의 욕망에 섞여 있는 혐오 속에는 단지 남성의 공격성에 대한 공포뿐만이 아니라, 깊은 실망의 감정이 포함되어 있다는 것은 좀더 강조할 만하다. 여성의 육체적 기쁨은 성욕이 자발적으로 일어나는 것을 억제함으로써 얻어지는 것이다. 이와 반대로 남성의 경우에는 촉각과 시각을 통한 즐거움이 이른바 성적 쾌락과 하나로 융합되어 있다.

또한 수동적인 에로티시즘 자체의 모든 요소들이 모호하다. '접촉'만큼 애매한 것은 없다. 손 안에 든 어떤 물건이든 혐오감 없이 주무르는 남성들 가운데에도, 풀포기나 짐승이 자기 몸에 닿는 것은 싫어하는 사람들이 많다. 명주나 벨벳에 약간 스쳤을 때 여성의 육체는 때로 기분 좋게 떨기도 하고 때로 오싹 소름이 돋기도 한다. 이와 관련해서, 그저 복숭아를 보기만 해도 질색을 하던 어렸을 적 여자친구 하나가 생각난다. 동요에서 기분 좋은 간지럼으로, 불쾌감에서 쾌락으로 미끄러져 가기는 쉽다. 육체에 감기는 두 팔은 수호신과 같은 피난처로서 여성을 보호해 줄 수도 있지만, 한편 육체를 가두어 숨막히게 하기도 한다. 처녀의 경우에는 그 처지의 양면성 때문에, 이런 모호성이 오래도록 유지된다. 그녀의 변신이 성취되어야 할 기관이 아직 봉인되어 있기 때문이다. 그녀 육체의 희미하게 불타는 듯한 호소는 전신에 퍼져 있으나, 성교가 이뤄져야 할 바로 그곳만은 여기서 제외되어 있다. 어떤 기관도 처녀의 능동적 에로티시즘을 만족시키지 못한다. 또 그녀는 자기를 수동성으로 단정하는 기관을 실제로 경험해 본 적도 없다.

하지만 이 수동성도 아주 무기력한 것은 아니다. 여자가 흥분하기 위해서는 그녀의 기관에서 여러 가지 적극적인 현상들이 나타나야만 한다. 성감대의 신경지배, 어떤 발기조직의 팽창, 분비작용, 체온상승, 맥박과 호흡의 항진(亢進) 등이 그것이다. 정욕과 성적 쾌락은 남성과 마찬가지로 여성에게도 생명력의 소비를 요구한다. 여성의 욕구는 영향을 받기 쉽지만 어떤 의미에서는 능동적이며, 그것은 신경 및 근육 긴장의 증가로 나타난다. 무감동하고 무기력한 여자에게는 늘 불감증이 따른다. 그런데 이것이 체질적 불감증인지 살펴볼 문제이다. 물론 심리적 요인은 여성의 성적 능력에 지대한 역할을 한다. 그러나 생리적 결함이나 생명력 감퇴가 특히 성적 무관심으로 나타나는 것도 확실하다. 거꾸로 생명력이 스포츠와 같은 자발적 활동으로 소모된다면, 그것이 성적 욕구가 되는 일은 없다. 스칸디나비아 여성들은 건강하고 튼튼하지만 불감증이다. '열정적인 기질'의 여자란, 이탈리아나 스페인 여성들처럼 나태와 '정염'을 융화시키는, 즉 그 활기를 남김없이 육체로 쏟아붓는 여자들을 말한다. 자기를 객체가 되게 하는 것, 수동이 되게 하는 것은 수동적 객체인 것과는 전혀 별개의 일이다. 사랑을 하는 여자란, 잠들어 있거나 죽어 있는 여자가 아니다. 그녀 속에는 끊임없이 사라졌다가 부단히 되살아나는 활발한 출렁임이 있다. 이러한 출렁임 속에서 마술적인 황홀감이 일어나고, 그 속에서 욕망이 영속한다. 그러나 격렬한 열정과, 몸을 맡기고 황홀해 하는 그 상태의 균형은 어쨌든 깨지기 쉽다. 남성의 욕망은 긴장이다. 그 욕망은 신경과 근육이 긴장된 육체 깊숙이 침입할 수 있다. 기관에 자발적인 협력을 요구하는 자세나 동작은 남성의 욕망을 막지 못하며, 도리어 대개는 그 욕망을 불러일으킨다. 이와 반대로 모든 자발적인 노력은 여자의 육체가 남자와 '맺어지는' 데 방해가 된다. 여성이 노력과 긴장을 요구하는 성교 형태를 자연히 거부하는 것은 그 때문이다.[*74] 체위를 너무 급격히 또는 빈번히 바꾸는 것과, 동작이나 말 같은 행위에 너무 의식적인 조작을 요구하는 것은 황홀한 상태를 깨뜨린다. 급하고 거친 방법은 경련·수축·긴장을 일으킬 수도 있다. 여자들은 할퀴고, 깨물며, 놀랄 만한 힘으로 그 몸을 활처럼 휜다. 그러나 이와 같은 현상이 생기는 것은 어떤 정점에 도달했을 때에 한하며, 이런 정점에는 먼저 온갖 억제—정신적 또는 생리적—가 사라지고, 모든 생활에너지가 성에 집중될 수 있을 때에만 도달할 수 있다. 즉 젊은 처녀가 남자 마음대로 하게 자기 몸을 내맡기는 것만으로는 충분하지 않다. 그녀가 유순하고 무기력하고 멍청하게 있어서는 상대도 자기 자신도 만족시키지 못한다. 그녀의 젊은 육체도, 금기나 금지 및 편견이나 요구로 가득 차 있는 그녀의 의식도, 적극적으로 나서지 않는 하나의 모험에서 능동적인 협력이 요구된다.

이제까지 서술해 온 바와 같은 조건에서는, 여성의 성욕은 그 출발부터가 결코 순탄하지 않음을 알 수 있다. 유년기나 소녀시절의 사건이 뿌리 깊은 저항을 낳는 경우도 흔히 있다. 그런 저항은 때로는 도저히 물리칠 수 없기도 하다. 대개 젊은 처녀는 애써 무시하려고 한다. 그 결과 그녀의 내부에 심한 갈등

---

[*74] 그녀의 태도를 순식간에 변화시키는 심리적 까닭들이 존재할 때도 있다. 이것은 나중에 고찰하기로 한다.

이 일어난다. 엄격한 교육, 죄책감, 어머니에 대한 죄의식이 강력한 장벽을 만든다. 처녀성이 대부분의 환경에서 매우 높이 평가되기 때문에, 정당한 결혼을 하지 않고 처녀성을 상실한다는 것은 가장 큰 재난처럼 생각된다. 유혹에 끌렸든 기습을 당했든, 몸을 뺏긴 젊은 처녀는 명예가 실추되었다고 생각한다. 한편 '첫날밤'이란 보통 그녀가 진심으로 선택하지 않은 남자에게 처녀를 주어, 몇 시간 사이에―또는 한순간에―성적 입문 전체를 정리해 버리려는 것인데, 이 또한 감당키 어려운 경험이다. 일반적으로 '통과'는 모두 결정적으로 돌이킬 수 없는 성격 때문에 불안한 법이다. 여자가 된다는 것은 과거와 영원히 관계를 끊는 것이다. 하지만 이 '통과'는 다른 어느 것보다도 극적이다. 그것은 어제와 내일 사이에 간격을 만들 뿐만 아니라, 젊은 처녀를 그녀의 삶 대부분이 되어 있던 상상의 세계로부터 끌어내어 현실세계로 내던진다. 미셸 레리스(프랑스 현대 시인)는 신혼의 잠자리를 투우에 비유하면서 '진실과 닥닥뜨리는 순간'이라고 부른다. 이 표현은 처녀에게 가장 충실하고 가장 가공할 의미를 지닌다. 약혼이나 연애나 구애기간 동안 비록 그녀가 아무리 어린애 같았더라도, 그녀는 예절과 공상으로 이루어진 익숙한 세계에서 살아왔다. 구혼자들은 로맨틱한, 또는 적어도 아부하는 말을 지껄였다. 아직은 속임수가 가능했다. 그런데 갑자기 그녀는 진짜 눈에 포착되고, 진짜 손에 잡히게 되었다. 이런 눈길과 포옹의 냉혹한 현실이 그녀를 겁에 질리게 한다.

해부학적 선천성과 사회풍습이 동시에 남자에게 지도자의 역할을 부여했다. 하긴 동정인 젊은 남자에게는 첫 애인이 역시 지도자였다. 하지만 남자는 발기가 뚜렷이 나타내는 에로티시즘의 자주성을 소유하고 있다. 그의 애인은 그가 이미 갈망하던 대상을 현실적으로 그에게 넘겨줄 뿐이다. 그 대상이란 여자의 육체이다. 그런데 젊은 처녀는 자신의 육체를 발견하기 위해서 남자를 필요로 한다. 그녀의 의존성은 훨씬 더 뿌리 깊은 것이다. 첫경험에서부터 남자는 보통 능동성과 결단성을 보인다. 그것은 그가 여자를 돈으로 사거나, 어떻게 든 그녀에게 구애하여 유혹하거나 마찬가지이다. 이와 반대로 젊은 처녀는 대개 구애를 받고 유혹당한다. 그녀 쪽에서 남자를 도발했을 때도, 남자는 그들의 관계를 주도한다. 남자 쪽이 대체로 나이도 많고 경험도 풍부하다. 게다가 이 새로운 모험의 책임을 지는 것은 으레 남자로 정해져 있다. 남자의 욕망은 보다 공격적이고 보다 절대적이다. 애인이든 남편이든, 여자를 잠자리로 이끌어 가는 것은 남자이며, 그녀는 몸을 맡기고 복종하는 수밖에 없다. 그녀는 머릿속에서 이 권위를 인정하고 있다 해도, 실제로 그것을 받아들여야만 할 순간이 되면 공황 상태에 빠진다. 우선 그녀를 삼켜 버릴 것만 같은 그 눈초리가 두렵다. 그녀의 수치심은 부분적으로 교육의 결과이지만, 보다 깊은 뿌리를 갖고 있다. 본디 남녀 모두 자기의 육체에 대해 수치심을 느끼고 있다. 육체는 그 순수한 부동의 존재, 그 정당하지 못한 내재성 때문에, 타인의 눈길 앞에서 인위적이고 부조리한 우연으로 존재한다. 그러면서도 그것은 '자기 자신'이다. 우리는 육체가 타인을 위한 존재가 되는 것을 방해하려고 한다. 또한 육체를 부정하려고 한다. 발기상태가 아니면 여자 앞에서 알몸이 될 수가 없다는 남자들도 있다. 사실 육체는 발기를 통해 활력이자 힘이 된다. 성기는 이젠 무기력한 객체가 아니라, 손이나 얼굴과 마찬가지로 주체성의 자랑스런 표출이다. 심한 수치심에 사로잡히는 일이 처녀보다 총각에게 더 적은 이유의 하나가 바로 이 점이다. 그들은 그 공격적인 역할 때문에 주목을 받는 경우가 적다. 또 설령 주목받아도 비판받을 염려는 거의 없다. 왜냐하면 그들의 애인은 그들에게서 결코 무기력한 모습을 원하지 않기 때문이다. 오히려 그들의 의식은 성관계에서 박력과 쾌락을 주는 기교 쪽으로 쏠린다. 적어도 남자들은 자기를 방어할 수 있고, 승부에서 이기려고 노력할 수 있다. 그러나 여자에게는 자기의 육체를 의지로 바꾸는 것이 허락되지 않는다.

여자는 자기의 육체를 더 이상 숨길 수 없게 되면 곧 그 육체를 무방비 상태로 내맡긴다. 여자는 마음속으로 애무를 기다릴 때라도, 남에게 보이고 만져진다는 생각에 저항감을 느낀다. 유방과 엉덩이는 특별히 발달한 부분이기 때문에 더욱 그러하다. 많은 성인 여자들은 옷을 입고 있을 때도, 남이 등 뒤에서 자기를 바라보는 것을 좋아하지 않는다. 사랑에 빠진 풋내기 아가씨가 자기 몸을 보여 주기를 허락하기까지 어떤 저항을 이겨 내야 할지는 쉽게 상상할 수 있다. 확실히 프리네(그리스 고급 창녀로, 거만한 미의 대표적 여인) 같은 여성은 사람들의 눈길을 두려워하지 않는다. 오히려 가장 당당하게 나체가 된다. 그녀의 아름다움이 곧 옷이 된다. 그러나 프리네만큼 미녀라고 하더라도 젊은 처녀라면 결코 거기에 확신을 갖지 못한다. 남성들의 찬미가 그녀의 젊은 허영심을 불러일으키기 전에는, 그녀는 자기의 육체에 대해 오만한 자존심을 부릴 수 없다. 그리고 바로 그것이 그녀를 두렵게 한다. 남자 애인은 다른 어떤 눈초리보다 더 두렵다. 그는 심판관이다. 남자 애인이야말로 그녀의 모습을 여실히 드러내 보여 주는 사람이다. 젊은 처녀는 자기의 용모에 한껏 도취되어 있을 때에도, 그의 판결이 나오는 순간에는 자신감을 갖지 못한다. 그 때문에 그녀는 어둠을 요구하며, 이불 속에 몸을 숨긴다. 그녀가 거울 속 자신에게 황홀한 듯 도취되어 있을 때, 그녀는 아직 공상에 빠져 있는 데 지나지 않았다. 즉 그녀는 남성의 눈을 통해서 자신을 공상하고 있었다. 이제 그 눈은 목전에 있다. 속임수는 통하지 않고 반항도 통하지 않는다. 신비한 자유가 판결을 내리고, 그것은 재심이 불가능하다. 에로틱한 경험의 현실적인 시련 속에서 유년기 및 사춘기의 강박관념은 드디어 발산되거나 또는 영구히 확립된다. 많은 처녀들은 너무 굵은 장딴지와 너무 빈약하거나 너무 큰 가슴, 지나치게 가느다란 허리와 사마귀 때문에 매우 괴로워한다. 또는 신체 어느 부위에 남모르는 기형이 있다며 그것을 걱정한다. 슈테켈은 다음과 같이 말한다.[*75]

젊은 처녀들은 누구나 마음속에 감히 고백할 수 없는 온갖 종류의 우스꽝스러운 걱정거리를 갖고 있다. 자기의 육체가 비정상적이라는 강박관념에 괴로워하고, 그 때문에 남몰래 고민하는 처녀가 얼마나 많은지 그 수는 정말 상상을 못할 정도이다. 예컨대 어떤 처녀는 '아래 입'이 제자리에 있지 않다고 믿었다. 그녀는 성교가 배꼽을 통해서 이루어진다고 생각했다. 그런데 그 배꼽이 막혀 있어서 손가락도 거기에 집어넣을 수 없으니 한탄스럽다는 것이었다. 다른 처녀는 자기를 양성체(兩性體)라고 생각했다. 또 한 처녀는 자기가 불구자라서 결코 성교를 할 수 없다고 믿었다.

이런 강박관념이 없을 때조차 그녀들은 이제까지 자기에게 있어서나 타인에게 있어서도 존재하지 않았던 부분, 즉 전혀 존재하지 않았던 자기들 몸의 어떤 부분이 갑자기 드러나게 된다는 생각에 두려움을 느낀다. 젊은 처녀가 자기 것으로 받아들여야만 하는 이 알 수 없는 모습은 혐오감을 불러일으키는가? 무관심을 가져오는가? 모순을 불러오는가? 이에 관해 그녀는 남성의 심판을 기다리는 수밖에는 달리 도리가 없다. 도박은 시작되었다. 남자의 태도

---

[*75] 《불감증의 여자》.

가 그녀에게 그토록 깊은 영향을 주는 것은 그 때문이다. 그의 열정과 애정은 여성에게 자신감을 줄 수 있으며, 이는 모든 부정(否定)을 극복해 나가는 힘이 된다. 그녀는 80살이 되어서도 자기는 남자의 하룻밤 욕망에 의해 피어난 먼 나라의 꽃이며 작은 새라고 생각할 것이다. 반대로 만일 애인이나 남편이 서투른 남자라면, 그녀의 마음에 열등 콤플렉스가 생겨난다. 이 열등 콤플렉스가 원인이 되어 만성적 신경증이 싹트기도 한다. 그녀에게 그것은 한(恨)이 되고, 불감증으로 나타난다. 슈테켈은 이 문제에 관하여 다음과 같이 충격적인 실례를 보고하고 있다.

36세 된 어떤 부인은 14년 전부터 심한 요통으로 고생하며 때로는 몇 주일씩 병석에 누워 있어야만 했다…… 그녀가 이 격통을 처음으로 경험한 것은 결혼 첫날밤이었다. 처녀성을 상실하는 동안 아주 진땀을 빼고 있었는데, 남편이 외쳤다. "감쪽같이 나를 속였구나. 넌 처녀가 아냐……." 그녀의 고통은 이런 괴로운 장면에 대한 집착에서 발병된 것이었다. 이 병은 남편에 대한 징벌이 되어, 그는 그 뒤로 빈번히 치료비를 지불해야만 했다…… 부인은 첫날밤 동안 무감각했고, 또 결혼생활 전체를 무감각하게 보냈다…… 결혼 첫날밤에 그녀는 자신의 온 장래를 결정한 서글픈 외상을 입은 셈이다.

어떤 젊은 처녀는 여러 가지 신경증, 특히 완전한 불감증 때문에 내게 치료를 받으러 왔다…… 첫날밤에 남편은 그녀의 이불을 젖히더니 "아니, 당신은 무다리잖아!"라고 말했다는 것이다. 그 뒤 그와 성교했을 때 그녀는 완전한 무감각으로 고통밖에는 느끼지 못했다…… 그녀는 첫날밤에 받았던 그 모욕이 자기 불감증의 원인이라는 사실을 잘 알고 있었다.

또 다른 불감증에 걸린 여자의 이야기에 따르면, 그녀는 첫날밤에 남편에게 심한 모욕을 당했다는 것이다. 그녀가 옷 벗는 모습을 보고 그가 말했다. "무척 말랐군!" 그러고 나서 남편이 덤벼들어 애무하기 시작했다. 그녀에게는 그 순간이 잊을 수 없는 두려운 시간이었던 것 같다. 이 무슨 난폭한 짓인가!

Z.W. 부인도 완전한 불감증이었다. 첫날밤의 정신적 외상은 컸다. 남편이 첫 성교를 하고 난 뒤에, "구멍이 정말 크군. 나를 속인 거야?"라고 투덜댔다는 것이다.

눈은 위험하지만 손은 또 다른 위협이다. 여자는 일반적으로 폭력의 세계와는 거리가 멀다. 젊은 총각 같으면 유년기나 소년시절의 싸움을 통해서 겪고 넘어갔을 시련을 그녀는 한 번도 경험하지 못했다. 즉 타인에게 육체를 물건처럼 잡히는 시련을 겪은 일이 없다. 그러나 이제 그녀는 붙잡혀서, 남자가 월등하게 강한 육탄전에 말려들고 있다. 그녀는 더 이상 자유로이 공상하거나 물러날 수도, 술책을 부릴 수도 없다. 여성은 남성에게 맡겨지고, 그는 그녀를 마음대로 한다. 그녀는 한 번도 싸워 본 일이 없기 때문에, 싸움과 비슷한 이 포옹은 그녀를 공포에 떨게 한다. 그녀는 약혼자나 남자친구, 남자 동료 또는 교양 있고 상냥한 남자의 애무에 몸을 맡긴 적이 있었다. 그러나 지금 그는 낯설고 이기적인 완강한 사나이로 변해 버렸다. 그녀는 이 알 수 없는 사나이에게서 도망칠 수 없다. 이때 젊은 처녀가 겪는 첫경험은 문자 그대로 폭행이다. 남자가 추악하고 사나운 모습을 드러내는 일도 적지 않다. 더욱이 풍습이 거친 시골에서는 반승낙, 반강제로 농부의 딸들이 어느 후미진 구석에서 치욕과 공포 속에 처녀성을 상실하는 일이 종종 있다. 어떤 환경과 계급에서든, 자신의 쾌락만을 허겁지겁 추구하는 이기주의적인 애인에게, 또는 결혼의 권리를 방패삼아 신부의 저항을 모욕처럼 불쾌하게 여기고 목적을 이루기 어려우면 분노하는 남편에게, 처녀가 처녀성을 난폭하게 억지로 빼앗기는 일이 종종 일어난다.

또 남자가 예의바르고 점잖은 경우라도 처음에는 약간의 난폭함이 따르기 마련이다. 여자가 그녀의 입술과 유방을 애무해 주기를 바라기 때문에, 또는 넓적다리 사이에서 이미 알고 있거나 예상하고 있는 향락을 탐내기 때문에, 남성은 불청객으로서 처녀를 찢고 국부(局部)로 들어간다. 그러나 그동안 꿈꿔왔던 쾌락을 드디어 맛보게 되었다고 생각했는데 갑자기 깊은 곳에서 예기치 않은 고통을 느껴, 남편이나 애인의 품속에서 정신을 잃는 처녀의 괴로운 놀라움은 이제까지 많이 묘사되어 왔다. 꿈은 사라지고 흥분은 가라앉은 자리에, 사랑은 외과수술과 같은 모습을 띤다.

리프만 박사[*76]가 수집한 여러 가지 고백 가운데 다음과 같은 전형적인 한 예를 들어 보겠다. 하층계급에 속하는, 성적으로 대단히 무지한 한 처녀의 이야기이다.

'키스 한 번만 주고받아도 어린애가 생길 수 있다고, 나는 그렇게 상상했다. 내 나이 18살 때 어떤 남자를 알게 되었다. 흔히 세상에서 말하듯이 나는 그에게 홀딱 반해 버렸다.'

그녀는 자주 그와 외출했다. 그러는 동안 그는 그녀에게, 처녀가 남자를 사랑한다면 몸을 맡겨야 한다, 왜냐하면 남자는 성관계 없이는 살아갈 수 없기 때문에, 결혼할 만한 상태가 되기 전까지는 처녀들과 관계를 가져야만 한다고 설명했다. 그러나 그녀는 그의 말을 듣지 않았다. 어느 날 남자가 하룻밤을 함께 지낼 수 있는 여행 계획을 마련했다. 그녀는 그에게 '그런 짓을 하면 난 너무나 많은 것을 잃어버리게 된다'고 거듭 편지를 썼다. 약속한 날 아침에 그녀가 그에게 편지를 주었으나, 그는 그것을 읽지도 않은 채 호주머니에 집어넣고, 그녀를 호텔로 데려갔다. 그는 그녀를 정신적으로 지배했으며 그녀는 그를 사랑하고 있었다. 그래서 그녀는 그를 따라갔다.

'나는 마치 최면술에 걸린 것 같았다. 도중에 나는 그에게 난폭한 짓을 하지 말라고 간청했다…… 어떻게 해서 호텔에 도착했는지는 통 알 수가 없다. 내게 한 가지 남아 있는 기억은, 내 몸이 몹시 떨리고 있었다는 것이다. 그는 나를 진정시키려고 했지만 오랫동안 저항이 있은 뒤에야 그는 목적을 이루었다. 나는 그때 더 이상 내 의지대로 할 수가 없어서, 하는 수 없이 무슨 짓이라도 하게 내버려 두었다. 나중에 거리로 나왔을 때, 모든 것이 꿈만 같았고 그제야 막 잠이 깨는 듯했다.'

그녀는 이런 경험을 두 번 다시 되풀이하고 싶지 않았다. 그녀가 한 남자를 만나서 구혼을 받아 승낙한 것은 이로부터 9년 뒤의 일이었다.

이 경우 처녀성 상실은 일종의 폭행이다. 그러나 그것이 승낙을 얻은 뒤에 이루어졌다고 하더라도 괴로울 수 있다. 젊은 이사도라 던컨을 어떤 정염이 괴

---

[*76] 《청소년기와 성욕》이란 표제 아래 프랑스 어로 발표.

롭혀 왔는지는 널리 알려진 바와 같다. 그녀는 뛰어난 미남배우를 만나서 첫눈에 반해 버렸다. 남자 쪽에서도 열렬히 그녀에게 구애를 했다.*77

나도 마음의 동요를 느꼈다. 머리가 찔아찔해서 그를 한층 더 꼭 껴안고 싶은, 억제할 수 없는 욕망이 내 마음속에 솟아올랐다. 드디어 어느 날 저녁 그는 완전히 자제력을 잃었고, 미친 듯이 나를 소파로 데려갔다. 나는 공포에 떨며 황홀감에 도취되었으나, 이어 고통스런 비명을 외치면서 사랑의 동작에 대해 가르침을 받았다. 솔직하게 말해서 내가 받은 첫 번째 인상은 심한 공포심과, 마치 한꺼번에 여러 개의 이를 잡아 뽑는 듯한 형언하기 어려운 고통이었다. 처음에는 고문받는 듯한 느낌만 들어서 발버둥을 쳤지만, 똑같이 고통을 겪는 것 같은 그의 모습이 가엾어서 도망갈 수 없었다…… (이튿날) 그때 나에게는 오로지 괴롭기만 했던 경험이, 순교자 같은 나의 신음과 비명 속에서 되풀이되었다. 마치 불구자가 된 느낌이었다.

그녀는 이런 경험 뒤에 처음에는 이 연인과, 다음에는 다른 연인들과 더불어 낙원을 알게 된다. 그녀는 그것을 아주 열정적으로 묘사하고 있다.

하지만 현실적 경험에서는, 처녀시절의 상상에서처럼 가장 중요한 역할을 하는 것은 고통이 아니다. 관통(貫通)이라는 행위가 훨씬 더 중요하다. 남자는 성교할 때 외부 기관만 삽입한다. 이에 반해서 여자는 자신의 내부까지 침범당한다. 물론 남자 쪽에서도 여자의 은밀한 암흑 속으로 파고 들어가는 것을 불안하게 여기는 경우가 적지 않다. 그들은 동굴이나 묘혈 입구에서 어린이가 느끼는 공포, 또는 톱니바퀴나 낫이나 늑대의 덫 앞에서 어린이가 느끼는 두려움을 또다시 느낀다. 그들은 자기들의 부푼 페니스가 점막의 칼집 속에 박힌다고 상상한다. 여자는 한번 관통되어 버리면 더 이상 이런 위험을 느끼지 않는다. 하지만 그 대신, 자기 육체가 소외되었음을 실감한다.

지주(地主)는 자기 토지에 대하여, 주부는 자기 집에 대하여 '출입금지' 팻말을 걸어 놓고 자기의 권리를 주장한다. 특히 여자들은 자신의 초월성을 박탈당했기 때문에 사생활을 굳게 지키려고 한다. 그녀들의 침실, 옷장, 손궤는

---

*77 《나의 생애》.

신성한 것이다. 콜레트는 어느 날 늙은 창녀에게서 들은 이야기를 이렇게 적었다. "내 방에는 남자라곤 아무도 들어오지 못했습니다. 내가 그들을 상대하기 위해서는 파리라는 도시만 있으면 충분합니다." 자기 육체가 못쓰게 되었더라도, 이 여자는 적어도 다른 사람이 들어올 수 없는 한 조각의 땅을 갖고 있다. 이에 반해서 젊은 처녀에게 자기 자신의 소유라고는 자기 육체 말고는 없다. 그것이 그녀의 가장 귀중한 보물이다. 그 속에 남자가 들어와서 그녀에게서 보물을 빼앗아 간다. 앗아 간다는 말이야말로 산 경험으로 실증(實證)되어 있다. 그녀는 예감했던 굴욕을 생생하게 경험한다. 즉 그녀는 지배받고 굴복당하며 정복된다. 거의 모든 암컷처럼 그녀는 성교하는 동안 남자의 '밑'에 있다.*78 아들러는 이런 경험에서 오는 열등감을 대단히 강조한다. 유년 시절부터 상위·하위의 관념은 지극히 중요하다. 나무에 오른다는 것은 매우 훌륭한 행위이다. 하늘은 땅 위에 있고, 지옥은 땅 밑에 있다. 떨어지고 내려가는 것은 실추(失墜)하는 것이며, 올라가는 것은 고양(高揚)하는 것이다. 레슬링에서 승리는 상대의 어깨를 바닥에 닿게 하는 사람에게 돌아간다. 그런데 여자는 침대에서 패배의 자세로 눕는다. 남자가 고삐나 재갈에 매여 있는 짐승을 올라타듯 여자를 대할 때는 더욱 상황이 나빠진다. 아무튼 여자는 자기를 수동적 존재로 생각한다. 그녀는 남자에게 애무를 받고 관통되며, 그가 능동적으로 자기 몸을 움직이는 동안 수동적으로 성교를 참고 받아들인다. 물론 남자의 성기는 그의 의지에 따라 움직이는 가로무늬근은 아니다. 그것은 쟁기도 칼도 아닌 오로지 살덩이일 따름이다. 하지만 남자는 그 살덩이에 임의의 운동을 부여한다. 남자는 가고 오고, 멈추었다가 다시 움직인다. 이에 반해서 여자는 그 임의의 운동을 순종적으로 받아들인다. 사랑의 자세를 택하고 성교 시간과 횟수를 정하는 것은—특히 여자가 경험이 없다면—남자이다. 그녀는 자기를 도구처럼 느낀다. 자유는 전적으로 그의 손 안에 있다. 여자는 바이올린에, 남자는 그것을 켜는 활대에 비유하는 것은 이 상황의 시적 표현이다.

발자크는 이렇게 말했다. '사랑에서 정신은 별개의 문제로 하고, 여자는 하프와 같아 그것을 잘 켤 줄 아는 남자를 만나야 비로소 자기의 비밀을 털어놓는

---

*78 위치는 바뀔 수도 있다. 그러나 첫경험에서 남자가 비정상적인 체위로 성교를 하는 일은 극히 드물다.

다.*79 남자는 여자를 상대로 쾌락을 '얻고', 그것을 여자에게 '준다'. 이런 말 자체가 불평등하다. 이렇게 남성의 발정에 영광스런 성격을 부여하고 여자의 성적 흥분은 불명예스런 패배로 간주하는 집단적 상징으로, 여성의 머리는 꽉 차 있다. 여성의 성적 경험이 이 불균형을 확증한다.

사춘기 남녀는 저마다 자기들의 육체를 아주 다르게 느끼고 있다는 점을 잊어서는 안 된다. 남자는 그것을 자연스레 인정하고 그 욕망의 충족을 자랑스럽게 요구하지만, 여자는 자기의 나르시시즘에도 불구하고 그 육체가 정체를 알 수 없는 불안한 짐처럼 느껴질 뿐이다. 남자의 성기는 손가락처럼 정결하고 간단하다. 남자아이는 그것을 순진하게 드러내 놓고, 몇 번이고 자랑과 도전의 기분에서 친구들에게 내보인다. 여성의 성기는 숨겨져 있고 불안하며, 점액질로 끈적이고 습해서, 여성 자신에게도 불가해한 존재이다. 다달이 출혈이 있고, 때로는 체액이 흘러 더러워지기도 한다. 그것에는 신비롭고 위험한 생명이 있다. 여성이 그 욕망을 자기 것으로서 인정하지 않는 큰 이유는 그 속에서 자기를 인정할 수 없기 때문이다. 그 욕망은 부끄러운 형태로 표명된다. 남자는 '발기하는' 데 반하여 여자는 '적셔진다'는 그 말 자체에, 침대를 적시거나 소변을 잘못 보아 책망 듣던 어린시절의 추억이 깃들어 있다. 남자도 무의식적인 몽정 앞에서 이와 똑같은 혐오감을 느낀다. 그러나 액체를 발사하는 행위는 그것이 오줌이든 정액이든 굴욕감을 주지는 않는다. 그것은 능동적인 행위이기 때문이다. 그러나 만일 그 액체가 수동적으로 새어 나온다면 굴욕감이 생길 것이다. 왜냐하면 그때의 육체는 벌써 근육이나 괄약근이나 신경이 뇌의 지배를 받아 의식적인 주체를 실현하는 유기체가 아니라, 하나의 그릇, 즉 무기력한 물체로 만들어져 기계적인 변덕에 좌우되는 하나의 물통에 불과하기 때문이다. 육체에서 물이 축축히 새어 나오는―마치 낡은 벽이나 시체에서 그러하듯―경우에는, 육체가 액체를 세차게 발산하는 것이 아니라 액화된 것처럼 생각된다. 그 붕괴작용이 불쾌한 것이다. 여성의 발정은 조개의 부드러운 떨림과 같다. 남자가 격렬함을 지닌 데 반하여 여자는 참을성을 가지고 있

---

*79 《결혼의 생리학》, 《실력연애일과》에서 쥘르 기욤도 남편에 대하여 이렇게 말하고 있다. '그는 그 손과 활로써 협화음과 불협화음을 이끌어 내는 악사이다. 이런 관점에서 본다면 아내는 정말 몇 개의 줄로 된 악기로서, 그 악기를 켜는 손이 잘하고 잘못하는 데 따라서 듣기 좋은 소리를 내기도 하고 듣기 싫은 소리를 내기도 한다.'

다. 여전히 수동적으로 기다리면서 그것이 열렬해지는 경우도 있다. 남자는 수리나 솔개처럼 먹이 위로 습격해 간다. 여자는 마치 육식식물이나 곤충, 어린아이가 미끄러져 빠지는 늪처럼 대기하고 있다. 그녀는 빨아먹고, 짜 먹고, 들이마신다. 그녀는 송진이며 끈끈이이다. 움직이지 않고 남의 눈길을 끄는, 점착성의 유혹이다. 적어도 그녀는 은근히 그렇게 생각하고 있다. 그녀에게 자기를 굴복시키려는 남성에 대한 저항뿐만 아니라 내부의 투쟁이 있는 것은 그 때문이다. 그녀가 받은 교육이나 사회가 명령하는 터부와 억압 위에, 성경험 자체에서 비롯된 혐오와 거부가 겹쳐 있다. 이 두 부분이 서로 강화하는 결과가 되어, 첫 성교를 경험한 뒤 많은 여자들은 자기의 성적 운명에 대해 전보다 더 반항심을 갖게 된다.

　마지막으로 종종 남성에게 적대감으로 얼굴을 돌리게 하고, 성행위를 중대한 위험으로 변형시키는 또 다른 요인이 있다. 그것은 아기를 낳는다는 공포이다. 보통 어떤 문명사회에서든 사생아는 결혼하지 않은 여자에게 사회적·경제적으로 커다란 걸림돌이 되기 때문에, 젊은 처녀가 임신하게 되면 자살하거나, 미혼모가 갓난아기를 목졸라 죽이는 일도 있다. 이런 위험이 강력한 성적 억제 역할을 해서 대부분 젊은 처녀들은 풍습이 요구하는 혼전 순결을 지키고 있다. 성적 억제가 충분히 이루어지지 못할 때 젊은 처녀는 애인에게 몸을 맡기는데, 남자가 자기 몸속 깊은 곳을 뚫고 들어오는 두려운 위험에 공포를 느낀다. 슈테켈이 인용하는 실례 중 하나로는, 성교를 하는 동안 계속 "아무 일도 생기지 않겠지요! 괜찮겠지요!" 하고 부르짖는 젊은 처녀의 이야기가 있다. 결혼을 하고서도 어린애를 원하지 않는 여자 또한 적지 않다. 그녀가 건강이 좋지 않다든가, 젊은 그들에게 어린애가 과중한 부담이 되는 경우이다. 애인이든 남편이든 만약 그녀가 상대편 남성을 완전히 신뢰할 수 없다면, 그녀의 정욕은 경계심 때문에 마비된다. 또는 남자의 동작을 불안하게 감시하거나, 성교가 끝나자마자 본의 아니게 자기의 뱃속에 들어간 생명의 싹을 추출하기 위하여 화장실로 달려가야만 한다. 이런 위생적 작업은 애무의 관능적인 마력을 무자비하게 부정하므로, 기쁨으로 융합되었던 두 개의 육체는 현실적으로 완전히 분리된다. 남성의 정액이 오염된 유해한 싹처럼 생각되는 것은 바로 그때이다. 여자는 더러워진 꽃병을 닦듯 자기 몸을 씻는 반면, 남자는 침대 위에서 태연하게 휴식을 취하고 있다. 기쁨조차 불확실한 결혼 첫날밤을 치른 뒤에,

신랑이 아무렇지 않은 듯 담배에 불을 붙이고 있는 동안, 자신은 욕실에 틀어박혀 있어야만 했던 때의 불쾌한 심정을 나는 어느 젊은 아내에게서 들은 적이 있다. 그때부터 이 부부의 파탄은 결정된 것 같았다. 스포이트나 관주기(灌注器) 등 세척기에 대한 불쾌감은 여성 불감증의 주된 원인들 가운데 하나이다. 보다 확실하고 편리한 피임법은 여성의 성적 해방에 큰 도움이 된다. 미국처럼 이런 피임법이 널리 보급되어 있는 나라에서, 처녀의 몸으로 결혼하는 젊은 신부의 수는 프랑스보다 훨씬 적다. 이런 것이 널리 보급되면 애정행위에서 좀더 자유로워질 수 있다. 그럼에도 역시 젊은 처녀는 자기의 육체를 물건으로 다루기 전에 극복해야만 할 혐오가 있다. 남자에게 관통당할 때 두려움을 느끼지 않고서는 받아들일 수 없었던 것처럼, 처녀는 남자의 욕망을 만족시키기 위하여 '마개'를 한다는 불쾌함을 감수해야 한다. 자궁을 막고 정자에 치명적인 어떤 마개를 자기 몸에 넣는 이런 냉정한 예비행위 때문에, 육체와 성기의 모호성을 의식하는 여성이라면 불쾌감을 느낄 것이다. 피임기구의 사용에 혐오감을 느끼는 남성들도 많다. 성행위의 각 순간을 정당화하는 것은 그 행위 전체이다. 분석하던 불쾌하게 생각되는 행위도 육체가 지니는 정욕의 위력을 통해 변모될 때는 자연스럽게 보인다. 반면에, 육체와 행위를 각각 분리된 무의미한 요소로 분리하면 그 요소는 불결하고 외설스러운 것이 된다. 사랑하는 남자와 여자의 결합·융화로 즐거움과 함께 경험되는 성행위도, 만일 흥분이나 욕정이나 쾌락과 무관하게 실현된다면, 어린아이들의 눈에 비친 것처럼 혐오스러운 성격을 띠게 된다. 피임기구의 의식적인 사용으로 일어나는 문제가 바로 그것이다. 아무튼 이런 예방은 모든 여자들이 할 수 있는 것이 아니다. 많은 처녀들이 임신의 위협에 대해 아무 방어책도 알지 못한다. 그리고 자신들의 운명이 그녀들의 몸을 맡기는 남자의 선의에 달려 있음을 불안하게 느낀다.

  이와 같이 수많은 저항을 통하여 경험하게 되며 중대한 의미를 지니는 젊은 처녀의 시련이 종종 가공할 만한 정신적 외상을 낳는 것은 조금도 이상하지 않다. 잠재적인 정신분열증이 첫경험의 충격으로 뚜렷하게 나타나는 경우가 많은데, 슈테켈은 그 몇 가지 실례를 들고 있다.

  19살 된 M.G. 양은 갑자기 심한 정신착란에 빠졌다. 나는 그녀가 자기 방에서 "난 싫어요, 아냐! 난 싫어!"라고 되풀이하면서 울부짖는 것을 보았다. 그녀는 옷을 잡아 뜯어서 벗은 채 복도로 뛰쳐나가려고 했다…… 그녀는 정신병원에 입원했다. 거기서 착란은 가라앉고 일종의 긴장상태로 바뀌었다. 그녀는 본디 속기 타이피스트로, 자신이 근무하는 대형상점의 지배인을 사랑하고 있었다. 하루는 여자친구 한 사람과 남자친구 두 사람하고 어울려서 시골에 놀러 갔다. 그 가운데 한 남자가 '그냥 장난일 뿐'이라고 약속하면서 그녀에게 자기 방에서 밤을 지내자고 요구했다. 그는 사흘 밤을 계속해서 처녀성은 건드리지 않은 채 그녀를 애무했던 것 같다…… 그녀는 '마치 개의 콧등과 같이 차가운' 태도를 취하며 불결한 짓이라고 큰 소리로 욕설을 퍼부었다. 그러다가 아주 잠깐 동안 흥분한 것처럼, '알프레드, 알프레드!(지배인의 이름)'를 외쳤다. 그녀는 후회했다(어머니가 알면 뭐라고 할까). 그러고는 집에 돌아와 두통이 난다며 침대에 누워 버렸다.

L.X. 양은 완전히 기력을 잃고 자주 울며 식음을 전폐하고 밤에 잠도 못이루고 있었다. 어느 날 그녀는 환각에 사로잡혀 주위 사람들을 알아보지 못하더니, 창틀에 올라서서 거리로 뛰어내리려고 했다. 결국 그녀는 정신병원에 보내졌다. 나는 23세의 이 젊은 처녀가 침대에 앉아 있는 것을 보았다. 그녀는 내가 들어가도 알아차리질 못했다…… 얼굴에는 불안과 공포가 나타나 있었다. 두 손은 마치 자기 몸을 방어하려는 듯 앞으로 내밀어져 있었다. 꼬고 앉은 두 다리가 경련을 일으키는 것처럼 움직이고 있었다. 그녀는 크게 소리쳤다. "안 돼! 안 돼! 안 돼! 짐승 같으니! 이런 사람은 체포해야 해! 아, 아파! 아!" 다음엔 또 알 수 없는 말을 내뱉었다. 갑자기 그녀의 표정이 변했고, 두 눈이 반짝거렸다. 입을 키스할 때처럼 앞으로 내밀었다. 두 다리는 움직임을 멈추더니 조금씩 벌어졌다. 그녀는 쾌락을 나타내는 말을 지껄였다. 그녀의 발작은 조용히 멈추지 않는 눈물로 끝났다…… 환자는 잠옷이 마치 원피스나 되는 것처럼 그것으로 몸을 감싼 채 언제까지고 "안 돼!"를 연발했다. 알고 보니 결혼한 남자 동료 한 사람이 그녀가 몸이 불편할 때 자주 찾아왔다. 그녀는 처음에 그를 매우 반겼으나, 곧 자살의 유혹을 수반하는 환각 상태에 사로잡히게 되었다. 그녀의 병은 나았지만, 그 뒤에는 어떤 남성에게도 접근을 허락하지 않았고 결혼신청도 거절했다.

같은 까닭에서 발생한 병이 위와 같이 중대하지 않을 수도 있다. 다음은 처녀성을 잃은 것에 대한 후회가, 최초의 성교 끝과 나타나는 정신착란에 중요한 역할을 하는 경우이다.

23세의 한 젊은 처녀는 여러 가지 공포증으로 고통을 받았다. 병은 키스나 화장실에서의 접촉으로도 임신하지 않을까 하는 걱정에서 시작되었다. 어떤 남자가 자위를 하고 난 다음 물속에 정액을 남겨 두었을지도 모른다는 생각에서, 그녀는 목욕통을 자기가 보는 앞에서 세 번이나 닦도록 요구했다. 그리고 정상적인 자세로 용변을 볼 용기도 없었다. 얼마 뒤에는 처녀막 파열 공포증이 일어나, 그녀는 감히 춤을 추거나 뛰거나 울타리를 넘지도 않았고 종종걸음으로밖에 걷지 못했다. 길가에 말뚝만 눈에 떠어도 처녀성을 잃지 않을까 두려워, 어색한 움직임으로 몸을 떨면서 멀리 돌아갔다. 그녀의 또 다른 공포증은, 기차 안이나 군중 속에서 남자에게 고약한 일을 당해 처녀성을 상실하고 임신하지 않을까 하는 것이었다. 병의 말기에는, 침대나 속옷에 바늘이 꽂혀 있어 그것이 질 속에 들어가지나 않을까 걱정했다. 밤마다 환자는 벗은 채로 방 한가운데 서서, 불쌍한 자기 어머니에게 속옷 검사를 하도록 강요했다. 그녀는 언제나 약혼자에 대한 자기의 사랑을 다짐했다. 분석 결과에 따르면, 그녀는 이미 처녀가 아니었으며, 이 사실을 약혼자에게 들켜 무서운 일이 생길까 봐 두려워 결혼을 미루고 있었다. 결국 그녀는 약혼자에게 자기가 어떤 테너 가수에게 유혹당했던 일을 고백했고, 그와 결혼한 뒤에 그 병을 털어 냈다.[80]

다른 또 하나의 실례는, 후회가—관능적 만족으로 보상되지 않음으로 말미암아—정신착란을 일으킨 경우이다.

20세인 H.B. 양은 어떤 여자친구와 이탈리아로 여행을 다녀온 뒤 심한 우울증에 걸렸다. 그녀는 방에서 한 발짝도 나오려 하지 않았고 한마디 말도

---

[80] 슈테켈의 《불감증의 여자》.

하지 않았다. 결국 그녀는 요양소에 보내졌으나 거기서 상태는 더욱 나빠졌다. 그녀는 누가 자기를 욕하는 소리가 들린다고, 모두들 자기를 비웃고 있다는 등의 말을 했다. 다시 집으로 돌아왔지만 그녀는 방구석에서 움직이려고도 하지 않았다. 그녀는 의사에게 물었다. "왜 나는 죄를 짓기 전에 오지 않았을까요?" '나는 벌써 죽었다. 모든 것이 사라졌고, 모든 것이 해체되어 버렸다, 나는 더럽혀졌다. 이젠 노래 한 곡조도 부를 수 없다…… 세계와의 다리는 끊어져 버렸다…….' 그녀는 로마에서 약혼자를 만났는데, 거기서 오랜 저항 끝에 그에게 몸을 맡겼다고 고백했다. 그녀는 갑자기 울음을 터뜨렸다…… 그녀는 약혼자에게서 전혀 쾌락을 얻지 못했다고 고백했다. 그녀는 새 애인에게서 만족을 얻고 병증에서 회복되어 그와 결혼했다.

내가 앞에서 그 유년시대의 고백을 소개했던 '빈의 귀여운 소녀'는 그녀가 어른이 되면서 겪은 최초 경험담도 고백하고 있는데, 그것은 매우 자세하고 인상적이다. 그녀의 소녀시절 모험이 지극히 조숙한 성경험이었음에도 불구하고, 역시 그녀의 '입문'은 완전히 새로운 것임을 주목하게 된다.

나는 16살에 어느 회사에 취직했습니다. 17살 하고 여섯 달 지났을 때 처음으로 휴가를 받았는데, 그것은 내게 좋은 기회였습니다. 나는 여기저기에서 구혼을 받았습니다…… 나는 회사의 한 동료를 사랑하고 있었고 우리는 공원에 갔습니다. 1909년 4월 15일이었는데, 그는 나를 벤치의 자기 곁에 앉혔습니다. 그는 나에게 키스하면서 입술을 벌리라고 간청했지만, 나는 입을 꽉 다물고 있었습니다. 그는 내 윗옷 단추를 풀기 시작했습니다. 그가 하는 대로 내버려 두고 싶었지만, 그때 내 유방이 작다는 사실이 떠올랐습니다. 그래서 그가 건드리기만 하면 느꼈을 관능적인 쾌감을 단념했습니다…… 4월 7일, 결혼한 남자 동료 한 사람이 나더러 함께 전람회 구경을 가자고 했습니다. 우리는 저녁 식사 때 술을 마셨습니다. 나는 좀 신중함을 잃고 모호한 농담을 하기 시작했습니다. 나의 간청에도 불구하고 그는 마차를 불러 그 속에 나를 밀어 넣고, 마차가 출발하자마자 내게 키스했습니다. 그는 점점 더 대담해져서 나를 손으로 쓰다듬었습니다. 나는 한사코 저항했는데 그가 목적을 이루었는지는 더 이상 기억하지 못합니다.

이튿날 나는 퍽 개운치 않은 기분으로 출근했습니다. 그는 내가 할퀴었다는 상처투성이의 두 손을 펴 보였습니다…… 그는 내게 더 자주 자기한테 놀러 오라고 했습니다…… 그다지 마음이 나키지는 않았지만, 호기심에 가득 차서 승낙했습니다…… 그가 내 성기를 더듬으려 하면 나는 뿌리치고 빠져나와 내 자리로 돌아왔습니다. 그러나 한번은 나보다 더 교활한 그가 덮치더니 자기 손가락을 나의 질 속에 넣는 것 같았습니다. 나는 고통스러워 울었습니다. 그것은 1909년 6월 어느 날의 일이었습니다. 그 뒤에 나는 여자 친구와 함께 휴가 여행을 떠났습니다. 두 사람의 관광객과 우연히 만났습니다. 그들은 우리에게 동행하자고 권유했습니다. 내 상대가 된 남자는 내 친구에게 키스하려 들었습니다. 그녀는 그에게 주먹을 휘둘렀습니다. 그러자 그는 내게 다가와 등 뒤에서 나를 붙잡고 강제로 키스했습니다…… 나는 저항하지 않았습니다. 그는 함께 가자고 나를 유혹했습니다. 나는 그의 손을 잡고 숲속으로 들어갔습니다. 그는 내게 키스를 했습니다. 그가 나의 성기에 키스했기 때문에 나는 몹시 화가 나 이렇게 말했습니다. "어떻게 그런 더러운 짓을 할 수 있어요?" 그는 내 손에 자기 성기를 쥐어 주었습니다…… 나는 그것을 애무했습니다. 갑자기 그는 나의 손에서 그것을 빼어, 거기서 생기는 일을 내게 보이지 않으려고 손수건을 갖다 대었습니다…… 이틀 뒤 우리는 함께 리징으로 갔습니다. 인적이 없는 별판에서 그는 느닷없이 외투를 벗어 풀밭에 깔았습니다…… 그는 나를 쓰러뜨리고는 한쪽 다리를 나의 두 다리 사이에 넣었습니다. 나는 아직 내가 위험한 줄도 몰랐습니다. 그저 '나의 가장 예쁜 옷'이 벗겨지느니 차라리 죽는 편이 낫다고 생각했습니다. 그는 매우 거칠어져서 야비한 말을 내뱉고 경찰에 알리겠다며 나를 위협했습니다. 그는 손으로 내 입을 막고 자기 페니스를 집어넣었습니다. 나는 죽는 줄만 알았습니다. 뱃속이 뒤집혀지는 느낌이었습니다. 드디어 그가 일을 다 끝냈을 때, 나는 그 일을 묵인할 수 있을 것 같았습니다. 나는 그대로 누워 있었기 때문에 그가 나를 일으켜야 했습니다. 그는 내 두 눈과 얼굴을 키스로 덮었습니다. 나는 아무것도 보이지 않고, 아무것도 들리지 않았습니다. 만일 그가 나를 부축해 주지 않았다면 나는 장님처럼 넘어져 차에 깔렸을 것입니다…… 우리는 2등 객실에 단둘이 있었습니다. 그는 또 바지 앞섶을 벌린 채 내게 다가왔습니다. 나는 소리를 지르며 기차의 마지막 칸까지 도망갔습니다…… 결국 그는 짐승 같이 웃으며 나를 가만 놔두었습니다. 무엇이 좋은 것인지도 몰랐던 바보 같은 나 자신을 경계하는 의미에서라도, 나는 그 웃음소리를 결코 잊을 수 없을 것입니다. 그는 나를 빈에 혼자 돌려보냈습니다. 나는 빈에 도착하자 허겁지겁 화장실로 달려갔습니다. 뭔가 뜨거운 것이 넓적다리로 흘러내리는 것을 느꼈기 때문입니다. 나는 핏자국을 보고 깜짝 놀랐습니다. 집에서 그것을 어떻게 감출까? 나는 될 수 있는 대로 일찍 자리에 누웠고 여러 시간 동안 울었습니다. 페니스가 내 안에 들어와서 일으켜 놓은 압박감을 두고두고 느꼈습니다. 어머니는 나의 이상스러운 태도와 식욕부진 때문에 무슨 일이 있었다는 것을 알게 되었습니다. 그래서 나는 모든 것을 고백했습니다. 어머니는 내게 그렇게 두려워할 필요는 없다고 했습니다……. 회사 동료는 나를 위로하려고 최선을 다했습니다. 그는 어두운 저녁때를 이용해서 함께 공원을 산책하며 나의 스커트 밑을 애무해 주었습니다. 나는 그가 하는 대로 내버려 두었습니다. 다만 질이 서서히 젖기 시작하면 너무나 부끄러웠기 때문에 바로 몸을 도사렸습니다.

그녀는 여러 차례 호텔에 갔지만 그와 동침하는 일은 없었다. 그녀는 어떤 부유한 젊은이와 알게 되어 그와 결혼하기를 원했으나, 그와의 관계에서 아무것도 느끼지 못하고 불쾌하기만 했다. 그녀는 회사 동료와의 관계를 다시 시작했다. 하지만 그에게 싫증이 났고, 그러더니 사팔뜨기처럼 눈에 초점이 사라지고 야위기 시작했다. 요양소에 보내진 그녀는 거기서 어떤 젊은 러시아 사람과 깊은 관계로 발전하는 단계까지 이르렀으나, 마지막 순간에 그를 침대에서 쫓아 버렸다. 또 그녀는 어떤 의사와 사귀고, 어떤 장교와 관계를 갖기 시작했다. 그러나 완전한 성관계에는 동의하지 않았다. 그녀가 정신적으로 병들어 치료를 받기로 결심한 것은 바로 그때부터였다. 건강이 회복된 다음 그녀는 자기를 사랑하는 어떤 남자에게 몸을 허락했고, 그 뒤 그와 결혼했다. 결혼 생활을 하는 동안에 그녀의 불감증은 사라졌다.

유사한 많은 사례들 가운데에서 뽑은 이 몇 가지 경우에서처럼, 상대의 난폭한 언행, 또는 적어도 사건의 돌발성이 늘 정신적 외상이나 혐오를 결정하는 요인이 된다. 가장 바람직한 성 입문 과정은, 폭력도 불의(不意)도 없고 정해진

계율이나 기일도 없이, 젊은 처녀가 점차적으로 수치심을 극복하여 상대 남자와 친해져서 그의 애무를 좋아하게 되는 것이다. 이를 위해서는 미국의 젊은 처녀들이 현재 누리고 있고, 프랑스 처녀들이 오늘날 획득하길 갈망하는 풍습의 자유가 인정되어야 한다. 프랑스 처녀들은 '네킹(목을 껴안고 하는 애무)'도 '페팅(성적인 애무)'도 알지 못한 채 완전한 성관계에 들어간다. 젊은 처녀가 몸을 금기로 여기지 않을수록, 상대에 대하여 보다 자유롭게 느낄수록, 남성의 지배적인 성격이 옅을수록 그 입문은 그만큼 더 쉽다. 만약에 상대 연인도 젊고 순수하며 소심하고 그녀와 동등하다면, 처녀의 저항은 줄어들 것이다. 하지만 그런 조건 아래에서는 그녀의 여자로의 변신은 철저하지 않을 것이다. 《청맥(靑麥)》에서 콜레트의 뱅카는 상당히 난폭하게 처녀성을 상실당한 이튿날, 매우 평온한 태도를 보여 친구 필을 놀라게 한다. 그것은 그녀가 상대에게 '소유되었다'고 느끼지 않기 때문이다. 오히려 자기의 처녀성에서 해방된 데 자부심을 가지고 있었다. 그녀는 정신착란을 일으키지 않았다. 사실 필이 놀라는 것은 잘못이다. 그의 여자친구는 남성과의 성적 경험이 없었다. 클로딘은 르노의 품에 안겨 춤을 춘 뒤에 훨씬 더 상처를 받았다.

나는 아직 풋내기인 프랑스 한 여학생의 이야기를 들었다. 그녀는 어떤 남자친구와 하룻밤을 함께 지내고, 이튿날 아침에 한 여자친구에게 달려가 그 사실을 고백했다. "나 C와 같이 잤는데, 퍽 재미있었어." 미국의 어떤 중학교 선생이 내게 말하기를, 그곳 학생들은 여자가 되기 훨씬 이전에 처녀성을 상실한다고 했다. 그녀들의 마음속에 악마의 화신을 불러일으키기에는 너무 어린 상대 남성들은, 예의를 지키므로 처녀들의 수치심을 함부로 해치지 않고, 또 그들 자신이 너무 부끄러움을 탄다. 소수의 젊은 처녀들은 성의 불안에서 벗어나기 위하여 성적 경험에 스스로 몸을 던지는 짓을 자주 되풀이하기도 한다. 이렇게 해서 호기심과 강박관념에서 자기를 해방하려고 하는 것이다. 그러나 대개 그녀들의 행위는 이론적인 성격을 띠고 있는데, 이는 다른 처녀들이 미래에 대해 품는 환상과 마찬가지로 비현실적이다. 도전이나 두려움, 청교도적 합리주의의 태도로 상대에게 몸을 맡기는 것은 진정한 의미에서 성적 경험을 하는 것이 아니다. 그런 식으로라면 위험을 느끼지는 않으며 깊은 감동 또한 없이 유사한 경험에 이르게 된다. 이러한 성행위는 불안도 수치심도 수반하지 않는다. 왜냐하면 감동은 단지 표면적인 것에 그칠 뿐이며, 쾌락이 온 육체를 덮고 있지 않기 때문이다. 이런 식으로 처녀성을 잃은 여성은 변함없이 젊은 처녀 그대로이다. 그녀들은 육감적이고 격렬한 기력을 내뿜는 남자와 상대하게 되었을 때 처녀와 같은 저항을 시도할 수도 있다. 이 시점에서 그녀들은 아직 미숙한 연령에 머물러 있다. 애무는 그녀들을 간지럽게 하고, 키스는 그녀들에게 웃음을 자아낼 때도 있다. 그녀들은 육체적인 사랑을 하나의 유희로 여기고, 자기들이 그것을 즐길 생각이 없을 때는 애인의 욕구를 귀찮고 야비한 것으로 치부한다. 그녀들은 혐오나 공포감, 젊은 처녀 특유의 수치심을 간직하고 있다. 만일 이런 단계를 뛰어넘지 못한다면—미국 남성들의 말에 따르면, 이런 미국 여성들이 많은 듯한데—그녀들은 반불감증(半不感症) 상태로 일생을 보내게 된다. 흥분과 쾌락 속에서 자기를 육체화하는 데 동의하는 여성에게만 진정한 성적 성숙이 가능하다.

그렇다고 불타오르기 쉬운 체질의 여자에게는 아무 어려움도 없을 것이라고 생각해서는 안 된다. 그러한 여성들은 지나치게 불타오르기 때문이다. 여성의 성적 흥분은 남자가 모르는 강도에 도달할 수 있다. 남성의 욕망은 격렬하지만 국부적이며, 남자는 아마도 경련의 순간을 제외하고는 욕망 때문에 자의식을 잃는 일은 없어 보인다. 반대로 여자는 완전히 자기를 떠나 육체화된다. 많은 여자들에게 이런 변화는 사랑의 가장 관능적이고, 가장 결정적인 순간이다. 그러나 이 변화는 또한 마법적이고 두려운 성격을 갖고 있다. 남자는 자기 팔에 껴안고 있는 여자 앞에서 공포를 느낄 수도 있다. 여자는 그토록 자신을 망각하고 착란의 포로가 된 것처럼 보인다. 그녀가 느끼는 흥분은 남성의 공격적 열광보다도 훨씬 더 근본적인 변질이다. 이 열정이야말로 그녀를 수치심으로부터 해방한다. 하지만 그녀는 정신이 들었을 때 한층 수치스럽고 불쾌해진다. 그녀가 그것을 행복하게 또는 자랑스럽게까지 받아들이기 위해서는 적어도 관능의 기쁨에 충실해야만 할 것이다. 만일 그녀가 자신의 욕망을 훌륭히 만족시키면, 그것을 확실히 자기 소유라고 주장할 수 있을 것이다. 그렇지 않다면 그녀는 분노하여 그 욕망을 배척할 것이다.

여기서 드디어 여성 에로티시즘의 근본문제를 다루게 된다. 그녀의 성적 생활의 출발점에서 여성의 자기포기는 강렬하고 확실한 쾌락으로 보상되지 않는다. 만일 그렇게 보상되어 천국의 문이 열린다면, 그녀는 수치심도 자존심도 더욱 쉽게 버릴 것이다. 그러나 이미 살펴본 바와 같이 처녀성을 상실한다는 것은 사춘기 에로티시즘의 행복하고 자연스러운 성취는 아니다. 오히려 그와는 반대로 아주 이상한 현상이다. 질의 쾌감이 그 직후에 바로 생기는 것은 아니다. 슈테켈의 통계—많은 성과학자 및 정신분석학자가 이를 뒷받침해 준다—에 따르면, 맨 처음 성교에서 쾌락을 느끼는 여성은 불과 4%이며, 50%는 몇 주, 몇 달, 또는 몇 년 뒤에야 비로소 질의 쾌감을 느끼게 된다. 여기서는 심리적 원인이 중요한 역할을 한다. 여성에게는 보통 의식적인 사실과 기관에 의한 표현 사이에 뚜렷한 차이가 없다는 점에서, 여성의 몸은 놀라울 만큼 '히스테릭'하다. 정신적 저항은 쾌락의 표출을 방해한다. 무엇으로도 보상되지 않기 때문에, 때때로 그 정신적 저항은 영속되어 점점 더 강력한 장애가 된다. 많은 경우에 그 장애는 하나의 악순환을 만든다. 애인의 최초의 실수, 서투른 말 한 마디나 동작, 오만한 미소가 밀월 여행 내내 또는 결혼 생활에도 영향을 끼친다. 젊은 여성은 즉시 쾌감을 경험하지 못한 데 실망하고, 거기에 원한을 품으면서 보다 행복한 경험을 할 의욕을 잃고 만다.

  사실, 그녀가 정상적인 만족을 얻지 못하는 경우에도 남성은 음핵을 자극함으로써 그녀에게 성교의 쾌감을 줄 수 있다. 이 쾌감은 도덕적 가르침과는 달리 그녀에게 이완과 만족을 가져다줄 수 있다. 그러나 많은 여성들은 그것을 거절한다. 질의 쾌감 이상으로 그것이 무리하게 몸에 '가해진' 듯 여겨지기 때문이다. 여자는 자기 자신의 만족만을 생각하는 남자들의 이기주의에도 시달리지만, 또한 그녀에게 쾌감을 주려는 남자들의 지나칠 정도로 노골적인 의지에도 감정을 상한다. '타인을 즐겁게 하는 것은 상대를 지배한다는 의미이며, 남에게 몸을 맡기는 것은 자기의 의지를 포기하는 행위이다'라고 슈테켈은 말한다. 성공한 정상적인 성교에서처럼, 쾌감이 남자 자신이 얻는 쾌락에서 자연스럽게 흘러나오는 것처럼 생각될 때, 여성은 그것을 훨씬 더 즐겁게 받아들일 것이다. 슈테켈은 '여자들은 상대편 남자가 자기들을 지배하기를 원치 않는다는 것을 알게 되면 곧 기꺼이 복종한다'고도 말한다. 그러나 반대로 여자들은 남자들의 이런 의지를 느끼게 되면 거부감을 나타낸다. 많은 여자들은 손으로 애무받는 데 거부감을 느낀다. 손은 그것이 주는 쾌감과 관계없는 하나의 도구이자 활동이지 육체는 아니기 때문이다. 성기조차도 욕망이 침투된 육체로 생각되지 않고, 교묘하게 이용되는 하나의 도구로 생각될 때 여자는 역시 반감을 가진다. 게다가 어떤 다른 수단도 그녀가 정상적인 여성의 감각을 모른다는 점을 확인시켜 주는 행위처럼 여겨질 것이다. 다방면으로 관찰한 결과, 이른바 불감증 여성의 욕망은 어느 것이든 다음과 같은 기준을 목표로 한다고 슈테켈은 지적했다. '그녀들은 정상적인 여성처럼 오르가슴에 이르고자 한다. 그 밖의 모든 방법들은 그녀들을 정신적으로 만족시키지 못한다.'

따라서 남자가 취하는 태도는 대단히 중요하다. 만일 남자의 욕망이 몹시 야수적이라면, 상대편 여자는 남자의 품안에서 하나의 단순한 물건이 되어 버렸다고 느낀다. 반면 남자가 너무 자제하고 지나치게 이성적인 경우, 그는 육체화될 수 없다. 그는 여자에게 객체가 될 것을 요구하며, 자기 자신은 여자에게 잡힐 틈을 주지 않는다. 두 가지 가운데 어떤 경우에도 여자의 자존심은 반항한다. 그녀가 자기의 육체적 객체로의 변형과 주체로서의 요구를 조화시키려면, 그녀 스스로 남성의 먹이가 되는 한편, 남성도 자신의 먹이로 만들어야만 한다. 그런데 대개는 이렇게 되지 않아 여자는 불감증에서 헤어나지 못한다. 만일 애인의 매력이 부족하거나 그가 냉정하든지, 배려가 없거나 서투르다면, 그는 그녀의 성욕을 불러일으키는 데 실패하거나 그녀를 불만인 채로 방치하게 된다. 그렇지만 그가 남성적이고 노련하더라도 거부반응을 일으킬 수 있다. 여자는 남자에게 지배당하는 것을 두려워하기 때문이다. 어떤 여자들은 남자가 소심하고 재주도 없고 절반쯤 불능이더라도, 자기들을 위협하지 않는 그런 남자에게서만 쾌락을 얻기도 한다. 여자 애인을 괴롭혀서 원한을 품게 하는 것은 남자에게는 쉬운 일이다. 원망은 여성 불감증의 가장 보편적인 원인이다. 침대에서 여성은 자기가 받았다고 생각되는 모든 모욕에 대하여 코웃음을 치듯 냉담한 태도로 남성에게 보복한다. 그녀의 태도에는 흔히 공격적인 열등 콤플렉스가 있다. '당신은 나를 사랑하지 않으니까, 내겐 어차피 결점이 있어서 당신 마음에 들지 않으니까, 나는 멸시받고 있으니까 나 역시 사랑과 욕망과 쾌락에 빠지지는 않을 것이다.' 남자가 무성의하게 다룸으로써 그녀를 무시하거나, 그녀의 질투심을 자극하거나, 너무 늦게 사랑을 고백하거나, 결혼을 희망하는 그녀를 오히려 정부로만 취급한다면, 그녀도 그런 식으로 그와 자기 자신에게 동시에 복수한다. 불만은 갑자기 나타날 수도 있고, 심지어는 행복하게 시작된 행위 도중에도 이런 반응이 나타나는 수가 있다. 여자에게 이런 적개심을 불러일으킨 남자가 자기 힘으로 그것을 잘 극복한 경우는 드물다. 그렇긴 하지간 그는 사랑과 감사의 납득할 만한 증거로 상황을 바꿀 수도 있다. 애인의 품에서 외고집만 부리던 여자가 손가락에 결혼반지를 끼는 순간 돌변해 버린 사례는 이미 보아 왔다. 행복해지고 귀여움을 받고 마음이 평화로워지면 그녀들의 저항은 사라진다. 그러나 원한을 품은 여자를 행복한 애인이나 아내로 아주 훌륭하게 변화시킬 수 있는 사람은, 새로이 그녀에게 다가온 공손하고 정답고 섬세한 남자인 경우가 많다. 만일 그가 그녀를 열등 콤플렉스에서 벗어나게 해준다면, 그녀는 열렬히 그에게 몸을 맡길 것이다.

슈테켈의 《불감증의 여자》는 여성 불감증의 심리적 요인을 입증하는 데 그 근본적인 목적이 있다. 다음의 여러 가지 실례는, 불감증이 대개 남편이나 애인에 대한 원망에서 나온 행동이라는 점을 뚜렷이 보여 준다.

G.S. 양은 결혼 신청을 기다리면서 어떤 남자에게 몸을 허락하고 있었으나, 그녀 자신은 그다지 결혼하고 싶지 않으며 구속당하는 것도 원치 않는다고 강조해 왔다. 그녀는 자신을 자유로운 여성이라고 생각했다. 하지만 사실 그녀는 그녀의 가족과 마찬가지로 도덕의 노예였다. 그러나 애인은 그녀의 말만 믿고 결혼 이야기는 조금도 꺼내지 않았다. 그녀의 고집은 점점 더 완고해져서 결국 불감증이 되고 말았다. 드디어 애인이 그녀에게 청혼했을 때, 그녀는 자기가 무감각증이라고 고백하면서 결혼 이야기는 더 이상 듣고 싶지 않다고 거절함으로써 그에게 복수했다. 그녀는 이젠 행복해지고 싶지도 않았다. 애인의 구혼을 기다리다 지쳐 버린 것이다…… 그동안 그녀는 질투에 사로잡혀, 그가 청혼하기만 하면 보기 좋게 거절해 주리라 벼르고 있었다. 거절하고 나서 그녀는 애인을 결정적으로 벌하겠다는 생각 하나로 자살을 기도했다.

질투가 심한 어떤 여자는 그때까지 남편과 쾌락을 나눴으면서도, 자기가 앓고 있는 동안 그가 그녀를 배신했다고 상상했다. 그래서 퇴원하여 집에 돌아가면 남편을 냉정하게 대하려고 마음먹었다. 그녀는 이젠 남편에게서 흥분을 느끼고 싶지 않았다. 그는 그녀를 존중하지도 않고 필요할 때만 이용했기 때문이다. 집에 돌아온 그날부터 그녀는 불감증이 되었다. 처음에는 흥분되지 않으려고 묘책을 썼다. 그녀는 남편이 자기 여자친구에게 잘 보이려고 한다고 생각했다. 그러자 곧 오르가슴은 고통으로 바뀌었다.

17살 처녀는 어떤 남자와 관계를 하면서 강렬한 쾌락을 느끼고 있었다. 19살에 임신을 한 그녀는 애인에게 결혼을 요구했다. 결정을 내리지 못한 그는 그녀에게 낙태하도록 권유했다. 그러나 그녀는 이를 거부했다. 3주일 뒤 그는 그녀와 결혼하겠다고 말했다. 그리고 그녀는 그의 아내가 되었다. 하지만 그녀는 그 3주일 동안 고통 받았던 데 대하여 그를 용서하지 않았고, 그 결과 불감증이 되었다. 나중에 남편과 화해한 다음에야 그 불감증은 해소되었다.

N.M. 부인은 결혼한 지 이틀 만에 남편이 옛 애인을 만나러 간 것을 알게 되었다. 그녀가 느껴 왔던 오르가슴은 그때부터 영원히 사라졌다. 그녀는 남편이 자기에게 실망했으며, 자신은 남편을 더는 기쁘게 해줄 수 없을 거라는 강박관념에 사로잡혔다. 그것은 그녀의 불감증의 원인이 되었다.

여자가 어느 정도 시간이 지난 뒤에 자기 저항을 극복하고 질의 쾌감을 알았을 때라도, 그것으로 모든 어려움이 사라진 것은 아니다. 왜냐하면 여자 성욕의 리듬과 남자 성욕의 리듬은 불일치하기 때문이다. 여자는 남자보다 오르가슴에 도달하는 것이 훨씬 더 느리다.

성관계가 시작되고 2분 안에 남성의 약 4분의 3은 오르가슴을 경험한다고, 〈킨제이 보고서〉는 말한다. 성적으로 상황이 매우 불리해서 오르가슴을 느끼려면 10분 또는 15분 정도의 상당한 자극이 필요한 많은 인텔리 여성을 생각할 때, 또 일생 동안 한 번도 오르가슴을 느끼지 못하는 상당수의 여성들을 생각할 때, 남성은 상대 여자와 조화를 이루기 위하여 사정하지 않고 성적 활동을 연장하는 아주 특수한 능력을 필요로 한다.

인도의 남편들은 보통 자신의 쾌락을 억누르고 아내의 쾌락을 연장해 주기 위하여 성행위 도중에 스스로 담배를 피워 문다고 한다. 서양에서 카사노바 같은 남자가 자랑하는 것은 오히려 그 횟수이다. 그의 가장 큰 자부심은 상대 여자를 항복시키는 것이다. 에로티시즘의 전통에 따르면, 이런 일에는 아무나 성공할 수 없다. 남자들은 아내의 두려운 요구를 개탄한다. 그것은 미친 자궁이고, 식인 마녀이며, 굶주린 여자이다. 그녀는 결코 만족할 줄 모른다. 몽테뉴는 이런 견해를 《수상록》 제3권 제5장에서 피력하고 있다.

> 사랑의 행위에서는 여자들이 남자들보다 훨씬 유능하고 열렬하다는 것을 우리는 알고 있다. 처음에는 남자였다가 나중에 여자가 된 고대의 어느 신관(神官)도 이를 증언해 준다…… 또 우리가 알기로, 로마의 어떤 황제와 황후가 각각 다른 시대에 이에 관하여 증거를 보여 주었다. 황제는 하룻밤에 자기의 포로가 될 사르마티아의 처녀를 열 명이나 유린했다. 그런데 황후는 하룻밤에 그 욕강과 취미에 따라 상대를 바꾸어 가며 스물다섯 번이나 했다.
>
> 그녀의 몸은 이제 지쳐 버렸지만,
> 욕망의 불꽃은 아직도 꺼질 줄 모른다.*81
>
> 그리고 카탈로니아에 이런 재판이 있었다. 어떤 부인이 와서 남편이 너무 치근거린다고 하소연했다. 내 생각에 그녀가 그것을 싫어했던 듯하지는 않다. (나는 신앙의 테두리 밖에서 일어나는 기적을 믿지 않기 때문이다)…… 신중히 생각한 뒤에 아라공 여왕은 저 유명한 판결을 내렸다. 이 선량한 여왕은…… 정당하고 필연적인 한계로, 그 횟수를 하루 여섯 번으로 정했다. 여왕이 말하기를 '이것은 여성의 욕망을 대단히 억제한 것으로, 실행하기 쉬운 영원불변한 규칙이다'라고 했다.

사실 여성의 관능적인 쾌락은 남성과 그 양상이 전혀 다르다. 앞에서 말한 바와 같이, 질의 쾌감이 그대로 결정적인 오르가슴에 이르는지의 여부는 정확히 알 수 없다. 이 점에 대한 여성의 고백은 드물고, 그녀들이 정확을 기하려 해도 극도의 모호성을 벗어나지 못한다. 반응은 개개인에 따라 매우 다르

---

*81 《유베날리스》.

게 나타난 것 같다. 확실한 점은 성교가 남성에게는 뚜렷한 생리학적 목적인 사정(射精)을 수반한다는 것이다. 이 목적에 도달하는 것은 매우 복잡한 많은 다른 의도들을 통해서이다. 그러나 한번 목적을 달성하면 도달점에 이르렀음을 뜻하므로, 완전한 만족은 아니더라도 적어도 그 욕망이 해소된다. 이와 반대로 여성에게는 처음부터 목적이 불확실하다. 게다가 본디 여성에게 성교란 생리학적이라기보다 심리학적인 것이다. 그녀는 흥분 즉 일반적으로 관능적 쾌감을 바라지만, 그녀의 육체는 애정 행위의 어떤 결과도 밖으로 뚜렷하게 드러내지 않는다. 여성의 경우 성교가 결코 충분히 완성되는 일이 없는 것은 그 때문이다. 거기에는 어떤 목적도 없는 것이다. 남성의 쾌감은 화살처럼 빠르게 올라가서 어느 일정한 문턱에 다다르면 완성되고, 오르가슴의 최고 절정에서 갑자기 까부라진다. 그 성행위의 구조는 한정되어 있고 불연속적이다. 그러나 여성의 쾌락은 생식기관에만 집중되어 있지 않고 온몸에 퍼져 있다. 그래서 오르가슴 그 자체보다 오히려 질의 수축이 하나의 파동을 형성하고, 그 파동은 리드미컬하게 생겼다가 사라지고 다시 나타나면서 때때로 극점에 달한 다음 헝클어지지만, 결코 완전히 죽는 일 없이 다시 일어난다. 즉 어떤 최종 단계도 정해져 있지 않으므로 여자의 쾌감은 무한성을 지향한다. 그 결과 여성의 성적 능력의 한계가 되는 것은 뚜렷한 만족감이라기보다 오히려 신경 또는 심장의 피로나 심리적 포만감인 경우가 많다. 그녀는 만족하거나 또 피로한 경우에도 결코 완전히 해방되는 일이 없다. 유베날리스의 말에 따르면, '피로하긴 하지만 아직도 싫증은 나지 않는' 것이다.

남자는 상대편 여자에게 자기 자신의 리듬을 강요하려고 하거나, 그녀에게 악착같이 오르가슴을 일으키려고 할 때 큰 실패를 한다. 왜냐하면 그런 시도는, 대개 여자가 자기 특유의 방법으로 즐기려는 쾌락의 형태를 도중에 깨뜨리는 결과를 가져오기 때문이다.[82] 이 특유의 형태는 자기 자신에게 어떤 결말을 비교적 자유로이 줄 수도 있다. 즉 질내에 또는 전체 생식계통에 국한된 어떤 종류의 경련이나 온몸에서 일어나는 경련을 가라앉힐 수도 있다. 어떤

---

[82] 로렌스는 이 두 가지 형태의 성적 대립을 잘 간파하고 있다. 그러나 그가 주장하듯 여자는 오르가슴의 최고 절정을 경험해선 안 된다고 단정하는 것은 독단이다. 만일 오르가슴을 어떻게든 일으키려고 노력하는 것이 잘못이라면 《날개 돋친 뱀》에서 돈 시프리아노처럼 그것을 무조건 거절하려는 것 역시 잘못이다.

여성의 경우 이런 경련은 오르가슴과 동일시될 만큼 매우 세차게 규칙적으로 일어난다. 그러나 사랑에 빠진 여성은 남성의 오르가슴 속에서 자기의 기분을 가라앉히고 만족시키는 종결을 발견할 수도 있다. 그리고 성적 쾌락이 연속적이며 잔잔하게 조용히 하소될 수도 있다. 성공적인 성교에 필요한 것은, 소심하면서도 단순하고 우직한 많은 남성들이 생각하듯이 쾌락의 수학적 동시성이 아니라, 성욕의 복잡한 형태를 낳는 것이다. 많은 사람들은 여성을 '즐겁게' 해주는 것이 시간과 기교, 즉 '격렬함'의 문제라고 생각한다. 이런 남자들은 여자의 성욕이 여자의 상황 전체에 얼마나 좌우되는지를 모르고 있다.

이미 말한 바와 같이 여자에게 쾌락이란 일종의 마술적인 효과를 지닌 것으로, 그것은 자기를 상대에게 송두리째 내던져 버리기를 요구한다. 만일 언어나 동작이 애무의 마술을 거스른다면 그 즉시 신통력은 사라진다. 애무를 받을 때 흔히 여성들이 눈을 감는 것도 부분적으로는 그런 까닭에서이다. 이것은 생리학적으로는 동공 확대를 보완하는 반사작용이다. 그러나 어둠 속에서도 그녀는 눈을 감아 버린다. 그녀는 무대 배경을 모두 없애 버리고 싶은 것이다. 그 순간의 특이성이나 자기 자신의 특이성도, 그리고 애인의 개성도 없애 버리고, 오래전 어머니의 품처럼 어렴풋한 육체 속에서 자기를 잃어버리고 싶은 것이다. 그리고 특히 그녀는 남성과 자신을 정면으로 대립시키는 이러한 분리가 소멸되기를, 그리하여 그와 하나가 되기를 원한다. 이미 말한 바와 같이, 여자는 자기를 객체로 하면서도 주체로 머물러 있기를 원한다. 여자는 그 온몸이 욕망이며 자극이기 때문에 남자보다 더 심하게 자기를 버린다. 여자는 상대편 남자와의 결합에 의해서만 주체로 머물 수 있다. 두 사람 사이에서 받는 것과 주는 것은 하나로 융합되어야 한다. 만일 남자가 주지 않고 취하려고만 한다든지, 또는 자기는 즐기지 않고 여자에게 쾌락을 주려고만 한다면, 여자는 교묘히 조종당했다고 느낀다. 그녀는 '타자'로서 자기를 실현하자마자 비본질적인 타자가 된다. 그녀는 타성(他性)을 부인해야 한다. 그 때문에 육체가 떨어지는 순간이 그녀에게는 언제나 괴로운 것이다. 남자는 성교가 끝난 뒤에 외로움이나 즐거움을 느끼든, 자연에 우롱당했다거나 여자를 정복했다는 기분을 느끼든 간에, 어쨌든 육체를 부정한다. 그는 다시 완전무결한 육체로 돌아가 잠을 자고, 목욕을 하고, 담배를 피우고, 밖으로 나가고 싶어한다. 반면에 여자는 자기를 육체로 만든 마술이 완전히 사라질 때까지 육체의 접촉을 연장하길 원한다. 남성의 몸에서 분리되는 것은 새로운 이유(離乳)와 마찬가지로 괴로운 것이다. 그녀는 자기에게서 너무도 갑작스레 떨어져 나가는 연인에게 반감을 갖는다. 그러나 그 이상으로 여자의 마음을 아프게 하는 것은, 한순간 믿었던 두 사람의 빈틈없는 융합을 의심케 하는 남자의 말이다. 마들렌느 부르둑스의 이야기에 따르면, '질르의 아내'는 남편이 "기분 좋았어?" 하고 물으면 반발하여 남편의 입을 손으로 막는다. 이런 말은 많은 여성들을 불쾌하게 만든다. 그것이 쾌락을 자기폐쇄적인 분리된 감각으로 만들기 때문이다. "충분해? 좀더 할까? 좋았어?" 이런 질문을 한다는 것 자체가 분리를 표현하고, 사랑의 행위를 남성이 마음대로 방향을 정하는 기계적인 작업으로 바꾸어 버린다. 그리고 남자는 정확히 그런 까닭으로 그 같은 질문을 하는 것이다. 그는 두 사람의 융합이나 주고받는 관계보다 지배를 원한다. 결합이 풀렸을 때 남자는 다시 유일한 주체가 된다. 그가 이런 특권을 포기하려면 많은 사랑과 관용이 필요하다. 남자는 여자가 본의 아니게 창피를 당했으며 소유되었다고 느끼기를 바란다. 언제나 그는 그녀가 스스로 제공하는 것보다 좀더 많이 그녀를 갖고 싶어한다. 사랑의 행위를 하나의 투쟁으로 생각하게 만드는 온갖 콤플렉스를 남자들이 고집하지만 않는다면, 여자는 많은 어려움들을 피할 수 있을 것이다. 그렇다면 그녀는 침대를 싸움터처럼 생각하지 않아도 된다.

하지만 젊은 처녀에게는 나르시시즘이나 자존심과 더불어, 지배받고 싶다는 욕망이 있다. 어떤 정신분석학자에 따르면, 마조히즘은 본디 여성의 특징들 가운데 하나이며, 그런 경향 때문에 여자는 자기의 성적 숙명에 훌륭히 적응할 수 있다고 한다. 그러나 마조히즘의 개념은 매우 뒤섞이고 엉클어져 있다. 따라서 우리는 그것을 세밀히 검토해야 한다.

정신분석학자들은 프로이트의 학설에 따라 마조히즘을 세 가지로 나눈다. 하나는 고통과 성적 쾌락의 결합에 의해 이루어지고, 다음은 여자가 성적으로 남자에게 의존하는 것을 승낙하는 경우이며, 마지막은 자기징벌의 메커니즘 위에 이루어진다. 처녀성의 상실과 분만에는 쾌락과 고통이 결합되어 있으며 또한 여성은 자기의 수동적 역할에 동의하고 있기 때문에, 여자들은 마조히즘적이라는 것이다.

고통에 일종의 성적 가치를 부여한다고 해서, 그것이 곧 수동적이며 순종적인 행위를 불러오지는 않는다는 점에 우선 주목하자. 종종 고통은 그것을 겪고 있는 개인의 활력을 높여 주고, 흥분과 쾌락의 격정 그 자체로 말미암아 마비된 감각을 되살리는 역할을 한다. 그것은 육체의 어둠 속에서 빛나는 예리한 빛이다. 그 빛은, 명부(冥府)에서 황홀경에 빠져 있는 사랑하는 남자를 다시 그곳에 떨어뜨리기 위해 구출해 낸다. 고통이란 정상적인 의미에서 성적 흥분의 일부를 이루고 있다. 서로에게 기쁨을 주는 육체임을 기꺼워하는 두 육체는, 가능한 모든 방법으로 만나고 결합하고 마주하기를 원한다. 성 행위 속에는 자기망각과 도취와 황홀이 있다. 그리고 고통은 또한 자기라는 존재의 한계를 파괴하는 일종의 초월이며 발작과도 같은 것이다. 고통은 언제나 감각의 향연에서 커다란 역할을 수행한다. 누구나 기분 좋음과 괴로움이 종이 한 장 차이임을 잘 알고 있다. 애무가 고문이 될 수도 있고, 형벌이 쾌락을 줄 수도 있다. 포옹에서 시작해 깨물고 꼬집고 할퀴기까지 할 수 있다 이런 행동들이 모두 사디즘적인 것은 아니다. 그것은 파괴작용이 아니라, 하나가 되려는 욕망의 표현이다. 그런 행동을 감수하는 주체도 부인되거나 모욕을 받는 일 없이 결합되기를 바라는 것이다. 이런 행동이 남성적인 것은 결코 아니다. 오히려 그 반대이다. 사실 고통은 예속의 표현으로서 이해되고 요구되는 경우에 한해서만 마조히즘적 양상을 띤다. 처녀성 상실의 고통에는 분명 쾌락이 수반되지 않는다. 분만의 고통은 모든 여성들이 두려워하지만, 다행히 현대적인 의술이 그런 것을 없애 준다. 그러므로 여성의 성욕에서 고통은 남성의 성욕에서와 똑같은 위치밖에 차지하지 못한다.

 여성의 순종이라는 것 또한 대단히 모호한 관념이다. 이제까지 고찰해 온 바로는, 젊은 처녀들 대다수는 상상 속에서 반신(半神)이나 영웅이나 남성의 지배를 받아들이고 있다. 그러나 이것은 아직 나르시시즘적 유희에 불과하다. 그러므로 그녀에게는, 현실 세계에서 이런 권위의 육체적인 표현에 얌전히 따를 준비가 전혀 되어 있지 않다. 그와 반대로 흔히 젊은 처녀는 자기가 찬탄하고 존경하는 남성을 거부하고, 오히려 보잘것없는 남자에게 몸을 맡긴다. 구체적인 행동의 열쇠를 환상 속에서 구하는 것은 잘못이다. 왜냐하면 환상은 환상인 이상, 오로지 자신이 만들어 낸 애무하는 대상일 따름이기 때문이다. 공포와 황홀이 뒤섞인 상태에서 폭행을 꿈꾸는 소녀는 실제로는 폭행당하기를 '원하지' 않는다. 만일 그런 사건이 생긴다면 그야말로 끔찍한 파멸인 것이다. 우리는 이미 마리 르 아르두앵의 이야기에서 이런 모순의 전형적인 한 실례를 보았다. 그녀는 이렇게 쓰고 있다.

    그러나 스스로를 버리는 과정에는 어떤 영역이 아직 남아 있어서, 거기 들어갈 때 나는 콧구멍을 막고 가슴을 두근거렸다. 그것은 사랑의 관능성을 넘어, 오직 관능적 쾌락으로만 나를 이끌어 가는 영역이다…… 꿈속에서 내가 남몰래 범하지 않은 교활한 추행은 하나도 없다. 가능한 모든 방법을 동원하여 자기를 확인하려고 고심했다.*83

여기에서 마리 바슈키르체프의 경우도 다시 한 번 떠올릴 필요가 있다.

    나는 온 생애를 통해 내 의지로, 어떤 '가상의 지배' 아래 자기를 두기 위해 노력했다. 그러나 내가 시험해 본 모든 사람들은 나에 비하여 너무도 평범해서, 나는 그들에게 혐오감을 느꼈을 뿐이다.

    한편, 여자의 성적 역할이 대부분 수동적이라는 것은 사실이다. 그러나 이런 수동적인 상황을 직접 경험한다는 것이—남성의 정상적인 공격성이 사디즘적이 아닌 것과 마찬가지로—마조히즘적인 것은 아니다. 여자는 단순한 애무·흥분·삽입이라는 과정을 초월하여 자기 자신의 쾌락으로 이끌어 갈 수 있으며, 그럼으로써 스스로 주체성을 확립할 수 있다. 또 애인과의 확실한 결합을 구할 수도 있고, 자기를 상대에게 바칠 수도 있다. 이것은 자기초월을 의미하지, 자기포기를 의미하는 것이 아니다. 마조히즘은 개인이 타인의 의지에 따라 순수한 물체가 되고, 또 스스로도 자기를 물건으로 마음에 그리며 물건인 것처럼 행동하려고 하는 데서 나타난다. '마조히즘은 자기를 객체화하여 타인을 매혹하려는 시도가 아니라, 타인과의 관계에서 자기를 객체화하여 바로 자기 자신에게 스스로 매료되기 위한 시도이다.'*84 사드의 쥘리에트나 《규방 철학》의 젊은 처녀는 모든 가능한 방법으로 남성에게 몸을 맡기는데, 이는 그녀들의 쾌락을 위한 것이기 때문에 두 사람은 결코 마조히스트가 아니다. 채털리 부인이나 케이트(로렌스의 《연애하는 여자》에 나오는 주인공)도 전적으로 자기를 상대에게 맡기는 데 동의하

---

*83 《검은 돛》.
*84 J.P. 사르트르의 《존재와 무》.

므로 마조히스트가 아니다. 마조히즘 운운하려면 '자기'가 밖에 설정돼 있어야만 하며, 이 소외된 분신(제2의 자기)이 타인의 자유 위에 기초를 둔다고 생각해야 한다.

이런 의미에서 실제로 어떤 여성들에게서는 진정한 마조히즘을 볼 수 있을 것이다. 젊은 처녀는 그런 경향이 있다. 그녀는 나르시시즘에 빠지기 쉽고, 그 나르시시즘은 그녀의 자아에 자기를 소외시킴으로써 성립하기 때문이다. 첫 경험에서 격렬한 흥분이나 욕망을 느낀다면, 그녀는 자기의 경험을 현실적으로 한 셈이며, 따라서 그 경험을 그녀가 자기 자신이라고 여기는 관념적인 극한으로 이끌어 가지는 않을 것이다. 그러나 불감증 속에서는 자아가 자기를 계속 주장한다. 이 경우 자기를 어떤 남성을 위한 물건으로 여기는 것은 실패라고 생각된다. 그런데 '마조히즘은 사디즘과 마찬가지로 죄의식을 조성하는 것이다. 자기에게는 죄가 있다. 분명히 자기가 객체라는 것만으로도 죄이다.' 이런 사르트르의 생각은 자기징벌이라는 프로이트의 관념과 일치한다. 젊은 처녀는 그 자아를 타인에게 맡기는 것이 죄라고 생각해서, 고의로 굴욕과 복종을 가중시켜 자기 자신을 벌한다. 이미 말한 바와 같이, 처녀들은 미래의 애인을 적대시하지만 언젠가 그에게 복종하게 되리라는 이유로, 자기 자신을 여러 방법으로 괴롭혀 스스로 벌한다. 애인이 실제로 눈앞에 나타날 때도 역시 이런 태도를 바꾸지 않는다. 불감증 그 자체도, 여자가 자기 자신과 그 상대에게 동시에 내리는 징벌이라는 점은 이미 살펴본 바와 같다. 자존심이 상한 여자는 상대와 자기 자신을 원망하여 일부러 쾌락을 체험하지 않으려고 한다. 마조히즘이 되면 이런 여자는 남성의 노예가 되어 정신없이 남자에게 숭배의 말들을 늘어놓고, 자발적으로 괴롭힘 받고 구타를 당한다. 그녀는 자기를 버리는 데 동의했다는 의식에 자극받아 더 한층 심각하게 자기포기를 가속화한다. 예를 들면 이런 일은, 마틸드 드 라 몰르의 행동에서도 뚜렷하게 나타난다. 그녀는 줄리앙에게 몸을 맡긴 것을 후회한다. 때때로 그녀가 줄리앙의 발 밑에 엎드리거나 무엇이든 그의 뜻에 복종하려고 하거나, 자기 머리카락을 그에게 바치는 것은 그 때문이다. 하지만 동시에 그녀는 자기 자신에 대해서와 마찬가지로 그에게도 반항한다. 그의 품안에서도 얼음처럼 싸늘한 그녀를 상상할 수 있다. 마조히즘적인 여성이 남자에게 거짓으로 돈을 맡기게 되면, 오히려 새로운 장애를 만들어 그녀에게서 점점 쾌락을 차단해 버린다. 또 한편으로 그녀는 이처럼 쾌락을 얻지 못하게 됨으로써 자기 자신에게 복수하는 것이다. 불감증에서 마조히즘으로 가는 악순환은, 그 보상으로서 사디즘적인 행동을 동반하면서 언제까지나 반복될 수도 있다. 또한 성적으로 성숙해 감에 따라 불감증과 나르시시즘에서 해방되어 성적 수동성을 좀더 직접적으로 취하는 경우도 있다. 마조히즘의 역설적 의미는 주체가 자기포기를 위해 노력할 때조차 부단히 자기를 재확인하는 데 있기 때문이다. 주체가 자기를 훌륭히 망각하는 것은 타자에게 아무 생각 없이 자기를 내줄 때이며, 이는 타자를 향한 자발적인 행동 속에서만 가능하다. 따라서 여자가 남자보다도 마조히즘의 유혹에 끌리기 쉬운 것은 사실이다. 성욕에 있어서 여자의 수동적 객체로서의 위치는 그녀에게 수동적 역할을 강요한다. 이 역할은 그녀의 나르시시즘적 반항과 그 결과인 불감증이 초래하는 자기징벌이다. 많은 여성들, 특히 젊은 처녀들이 마조히스트라는 것은 사실이다. 콜레트는 자기의 첫사랑 경험을 말하면서 《나의 수업시대》에서 다음과 같이 고백하고 있다.

젊음과 무지의 탓도 있어서, 나는 우선 도취로부터 시작했다. 그것은 죄 많은 도취였으며, 흉하고 불순한 사춘기 처녀의 무분별이었다. 겨우 혼기가 될까 말까 한 처녀가 중년 남자의 구경거리가 되고, 장난감이 되고, 음탕한 걸작이 되기를 꿈꾸는 일은 적지 않다. 그녀들은 그런 추한 욕망을 만족시키면서 속죄한다. 그것은 사춘기 특유의 신경증, 즉 분필이나 숯을 깨물고, 양칫물을 마시고, 음란한 책을 읽고, 손바닥에 핀을 꽂는 습관과 병행하는 욕망이다.

마조히즘은 젊은이의 변태 행위에 속한다. 그것은 여성의 성적 운명에 의해 여러 형태로 일어나는 갈등이나 충돌을 올바르게 해소하는 해결책이 되지 못하며, 오히려 그 운명 속에 빠져듦으로써 자기 운명을 회피하려는 하나의 태도라고 할 수 있다. 그것은 절대로 여성 에로티시즘의 정상적이고 행복한 성숙이 아니다.

성적 성숙이란 연애·애정·관능 추구 속에서 여성이 자기의 수동성을 성공적으로 극복하고, 상대 남성과 대등관계를 수립한다는 것을 전제로 하는 것이다. 남녀 사이의 투쟁이 있는 한, 둘 사이에 존재하는 에로티시즘의 불균형은 해결하기 어려운 문제를 끊임없이 일으키기 마련이다. 여자가 남자에게 욕망과 존경을 동시에 느낄 때는 이 어려운 문제도 쉽게 해결된다. 남자가 여자의 자유를 충분히 인정하면서 그녀의 육체를 원한다면, 그녀는 객체가 되는 순간에 자기를 본질로서 재발견하고, 스스로 선택한 복종 속에서 자유로이 머물 수 있다. 그때 연인들은 각자 고유한 방법으로 쾌락을 공유할 수 있다. 이 쾌락은 상대 안에 원천을 두지만 저마다 뚜렷이 자기 것으로 체험된다. '받는다'는 말과 '준다'는 달이 서로 그 의미를 주고받는다. 기쁨은 감사가 되고 쾌락은 애정이 된다. 구체적이며 육체적인 형태 안에서 자아와 타자는 서로를 가장 예리하게 인식하게 된다. 어떤 여자들은 자기 속에 들어온 남자의 성기를 마치 자기 육체의 일부처럼 느끼고, 또 어떤 남자들은 자신을 자기가 침입하고 있는 여자인 것처럼 느낀다. 물론 이런 표현은 명백히 부정확하다. 타자의 차원은 그대로 남아 있다. 그러나 이제 타자는 적과 같은 성격을 띠고 있지 않다. 성행위에 감동적인 성격을 부여하는 것은 이 분리 속에서 육체적으로 결합된 의식이다. 자기의 한계를 열정적으로 부정하고 또 긍정하는 두 존재는 같으면서도 동시에 다르기 때문에 그만큼 더 놀랍다. 이 서로 다른 점이 두 존재를 격리하고 고립시키지만, 다시 결합했을 때에는 그들에게 깊은 감격의 원천이 된다.

여자를 불태우는 부동(不動)의 정염, 여자는 남성의 거친 격정 속에서 그 정염의 전도된 모습을 본다. 남성의 위력은 곧 그녀가 남성에게 가하는 힘이다. 이 생명으로 팽창된 남성의 성기는, 남성에게 쾌락을 주는 여성의 미소가 남성의 소유인 것처럼 그녀의 것이다. 남녀가 지닌 모든 부(富)는 서로에게 전해지고 서로를 통해 재확인되며, 동적이고 황홀한 결합을 이룬다. 이와 같은 조화에 필요한 것은 세련된 기교가 아니라, 오히려 직접적인 성적 매력에 바탕을 두고 육체와 정신 두 영역에서 서로 주고받는 관용이다.

이와 같은 관용은 흔히 남성의 경우에는 허영심 때문에, 여성의 경우에는 소심함 때문에 저지된다. 여성은 온갖 억압을 극복하지 않는 한, 그 관용을 충분히 발휘할 수 없다. 그 때문에 일반적으로 여자에게선 완전한 성적 성숙이 매우 늦다. 35세 무렵에야 여자는 성적으로 그 정점에 이른다. 불행하게도 만일 그녀가 결혼했다면, 그녀의 남편은 그때쯤엔 이미 아내의 불감증에 너무도 익숙해져 있을 것이다. 그녀는 새로운 애인을 유혹할 수도 있지만 그 육체는

제1편 형성 515

곧 시들기 시작한다. 그녀의 앞날은 길지 않다. 많은 여자들이 겨우 자기들의 욕망을 인정하게 될 무렵에 매력을 잃고 만다.

여자의 성생활이 전개되는 여러 가지 조건은, 단지 이제까지 설명한 사실들에 의존하는 것이 아니라, 그녀의 사회적·경제적 상황 전체에 달려 있다. 이런 배경을 고려하지 않고 이 이상으로 여자의 성생활을 연구하는 것은 모호한 추상적 이론이 될 것이다. 그러나 이제까지의 검토에서 몇 가지 보편적인 가치가 있는 결론을 이끌어 낼 수 있다. 성적 경험이란 사람들에게 가장 충격적인 방법으로 그들의 존재 조건의 모호성을 발견하게 하는 인생 체험의 하나이다. 그들은 그 속에서 육체로서, 정신으로서, 타자로서, 주체로서 스스로를 경험한다. 이 충돌이 특히 극적인 성격을 띠는 것은 여성의 경우이다. 여자는 먼저 자기를 객체로서 파악할 뿐, 처음에는 쾌락 속에서 확실한 자주성을 발견하지 못하기 때문이다. 그녀는 그 육체의 조건을 받아들이면서, 자유로운 초월자인 주체로서의 권위를 회복해 나아가야만 한다. 그것은 결코 쉬운 일이 아니다. 위험으로 가득 찬, 종종 실패로 돌아가게 될 계획이다. 그러나 여자가 처한 상황 자체의 괴로움과 어려움이, 남자가 고지식하게 속아 넘어가는 그 '속임수'들로부터 그녀를 지켜 준다. 남자는 공격적인 역할과 오르가슴의 충족된 고독에 내포된 거짓 특권에 속고 있다. 여자는 자기 자신에 대하여 진정한 체험을 쌓는다.

여자는 그 수동적 역할에는 다소 정확하게 적응하더라도, 능동적 개인으로서는 언제나 손해를 보고 있다. 여자가 남자를 선망하는 것은 그가 소유한 기관이 아니라 그 먹이 때문이다. 남자는 상냥하고 애정이 충만한 부드러운 감각 세계, 즉 여성적 세계에서 살고 있는 데 반하여, 여자는 거칠고 살벌한 남성적 세계에서 살고 있다는 것은 이상한 아이러니이다. 여자의 손은, 새파란 소년·여자·꽃·모피·어린아이 같은 매끄러운 살갗이나, 녹을 듯이 부드러운 육체를 포옹해 보고 싶은 욕망을 아직 잃지 않고 있다. 자신의 일부가 그런 역할을 하고 있는 만큼, 그녀는 자기가 남자에게 주는 것과 똑같은 보물을 소유하고 싶어한다. 많은 여성들에게 다소간 잠재적으로나마 동성애의 경향이 있다는 점은 이것으로 설명된다. 어떤 여성에게는 복잡한 원인들 때문에 이런 경향이 특히 강하게 나타나기도 한다. 여자들이 모두 그녀들의 성적 문제에 대하여 오로지 사회가 공인하는 고전적인 해결책을 받아들인다고는 할 수 없다. 우리는 이른바 비도덕적인 길을 택한 여자들에 대해서도 살펴보아야 할 것이다.

### 제4장 레즈비언

레즈비언이라고 하면, 여자가 남자처럼 펠트 모자를 쓰고 머리를 짧게 깎고 넥타이를 맨 모습을 곧잘 상상하게 된다. 그녀들의 남성적인 특징은 호르몬 분비의 이상에서 비롯되었다는 것이다. 여성 성도착자와 이런 남자 같은 여자를 혼동하는 것은 매우 잘못된 생각이다. 하렘의 후궁이나 매춘부처럼 가장 '여자다운 모습'을 팔고 있는 여자들 가운데에도 성도착자는 얼마든지 있다. 그와 반대로 '남성적'인 많은 여성들은 성적으로는 아무런 이상 없이 정상이다. 성과학자나 정신분석학자들은 일반 사회에서 관찰되는 이 사실이 무엇을 의미하는지 확증하고 있다. 즉 '저주받은 여자'들(여성 성도착자)의 대다수는 그 생리적 구조가 다른 여자들과 조금도 다름이 없다. 어떤 '해부학적 숙명'도 그녀들의 성욕을 결정하지는 않는 것이다.

확실히 생리적인 여건이 특수한 상황을 만들어 내는 경우도 있다. 남녀 양성 사이에 엄밀한 생물학적 구별은 없다. 동일한 체세포 조직이 유전적으로 방향이 결정된 호르몬 작용에 의해 변화된다. 그러나 그 방향은 태아가 성장하는 도중에 빗나가는 수도 있다. 그 결과 남성과 여성의 중간적인 개체가 나타나게 된다. 어떤 남자는 남성기관의 발달이 느린 탓으로 외모가 마치 여자처럼 보인다. 어린 소녀, 특히 스포츠를 즐기는 소녀가 도중에 남자로 변하는 예도 있다. H. 도이치에 따르면, 어떤 젊은 처녀는 결혼한 부인에게 열렬히 반해서 그녀를 유괴하여 함께 살려고 했다고 한다. 그런데 어느 날 자기가 실제로 남자라는 사실을 알고, 사랑하는 여자와 결혼하여 아이까지 갖게 되었다고 한다. 하지만 이런 사실에서, 레즈비언은 모두 거짓 외모를 갖춘 '숨겨진 남자'라는 결론을 내려서는 안 된다. 양성(兩性) 생식기관의 형태를 어렴풋이 나타내는 양성체가 여자의 성본능을 가진 경우도 많다. 내가 알고 있는 한 여성은 나치에 의해 빈에서 추방되었는데, 자기는 남자만 사랑하지만 이성애자든 동성애자든 남자에게 통 사랑받지 못한다고 볼멘소리를 했다. 정말 '남성화한' 여성은 남성호르몬의 영향을 받아 남성적 이차성징을 나타낸다. 발육부전인 여자들은 여성 호르몬이 부족해서 그 발달이 불완전한 상태로 정지되어 있다. 이런 특징은 다소간 직접적으로 동성애의 경향을 조성하는 요인이 된다. 정력적이고 공격적이며, 왕성한 생활력을 타고난 여자는 적극적으로 자기의 정력을 소비하고 싶어서 보통 수동성을 거부한다. 용모를 잘 타고나지 못한 못생긴 여자는 남성적인 성질을 몸에 지님으로써 그 열등성을 덮으려고 하기도 한다. 또 성감대가 발달하지 않은 여자는 남성의 애무를 바라지 않기도 한다. 그러나 해부학적 구조나 호르몬은 하나의 상황을 설정하는 데 그치는 것이며, 그녀가 그 상황을 뛰어넘어 향해 갈 대상을 정하지는 않는다.

  H. 도이치는 1914년부터 1918년까지의 제1차 세계대전 동안에 자기가 돌본 폴란드 부상병에 관해 인용하고 있다. 이 사람은 사실 남성의 특징을 지닌 처녀였다. 그녀는 간호사로 종군했는데, 뒷날 남자 병사의 제복을 입는 데 성공했다. 그러나 역시 병사와 연애를 했고, 나중에는 그 남자와 결혼했다. 그래서 그녀는 사람들에게 동성애자로 보이게 되었다. 그녀는 남자 같은 행동에도 불구하고 성적으로는 여자였다. 남자도 처음부터 꼭 여자만을 바라진 않는다. 남색가의 생리기관이 완전히 남성적이라는 사실에 비추어 볼 때, 여자가 남성적이라는 것만으로는 그녀가 동성애를 한다고 단정할 수 없다.

  생리적으로 정상인 여자도 '음핵형'과 '질형'으로 분류해야 한다는 주장이 종종 있었다. 전자는 동성애로 흐르기 쉽다는 것이다. 그러나 앞에서 말한 바와 같이, 여자아이의 성감은 모두 음핵과 관계되어 있다. 그 성감이 이 단계에 머물러 있느냐, 아니면 더 발달하느냐 하는 것은 해부학적 조건과는 전혀 관계가 없다. 또한 유소년기의 자위 행위는 음핵이라는 감각 부위가 나중에 특권을 얻는 원인이라고 흔히 주장되어 왔지만, 그것도 사실과 다르다. 오늘의 성과학은 어린이의 자위를, 완전히 정상적이며 일반적으로 널리 알려진 현상으로 인정하고 있다. 앞에서 말한 대로 여성 에로티시즘의 발달은, 생리적 인자가 그 속에 포함되어 있는 하나의 심리적인 역사이며, 그것은 생존 앞에서 주체가 취하는 총괄적인 태도에 의존하고 있다. 마라논에 따르면, 성욕은 '일방통행'이라고 했다. 그리고 그것은 남자의 경우 완전한 형태에 이르지만, 여자의 경우는 '중도'에 멈춘다는 것이다. 단지 레즈비언만이 남성과 마찬가지로 성욕이 풍부할 터이므로 이런 여자는 '우수한' 여성 유형에 속한다는 주장이다. 그러나 실제로 여자의 성욕은 개성적인 구조를 가지고 있으므로, 남자와 여자의 성욕에 등급을 매기는 것은 어리석은 짓이다. 성적 대상의 선택은 여자가 지닌 에너지의 양과는 전혀 관계가 없다.

정신분석학자들이 성도착증을 기관적(器官的)인 것이 아니라 심리현상으로 본 것은 커다란 공적이다. 그럼에도 그들은 이 성도착증을 역시 외적인 상황들에 따라 결정되는 것으로 생각했고, 또한 그것을 깊이 연구하지 않았다. 프로이트에 따르면, 여성 에로티시즘의 성숙은 음핵의 단계에서 질의 단계로 옮아 가는 과정을 필요로 한다. 이는 여자아이가 처음에 어머니에게 느끼던 사랑을 아버지에게 느끼게 되는 그런 추이와 유사하다. 여러 가지 이요소들이 이 발달을 저해하는 수도 있다. 여자는 자신이 거세되었다고 인정하지 않는다. 그녀는 페니스가 없는 것을 자신에게 숨기고, 대신할 만한 대상을 찾으면서 역시 어머니에게 마음을 기울인다. 아들러의 말에 따르면, 이런 정체 상태(고착 상태)는 수동적으로 생긴 우연한 현상이 아니라, 주체가 권력의지에 의해 자기의 성숙을 단호히 거부하고, 지배를 받고 싶지 않은 대상인 남자와 자신을 동일화하려는 노력이다. 그것이 유년기의 고착이든 남성에 대한 항의든, 여기서 동성애는 하나의 미완성 단계로 나타난다. 그러나 사실 동성애의 여자는 '진보한 여자'도, '모자라는 여자'도 아니다. 개인의 역사는 숙명적인 발전이 아니다. 각 순간마다 과거는 새로운 선택에 따라 다시 파악되는데, 선택의 '통상적 성격'이라는 것은 그 선택에 어떤 특권적 가치도 부여하지 않는다. 즉 선택의 진정성에 따라서 선택의 가치를 판단해야 하는 것이다. 여자에게 동성애는 주어진 역할에서 도피하는 한 방법이거나 또는 그 역할을 수락하는 방법이 될 수도 있다. 정신분석학자들의 커다란 과오는, 도덕을 의식한 타협주의에 따라 동성애를 비본질적인 태도로만 생각한 데 있다.

　여자는 객체가 될 것을 강요당하는 하나의 존재자이다. 주체로서의 그녀는 남성의 육체를 기준으로는 만족하지 못하는 공격적 관능을 지닌다. 거기에서 그녀의 에로티시즘이 극복해야 할 투쟁이 생긴다. 여자를 남성에게 먹이로 제공하면서, 그녀의 품에 아이를 안겨 주어 그 주권을 회복시키는 제도를 세상에서는 정상적이라고 생각한다. 그러나 이 '자연주의'는 다소 깊이 고려된 사회적 이해관계에 따라 결정된 것이다. 이성애도 이와 다른 해결이 가능하다. 여자의 동성애는 여자의 자주성과 육체의 수동성을 조화시키려는 하나의 시도이다. 게다가 만일 사람들이 자연을 내세운다면, 자연적으로 볼 때 모든 여자는 동성애자라고 말할 수도 있다. 레즈비언은 분명히 남성을 거부하고 여자의 육체를 좋아하는 것이 특징이다. 그러나 사춘기 처녀들은 누구나 남성의 성기

삽입이나 지배를 두려워한다. 그녀는 남자의 육체에 어느 정도 혐오감을 느낀다. 반면에 여성의 육체는 남자와 마찬가지로 그녀에게도 욕망의 대상이다. 이미 지적한 바 있지만, 남자들은 자신들을 하나의 주체로서, 또한 동시에 분리된 존재로서 인정한다. 남자들에게 있어서 다른 남자를 하나의 객관화된 '물체'로 생각하는 것은, 그 사람에게나 자기 자신에게도 남성적인 이상(理想)을 침해하는 것이 된다. 이에 반해서 자기를 객체로 인정하는 여자는, 자기 자신과 다른 여자들을 일종의 (남성들을 위한) 먹잇감으로 본다. 동성애를 하는 남자는 이성애를 하는 남녀 모두에게 반감을 사는데, 그것은 이성애를 하는 남녀들이 남자가 지배적 주체가 되기를 요구하기 때문이다.*85 반대로 남자와 여자 양성 모두 레즈비언들 앞에서는 무의식적으로 관대한 태도를 보인다. 틸리 백작은 이렇게 말한다.

"솔직히 말해서 그녀들은 조금도 기분 나쁘지 않은 경쟁자들이다. 도리어 나는 흥미를 느낀다. 그래서 부도덕하게도 이들을 대수롭지 않게 여겨 웃어넘기고 만다."

콜레트도 클로딘이 레지와 사이좋게 있는 것을 본 르노의 모습을, 이와 똑같이 그저 흥미 있는 태도로서 묘사하고 있다.*86 남자는 공격적이지 않은 레즈비언보다, 활동적이며 자주적인 이성애를 하는 여자를 더욱 불쾌하게 여긴다. 남성적 특권에 항의하는 것은 이런 이성애의 여자뿐이다. 여자의 동성애는 성별의 전통적 역할에 결코 반대하지 않는다. 대부분의 경우 여성 동성애는 여자의 성질을 받아들이는 하나의 표현이지 거부는 아니다. 앞에서 말한 바와 같이, 이런 동성애 경향은 사춘기 처녀들에게 아직 이성애를 경험할 기회나 용기가 없을 때 남성을 대신하는 형태로 나타나는 경우가 많다. 이것은 과도기적 인생수업의 한 단계로, 열렬하게 동성애에 빠졌던 처녀도 뒷날에는 열정적인 아내·애인·어머니가 될 수 있다. 따라서 여성 동성애자에 대하여 설명해야 할 것은, 그 선택의 긍정적인 부분이 아니라 오히려 부정적인 부분이다. 문제

---

*85 이성애를 하는 여자가 어떤 남성 동성애자에게 우정을 느끼는 것도 그리 드문 일은 아니다. 이런 성(性)이 결여된 교제에서 그녀는 자신이 안전하다고 느끼며 동시에 흥미로움을 발견하기 때문이다. 그러나 일반적으로 남성이라는 훌륭한 존재를 자기 또는 타인에게서 수동적 존재로 타락시키는 남자에 대해 이성애를 하는 여자는 반감을 품는다.
*86 영국 민법이 남자들의 동성애는 처벌하지만, 여자들의 동성애는 범죄로 생각하지 않는 점은 주목할 만하다.

는 그녀가 여자를 사랑한다는 데 있는 것이 아니라, 오로지 여자만을 사랑한다는 데 있다.

흔히 존스와 에스나르의 설에 따라, 레즈비언은 두 가지로 구분된다. 하나는 '남자를 모방하고 싶어하는' 남성형, 다른 하나는 '남자를 두려워하는' 여성형이다. 실제로 여성 동성애에서는 대체로 이 두 가지 경향을 찾아볼 수 있다. 어떤 여자들은 수동성을 거부하지만, 다른 여자들은 수동적으로 몸을 맡기는 데 여자의 품을 선택한다. 그런데 이런 태도들은 대개 서로 반응한다. 선택된 대상과의 관계, 거부된 대상과의 관계는 서로를 통해 설명된다. 앞에서 지적한 구별이 우리에게는 상당히 자의적으로 보이는데, 이제 그 원인들을 살펴보기로 한다.

레즈비언을 '남자를 모방하려는' 그녀의 욕망 때문에 '남성'으로 정의하는 것은, 그녀를 잘못 규정짓는 것이다. 정신분석학자들이 현 사회가 규정하는 그대로 남녀 성별의 구별을 받아들임으로써 얼마나 많은 모호성을 불러일으켰는지는 이미 언급한 바와 같다. 사실 남자는 오늘날 '적극적'인 것과 '중성적'인 것, 즉 남성과 인간을 대표하고 있다. 한편 여자는 단지 소극적인 것, 즉 여성적인 존재일 뿐이다. 그래서 여자가 인간적인 존재로서 행동할 때마다, 세상은 여자가 남성처럼 행동한다고 말한다. 여자의 스포츠·정치·지적 활동과, 다른 여자에게 갖는 여자의 욕망은 '남성적 저항'으로 해석된다. 사람들은 여자가 고려하는 자기 초월적 가치들을 거부한다. 그래서 주체적인 태도를 취하는 여자는 비본질적인 선택을 하는 것처럼 보인다. 이런 해석의 기초가 되는 중대한 오해는, 인간 여성은 '여자다운' 여자가 되는 것이 '자연스럽다'고 세상이 인정한다는 데 있다. 이 여자다움의 이상을 실현하기 위해서는 이성애자거나 어머니인 것으로도 아직 충분치 않다. '참다운 여자'란 전에 카스트라토(거세된 남자 가수)들이 그랬던 것처럼 문명이 만들어 낸 인공적 산물이다. 교태와 순종 같은 이른바 여자의 '본능'은, 남자에게 남근적 자존심이 불어넣어지는 것처럼 여자에게 불어넣어진다. 남자라고 해서 반드시 남성적 사명을 받아들이는 것은 아니다. 여자 역시 자기에게 주어진 사명을 그렇게 순종적으로 받아들이지 않아도 될 충분한 까닭들이 있다.

'열등 콤플렉스'나 '남성 콤플렉스'라는 관념은 내게, 드니 드 루즈몽이 《악마의 몫》에서 이야기하는 그 일화를 떠오르게 한다. 어떤 숙녀는 시골길을 산책하고 있을 때, 새 떼가 자기를 습격해 온다는 망상에 시달렸다. 몇 달 동안 정신분석 치료를 받았지만 그 강박관념은 치료되지 않았다. 그 무렵 그녀와 함께 병원 뜰을 거닐던 의사는, 그녀의 환상 따위가 아니라 실제로 '새가 그녀를 습격하고 있다'는 사실을 알았다.

여자다워야 한다는 번거로운 규칙 탓에 자기의 가치가 저하되기 때문에 여자는 자연적으로 자기를 열등하다고 느낀다. 자발적으로 그녀는 세계와 미래가 눈앞에 열린 완전한 개인, 하나의 주체, 하나의 자유가 되길 선택한다. 이 선택이 남성화와 혼동되는 까닭은, 오늘날 여성이 거세를 의미하는 범위 내에 있기 때문이다. 하벨로크 엘리스와 슈테켈이 수집한 여성 동성애자의 고백—첫째 경우는 플라토닉한 것, 둘째 경우는 좀더 본격적인 것—에서, 이 두 환자가 '성별(性別)'이 여자로 구분되는 데 분개하는 것을 분명히 알 수 있다.

그 중 한 사람은 이렇게 말한다. "내가 기억하는 한 나는 한 번도 나를 여자라고 생각한 적이 없었다. 나는 언제나 동요하고 있었다. 대여섯 살 때 나는 세상 사람들이 뭐라고 하든 내가 사내아이가 아니라면 결코 계집아이도 아니라고 마음속으로 외쳤다…… 자기 몸의 구조를 불가해한 재난처럼 보고 있었다…… 겨우 걸음마를 할까 말까 할 때 나는 망치나 못에 흥미를 느꼈으며, 또 말을 타고 싶어했다. 7살 무렵에 내가 좋아하는 모든 것이 계집아이에게는 어울리지 않는다는 사실을 깨달았다. 나는 조금도 행복하지 않아서 자주 울고 화를 냈다. 사내아이와 계집아이에 관해 주고받는 말만 들어도 화가 날 정도였다…… 일요일마다 오빠들이 다니는 학교의 소년들과 함께 외출했다. 11살 때…… 벌을 받아 기숙학교에 들어가게 되었다. ……나의 생각이 어느 방향으로 흐르든지 언제나 나는 소년의 관점으로 세상을 바라보았다…… 나는 여자가 측은하게 생각되었다…… 나는 그녀들의 보호자와 원조자가 되었다."

슈테겔이 수록한 여성 동성애자의 경우는 이렇다.

그녀는 6살까지, 주위 사람들의 주장에도 불구하고 자기가 사내아이라고 생각했다. 그래서 그녀로선 자기가 계집아이의 옷을 입는 까닭을 알 수 없었다…… 6살 때 그녀는 '나는 중위가 될 거야. 그리고 신이 오래 살게만 해 준다면 장군이 될 거야' 하고 생각했다. 그녀는 말을 타고 군단을 이끌며 시외로 나가는 꿈을 자주 꾸었다. 매우 총명한 그녀는 사범학교에서 여학교로 옮기게 된 것을 불행하게 여겼고, 자기가 여자다워질까 봐 걱정했다.

이런 반항심이 동성애로 향하는 숙명을 지니는 것은 결코 아니다. 소녀들 대부분은 자기 몸의 우연한 구조가 그녀들의 자유로운 행동과 소망에 방해가 된다는 점을 알게 되면, 똑같은 분노와 절망을 느낀다. 콜레트 오드리는 12살 때 자기가 뱃사람이 될 수 없다는 사실을 알고 대단히 분개했다.*[87] 미래의 여성이 자기의 성(性)이 강요하는 제한에 분개하는 것은 지극히 마땅하다. 그녀에게 그런 제한을 왜 거부하느냐고 묻는 것은 옳지 않다. 오히려 문제는 왜 그녀가 그 제한을 받아들여야 하느냐는 것이다. 그녀의 타협성은 순종과 소심함에서 온다. 그러나 만일 사회가 제공하는 보상이 충분하지 않다고 생각될 때는 그 체념은 곧 반항심이 되기 쉽다. 젊은 처녀가 자기는 여자로서 못생겼다고 생각할 때 더욱 그렇다. 해부학적 조건이 특히 중요성을 가지게 되는 것은 이 때문이다. 실제로 추하거나 못생겼거나 또는 그렇다고 생각하는 여자는, 자신의 타고난 소질에는 합당치 않게 느껴지는 어떤 여자의 운명도 단연 거부한다. 그러나 그녀가 여성다움의 부족을 보충하기 위하여 일부러 남성적인 태도를 취한다는 것은 틀린 말이다. 젊은 처녀에게는 오히려, 남들이 버리라고 요구하는 남성적인 특권 대신 주어지는 이득이 너무도 빈약한 것으로 생각된다. 여자아이들은 모두 남자아이들의 편리한 복장을 부러워한다. 다만 거울에 비치는 자기 모습과 거기에서 추측되는 미래의 가능성이 여자의 거추장스런 의상을 조금씩 소중하게 만든다. 만일 거울이 일상적인 얼굴을 메마르게 비추고 그 얼굴이 아무것도 약속하는 바가 없다면, 레이스나 리본은 거추장스러운 데다가 우스꽝스럽기까지 한 제복에 머물러 있을 것이다. 그래서 '말괄량이'는 언제까지나 사내아이로 있으려고 고집한다.

그런데 잘나고 예뻐도 개성적인 기획을 실현하거나 일반적으로 자기의 자유를 주장하는 여자는, 다른 인간 존재인 남성을 위하여 자기를 포기하길 거부

---

*[87] 《추억의 눈동자》.

한다. 그녀는 내재적인 존재 속에서가 아니라, 자기 행위 속에서 자기를 인식한다. 그녀를 그 육체의 한계 내에 작게 축소시키려는 남성의 욕망은, 젊은 남자가 그런 지경을 당한다면 마땅히 불쾌하게 느끼는 것과 마찬가지로 그녀에게도 불쾌하다. 그녀는 순종적인 여자친구에 대해, 남성적인 남자가 수동적인 남성 동성애자에게 느끼는 것과 같은 혐오감을 느낀다. 그녀가 남성적인 태도를 취하는 것은, 그런 여자친구들과의 일체의 공범을 거부한다는 뜻이기도 하다. 그녀는 남자의 복장과 태도와 말투를 가장한다. 여자다운 여자친구와 짝을 지어, 자기를 남성 인물로 구현한다. 이런 연극은 확실히 '남성적 저항'이지만, 이는 부차적인 현상으로 나타나는 것이다. 무엇보다도 그녀는 자기 자신을 정복하고 지배하는 주체로서 느끼며, 자신이 관능적인 먹이가 된다는 생각에 분노를 느낀다. 여성운동가들 사이에는 동성애자가 상당히 많다. 근육·운동·팽창·힘으로서의 이 육체를 그녀들은 하나의 수동적인 육체라고는 생각하지 않는다. 이 육체는 마법과 같은 애무를 원하지 않는다. 육체란 세계를 파악하는 하나의 단서이고 수단이지, 단지 하나의 물체로서 있는 것이 아니다. 이 경우 대자적(對自的)인 육체와 대타적(對他的)인 육체 사이의 심연은 건너기 어려운 것으로 생각된다. 행동적인 여성, 가령 관능적인 형태에서도 자기포기가 불가능한 '지적인 여자'에게서 이와 유사한 저항을 볼 수 있다. 양성 평등이 구체적으로 실현된다면 이런 장해는 대체로 해소될 것이다. 그러나 남자는 여전히 자기의 우월성을 굳게 믿고 있어서, 이에 동의하지 않는 여자는 대단히 불리해진다. 하지만 의지가 강하고 지배욕이 강한 여자들은 남성과 정면으로 맞서기를 주저하지 않는다는 점에 우리는 주목해야 한다. 이른바 '사내 같은' 여자는 흔히 의심할 여지 없는 이성애자이다. 그녀는 인간의 권리 요구를 포기하려 들지 않는다. 그렇다고 자신이 여자라고 해서 열등감을 느낄 생각도 없다. 그녀는 그런 식으로 남성적인 세계에 들어가 그것을 자기 지배 아래 두려고 한다. 그녀의 확신에 찬 관능성은 남성의 난폭성을 두려워하지 않는다. 남자의 육체 속에서 기쁨을 발견하기 위해 그녀는 수줍은 처녀처럼 저항감을 극복할 필요도 없다. 거칠고 동물적인 여자는 성교에 대한 수치심 같은 것은 처음부터 느끼지 않는다. 과감한 성향을 지닌 지적인 여성은 그런 수치심에 용감하게 도전한다. 운명에 맞서 싸우려는 의지를 가진 여자는 자기가 이길 자신이 있는 대결에 기꺼이 참가한다. 조르주 상드는 젊은 남자들, 특히 '여성적인' 남자를 좋아했다. 그러나 스탈 부인이 애인들에게서 젊음과 아름다움을 구한 것은 만년에 이르렀을 때의 일이다. 지성의 힘으로 남자들을 지배하고 그들의 찬사를 오만하게 받아들이던 스탈 부인은, 그들의 품에 안겨서도 자기를 그들의 먹잇감으로는 생각하지 않았을 것이다. 러시아의 예카테리나 여제 같은 여성 군주는 일부러 마조히즘의 도취에 빠지는 일도 있었지만, 이런 유희에서도 늘 지배자로 머물러 있었다. 이자벨 에버하트는 남장을 한 채 말을 타고 사하라 사막을 달렸는데, 몇몇 건장한 저격병에게 몸을 맡겼을 때도 전혀 굴욕감을 느끼지 않았다. 남자에게 종속되기를 원치 않는 여자라고 해서 남자를 반드시 피할 까닭은 없다. 그런 여자는 오히려 남자를 자기 쾌락의 도구로 삼으려고 한다. 가장 유리한 조건일 때에는—그것은 대개 상대편 남자에게 달려 있지만—경쟁의식마저 사라져 버린다. 그리고 남자가 남자로서 살아가는 것처럼, 여자는 여자로서 만족스럽게 살아갈 것이다.

그러나 여자의 활동적인 개성과 수동적인 암컷으로서의 역할이 이처럼 잘 조화를 이루는 것은, 어쨌든 남자의 경우에 비하여 훨씬 어려운 일이다. 그래서 노력하다 지쳐 포기하기보다는 차라리 그런 노력을 깨끗이 단념하는 여자들이 많을 것이다. 여류예술가나 여류작가들 가운데에는 동성애자들이 많다. 이는 그녀들의 성적 특이성이 작품을 창조하는 에너지의 원천이 되거나, 이 우수한 에너지의 존재를 세상에 드러내 주기 때문이 아니다. 단지 그녀들은 진실한 창작 활동에 몰두하고 있기 때문에, 여자의 역할을 하거나 남자들과 싸우는 데 시간을 낭비하고 싶지 않을 뿐이다. 이런 여자들은 남자의 우월성을 인정하지 않기 때문에, 그것을 인정하는 체하지도 않고 굳이 그것에 대항하지도 않는다. 그녀들은 관능적인 쾌락 속에서 휴식과 안정과 기분전환을 찾는다. 적의 모습으로 나타나는 남자 상대에 대해서는 걸리하는 것이 더 편하다. 그렇게 함으로써 그녀들은 여성이기 때문에 강요당하는 구속으로부터 벗어난다. 물론 '남성적인' 여자가 그 성적 역할을 허락하느냐 거부하느냐 선택하는 동기는, 그녀의 이성애적 체험의 성질에 따라 결정되는 경우가 많다. 못생긴 여자가 남자에게 경멸을 당하면 자기가 못생겼다는 생각이 더욱 확고해진다. 애인이 거만하면 자존심 강한 여자는 상처를 받는다. 이제까지 검토해 온 불감증의 모든 동기, 즉 원한, 분노, 임신의 걱정, 낙태로 말미암은 정신적 외상 등은 여기서도 발견된다. 여자가 남자에게 한층 더 경계심을 품고 대할수록 이런 동기들은 더욱 중요해진다.

하지만 지배욕이 강한 여자에게 동성애가 반드시 완전히 만족스러운 해결로는 보이지 않는다. 그런 여자는 자신을 확립하려고 애쓰기 때문에, 여성으로서의 가능성을 완전히 실현하지 못하면 불만스럽게 여긴다. 그녀에게 이성과의 관계는 굴욕적인 동시에 자기 삶을 풍부하게 하는 것이기도 하다. 성이 강요하는 제한을 거부하는 것은 한편으로는 다른 방식으로 자기 자신의 삶을 제한하는 것이다. 불감증인 여자가 쾌락을 거부하면서도 그것을 갈망하듯이, 레즈비언은 그렇게 되고 싶지 않다고 생각하면서도 때때로 정상적인 완전한 여자가 되고 싶어한다. 이런 주저는 슈테켈이 연구한 레즈비언들에게서 뚜렷이 나타난다.

앞에서 본 바와 같이, 그녀는 사내아이들하고만 놀면서 '여자가 되길' 거부했다. 16살 때 그녀는 젊은 처녀들과 처음으로 관계를 맺었다. 그녀는 그런 처녀들을 매우 경멸했기 때문에 그 에로티시즘은 사디즘적 성격을 띠었다. 그녀는 자기가 존경하는 여자친구 한 명만을 열렬히 사모했다. 그러나 그것은 플라토닉한 사랑이었다. 자기가 육체적으로 관계했던 처녀들에 대해서는 혐오감을 느꼈다. 그녀는 어려운 학문 연구에 깊이 몰두했다. 최초의 열렬한 동성애에서 실패한 그녀는, 완전히 육감적인 경험에 광적으로 몰입하면서 술을 마시기 시작했다. 17살에 한 청년과 사귀어 결혼했는데, 그녀는 그를 자기 아내로 생각했다. 그녀는 남자처럼 옷을 입었고 계속 술을 마시며 연구에 몰두했다. 처음 성교 때는 질 경련을 일으켰고 그 뒤에도 결코 오르가슴을 느끼지 못했다. 그녀는 자신의 체위를 '굴욕적'이라고 생각하여 언제나 자기가 공격적이고 적극적인 역할을 했다. 그녀는 남편을 '미친 듯이 사랑하면서도' 그를 버렸고, 다시 여자들과의 관계를 시작했다. 그 뒤 어떤 예술가 남성과 알게 되어 그에게 몸을 맡겼으나, 역시 오르가슴은 느끼지 못했다. 그녀의 생활은 뚜렷하게 몇 시기로 구분되어 있었다. 어떤 기간에는 글을 써서 작가로 활동했으며, 자기를 완전히 남성이라고 느꼈다. 그때 그녀는 가끔 사디스트처럼 여자와 관계를 했다. 다음엔 여성이 되는 시기가 찾아온다. 그녀는 오르가슴에 도달하고 싶었기 때문에 정신분석을 의뢰했다.

레즈비언은 만일 그렇게 함으로써 완전히 남성이 될 수만 있다면, 자기의 여성적 특징을 상실하는 데 쉽게 동의할지도 모른다. 그러나 실제로는 그렇지 못하다. 그래도 그녀에게는 분명 남자의 성기가 없는 것이다. 그녀는 손으로 여자친구의 처녀성을 빼앗거나, 남녀의 성교를 모방하기 위하여 인공 페니스를 사용할 수도 있다. 그럼에도 그녀는 역시 거세된 인간임에 틀림이 없다. 이 때문에 그녀는 심각하게 고민하기도 한다. 여자로서는 미완성이요, 남자로서는 불능인 그녀의 불안감은 가끔 정신병적 증상으로 나타날 때가 있다. 어느 여자 환자는 달비에게 이렇게 말했다.*88 "나에게 삽입할 수 있는 무엇이 있다면 더 좋을 텐데." 또 다른 환자는 자기의 유방이 굳어졌으면 좋겠다고 호소한다. 레즈비언은 흔히 자기의 남성으로서의 열등성을 거만한 태도와 노출증으로 보충하려고 하는데, 이는 사실 정신의 불균형을 나타내는 것이다. 또 그녀는 종종 다른 여자를 상대로 '여성스러운' 남자나, 아직 한 남성으로서 미숙한 청년이 여자를 상대할 때와 비슷한 일종의 관계를 갖는 데 성공한다. 그러한 운명의 가장 뚜렷한 예는 크라프트 에빙이 보고하는 '상도르'의 경우이다. 그녀는 이 방법을 통해 온전한 균형을 이루고 있었다. 다만 이 균형은 사회의 개입에 의해 파괴되었다.

사롤타는 기이한 행동 때문에 사람들 입에 오르내리는 어느 헝가리 귀족 가문에서 태어났다. 아버지는 그녀를 사내아이처럼 길렀다. 그녀는 말을 타고 사냥도 했다. 이는 그녀가 13살에 학교 기숙사에 들어갈 때까지 계속되었다. 학창시절에 그녀는 영국 소녀를 사랑했는데, 자기가 남자라며 소녀를 유혹했다. 그녀는 어머니 곁으로 돌아왔지만, 곧 '상도르'란 이름으로 남장을 하고 아버지와 함께 여행을 떠났다. 남성적 스포츠에 열중하고, 술을 마시며, 매음굴에도 출입했다. 그녀는 특히 여배우나 고독한 부인에게 마음이 끌렸는데, 그것도 사춘기가 지난 여자들을 골라 정말 '여성적'인 면을 사랑했다.

"나는 시적(詩的)인 베일 밑에 감춰진 여자다운 열정을 좋아했다. 여자의 뻔뻔스러움은 내게 혐오감을 일으켰다⋯⋯ 나는 여자의 옷, 그 밖에 일반적

---

*88 《정신분석 방법과 프로이트의 이론》.

으로 여성적인 모든 것을 이루 말할 수 없을 만큼 싫어했다. 그러나 나 자신이나 내 속에 있는 것만을 싫어했을 뿐이다. 나는 아름다운 여성을 보면 열정을 느꼈다."

그녀는 많은 여자들과 성관계를 가졌다. 그래서 숱한 돈을 낭비했다. 그동안 그녀는 주요한 2대 신문에 기사를 쓰고 있었다. 그녀는 3년간 자기보다 10살이나 연상인 여자와 부부로서 동거생활을 했는데, 마침내 상대 여자와 결별하면서 큰 고통을 겪었다.

그녀에게 열렬한 애정을 쏟는 여자들도 적지 않았다. 그녀는 어떤 젊은 여교사와 사랑에 빠져서 모의 결혼을 통해 동거에 들어갔다. 결혼한 상대의 가족은 그녀를 남자라고 생각했다. 장인은 미래의 사위, 발기하는 남근이 있는 남자로 믿었다(아마 인조 음경이었을 것이다). 그녀는 형식적으로 수염을 면도하곤 했다. 그러나 어느 날 그녀의 속옷에서 월경 자국을 발견한 하녀는 열쇳구멍을 통해 상도르가 여자라는 사실을 확인했다. 정체가 발각된 그녀는 감옥에 갇혔다가 무죄로 석방되었다. 그녀는 사랑하는 마리와의 이별을 슬퍼하며 독방에서 열렬한 연애편지를 보냈다.

그녀의 체격이 완전히 여성적인 것은 아니었다. 골반은 대단히 좁았고 허리도 잘록하지 않았다. 유방은 잘 발달되었으나, 성기는 분명 여자의 것이긴 했지만 발육이 불완전했다. 상도르는 17살 때 월경을 시작했는데, 그것을 몹시 혐오했다. 남자와의 육체관계는 생각만 해도 소름 끼치게 싫었다. 여자보다는 차라리 남자와 잠자리를 할 때 부끄러움을 덜 느낄 만큼 편했다. 그 정도로 그녀의 감각은 여자를 향해 발달되었다. 그녀는 여자로 취급받으면 대단히 당황했고, 여자 옷을 입어야 할 때는 불안해서 어쩔 줄을 몰랐다. 그녀는 '24세부터 30세까지의 여자에게 자석에 이끌리듯' 끌렸다. 여자친구를 애무할 때만 성적인 만족을 느꼈으며, 애무받을 때는 조금도 만족스럽지 못했다. 때로는 천 부스러기를 채운 양말을 발기한 음경으로 사용하기도 했다. 그녀는 남자들을 미워했다. 타인의 윤리적 평가에는 대단히 민감했고, 수준 높은 문학적 재능이 있었으며, 깊은 교양과 비범한 기억력을 갖추고 있었다.

상도르는 정신분석을 받지 않았지만, 이런 여러 가지 사실의 단순한 보고에서도 몇 가지 뚜렷한 점이 나타난다. 그녀가 받은 교육과 타고난 체질 덕분에, 그녀는 매우 자연스럽게 자기를 늘 남자로 생각했던 것 같다. 그것은 '남성적 저항'이 아니었다. 아버지가 그녀를 자기의 여행과 생활에 참여시킨 방식은 명백히 그녀에게 결정적인 영향을 끼쳤다. 그녀의 남성적 성격은 매우 확실해서, 그녀가 여자들에게 이중적인 감정을 품는 일은 전혀 없었다. 그녀는 여자들에게 더럽혀진다는 느낌을 받지도 않았고, 남자가 사랑하듯 여자들을 사랑했다. 그녀는 서로 주고받는 사랑을 인정하지 않았으며 반드시 지배적이고 능동적으로 사랑했다. 하지만 그녀가 '남자들을 싫어한' 것과, 특히 나이 든 여자들을 사랑한 것은 주목을 끈다. 이 사실은 상도르가 어머니에 대하여 남성적 오이디푸스 콤플렉스를 갖고 있었음을 암시해 준다. 그녀는 어머니와 짝이 되어 어머니 곁을 지키면서 언젠가는 어머니를 지배하려는 희망을 품고 있던 마냥 어린아이 같은 태도를 지속해 왔다. 어린아이가 어머니의 애정을 충분히 받지 못했을 때, 대개 이런 애정에 대한 욕구는 성인이 되어서도 평생 사라지지 않는 경우가 많다. 아버지 손에서 자란 상도르는 인자한 어머니를 꿈꿔왔음에 틀림없으며, 다른 여자들을 통해 그러한 어머니를 구했을 것이다. 이같은 '고독한 연상의 여자'에 바치는 그녀의 존경심과 '시적(詩的)'인 사랑은, 다른 남성들에 대해 그녀가 얼마나 깊은 질투심을 느꼈는지 설명해 준다. 그런 여자들이 그녀에게는 신성하게 생각됐던 것이다. 그녀의 태도는 정확히 바랑 부인을 향한 루소의 사랑이며, 샤리에르 부인을 향한 젊은 뱅자갱 콩스탕의 사랑과 같다. 다감하고 '여성적'인 젊은이들 역시 어머니 같은 애인에게 이끌리기 쉽다. 여성 동성애자들 가운데에도 이런 유형이 다소 눈에 띈다. 그런데 그녀들은 결코 자기 어머니와 자신을 동일화하지는 않는다. 어머니를 매우 좋아하거나 싫어하기 때문이다. 그녀는 스스로 여자이기를 거부하면서도 자기 주위는 여성적인 상냥함으로 둘러싸이기를 바란다. 이 따뜻한 모성의 품에서 그녀는 남자같이 대담하게 세상에 뛰어들 수 있다. 그녀는 남자처럼 행동한다. 그러나 남자로서는 약한 티가 있고, 그것이 그녀로 하여금 연상의 여자 애인의 사랑을 구하도록 만든다. 이런 레즈비언 한 쌍은 마치 고전적인 이성애의 한 쌍, 즉 권위 있는 중년 부인과 총각의 한 쌍을 재현하고 있다.

 정신분석학자들은 레즈비언이 자기 어머니와 일찍이 맺었던 관계의 중요성을 지적했다. 젊은 처녀가 어머니의 지배에서 벗어날 수 없는 경우는 두 가지이다. 즉 '걱정 많은 어머니'에게 애지중지 길러지는 경우와, '고약한 어머니'에게 학대받고 심한 죄의식을 품게 되는 경우이다. 전자의 레즈비언과 어머니는 종종 동성애와 비슷한 모녀관계를 맺는다. 그녀들은 함께 자고, 서로 애무하며, 서로의 유방에 키스한다. 딸은 다른 사람의 품속에서도 이와 같은 행복을 구할 것이다. 후자의 레즈비언은 첫 번째 어머니로부터 자기를 지켜 주고, 그녀의 머리 위에서 느껴지는 저주를 제거해 줄 그런 '상냥한 어머니'를 열렬히 원할 것이다. 하벨로크 엘리스는 유년시절 동안 줄곧 어머니를 싫어했던 어떤 소녀가 16살 때 연상의 여자에게 느꼈던 사랑을 다음과 같이 이야기하고 있다.

나는 고아가 갑자기 어머니를 얻은 것처럼 느꼈다. 그리고 어른들에게 전처럼 적대감을 품지 않고 그들을 존경하기 시작했다…… 그녀에 대한 나의 사랑은 매우 순결한 것이었다. 나는 그녀를 어머니처럼 생각했다. 나는 그녀가 만져 주는 것이 좋았다. 그녀는 가끔 나를 양팔로 껴안아 주기도 했고, 무릎 위에 앉히기도 했다…… 내가 잠자리에 들면 그녀는 내게 다가와 잘 자라면서 내 입술에 키스해 주곤 했다.

연상의 여자가 원하면 젊은 처녀는 보다 열렬한 포옹에 기꺼이 몸을 맡길 것이다. 보통 젊은 처녀가 수동적인 입장이다. 왜냐하면 그녀는 여자아이와 같이 상대에게 지배와 보호를 받고, 귀염과 애무를 받고 싶어하기 때문이다. 이런 관계는 정신적인 것에 그치든 육체적인 것이 되든, 흔히 말하는 진정한 연애 감정의 성격을 띤다. 그러나 이런 관계는 사춘기의 성장 과정에서 나타나는 하나의 고전적인 단계이기 때문에, 이것만으로는 동성애라는 결정적인 선택을 설명하기에 충분치 않다. 젊은 처녀는 동성애에서 해방과 안전을 동시에 구하는데, 이런 것은 남성의 품안에서도 발견할 수 있다. 열정적인 연애 시기가 지나면, 그 처녀는 과거에 어머니에게 느끼던 모순된 감정을 흔히 연상의 여성에게 느낀다. 젊은 처녀는 연상의 여성의 지배에서 벗어나기를 원하면서도 그 힘에 억눌려 있다. 만약 상대가 그녀를 집요하게 붙잡아 두려고 고집한다면 그녀는 한동안 '사로잡힌 여자'[89]가 될 수밖에 없다. 그러나 크게 싸우든 원만히 합의하든, 어쨌든 그녀는 이런 상황으로부터 벗어난다. 드디

---

[89] 도로시 베이커의 소설 《트리오》에서 보듯이 말이다. 물론 이 소설은 너무나 피상적이지만.

어 사춘기를 청산한 그녀는 자신이 정상적인 여성으로서의 삶을 누릴 수 있을 만큼 충분히 성숙했다고 느낀다. 그녀의 동성애자로서의 성향이 확정되려면, 상도르처럼 그녀가 여자다움을 거부하든지, 아니면 여자다움이 여성의 품에서 가장 행복하게 꽃을 피우든지 해야만 한다. 즉 어린 시절 어머니와의 관계의 고착만으로는 동성애를 설명하기에 불충분하다. 이런 동성애는 전혀 다른 동기에서 선택될 수도 있다. 완전하거나 미숙한 경험을 통해, 여자는 자신이 이성애의 관계에서 쾌락을 이끌어 내지 못하며, 다른 여자만이 자기를 만족시켜 준다는 것을 발견하거나 예감할 수 있다. 특히 자기의 여성다움을 예찬하는 여자에게는 동성애적 포옹이 결국 그녀를 가장 만족시키는 것으로 여겨진다.

다음의 사실은 특히 중요하다. 즉 자기 객체화의 거부가 반드시 여자를 동성애로 이끄는 것은 아니라는 점이다. 레즈비언들의 대부분은 반대로 자기 안에서 여성성이라는 보배를 찾아내려고 애쓴다. 자기를 수동적인 물체로 바꾸는 데 동의하는 것이, 주체적인 모든 욕구를 깨끗이 단념한다는 것은 아니다. 여자는 먼저 즉자존재(卽自存在)의 형태로 자기발견을 염원한다. 그러나 그때 그녀는 다른 존재 손에서 자신을 되찾으려고 노력하게 된다. 혼자 있을 때 그녀는 현실적으로 자기를 둘로 나눌 수가 없다. 그녀는 자기 가슴을 스스로 애무하지만, 그 가슴이 다른 사람의 손에는 어떤 식으로 모습을 드러낼지, 또 다른 사람의 손 아래서 어떻게 실감될지 알지 못한다. 한 남자는 그녀에게 육체의 '대자적(對自的)' 실존을 가르쳐 준다. 그러나 육체가 '타자와의 관계에서' 어떤 것인지는 가르쳐 주지 못한다. 오로지 그녀의 손가락이 한 여자의 몸을 어루만지고 확인할 때, 또 그 여자가 그녀의 몸을 애무할 때, 비로소 거울의 기적이 완전히 나타난다. 남녀간의 육체관계는 하나의 행위이다. 각자는 자기를 떠나 타자가 된다. 사랑하는 여자를 경탄하게 하는 것은, 그녀 육체의 수동적 무기력이 남성 성기의 열광적인 모습으로 바뀌어 거기에 반사되는 것이다. 그러나 나르시시즘에 빠진 여자는 발기한 성기가 지닌 매력에 의해 큰 혼란에 빠진다. 여자들 사이에서 육체관계는 관조(觀照)이다. 애무는 타자를 자기 소유로 만들기 위해서라기보다, 타자를 통해 자기를 재창조하기 위한 것이다. 이 둘의 관계에서 분리란 전혀 없기 때문에 투쟁도 승리도 패배도 없다. 서로 주고받는 완전한 관계 안에서 각자가 주체인 동시에 객체이며, 지배자이자 노예이다. 이런 이중성은 암묵의 합의이다. 콜레트는 이렇게 말한다. '꼭 닮은 것은 육체적 쾌락을 보증하기도 한다. 여자친구는 자신이 그 비밀을 알고 있는 육체, 자신의 육체로 그 취향을 짐작할 수 있는 상대의 육체를 확신에 차서 애무하며 기뻐한다.'*90 또 르네 비비앙은 다음과 같이 말한다.

우리의 마음은 우리 귀여운 여자의 젖가슴처럼 닮았다! 우리의 육체는 똑같은 모습이고, 똑같이 음울한 무거운 운명이 우리의 영혼에는 실려 있다. 나는 당신의 미소와 어두운 낯빛을 비추어 준다. 나의 다정함은 그대의 보다 고귀한 다정함과 다름이 없다. 때로는 우리가 같은 핏줄을 타고난 것처럼 느껴질 만큼. 나는 그대 속에 있는 나의 아이, 나의 친구, 나의 언니를 사랑한다.*91

이런 분열은 모성애와 같은 형태를 취할 수도 있다. 자기 딸 속에서 자기 자신을 보고 나서 자기를 딸에게서 소외하는(멀리 거리를 두는) 어머니는, 딸에 대해 성적인 애착을 갖는 경우가 자주 있다. 자기 품안의 연약한 육체적 대상을 안아 보호하면서 어린아이처럼 애무하고 싶은 심정은 레즈비언과 공통적이다. 콜레트는 《포도덩굴》에서 다음과 같이 그 유사성을 지적하고 있다.

당신은 어머니의 근심어린 눈을 하고는 내 위에 몸을 기울여 내게 쾌락을 준다. 열정적인 여자친구들을 통해, 당신이 가져 보지 못한 아이를 구하고 있다.

르네 비비앙도 이와 동일한 감정을 표현하고 있다.

오라. 나는 당신을 병든 소녀처럼 데리고 갈 것이다.
울보에다 겁 많고 마음 약한, 병에 지친 소녀처럼.
튼튼한 내 두 팔 안에 당신의 야윈 몸을 껴안는다.
보라. 나는 병을 낫게 할 수도, 보호할 수도 있다.

---

*90 《이런 쾌락들》.
*91 《마력(魔力)》.

이 두 팔은 당신을 더 잘 보호하기 위한 것이다.*92

또 이런 글도 있다.

포근한 요람에 잠들어 있는 듯한 당신을,
내 품안에서 연약하고 조용한 당신을 사랑한다.

성애이든 모성애이든 간에 모든 사랑 속에는 탐욕과 관용이 있고, 타자를 소유하고 동시에 타자에게 모든 것을 주고 싶은 욕구가 있다. 그런데 어머니와 동성애의 여자가 완전히 일치하는 것은, 이 둘이 딸이나 여자 연인 속에서 자기의 연장(延長)된 형태나 반사된 모습을 애무하는 나르시시스트인 경우이다.

하지만 나르시시즘이 반드시 동성애로 향하는 것도 아니다. 마리 바슈키르체프의 예가 이를 증명한다. 그녀의 글 속에서는 여자에 대한 상냥한 마음의 흔적은 전혀 찾아볼 수 없다. 감각적이라기보다는 오히려 이성적이며, 극도로 허영심이 강한 그녀는 어렸을 적부터 남자에게 후하게 평가받기를 꿈꾸었다. 명성에 도움이 될 만한 것 외에는 아무것도 그녀에게 흥미를 주지 못했다. 오직 자기만을 사랑하고 막연하게 성공을 꿈꾸는 여자가 다른 여자들과 애정 어린 공모 관계를 맺기란 불가능하다. 이런 그녀에게 다른 여자들은 오직 경쟁자이며 적일 따름이다.

실제로 어떤 요인도 그 자체로서 결정적인 구실을 할 수는 없다. 언제나 복잡한 전체 가운데서 이루어지고, 자유로운 결정에 근거를 둔 선택이 문제가 된다. 어떤 성적 운명도 개인 생활을 지배하지 않는다. 오히려 개인의 에로티시즘은 실존에 대한 그의 전반적인 태도를 나타낸다.

그러나 여러 가지 상황 또한 이 선택에 중요한 영향을 미치는 것도 사실이다. 오늘날 남녀는 흔히 따로 떨어져 생활한다. 여자기숙사·여학교에서는 친한 교우 관계가 성적인 관계로 재빨리 발전하기도 한다. 소녀와 소년의 교우관계를 통해 이성애를 경험하기 쉬운 환경에서는 동성애를 별로 볼 수 없다. 직장이나 사무실에서 여자들끼리 일하고, 남자들과 교제할 기회가 별로 없는 여자

---

*92 《두 손을 맞잡는 행복한 순간》.

들은 동성끼리 연인관계가 되기 쉽다. 그녀들은 물질적으로나 정신적으로나, 동성과 생활을 함께하는 쪽이 편할 것이다. 이성애 관계의 부재나 실패가 그녀들을 동성애로 이끌기도 한다. 체념과 사랑 사이에 뚜렷한 경계선을 긋기는 어렵다. 남자에게 실망한 나머지 여자를 사랑하게 되는 경우도 있다. 그러나 때로는 그녀가 남자에게서 구하는 것이 여성성이기 때문에 남자에게 실망하는 수도 있다. 이런 까닭에서, 여성들 사이에 이성애자와 동성애자를 철저히 구분짓는 것은 잘못이다. 사춘기의 불확실한 시기가 지나면 정상적인 남성은 더 이상 동성애적인 탈선 행위를 하지 않는다. 그런데 여자의 경우는 정상적인 여자라도 소녀시절에 즐겼던 동성간의 사랑—정신적이든 그렇지 않든 간에—으로 되돌아가는 일이 종종 있다. 남자에게 환멸을 느낀 여성은 같은 여성의 품에서 자기를 배반한 남자 애인을 찾으려고 한다. 콜레트는 《방랑의 여인》에서, 여성에게 종종 위안을 주는 이 금기의 쾌락에 대해 쓰고 있다. 어떤 여자들은 이런 위안으로 온 생애를 보내기도 한다. 남성의 포옹에 만족하는 여자라도 보다 조용한 쾌락을 무시하지 못할 수 있다. 여자친구의 애무에는 단지 몸을 맡기고 만족감을 느끼면 되기 때문에, 수동적이며 관능적인 여자는 그 애무를 거부하지 않는다. 능동적이며 열정적인 여자는 '양성애자(兩性愛者)'로 보인다. 그러나 이는 호르몬의 신비한 결합 때문이 아니라, 공격성이나 소유욕이 남성의 특질로 간주되기 때문이다. 클로딘은 르노를 사랑하면서도 레지의 매력에 끌린다. 그녀는 완전한 여성이지만 그래도 부단히 상대를 사로잡아서 애무하고 싶어한다. 물론 '정숙한' 여자들에게는 이런 '변태적인' 욕망이 용의주도하게 억압되어 있다. 하지만 그런 욕망은 순수하고 열정적인 우정의 형태, 또는 모성애라는 형태 아래 은밀히 나타난다. 때로는 이것이 정신병의 진행과정이나 위험한 폐경 기간에 격렬하게 나타나기도 한다.

 게다가 레즈비언을 뚜렷이 다른 두 범주로 구분하려는 시도도 무의미하다. 사회에서 일어나는 희극적인 일이 자신들의 실제 관계와 겹치는 경우가 많기 때문에, 그녀들은 흥미 위주로 양성 커플을 모방해서 각자 '남자 역할'과 '여자 역할'을 나누어 맡는 척한다. 그러나 한쪽이 수수한 남자 옷을 입고, 다른 쪽이 부드러운 여자 옷을 입고 있더라도 속아서는 안 된다. 잘 살펴보면—극단적인 경우를 제외하고는—그녀들의 성적 역할이 모호하다는 사실을 알 수 있다. 남성의 지배를 거부하여 레즈비언이 된 여자는, 다른 여자에게서 자기와 같이 자존심이 강한 '남성적인 여성'을 발견하면 대단한 희열을 느낀다. 지난날 남자들에게서 떨어져 공동생활을 한 세브르의 여학생들 사이에서는 수많은 금단의 연애가 성행했다. 그녀들은 여성 엘리트 계급에 속하는 것을 자랑스러워하며 언제까지나 자주적인 주체로 있고 싶어했다. 특권계급에 대항하여 그녀들을 결합시킨 이 공모의식은, 그녀들로 하여금 존경받을 만한 존재를 여자친구에게서 발견하고 감탄하게 했다. 이 존재는 그녀들의 마음속에 소중히 간직되어 있었던 것이다. 서로 포옹할 때 그녀들 각자는 남자이며 여자였고, 암수 양성의 이점을 맘껏 즐길 수 있었다. 반대로 여성의 품에서 여자로서의 자신을 향유하고자 하는 여자도, 어떤 지배자에게도 복종하지 않는다는 자존심을 지니고 있다. 르네 비비앙은 여성적 아름다움을 열렬히 사랑했으며 자기도 아름다워지고 싶어했다. 그녀는 몸을 곱게 단장하고, 긴 머리를 자랑스럽게 여겼다. 그러나 한편으로는 자유를 누리며 깨끗한 채로 있고 싶어했다. 그녀는 시(詩) 속에서, 결혼에 의해 남성의 노예가 되는 데 동의하는 여자들을 경멸했다. 그녀가 독한 술을 좋아하고 외설스런 말을 가끔 내뱉는 것은 남자다움을 추구하는 자기욕망의 표시였다. 실제로 압도적인 대다수의 결합에서 애무는 서로 주고받는 것이다. 따라서 각자의 역할은 매우 불확실하게 할당된다. 어린애 같은 여자가 보호자와도 같이 위엄 있는 부인 앞에서 젊은 남자의 역할을 하는 경우도 있고, 또는 남자 연인의 팔에 기대는 여자 연인의 역할을 하는 경우도 있다. 그녀들은 평등한 가운데서 서로 사랑할 수 있다. 상대와 같은 자격으로 모든 결합·환치·교환·각본이 가능하다. 관계는 여자 연인들 각자의 심리적 경향에 따라, 상황 전반에 따라 균형을 이루게 된다. 상대를 돕고 생활에 보탬을 주는 여자라면 남성의 역할을 수행하는 셈이다. 즉 그녀는 전제적인 보호자, 이용당하는 인듐, 존경받는 군주, 때로는 매춘부의 기둥서방 같은 역할을 한다. 정신적·사회적·지적 우월성에 따라 그녀는 지도력을 발휘하게 된다. 한편 사랑받는 여자는, 그녀를 사랑하는 상대 여자의 열정적 사랑이 주는 특권을 향유한다. 남녀와 마찬가지로, 두 여자의 공동생활도 여러 가지 형태를 보인다. 그것은 감정과 이해(利害), 또는 습관 위에 구축된다. 그 생활은 부부생활 같기도 하고, 때로는 로맨틱한 생활이기도 하다. 그것은 사디즘, 마조히즘, 관용, 성실, 헌신, 변덕, 이기주의, 배반의 양상을 나타내기도 한다. 레즈비언들 가운데에도 열정적 연인들이 있고 매춘부들도 있다.

하지만 어떤 사정 때문에 이런 관계는 특이한 성격을 띠고 있다. 동성애는 제도나 관습에서도 인정되지 않으며, 계약에 의해 규제되지도 않는다. 따라서 보다 더 솔직하게 존속되고 있다. 남자와 여자는 그들이 부부일지라도 서로 상대를 마주 대할 때는 다소 체면을 차린다. 특히 여자는 남자로부터 언제나 요구받는 처지이기 때문에 더욱 그러하다. 즉 모범이 되는 정조, 매력, 교태, 천진함, 또는 엄숙한 태도 등을 취하도록 요구받는다. 여자는 한 번도 남편이나 남자 연인 앞에서 완전한 자기 자신이 되지 못한다. 그러나 여자친구끼리는 체면을 차리지 않아도 되고, 점잖은 체할 필요도 없으며, 서로 똑같은 모습이므로 자신을 바닥까지 드러내 보일 수 있다. 이런 유사성이 완전한 친밀성을 낳는다. 여자들끼리의 결합에서 에로티시즘은 아주 작은 부분에 불과한 경우가 많다. 관능적인 쾌락은 남녀간의 결합에 존재하는 쾌락만큼 격렬하지도 매혹적이지도 않으며, 놀랄 만한 변모를 일으키지도 않는다.

그러나 남녀 연인들은 서로 육체에서 떨어지면 다시 남남이 된다. 게다가 남성의 육체가 여성에게 진저리나게 생각되기도 한다. 또 남자는 때때로 상대 여자의 육체 앞에서 흥미를 잃고 불쾌감을 느낀다. 그러나 여자들 사이의 육체적인 애정은 좀더 동등하고 한층 지속적이다. 그녀들은 미칠 듯한 황홀감으로 무아지경에 이르지는 않지만, 그렇다고 반감 어린 냉담에 다시 빠지는 일은 결코 없다. 상대를 마주 보고 서로 만지는 것은 침대의 쾌락을 조용히 연장하는 은밀한 기쁨이다. 사라 포송비와 그 여자 연인과의 결합은 아무런 장애 없이 50년 가까이 지속되었다. 그녀들은 현세의 가장자리에 평화로운 낙원을 창조했던 것 같다. 그러나 솔직함에도 약점은 있다. 그녀들은 서로 감추거나 조심할 필요 없이 자기의 모습을 드러내므로, 자극을 주고받으면서 극단적인 결과까지 서로를 몰아가는 경우도 있다. 남자와 여자는 다르다는 이유에서 서로 자제한다. 남자는 여자에 대해 연민과 불안을 느끼며, 여자를 상냥하고 너그럽고 신중하게 다루려고 노력한다. 여자는 남자를 존경하고 약간 두려워하여 그 앞에서 자제하려고 애쓴다. 각자는 그 감정과 반응을 잘 파악할 수 없는 신비에 싸인 타인을 상처 입히지 않으려고 마음을 쓴다. 그러나 여자와 여자 사이에서는 누구도 사정을 봐주지 않는다. 여자들끼리는 상대의 허를 찌르고 도발하며, 서로 집요하게 몰아붙이고 공격해서, 저 밑바닥으로 상대를 끌어내린다. 남성의 침착한 태도는―그것이 무관심이든 자제든 간에―여성의 격한 감정을 누그러뜨려주는 방파제이다. 그러나 두 여자친구 사이에서는 눈물과 발작이 경쟁하듯 심해져 갈 뿐이다. 잔소리와 변명을 되풀이하는 그녀들의 끈기는 한이 없다. 제멋대로의 요구, 불평, 시샘, 억압, 부부생활에 으레 따르는 이런 모든 재앙이 한꺼번에 폭발한다. 이런 동성애가 종종 문제를 일으키는 까닭은, 또한 동성애가 대거는 이성애보다 주위로부터 한결 위협을 받기 때문이다. 동성애는 사회로부터 지탄받기 때문에, 그녀들은 성공적으로 그 사회에 합류하지 못한다. 그 성격이나 처한 상황이나 열정의 힘으로 남성 역할을 맡은 여성은, 자기 연인인 한 여자에게 정상적이고 존경할 만한 생활을 마련해 주지 못하고, 그녀와 결혼할 수 없으며, 그녀에게 이상한 길을 함께 걷게 하는 것을 유감스럽게 생각한다. 래드클리프 홀이 《고독한 우물》에서 여주인공에게 부여하는 것이 이런 감정이다. 이런 마음의 고뇌는 병적인 불안, 특히 괴로운 질투로 나타난다. 한편 좀더 수동적이거나 비교적 덜 도취되어 있는 여자는 사회의 비난을 괴로워할 것이다. 그녀는 자기를 타락하고 변태적이며 욕구불만에 빠진 여자라고 생각한다. 그러므로 자기에게 이런 운명을 강요하는 매정한 상대 여자에게 원한을 품을 것이다. 두 여자 가운데 어느 한쪽이 아기를 갖고 싶어할 수도 있다. 그녀는 자기가 아기를 못 낳는 것을 슬퍼하면서 체념하거나, 둘이서 함께 양자를 들이거나, 또는 어머니가 되고 싶어하는 여자가 어떤 남자에게 도움을 청하기도 한다. 그 아기는 두 사람 사이의 유대를 굳게 하는 경우도 있지만, 때로는 마찰과 충돌의 새로운 원인이 될 수도 있다.

동성애에 갇혀 있는 여성에게 남성적 성격을 부여하는 것은 그녀들의 성적인 생활을 제대로 설명한다고 볼 수 없다. 그녀들의 생활은 도리어 여성적인 세계에 자신들을 가두는 것이다. 한 여성에게 남성적 성격을 부여하는 것은, 그녀들이 남자 없이 생활을 해 나가고 있기 때문에 여러 가지로 부담해야만 하는 모든 책임 때문이다. 그녀들이 처한 상황은, 남성들 사이에서 생활하므로 때로는 남성적인 정신을 발휘할 수도 있는 고급 창녀—니농 드 랑클로와 같은—의 상황과는 정반대이다. 이런 여성의 생활은 역시 남성에게 의존한다. 그러나 레즈비언의 주위를 에워싸고 있는 특수한 분위기는 그녀들의 사생활이 펼쳐지는 규방적 풍토와 공적 생활에서 나타나는 남성과 같은 독립성 사이의 대조에서 온다. 그녀들은 남자가 없는 세계에서 남자들처럼 행동한다. 여자 혼자라는 것은 언제나 좀 부자연스러워 보인다. 남자들이 여자들을 존중한다는 것은 진실이 아니다. 남자들은 그들의 여자—아내·애인·정부—를 통해 남자들끼리 서로 존중하는 것이다. 여자에게 남성적 보호가 미치지 못하면, 여자는 우세한 계급이 공격적이고 조소적인 적대감을 표시할 때 속수무책이다. '성도착'으로서의 여성 동성애 그 자체는 별로 문제가 되지 않지만 그 동성애가 하나의 생활양식으로 나타나면 경멸과 분노를 자아낸다. 레즈비언의 태도에 많은 도전과 허세가 섞여 있는 까닭은, 현재 상황에서 그녀들에게 이보다 좀 더 자연스럽게 살아가는 방법이 없기 때문이다. 자연스럽다는 것은 자기반성을 하지 않는다는 것, 생각하지 않고 행동한다는 것을 뜻한다. 그러나 타인의 행동은 레즈비언에게 끊임없이 자기를 의식하게 한다. 그녀가 냉정하고 무관심하게 자기 길을 갈 수 있는 것은, 나이를 먹었거나 또는 사회적으로 존경을 받고 있을 경우에 한한다.

레즈비언은 흔히 남장을 하는데, 그것이 취미인지 방어적인 반응인지 단정하기 어렵다. 보통 그것은 확실히 자발적인 선택으로 이루어진다. 그녀들에게 여자 옷을 입는 것만큼 부자연스러운 일은 없다. 물론 남장도 인위적이지만 그것은 보다 편리하고 간단하다. 활동을 방해하지 않으며 움직이기 편리하게 되어 있다. 조르주 상드나 이자벨 에버하르트는 남장을 하고 다녔다. 티드 모니에는 최근 저서*[93]에서, 바지를 입는 것이 더 편리하다(그 무렵에는 남자들만 바지를 입었다)고 말한다. 활동적인 여자는 누구나 낮은 굽과 질긴 옷을 좋아한다. 여자가 화장을 하는 의미는 명백하다. 그것은 자기 몸을 '꾸미는 것'이며, 자신을 상품으로 내놓겠다는 뜻이다. 종래에는 이 문제에 관해서 이성애 페미니스트들도 동성애의 여자들과 마찬가지로 준엄한 태도를 보였다. 이성애 페미니스트들은 자기를 진열장에 놓인 상품처럼 만들고 싶지 않아서 남자 복장을 선택했고, 장식 없는 펠트 모자를 썼다. 장식이 달리고 가슴과 어깨를 드러낸 부인복은 그녀들에게, 자기들이 저항하는 사회질서의 상징처럼 보였다. 오늘날은 그녀들이 현실을 어느 정도 제압하는 데 성공해서, 그 상징은 별로 중요하게 보이지 않는다. 하지만 레즈비언들은 여전히 권리를 요구하는 사람으로 남겨져 있으며, 그 상징은 그녀들에게 중요성을 유지하고 있다. 또한 그 육체적 특징이 동성애 성향의 동기가 되었다면, 간편한 복장이 그녀에게 더 잘

---

*[93] 《자아》.

어울릴 수도 있다. 아울러 복장의 역할 가운데 하나가 여자의 촉각적(觸覺的) 관능성을 만족시키는 것이란 점을 덧붙여야만 하겠다. 레즈비언은 벨벳이나 새틴의 위안을 경멸한다. 하지만 그녀는 상도르처럼 그런 천이 자기의 여자친구에게 입혀지는 것을 좋아하고, 또는 여자친구의 육체가 아예 자기 육체를 대신하기를 바란다. 레즈비언이 흔히 독한 술을 마시고 독한 담배를 피우고, 거친 말을 내뱉으며, 스스로 난폭한 운동을 하는 것도 이런 까닭에서이다.

관능적인 면에서 레즈비언은 타고난 여성적인 부드러움을 지니고 있다. 하지만 그녀는 이와 대조되는 '강렬한' 분위기를 즐긴다. 이런 데서부터 그녀는 남자와의 교제를 좋아하게 될 수도 있다. 그러나 여기에 새로운 요인이 끼어든다. 그것은 그녀가 남자들과 유지하는 모호한 관계이다. 자기의 남성적인 성격에 대단히 자신 있는 여자는, 친구나 동료로서 오로지 남자들만 사귀려고 할 것이다. 이는 남자들과 같은 취향을 가진 여자에게서만 찾아볼 수 있다. 이런 여자는 실무, 운동, 예술 분야에서 남성의 한 사람으로서 일하여 성공한다. 거트루드 슈타인은 친구들을 초대했을 때 언제나 남성들하고만 이야기하고, 여자친구들을 접대하는 일은 앨리스 토클러스에게 맡겨 버렸다.*94 지극히 남성화된 여성 동성애자는 여자들에게 모순된 태도를 취한다. 그녀는 여자들을 경멸한다. 그러나 여자들 앞에서는 여자로서나 남자로서도 열등 콤플렉스를 느낀다. 그녀는 다른 여자들에게 부실한 여자나 불완전한 남자로 보일까 봐 두려워한다. 그 때문에 여자들에게 고자세를 보이든가, 사디즘적인 공격을—슈테켈이 말한 여성 동성애자처럼—가하기도 한다. 그러나 이런 경우는 아주 드물다. 앞에서 살펴본 대로 대부분의 레즈비언들은 말없이 남자를 거부한다. 그녀에게도 불감증의 여자처럼 혐오·원한·소심함·자존심이 있다. 그녀들은 자기를 정말 남자들과 같다고 느끼지는 않는다. 그녀들이 여자로서 품고 있는 원한에는 남성적 열등 콤플렉스가 겹쳐 있다. 남자는 자기들이 손에 넣고 싶어 하는 먹이를 좀더 교묘히 유혹하고 소유하며 지켜 나가기에 유리한 수단을 갖춘 경쟁자들이다. 그녀들은 남자가 여자 위에서 휘두르는 힘을 미워하며, 남자가 여자에게 가하는 '오욕(汚辱)'을 증오한다. 또 그녀들은 남자가 사회적 특권들을 독점하고, 자기들보다 강자라고 느끼는 것에 반발한다. 경쟁자와 당당

---

*94 자기의 가치로 성의 차이를 초월한다고 믿는—또는 그렇게 믿고 싶어하는—이성애를 하는 여자도 일부러 이와 같은 태도를 취한다. 스탈 부인이 그 예이다.

제1편 형성 539

히 맞서 싸울 수 없다는 사실, 남자가 여자를 한 방에 넘어뜨릴 수 있다는 사실을 아는 것은 쓰라린 굴욕이다. 이런 복잡한 적대감은 어떤 레즈비언들로 하여금 자기들을 과시하게 만든다. 그녀들은 자기들끼리만 어울린다.

그녀들은 일종의 클럽을 조직해서 사회적으로나 성적으로나 남성이 필요하지 않다고 시위한다. 그래서 자연히 불필요한 허세나 온갖 허위의 희극 속에 빠져드는 것이다. 레즈비언은 우선 남자인 듯 연기한다. 다음에는 그녀가 레즈비언이라는 것 자체가 하나의 유희가 된다. 가장과 위장이 제복으로 바뀐다. 그리고 여성은 남성의 억압으로부터 벗어난다는 구실 아래 자기가 연기하는 역할의 노예가 되어 버린다. 그녀는 여자라는 상황에 갇히길 원치 않았지만, 레즈비언이라는 상황에 갇혀 버린 셈이다. 이런 해방된 여자들의 무리만큼 정신이 편협하고 불안전한 인상을 주는 것은 없다. 많은 여자들이 어떤 타산적인 목적이 있어서 자기를 레즈비언이라고 말한다는 사실도 잊어서는 안 된다. 그녀들은 일부러 모호한 태도를 취하고 있는 데 지나지 않으며, 게다가 '성도착이 있는 여자'를 좋아하는 남자들을 유혹하려고 든다. 이런 여자들이 가장 눈에 잘 띄기 때문에, 여성 동성애를 한결같이 악덕이나 부자연스러운 겉치레처럼 여기는 사회적 악평이 조장되는 것이다.

사실 동성애는 의식적인 배덕도 아니요, 숙명적인 저주도 아니다.*95 그것은 '상황에 따라 선택되는' 하나의 태도로서, 충분한 동기가 있으며 자유로운 선택에 따른 것이다. 주체가 이 선택을 하는 데 있어 받아들이는 요인들—생리적 조건, 심리적 요소, 사회적 상황—은, 이 모두가 합쳐져 동성애를 설명하는 데 유용하더라도 단지 이것들만으로는 결정적인 것이라고 볼 수 없다. 동성애는 여성이 자신에게 주어진 전반적인 상황, 특히 여성이라는 성(性)에게 주어진 역할에 던져진 여러 문제들을 해결하기 위한 하나의 방법에 불과하다. 인간의 모든 행위처럼 동성애도, 그것이 불신과 나태와 허위 속에서 사느냐, 아니면 명철함과 관용과 자유 속에 사느냐에 따라서 갈등과 불균형과 실패를 부르기도 하고, 반대로 풍요한 체험의 원천이 되기도 한다.

---

*95 《고독의 우물》은 심리적·생리적 숙명을 짊어진 한 여주인공을 나타내고 있다. 하지만 이 소설이 지닌 자료로서의 가치는 그 인기에 비해 매우 낮다.

제2편
상황

### 제장 기혼 여성

　사회가 전통적으로 여자에게 요구하는 것은 결혼이다. 오늘날도 대부분의 여자들은 혼인한 상태이거나, 과거에 결혼했었거나, 앞으로 결혼할 생각이거나, 혹은 결혼을 못해서 열등감을 느끼고 있다. 독신녀는 본인이 결혼이라는 제도를 불신하고, 반항하고, 무관심하더라도, 반드시 결혼과 연관해서 정의된다. 그러므로 이 연구를 위해선 먼저 결혼을 분석해야만 한다.
　여성의 경제적 발전에 따라 결혼제도도 크게 달라지고 있다. 결혼은 이제 자주적인 두 개인이 자유로이 합의한 결합이 되었다. 부부의 계약은 개인적이며 상호적이다. 간통은 쌍방에 대한 계약파기 통보이며, 양쪽 모두 같은 조건으로 이혼할 수 있다. 여자는 더 이상 생식기능에 갇혀 있지 않다. 출산은 자연이 부과한 의무라는 성격을 대부분 상실하고, 여자가 자기 의지로 받아들인 임무의 형태를 취한다.*1 그리고 출산은 생산 노동과 동일시된다. 대부분의 경우, 출산휴가 중의 임금을 국가나 고용주가 산모에게 주어야 하기 때문이다. 소련에서는 몇 년 동안 결혼이 부부간의 자유의지에 기초한 개인 사이의 계약이라고 여겨져 왔으나 오늘날은 국가가 두 사람에게 부과하는 공적인 의무처럼 보인다. 미래 세계에서 그 중 어느 경향이 주류가 되는지는 사회의 전반적인 구조에 달려 있다. 아무튼 남자에 의한 보호는 점차 사라져 가고 있다. 그러나 여성 해방의 관점에서 현대는 아직도 과도기이다. 여성들 가운데 일부만이 생산에 참여하고 있고, 이런 여성들도 구태의연한 구조와 가치관이 잔존해 있는 사회에 속해 있다. 현대의 결혼도, 거기에 남아 있는 과거의 빛에 비추어

---
*1 제1부 참조.

봄으로써 올바르게 이해할 수 있다.

결혼은 남자와 여자에게 언제나 철저하게 다른 모습으로 존재해 왔다. 남자와 여자는 서로 이성을 필요로 하지만, 이 필요는 이 둘 사이에서 전혀 상호성을 이루지 못했다. 여성은 남성과 서로 대등하게 주고받는 계약 관계를 형성한 일이 한 번도 없다. 사회적으로 볼 때 남자는 자주적이며 완전한 개체이다. 남자는 무엇보다도 생산자로서, 그의 존재는 집단에 제공하는 노동으로 정당화된다. 한편 여자에게 강제된 생식과 가사 역할이 남자와 동등한 존엄성을 보장하지 않는 까닭에 대해서는 앞에서 이미 살펴 보았다.*2

남성에게는 여성이 필요하다. 어떤 원시 민족의 경우, 독신 남자는 혼자서 생계를 꾸리지 못해 일종의 따돌림을 받기도 한다. 농촌에선 농부에게 여자라는 협력자가 꼭 있어야 한다. 또한 대다수의 남자들에게, 허드렛일을 아내에게 떠넘기는 것이 유리하다. 게다가 개개의 남자는 안정된 성생활을 희구하며, 자손을 원하고, 사회도 그에게 사회가 영속하도록 이바지할 것을 요구한다. 그러나 남자는 여자에게 직접 도움을 청하지 않는다. 남자들의 사회가 그 구성원 저마다에게 남편과 아버지로서 자기 성취를 이룰 수 있도록 허용한다. 아버지와 남자형제가 지배하는 가족공동체에 노예이자 하인으로서 끼어 있는 여자는, 언제나 결혼이란 형태로 한 남자집단에서 다른 남자집단으로 증여되어 왔다. 원시시대에 씨족(氏族), 부계(父系) 씨족은 여자를 거의 물건처럼 다루었다. 여자는 두 집단이 서로 합의하여 증여하는 제공물의 일부였다. 이런 여자의 지위는 결혼이 진화하여 계약 형태를 취하고 나서도 근본적으로는 변하지 않았다.*3

지참금이 부여되고 유산을 상속하게 되자 여자는 시민이 된 것처럼 보인다. 그러나 지참금과 유산은 여자를 더욱 가족에 예속시켰다. 오랜 세월 동안 결혼계약은 아내와 남편 사이에서가 아니라 장인과 사위 사이에서 성립되었다. 그때에는 오직 미망인만이 경제적 자주성을 거머쥐었다.*4 젊은 처녀에게 선택의 자유는 언제나 엄격히 제한되어 있었다. 독신생활—종교적인 성격을 띠는

---

*2 제1부 참조.
*3 제1부 제2편 '역사'에서 다룬 것처럼, 이런 진화는 이집트, 로마, 근대문명사회에서 끊어졌다가 다시 이어지기를 되풀이했다.
*4 에로틱 문학에서 그려지는 젊은 미망인의 개성적 성격은 이 때문이다.

경우는 제외하고—는 여자를 기생적인 천민과 같은 신분으로 깎아 내리는 것이었다. 결혼은 여자의 유일한 생존 수단이며, 자신의 존재를 유일하게 사회적으로 정당화하는 방법이었다. 결혼은 여자에게 이중의 의미를 부과한다. 먼저 여자는 사회에 아이를 제공해야 한다. 그러나 스파르타나 나치 치하에서 그랬듯이, 국가가 직접 여자를 보호하고 오로지 어머니이기만을 요구하는 경우는 드물다. 아버지의 생식적 역할에 무지한 문명에서조차 여자가 남편의 보호 아래 있도록 요구했다. 다음으로, 여자는 남성의 성욕을 만족시켜 주고, 가사를 돌보는 기능을 담당한다. 사회가 여자에게 부여한 임무는 남편에게 하는 '헌신'으로 여겨진다. 따라서 남편은 아내에게 선물을 하고 재산의 일부를 주어야 하며 아내를 부양할 의무가 있다. 사회는 남편을 통해 사회에 기여한 여자의 공헌에 보답하는 것이다. 아내가 자기 의무를 이행함으로써 얻는 권리는 남편이 따라야 할 책임과 의무를 통해서 나타난다. 남자는 자기 마음대로 부부관계를 깨뜨릴 수는 없다. 이혼은 국법의 결정에 따라서만 가능하며, 때로는 남자가 돈으로 보상하기도 한다. 이런 습관이 보코리스 치하의 이집트에서는 남용되기도 했지만, 오늘날에도 미국에서 '이혼 위자료' 형식으로 이어지고 있다. 일부다처제는 늘 정도의 차이는 있어도 공공연하게 용납되었다. 남자는 자기 침대에 노예·첩·정부·창녀를 끌어들여도 되지만 본부인의 몇 가지 특권은 침범할 수 없었다. 만약 본부인이 학대를 받거나 권리를 침해당한다면 그녀는 비상수단—정도의 차이는 있지만 구체적으로 보장된—에 호소하여 친정으로 가든가, 별거나 이혼을 요구할 수 있다. 따라서 부부 모두에게 결혼은 의무인 동시에 특전이다. 그러나 남편과 아내의 지위가 동등한 것은 아니다. 젊은 처녀에게 결혼은 집단 속에 합류하는 유일한 방법이다. '팔리지 못한' 처녀는 사회적으로 쓸모없는 인간처럼 되어 버린다. 그 때문에 어머니들은 늘 어떻게 해서든지 딸들을 출가시키려고 애쓴다. 19세기 중산계급에서도 딸의 의견은 거의 듣지 않았다. 딸은 미리 준비된 '맞선 자리'에 우연히 나타나는 구혼자에게 제공되었다. 졸라는 《대지》에서 이런 풍습을 묘사하고 있다.

"실패야, 실패하고 말았어." 조스랑 부인은 의자에 털썩 주저앉으면서 말했다. 조스랑 씨는 "아이!" 하고 한숨만 내쉬었다.

"아시겠어요? 이번에도 혼담이 깨졌어요. 벌써 네 번째라고요!" 조스랑 부인이 새된 소리로 외쳐댔다.
"듣고 있니? 넌 왜 또 혼담을 그르친 거니!" 조스랑 부인은 딸에게로 걸어가며 말했다.
베르트는 올 것이 왔구나, 생각하며 중얼거렸다.
"나도 잘 모르겠어요, 엄마."
"부국장(副局長)이란다, 서른도 안 된, 앞날이 보장된 젊은이지. 달마다 너에게 돈을 가져올 텐데, 성실하겠다, 뭐가 문제니…… 너 또 어리석은 짓을 했지, 저번처럼?"
"절대 그러지 않았다니까요, 엄마."
"춤을 출 때에 둘이서 옆방으로 들어갔었잖아."
베르트는 당황했다.
"그랬지만…… 단둘이 있게 되자 그가 망측하게 굴었어요. 그가 나를 이렇게 끌어안고 키스를 했거든요. 무서워서 가구 쪽으로 그를 떠밀어 버렸어요."
어머니는 펄펄 뛰며 딸의 말을 가로막았다.
"가구에다 떠밀었다고! 아, 이런 맹추 같으니, 떠밀다니!"
"하지만 엄마, 그가 나한테 달려들었다니까요."
"그래서 어쨌단 말이냐? 그가 너를 끌어안았다…… 그깟 일 가지고! 이 바보를 기숙사에라도 집어넣어야 하나! 대체 이제까지 뭘 배웠니! 문 뒤에서 키스 한 번 한 게 뭐가 어떻단 말이냐! 부모 앞에서 그런 소리가 잘도 나오는구나! 게다가 남자를 가구에다 떠밀다니, 그러니 몇 번이나 혼담을 망칠 수밖에!"
어머니는 짐짓 거드름을 피우며 말을 이었다.
"다 끝났다. 포기하자. 넌 정말 바보야.……넌 재산이 없으니 다른 수단으로 남자를 잡아야 한단 말이다. 귀엽게 굴고 다정하게 바라보면서, 손 정도는 잡게 내버려두고 유치한 장난을 쳐도 모른 척하고 용서하는 거야. 요컨대 남편을 낚는 거야. 정말 화가 나서 참을 수 없구나. 마음만 먹으면 아주 곧잘 해내면서 말야. 자, 눈물을 닦고, 너에게 구혼하려는 남자라고 생각하고 엄마를 봐. 알겠어? 너는 부채를 떨어뜨리고 남자가 그 부채를 주워 건네면서 너의 손가락을 살짝 만지게 하는 거야…… 뻣뻣하게 굴지 말고 몸을 좀더 나긋나긋하게. 남자들은 널빤지같이 뻣뻣한 여자를 좋아하지 않거든. 남자들이 좀 지나치더라도 어리숙하게 굴지 말란 말이다. 그런 짓을 하는 남자는 몸이 확 달아오른 거야. 알겠니?"

객실의 시계가 2시를 알렸다. 당장 딸을 졸혼시키고 싶은 열망에 사로잡힌 어머니는 밤새도록 딸을 종이인형처럼 마구 주무르며, 자기도 모르게 본심을 그대로 지껄이고 있었다. 딸은 축 늘어져 얼빠진 사람처럼 어머니가 하는 대로 몸을 내맡겼다. 그러나 그녀의 가슴은 터질 것 같았다. 공포와 수치심이 그녀의 목구멍까지 죄고 있었다.

이처럼 젊은 처녀는 완전히 수동적이다. 그녀는 부모를 통해 혼담이 '이루어져서' 신부로 '주어진다.' 총각은 결혼'하고 아내를 '얻는다.' 젊은 남자들이 결혼에서 구하는 것은 자기실존의 확장확인이지 실존을 위한 권리 자체가 아니다. 결혼은 그들이 자유롭게 떠맡는 하나의 임무이다. 따라서 그들은 그리스나 중세의 풍자 작가들이 그랬던 것처럼, 결혼의 유리한 점과 불리한 점을 생각해 볼 수 있다. 그들에게 결혼이란 하나의 생활양식이지 운명은 아니다. 그들은 독신의 고독을 선택할 자유가 있고, 늦게 결혼하든, 결혼을 하지 않든 누구도 개의치 않는다.

여자는 결혼하면 세계의 작은 일부를 영지로 받는다. 법적 보증이 그녀를 남편의 변덕으로부터 보호해 준다. 그러나 그 대신 여자는 남자의 하녀가 된다. 경제적으로 공동체의 우두머리는 남자이며 따라서 사회에서 볼 때 공동체를 대표하는 것은 남자이다. 여자는 남자의 성(姓)을 따른다. 여자는 남자의 종교에 속하게 되고 남자의 사회적 지위, 남자의 세계에 편입된다. 남자 가족의 일원이 되며, 남자의 '반려'가 된다. 여자는 남자의 직업이 명령한 곳으로 남자를 따라간다. 부부의 주거는 무엇보다 먼저 남자가 일하는 장소에 따라서 정해진다. 여자는 다소 급격하게 자신의 과거로부터 단절되어 남편의 세계에 속하게 된다. 여자는 남편에게 자기를 바친다. 결혼 전에는 처녀여야 하고, 결혼 뒤에는 엄격하게 정절을 지켜야 한다. 아내는 민법이 독신여성에게 인정한 권리의 일부를 상실한다. 로마의 법률은 여자를 처녀로 남편의 손에 넘겨 주었다. 19세기 초에 보날드는, 아내와 남편의 관계는 아이와 어머니의 관계와 같다고 말했다. 1942년이 새롭게 제정되기 전까지 프랑스 민법은, 아내는 남편에게 복종해야 한다고 했다. 법률과 풍습은 아직도 남편에게 커다란 권한을 부여하고 있다. 이 권한은 남자가 부부의 공동생활에서 차지하는 위치 자체에서 나온다. 왜냐하면 생산자가 남자이며, 가족의 이해를 초월하여 사회에 이익을 주는 주체도 남자이고, 사회집단의 미래를 위해 협력하는 것도 남자이기 때문이다. 인간의 초월성을 구현하는 것도 남자이다. 여자는 종(種)의 존속과 가정유지에 기여하는, 말하자면 내재적 존재이다.*5

사실 모든 인간은 초월적 존재인 동시에 내재적 존재이다. '나'라는 존재를 초월하기 위해서는 먼저 '나'를 유지하는 것이 필요하다. 미래를 향해 비약하기 위해서는 과거를 통합해야 하며, 타자와 교류하면서 자기 내부에서 자기를 확인해야 한다. 이 두 순간은 살아 있는 인간의 모든 활동에 포함되어 있다. '남자'에게 결혼은 이 두 순간의 바람직한 통합을 가능하게 한다. 남자는 직업과 정치활동을 통해 변화와 진보를 경험하고, 시간과 우주를 향해 자기를 발산한다. 그리고 이런 방황에 지치면, 가정을 꾸미고 주거를 정하고 현실세계에 닻을 내린다. 저녁에 집으로 돌아오면 아내가 집안일을 하고 아이들을 돌보며 두 사람의 기억 속에 간직된 과거를 소중히 지키고 있다. 그러나 아내는 철저히 똑같은 일반화된 삶을 유지하고 보존하는 일밖에 하지 않는다. 그녀는 종(種)을 변함없이 영속시킨다. 매일매일의 한결같은 리듬과 문이 닫힌 가정의 항구성을 보장할 뿐이다. 아내에게는 미래나 세계에 참견할 어떤 직접적인 계기도 주어지지 않는다. 아내는 남편이라는 매개자를 통해서만 자기를 벗어나 집단으로 나아갈 수 있다.

오늘날까지도 결혼은 이런 전통적인 모습을 대부분 보존하고 있다. 그리고 결혼은 무엇보다도 젊은 남자보다 젊은 여자에게 훨씬 더 강요된다. 아직도 여자에게 결혼 이외의 어떤 미래도 제시되지 않는 사회계층이 많다. 농민 계층에서 독신녀는 최하층 사람이다. 그녀는 아버지나 형제, 형부의 하녀로 전락한다. 여자가 도시로 나가는 일은 거의 불가능하다. 결혼은 그녀를 한 남자에게 예속시키고 한 가정의 주부로 만든다. 일부 중산층에서는 여전히 젊은 처녀가 스스로 생계를 해결하지 못하고 집 안에서만 머물러 있어야 한다. 그녀는 아

---

*5 제1부 참조. 이런 주장은 성 바울, 초기 교회의 교부들, 루소, 프루동, 오귀스트 콩트, D.H. 로렌스 등에게서 볼 수 있다.

버지의 집에서 기생하며 무기력하게 살든가, 남의 가정에서 어떤 종속적 위치를 감수하는 수밖에 없다. 여자가 좀더 해방된 경우에도 경제적 특권은 남자들이 쥐고 있으므로 직업보다 결혼을 택할 수밖에 없다. 그래서 여자는 자기보다 지위가 더 높고, 자기가 할 수 있는 것보다 더 빨리 더 높이 '출세할' 수 있는 남편을 찾는다

예전이나 지금이나 성행위는 여자가 남자에게 하는 '헌신'이라고 여겨진다. 남자는 자기의 쾌락을 '받고', 그 대신 대가를 지불해야 한다. 여자의 육체는 파는 물건이다. 여자에게 자기 육체는 활용할 수 있는 자본이다. 때로는 여자가 남편에게 지참금을 가져온다. 흔히 여자는 가사노동을 떠맡는다. 가사를 전담하고 아이를 양육한다. 아무튼 남자에게 부양될 권리를 가지며, 전통적 도덕도 그것을 크게 권장한다. 여성의 직업은 대개 보람없고 급료도 적으므로, 여자가 이런 안이함에 끌리는 것은 마땅하다. 결혼은 다른 많은 직업들보다 훨씬 유리한 직업이다.

풍습은 독신여성의 성적 해방도 어렵게 한다. 프랑스에서는 현대에 이르기까지 아내의 간통이 범죄행위였지만, 어떤 법률도 여자에게 자유연애를 금하지는 않았다. 하지만 여자가 애인을 얻으려면 먼저 결혼을 해야 했다. 엄격한 구속을 받는 중산계급의 처녀들은 오늘날까지도 '자유롭기 위하여' 결혼한다. 대다수의 미국 여성들은 성적 자유를 쟁취했다. 하지만 그녀들의 경험은 말리노프스키가 기술한 것처럼, '독신자의 집'에서 하찮은 쾌락을 맛보는 젊은 원시인들의 그것과 비슷하다. 세상은 그녀들이 결혼하기를 기대하며, 결혼을 해야 비로소 그녀들은 완전한 성인으로 받아들여진다. 혼자 사는 여자는 스스로 생계를 유지해 나가더라도 사회적으로 불완전한 존재이다. 프랑스보다 미국에서 더욱 그러하다. 여자가 하나의 인격체로서 완전한 품위와 모든 권리를 얻기 위해서는 손가락에 결혼반지를 끼어야 한다. 특히 모성은 결혼한 여자가 발휘해야만 존경을 받는다. 미혼모는 여전히 스캔들의 대상이며 사회에서 손가락질을 당하고, 아이는 어머니에게 무거운 장애가 된다. 이런 여러 가지 까닭으로 많은 처녀들은 장래 계획을 물으면 오늘날도 예전과 마찬가지로, "결혼하겠어요"라고 대답한다. 하지만 젊은 남자는 누구도 결혼을 자기 삶에서 가장 중요하며 근원적인 계획으로 여기지는 않는다. 그에게 성인의 품위를 부여하는 것은 경제적인 성공이다. 이 성공에 결혼이 포함될 수 있지만—특히 농민—결

혼과 양립할 수 없는 경우도 있다. 전보다 더 불안정하고 더 불확실한 현대생활의 조건 때문에 젊은 총각의 결혼 부담은 매우 가중되었다. 반대로 결혼의 이득은 오히려 감소되었다. 남자는 쉽게 스스로를 부양할 수 있고, 성적 만족도 일반적으로 얻을 수 있기 때문이다. 하지만 확실히 결혼하면 물질적 만족 ―'음식점보다 자기 집에서 먹는 쪽이 더 낫다'―과 함께 성적 만족―'남자는 집에 상주하는 매춘부를 갖게 된다'―을 쉽게 얻을 수 있다. 개인은 고독에서 해방되고, 가정과 아이를 얻음으로써 공간과 시간 속에서 안정을 찾는다. 그것은 그의 생존을 위한 결정적인 목적 수행이다. 그렇지만 역시 전체적으로는 결혼을 바라는 남성의 요구가 청혼을 기다리는 여성의 공급을 따라가지 못한다. 아버지는 딸을 준다기보다 딸을 치워 버린다. 남편을 구하는 젊은 처녀는 남자의 부름에 응하는 식이 아니다. 남자를 성적으로 부추기는 것이다.

중매 결혼은 사라지지 않았다. 온건한 부르주아 계층 전체가 그것을 존속시키고 있다. 나폴레옹의 무덤 주위에서, 오페라 극장에서, 무도회에서, 해변가에서, 티파티에서, 신랑감을 구하는 처녀가 머리를 손질하고 새 옷을 입고서 수줍은 듯이 아름다운 용모와 겸손한 대화를 선보이고 있다. "그만하면 괜찮은 자리다. 빨리 결정하거라. 다음엔 네 동생 차례야" 하며 부모는 딸을 볶아 댄다. 가련한 결혼후보자는 자기가 노처녀가 될수록 기회가 줄어든다는 사실을 잘 알고 있다.

구혼자는 그 수가 많지 않다. 선택의 자유가 없는 딸은 한 무리의 양과 교환되던 베두인 족의 처녀와 그리 다를 바가 없다. 콜레트가 다음과 같이 말했다.[*6] "재산도 직업도 없이 형제들의 짐이나 되는 처녀는, 잠자코 운명을 받아들이며 신에게 기도하는 수밖에 별 도리가 없다!"

그다지 노골적이지는 않지만, 젊은 남녀는 사교생활을 통해 어머니들의 주의 깊은 감시 아래 교제할 기회를 얻는다. 좀더 자유가 허용된 처녀들은 자주 외출하고, 대학에 다니며, 남자들과 만날 기회를 주는 직업을 갖는다. 1945년과 1947년 사이에, 클레르 르플레 부인이 벨기에 중산계급을 대상으로 결혼 선택에 관한 조사를 실시했다.[*7] 이 조사는 인터뷰로 이루어졌다. 질문과 답변을 몇 가지 인용해 본다.

---

*6 《클로딘의 집》.
*7 클레르 르플레의 《약혼》 참조.

문 중매 결혼은 많은가?
답 중매 결혼은 이제 볼 수 없다(51%)
　중매 결혼은 극히 드물어 겨우 1% 정도이다(16%)
　결혼의 3%는 중매 결혼이다(28%)
　결혼의 5~10%는 중매 결혼이다(5%)

질문을 받은 사람들은 1945년 이전에 많았던 중매 결혼이 거의 사라졌다고 지적한다. 하지만 '이해관계, 교제 기회가 적은 직업, 수줍음, 나이, 좋은 배우자를 선택하려는 욕망 등이 몇몇 중매 결혼의 동기가 된다.' 이런 결혼은 흔히 신부(神父)의 주선으로 이루어진다. 또 때로는 편지를 주고받아 결혼하는 처녀도 있다. '그녀들은 스스로 자기소개서를 쓴다. 이것은 번호가 매겨져 전문 간행물에 실린다. 이 간행물은 자기소개서가 실린 사람 모두—예를 들어 200명의 구혼 여성과 거의 같은 수의 구혼 남성이 실려 있다—에게 보내진다. 남자들도 자기 소개서를 써서 게재한다. 모든 사람이 게재 내용을 통해 자유로이 상대를 선택하고 편지를 쓸 수 있다.'

문 최근 10년간 젊은이들은 어떻게 결혼상대를 찾는가?
답 사교 모임(48%)
　공부나 일하는 곳이 같았다(22%)
　사적 모임 및 바캉스 체류지(30%)

모두의 의견이 다음과 같은 점에서 일치했다. '소꿉친구와의 결혼은 매우 드물다. 결혼은 예상치 못한 사건에서 이루어진다.'

문 배우자를 선택할 때 경제력을 가장 중요하게 보는가?
답 결혼의 30%는 오로지 돈 때문이다(48%)
　결혼의 50%는 오로지 돈 때문이다(35%)
　결혼의 70%는 오로지 돈 때문이다(17%)

문 부모들은 딸을 결혼시키고자 갈망하는가?

답 갈망한다(58%)
　　갈망하는 정도는 아니지만 역시 원한다(24%)
　　부모들은 딸을 곁에 데리고 있고 싶어한다(18%)

문 젊은 처녀들은 결혼을 갈망하는가?
답 갈망한다(36%)
　　갈망하는 정도는 아니지만 역시 결혼하고 싶어한다(38%)
　　잘못된 결혼을 하기보다는 차라리 독신을 선택하겠다(26%)

'젊은 처녀들은 총각을 손에 넣기 위해 경쟁하고, 처녀로서의 삶에 종지부를 찍기 위해 아무하고나 결혼한다. 모든 여자가 결혼을 희망하며, 그 목적을 달성하기 위하여 노력을 아끼지 않는다. 남자가 쫓아오지 않는 것은 젊은 처녀로서 굴욕이다. 이런 굴욕을 모면하기 위해 아무하고나 결혼하는 경우도 많다. 젊은 처녀는 결혼을 위해 결혼한다. 기혼자가 되기 위해 결혼하는 것이다. 결혼이 보다 많은 자유를 보장해 주기 때문에 서둘러 해치워버리는 것이다.' 이 점에 대해서 거의 모든 증언이 일치한다.

문 젊은 처녀들이 젊은 총각들보다 결혼에 더욱 적극적인가?
답 처녀가 남자에게 사랑을 고백하고 청혼한다(43%)
　　젊은 처녀들은 젊은 총각들보다 결혼에 더 적극적이다(43%)
　　젊은 처녀들 쪽이 소극적이다(14%)

여기서도 대체로 의견이 일치한다. 보통 결혼으로 이끌어가는 것은 처녀들이다. '처녀들은 자기들에게 살아가기 위해 필요한 힘이 없다는 점을 잘 알고 있다. 생필품을 얻기 위하여 어떻게 일해야 좋을지 모르기 때문에, 결혼이라는 방식을 선택한다. 그래서 처녀들은 사랑을 고백하고 총각들에게 자신을 팔아넘긴다. 굉장한 기세다. 그녀들은 결혼하기 위하여 온갖 수단을 동원한다…… 말 그대로 여자가 남자를 쫓아다니는 것이다.'

프랑스에는 이런 자료가 아직 없다. 그러나 프랑스나 벨기에나 중산계급의 상황은 비슷하므로, 아마도 비슷한 결론에 다다를 것이다. 프랑스에서는 다른 어느 나라에서보다 '중매 결혼'이 언제나 많았다. 남녀가 만나기 위해 열리는 야회, 그 유명한 '녹색 리본 클럽'은 아직도 성황을 이루고 있다. 구혼 광고는 많은 신문에서 긴 지면을 차지한다.

미국과 마찬가지로 프랑스에서도, 어머니와 언니들, 여성 주간잡지들이 끈끈이가 파리를 잡듯 남편을 '잡는' 기술을 처녀들에게 노골적으로 가르친다. 그것은 대단한 솜씨를 요하는 '낚시'이며 '사냥'이다. 목표는 너무 높아도 너무 낮아도 안 된다. 공상에 빠지지 말고 현실적이 되라, 교태에 수줍음을 곁들여라, 지나치게 바라지도 말고 너무 적게 바라지도 말라……. 젊은 총각들은 '결혼하고 싶어 몸이 달아오른' 여자들을 경계한다. 한 벨기에 청년은 이렇게 말했다.*8 '남자에게 있어 여자가 집요하게 쫓아다닌다고 느끼거나 그런 여자에게 걸려들었다고 깨닫는 것보다 더 불쾌한 일은 없다.' 남자들은 함정을 피하려고 안간힘을 쓴다. 반면 처녀의 선택은 대개 없는 것이나 마찬가지이다. 그녀 스스로 결혼하지 않을 자유도 있다고 생각하지 않는다면, 진정한 선택이랄 수 없다. 보통 처녀는 열정보다는 계산과 염오와 체념으로 결심한다.

'구혼해 오는 남자가 그런 대로 괜찮다면(배경·건강·직업), 여자는 그를 사랑하지 않더라도 승낙한다. 다소 마음에 들지 않더라도 구혼을 승낙하고 냉정을 유지한다.'

하지만 젊은 처녀는 결혼을 원하면서도 가끔 두려워한다. 남자보다 여자에게 더욱 이익이 되기 때문에 여자가 남자보다 더욱 열렬히 결혼을 원한다. 그러나 또한 여자는 남자보다 무거운 희생을 바쳐야 한다. 특히 자신의 과거와 잔인하게 단절된다. 아버지의 집을 나온다는 생각 때문에 많은 처녀들이 불안해 한다는 것은 앞에서 보았다. 떠날 날이 가까워 옴에 따라 이 불안은 더욱 커진다. 많은 여성 신경증 환자들이 이런 시기에 생긴다.

신경증은 그들이 감당할 새로운 책임에 두려움을 느끼는 청년들에게서도 나타나지만, 처녀들 쪽이 압도적으로 많다. 앞에서 말한 요인들이 이 시기가 되면 양쪽 모두에게 더욱 심해지기 때문이다. 슈테켈은 여러 가지 신경병적 징후를 드러낸 명문가의 한 처녀를 진단했다. 그가 밝힌 사례를 한 가지 인용하

---

*8 클레르 르플레의 《약혼》 참조.

본다.

처음 진단할 때, 그녀는 구토로 고생하며 저녁마다 모르핀에 의존했다. 히스테리를 일으키고, 세수를 거부하고, 식사도 침대에서 하며, 방 안에만 틀어박혀 나오지 않았다. 그녀는 약혼한 상태였는데, 자기의 약혼자를 열렬히 사랑한다고 주장했다. 그리고 그에게 이미 몸을 허락했다고 슈테켈에게 고백했다…… 나중에 그녀는 그때 어떤 기쁨도 느끼지 못했으며, 그와의 키스도 불쾌한 생각이 든다고 말했다. 이것이 구토의 원인이었다.

이 처녀는 자기를 그다지 사랑해 주지 않는 어머니에 대한 반감에서 남자에게 몸을 맡겼다는 사실이 밝혀졌다. 어렸을 때는 동생이 생기는 것을 두려워한 나머지 밤마다 몰래 부모를 감시했다. 그녀는 어머니를 몹시 좋아했다. '그러나 이제는 결혼해야 한다. 집을 떠나 부모님의 침실에서 물러나야 하다니 도저히 그럴수 없어.' 그녀는 뚱뚱해지고, 손을 긁어 흉하게 만들었다. 머리도 이상해지고, 병에 걸려 온갖 방법으로 자기 약혼자를 모욕하려고 애썼다. 의사의 처치로 병은 나았지만 그녀는 결혼을 단념하게 해달라고 어머니에게 애원하며 매달렸다. '그녀는 집에 남아 언제까지나 어린아이로 있고 싶었다.' 어머니는 그녀에게 결혼하도록 고집했다. 결혼식을 일주일 앞두고, 그녀는 침대에서 죽은 채로 발견되었다. 권총 자살을 한 것이다.

다른 예를 보자. 젊은 처녀가 오랫동안 병을 앓고 있었다. 그녀는 이런 상태로는 '사랑하는' 남자와 결혼할 수 없다고 비관했다. 그러나 사실 그녀는 그와 결혼하지 않으려고 병을 앓았으며, 약혼을 파기하지 않고는 정신의 안정을 되찾을 수 없었다. 때로는 결혼의 공포가 지난 성경험의 흔적에서 오기도 하는데, 특히 처녀성 상실이 발각될까 두려워한다. 그러나 대개는 아버지·어머니·자매에 대한 열렬한 애정과 아버지의 집에 대한 애착으로 말미암아 낯선 남자에게 복종해야 한다는 사실을 견딜 수 없어 한다. 또한 결혼을 해야만 하니까, 주위의 압력 때문에, 그것이 유일하고 합리적인 처신이라서, 아내이자 어머니로서 남들이 말하는 정상적인 삶을 살아가기 위해 결혼을 결심하는 많은 처녀들도, 역시 마음속으로는 은밀하게 뿌리 깊은 저항감을 품고 있다. 이런 저항감이 초기 결혼생활을 곤란하게 하고, 새로운 생활에서 행복과 안정감을 찾을 수 없게까지 한다.

그러므로 일반적으로 결혼을 결정하는 요인은 사랑이 아니다. '남편이란 말 하자면 사랑하는 남자의 대용이지, 결코 그 사랑하는 남자는 아니다'라고 프로이트는 말한다. 이런 분리는 조금도 우연이 아니다. 이것은 결혼제도의 본질적 성격에서 유래한다. 결혼의 목적은 남자와 여자의 경제적·성적인 결합을 통해 집단의 이익을 추구하는 것이지, 그들의 개인적 행복을 확보하는 것이 아니다. 가부장제에서는—회교도 공동체에서는 오늘날도 그렇지만—부모의 권위에 따라 선택된 약혼자들은 결혼 당일까지 서로 얼굴도 모르는 경우조차 있었다. 사회적 측면에서 고려해 볼 때 개개인이 감정이나 변덕스러운 사랑을 이유로 자기의 삶을 설계한다는 것은 있을 수 없었다. 쿵테뉴는 이렇게 말한다.

'이 분별 있는 계약에서 욕망은 그렇게 즐거운 것이 아니다. 그것은 침울하고 무디다. 사랑의 신은 사랑 이외의 장소에 머물기를 싫어한다. 결혼처럼 다른 명목으로 이루어지고 유지되는 관계에서는 힘을 쓸 수 없다. 결혼에서는 친족관계나 재산이, 우아함이나 아름다움과 마찬가지로 또는 그 이상으로 중요시된다. 이는 마땅하다. 뭐니뭐니해도 사람은 자기를 위하여 결혼하는 것이 아니다. 자신과, 그 이상으로 자손이나 가족을 생각해서 결혼한다.'
《수상록》 제3편 제5장)

남자가 여자를 얻기' 때문에—특히 남자의 수요보다 여성의 공급이 많을 때는—남자에게 더 많은 선택의 여유가 있다. 그러나 성행위를 여자에게 강요된 '헌신'으로 여기고, 여자의 이익이 이를 통해 성립되는 이상, 여자가 자신의 취향을 고려하지 않는 것도 마땅하다. 결혼은 남자의 자유로운 행동으로부터 여자를 보호하는 것이기도 하다. 그러나 자유가 없으면 사랑도 개성도 없으므로 남자에게 평생 보호받기 위해서 여자는 개인적인 사랑을 단념해야 한다. 나는 어떤 신앙인 가정의 어머니가 딸들에게 "사랑이란 남자들이나 갖는 저속한 감정이므로, 훌륭한 여자는 그런 것을 몰라도 된다"고 가르치는 것을 들은 적이 있다. 다음은 헤겔이 《정신현상학》에서 표현한 이론을 소박한 형태로 옮겨 놓은 것이다.

그러나 '어머니'와 '아내'의 관계에도 개별성들이 존재한다. 일부는 욕망에 속하는 자연적인 형태를, 또 일부는 이 관계에서 자신의 소멸을 바라는 부정적인 형태를 지닌다. 따라서 부분적으로 이 개별성은 우연적인 것이며, 언제나 다른 개별성으로 대치될 수 있다. 윤리와 도덕이 지배하는 가정에서는 '이 남편'이 아니라, 일반적인 남편, 일반적인 자식이 어떠한가를 묻는다. 여자와의 '이런 관계 또한 감수성이 아니라, 보편성을 기초로 한다.'
여자의 윤리가 남자의 그것과 다른 점은, 바로 한 개인의 쾌락에 있어서도 보편성을 따르는 것이 여자의 사명이므로, 그녀는 욕망의 개별성과는 무관하다는 데 있다. 이에 반해서 남자에게는 개별성과 보편성이 서로 분리되어 있다. 남자는 시민으로서 자기를 의식하는 '힘'과 '보편성'을 가지고 있으므로 욕망의 권리를 스스로 사고, 동시에 이 욕망으로부터 자기의 자유를 지킨다. 때문에 아내와의 이런 관계에 개별성이 섞여 있어도, 그 윤리적 성격은 순수하지 못하다. 그러나 남녀 사이의 윤리가 그러한 이상 이 둘의 개별성은 서로 철저하게 다른 것이므로, 아내라는 여자는 자기를 남편이라는 타자 속에서 자기―개별적인 존재로서의 '이런' 나―로 인식하지 못한다.

즉 여자는 자기가 선택한 남편과의 관계를 개별적인 것으로 내세울 필요가 전혀 없고, 여성적 기능을 일반적인 것으로 수행하면 된다는 뜻이다. 여자는 개인이 아니라 종(種)으로서만 쾌락을 느껴야 한다는 것이다. 여기서 여자의 성생활에 관한 두 가지 중요한 결과가 나온다. 우선 여자는 결혼 이외에 어떤 성적 활동도 허용받지 못한다. 부부의 육체관계는 제도화되어 있으므로 욕망과 쾌락은 사회적 이익을 위해 관리된다. 그러나 남자는 노동자이자 시민으로서 보편적인 것을 위해 자기(개별성)를 초월하므로, 결혼 전에도 부부생활 밖에서 우연한 쾌락을 맛볼 수 있다. 아무튼 남자는 여러 가지 방법으로 자기의 욕망을 해소한다.
한편, 여자가 본질적으로 암컷으로 규정되어 있는 세상에서는, 여자는 어디까지나 암컷으로서 정당화되어야 한다. 또한 이미 보았듯이, 일반적인 것과 개별적인 것의 관계가 남자와 여자 사이에서는 생물학적으로 다르다. 남자는 남편 및 생식자로서 종(種)의 역할을 수행하면서 분명히 쾌락을 얻는다.*9 반대로 여자의 경우, 종종 생식기능과 성적 쾌락이 분리된다. 그래서 결혼은 여자의 성생활에 윤리적 품위를 부여한다고 주장하면서, 실제로는 여자의 성생활을 말살하는 것이다.

이런 여자의 성적 욕구불만을 남자는 마땅한 것으로 받아들인다. 앞에서 본 바와 같이, 남자들은 낙천적 자연주의에 의거하여 여자들의 고통을 아무렇지 않게 인정했다. 그것이 여자의 운명이라면서 말이다.

여자에 대한 《성서》의 저주가 남자들의 편리한 견해를 부추긴다. 임신의 고통—짧고 불확실한 쾌락의 대가로 여자에게 부과되는 이 과중한 몸값—은 많은 농담거리가 되어 왔다. '5분의 쾌락, 9개월의 고통······나오는 것보다 들어가는 것이 훨씬 편하다. 이런 대조는 남자들을 종종 웃겨 준다. 여기에는 사디즘이 얽혀 있다. 많은 남자들이 여자의 불행을 즐기며 그 불행이 경감되는 것을 달갑게 여기지 않는다.*10 그러므로 남자가 배우자의 성적 행복을 양심의 가책 하나 없이 거절해 왔음을 잘 알 수 있다. 남자들은 여자의 쾌락의 자주성과 욕망의 본능을 부인하는 것이 그들에게 유리하다고까지 생각했다.*11

---

*9 '폭풍우에는 어느 항구나 마찬가지다.' 이 속담은 상스러운 해학일 뿐이다. 남자는 결혼을 통해 육체적인 쾌락 이외에도 다른 것을 추구한다. 유곽들이 번창하는 것으로 알 수 있듯이, 남자는 아무 여자와도 어느 정도 쾌락을 느낄 수 있다.

*10 예컨대, 출산의 고통은 모성 본능을 불러일으키는 데 필요하다고 주장하는 사람들이 있다. 마취제를 사용해서 출산한 암사슴은 자기 새끼를 돌보지 않기 때문이라는 것이다. 이런 예는 무책임하기 그지없다. 무엇보다 여자는 암사슴이 아니다. 여자의 부담이 줄어드는 것을 달갑게 여기지 않는 남자들이 있다는 것은 사실이다.

*11 오늘날까지도 여자가 쾌락을 추구하면 남성의 분노를 산다. 이 점에 관해서 놀랄 만한 자료가 있다. 그레미용 박사의 짧은 논문 〈여성의 성적 오르가슴에 관한 진실〉이다. 머리글에 따르면 저자는 제1차 세계대전의 용사로, 54명의 독일인 포로의 생명을 구제한 고결한 인격자라고 한다. 그는 수테켈의 《불감증의 여자》란 저서에 대하여 맹렬히 비난하며, 특히 다음과 같이 주장한다. '정상적인 여자, 다산하는 여자는 성적 오르가슴을 느끼지 않는다. 신비적인 '경련'을 한 번도 느끼지 않으면서도 훌륭한 어머니가 된 여자는 많다······ 흔히 잠재해 있다는 성감대는 자연적인 것이 아니라 인위적이다. 인위적인 성감대를 자랑스럽게 여기는 여자도 있지만, 그것은 타락의 징조이다······ 이 모든 것을 향락을 추구하는 남자에게 알려주어도 돌아보지도 않는다. 상대하는 여자에게 오르가슴을 느끼게 하려면 할 수 있다. 그것이 없다면 만들면 된다. 현대 여성은 자기를 흥분시켜 주기를 바라고 있다. 우리는 이렇게 대답하자. "부인, 우리는 시간이 없습니다. 그리고 위생상 금지된 일입니다!" 성감

이에 대해 몽테뉴는 이렇게 비꼬아 말했다.

이 존엄하고 신성한 결합에 방종한 사랑의 완력과 사치를 도입하려고 하는 것은 일종의 근친상간이다. '애무로 지나치게 자극하여 아내가 쾌락에 겨워 이성을 잃지 않도록 신중하고 엄밀하게 아내를 다루어야 한다'고 아리스토텔레스는 말한다. 나는 아름다움과 애욕을 통해 성사된 결혼보다 더 일찍 파탄을 맞은 결혼을 본 적이 없다. 보다 견고하고 안정된 기초 위에서 신중히 결혼에 이르러야만 한다. 그 화려한 즐거움은 아무 가치도 없다…… 좋은 결혼이 있다면, 그것은 사랑과는 상반된 다른 조건들을 필요로 한다.

아내와의 정사로 얻는 쾌락도 절제되지 않으면 비난을 받는다. 그것은 부정한 교제에서와 마찬가지로 부도덕하며 방탕한 것이다. 색다른 홍분 때문에 우리가 사랑놀음으로 빠지기 쉬운 염치없는 과도한 애무는 아내에게 실례가 될 뿐만 아니라 해롭다. 이런 방법으로 그녀들에게 뻔뻔함을 가르쳐서는 안 된다. 여자는 우리 남자들의 욕구에 따라 언제나 충분히 자극받을 수 있다…… 결혼은 신성하고 경건한 결합이다. 그러므로 여기서 얻는 쾌락은 신중하고, 진실하고, 다소 위엄이 깃들어 있어야 한다. 그것은 점잖고 양심적인 쾌락이어야 한다.

사실 남편이 아내에게 관능의 눈을 뜨게 하면, 그것은 일편적인 남자들에 대하여 눈뜨게 하는 것이다. 왜냐하면 그가 특별히 선택된 사람이 아니기 때문이다. 즉 남편은 아내가 다른 남자의 품에서 쾌락을 찾도록 준비시키는 셈이다. 이것도 몽테뉴의 말인데, 아내를 너무 귀여워해 주는 것은 '바구니 안에 똥을 받아서 머리에 뒤집어쓰는' 격이다. 그러나 그는 남자의 신중함이 아내를 보답받지 못하는 상태로 몰고 간다고 정직하게 인정하고 있다.

---

대를 찾아낸 사람은 스스로 화를 초래했다. 음탕한 여자를 만들었기 때문이다. 음탕한 여자는 지칠 줄 모르고 무수한 남자들을 소모시킬 수 있다…… '성감대를 가진 여자'는 새로운 정신을 지닌 새로운 여자가 된다. 때로는 범죄로 치닫는 가공할 만한 여자가 된다…… '성교'란 먹고 싸고 자는 것처럼 별볼일 없는 행위라고 깨닫는다면, 신경증도 정신병도 사라질 것이다……'

여자들에게는 잘못이 없다. 남자들이 여자들에게 일방적으로 규칙을 강요한 것이니만큼 거부해도 좋다. 그녀들과 우리 남자들 사이에 음모와 싸움이 일어나는 것도 마땅하다. 우리는 부인들을 다음과 같은 점에서 무분별하게 다루고 있다. 여자들이 정사에서 우리보다 섬세하고 열렬하다는 사실을 잘 알면서…… 우리는 절제를 여자 특유의 덕으로, 극형으로 위협해 왔다…… 우리는 여자가 건강하고, 튼튼하고, 알맞게 기름지고 아울러 순결하기를, 즉 뜨거우면서도 차갑기를 원한다. 왜냐하면 여자들이 타오르지 못하도록 억제할 의무가 있다고 우리가 믿는 결혼 생활은, 우리 남자들의 방식을 따른다 해도 여자들을 별로 식혀 주지 못하기 때문이다.

프루동은 더욱 대담하다. 그의 생각에 따르면 결혼과 사랑을 분리하는 것은 '정의'와 일치한다.

사랑은 정의라는 이름 속에 묻어버려야 한다…… 약혼자 사이에서든, 부부 사이에서든 모든 애욕 관계는 바람직하지 않으며, 가정 안에서 서로 존경하고, 노동을 소중히 여기며, 사회적 의무를 실행하는 데 해롭다……(사랑의 임무가 일단 수행되고 나면)……목자가 일단 좆을 엉기게 한 다음에는 그 부분만 떼어 버리는 것처럼 사랑을 제거해 버려야 한다……

하지만 19세기에는 중산계급의 사고방식이 조금 달라졌다. 결혼을 열심히 옹호하고 유지하기 시작한 것이다. 한편, 개인주의의 진보도 여자의 요구를 무조건 억압할 수 없게 되었다. 생시몽, 푸리에, 조르주 상드, 그 외의 모든 낭만파 작가들은 맹렬하게 사랑에 대한 권리를 요구했다. 이제까지는 마땅한 듯이 무시되어 왔던 개인적 감정을 결혼 속에 도입시키는 문제가 제기되었다. 전통적 타산에 의한 결혼에서 기이하게도 '부부애'라는 수상쩍은 관념이 만들어진 것은 이때의 일이다. 발자크는 보수적 중산계급의 사고방식을 그 온갖 모순 속에 표현하고 있다. 그는 결혼의 원리와 사랑은 서로 아무 관계도 없다고 인정한다. 그러나 존중하지 않으면 안 될 결혼제도와 여자가 물건으로 취급되는 단순한 거래를 동일시할 생각은 전혀 없었다. 그래서 《결혼의 생리》에서와 같은 난처한 자기모순에 빠지고 말았다.

결혼은 정치적, 사회적, 도덕적으로 하나의 법이며 계약, 그리고 제도로 여겨진다...... 그러므로 결혼은 일반적 존경의 대상이어야 한다. 사회는 부부생활에 관계된 이런 최고권위적 사항들만을 고려하여 결혼제도를 만들었다.

대다수의 남자들은 결혼에서 생식과 재산 그리고 아이에 관련된 것들만을 문제시했다. 그러나 그 어느 것도 행복을 만들 수는 없다. '많이 낳아서, 번식시키라'는 말에는 사랑이 포함되어 있지 않다. 보름 동안 날마다 육체관계를 가진 여자에게서, 법률과 왕과 정의의 이름으로 사랑을 구한다는 것은 실로 이만저만한 부조리가 아닐 수 없다.

여기까지는 헤겔의 이론만큼이나 명료하고 오해의 여지가 없다. 그러나 발자크는 곧 비약해서 이렇게 말을 잇는다.

사랑은 욕구와 감정이 하나로 결합되는 것이다. 결혼의 행복은 두 영혼 사이의 완전한 이해로부터 온다. 그러므로 행복하기 위해서 남자는 믿음과 배려의 규칙들에 어느 정도 복종해야만 한다. 욕구를 인정하는 사회 법칙의 특권을 누렸으면, 감정을 개화시키는 자연의 비밀스런 법칙들에 순종해야만 한다. 만일 그가 사랑받음으로 행복을 발견한다면 자기도 성실하게 사랑해야만 한다. 진실한 열정에 저항하는 것은 아무것도 없다. 그러나 열정이라는 것은 언제나 욕망을 내포한다. 사람이 언제나 자기 아내에게 욕망을 품을 수 있을까?
―할 수 있다.

이어서 발자크는 결혼학을 펼쳐 나간다. 그러나 곧 알 수 있는 것은, 남편에게 문제는 사랑받는 것이 아니라 아내에게 배신당하지 않는 것이라는 점이다. 남편은 오로지 자기의 명예를 안전하게 지키기 위하여 주저없이 아내에게 지식과 교양을 쌓을 수 없도록 규칙을 강요하여 아내를 우둔하게 만든다. 이것도 사랑을 위한 행위인가? 이런 모호하고 불합리한 생각에서 의미를 발견하고자 한다면, 남자는 남자라면 누구나 갖는 욕구를 해소할 상대로서 한 여자를 선택할 권리가 있고, 이 성욕의 일반화가 남자의 성실함을 보증한다고 생각하는 듯하다. 그리고 남자가 어떤 비결을 써서 아내의 사랑을 눈뜨게 한다는 것이다. 그러나 재산과 자손을 위하여 결혼한다면 그는 진심으로 사랑하고 있는 것일까? 만일 사랑하지 않는다면, 어떻게 상대의 열정을 이끌어 낼 만큼 그의 열정이 강하다고 할 수 있을까? 발자크는 짝사랑이 저항할 수 없는 매력이기는커녕 반대로 구찮고 진저리나는 것임을 정말 모르는 것일까? 그의 기만은 서간체의 주제소설 《두 젊은 아내의 수기》에서 뚜렷이 드러난다. 루이즈 드 숄리외는 결혼을 지탱하는 것은 사랑이라고 주장하다가 지나친 열정으로 첫 남편을 죽이고 만다. 이어서 둘째 남편에 대한 집착과 질투심으로 정신착란에 걸려 죽고 만다. 르네 드 레스토라드는, 이성에 따르기 위하여 감정을 희생한다. 그러나 더머니로서의 기쁨으로 충분한 보상을 받고 안정된 행복을 찾는다. 먼저, 어떤 저주가 내렸기에―저자 자신이 그렇게 정한 게 아니라면―열정적인 루이즈에게 그녀가 소망하는 모성이 금지되었는지 의심스럽다. 사랑은 결코 임신을 방해하지 않기 때문이다. 한편, 남편의 포옹을 기꺼이 받아들이기 위해서, 르네에게는 스탕달이 증오하던 '정숙한 부인들' 특유의 '위선'이 필요했으리라고 생각된다. 발자크는 첫날밤을 다음과 같이 묘사한다.

르네는 여자친구에게 편지를 썼다. '네 표현대로, 우리가 남편이라고 부르는 짐승은 사라졌어. 그런데 그 밤에 말할 수 없이 감미로운 한 애인을 보았어. 그의 말은 나의 영혼에 스며들고 나는 형용할 수 없는 기쁨을 느끼며 그의 품에 안겨 있었어…… 마음속에서 호기심이 용솟음쳤어. 가장 달콤한 사랑에 필요한 것, 말하자면 이런 순간의 벌칙이라고 할 수 있는 예기치 못한 사건까지, 모든 것이 다 있더라. 우리의 상상이 그리는 신비한 매력, 변명할 수 있는 흥분, 억지 승낙, 현실에 몸을 맡기기 전까지 오랫동안 상상만 하던 우리의 영혼을 사르잡는 최고의 쾌락…… 모든 유혹이 매혹적이었어.'

이 아름다운 기적도 그리 자주 찾아오지는 않았던 것 같다. 나중에 보낸 편지에서 르네는 눈물에 젖어 있다. '나는 예전엔 인간이었는데, 지금은 물건이나 다름없어.' 그녀는 '부부의 사랑'은 남편과의 관계 뒤에 보날드를 읽는 것으로써 위로받고자 한다.

그러나 우리가 알고 싶은 것은, 여성의 성 입문에서 가장 어려운 시기에, 어떤 비술로 남편이 그렇게 매혹적인 존재로 변할 수 있었는가이다. 발자크가 《결혼의 생리》에서 제시하는 방법은 아주 엉성하다. '결혼을 결코 강간으로 시작하지 마시오' 혹은 '쾌락의 느낌을 섬세하게 파악해서 발전시키고, 거기에 새로운 방식을 적용할 것, 독창적인 표현이야말로 남편의 재능이다'라는 등의 막연한 것이다. 그는 곧이어 이렇게 덧붙이고 있다. '서로 사랑하지 않는 두 사람 사이에선 이 재능은 외설이 된다.' 그런데 바로 그처럼, 르네는 루이를 사랑하지 않는다. 그리고 발자크가 묘사하는 이 루이 같은 남자의 어디를 어떻게 누르면 그 '재능'이 튀어나온다는 것인가? 발자크는 비겁하게도 그 문제를 슬쩍 숨겨 버렸다. 그는 한쪽으로 기울지 않는 애정이란 없다는 사실을, 그리고 사랑의 결여·강요·권태는 애정보다 후회·초조·적대감을 낳기 쉽다는 사실을 무시하고 있다. 《계곡의 백합》에서는 한결 성실하다. 불행한 모르소프 부인의 운명에도 교훈적인 부분은 많이 사라진 것으로 보인다.

결혼과 사랑의 조화는 대단히 힘든 일이어서 성공하려면 신의 개입이 필요하다. 이는 키르케고르가 우여곡절 끝에 이른 결론이다. 그는 결혼의 모순을 고발하기를 좋아했다.

> 결혼이란 얼마나 기이한 제도인가! 결혼을 더욱더 기이하게 만드는 것은 그것이 자연스러운 귀결이라고 여겨진다는 사실이다. 어떤 행위도 그처럼 결정적이지 않다…… 그러므로 이처럼 결정적인 행위는 자발적으로 이루어져야 하리라.*12

문제는 여기에 있다. 사랑이나 좋아하는 기분은 자발적인 것이지만 결혼은 하나의 결정이다. 더구나 사랑의 감정이 결혼 혹은 결혼하겠다는 다짐으로 이어져야만 한다. 즉 가장 자발적인 것이 동시에 가장 자유스러운 결정이어야 한다. 그리고 그 자발성이란 대단히 설명하기 어려운 것이므로, 신성하고 신중한 판단을 통해 결정되어야 함을 뜻한다. 또한 하나가 다른 것을 따라가서는 안 된다. 결정은 천천히 뒤에서 따라오는 것이 아니라, 모든 것이 동시에 일어나야 한다. 두 가지가 하나가 되어 대단원을 맞이해야 한다.*13

---

*12 《술 속에 진실이 있다》.
*13 《결혼에 관하여》.

즉 사랑한다고 결혼하는 것은 아니며, 사랑이 어떻게 의무가 될 수 있는가를 이해하는 것은 대단히 어려운 일이다. 그러나 키르케고르는 역설을 두려워하지 않는다. 그의 결혼에 관한 논문은 전체가 이 수수께끼를 밝히기 위하여 작성된 것이다. 그는 이렇게 말한다.

'신중한 판단은 자발성을 죽인다…… 신중하게 생각하다 보면 애정은 포기해야 한다는 것이 진리라면 결혼은 결코 이루어지지 않을 것이다.' 그러나 '결혼의 결정은 신중한 판단을 통하여 이루어지는 자발성의 또 다른 표현이다. 이는 순수하고 이상적인 방법으로, 자신이 사랑에 빠졌다는 데에 동의하는 것이다. 이 결정은 윤리적 기초 위에 세워진 종교적 인생관을 보여주며, 이른바 사랑의 통로를 확보하고 외적·내적인 모든 위험으로부터 사랑을 지켜야만 한다.' 그러므로 '남편, 훌륭한 남편은 그 자체가 하나의 기적이다!…… 삶의 엄숙함이 자신과 사랑하는 사람을 덮치고 있는데, 사랑이라는 행복한 감정을 언제까지나 간직할 수 있다니!'

여자는 어떤가 하면, 이성은 그녀의 몫이 아니므로 여자는 '신중한 판단'을 하지 않는다. 그래서 '여자는 사랑의 직접성에서 종교적인 직접성으로 넘어간다.' 알기 쉽게 풀이하면, 사랑을 하는 남자는 감정과 의무의 조화를 보증해 줄 신앙 행위에 따라 결혼할 결심을 하지만, 여자는 사랑을 하든말든 결혼하기를 원한다는 뜻이다. 내가 알고 있는 어떤 가톨릭 신자인 부인은, 제단 앞에서 선서를 하는 순간에 신랑신부는 자기들의 마음이 틀타고 있음을 느낀다고 순수하게 믿었다. 키르케고르도 결혼 전에 '애정'이 틀림없이 있어야 하지만, 그것이 일생 동안 지속되는 것은 역시 기적이라고 인정했다.

하지만 프랑스의 19세기말 소설가와 극작가는 신 앞에서의 서약을 그다지 신뢰하지 않고, 오히려 인간의 힘으로 부부의 행복을 확보하고자 했다. 그들은 발자크보다도 한결 대담하게 에로티시즘을 합법적인 육체관계에 동화시키는 가능성을 고려한다. 포르토리슈는 《사랑하는 여인》에서 성애와 가정생활을 양립할 수 없다고 확언하고 있다. 아내의 열정에 기진맥진한 남편은 보다 절도 있는 애인 곁에서 안정을 구한다. 그러나 폴 에르비외의 부추김에 의해 '성애'는 부부간의 의무라고 규범화된다. 마르셀 프레보는 젊은 남편에게 아내를 애인처럼 다루어야 한다고 가르친다. 그리고 은근하게 에로틱한 말로 부부 간의 성적 쾌락을 언급한다. 베른슈타인은 오로지 합법적인 사랑만을 그리는 극작가이다. 부도덕하고 거짓말을 일삼으며, 관능적이면서 심술궂고 도둑질하는 아내 곁에서, 남편은 현명하고 너그러운 인물로 나타난다. 더구나 그 남편에게선 정력적이고 능력 있는 애인의 일면도 엿보인다. 결혼을 예찬하는 비현실적인 소설이 많이 나타난 것은 간통 소설에 대한 반동이다. 콜레트까지도 이런 도덕적인 물결을 타고 《순진한 탕녀》에서, 어리석게 처녀성을 상실한 젊은 아내의 추잡한 경험을 묘사한 뒤에 그녀가 남편의 품에서 성적 쾌락을 알게끔 만들었다. 마찬가지로 마르댕 모리스는 약간 인기를 얻은 책에서, 젊은 아내를 능란한 애인의 침대 속으로 들어가게 한 뒤에, 다시 남편의 침대로 불러들여 그에게 아내의 경험을 이용하게 한다. 결혼제도를 존중하지만 개인주의적인 오늘날의 미국 남성도, 성욕과 결혼을 결부시키려고 노력을 기울이고 있다. 해마다 부부가 서로 만족할 수 있는 방법을 가르치는 막대한 수의 결혼생활 입문서가 발행된다. 그 책들은 특히 남자들에게 어떻게 하면 아내와 행복한 조화를 이룰 수 있는지 그 방법을 가르쳐 준다. 정신분석학자와 의사는 '부부생활 상담사' 역할을 한다. 여자도 쾌락을 누릴 권리가 있으며, 남자는 여자에게 그 쾌락을 주는 기술을 알아야 한다는 것이다. 그러나 이미 말한 바와 같이, 성적 성공은 단지 기술의 문제만이 아니다. 《남편이 알아 두어야 할 모든 것》《행복한 결혼의 비결》《두려움 없는 사랑》 따위의 참고서를 몇 권씩 줄줄 왼다고 해서 아내에게 그만큼 사랑받는지는 확실치 않다. 아내가 반응하는 것은 심리적인 상황 전체에 대해서이다. 그리고 전통적인 결혼은 여자의 에로티시즘을 각성시키고 꽃피우는 데 가장 유리한 조건을 만든다고 하기 어렵다.

예전에 모계공동체에서는 신부의 처녀성은 요구되지 않았다. 오히려 온갖 신비적인 이유로 결혼 전에 처녀성을 상실하게 하는 관습까지 있었다. 지금도 프랑스의 어느 지방에서는 이런 풍습이 아직 남아 있는 곳이 있다. 거기서는 처녀에게 혼전 순결을 요구하지 않는다. 때로는 '몸을 더럽힌' 처녀, 심지어 미혼모가 다른 처녀보다 더 쉽게 남편감을 만난다. 또한 여성 해방을 인정하는 사회에서는 처녀들에게도 젊은 남자와 똑같은 성적 자유가 인정된다. 하지만 부권 사회의 윤리는, 약혼한 여자는 처녀의 몸으로 남편에게 건네지도록 엄격히 요구한다. 남편은 아내가 다른 남자의 씨를 품고 있지 않다는 점을 확인하고 싶어한다. 자기의 것으로 만들 이 육체의 완전하고 독점적인 소유를 원한다.*14 처녀성은 도덕적·종교적·신비적 가치를 지니며, 이 가치는 오늘날도 일반적으로 인정되고 있다. 프랑스의 몇몇 지방에서는 신랑의 친구들이 초야의 침실 밖에서 웃고 떠들고 노래하면서, 신랑이 의기양양한 얼굴로 피가 묻은 시트를 들고 나오길 기다린다. 혹은 부모들이 다음 날 아침에 이것을 이웃 사람들에게 자랑하기도 한다.*15 이 정도로 노골적이지는 않지만 '첫날밤'의 관습은 아직도 상당히 많이 남아 있다. 이 관습이 외설 문학의 한 분야를 이룬 것도 우연은 아니다. 사회적인 것과 동물적인 것의 분리는 필연적으로 외설을 낳는다. 휴머니즘의 도덕에 의하면, 어떤 삶의 경험도 인간적인 의미를 지니고 있으며 자유를 품고 있다. 진정으로 도덕적인 삶에는 욕망과 쾌락의 자유로운 만족이 있다. 혹은 적어도 성욕의 한가운데에서 자유를 되찾고자 하는 비장한 투쟁이 이루어진다. 그러나 이것은, 사랑과 욕망 속에서 상대를 '개별적인' 것으로 인식할 때만 가능하다. 성본능이 개인에 의해 추구되지 않고, 신이나 사회를 통해 정당화되면 두 사람의 관계는 단지 동물적인 관계에 불과하다. 나이든 보수적인 부인들이 육체적인 행위를 이야기할 때 혐오감을 느끼는 것도 마땅하다. 그녀들은 이 행위를 배설과 다름없는 것으로 폄하해 왔다. 결혼 피로연에서 그토록 난잡한 웃음이 들리는 것은 그 때문이다. 천한 현실의 동물적 작용에 화려한 의식을 겹쳐 놓는 데에서 외설적 역설(逆說)이 생긴다. 결혼은 이 역설의 보편적이고 추상적인 의미를 공공연하게 나타낸다. 한 남자와 한 여자가 많은 사람 앞에서 상징적인 의식에 따라서 결합된다. 그러나 침실에서 은밀하게 서로를 마주하는 것은 구체적이고 개별적인 개인들이며, 모든 사람들이 이 교합에서 눈을 돌려 버린다. 콜레트는 13살 때 농가의 결혼식에 가서, 여자친구들에게 이끌려 신혼방을 엿보았을 때 무척 당황했다.

> 신혼부부의 침실…… 싸구려 붉은 무명 커튼 아래, 비좁고 드높은 침대가 놓여 있다. 새털과 거위솜털을 넣은 베개로 둥글게 부푼 침대. 이 침대가 땀과 향과 가축들 냄새, 소스의 열기로 후근거리는 오늘 하루의 종착역이

---
*14 제1부 '신화' 참조.
*15 '미국의 몇몇 지방에서는 이주민 1세대들이 첫날밤의 증거로서 유럽에 남은 가족들에게 피 묻은 시트를 보낸다'고 〈킨제이 보고서〉는 말한다.

다…… 머지않아 젊은 부부는 여기로 온다. 생각해 본 적도 없었다. 그들은 이 깊은 새털 속에 파묻힌다…… 어머니의 거침없는 이야기와 짐승의 생태가 아주 살짝 가르쳐 준 그 막연한 결합을 그 두 사람이 하는 걸까. 그 다음에는? 나는 이 침실과 생각지도 못한 이 침대가 두렵다.*16

소녀는 가족 잔치의 화려함과 커다란 침대의 동물적 신비 사이에 이질감을 느끼고, 어린 나이에 비탄에 빠진다. 결혼의 우습고 외설스러운 측면은 여자를 개별화하지 않는 문명에선 거의 발견되지 않는다. 동양과 그리스, 로마가 그러하다. 거기에서는 동물적 작용이 사회적 의식과 동일하게 일반적인 것으로 나타난다. 그러나 오늘날 서양에서는 남자와 여자가 모두 개인으로서 이해된다. 결혼식 하객들이 웃는 까닭은, 이 남자와 여자가 의식과 연설과 화환 밑에 숨긴 행위를 머지않아 완전히 개인적인 경험으로 완수할 것이기 때문이다. 화려한 장례식과 무덤 속의 부패 사이에도 무시무시한 대비가 있다. 그러나 죽은 사람은 땅에 묻히면 되살아날 수 없다. 한편, 신부는 시장(市長)이 걸치는 3색의 의식용 띠나 교회의 파이프오르간이 약속한 현실 체험의 개별성에 소스라치게 놀란다. 첫날밤에 어머니에게로 울며 돌아가는 신부는 희극에서나 볼 수 있는 것이 아니다. 정신의학서에는 이런 종류의 이야기가 수없이 많다. 나는 직접 들은 일도 몇 차례 있다. 성교육을 전혀 받은 일이 없는 명문가 처녀가 갑자기 에로티시즘을 발견하고 깜짝 놀란 것이다. 19세기에 아담 부인은 자기 입에 키스한 남자와 결혼하는 것이 도리라고 생각했다. 그것이 성적 결합의 최종단계라고 믿었기 때문이다. 보다 최근에는 슈테켈이 젊은 아내에 관해서 다음과 같이 말했다. '신혼여행 중에 남편에게 처녀성을 빼앗기자 그녀는 남편을 미친 사람이라고 생각하고, 정신이상자를 상대하는 것이 두려워서 감히 한마디도 건네지 못했다.'*17 한 아가씨가 무지한 나머지 여자 동성애자와 결혼하고 오랫동안 살면서도 남자와 자고 있지 않다는 사실을 전혀 몰랐다는 예도 있다.

    신혼 첫날밤, 밤 늦게 돌아와서, 신부를 우물 속에 처넣어 보라. 그녀는 그

---

*16 《클로딘의 집》.
*17 《불안 신경증상과 그 치료 조건》.

저 막연한 불안만 품고 있다가 소스라치게 놀랄 것이다……'어머나, 결혼이란 이런 것이구나. 그래서 결혼이 어떤 것인가를 비밀로 해온 거로군. 이런 함정에 빠지다니' 하고 그녀는 생각한다. 그러나 아내는 화가 나 있으므로 아무 말도 하지 않는다. 그래서 당신은 그녀를 두고두고 몇 번이나 우물에 담글 수 있다. 이웃에 어떠한 나쁜 소문도 내지 않고.

이 '첫날밤'이란 제목의 미쇼[18]의 시 한 토막은 상황을 아주 정확히 나타낸다. 오늘날은 많은 젊은 처녀들이 그런 사정을 더 잘 꿰뚫고 있다. 그러나 그녀들의 승낙은 여전히 막연하다. 그녀들의 처녀성 상실에는 여전히 폭력성이 어려 있다. "결혼 밖에서보다 안에서 발생하는 강간이 확실히 더 많다"고 하벨로크 엘리스는 말한다. 노이게바우어는 그의 저서 《출산에 대한 월간잡지》 9권에서 성교 때 여자가 페니스에 당하는 부상의 사례를 150가지 이상이나 수집했다. 그 원인은 난폭, 만취, 무리한 체위, 성기의 불균형이었다. 하벨로크 엘리스의 보고에 따르면, 영국에서 어떤 부인이 중산계급의 지적인 기혼 여성 여섯 사람에게 첫날밤의 일을 물어 보았다. 여섯 명 모두에게 성행위는 너무나 충격적인 것이었다. 그 가운데 두 사람은 성교에 대하여 전혀 모르고 있었다. 나머지 사람들은 알고 있다고 생각했지만 그래도 심리적으로 상처를 받았다. 아들러도 처녀막 파괴의 심리적 중요성을 강조했다.

　남자가 모든 권리를 획득하는 이 최초의 순간은 종종 여자의 온 생애를 결정한다. 경험이 없고 과도하게 흥분한 남편은 그때 여자에게 불감증의 씨를 뿌리기도 한다. 그리고 남편의 졸렬함과 난폭성이 거듭되면 불감증이 영구적인 지각 마비로 변하는 수도 있다.

이처럼 불행한 성 입문에 관한 많은 사례는 앞 장에서 이미 다루었다. 여기 슈테켈이 보고한 예가 또 하나 있다.

　아주 얌전하게 자란 H.N. 부인은 첫날밤을 떠올리기만 해도 부들부들 떨

---

*18 《감동의 밤》 참조.

었다. 남편은 그녀가 침대에 드는 것도 허락하지 않고, 난폭하게 옷을 벗겨냈다. 그리고 자기도 옷을 벗고, 그녀에게 자기 나체를 보이며 페니스를 보도록 명령했다. 그녀는 두 손으로 얼굴을 가렸다. 그러자 그가 외쳤다. "그러려면 네 집에 있지 왜 시집을 왔어, 이 바보야!" 그는 그녀를 침대 위로 떠밀고 난폭하게 처녀성을 빼앗았다. 그 뒤 그녀는 영원히 불감증이 되었다.

앞에서 보았듯이, 처녀가 그 성적 운명을 성취하기 위하여 극복해야 할 저항들은 실로 다양하다. 성의 입문에는 생리적인 동시에 심리적인 '작업'이 필요하다. 이 입문을 단 하룻밤에 해치우려는 것은 어리석고 야만적이다. 첫경험이라는 그토록 어려운 행위를 하나의 의무로 만들어 버리는 것도 상식에 어긋난다. 여자에게 공포가 가중되는 까닭은, 그녀가 당해야 하는 미지의 행위가 신성시되고, 사회·종교·가족·친구들이 자기를 마치 주인의 손에 넘겨주듯 엄숙하게 남편의 손에 넘기기 때문이다. 또한 결혼이 결정적인 성격을 띠는 만큼 이 행위가 자기의 온 미래를 속박하는 것으로 보이기 때문이다. 그녀는 첫경험 때 자기가 완전히 노출된 것처럼 느낀다. 자기 일생을 바칠 이 남자가 그녀의 눈에는 모든 '남자'를 구체화한다. 남자도 그녀 앞에 처음으로 얼굴을 드러내지만, 그 남자는 그녀에게 평생의 반려이기 때문에, 이 미지의 얼굴은 대단한 중대성을 지닌다. 하지만 남자도 자기에게 지워지는 구속 때문에 불안해 한다. 그에게도 걱정과 콤플렉스가 있고, 그 때문에 소심하고 어색해지거나 난폭해지기도 한다. 결혼식의 엄숙함 때문에 첫날밤에 무능해지는 남자들도 많다. 자네는 《강박관념과 신경쇠약》에서 이렇게 쓰고 있다.

부부 행위를 완수하지 못해서 자기의 운명을 부끄러워하고, 치욕과 절망으로 고민하는 젊은 남편들을 보지 못한 사람도 있으랴? 우리는 지난해에 아주 이상한 희비극적인 장면을 보았다. 성난 장인이 몹시 풀 죽은 사위를 살페트리에르 병원으로 데리고 왔다. 장인은 이혼청구에 필요한 의학증명을 요구했다. 전에는 정상이었지만, 결혼한 뒤부터는 거북하고 부끄러운 느낌 때문에 불능이 되었다는 것이 불쌍한 사위의 설명이었다.

욕정이 너무 격하면 처녀는 공포를 느끼고, 지나치게 조심스러우면 굴욕을 느낀다. 여자들은 자기들을 괴롭히면서 혼자만 이기적으로 쾌락을 즐기는 남자를 평생 기위한다. 그러나 또한 자기들을 무시하는 것처럼 보이는 남자나[19] 첫날밤에 처녀성을 빼앗으려 하지 않았거나, 시도했지만 실패한 남자에게 두고두고 원한을 품는다. H. 도이치에 의하면 기형을 구실로 외과수술을 통해 아내의 처녀막을 제거해 달라고 의사에게 부탁하는 소심하고 서툰 남편도 있다.[20] 그 까닭은 대체로 타당하지 않았다. 정상적으로 행위를 하지 못하는 남편에 대해 여자들은 두고두고 경멸과 원한을 품는다고 그녀는 말한다. 프로이트[21]의 관찰은 남편의 성적 불능이 아내에게 정신적 외상을 줄 수도 있음을 보여 준다.

어떤 여자 환자는 한 방에서 다른 방으로 달려가는 습관이 있었다. 그 방 가운데에는 테이블이 있는데, 그 환자는 테이블보를 일정한 방법으로 깔아 두고 종을 울려 하녀를 테이블 가까이 불렀다가 다시 내보냈다...... 이 강박관념을 설명하려고 할 때 H. 도이치는 이런 것을 떠올렸다. 즉 그 테이블보에 더러운 얼룩이 있어서, 그 얼룩이 하녀의 눈에 바로 띄도록 매번 그것을 펼쳤다는 것이었다...... 이 모든 것은 남편이 사내 구실을 못했던 첫날밤의 재연이었다. 남편은 다시 해 보기 위해서 몇 번이고 자기 방에서 아내의 방으로 달려갔다. 그리고 결국 침대를 정돈하는 하녀에게 부끄러워서, 그는 출혈이 있었던 것처럼 보이려고 붉은 잉크를 시트에 칠해 놓았다.

'첫날밤'은 에로틱한 경험을, 훌륭히 치러 낼 수 없을까 봐 걱정하는 시련으로 변형시킨다. 아내도 남편도 상대방을 친절하게 생각할 여유를 부리기에는 저마다 자신의 문제로 너무나 빠듯하다. 첫날밤의 엄숙함 때문에 성체험은 공포스러운 것이 된다. 따라서 첫날밤 때문에 여자가 영원히 불감증이 되는 경우가 많은 것도 전혀 놀라운 일이 아니다. 남편에게 어려운 문제는 '아내를 너무 음란하게 자극하면' 그녀가 분개하거나 모욕을 느낄지도 모른다는 것이다. 이런 걱정은 특히 미국의 남편들, 그 가운데에서도 대학교육을 받은 부부의

---

*19 앞 장에서 인용한 슈테켈의 관찰을 참조.
*20 《여성심리》.
*21 슈테켈의 《불감증의 여자》에 따라 요약했다.

남편들을 위축시키는 것 같다고 〈킨제이 보고서〉는 지적한다. 왜냐하면 여자가 자의식이 강할수록 그만큼 자기를 더 억제하기 때문이다. 하지만 그렇다고 남편이 지나치게 조심스러우면 아내의 관능을 일깨우는 데 실패한다. 이런 모순은 여성이 지닌 태도의 모호성에서 비롯된다. 젊은 여자는 쾌락을 원하는 동시에 거부한다. 그녀는 상대에게 조심성을 요구하면서 또 그것 때문에 고민한다. 아주 드문 행운을 손에 넣은 경우를 제외하고, 남편은 아마도 바람둥이나 아니면 솜씨가 서툰 사내처럼 보일 것이다. 그래서 '부부의 의무'가 흔히 여자에게 불쾌한 노역에 불과하다는 것도 놀랄 일이 아니다.

디드로는 말한다.*22

'싫어하는 남편에게 복종하는 것은 여성에게 형벌이다.' 나는 남편이 몸을 접촉해 오면 혐오감으로 몸서리치는 어느 정숙한 부인을 보았다. 그녀는 목욕을 해도 그 의무의 더러움은 결코 깨끗이 씻어 낼 수 없다고 생각했다. 이런 종류의 혐오는 우리 남성에게 거의 알려지지 않았다. 다수의 여성은 극도의 쾌락을 맛보지 못하고 죽는 반면, 우리의 생식기관은 한결 관대하다. 일시적인 간질 같은 것이라고 할 수 있는 쾌락은 여자들에게 흔한 일이 아니다. 그러나 우리는 그것을 원하면 틀림없이 거기에 도달한다. 열애하는 남자의 품에서도 여자는 최고의 행복을 놓친다. 그러나 우리는 싫어하는 여자 곁에서도 그것을 얻는다. 그녀들은 우리보다 감각을 지배하지 못하기 때문에 그 보상 역시 느리고 또 확실치 못하다. 그녀들의 기대는 수없이 좌절된다.

실제로 많은 여자들은 한번도 쾌락이나 성적 도취를 모른 채 어머니가 되고, 할머니가 된다. 그녀들은 의사의 증명이나 다른 구실을 만들어 '의무의 더러움'에서 벗어나려고 한다. 〈킨제이 보고서〉는, 미국에서 상당수의 부인들이 '자신의 성교 횟수는 이미 충분히 많으므로, 남편이 그토록 자주 관계를 원치 않기를 바란다'고 쓰고 '성교를 더 바라는 여성은 아주 극소수이다'라고 지적했다. 그러나 앞에서 언급한 바와 같이, 여자의 에로티시즘의 가능성은 거의

---

*22 《여자에 관하여》.

무한하다. 이런 모순은 결혼이 여성의 에로시티즘을 규제한다는 명목으로 실은 그것을 죽이고 있음을 잘 보여주고 있다.

모리아크는 《테레즈 데케루》에서 '현실적인 결혼을 선택한' 젊은 여성의 결혼 전반에 대한, 특히 부부의 의무에 대한 반응을 그렸다.

테레즈는 결혼에서 지배나 소유보다 피난처를 구했던 것일까? 그녀를 결혼으로 몰아붙인 것은 일종의 두려움이 아니었을까? 어릴 때부터 현실적이었고 가사일을 도맡아하던 그녀는 자기의 지위를 확보하여 안정된 삶을 살아가려고 서둘렀다. 정체를 알 수 없는 어떤 의기의식으로부터 자신을 지키고 싶었던 것이다. 그녀가 약혼의 시기만큼 합리적이고 지각 있게 보인 적은 없었다. 그녀는 가족이란 테두리 안에 잘 들어가 자리를 잡았다. '정착하여' 하나의 질서 속으로 들어간 것이다. 그녀는 위기의식으로부터 벗어났다. 찜통 같은 결혼식 날, 생클레르의 비좁은 교회에서 부인들의 수다가 숨이 끊긴 오르간 소리를 묻어버리고, 그녀들의 향수가 제단의 향내를 압도했다. 그날 테레즈는 이제 끝장났다고 느꼈다. 몽유병자처럼 새장 속으로 걸어들어가 무거운 덧문이 닫히는 소리를 듣는 순간, 그 불쌍한 처녀는 갑자기 눈을 떴다. 아무것도 변한 것은 없었다. 그러나 그녀는 이제 혼자서 파멸하는 것조차 불가능하리라 생각했다. 나뭇가지 밑을 맴도는 음험한 불처럼, 이제부터 그녀는 가정에 깊숙이 묻혀 있게 될 것이다……

……반은 농민적이고 반은 부르주아적인 이 결혼식 날 밤, 처녀들의 화려한 의상이 눈을 끄는 가운데 사람들이 신랑신부의 자동차를 에워싸며 박수갈채를 보냈다…… 테레즈는 그날 밤을 생각하며 이렇게 말했다. "역겨웠다." 이어서 "하지만……그렇게 싫지도 않았어." 이탈리아의 호숫가에서 보낸 신혼여행 동안 그녀는 몹시 괴로웠던가? 아니, 그렇지 않았다. 그녀는 '자기의 마음을 감추는' 유희를 하고 있었다. 테레즈는 이런 가면에 자기의 육체를 길들일 줄 알았다. 그리고 거기에서 몹시 괴로운 쾌락을 맛보고 있었다. 한 남자가 그녀를 강제로 끌고 간 그 미지의 놀라운 세계, 거기에는 아마 그녀를 위한 행복도 있었으리라고 상상했다. 그러나 어떤 행복이 있었던가? 빗속에 가려진 풍경 앞에서, 날씨가 개면 어떤 모습일지 상상하는 것처럼, 테레즈는 그렇게 쾌락을 찾고 있었다. 베르나르, 눈빛이 덩청한 사내…… 쉽게

속아 넘어가는 얼간이! 돼지우리 사이로 보이는 먹이통 앞에서 행복에 겨워 코를 울리는 귀여운 새끼돼지처럼, 그는 자기의 쾌락 속에 갇혀 있었다. '내가 바로 그의 먹이통이군.' 테레즈는 생각했다…… 육욕에 대한 모든 것 가운데서도, 신사의 애무와 변태의 그것을 구별하는 일을 그는 어디서 배운 걸까? 아무런 주저도 없이……

……가엾은 베르나르, 다른 남자들보다 특히 나쁜 것도 아닌데! 하지만 욕망으로 다가오는 그의 모습은 괴물과 조금도 다를 바 없었다. '조금만 움직여도 그 멍청이, 그 미치광이가 내 목을 죌까 봐, 나는 늘 죽은 듯이 시체놀이를 했다.'

다음은 한결 적나라한 증언이다. 이것은 슈테켈이 수록한 고백으로, 세련되고 교양 있는 환경에서 자라난 28세 여자의 부부생활에 관한 사례이다.

나는 행복한 약혼자였다. 나는 안정감을 얻은 것과 동시에 갑자기 사람들의 눈길을 끄는 인간이 되었다. 나는 주위로부터 사랑을 받았고 약혼자는 나에게 찬사를 아끼지 않았다. 이 모든 것이 나에게는 새로운 경험이었다…… 키스(약혼자는 결코 이 이상의 애무를 하려고 하지 않았다)는 나를 달아오르게 했다. 결혼식 날을 기다릴 수 없을 정도였다…… 결혼식 날 아침 몹시 흥분한 탓에 속옷이 금방 땀에 흠뻑 젖었다. 내가 그토록 갈망했던 미지의 것을 이제 곧 알게 된다는 생각뿐이었다. 나는, 남자가 여자의 질 속에 오줌을 눈다는 어린애 같은 생각을 하고 있었다…… 침실에 들어가서 남편이 내게 저쪽에 가 있는 것이 좋겠느냐고 물었을 때 벌써 약간 실망했다. 하지만 그의 앞에서는 정말 부끄러웠기 때문에 그렇게 해 달라고 부탁했다. 옷 벗는 장면은 상상 속에서는 중요한 부분이었지만. 내가 침대에 들어가자 남편은 대단히 당황한 태도로 돌아왔다. 나중에 들은 그의 고백에 따르면, 그는 내 모습을 보고 겁이 났다고 한다. 나는 그토록 눈부시고 기대에 부푼 젊음의 화신이었던 것이다. 그는 옷을 벗자마자 불을 껐다. 그리고 나를 끌어안고 곧바로 점령하려고 했다. 나는 매우 겁이 나서, 만지지 말라고 부탁했다. 그에게서 아주 멀리 떨어져 있고 싶었다. 사전의 애무도 없이 막무가내로 하려고 해서 소름이 끼쳤다. 나는 그를 난폭하다고 생각했고, 그 뒤에도 자주 그것으로 그를 비난했다. 실은 난폭한 것이 아니라, 한심할 정도로 솜씨가 서툴고 센스가 없었을 뿐이었다. 밤새도록 온갖 짓을 다 해 보았지만, 하나도 성공하지 못했다. 차츰 서글퍼지기 시작했다. 나는 자신의 어리석음을 부끄러워했다. 모든 것이 내 탓이고, 또 내 몸이 흉하기 때문이라고 생각했다…… 마침내는 키스에 만족하기로 했다. 열흘 뒤에 그는 드디어 나의 처녀성을 빼앗을 수 있었지만, 성교는 불과 몇 초만에 끝나고 말았다. 나는 가벼운 통증 말고는 아무것도 느끼지 못했다. 그것은 커다란 환멸이 아닐 수 없었다! 나중에 성교 동안 약간의 즐거움을 느끼게 되었지만, 성공하더라도 대단히 힘이 들었으므로, 남편은 목적을 달성하기 위하여 여전히 애를 먹었다…… 프라하에 사는 독신자인 시동생의 방 침대에서 내가 잤다는 것을 그가 안다면 어떻게 느낄지를 상상했다. 그 방에서 나는 처음으로 오르가슴을 느끼고 대단히 행복해졌다. 처음 몇 주일 동안 남편은 밤마다 나를 애무했다. 나는 오르가슴에 이르기는 했지만 만족하지는 못했다. 울고 싶도록 자극이 너무 짧았기 때문이다…… 두 번째 출산 뒤—성교에 더욱더 만족할 수 없었다. 어쩌다가 오르가슴에 도달해도 남편은 언제나 나보다 먼저 끝났다. 나는 매번 걱정스럽게 그 귀추를 주목했다. '그가 얼마 동안이나 계속할까?' 그가 나를 어중간하게 건드려놓고 혼자서 만족해하는 그가 미웠다. 가끔 성교 중에 시동생이나 출산을 도와 준 의사를 상상했다. 남편은 손가락으로 나를 자극하려고 노력했다…… 나는 몹시 흥분했지만 그런 방법은 부끄럽고 불건전하다고 생각되어 달갑게 느껴지지 않았다…… 우리의 온 결혼 기간을 통해서 그는 나의 몸을 단 한 번도 애무해 준 일이 없다. 하루는 그가 나와는 더 이상 아무것도 하지 않겠다고 말했다…… 그는 나의 나체를 본 적이 없다. 우리는 언제나 잠옷을 벗지 않았고, 그는 성교를 밤에만 했기 때문이다.

대단히 관능적인 이 여자는 그 뒤 애인의 품에서 완전히 행복해졌다.
약혼이란 젊은 처녀의 성교육 입문을 점진적으로 행하는 데 그 목적이 있다. 그러나 흔히 사회풍습은 약혼자들에게 극도의 순결을 강요한다. 이 기간 동안 처녀가 미래의 남편을 '알게 될' 경우에도 그녀의 위치는 신부의 그것과 큰 차이가 없다. 처녀가 몸을 맡기는 까닭은 사랑의 맹서가 결혼과 마찬가지로 결정적인 것처럼 보이기 때문이며, 첫경험은 실험적 성격을 띤다. 일단 그녀가 몸을 허락하면—임신하여 완전히 속박되지 않더라도—그녀 쪽에서 약혼을 취소하는 일은 드물다.

사랑이나 욕망이 두 사람에게서 완전한 동의를 끌어내면, 첫경험의 어려움은 쉽게 극복된다. 애인들이 서로의 자유를 인정하면서 기쁨을 주고받으면, 육체적인 사랑은 그 기쁨으로부터 힘과 품위를 얻는다. 그때 그들의 행위는 어느 하나도 부끄러운 게 아니다. 두 사람 모두에게 그런 행위는 억지로 부과된 것이 아니라, 순수하게 바란 것이기 때문이다. 그러나 결혼의 원칙은, 자발적인 동기 위에서 이루어져야만 할 사랑의 교류를 권리나 의무로 변형시키기 때문에 외설스럽다. 결혼은 그 일반화 속에서 육체를 파악하려고 하기 때문에 육체에 도구적 성격, 즉 타락한 성격을 부여한다. 남편은 흔히 의무를 수행한다는 생각에서 위축되고, 아내는 자기 몸에 권리를 행사하는 누군가에게 몸을 맡긴다는 생각에서 부끄러움을 느낀다. 물론 결혼 초기부터 성관계에 두 사람의 개성이 반영되는 수도 있다. 또는 성적 수련이 아주 점진적으로 이루어지기도 한다. 첫날밤부터 부부가 서로 행복한 육체적 매력을 발견하는 경우도 있다. 결혼은 지금도 육체에 흔히 결부되어 있던 죄의식을 제거해 주는 것으로, 여자가 편하게 몸을 맡길 수 있게 한다. 안정된 습관적인 동거는 육체적 친밀성을 낳고, 육체적 친밀성은 성적 성숙에 유리하다. 결혼 초기 몇 년 동안 완전히 만족을 느끼는 아내들이 많다. 그 아내들이 그 만족감 때문에 남편에게 감사하는 마음을 잊지 않으며, 나중에 남편이 잘못을 저지르더라도 모두 용서하게 된다는 것은 주목할 만한 일이다. '불행한 부부생활에서 벗어나지 못하는 아내는 반드시 예전에 남편에게서 성적 만족을 느꼈던 여자이다'라고 슈테켈은 말한다.

그러나 젊은 처녀가 성적으로 접촉해 본 적 없는 한 남자와만 일생 동안 잠자리를 하기로 약속한다는 것은 대단히 위험을 무릅쓰는 일이다. 그녀의 성적 운명은 주로 상대에 따라 결정되기 때문이다. 이것은 레옹 블룸이 《결혼에 관하여》라는 저서에서 지적한 역설인데, 그의 의견은 올바르다.

재산·지위를 위한 결혼에도 사랑이 싹틀 기회가 얼마든지 있다는 주장은 위선이다. 실제적이고 사회적이며 도덕적인 이해관계로 맺어진 부부에게 일생 동안 서로에게 성적 행복을 주도록 요구하는 것은 지극히 부조리하다. 그러나 이런 타산적인 결혼의 지지자들도, 연애 결혼이 부부의 행복을 반드시 보장하는 것은 아님을 간단히 증명할 수 있다. 우선 젊은 처녀가 흔히 알고 있는 것은 이상적인 사랑이지만, 그것이 언제나 그녀의 성적 사랑 쪽으로 흐르는 것은 아니기 때문이다. 그 처녀가 유치하고 소녀적인 고정관념을 투영한 순수한 사랑, 몽상, 열정, 이런 것들은 언제까지나 일상생활의 시련을 견디고 영속될 수 있는 것들이 아니다. 비록 처녀와 그 약혼자 사이에 성실하고 격렬한 성적 유혹이 오고가더라도, 그것은 일생 동안 그들의 삶 전체를 지탱할 만큼 견고한 기초는 되지 못한다. 콜레트는 이렇게 쓰고 있다.*23

성적 쾌락은 사랑의 무한한 사막 속에서 열렬하지만 매우 좁은 장소 외에는 차지하지 못한다. 처음에는 그 작은 것이 너무도 활활 불타고 있으므로, 그것밖에 보이지 않는다. 이 불안정한 불꽃 주위에 있는 것은 미지의 위험이다. 우리는 짧은 포옹에서 혹은 긴 밤에서 깨어나면, 서로의 곁에서 나란히, 서로를 위하여 살아가야 한다.

그리고 결혼 이전부터 육체적인 사랑을 나누었거나 또는 결혼 초기에 일찍 성에 눈뜬 경우에도, 그것이 오랫동안 계속되는 일은 매우 드물다. 서로 사랑하는 두 사람의 성적 욕망은 그들의 개별성을 내포하고 있으므로, 성애에는 반드시 정조가 필요하다. 그들은 이 개별성이 외부의 경험에 의해 침해되는 것을 거부한다. 서로 상대에게 유일무이한 존재가 되기를 원한다. 그러나 이런 정조는 자발적인 것이 아니면 의미가 없다. 그리고 에로티시즘의 마술은 너무나 빨리 사라져버린다. 신기하게도 에로티시즘은 서로 사랑하는 두 사람에게, 저마다 하나의 무한한 초월성으로서 실존하는 존재를 그 순간에 육체적인 형태로 부여한다. 그리고 아마 이 존재의 소유는 불가능하겠지만, 적어도 특별하고 충격적인 방법으로 감동을 줄 수 있다.

그러나 두 사람 사이에 적대감·혐오·무관심이 생겨 서로 더 이상 감동을 주고받고 싶지 않게 될 때 에로틱한 매력은 사라진다. 그리고 그것은 존경과 우정마저도 완전히 사라져버린다. 왜냐하면 그 초월성의 움직임 자체 속에, 세계

---

*23 《방랑의 여인》.

나 자기들 공동의 일을 통해서 결합되어 있는 두 사람은 더 이상 육체적으로 결합할 필요가 없기 때문이다. 육체적 결합이 의미를 잃은 이상 그들에게 육체는 혐오의 대상이다. 몽테뉴가 사용한 '근친상간'이란 말은 의미심장한 것이다. 에로티시즘은 '타자'로 향하는 운동이며, 거기에 본질적인 성격이 있다. 그러나 부부라는 것은 그 결합의 내부에서 서로 '동일자'가 된다. 그 사이에서는 어떤 사랑의 교류나 증여, 정복도 불가능하다. 만일 그들이 연인과 같은 상태로 머물러 있으면 꼴사나운 경우가 많다. 부부의 성행위는 각자가 자기를 초월하는 주체적 경험이 아니라, 함께 하는 자위행위와 같음을 그들은 알고 있다. 부부는 서로 상대를 자기 욕망을 만족시키는 데 필요한 도구로 생각한다. 평소에는 예의로 그것을 감추고 있지만, 그런 예의를 제거해 버리면 그 사실이 뚜렷이 드러난다. 라가슈 박사가 그의 저서 《질투의 성질과 형태》에서 보고한 관찰이 그것을 잘 보여 준다. 아내는 남자의 성기를 자기 전용의 쾌락 저장고처럼 생각하고, 다락 속에 간수해 둔 통조림처럼 그것을 고이 간직해 둔다. 남편이 그것을 다른 여자에게 주면 자기의 몫이 없어진다. 따라서 귀중한 정액이 낭비되지는 않았나 하고 남편의 팬티를 의심쩍게 살핀다. 주앙은 《남편의 기록》에서, '당신에게 외도의 흔적이 있지나 않을까, 날마다 의심스런 눈초리로 당신의 아내는 당신의 셔츠나 잠든 모습을 살펴본다'고 지적하고 있다. 남편은 남편대로 아내의 의견도 묻지 않고, 그녀에게서 자기의 욕망을 만족시킨다.

그렇다고 이 거친 욕구의 충족이 인간의 성욕을 충분히 채워 주는 것은 아니다. 그래서 가장 합법적이라는 포옹에서조차 때로 패덕의 뒷맛이 남는다. 아내가 에로틱한 공상의 힘을 빌리는 것은 흔히 있는 일이다. 슈테켈은 25세의 아내가 '연상인 힘센 남자에게 불의의 욕을 당하고 있다고 상상하면, 남편에게도 가벼운 오르가슴을 느낄 수 있다'는 사례를 인용한다. 그녀는 자기가 강간당하고 얻어맞고 있다고 마음에 그리면서 그동안 남편을 '다른 남자'라고 상상하는 것이다. 남편도 이와 동일한 꿈을 품고 있다. 자기 아내의 육체 위에서 그는 카바레에서 본 댄서의 넓적다리나, 사진에서 눈여겨본 나체 여인의 유방, 또는 그런 추억이나 이미지를 떠올린다. 혹은 아내가 다른 남자의 욕망의 대상이 되어 소유되고 강간당하는 것을 상상한다. 이것은 아내의 잃어버린 타성을 회복시키는 방법이다. '결혼은 기괴한 치환(置換)이나 도착(倒錯), 능숙한 연기자를 만들어 낸다. 가상과 현실 사이의 한계 자체를 없애 버리려는 두 사람의 파트너가 연출하는 희극이다'라고 슈테켈은 말한다. 극단적인 경우에는 뚜렷한 성적 도착이 나타난다. 남편은 엿보는 심리자가 된다. 아내의 매력을 회복시키기 위해, 그는 아내가 애인과 동침하는 것을 보거나 알아야 한다. 그는 그녀가 거절하도록 일부러 사디즘적으로 괴롭힌다. 이런 행위를 통해 아내의 의식과 자유가 분명히 떠오르게 되면, 자기가 소유하는 것이 분명히 한 인간임을 확인하는 것이다. 반대로 아내는, 남편에게서 그와는 다른 지배자나 폭군을 불러일으키려고 마조히즘적 행위를 보인다. 내가 아는 어떤 부인은 가톨릭 기숙학교에서 경건하게 자랐다. 그녀는 낮에는 제멋대로인 데다 지배욕이 강한 성격이었지만, 밤만 되면 남편에게 채찍으로 때려 달라고 열렬히 애걸했다. 남편은 마지못해 그렇게 해 주었다고 한다. 결혼생활에서는 성적 도착도 조직적이고 냉혹하며 심각한 양상을 띠는데, 이는 더없이 측은한 궁여지책이 되고 만다.

 육체적 사랑은 그 자체로 절대적인 목적도 단순한 수단도 될 수 없다. 그것은 자신의 실존을 정당화할 수 없으며 다른 것에 의해 정당화될 수도 없다. 즉 육체적 사랑은 인간의 모든 삶 속에 삽화(揷話)처럼 끼어들면서도, 또한 자주적인 역할을 해야 할 것이다. 무엇보다 먼저, 그것은 자유로워야 한다.

 또한 부르주아적 낙천주의가 젊은 아내에게 약속하는 것은 사랑이 아니다. 젊은 아내의 눈에 어른거리는 이상은 행복이다. 즉 일상의 내재와 반복 속에 있는 평화와 안정이 그녀의 이상이다. 평화와 번영의 시기에 이 이상은 부르주아 계층 전체, 특히 지주 계급의 이상이었다. 그들은 미래와 세계의 정복을 노리지 않고 과거의 평화적 보존, 즉 현상유지만을 목표로 했다. 야심이나 열정, 방향 없이 무한히 반복되는 하루하루의 곁으로 드러난 평화만이 있을 뿐이다. 존재이유도 탐구하지 않고 죽음을 향해 조용히 미끄러져 가는 생활. 이것이 《행복의 소네트》를 쓴 저자가 칭송하는 것이다. 에피쿠로스와 제논 사상의 흐름을 따르는 이 거짓된 지혜는 오늘날에는 그 신뢰를 잃어버렸다. 세계를 있는 그대로 보존하고 반복하는 것은 바람직하지도 않고, 가능한 일로 보이지도 않는다. 남성이 부여받은 천직은 행동하는 것이다. 생산하고, 싸우고, 창조하고, 진보하고, 온 우주와 무한한 미래를 향해 자기를 초월해야만 한다. 그런데 전통적인 결혼은 여자에게 남편과 더불어 자기를 초월하도록 허락하지 않는다. 반대로 여자를 내재 속에 가둔다. 그러므로 여자는 과거의 연장인 현재에 머물며 미래에 대해 어떤 두려움도 느낄 필요가 없는 안정된 생활을 이룩하는 것 말고는 다른 목적을 세울 수가 없다. 다시 말해 이것이 바로 여자의 행복이라는 것이다. 아내는 사랑이 없더라도 남편에게 부부애라고 불리는 다정하고 존경에 찬 감정을 느끼게 된다. 그녀는 자신이 관리를 맡고 있는 가정 안에 세계를 가두고 있다. 그리고 미래를 향해서 인류의 종(種)을 보존하는 데 기여한다. 그러나 실존하는 어느 누구도—특히 남성의 경우에—자기의 초월성을 절대로 단념하지 않는다. 초월을 부정한다고 아무리 주장해도 그것은 불가능하다. 옛날의 부르주아 남자는 기성 질서를 유지하고 번영의 미덕을 과시하면서, 신과 나라, 제도와 문명에 봉사한다고 믿었다. 행복을 추구하는 것은 남자로서의 직능을 수행하는 것이었다. 여자에게도, 가정의 조화로운 생활은 궁극의 목적들을 향하여 초월되어야 했다. 여자의 개성과 세계 사이에 중개자의 역할을 하는 것은 남자이다. 남자는 여자의 우연한 사실성에 인간으로서의 가치를 부여한다. 아내로부터 기획하고 행동하고 싸우는 힘을 이끌어 냄으로써 남자는 아내를 정당화한다. 아내는 남편의 손에 자기실존을 맡긴다. 그러면 남자가 거기에 의미를 부여한다. 이것은 아내가 겸허하게 체념을 하는 것을 전제로 한다. 그러나 여자는 그것에서 대가를 받는다. 남성의 힘에 인도되고 보호받으면서, 근원적인 유기를 면할 수 있기 때문이다. 즉 아내인 여자는 필연적인 존재가 된다. 집안의 여왕으로서 자기 영지 내에서 평화롭게 휴식하며 남자를 매개로 무한한 우주와 시간을 꿰뚫고 이끌려 간다. 아내이자 어머니이자 주부로서, 살아갈 힘과 삶의 의미를 결혼에서 동시에 발견한다. 우리는 이 이상이 현실에서 어떤 형태로 나타나는가를 살펴봐야 한다.

이상적인 행복은, 초가든 큰 저택이든 언제나 집 안에서 구현된다. 집은 영구불변과 분리를 구체화한다. 가정은 하나의 독립된 단위를 형성하여, 수많은 세대들을 뛰어넘어 그 동일성을 확보한다. 가구나 선조들의 초상화 형태로 보존된 한 집안의 과거가 안전한 미래를 예시한다. 정원에선 식용채소들이 규칙적인 사계의 순환을 보여준다. 해마다 똑같은 꽃으로 꾸며진 똑같은 봄이 찾아와 변함없는 여름과, 한결같은 과실을 맺는 가을이 다시 옴을 약속한다. 시간과 공간은 무한을 향하여 이탈하지 않고 얌전히 원을 그리며 순환한다. 소유지 위에 세워진 온갖 문명에는 풍부한 문학이 있어, 가정의 미덕을 시로 노래한다. 《집》이라는 제목의 앙리 보르도의 소설에선 가정이 모든 부르주아적 가치들을 요약해서 말해주고 있다. 과거에의 충실, 인내, 저축, 선견(先見), 가족과 고향에 대한 사랑 등이다. 집을 예찬하는 사람들 가운데에는 여자가 많다. 가족집단의 행복을 확보하는 것은 여자들의 임무이기 때문이다. 그 역할은, 고대 로마의 '귀부인'이 그 저택에서 군림했던 시대처럼, '집의 여주인'인 것이다.

오늘날에는 집이 가부장제의 영예를 잃었다. 대다수의 남자에게 집은 더 이상 지난 여러 세대들의 기억에 압도되고, 앞으로 올 여러 세기들을 가두어 두는 장소가 아니다. 그저 단순한 주거지에 불과하다. 그러나 여자는 여전히 '가정 안'에 옛날의 진정한 집이 지녔던 가치와 의미를 부여하려고 노력한다. 존 스타인벡은 《캐너리 로》에서, 늙은 여자 방랑객이 남편과 같이 살고 있는, 낡아서 누군가에게 버려진 토관을 양탄자와 커튼으로 꾸미려고 애쓰는 모습을 그리고 있다. 남자가 창도 없는데 커튼이 무슨 소용이냐고 반대를 해도, 여자는 고집을 굽히지 않는다.

이런 광기는 여자 고유의 것이다. 일반적으로 남자는 주위의 물건들을 도구로 생각한다. 그리고 그런 물건들을 고유의 용도에 따라서 처리한다. 그에게 '질서'란—여자에게는 '무질서'로밖에 보이지 않지만—손이 닿는 곳에 담배·종이·연장을 두는 것이다. 특히 일정한 물건을 통해서 세계를 재창조하는 예술가들—조각가나 화가—은 자기가 살고 있는 환경에는 전혀 무관심하다. 릴케는 로댕에 대하여 이렇게 썼다.

처음으로 로댕의 집에 갔을 때, 그 집이 그에게는 단순히 필요한 물건들을 두는 곳 이외에는 아무것도 아니라는 사실을 알았다. 그것은 추위를 피하고 잠자기 위한 곳이었다. 그는 집에 무관심하며, 집은 그의 고독과 명상에 조금도 영향을 주지 않는다. 로댕은 그늘이며 은신처이며 평안을 주는 가정을 자기 속에서 찾았다. 그 자신이 바로 하늘이며 숲이며, 무엇으로도 막지 못하는 커다란 강이 되어 있었다.

그러나 자기 속에서 집을 찾아 내기 위해서는 먼저 작품이나 행위에서 자기를 실현해야만 한다. 남자가 가사 같은 일에 별로 흥미가 없는 까닭은, 그가 온 세계로 얼굴을 돌리고 있기 때문이며, 온갖 기획들 속에서 자기를 확인할 수 있기 때문이다. 한편 여자는 부부공동체 속에 갇혀 있다. 그녀에게 필요한 일은, 이 감옥을 왕국으로 바꾸는 것이다. 그녀의 가정에 대한 태도는, 일반적으로 여자의 신분을 정의하는 것과 같은 변증법에 따라 정해진다. 여자는 스스로 먹이가 됨으로써 상대를 얻고, 모든 것을 포기함으로써 자신을 자유롭게 한다. 세계를 단념함으로써 하나의 세계를 정복하려고 한다.

여자는 아무 미련없이 집에 틀어박히는 것이 아니다. 처녀시절에는 이 지상 전체가 자기의 나라였다. 숲은 그녀의 것이었다. 그러나 지금 그녀는 좁은 공간에 갇혀 있다. 대자연은 제라늄 화분 한 개의 크기로 축소되었다. 네 벽이 지평선을 가리고 있다. 버지니아 울프의 한 여주인공은 한탄한다.*24

> 나는 이젠 겨울과 여름을 들에 나는 풀이나 히스의 상태를 보고 구별하는 게 아니라, 유리창에 서린 김이나 결빙으로 가늠할 뿐이다. 예전에는 어치가 떨어뜨린 깃털의 그 아름다운 남빛에 감탄하면서 너도밤나무 숲을 산책하며, 도중에 방랑자와 양치기들을 만나곤 했던 내가…… 지금은 새털 빗자루를 손에 들고 이 방에서 저 방으로 바삐 다닌다.

그러나 그녀는 이런 구속을 어떻게든 부정하려고 애쓴다. 그녀는 다소의 비용을 들여서 지상의 동물과 식물, 이국, 지나간 시대 등을 집 안에 가둔다. 그리고 거기에, 그녀에게 인류 전체를 대표하는 남편과 미래를 축소시켜 보여 주는 아이를 가둔다. 가정은 세계의 중심이 되고, 세계의 유일한 진리가 되기도 한다. 바슐라르가 정확히 지적하듯이, 가정은 '일종의 반세계(反世界), 혹은 제외된 세계'로, 피난처·은신처·동굴·태내로서 외부의 위험을 막아준다. 이 어수선한 외부는 비현실이 된다. 특히 저녁에 덧문이 닫히면, 여자는 자기가 여왕이라고 느낀다. 세계에 퍼지는 정오의 태양빛은 그녀에게는 너무 눈부시다. 밤이 되면 그녀는 아무것도 빼앗기지 않아도 된다. 자기가 소유하지 않은 것은 모두 보이지 않게 되기 때문이다. 전등 갓 밑에서 그녀는 오로지 자기 집만을

---

*24 《물결》.

비치는 자기의 툇빛이 빛나는 것을 본다. 자기 집 외에는 아무것도 존재하지 않는다. V. 울프의 다음 대목은, 외부 공간이 어둠에 사라질 때, 현실이 집 안으로 집중되는 것을 보여 준다.

지금은 밤이 유리창 너머로 멀리 떨어져 있다. 유리창은 외부 세계를 정확하게 보여 주지 않고 이상하게 왜곡시킨다 마치 질서도, 안정도, 메마른 대지도 집 안에 자리 잡고 있다는 듯이. 반대로 외부에는 물체들이 흔들리고 사라지고 하는 하나의 반사(反射)가 있을 뿐이다.

여자는 자기 주위를 벨벳·실크·도자기들로 장식함으로써, 평소의 성생활로는 채워지지 않는 관능욕을 얼마쯤 가라앉힌다. 여자는 이런 장식물을 자기 인격의 표현으로 여긴다. 가구나 골동품들을 선택하고, 만들고, '발굴한' 것은 여자이며, 그런 것들을 심미적으로 배치하는 것도 여자이다. 이런 가구나 골동품은 여자의 생활수준을 사회적으로 나타내면서 그녀의 독자적인 이미지를 자신에게 보여준다. 그러므로 여자에게 가정은 지상에서 그녀에게 배당된 몫이며, 사회적 가치의 표현이며, 여자의 가장 내적인 진실의 반영이다. 여자는 아무것도 '할' 일이 없기 때문에 자기가 '가지고 있는' 것 속에서 열심히 자기를 탐구한다.

여자가 '보금자리'를 소유할 수 있는 것은 가사를 통해서이다. 그렇기 때문에 '고용인이 있는' 경우라도 그녀는 자기 스스로 하고 싶어한다. 적어도 감독하고 검사하고 비평하면서, 하인들이 만들어낸 결과를 어떻게든 자기 것으로 만들고자 한다. 여자는 자기 집을 관리함으로써 사회적 정당화를 이끌어 낸다. 그녀의 일이란 식사와 의복 관리 등 일반적으로 가족공동체를 유지하기 위해 배려하는 것들이다. 이렇게 해서 여자도 하나의 활동하는 주체로서 자기를 실현한다. 그러나 그것은 다음에 볼 수 있듯이, 여자를 그 내재성에서 벗어나 자아의 개별적 확립을 쟁취하도록 허락하지 않는 활동성이다.

사람들은 시를 써가며 가사일을 소리 높여 칭송한다. 확실히 가사 덕분에 여자는 여기저기 놓인 물건들과 씨름하며 여러 사물들과 친밀성을 실현하고, 이 친밀성은 존재를 드러내 보여주므로 여자를 풍족하게 한다. 마들렌 부르둑스는《마리를 찾아서》에서 여주인공이 조리실의 오븐을 마사(磨砂)로 닦을 때 느끼는 쾌감을 그리고 있다. 잘 닦여진 금속은 그녀가 손끝으로 느끼는 자유와 힘의 빛나는 이미지를 상징한다.

그녀는 지하실에서 다시 올라올 때, 층계참에 이를 때마다 더 무거워지는 들통의 무게를 사랑한다. 그녀는 언제나 그 특유한 냄새와 까슬까슬한 촉감과 곡선으로 된 단순한 물건들이 좋았다. 그렇기 때문에 그녀는 그런 물건들을 다루는 법을 잘 알고 있다. 마리는 망설이거나 물러서지 않고, 열기가 사라진 오븐 속과 비눗물 속에 두 손을 담그며 금속의 녹을 닦고 기름칠을 하며, 마룻바닥에 초를 입히고, 테이블 위에 흩어진 채소 찌꺼기를 팔을 크게 휘둘러 그러모은다. 그녀의 손바닥과 그녀가 만지는 물건 사이에는 완전한 조화와 서로에 대한 이해가 있다.

많은 여류작가들이 막 다리미질을 한 속옷, 비눗물의 푸른 기가 도는 광택, 하얀 셔츠, 거울처럼 반짝이는 은제품에 애착을 가지고 이야기한다. 주부가 가구를 닦을 때 '목재에 광택을 내는 손이 부드럽고 끈기 있는 것은 삼투(滲透)의 꿈이 받쳐 주고 있기 때문이다'고 바슐라르는 말하고 있다. 일을 끝내고 그 성과를 물끄러미 바라보는 즐거움을 주부는 알고 있다. 그러나 가치있는 성질들―테이블의 광택, 촛대의 윤, 풀을 먹인 속옷의 순백―이 드러나기 위해서는 먼저 소극적인 작업이 뒷받침되어야만 한다. 즉 모든 나쁜 원인들이 배제되어야 한다. '그것이야말로 주부가 온 마음을 바치는 본질적인 꿈이다'라고 바슐라르는 쓰고 있다. 그것은 활동적인 청결 제일주의의 꿈, 불결함을 내쫓고 쟁취한 청결의 꿈이다. 바슐라르는 이렇게 묘사한다.[25]

청결을 위한 투쟁의 상상력에는 어떤 자극이 필요해 보인다. 이 상상력은 심술궂은 노여움으로 자극받아야 한다. 놋쇠 수도꼭지에 마사를 칠할 때 입가에 얼마나 심술궂은 미소가 떠오르는가. 더럽고 기름 묻은 헌 걸레에 끈적끈적하고 지저분한 마분을 묻혀 수도꼭지를 문지른다. 일하는 사람의 마음에는 욕지기와 적대감이 끓어오른다. 나는 어째서 이런 지저분한 일을 한

---

[25] 바슐라르의 《대지와 휴식의 꿈》 참조.

단 말인가. 그러나 마른 걸레로 닦는 순간이 오면 즐거운 악의, 억세고 수다스런 악의가 나타난다. 수도꼭지야, 너는 거울이 되는 거다. 냄비야, 너는 태양처럼 빛나라! 드디어 놋쇠가 순진한 소년처럼 반짝반짝하게 활짝 웃어젖힐 때 화해가 이루어진다. 주부는 이 번쩍이는 승리를 황홀하게 바라본다.

퐁즈는 빨래가마 속에서 벌어지는 더러움과 깨끗함 사이의 투쟁을 그렸다.*26

적어도 한겨울 동안 빨래가마와 친하지 않았던 사람은 지극히 감동적인 어떤 기분이나 상태를 알지 못한다.

우선—비틀거리며—지저분한 빨래가 가득 담긴 세탁통을 단숨에 땅바닥에서 들어올려 아궁이 위에 올리고, 거기서 가마솥을 이렇게 저렇게 움직여서 화로의 둥근 속에 꼭 맞도록 고정시켜야 한다.

그 다음엔 가마 밑의 불을 쑤석거려서 불기운을 점점 세게 돋우어야 한다. 미지근하거나 화상을 입을 정도로 뜨거운 화로의 내벽을 자주 만져 보면서. 그리고 세탁통 안에서 깊숙이 들려 오는 끓는 소리에 귀를 기울이면서, 그때부터 몇 번이고 뚜껑을 열어 끓어오르는 정도와 물의 양을 확인해야만 한다.

마지막엔 끓고 있는 솥을 다시 땅 위에 내려놓아야 한다……

세탁통의 원리는 이러하다. 더러운 빨래 더미를 가득 밀어 넣으면 내부에서 일어나는 감정, 즉 끓어오르는 분노가 상층부로 밀려와 구역질나는 더러운 빨래 더미 위에 비처럼 떨어진다. 이것이 끊임없이 반복되어 마지막에는 깨끗하고 정화되는 단계에 이른다……

확실히 빨래는 통에 처넣을 때부터 대충 때는 빠져 있었다……

그래도 역시 안에 있는 것을 더럽게 생각하고, 또 느끼는 세탁통은 흔들고 끓어오르고 분투하여 승리를 거두고, 때를 빼는 데 성공한다. 그 뒤 이 천들은 마지막으로 냉수에 헹궈져 새하얀 모습으로 나타난다.

이렇게 해서 기적이 이루어진다.

---

*26 리아스의 《빨래하는 여자》 참조.

수많은 깃발이 갑자기 펴진다—그것은 항복이 아니라 승리의 증거이다—그리고 이것은 단지 이곳 주민들의 물질적인 청결의 표시만은 아니다.

이런 변증법은 가사일에 유희의 매력을 더한다. 소녀는 은그릇의 윤을 내고 문의 손잡이를 닦으면서 즐거워한다. 그러나 여자가 가사일에서 적극적인 만족을 발견하려면 자기가 자랑스럽게 여기는 가정을 부지런하게 관리해야만 한다. 그러지 않으면 그 노력에 대한 유일한 보상, 즉 일의 성과를 황홀히 바라보는 기쁨을 결코 맛보지 못할 것이다. 미국의 어떤 탐방기자[27]는 미국 남부의 '가난한 백인들' 사이에서 몇 달 동안 살아 본 뒤, 누추한 집을 살기 좋게 만들려고 필사적으로 노력했지만 성공하지 못하고 지쳐 버린 한 여성의 비통한 운명을 묘사했다. 그녀는 남편과 일곱 아이들과 함께, 벽은 연기로 새카맣게 그을고 빈대가 꾸역꾸역 나오는 판잣집에서 살았다. 그녀는 집을 예쁘게 꾸미려고 했다. 그 집의 중심에는 푸르스름한 회반죽을 바른 벽난로와 테이블이 놓여 있었고 벽에 그림이 걸려 있었는데, 몇 폭은 제단을 연상시켰다.

그러나 누추하기는 마찬가지였다. G부인은 눈에 눈물을 글썽이며 말했다. "아, 나는 이 집이 너무 싫어요! 무슨 짓을 해도 이 집을 깨끗이 할 수가 없을 것 같아요!" 이처럼 많은 여자들이 그 숙명 속에서, 결코 승리할 수 없는 투쟁 끝에 얻는 것이라곤 피로밖에 없다. 그리고 그것이 끝없이 거듭된다. 보다 혜택을 누린다 해도 최종적인 승리는 얻을 수 없다. 주부의 일만큼 시시포스의 형벌을 닮은 것은 없다. 날이면 날마다 그릇을 닦고, 가구의 먼지를 털고, 바느질을 해야 하지만, 내일 또 더러워지고 먼지가 앉고 옷에 구멍이 날 것이다. 주부는 한곳에서 발을 동동 구르며 열정을 소모한다. 주부는 아무것도 창조하지 않는다. 단지 현재를 영속시킬 뿐이다. 그녀는 적극적인 '선(善)'을 쟁취하고 있다고 느끼지 못하고, 끊임없이 '악'과 싸우고 있다는 기분이 들 것이다. 이것은 날마다 반복되는 싸움이다.

주인의 구두 닦는 것을 우울하게 거절한 하인의 이야기가 있다. "닦아서 무엇합니까? 내일이면 또 닦아야 할 텐데요." 이렇게 하인은 말했다. 아직 자신의 인생을 체념하지 못하는 많은 젊은 처녀들도 이런 실의에 빠져 있다. 나는

---

[27] 알제의 《유명한 사람들을 칭찬합시다》 참조.

16살 난 한 여학생의 작문을 기억하고 있는데, 다음과 같은 말로 시작된다. '오늘은 대청소하는 날이다. 어머니가 객실에서 청소기를 돌리는 소리가 들린다. 달아나고 싶다. 내가 어른이 되면, 내 집에서는 결코 대청소를 하지 않을 것이다.' 어린아이는 미래를 어딘지 모르는 정상으로 끝없이 올라가는 것이라고 생각한다. 어느 날 그녀는 어머니가 설거지를 하는 부엌에서 깨닫는다. 몇 년이고 오후마다 같은 시간에 기름낀 물에 두 손을 담그고 꺼칠꺼칠한 행주로 그릇을 닦는다. 그리고 죽을 때까지 두 손은 이 의식을 되풀이한다. 먹고 자고 청소하고…… 세월은 암만 흘러도 하늘로 오르지 못하고, 수평선을 따라 똑같은 모습으로 늘어서 있다. 하루하루가 전날과 똑같이 펼쳐진다. 무익하고 희망 없는 현재가 끝없이 이어진다. 《먼지》라는 중편소설에서 콜레트 오드리는 시간에 끈질기게 맞서 싸운 뒤에 찾아오는 슬픈 공허감을 빼어나게 묘사하고 있다.

　이튿날 그녀는 소파 밑으로 빗자루를 디밀고 청소하다가 무엇을 끄집어 냈다. 처음에는 그것이 헌 솜덩어리나 새털뭉치인 줄 알았다. 그러나 그것은 오랫동안 쓸지 않은 높은 가구 위나 벽과 기둥 사이에 쌓이는 먼지 덩어리였다. 이 기묘한 물건을 앞에 놓고 그녀는 생각에 잠겼다. 그들이 이 집에서 살기 시작한지 이미 8주 내지 10주가 지났고, 줄리에트가 신경쓰고 있었음에도 불구하고 이런 먼지 덩어리가, 어렸을 적에 무서워했던 잿빛 벌레처럼 구석에 숨어서 살이 오를 여유가 있었던 것이다. 고운 재 같은 먼지는 나태와 포기의 초기단계를 나타낸다. 이 먼지는 사람의 호흡, 스치는 옷자락, 올려진 창을 통하여 들어온 바람이 남긴 미세한 퇴적물이다. 그러나 이런 덩어리는 먼지의 제2단계, 쌓이고 쌓여서 하나의 형태를 이룬 쓰레기다. 말하자면 먼지가 승리한 것이다. 제법 아름다워 보이고, 들장미 송이만큼 투명하고 가볍지만 광채가 없다.

　……먼지가 형태를 이루는 속도에는 어떤 청소기도 따라가지 못한다. 먼지는 세상을 점령하고 있다. 그리고 청소기는 인간이 노력과 물질과 창의성을 걸고 더러움과 싸우다가 끝내 패배함을 보여 주는 증거이다. 청소기는 도구로 보이는 쓰레기이다.

　두 사람의 공동생활이 모든 것의 원인이다. 부스러기를 만들어 내는 그들의 식사, 어디에서나 섞이는 두 사람의 먼지……어느 가정에서나 이런 자질구레한 오물을 끊임없이 분비하고 있다. 쓰레기는 새로이 생성되는 다른 쓰레기에 자리를 양보하기 위해 버려진다…… 무엇을 위한 삶인가—지나가는 사람의 눈길을 끄는 깨끗한 셔츠를 입고 외출하기 위하여, 전문직에 종사하는 남편이 윤택한 생활을 누린다는 것을 과시하기 위하여. 마그리트의 머릿속에는 이런 공식이 왔다 갔다 한다. 마루를 정결히 해 둘 것…… 놋그릇을 깨끗이 닦아 둘 것…… 두 사람의 평범한 삶을 죽을 때까지 유지하는 것이 그녀가 맡은 임무다.

세탁을 하고, 다리미질을 하고, 비질을 하고, 장 틈바구니에 숨어 있는 먼지를 털어 내는 것은 삶을 거부하면서 죽음을 막는 일이다. 왜냐하면 시간은 같은 동작으로 창조하고 파괴하기 때문이다. 주부는 그 부정적인 부분, 즉 파괴하는 일밖에 파악하지 못한다. 그녀의 태도는 마니교도의 그것이다. 선악이원론의 특징은 선과 악의 두 원리를 인정하는 것만이 아니다. 선은 적극적인 활동을 통해서가 아니라, 악을 소멸함으로써 성취된다는 것이다. 이런 의미에서 기독교는 악마의 존재를 인정함에도 불구하고 이원적이지 않다. 악마를 정복하기 위해서가 아니라, 신의 뜻을 따르기 위해서 악마에 맞서 싸우기 때문이다. 초월과 자유의 모든 이론은 악의 패배보다 선의 진보를 우선시한다. 그러나 여자는 보다 좋은 세계를 건설하도록 요구받지 않는다. 집, 방, 빨래, 마루는 고정된 물건이다. 여자는 그러한 물건에 섞여 든 악의 원리를 한없이 쫓아버리는 수밖에 없다. 여자는 먼지·얼룩·흙탕·때를 공격한다. 여자는 죄와 싸우고 사탄과 싸운다. 그것은 적극적인 목표로 향하는 대신, 끊임없이 적을 격퇴해야 하는 슬픈 운명을 말해준다.

혼히 주부는 그 운명을 격렬한 분노 속에서 견디고 있다. 바슐라르는 주부에 관하여 '심술궂다'는 표현을 쓴다. 그러한 말은 정신분석학자들의 붓끝에서도 찾아볼 수 있다. 그들에 따르면, 가사에 집착하는 성향은 사도마조히즘(가학 피학증)의 한 형태이다. 이 병적인 괴벽의 특징은 자신이 원치 않는 것을 스스로 원하도록 만드는 것이다. 소극성·불결·악을 소유하고 싶지 않기 때문에, 편집광적인 주부는 혐오스러운 환경에 스스로 달려들어 먼지와 맹렬하게 싸운다. 온갖 생명의 움직임 뒤에 남은 쓰레기를 통하여 그녀는 인생 자체를 비난한다. 살아 있는 사람이 그녀의 영역으로 침입하면, 그녀의 눈은 곧 흉악한 불꽃으로 일렁인다. "신발을 닦아라. 모든 것을 엉망진창으로 만들지 마라. 거기에 손을 대서는 안 된다." 그녀는 곁에 있는 사람이 숨도 쉬지 않기를 바란다. 바람만 살짝 불어도 큰 소란을 떤다. 모든 사건이 이제까지의 노력을 물거품으로 만든다. 아이가 넘어지기라도 하면 잔손이 가야 한다. 살아가면서 붕괴의 전조, 무한한 노력의 요구만을 보아온 주부는 사는 기쁨을 완전히 잃어버린다. 그녀는 냉혹한 눈과 걱정스럽고 긴장한, 늘 불안한 얼굴을 하고 있다. 신중함과 인색함으로 자신을 방어한다. 그녀는 창을 닫는다. 햇빛과 더불어 벌레와 풀씨와 먼지가 날아 들어오기 때문이다. 게다가 햇빛은 벽에 바른 비단을 망쳐 놓는다. 오래된 안락의자에는 커버를 씌우고 나프탈렌 냄새를 피운다. 햇빛이 의자의 빛깔을 바래게 하기 때문이다. 이런 보물을 방문객에게 보이며 자랑할 수도 없다. 그 경계심은 점점 험악해져 살아 있는 모든 것에 적대감을 품게 된다. 가구 위에 눈에 보이지 않는 먼지가 앉지 않았나 하고 흰 장갑을 끼고 훔쳐 보는 시골의 부르주아 계층 주부에 대한 이야기는 자주 화제에 오른다. 몇 해 전에 파팽 자매가 살해한 것도 이런 종류의 여자들이다. 그녀들의 더러움에 대한 증오는 하인들에 대한 증오이며, 세상과 그녀 자신에 대한 증오이다.

이런 침울한 악덕을, 젊었을 때부터 선택한 여자는 그렇게 많지 않다. 삶을 충분히 사랑하는 여자는 남을 증오하는 일이 없다. 콜레트는 '시드'에 대하여 이렇게 말한다.

> 그녀는 민첩하고 활동적이었지만 근면한 주부는 아니었다. 깨끗하고 정결하고 신경질적이었지만, 냅킨이나 각설탕과 술병의 개수를 세는 병적이고 고독한 성격과는 거리가 멀었다. 플란넬 천을 손에 들고 이웃 사람과 시시덕거리며 유리창을 닦는 식모를 감독하다가 무심코 신경질적인 고함을 지르고 만다. 참을 수 없는 자유에 대한 외침이다. "오랫동안 공을 들여 도자기 찻잔을 닦노라면 늙어 가는 느낌이 들어요." 그러나 그녀는 충실하게 자기의 일을 끝낸다. 그러고 나서 문턱의 두 계단을 넘어서 정원으로 들어간다. 그 즉시 그녀의 '침울한 흥분과 한스러움'은 사라져 버린다.

불감증이나 욕구불만인 부인, 노처녀, 배반당한 아내, 무례한 남편 때문에 고독하고 공허한 생활을 해야 하는 여자들은 바로 이 같은 신경병에서 기쁨을 찾아왔다. 나는 특히 이런 노부인을 안다. 그녀는 아침 5시에 일어나, 옷장을 살펴보고 그것을 다시 정리했다. 이 부인도 20살 때에는 명랑하고 멋쟁이였다고 한다. 자기를 거들떠보지 않는 남편과 외아들과 함께 인적 없는 시골 소유지에 갇혀서, 남들 같으면 술병이라도 기울일 텐데 이 부인은 물건을 정리하는 버릇을 들였다. 《남편의 기록》*28 속 엘리즈의 경우, 살림에의 집착은 하나의 세계를 지배하고 싶은 병적인 욕망과 과도한 생활의욕, 목표 없이 헛도는 지배욕의 결과이다. 이것은 또한 시간과 공간, 인생, 남자들, 존재하는 모든 것에 대한 도전이다.

식사를 끝내고 9시가 되면 그녀는 설거지를 한다. 자정이다. 나는 꾸벅꾸벅 졸고 있었는데, 그녀의 태도가 나의 휴식을 게으름이라고 모욕하는 것 같아서 기분이 나빴다.
엘리즈는 말한다. '깨끗하게 하려면, 우선 손을 더럽히는 것을 두려워하지 말 것.'
이윽고 집 안은 티끌하나 보이지 않아서 감히 어떠한 것도 할 수 없을 것 같다. 소파가 있지만, 마음 편히 쉬기 위해서는 옆의 마루 위에 눕는 게 낫다. 쿠션은 새 것 그대로이다. 거기에 머리나 발을 놓서 주름을 만들거나 더럽혀서는 안 된다. 내가 양탄자를 밟을 때마다 나의 발자국을 지우기 위하여 기계와 걸레를 가진 손이 나를 따라다닌다.
저녁—
'끝났다.'
아침에 일어나서 잠잘 때까지 그녀에게 중요한 것은 무엇인가? 물건 하나하나와 가구 하나하나의 위치를 바꾸고, 집의 마루와 벽, 천장을 구석구석 샅샅이 만져 보는 일이다.
현재 그녀 마음속으로 뽐내고 있는 것은 주부라는 것이다. 다락 안을 깨끗이 털고 나서는 창가 제라늄의 먼지를 턴다.

---

*28 주앙도의 작품.

어머니는 말한다. '엘리즈는 언제나 너무 바쁘기 때문에 자기가 살아 있다는 것도 깨닫지 못한다.'

가사일은 확실히 여자에게 자기로부터 한없이 멀리 도피하는 것을 허락한다. 샤르돈은 정확히 이렇게 말한다.

그것은 한도 끝도 없이 이어지는 자질구레하고 무질서한 일이다. 집 안에서 여자는 자기가 남을 기쁘게 해 준다고 확신하면서도 급격하게 기력과 체력을 소진하여 방심상태, 자신의 존재를 말살하는 정신적 공허 상태에 이르게 된다.

이런 도피, 여자가 외부 사물과 자신을 동시에 공격하는 이런 사도마조히즘은 실제로 종종 성적 특징을 지닌다. '육체적 활동을 요구하는 가사, 그것은 여자가 매음굴에서 해야 할 일이다'라고 비올렛 르딕은 말한다.[29] 여자가 열정적이지 않은 네덜란드나 육체적 즐거움보다 질서와 순결의 이상을 강조하는 청교도 문명에서, 청결 지향이 더할 나위 없이 중요하다는 사실은 주목할 만하다. 지중해 남쪽 나라들이 불결함 속에서도 즐겁게 사는 이유는 거기에 물이 귀하기 때문만은 아니다. 육체와 동물적인 사랑은 인간의 냄새·때·이까지도 관대히 받아들이기 쉽다.

식사 준비는 청소 이상으로 적극적인, 보다 즐거운 노동이다. 많은 주부들에게 시장에서 보내는 시간은 하루의 특권이다. 기계적인 가사가 매력이 없는 만큼 가정 안에서 느끼는 고독감은 여자에게 큰 짐이 된다. 남프랑스의 도시에서, 여자는 문간에 앉아 수다를 떨며 바느질을 하고 빨래를 하고 야채껍질을 벗길 수 있어서 행복하다. 거의 집에 틀어박혀 지내는 회교도 부인에게는 냇가로 물을 길러 가는 것이 커다란 모험이다 나는 카빌리의 조그마한 마을에서 관청이 광장에 마련해 준 공동우물을 여자들이 망그러뜨린 것을 보았다. 아침마다 모두 함께 언덕 밑을 흐르는 개울까지 내려가는 것이 그녀들의 유일한 즐거움이었던 것이다. 여자들은 물건을 사기 위해 줄을 지어 기다리거나 거

---

[29] 《굶주린 여자》.

리 모퉁이에서 잡담을 주고받으면서 '가정을 꾸려 나가는 일의 가치'를 확인하고 자기라는 존재의 중요성을 찾아낸다. 이렇게 하는 동안에 여자들은 비본질적 존재로서—남자들이 본질적 주체로서 살아가는 이 사회에서—자신도 공동체의 일원임을 느끼는 것이다. 그러나 무엇보다도 장을 본다는 것은 심오한 즐거움이다. 그것은 하나의 발견이며 거의 발명에 가까운 것이다. 지드는 《일기》에서, 내기라는 것을 모르는 회교도는 보물찾기로 그것을 대신한다고 쓰고 있다. 보물찾기에는 상업자본문명의 시정(詩情)과 모험이 있다. 주부는 내기의 덧없음을 알지 못한다. 하지만 포기가 좋은 양배추나 잘 만들어진 치즈는, 엉큼하게 감추고 있는 상인들로부터 교묘히 빼앗아 내야 하는 보물이다. 파는 사람과 사는 사람 사이에 투쟁과 계략이 오간다. 이 내기는, 사는 사람에겐 가장 싼 값으로 가장 좋은 상품을 입수하는 것이다. 살림이 어려워 잔돈에 신경을 쓰기 때문만은 아니다. 승부에 이겨야만 한다. 진열대를 의심쩍게 살펴보고 있는 동안 주부는 여왕이다. 세계는 그 부(富)와 함정을 던져놓고 그녀의 발 밑에 엎드려 그녀가 진열대에서 전리품을 쟁취하기를 기다리고 있다. 그녀는 집으로 돌아와 테이블 위에 장바구니를 쏟아놓을 때 잠깐 동안의 승리감을 맛본다. 찬장 속에는 통조림, 즉 미래에 대비하여 상하지 않는 식료품들을 늘어놓는다. 그리고 이제부터 자기의 세력에 굴복하게 될 야채와 육류의 적나라한 모습을 만족스럽게 바라본다.

 가스등과 전등은 불의 마술을 죽여 버렸다. 그러나 시골에서는 아직도 많은 여자들이 생명력이 없는 장작에서 생생한 불꽃을 이끌어 내는 환희를 알고 있다. 불이 붙으면 여자는 마녀로 변신한다. 손을 한 번 휙 저어서—달걀을 거품내거나 빵가루를 반죽하여—그리고 불의 마술을 부려 재료의 질을 변형시킨다. 재료가 음식물이 되는 것이다. 콜레트는 또 이런 연금술의 마법을 묘사하고 있다.

불 위에 냄비와 주전자 그리고 그 내용물을 올려놓는 순간부터, 김이 나는 음식을 식탁 위에 내려놓으며 느끼는 약간의 불안과 황홀한 희망에 찬 순간까지 모든 것이 신비이고 마법이며 요술이다.

콜레트는 특히 뜨거운 재가 만드는 변화를 즐겁게 묘사하고 있다.

장작불에서 나오온 재는 자기에게 맡겨진 것들을 맛있게 구워 준다. 뜨거운 재 속에 파묻었건 사과와 배를 꺼내면 쭈글쭈글하게 익어 있지만, 껍질 속은 두더지 뱃가죽처럼 부드럽다. 또한 부엌 화덕으로 사과를 아무리 '능숙한 부인'처럼 구워 내도, 풍미가 뛰어나고—만드는 법만 제대로 알면—꿀이 한 방울도 빠져나가지 않고 그대로 갇혀 있는 이 잼에는 아득히 미치지 못한다…… 세발 냄비 밑에는 고운 재가 들어 있지만 불길은 전혀 보이지 않는다. 그런데 숯불 위에 까만 다리를 버티고 선 솥에서는, 서로 닿지 않게 늘어 세운 감자가 눈처럼 하얗고 델 만큼 뜨거우며 속이 비늘 같은 상태가 되어 나온다.

여류작가들은 특히 잼을 찬미하는 시를 지었다. 구리 냄비 속에서 딱딱한 정제 설탕과 물렁물렁한 과육을 결합시키는 것은 대단한 일이다. 완성된 물질은 거품이 일고, 끈적끈적하고, 화상을 입을 정도로 뜨겁고 위험하다. 주부가 잘 처리해서 자랑스럽게 단지 속에 붓는 것은 끓어오르는 용암이다. 그 단지를 종이로 덮어 승리한 날짜를 기록할 때 그녀는 바로 시간을 정복한 것이다. 그녀는 설탕의 흩정으로 지속성을 잡아 넣었다. 그녀는 생명을 항아리 속에 넣은 것이다. 요리사는 물질의 내부에 침입하여 그것을 밝혀내는 것 이상의 일을 한다. 물질을 새로운 형태로 만들고 재창조한다. 빵반죽을 만드는 일에서 요리사는 자신의 힘을 느낀다. '손도 눈빛과 마찬가지로 나름의 꿈과 시를 지어 낸다'고 바슐라르는 말한다.*30 그리고 그는 이 '충실한 순응성, 재료에서 손으로, 손에서 재료로 무한히 반사되는, 손을 가득 채우는 이 원활성'에 대해 말한다. 가루를 반죽하는 여자의 손은 '행복한 손'이다. 그리고 반죽이 구워지면 가루에는 새로운 가치가 더해진다. '그러므로 빵이 구워지는 것은 위대한 물질적 변화이다. 창백함에서 노릇노릇한 갈색으로, 반죽에서 빵껍질로 바뀌어 가는 것이다.'*31 여자는 성공적으로 구운 과자나 파이 속에서 독특한 만족을 발견할 수 있다. 그런 성공은 모든 사람이 다 이루어 낼 수 있는 게 아니기 때문이다. 천부의 재능이 필요하다. '파이를 만드는 기술만큼 복잡한 것은 없다. 이처럼 일정한 방법이 없고 배우기 어려운 것도 없다. 재주를 타고나야

---

*30 바슐라르, 《대지와 의지의 꿈》.
*31 《대지와 의지의 꿈》.

만 한다. 모두가 어머니에게서 받은 재주이다'라고 미슐레는 쓰고 있다.
 이 분야에서도, 어린 소녀가 언니들을 열심히 모방하며 기뻐하는 것을 볼 수 있다. 그녀는 흙덩이나 풀잎으로 대용품을 만들며 논다. 작은 진짜 솥을 장난감으로 받거나, 어머니의 허락을 얻어 부엌에 들어가 과자가루를 손바닥으로 둥글리거나, 따끈따끈한 캐러멜을 자르는 일을 시켜주면 소녀는 한층 행복하다. 그러나 이런 경우도 가사일과 마찬가지로, 같은 일의 반복이 이런 즐거움을 재빨리 사라지게 한다. 옥수수빵을 주식으로 하는 인디언의 경우, 여자는 하루의 절반을 가루를 반죽하고 굽고 데우고, 또다시 가루를 반죽하며 보낸다. 어느 집에서나 똑같이, 몇 대에 걸쳐서 이런 똑같은 일을 반복한다. 그녀들은 빵 굽는 화덕의 마술을 거의 느끼지 못한다. 사람은 날마다 장보는 일을 보물찾기로 바꾸거나, 반짝이는 수도꼭지에서 황홀감을 느낄 수도 없다. 이런 승리를 서정적으로 찬미하는 것은 특히 남자들과 여류작가들이다. 그들은 가사를 돌보지 않거나 혹은 돌보는 일이 드물기 때문이다. 이 일은 일상이 되면 단조롭고 기계적인 일이 되어 버린다. 하는 일이라곤 기다리는 것뿐이다. 물이 끓는 것을 기다려야 하고, 고기가 알맞게 구워지길 기다려야 하고, 빨래가 마르기를 기다려야 한다. 여러 가지 일들을 계획적으로 벌여 보아도 수동적이고 따분한 시간들은 여전히 길기만 하다. 그 일들은 대부분 지루함 속에서 이루어진다. 현재의 삶과 내일의 삶 사이에 있는 비본질적인 매개체들에 지나지 않는다. 일을 하는 개인 자신이 생산자이자 창조자라면, 그 일은 생리 작용처럼 자연적으로 그와 일체화된다. 남자가 일상적인 잡일을 할 때 그토록 침울하지 않은 것은 그 때문이다. 남자들은 그런 일들이 부정적이고 일시적인 노동에 불과하다고 느낄 때 서둘러 그 일에서 빠져 나간다. 가사 담당자로서 여자의 운명이 처참해지는 까닭은, 분업이 여자의 삶을 완전히 일반적이고 비본질적인 것으로 만들어 버리기 때문이다. 주거와 식사는 생활에 필요하지만, 삶에 의미를 주지는 않는다. 그러므로 주부가 하는 일들의 직접적인 목표는 오직 수단에 불과할 뿐 참된 궁극의 목적은 아니다. 거기에는 개성 없는 기획들이 반영되어 있을 뿐이다. 일에 마음을 쏟기 위하여 여자가 이러한 작업에 자기의 특이성을 반영하고자 하고, 또 얻은 결과에 절대적인 가치를 부여하려는 것도 마땅하다. 그녀는 자기 나름의 의식과 미신을 갖고 있다. 그녀는 상을 차리고 객실을 정돈하고 수선하는 데, 요리하는 데에 자기의 방법을 고집한다. 자기가 아니고서는 이만큼 고기를 맛있게 구울 수 없으며 윤기도 잘 낼 수 없다고 믿는다. 남편이나 딸이 자기를 돕거나 자기 손을 빌지 않고 하려 든다면, 그녀는 그들의 손에서 바늘과 빗자루를 빼앗아 버린다. "넌 단추 하나도 제대로 달 줄 모르지 않니." 도로시 파커는,*32 자신의 가정을 자기만의 방법으로 정돈해야 한다고 생각하면서도 어떻게 해야 좋을지 몰라 난처해 하는 젊은 여자의 당혹감을 동정어린 아이러니로 이렇게 묘사한다.

어니스트 웰든 부인은 잘 정돈된 방 안을 돌아다니며, 그 방을 조금 여성적으로 꾸며 보려고 했다. 그런 효과를 내는 기술에 있어서 그녀에게 남다른 식견이 있는 것은 아니었다. 다만 그녀의 생각은 아름답고 매력적이었다. 결혼 전에, 그녀는 채 집을 조용히 걸어 다니며 여기에 장미를 두고, 저기의 꽃을 가다듬고 해서 집을 '사랑스러운 보금자리'로 바꾸려고 구상했다. 결혼한 지 7년이 지난 지금도 그런 우아한 일에 몰두하는 자신을 즐겁게 상상했다. 그러나 날마다 정성껏 그렇게 하고 있어도 저녁마다 분홍빛 갓을 씌운 전등에 불이 켜지면, 특색 있고 기적 같은 결과를 얻기 위해서는 어떻게 해야 하나 하고 다시 고뇌에 빠지곤 했다…… 여자답게 가꾸는 것은 아내의 역할이다. 웰든 부인은 책임감이 강한 여자다. 딱할 정도로 불안한 태도로 그녀는 머뭇거리며 벽난로를 만져 보고, 조그만 일제 꽃병을 쳐들어 그것을 손에 든 채 방 안을 절망적인 눈빛으로 살펴보았다…… 그리고 그녀는 물러서서 자신의 참신한 감각을 바라보았다. 그 솜씨가 이 방에 겨우 이 정도의 변화밖에 가져오지 못하다니 도저히 믿을 수 없었다.

이 독창성 혹은 특이한 완성을 탐구하는 데 여자는 많은 시간과 노력을 낭비한다. 바로 이 사실이 샤르돈느가 지적하는 '끝도 없고 한도 없는 자질구레하고 무질서한 일'이라는 성격을 여자의 노동에 부여한다. 그리고 그것은 가사노동이 주는 부담이 얼마나 큰 것인지 지적한다. 최근 설문조사(잡지 〈전투〉가 C. 에베르의 서명으로 1947년에 발표한 것)에 따르면, 결혼한 여자는 집안일에 평일에는 하루에 약 3시간 45분을 바치고 휴일에는 약 8시간으로, 주당 30

---

*32 《너무 나쁘다》 참조

시간 정도를 소모한다고 한다. 이는 여성 노동자나 여자 종업원 주간 노동시간의 4분의 3에 해당된다. 이 정도의 일이 한 직업인에게 더해진다면 그것은 실로 어마어마한 것이다. 그러나 여자가 만일 그밖에 달리 할 일이 없다면 그것은 대단치 않은 일이다(여성 노동자는 장소 이동에 시간을 보내지만, 가정주부는 그렇지 않으므로). 자식이 많으면 아이를 돌보느라 여자의 피로는 매우 심해진다. 가난한 가정의 어머니는 하루 종일 무질서한 노동에 힘을 소모해 버린다. 반대로 고용인을 둘 수 있는 부르주아 여성은 거의 한가하다. 그러한 한가로움의 대가는 무료함이다. 많은 부르주아 여성들은 무료하므로 자기 의무를 무한히 복잡하게 만들고, 양을 늘린다. 그 결과 직업노동보다도 훨씬 과중한 일이 되어 버린다. 심한 신경쇠약에 걸렸던 한 친구는 나에게 이런 이야기를 들려 주었다. '건강할 때는 거의 무의식적으로 가사를 처리하고 더 어려운 일들에 도전할 시간도 있었다. 신경쇠약에 걸려 다른 일은 할 수 없게 된 뒤부터는 집안일에만 골몰했다. 그러나 하루를 꼬박 써도 완전히 끝낼 수가 없었다.'

가장 서글픈 것은, 이 노동이 지속적인 창조로 이르지 못한다는 것이다. 여자는—거기에 온 마음을 기울일수록—자기의 일 자체가 목적이라고 생각하기 쉽다. 오븐에서 꺼낸 과자를 바라보면서 그녀는 한숨을 짓는다. 먹어 버리기에는 정말 아깝다! 닦아 놓은 바닥을 남편과 아이들이 흙 묻은 발로 걸어다니는 것은 정말 유감스러운 일이다. 사물은 쓰자마자 더러워지고 파괴된다. 앞에서 본 바와 같이, 여자는 그런 사물을 쓰지 않게 하려고 노력한다. 어떤 여자는 곰팡이가 피도록 잼을 보존한다. 또 어떤 여자는 객실을 자물쇠로 채워둔다. 그러나 시간을 멈출 수는 없다. 식료품에는 쥐가 모여들고 벌레가 꾄다. 이불과 커튼과 의복은 좀이 먹는다. 세계는 돌로 만들어진 꿈이 아니다. 세계는 변질의 우려가 있는 너절한 물질로 되어 있다. 식재료는 달리(스페인 초현실주의 의 대가. 1904~1989)의 고기 괴물들과 마찬가지로 불확실하고 의심스럽다. 그것은 죽은 물건처럼 또는 무기물처럼 보이지만 숨어 있던 유충이 그것을 시체로 바꾸어 버린다. 사물들 속에 자기를 투영하는 주부는, 사물들이 온 물질 세계에 의존하듯 거기에 의존한다. 옷은 바래고, 고기는 타고, 도자기는 부서진다. 그것은 절대적인 재난이다. 물건은 한번 망가지면 다시는 돌이킬 수 없기 때문이다. 물건을 통해서 영속과 안전을 얻기는 불가능하다. 약탈과 폭탄을 수반하는 전쟁이 찬장이나 집을 위협하고 있다.

  이처럼 가사 노동의 산물은 소비되어야 한다. 모든 것이 파괴로 끝나는 일에 종사하는 여자에게는 끊임없는 체념이 요구된다. 이 같은 현실을 미련 없이 받아들이기 위해서는 적어도 이 자질구레한 희생이 어디선가 하나의 기쁨, 즐거움이 되어 활활 타오르지 않으면 안 된다. 그러나 가사노동은 '현상유지'를 확보하는 것에만 이바지하므로, 집에 돌아오는 남편의 눈에 무질서나 태만은 곧 드러나지만, 질서나 청결은 마땅한 것처럼 비친다. 그는 맛있게 만든 식사에는 더 적극적인 흥기를 표시한다. 음식을 만드는 여자가 승리의 기쁨을 느끼는 순간은 성공한 요리를 상 위에 올려 놓을 때이다. 남편과 아이들은 말로 칭찬할 뿐만 아니라, 맛있게 먹으면서 진심으로 음식을 즐긴다. 요리의 연금술은 계속된다. 음식은 피가 되고 살이 된다. 육체의 보존은 마룻바닥을 보존하는 것보다도 더 구체적이고 생생한, 삶에 필수적인 것이다. 요리하는 여자의 노력은 분명 미래를 향해서 초월적 의미를 지닌다. 하지만 외적 자유에 의존하는 것이 사물들(또는 현상) 안에서 자신을 소외시키는 것만큼 공허하지는 않다고 하더라도, 위험하기는 마찬가지이다. 음식을 만드는 여자의 일에서 참된 가치를 발견하는 것은 오로지 식탁에 앉는 손님의 입 속에서뿐이다. 그녀는 그 사람들의 지지를 필요로 한다. 그들이 자기가 만든 요리를 음미하고 더 요구하기를 바란다. 그들이 식욕이 없는 기색을 보이면 그녀는 화를 낸다. 감자튀김이 남편을 위해서 있는지, 남편이 감자튀김을 위해서 있는지 알 수 없을 정도이다. 이런 모호함은 가사에 심취한 주부의 태도 전체에 나타나 있다. 그녀는 남편을 위하여 집을 깨끗이 정돈한다. 그러나 남편이 벌어들인 수입을 모두 가구나 냉장고를 사는 등 가정 안에서 쓰고 싶어한다. 그녀는 남편을 행복하게 해주고 싶다. 그러나 남편의 활동이, 그녀가 만들어 가는 행복의 범위 밖에서 이루어지는 것에는 찬성하지 않는다.

  이런 아내의 희망이 대체로 만족되던 시절도 있었다. 그때는 행복이 또한 남자의 이상이었고, 남자가 무엇보다도 자기 집과 가족에 집착했다. 어린이들도 부모나 전통이나 과거에 따라 자신의 삶을 규정했다. 그 무렵에는 가정을 통치하고 식탁을 주재하는 여자가 지배자로 인정되었다. 오늘날도 여기저기 흩어져서 족장제도를 유지하는 일부 지주계급이나 부유한 농가에서는 이런 영광스러운 역할을 여자가 한다. 그러나 전체적으로 오늘날의 결혼생활은 벌써

제2편 상황 595

사멸해 버린 사회풍습의 잔존물이 되어 버렸으며, 아내의 지위는 전보다 훨씬 더 보람 없는 것이 되었다. 왜냐하면 아내는 여전히 같은 의무는 지지만, 옛날과 같은 권리는 잃었기 때문이다. 같은 일을 하면서도 보상과 명예는 받지 못하는 것이다. 오늘날 남자가 결혼하는 것은 내재성(內在性) 안에서 잠시 쉬어 가기 위해서이지, 자기를 거기에 가두기 위해서가 아니다. 남자는 가정을 꾸리고 싶어하지만 거기서 자유롭게 탈출할 수 있다. 그는 몸을 정착시키지만, 대개 마음은 언제나 방랑자이다. 그는 행복을 경멸하지는 않지만 행복을 자신의 목적으로 삼지도 않는다. 반복은 남자를 권태롭게 한다. 그는 새로운 것, 모험, 극복해야 할 저항, 그리고 단 둘 뿐이라는—부부 관계에서 느끼는—고독감으로부터 벗어나게 해주는 우정, 동료애 등을 추구한다. 아이들은 남편보다 더 한층 가정의 경계선을 뛰어넘고 싶어한다. 아이들의 인생은 미래에 있다. 여자는 불변과 연속의 세계를 만들고자 한다. 그러나 남편과 아이들은 여자가 만든 상황, 그들에게는 주어진 조건에 불과한 그 상황을 뛰어넘고 싶어한다. 그 때문에 여자는 자기가 온 생애를 바쳐 헌신하는 활동의 불안정성을 인정하기 싫어서, 자기의 봉사를 억지로 강요하기에 이른다. 평범한 어머니나 주부에서 못된 어머니가 되고 성난 악처가 된다.

 이와 같이, 여자가 가정에서 하는 노동은 그녀에게 자주성을 조금도 베풀지 않는다. 또한 사회에 직접적으로 도움을 주지도 않는다. 그런 노동은 미래를 향해서 열려 있지 않고, 아무것도 생산하지 않는다. 노동이 그 의미와 품위를 갖추는 것은 자기를 초월해 사회를 위한 생산과 행동이 될 때뿐이다. 즉 가사는 주부를 해방시키기는커녕 남편이나 아이들에게 종속시킨다. 여자는 남편과 아이들을 통해서 자기를 정당화한다. 그녀는 그들의 생활에 비본질적인 매개자로 관여할 뿐이다. 민법이 아내의 의무에서 '복종'을 지워 버렸다고 하더라도 그 처지는 조금도 달라지지 않았다. 아내의 지위는 부부 단 둘만의 의지 위에 구축된 것이 아니라, 부부가 중심이 되는 공동체 사회구조 위에 서 있다. 여자에게는 건설적인 일이 허락되지 않고, 따라서 완성된 한 인격으로 인정받지 못한다. 아무리 존경을 받더라도 여자는 종속된, 부차적이며 기생적인 존재이다. 여자를 무겁게 억누르는 저주는, 자기 존재의 의미가 자기 자신에게 있지 않다는 것이다. 그러므로 결혼생활의 성공과 실패는 남자보다 여자에게 훨씬 더 중대한 의미를 지닌다. 남자는 남편이기에 앞서 시민이며 생산자이다. 여자는 무엇보다 전적으로 아내에 불과하다. 여자의 노동은 여자를 여자라는 신분으로부터 해방시키지 못한다. 반대로 여자의 노동은 그 신분으로부터 가치를 이끌어 낸다. 누군가의 아내임을 몹시 사랑하고 마음으로부터 헌신하면, 여자는 자기의 일을 즐겁게 수행한다. 그러나 그것을 원한을 품고 한다면 무미건조한 노예 작업이 된다. 여자의 임무는 여자의 운명에서 비본질적인 역할밖에 하지 못한다. 그리고 결혼생활의 온갖 고난 속에서 의지가 되지도 못한다. 그러므로 침대에서의 '잠자리'와 가사 안에서의 '헌신'에 따라 본질적으로 정의되는 신분, 예속적인 지위를 승인함으로써만 품위를 발견하는 여자의 처지가, 구체적으로 어떻게 되어 있는가를 살펴볼 필요가 있다.

어린아이에서 청소년이 되는 성장기는 여자에게 하나의 위기이다. 그 젊은 처녀를 어른의 생활로 밀어넣는 시기는 한층 더 심각한 위기이다. 난폭한 성적 입문으로 생기기 쉬운 혼란에, 다른 상황으로 옮겨 가는 '과도기'의 고유한 불안이 겹쳐지기 때문이다. 니체는 말한다.

마치 무서운 벼락이라도 맞은 것처럼 결혼을 통해 현실을 깨닫게 되는 것, 사랑과 수치의 모순에 맞닥뜨리는 것, 신과 짐승의 생각지 못한 유사성 때문에 오직 하나의 대상 속에서 희열·희샹·의무·연민 그리고 공포를 느껴야만 하는 것……자기의 동료를 헛되이 찾는 정신착란은 여기에서 비롯된다.

전통적인 '신혼여행'의 소란스러움은 이런 혼란을 얼마쯤 감추는 데 그 목적이 있다. 몇 주 동안 일상의 세계 밖으로 던져지고, 사회와의 모든 인연이 일시적으로 단절되어 있기 때문에, 신부는 공간·시간·현실 속에 확실히 자신을 규정짓지 않아도 좋다.*33 그러나 신부는 조만간 그런 현실로 되돌아가야만 한다. 그리고 신혼집에 돌아올 때는 반드시 불안에 휩싸인다. 그녀에게 친정과의 유대는 청년의 그것보다 한결 긴밀했다. 가정에서 떨어져 나간다는 것은 결정적인 이별이다. 그녀가 고독의 불안과 자유의 유혹을 알게 되는 것은 그때부터

---

*33 세기말의 문학은 종종 처녀성 상실의 장소를 침대차 안에 정했다. 그 장소를 '어디인지 알 수 없는 곳'으로 설정하는 기법이다.

이다. 이별은 경우에 따라 고통의 크기가 다르다. 자기를 아버지·형제·자매, 특히 어머니에게 결부시키고 있는 유대를 이미 끊었다면 비극 없이 가족들과 헤어진다. 여전히 육친의 지배력이 강하고, 실제로 그들의 보호 아래 머물러 있으면 생활변화는 별로 대단치 않을 것이다.

그러나 그녀가 평소에 부모의 집에서 벗어나고 싶었다 하더라도, 자기가 융화되어 있던 작은 사회를 떠나, 자신의 과거, 안전한 규범과 실증된 가치를 지닌 어린시절의 세계로부터 떨어져 나올 때는 당황하게 된다. 열정적이고 충실한 성생활만이 그녀를 다시 내재적 평화 속에 잠기게 할 수 있다. 그러나 신혼 초기에는 만족하기보다 놀라는 게 보통이다. 성적 입문은 그것이 다소 성공적이라 하더라도 그녀의 혼란을 가중시킬 뿐이다. 신혼 이튿날 그녀는 첫 월경 때 보였던 반응을 되풀이한다. 흔히, 자신이 여성이라는 최고의 계시에 혐오를 느낀다. 그리고 이런 경험이 반복되리라는 생각에 소름이 끼친다. 이튿날 첫날밤과 같은 혐오스럽고 쓰라린 환멸을 경험한다. 첫 월경 때 소녀는 자기가 어른이 아니라는 사실에 서글퍼했다. 처녀성을 잃고 어엿한 어른이 된 지금 최후의 단계를 넘어섰다. 그런데 앞으로는? 이 불안한 환멸은 처녀성의 상실만이 아니라 결혼의 본질과도 결부되어 있다. 약혼자를 이미 '겪었'거나 혹은 다른 남자들을 '겪은' 여자라도, 결혼을 통해 성인으로서의 생활에 완전히 도달한다고 생각하면 이런 반응을 나타내기 쉽다. 모험적인 기획을 시작하는 것은 정말 짜릿한 일이다. 그러나 자기가 제어할 수 없는 운명을 깨닫게 되는 것보다 우울한 일은 없다. 자유는 이 결정적이고 흔들리지 않는 바탕 위에 가차 없는 무상함을 가지고 떠오른다. 한때 젊은 처녀는 부모의 권위에 보호되어 반항과 희망 속에서 자신의 자유를 행사했었다. 그녀는 그 상황을 거부하고 극복하기 위해 자유를 이용했지만, 동시에 그 상황 속에서 보호받았다. 그러면서도 따뜻한 가족의 품을 떠나 자기를 극복하는 결혼을 동경했다. 이제 그녀는 결혼한 여자이다. 더 이상 그녀 앞에 '다른' 미래는 없다. 가정의 문은 그녀를 안에 가둔 채 닫혀 버렸다. 이 지상에서 그녀에게 부여된 일생의 운명이 거기에 있다. 그녀는 이제부터 어떤 일이 자기를 기다리고 있는지 정확히 안다. 어머니가 하던 그것과 똑같은 것. 날마다 같은 일들이 습관적으로 반복될 것이다. 처녀시절에 두 손은 '비어' 있었다. 희망과 꿈속에서 모든 것을 소유하고 있었다. 그러나 지금 그녀는 세계의 작은 부분을 획득하고는 고뇌에 빠진다. 이러한 삶뿐이다. 영원히. 영원히 이 남편, 이 집뿐이다. 그녀를 기다리는 것은 아무것도 없으며, 바랄 수도 없다. 한편으로 새로운 책임을 두려워한다. 남편이 나이가 많고 권위가 있더라도, 그 남자와 성관계를 가지면 무턱대고 존경할 수도 없다. 남편은 아버지를 대신할 수 없고, 어머니를 대신할 수는 더더욱 없다. 그녀를 자유롭게 해방시켜 줄 수도 없다. 새로운 가정의 고독 속에서 다소 낯선 남자와 맺어져 그녀는 아이에서 아내가 되고, 어머니가 될 운명에 몸이 오그라드는 느낌을 받는다. 어머니의 품에서 떨어져나와 아무 목적도 없이 세상 한가운데의 냉혹한 현실 속에 버려진 그녀는, 순수한 사실성이라는 것의 권태와 단조로움을 발견한다. 이런 비탄이, 젊은 톨스토이 백작부인의 일기에서 살을 에는 듯이 서술되어 있다. 그녀는 동경하던 위대한 작가와 흔쾌히 약혼했다. 그녀는 야스나야 폴랴나의 목조 발코니에서 격렬한 포옹을 받은 뒤에 육체적인 사랑에 욕지기를 느낀다. 그녀는 가족과 헤어져 과거를 끊고, 1주일 전에 약혼한 17세나 연상이며 자기와는 전혀 다른 과거와 흥미를 가진 남자 옆에 있다. 모든 것이 그녀에게는 공허하고 냉혹하게 보인다. 그녀의 생활은 잠자는 것에 불과하다. 여기에 그녀가 결혼 초기에 한 이야기와 처음 몇 해 동안의 일기 가운데 몇 페이지를 인용한다.

1862년 9월 23일, 소피아는 결혼하여 친정을 떠났다.

　　괴롭고 고통스런 감정이 나의 목을 움켜잡고 죄어 왔다. 그때 가족과, 내가 깊이 사랑하고 늘 함께 살아 온 모든 사람들과 영원히 작별할 때가 왔음을 느꼈다…… 작별인사가 시작되었다. 괴로웠다…… 곧 최후의 순간이 왔다. 나는 일부러 어머니와의 인사를 맨 뒤로 미루었다…… 어머니의 품에서 몸을 빼어 뒤도 돌아보지 않고 마차에 타려고 했을 때, 어머니가 가슴이 미어지는 듯한 소리를 질렀다. 그 목소리는 평생 잊을 수가 없었다. 가을비가 계속 내리고 있었다…… 피로와 괴로움에 지친 채 구석에 쪼그리고 앉아 나는 울었다. 레프 니콜라예비치는 대단히 놀란 듯했으며 불만스러운 기색마저 보였다…… 시내를 벗어났을 때 나는 어둠 속에서 공포를 느꼈다…… 어둠이 나를 짓눌렀다. 첫 번째 역―내 기억이 틀림없다면 비리울레프―에 이르도록 우리는 한마디도 하지 않았다. 레프 니콜라예비치는 매우 다정했고 나를 자상하게 돌봐 준 것으로 기억한다.

비리울레프에서는 황제의 방이라는 객실을 우리에게 내주었다. 빨간 레프스로 장식한 가구가 비치된 커다란 방들이 이어져 있었는데, 조금도 정이 가지 않았다. 주전자를 내왔다. 나는 소파 구석에 움츠리고 앉아서 죄인처럼 침묵을 지키고 있었다. '여보! 차 한 잔 주겠소?' 레프 니콜라예비치가 말했다. 나는 순종하여 차를 따랐다. 나는 당황했고 어떤 두려움에서 벗어날 수가 없었다. 레프 니콜라예비치를 친숙하게 부를 용기가 없어서, 그의 이름 부르는 것을 피했다. 그 뒤로도 오랫동안 나는 그를 '당신'이라고 불렀다.

24시간 뒤에 그들은 야스나야 폴랴나에 도착했다. 10월 8일, 소피아는 다시 일기를 쓰기 시작했다. 그녀는 불안에 사로잡혀 있다. 남편의 과거 때문에 고뇌한다.

언제부터인지는 기억할 수 없지만 나는 어떤 완전한 존재, 신선하고 '순수한' 사람을 사랑하리라고 늘 꿈꿔 왔다…… 그리고 여전히 이 어린애 같은 꿈을 단념하기가 어려웠다. 그가 나를 안을 때, 그가 이렇게 안는 것이 내가 처음은 아닐 거라는 생각이 들었다.

이튿날 그녀는 이렇게 썼다.

심장이 오그라드는 느낌이다. 지난 밤에 나쁜 꿈을 꾸었다. 줄곧 그것만 생각하는 것은 아니지만, 역시 마음이 무겁다. 어머니가 꿈에 보였다. 그래서 무척 괴로웠다. 마치 눈을 뜨지 못하고 자고 있는 것만 같다…… 무엇이 나를 짓누르고 있다. 나는 줄곧 죽을 것만 같다. 지금은 남편도 있는데, 이상한 일이다. 남편이 자는 소리를 들으면 혼자라는 것이 두렵다. 그는 나를 자기 내부에까지 받아들이지 않는다. 그것이 더없이 슬프다. 이런 모든 육체 관계가 지겹다.

10월 11일. 두렵다! 정말 슬프다! 나는 점점 더 내 안에 갇혀 버린다. 남편은 병이 났다. 그의 기분이 좋지 않다. 나를 사랑하지 않는다. 예상한 대로였지만 이토록 두려우리라고는 생각지 못했다. 누가 나의 행복 따위를 걱정해

줄까? 그를 위해서도 나를 위해서도 내가 그런 행복을 만들어 갈 수 없다는 것은 잘 알고 있다. 슬플 때 나는 이런 생각을 하게 된다. '나나 다른 사람들에게나 행복할 수 없는 삶을 왜 살아가야 하지?' 이상하게도 이런 생각이 머리에서 떠나지 않는다. 날이 갈수록 남편은 냉정해진다. 반대로 나는 그를 점점 더 사랑한다…… 가족과의 추억을 떠올린다. 그때는 삶이 얼마나 즐겁고 행복했던가! 그런데 지금은, 오, 신이여! 나의 영혼은 찢어질 것만 같습니다! 아무도 날 사랑해 주지 않는다…… 그리운 어머니, 그리운 타냐, 그들은 얼마나 다정했던가!

왜 나는 그들과 헤어졌단 말인가? 슬프고 몸서리가 쳐진다! 그렇지만 리오보치카(톨스토이의 애칭)는 좋은 사람이다…… 예전에는 나도 살고 일하고, 가사를 돌보는 데 열정을 쏟았다. 그러나 이제는 모든 게 끝났다. 나는 날마다 팔짱을 끼고 지나간 날들을 떠올리면서 침묵을 지킬 뿐이다. 나는 일을 하고 싶었다. 그러나 할 수가 없다. 피아노를 치는 것은 즐겁지만, 여기서는 대단히 불편하다…… 오늘 리오보치카는 자신이 니콜스코에 가 있는 동안 나에겐 집에 머물러 있으라고 했다. 그를 자유롭게 해주기 위하여 그 제의에 찬성했으면 좋았겠지만, 내게는 그럴 힘이 없었다…… 가엾은 사람! 그는 도처에서 기분전환을 하며 내게서 도망칠 구실을 찾고 있다. 나는 왜 이렇게 살아야 하는 걸까!

11월 13일. 나는 지금 아무것도 할 수가 없다. 리오보치카는 행복하다. 총명하고 재능이 있기 때문이다. 하지만 나는 총명하지도 못하고 재능도 없다. 일은 부족하지 않으니 무엇을 하려고 마음먹으면 안 될 것도 없다. 그러나 그런 자질구리한 일에 취미를 붙여야 하고, 그 일을 좋아하도록 자신을 훈련시켜야만 한다. 가축을 돌본다. 피아노를 두드린다. 시시한 것들만 많고, 재미는 조금밖에 없는 책을 읽는다. 오이를 절인다…… 나는 깊은 악몽에 빠져서 우리의 모스크바 여행에도, 태어날 아기에 대한 기대에도 조금도 감동하거나 즐거움을 느끼지 못한다. 내게 눈을 뜨고 되살아날 방법을 가르쳐 줄 사람이 있다면!

이런 고독은 나를 꼼짝 못하게 한다. 나는 고독에 익숙하지 않다. 친정집에서는 그렇게도 활기가 넘쳤는데, 여기서는 남편이 없으면 모든 것이 우울하다. 그는 고독에 익숙하다. 그는 나처럼 가까운 사람들에게서 기쁨을 이끌어 내는 게 아니라 자신의 활동에서 기쁨을 얻는다…… 그는 가족 없이 자란 사람이다.

11월 23일. 확실히 나는 무기력하다. 그러나 천성이 그런 것은 아니다. 단지 어떤 일에 매달려야 할지 모르는 것뿐이다. 가끔 그의 영향에서 도망치고 싶은 욕망을 느낄 때가 있다…… 어째서 그가 나에게 짐이 되는 걸까?…… 노력해도 그이처럼 될 수는 없다. 나는 나의 개성을 잃어버릴 뿐이다. 벌써 전과 같은 내가 아니다. 그 점이 생활을 더욱더 고통스럽게 만든다.

4월 1일. 자신에게서 문제 해결 방법을 찾아 내지 못하는 것이 나의 큰 결점이다……리오바(톨스토이의 애칭)는 자기 일과 소유지의 관리에 대단히 몰두해 있다. 반면에 나는 아무것도 달려들 일이 없다. 나는 무엇에도 재주가 없다. 무엇을 좀더 하고 싶다. 진정한 일을 하고 싶다. 예전에는 이런 아름다운 봄날이면 무엇인가 하고 싶은 일이 있었다. 내가 무엇을 꿈꾸었는지 신은 안다! 그러나 지금은 아무것도 하고 싶지 않다. 무엇인지 모르는 그것에 대한 막연하고 어리석은 동경을 이제는 더 이상 느끼지 않는다. 모든 것을 알아버렸기 때문에, 숨겨둘 것이 더는 없다. 그럼에도 불구하고 우울해질 때가 있다.

4월 20일. 리오바는 나에게서 점점 멀어져 간다. 그이에게는 육체적인 사랑이 대단히 큰 부분을 차지하지만, 그것은 오히려 나에게는 끔찍하기만 하다.

이 여섯 달 동안 어린 아내는 가족과의 이별, 고독, 자기 운명이 받아들인 결정적인 변화에 괴로워한다. 그녀는 남편과의 육체관계를 혐오하고 우울증에 빠진다. 콜레트의 어머니가 형제들에게 떠밀려 한 첫 번째 결혼 직후에, 눈물이 나도록 겪은 것도 이런 우울증이다.

그래서 그녀는 따뜻한 벨기에식 집, 가스 냄새가 나는 지하 부엌, 따끈한

빵과 커피를 떠났다. 피아노, 바이올린, 아버지의 유물인 살바토르 로자(이탈리아 화가·시인·음악가, 1615~1673)의 명화, 담배 항아리, 대가 긴 고급 도자기 파이프……펼쳐진 책, 구겨진 신문들과 헤어져, 삼림지방의 매서운 추위로 꽁꽁 얼어붙어 세상과 단절된 돌층계집으로 들어갔다. 그 집의 1층에는 의외로 흰색과 금색으로 꾸민 응접실이 있었다. 그러나 2층은 초벽도 변변히 바르지 않은, 곳간처럼 손질이 안 된 곳이었고…… 싸늘한 침실은 사랑도 달콤한 잠도 이룰 수 없는 곳이었다…… 순수하고 즐거운 사교 생활을 꿈꾸던 시드는 집에서 하인과 교활한 소작인밖에 만나지 못했다…… 그녀는 커다란 집을 밝고 명랑하게 꾸미고 어두운 부엌을 하얗게 칠했으며, 자기가 직접 플랑드르식 요리를 감독하고, 건포도가 든 과자를 반죽하며 첫 아이를 기다렸다…… 그는 먼길에서 돌아와 그녀에게 미소를 보내고 또다시 떠났다…… 요리를 하고, 인내를 배우며, 가구를 손스질하는 데 지친 고독으로 야위어 울었다.*34

마르셀 프레보는 《결혼한 프랑수아즈에게 보내는 편지》에서, 신혼여행에서 돌아온 젊은 아내의 동요를 묘사하고 있다.

그녀는 나폴레옹 3세풍과 마크마혼 풍의 가구가 놓인, 어머니가 있는 집을 생각한다. 거울에 걸쳐 놓은 벨벳, 검은 자두나무로 만든 옷장, 낡아빠지고 우습게만 여겨졌던 가구들이 고루 갖추어져 있던 옛집…… 그 모든 것이 한순간 현실적인 안식처, 참된 보금자리, 헌신적인 사랑으로 모든 위험과 악천후로부터 자신을 지켜주었던 안전한 둥지처럼 떠오른다. 새 양탄자 냄새, 커튼 없는 창, 아무렇게나 의자들이 놓여 있는 즉흥적이며 안정감 없는 이 집은 보금자리가 아니다. 그 보금자리를 만들 장소에 불과하다…… 그녀는 갑자기 깊은 슬픔에 빠졌다. 자신이 사막에 버려진 것만 같았다.

이런 동요에서 흔히 젊은 아내에게 만성적 우울증과 여러 가지 정신병들이 생겨난다. 특히 그녀는 신경쇠약적 강박관념의 형태로 자신의 공허한 자유에 현기증을 느낀다. 예를 들면 우리가 이미 소녀의 사례에서 본 매춘 환상이

---

*34 《클로딘의 집》.

다. 피에르 자네*³⁵는 창가에 서서 지나가는 사람에게 추파를 보내고 싶은 유혹 때문에 혼자서 집에 가만히 있을 수가 없다는 젊은 아내를 예로 들고 있다. 이밖에도 세계가 '진짜로 보이지 않고' 환영이나 종이 위에 그린 배경처럼 보이는 의지상실의 경우가 있다. 자기가 어른이라는 사실을 일생 동안 완고하게 부정하는 여자도 있다. 자네가 Qi라는 머리글자로 표시하고 있는 환자*³⁶도 그런 경우이다.

Qi라는 36세의 여자는 자기가 10세 내지 12세쯤의 어린아이라는 망상에 사로잡혀 있다. 특히 혼자 있을 때는 뛰고, 웃고, 머리를 풀어내려 어깨에 드리우고 일부분은 잘라 버리기도 한다. 자기가 소녀라는 망상에 완전히 잠기고 싶은 것이다. '모두가 보는 앞에서 숨바꼭질을 하거나 장난을 할 수 없다는 것이 유감이다…… 나는 사람들이 나를 예쁘다고 생각해 주기를 바란다. 내가 미운 오리 새끼처럼 될까 봐 걱정이다. 모두들 나를 사랑해 주었으면 좋겠다. 나에게 말을 걸어 주고, 나를 쓰다듬어 주고, 어린아이를 사랑하듯 나를 사랑한다는 말을 늘 듣고 싶다…… 어린아이는 장난을 좋아하고 천진난만하며 귀여운 짓을 하기 때문에 사랑을 받는다. 그리고 사람들은 아이에게 보답을 요구하지 않는다. 사랑만을 줄 뿐이다. 그 점이 좋은 것이다. 그러나 그것을 남편에게 말할 순 없다. 그는 나를 이해하지 못한다. 나는 정말 어린 소녀가 되고 싶다. 그리고 나를 무릎 위에 앉히고 머리를 쓰다듬어 주는 아버지나 어머니가 있었으면 좋겠다…… 그러나 틀렸다. 나는 아내이며 어머니이다. 가정을 꾸려 나가야 한다. 성실해야 하고 혼자서 생각해야 한다. 오, 얼마나 괴로운 생활인가!'

남자에게도 결혼은 흔히 하나의 위기이다. 많은 남성 정신병 환자들이 약혼 중이나 결혼 초기에 생긴다는 사실이 그 증거이다. 자매들만큼 가정에 얽매어 있지 않은 청년은 대개 어떤 단체에 속해 있다. 즉 전문학교·대학교·직업훈련소·작업반·동아리 같은 것이 그를 고독에서 지켜준다. 그런데 이제 어엿한 성인으로서 살아가기 위하여 그런 단체를 떠나야 한다.

---
*35 《강박관념과 신경쇠약》.
*36 《강박관념과 신경쇠약》.

이런 남자는 대개 다가올 고독이 두려워 결혼을 한다. 그러나 집단생활의 경험을 토대로 '부부=사회'라는 착각에 빠져 있다. 연애의 열정이 불붙은 짧은 기간 동안을 제외하고는, 두 개인이 서로를 기성사회로부터 보호해 주는 하나의 세계로 구성하기란 어렵다. 그것은 결혼 직후에 두 사람이 다같이 느끼는 사실이다. 곧 길들여져서 복종하는 아내도 남편에게 자기의 자유를 숨기지 않는다. 아내는 하나의 부담일뿐 탈출구가 아니다. 아내는 남편의 책임을 경감시켜 주는 것이 아니라, 도리어 그 무게를 가중시킨다. 남녀의 성별 차이는, 서로를 올바르게 이해하기 어렵게 만드는 연령·교육·살아온 환경의 차이를 내포한다. 그래서 부부는 아무리 사이가 좋아도, 어디까지나 남일 뿐이다. 예전에는 부부간에 정말 깊은 심연이 자리한 경우가 많았다. 무지하고, 세상을 모르는 상태로 길러진 젊은 처녀에게는 아무 '과거'도 없다. 반대로 그녀의 약혼자는 '세상을 알고' 있으므로 처녀에게 실생활의 기초지식을 가르쳐 주게 된다. 어떤 남성들은 이 막중한 역할을 자랑스럽게 생각한다. 더 명석한 남자들은 자신과 미래의 아내를 갈라놓는 거리를 생각하며 불안해했다. 에디스 워튼은 그의 소설 《순진한 시절》에서 1870년대 미국 청년이 자기 아내가 될 여자 앞에서 느끼는 부담을 그렸다.

그는 조심스러우면서도 두려운 기분으로 자기에게 약혼을 바치려는 젊은 처녀의 깨끗한 이마와 진실한 눈, 순진하고 쾌활한 미소를 바라보았다. 자기가 속해 있고 신뢰하고 있는 사회조직이 만든 이 가공할 산물―아무것도 모르고 모든 것을 꿈꾸는 젊은 처녀―은 지금 그에게 아무런 상관도 없는 여자처럼 생각되었다……교양 있는 남자의 의무가 자기 약혼녀에게 과거를 숨기는 것이고 처녀의 의무는 과거를 갖지 않는 것이라면, 그들은 서로에 대해서 정말 무엇을 안단 말인가?……이 교묘하게 만들어진 기만 조직의 한가운데에 있는 소녀는, 그 솔직함과 대담함 때문에 한층 풀기 어려운 수수께끼처럼 보였다. 가엾고 사랑스러운 그녀는 솔직했다. 아무것도 숨길 것이 없기 때문이다. 그녀는 마음을 놓고 있었다. 자기를 지킬 필요를 느끼지 않기 때문이다. 그리고 아무 준비도 없이 하룻밤만에 사람들이 교묘하게 '삶의 진실'이라고 부르는 것 속에 잠겨 버릴 것이다. 이 단순한 영혼을 몇 번이나 자세히 살펴본 뒤, 그는 낙담한 끝에 이렇게 결론 내릴 수밖에 없었다.

즉 어머니와 숙모와 할머니와 먼 청교도 조상들의 음모로 그토록 교묘하게 만들어진 이 부자연스러운 순결은, 요컨대 그의 개인적인 기호를 만족시키기 위하여 있는 것이라고. 그가 이 순결에 영주권을 행사하여 눈(雪)으로 만든 조각상처럼 부숴 버리기 위해서만 존재할 뿐이라고.

오늘날 젊은 처녀들은 그렇게 부자연스러운 존재가 아니기 때문에 부부의 틈새가 그토록 넓지는 않다. 젊은 처녀는 삶에 대한 지식도 있고 준비도 되어 있다. 그러나 대개는 여자가 남편보다 훨씬 더 나이가 적다. 사람들은 이 점의 중요성을 충분히 깨닫지 못하는 것 같다. 실제로는 불평등한 성숙의 결과임에도 성별의 차이 탓으로 돌리는 경우가 많다. 대개 아내가 어린아이 같은 것은 여자이기 때문이 아니라, 실제로 남편보다 어리기 때문이다. 남편과 남편 친구들의 엄숙한 태도는 아내에게 중압감을 준다. 소피아 톨스토이는 결혼한 지 약 1년 뒤에 이렇게 썼다.

그는 나이가 많고, 일에 너무 몰두한다. 그리고 나는 오늘도 스스로를 아주 젊다고 느낀다. 장난이라도 한번 치고 싶다! 잠도 자지 않고 빙빙 돌며 춤을 추고 싶다. 그러나 누구와 춘담?
노인 같은 분위기가 나를 에워싸고 있다. 주변 사람들 모두가 늙은이들이다. 나는 젊음의 충동을 억누르려고 애쓴다. 그것은 이 분별 넘치는 환경에는 어울리지 않기 때문이다.

한편, 남편은 아내 속에서 '어린아이'를 본다. 남편에게 그녀는 기대하던 반려자가 아니다. 남편이 아내에게 그 점을 느끼게 하기 때문에 아내는 굴욕을 느낀다. 아버지의 집을 나설 때 그녀는 인생이라는 여행의 안내자를 찾고 '어른'으로 대우받고 싶어한다. 그녀는 언제까지나 어린이로 남고 싶지만, 또한 한 사람의 여자이고도 싶은 것이다. 그러나 나이 많은 남편은 결코 그녀가 완전히 만족할 수 있게 해주지 않는다.
나이 차이는 큰 문제가 안 되더라도, 젊은 여자와 젊은 남자가 일반적으로 전혀 다른 방식으로 자라왔다는 사실에는 변함이 없다. 여자는 여자다운 얌전함, 여성적 가치의 존중을 주입시키는 여성의 세계에서 나오지만, 남자는 남성적 도덕의 원리에 젖어 있다. 이 두 사람이 서로 이해한다는 것은 지극히 어려우며 머지않아 이 둘 사이에는 충돌이 일어난다.

결혼은 흔히 여자를 남편에게 종속시키기 때문에 부부관계의 문제는 주로 여자에게 심각하게 나타난다. 결혼은 성적 기능과 사회적 기능을 동시에 지니기 때문이다. 결혼의 양면성은 젊은 아내의 눈에 비치는 남편의 모습에 잘 나타나 있다. 남편은 남성적 권위를 갖추고 아버지를 대신하는 반신(半神)이다. 즉 보호자·부양자·후견인·지도자이다. 아내의 생활은 남편의 비호 아래서 꽃피어야 한다. 남편이야말로 가치의 보유자, 진리의 보증인, 부부 윤리의 기준이다. 그렇지만 그는 또 일개 수컷이므로, 수컷과 더불어 그녀는 종종 부끄럽고, 기괴하고, 추악하고 충격적인, 아무튼 우연적인 경험을 함께 해야만 한다. 그는 아내를 확고한 신념과 이상으로 이끄는 동시에, 한편으로는 아내를 자기와 함께 그 동물성으로 전락시킨다.

> 어느 날 저녁 여행에서 돌아오는 도중에 들렀던 파리에서 베르나르는 뮤직홀의 무대를 보고 분개하여 보란 듯이 나와 버렸다. '외국인이 이런 것을 보다니! 얼마나 국가적인 치욕인가. 이런 것 때문에 우리 프랑스 사람들이 이러쿵저러쿵 비관의 대상이 된단 말이야……'테레즈는 이 순결한 사나이가, 앞으로 한 시간도 못 돼 어둠 속에서 자기에게 끈즐기게 수작을 강요하는 남자와 동일인물이라는 것에 놀라지 않을 수 없었다.*37

지도자와 짐승 사이에는 많은 잡종이 있을 수 있다. 때로 남자는 아버지인 동시에 애인이며, 성행위는 신성한 향연이 된다. 그리고 아내는 남편의 품에서 결정적인 구원을 발견하는 애인이다. 이 결정적인 구원은 전적으로 자기를 포기함으로써 얻는다. 부부생활에서는 이런 열정적인 사랑이 아주 드물다. 또 때로는 아내가 남편을 정신적으로는 사랑하지만, 너무 존경한 나머지 몸을 내주기를 거부한다. 슈테켈은 이런 유형의 아내를 보고하고 있다. 'D.S. 부인은 매우 위대한 예술가의 미망인으로서, 올해 40세이다. 그녀는 남편을 열렬히 사랑하면서도 그를 대할 때는 완전히 불감증이 되었다.' 반대로, 아내는 남편에 대

---

*37 모리아크의 《테레즈 데케루》.

한 존경도 경외심도 잃어버리고, 그와 더불어 극도의 타락감을 맛보는 형태로 쾌락을 느끼는 수도 있다. 더욱이 성애가 실패로 끝나면 남편은 영원히 짐승으로 격하된다. 육체적으로 증오를 받는 그는 정신적으로도 경멸을 산다. 경멸이나 반감이나 원한이 얼마나 여자를 불감증으로 만드는가는 앞에서 다루었다. 하지만 성적 경험 뒤에도 남편이 윗사람으로서 존경을 받고, 그 동물적인 단점이 용서를 받는 일도 종종 있다. 아델 위고(빅토르 위고의 부인)의 경우도 그러했다. 또 어떤 경우에는, 남편이 위력은 없지만 유쾌한 상대가 되기도 한다. K. 맨스필드는 이런 양면성이 지닐 수 있는 형태의 하나를 중편소설 《서곡(序曲)》에서 묘사했다.

그녀는 진정으로 그를 사랑했다. 그를 그리워하고 찬탄하고 몹시 존경했다. 오! 이 세상 누구보다도, 그녀는 그에 대해서 잘 알고 있었다. 그는 솔직하고 기품이 있었다. 그 실생활의 경험에도 불구하고 그는 너무나 단순순수했으며, 조그만 일에도 기뻐하거나 상처를 받았다. 단지 그가 그렇게 그녀에게 달려들어 짐승처럼 소리를 내며, 그렇게 탐욕스럽고 욕정에 불타는 눈으로 그녀를 바라보지만 않는다면! 그는 그녀에게 너무도 열렬했다. 소녀시절부터 그녀는 자기에게 덤벼드는 것은 무엇이고 질색이었다. 그녀는 그가 무서워져서, 정말 무서워져서, 한껏 비명을 지를 뻔한 적이 몇 번이나 있었다. "여보, 나를 죽일 셈이에요!" 그럴 때 그녀는 호되고 싫은 소리를 하고 싶어진다…… 그렇다. 그것은 정말이다. 그녀는 스탠리를 사랑하고 존경하고 찬탄하면서도 그가 싫어서 견딜 수 없었다. 이보다 더 뚜렷하게 느낀 감정은 없었다. 그녀의 눈에 이 모든 감정은 확실하고 결정적인 진실이었다. 그리고 이 증오, 이것 또한 다른 감정과 마찬가지로 뚜렷한 진실이었다. 그녀는 이 감정들을 각각 꾸러미에 싸서 스탠리에게 보내고 싶은 심정이다. 증오라는 감정을 깜짝선물로 그에게 보내고, 꾸러미를 펼칠 때의 그의 눈을 상상해보았다.

젊은 여자가 이렇게 솔직하게 자기의 감정을 고백하기란 쉬운 일이 아니다. 남편을 사랑하고 행복해지는 것, 그것은 자기와 사회에 대한 의무이다. 그리고 가족이 그녀에게 기대하는 일이다. 만일 부모가 반대하는 결혼을 했다면 그녀는 그들에게 그 잘못을 인식시키려고 한다. 보통 젊은 여자는 결혼생활을 잘못된 신념을 가지고 출발한다. 그녀는 자기가 남편을 매우 사랑한다고 애써 믿는다. 이 열정은 아내가 성적으로 만족하지 못할수록 병적이고 독점적인 질투의 형태를 취한다. 처음에는 인정하지 않으려던 실망감에서 스스로를 위로하기 위하여, 남편이 곁에 있어 주기를 한없이 바란다. 슈테켈은 이런 병적인 집착의 사례를 수없이 인용하고 있다.

한 여성은 결혼 초기의 수년 동안 소아적 고착 때문에 불감증이었다. 그래서 남편이 자기에게 무관심한 것을 모른 체하려는 여자에게서 흔히 볼 수 있는 것처럼, 그녀에게도 과장된 사랑이 부풀어 올랐다. 그녀는 남편이 없으면 살아갈 수 없었고, 오직 남편에 대해서만 생각했다. 자신의 의지는 조금도 없었다. 남편은 아침마다 하루 일정을 작성하고 아내가 사야 할 것 등을 일러 주어야 했다. 그녀는 그 모든 것을 성실히 실행했다. 그러나 남편이 아무것도 지시하지 않으면 아무것도 하지 않고, 그를 그리워하며 방에 가만히 앉아 있었다. 그녀는 남편이 어디를 가든지 혼자 가게 내버려 두지 않았다. 혼자 있지 못하고 그의 손을 잡고 있고 싶어했다…… 그녀는 불행했다. 그래서 몇 시간 동안 울기도 했다. 남편을 걱정했고, 걱정할 일이 없으면 직접 만들어냈다.

다른 경우는, 혼자 외출하는 것이 두려워서 감옥에서처럼 자기 방에 갇혀 있는 여자의 실례이다. 나는 그녀가 남편의 손을 잡고, 늘 자기 곁에 있어 달라고 애원하는 것을 보았다…… 결혼한 지 7년이 되었지만, 남편은 아내와 한 번도 육체관계를 갖지 못했다.

소피아 톨스토이의 경우도 이와 비슷하다. 앞에서 인용한 일기와 지금부터 인용할 부분으로 보아, 결혼한 뒤 곧바로 그녀가 남편을 사랑하지 않는다고 깨달았음을 알 수 있다. 그녀는 남편과의 육체관계를 매우 혐오스러워했다. 남편의 과거를 비난하고 그가 늙고 따분하다고 생각했다. 남편의 사상에 대해서도 반감밖에 품지 않았다. 남편도 잠자리에서는 격렬한 욕정으로, 그녀를 무시하고 거칠고 냉혹하게 다루었던 것 같다. 그러나 소피아의 절망적인 비명, 권태와 슬픔과 냉담 섞인 고백에는 열정적인 사랑의 항의가 섞여 있다. 그녀는 끊임없이 사랑하는 남편을 곁에 두고 싶어했다. 남편이 멀어지면 곧 질투에 몸부림쳤다. 그녀는 이렇게 쓰고 있다.

1863년 1월 11일. 나의 질투는 선천적인 병이다. 아마 그를 사랑하고 그이만을 사랑하기 때문이리라. 오직 그와 더불어, 오직 그에 의해서만 나는 행복할 수 있다.

1863년 1월 15일. 그가 나를 통해서만 꿈꾸고, 생각하고, 나 하나만을 사랑해 주길 바란다…… 나는 '이것도 좋고 저것도 좋다'고 생각하기가 무섭게 곧 반성하고, 리오보치카 말고는 아무것도 좋아하지 않는다고 생각한다. 그러나 그이가 일을 사랑하는 것처럼, 나도 반드시 다른 일을 좋아해야만 한다…… 하지만 그이가 없으면 정말로 불안하다. 그이의 곁을 떠날 수 없다는 생각이 날마다 커짐을 느낀다……

1863년 10월 17일. 나는 그이를 잘 이해할 수 없다. 그렇기 때문에 나는 이처럼 질투에 차서 그를 살피고 있다.

1868년 7월 31일. 그의 일기를 다시 읽으면 정말 우습다. 얼마나 모순투성이인가! 마치 내가 불행한 여자 같지 않은가! 우리처럼 금실 좋고 행복한 부부가 어디 있담? 나의 사랑은 커질 뿐이다. 나는 그를 언제나 한결같이 불안하고 열정적이고 질투에 찬 시적인 사랑으로 사랑한다. 그의 냉정과 자신감이 때로는 나를 초조하게 만든다.

1876년 9월 16일. 그의 일기에서 사랑에 관한 내용이 적힌 페이지를 열심히 찾고 있다. 그것을 발견하자 곧 질투에 사로잡힌다. 리오보치카가 떠나버린 것이 원망스럽다. 나는 잠을 이루지 못하고 거의 아무것도 먹지 못한다. 눈물을 삼키거나 혹은 남몰래 운다. 저녁마다 열이 나고 오한으로 몸이 떨린다…… 그를 너무나 사랑해서 벌을 받는 걸까?

이 일기 전체를 통하여 느껴지는 것은, 진실한 사랑의 부족을 도덕적이거나 '시적인' 흥분으로 보충하려는 아내의 헛된 노력이다. 지나친 요구나 불안, 질투는 이런 마음의 공허를 나타낸다. 많은 병적 질투는 이런 조건 속에 점점 커져 간다. 질투는 여자가 가공의 연적을 만듦으로써 불만을 간접적으로 나타낼 때도 있다. 남편 곁에서 만족감을 느끼지 못하는 여자는, 남편이 다른 여자를 생각한다고 상상함으로써 실망을 합리화한다.

도덕·위선·자존심·소심함 때문에 여자가 자신의 거짓말을 고집하는 일은 대단히 흔하다. '사랑하는 남편에 대한 혐오가 일생 동안 자각되지 않는 경우가 많다. 사람들은 그것을 우울 혹은 다른 이름으로 부른다'고 샤르돈은 말한다.*38 그러나 분명한 이름으로 부르지 않더라도 반감이 실재한다는 사실은 달라지지 않는다. 반감은 젊은 아내가 남편의 지배를 거절하려는 노력으로 다소나마 거칠게 표현된다. 신혼여행과 이에 종종 이어지는 불안한 시기가 지나면, 그녀는 자주성을 회복하려고 노력한다. 그것은 쉬운 시도가 아니다. 남편은 대개 연장자이고 남성적 권위를 지니며 법률상 '가장'이므로, 정신적으로나 사회적으로 우월성을 갖고 있다. 또한 대개—적어도 외관상으로—지적으로 우월하다. 그는 교양이나 적어도 직업적 순련도에 있어서 아내보다 우월하다. 청년시절부터 그는 사회문제에 흥미가 있었다. 이는 자기 자신과 관련된 문제이다. 법률지식도 조금 있고 정치에도 통달해 있다. 그는 정당이나 조합이나 여러 단체에 속해 있다. 근로자·시민으로서의 그의 생각은 행동과 결부되어 있다. 그는 속임수가 통하지 않는 현실의 체험자이다. 즉 보통 남자는 추론기술, 사실이나 경험에 대한 흥미, 얼마간의 비판력을 갖추고 있다. 바로 이런 것이 많은 젊은 처녀들에게는 부족하다. 그녀들이 독서를 하고 강연을 듣고, 여러 가지 예능을 배워도, 아무렇게나 축적된 지식은 교양을 형성하지 못한다. 그녀들이 제대로 추론하지 못하는 것은 지능이 모자라기 때문이 아니다. 다만 실생활에서 그런 일을 할 필요가 없기 때문이다. 그녀들에게 있어 사상은 삶의 도구라기보다 오히려 유희이다. 총명하고 감수성이 예민하고 성실해도 지적인 기술이 부족하기 때문에, 자기의 의견을 증명하고 거기에서 결과를 이끌어 낼 수 없다. 그러므로 남편은—그녀보다 훨씬 무능한 남자라도—쉽게 아내를 압도한다. 그는 자신이 틀렸을 때라도 자기가 정당하다고 증명하는 방법을 안다. 남자의 논리는 흔히 폭력이 된다. 샤르돈은 《결혼행진곡》에서 이렇게 음험한 형태의 압박을 뻬어나게 그리고 있다.

베르트보다 나이와 교양과 지식이 더 많은 알베르는, 아내가 자기 생각에 어긋나는 의견을 내놓으면 그것에 대한 일체의 가치를 거부하며 우월성을 과시한다. 그는 자기가 옳음을 끈질기게 '증명'한다. 아내는 오기가 나서, 남편의

---

*38 《어부》 참조.

논리에 어떤 내용도 인정하기를 거부한다. 그래도 남편은 자기의 생각을 완고하게 고집한다. 이렇게 해서 부부 사이에 중대한 오해가 가중된다. 남편은 아내가 잘 표현하진 못하지만 그 속에 깊이 뿌리박혀 있는 감정이나 반응을 이해하려고 노력하지 않는다. 아내는 아내대로 자신을 압도하는 남편의 현학적인 논리 밑에 어떤 생명력이 숨겨져 있는지 알지 못한다. 남편은 결국 뻔히 알고 있던 아내의 무지에 화를 내며, 너는 모를 것이라는 식으로 천문학적인 질문을 던지기에 이른다. 그러나 그는 아내의 독서를 지도하면서, 자기 말을 순종적으로 받아들이는 것을 보고 우쭐해 한다. 지식이 부족한 탓에 언제나 지게 마련인 젊은 아내는, 침묵과 눈물과 거친 태도 말고는 대항할 방법이 없다.

베르트는 이 발작적이고 날카로운 목소리를 듣자 얻어맞은 것처럼 머리가 멍해져서 더 이상 아무것도 생각할 수가 없었다. 알베르는 굴욕으로 마음이 혼란스러운 아내를 계속해서 윽박지르며 잔소리를 퍼부었다……자기가 잘 알지 못하는 이론 앞에서 패배당하여 어찌할 바를 모르는 그녀는 이 부당한 권력에서 벗어나려고 비명을 질렀다. "나를 가만히 내버려둬요!" 그러나 이 말로는 너무 약하다. 그녀는 화장대 위에 있는 유리병이 눈에 띄자 갑자기 그것을 알베르에게 던졌다……

여자는 가끔 투쟁을 시도한다. 그러나 대개는 좋든 싫든 간에 《인형의 집》의 노라처럼, 남자가 자기를 대하는 태도와 사고 방식을 그대로 받아들인다.*39 남편이 부부의 가치 기준이 되는 것이다. 소심함·무능·나태로 인해 그녀는 모든 일반적이고 추상적인 사항들에 대한 공통의견을 내는 수고를 남자에게 맡긴다. 13년간 남편이 자기보다 뛰어나다고 생각하며 매우 존경했다는 총명하고 교양 있고 자주적인 한 여자가, 남편이 죽고 스스로 의사를 결정할 때가 오

---

*39 '내가 아버지 곁에 있을 때, 그분은 자신의 의견을 모두 말씀해 주셨어요. 그래서 나도 아버지와 똑같은 의견을 갖게 되었죠. 때로는 아버지와 사고방식이 달랐지만 난 그 사실을 숨겼어요. 아버지가 좋아하지 않으셨을 테니까요…… 난 이제 아버지의 손에서 당신의 손으로 옮겨 왔어요…… 당신은 모든 것을 자기 마음대로 처리했죠. 그래서 나도 당신과 같은 취향을 가졌어요. 아니면 그렇다고 생각한 거겠죠. 잘 모르겠지만요. 아마 둘 다 사실이거나, 때로는 이랬다가 때로는 저랬다가 했을 거예요. 당신과 아버지, 두 사람은 나에게 큰 잘못을 저지른 거예요. 내가 무능한 인간이 된 건 당신들 탓이에요.'

자 참을 수 없이 불순하더라고 털어놓은 적도 있다. 그녀는 여전히 이럴 때 남편이라면 어떻게 생각하고 결정할지를 추측하려고 한다. 남편은 일반적으로 이런 지도자나 우두머리의 역할을 좋아한다.*⁴⁰ 하루 종일 동료들과 갈등을 겪고 손윗사람들에게 굽실거리며 일하고 온 날에는 집에서, 자기가 절대적인 우월자라고 느끼고, 흔들림 없는 진리를 마음껏 즐기고 싶어한다.*⁴¹ 낮에 있었던 일들을 이야기하고, 상대보다 자기가 정당함을 주장하며, 아내에게서 또 다른 자신을 발견하는 행복을 느낀다. 아내에게 새로운 신문기사나 정치 정세를 설명해 주고, 일부러 큰소리로 읽어 준다. 문화 전반에서 아내가 자율성을 갖지 못하도록 그는 일부러 여성의 무능을 과장하면서 자신의 권위를 드높인다. 아내는 어느 정도 순종적으로 이 종속적 역할을 받아들인다. 남편이 곁에 없는 것을 진심으로 아쉬워하면서도, 그 기회에 이제까지 생각지도 않았던 자기의 능력을 발견하고는 놀라며 기뻐하는 아내들이 있음은 다 아는 사실이다. 그녀들은 남의 손을 빌리지 않고도 일을 처리하고 아이를 양육하고, 결정하고 관리할 줄 안다. 그래서 남편이 돌아와서 다시 자기가 무능하게 되어버릴까봐 걱정한다.

결혼은 남자를 더욱더 제멋대로인 제국주의로 이끈다. 지배욕은 누구에게나 있는 가장 유혹적인 것이다. 아이를 어머니에게, 아내를 남편에게 맡기는 것은 지상에 전제정치를 가꾸는 것이다. 흔히 남편들은 인정받고, 찬미 받고,

---

*40 헬머는 노라에게 말했다. "당신이 자신의 뜻대로 행동할 수 없다고 해서, 나의 애정이 줄어든다고 생각하오? 천만에. 당신은 나에게 기대기만 하면 되오. 내가 당신에게 충고하고 이끌어 줄 테니까. 이런 여성의 무능함이 나의 눈에 한층 더 매력적으로 보이지 않는다면, 나는 남자가 아닐 것이오…… 안심하고 편히 쉬시오 나에겐 당신을 보호하기 위한 커다란 날개가 있소. 남자는 자기 아내를 진심으로 용서했다고 느낄 때 말로는 표현할 수 없는 기쁨과 만족을 얻는다오…… 아내는 남자에게 아내인 동시에 어린아이지. 이제부터 당신은 나에게 그렇게 될 것이오. 길을 잃고 당황하는 어린아이. 아무것도 걱정하지 마오, 노라. 마음을 터놓고 나에게 말만 하시오. 내가 당신의 의지와 양심이 되어 주리다."

*41 로렌스의 《무의식의 환상》 참조. '아내가 당신에게서 진정한 남자, 진정한 선구자를 보도록 노력해야 한다. 아내에게 선구자라고 여겨지지 않으면 남자가 아니다…… 아내가 자기 목적을 당신의 목적에 종속시키도록 치열하게 싸워야 한다…… 그러면 얼마나 훌륭한 인생이랴! 저녁에 아내의 곁으로 돌아가서, 그녀가 걱정하며 기다리는 모습을 보는 것은 얼마나 즐거운가! 집에 돌아와서 아내의 곁에 앉는 쾌락…… 온종일 고생하고 집으로 돌아올 때 얼마나 풍요롭고 벅차게 자기를 느끼겠는가…… 당신은 당신을 사랑하고, 당신의 일을 믿는 아내에게 이루 헤아릴 수 없는 감사를 느낀다.'

조언하고, 지도하는 것만으로는 만족하지 못한다. 그는 명령하며 군주의 역할을 한다. 소년시절 이래로 다른 남자들 사이에서 얻은 상처와 그동안 쌓인 원한을, 집에서 아내에게 권위를 발휘함으로써 모두 해소하는 것이다. 그는 폭력을 쓰거나 권력이나 비타협적인 태도를 보인다. 준엄한 목소리로 명령을 내리거나, 소리를 지르고 탁자를 두드린다. 이런 희극이 여자에게는 날마다 일어나는 현실이다. 남편은 자기의 권리를 확신하기 때문에 아내가 조금이라도 자주성을 보이면 반란으로 생각한다. 그는 아내에게 자기 없이는 숨도 제대로 못 쉬게 하려고 한다. 하지만 그녀는 반항한다. 비록 아내가 처음에는 남편의 권위를 인정했다 하더라도 그 환상은 곧 사라진다. 자식도 언젠가는 아버지가 평범한 인간에 불과하다는 사실을 깨닫는다. 아내는 곧 자기 앞에 있는 사람이 영주나 수령 또는 지배자인 숭고한 인간이 아니라 한 남자라는 사실을 발견한다. 왜 이 남자에게 예속되어 살아야 하는지 이해할 수 없다. 그녀에게는 그저 일방적이고 부당한 의무로밖에 보이지 않는다. 때로 아내는 마조히즘적인 기쁨으로 복종한다. 희생자의 역할을 하는 것이다. 그렇게 참고 따르는 것은 단지 오랜 무언의 질책일 뿐이다. 그러나 또 때로 아내는 남편에게 용감히 싸움을 걸어 반대로 남편을 억압하려고 애를 쓴다.

아내를 쉽게 복종시키고, 자기 뜻대로 그녀를 '만들어 간다'고 생각하는 남자는 순진한 사나이이다. '아내는 남편이 만드는 것'이라고 발자크는 말했다. 그러나 그는 몇 페이지 앞에서 그 반대로 말하고 있다. 추상과 논리의 영역에서, 여자는 어쩔 수 없이 남자의 권위를 받아들인다. 하지만 자기에게 중요한 생각이나 습관에 관계되면, 그녀는 영악하고 집요하게 남편에게 저항한다. 유년기나 청년기의 영향은 남자보다 여자가 훨씬 많이 받는다. 여자가 자신의 개인적인 역사 속에 더 깊숙이 갇혀 있기 때문이다. 이런 시기에 그녀가 체득한 것은 대부분 일생 동안 버리지 못한다. 남편은 아내에게 정치적 의견을 강요할 수는 있지만, 그 종교적 신념이나 미신을 흔들어 놓을 수는 없을 것이다. 독실하고 세상물정 모르는 처녀를 아내로 삼아, 그녀를 깊게 감화시키리라 믿었던 장 바루아가 그러한 사실을 체험하고는 낙담하여 말한다. '지방도시의 그늘에서 찌들어 버린 젊은 처녀의 두뇌, 무지한 우둔에서 오는 일체의 확신, 그것은 씻어낼 방법이 없다.' 여자는 가르침을 받거나 도덕규범을 앵무새처럼 따라 말할지라도 세상에 대한 자신의 견해를 지키고 있다. 이 저항 때문에 자기보다 현명한 남편의 말을 이해하지 못하는 경우도 있다. 혹은 반대로 이 저항이, 스탕달이나 입센의 여주인공들처럼 여자를 남성의 진실성 이상으로 높이 끌어올리는 수도 있다. 대로 여자는 남자에 대한 탄감에서—성적으로 실망했기 때문이든, 자신을 지배하는 남자에게 앙갚음하고 싶어서든 간에—일부러 남자의 가치관과는 다른 가치관을 고집한다. 남편을 꺾기 위하여 그녀는 어머니나 아버지나 형제나 혹은 누구든 '뛰어나다'고 생각되는 남성·고해신부·수녀의 권위에 의존한다. 혹은 남편에게 정면으로 항변하는 대신에 무조건 남편에 반대하고 남편을 공격하고, 상처를 주려고 애쓴다. 남편에게 열등감을 주입하려는 것이다. 물론 능력이 있으면 남편을 현혹시켜서 자기의 의견이나 방침을 강요한다. 이렇게 해서 정신적 권위를 완전히 자기 것으로 만들어 버린다. 남편의 정신적 우위를 침해하기가 아무래도 불가능할 때는 성적인 면으로 보복을 시도한다. 알레바가 말하고 있는 미슐레 부인처럼, 아내는 남편에게 성관계를 거부한다.

그녀는 어디서나 남편을 지배하길 원했다. 처음엔 잠자리를 지배했다. 왜냐하면 남편이 거기서 책상으로 가기 때문이었다. 그녀가 침대를 방어할 때 남편은 책상을 방어하고 있었다. 그 다음에 그녀는 책상을 노렸다. 그리고 몇 달 동안 부부는 성적 관계를 갖지 않았다 마침내 남편이 침대를 점령하고, 미슐레 부인은 책상을 점령했다. 그녀는 타고난 문학가라는 것이 드러났다. 그곳이 그녀에게 꼭 맞는 곳이었다.

여자는 남편의 품안에서 뻣뻣하게 굴며 불감증인 척 남편을 모욕한다. 자기의 요구가 이루어질 때까지 남편의 포옹을 거절하거나, 변덕스럽고 애교가 넘치는 태도로 남편으로 하여금 애원하게 만든다. 바람을 피워 남편의 질투를 일으키고 배신하기도 한다. 남편의 남성다움을 굴복시키려는 것이다. 극단으로 치닫지 않도록 신중을 기하는 경우에는, 마음속에 그에 대한 경멸이라는 냉혹한 비밀을 자랑스럽게 감추고 있다. 그녀는 그런 비밀을 일기에 기록하기도 하지만 주로 여자친구들에게 털어놓는다. 결혼한 대부분의 여자들은 자기가 쾌락을 느끼지 못하는 것처럼 속이기 위해 사용하는 '꾀'를 서로 공유하며 즐긴다. 그리고 자기들에게 속고 있는 허영심 많은 남편들의 어수룩함을 고

소하게 생각하며 비웃는다. 이런 고백은 아마 또 다른 희극일 것이다. 불감증과 불감증이길 바라는 마음의 경계는 확실치 않다. 아무튼 그녀들은 자기를 불감증이라고 생각함으로써 원한을 푼다. 그들—사마귀에 비유할 만한 여자들—가운데에는 밤에도 낮에도 승리자이기를 원하는 부류가 있다. 그녀들은 포옹에서는 냉담하고, 대화에서는 경멸적이며 행위에서는 폭군적이다. 프리다가 로렌스에게 취한 태도—메벨 도지의 증언에 따르면—가 그러하다. 로렌스의 지적 우월을 부정할 수가 없어서, 그녀는 성적 가치만이 중요하다는 자신의 세계관을 그에게 강요하려고 했다.

그녀는 어느 날 메벨 도지에게 분명히 말했다.

"그는 모든 것을 나에게서 받아야만 해요. 내가 없으면 그는 아무것도 느끼지 못하죠. 아무것도. 그는 나에게서 자기 책을 받아 간답니다." 그녀는 보란 듯이 말을 이었다. "아무도 모르고 있어요. 사실 그의 책을 모두 내가 썼답니다."

하지만 그녀는 로렌스가 자기를 필요로 한다는 것을 끊임없이 확인하고 싶어했다. 그가 줄곧 그녀에게만 마음 쏟기를 바랐다. 그가 자발적으로 그렇게 하지 않으면 그녀 쪽에서 그렇게 하도록 만들었다.

프리다는 자신과 로렌스의 관계가 결혼한 남녀 사이에 일반적으로 형성되는 평정 속에서 전개되는 일이 결코 없도록 대단히 세심하게 노력하고 있었다. 그가 습관 속에서 졸고 있다고 느끼면 그녀는 곧 그에게 폭탄을 던졌다. 그녀는 그가 그녀를 잠시라도 잊지 못하게 만들었다. 쉴 새 없이 주의를 끄는 것…… 그것이 내가 두 사람을 만났을 때 적에 대항해서 사용하는 무기였다. 프리다는 그의 가장 민감한 곳을 자극할 줄 알았다…… 낮 동안에 그가 그녀에게 냉담하면, 밤에 그녀는 그를 모욕했다.

그들 사이에서 결혼생활은 어느 쪽도 양보하려 들지 않는, 영원히 거듭되는 싸움의 연속이 되었다. 아주 사소한 다툼에도 '남자'대 '여자'의 격투가 격렬하게 벌어졌다.

이와는 매우 다르지만 주앙도가 묘사한 엘리즈에게서도 역시, 남편이 될 수 있는 대로 깎아내리려는 광포한 지배욕이 발견된다.*42

엘리즈 : 나는 일단 주위의 모든 것을 경멸하고 본다. 그래야 마음이 편하다. 이제 상대라곤 못생긴 자나 괴상망측한 자들뿐이니까.

그녀는 잠에서 깨면 곧 나를 부른다.

"이 못생긴 인간아!"

이것은 술수이다.

그녀는 나를 도욕하고 싶은 것이다.

내가 나에 대한 환상을 하나씩 하나씩 단념해 가는 것을 그녀는 얼마나 통쾌하게 여겼던가. 어처구니없어하는 나의 친구들 앞에서나, 당황해 하는 하인들 앞에서, 그녀는 내가 이러저러하게 가련한 존재라고 떠벌릴 기회를 결코 놓치지 않았다. 그리하여 마침내는 나도 그녀의 말을 믿게 되었다……내가 스스로를 낮추도록, 그녀는 때를 놓치지 않고 내 작품이 그녀에겐 물질적 수입원 이상의 가치가 없음을 나에게 느끼게 했다.

천천히 집요하고도 교묘하게 나를 낙담시키고, 차례차례 모욕하고, 확고하고 침착하며 냉혹한 논리로 조금씩 자존심을 버리게 함으로써, 내 사상의 원천을 고갈시켜 버린 것은 그녀이다.

"말하자면 당신은 노동자보다도 벌이가 적다고요." 그녀는 어느 날 마루 닦는 청소부 앞에서 나에게 말했다……

……그녀가 나를 깎아내리는 까닭은 자기가 나보다 우수하거나 적어도 동등하다는 것을 증명하여 나를 자기 수준으로 끌어내리기 위해서이다……그녀는 나를 자기의 발판, 자기에게 도움이 되는 물건으로서만 평가한다.

프리다와 엘리즈가 자신들을 본질적인 주체로 확립하기 위해 사용한 전술은 종종 남자들의 비난을 산다. 그녀들은 남자의 초월성을 부인하려고 애쓴다. 한편 남자들 쪽에서는 여자들이 자기들을 거세시키려는 꿈을 간직하고 있

---

*42 《남편의 기록》과 《신(新) 남편의 기록》.

다고 생각한다. 사실 여자의 태도는 아주 모호하다. 여자는 남자라는 성(性)을 억압하기보다는 경멸하려고 한다. 남자의 기획이나 미래를 손상시키려 한다는 편이 더 정확할 것이다. 남편이나 사내아이가 병이 나거나 지쳐서 육체적인 존재에 불과할 때, 여자는 승리감을 느낀다. 그렇게 되면 그들은 그녀가 지배하는 집 안에서 다른 물건과 똑같이 되기 때문이다. 그녀는 그것을 주부의 권한으로 취급할 수 있다. 깨진 접시를 붙이듯이 치료해 주고, 냄비를 닦듯이 몸을 닦아 준다. 채소의 껍질을 벗기거나 접시를 닦는 물에 익숙해진 그녀의 천사 같은 손을 뿌리치는 것은 아무것도 없다. 로렌스는 프리다의 이야기를 하면서 메벨 도지에게 이렇게 말했다. "병이 났을 때, 내 몸에 닿는 이 여자의 손이 어떤 느낌을 주는지 도저히 상상도 못할 겁니다. 묵직하고, 육체적이고, 독일적인 손이지요." 여자는 남자에게 그 역시 육체적인 존재일 뿐임을 느끼게 하기 위하여 의식적으로 손에 무게를 잔뜩 실어 남자를 위로한다. 주앙도가 이야기하는 엘리즈만큼 이런 태도를 철저하게 보이는 이는 없을 것이다.

    예를 들면 결혼 초에 톈진(天津)에서 이(虱) 때문에 있었던 일을 기억한다…… 그것 덕분에 아내와 친밀한 관계를 처음 경험할 수 있었다. 그날, 엘리즈는 나를 발가벗겨서 양털 깎듯이 그녀의 무릎 위에 올려놓고 촛불로 나의 온몸을 구석구석 비춰가며 살폈다. 겨드랑이도, 가슴도, 배꼽도, 그녀의 손가락으로 당겨서 북처럼 팽팽해진 고환의 피부까지도 찬찬히 살폈다. 또 넓적다리를 따라 발끝까지 내려갔다가 다시 항문 언저리까지 샅샅이 살폈다. 그녀는 이가 숨어 있는 노란 털 뭉치를 휴지통에 버리고 불로 태웠다. 덕분에 나는 벌레와 벌레의 소굴에서 해방되었지만 더더욱 발가벗겨져 고독한 사막에 던져졌다.

    여자는 남자가 하나의 주관성이 표현되는 개체가 아니라 피동적 육체이기를 바란다. 여자는 실존에 반항하여 생명을 확인하려 하고, 정신적 가치에 반항하여 육체적 가치를 확인하고자 한다. 그녀는 남성이 무엇을 기획하는 태도를 보고, 파스칼 같은 유머러스한 태도를 취한다. '남자의 모든 불행은 방 안에 가만히 붙어 있지 못하는 것에서 온다'고 생각한다. 그래서 여자들은 남자들을 집 안에 가두어 두려고 한다. 가정생활에 이익을 주지 못하는 일체의 활동은 그녀에게 반감을 일으킨다. 베르나르 팔리시(16세기 프랑스의 유명한 도예가)의 아내는, 남편이 이제까지 세상에 없어도 괜찮았던 새로운 에나멜을 발명하기 위하여 가구를 태워 버리는 데 분개한다. 라신 부인은 남편에게 정원의 까치밥나무 열매에 관심을 쏟도록 만들지만, 남편이 쓴 비극은 읽으려고 하지도 않는다. 주앙도는 《남편의 기록》에서, 일리즈가 그의 문학작품을 단지 물질적 수입원으로만 생각하기 때문에 화를 낸다.

나는 그녀에게 말했다. "내 최신 중편소설이 오늘 아침에 출간되오." 그녀는 일부러 그런 것은 아니지만, 사실 그것밖에 흥미가 없었기 때문에 이렇게 대답했다. "그러면 이 달에는 적어도 300프랑은 더 수입이 들어오겠군요."

이런 충돌이 심해져서 파경을 불러올 수도 있다. 하지만 대개 아내는 남편의 지배를 거부하면서도 남편을 '놓지 않으려고' 한다. 그녀는 자기의 자주성을 지키기 위하여 남편과 싸우지만, 또한 자기가 의존하고 있는 '상황'을 끝까지 보존하기 위해 남편 이외의 사람들과 싸운다. 이런 이중적 역할을 하기란 쉬운 일이 아니다. 이는 많은 여자들이 노이로제 상태로 생활하고 있음을 다소나마 설명해준다. 슈테켈은 의미심장한 한 예를 들고 있다.

Z.T. 부인—그녀는 성적 쾌감을 맛본 적이 한 번도 없다—은 대단히 교양이 있는 남자와 결혼했다. 그러나 그녀는 남편이 너무 뛰어난 것을 참을 수가 없어서 남편의 전공을 공부하여 그와 동등해지고자 했다. 하지만 그 과정이 너무 힘들었기 때문에 그녀는 약혼한 뒤 바로 공부를 중단하고 말았다. 매우 명성이 높은 그녀의 남편에게는 많은 제자들이 따랐다. 그녀는 그런 맹목적인 존경을 하지 않으려고 했다. 부부생활에 있어서 그녀는 결혼 초부터 불감증인 채 그대로였다. 남편이 만족해서 떨어져 나갈 때도, 그녀는 자위하지 않고는 성적 쾌감에 도달하지 못했다. 그녀는 그것을 남편에게 이야기했다. 그러면서도 애무로 자기를 흥분시켜 주려는 남편의 시도를 거부했다…… 머지않아 그녀는 남편의 일을 우습게 여기고 과소평가하기 시작했다. '그를 따라다니는 바보들을 이해하지 못하겠어. 나는 이 대단한 사람의 사생활이 어떤지 그 이면을 잘 알고 있으니까.' 날마다 일어나는 부부

싸움에서 이런 말들이 나왔다. "그 낙서 같은 글들로 나를 당신의 의견에 굴복시킬 수는 없을 거예요!" 혹은 "글줄이나 쓴다고 나를 당신 맘대로 휘어잡을 수 있다고 생각하는군요." 남편은 점점 더 제자들에게 마음을 쏟았고, 아내는 젊은 남자들에게 에워싸여 생활했다. 아내가 몇 해를 이렇게 지내는 동안 남편은 다른 여자를 사랑하게 되었다. 그동안 아내는 남편의 사소한 여자관계를 늘 그냥 보아 넘겼다. 오히려 버림받은 '바보 같은 여자들'과 어울리기까지 했다⋯⋯ 이번에는 아무나 걸리는 청년들에게 몸을 맡겼지만 오르가슴은 느끼지 못했다. 그녀는 남편에게 자기가 배신한 것을 고백했다. 남편은 그녀를 다 용서해 주었다. 그와 헤어지려면 조용히 헤어질 수도 있었다⋯⋯ 그녀는 이혼을 거부했다. 오랜 대화 끝에 화해가 이루어졌다⋯⋯ 그녀는 울면서 몸을 맡겼다. 그리고 처음으로 강렬한 오르가슴을 경험했다⋯⋯

그녀가 남편과 싸우면서도 한 번도 헤어질 생각을 하지 않았다는 것을 알 수 있다. 즉 '남편을 붙잡는 것'은 하나의 기술이며 남편을 '억류하는 것'은 하나의 수완이다. 여기에는 많은 재간이 필요하다. 잔소리 심한 신부에게 신중한 시누이가 이런 말을 했다. "신중하게 행동해야 해요. 마르셀과 너무 싸움만 하다간 올케의 '지위'가 위험해져요." 가장 중요한 삶의 가치가 걸려 있는 것이다. 즉 물질적·정신적인 안정, 자기의 가정, 아내의 권위, 연애를 대신해 줄 얼마쯤의 만족감. 여자는 자기의 무기 가운데 가장 약한 것이 성적 매력이라는 사실을 곧 알게 된다. 그런 매력은 익숙해지면 사라진다. 그리고 유감스럽게도 세상에는 매력적인 여자들이 너무나 많다. 그래도 그녀는 남편을 유혹해서 즐겁게 해 주려고 노력한다. 그녀는 종종 자기를 불감증에 빠뜨리는 자존심과, 자기의 관능적인 열정으로 남편을 사로잡으려는 생각으로 분열된다. 또 습관의 힘과, 남편이 쾌적한 주거에서 느끼는 매력, 착하고 사랑스러운 반려에게 보이는 애착, 자식들에 대한 애정에 기댄다. 그녀는 손님 접대나 옷매무새로 '남편에게 존경의 마음을 나타내고', 여러 가지 조언과 영향력을 주어 남편에게 권위를 얻으려고 노력한다. 이것이 성공적일수록 아내는 남편의 세속적인 성공이나 사업에서 반드시 필요한 존재가 된다. 특히 모든 전통은 아내에게 '남자를 손아귀에 넣는' 기술을 가르친다. 남자의 약점을 발견해서 그것을 도닥거려

주고, 아첨과 경멸, 순종과 저항, 감시와 관용을 능숙히 조절해야 한다. 이 마지막 조절은 특히 까다롭다. 남편에게 너무 자유를 주어도 안 되고, 너무 구속해도 안 된다. 아내가 너무 매달리면 남편이 저만치 달아나 버린다. 남편이 다른 여자들을 상대로 소비하는 돈이나 사랑의 열정은 남편이 아내에게서 빼돌린 것이다. 정부(情婦)는 남편에게 영향을 끼쳐 이혼을 하게 하든가, 적어도 남편의 삶에서 가장 중요한 자리를 차지할 위험이 있다. 하지만 아내가 남편에게 모든 바람기를 금지한다거나, 남편을 감시와 싸움과 요구로 귀찮게 몰아세우면, 남편은 아내에게 심히 악감정을 품을 수도 있다. 그러므로 잘 알아서 '양보하는' 기술이 필요하다. 남편이 '바람'을 피울 때는 눈을 감아준다. 그러나 그게 아니라면 눈을 크게 떠야 한다. 특히 아내는 건방지게—그녀는 그렇게 생각한다—자기의 '지위'를 훔치려는 묘령의 젊은 처녀를 경계한다. 자기 남편을 위험한 연적으로부터 떼어 놓기 위해서, 아내는 남편과 함께 여행을 가든가, 남편의 생각을 전환시키려고 한다. 필요하다면—퐁파두르 부인을 본받아—그다지 위험하지 않은 다른 라이벌을 사이에 넣기도 한다. 아무래도 안 될 경우라면 아내는 눈물을 터뜨리거나 히스테리를 부리고 자살을 시도하는 등의 수단으로 호소한다.

 그러나 지나친 싸움과 비난은 남편을 가정 밖으로 몰아낸다. 남편을 매혹시켜야 할 중요한 때에 그녀는 남편에게 참을 수 없는 존재가 되어 버릴 수도 있다. 아내가 내기에서 이기려면, 애처로운 눈물과 모든 것을 포용하는 듯한 미소, 으름과 교태를 능란하게 조화시켜야 한다. 본심을 밖으로 드러내지 않을 것, 계략을 쓸 것, 달없이 미워하고 조용히 위협을 가할 것, 남자의 허영심과 약점을 잘 다룰 줄 알 것, 남자의 허를 찌르고, 남자를 속이고 조종할 것, 이런 것은 매우 서글픈 지식이다. 이에 대해 적절한 변명을 하자면, 여자는 결혼에 자신의 모든 것을 걸도록 강요당한다는 것이다. 즉 여자는 직업도 능력도 없고 인맥도 없는 데다 자기 이름조차도 더 이상 자기의 것이 아니기 때문이다. 요컨대 여자는 자기 남편의 절반 이외에 아무것도 아니다. 만일 남편에게 버림받는다면, 여자들 대부분은 내적으로나 외적으로나 도움 받을 길이 없다. A. 드 몽지와 몽테를랑처럼 소피아 톨스토이에게 돌을 던지는 것은 쉬운 일이다. 그러나 만일 그녀가 부부생활의 위선을 거부했다면 그녀는 어떻게 되었을까? 어떤 운명이 그녀를 기다렸을까? 확실히 그녀는 상당히 심술궂은 여자였던 것 같다. 그러나 그녀에게 폭군을 사랑하고 자기의 노예적 신분을 축복하라고 요구할 수 있을까? 부부 사이에 성실과 우정이 존재하려면, 두 사람이 서로 자유롭고 모든 부분에서 평등해야 한다. 남자만이 경제적으로 권리를 행사하며—법률과 풍습 덕분에—남자라는 이유 하나만으로 특권을 쥐고 있는 한, 남자들 대부분이 폭군이 되어 버리는 것도 마땅하다. 그리고 이것이 여자에게 저항하고 책략을 꾸미도록 부추긴다.

부부생활의 비극과 비열함을 부인하려는 사람은 아무도 없다. 그러나 결혼 옹호론자들의 주장은, 부부간의 충돌은 개인이 불성실한 탓이지 제도 때문이 아니라는 것이다. 특히 톨스토이는 《전쟁과 평화》의 에필로그에서, 이상적인 부부를 그리고 있다. 피에르와 나타샤가 바로 그들이다. 나타샤는 세련되고 공상적인 처녀였다. 그러나 일단 결혼하자 화장이나 사교, 일체의 오락을 버리고 남편과 아이에게 헌신하여 주위 사람들을 놀라게 한다. 그녀는 말 그대로 현모양처의 표본이 되었다.

한때 그녀의 매력이었던, 언제나 타오르던 그 생명의 불꽃은 이제 사라졌다. 지금 그녀에게선 종종 얼굴과 몸만 보일 뿐 영혼은 보이지 않는다. 강인하고 아름다우며 생식력이 왕성한 암컷으로만 보였다.

그녀는 피에르에게 자기가 그에게 바치는 것과 같은 정도의 독점적인 사랑을 구한다. 그녀는 그를 질투한다. 그는 일체의 외출과 친구와의 교제를 끊고 가족에게 완전히 헌신하게 된다.

그는 클럽의 만찬에 참석할 수도, 긴 여행을 계획할 수도 없었다. 그러나 사무를 보기 위해 외출하는 것은 예외였다. 그녀는 그의 과학 연구를 그러한 사무 가운데 하나로 생각했다. 자기는 아무것도 아는 게 없지만, 그의 과학 연구는 매우 중요시했다.

피에르는 '아내에게 눌려 지냈는데' 그 대신—

나타샤는 가정에서는 완전히 남편의 노예가 되었다. 집 전체가 이른바 남편의 명령에, 즉 나타샤가 알아차리려고 애쓰는 피에르의 욕망에 좌우되었다.

피에르가 먼 곳으로 외출하면 나타샤는 그가 돌아오기만을 초조하게 기다린다. 남편의 부재가 그통스럽기 때문이다. 그러나 부부 사이에는 서로에 대한 놀라운 이해와 조화가 이루어진다. 그들은 말하지 않아도 서로를 잘 알고 있다. 아이들과 집과 사랑하고 존경하는 남편 사이에서 그녀는 거의 오점 하나 없는 행복을 맛본다.

이 목가적인 그림은 좀더 가까이에서 연구할 가치가 있다. 나타샤와 피에르는 영혼과 육체처럼 결합되어 있다고 톨스토이는 말한다. 그러나 영혼이 육체를 떠나면 오직 죽음이 있을 뿐이다. 피에르가 나타샤를 더 이상 사랑하지 않는다면 어떤 일이 생길까? 로렌스도 남성의 변심이라는 가설을 거부한다. 동 라몽은 자기에게 영혼을 바친 인디언 소녀 테리사를 언제까지나 사랑하겠다고 말한다. 그러나 절대적이고 영원하고 유일한 사랑의 열렬한 지지자인 앙드레 브르통조차 이러한 사랑이 대상을 착각하는 일도 있을 수 있음을 어쩔 수 없이 인정했다. 착각이든 변심이든 간에 여자가 버림받는다는 데는 차이가 없다. 건장하고 관능적인 피에르는 육체적으로 다른 여자에게 이끌릴 수도 있을 것이다. 나타샤는 질투가 심하다. 곧 두 사람의 사이는 험악해진다. 피에르가 나타샤를 버리면 그녀의 삶은 파괴될 것이다. 피에르가 거짓말을 하고, 나타샤가 싫으면서도 참고 견디면 그의 삶이 망가진다. 두 사람이 임시방편으로 타협하여 이도 저도 아닌 생활을 계속하면 둘 다 불행해진다. 나타샤에겐 적어도 아이들이 있지 않느냐고 항의할 사람이 있을지 모른다. 그러나 자식은, 남편이 하나의 정점을 이루는 안정된 형태 안에서만 기쁨의 원천이 된다. 버림받고 질투에 불타는 아내에게는 아이들이 무거운 짐이 된다. 톨스토이는 나타샤가 피에르의 사상에 맹목적으로 충성하는 것에 찬사를 보낸다. 그러나 여자의 맹목적인 헌신을 요구하는 또 한 명의 남자 로렌스는 피에르나 나타샤를 조롱한다.

남자란 다른 남자가 볼 때 흙으로 만든 우상은 될 수 있어도, 결코 진정한 신은 될 수 없다. 남자를 신처럼 숭배하는 것은 그를 구제하는 것이 아니라, 생명을 빼앗는 것이다. 어찌된 일인지 남자들의 주장에는 서로 차이가 있어, 권위가 분명하지 않다. 그것은 여성이 판단하고 비판해야 한다. 단순히 따를 수만은 없다. 그리고 여자에게 조금의 자유의지도 없이 주의나 견해를 받아들이도록 강요하는 것은 그녀를 모욕하는 행위이다. 그녀가 남편과 같은 견해를 가졌더라도, 그것은 그녀의 자주적인 판단을 통해서만 가능한 일이다. 자기와 관계없는 것에는 찬성도 반대도 할 수 없다. 여자는 자신의 존재 이유를 타인으로부터 빌려와서는 안 된다.

피에르와 나타샤 이야기에 대한 가장 근본적인 비난은, 그것을 만들어 낸 원천이 레온과 소피아(톨스토이 부부)의 부부생활이라는 것이다. 소피아는 남편에게 반감을 가지고 그를 '진저리나는 사람'이라고 생각했다. 그는 그녀를 속이고 근처에 사는 시골여자들을 모두 집적거린다. 그녀는 질투로 몸을 떤다. 그녀는 몇 차례 임신기간 동안 신경발작 속에서 보낸다. 아이들은 그녀의 마음과 일상의 공허를 채워 주지 못한다. 그녀에게 가정은 메마른 사막이다. 남편에게는 지옥이다. 결국 두 사람은 밤이슬로 젖은 숲에 반나체로 드러누운 히스테리컬한 늙은 여자와 평생의 '결합'을 부정하면서 궁지에 몰려 가출하는 처량한 노인의 신세가 되고 만다.

확실히 톨스토이의 경우는 예외적이다. '순조로운' 가정은 얼마든지 있다. 그런 가정에서는 부부가 하나의 타협점에 도달하여, 서로가 너무 괴롭히지도 속이지도 않고 사이좋게 살아간다. 그렇지만 그들이 어지간해서 피할 수 없는 불운이 하나 있다. 바로 권태이다. 남편이 아내를 자기의 메아리로 만드는 데 성공하거나, 또는 각자가 자기 세계 안에 머물러 있다고 하더라도, 몇 달 혹은 몇 해 뒤에 두 사람은 서로 말할 것이 없어져 버린다. 부부란, 그 구성원이 자기들의 고독에서 해방되지도 못한 채 각자의 자주성만 잃어버린 공동체이다. 그들은 상대와 역동적이고 생명적인 관계를 유지하지 못하고, 정적으로 서로 동화되어 버린다. 그러므로 그들은 정신적인 영역에서나 에로틱한 영역에서나 무엇 하나 주고받을 것이 없다. 도로시 파커는 그의 가장 뛰어난 중편소설의 하나 《너무 나쁘다》에서 많은 결혼생활의 슬픈 이야기를 요약했다. 저녁 때, 웰튼 씨가 집으로 돌아온다.

벨 소리에 웰튼 부인이 문을 연다.
"어서 들어오세요!" 그녀는 명랑하게 인사를 한다.

그들은 활기찬 태도로 미소를 주고받는다.

"다녀왔소. 줄곧 집에만 있었소?" 남자가 말을 건넨다.

그들은 가볍게 포옹을 한다. 그녀가 조용히 흥미로운 듯 바라보고 있는 동안, 남편이 외투와 모자를 벗고 호주머니에서 신문을 꺼내 그 중 하나를 그녀에게 내민다.

"신문을 사 오셨군요!" 그녀는 신문을 받으며 말한다.

"그래, 당신은 오늘 무슨 일을 하며 보냈소?" 그가 묻는다.

그녀는 이 질문을 기대하고 있었다. 남편이 돌아오기 전에는 자질구레한 일들을 모조리 이야기하려고 생각해 두었다…… 그러나 지금은 그것이 그저 싱겁고 장황한 이야기로만 느껴졌다.

"오! 특별한 것 없어요. 당신은 좋은 하루였나요?" 그녀는 명랑하게 미소를 지으며 이렇게 묻는다.

"그렇지!" 그는 이렇게 서두를 떼었다…… 그러나 말을 시작하기도 전에 흥미가 사라졌다…… 게다가 그녀는 방석의 술에서 실 한 오라기를 잡아 뽑는 데 몰두해 있었다.

"그래, 별일 없었나 보군" 하고 그는 말한다.

……그녀는 다른 사람들과 이야기를 잘 주고받는 편이다…… 어니스트도 동료들 틈에서는 꽤 수다스러웠다…… 그녀는 결혼 전, 약혼기간에 둘이서 무슨 이야기를 했는지 되새겨 보려고 애쓴다. 대단한 화젯거리는 한 번도 없었다…… 그러나 그녀는 그런 데 신경을 쓰지 않았다…… 키스가 있었고, 자기들의 마음을 사로잡은 것이 이것저것 있었다. 그러나 7년이 지나자 저녁을 보내는 데 키스 외의 다른 것은 기대할 수 없었다.

누구든지 7년이면 익숙해져서 그러려니하고 포기한다고 사람들은 생각할지도 모른다. 그러나 그렇지 않다. 결국엔 신경이 날카로워진다. 그것은 사람들 사이에 가끔 생기는 포근하고 친밀한 침묵이 아니다. 그것은 자기가 의무를 이행하고 있지 않으며, 무언가를 해야 한다는 인상을 준다. 마치 손님을 초대한 야회가 순조롭게 진행되지 않을 때 안주인이 느끼는 그러한 느낌이다…… 어니스트는 어색하게 신문을 읽지만, 절반쯤 읽자 하품을 하기 시작한다. 그러자 웰튼 부인의 마음에 무슨 생각이 일어난다. 그녀는 델리아에게 말해두어야겠다고 중얼거리면서 부엌으로 달려간다. 그녀가 괜히 냄비 속을 들여다보고, 세탁물의 리스트를 살펴보며 한참 동안 거기에 있다가 방으로 돌아오면, 그는 이미 잠자리에 들 준비를 하고 있다.

그들의 1년 중 300일의 저녁은 이렇게 지나갔다. 300의 7배는 2,000일이 넘는다.

이런 침묵이 어떤 말보다도 더 깊은 친밀감의 표현이라고 주장하는 이도 가끔 있다. 부부생활이 친밀감을 자아낸다는 점은 아무도 부인하지 않는다. 증오나 질투나 원한을 숨길 수 없는 모든 가족관계가 그러하다. 주앙도는 이런 친밀감과 참된 인간적 우애의 차이를 이렇게 강조했다.

엘리즈는 나의 아내이다. 분명 나의 친구들이나 나의 가족 가운데 누구도, 내 팔다리의 어느 부분도 그녀 이상으로 나와 친하지는 못하다. 그러나 나의 가장 개인적인 우주 속에 그녀가 차지한 위치, 내가 그녀에게 내어준 위치가 아무리 나에게 가깝다고 하더라도, 그녀가 나의 육체와 영혼 속에 아무리 깊이 뿌리박고 있다 하더라도(우리의 끊으려야 끊을 수 없는 결합의 모든 신비와 드라마가 바로 거기에 있다), 지금 저 큰길을 걸어가고 있는 낯선 사람, 나의 창에서는 제대로 보이지도 않는 사람보다 그녀가 나에게는 인간적으로 더 낯설다.

그는 또한 이렇게도 말한다.

나는 독(毒)에 잠식되고 있지만 거기에 익숙해져 버렸음을 깨닫는다. 이후로는 자기를 버리지 않고 어떻게 독을 버릴 수 있겠는가?

또 그는 말한다.

그녀를 생각하면, 부부의 사랑은 공감이나 관능적 욕구, 혹은 열정이나 우정, 아니 사랑과도 아무 관계가 없다고 느낀다. 그 자체로 완전한 것이어서, 그러한 감정의 어느 것에도 해당될 수 없고, 맺어진 상대에 따라서 저마다 고유한 성질, 특수한 본질, 유일한 양식을 지닌다.

부부애*43 옹호론자들은 그것이 사랑은 아니지만 그 자체로 훌륭한 어떤 부분이 있다고 주장한다. 부르주아 계층이 최근에 하나의 서사시적 양식을 고안했기 때문이다. 인습은 모험의 형태를, 정숙은 숭고한 광기의 형태를 취하며, 권태는 현명함으로 둔갑한다. 가족 사이에 일어나는 증오는 사랑의 가장 심오한 형태이다. 사실, 서로 증오하면서도 그 사람이 없으면 살 수 없다는 것이 모든 인간관계 가운데 가장 진실하고 가장 감동할 만한 감정은 결코 아니다. 그것은 가장 가련한 관계이다. 서로가 완전히 만족하는 두 사람이 오로지 자유로운 사랑으로 결합되는 것이야말로 이상적이다. 톨스토이는 나타샤와 피에르의 결합을 '정의하기는 어렵지만, 정신과 육체의 그것처럼 확고부동한 결합'이라고 찬탄한다. 이 이원론적 가설에 따른다면, 육체는 정신에 있어서 완전한 사실성에 불과하다. 이런 사고방식으로 부부의 결합을 보면, 각자가 서로에게 우연적으로 부여된 필연적 두께를 갖게 된다. 선택된 것이 아닌 부조리의 존재, 살기 위한 필연적인 조건, 물질 그 자체로서 상대를 떠맡고 사랑해야 한다는 것이다. 그런데 떠맡다, 사랑한다는 이 두 말은 곧잘 혼동된다. 바로 거기에서 속임수가 나온다. 사람은 자기가 맡은 것을 사랑하지는 않는다. 사람은 자기의 육체, 자기의 과거, 자기의 현재 상황을 책임지고 맡는다. 그러나 사랑은 타자를 향한, 자기의 존재와 분리된 생명, 목적, 미래를 향한 움직임이다. 무거운 짐 같은 억압된 감정은 사랑이 아니라 저항감을 불러일으킨다. 인간관계는 직접성만으로 추구된다면 가치 있는 것으로 볼 수 없다. 예를 들면, 부모와 자식의 관계는 의식 안에서 성찰되어야만 비로소 가치를 지닌다. 부부 사이에서도 서로의 자유를 해치는 (관계의) 직접성에 빠지는 것을 찬탄할 수는 없다. 부부애라 불리는 애착·원한·증오·구속·체념·태만·위선 등으로 뒤섞인 복잡한 감정을 사람들이 존중하는 이유는 그것이 변명이나 핑계로 쓰이기 때문이다. 우정도 육체적 사랑과 마찬가지이다. 참된 우정이 되려면 먼저 자유를 전제로 해야 한다.

자유는 방종이 아니다. 감정은 순간을 초월하는 것이다. 그러나 자신의 다

---

*43 결혼 생활에도 사랑이 있을 수는 있다. 그러나 그것이 '부부애'를 말하는 것은 아니다. 사람들이 이 단어를 쓰는 것은 사랑이 사라지고 없다는 뜻이다. 마치 다음의 경우와 마찬가지이다. 어떤 남자를 '대단히 공산주의적'이라고 할 때, 그것은 그가 공산주의자가 아니란 뜻이다. '대단한 신사'라고 말하면 단순히 신사라는 범주를 뛰어넘는 사람이다.

짐을 유지하거나, 혹은 반대로 그 다짐을 파괴하도록 자신의 일반적인 의지와 개개의 행동을 대립시키는 것은 오직 개인의 권한에 속한다. 외적인 어떤 구속에도 좌우되지 않고, 두려움이 없을 때 느끼는 감정은 자유이다. 반대로 '부부애'는 모든 정신적 억압과 온갖 허위로 이끌어 간다. 그리고 무엇보다 부부가 서로를 참되게 이해할 수 없게 만든다. 일상적인 친밀감은 이해도 공감도 창조하지 못한다. 남편은 아내를 너무 존중한 나머지 그녀의 비밀스러운 심리에 흥미를 기울이지 않는다. 그렇게 하는 것은 아내에게 어떤 번거롭고 위험한 비밀이 드러날지 모르는 숨은 자주성을 인정하는 것을 뜻한다. 잠자리에서 그녀는 정말 쾌감을 느낄까? 남편을 정말 사랑할까? 남편에게 순종하는 것이 정말 행복할까? 남편은 그런 것들을 스스로 묻지 않는다. 그런 질문은 그의 감정에 거슬린다. 그는 '정숙한 여자'와 결혼했다. 본질적으로 그녀는 정숙하고 헌신적이며 충실하고 순결하고 행복하다. 그녀는 정도에서 벗어날 생각을 하지 않는다.

어떤 남자 환자는 친구·친척·간호사들에게는 감사하다는 인사를 하면서도, 6개월 동안 자기 머리맡을 떠나지 않았던 젊은 아내에겐 이렇게 말한다. "당신에겐 고맙다는 인사를 하지 않겠소. 당신은 자신의 의무를 다한 거니까." 그녀의 어떤 자질도 칭찬받지 못한다. 그 자질은 사회가 보증한 것이며, 결혼이라는 제도 자체에 포함된 것이다. 그는 자기 아내가 보날드의 책에서 나온 것이 아니라 살과 뼈로 된 한 개인이라는 사실을 생각지 못한다. 그녀에게도 극복해야 할 유혹이 있고, 그 유혹에 굴복할지도 모르며, 그 인내나 정조나 예절이 쉽게 지켜지는 것이 아님을 남편은 고려하지 않는다. 그는 보다 근본적으로 아내의 꿈과 환상, 추억, 그녀가 하루하루를 보내는 감정적 풍토를 전혀 모른다. 샤르돈은 《이브》에서는 수년 동안 부부생활의 일기를 적고 있는 남편을 그린다. 그는 미묘한 뉘앙스로 아내에 대해 이야기한다. 그러나 그것은 오직 그가 본 대로의 아내, 자기가 생각하는 아내의 모습일 뿐, 그녀의 자유로운 인간적 측면은 조금도 고려하지 않는다. 그는 그녀가 자기를 사랑하지 않고 자기를 떠났다는 것을 갑자기 알았을 때 마치 벼락을 맞은 것 같았다. 소박하고 성실한 남편이 아내의 배반에 격심한 환멸을 느낀다는 이야기는 새삼스러울 게 없다.

베른슈타인의 작품에 나오는 남편들은 일생의 반려가 심술궂고 돈을 빼돌리며 간통하는 것을 발견하고 격분해 마지않는다. 그들은 그런 타격을 사내다운 용기로 꾹 참는다. 그러나 작가는 이런 남편들을 관대하고 강인한 인물로 묘사하는 데 실패했다. 그들은 특히 감수성과 성의가 결여된 무신경한 인간으로 보인다. 남자는 여자의 기만을 비난하지만, 남자가 그렇게 언제까지나 속아 넘어 가는 것은 다분히 자기만족이 강하기 때문이다. 여자가 부정을 저지르는 것은 도덕이 여자에게 비인간적인 본질을 구체화하기 때문이다. 즉 강인한 여성, 훌륭한 어머니, 조숙한 아내 따위가 그것이다. 여자가 생각하고, 꿈을 꾸고, 잠을 자고, 욕망을 품고, 구속 없이 호흡하게 되면 그 즉시 남자의 이상을 배반하게 된다. 그 때문에 많은 여자들은 남편이 없을 때 비로소 '자기 자신으로 있을' 수 있다.

한편, 여자도 자기 남편을 잘 모른다. 그녀는 날마다 맞닥뜨리는 우연성 속에서 남편을 파악하고, 그것으로 남편의 참된 얼굴을 보고 있다고 생각한다. 그러나 남자란 사회에서 다른 남자들과 뒤섞여 사는 존재이다. 그의 초월적인 움직임을 이해하지 않으려는 것은 그 본성을 변질시키는 것이다. "시인의 아내가 되어 가장 먼저 깨닫는 것은, 그가 변기 물을 내리는 일을 자주 잊어버린다는 것이다"라고 엘리즈는 말한다.*44 그래도 그는 역시 시인임에 변함이 없으며, 그의 작품에 흥미가 없는 아내는 먼 곳에 있는 독자보다도 그를 모른다. 이런 공감이 여자에게 불가능한 것은 여자의 잘못이 아니다. 그녀는 남편의 일에 정통할 수 없다. 경험도 없고, 필요한 교양도 없기 때문에 남편을 '쫓아갈 수' 없다. 매일 계속되는 단조로운 반복보다 훨씬 중요하게 여기는 계획들을 세우는 일에 자신도 함께 참여하려고 해도 그녀는 번번이 실패한다. 약간의 특별한 경우에는, 아내도 남편의 참된 반려자 역할을 훌륭히 할 수 있다. 그녀는 남편의 계획을 검토하고, 조언하고, 그 일을 도울 수 있다. 그러나 그녀가 그러한 일로 자기의 개인적 성취를 이룰 수 있다고 생각하는 것은 착각일 뿐이다. 역시 남자만이 몸소 행동하며, 그 행동에 따라 책임을 지는 자유인으로서 홀로 남는다. 여자가 남자를 섬기는 데서 기쁨을 발견하려면, 그를 사랑해야만 한다. 그렇지 않으면 여자는 자기 노력의 산물을 횡령당했다고 느끼기 때문에 결국 후회만을 품게 된다. 남자들은—여자들에게는 자기가 여왕이라고 믿게 하면서 걸은 노예로 취급해야 한다는 발자크의 법칙을 잘 지키며—여자가 지닌 영향력의 중요성을 교묘하게 과장한다. 그들은 자기들이 속으

---

*44 주앙도의 《남편의 기록》.

로는 거짓말을 하고 있음을 잘 알고 있다. 조제트 르블랑은 메테를링크에게 그들이 함께 쓴—그녀는 그렇게 믿었다—책에 자기들 두 사람의 이름을 붙이자고 요구했을 때, 이 속임수에 속아넘어갔다. 여류성악가의 《추억》에 붙인 머리말에서 그라세는 거리낌 없이 설명하고 있다. 남자는 누구나 자기 생애의 반려가 된 여자를 협력자 및 영감을 주는 사람으로서 감사히 여긴다. 그러나 자기가 하는 일은 역시 자기만의 것이라고 생각한다. 그것은 말할 필요도 없다. 모든 행동이나 일에서 중요한 것은 선택과 결정의 순간이다. 여자는 일반적으로 예언자가 들여다보는 수정구와 같은 역할을 한다. 이는 다른 여자들도 충분히 할 수 있는 일이다. 남자가 흔히 다른 여자 조언자나 협력자일지라도 똑같이 신뢰하고 맞아들일 수 있다는 것이 그 증거이다. 톨스토이의 부인은 남편의 원고를 정서해 왔다. 뒤에 톨스토이는 그 일을 부인 대신 딸들 가운데 한 사람에게 시켰다. 그래서 톨스토이의 부인은 자기가 아무리 헌신해도 남편에게 꼭 필요한 사람이 될 수 없다는 사실을 이해한다. 여자가 참된 자주성을 확보할 수 있는 것은 자기 혼자만의 자주적인 일이 있을 때뿐이다.*45

  부부생활은 경우에 따라서 다양한 형태를 취한다. 그러나 대부분의 아내에게 하루는 거의 똑같이 전개된다. 아침에 남편은 급하게 아내와 헤어진다. 남편 뒤로 문이 닫히는 소리를 듣고 아내는 기꺼워한다. 그녀는 자유롭게 구속에서 벗어나 자기 집에서 여왕이 된다. 다음엔 아이들이 학교에 갈 차례이다. 그녀는 하루 종일 집에 혼자 있다. 요람 속에서 움직이고 뜰에서 노는 아기는 친구가 아니다. 그녀는 한동안 몸치장을 하고 집안일을 하면서 시간을 보낸다. 가정부가 있으면 일을 시키고 잔소리를 하며 잠깐 부엌을 살펴본다. 가정부가 없으면 직접 장을 보러 다니면서 이웃 여자들이나 상인들을 상대로 물가에 대한 이야기를 주고받는다. 남편과 아이들이 점심을 먹으러 집에 돌아와도 그녀는 그들과 즐길 시간이 없다. 식사 준비를 하고, 상을 차려 내고, 설거지를 하기에 너무도 바쁘다. 대체로는 그들이 점심을 먹으러 집에 오지 않는다. 아무튼 그녀 앞에는 길고 공허한 오후가 버티고 있다. 어린아이를 공원에 데리

---

*45 남자와 여자 사이에 동등하고 자주적인 진정한 협력이 이루어지는 수도 가끔 있다. 예를 들면, 졸리오 퀴리 부부가 그러하다. 아내는 남편과 같은 정도의 실력이 있으므로 아내의 관습적 역할에서 벗어날 수 있었다. 또한 개인적 목적을 이루기 위해서 남자를 이용하는 여자들도 있다. 그런 여자들은 결혼한 여자들의 일반적 조건에서 벗어나 있다.

고 가서, 아이를 돌보면서 뜨개질이나 바느질을 한다. 혹은 집 창가에 앉아 옷을 수선한다. 그녀의 손은 움직이고 있지만 머리로는 아무 생각도 하지 않는다. 그녀에게는 늘 그 걱정이 그 걱정이다. 이런저런 계획을 세워 본다. 몽상을 하고 권태를 느낀다. 그녀는 자기가 하는 일의 어느 것에도 만족을 느끼지 못한다. 그녀의 생각은 자기가 손질한 옷들을 입고 자기가 만든 음식을 먹게 될 남편이나 아이들에게 쏠린다. 그녀는 오직 그들을 위해서 산다. 그들이 그녀의 수고에 대해서 고마워 하기는 할까? 그녀의 권태는 조금씩 초조함으로 바뀐다. 그녀는 그들이 집에 돌아오길 애타게 기다린다. 아이들이 학교에서 돌아오면 그녀는 아이들에게 일일이 키스를 해 주고 학교에서 무엇을 했는지 물어본다. 그러나 그들에게는 숙제가 있고, 아이들끼리 놀고 싶으므로 달아나 버린다. 아이들은 그녀의 즐거움이 되지 못한다. 게다가 그들은 나쁜 성적을 받거나 목도리를 잃어버리고 오기도 한다. 떠들고 어지르고 서로 싸운다. 그래서 그녀가 늘 얼마쯤 꾸짖어야 한다. 아이들이 집에 있을 땐 어머니를 편안히 해주기는커녕 도리어 지치게 한다. 그녀는 점점 더 초조하게 남편이 돌아오길 기다린다. 그는 무엇을 하고 있을까? 왜 아직까지 돌아오지 않는 걸까? 그는 일을 하고 사람들을 만나서 이야기를 나누고, 나에 대해서는 생각하지도 않는다. 그녀는 그런 남자에게 자기 젊음을 희생시킨 어리석음을 신경과민이 될 정도로 곰곰이 생각하기 시작한다. 남편은 아내가 갇혀 있는 집으로 돌아오며 막연하게 양심의 가책을 느낀다. 결혼 초기에는 꽃다발이나 자질구레한 선물을 사 가지고 돌아왔다. 그러나 그런 의식은 머지않아 의미를 잃어버린다. 지금은 빈손으로 돌아온다. 평소에 아내가 어떻게 맞이하는지 잘 알고 있으므로 그는 걸음을 재촉하지 않는다. 사실 아내는 오랜 기다림에 지친 듯한 표정을 지어 보임으로써 종종 남편에게 복수한다. 이렇게 해서 그녀는 또 기다린 보람도 없는 존재에 대한 실망감을 간접적으로 풀곤 한다. 아내는 불만을 털어놓지 않고, 남편은 남편대로 실망한다. 그도 직장에서 재미가 있었던 것은 아니다. 그는 피로한 상태에서 자극과 휴식이라는 두 가지 모순된 욕망을 품고 있다. 너무도 낯익은 아내의 얼굴은 그를 그 자신으로부터 구원하지 못한다. 아내가 그녀의 걱정을 남편과 나누기를 원하며, 그녀도 남편에게서 기분전환과 휴식을 기대한다는 것을 남편도 안다. 아내의 존재는 그를 만족시켜 주지 못하고, 도리어 그에게 무거운 짐이 된다. 그는 그녀의 곁에서 참된 휴식을 발견하지 못한다. 아이들도 위안이나 평화를 주지 못한다. 가족과 함께 식사를 하며 보내는 저녁 시간은 왠지 그리 즐겁지 않게 막연히 지나간다. 신문을 읽고, 라디오를 듣고, 실없는 잡담을 하면서, 친밀감이라는 이름 아래 가족들 저마다 고독하게 머물러 있다. 그러나 아내는 불안한 희망이나 걱정을 갖고 오늘밤 무슨 일이 일어날지도 모른다고 생각한다. 그녀는 실망하고 화가 나서, 또는 편안함을 느끼며 잠을 잔다. 내일 아침에 문 여는 소리를 들을 때에야 그녀는 기쁨을 느낄 것이다.

아내의 운명은 가난하고 일이 많을수록 한층 가혹하다. 생활이 여유롭고 위안거리가 있을 때는 그녀의 마음도 밝아진다. 그러나 권태·기대·실망이라는 공식은 대부분 반복된다.

몇 가지 도피의 방법이 여자에게 제시된다.*46 그러나 실제로 모든 여자들에게 허락되는 것은 아니다. 특히 시골에선 결혼의 사슬이 무겁다. 여자들은 도망갈 수 없는 상황을 어떻게든 짊어지고 갈 방법을 찾아내야만 한다. 앞에서 보았듯이, 권위를 과장해서 압제적인 어머니나 심술궂은 악녀가 되는 여자들도 있다. 또 어떤 여자들은 희생자 역할에서 기쁨을 찾으며 남편과 아이들의 불쌍한 노예가 된다. 그리고 거기서 마조히즘적 기쁨을 느낀다. 또 다른 여자들은, 내가 젊은 처녀에 대하여 묘사한 것과 같은 나르시시즘적 행위를 계속한다. 그녀들 자신도 어떤 계획으로도 자기를 실현할 수가 없음에, 아무것도 하지 않고 아무것도 될 수 없음에 괴로워한다. 그녀들은 자기의 능력이 아직 뚜렷이 드러나지는 않았으나 무한하다고 느낀다. 그리고 자신의 가치를 인정받지 못한다고 생각하여 자기에게 우울한 존경을 바치며, 꿈이나 희극, 병이나 괴벽, 언쟁 속으로 도피한다. 주위에 비극을 만들거나, 또는 가공의 세계 속에 틀어박힌다.

아미엘이 묘사한 '상냥한 뵈데 부인'은 바로 이런 여자이다. 시골생활의 단조로움 속에 갇혀 무신경한 남편 곁에서 활동할 기회나 사랑할 기회도 없는 그녀는, 자기 인생의 허무함과 무익함을 느끼며 몸부림친다. 그녀는 그 대가를 소설적인 공상에서, 주위에 핀 꽃에서, 몸치장이나 자기가 상상 속에 그려 내는 인물 속에서 발견하려고 한다. 남편은 그런 위안조차도 방해한다. 결국 그

*46 제2편 제3장 참조.

녀는 남편을 죽이려고 시도한다. 그녀가 도피를 위해 선택한 상징적인 행위는 패덕(敗德)으로 나타날 수 있으며, 강박관념은 범죄에 이를 수도 있다. 이해관계보다 단순한 증오가 동기가 되는 부부간의 범죄도 있다. 그래서 모리아크는, 라파르즈 부인이 그랬던 것처럼 남편을 독살하려 한 테레즈 데케루를 우리에게 보여준다. 밉살스런 남편을 20년간 참아 왔으나, 어느 날 큰아들의 도움으로 태연하게 남편을 교살한 40세 여자를 석방한 예가 최근에도 있었다. 견딜 수 없는 상황으로부터 벗어날 방법이 달리 없었던 것이다.

명석한 정신을 잃지 않고 참된 태도로 자기의 상황을 극복하고 살아가려는 여자에겐 극기적인 자존심 외에, 경제수단이 남아 있지 않은 경우가 많다. 그녀는 모든 것을 모든 사람에게 의존하고 있기 때문에 극히 내면적이며 추상적인 자유밖에 알지 못한다. 그녀는 기성 원칙들과 가치들을 거부하고 스스로 판단하며 물음을 던진다. 이로써 결혼생활의 예속으로부터 벗어난다. 그러나 그녀의 고결한 신중성, '참으라, 아무것도 하지 말라'는 원칙은 소극적인 태도에 불과하다. 체념과 냉소적인 태도에 갇혀서, 자기의 힘을 적극적으로 사용하지 못한다. 그녀가 열정이 넘치고 활동력이 있는 사람이라면, 그 힘을 이용하려고 궁리한다. 그래서 다른 사람을 돕고 위로하고 보호하고 봉사하며 일거리를 늘린다. 그러나 자기를 정말로 필요로 하는 일을 만나지 못해서, 자기의 활동이 아무런 목적도 찾지 못해서 괴로워하는 경우도 있다. 이런 여자들은 종종 헛된 수고들을 반복하며 고독 속에서 자기를 부정하고 파괴해 버린다. 이 같은 운명의 좋은 실례는 샤리에르 부인(《아돌프》의 저자인 뱅자맹 콩스탕 애인)이다. 조프레 스코트는 그녀의 생애를 쓴 매력적인 책*47에서 그 부인을 '불 같은 이목구비, 얼음 같은 이마'라고 표현했다. 그러나 에르망슈가 '북극인의 마음이라도 따뜻하게 했을'거라고 표현한 그 생명의 불꽃을 꺼 버린 것은 그녀의 이성이 아니었다. 쥘렌의 총명하고 아름다운 여인을 조금씩 죽여 버린 것은 결혼이다. 그녀는 체념하는 것이 도리라고 생각했다. 다른 해결방법을 생각해 내기 위해서는 초인적 용기나 천재성이 필요했다. 이 여성의 보기 드문 뛰어난 자질도 자신을 구하기에 충분치 않았다는 것은, 역사상 결혼제도의 결함을 가장 분명하게 증명하는 한 예이다.

---

*47 G. 스코트의 《젤리드의 초상화》.

뒬르 양은 재주가 비상하고, 교양이 높고, 총명하고, 열정적인 여자로서 온 유럽의 경탄을 자아냈다. 그녀는 12번 이상 구혼을 거절해 구혼자들을 움츠러들게 만들었다. 승낙받을 가능성이 어느 정도 있는 구혼자들도 스스로 물러나 버렸다. 그녀의 관심을 끈 유일한 남자 에르망슈도, 남편으로 삼을 생각은 없었다. 그녀는 그와 12년간이나 편지를 주고받았다. 그러나 이 우정을 비롯하여 그녀의 지적 성취들도 결국 마음을 충족시켜 주지는 못했다. 그녀는 '처녀와 순교자'는 동의어라고 말했다. 또한 쥘렌의 생활이 주는 속박이 견딜 수가 없었다. 그녀는 여자가 되기를 원했고 자유롭기를 원했다. 30세에 그녀는 샤리에르와 결혼했다. 그녀는 남편에게서 발견한 '성실한 마음', '공정한 정신'을 높이 평가했다. 그리고 처음에는 이 남자를 '세상에서 가장 진심으로 사랑받는 남편'으로 만들려고 결심했다. 뒤에 뱅자맹 콩스탕은 "그녀는 남편에게 자기와 같은 적극적인 마음을 갖게 하려고 그를 괴롭혔다"고 말한다. 그녀는 남편의 침착하고 냉정한 성격을 변화시키려고 했으나 허사였다. 성실하고 침울한 남편과 노쇠한 시아버지, 애교없는 두 시누이와 함께 콜롱비에에 갇혀 있는 샤리에르 부인은 권태를 느끼기 시작했다. 뇌샤텔의 시골 사교계는 편협하고 기만으로 가득하여 염증이 났다. 그녀는 낮에는 빨래를 하고 저녁에는 카드놀이를 하면서 그날그날을 보냈다. 한 젊은 남자가 그녀의 생활을 잠시 스쳐갔으나, 그 뒤에는 전보다도 더 고독해졌다. '권태를 뮤즈라고 생각하고' 그녀는 뇌샤텔의 풍속에 관한 소설을 네 권 썼다. 교제 범위는 더욱 좁아졌다. 그 가운데 한 작품에서 그녀는 감수성이 풍부한 발랄한 여자와, 선량하지만 냉정하고 우둔한 남자의 결혼생활 속의 길고도 오랜 불행을 묘사하고 있다. 그녀에게 결혼생활은 오해와 환멸과 하찮은 원한의 연속처럼 생각되었다. 그녀가 불행했다는 것은 명백하다. 그녀는 병을 앓고, 회복되고, 그녀의 삶 자체라고 할 수 있는 긴 고독 속으로 되돌아갔다. '단조롭게 반복되는 콜롱비에에서의 생활과 남편의 소극적이며 참을성 많은 성격이, 어떤 활동으로도 메울 수 없는 너무나 아득한 공허감을 느끼게 했다'고 그녀의 전기작가는 쓰고 있다. 바로 이때 뱅자맹 콩스탕이 나타나 그 뒤 8년간 그녀의 마음을 열정적으로 사로잡았다. 그녀는 자존심 때문에 스탈 부인과 이 남자 사이에서 다투는 것을 단념했다. 이때 그녀의 자존심은 더 강하게 굳어졌다. 그녀는 어느 날 그에게 편지를 보냈다. '전에는 콜롱비에에서 머무는 게 지겨워서 이곳에 돌아오면 언제나 절망적인 기분

이 되었습니다. 그러나 이제는 이곳을 떠나고 싶지 않습니다. 여기서 견딜 수 있도록 노력하겠습니다.'

그녀는 콜롱비에 갇혀서 15년간이나 자기 집 뜰 밖으로 나가지 않았다. 그녀는 '운명을 바꾸려고 하기보다는 차라리 자기 마음을 극복하라'는 스토아 철학자의 가르침을 톡소 실행했다. 마치 포로처럼 그녀는 자기의 감옥 안에서만 자유를 찾을 수 있었다. '그녀는 알프스 산맥을 받아들이듯, 샤리에르의 존재를 자기 곁에 받아들이고 있었다'고 스코트는 말한다. 그러나 그녀는 매우 명석했으므로 이런 체념이 기만에 불과하다는 사실을 잘 알고 있었다. 그녀는 점점 더 다른 사람에게 다음을 털어놓지 않고 완고해졌으므로, 사람들은 그녀가 절망한 채 두려움에 떨고 있다고 생각했다. 그녀는 뇌샤텔에 몰려온 망명 귀족들에게 집을 개방하여 그들을 보호하고 도와주고 이끌어주었다. 한편 삶에 대한 환멸을 담은 우수한 작품들을 썼다. 이것은 가난한 독일 철학자 휘베르가 번역했다. 그녀는 한 모임의 젊은 여자들에게 조언을 하고, 특히 그녀가 매우 아끼는 앙리에트에게 로크(영국철학자) 철학을 가르쳤다. 이웃 농민들에게는 구세주 역할을 기꺼이 했다. 그리고 점점 뇌샤텔의 사교계를 조심스럽게 피해 나가며 자기의 생활범위를 대담하게 축소해 버렸다. 그녀는 '오로지 습관적인 생활을 만들어 그것을 견뎌 나가는 데만 노력했다. 그녀의 무한히 친절한 행동에조차 어떤 공포가 서려 있었다. 그러한 냉정한 태도는 얼음같이 차가웠다…… 주위 사람들에게 그녀는 빈방을 지나가는 유령처럼 보였다.'[*48] 때때로 드물게—이를 들면, 손님이 찾아왔을 때—생명의 불꽃이 되살아나기도 했다. 그러나 '세월은 무미건조하게 지나갔다. 샤리에르 부부는, 전혀 다른 세계 속에서 나란히 늙어 갔다. 적지 않은 방문객들이 이들 부부의 집에서 나올 때면 폐쇄된 무덤에서 빠져 나온 것처럼 안도의 한숨을 몰아쉬었다…… 시계추는 똑딱거리고, 샤리에르는 아래층에서 수학 연구를 한다. 헛간에서는 도리깨질 소리가 반복적으로 들려온다. 이 도리깨가 인생의 열매를 완전히 떨어뜨려 버렸으나, 삶은 아직 계속되고 있다. 하루의 아주 작은 균열을 절망적으로 메울 수밖에 없는 하찮은 사건들로 이루어진 삶, 사소한 것을 싫어하던 그 젤리드가 이른 곳이다.'

---

[*48]《남편의 기록》.

샤리에르의 삶도 아내의 삶 이상으로 즐겁지는 못했을 것이라고 말하는 사람도 있으리라. 그러나 그는 적어도 이런 삶을 자기 스스로 선택한 것이다. 그리고 그러한 삶이 이 평범한 사람에게는 어울렸던 것 같다. '뷜르의 미녀'와 같은 보기 드문 자질을 갖춘 존재가 남자였다면, 확실히 그는 콜롱비에의 메마른 고독으로 일생을 소모해 버리지는 않았을 것이다. 그는 사회에 나가 자기의 영역을 건설하고, 기획하고, 싸우고, 행동하고 승리를 얻었을 것이다. 얼마나 많은 여자들이 결혼생활에 매몰되어, 스탕달의 말처럼 '인류의 손실'을 불러왔던가. 사람들은 결혼이 남자의 가치를 떨어뜨린다고 한다. 그것은 사실일 때가 많다. 그러나 결혼은 거의 언제나 여자를 허무하게 만든다. 결혼옹호자인 마르셀 프레보도 이 점을 인정한다.

나는, 자신이 알고 있던 젊은 여성들이 결혼하고 몇 달 혹은 몇 년이 지난 뒤에 달라진 것을 보고 놀란 적이 수없이 많다. 그녀들의 무미건조해진 성격과 무의미한 삶 때문이다.

결혼하고 여섯 달이 지난 뒤 소피아 톨스토이는 이렇게 쓰고 있다.

나의 삶은 권태 그 자체이다. 이것은 일종의 죽음이다. 반면 그에게는 충실한 생활, 내면적 생활, 재능, 불후의 명성이 있다. (1863년 12월 23일)

그보다 몇 달 전에 그녀는 또 다른 하소연을 하고 있다.

남편이 자기를 사랑하지 않고, 영원한 노예로 만들어 버렸다고 생각할 때, 보통 여자라면 어떻게 온종일 바느질하고, 피아노를 치면서 혼자 있는 것이 만족스러울 수 있을까? (1863년 5월 9일)

11년 뒤에 그녀는 오늘날에도 많은 여자들이 동의할 말을 쓴다.

오늘, 내일, 달이 가고, 해가 지나도, 언제나 같은 일이 되풀이된다. 아침에 나는 눈을 뜨지만, 침대에서 나올 용기가 없다. 누가 나에게 삶의 활기를 찾아줄 수 있을까? 무엇이 나를 기다리고 있지? 그렇다. 나는 알고 있다. 요리사가 온다. 그 다음엔 냐냐아 차례다. 그러면 나는 잠자코 앉아 영국 자수를 집어 든다. 그리고는 아이들에게 문법과 음계 연습을 시킨다. 저녁이 되면 나는 다시 영국 자수를 시작한다. 그러는 사이에 숙모와 피에르는 언제나 하는 트럼프놀이를 한다.

프루동 부인의 하소연도 이와 똑같은 어조이다. 그녀는 남편에게 말했다. "당신에게는 당신의 사상이 있어요. 그런데 당신이 일을 하고 아이들이 학교에 가 있는 동안, 나는 할 게 아무것도 없어요."

처음 몇 년 동안 아내는 환상을 품고 있으므로 남편을 무조건 존경하려고 애쓴다. 거리낌 없이 남편을 사랑하고, 남편과 아이들에게 자기가 없어서는 안 될 존재처럼 느끼려고 한다. 그러나 곧 자신의 숨김없는 감정이 드러나고 만다. 남편에게는 자기가 절대적으로 필요한 존재가 아니며, 아이들은 언젠가 떠나가리란 사실을 깨닫는다. 그들은 언제나 은혜를 모르는 존재들이다. 가정은 그 공허한 자유로부터 그녀를 더 이상 보호해 주지 않는다. 그녀는 다시 고독하고 버림받은 하나의 주체로 되돌아간다. 그리고 자신은 이제 쓸모없는 존재임을 느낀다. 애정이나 습관은 여전히 커다란 도움이 되지만 구원은 되지 못한다.

성실한 여류작가는 누구나 '30세 여자'의 마음에 깃드는 이 우울한 감정을 지적한다. 이는 캐서린 맨스필드, 도로시 파커, 버지니아 울프의 여주인공들에게 공통적으로 나타나는 특색이다. 결혼 초기에는 그토록 쾌활하게 결혼과 모성을 노래했던 세실 소타즈도, 나중에는 섬세한 서러움을 풀어낸다. 독신여성과 기혼여성의 자살자 수를 비교하면, 기혼여성은 20세부터 30세(특히 15세부터 30세까지) 사이에는 삶의 혐오에 대하여 견실하게 보호되지만 그 뒤로는 그렇지 않다. 할브바크스는 이렇게 썼다. '결혼은 지방에서나 파리에서나 똑같이 30세까지(자살에 대하여)는 여자를 보호해 준다. 그러나 연령이 올라갈수록 그 효력이 약해진다.'[*49]

결혼의 비극은 결혼이 약속한 행복을 여자에게 보증하지 않기 때문이 아

---
[*49] 《자살의 원인》. 인용된 구절은 프랑스와 스위스에는 적용되지만 헝가리나 올덴부르크에는 적용되지 않는다.

니라—그렇다고 결혼이 완전한 행복을 보증하는 것은 아니다—오히려 결혼이 여자를 불구로 만들기 때문이다. 결혼은 여자를 반복과 매너리즘에 떨어뜨려 버린다. 여자 일생의 첫 20년은 놀랄만큼 풍요롭다. 여자는 월경·성감(性感)·결혼·모성이라는 경험을 통과한다. 세계와 자기의 운명을 발견한다. 그러나 20세에 가정주부가 되어, 일생 동안 한 남자에게 매이고 아이들을 품에 안으면, 이것으로써 그녀의 삶은 영원히 끝난 것이다. 진정한 행위, 진정한 일은 남자의 특권이다. 여자에게는 그날그날의 살림이 기다리고 있을 뿐이다. 이것은 종종 몸을 녹초로 만들지언정, 결코 마음을 충족시켜 주지는 못한다. 체념과 헌신의 덕을 사람들은 극찬한다. 그러나 여자는 '생애 마지막까지 부부 두 사람의 생활을 유지하기 위해' 자기 몸을 바치는 것이 무의미하다고 생각한다. 자기를 잊는다는 것은 대단히 아름다운 덕이다. 그러나 누구를 위한 것인지, 무엇 때문인지는 알아야 하지 않겠는가. 그리고 가장 나쁜 점은, 이런 여자의 헌신 자체가 귀찮은 것처럼 생각된다는 사실이다. 남편의 눈에는 아내의 헌신이 압박처럼 보여 그것으로부터 벗어나려고 한다. 그러나 그것을 아내의 유일한 정당성의 근거로 그녀에게 밀어붙인 것은 남편이다. 그녀와 결혼함으로써 그는 그녀에게 전면적으로 헌신할 것을 강요한 것이다. 그런데도 그는 이런 선물을 받아들인다는 서로의 의무를 승낙하지 않는다. '나는 그에 의하여, 그를 위하여 살고 있으므로, 같은 것을 그에게 요구한다'는 소피아 톨스토이의 말은 확실히 반발을 일으킨다. 그러나 톨스토이는 실제로 아내가 자기를 위해, 자기에 의해 살기를 요구했다. 이것은 부부가 서로 그렇게 함으로써만 긍정할 수 있는 태도이다. 아내를 불행하게 만들어 놓고, 그녀의 불행에 자기가 희생되고 있다고 불만을 토로하는 것은 남편의 이중성이다. 침대에서 아내에게 뜨거운 동시에 차갑기를 요구하는 것처럼 남자는 여자가 전적으로 자기를 바치되, 그 무게로 남편을 누르지 않기를 요구한다. 남편은 아내에게, 자기를 지상에 안정시키면서도 자유로이 놓아 둘 것, 날마다 단조로운 반복을 거듭하면서도 권태롭지 않게 할 것, 늘 곁에 있으면서도 귀찮은 존재가 되지 않을 것을 요구한다. 그는 그녀를 전적으로 소유하기를 원하면서, 자기는 그녀의 소유가 되기를 거절한다. 둘이서 살아가면서 혼자이기를 원한다. 이렇게 남자는 여자와 결혼할 때부터 그녀를 속인다. 여자는 삶을 이어가면서 이런 배신감을 점점 더 크게 느낀다. D.H. 로렌스가 성적 사랑에 관해 말한 것은 일반적으로 옳다. 두 사람의 결합은, 그것이 서로를 보완하고 완성해 나아가기 위한 노력이라면 반드시 실패로 끝난다. 이런 노력은 본디의 결함을 전제로 하기 때문이다. 즉 결혼은 자주적인 두 사람의 결합이 되어야 하며, 은둔이나 예속이나 도피나 일시적 구제가 되어서는 안 된다. 아내나 어머니가 되기 앞서 한 사람의 인격체로서 살아가겠다는 결심을 한 노라[*50]는 그러한 사실을 이해한 것이다. 부부를 마치 문이 닫힌 감옥과도 같이 폐쇄적인 공동체 단위로 생각해서는 안 된다. 대신에 개인이 저마다 하나의 주체로서 사회에 통합되고, 그 속에서 스스로의 힘으로 커 가야 한다. 그럼으로써 역시 사회에 연결된 다른 개인과 더불어 손익을 떠나서 순수한 유대 관계를 형성해 갈 수 있다. 이는 두 자유인의 서로에 대한 올바른 인식 위에 이루어진다.

이와 같이 균형잡힌 한 쌍의 남녀가 사는 곳은 유토피아가 아니다. 그러한 남녀들은 때로는 결혼이라는 틀 속에도 존재하지만, 그보다는 그 틀 밖에 더 많이 존재한다. 어떤 커플은 매우 성적인 사랑으로만 연결되었을 뿐 우정과 일에서는 자유롭다. 또 어떤 사람들은 우정으로 꽤어져 서로의 성적 자유를 속박하지 않는다. 아주 드물지만 애인이며 친구임에도 서로 상대에게서 배타적인 생존 이유를 찾으려 하지 않는 경우도 있다. 남녀관계에는 많은 변화가 가능하다. 우정·쾌락·신뢰·애정·공동·사랑에 있어 남녀는 서로 인간으로서 가질 수 있는 희열·풍요·힘의 가장 비옥한 원천이 될 수 있다. 결혼제도의 실패에 대한 책임은 개인에게 있지 않다. 그것은—보날드, 콩트, 톨스토이의 주장과는 반대로—제도 자체의 근본적 타락에 있다. 서로 선택하지 않은 남녀가, 평생 온갖 방법으로 서로를 만족시켜야 한다는 것은 부자연한 일이다. 그런 부자연이 위선·거짓·적대감·불행을 낳는 것은 마땅하다.

결혼의 전통적 형식은 변화되고 있다. 그러나 부부는 아직도 결혼의 압박감을 여러모로 느끼고 있다. 추상적 권리만을 생각한다면, 오늘날의 부부는 거의 평등하다. 이전보다는 한결 자유롭게 상대를 선택하고, 헤어지는 것도 훨씬 쉽다. 특히 미국에서는 이혼이 유행하고 있다. 부부의 나이나 교양의 차이도 옛날처럼 심하지 않다. 남편은 아내가 요구하는 자주성을 더욱 적극적으로 인정하게 되었다. 부부가 평등하게 살림을 분담하는 일도 있다. 캠핑·자전거·수

---

[*50] 입센의 《인형의 집》.

영 등 여가 활동도 부부가 함께 한다. 아내는 이제 남편의 귀가만을 기다리면서 하루를 보내지 않는다. 아내도 스포츠를 즐기고 협회나 클럽에 가입하며 밖에서 활동한다. 때로는 약간의 수입을 얻는 간단한 일도 한다. 많은 젊은 부부들을 보면 완전히 대등하다는 인상을 받는다. 그러나 남자가 부부의 경제적 책임을 지고 있는 한, 이 자유는 착각에 불과하다. 남편이 하는 일의 필요에 따라서 부부의 주거가 정해진다. 아내는 지방에서 파리로, 파리에서 지방으로, 식민지로, 외국으로 남편을 '따라'간다. 생활수준은 남편의 수입에 따라 정해진다. 하루, 1주일, 1년의 주기는 남편의 일에 따라 정해지고, 교제나 우정도 대개는 남편의 직업에 따라 범위가 좌우된다. 남편은 아내보다 더 적극적으로 사회에 참여하므로 지적·정치적·도덕적 영역에서 부부생활의 주도권을 쥐고 있다. 여자가 스스로 수입을 얻을 수단이 없는 한, 이혼은 여자에게 추상적인 가능성에 불과하다. 미국에서는 '위자료'가 남자의 무거운 부담이 되지만, 프랑스에서는 하찮은 금액을 받고 버림받으므로 아내나 어머니의 운명은 비참하다. 하지만 뿌리 깊은 불평등은, 남자가 구체적인 노동이나 행동으로 자기완성을 이루는 반면, 아내에게는 아내로서의 자유가 소극적인 형태에 불과하다는 데서 온다. 현대 젊은 미국 여성은 쇠퇴기의 해방된 로마 부인을 연상시킨다. 그 시절의 로마 부인은 두 가지 생활방법 가운데 하나를 선택했다. 그녀들 할머니의 생활양식과 미덕을 그대로 지키든가, 무익한 소란을 피우며 시간을 보내든가 했다. 이것과 마찬가지로 미국에서도, 어떤 여성들은 전통적 모범을 따라서 '가정적인 여성'으로 머무른다. 그렇지 않은 다른 여성들은 대부분 자기의 정력과 시간을 낭비하는 데에 골몰한다. 프랑스에서는 남편이 아무리 호의적이라고 하더라도 젊은 여자가 일단 어머니가 되면, 역시 이전과 마찬가지로 가사노동을 포함한 가정의 온갖 부담을 짊어져야 한다.

현대의 가정, 특히 미국에서는, 여자가 남자를 노예로 만들었다는 말이 유행하고 있다. 그것은 새로운 사실이 아니다. 그리스 시대부터 남자는 크산티페의 억압을 하소연해 왔다. 사실은 이제까지 폐쇄되어 있던 영역에 여자가 간여하게 되었다는 의미이다. 나는 이런 예를 알고 있다. 대학생의 아내는 남편의 성공을 위하여 열광적으로 남편의 시간표와 식단을 정하고, 공부하는 것까지 감독한다. 그녀들은 남편에게 일체의 오락을 금지한다. 남편을 거의 자물쇠로 채워 놓다시피 한 것이다. 이런 종류의 억압에 대하여 남자가 전보다 누그러진 것 또한 사실이다. 그는 여자의 추상적인 권리를 인정한다. 그리고 그는 여자가 남자인 자기를 통해서만 그 권리를 구체화할 수 있다는 것을 안다. 여자에게 강요된 무능력·구생산을 남자는 자신을 희생하여 보상한다. 남자가 보다 많이 소유하고 있으므로 두 사람의 협력에 확실한 평등이 실현되려면 남자가 더 많이 주어야만 한다. 여자가 받고 빼앗고 요구하는 까닭은 가난하기 때문이다. 주인과 노예의 변증법이 여기에서 가장 뚜렷하게 나타난다. 사람은 압박함으로써 피압박자가 된다. 남자가 속박되는 것은 그들이 절대적 지배력을 쥐고 있기 때문이다. 아내가 수표를 요구하는 것은 남자들만이 돈을 벌기 때문이다. 아내가 남편에게 성공을 요구하는 것은 그들만이 직업에 종사하기 때문이다. 아내가 남편의 기획이나 성공을 자기 것으로 함으로써, 남자들에게서 초월성을 훔치려고 하는 것은 남자들만이 초월성을 구현하기 때문이다.

반대로, 여자가 행사하는 구속은 여자의 예속성을 나타낼 뿐이다. 그녀는 부부생활의 성공, 그녀의 장래와 행복, 정당화가 남편의 손아귀에 있다는 것을 안다. 그녀가 열심히 남자를 자기의 의사에 복종시키려고 하는 까닭은, 그녀가 남자 속에 합체되어 있기 때문이다. 여자는 자기의 약점을 무기로 삼는다. 여자가 약하다는 것은 사실이다. 부부생활의 속박은 일상이 되어 갈수록 남편에게 점점 귀찮게 느껴진다. 그러나 그것이 여자에게는 더욱 절실해진다. 아내가 권태를 느껴서 몇 시간씩 남편을 자기 곁에 붙들어 놓으면, 남편은 구속과 억압을 느낀다. 드컨대 그는 아내가 그를 필요로 하는 것만큼 아내를 필요로 하지 않는다. 그러나 남편이 아내를 버리면 여자의 생활은 파멸한다. 커다란 차이는, 여자에게는 의존이 내면화되어 있다는 것이다. 그녀는 표면적으로는 자유롭게 행동할지라도 노예신분을 면치 못한다. 한편, 남자는 본질적으로 자주적이다. 남자가 구속을 받는 것은 외부에서이다. 남자가 자기 쪽이 희생했다고 느끼는 까닭은, 자신이 견디고 있는 속박이 가장 두드러져 보이기 때문이다. 여자는 기생동물처럼 남자가 먹여 살린다. 기생동물은 결코 승리를 자부하는 주체가 되지 못한다. 사실 생물학적으로는 수컷과 암컷이 서로 상대의 희생물이 되는 일은 결코 없다. 그 둘이 다같이 종(種)의 희생이 되는 것이다. 그것과 마찬가지로 부부는 모두 자기들이 만들어 내지 않은 제도의 압박을 받고 있다. '남자'가 '여자'를 압박한다고 하면, 남편은 분개한다. 그리고 오히려 압박을 받는 것은 자기 쪽이라고 느낀다. 틀림없이 그는 압박을 받고 있다. 그러나 사실은 남성적 민법이, 남성이 남성의 이익을 위하여 만들어 온 사회가, 오늘날에는 남녀 모두의 고통의 원천이 되는 형태로 여자의 신분을 빚어 놓은 것이다.

남녀 모두의 이익을 위해, 결혼을 여자의 '직업'으로 보는 시선을 거두고 상황을 개선할 필요가 있다. '여자는 지금도 난처한 존재다'라는 구실 아래 반페미니스트를 자처하는 남자들이 가당치 않은 역설을 늘어놓고 있다. 바로 결혼이 여자를 '사마귀'로, '거머리'로, '독'으로 만들기 때문에 결혼제도를 바꾸고, 전반적으로 여자의 조건을 개선해야 한다. 세상이 여자가 자립하는 것을 금하기 때문에 여자는 남자에게 무겁게 매달린다. 남자는 여자를 해방시킴으로써, 즉 여자에게 이 사회에서 어떤 일거리를 부여함으로써 스스로 해방될 것이다.

벌써 이와 같은 적극적인 자유를 쟁취하려고 노력하는 젊은 여성들이 있다. 그러나 그런 연구나 직업을 오래 계속하는 사람은 매우 적다. 대부분 그녀들은 자기 노동의 이익이 어차피 남편의 경력에 희생될 것임을 알고 있다. 그녀들은 가정에 보탬이 될 정도의 급료밖에는 가져오지 못한다. 무슨 일을 하더라도 소극적인 정도에 그치므로, 부부생활의 예속에서 해방되지 못한다. 요직에 종사하는 여자들이라도 남자와 동일한 사회적 이득을 얻지 못한다. 예를 들면 변호사의 아내는 남편이 죽으면 연금을 받을 권리가 있다. 그러나 여자 변호사가 사망해도 남편은 연금을 받을 수 없다. 즉 일하는 여자는 남자와 동등하게 배우자를 부양하고 있다고 인정받지 못하는 것이다. 자기의 직업에서 진정한 독립을 발견하는 여성도 있다. 그러나 '밖에서'의 일이, 결혼이라는 테두리 안에선 오직 육체의 피로를 더할 뿐인 여성들이 대부분이다. 더구나 대부분 아이가 생기면 여지없이 주부의 역할에 갇혀 살아야만 한다. 노동과 모성의 양립은 현재로서는 어려운 일이다.

전통에 따르면, 여자에게 다른 목적은 이루지 않아도 된다는 구체적인 자주성을 부여하는 요인은 바로 자식이다. 여자는 아내로서는 완전한 개인이 아니지만, 어머니로서는 완전한 개인이다. 아이는 여자의 기쁨이며 정당화이다. 아이를 통해 여자는 성적으로, 사회적으로 자기를 실현한다. 결혼이라는 제도도 아이로 인해 의미를 얻고 목적을 달성한다. 그러므로 여기서 여성 발전의 최고 단계를 검토해 보기로 한다.

## 제2장 어머니

여자가 생리적인 운명을 완수하는 것은 모성을 통해서이다. 여자의 모든 기능은 종(種)의 존속으로 방향이 정해져 있으므로, 그것은 '자연적' 사명이다. 그러나 이미 말한 것처럼, 인간사회는 결코 자연 그대로가 아니다. 특히 약 1세기 전부터 출산은 단순히 생물학적 우연에 지배되지 않고, 의지에 통제되어 왔다.[*51] 어떤 나라들은 적절한 '산아제한' 수단을 공식적으로 채용하고 있다. 가톨릭 교의 영향 아래에 있는 나라에서도 이것은 은밀히 이루어지고 있다. 남자가 체외사정을 하든가 여자가 관계가 끝난 뒤에 정자를 몸 밖으로 배출하든가 한다. 이것은 연인이나 부부간에 흔히 싸움이나 반감의 원인이 된다. 남자는 자기의 쾌락을 자제해야만 하는 것을 불쾌하게 생각하고, 여자는 세정의 번거로움을 싫어한다. 남자는 여자의 너무도 다산적인 자궁을 원망하고, 여자는 자기 체내에 남아 있을지 모르는 생명의 싹을 두려워한다. 그러므로 조심을 했음에도 불구하고 여자가 '걸렸을' 때는 둘 다 깜짝 놀란다. 피임법이 초보적인 나라에서는 그런 일이 빈번하다. 이런 경우 특히 반자연적인 대책에 의지하게 된다. 낙태를 하는 것이다. '산아제한'을 허가하는 나라에서도 낙태는 금지되어 있으나, 그런 나라에서는 중절에 의지하는 경우가 훨씬 적다. 그러나 프랑스에서 그것은 많은 여자들이 어쩔 수 없이 선택하는 방법으로 여성 대부분의 성생활에 언제나 따라다니는 것이다.

부르주아 사회가 이 이상으로 위선을 드러내는 주제는 많지 않다. 낙태는 흉악한 범죄이며, 그것을 암시하는 것조차 추잡하다. 작가는 출산의 기쁨과 고통을 그리는 것은 괜찮지만 낙태한 여자에 관한 이야기를 하면 품위 없고, 인간을 비열하게 묘사한다고 비난받는다. 그렇지만 프랑스에서는 해마다 출산과 같은 수의 낙태가 이루어진다. 이것은 매우 널리 퍼져 있는 현상이므로, 여자들이 일반적으로 감수하는 위험의 하나로 생각해야만 한다. 그러나 민법은 이것을 어디까지나 범죄로 다룬다. 즉 이렇게 까다로운 수술이 암암리에 이루어지도록 강요하는 것이다. 낙태의 합법화를 반대하는 의견만큼 불합리한 것은 없다. 그들은 그것을 위험한 수술이라고 주장한다. 그러나 양심적인 의사들은 마그누스 히르슈펠트 박사와 뜻을 같이하며 이렇게 인정하고 있다. '병원에서 필

---

[*51] 산아제한과 낙태의 역사에 대해서는 제1부 제2편 5 참조.

요한 예방수단을 강구한 뒤에 전문의가 행하는 낙태수술에는 형법이 주장하는 것 같은 중대한 위험은 따르지 않는다.' 도리어 현재와 같은 형태로 낙태가 이루어지기 때문에 여자들에게 큰 위험을 불러온다. '낙태수술하는 가짜 의사'의 기술 부족과 수술 환경은 때때로 치명적인 많은 사고를 일으킨다. 무리한 출산은 부모가 기를 여유가 없으므로 빈민구제의 희생양이 되거나 '순교자'가 되는 연약한 아이를 세상속으로 내던지는 꼴이다. 또 태아의 권리를 보호하는 데 이토록 열성적인 사회가 태어난 아이들에 대해서는 매우 무관심하다는 사실도 지적하지 않을 수 없다. 빈민구제라고 불리는 이 고약한 제도를 개혁하려고는 하지 않고 낙태한 여자만을 추궁한다. 고아를 잔인한 옥리에게 맡기는 책임자는 그대로 방치하고, '감화원'이나 개인집에서 소아 학대자가 행하는 끔찍한 횡포에도 눈을 감는다. 그리고 태아가 여자의 것임을 인정하지 않으면서, 태어난 아이는 부모의 것이라고 인정한다. 같은 한 주일 동안에 낙태수술을 행한 외과의사가 유죄를 선고받고 자살한 사건과, 자기 아이를 거의 죽을 만큼 때린 아버지를 3개월의 금고(집행유예)에 처한 사건이 일어났다. 최근에는 어떤 아버지가 디프테리아에 걸린 아들을 제대로 치료해주지 않고 죽게 내버려 두었다. 어떤 어머니는 신의 뜻에 절대적으로 맡긴다며 죽어 가는 딸을 의사에게 보이지 않았다. 그 아이의 무덤에서 다른 아이들이 그 어머니에게 돌을 던졌다. 몇몇 신문기자들이 이 어머니의 태도에 분개하자, 어떤 신사들은 아이들은 부모의 것이므로 간섭하지 말라고 항의했다. 오늘날 '100만의 아동이 위험에 빠져 있다'고 〈프랑스 수아르〉지는 알린다. '50만의 아이들이 생리적 혹은 정신적 위험에 처해 있다'고 〈프랑스 수아르〉지도 쓰고 있다. 북아프리카의 아라비아 부인들은 낙태를 하지 못한다. 아이를 10명 낳으면 그 중 7, 8명은 죽지만 아무도 신경쓰지 않는다. 괴롭고 무의미한 출산을 반복하는 사이에 모성적 감정이 죽어 버린 것이다. 이런 것이 도덕적이라면, 그런 도덕을 어떻게 생각해야 좋을까? 태아의 생명을 무엇보다 존중하는 남자들은, 전쟁에서 성년 남자를 죽음으로 내모는 데 가장 열심인 사람들이라는 것도 알아야 한다.

합법적 낙태에 반대하는 실제적 이유는 조금도 타당성이 없다. 도덕적 이유는 요컨대 가톨릭교의 낡은 논법일 뿐이다. 태아에게도 영혼이 있는데, 세례도 받지 못하고 죽으면 천국에 들어갈 수 없다는 것이다. 그러나 기독교 교회가 경우에 따라서는 성장한 사람을 죽이는 것을 허락한다는 사실에 주목하자.

전쟁 혹은 사형의 경우가 그것이다. 교회는 태아에 대해서만 대단히 인도주의적이다. 태아는 아직 세례로 정화되지 않았기 대문이다. 그러나 종교전쟁에서 정화 받지 못한 이교도들을 학살하는 일은 공공연하게 장려되었다. 종교재판에 희생된 사람들 가운데 신의 은총을 받아 천국으로 들어간 이는 아무도 없을 것이다. 오늘날 단두대에서 사형당한 범죄자나 전장에서 죽는 병사들도 마찬가지이다. 이런 경우에 기독교 교회는 신의 은총에 모든 것을 맡긴다. 교회는, 인간은 신의 손 안에 있는 도구에 불과하며, 영혼의 구제는 교회와 신에 의해 결정된다고 인정한다. 그러면 어째서 교회는 신이 태아의 영혼을 하늘로 맞아들이는 것을 금지하는가? 교의회(敎議會)가 그것을 허용하면, 경건한 인디언 학살이 이루어지던 시기와 마찬가지로 신은 반대하지 않을 것이다. 사실 여기서는 도덕과 전혀 관계가 없는, 완고하고 낡은 전통과 충돌하고 있다. 그리고 앞에서 언급한 것처럼, 이 문제는 남성의 사디즘과 관계가 있다는 것을 알아야 한다. 1943년 투아 박사가 페탱에게 바친 저서가 확실한 하나의 실례이다. 그것은 악의를 적어 놓은 기념비이다. 그는 낙태의 위험을 친절하게 강조하지만, 제왕절개 수술만큼 위생적인 것은 없다고 말한다. 낙태는 경범죄가 아니라 중범죄로 다루어야 한다고 주장한다. 그것은 치료를 위한 것, 즉 임신 때문에 산모의 생명이나 건강이 위험하게 된 경우에도 낙태를 해서는 안 된다고 주장한다. 그는 한 생명과 다른 한 생명을 놓고, 그 가운데 하나를 선택하는 것은 부도덕하다고 말하지만, 그의 논지에 따르면 차라리 산모를 희생시킬 것을 권장한다. 태아는 어머니의 것이 아니라 자주적인 생명체라는 것이다. 그러나 이런 '보수적인' 의사들이 모성을 찬양할 때는, 태아가 모체의 일부이며 결코 모체를 희생해서 자라는 기생물이 아니라고 단언한다. 이와 같은 남자들이 여자를 해방시킬 가능성이 있는 것은 무조건 거부하기 위해 드러내는 집념을 보면, 반여성론이 얼마나 뿌리 깊은지 알 수 있다.

더구나 많은 젊은 여성을 죽음과 불임과 병고로 몰아 넣는 법률은 인구증가를 위해서는 아무 쓸모가 없다. 합법적 낙태의 찬성자와 반대자가 의견의 일치를 보는 점은 그런 행위는 강제로 막을 수 없다는 것이다. 돌레리스, 발타자르, 라카사뉴 등 여러 교수들에 따르면, 프랑스에서는 1933년 무렵, 연간 50만 건의 낙태가 있었다고 한다. 1938년에 작성된 통계(루아 박사가 인용한)에 따르면 100만 건을 헤아린다. 1941년에 보르도 시의 오베르탱 박사는 80만 내지

제2편 상황 643

100만으로 추정했다. 사실에 가장 가까운 것은 이 마지막 숫자이다. 1948년 3월 〈전투〉지의 논문에서 데플라 박사는 이렇게 쓰고 있다.

낙태는 풍습화되고 있다…… 그 제재는 사실상 실패한 셈이다. 센 현(縣)에서 1943년에 검거된 1,300건 중 750건이 기소되었고, 그 가운데에서 여자 360명이 구속되었다. 513명은 1년에서 5년까지 형을 받았다. 현재 추정되는 15,000건의 낙태에 비교하면 적은 숫자이다. 전국적인 소송건수는 10,000건을 헤아린다.

이에 덧붙여서,

이른바 범죄인 낙태는, 위선적인 사회가 인정하는 피임 정책과 마찬가지로 모든 사회계급에 일상적인 것이 되었다. 낙태한 여자의 3분의 2는 결혼한 여성들이다…… 대략 프랑스에서는 출산과 거의 같은 수의 낙태가 행해진다고 보면 된다.

수술은 대개 비참한 조건 아래 행해지기 때문에 많은 낙태가 임산부를 죽음으로 내몰고 있다.

파리의 법의학연구소에는 낙태로 사망한 여자의 시체가 한 주에 두 구 정도 반입된다. 또 낙태로 인해 치명적인 질환을 일으키는 경우도 많다.

때로 낙태는 '계층 범죄'라고 한다. 이것은 대체로 사실이다. 부르주아 계층에서는 피임법이 한층 더 보급되어 있다. 화장실 설비 덕에 그들은 수도시설을 갖추지 못한 노동자나 농민보다 피임을 실행하기가 쉽다. 중산층 가정의 처녀들은 다른 계층의 처녀들보다 한결 신중하다. 부부의 경우도 풍족한 환경에서는 아기가 그리 부담이 되지도 않는다. 가난과 주택난과 여성이 밖에서 일해야 하는 필요성이 낙태의 가장 큰 원인이다. 부부가 출산을 제한하려고 결심하는 것은 두 번째 아이를 낳고 난 다음이 가장 많다.

그러므로 생명을 낙태한 추악한 여자는, 품에 금발의 두 천사를 안고 달래는 숭고한 어머니이기도 하다. 1943년 10월의 〈현대〉지에 '공동병실'이라는 제목으로 발표된 기사에서, 주느비에브 사로 부인은 그녀가 입원했던 병원의 한 방을 묘사하고 있다. 그 병실에는 소파 수술을 받은 환자가 많았다. 18명 가운데 15명이 유산 때문이었고, 그 반수 이상은 고의적 수술이었다. 9번 환자는 시장 짐꾼의 아내였다. 그녀는 두 차례의 결혼에서 아이 열 명을 낳았는데, 그 가운데 세 명이 살아 있다. 일곱 번이나 유산을 했는데, 다섯 번은 고의였다. 그녀는 '트랭글(tringle)'기술을 즐겨 사용했다고, 득의양양하게 설명했다. 또 사용한 알약 이름을 등료들에게 가르쳐 주었다. 16세에 결혼한 16번 환자는 몇 번의 불륜 끝에 낙태로 나팔관염에 걸렸다. 35세의 7번 환자는 이렇게 말했다. '내가 결혼한 것은 20년 전이에요. 나는 남편을 한 번도 사랑한 적이 없어요. 그래도 20년간 깨끗하게 처신했어요. 그러다 석 달 전에 애인이 생겼어요. 딱 한 번 호텔에 다녀왔는데 임신을 했더라고요…… 별 수 없지, 어쩌겠어요? 낙태시킬 수밖에. 아무도 몰라요. 남편도…… 그 사람도. 이제는 다 끝났어요. 두 번 다시 그런 짓은 하지 않겠어요. 얼마나 고생을 했는지…… 너무도 괴로웠어요…… 소파 수술을 두고 하는 말이 아니에요. 그것은……자존심이란 거예요.' 14번 환자는 5년 동안 다섯 아이를 낳았다. 40세라는 그녀는 노인처럼 보였다. 모든 여자들에게 절망에서 온 체념이 있었다. '여자는 고생하기 위하여 태어났다'고 그녀들은 서글프게 말했다.

이런 시련의 괴로움도 생활환경에 따라 커다란 차이가 있다. 부르주아식으로 결혼하고, 남자에게 의지하여 쾌적한 생활을 하고, 물질적으로 풍족하고 많은 교제를 나누는 여자는 유리하다. 먼저, '질병 치료'를 위해 낙태 허가를 받기가 훨씬 더 쉽다. 경우에 따라서는 낙태를 자유로이 인정하는 스위스까지 여행을 할 수도 있다. 산부인과는 안전한 위생설비를 갖추고 있고, 경우에 따라서 마취제를 사용하여 전문의의 손을 거치면 수술은 간단하다. 공적인 승인이 없더라도 그런 여자는 비공식적인 안전한 수단을 발견한다. 그녀는 적합한 연락처도 알고, 양심적인 치료에 대한 보수를 지불할 충분한 돈도 있다. 그래서 임신 초기에 손을 쓸 수가 있다. 의사도 그런 여자는 소중하게 다룬다. 이런 특권을 가진 여자들 가운데에는 간단한 생리적 변화가 도리어 건강과 혈색에도 좋다고까지 주장하는 이도 있다.

이와는 반대로 돈도 없고 고독한 젊은 처녀는 주위에서 용서해 주지 않는

'과실'을 지우기 위하여 '죄'를 범해야만 하는데, 여자가 이런 상황에 몰리는 것만큼 비참한 것도 없다. 해마다 프랑스에서는 약 30만 명의 점원·비서·학생·공장노동자·농촌처녀들이 이런 일을 당하고 있다. 혼외 출산은 여전히 치명적인 오점이므로, 미혼모가 되기보다는 자살이나 영아살해 쪽을 선택한다. 어떤 형벌도 그녀들에게 '낙태'를 멈추게 하지 못한다. 수없이 많은 아주 흔한 실례의 하나가 리프만 박사가 수집한 고백 속에 적혀 있다.*52 구둣방 직공과 하녀 사이에서 사생아로 태어난 베를린 처녀의 이야기이다.

나는 나보다 열 살이나 연상인 이웃집 남자와 관계를 맺었다…… 애무는 처음 해보는 경험이라서 상대가 하는 대로 내버려두었다. 그렇지만 결코 사랑은 아니었다. 그는 나에게 여러 가지를 가르쳐 주었고, 여자에 대하여 쓴 책을 읽으라고 권했다. 결국 나는 그에게 처녀성을 바쳤다. 두 달이 지난 뒤 내가 슈퇴즈 유치원 보모의 자리를 수락했을 때 나는 임신해 있었다. 두 달 동안 월경이 없었다. 나를 유혹한 남자는 편지를 보내어, 반드시 달거리가 돌아오도록 해야 하니 석유를 마시고 비누를 먹으라고 강하게 권했다. 내가 겪은 고생은 이루 설명할 수가 없다…… 나는 혼자서 이렇게 비참한 생활의 밑바닥까지 가라앉아야 했다. 아기가 태어난다는 걱정 때문에 나는 무서운 일을 저질렀다. 그때부터 나는 남자를 증오하게 되었다.

이 편지로 사정을 알게 된 유치원의 목사는 그녀에게 긴 설교를 늘어 놓았다. 그녀는 그 청년과 헤어졌지만, 사람들로부터 타락한 여자 취급을 받았다.

나는 18개월 동안 마치 감화원에서 사는 것 같았다.

그 뒤 그녀는 어떤 교수 곁에서 그 집 아이를 돌보며 4년간 머물렀다.

그즈음 나는 우연히 어떤 관리를 알게 되었다. 나는 진실로 사랑하는 남자를 만나게 되어 행복했다. 애정과 더불어 모든 것을 그에게 바쳤다. 이 관

---

*52 《청소년기와 성욕》.

계에서 나는 24세에 아주 건강한 남자아이를 낳았다. 아이는 지금 10살이 된다. 아이 아버지와는 9년 반째 만나지 않고 있다. 나는 아이의 양육비로 2,500마르크는 불충분하다고 생각했고, 그는 아이를 자기 아들로 인정하길 거부했기 때문이다. 우리 사이는 이미 끝났다. 나는 이제 어떤 남자에게도 흥미가 없다.

여자에게 아이를 지우라고 설득하는 것은 대개 유혹한 남자 자신이다. 임신을 알았을 때는 이미 남자에게 버림받은 상태이거나, 자기의 불행을 스스로 아량 있게 남자에게 감추려고 한다. 아무튼 여자는 남자에게서 조금도 도움을 받지 못한다. 때로는 여자가 마지못해 아이를 임신한 채로 있는 경우도 있다. 그 즉시 태아를 유산시킬 결심을 못 하든가, 유산시켜 줄 사람을 찾지 못하든가, 돈이 없든가, 효과 없는 약만 써 보다가 시기를 놓친 경우이다. 드디어 처치해 버리려고 할 때는 이미 임신 3~5개월이 되어 버린다. 낙태는 초기와는 비교도 안 될 만큼 위험하고 고통도 크다. 여자도 그것을 알고 있다. 그러나 이런 고뇌와 절망 속에서 처치를 결심한다. 시골에는 소식자(진단이나 치료를 위하여 체강이나 장기에 삽입하는 의료기구)의 사용이 거의 알려지지 않았다. '실수를 한' 시골여자는 곳간 사닥다리에서 일부러 떨어지든가, 계단 위에서 뛰어내린다. 그러나 대부분 효과는 보지 못하고 부상만 당한다. 그래서 생울타리 속이나 수풀 속, 거름구덩이 속에서 목이 졸린 조그만 시체가 발견되는 것이다. 도회지에서는 여자끼리 서로 돕는다. 그러나 '낙태 의사'를 찾기란 쉬운 일이 아니며, 필요한 금액을 모으기는 더욱 어렵다. 임신한 여자는 친구들에게 부탁하거나 스스로 처리한다. 이런 급조된 외과 의는 대개 지식이 거의 없다. 그녀들은 막대기나 뜨개바늘로 박박 긁어 상처를 내고 만다. 어떤 의사에게 들은 이야기로는, 한 무지한 식모가 자궁에 식초를 부으려다 방광으로 흘러들어가 몹시 고생을 했다고 한다. 난폭한 방법과 부적절한 처치로 인해 유산은 정상적 출산보다 훨씬 더 고통스러운 경우가 많다. 간질발작에 가까운 정신이상을 일으키는 수도 있다. 때로는 위험한 내장질환을 일으켜 출혈사하기도 한다.

콜레트는 《그리비슈》에서, 카바레의 댄서가 무지한 어머니 때문에 잔인한 고통 속에서 죽어 가는 모습을 그린다. 흔히 사용되는 방법은 진한 비눗물을 마시고 15분간 뛰어다니는 것이라고 한다. 이것은 아이가 아니라 어머니를 죽이는 짓이다. 내가 들은 이야기로는, 어떤 타이피스트가 사흘 동안이나 자기 방에서 피투성이가 되어 마시지도 먹지도 못하고 처박혀 있었다고 한다. 그녀는 사람을 부를 용기가 없었던 것이다. 범죄나 치욕의 위협과 죽음의 공포가 뒤섞인 가운데에서도, 무엇보다 두려운 것이 '버림받았다'는 절망감이란 사실은 상상하기 어렵다. 가난한 주부라도 남편과 합의하여 일을 치를 때는 불필요한 양심의 가책이 없는 만큼 한결 편하다. 사회사업을 하는 어떤 부인은 나에게 이런 말을 했다. 가난한 사람들 사이에서는 여자들이 서로 조언을 하고, 기구를 빌려주고, 티눈을 빼듯 간단하게 돕는다. 그러나 그녀들도 육체적으로 극심한 고통을 겪는다. 병원에서는 유산을 시작한 여자를 수용할 의무가 있다. 그러나 진통 중이나 소파 수술 중에도 진통제를 주길 거부하며 잔인하게 '벌을 준다.' 특히 G. 사로가 수집한 증언에 나타난 바와 같이, 고통에 익숙해진 여자들은 이런 박해에도 화조차 내지 않는다. 그러나 그녀들은 자기들이 당한 치욕에 대해 민감하다. 수술이 암암리에 이루어지는 범죄라는 사실 때문에 그 위험은 더 커지고 불쾌하고 불안한 성격을 띤다. 고통과 고문, 사고와 징벌 사이에는 커다란 차이가 있음에도 그녀들에게는 고통·질병·죽음이 마치 징벌처럼 주어진다. 각오하고 저지르는 위험을 통하여 여자는 자기에게 죄가 있다고 느낀다. 고통과 비난을 이와 같이 해석하기 때문에 더욱 괴로움을 느낀다.

　이런 비극의 도덕적 측면을 얼마나 강하게 느끼는지는 상황에 따라 다르다. 재력이나 사회적 지위, 자유로운 환경 덕택에 '지극히 해방되어 있는' 여자들, 또는 가난과 불행 때문에 부르주아 도덕에 경멸을 느끼는 여자들에게는 별로 문제가 되지 않는다. 다소 불쾌한 시기를 거치긴 해야 하지만, 그 시기만 지나면 그것으로 끝이다. 그러나 많은 여자들은 자신이 거기에 반하는 행동을 했지만, 여전히 그 위력을 믿고 있는 도덕에 겁을 먹는다. 그녀들은 마음으로는 법률을 존중하고 있어서 그것을 어기거나 죄를 범하는 것에 괴로워한다. 더욱이 공범자를 구해야만 하기 때문에 더욱더 괴로워한다. 그녀들은 먼저 상대방에게 애걸하는 굴욕을 겪는다. 의사나 산파에게 자신을 도와 달라고 애처롭게 빌어야 하는 것이다. 그녀들은 거만한 냉대도 각오해야 한다. 혹은 불명예스런 공모에 말려들 수도 있다. 고의로 다른 사람을 죄에 이끌어 넣는, 대부분의 남자들은 모르는 척하지만, 그런 넌더리 나는 처지를 여자는 두려움과 치욕 속에서 경험한다. 여자는 수술을 바라면서도 마음속으로는 흔히 그것을 거부한다. 그녀의 마음은 분열되어 있다. 자연스러운 욕망에 따르자면 그녀는 자기가 지우려는 그 아이를 낳고 싶을지도 모른다. 적극적으로 어머니가 되기를 원치 않더라도 자기가 하는 행위의 양면성을 느끼고 있다. 그도 그럴 것이, 낙태가 살인은 아니지만 그렇다고 단순한 피임수단과 동일시할 수도 없기 때문이다. 이제 막 싹이 튼 하나의 생명을 잘라내 버리는 것이다. 태어나지 못한 아이의 기억 때문에 어떤 여자들은 못내 괴로워한다. 헬렌 도이치[53]는, 심리적으론 정상이지만 생리적 문제 때문에 3개월 된 태아를 두 차례나 잃은 부인이 작은 무덤 두 개를 만들어 나중에 아이를 여럿 낳은 뒤에도 그것을 경건하게 보살핀 이야기를 인용한다. 하물며 스스로 아이를 지운 여자가 죄의식을 느끼기란 더욱 쉬운 일이다. 어렸을 적에 질투가 나서 갓난 동생의 죽음을 바랐을 때 느꼈던 양심의 가책이 되살아난다. 그리고 이번에는 실제로 아기를 죽였기 때문에 죄를 지었다고 느낀다. 이 죄책감이 병적 우울증으로 나타나는 수도 있다. 다른 생명을 해쳤다고 생각하는 여자들과 함께, 자기 몸의 일부를 잘라냈다고 생각하는 여자들도 많다. 그래서 여자는 이 살상에 동의하고 부추긴 남자에게 원한을 품는다. E. 도이치는 또 이런 예를 들었다. 애인을 진심으로 사랑한 어떤 젊은 처녀는 두 사람의 행복에 장애물이 된다며 스스로 아기를 처치하자고 주장했다. 그러나 병원을 나서자 그녀는 자기가 사랑해 마지않던 그 남자를 영원히 다시는 만나지 않기로 했다. 이와 같이 단호하게 헤어지는 일은 드물지만, 그 때문에 여자가 남자 전체에 대해서, 혹은 자기를 임신시킨 남자에 대해서 불감증이 되는 예는 허다하다.

  남자들은 낙태를 가볍게 여기는 경향이 있다. 그들은 이것을 자연이 여자에게만 가하는 여러 가지 못된 장난 가운데 하나라고 보고, 거기에 관련된 가치는 고려하지 않는다. 여자는 남성의 가장 근본적인 윤리가 이상하게 느껴질 때, 여성으로서의 가치와 자신의 가치를 부인한다. 그녀의 도덕적 미래는 그로 인해 흔들린다. 사실 유년시절부터 여자는 아이를 낳기 위하여 태어났다는 말을 귀가 아프게 들었다. 모성을 찬미하는 노랫말도 들어 왔다. 여자라는 조건들의 불편함—월경·질병 등—과 지루한 가사, 이 모든 것은 아이를 낳는다는 여자만의 놀라운 특권으로 변명된다. 그렇지만 남자는 자기 자유를 지키려

---

[53] 《여성심리》.

고, 자기 미래를 불리하게 하지 않으려고, 자기의 직업 활동에 지장이 없게 하려고 여자에게 여자로서의 승리를 단념하라고 요구한다. 더 이상 아이는 바꿀 수도 없는 보배도 아니고, 아기를 낳는 것이 신성한 일도 아니다. 여자의 몸에 생긴 조그만 살덩어리는 우연적인 귀찮은 존재에 불과하다. 이것 또한 여자이기 때문에 지닌 결점의 하나이다. 이에 비하면 달마다 있는 월경의 고역조차 축복으로 보인다. 소녀를 공포로 몰아넣었던 그 붉은 피가 다시 흐를 때를 격정스럽게 기다리기 시작한다. 아이를 낳기 위한 것이라고 해서 전에는 위로를 받았었는데 말이다. 비록 낙태에 동의하고 그것을 희망했다고 하더라도, 여자는 여자로서의 자기를 희생한다고 느낀다. 그리고 그녀는 점점 명확히 자기 성(性)을 저주, 일종의 불구, 위험한 것으로 보게 된다. 어떤 여자는 유산의 정신적 외상의 결과 이런 부정적 생각이 극단으로 치달아 동성애자가 된다.

반면 남자는 남자로서의 삶에서 성공하기 위하여 여자에게 그 육체적인 가능성을 희생하도록 요구할 때, 남성들이 내세우는 도덕규범의 위선을 폭로하는 것이다. 남자들은 일반적으로는 낙태를 금하지만 개개인에 이르면 그것을 편리한 해결 방법으로 받아들인다. 그들은 경솔하고 파렴치하게 자가당착에 빠지기도 한다. 여자는 이런 모순을 그 상처받은 육체를 통해 체험한다. 여자는 일반적으로 소심하기 때문에 남자의 위선에 단호하게 저항하지 못한다. 자기를 유죄로 인정하는 불공평한 처사에 억울하게 희생되었다고 생각하고, 모욕과 굴욕을 느낀다. 남자가 저지른 과실을 구체적이고 직접적인 형태로 구현하는 것은 여자다. 잘못을 저지른 남자는 그 잘못을 여자에게 모두 뒤집어씌워 버린다. 남자는 애원하듯, 으르듯, 따지듯, 노한 어조로 단지 말만 늘어놓을 뿐이다. 그리고 그 말조차 곧 잊어버린다. 이런 말을 고통과 피로 표현하는 것은 여자이다. 남자는, 때로는 아무 말도 하지 않고 훌쩍 떠나버린다. 그러나 그 침묵과 도주는 남자가 만든 도덕규범이 얼마나 모순인가를 다시 증명하는 것이 아닌가. 흔히 여자가 부도덕하다는, 여자를 멸시하는 사람들이 즐겨 쓰는 주제에 새삼 놀랄 필요는 없다. 남자들이 공공연히 내걸면서 암암리에 파기하는 그 오만한 원칙에 대하여, 여자가 어찌 마음속으로 불신하지 않겠는가? 그녀들은, 남자가 여자를 칭찬하든 남자를 칭송하든 더 이상 믿지 않는다. 단 한 가지 확실한 것은, 이 헤집어서 피를 흘리는 자궁, 붉은 생명의 단편, 아이의 부재이다. 여자가 '깨닫기' 시작하는 것은 처음 낙태할 때이다. 그녀들 대부분에게 세상은 이제 결코 전과 같은 모습으로 비치지 않는다. 그러나 피임법이 충분히 보급되지 않은 오늘날 프랑스에서는 낙태가, 굶어 죽을 운명인 아기를 낳고 싶지 않은 여자에게 열린 유일한 길이다. 슈테켈의 말은 지극히 정확하다. '낙태 금지는 부도덕한 법률이다. 그것은 불가피하게 범해질 수밖에 없는 법률이기 때문이다.'[*54]

산아제한과 합법적 낙태는 여자에게 임신과 출산을 자유로이 받아들이도록 할 것이다. 사실 여자의 임신을 결정하는 것은 어느 정도는 자유의지이며, 어느 정도는 우연이다. 인공수정이 일반화되지 않는 한, 여자는 어머니가 되고 싶어도 되지 못하는 수도 있다—남자와 접촉을 하지 않거나, 남편이 생식 능력이 없거나, 또는 그녀 자신에게 결함이 있든가 하기 때문이다. 반대로 자기 의견과는 다르게 아이가 생기는 경우도 많다. 임신과 출산은, 그것이 저항이나 체념 속에서 진행되느냐, 만족과 감동 속에서 진행되느냐에 따라서 아주 다른 체험이 된다. 젊은 어머니가 고백하는 결심과 감정이 반드시 그 깊은 열망과 일치하지는 않는다는 점에 유의해야 한다. 미혼모가 자기에게 갑자기 부과된 부담에 실질적으로 고통을 받아 그 고민을 솔직하게 하소연하더라도, 아이에게서 남몰래 간직한 꿈의 만족을 발견할 수도 있다. 반대로 임신을 즐겁고 자랑스럽게 환영하는 젊은 아내가 말은 하지 않지만 그것을 두려워하고, 강박 관념이나, 환상이나, 자기로서는 회상하고 싶지 않은 유아기의 기억 때문에 몹시 싫어할 수도 있다. 이것이 이런 문제에 관해서 여자가 몹시 은밀해지는 원인들 가운데 하나이다. 그녀들의 침묵은 어느 정도 여자만의 고유한 경험을 신비로 감싸 두고 싶은 데서 온다. 또한 그녀가 자기 속에서 일어나는 모순이나 갈등에 당황하기 때문이기도 하다. '임신했을 때의 불안은 분만의 고통과 마찬가지로 완전히 망각되는 꿈이다'라고 어떤 여성은 말했다.[*55] 그녀들이 망각 속에 묻어두려는 것은 그때 비로소 드러나는 복합적 진실이다.

이미 보았듯이, 유년기와 사춘기에 여자는 모성과 관련하여 몇 가지 단계를 통과한다. 아주 어려서는 그것이 기적이며 유희이다. 그녀는 인형에서 소유하고 지배할 대상을 발견하고 미래에 태어날 아기에게 그것을 예감한다. 사춘

---

*54 《불감증의 여자》.
*55 N. 알르.

기가 되면 반대로 자기의 귀중한 인격의 완전성에 대한 위협을 모성에서 본다. 콜레트 오드리[*56]의 여주인공이 털어놓는 것처럼, 그녀는 맹렬하게 그것을 거부한다.

모래 위에서 놀고 있는 아이들을 볼 때마다 그들이 여자에게서 나왔다고 생각하면 소름이 돋았다…… 이 아이들을 지배하고, 씻기고, 궁둥이를 때리고, 옷을 입히고, 온갖 방법으로 수치심을 주는 어른들을 또한 미워했다. 또 언제라도 아기를 만들 수 있는 물렁물렁한 육체를 가진 여자들, 그리고 이 여자와 자기 아이의 부드러운 살을 무심한 듯이 만족스럽게 바라보는 남자를 증오했다. 나의 몸은 오직 나의 것이다. 나는 햇볕에 타고 바닷소금이 끼고, 가시양골담초나무에 긁힌 내 몸이 좋았다. 이 몸은 딱딱하게 봉인된 채로 있어야만 했다.

또한 사춘기의 여자는 마음속으로 임신을 희망하면서도 그것을 대단히 두려워한다. 그 결과 임신망상이나 여러 가지 불안 증세가 나타나기도 한다. 모성의 권위를 휘두르는 것은 좋아하지만, 그 책임을 충분히 이행할 각오가 되지 않은 처녀들도 있다. H. 도이치가 인용하는 리디아가 그런 여성이다. 이 처녀는 16살에 남의 집에 가서 맡은 아이들을 정말 헌신적으로 돌보았다. 이것은 그녀가 아이를 기르기 위하여 어머니와 일체가 되었던 소아기 몽상의 연장이었다. 그러다가 갑자기 그녀는 자기 임무를 소홀히 하기 시작했다. 아이들에게 무관심해지고, 나돌아다니며 남자친구를 사귀기 시작했다. 놀이의 시기가 끝나고 자기의 실제 삶에 관심을 기울이기 시작한 것이다. 그 삶에서는 모성적 욕망이 아주 작은 자리밖에 차지하지 못했다. 어떤 여자들은 일생 동안 어린애를 지배하고 싶은 욕망은 있으나, 출산의 생물학적 작용에는 혐오를 품는다. 이런 여자는 산파나 간호사나 교사가 된다. 그녀들은 헌신적인 아주머니이긴 하지만, 아이를 낳기는 싫어한다. 그 가운데에는 어머니가 되는 것을 싫어하지는 않지만, 연애나 직업에 전념하느라 모성이 들어설 자리가 없는 여자들도 있다. 혹은 아이가 자기나 남편에게 지울 부담을 두려워하는 여자들도 있다.

---

[*56] 《놀이에서 지는 아이》 중 '어린아이'.

성관계를 피하거나 피임법을 써서 고의로 임신을 피하는 여자도 많다. 그러나 본인은 인정하지 않지만 아기가 생기는 것이 두려워 심리적 방어과정이 임신을 방해하는 경우도 있다. 이런 여성에게는 의학적 검진을 통해 발견할 수 있는 신경성 기능장애가 일어난 것이다. 아르튀스[*57] 박사는 이런 경우 가운데 특히 뚜렷한 실례를 인용했다.

H. 부인은 어머니의 영향으로 여자로서의 삶에 대한 준비를 제대로 하지 못했다. 어머니는 그녀에게 임신을 하면 가장 불행해진다고 늘 말해 왔다…… H. 부인은 결혼한 다음 달에 임신했다고 믿었지만 곧 착각이었음을 알았다. 3개월 뒤에 다시 그렇다고 생각했으나 그것도 착각이었다. 1년 뒤에 그녀는 산부인과에 진찰을 받으러 갔다. 의사는 그녀에게도 남편에게서도 불임의 원인을 찾을 수 없다고 했다. 3년 뒤에 다시 다른 의사를 찾아갔다. 그 의사는 '당신이 임신에 대해 신경을 쓰지 않게 될 때 임신하게 될 것입니다'라고 했다. 결혼 5년째에 H. 부인은, 자기는 아이를 가질 수 없을 거라고 인정했다. 그러자 6년째에 아이가 생겼다.

수태의 수락이나 거부는 일반적으로 임신과 같은 원인의 영향을 받는다. 임신기간 중에는 소아기 몽상이나 사춘기적 불안이 다시 고개를 들기 시작한다. 이 기간에는 여자가 어머니, 남편, 자기 자신과 어떤 관계에 있는지에 따라서 저마다 다른 경험을 한다.
어머니가 됨으로써 여자는 자기를 낳은 어머니의 자리를 계승한다. 이것은 바로 그녀에게는 전적인 해방을 뜻한다. 그녀가 그것을 진심으로 희망한다면 즐거워하며 출산까지 힘내자고 스스로 결심한다. 아직도 남편과 부모의 지배를 받으며 그런 상태로 있기를 동의한다면, 그녀는 반대로 어머니의 손에 자신을 맡겨 버린다. 태어난 아기는 그녀가 보기에 자신의 열매라기보다 동생 같은 기분이 든다. 만일 그녀가 해방되기를 원하지만 용기가 없을 때에는, 아이가 자기를 구제하는 대신 속박하진 않을지 걱정한다. 이 불안이 유산의 원인이 되는 수도 있다. H. 도이치는 이런 경우를 인용한다. 어떤 젊은 아내는 남편의

---

[*57] 《결혼》.

여행에 동행하려면 앞으로 태어날 아이를 어머니에게 맡겨야 했다. 결국 그녀는 사산하고 말았다. 그녀는 몹시 원하던 아이를 잃었는데도 크게 슬프지 않은 것이 놀라웠다. 그녀는 아이를 어머니에게 맡겨 두면, 어머니가 아이를 통해서 자기를 지배할 것이 두려웠던 것이다. 앞에서 말한 바와 같이, 사춘기의 처녀는 어머니에 대하여 죄책감을 품는 수가 많다. 이런 감정이 강하면, 여자는 자기가 낳는 아이와 자신 위에 저주가 짓누르고 있다고 상상한다. 아이가 태어날 때 자기가 죽든지, 아니면 아이가 죽을 것이라고 상상한다. 무사히 출산을 이겨낼 수 없을 것이라는 불안, 젊은 아내에게 많은 이런 불안을 일으키는 것은 마음의 가책이다. H. 도이치가 보고한 다음과 같은 사례를 통해서 어머니와의 관계가 얼마나 중요한지 알 수 있다.

아이들은 많지만 사내아이는 하나밖에 없는 가정의 막내딸인 스미스 부인은, 태어났을 때 아들을 기다리던 어머니에게서 환영을 받지 못했다. 하지만 아버지와 언니의 애정 덕택에 그녀는 비교적 별 탈 없이 자랐다. 그러나 결혼하고 임신을 하자, 아이를 몹시 바랐음에도 불구하고 어머니에게 품었던 증오로 인해, 자신이 어머니가 된다는 생각을 증오하게 되었다. 그녀는 출산일보다 한 달 빠르게 죽은 아이를 낳았다. 두 번째 임신했을 때는 또 같은 일이 반복될까 봐 두려웠다. 다행히 친한 친구들 가운데 하나가 자기와 동시에 임신을 했다. 그 친구에게는 대단히 다정한 어머니가 있었는데, 이 어머니가 두 여자를 임신 끝까지 소중히 돌봐 주었다. 그러나 친구가 한 달 먼저 임신했으므로, 스미스 부인은 자기 혼자 산달까지 견뎌야 한다는 것을 생각하고 두려워했다. 그런데 놀랍게도 친구는 예정 출산일보다 한 달 가량 늦어져,*58 두 여자는 같은 날에 해산했다. 두 여자는 다음 아이도 같은 날에 갖자고 약속했다. 그래서 스미스 부인은 새로운 임신을 아무 불안 없이 시작했다. 그러나 친구는 석 달 만에 그 마을을 떠나야 했다. 그 소식을 들은 날, 스미스 부인은 유산을 했다. 그 뒤로도 그녀는 더 이상 아이를 가질 수 없었다. 어머니의 기억이 너무도 무겁게 그녀를 짓눌렀던 것이다.

---

*58 H. 도이치는 아이가 정말로 1개월 늦게 태어났음을 확인했다고 주장한다.

어머니와의 관계 못지 않게 중요한 것은 여자가 그 아이의 아버지와 맺는 관계이다. 성숙하고 독립적인 여자는 아이를 독점하고 싶어할 수도 있다. 내가 아는 어떤 여자는 남성적인 사나이를 보면 눈이 반짝거렸는데, 그것은 육감적인 욕망에서가 아니라 그의 종마적 능력을 계산했기 때문이다. 이런 여성들은 인공수정의 기적을 열렬히 환영할 여장부들이다. 이런 여성들은 아이의 아버지와 함께 생활하더라도, 아이에 대한 그의 권리를 일체 거부하고—《아들과 연인》에서 폴의 어머니처럼—아이와 둘만의 폐쇄적인 결합을 만들려고 한다. 그러나 대개 여자들은 새로운 책임을 받아들이려면 남성의 지지를 얻어야 한다. 만일 남자가 그녀에게 헌신하지 않는다면, 그녀는 태어난 아이에게 기꺼이 헌신하지 못한다.

그녀가 어린아이처럼 유치하고 소심할수록 이런 욕구가 강하다. H. 도이치가 이런 실례를 이야기하고 있다. 어떤 젊은 여자가 15세에, 16세의 남자와 결혼하고 임신했다. 그녀는 처녀시절에 언제나 아기를 좋아했기 때문에 어머니를 도와 동생들을 돌보았다. 그러나 막상 자신이 두 아이의 어머니가 되자 그만 공황 상태에 빠졌다. 그녀는 남편에게 늘 자기 곁에 있어 줄 것을 요구했다. 남편은 집에서 오랫동안 시간을 보낼 수 있는 일을 해야 했다. 그녀는 언제나 걱정 속에서 살았다. 아이들의 싸움을 과장해서 말하고, 평소의 사소한 사건도 지나치게 중대시했다. 많은 젊은 어머니들이 이와 같이 남편에게 도움을 구하지만, 때로는 그런 걱정으로 남편을 꼼짝 못하게 해서 집 밖으로 몰아낸다. H. 도이치는 호기심을 끌 만한 여러 가지 예들을 인용했는데, 그 가운데 하나는 다음과 같다.

한 젊은 아내는 임신했다고 생각하고 매우 행복했다. 그런데 남편이 여행을 떠나 떨어져 있는 동안 그녀는 지극히 짧은 혼외정사를 가졌었다. 어머니가 된다는 만족감에 다른 일들은 모두 대수롭지 않게 보였던 것이다. 다시 남편 곁으로 돌아온 그녀는 임신 날짜를 잘못 짚었다는 사실을 나중에 알게 되었다. 임신 날짜가 바로 남편이 여행을 하던 때였다. 아이를 낳았을 때 그녀는 그 아이가 남편의 아이인지, 잠깐 만난 애인의 아이인지 걱정되기 시작했다. 결국 그녀는 바라던 아이에게 애정을 느낄 수가 없었다. 그녀는 고민하고 애태우다가 정신분석의에게 호소했다. 그녀는 남편이 아이의 아버지라고 믿을 결심을 굳힌 뒤에야 비로소 아이에게 관심을 쏟을 수 있었다.

남편을 사랑하는 여자는, 남편의 감정에 따라서 자기의 감정을 만들어 가는 경우가 많다. 남편이 임신과 출산을 자랑스럽게 여기느냐, 귀찮게 여기느냐에 따라서 그녀는 그것을 기꺼이 환영하기도 하고 싫어하기도 한다. 때로는 교제 관계나 결혼 생활을 굳게 결합시키고 유지하기 위하여 아이를 바랄 수도 있다. 어머니가 아이에 대해서 갖는 애정은 그 계획이 성공하느냐 실패하느냐에 따라서 좌우된다. 아내가 남편에게 적대감을 느끼는 경우에는 상황이 또 달라진다. 아버지에게는 아이에 대한 소유권이 없다고 부정하면서, 아이에게 모든 애정을 쏟을 수도 있다. 반대로 그 아이를 싫어하는 남자의 씨앗으로 생각하고 증오의 눈길로 바라보기도 한다. 앞에서 본 슈테켈의 결혼 첫날밤 이야기에서 H.N. 부인은 곧 임신했으나 그 난폭한 첫날밤의 공포 속에서 수태된 딸을 일생 동안 미워했다고 한다. 마찬가지로 톨스토이 부인의 일기 속에서도 남편에 대한 감정의 양면성이 첫 임신에 반영되어 있음을 볼 수 있다.

이런 상태로는 육체적으로도 정신적으로도 견딜 수 없다. 언제나 몸이 아프고, 무서운 권태·공허·불안감을 느낀다. 리오바에게 나는 있으나마나한 존재가 되었다…… 나는 임신했기 때문에 그에게 아무 기쁨도 줄 수가 없다.

이런 상태에서 그녀가 발견하는 유일한 쾌락은 마조히즘의 일종이다. 아마 애정관계의 실패가 그녀에게 자기경멸의 소아적 욕구를 일으켰으리라.

어제부터 나는 지독하게 아파서, 유산이라도 될까 두렵다. 이 뱃속의 고통은 일종의 쾌감마저 느끼게 한다. 어린시절 잘못을 저질렀을 때, 엄마는 나를 용서해 주었으나 스스로는 자신을 용서할 수 없었을 때와 같은 기분이다. 나는 자신의 손을 매우 아프게 꼬집고, 뾰족한 것으로 찔러댔다. 그러나 그 고통을 참는 동안 커다란 쾌감을 발견했다…… 아이가 태어나면, '그 짓'이 또 시작될 것이다. 지겹다! 모든 것이 지긋지긋하다. 시계 치는 소리가 몹시 슬프게 들린다. 모든 것이 우울하기만 하다. 아! 만일 리오바가!……

그런데 임신은 무엇보다도 여자에게 있어서 그녀와 그녀 자신 사이에 연출되는 일종의 극이다. 여자는 임신으로 자기가 풍요로워진다고 느끼는 동시에 손상된다고 느낀다. 태아는 자기 육체의 일부이며, 자기 육체를 잠식하는 기생물이다. 그녀는 태아를 소유하고, 또 태아에게 소유당한다. 태아는 모든 미래를 압축하여 포함하고 있어서, 아기를 가진 그녀는 자기를 세계처럼 광활하게 느낀다. 그러나 이 풍요로움이 그녀를 망연자실하게 만든다. 그녀는 이제 자기는 아무것도 아니라는 인상을 받는다. 새로운 생명이 자신의 존재를 주장하며, 그녀의 존재까지도 정당화한다. 그녀는 이를 자랑스럽게 여기면서도 보이지 않는 힘의 놀이감이 되어 우롱당하고 강요당한다고 느낀다. 임신한 여자에게서 나타나는 특이점은, 그녀의 육체가 자기를 초월하려고 하는 바로 그 순간에 그 육체가 내재적으로 파악된다는 것이다. 육체는 욕지기와 불쾌감 속에서 자기 안에 갇혀 버린다. 그녀의 육체는 더 이상 혼자만의 것이 아니다. 임신한 그녀의 몸은 그 어느 때보다도 커져 가고 있다. 장인(匠人)이나 행동가의 초월에는 주체성이 깃들어 있다. 그러나 미래의 어머니에게서는 주체와 객체의 대립이 사라진다. 그녀는 자기 몸을 팽창시키고 있는 이 아이와 더불어 생명에 휩싸인 모호한 한 쌍을 형성하고 있다. 자연의 올가미에 걸린 그녀는 식물이며 동물이다. 아교질 저장소이며 부화기이며 알이다. 그녀는 자기신의 육체밖에 갖지 못한 아이들을 깜짝 놀라게 한다. 또 젊은이들은 그녀를 보고 키득거리며 수군댄다. 왜냐하면 하나의 '인간'이며 '의식'이고 '자유'이어야 할 그녀가 지금은 생명의 피동적인 도구가 되었기 때문이다. 보통 생명은 존재의 한 가지 조건에 불과하지만 잉태하는 생명이 창조적으로 보인다. 그러나 그것은 우연과 사실성 속에 실현되는 기이한 창조이다. 임신과 수유의 기쁨이 대단해서 그것을 언제까지나 계속하고 싶어하는 여자들도 있다. 아기가 젖을 떼면, 이들은 공허감을 느낀다. 어머니라기보다 차라리 '아이를 낳는 여자'라고 할 수 있는 이런 여자들은, 자기의 육체를 위해 자유를 버리기를 열망한다. 그녀들에겐 자기생존의 의미가 육체의 수동적인 다산성에 의해 정당화되는 것처럼 보인다. 만일 육체가 전적으로 생명이 없고 무기력하다면, 늦은 형태의 초월조차 구현할 수 없다. 그것은 나태함이며 권태이다. 그러나 육체에 싹이 트면, 그것은 나무와 샘과 꽃이 된다. 그리고 그 육체는 자기를 초월한다. 충실한 현재인 동시에 미래를 향한 움직임이다. 여자는 예전에 자기가 유아 시절 젖떼기를 하면서 느꼈던 이별의 괴로움을 보상받는다. 그녀는 다시 생명의 흐름 속에 잠긴다. 끝없는 세대의 사슬 속 한 고리로서 전체 속에 복귀하여, 다른 육체를 위하여, 다른 육체에 의해 존재하는 육체가 된다. 남성의 품안에서 구했던 결합, 부여되자마자 거부된 그 결합을 어머니는 무거운 뱃속에서 아이의 존재를 느낄 때, 혹은 자기 가슴에 아이를 껴안을 때 실현한다. 그녀는 이제 하나의 주체에 복종하는 객체가 아니다. 또는 그 자유 때문에 괴로워하는 주체도 아니다. 그녀는 생명이라는 막연한 현실이다. 그녀의 육체는 아이의 것이고, 그 아이는 자기의 것이기 때문에, 결국 그녀 자신의 것이다. 사회는 그녀에게 아이에 대한 소유를 인정하고, 거기에 신성한 성격을 부여한다. 그전까지 에로틱한 대상이었던 젖가슴을 어머니는 서슴없이 밖으로 내보일 수 있다. 그것은 생명의 원천이다. 종교 그림에도 가슴을 열어 젖힌 성모가 '아들'에게 인류를 구원하도록 간청하는 모습이 그려져 있다. 자기의 육체와 사회의 권위 속에 소외된 어머니는 자기가 '즉자(卽自)'의 존재로서, 하나의 완성된 가치라는 평화로운 환상을 품는다.

    그러나 그것은 환상이며 착각에 불과하다. 왜냐하면 그녀가 정말 아이를 만든 것은 아니기 때문이다. 아이는 그녀 속에서 만들어진다. 그녀의 육체는 단지 아이의 육체를 낳을 뿐이다. 스스로 구축되어야 할 하나의 실존을 그녀가 대신 쌓아줄 수는 없다. 자유로부터 나오는 창조적 정신은 대상을 하나의 가치로서 설정하고, 거기에 필연성을 부여한다. 한편 어머니의 태내에 있는 아이는 아직 존재 의미를 갖지 않으며, 자연에서 일어나는 세포 성장만을 할 뿐이다. 그것은 단순한 사실에 불과하다. 그 우연성은 죽음의 그것과 비슷하다. 어머니는 아이'라는 것'을 원하는 '자기라는 존재의' 이유를 가질 수는 있다. 그러나 앞으로 태어날 이 타자에게 자신의 존재이유를 부여할 수는 없다. 그녀는 일반적인 육체로서의 아이를 낳는 것이지, 개별적인 실존으로서의 아이를 낳는 것은 아니다. 이 사실을 잘 이해한 콜레트 오드리의 여주인공은 다음과 같이 말하고 있다.

    그 아이가 내 삶에 의미를 부여할 수 있다고 생각한 적은 없다······ 그 아이의 존재는 내 속에서 싹이 텄다. 나는 어떤 일이 생기든지 설령 아이 때문에 죽게 되더라도, 일을 서두르지 못하고 최후까지 훌륭히 열매를 길러야만 했다. 그렇게 그 아이가 나에게서 생겨 나와 거기에 모습을 드러냈다. 그는 내가 나의 삶에서 이룰 수 있었을지도 모르는 작품을 닮았다…… 그러나 결국은 그렇지 않았다.*59

어떤 의미에서, 성스러운 육체화의 신비는 모든 여자에게 반복된다. 태어나는 아이는 모두 인간의 모습을 한 신이다. 아이는 이 세상에 태어나지 않는다면 의식을 지닌 자유로운 존재로서 자기를 실현할 수 없을 것이다. 어머니는 이 신비에 관여하지만 지배하지는 못한다. 그의 몸은 그녀의 자궁 속에서 만들어지지만, 이러한 존재를 만들어 내는 최고의 진리는 그녀를 벗어나 있다. 그녀는 이런 모호성을 두 개의 모순된 환상으로 표현한다. 어머니는 누구나 자기 아들이 미래에 영웅이 될 거라고 생각한다. 이렇게 하여 하나의 '의식'이자 '자유'인 존재를 낳는다는 생각에 감탄한다. 그러나 그녀는 한편으로 불구자나 기형아를 낳을까 봐 두려워한다. 그녀는 육체의 무서운 우연성과 또 자기 속에 있는 태아가 단지 육체에 불과함을 알기 때문이다. 이런 두 환상 가운데 한쪽이 지배적인 경우도 있지만 대부분은 이 양자 사이에서 동요한다. 그녀는 또 다른 모호성에도 민감하다. 종(種)이라는 커다란 순환 속에 사로잡힌 그녀는 시간과 죽음에 대항하여 생명을 주장한다. 이리하여 그녀는 불멸을 약속받는다. 그러나 동시에 그녀는 자기의 육체를 통해 헤겔이 한 말의 진실성을 절실히 느낀다. '아이의 탄생은 부모의 죽음이다.' 헤겔은 또, 부모에게 있어서 아이는 '그들 사랑의 대자존재(對自存在 : 자기를 존재 밖에 갈에 두는 존재)가 그들 밖으로 떨어져 분리되는 것'이라고 했다. 거꾸로, 아이는 대자존재를 '원천과의 분리, 즉 그로 인해 원천이 고갈되어 버리는 이별 속에서' 획득한다고 했다. 이러한 자기초월은 또 여자에게 죽음의 전조와도 같다. 그녀가 분만을 상상할 때 느끼는 공포는 이 현실을 반영한다. 그녀는 자신의 생명을 잃을까 봐 두려워한다.

임신의 의미가 이처럼 이중적이므로, 여자의 태도가 모순되는 것도 무리는 아니다. 무엇보다 그 의미는 태아의 발달단계에 따라서 변화한다. 우선 초기 과정에서 아이는 존재하지 않는다는 점에 주목하자. 아이는 아직 상상 속의 존재에 불과하다. 어머니는 이 조그만 개체가 몇 달 뒤에 태어날 것을 꿈꾸며,

---

*59 《놀이에서 지는 아이》 중의 '어린아이'.

요람이나 배내옷을 분주하게 준비하기도 한다. 그러나 구체적으로는 자기 속에서 일어나고 있는 기관의 모호한 현상밖에는 파악하지 못한다. '생명'과 '생식'에 대해 신비롭게 말하는 사람들은, 여자는 자신이 느낀 쾌락의 성질에 따라 남자가 자기를 어머니로 만들었음을 안다고 주장한다. 이런 신비설은 버려야 마땅하다. 여자는 임신으로 일어나는 일에 대하여 결코 명확히 직감하지 못한다. 불확실한 징후에서 결론을 끌어낼 뿐이다. 월경이 멈추고, 몸이 뚱뚱해지고, 유방이 무거워지고 아파온다. 현기증과 구토를 느낀다. 간혹 단순히 병이 났다고 생각했다가, 의사의 진단으로 임신 사실을 알게 된다. 그때서야 비로소 그녀는 자기 육체가 자기 초월의 사명을 지니고 있음을 알게 된다. 그녀의 육체에서 생겨난 다른 작은 살덩어리가 날마다 살이 오르고 있다. 그녀는 신비의 법칙을 부과하는 종(種)의 먹이이다. 그리고 일반적으로 이런 소외는 그녀를 두렵게 한다. 그 두려움은 입덧으로 나타난다. 이 입덧은 우선 그 시기에 일어나는 위 분비의 변화 때문에 생긴다. 그러나 다른 포유동물의 암컷에서는 볼 수 없는 이런 반응이 심한 까닭은, 그 원인이 정신에 있기 때문이다. 이 반응은 인간 여성에 있어서 종(種)과 개체 사이에 일어나는 투쟁의 예리한 성격을 나타낸다.*[60] 여자가 아이를 몹시 원할 때라도 막상 낳아야 할 때가 되면 그녀의 육체는 저항한다. 슈테켈은 '신경적 불안상태'에서, 임신한 여자의 입덧은 언제나 아이에 대한 어떤 거부를 표시하는 것이라고 단정한다. 그리고 아이에 대한 거부감이 심할 때는—대개 자신도 알 수 없는 이유로—위장의 변화도 심해진다.

"정신분석학자들은, 입덧이 임신이나 태아에 대해 반감의 표시일 때는, 심리적 원인으로 그 증상이 심해질 수 있음을 지적한다"고 H. 도이치는 말한다. 그녀는 "임신기 입덧의 심리적 의미는, 흔히 임신망상에서 생기는 젊은 처녀의 히스테리성 구토와 똑같다"고 덧붙였다. 이 두 경우에는 입을 통한 임신이라는, 어린아이들에게서 볼 수 있는 낡은 상상이 부활한 것이다. 특히 유아적인 여자에게 임신은 전에 그랬던 것처럼 소화기관의 병과 동일시된다. H. 도이치가 인용한 한 여자 환자는, 자기가 토한 것 속에 태아의 신체 일부가 없는지 걱정스럽게 살펴보았다고 한다. 그러면서도 그녀는 이런 망상이 터무니없다는 것

---

*60 제1부 제1편 제1장.

을 '알고 있었다'고 한다. 병적 허기증·식욕부진·거식증 등은 태아를 보존하려는 욕망과 없애 버리고 싶은 욕망의 중간에서 동요하고 있음을 나타낸다. 내가 알고 있는 어떤 젊은 여성은 심한 구토와 악성 변비로 고생하고 있었다. 하루는 그녀가 나에게 말하기를, '태아를 버리려고 노력하는 동시에 보존하려고 애쓰는 심정'이라고 했다. 이것은 그녀의 욕망을 정확히 대변하고 있다.

내가 요약한 다음 실례는 아르튀스가 《결혼》에서 기술한 것이다.

T. 부인은 억제할 수 없는 구토를 동반하는 심각한 임신장애였다…… 상태가 너무 심각해서 임신중절까지 생각했을 정도였다…… 그녀는 안타까워했다…… 간단한 정신분석 결과 알게 된 것은 이러하다. T. 부인은 그녀의 정서에 대단히 큰 영향을 미쳤던 옛 친구와 자신을 무의식적으로 일치시키고 있었다. 그 친구는 첫 임신 때 죽어 버렸다. 이 원인이 밝혀지자 증상이 좋아졌다. 두 주일 뒤 때때로 구토가 있었지만 더 이상은 위험하지 않았다.

변비·설사·구토는 언제나 욕망이 불안과 혼합되어 나타나는 것이다. 그 증상이 심하면 유산이 되기도 한다. 거의 모든 자연유산의 저변에는 심리적 원인이 있다. 이런 병적 증상은 여자가 임신 사실에 지나치게 신경을 쓰고 자기중심적 성향이 강할수록 더 강해진다. 특히 임산부의 '이식증(異食症)'은 소아적 기원에서 오며, 감춰두었던 강박관념의 발로이다. 이 강박관념은 음식으로 임신한다는 과거 상상의 결과로, 언제나 식품과 관계가 있다. 자기 몸에서 변화를 느낀 여자는 신경쇠약에 걸린 것처럼 그 이상한 감정을 어떤 욕망으로 표현하며, 때로는 그 욕망에 얽매인다. 뿐만 아니라 한때 히스테리 문화가 있었듯이, 이식증 '문화'도 전통적으로 형성되어 있다. 여자는 이식증이 나타나기를 기대하고, 기다리고, 만들어낸다. 나는 이런 이야기를 들었다. 미혼으로 임신을 한 어떤 젊은 여자는 시금치가 하도 먹고 싶어서 그것을 사려고 서둘러 시장으로 달려갔다. 그리고 시금치를 삶는 동안에도 참을 수 없어서 발을 동동 굴렀다. 그녀는 자기의 고독한 불안을 이렇게 표현한 것이다. 자기밖에 의지할 곳이 없음을 잘 알고 있었으므로, 미칠 듯한 초조감으로 욕망을 만족시키려고 조바심을 냈던 것이다. 다브랑테스 공작부인은 《수기(手記)》에서, 여자의 주위 사람들이 이식증을 강력히 암시하는 경우를 대단히 흥미롭게 묘사했다. 그녀는 임신 기간 동안 너무도 많은 주위의 배려에 즐거워했다.

이런 배려와 보살핌은, 불안·구토·신경질 등 임신 초기의 갖가지 고통을 심화시킨다. 나는 그것을 경험했다…… 그것은 어느 날 내가 어머니 집에서 식사를 하고 있을 때 어머니가 이런 말을 한 데서부터 시작되었다…… "아! 저런" 하면서 어머니는 갑자기 포크를 놓고 내 얼굴을 낭패한 표정으로 바라보았다. "네가 뭘 먹고 싶은지 물어 보는 것을 깜빡했구나."
"하지만 저는 별로 먹고 싶은 게 없는걸요" 하고 나는 대답했다.
"먹고 싶은 게 없다고? 먹고 싶은 게 없다니! 세상에 그런 법은 없다. 네가 잘못 생각하는 거야. 네가 거기에 관심을 두지 않았기 때문이야. 내가 네 시어머니에게 이야기해 보마."
그래서 두 어머니들은 서로 의논하기 시작했다. 그리고 남편 주노는 내가 털이 북슬북슬한 멧돼지 같은 얼굴을 가진 아이를 낳지나 않을까 걱정되어서 아침마다 "로르, 뭔가 먹고 싶은 것은 없소?"하며 물었다. 베르사유에서 돌아온 시누이가 질문의 합창에 끼어들었다…… 이식증의 욕망을 채우지 못했기 때문에 이상한 얼굴로 태어난 사람을 수없이 보았다고 한다…… 마침내 나 자신도 두려운 생각이 들었다…… 나는 머릿속으로 무엇이 가장 먹고 싶은지 생각해 보았으나 전혀 알 수가 없었다. 드디어 어느 날 파인애플 사탕을 먹으면서 '파인애플은 정말 맛있겠구나' 생각하게 되었다…… 한 번 파인애플을 '먹고 싶다'고 생각하자, 매우 강렬한 욕망을 느꼈다. 그 욕망은 코르슬레가 "지금은 철이 아니야"라고 말했을 때 한층 더 강렬해졌다. 오! 그때 나는 그 욕망을 채우느냐 아니면 죽느냐 하는 상태가 될 만큼 미칠 듯한 고통을 느꼈다.

(주노는 백방으로 애를 쓴 끝에 끝내 보나파르트 부인에게서 파인애플을 받았다. 다브랑테스 공작부인은 즐겁게 그것을 받아들고는 냄새를 맡고 만지작거리며 하룻밤을 보냈다. 의사가 아침에 먹으라고 했기 때문이다. 그런데 마침내 주노가 그것을 잘라 내오자—)

나는 그 접시를 멀리 물리쳐 버렸다. "그런데…… 웬일인지 파인애플을 못 먹겠어요." 그는 그 저주받은 접시에 나의 코를 가까이 대게 했다. 그러자 내가 정말로 그것을 먹을 수 없다는 확증이 일어났다. 파인애플을 저쪽으로 밀어낼 뿐만 아니라, 내 방의 창문을 열고 향수를 뿌려서 그 과일의 역겨운 냄새를 없애야 할 정도였다. 이 사건에서 가장 기이한 일은, 그 뒤로도 다소 무리를 하지 않으면 정말로 파인애플을 먹을 수 없게 되었다는 것이다…….

주위에서 지나치게 걱정하거나, 스스로에게 너무 마음을 쓰는 여자가 가장 병적인 현상을 드러낸다. 임신의 시련을 가장 쉽게 겪어 내는 여자는 출산 기능에 완전히 헌신하는 모성형이며, 한편은 자기 육체에 일어나는 이변에 현혹되지 않고 그것을 쉽게 극복해 나가는 용기 있는 남성적 여성이다. 스탈 부인은 임신에 관련된 일들을 마치 이야기하듯이 시원스럽게 처리했다.

임신이 진행되는 동안 어머니와 태아 사이의 관계도 변한다. 태아는 어머니의 뱃속에 견고하게 자리를 잡고 있다. 두 생물체는 서로 적응되어 있다. 둘 사이에는 생물학적 교류가 일어나 태아는 여자에게 안정감으로 보답한다. 여자는 이젠 종(種)에 지배당한다고 느끼지 않는다. 여자는 자기 뱃속에 생긴 열매를 소유하고 있다. 처음 몇 달 동안 그녀는 평범한 여자에 불과했으며, 자기 몸속에서 일어나고 있는 은밀한 작용으로 하여 점차 야위어 갔다. 때가 되면 그녀는 확실히 한 어머니가 되며, 쇠약해진 신체는 그녀가 누리는 영광의 이면이 된다. 몸이 뜻대로 움직이지 않는 괴로움은 점점 심해져 하나의 핑계거리처럼 되어 버린다. 이처럼 많은 여자들은 임신 중에 놀라운 평화를 발견한다. 자기들이 정당화되었음을 느낀다. 그녀들은 늘 자신을 관찰하고, 자신의 몸의 변화를 살피고 싶은 기분이 있었다. 하지만 사회적 체면을 생각하며 자기 몸에 대한 관심을 억눌러왔다. 그러나 이제야말로 그녀들은 그렇게 할 권리가 생겼다. 그녀들이 자기의 기분을 좋게 하는 것은 모두 태아를 위한 것이다. 노동도 노력도 요구되지 않는다. 자기 이외의 일들에 대해서는 전혀 걱정할 필요가 없다. 그녀들이 기대하는 미래의 꿈은 현재의 순간에 의미를 준다. 기분 좋게 느긋이 살아가기만 하면 된다. 그녀들은 휴가중이다. 그녀들의 존재이유는 바로 자궁 속에 있고, 그것이 그녀들에게 더할 나위 없이 만족스러운 느낌을 준다. '그것은 당신만을 위하여, 당신의 뜻에 완전히 복종하는, 겨울 동안 쉬임없이 타오르는 난로와 같다. 또한 여름 동안 쉬지 않고 떨어지는 차가운 샤워 물줄기와도 같이 거기에 있다'고, H. 도이치가 인용한 글에서 어떤 여자는 말한다. 마음이 기쁨으로 가득차고, 자기를 '의미 있는 존재'라고 느끼는 충족감도 알게 된다.
　이것은 그녀의 사춘기 이래 가장 심각한 욕망이었다. 아내로서 그녀는 남자에 대한 자기의 의존성을 괴로워해 왔다. 지금 그녀는 성적 대상도, 가정부도 아니다. 그녀는 종(種)을 구체화하고 있다. 그녀는 생명과 영원을 약속한다. 주위 사람들에게 존경을 받으며, 그녀의 변덕까지도 신성한 것이 된다. 앞에서 보았듯이, 그녀에게 '먹고 싶은 것'을 생각해 내게 한다. '임신은 여자에게, 평소 같으면 부조리하게 보일 행위를 합리화해 준다'고 H. 도이치는 말하고 있다. 그녀는 자기 몸 속에 있는 타자의 존재를 통해 정당화되어, 드디어 자기 자신이라는 기쁨을 마음껏 음미한다.
　콜레트는 《저녁별》에서 자기가 임신했던 때의 일을 이렇게 묘사한다.

　　생명을 잉태한 여성의 황홀한 행복감이 은밀하게 유유히 나를 사로잡는다. 나는 이제 어떤 불안, 불행도 하소연하는 몸이 아니다. 병 가운데 느끼는 상쾌함이라고 할까, 고양이가 빈둥거리는 상태라고 할까. 이 보호받고 있다는 느낌을 과학적으로 혹은 속된 말로 어떻게 표현해야 좋을까? 지금도 그것을 잊지 못할 정도이니 매우 만족했던 것만은 틀림없다⋯⋯ 내 열매를 준비하면서 맛보았던 진부한 기쁨들에 대해서 한 번도 말하지 않고 잠자코 있자니 지루하다⋯⋯ 저녁마다 나는 내 삶의 좋은 시간들과 작별인사를 했다. 잘 알고 있었지만 그 좋은 시절을 보내기가 아쉬웠다. 평안·안식·행복이 모든 것을 휩쓸었다. 늘어 가는 몸무게와, 내가 만들어 가는 생명의 낮은 부름 소리가 주는 온화한 동물성과 무관심에 몸을 맡기고 있었다.
　　6월, 7월⋯⋯ 첫 딸기, 첫 장미. 임신을 긴 축하연 말고 달리 뭐라 부를 수 있으랴? 분만의 고통은 잊어버린다. 그러나 달리 비할 데 없는 긴 축하연은 잊지 않는다. 나는 모든 것을 선명히 기억하고 있다. 특히 시간이 더디 가고 졸음이 와서, 어렸을 때처럼 흙 위에서, 풀 위에서, 따뜻한 땅 위에서 자고 싶은 욕망에 사로잡혔던 것을 기억한다. 이것이 나의 유일한 '욕망', 건강한 욕망이었다.
　　임신 끝 무렵이 되자 나는 훔친 알을 끌고 가는 쥐와 같았다. 몸을 주체하지 못해서 자리에 눕기조차 너무 힘들었다⋯⋯ 무거운 몸과 피로에도 불구하고 나를 위한 긴 축하연은 멈추지 않았다. 모두가 나를 특권과 배려라는 커다란 방패 위에 태우고 가고 있었다……

이처럼 행복한 임신을, 콜레트의 한 친구는 '남자의 임신'이라 불렀다고 한다. 사실 콜레트는 임신이라는 상태 속에 자기를 완전히 매몰시키지 않았으므로, 용감하게 견딜 수 있었던 여자의 전형이다. 그녀는 임신하고도 쉬지 않고 작가 일을 계속했다. '다이는 자기가 도착했음을 알려왔다. 그래서 나는 만년필 뚜껑을 닫았다.'

다른 여자들은 점점 더 둔해져서 자기들의 새로운 중요성을 무한히 되씹는다. 조금이라도 주위로부터 격려를 받으면 그녀들은 기꺼이 남성이 만든 신화의 포로가 된다. 그녀들은 명석한 지성과 '생명'을 다산하는 어둠을, 명료한 의식과 내면화의 신비를, 풍부한 자유와 거대한 사실성 속에 있는 이 자궁의 무게를 대립시킨다. 미래의 어머니는 자기를 부식토이자 경작지, 원천이며 뿌리라고 느낀다. 그녀가 꾸벅꾸벅 졸고 있을 때, 그것은 세계가 만들어지는 혼돈의 잠이다. 그 중에는 더욱 자기를 잊어버리고 몸 속에 성장하는 생명의 보물에 황홀해 하는 여자도 있다. 세실 소바즈가 그의 시 《새싹의 영혼》에서 표현하는 것은 이런 환희이다.

> 새벽이 평야의 소유이듯 그대는 나의 것.
> 나의 생명은 그대의 주위를 따뜻한 털실처럼 감싸고,
> 그 속에서 그대의 움츠린 사지가 가만히 풀어진다.

그리고 그 다음엔 이렇게 표현한다.

> 오, 내가 조심조심 깨무는 솜털 속의 그대,
> 나의 꽃에 맺힌 조그만 새싹의 영혼.
> 내 마음 한 조각으로 그대의 마음을 만든다.
> 오, 나의 솜처럼 보드라운 열매, 어여쁘고 촉촉한 입.

그리고 남편에게 보낸 편지에는 이렇게 썼다.

신기해요. 작은 별 하나가 만들어지는 것을 지켜보는 것만 같고, 귀엽고 연약한 지구를 빚어내는 것만 같아요. 생명을 이토록 가까이 느꼈던 적은 없었어요. 정기와 활력으로 충만한 대지와 한 자매라는 것을 이토록 뚜렷이 느껴 본 적은 한 번도 없었어요. 대지를 걷는 저의 발은 꼭 살아 있는 생명 위를 걷는 것 같아요. 피리 소리와 잠이 깬 꿀벌과 이슬 맺힌 날을 생각해요. 왜냐하면 이 아이가 내 속에서 일어서고 움직이고 하기 때문이에요. 이 새싹의 영혼이 저의 마음속에 얼마나 봄의 신선함과 젊음의 활기를 가져다주었는지 당신이 안다면! 그리고 그 피에로의 어린 영혼이, 제 생명의 어둠 속에서 그와 같은 두 개의 커다란 무한의 눈을 조금씩 만들어간다고 생각하면.

반대로 몹시 요염한 여자들, 본질적으로 자기를 에로틱한 대상으로 인식하고, 자기 육체의 아름다움을 사랑하는 여자들은, 몸이 이지러지고 추하게 되어 관능의 대상에서 멀어지는 것을 고민한다. 그러한 여자들에게 임신은 결코 축하연이나 풍요로움이 아니라 자아를 축소시키는 것이다.

그 가운데에서도 이사도라 던컨의 《나의 생애》에는 다음과 같은 내용이 나온다.

이제 아이의 존재를 느낄 수 있게 되었다…… 나의 대리석같이 아름다운 육체는 늘어지고 무너지고 흉하게 바뀌어 간다…… 나는 바닷가를 거닐 때면 때때로 주체할 수 없는 정력과 활력을 느꼈다. 이 작은 창조물은 나의 것, 나만의 것이라고 생각했다. 그러나 다른 때는…… 자신이 함정에 빠진 가엾은 동물이라고 느낀다…… 희망과 절망이 교차하면서 나는 자주 젊은 시절의 먼 여행과 방랑과 예술의 발견 같은 것을 떠올렸다. 그 모든 것은 안개 속으로 사라진 옛 이야기에 불과할 뿐, 지금은 태어날 아기나 기다리고 있다. 아기는 여자라면 누구나 만들 수 있는 걸작이다…… 나는 온갖 공포에 사로잡히기 시작했다. 여자는 누구나 아이를 갖는다고 스스로에게 타일러 봤지만 공포는 사라지지 않았다. 그것은 그저 자연스런 것인데, 나는 두려웠다. 무엇이 두려운가? 죽음이나 고통에 대한 공포는 아니었다. 내가 알지 못하는, 어떤 미지의 사실에 대한 공포였다. 나의 아름다운 육체는 내가 받은 충격과는 상관없이 점점 더 흉하게 변해갔다. 물의 요정처럼 싱싱하던 나의 우아한 몸은 어디로 갔단 말인가? 나의 야심, 나의 명성은 어디로 갔는가? 본의 아니게 나는 종종 스스로를 비참한 패배자라고 느꼈다. 인생이라는 거인과의 격투에서 나는 처음부터 상대가 안 되었다. 하지만 그때, 문득 태어날 아이를 생각하면 내 모든 슬픔은 사라졌다 어둠 속에서의 괴롭고 안타까운 기대. 어머니가 되는 영광을 얻기 위해 우리는 얼마나 비싼 대가를 치르는가!

임신의 마지막 단계에 이르면 어머니와 아이의 분리가 시작된다. 태아의 최초의 움직임, 세계의 문을 두드리는, 닫혀 있는 벽을 치는 그 발짓을 여자들은 저마다 다르게 느낀다. 어떤 여자들은 자주적인 생명의 존재를 알리는 이 신호를 감탄하며 환영한다. 또 어떤 여자들은 자신이 다른 사람의 그릇이 되었다고 생각해 혐오를 느낀다. 또다시 태아와 모체의 결합이 흔들린다. 자궁이 내려가고 여자는 압박과 긴장감, 호흡곤란에 시달린다. 이번에는 불분명한 종(種)에게 소유되는 것이 아니라, 곧 태어나려는 아이에게 소유된다. 이제까지 아이는 하나의 영상, 희망에 불과했지만, 지금은 무겁게 현존하고 있다. 그 현실감이 여러 가지 새로운 문제를 불러일으킨다. 모든 과도기는 불안하다. 분만은 특별히 두렵게 여겨진다. 예정일이 가까워지면 그녀의 온갖 소아적 공포가 다시 머리를 든다. 어떤 죄악감의 결과로 어머니에게서 저주를 받았다고 생각하면, 자기가 죽든가 어린애가 죽는다고 믿기도 한다. 톨스토이는 《전쟁과 평화》에서 리즈를 통해 분만 때에 죽음을 두려워하는 소아적 여성을 묘사했다. 그리고 실제로 그녀는 죽는다.

분만은 경우에 따라서 매우 다른 성격을 띤다. 어머니는 자기의 귀중한 일부인 보물 같은 아이를 그대로 계속 자기 뱃속에 담아 두고 싶은 욕망과, 귀찮은 것을 쫓아내 버리고 싶은 욕망을 동시에 품는다. 오랫동안의 자기 꿈을 품에 안고 싶다가도, 그 실현으로 생기는 새로운 책임들을 생각하면 두렵기만 하다. 이 두 욕망 가운데 하나가 이기는 경우도 있지만, 대개는 분열상태가 된다. 또 그녀가 불안한 시련에 단호히 임하지 못하는 경우도 흔히 있다. 그녀는 자기나 주위 사람들에게—어머니와 남편에게—도움을 받지 않고 극복할 수 있다는 것을 증명하고 싶어한다. 그러나 동시에 자기에게 부과되는 고통 때문에 세상이나 인생 또는 가족들에게 원한을 품고, 항의하는 뜻으로 수동적인 태도를 취하기도 한다. 자주적인 여성들—모성형이나 남성적 여성—은 분만에 도달하는 시기나 분만 동안에 능동적인 역할을 할 용기가 있다. 대단히 소아적인 여자는 수동적으로 조산원이나 어머니의 보살핌에 자신을 완전히 맡긴다. 어떤 여자들은 소리 지르지 않는 것을 자랑스럽게 여기고, 또 어떤 여자들은 모든 수칙을 거부한다. 일반적으로 이러한 해산의 위기 때 그녀들은 일반 사회와 모성을 향한 그녀의 본질적인 태도를 뚜렷이 보여준다. 그녀가 극기적(克己的)인가, 체념적인가, 방종적인가, 과격한가, 반항적인가, 무기력한가, 긴장하는가에 따라서 그 심리적 경향은 분만시간과 난산에 커다란 영향을 끼친다(물론 순수하게 생리적인 원인에도 좌우된다). 여기서 의미심장한 것은, 정상적인 경우라도 여자는—일부 가축의 암컷처럼—자연이 그녀에게 부여한 이 일을 수행하기 위하여 도움을 필요로 한다는 것이다. 거친 풍습 아래 살아가는 시골여자들이나 수치를 느끼는 미혼모들은 혼자서 분만을 한다. 그러나 대부분 혼자 아이를 낳다가 아이를 죽게 하고, 산모 자신도 불치병을 얻는다. 여자가 여자로서의 운명을 실현하는 순간조차 그녀는 혼자의 힘으로 할 수가 없다. 이것은 또 인류에게는 자연과 인공이 결코 완전히 분리될 수 없음을 말해 주는 것이다. 자연에만 맡기면 여성 개체의 이해와 종(種)의 이해 사이의 충돌이 격렬해져서, 종종 산모나 아이가 죽기도 한다. 전에는 그렇게도 빈번했던 사고를 크게 감소시킨—거의 사라지게 한—것은 의학, 즉 외과수술 같은 인류의 간섭 덕택이다. 무통분만법은 《성서》의 '너희는 고통 속에서 아이를 낳으리라'고 한 구절을 부정한다. 이런 방법은 미국에서 성행하며 프랑스에도 보급되기 시작했다. 영국에서는 1949년 3월의 법령이 이런 방법을 의무화했다.*61

*61 내가 앞에서 말한 바와 같이, 일부 여권신장반대자들은 자연과 《성서》의 이름으로 분만의 고통을 제거해야 한다는 주장에 분개했다. 고통은 어머니의 '본성' 가운데 하나라는 것이다. H. 도이치도 이런 의견에 찬성하는 것 같다. 분만의 고통을 맛보지 않은 어머니는 아이를 보아도 그를 자기 아이로 깊이 인정하지 않는다고 H. 도이치는 말한다. 하지만 그녀는 또 고통이 컸던 산모에게서는 공허하고 야릇한 감정이 엇갈린다는 것을 시인한다. 그리고 자기의 책을 통해서, 모성애는 하나의 감정이며 의식적인 태도이지 본능이 아니라는 견해를 지지하며, 그것이 임신에 필연적으로 결부되어 있지 않다고 주장한다. 도이치의 의견에 따르면, 어떤 여자는 양자, 전실 자식을 친어미처럼 사랑할 수도 있다고 한다. 이런 모순은 H. 도이치가 여자를 마조히즘적으로 다루는 데서, 여성의 고통에 높은 가치를 부여하고자 하는 주장에서 오는 것이다.

무통분만법이 제거해 주는 고통이 어떤 것인지는 알기 어렵다. 분만은 때로 24시간 이상을 소요하는가 하면, 단 2, 3시간만에 끝나기도 하므로 일반화할 수 없다. 어떤 여자들에게는 해산이 일종의 수난이다. 이사도라 던컨의 경우가 그렇다. 임신기간을 불안하게 보낸 그녀는 아마 심리적 저항 때문에 출산의 고통을 더욱 크게 겪었던 것 같다. 그녀는 이렇게 쓰고 있다.

> 사람들은 스페인의 종교재판에 관해서 제멋대로 떠들어대지만 아이를 낳은 여자는 그런 것쯤 두려워하지 않을 것이다. 비교해 보면 그런 것쯤은 아무것도 아니다. 전혀 멈추지 않고, 인정사정없이, 그 보이지 않는 잔인한 악마는 내 목덜미를 잡아 누르고 뼈와 신경을 갈가리 찢었다. 이런 고통조차 곧 잊혀진다고 했던가. 그에 대한 나의 대답은, 눈을 감기만 해도 나의 비명과 신음을 다시 듣기에 충분하다는 것이다.

이와는 반대로 어떤 여자들은, 이것을 비교적 쉬운 시련이라고 생각한다. 극소수의 여자들은 감각적인 쾌락까지도 느낀다.

> 나는 대단히 성감적인 여자인 것 같다. 출산조차 나에게는 하나의 성행위다.*62 나의 산파는 대단한 미인이었다. 그녀가 나를 목욕시키고 질을 세척해 주었다. 그것만으로도 오싹할 만큼 몹시 흥분했다.

해산 때 창조의 힘 같은 것을 느꼈다는 여자도 있다. 그러한 여자는 참으로 의지적이고 생산적인 일을 수행한 것이다. 많은 여자들은 그와 반대로 자기를 수동적 존재, 고문으로 괴로움을 당하는 도구처럼 느낀다.

해산 뒤 어머니가 갓 태어난 아기를 처음 보고 갖게 되는 느낌도 매우 다양하다. 어떤 여자들은 자기들의 육체에서 느끼는 공허감 때문에 힘들어 한다. 자기의 보물을 도둑맞은 느낌이다.

> 나는 소리 없는 벌집

---

*62 이 여자는 전에 슈테켈이 수록한 고백에 일부 소개된 바로 그 사람이다.

벌은 공중으로 날아갔다.
이젠 나의 피 한 방울도
너의 연약한 육체에 주지 못한다.
내 존재는 빈집이 되었다.
거기서 하나의 보물을 가져가 버렸다.

위와 같은 글을 남긴 세실 소바즈는 또 이렇게 썼다.

너는 이제 내 것이 아니다.
너의 얼굴엔 벌써 다른 하늘이 비치고 있다.

또 이렇게도 쓰고 있다.

그는 태어났다. 나는 어린 연인을 잃어버렸다.
바로 지금 그가 태어났다. 나는 이제 외톨이.
내 속에서 피의 공허가 놀라 소란을 피우고 있다.

그러나 한편 아주 젊은 어머니라면 놀라움에 가득 찬 호기심으로 갓 태어난 아기를 바라본다. 자기 몸에서 만들어져 나온 살아 있는 생명의 존재를 보거나 품에 안는 것은 신기한 기적이다. 그러나 지상에다 새로운 생명을 던진 이 이상한 사건 속에서 어머니는 어떤 기여를 한 것일까? 어머니는 그것을 알지 못한다. 아이는 어머니가 없으면 존재하지 못했을 것이다. 그러나 어머니는 아이를 붙잡아 둘 수 없다. 자기의 몸 밖으로 나온 아이를 보며 생각지 못한 슬픔에 휩싸인다. 그리고 거의 언제나 실망을 느낀다. 여자는 자기 손처럼 확실하게 자기 몸의 일부로 아이를 느끼고 싶어한다. 그러나 아이가 느끼는 것은 모두 그 아이 속에 갇혀 있다. 아이는 불투명하고 통찰이 불가능한 별개의 존재다. 그녀는 그 아이를 모르기 때문에 맨 처음에 알아 보지조차 못한다. 임신 기간 동안 그녀는 그와 함께 살아온 것이 아니다. 그녀는 이 작은 이방인과 어떤 과거도 공유하지 않았다. 그녀는 그 아이를 보자마자 바로 친밀감을 느끼게 되기를 기대했다. 그러나 기대는 어그러졌다. 그 아이는 하나의 새로운 존재이다. 그녀는 자기가 그 아이를 무심하게 맞이하는 데 대해 스스로 놀란다. 임신 기간 동안 그녀는 하나의 이미지로서 아이를 꿈꿔 왔다. 그것은 무한했고, 어머니는 미래의 어머니상을 마음속으로 그리고 있었다. 그러나 지금 그것은 아주 작고 유한한 개인이다. 실제로 거기에 있는, 우연적이며, 연약하고, 끊임없이 요구하는 존재이다. 결국 그가 여기에 태어나 있다는 현실적인 기쁨에는 단지 그게 전부라는 안타까움이 뒤섞인다.

많은 젊은 어머니들은 수유를 통해 분리 이전의 동물적인 친밀함을 회복한다. 그것은 임신 이상으로 어머니를 육체적으로나 정신적으로 지치게 하는 일이다. 그러나 또한 그것은 젖을 주는 어머니에게 임신부가 맛보는 그 휴식·평온·만족을 이어가도록 허용한다.

콜레트 오드리는 그 여주인공의 한 사람에 관하여 이렇게 말한다.*63

'아기가 젖을 빨고 있을 때는 달리 할 일이 없다. 젖 주는 일이 몇 시간씩 계속되는 수도 있다. 그녀는 그 뒤에 올 일에 대해 생각조차 하지 않는다. 아기가 배를 가득 채운 꿀벌처럼 자기 가슴에서 떨어져 가기를 기다릴 뿐이다.'

그러나 자기가 젖을 먹일 수 없는 여자는 아이와의 구체적인 유대를 회복하지 못하고, 아이가 태어났을 때의 놀라움에 가득 찬 무심함을 그대로 이어가기도 한다. 딸에게 젖을 주지 못한 콜레트도 그런 경우이다. 그녀는 평소의 솔직함으로 초기의 모성 감정을 이렇게 쓰고 있다.*64

집 안에 새로 들어온 인물을 가만히 바라보았다…… 나는 충분한 애정을 담고 바라보았을까? 그렇다고 단정할 수는 없다. 확실히 나는 놀라며 평소처럼—지금도 그 습관은 여전하다—감탄했다. 나는 아기라는 놀라운 기적의 집합체에 경탄했다. 핑크빛 새우껍질처럼 투명한 그 발톱, 땅을 밟지 않고 우리에게로 온 그 발바닥, 뺨 위에 늘어진, 지상의 풍경과 푸른 눈 사이에 자리한 부드러운 속눈썹, 간신히 만들어진, 쌍각의 음순이 맞닿아 꽉 아

---

*63 《놀이에서 지는 아이》.
*64 콜레트의 《저녁별》.

문 은행알 같은 조그만 성기. 그러나 나는 딸에게 바친 세심한 찬미를 무어라고 표현할 수가 없었다. 그것을 사랑이라고는 느끼지 않았다. 나는 기다리고 있었다. 나의 삶이 오랫동안 기다려왔던 광경을 보는 동안, 그 어느 것도 자식에게 쏠려 있는 어머니의 경계나 경쟁심을 끌어 내지 못했다. 그렇다면 언제 나에게 두 번째의 보다 어려운 침입을 가하려는 징조가 나타날까? 온갖 주의해야 할 것들, 순간적인 질투와 흥분, 허위 그리고 진정한 노파심, 생명—나는 이 생명의 채권자였다—을 자유로이 처분할 수 있다는 자부심, 남에게 겸손을 가르친다는 다소 교활한 의식, 이런 것들이 결국 나를 평범한 어머니로 바꾸어 놓았고, 나는 이것들을 또 받아들이지 않을 수 없었다. 그래도 내가 완전히 안심하게 된 것은, 뜻 모를 말이 귀여운 입술에서 꽃피기 시작하고, 지식이나 장난이나 애정표현까지 말할 수 있게 되어 아기인형에서 하나의 딸로, 그 딸에서 내 딸이 되었을 때였다!

또한 새로운 책임을 두려워하는 어머니도 적지 않다. 임신 기간 동안 그녀들은 자신을 자신의 육체에 맡기고 있기만 하면 되었다. 어떤 일을 자주적으로 하는 것도 그녀들에게는 필요치 않았다. 그러나 지금은 그녀들에 대하여 권리를 지닌 한 인간과 마주해 있다. 어떤 여자들은 병원에서 즐겁고 걱정 없이 있는 동안에는 아이를 귀엽게 애무해 주지만, 집에 돌아가자마자 아이를 부담스럽게 여기기 시작한다. 수유조차도 그녀들에게는 아무 기쁨을 주지 못하며, 도리어 가슴 모양이 이지러질까 봐 걱정한다. 유방이 찌그러지고 젖꼭지가 아픈 것을 원통하게 느낀다. 또 그녀는 아이가 자기의 힘과 생명과 행복을 빨아 먹으며 과중한 노예 노동을 강요한다고 여긴다. 더 이상 자기의 일부가 아니라 폭군이라고 생각한다. 그녀들은 자기의 육체·자유·자아 전체를 위협하는 이 작은 타인을 적대감을 품고 바라본다.

이 밖에도 많은 요인들이 있다. 출산한 여자와 그 어머니의 관계는 여전히 매우 중대한 가치를 지닌다. H. 도이치는 친정 어머니가 찾아올 때마다 젖이 나오지 않는다는 젊은 어머니를 예로 들고 있다. 그녀는 자주 남의 도움을 구하지만, 막상 다른 여자가 아이를 돌봐 주면 질투를 하고 불쾌하게 느낀다. 아버지와 아이의 관계, 아버지 자신이 품고 있는 감정 또한 커다란 영향을 준다. 경제적·감정적 원인 전체가 아이를 무거운 짐이나 속박으로, 혹은 해방이나 보물이나 안전감으로 규정하기도 한다. 적대감이 뚜렷한 증오로 바뀌고, 그것이 극단적인 무관심이나 학대로 표현되는 일도 있다. 대개는 어머니가 자기의 의무를 의식하고 이런 악감정과 싸운다. 그녀가 후회하고 괴로워한 탓에 임신기의 불안이 언제까지나 계속된다. 자기 아이에게 해를 끼칠지 모른다는 강박관념에 사로잡혀 무서운 사고를 상상하는 어머니들은, 억압하려 노력하면서도 아이에게 적대감을 품게 된다고 모든 정신분석학자들은 인정한다. 아무튼 주목할 만한 다른 인간관계와 다른 점은, 처음에는 아이가 개입하지 않는다는 것이다. 아기의 미소, 더듬는 말투 따위에는 어머니가 아기에게 부여하는 의미 이외에는 아무 의미도 없다. 어머니에게 아기가 매력적이고 둘도 없이 귀엽고, 혹은 귀찮고 신통치 않고 보기 싫게 생각되는 것은 어머니에 따라 다른 것이지 아이 때문은 아니다. 따라서 불감증이거나 성적으로 만족을 얻지 못하고 우울한 여자가 아기에게서 친한 친구, 온정, 자극을 얻어 불만과 우울을 잊으려고 해도 거의 언제나 실패한다. 사춘기와 성적 입문, 결혼의 '과도기'처럼 모성의 과도기도, 어떤 외적 사건이 자기들의 생활을 새롭게 하고 정당화할 수 있기를 기대하는 사람들에게는 침울한 환멸을 가져온다. 소피아 톨스토이에게서 그런 감정을 볼 수 있다. 그녀는 이렇게 쓰고 있다.

　　이 아홉 달은 내가 살아오던 날들 가운데 가장 최악의 시기였다. 열 달째에 관해서는 말을 하지 않는 편이 좋겠다.

　　그녀는 일기 속에 판에 박힌 기쁨을 기록하려고 노력하지만 허사였다. 우리에게 강한 인상을 주는 것은, 그녀의 슬픔과 책임에 대한 두려움이었다.

　　모든 것이 끝났다. 나는 해산을 했다. 상응하는 고통을 경험하고 회복하면서 조금씩 생활로 들어간다. 아이와, 특히 남편에 대한 끊임없는 불안과 걱정을 가슴에 품고. 무언가가 내 속에서 부서졌다. 무언가가 나에게 언제나 계속해서 고통받을 것이라고 말한다. 그것은 내가 가족에 대한 의무를 충분히 이행하지 못한다는 두려움인 것 같다. 자기 자식에 대한 여자의 속된 사랑을 두려워했기 때문에, 남편을 야단스럽게 사랑하는 것을 두려워했기 때문에, 나는 이제 자연스럽지가 못해졌다. 남편과 아이를 사랑하는 것은 미덕이라고 사람들은 말한다. 이런 생각이 나를 위로해 줄 때도 있다…… 어머니의 감정이란 얼마나 강한지, 어머니가 된다는 것이 얼마나 자연스러운지. 이것은 리오바의 아이다. 그러므로 나는 이 아이를 사랑한다.

그러나 톨스토이 부인이 남편에 대한 사랑을 그토록 과시하는 것은, 그녀가 그를 사랑하지 않기 때문이라는 것을 우리는 알고 있다. 이런 반감은 혐오감을 자아내는 성관계에서 태어난 아이에게 영향을 미친다.
K. 맨스필드는 남편을 깊이 사랑하면서도 그의 애무를 불쾌하게 받아들이는 젊은 어머니의 당혹감을 그렸다. 그녀는 자기 아이에게 애정과 함께 공허함을 느낀다. 우울해진 그녀는 이것을 완전한 무관심으로 해석한다. 린다는 정원에서 막내아이를 곁에 두고 휴식을 취하며 남편 스탠리를 생각하고 있다.

그녀는 그와 결혼했다. 무엇보다도 그녀는 그를 사랑하고 있었다. 모든 사람이 알고 있는 평소의 스탠리가 아니라 겁쟁이에, 감상적이고 순진하며, 밤마다 기도하기 위하여 무릎을 꿇는 스탠리를. 그러나 불행하게도…… 그녀는 자기의 스탠리를 보는 일이 극히 드물다. 가끔 평온한 순간도 있지만, 그때 이외에는 곧 언제라도 불이 붙을 듯한 집 안에서, 날마다 난파하는 배 위에서 살고 있는 것 같았다. 가장 위태로워 보이는 것은 언제나 스탠리였다. 그녀는 그를 구하고 돌보고, 진정시키고 그의 이야기에 귀를 기울이는 데 자기의 온 시간을 들였다. 나머지 시간은 아이가 들어설까 봐 걱정하며 보냈다…… 아이를 갖는 것은 여자의 운명이라는 말이 그럴듯하게 들리긴 하지만, 그것은 사실과 다르다. 그녀는 그것이 거짓임을 증명해 보인다. 그녀는 몇 번의 임신으로 지치고 쇠약해지고 의기소침해졌다. 가장 참기 괴로운 것은, 그녀가 자기의 아이들을 사랑하지 않는다는 것이다. 사랑하는 척할 수도 없었다…… 그 두려운 여행을 하나씩 경험할 때마다 차디찬 바람이 그녀를 꽁꽁 얼려버린 것 같았다. 아이들에게 줄 따뜻한 입김이 더는 그녀에게 남아 있지 않았다. 이 조그만 사내아이는 그녀의 어머니, 베릴의 것이며, 이 아이를 원하는 사람의 것이다. 그녀는 아이를 자기 품에 안아 본 적이 거의 없었다. 아이가 발치에 누워 있는 동안에도 그녀는 냉담했다. 그녀는 아이를 내려다보았다…… 아이의 미소에는 매우 기이한 생각지 못한 것이 있었다. 그래서 린다도 미소지었다. 그러나 그녀는 곧 냉정함을 되찾고 아이에게 침착하게 말했다. "나는 아기를 좋아하지 않아. 그렇지?" 아이는 그 말을 믿을 수가 없었다. "엄마는 나를 좋아하지 않나요?" 아이는 바보처럼 어머니에게 팔을 내밀었다. 린다는 의자에서 내려와 풀밭 위에 앉았다. "너는 왜 계속 웃고만 있지?" 그녀는 나무라듯 말했다. "내가 무슨 생각을 하는지 안다면 웃지 못할 텐데……." 린다는 이 조그만 피조물의 너무나 큰 신뢰에 놀랐다. 아, 아니다. 진실해지자. 그녀가 느낀 것은 그것이 아니었다. 전혀 다른 무엇이었다. 아주 새로운 무엇…… 눈물이 그녀의 두 눈에서 춤을 추었다. 그녀는 부드럽게 속삭였다. "아아, 내 작은 아기야……."

이와 같은 예는 모성 '본능'이라는 것이 존재하지 않는다는 사실을 보여 주기에 충분하다. 모성본능이란 말은 어떤 경우에도 인류에게는 적용되지 않는다. 어머니의 태도는 그녀의 상황 전체에 따라, 그녀가 상황을 받아들이는 방식에 따라 정해진다. 또 이미 본 바와 같이 어머니의 태도는 극도로 다양하다.
하지만 환경이 확실히 불리하지만 않다면 어머니가 아이에게서 자기를 풍요롭게 하는 무엇을 발견하는 것도 사실이다.

그것은 자기 자신이 존재한다는 현실의 보증과 같았다…… 그녀는 아이를 통해 모든 것에, 그리고 그녀 자신에 대한 실마리를 얻었다.

콜레트 오드리는 어떤 젊은 어머니에 대하여 이렇게 썼다. 또 다른 어머니는 다음과 같이 말한다.

아기는 나의 팔과 가슴 위에, 세상에서 가장 무거운 존재처럼 내 힘의 한계에까지 실려 있다. 침묵과 어둠 속에서 그는 나를 땅속에 묻었다. 그리고 단번에 이 세계의 무게를 내 두 어깨에 실었다. 바로 그 때문에 나는 아이를 원했던 것이다. 나 혼자로는 너무 가벼웠다.

어머니라기보다 '애 낳는 여자'인 여자들은 아이가 젖을 떼자마자, 아니 뱃속에서 나오자마자 아이에게 관심을 잃고 다음 번 임신만을 기다린다. 반대로 많은 여성들은 아이가 자기 몸에서 완전히 떨어져 세상으로 나온 때부터 자기 아이라고 느낀다. 아이는 더 이상 분리할 수 없는 자신의 일부가 아니라 세계의 한 작은 부분이다. 어머니의 육체에 붙어 은근히 괴롭히는 존재가 아니라, 눈으로 보고 손으로 만질 수 있게 된 실체인 것이다. 산후우울증이 지나간 뒤에 아이를 소유하는 모성의 즐거움을 세실 소바즈는 다음과 같이 표현한다.

　　이제 너는 나의 조그만 연인
　　네 엄마의 커다란 침대 위에서
　　나는 너에게 입맞추고 포옹하며,
　　너의 아름다운 미래를 짐작할 수도 있단다.
　　잘 있었니, 나의 피와 기쁨과 맨살로 만들어진
　　나의 귀여운 조각,
　　나의 조그만 '화신', 나의 감동······

　여자가 아이에게서 페니스의 대용을 발견한다는 말은 늘 되풀이되어 왔다. 이것은 완전히 틀린 말이다. 사실, 성인 남자는 자기 페니스를 멋진 장난감으로 보지 않는다. 그 기관의 가치는 성적 욕망을 자극하는 대상물의 가치로 정해진다. 성기가 그러한 대상의 소유를 보증하는 것이다. 마찬가지로 성인 여자는 남성을 바라볼 때 그가 소유하는 먹이를 부러워하는 것이지, 소유를 위한 도구 자체를 부러워하는 것은 아니다. 아이는 남성의 포옹으로는 채워지지 않은 공격적인 에로티시즘을 만족시킨다. 아이는 여자가 남자에게 내어 주고, 남자에게서는 얻지 못하는 정부(情婦)와 같은 가치를 지닌다. 물론 정확하게 같은 것은 아니다. 모든 관계에는 저마다 특징이 있는 법이다. 어머니는 아이에게서―남자가 사랑하는 여자에게서 발견하는―관능적 충실감을 발견한다. 그것은 항복이 아닌, 지배의 욕망 안에서 발견된다. 어머니는 아이에게서, 남자가 여자에게서 구하는 것을 손에 넣는 것이다. 즉 자기 먹이인 분신, 자연이며 의식인 하나의 타자를 손에 넣은 것이다. 콜레트 오드리의 여주인공은 자기가 아이에게서 무엇을 발견하고자 했는지를 이야기한다.

　　내 손가락의 감촉을 위해서 존재하는 피부, 그것은 모든 새끼고양이, 모든 꽃의 약속을 완수해 주었다……

　아기의 피부는 여자가 소녀 적에 어머니의 피부를 통하여, 나중에는 세상 도처에서 갈망했던 그 부드러움과 따뜻한 탄력을 가지고 있다. 아이는 식물이며 동물이다. 그의 눈 속에는 비와 강, 하늘과 바다의 남빛이 있다. 그의 발톱은 산호이며, 머리털은 비단같이 부드러운 식물이다. 그것은 살아 있는 인형이며, 작은 새이며, 새끼고양이다. 나의 꽃이며, 나의 진주이며, 나의 병아리이며, 나의 어린 양이다…… 어머니는 남자 연인이 말하듯 속삭이면서, 그토록 소유형용사(나의라고 하는 말)를 마구 사용한다. 그녀는 남자와 같은 독점의 방법, 즉 애무와 키스를 쓴다. 그녀는 싫다는 아기를 자기 품에 껴안는다. 자기 품과 침대의 온기로 감싼다. 때로는 이런 관계가 명확하게 성적인 특성을 띠는 경우가 있다. 내가 앞에서 인용한, 수테캘이 수집한 고백에서도 이를 읽을 수 있다.

　　나는 아들에게 젖을 주고 있었지만 즐거움을 몰랐습니다. 왜냐하면 그 애는 좀체 자라지 않고, 우리 둘 다 말라가고 있었기 때문입니다. 나에게는 수유가 성적인 무언가로 보였습니다. 아이에게 가슴을 내어 주면서 부끄러운 감정을 느꼈습니다. 내 몸에 찰싹 달라붙는 따뜻하고 조그만 육체를 느낄 때 나는 황홀했어요. 아이의 조그만 손이 내 몸을 만질 때는 몸이 떨렸습니다…… 나는 온 힘을 다해 아들을 사랑했고, 아이는 온종일 나와 함께 있었습니다. 내가 침대에 있는 것을 보자마자, 두 살 된 아이는 침대로 와서 내 위에 올라타려고 했습니다. 그는 조그만 두 손으로 나의 젖가슴을 어루만지고 손가락으로 아래를 더듬으려 했습니다. 그것은 나에게 대단한 쾌감을 주어, 물리치기가 힘이 들 정도였습니다. 나는 그 애의 페니스를 가지고 놀고 싶은 유혹과 자주 싸워야만 했습니다.

　아이가 성장하면 모성은 새로운 양상을 띤다. 갓 태어난 아기는 '표준적인 아기인형'으로, 일반성 속에 존재할 뿐이다. 그러다 조금씩 개성화된다. 그러면 매우 지배적이거나 관능적인 여자들은 아이에게 냉정해진다. 반대로, 어떤 여자들은—콜레트처럼—이때 아이에게 관심을 기울이기 시작한다. 아이와 어머니의 관계는 점점 더 복잡해진다. 어머니에게 아기는 복사물이어서 때로는 어머니가 완전히 아기 속에서 자기를 소외시키고 싶은 유혹에 빠진다. 그러나 아기는 하나의 자주적 주체이다. 그러므로 반항한다. 지금 여기 있는 아이는 현실의 아이이지만, 상상 속에서는 미래의 청년이자 성인이다. 그것은 부(富)이며 보물이다. 동시에 무거운 짐이며 폭군이다. 어머니가 아이에게서 발견할 수 있는 기쁨은 관대한 즐거움이다. 어머니는 봉사하고, 주고, 행복을 창조하는 데 만족해야 한다. 콜레트 오드리가 묘사한 그런 어머니처럼.

그는 책에 나오는 듯한 행복한 유년시절을 보냈다. 그러나 그림엽서의 장미와 진짜 장미가 다르듯이, 그의 유년시절도 책에 쓰인 것 이상이었다. 그리고 그의 행복은 내가 젖을 먹여 키운 것과 마찬가지로 역시 나에게서 나온 것이다.

사랑에 빠진 여자처럼, 어머니는 자기가 필요한 존재라고 느낄 때 기뻐서 견딜 수가 없다. 어머니는 이런저런 요구를 통해 존재이유를 얻고, 그 요구에 응한다. 그러나 모성애가 안고 있는 문제와 그 위대함은, 그것에 서로 주고받는 교류성이 없다는 점이다. 여자가 상대하고 있는 것은 한 명의 남자·영웅·반신(半神)이 아니다. 연약하고 우연적인 육체 속에 잠겨 있는, 말을 더듬는 작은 의식인 것이다. 어린아이는 아무 가치도 지니지 않고, 아무 가치도 줄 수가 없다. 아이를 앞에 둔 여자는 오로지 혼자이다. 그녀는 자기가 주는 것에 대해서 아무 보상도 기대하지 않는다. 그녀 자신의 자유로운 판단으로 그것을 정당화할 뿐이다. 이런 아량은 남자들의 한없는 찬사를 받는다. 그러나 '모성'의 종교가 어머니는 모두 모범적이라고 선언하면, 거기에서 속임수가 시작된다. 왜냐하면 어머니의 헌신은 모두 완전한 진정성 속에서 이루어질 수도 있지만 사실 그런 경우는 드물기 때문이다. 보통, 모성이라는 것은 나르시시즘·이타주의·몽상·성실·기만·헌신·쾌락·멸시의 기묘한 혼합이다.

우리의 풍습은 아기에게 대단히 위험한 짓을 하고 있다. 혼자서는 아무것도 못하는 아이를 어머니에게 몽땅 맡기는데, 그 어머니는 거의 언제나 욕구불만에 빠져 있다. 그러한 여자는 성적으로 불감증이거나 욕망을 채우지 못하고 있다. 사회적으로는 남자에 대한 열등감이 있다. 그러한 여자는 세계와 미래에 몸 붙일 곳이 없다. 그녀는 아기를 통하여 이런 욕구불만을 보상받으려고 한다. 현재 상황이 얼마나 여자의 자기실현을 가로막고 있는지 안다면, 얼마나 많은 욕망·반항심·자부심·요구가 그녀의 마음 밑바닥에 깔려 있는지 이해한다면, 그들은 무방비 상태인 아기가 그러한 여자에게 맡겨지는 것에 공포를 느낄 것이다. 그녀가 인형을 어르고 못살게 굴던 때처럼, 이 행동은 상징적이다. 그러나 이런 상징은 아기에게 가혹한 현실이 된다. 자기 아이를 채찍질하는 어머니는 단지 아이를 때리는 것이 아니다. 어떤 의미에서 보면 그녀가 때리는 것은 아이가 아니다. 그녀는 남자에게, 사회에게 또는 그녀 자신에게 복수하고 있는 것이다. 그러나 실제로 구타를 당하는 것은 아이이다. 물루지는《엔리코》에서 이런 안타까운 갈등을 묘사했다. 엔리코는 자기 어머니가 그렇게도 광적으로 때리는 것이 자기가 아니라는 점을 잘 알고 있다. 착란 상태에서 깨어난 그녀는 후회와 애정으로 흐느낀다. 엔리코는 어머니를 조금도 원망하지 않는다. 하지만 그의 얼굴은 매를 맞아 추하게 일그러진다. 이와 마찬가지로 비올렛 르딕의《가사(假死)》에 그려진 어머니는, 딸에게 감정을 폭발시킴으로써 자기를 유혹에 빠뜨리고 떠나버린 남자와 비참해진 자기 삶에 복수한다. 모성의 이와 같은 잔인한 양상은 이미 잘 알려진 사실이다. 그러나 사람들은 위선적인 수치심에서 '악한 어머니'라는 개념은 살짝 밀어 두고, 계모라는 유형을 만들어 냈다. 죽은 '선량한 어머니'의 아이를 학대하는 것은 계모이다. 사실 세귀르 부인이 현모형인 플뢰르빌 부인과 대조적으로 묘사한 피쉬니 부인이야말로 그러한 어머니이다. 쥘르 르나르의《홍당무》이래로 이런 어머니에 대한 비난의 소리가 높아졌다.《엔리코, 가사》, S. 드 테르바뉴의《어머니의 증오》, 에르베 바쟁의《주먹에 올려놓은 독사》등이 그렇다. 이런 소설에 묘사된 인물이 다소 예외적으로 보이는 것은 대다수의 여자들이 도덕심과 예의에서 자기들의 자연스러운 충동을 억압하고 있기 때문이다. 그러나 이렇게 억압된 것은 싸움·손찌검·분노·모욕·처벌 등을 통해서 번개처럼 표출된다. 전적으로 가학성향의 어머니는 젖혀 놓더라도, 유별나게 변덕스런 어머니는 이 세상에 얼마든지 있다. 그녀들이 좋아하는 것은 지배이다. 아이는 장난감이다. 사내아이라면, 그녀는 아무렇지도 않게 그 성기를 가지고 논다. 여자아이라면 인형으로 취급한다. 아이가 성장해도 그녀들은 조그만 노예가 맹목적으로 복종하기를 바란다. 이런 어머니는 허영심이 강하기 때문에, 아이를 재즈 부리는 동물처럼 자랑한다. 또한 질투가 강하고 독점적이어서 아이가 자기 이외의 다른 사람에게는 가지 못하게 한다. 대부분의 여자들은 아이를 돌보아 준 보상을 단념하지 못한다. 그녀는 아이를 통하여 하나의 상상적인 존재를 만든다. 이 존재가 자기를 훌륭한 어머니로 대접하고 그 은혜에 감사하리라고 믿으며, 그로 인해 자기의 존재를 인정받고 싶기 때문이다. 코르넬리가 자기 아이들을 내 보이면서 "이 아이들이 나의 보물이에요"라고 자랑스럽게 말했을 때, 그녀는 후세에 가장 좋지 못한 실례를 남기고 말았다. 너무도 많은 어머니들이 이 자존심에 가득 찬 몸짓을 언젠가는 해 보이겠다는 희망 속에서 살고 있다. 그리고 이 목적을 위하여 살과 뼈로 된 작은 개인을 주저없이 희생시킨다. 우연적이며 불확실한 작은 존재인 채로는 그녀들의 마음을 채워주지 못하기 때문이다. 그녀들은 아이에게 아버지를 닮으라고, 혹은 닮지 말라고 가르친다. 또는 아버지나 어머니나 존경받는 선조의 화신이 되라고 강요한다. 권위 있는 본보기가 되는 인물을 모방하는 것이다. H. 도이치는, 릴리 브라운을 몹시 존경하는 어떤 독일 여성 사회주의자 이야기를 한다. 유명한 여자선동가인 브라운에게는 어려서 죽은 천재적인 아들이 하나 있었다. 이 부인을 모방하려던 여자는 자기 아들을 어디까지나 미래의 천재로 다루었다. 그 결과 아이는 도둑이 되었다. 아이에게 해로운 억압은 어머니에게도 반드시 실망의 원인이 된다. H. 도이치는 여러 해 동안 추적 관찰한 이탈리아 부인을 또 하나의 뚜렷한 예로 인용한다.

마제티 부인은 많은 자녀를 두었는데, 그 아이들과 사이가 좋지 않은 것을 늘 탄식했다. 그녀는 도움을 요청했지만 그녀를 돕기는 어려웠다. 왜냐하면 그녀는 누구보다도 자기가 우월하다고, 특히 남편이나 아이들보다도 자기가 더 훌륭하다고 생각했기 때문이다. 그녀는 집 밖에서는 대단히 신중하고 자존심이 강하게 행동했다. 그러나 집에서는 반대로 매우 신경질적이어서 심한 말다툼이 그치지 않았다. 그녀는 가난하고 교양 없는 집안 출신이어서 늘 '신분상승'이 소원이었다. 그녀는 야학에 다녔다. 16살에 성적으로 사랑한 남자와 결혼하여 아이를 낳지 않았더라면 그녀의 야심은 채워졌을지도 모른다. 그녀는 야학공부를 계속하며 자기 환경에서 벗어나고자 노력했다. 남편은 훌륭한 노동자였다. 그러나 아내의 공격적이고 우월한 태도에 대한 반동으로 알코올 중독자가 되었다. 그가 아내를 수없이 임신시킨 것도 아마 복수하기 위해서였는지도 모른다. 남편과 별거하고 자기 처지에 체념한 그녀는, 남편에게 한 것과 같은 방법으로 아이들을 다루기 시작했다. 어릴 때는 아이들이 어머니에게 순종했다. 공부도 잘하여 학교에서 좋은 성적을 얻었다. 그런데 장녀 루이스가 16살이 되자, 어머니는 이 딸이 자기와 같은 경험을 되풀이하지나 않을까 걱정이 되었다. 그래서 극도로 엄격하고 매정하게 딸을 다루었다. 루이스는 그 복수로 사생아를 낳았다. 아이들은 결속하여, 강압적이고 까다로운 훈계로 자기들을 못살게 구는 어머니에 대항해 아버지와 같은 태도를 취했다. 어머니는 한 번에 한 아이에게만 애정을 쏟았고, 그 아이에게만 모든 희망을 걸었다. 그런 다음에는 아무 이유도 없이 다른 아이를 편애했다. 이것이 아이들에게 반감과 질투를 일으켰다. 딸들은 차례로 남자들과 놀아나서 매독에 걸리고 사생아를 집으로 데려왔다. 사내아이들은 도둑이 되었다. 그렇지만 어머니는, 자기의 이상을 실현하기 위한 터무니없는 요구가 아이들을 이런 길로 이끌었음을 이해하려고 하지 않았다.

이런 완고한 교육과, 앞에서 말한 변덕스러운 사디즘은 흔히 섞여 있다. 어머니는 화가 나면 아이를 '사람으로 만들고자' 하는 것이라며 구실을 만든다. 그러나 반대로, 자기가 하고자 하는 것이 실패로 돌아가면 그 반감은 더욱 격화된다.

상당히 흔하고 또 아이에게 좋지 못한 다른 태도는 자학적인 헌신이다. 어떤 어머니들은 마음의 공허를 보상하기 위하여 또는 인정하고 싶지 않은 자기의 증오심을 벌하기 위하여 스스로 자녀들의 노예가 된다. 그녀들은 병적인 불안을 한없이 키워간다. 아이가 자기들 곁에서 떨어져 나가는 것을 그녀들은 용서하지 못한다. 그녀들은 일체의 쾌락과 개인 생활을 단념한다. 그렇게 해서 희생자의 표정을 지을 수 있는 것이다. 이런 희생을 이유로 그녀들은 아이에게 일체의 독립을 부인할 권리를 얻는다. 이런 자기 포기는 폭군적인 지배 의지와 쉽게 타협된다. 슬픈 어머니는 자기의 고통을 가학적인 무기로 삼는다. 어머니의 이런 체념은 아이에게 죄의식을 안겨 주고, 그 죄의식은 아이의 일생을 무겁게 짓누른다. 그것은 공격적인 방법보다 훨씬 더 해롭다. 어머니에게 이리저리 휘둘린 아이는 혼란스러워서 제대로 방어 자세를 취하지 못한다. 때로는 구타로, 때로는 눈물로 아이를 죄인으로 만든다. 어머니의 주된 변명은, 어린시절부터 약속된 자신의 행복한 자아실현을 아이가 이뤄주지 못한다는 것이다.

자기는 희생자라는 기만, 그것을 아이가 멍청하게도 증명해 버리기 때문에 그를 공격하는 것이다. 전에는 자기의 인형을 자기 마음대로 가지고 놀았다. 자매나 친구를 도와서 아기를 돌보았을 때는 자기에게 책임이 없었다. 지금은 사회와 남편과 그녀의 어머니와 자신의 자존심이 이 낯설고 조그만 생명에 대하여, 마치 그것이 그녀의 작품이나 되는 것처럼 자기에게 책임을 묻는다. 특히 남편은 아이의 결점을, 실패한 요리나 아내의 바르지 못한 행실에 대한 것처럼 화를 낸다. 남편의 추상적인 요구가 어머니와 아들의 관계에 무거운 짐이 되는 경우가 적지 않다.

　독립적인 여자는 고독과 여유 혹은 가정에서의 권위 덕분에, 남편의 지배적 의지에 어쩔 수 없이 복종하는 한편 아이를 자기에게 복종시키는 여자들보다 훨씬 공정하다. 왜냐하면 짐승처럼 신비로우며 자연의 힘과 같이 소란하고 무질서하면서도 인간인 하나의 생명을 예정된 틀 속에 집어넣는다는 것은 대단히 어려운 일이기 때문이다. 아이는 개를 훈련시키듯 잠자코 있도록 훈련시킬 수 없고, 어른처럼 설득할 수도 없다. 아이는 말에 대해서는 울음과 짜증 같은 동물적 행동으로 맞서고, 압박하면 나름 논리적인 말로 대항하며 그런 모호성을 잘 조작한다. 확실히 이런 문제는 대단한 흥미를 자아낸다. 어머니는 여가가 있으면 교육자라는 위치를 즐긴다. 공원에 조용히 있을 때 아기는 어머니의 뱃속에 자리잡고 있었던 때와 마찬가지로 또 하나의 알리바이가 된다. 어린아이 같은 데가 남아 있는 어머니는, 지난날의 유희·말·걱정·기쁨을 돌이키면서 아이와 노는 것을 좋아한다. 그러나 그녀가 세탁을 하고, 음식을 만들고, 다른 아이에게 젖을 주고, 장을 보러 가고, 손님 접대를 하고, 특히 남편의 시중을 들 때, 아이는 귀찮고 성가신 존재에 지나지 않는다. 아이를 '교육'할 여유가 없다. 우선 아이가 나쁜 짓을 못 하도록 해야 한다. 아이는 깨뜨리고, 찢고, 더럽힌다. 물건에나 아이 자신에게나 끊임없는 위험이다. 아이는 움직이고, 외치고, 말하고, 소란스럽다. 아이는 자기만을 위하여 살며, 그러한 삶은 부모의 삶을 방해한다. 부모와 아이의 관심 분야는 서로 일치하지 않는다. 거기에서 비극이 생긴다. 끊임없이 방해를 받는 부모는 아이에게 희생을 강요한다. 그러나 아이는 그 까닭을 알지 못한다. 부모는 자기들의 안정을 위하여 또는 아이의 장래를 위하여 그를 희생시킨다. 아이가 반항하는 것은 마땅하다. 그는 어머니가 설명하려고 하는 것을 이해하지 못한다. 어머니는 그의 의식 속에 깊이 들어갈 수 없다. 아이의 꿈·공포·집념·욕망은 하나의 불투명한 세계를 형성한다. 그러한 추상적인 법칙을 부조리한 폭력으로 느끼는 아이를, 어머니는 밖에서 암중모색하며 어렵게 규제할 수 있을 뿐이다. 아이가 성장해도 서로의 몰이해는 계속된다. 그는 자기가 흥미를 느끼고 스스로 가치를 부여하는 세계에 발을 들여 놓지만 어머니는 거기서 제외되어 있다. 그래서 종종 그녀를 경멸한다. 특히 사내아이는 남성적 특권을 과시하며 여자의 명령쯤은 웃고 넘긴다. 어머니는 아이에게 숙제를 하라고 하지만, 그 문제를 풀 수도 없고, 라틴어 원문을 번역할 줄도 모른다. 아들을 '따라갈' 수가 없다. 어머니는 이런 수고에 때로는 눈물이 날 정도로 화가 나지만, 남편은 그 어려움을 알지 못한다. 의사소통이 안 되는데도 한 인간을 감독·지도하는 것, 오로지 거기에 반항함으로써만 자기를 확립할 수 있는 한 미지의 자유로운 주체에 개입하는 어려움을.

아이가 남아냐 여아냐에 따라서 상황은 달라진다. 전자가 더욱 '어렵다'지만 일반적으로 어머니는 더욱 만족한다. 여자가 남자에게 부여하는 권위와 남자들이 구체적으로 장악한 특권 때문에 많은 여자들은 아들을 원한다. "사내아이를 낳는다는 것은 참 멋진 일이야!" 여자들은 말한다. 앞에서 본 바와 같이 여자들은 '영웅'을 낳기를 꿈꾼다. 이 영웅은 물론 남성이다. 아들은 우두머리·지도자·군인·창시자가 될 것이다. 그는 자기의 의지를 지상에 관철시킬 것이다. 그러면 어머니는 그 불후성에 기여한 것이다. 그녀가 세우지 못한 집, 탐험하지 못한 나라들, 읽지 못한 책, 그것을 아들이 줄 것이다. 그녀는 아들을 통하여 세계를 소유할 것이다. 그러나 여기에는 그녀가 아들을 소유한다는 전제조건이 필요하다. 거기에서 어머니의 태도에 모순이 생긴다. 프로이트는, 어머니와 아들의 관계가 가장 양면성이 적다고 생각한다. 그러나 사실 모성에 있어서도 결혼이나 연애에서처럼, 여자는 남자의 초월성에 대해 모호한 태도를 취한다. 결혼생활이나 연애 경험으로부터 남자에게 적대감을 품게 된 경우라면 아이의 모습으로 축소된 남성을 지배하는 것은 그녀에게 만족스러울 것이다. 그녀는 오만한 성기를 짓궂고 친숙하게 다룬다. 때로는 얌전히 굴지 않으면 성기를 떼어 버리겠다고 아이를 으르는 어머니도 있다. 보다 겸손하고 조용한 어머니가 아들을 미래의 영웅으로 소중히 다루더라도, 그를 명백한 자기 소유로 하기 위하여 내재적인 현실에 가두어 버리려고 노력한다. 그녀는 남편을 아이처럼 다루고 아이를 갓난아기처럼 다룬다. 어머니가 아들을 거세시키고자 한다고 생각하는 것은 너무도 합리적이며, 너무도 단순하다. 그녀의 몽상은 더욱 모순에 차 있다. 아들이 무한한 가능성이 펼쳐지기를 바라면서도 자기 손 안에 꼭 잡아두고 싶어하고, 온 세계를 지배하면서도 자기 앞에 무릎 꿇기를 희망한다. 그녀는 아들이 우유부단하고, 신경질적이고, 관대하고, 수줍고, 외출을 싫어하도록 길들인다. 아들에게 스포츠와 친구간의 교제를 금하여, 자신감을 잃게 한다. 아들을 자기의 것으로서 '갖고' 싶기 때문이다. 그러나 동시에, 그 아이가 자랑할 만한 모험가나 승리자, 천재가 되지 못하면 실망한다. 이런 어머니의 영향이 얼마나 나쁜 결과를 낳는가는—몽테를랑이 주장하고, 모리아크가 《제니트릭스》에서 그려낸 것처럼—의심할 여지가 없다. 그러나 다행히 사내아이는 이런 압박에서 쉽게 탈출할 수 있다. 풍습과 사회가 그 탈출을 도와준다. 어머니 자신도 남자와의 투쟁에서는 승산이 없음을 잘 알고 있기 때문에 바로 체념한다. 그래서 비애감에 빠진 어머니 역할을 하거나, 미래의 승리자를 낳았다는 자존심을 되씹으면서 스스로 위로한다.

소녀는 보다 전적으로 어머니에게 맡겨진다. 그 때문에 어머니의 요구는 많아지며, 그녀들의 관계는 한층 극적인 성격을 띤다. 어머니는 딸을 선택된 계층의 일원으로 인정하지 않는다. 그녀는 딸에게서 자기의 닮은꼴을 찾는다. 그리고 자기 자신의 모호성 전부를 딸에게 투영한다. 딸에게서 제2의 '타성(他性)'이 뚜렷해지면 어머니는 배신당했다고 생각한다. 앞에서 다루었듯이, 갈등은 어머니와 딸 사이에서 더욱더 격렬한 형태를 취한다.

자기 생애에 만족하여 딸에게서 자기를 다시 한 번 구현하려고 생각하거나, 적어도 사내아이가 아니라고 실망하지 않고 딸을 받아들이는 여자들도 있다. 이런 여자들은 딸에게 자기가 했던 경험, 또는 자기가 맛보지 못했던 기회까지 주고 싶어한다. 자기 딸에게 행복한 젊음을 만들어 주려고 한다. 콜레트는 이처럼 균형이 잘 잡힌 너그러운 어머니의 한 초상을 묘사했다. 시드는 딸을 소중히 아끼며 자유롭게 키운다. 그녀는 가슴깊이 순수한 기쁨을 느끼며, 딸에게 무엇 하나 요구하지 않고 바라는대로 모두 들어준다.

어머니는 딸에게서 자기의 이미지를 보고, 또 자기를 초월하는 이 닮은꼴에게 헌신함으로써 자기를 딸 속에 완전히 옮겨 놓기도 한다. 그녀는 자아를 단념한다. 유일한 관심은 자기 아이를 행복하게 하는 데 있다. 그녀는 세계의 다른 부분에는 이기주의적이며 냉혹하기까지 하다. 그녀를 위협하는 위험은 사랑하는 딸에게 방해가 되는 모든 것이다. 세비네 부인이 딸 그리니앙에 대해서 그러했다. 기분이 상한 딸은 전제적인 헌신으로부터 벗어나려고 애쓰지만, 실패로 끝나는 경우가 많다 그녀는 일생 동안 어린애같이 자기 책임에 대하여 소심한 인간으로 남는다. 너무도 '온실속의 화초'처럼 자랐기 때문이다.

그러나 특히 젊은 딸에게 무거운 부담을 줄 위험이 있는 것은 모성의 자학적인 형태이다. 어떤 여자들은 여자인 것을 절대적인 저주처럼 느낀다. 그래서 딸을 통해 또 하나의 희생자를 본다는 쓰라린 즐거움을 느끼면서, 딸을 바라거나 맞아들인다. 동시에 딸을 낳았다는 죄악감이 시달린다. 그녀들이 딸을 통하여 자신들에 대해 느끼는 회한과 연민은 한없는 불안으로 바뀐다. 그녀들은 아이의 곁을 한 발자국도 떠나려 하지 않는다. 15년, 20년간이나 딸과 같은 침대에서 잔다. 어린 딸은 이 불안한 열정의 불꽃에 의해 의욕을 완전히 잃어버린다.

대부분 여자들은 여성적인 조건을 요구하는 동시에 그 조건을 혐오한다. 그녀들은 반감을 품으면서 그런 조건 아래 살아간다. 자기들의 성에 대하여 느끼는 혐오가 딸들에게 남성적인 교육을 시키도록 그녀들을 고무·격려한다. 자신의 성에 관대한 어머니는 그리 많지 않다. 여자를 낳아서 화가 난 어머니는 '너도 여자가 되는 거다'라는 모호한 저주로 딸을 맞이한다. 자기의 닮은꼴로 보는 딸을 우수한 인간으로 만듦으로써 어머니는 자기의 열등성을 보상하려고 한다. 한편 자기를 고생시킨 약점을 딸에게도 부과하려고 한다. 때로는 자신의 운명을 아이에게도 그대로 강요하려고 한다. '나에게 좋았던 것은 너에게도 역시 좋다. 내가 그렇게 자랐으니까 너도 나와 운명을 같이해야 한다.'

때로는 이와 반대로 딸이 자기를 닮는 것을 강하게 금지한다. 그녀는 자기의 경험이 경종이 되기를 원한다. 그것은 일종의 반동이다. 화류계 여자는 딸을 수도원에 보내고, 무지한 여자는 딸에게 글을 가르친다. 《가사-(假死)》에서는, 딸에게서 자신의 젊은 시절 실수로 일어난 나쁜 결과를 본 어머니가 필사적으로 설교를 늘어놓는다.

"잘 생각해 봐라. 만일 네가 나와 같은 길을 걷는다면 나는 너와 의절하겠다. 나는 아무것도 몰랐었다. 죄라고! 막연하지만 그건 죄야! 남자가 너를 부르더라도 가지 마라. 네가 갈 길만 가는 거야. 돌아보지 말고. 내 말 알겠니?

미리 일러 주었잖아. 그런 일이 있어서는 안 돼. 만일 그런 일이 생긴다면 네가 어떤 꼴을 당하든 결코 용서하지 않겠다."

마제티 부인이 자신의 과오를 딸이 답습하지 않게 하려다 도리어 부추기고만 예를 우리는 앞에서 보았다. 슈테켈은 딸에 대한 '어머니의 증오'의 복잡한 일례를 다음과 같이 이야기한다.

내가 아는 어떤 어머니는 넷째 딸을 낳은 뒤부터 견딜 수가 없었다. 그 매력 있고 얌전한 소녀를 받아들일 수 없었다…… 그녀는 딸이 남편의 모든 결점을 이어받았다고 비난했다…… 이 아이를 임신할 무렵 마침 한 남자가 그녀에게 구애를 하고 있었다. 그 남자는 시인이었는데, 그녀는 그와 열정적인 사랑에 빠졌다. 그녀는—괴테의 《친화력》에서처럼—낳게 될 아이에게 애인의 모습이 깃들기를 바랐지만 태어난 아이는 아버지를 꼭 닮아 있었다. 또한 아이는 열중하는 성격, 상냥함, 신앙, 관능성 등에서 자신의 판박이였다. 그녀는 아이가 튼튼하고, 군세고, 끈기 있고, 신중하고, 활동적이기를 바랐다. 그래서 아이에게 나타나는 남편의 모습보다도 자기의 모습을 훨씬 더 증오하고 있었다.

실제로 갈등이 일어난 것은 아이가 성장했을 때이다. 앞에서 본 바와 같이, 딸은 어머니에게 반항하여 자주성을 확립하려고 한다. 어머니가 보기에 그것은 괘씸하기 이를 데 없는 배신이다. 어머니는 빠져 나가려는 딸의 의지를 '꼼짝 못하게' 하려고 안간힘을 쓴다. 그녀는 자기의 닮은꼴이 '타자'가 되는 것을 용납하지 못한다. 남자가 여자에게서 맛보는 쾌감, 즉 자기를 절대적으로 우세하다고 느끼는 것, 이런 쾌감을 여자는 아이들, 특히 딸을 통해서만 경험할 수 있다. 이런 특권이나 권위를 포기할 수밖에 없을 때 그녀는 좌절감을 느낀다. 열정적인 어머니이든지 냉정한 어머니이든지, 아이의 독립은 어머니의 희망을 좌절시킨다. 그녀는 이중으로 질투를 한다. 자기에게서 딸을 앗아간 세계에 대한 질투와, 세계의 일부를 정복하고 그것을 자기에게서 훔쳐 가는 딸에 대한 질투이다. 이 질투는 우선 딸과 아버지와의 관계에 쏟아진다. 때로 어머니는 남편을 가정에 붙들어 매기 위해 아이를 이용한다. 실패하면 원한을 품지만, 자기의 술책이 성공하면 그녀는 반대로 재빨리 소아 콤플렉스를 부활시킨다. 그리고 예전에 자기 어머니에 대해서 한 것처럼, 딸에게 화를 내고 불만을 보인다. 자신이 버림받고 인정받지 못한다고 생각한다. 자기 딸들을 매우 아끼고 사랑하는 외국인과 결혼한 한 프랑스 여자는, 어느 날 화가 나서 이런 말을 했다. "외국인과 사는 것이 이젠 진저리가 나!" 아버지의 사랑을 한몸에 받는 맏딸은 특히 어머니의 화풀이 대상이 되었다. 어머니는 그런 일로 딸을 못살게 굴고, 나이에 비해 무리한 성실성을 딸에게 요구한다. 그 딸은 자기에게는 경쟁 상대이기 때문에 성인처럼 다룬다. 딸도 '삶은 소설이 아니다. 모든 것이 장밋빛은 아니다. 원하는 대로 할 수 있는 것도 아니고 즐기기 위해서 세상을 사는 것도 아니다……'라고 깨닫게 될 것이다. 어머니는 단순히 '교훈을 주기 위한 것'이라며 아이를 상하게 때린다. 그녀는 무엇보다도 자기가 안주인임을 딸에게 보여 주려 한다. 왜냐하면 자기에게 11살, 12살의 소녀와 대결할 만한 진정한 우월성이 아무것도 없다는 것이 그녀를 가장 자극하기 때문이다. 이쯤되면 딸은 이미 집안일쯤은 수월하게 해낼 수 있다. 그녀는 '조그만 여자'다. 많은 점에서 성인 여자들보다도 월등한 기민함·호기심·명석함까지 갖추고 있다. 어머니는 여자의 세계에서 군림하고 싶어한다. 자기가 남이 대신할 수 없는 유일무이한 존재이기를 바란다. 그런데 그 젊은 조수가 어머니의 역할을 단순한 일반성으로 만들어 버렸다. 이틀 동안 나갔다가 돌아와서 집 안이 어질러져 있는 것을 보면, 어머니는 딸을 매정하게 나무란다. 그러나 자기가 없어도 가정생활이 잘 돌아간다는 것을 알면, 그녀는 벌컥 화를 낸다. 딸이 자기의 분신, 자기의 대리인이 되는 것을 허용하지 않는다 하지만 딸이 분명하게 타자로서 자기를 확립하는 것은 더욱 견디기 어려운 일이다. 어머니는 딸이 가정의 압박에 저항하기 위해 도움을 청하러 가는 여자친구들을 철저히 미워한다. 그 친구들이 '딸을 부추기기' 때문이다. 어머니는 그런 친구들을 못마땅하게 여기며 딸에게 그들을 자주 만나지 못하게 한다. 딸이 친구들과 교제하는 것을 근본적으로 금지하기 위하여 친구들의 '나쁜 영향'을 구실로 삼기도 한다.

어머니는 자기의 영향이 아닌 다른 모든 영향은 나쁜 것이라고 생각한다. 어머니는 딸이 친하게 지내는 자기 또래의 여자들—선생이나 친구의 어머니—에 대해 유난히 반감을 품는다. 그런 친밀감은 한심하고 불건전하다고 잘라 말한다. 때로는 아이의 무의식적인 즐거움·유희·웃음만으로도 어머니를 화나게 하기에 충분하다. 사내아이가 그런다면 어머니는 아무렇지 않게 용서한다. 그들은 남성적 특권을 행사하므로 그 편이 자연스럽다. 어머니는 벌써 오래 전에 승산 없는 남자와의 경쟁을 포기했다. 그러니 자신이 아닌 다른 여자가 어떻게 자기에게 거부되었던 특권을 누릴 수 있는가? 근엄함의 함정에 포로가 된 어머니는, 딸에게 가정 안에서의 단조로운 일상을 잊게 해 주는 모든 일과 놀이들을 부러워한다. 이런 탈출은 어머니가 헌신해온 가치 일체를 부정하는 것이다. 아이가 점점 더 자랄수록 원한은 어머니의 마음을 더욱 좀먹는다. 해마다 어머니는 노쇠해 간다. 그러나 해를 거듭할수록 젊은 육체는 발랄해지고 화사해진다. 딸 앞에 열린 미래는, 어머니가 보기엔 딸에게 도둑맞은 자기 몫 같다. 그래서 어떤 어머니는 딸이 첫 월경을 하면 화를 낸다. 그리고 딸이 이제는 한 사람의 여자가 된 것을 못마땅하게 여긴다. 나이 먹은 여자의 운명인 똑같은 삶의 반복과 매너리즘과는 대조적으로 이 새로운 여자 앞에는 무한한 가능성이 열려 있다. 이런 가능성을 어머니는 부러워하고 혐오한다. 그것을 소유할 수 없었던 어머니는 그것을 축소시키거나 금지시키려고 시도한다. 어머니는 딸을 집에 가두고 감시하고 억압한다. 딸에게 일부러 멋없는 옷을 입히고, 잠시도 쉴 틈을 주지 않는다. 이제 막 젊음을 꽃피우게 된 딸이 화장을 하거나 '외출'하면 노발대발한다. 어머니는 자기 인생에 대한 모든 원한을, 새로운 미래로 도약하는 이 젊은 생명에게 돌린다. 딸에게 창피를 주고, 딸의 창의성을 웃음거리로 만들고, 딸을 미워하며 못살게 군다. 종종 어머니와 딸 사이에는 공공연한 싸움이 벌어진다. 보통 젊은 쪽이 이긴다. 시간이 젊은 쪽 편을 들기 때문이다. 그러나 승리의 뒷맛은 개운치 않다. 어머니의 태도는 딸에게 반항심과 양심의 가책을 동시에 갖게 한다. 어머니가 눈앞에 있는 것만으로도 딸은 죄인이 된다. 이와 같은 감정이 장래에 큰 영향을 끼친다는 것은 앞에서 언급했다. 아무튼 최후에는 어머니가 어쩔 수 없이 패배를 인정한다. 딸이 한 사람의 어른이 되었을 때 두 사람 사이에는 다소 개운치 않은 우정이 성립된다. 그러나 한쪽은 영원히 실망하며 배신당했다고 느끼고, 다른 쪽은 자기가 저주받았다고 흔히 생각한다.

여기서 나이 먹은 여자가 다 자란 아이들과 맺는 관계로 되돌아가 보자. 아이가 어머니의 삶에서 가장 커다란 자리를 차지하는 것은 처음 20년 동안이다. 이제까지 서술해 온 내용으로 볼 때 일반적으로 인정되는 두 가지 편견은 위험하고 잘못된 생각이 명백하다. 우선 모성애라는 것이 그 자체만으로 여자를 충분히 만족시킨다는 생각이다. 사실은 전혀 그렇지 않다. 불행하고 히스테릭하고 불만스런 어머니가 얼마든지 있다. 열두 번 이상이나 출산한 톨스토이 부인의 예가 의미심장하다. 그녀는 일기 전반에 걸쳐, 세상에서나 자기 자신에게나 모든 것이 쓸모없고 공허하다고 되풀이하여 쓰고 있다. 아이들은 그녀에게 일종의 마조히즘적 안정감을 준다. '아이들과 함께 있으면 내가 더 이상 젊지 않다고 느낀다. 나는 마음이 편안하고 행복해진다.' 자기의 젊음을, 아름다움을, 사생활을 체념한 그녀는 약간의 평정을 얻는다. 그녀는 자기가 나이를 먹은 것으로 충분하다고 느낀다. '아이들에게 내가 꼭 필요하다는 느낌이 커다란 행복이다.' 아이는 그녀에게 남편의 우월성을 거부할 수 있는 무기이다. '우리 사이에 평등을 수립하기 위한 나의 유일한 수단, 유일한 무기는 아이들·활력·기쁨·건강이다······.' 그러나 권태로 좀먹는 생활에 하나의 의미를 주려면 아이들만으로는 불충분하다. 1905년 1월 25일, 한순간 흥분한 뒤에 그녀는 이렇게 썼다.

나도 모든 것을 원하고, 모든 것을 할 수 있다. 그러나 이 감정이 지나가고 나면, 나는 아무것도 할 수 없음을 깨닫고 아무것도 원하지 않게 된다. 그저 아기를 돌보고, 먹고, 마시고, 잠자고, 남편과 아이들을 사랑할 뿐이다. 사실은 이것이 행복이리라. 그러나 이렇게 생각하면 나는 슬퍼져서 어제처럼 울고 싶어진다.

그리고 11년 뒤에는 이렇게 적는다.

나는 아이들의 교육에 정력적으로 열렬한 욕망을 가지고 헌신해왔다. 그러나 나는 또 얼마나 조급하게 아이들에게 화를 내며 소리를 질렀던가!······ 아이들과의 이 영원한 투쟁은 얼마나 슬픈 것인가!

어머니와 아이의 관계는 그녀의 일생이 전체적으로 어떤 형태를 띠고 있는 가에 따라 결정된다. 그것은 그녀의 남편과 자신이 살아 온 과거, 그녀의 일, 그리고 자기 자신에 대한 마음가짐 등과 관련성이 있다. 아이가 여자의 만병

통치약이라고 믿는 것은 어리석은 동시에 나쁜 결과를 부르는 결정적인 실수이다. 이것이 결론이다. H. 도이치도 정신분석의 경험을 통하여 모성의 다양한 현상을 연구한 저작—내가 자주 인용한—에서 이와 같은 결론에 도달했다. 여자가 전적으로 자기를 성취하는 것은 모성을 통해서라고 그녀는 주장한다. 단 여기에는 그 작용이 '자유로이' 맡겨지고, '진심으로' 원한다는 조건이 붙는다. 젊은 여자는 반드시 심리적·도덕적·물질적으로 그 무거운 짐을 감당할 수 있는 상황이어야 한다. 그렇지 않으면 그 결과는 비참할 것이다. 특히 우울증이나 신경증에 걸린 여자에게 아이 갖기를 치료법처럼 권하는 것은 범죄이다. 그것은 여자와 아이를 모두 불행하게 한다. 균형 잡히고 건전하며 자기의 책임을 자각하는 여자만이 '현명한 어머니'가 될 수 있다.

결혼을 무겁게 짓누르는 불행은 대개 두 사람이 그들의 힘 속에서 결합된 것이 아니라 무기력한 양보 속에서 결합되었기 때문이며, 서로 상대에게 주기는 싫어하고 받기만을 원하기 때문이라는 것은 앞에서도 말했다. 여자가 자신이 창조할 수 없었던 완성·열정·가치를 아이를 통해 얻으려고 하는 것은 더욱 실망감만을 안겨 주게 되는 헛된 환상이다. 아이로부터 기쁨을 얻는 것은 타인의 행복을 사심없이 바랄 수 있는 여성에게만 한한다. 과거에 얽매이지 않고 자기라는 존재를 초월하려고 노력하는 여성에게만 있는 일이다. 확실히 아이를 낳아 키우는 것은 여자가 온 정신을 기울여 노력할 만한 일이다. 그러나 이는 다른 어떤 기획보다도, 판에 박힌 정당화로 얼버무릴 수 없다. 이 기획은 불확실한 이익 때문이 아니라, 그 자체를 위하여 바람직해야 한다. 슈테켈은 그 점을 매우 정확하게 지적했다.

아이는 사랑의 대용물이 아니다. 자식은 망가진 인생의 목적을 대신하지 못한다. 자식은 우리 삶의 공허를 채우는 도구가 아니다. 그것은 책임이며, 무거운 의무이다. 그것은 자유로운 사랑의 가장 값비싼 장식품이다. 또한 아이는 부모들의 장난감도, 그들이 살아가려는 욕구의 완성도 아니다. 그들이 채우지 못한 야심을 대신하는 것도 아니다. 아이를 행복한 존재로 키우는 것은 우리의 의무이다.

이런 의무에 '자연스러운' 점은 아무것도 없다. 자연은 도덕적인 선택을 결코 명령할 수 없을 것이다. 도덕적 선택은 사회에 대한 책임을 포함하고 있다. 아이를 낳는다는 것은 사회 참여를 선택하는 것이다. 아이를 낳은 뒤 어머니가 그것을 모면하려고 하면 한 인간적 실존에 대하여, 하나의 자유로운 존재에 대하여 죄를 짓는 것이다. 그러나 아무도 그것을 강요할 수 없다. 어버이와 자식의 관계도 부부의 그것처럼 자유롭게 맺어져야만 한다. 아이는 여자로 하여금 자기실현을 이룰 수 있게 하는 하나의 특권이라고 주장하는 것도 사실이 아니다. 사람들은 '아이가 없으므로' 그 여자가 요염하다느니, 헤프다느니, 동성애자라느니, 야심적이라느니 따위의 말하기를 좋아한다. 그녀가 추구하는 성생활과 목적과 가치가 아이를 대신한다는 것이다. 그러나 사실 이런 표현에는 근본적인 모호함이 있다. 사랑할 대상도 없고, 일도 없고, 동성애적 경향을 만족시킬 능력도 없기 때문에 여자가 아이를 원한다고도 말할 수 있기 때문이다. 이 거짓·자연주의 밑에 숨어 있는 것은 하나의 사회적·인위적 도덕이다. 아이가 여자의 최고 목적이라고 주장하는 것은 바로 광고의 슬로건 같은 확신이다.

첫 번째 편견에 직접적으로 내포되어 있는 또 다른 편견은, 아이가 어머니의 품속에서 확실한 행복을 발견한다는 것이다. 모성애에는 결코 자연적인 것이 없기 때문에 '모성본능이 없는' 어머니도 존재하지 않는다. 그러나 바로 그런 까닭으로 나쁜 어머니도 있을 수가 있다. 정신분석학이 밝힌 중요한 진리의 하나는, '정상적인' 부모조차 아이에게 위험한 요소를 내포하고 있다는 것이다. 어른이 고민하는 콤플렉스·강박관념·신경증은 그들 과거의 가족생활 속에 뿌리를 내리고 있다. 모순·분쟁·드라마를 지닌 부모는 아이에게 가장 바람직하지 못한 동반자이다. 그들은 자기가 태어난 가정에서 받은 깊은 인상 때문에 여러 가지 콤플렉스나 욕구불만을 가지고 아이들과 접촉하게 된다. 더구나 이런 불행의 사슬은 한없이 이어진다. 특히 어머니의 사도마조히즘은 딸에게 죄의식을 불어넣으며, 이는 또 그녀가 아이들과 있을 때 사도마조히즘적 행위로 나타나므로 그 악순환은 끝이 없다. 세상에서 여자에게 주는 경멸과 어머니에게 주는 존경심이 나란히 존재한다는 것은 괴상한 아이러니이다. 여자에게 모든 사회적 활동을 금지하고 남성의 직업에 손을 못 대게 하여 모든 영역에서 여자의 무능함을 공언하면서, '인간 형성'이라는 가장 어렵고 가장 중대한 기획을 여자에게 맡긴다는 것은 모순으로 가득찬 범죄행위이다.

오늘날도 풍습과 전통이, 많은 여성들에게 남자의 특권인 교육·문화·책임·활동을 금지하고 있다. 그러고도 이런 여자들의 품에 아무 거리낌 없이 아이를 맡긴다. 마치 그녀들이 어렸을 때 남자아이에게 느낀 열등감을 인형으로 위안했던 것처럼, 여자에게는 삶을 허용치 않은 채 그 보상으로 살과 뼈로 된 장난감을 주어 놀도록 한다. 이것으로 여자는 완전히 행복할 것이다, 또는 자기의 권리를 남용하고 싶은 유혹에 저항하는 성녀가 될 것이라고 생각한다. 몽테스키외가, 여자에게 살림을 맡기느니 차라리 국가의 통치권을 주는 편이 낫다고 한 것은 아무래도 옳은 말이다. 여자도 기회만 주어진다면 남자와 마찬가지로 합리적으로 일을 처리할 수 있기 때문이다. 추상적 사상이나 구체적 행위에서 여자는 가장 쉽게 자기의 성(性)을 극복한다. 당장 '현재로는' 여자로서의 자기 과거로부터 자유로워지고 자기가 처한 상황으로부터 감정의 안정을 발견하기가 더욱 어렵다. 남자도 가정에서보다 일을 할 때 훨씬 안정되어 있고 합리적이다. 그는 수학적 정확성으로 계산을 이끌어 가면서, 여자 앞에서는 '제멋대로' 행동하며 비논리적이고 거짓말쟁이며 변덕쟁이가 된다. 이와 마찬가지로 여자도 아이를 상대할 때는 '제멋대로' 하게 된다. 아내가 남편에게 대항하기보다 아이가 어머니에 대해 자기방어를 하기 더 어려우므로 이런 태도는 아이에게 한층 위험하다. 아이의 행복을 위해서는 어머니가 완전한 인격자이고, 아이를 억압하는 데서가 아니라 일과 집단 속에서 자아완성을 발견하는 여자여야 한다. 그리고 아이가 현재보다 더 부모에게서 벗어나 있는 것이 좋으며, 또 공부나 오락은 그와는 전혀 개인적인 관계가 없는 어른의 감독 아래 다른 아이들과 함께 이루어지는 것이 바람직하다.

　행복하거나 적어도 안정된 생활에서 아이가 자기를 풍요롭게 해 주는 존재로 생각되는 경우일지라도, 아이는 어머니의 미래에 대한 전망을 보장하지 못할 것이다. 아이는 어머니의 내재성을 깨뜨리지 못한다. 그녀는 아이의 육체를 만들고 양육하고 돌본다. 어머니는 한 가지 사실적 상황밖에는 만들 수 없다. 아이의 자유로운 본성만이 이런 사실적 상황을 무리없이 넘어간다. 아이의 장래를 기대할 때 그녀는 또다시 남의 손을 빌려 시간·공간을 통하여 자기를 초월하려고 한다. 즉 여자는 여기에서도 의존의 형태를 취한다. 아들이 자기를 배신하거나 실패할 경우에도 그녀의 모든 희망은 어긋날 것이다. 이는 결혼이나 사랑에서 여자가 자기 삶의 의미를 다른 사람에게 맡기는 것과 같다. 참된 태도는 자기 삶을 스스로 책임지는 것인데도 말이다. 앞에서 본 것처럼, 여자의 열등성은 무엇보다도 생활의 반복 속에 자신을 가두어버린 데서 근본적으로 발생한 것이다.

한편, 남자는 실존 그대로의 사실성보다 그의 눈에 더 본질적이라고 생각되는 삶의 이유를 발견해 왔다. 여자를 모성 속에 가두어 두는 것은 여자의 열등함을 영속시키는 것이다. 오늘날 그녀는 인류가 자기초월을 하면서 부단히 자기를 뜻있게 하려고 시도하는 움직임에 참여하기를 요구한다. 자기의 인생에 의미가 있는 경우가 아니라면, 그녀는 생명을 낳는 데 동의할 수 없다. 경제적·정치적·사회적으로 하나의 역할을 하려는 계획이나 행동이 없다면 그녀는 어머니가 될 수 없을 것이다. 그것은 대포의 먹이(군인)·노예·희생자 또는 자유로운 인간 등을 낳는 것과는 다르다. 아이의 양육을 대부분 집단에서 부담하여 어머니가 대우와 원조를 받도록 적절히 조직된 사회에서는, 어머니와 여성 노동자가 양립하는 일도 가능할 것이다. 반대로, 일하는 여자—농부나 화학자 혹은 작가—는 자기 자신에게 환상을 품고 있지 않기 때문에, 임신을 가장 수월하게 받아들일 수 있다. 사생활이 가장 풍부한 여자야말로 아이에게 가장 많이 주고 가장 적게 요구한다. 노력과 투쟁 속에서 참다운 인간의 가치를 획득하는 여자야말로 가장 좋은 교육자일 것이다.

오늘날 여자를 가정 밖에 몇 시간씩 묶어놓는 직업과 아이의 이익을 위해 온 힘을 기울여야 하는 육아를 양립하기가 이토록 어려운 것은, 여자의 일이 아직도 노예 노동이기 때문이며, 또한 가정 밖에서 아이의 시중과 교육을 확보하려는 노력이 조금도 이루어지지 않기 때문이다. 사회의 무능이 원인이다. 하늘이나 땅속에 기록되어 있는 법에 따라 어머니와 아이는 오로지 서로에게 속해 있다고 주장하며, 이 사회의 무능을 두둔하는 것은 궤변이다. 이런 서로 간의 구속이라는 관계는 실제로 이중의 해로운 압박을 낳을 뿐이다.

여자는 어머니가 됨으로써 사실상 남자와 동등해진다고 주장하는 것은 기만이다. 정신분석학자들은 아이가 여자에게 페니스와 대등한 가치를 갖는다는 것을 증명하려고 많은 애를 썼다. 그러나 그들 중 아무도 이런 속성이 아무리 부러운 것이라 하더라도, 그것을 소유하는 것만으로 하나의 삶을 정당화한다거나, 그것이 최고 목표이라고 믿는 사람들은 없다. 또 어머니의 신성한 권리에 대해서도 사람들은 귀가 아프도록 떠들어 왔다. 그러나 여자가 투표권을 획득한 것은 어머니의 자격으로서가 아니다. 어머니가 된 미혼자는 아직도 경멸을 받는다. 그러므로 어머니가 찬양을 받는 것은 결혼했을 때, 즉 남편의 종속물일 때에 한해서뿐이다. 남편이 가정의 경제적 우두머리인 한 어머니가 아이들을 남편 이상으로 잘 보살펴 준다고 해도, 아이들은 어머니보다 아버지에게 더 의존한다. 그러므로 앞에서도 살펴보았듯이 어머니와 자식의 관계는, 그녀가 남편과 갖는 관계에 의해 깊은 영향을 받는다.

이와 같이 부부관계, 가정생활, 모성은 이 세 가지 요소가 서로 결정적으로 작용하면서 하나의 전체를 형성하고 있다. 남편과 애정으로 맺어진 여자는 가사를 즐겁게 짊어질 수 있다. 아이들 속에서 행복한 여자는 남편에게 관대해질 것이다. 그러나 이런 조화는 쉽게 실현되는 것이 아니다. 여자들에게 할당된 여러 가지 직능은 서로 타협하기 어렵기 때문이다. 여성잡지는 가정주부에게 집안일을 하면서 성적 매력을 잃지 않는 방법, 임신 중에도 우아함을 잃지 않고 여자로서의 교태와 모성과 경제적 능력 등을 훌륭히 조화시키는 비결 등을 끝없이 가르친다. 그러나 그 충고를 열심히 실행하려고 아무리 노력해도 오히려 혼란스럽기만 하고, 날이 갈수록 그녀의 모습은 더 보기 싫어질 것이다. 출산으로 손이 터지고, 몸매가 망가진 다음에도 매력을 보존하기란 어렵다. 그러므로 남편을 매우 사랑하는 여성은 아이들 때문에 매력이 없어져 남편의 애무를 잃게 되므로 아이들에게 흔히 원한을 갖는다. 반대로 그녀가 철저하게 어머니인 경우에는, 아이들을 자기 소유라고 주장하는 남편에게 질투한다. 한편, 앞에서도 말했듯이, 이상적인 가사활동은 생활의 흐름과 모순·대립한다. 아이는 깨끗이 닦은 바닥의 적이다. 모성애는 종종 가정을 깨끗이 치워 놓고 싶은 광기에서 책망과 분노로 바뀐다. 이런 모순 속에서 몸부림치는 여자가 신경발작이나 히스테릭한 불만으로 하루하루를 보낸다는 것은 조금도 놀라운 일이 아니다. 그녀는 늘 실패하고 있다. 승리도 순간적이어서 무엇 하나 확실한 성공으로 기록되지 않는다. 여자는 가사로는 결코 자기를 구제할 수 없다. 이 일은 그녀의 시간을 빼앗지만, 그녀의 삶을 정당화하지 못한다. 정당화는 자기 밖에 있는 자유에 근거하여 이루어지기 때문이다. 가정에 갇혀 있는 여자는 스스로 실존을 만들어 나갈 수 없다. 그녀는 개별성 속에서 자기를 확립할 수단이 없다. 따라서 그 개별성이 그녀에게는 인정되지 않는다. 아라비아인, 인도인, 또 많은 시골사람들에게 여자는 다만 잘 길든 암컷에 불과하며,

그녀가 제공하는 노동으로 평가되고, 미련 없이 바꿔치기할 수 있는 가정도우미에 불과하다. 현대문명에서 여자는 남편에게서 어느 정도 개별적인 개인으로 취급된다. 그러나 그녀가 나타샤처럼 자기 가족에게 열정적이고 헌신적으로 몰두하여 완전히 자아를 버리지 않는 한, 자기가 단순히 일반적인 것(비개성적인 것)으로 취급받는 상황을 그녀는 괴로워할 것이다. 그녀는 단조롭고 특징 없는 가정주부·아내·어머니이다. 나타샤는 기꺼이 이런 헌신적인 삶에 만족하며, 온갖 대립을 둘리치고 다른 '사람들'을 부정한다. 그러나 현대의 서구 여성은 이와 반대로 남에게 '이' 주부, '이' 아내, '이' 어머니, '이' 여자로 인정받기를 원한다. 이런 존재로서의 삶이 사회생활 속에서 충족되기를 바라고 있다.

### 제3장 사교생활

가족은 폐쇄된 공동체가 아니다. 그 경계를 넘어서 다른 사회 집단들과 소통하고 있다. 가정은 부부가 들어앉아 있는 '내부'일 뿐만 아니라, 부부의 생활 정도와 재산, 취미의 표현이기도 하다. 그러므로 가정은 타인의 눈에 뚜렷이 드러나야 한다. 이런 가정의 사교생활을 이끄는 것은 주로 여자의 역할이다. 남자는 분업에 의거한 유기적 연대 관계를 통해, 생산자로서, 시민으로서 집단과 연결되어 있다. 부부는 두 사람이 저마다 속한 가족·계급·환경·인종에 따라 정해진 하나의 사회적 인격체이다. 그리고 사회적으로 비슷한 위치에 있는 다른 그룹들과 기계적인 유대로 연결되어 있다. 이 사회적 인격체를 가장 순수하게 구현하는 것이 아내이다. 남편이 직업상 맺는 관계는 그가 인정받은 사회적 가치와 반드시 일치하진 않는다. 한편, 직업이 없는 여자는 생활수준이 같은 사람들끼리만 교제할 수 있다. 그뿐 아니라, 아내는 '방문'이나 '초대'의 형식으로 실제로는 불필요한 이런 인간관계를 강화할 여유도 있다. 이런 인간관계는 물론 사교를 위한 계층 사이의 분류로서, 부부의 지위를 유지하려는 사람, 즉 남보다 자기가 우월하다고 생각하는 사람이 아니면 의미가 없다. 자기의 내면, 자기의 모습까지도—남편과 아이들은 그 속에 둘러싸여 있기 때문에 보지 못한다—여자는 밖으로 내보이기를 좋아한다. 가정을 '표현하는' 여자의 사교적 의무는 자기를 내보이는 기쁨과 혼동되고 있다.

우선 그녀는 자신의 모습을 나타내야만 한다. 집에서는 일로 분주하므로 그냥 아무 옷이나 걸치고 있다. 그러나 외출하거나 손님을 접대하려면 '옷을 갈아입는다.' 여자의 화장에는 이중의 의미가 있다. 그것은 부인의 사회적 품위(생활수준, 재산, 그녀가 속해 있는 환경)를 나타낸다. 동시에 여자의 나르시시즘을 표출한다. 화장은 제복인 동시에 장신구이다. 할 일이 없어서 고통받는 여자는 화장을 통해 자기 존재를 표현한다고 생각한다. 가사로 가정을 자기 소유로 만드는 것처럼, 화장을 하고 고운 옷을 입는 것은 자기의 인격을 자기 것으로 만들기 위한 일종의 노동이다. 그녀는 자아를 스스로 선택하고 재창조한 것처럼 생각한다. 세간의 풍습은 이처럼 여자에게 자기의 이미지에 자기를 몰입시키도록 권한다. 남자의 의복은 그의 육체와 마찬가지로 그 초월성을 표시해야 하며, 남의 시선을 끌어서는 안 된다.*65 남자에게는 우아함이나 아름다움이 객체가 되기 위한 것이 아니다. 또한 일반적으로 남자는 자신의 겉모습이 그 존재를 거울처럼 비춰 준다고는 생각하지 않는다. 반대로 사회는 여자들에게 심지어 에로틱한 대상이 될 것을 요구하고 있다. 여자가 유행을 뒤쫓는 목적은, 자주적인 개인으로서 자신을 나타내기 위한 것이 아니라, 반대로 자기를 남성에게 욕망의 먹이로서 제공하기 위하여 그 초월성을 제거하는데 있다. 사람들은 여자가 세워 놓은 계획들을 돕기는커녕, 반대로 그것을 방해하려고 애쓴다. 스커트는 바지만큼 편리하지 못하고, 하이힐은 걷기에 불편하다. 가장 우아한 것은 가장 비실용적인 드레스와 하이힐, 가장 상하기 쉬운 모자와 스타킹이다. 의상은 육체를 감추든가 육체를 변형시키든가 혹은 육체에 꼭 끼게 해서, 아무튼 육체로 시선을 이끈다. 그 때문에 남들이 자기를 보아 주었으면 하는 어린 소녀들에게 화장은 매혹적인 유희이다. 조금 더 성장해서 자주성을 갖추게 되면 엷은 모슬린과 애나멜 구두의 거북함을 느끼고 이에 반항한다. 사춘기가 되면 그녀는 자신을 드러내 보이고 싶은 욕망과 그것을 거부하고 싶은 생각 사이에서 갈등을 겪는다. 성적 대상이라는 사명을 받아들이고 나면 그녀는 기꺼이 자기 몸을 가꾸기 시작한다.

　이미 말한 것처럼*66 인공의 필요성을 자연에 제공함으로써 여자는 화장을

---

*65 제1부 참조. 남성 동성애자 가운데에는 예외가 있다. 남성 동성애자는 자기를 성적 대상으로 파악한다. 멋쟁이들에 대해서는 따로 연구해 봐야 한다. 오늘날 미국 흑인들의 '주트슈티즘'은 이색적인 재단의 밝은색 옷을 입는 것인데, 그것을 설명하는 이유들이 매우 복잡하고 다양하다.
*66 제1부 참조.

통해 자연과 유사하게 된다. 그녀는 남자에게 꽃과 보석이 된다. 자기 자신을 위해서 그렇게 되는 것이다. 남자에게 물결의 파동과 모피의 따뜻한 부드러움을 주기 전에 여자는 그것을 자기 것으로 만든다. 골동품·양탄자·방석·꽃다발에 대한 것보다 더 친밀한 느낌으로, 그녀는 깃장식, 진주, 수놓은 비단, 견직물을 지니고 그것을 자기 몸의 일부가 되게 한다.

그것들의 하늘거리는 물결, 부드러운 촉감은 여자의 운명인 성(性) 세계의 불쾌함을 보상해 준다. 성적 쾌락을 채우지 못하면 못할수록, 점점 더 여자는 이런 것에 집착한다. 많은 레즈비언들이 남성처럼 옷을 입는 이유는 남성을 모방하거나 사회에 도전하기 위해서만은 아니다. 그녀들에게는 벨벳이나 새틴의 부드러운 애무가 필요 없다. 그녀들은 여자의 몸에서 그러한 수동적 성질을 감지하기 때문이다.*67 남자의 거친 포옹에 몸을 맡기는 여자는—쾌감 없이 응한 경우는 말할 것도 없고, 비록 그것을 즐기고 있다 하더라도—자기 몸 이외의 어떤 관능의 먹이도 포옹하지 못한다. 그녀는 자기 몸을 꽃으로 만들려고 향수를 뿌린다. 목에 걸고 있는 다이아몬드의 광채는 피부의 광채와 구별되지 않는다. 이런 것들을 소유하기 위해 그녀는 세계의 모든 부(富)에 동화해 버린다. 그녀는 감각적으로 귀중한 것뿐만 아니라, 때로는 감상적·이상적인 가치도 갈망한다. 어떤 보석은 추억이며, 다른 보석은 상징이다. 자기들을 꽃다발이나 새장으로 만드는 여자들이 있다. 박물관·상형문자가 된 여자들도 있다. 조제트 르블랑은 《수기》에서 젊음을 회고하며 이렇게 말한다.

나는 늘 그림 속에서 빠져나온 듯한 옷을 입고 있었다. 나는 반 아이크나 루벤스의 그림 속 인물이나 메믈링이 그린 성모 마리아 모습으로 산책했다. 어느 겨울날, 사제복 같은 데서 떼어 온 낡은 은장식 줄이 붙은 자수정 벨벳 옷 차림으로 브뤼셀 거리를 걷고 있었다. 긴 옷자락에 신경 쓰는 것은 천한 짓이라고 생각했으므로, 옷자락을 질질 끌고 보도를 쓸면서 걸었다. 황색의 모피 두건으로는 금발을 덮었다. 그러나 가장 파격적인 것은 내 이마 한가운데 장식으로 붙어 있는 다이아몬드였다. 왜 그런 차림을 했을까? 단지 그것이 내 마음에 들었기 때문이다. 이렇게 하는 것이 모든 인

---

*67 크라프트 에빙이 이야기한 상도르는 아름답게 치장한 여자들을 무척 좋아했으나, 그녀 자신은 치장하는 것을 좋아하지 않았다.

습과 등지고 사는 것이라고 생각했다. 나의 모습을 지나가는 사람이 보고 웃으면 웃을수록 나는 우스꽝스런 창의성을 더욱 늘렸다. 사람들이 나를 보고 비웃었기에 모습을 바꾸는 것이 부끄럽게 생각되곤 했다. 불명예스런 항복처럼 여겨졌기 때문이다…… 집에서는 또 달랐다. 고졸리와 프라 안젤리코의 천사들, 번 존스나 와트의 그림이 나의 모델이었다. 나는 언제나 하늘색과 금색 옷을 입고 있었다. 나의 주위에는 통넓은 옷자락이 기다랗게 늘어져 있었다.

정신병원에서는 우주의 삼라만상을 이처럼 자기 것으로 생각하는 이상한 태도의 가장 훌륭한 예들을 발견한다. 귀중한 물건이나 상징적 의미가 담긴 물건에 심한 애착을 보이는 여자는, 자신의 모습을 잊어버리고 전혀 어울리지 않는 옷을 입는 일이 있다. 예를 들어 아주 어린 소녀는 화장하면 요정이나 여왕이나 꽃으로 변신한다고 생각한다. 소녀는 꽃장식이나 리본만 꽂으면 자기가 아름다워진다고 생각한다. 자기가 그 신기한 장식과 일체가 되었기 때문이다. 옷의 빛깔에 매혹되는 순진한 처녀는 그 빛깔 때문에 자기 얼굴빛이 나빠 보이는 것쯤은 신경쓰지 않는다. 이런 대담한 악취미는 성인 예술가나 지식인에게서도 볼 수 있는데, 그들은 외부 세계에 황홀해진 나머지 자기의 얼굴은 조금도 신경쓰지 않는다. 고대의 직물이나 옛 보석에 반해서, 중국이나 중세의 이미지를 마음속에 열심히 그린다. 거울은 흘끗 보고 말든가, 선입관으로 보아 넘길 뿐이다. 중년 여인들이 좋아하는 이상한 옷차림에 가끔 놀랄 때가 있다. 머리장식, 레이스, 번쩍이는 의상, 바로크 풍 목걸이는 유감스럽게도 그녀들의 거친 얼굴을 두드러지게 할 뿐이다. 그런 모습을 하는 이유는, 남자를 유혹하는 것은 단념한 채 어린시절처럼 화장이 다시 무상의 유희가 되었기 때문이다. 이에 반해서 취미가 고상한 여자는 관능과 심미적 기쁨을 순수하게 추구할 수 있다. 이런 경우, 그는 이 쾌락과 자기 모습의 조화를 결코 혼란시켜서는 안 된다. 의복의 빛깔은 얼굴색에 잘 맞고, 재단은 몸의 선을 드러내든가 교정한다. 그녀가 만족해서 극진히 다루는 것은 몸치장을 한 그녀 자신이며, 그녀를 꾸미고 있는 물건들이 아니다.

화장은 몸을 장식할 뿐만 아니라, 앞에서도 말한 바와 같이 여성의 사회적 지위를 표현한다. 오로지 성적 대상물에 불과한 매춘부만은 오로지 몸을 꾸미는 것이 목적이다. 예전에는 사프란색으로 머리를 물들이거나 꽃을 의복 여기저기에 장식했고, 오늘날은 하이힐이나 몸에 착 붙는 새킨옷, 눈에 거슬리는 야한 화장이나 짙은 향수로 그녀의 직업을 알 수 있다. 다른 여자가 그런 치장을 한다면 '매춘부와 같은' 복장을 한다고 비난받는다. 여염집 여자의 성적 특성은 사회생활의 일부가 되므로 절제된 모습이 아니고서는 나타나지 못한다. 그러나 극단적으로 검소한 옷차림을 한다 해서 그것이 곧 품행이 방정한 것이 아님은 두말할 나위도 없다. 이 점은 강조할 필요가 있다. 남자의 욕정을 너무 노골적으로 유혹하는 여자는 품행이 나쁘지만, 남자의 욕정을 거부하는 듯한 여자도 바람직하지 않다. 세상에서는 남자처럼 되고 싶어하는 여자를 동성애자라고 생각한다. 지나치게 두드러져 보이려는 여자는 반미치광이이다. 객관화된 대상으로서의 역할을 거부함으로써 사회에 도전하는 여자는 무정부주의자다. 여자가 사람들에게 주목을 받지 않으려면 여성다움을 보존하고 있어야 한다. 여자의 노출욕과 수치심 사이의 타협을 규정하는 것은 풍습이다. '정숙한 여자'가 감추어야 하는 것은 때로는 앞가슴이며, 때로는 발뒤축이다. 또 어떤 때는, 결혼한 여자는 일체 멋을 부리지 않는 데 비해, 젊은 처녀는 구혼자를 유혹하기 위하여 매력을 강조할 권리가 있다. 이런 관례는 많은 농촌사회에서 볼 수 있다. 어느 곳에서는 젊은 처녀들에게 재단이 얌전하고 은근한 빛깔의 수수한 의상을 입히는 데 반하여, 나이 먹은 여자들은 도발적인 재단에 풍부한 빛깔 그리고 무거운 천으로 만들어진 몸에 꼭 맞는 옷을 입는다. 16살 된 소녀가 까만 옷을 입으면 화려하게 보인다. 이 나이에는 까만 옷을 입지 않는 것이 관례이기 때문이다.*68 이런 규칙을 잘 지켜야 한다는 것은 말할 필요도 없다. 그러나 어쨌든 아무리 엄격한 환경에서도 여자의 성적 특징은 뚜렷이 강조된다. 목사의 아내라도 머리를 파마하고 엷은 화장을 하여 조심성 있게 유행을 따르며, 육체적 매력에 관심을 가짐으로써 자신이 여성이라는 역할을 받아들이고 있음을 드러낸다. 에로티시즘이 이처럼 사회생활에 합류하는 것은 '야회복'에서 특히 두드러지게 나타난다. 파티가 개최되는 것, 즉 사치와 낭비가 있다는 것을 의미하기 위하여 그 옷은 값지고 여려

---

*68 지난 세기를 배경으로 한 한 편의 졸렬한 영화에서 베티 데이비스는 결혼하기 전에는 흰색을 입어야 하는데, 무도회에서 빨간 복장을 했기 때문에 비난받았다. 그녀의 행위는 기성 질서에 대한 반항으로 보였던 것이다.

야만 한다. 또 되도록 불편하게 만든다. 스커트는 길고, 폭이 너무 넓든가 너무 좁아서 걷기 불편하다. 보석·치맛단 장식·금박·꽃·새털깃·가발 등에 싸여 여자는 육체를 가진 인형으로 탈바꿈한다. 이 육체 자체가 과시된다. 꽃이 아무렇게나 피는 것처럼 여자는 어깨·등·가슴을 드러내 보인다. 대연회를 제외하고 남자는 여자를 갈망하는 눈치를 보여선 안 된다. 남자는 눈으로 보기만 하다가 춤을 출 때 껴안는 권리밖에 없다. 그러나 섬세한 보물들에 둘러싸인 세상의 왕이 된 것처럼 기뻐할 수 있다. 남자에게서 남자에게로, 여기서 연회는 포틀래치(지도자들이 잔치를 벌여 모았던 재산을 나눠)의 형식을 취한다. 저마다 자기의 재산인 육체를 선보인다. 야회복을 입은 여자는 모든 남성들을 기쁘게 해주고 자기 소유자의 자부심을 드높이기 위하여 여자로 아름답게 꾸미고 있는 것이다.

　화장은 이런 사회적 의미를 지니므로 여자는 옷 입는 방법으로 사회에 대한 그녀의 태도를 표현할 수 있다. 기성 질서에 따르면 신중하고 품위 있는 사람이 된다. 많은 뉘앙스가 가능하여 자기의 선택에 따라서 연약하고, 어린애 같고, 신비스럽고, 순진하고, 엄격하고, 명랑하고, 침착하고, 좀 대담하거나 신중한 여자로 만들 수 있다. 혹은 반대로 자기 개성을 표출해 인습에 대한 거부를 나타낼 수도 있다. 주목할 만한 것은, 많은 소설 속에서 묘사되고 있는 '자유분방한' 여자는 성적 대상으로서의 특징, 즉 종속성을 강조하는 대담한 화장으로 관심을 끌려 한다는 점이다. 에디스 워튼의 《순진한 시절》에서, 파란 많은 과거와 대담한 용기를 가진 이혼당한 젊은 여자는, 먼저 노골적으로 가슴을 드러낸 옷을 입고 나타난다. 그녀가 일으킨 추문의 전율과 동조주의에 대한 경멸이 명백히 드러난다. 이와 같이 젊은 처녀는 중년 부인의, 나이 먹은 여자는 소녀의, 창녀는 상류 부인의, 그리고 상류 부인은 미천한 여자의 차림을 하고 즐거워한다. 저마다 자기 신분에 맞는 복장을 한다고 하더라도 거기에도 나름의 유희가 있다. 기교는 예술과 마찬가지로 상상의 세계에 있다. 코르셋, 브래지어, 머리 염색, 화장이 육체와 얼굴만 변화시키는 것은 아니다. 아무리 솔직한 여자라도 일단 '성장(盛裝)'을 하게 되면 그 정체를 파악할 수 없게 된다. 여자는 그림, 조각상, 무대배우 등으로 분장하고, 이를 통해 거기에 실제로 존재하지 않는 어떤 인물, 주체가 결여된 극중인물을 연기하는 것이다. 소설의 주인공이나 초상화나 흉상처럼 비현실적·필연적 또는 완벽한 대상물과의 혼동이 일어난다. 그녀는 그것을 흡족해 한다. 그녀는 이 객체를 통해 자기를 기존의 자기로부터 소외하려고 노력한다. 그리고 그녀 자신을 거기에 고착시켜 정당화하려고 애쓴다.

마리 바슈키르체프의 《사기(私記)》를 보면, 그녀는 페이지마다 자기 모습을 꾸준히 쓰고 있다. 자기 옷에 대해서는 하나도 빼놓지 않는다. 새 옷을 갈아입을 때마다 그녀는 자기가 다른 여자가 되었다고 생각하고 새로운 모습의 자기 자신을 열렬히 사랑한다.

나는 엄마의 커다란 숄을 가져다가, 머리를 넣을 구멍을 내고 양끝을 꿰맸다. 고전적인 주름을 지으며 늘어진 이 숄은 나를 동양적이고, 성서 풍의 신비한 모습으로 만든다.
나는 라페리에르에게 간다. 카를린이 세 시간 걸려 옷을 지어 주었다. 그 옷을 입으니 마치 구름에 둘러싸여 있는 듯했다. 영국제 크레이프로 만들어진 것인데, 그녀가 그것을 나에게 입혀주자 날씬하고 우아하며 키가 후리후리하게 보였다.
조화롭게 주름이 잡힌 따뜻한 털옷에 싸여 있는, 르페브르가 만든 상(像)과 같았다. 나는 얌전한 옷으로 부드럽고 싱싱한 몸매의 선을 잘 나타낼 줄 안다.

그녀는 다음의 후렴이 날마다 반복한다. '까만 옷을 입은 나는 매우 아름다웠다…… 하얀 옷을 입었다. 아름다웠다.'
몸치장을 대단히 중요하게 여기는 노아유 부인도 의상에 실패한 비극을 《수기》 속에서 다음과 같이 슬프게 추억하고 있다.

나는 선명한 색채를, 그 대담한 대조를 사랑했다. 한 벌의 옷이 나에게는 풍경처럼, 운명적인 하나의 발단처럼, 모험의 약속처럼 생각되었다. 서툰 솜씨로 만들어진 옷을 입을 때는, 언제나 결점이 신경 쓰여 좀처럼 견딜 수가 없었다.

많은 여자들에게 화장이 그처럼 중요한 까닭은, 그것이 그녀들에게 이 세계와 자기들의 자아를 동시에 부여한다고 착각하기 때문이다. 《인조견 복장을 한 처녀》*⁶⁹라는 독일 소설에서는 다람쥐 모피 외투에 대해 가난한 처녀가 느낀 열정을 이야기한다. 모피의 부드러운 감촉, 따뜻한 애무에 그녀는 관능적인 사랑을 느낀다. 값진 모피에서 그녀가 그리워하는 것은 변형된 자신이다. 그녀가 한 번도 껴안아 보지 못한 이 세상의 아름다움과 한 번도 자기의 것으로 해 보지 못한 찬란한 운명을 소유하는 것이다.

옷걸이에 걸린 외투가 문득 눈에 들어왔다. 포근하고 부드러운 데다 정답고 고운 잿빛, 귀엽기까지 한 모피. 나는 키스하고 싶을 만큼 그것이 마음에 들었다. 만성절(萬聖節)의 하늘처럼 더할 나위 없이 평온한 인상의 모피였다. 그것은 진짜 다람쥐 모피였다. 나는 가만히 레인코트를 벗고 모피를 입었다. 이 모피는 이것을 사랑하는 나의 피부에는 다이아몬드와 같았다. 사랑하는 것은 한번 손에 넣으면 영영 돌려줄 수 없는 법이다. 안감은 본견 모로코 크레이프로 소매에는 자수가 놓여 있었다. 외투가 나를 감쌌다. 이것은 내가 말하는 것보다 휴베르트의 마음에 더 잘 말하고 있었다…… 이 모피를 입으니 나는 정말 맵시가 났다. 이 모피는 사랑으로 나를 소중히 감싸주는 품위 있는 남자와 같다. 이 외투는 나를 필요로 하고, 나도 그 외투를 못 잊어 한다. 우리는 서로를 소유하고 있다.

여자는 '대상물'이기 때문에, 어떻게 치장하느냐에 따라서 그 본질적인 가치가 달라진다는 것을 알 수 있다. 실크양말·장갑·모자에 여자가 그토록 중요성을 부여하는 것은 단순히 웃어넘길 일이 아니다. 자기 지위를 지키는 것은 어쩔 수 없는 의무이기 때문이다. 미국에서 노동하는 여자의 예산 대부분이 화장품과 복장에 들어간다. 프랑스에서는 이 부담이 그처럼 크지 않다. 그래도 여자는 모양을 낼수록 존경을 받는다. 일자리를 찾을 필요가 절실하면 할수록 번듯한 외모가 더욱 필요하다. 맵시는 무기이며 간판이고, 호신용 물건이며, 추천장이다.

그러나 멋을 내는 것은 일종의 굴종이다. 몸치장을 하는 데는 돈이 든다. 돈이 너무 많이 들기 때문에, 백화점에서 향수·실크양말·속옷을 훔치는 상류

─────────
*69 I. 코인

층 부인이나 여배우 등이 현장에서 잡히는 경우도 있다. 많은 여자가 몸을 팔고, 원조를 받는 것은 몸치장을 하기 위해서이다. 치장에는 돈이 필요하다. 옷치장을 잘 하려면 시간과 수고가 필요하다. 이것은 하나의 일이며, 때로 적극적인 기쁨의 원천이 되기도 한다. 이 영역에서도 '숨은 보물의 발견', 흥정·계략·배합·창조가 있다. 이것을 잘하는 여자는 전문 디자이너가 될 수도 있다. 할인판매 기간은—특히 떨이상품인 경우에는 더욱—열광적인 대사건이다. 새로운 의상은 그것만으로 축제이다. 화장과 머리 모양은 예술작품의 모방이다. 오늘날 여성은 예전보다도*70 더욱 스포츠·체조·탕욕·마사지·식이요법으로 몸을 가꾸는 기쁨을 알고 있다. 체중·각선미·피부색을 스스로 결정한다. 근대미학은 여성미에 활동성을 결합하도록 허용한다. 여자는 근육운동을 할 권리를 얻고, 지방의 침입을 거부한다. 신체단련문화에서 여자는 훌륭히 주체로서 활약하고 있다. 그것은 우연적인 육체에 관한 여성해방의 일종이라고 할 수 있다. 그러나 이 해방은 종속적 관계로 되돌아가기 쉽다. 할리우드의 스타는 자연을 극복하지만, 프로듀서의 손을 통해 다시 수동적인 대상이 된다.

 여자가 정당하게 만족을 느낄 수 있는 이런 승리와 함께 화장에는—가사도 그렇지만—시간과의 싸움이 내포되어 있다. 여자의 몸 역시 세월이 좀먹는 하나의 물체이기 때문이다. 가정주부가 집에서 먼지와 다투는 싸움과 맞먹는 이 투쟁을, 콜레트 오드리는 이렇게 그려냈다.*71

 이미 그것은 젊을 때의 팽팽한 육체가 아니다. 팔과 넓적다리를 따라서 근육이, 약간 늘어진 피부와 지방층 밑으로 유난히 드러나 보였다. 불안해진 그녀는 다시 한 번 일과를 뒤집어엎었다. 반 시간의 체조로 하루가 시작되고 밤에 잠자리에 들기 전에 15분간 마사지를 한다. 몸을 보기 좋게 보존하기 위하여 의학서나 유행잡지를 참고하고 허리둘레를 재어 본다. 과일주스를 만들고 가끔 설사약을 먹었다. 설거지는 고무장갑을 끼고 했다. 그녀의 두 가지 관심사는 마침내 한 가지가 귀결되었다. 열심히 몸을 젊게 하고, 열

---

*70 그런데 최근 앙케이트에 따르면, 프랑스에서는 여성 체육관이 오늘날 거의 황폐화되고 있다. 프랑스 여성들은 특히 1920년과 1940년 사이에 몸매를 가꾸는 일에 열중했다. 지금은 가사 부담이 그녀들을 너무도 무겁게 짓누르고 있다.

*71 《놀이에서 지는 아이》.

심히 집을 닦다가 언젠가는 일종의 휴식기, 일종의 죽음과 같은 상태에 다다른다…… 그때 세계는 노쇠와 소모를 잊은 듯 멈추고 중단될 것이다…… 지금 그녀는 스타일을 개선하기 위하여 수영장에서 레슨을 받고 있다. 미용 잡지는 무한히 새로운 처방으로 그녀를 숨가쁘게 한다. 진저 로저스는 털어놓는다. "나는 아침마다 빗질을 해. 정확히 2분 30초가 걸리지. 그래서 내 머리카락이 명주실 같은 거야……." 발목을 가늘게 하는 방법. 날마다 발뒤꿈치를 땅에 대지 않고 발끝으로만 계속해서 서른 번씩 일어선다. 이런 연습은 1분밖에 걸리지 않는다. 하루의 1분쯤이야 대수롭지 않다. 다른 때는 발가락을 향유에 담그는 것이다. 손을 위해서는 레몬팩을, 뺨에는 딸기 짓찧은 것을 바른다.

단조로운 일과가 되고 나면 얼굴 치장이나 의상 손질도 역시 따분한 고역이 된다. 모든 생성에 따르게 마련인 쇠퇴를 두려워한 나머지, 불감증이나 욕구불만에 빠진 여자들은 삶 자체를 두려워하기도 한다. 그녀들은 가구나 잼을 보존하듯이 자신을 현 상태로 보존하려고 애쓴다. 이 완고하고 부정적인 삶의 태도 때문에, 그녀들은 스스로 생존의 적이 되며 타인에게도 적대적이 된다. 기름진 식사는 몸매를 이지러뜨린다. 포도주는 얼굴빛을 해친다. 너무 웃으면 얼굴에 주름이 잡힌다. 태양은 피부를 거칠게 만든다. 휴식을 취하면 몸의 생기가 사라진다. 노동은 몸을 피곤하게 한다. 정사(情事)는 눈가에 검은 기미를 만든다. 키스는 뺨에 염증을 일으킨다. 애무는 유방의 모양을 망가뜨린다. 포옹은 육체를 시들게 한다. 임신과 출산, 육아는 얼굴과 몸뚱이를 추하게 만든다. 얼마나 많은 젊은 어머니들이, 자기의 야회복에 매혹당한 아이들을 거칠게 몰아세우는가는 다 아는 사실이다. "만지면 안 돼. 끈적끈적한 손으로 만지면 옷이 더러워지잖니!" 멋쟁이 여자는 남편이나 애인의 성급한 손도 역시 단호하게 물리친다. 가구를 덮개로 덮어 두듯 여자는 남자로부터, 세계로부터, 시간으로부터 벗어나려고 한다. 그러나 아무리 주의를 해도 백발과 눈꼬리 주름이 나타나는 것을 막을 재주는 없다. 젊었을 때부터 여자는 이런 운명으로부터 벗어날 수 없음을 잘 알고 있다. 그러므로 아무리 신중하더라도 사고가 생기게 마련이다. 포도주 방울이 옷에 떨어지고, 담뱃불에 옷을 태운다. 그러면 살롱에서 미소지으며 멋부리던 호사스럽고 명랑한 모습은 사라져 버린다. 그녀의 얼굴은 가정주부의 진지하고 딱딱한 표정으로 바뀐다. 그때 비로소 깨닫는다. 여성의 화장은 한순간 주위를 환히 밝혔다가 보람도 없이 꺼져 가는 불꽃이 아니라는 것을. 화장은 재산이고 자본이며, 투자이다. 화장은 대가를 치른다. 그것을 망치는 것은 보상받을 수 없는 손해이다. 의복이 얼룩지고, 찢어지고, 못쓰게 되는 것, 또 파마가 잘못된 것은, 탄 고기나 깨어진 그릇 이상으로 심각한 비극이다. 여자는 갑자기 이 세상에서 위험에 처했다고 느낀다. 그녀가 재봉사와 양재사와 맺는 관계에서 초조해하거나 무리한 요구를 하는 것을 보면, 여자가 얼마나 진지하고 불안한 상태에 있는가를 알 수 있다. 재단이 잘 되면 그녀는 꿈에 그리던 인물이 된다. 그러나 의상이 낡거나 변변치 못하면 자기 자신이 실추한 것처럼 생각한다.

"내 기분도, 내 태도도, 내 얼굴 표정도 모두 옷에 달렸다······"고 마리 바슈키르체프는 썼다. "알몸으로 다니든가, 아니면 자기 육체, 취미, 성격에 맞춰 옷을 입어야 한다. 이런 조건이 맞지 않으면 나는 자신이 어색하고 통속적으로 느껴져서 창피해진다. 기분과 정신은 어떤가? 차림새가 나쁘다고 생각하면 진절머리나고 불쾌해서 몸둘 바를 모르겠다."

많은 여자들은 너절한 옷을 입고 연회에 가기보다는 아예 단념하는 쪽을 선택한다. 사람들의 시선이 자기에게 쏠리지 않더라도 그렇다.

비록 어떤 여자들은 "나는 나 자신을 위해 옷을 입어요" 하고 확실하게 말하지만, 나르시시즘에도 타인의 시선이 포함되어 있다는 것은 앞에서 보았다. 보아 주는 사람도 없는데 완고하게 자기 신념을 지키는 멋쟁이는 정신병원에서나 볼 수 있다. 정상적이라면 여자들은 보아주는 사람을 필요로 한다. 결혼하고 10년이 지난 뒤 소피아 톨스토이는 이렇게 쓰고 있다.

나는 남에게 잘 보이고 싶다. 나를 아름답다고 칭찬해 주었으면 한다. 리오바(톨스토이)가 그것을 보아주고 그 말을 들어 주었으면 한다······ 아름답다는 것이 무슨 소용이 있나? 나의 예쁘고 귀여운 페치아는 아름다운 여인을 사랑하듯 생글거리며 냐니아 할멈을 따른다. 리오보치카는 아주 보기 흉한 얼굴에 익숙해진 것 같다······ 나는 머리를 파마하고 싶다. 아무도 알

아주지 않겠지만, 역시 아름다울 것이다. 나는 왜 남이 보아 주기를 바라는가? 리본이나 장식끈은 나를 즐겁게 해 준다. 새 가죽띠를 매고 싶다. 그리고 이렇게 글로 쓰고 있는 지금, 나는 울고 싶은 심정이다……

남편은 자기가 할 역할을 유감스럽게도 다하지 못한다. 남편의 요구는 여기에서도 이중적이다. 아내가 너무 매혹적이면 남편은 질투한다. 그렇지만 모든 남편들은 다소 칸다울레스 왕을 닮아서 아내가 자기에게 영광을 돌리기를 바란다. 아내가 멋있고 예쁘고, 적어도 '나쁘지 않은 여자'이기를 원한다. 그렇지 못하다면 그는 기분이 나빠서 아내에게 위뷔 영감 같은 말을 한다. "오늘 당신 꼴이 그게 뭐요! 집에 손님이라도 오나?" 앞에서도 지적했지만, 결혼에서는 에로틱한 가치와 사회적 가치가 조화되기 어렵다. 그 모순이 여기에서도 반영되고 있다. 아내가 성적 매력을 드러내는 것이 남편의 눈에는 천박하게 보인다. 다른 여자가 대담하게 차리고 있으면 한눈을 팔면서, 자기 아내가 그러면 잔소리를 한다. 잔소리를 하는 사이에 남자의 욕망은 완전히 죽어 버린다. 아내가 수수한 옷차림을 하면 남편은 그것을 찬성한다. 그러나 그녀에 대한 태도는 냉담하다. 아내를 매력 없는 여자라고 생각하며 모호하게 비난한다. 그러므로 남편이 스스로를 위하여 아내를 바라보는 일은 매우 드물다. 남편이 아내를 살피는 것은 다른 사람의 눈을 통해서이다. '그녀에 대해 사람들이 뭐라고 할까?' 남편으로서의 자기 견해를 타인에게서 빌려오기 때문에, 남편은 잘못된 선입관을 갖는다. 아내 입장에서 보면, 남편이 다른 여자의 옷이나 태도는 칭찬하면서, 자기가 그렇게 하면 나무라는 것보다 더 화나는 일은 없다. 더구나 남편은 너무 가까이 있어서 아내를 잘 보지 못하는 것도 사실이다. 남편이 보기에 아내는 언제나 변함없는 얼굴을 하고 있다. 그는 아내의 새 옷이나 새로 바뀐 머리 모양새도 눈치채지 못한다. 애처가인 남편이나 연인조차 여자의 화장에는 무관심한 일이 많이 있다. 남자가 여자를 가식 없이 열렬히 사랑한다면, 아무리 어울리는 옷치장이라도 가장(假裝)에 지나지 않을 것이다. 여자가 아무리 초라한 옷을 입고 몸이 야위었더라도 남자는 그 여자가 아름다웠을 때와 마찬가지로 소중히 사랑할 것이다. 남자가 그 여자를 더 이상 사랑하지 않는다면, 아무리 그가 좋아하는 옷을 입는다고 해도 사랑이 돌아올 가망은 없다. 화장은 정복하기 위한 도구는 될지언정 방어를 위한 무기는 될 수 없다. 화장의 기술은 신기루를 만드는 것이므로. 사람의 눈에 공상적인 대상을 제공한다. 날마다 얼굴을 맞대고 포옹하면 어떤 신기루라도 사라진다. 부부의 감정은 육체적 사랑과 마찬가지로 현실의 땅 위에 서 있다. 여자가 몸치장을 하는 것은 사랑하는 남자를 위해서가 아니다. 도로시 파커는 그의 중편소설 하나에서, 휴가를 얻어 돌아오는 남편을 학수고대하는 젊은 아내가 남편을 맞으려고 몸단장하는 장면을 다음과 같이 묘사하고 있다.

그녀는 새 옷을 샀다. 검정색이다. 남편은 진정색을 좋아했다. 디자인이 단순한 옷이었다. 남편은 장식이 화려하지 않은 단순한 옷을 좋아했다. 가격이 상당히 비쌌지만 신경쓰지 않았다.
"내 옷 맘에 들어요?"
"응, 좋고말고! 나는 당신이 그 옷을 입으면 언제나 좋았어."
그녀는 자기가 나무로 만든 마네킹이라도 된 것 같았다.
"이 옷은 아주 새 거예요. 한 번도 입은 적이 없다고요. 당신을 기쁘게 해 주려고 오늘을 위해 일부러 샀단 말예요" 하고 그녀는 야무지게 말했다.
"미안하오, 여보. 오! 참 그렇군, 이제 알겠어. 어쩐지 다른 것과 다르군. 참 멋있는데. 검정 옷 입은 당신은 언제나 보기 좋아."
"이럴 때면 다른 이유로 검정 옷을 입고 싶어요"

흔히 말하기를, 여자가 좋은 옷을 입는 것은 다른 여자들의 질투심을 자극하기 위해서라고 한다. 확실히 이 질투는 옷을 잘 입었다는 훌륭한 증거이다. 그러나 그것만이 목적은 아니다. 선망과 감탄의 눈길이 얼마나 모이는가로 여자는 자기의 아름다움·우아함·멋, 즉 자기 자신의 절대적인 긍정을 찾는다. 여자는 자기를 보이기 위하여 몸단장을 한다. 자기를 존재하도록 하기 위하여 자기를 내보인다. 그로 인해 여자는 괴로운 종속상태에 들어간다. 가정주부의 헌신은 비록 남에게 인정을 받지 못하더라도 유용하다. 그러나 멋쟁이 여자의 노력은 누군가의 마음속에 새겨지지 않는다면 무익하다. 그런 여자는 자기의 아름다움이 확고한 가치로서 뿌리 내리기를 기다하고 있다. 이 절대적 가치에 대한 자부심이 그녀의 추구를 몹시 벅차게 한다. 단 한마디 비난으로, 그녀의 모자는 이미 아름답지 않다. 한마디 찬사로 그녀의 비위를 맞출 수 있지만, 약간의 부정으로 낙담시킬 수도 있다. 그리고 절대라는 것은 현상(現象)이 무한히 계속되지 않으면 나타나지 않으므로, 그녀가 완전한 승리를 얻는 일은 결코 없을 것이다. 멋쟁이 여자가 그토록 상처받기 쉬운 것은 그 때문이다. 흠모를 받는 미녀들도, 자기는 아름답지도 우아하지도 않다는 것, 자기들이 알지 못하는 심판자의 절대적인 칭찬을 받지 못한다는 것을 서글프게 인정하는 것이다. 그녀들은 본질적으로 실현 불가능한 것을 목표로 삼고 있다. 우아함의 법칙들을 스스로 구현하며, 누가 어디서 보더라도 결점을 잡을 수 없는 최고의 요부란 흔하지 않다. 이들은 자기 스스로 법령을 만들어 성공과 실패를 결정하기 때문이다. 그리고 자기의 전성기가 계속되는 한 자신을 성공의 본보기라고 볼 수 있다. 불행한 것은 이런 성공이 무엇에도 누구에게도 필요하지 않다는 점이다.

화장은 곧 외출과 손님의 초대를 뜻한다. 거기에 화장의 본디 목적이 있다. 여자는 새 옷을 입고 이 살롱 저 살롱으로 다니며 그것을 과시한다. 그리고 가정을 훌륭히 꾸려나가고 있음을 보이기 위하여 다른 여자들을 초대한다. 어떤 특별한 의식의 경우에는 방문에 남편이 동반한다. 그러나 보통은 남편이 일에 종사하는 동안, 아내는 '사교의 의무'를 이행한다. 이런 사교 모임을 덮치는 괴로운 권태는 수없이 묘사되어 왔다. '사교의 의무'로 모인 여자들은 서로 대화를 나눌 아무 화젯거리가 없기 때문이다. 변호사의 아내와 의사의 아내를 연결할 공통적인 흥미는 아무것도 없다. 같은 의사인, 뒤퐁 박사의 아내와 뒤랑 박사의 아내도 별로 다를 것이 없다. 일반적인 대화에서 아이들의 흉을 보거나 살림 걱정을 하는 것은 점잖지 못한 태도이다. 그러므로 날씨, 최근 유행하는 소설, 남편에게서 얻어들은 어떤 일반적인 의견으로 화제를 제한시키게 된다. '부인의 손님 접대일'을 정기적으로 갖는 습관은 점차 사라지는 경향이 있다. 그러나 프랑스에서는 아직도 여러 가지 형태로 '방문'의 고된 노역이 남아 있다. 미국 사람들은 아예 대화를 집어치우고 카드놀이를 한다. 그러나 이것도 이 놀이를 좋아하지 않는 여자들에게는 달갑지 않은 일이다.

하지만 사교생활은 이런 쓸데없는 인사치레보다 더 매혹적인 형태를 띤다. 손님을 초대하는 것은 단지 자기 집에 타인을 맞이하는 것이 아니다. 자기 집을 마법의 나라로 변화시키는 것이다. 사교술의 발휘는 축제인 동시에 포틀래치이다. 그 집의 주부는 자기의 보물들, 즉 은그릇·리넨·유리그릇 등을 전시한다. 집을 꽃으로 장식한다. 시들기 쉽고 무익한 꽃은 낭비와 사치인 파티의 무의미함을 그대로 나타낸다. 꽃병 속에서 피었다가 요절하는 꽃은 환희의 불꽃이며, 향이며 몰약, 신즈(神酒)이며 제물이다. 식탁에는 맛있는 음식과 값진 포도주가 가득 차려져 있다. 손님의 욕구를 충족시키려면 그들의 욕망을 미리 알아차려 멋있는 선물을 마련해야 한다. 식사는 신비스런 의식으로 바뀐다. 버지니아 울프는 댈러웨이 부인을 묘사한 대목에서 이런 특징을 강조하고 있다.

그때 문이 열리자 앞치마를 두르고 흰 모자를 쓴 하녀들이 침묵의 아름다운 왕래를 시작했다. 그녀들은 욕망의 시녀라기보다 신비로운 수녀들이었다. 이것은 메이페어(온덜의 하이드파크 동쪽 상류층 주택지)의 주부들이 한 시부터 두 시까지 집행하는 신비로운 의식이다. 손짓 한 번으로 왕래가 멈춘다. 그 대신 거기에는 눈을 속이는 환상이 나타난다. 우선 무료로 제공하는 음식물이 나온다. 다음엔 식탁이 컵·은그릇·바구니, 빨간 과일이 든 그릇 등으로 꽉 찬다. 갈색 크림이 마치 베일처럼 넙치를 감싸고 있다. 스튜 냄비 속에는 저민 닭고기가 국물에 잠겨 있다. 불은 아름다운 빛깔로 화려하게 이글거린다. 그리고 포도주와 커피가 나오자 눈앞에 황홀하고 즐거운 환상이 떠오른다. 차분하게 바라보는 그 눈에는 인생이 음악처럼, 신비처럼 보인다……

이런 신비를 주재하는 여자는, 자기를 삶의 가장 완벽한 순간을 만들어 내는 창조자, 행복과 활기 넘치는 삶의 제공자라고 느끼며 자랑스럽게 여긴다. 손님들을 함께 모이게 한 것도 그녀이고, 어떤 사건이 생기는 것도 그녀 덕택이다. 그녀는 환희와 조화의 원천이다.
이것이 바로 정확히 댈러웨이 부인이 느끼고 있는 감정이다.

그러나 피터가 그녀에게 이런 말을 한다고 가정하자. "좋소! 좋소! 하지만 당신이 파티를 여는 이유가 무엇이오?" 그녀가 할 수 있는 대답은 이러하다(아무에게도 이해가 안 된다고 하더라도 할 수 없다). "그 파티는 희사(喜捨)하는 것이에요……." 누구는 케닝턴 남쪽에 살고 있고, 누구는 베이스워터에 살고 있고, 또 누구는 미이페어에 살고 있다고 하자. 그리고 그녀는 늘 그 사람들의 삶을 떠올린다. 그러고는 '참 유감이다. 정말 안 되었다! 그들을 한데

모을 수는 없을까?' 이렇게 생각한다. 그녀는 그들을 한데 모은다. 이것은 희사(喜捨)이다. 결합하는 것이며, 창조하는 것이다. 그러나 이는 누구를 위한 것인가?

아마 희사하는 즐거움 때문에 하는 것이리라. 그것은 선물이다. 그것 말고는 그녀가 남에게 줄 수 있는 다른 선물은 아무것도 없다……

사실 누구라도 그만큼은 할 수 있을 것이다. 하지만 자기가 한 것은 좀더 훌륭했다고 그녀는 생각했다. 어찌 되었든 그녀 자신이 이런 큰 행사를 치루어 낸 것이다.

다른 사람에 대한 이런 봉사가 순수한 관대함에서 열린다면 연회는 진정한 잔치가 된다. 그러나 사회의 관례가 되면 곧 포틀래치는 하나의 제도로, 선물은 의무로, 연회는 거들먹거리는 의식이 되고 만다. '다른 집에서 저녁'을 즐길 때도, 초대를 받은 여자는 그것을 갚아야 한다고 생각한다. 그래서 대접이 너무 지나쳤다고 불평하는 수도 있다. "X 가족은 우리를 놀래 주려고 했던 거예요." 이렇게 자기 남편에게 앙칼지게 말한다. 나는 이런 이야기를 들었다. 지난 세계대전 중에 포르투갈의 어느 작은 마을에서는 다과회가 포틀래치 가운데서 가장 사치스러운 것이 되었다. 모일 때마다 여주인은 지난번보다 더 많고, 더 다양한 종류의 과자를 손님들에게 차려 내야만 했다. 이런 부담을 견딜 수가 없어서 어느 날 여자들은 이제부터 과자는 절대로 내놓지 않기로 만장일치로 의견을 모았다. 이런 파티는 따뜻하고 정다운 성격을 잃어버린다. 이렇게 되면 그저 고역일 뿐이다. 축제 기분을 나타내는 액세서리도 걱정의 근원이다. 유리그릇이나 식탁보에 주의를 기울여야 하고, 샴페인과 비스킷의 양을 고려해야 한다. 잔이 한 개 깨지고 안락의자의 실크 천이 조금만 타도, 그것은 큰 일이다. 이튿날은 청소를 하고 정돈을 한 뒤에 다시 잘 챙겨놓아야 한다. 그녀는 이런 일이 늘어나는 것을 두려워한다. 그녀는 주부의 운명을 규정하는 여러 가지 의존관계를 실감한다. 즉 풀무·구운 고기·정육점·요리사·임시고용인 등에게 의존하게 된다. 그녀는 무슨 일이 마음에 들지 않으면 곧 눈살을 찌푸리는 남편의 눈치를 본다. 가구나 포도주를 품평하고, 연회의 성공 여부를 결정하는 것은 손님들이다. 아주 너그럽고 야무진 여자들만이 이 시련을 평온한 마음으로 넘길 것이다. 칭찬을 들으면 그녀들은 대단한 만족감을 느낄 수 있다. 그러나 많은 여자들은 이 점에서 버지니아 울프가 묘사한 댈러웨이 부인과 유사하다. '이런 성공……그리고 그 영광과 흥분을 좋아하면서도, 그녀는 동시에 그 공허와 겉치레의 허식을 느끼고 있었다.' 여자는 이런 성공을 너무 중요하게 생각하지 않을 때만 진정으로 즐거울 수 있다. 그렇지 않으면 영원히 만족할 수 없는 허영심에 괴로워할 것이다. 또한 '사교'에서 자기 인생의 쓰임을 발견할 만큼 부유한 여자는 그리 많지 않다. 사교생활에 전적으로 몰두하는 여자들은, 흔히 그것을 통해 스스로 숭배의 대상이 되고자 할 뿐만이 아니라 이 사교생활을 여러 가지 목적에 이용하려고 한다. 진정한 '살롱'은 문학적이거나 정치적 성격을 띤다. 여자들은 사교라는 수단으로 남자들을 좌우할 힘을 얻어, 자기들도 개성적인 역할을 하려고 노력한다. 그녀들은 결혼한 여자의 조건에서 벗어나고 있다. 결혼한 여자는 일반적으로 쾌락이나 일시적인 승리감으로 만족하지 못한다. 그러한 것은 결혼한 여자에게 자주 부여되지도 않고, 부여되더라도 기분전환은 되지만 그만큼 피로를 가져오게 된다. 사교생활은 여자에게 '보이는' 것, 자기를 과시할 것을 요구한다. 그러나 그것이 그녀와 다른 사람 사이에서 진정한 끈이 되어 주지는 못한다. 사교는 여자를 고독에서 구하지 못한다.

미슐레는 이렇게 쓰고 있다. '생각만으로도 괴로운 일이지만, 여자는 부부라는, 두 사람의 결합 아래서가 아니면 살 수 없는 상대적인 존재로, 대개 남자보다 더 고독하다. 남자는 도처에서 사회를 발견하고 새로운 관계를 만든다. 여자에게는 가족이 없으면 아무것도 없다. 그리고 가족은 여자에게 과도한 부담을 준다. 모든 무거운 짐이 그녀 위에 실린다.' 사실 갇혀 있고 격리되어 있어서, 어떤 목적을 공동으로 추구하는 교우관계의 즐거움을 알지 못한다. 여자의 일은 지성을 사용하지 않는다. 그녀는 성장하는 동안 하나의 독립된 존재로서 자신의 취미나 습관을 스스로 선택해 보지 못했다. 더구나 여자는 날마다 고독 속에서 보낸다. 이것은 소피아 톨스토이가 한탄했던 불행의 하나이다. 결혼은 그녀를 아버지 곁에서 아주 격리시켰고, 젊은 날의 친구들로부터 소외시켰다. 콜레트도 《나의 수업시대》에서, 시골에서 파리로 옮겨온 젊은 아내의 부평초 같은 삶을 쓰고 있다. 그녀는 어머니와 주고받는 긴 편지에만 의지하며 살아간다. 그러나 편지는 만남을 대신하지 못한다. 그녀는 시드(엄마)에게 자기의 실망과 좌절감을 고백할 수 없다. 젊은 여자와 그녀의 가족 사이에선 진정한 친밀성이 사라지는 수도 많다. 어머니도 자매도 진정한 친구는 아니다. 오늘날은 주택난 때문에 많은 젊은 부부들이 남편, 혹은 아내의 가족과 함께 살아간다. 그러나 이렇게 어쩔 수 없이 동거하는 가족들도 언제나 그녀에게 말상대가 되어주리라고는 거의 기대할 수 없다.

여자들 사이에 이루어지고 유지되는 우정은 그녀들에겐 자못 귀중한 것이다. 여자들의 우정은 남자들의 관계와는 전혀 다른 성격을 띤다. 남자들은 사상을 통하여 저마다 자기의 기획을 개인으로서 전달한다. 그러나 여자들은 여자의 운명이라는 일반성 속에 갇혀 있어서, 일종의 '피차일반'이라는 기분으로 연결된다. 여자들이 먼저 상대에게 구하는 것은 공통적인 여인의 세계를 확인하는 것이다. 그녀들은 의견을 두고 경쟁하지 않는다. 자기들의 속내와 대처방안을 서로 주고받는다. 그녀들은 결속하여 일종의 반세계(反世界)를 창조한다. 그 반세계의 가치는 남성세계의 가치들보다 우월하다. 이렇게 단결한 그녀들은 자기들의 사슬을 떨쳐 버릴 힘을 발견한다. 서로 자기들의 불감증을 털어놓으면서, 자기 남자의 성욕이나 서툰 솜씨를 스스럼없이 냉소하며 남자의 성적 지배를 부정한다. 뿐만 아니라 남편이나 일반 남자들이 도덕적·지적으로 우월하다는 생각을 빈정대며 부인한다. 여자들은 자기들의 인생경험을 비교해 본다. 임신·출산·자녀의 질병 또는 자기 자신의 질병, 살림 걱정 등은 인간 역사의 본질적인 사건이 된다. 여자의 일은 기술이 아니다. 요리법이나 살림 방법을 과거에서 미래로 전달하면서, 구전(口傳)에 근거를 둔 비밀 기술 따위로 자신의 일에 위엄을 부여한다. 때로는 도덕적 문제를 함께 검토하기도 한다. 여성잡지의 '소식란'은 이런 의견교환의 좋은 본보기이다. 남자들만을 위한 '외로운 사람들(친구·연인을 구하는 광고)' 같은 것은 거의 상상도 할 수 없다. 남자들은 '그들의' 사회인 '이' 세계에서 서로 만나고 있다. 이에 반해, 여자는 여자들만의 영역을 정하고 평가하며 탐구해야만 한다. 그녀들이 의견을 교환하는 것은 아름다워지는 법, 요리 만드는 법, 뜨개질하는 법 등에 대한 조언이다. 여자들의 수다스러움, 무엇이든 드러내기 좋아하는 성향을 통해서, 때로는 여자의 진정한 고뇌를 엿볼 수 있다. 여자는 남자가 만든 규범이 자기들의 것이 아님을 알고 있다. 여자가 그 법을 준수하지 않으리라는 것을 남자가 예상하고 있다는 점까지도 여자는 알고 있다. 남자는 자기들이 공공연히 부추기고 있는 낙태·간통·과실·배반·거짓말을 여자의 잘못으로 돌린다. 그러므로 여자는 다른 여자의 협력을 구해 일종의 '중간법(中間法)', 여성 고유의 도덕 법전을 제정한다. 여자들이 여자친구들의 행실을 그토록 장황하게 비평하는 것은 단순히 악의가 있어서만은 아니다. 여자들이 다른 여자들의 행실을 심판하고, 자신들의 행동을 규정하기 위해서는 남자들보다도 더 많은 도덕규범들을 만들어낼 필요가 있다.

이런 여자들의 관계에 가치가 부여되는 것은, 거기에 진실이 있기 때문이다. 남자 앞에서 여자는 늘 자기를 가장하고 있다. 그녀는 자기를 비본질적 타자로 받아들이는 척함으로써 거짓말을 하고 있다. 표정, 화장, 신중한 말 등으로 남자 앞에 가공의 인물을 만들어낸다. 이런 연극을 하기 위해서는 끊임없이 긴장하고 있어야 한다. 남편 곁에서, 연인 곁에서, 모든 여자들은 어느 정도씩 '나는 나 자신이 아니다'라고 생각하고 있다. 남자의 세계는 준엄하다. 거기서는 경계선이 분명하고, 목소리는 크게 울리며, 빛은 너무 강렬하고, 감촉은 거칠다. 다른 여자들과 함께 있을 때, 여자는 무대 뒤쪽에 있는 것과 같다. 여자는 무기를 갈지만 싸움은 하지 않는다. 몸치장을 연구하고, 새로운 화장법을 생각해 내고, 여러 가지 꾀를 준비해 둔다. 즉 무대에 나가기 전에 대기실에서 실내화와 실내복을 딛고 서성거리고 있는 것이다. 여자는 이런 미지근하고 느슨한 분위기를 좋아한다. 콜레트는 자기의 여자친구 마르코와 함께 지낸 때를 이렇게 묘사하고 있다.

> 간단한 속내 이야기, 세상과 분리된 채 둘만이 공유하는 놀이, 때로는 자선활동으로 수예를 하며 보내는 여가 같기도 하고, 때로는 병후 회복기의 여유로움과도 같은 시간……

콜레트는 자기보다 나이 많은 여자 곁에서 조언자 역할을 하기 좋아한다.

> 더운 오후, 마르코는 발코니의 그늘 아래서 속옷을 꿰매고 있었다. 그녀는 바느질이 서툴렀지만 공들여 바늘을 놀리고 있었다. 나는 그녀에게 충고해 주는 것이 자랑스러웠다…… "슈미즈에는 하늘빛 리본을 달면 못써요. 속옷에는 핑크빛이 더 예쁘고, 살색에도 가깝죠." 그녀의 분, 립스틱 빛깔, 눈

꺼풀을 아름답게 그리는 아이라인에 대해서도 지체 없이 충고를 했다. "그래요? 그래요?"라고 그녀는 말했다. 나는 나이가 어렸지만 권위를 굽히지 않았다. 빗을 집어 그녀의 앞머리를 아름답게 부풀려 주었다. 그녀의 눈초리를 불꽃처럼 빛나게 해 주고, 관자놀이 근처의 광대뼈 위에 엷은 립스틱을 칠해 주면서 내 노련한 솜씨를 보여 주었다.

좀더 앞에서는 마르코가 싸워 이기고 싶은 어떤 청년을 만나기 위하여 초조하게 준비하는 장면이 있다.

……그녀는 눈물에 젖은 눈을 닦으려고 했다. 나는 그것을 말렸다.
"나한테 맡겨요."
나는 두 엄지손가락으로 그녀의 윗 눈꺼풀을 이마 쪽으로 치켜올려 속눈썹의 마스카라가 눈물에 망가지지 않도록, 금방이라도 떨어질 듯한 눈물을 잦아들게 했다.
"기다려요, 아직 남았어요."
나는 그녀의 화장을 완전히 고쳐 주었다. 그녀의 입술이 조금 떨렸다. 그녀는 꾹 참으며, 마치 붕대라도 감는 것처럼 한숨을 쉬고는 가만히 몸을 맡겼다. 끝으로 핑크빛 분을 퍼프로 찍었다. 우리는 서로 아무 말도 하지 않았다.
"……어떤 일이 있어도 울어선 안 돼요. 이를 악물고 참도록 해요." 이렇게 나는 말했다.
……그녀는 앞머리와 이마 사이를 손으로 매만졌다.
"지난 토요일에 할인판매점에서 본 까만 옷을 사 두었더라면 좋았을 것을…… 고급 양말을 빌려 주지 않겠어요? 이젠 시간이 없어."
"그래요, 빌려 드리겠어요."
"고마워요. 꽃을 꽂으면 옷이 환해 보일 것 같지 않아요? 아니지, 가슴에 꽃을 꽂을 순 없지. 참, 아이리스 향수는 유행이 지났다는 게 사실이에요? 당신에게 물어봐야 할 게 너무 많은 것 같아요. 산더미처럼……."

《투투니에》라는 다른 책에서도 콜레트는 여자들의 삶의 이면을 생생하게 묘사한다. 사랑 때문에 고민하고 불안해 하는 세 자매는 저녁마다 어렸을 적부터 정들었던 낡은 소파 주위에 모여 앉는다. 그날 있었던 걱정을 되새기거나, 내일의 싸움에 대비하고, 세심한 휴식, 푸근한 잠, 따뜻한 목욕, 감상적인 눈물 같은 덧없는 쾌락을 맛보면서 긴장을 푼다. 그녀들은 서로 말이 없다. 그러나 저마다 다른 사람들을 위한 일종의 보금자리를 만들어 준다. 그녀들 사이에서 일어나는 모든 것은 진실하다.

어떤 여자들에게는 이런 허물없고 따뜻한 교류가 남자와의 교제에서 느껴지는 엄숙함과 진지함보다도 더 소중하다. 나르시시즘에 빠진 여자는 상대방 여자에게서, 사춘기 때처럼 이중의 특권을 발견한다. 주의 깊게 살피는 상대의 눈을 통해, 재단이 잘된 자기의 의상과 정돈이 잘된 자기 집에 스스로 황홀해한다. 결혼한 뒤에도 마음을 허락한 친구는 선택된 증인으로서 늘 변함이 없다. 여자친구가 계속 탐탁한 욕망의 대상으로 보이기도 한다. 이미 말했듯이, 젊은 처녀는 거의 누구나 동성애적 경향을 지닌다. 남편의 포옹이 서툰 경우가 많기 때문에 이 경향은 사라지지 않는다. 그래서 동성과의 교제에서 관능적인 기쁨을 느끼는 반면 정상적인 남자에게서는 그러한 것을 맛보지 못한다. 두 여자친구 사이에서는 감각적인 애착이 흥분된 감상으로 승화되는 경우도 있고, 막연하거나 정확한 애무로 나타나는 경우도 있다. 그녀들의 포옹은 또 심심풀이 유희에 불과할 수도—터키 후궁의 경우가 그렇다. 그녀들의 중요한 걱정거리는 시간을 어떻게 보내느냐 하는 것이다—혹은 그녀들에게 첫째가는 중요성을 갖는 수도 있다.

하지만 여성과 여성의 친밀한 관계가 참된 우정으로까지 올라가는 일은 드물다. 여자들은 본능적으로 남자들보다 강한 연대감을 느낀다. 여자들은 이 연대 속에서 저마다 다른 사람에 대하여 자기를 초월하려고 하지 않는다. 그녀들은 다같이 남성의 세계로 향한다. 그리고 그 남성세계의 가치를 각자 자기 것으로 만들기를 희망한다. 여자들 사이의 관계는 저마다의 개성에 따라 만들어진 게 아니라, 여자라는 일반성 속에서 직접 이루어진 것이다. 그러므로 여자들의 관계에는 곧 적대감이라는 요소가 개입된다. 《전쟁과 평화》의 나타샤는 자기 가족의 여자들에게 호의적이다. 왜냐하면 그녀들에게 자기 아기의 기저귀를 자랑삼아 보일 수 있기 때문이다. 그렇지만 나타샤도 그녀들에게 질투를 느끼고 있다. 피에르의 눈에는 그녀들 개개인이 '여성'으로 보일지도 모르기 때문이다. 여자들의 화해는 서로를 동일시하는 데서 온다. 여자가 자기 동료를 배척하는 것도 바로 그 때문이다. 여주인은 자기 집 가정도우미와 매우 친밀하다. 남자는—남성 동성애자가 아니라면—자기 하인이나 운전사와 결코 그렇게 가까워지지 못한다. 여주인과 가정부는 속내를 주고받으며, 때로는 공범자가 되기도 한다. 그러나 그녀들 사이에는 동시에 차가운 경쟁심도 존재한다. 왜냐하면 여주인은 일을 하지도 않으면서 그 책임과 칭찬은 자기가 확보하려고 하기 때문이다. 여주인은 자기를 남과 바꿀 수 없으며, 없어선 안 되는 존재로 생각하려고 한다. '내가 없으면 아무것도 안 된다니까.' 그녀는 극성스럽게 가정부에게서 결점을 잡으려고 한다. 만일 가정부가 일을 너무 잘 처리하면, 여주인은 자기가 최고라는 자부심을 더는 느낄 수 없게 된다. 같은 까닭으로 아이들을 보살피는 가정교사·유모·보모 또는 일을 돕는 친척 여자나 친구에게 공연히 화를 낸다. 그리고 그 여자들이 '자기의 의지'를 존중하지 않는다는 둥, '자기의 생각'을 무시한다는 둥 구실을 붙인다. 사실 그녀는 의지도, 특별한 생각도 없다. 그녀를 화나게 하는 것은 남이 자기의 직분을, 자기가 한 것과 똑같이 수행하는 것이다. 이것이 이따금 가정생활을 어둡게 하는, 가족과 피고용인의 모든 분쟁에 있어 중요한 원인의 하나이다. 여자는 자기의 개성적 가치를 남에게 인정받을 수단이 없을수록, 그만큼 더 극성스럽게 여왕이기를 요구한다. 그러나 여자가 다른 여자를 적대시하는 것은 교태와 연애 방면에서 특히 그러하다. 젊은 처녀의 이 경쟁심은 이미 지적했듯이, 일생 동안 계속되는 경우도 많다. 앞에서 본 바와 같이, 요조숙녀나 사교계 여성의 이상(理想)은 자기를 절대적으로 높이 평가해 주는 데 있다. 그런 여자는 자기 머리 주위에 후광이 빛나지 않는 것을 괴로워한다. 다른 여자의 이마에서 실오라기 같은 빛줄기를 인정하는 것도 그녀에게는 매우 괴로운 일이다. 다른 여자가 얻은 찬사는, 모두 자기에게서 훔쳐간 것이라고 생각한다. 유일하지 않은 절대성이란 대체 무엇인가? 진실하게 사랑을 하는 여자라면 누군가의 마음속에서 찬미를 받는 것만으로 만족한다. 그녀는 여자친구들의 표면적인 성공을 부러워하지 않는다. 그러나 그런 여자라도 자기의 사랑 그 자체에서 위험을 느끼고 있다. 사실 가장 친한 여자친구에게 배반을 당해 애인을 빼앗기는 주제는 문학작품에만 있는 게 아니다. 두 여자가 친하면 친할수록 그들의 공존은 위험하다. 속내 이야기를 듣는 쪽의 여자는, 어느새 사랑을 하고 있는 여자의 눈을 통하여 보고 그녀의 마음과 그녀의 육체로 느끼게 된다. 그래서 자기의 여자친구를 유혹하는 그 남자에게 끌리고 매혹당하게 된다. 친구와의 의리 때문에 감정에 지고 싶지 않다고 생각하지만, 자기가 그림자 같은 역할만 하고 있는 데에 괴로워한다. 끝내 그녀는 유혹에 져서 몸을 내맡기게 된다. 이 때문에 신중한 여자들은 대개 사랑을 하게 되면 곧 '친한 친구'를 멀리한다. 이런 양면성은 여자들에게 서로의 우정을 신뢰하도록 허락하지 않는다. 남자의 그늘이 그녀들 위를 언제나 무겁게 덮쳐 누르고 있는 것이다. 남자에 대해서 말하지 않을 때라도 그녀들에게 생 종 페르스의 다음과 같은 시를 적용할 수 있다.

태양은 그 이름을 부르지 않아도 우리 사이에 엄연히 존재하고 있다.

여자들은 힘을 합해서 남자에게 복수하고, 그를 함정에 빠뜨리며, 저주하고 모욕한다. 그러나 그녀들은 남자를 기다리고 있다. 규방에 가만히 있는 한, 그녀는 우연성과 무미건조함과 따분함 속에 잠겨 있다. 이 깊고 어두운 세계는 모태의 따뜻함을 약간 간직하고 있지만 역시 지옥의 가장자리임에 틀림이 없다. 머지않아 여기서 떠오른다는 기대가 없으면 여자는 더는 유유자적하게 늑장을 부리지 않는다. 그녀가 곧 들어가게 될 화려한 객실을 상상하지 않는다면, 축축한 욕실에서 기분 좋게 있을 수 없다. 여자들은 서로가 포로 신분의 동료들이다. 그녀들은 서로 도와서 자기들의 감옥생활을 견디어 나가고, 탈출까지 준비한다. 그러나 그 해방자는 남성세계로부터 올 것이다.

대부분의 여자에게 이 남성세계는 결혼 뒤에도 그 화려한 빛을 잃지 않는다. 오직 남편만이 그 위엄과 권위를 잃을 뿐이다. 여자는 남편에게서 남자의 순수한 본질이 쇠퇴해 있음을 발견한다. 그러나 남자는 역시 우주의 진리, 최고의 권위, 경이·모험·주인·시선·먹이·쾌락·구원이다. 또 초월성의 화신이며 모든 의문에 대한 해답이다. 아무리 정숙한 아내라도 이런 남자를 단념하고 속된 한 개인과 침울하게 마주 보며 일생을 보내는 데 동의하지 않는다. 여자는 유년시절부터의 습성대로 지도자를 따르고 싶어한다. 남편이 그 역할을 하는 데 실패하면, 그녀는 다른 남자에게 향한다. 때르는 아버지·형제·숙부·친척·소꿉친구가 지난날의 권위를 그대로 간직하고 있는 수도 있다. 여자는 이런 남자들에게 기대게 된다.

상담 상대와 지도자가 되기에 적합한 남자의 직업에는 두 가지가 있다. 바로 신부와 의사이다. 전자는 무료로 의논할 수 있다는 커다란 이점이 있다. 고해실에서 그들은 여신도의 수다를 순순히 들어 준다. '성구(聖具) 보관실의 빈대'나 '성수(聖水) 그릇의 개구리'는 될 수 있는 대로 피하지만, 순종적인 신도를 도덕의 길로 인도하는 것은 그들의 의무이다. 더욱이 그런 여신도가 사회적 정치적으로 중요한 위치에 있다면 이 의무는 그만큼 더 중요해진다. 교회로선 그런 사람을 이용해야 하기 때문이다. '마음의 지도자'는 고해하는 여신도에게 자기의 정치적 의견을 주입시켜 투표를 좌우한다. 그리고 많은 남편들은 신부가 자기들의 부부생활에 간섭하는 것을 못마땅하게 생각한다. 신부는 규방에 관한 일까지 규정하고, 아이들의 교육에 참견한다. 또 남편에 대한 행동 전반에 걸쳐 아내에게 일일이 충고한다. 남자에게서 언제나 신을 보아왔던 여자는, 신의 지상 대리자인 남성의 발치에 기꺼이 무릎을 꿇는다. 의사는 보수를 요구하기 때문에 그런 점에서 방어가 더 잘 되어 있다. 그리고 지나치게 무례한 환자에 대해서는 문을 닫을 수도 있다. 그러나 그는 보다 정확하고 보다 집요한 추구의 대상이 된다. 색광적인 여자들이 쫓아다니는 남자의 4분의 3은 의사다. 한 남자 앞에서 몸을 드러내는 것은 많은 여자들에게 큰 노출증적 쾌감을 준다. 슈테켈은 말한다.

좋아하는 의사한테 진찰을 받을 때만 만족을 느낄 수 있다는 여자를 몇 명 알고 있다. 특히 노처녀들 가운데에는 대단치도 않은 자궁출혈 등으로 '친절하게' 보아 달라고 하면서 의사를 찾는 여성 환자가 한둘이 아니다. 또는 암이나 감염의 공포에 떨며, 그것을 구실로 진찰을 받으러 오기도 한다.

슈테켈은 또 다음의 두 가지 예를 든다.

노처녀 B.V.는 43세의 유복한 여자로 매달 한 번씩 월경이 끝난 뒤에는 꼭 검진을 받으러 간다. 어디가 좀 좋지 않은 것 같으니 자세히 진찰을 해 달라는 것이다. 다달이 의사를 바꾸어 매번 같은 연극을 한다. 의사는 그녀에게 옷을 벗고 진찰대나 소파 위에 누우라고 한다. 그녀는 부끄러워서 그렇게 할 수 없다고 하며 거절한다. 의사가 어르고 달래서 결국 옷을 벗는다. 그리고 자기는 처녀이므로 상처를 내서는 안 된다고 말한다. 의사는 그녀에게 항문 탐색을 할 거라며 안심을 시킨다. 의사의 진찰이 시작되면 대개는 성적 흥분이 일어난다. 항문 탐색 중에 흥분은 반복되고 강렬해진다. 그녀는 언제나 가명으로 나타나서 진찰이 끝나면 곧 돈을 지불한다……그녀는 의사에게 강간당하고 싶어서 그랬다고 인정한다……

L.M. 부인은 38세의 기혼자로 남편과의 관계에서 쾌감을 느끼지 못한다고 나에게 말했다. 그녀는 정신분석을 받으러 왔다. 단지 두 차례 받고 나서 그녀는 애인이 있다고 바로 고백했다. 그러나 애인은 그녀에게 오르가슴을 주지 못했다. 그녀는 산부인과 의사의 검진을 받을 때 비로소 성적 흥분을 맛보았다. (그녀의 아버지도 산부인과 의사였다!) 약 두서너 차례 분석을 받을 때마다 그녀는 의사에게 진찰을 받으러 가고 싶어했다. 가끔 그녀는 치료도 받았다. 가장 행복한 시기였다. 전에는 산부인과 의사가 자궁의 위치를 교정한다는 구실로 마사지를 했다. 마사지를 할 때마다 여러 차례 성적 쾌감이 일어났다. 그녀가 이런 검진을 좋아하게 된 것은 처음 진찰을 받았을 때 처음으로 성적 흥분을 느꼈기 때문이라고 한다.

몸을 드러내 보인 여자는, 상대 남자가 자기 육체의 매력이나 마음의 아름다움에 강한 인상을 받았다고 상상하기 쉽다. 그래서 병적인 경우에는 자기가 신부나 의사에게 사랑받고 있다고 믿는다. 그녀가 정상일지라도 그와 자기 사이에 미묘한 관계가 존재한다는 느낌을 받는다. 그래서 공손하게 복종하며 좋아한다. 자기 생활을 받아들이는 안정감을 거기서 이끌어 내는 수도 있다.
하지만 자기 생활을 도덕적 권위로 지탱하는 데 만족하지 않는 여자들도 있다. 그녀들은 생활 속에서 로맨틱한 흥분을 추구한다. 남편을 속이지 않고 그대로 그의 곁에 머무르고 싶어하는 경우에는, 젊은 처녀들이 남성들에게서 위협을 느끼는 것과 동일한 수단에 호소한다. 즉 공상적인 열정에 도취하는 것이다. 슈테켈은 그러한 몇 가지 예를 들고 있다.

매우 단정한 상류사회의 기혼 부인인 그녀는 신경쇠약에 걸려 있다. 어느 날 저녁, 오페라 극장에서 그녀는 자기가 테너 가수를 열렬히 사랑함을 깨닫게 된다. 그의 노래를 들으면서 자기가 몹시 흥분해 있는 것을 느낀 것이다. 그녀는 그 가수의 열렬한 팬이 되었다. 공연에 빠짐없이 참석하고, 그의 사진을 사고, 그를 꿈꾸고, '사모하는 미지의 여성으로부터'라는 헌시(獻詩)와 함께 장미꽃 다발을 보내기도 했다. 그에게 러브레터를 보낼 결심까지도 한다(역시 '미지의 여성'이라는 서명으로). 그러나 실제로 가까이 하지는 않았다. 그 가수와 직접 알게 될 기회도 있었다. 그러나 그녀는 만나러 가지 않았다. 그녀는 그를 가까이서 알기를 원치 않았다. 그녀에게는 그의 현존(現存)이 필요치 않다. 다만 그를 열렬히 사랑하며, 정숙한 아내로 있는 것이 그녀의 행복이었다.

어떤 귀부인은 빈의 대단히 유명한 배우 카인츠를 열렬히 숭배했다. 그녀는 그 위대한 예술가의 수많은 초상화를 모아 자기 집에 카인츠 방을 만들었다. 방 한귀퉁이에는 카인츠 문고도 있었다. 그녀가 수집할 수 있는 모든 것, 그에 대한 책, 소책자 혹은 잡지들이 카인츠의 초연이나 50년 기념제의 극장 프로그램과 함께 정성껏 보존되어 있었다. 그 위대한 예술가의 서명이 든 사진도 걸려 있었다. 그 우상이 죽었을 때 그녀는 1년 동안 상복을 입고, 카인츠에 관한 강연을 들으러 장기 여행을 계획했다. 이러한 카인츠 숭배가 온갖 유혹으로부터 그녀를 보호해 주며, 다른 어떤 남자와의 성적 상상도 일으킬 여지를 남겨주지 않았으므로, 이 부인은 육체적 순결을 지킬 수 있었다.

루돌프 발렌티노의 죽음이 얼마나 많은 눈물을 자아냈는지 우리는 기억하고 있다. 기혼 부인도 젊은 처녀도 영화의 영웅들을 숭배한다. 그녀들이 자위할 때나 혹은 남편과의 포옹 때 떠올리는 환상은 그런 영웅의 모습일 수 있다. 종종 이런 영웅들은 할아버지·형제·선생님 등의 모습으로 어렸을 때의 어떤 기억이나 이미지를 되살리기도 한다.
하지만 여자의 주변에는 살과 뼈를 가진 남자들도 있다. 성적으로 만족하거나 불감증이거나 욕구불만이건 간에―완전하고 절대적이며 배타적인 사랑이라는 지극히 드문 경우가 아니라면―그녀는 이런 남자들의 칭송을 받는 것에 가장 큰 관심을 쏟는다. 남편의 일상적인 눈길은 그녀의 환상에 더는 충분한 활기를 주지 못한다. 그녀에겐 아직도 신비로 가득 찬 눈으로 자신을 하나의 신비로 보아 주는 눈결이 필요하다. 속내 이야기를 귀담아 들어주고, 빛바랜 사진 속 영상들을 다시 살아 숨쉬게 하기 위하여, 그녀의 입가 보조개와 그녀 특유의 깜박거리는 속눈썹을 보존하기 위하여 그녀에겐 자신이 최고라는 의식이 필요하다. 사람들이 자기를 탐내지 않고 사랑하지도 않는다면, 그녀는 바람직하지도 사랑스럽지도 않은 것이다. 결혼생활에 거의 순응한 여자는 다른 남자들에게서 허영심의 만족을 구한다. 그녀는 자기를 숭배하는 데 그들도 참여하도록 권유한다. 남자들을 유혹하고 즐겁게 해주며, 금지된 사랑을 꿈꾸고 '내가 원하기만 하면……'이라고 생각하며 만족한다. 그녀는 한 사람과 깊은 정을 맺느니 많은 숭배자들을 매혹시키는 편을 더 좋아한다. 젊은 처녀보다 더 열렬하고 한결 세련된 그녀의 교태는, 남자들에게 자신의 가치와 권력을 인정하게끔 한다. 가정에 뿌리를 내리고, 한 남자를 소유하는 데 성공하여 대단한 희망도 위험도 없이 즐길수록 그녀는 더욱 대담해진다.

　얼마간 정숙한 기간을 보낸 뒤에 여자는 이런 유희적인 교태의 범위를 벗어나기도 한다. 남편에 대한 원한 때문에 그를 속이려고 결심하는 경우도 많다. 아내의 부정행위는 언제나 복수라고 아들러는 주장한다. 이는 다소 지나친 견해이기는 하다. 그렇다 해도 실제로 아내는 애인의 유혹에 끌리기보다는 남편에게 도전하고 싶은 욕망에 지는 경우가 종종 있다. "그이는 세상에서 하나밖에 없는 남자가 아니야—날 좋아하는 남자는 얼마든지 있어—나는 남편의 노예가 아니야. 그이는 자기를 영악하다고 생각하는 모양인데, 한번 속아보라지." 남편을 우롱하는 것이 아내에게는 중요한 의미를 갖는지도 모른다. 젊은 처녀는 때때로 어머니에 대한 반항심에서, 부모에 대한 불만 때문에, 부모를 거역하고 자기를 주장하기 위하여 애인을 사귄다. 이처럼 원한 때문에 남편에 매여 있는 아내는 애인에게서 속내를 털어놓을 상대를 구하고, 희생자인 자기를 보아 줄 증인을 찾으며, 남편을 깎아 내릴 공모자를 구한다. 그녀는 애인에게 남편을 경멸할 자료를 제공한다는 구실로 쉼 없이 남편에 대한 이야기를 한다. 만일 애인이 그 역할을 잘 하지 못하면 그녀는 기분이 나빠서 그를 떠나 남편에게로 돌아가거나, 다른 위로자를 찾는다. 그러나 대개는 원한보다 실망감 때문에 애인의 품에 들을 던지는 여자들이 많다. 그런 여자는 결혼생활에서 사랑을 찾아 내지 못한다. 그녀가 젊은 시절에 기대했던 감각적 쾌락과 희열을 전혀 경험하지 못하고 체념하기란 어려운 일이다. 결혼은 여자들에게서 모든 에로틱한 만족을 박탈하고 감정의 자유와 개성을 부인함으로써, 필연적이고 모순적인 논리에 따라 여자들을 간통으로 몰고 간다. 몽테뉴는 말한다.

우리는 여자들을 유년시절부터 사랑이라는 것에 익숙해지도록 훈련시킨다. 그녀들의 맵시·화장·교양·언어 및 모든 교육은 오로지 이것만을 목적으로 한다. 가정교사는 그녀들에게 오로지 사랑의 얼굴만을 각인시킨다. 쉴 새 없이 사랑에 대한 것만을 이야기해서 싫증을 느끼게 할지도 모르지만……

그리고 더 나아가서 그는 이렇게 덧붙인다.

그러므로 여자에게 그토록 절실하고 자연스런 욕망을 억제하라고 하는 것은 어리석은 짓이다.

엥겔스는 이렇게 확언하고 있다.

일부일처제와 더불어 두 가지의 사회적 인간형이 지속적으로 나타난다. 이는 아내의 정부(情夫)와 간부(姦婦)의 남편이다…… 일부일처제와 매춘 제도의 한편에서, 간통은 불가피하지만 금지되고 엄중히 처벌되면서도 폐지가 불가능한 하나의 사회제도가 된다.

부부의 포옹이 여자의 감각을 만족시키지 못하고 호기심만 자극했다면, 콜레트의 《순진한 탕녀》에서처럼, 여자는 다른 남자의 침대에서 교육을 완성하려고 한다. 남편이 아내의 관능을 일깨우는 데 성공했다면, 남편에게 특별한 애착이 없는 아내는 남편을 통해 알게 된 쾌락을 다른 남자와 맛보려 할 것이다.
도덕주의자들은 아내가 애인 쪽에 정을 쏟는 데 분개해 왔다. 부르주아 문학은 남편이라는 존재의 명예회복을 위한 노력이라고 내가 앞에서 지적한 바 있다. 그러나 사회의 눈들에—즉 다른 남자들의 눈에—남편이 연적보다 더 가치가 있다고 주장함으로써 남편을 옹호하는 것은 어리석은 짓이다. 여기서 문제는, 남편이 그 아내에게 어떻게 보이느냐 하는 것이다. 그런데 남편을 꺼림칙한 존재로 만드는 두 가지 본질적인 특징이 있다. 우선 성의 안내자로서 보람없는 역할을 하는 존재가 바로 남편이다. 폭행을 당하고 싶은 욕망과 고상한 대우를 받고 싶은 욕망을 동시에 꿈꾸는 처녀의 모순된 요구는 거의 필연적으로 남편의 실패를 부른다. 그녀는 남편의 품에서는 영원히 불감증으로 머물게 된다. 애인 곁에서라면 그녀는 처녀성을 상실할 때의 괴로움도 수치스러운 굴욕도 당하지 않는다. 갑자기 당하는 정신적 외상도 겪지 않는다. 무엇이 자기를 기다리고 있는지 거의 알기 때문이다. 첫날밤보다 더 솔직하고 덜 예민하고 더 유능한 그녀는, 이상적 사랑과 육체적 욕망, 감정과 흥분을 더는 혼동하지 않는다. 그녀가 애인을 간드는 것은 애인을 원하기 때문이다. 이 명쾌함이야말로 그녀가 선택한 자유의 한 모습이다. 왜냐하면 거기에 남편의 또 하나의 결함이 있기 때문이다. 보통, 남편은 주어진 것이지 스스로 선택한 상대가 아니다. 그녀가 체념한 상태에서 그를 받아들였거나 그녀의 가족에 의해 그에게 보내진 것이다. 아무튼 사랑해서 결혼했다고 하더라도, 그녀는 결혼함으로써 그를 자기 주인으로 만들었다. 둘의 관계는 의무가 되고, 종종 그는 그녀에게 폭군의 모습으로 나타난다. 물론 애인의 선택은 주위 상황에 따라 제한될 것이다. 그러나 이런 관계에는 얼마간의 자유가 있다. 결혼하는 것은 의무이지만, 애인을 갖는 것은 선택인 것이다. 남자에게 마음을 빼앗겨서 스스로 그렇게 하고 싶어하기 때문이다. 여자는 자기의 사랑에 대해 자신이 없다고 해도 자기의 욕망은 알고 있다. 여기서 일어나는 일은 법에 순종하기 위해서가 아니다. 애인은 또한 일상생활의 관습적인 접촉으로 그 유혹과 매력을 소모하지 않는다는 이점이 있다. 그는 여전히 그녀와 떨어져 있는 타자이다. 그래서 여자는 애인들과 있을 때는, 현재의 자기에게서 빠져 나와 새로운 삶의 부(富)를 얻는다는 인상을 받는다. 그녀는 자기를 타자라고 느낀다. 이런 육체 관계 속에서 일부 여자들이 구하는 바는 바로 그것이다. 즉 타자에게 점유되고, 경이를 느끼고, 자기 자신에게서 탈출하기를 원한다. 헤어짐은 그녀들에게 절망적인 공허감을 남긴다. 자네는 이런 우울증의 몇 가지 사례를 들었다. 이 우울증은 여자가 애인에게서 구하고 발견한 것이 무엇이었는지 역설적으로 보여 준다.

    39세의 여자가 5년 동안 어느 문학가의 일을 도와 준 뒤에 버림을 받은 것이 서러워 자네에게 편지를 보냈다. '그는 너무나 부유한 생활을 하고 있었으나 대단히 폭군처럼 굴었으므로, 나는 다른 일은 생각할 여유도 없이 오로지 그의 일만을 돌봐야 했습니다.'

31세의 또 다른 여성은 열애하던 애인과 헤어진 뒤에 병이 났다. "그의 모습을 보고 목소리를 듣고 싶다. 그의 책상 위에 놓인 잉크병이 되면 얼마나 좋을까"라고 그녀는 썼다. 그리고 이렇게 설명했다. "혼자 있으면 지루하다. 남편은 내 두뇌를 충분히 활동하게 해 주지 못한다. 그는 아무것도 모르고, 아무것도 가르쳐 주지 않는다. 나를 놀라게 해주지도 않는다…… 그는 보통 상식을 가지고 있을 뿐이다. 그것이 나를 진저리나게 한다." 반대로 애인에 대해서는 이렇게 썼다. "놀라운 사나이다. 그가 조금이라도 동요하거나 감동하거나 기뻐 날뛰거나 무책임하게 행동하는 것을 나는 한 번도 보지 못했다. 그는 언제나 자제력이 있고 냉소적이며 상대를 슬퍼서 죽게 할 만큼 변함없이 냉정하다. 방약무인하고, 두뇌가 명석하여 지성이 넘쳐흐른다. 오히려 내 머리가 이상해질 정도로……."

이런 만족감과 즐거운 흥분을 성 관계의 초기에밖에 맛보지 못하는 여자들이 있다. 애인이 그녀들에게 즉시 쾌락을 주지 못한다면—처음에 자주 일어나는 일로, 당사자들이 주눅이 들어 서로에게 잘 순응하지 못해서이다—그녀들은 애인에게 원한과 혐오를 느낀다. 이런 '메살린' 형의 여자는 몇 번이고 경험을 거듭하면서 애인을 차례차례 떼어 버린다. 그러나 결혼생활의 실패로 영리해진 여자는, 이번에는 자기에게 꼭 적합한 남자에게 이끌려서 두 사람 사이에 지속적인 관계가 이루어지는 수도 있다. 그녀가 애인에게 끌리는 까닭은 많은 경우 그가 남편과 근본적으로 다른 유형의 남자이기 때문이다. 생트 뵈브가 아델르(빅토르위고의 부인)의 마음에 든 것도 틀림없이 빅토르 위고와 대조적인 성격이기 때문일 것이다. 슈테켈은 다음과 같은 예를 인용한다.

P.H. 부인은 8년 전에 체육클럽의 한 회원과 결혼했다. 그녀는 가벼운 난관염(卵管炎)으로 부인과 병원에 진찰을 받으러 가서 남편이 가만히 놔두지 않는다고 의사에게 하소연했다…… 자신은 고통밖에 느끼지 못한다는 것이

다. 남자는 험악하고 사나운 성격이었다. 남편은 결국 정부를 하나 얻었다. 아내는 시달림을 받지 않게 되어 행복했다. 그녀는 이혼을 하고 싶었는데, 마침 변호사 사무실에서 남편과 성격이 정반대되는 비서와 알게 되었다. 그 비서는 날씬하고 야위고 연약하지만, 매우 다정하고 부드러웠다. 두 사람은 친해졌다. 남자는 그녀에게 사랑을 고백하고, 애정으로 가득한 편지를 보내며, 그녀를 기쁘게 해주었다. 그들은 정신적으로 공명하게 된다…… 첫 번째 키스가 그녀의 불감증을 해소시켰다…… 이 사나이의 비교적 약한 정력이 그녀에게 강렬한 성적 흥분을 일으켰다. 이혼 뒤에 두 사람은 결혼하여 매우 행복하게 살았다…… 키스나 애무만으로 성적 쾌감이 일기도 했다. 너무 정력적이기만 하고 세심하게 배려할 줄 모르던 전남편은 바로 이 여자를 불감증이라고 비난하지 않았던가!

모든 연애관계가 이와 같이 동화처럼 결말을 맺지는 않는다. 젊은 처녀가 아버지의 집에서 자기를 해방시켜 줄 해방자를 꿈꾸는 것처럼, 결혼생활의 멍에에서 해방시켜 줄 애인을 기다리는 아내도 있다. 여자가 결혼 이야기를 꺼내면 이제까지 열렬하던 남자가 냉담해져서 도망가는 이야기는 자주 듣는다. 남자가 어름어름하는 바람에 여자는 마음에 상처를 입고, 원한과 반감에서 그들의 관계가 나빠지는 일도 적지 않다. 연애 관계가 안정되면 결국 가정이나 부부와 같은 성격을 띠는 수가 많다. 여기서도 권태·질투·신중함·책략·결혼에 따르는 모든 결함이 발견된다. 그러면 여자는 이런 매너리즘에서 자기를 해방시켜 줄 다른 남자를 꿈꾸게 된다.

어쨌든 간통은 풍습이나 환경에 따라서 전혀 다른 성격을 띤다. 가부장제 전통의 잔재가 남아 있는 우리 문명에서는 부부생활의 부정(不貞)은 남자보다도 여자에게 훨씬 더 가혹하다. 몽테뉴는 이런 말을 한다.

"부도덕에 대한 평가를 잘못하고 있다! 우리는 자연이 아니라 이기심에서 악덕을 낳으며 또 악화시킨다. 그 때문에 악덕은 수많은 형태를 취하게 된다. 우리의 규율이 가혹한 탓에, 여자의 본성이 요구하는 하잘것없는 악덕에 여자를 열중하게 만든다. 그래서 본디 상황보다도 더 나쁜 결과를 부르고 마는 것이다."

이런 엄격성이 생기는 근본 원인들을 우리는 이미 살펴보았다. 아내의 간통에는 가족 안에 외간 남자의 아들이 끼어들어, 정당한 상속자의 재산을 박탈할 위험이 있다. 남편은 주인이고, 아내는 남편의 소유물이다. 사회의 변천과 '산아제한' 실천은 그런 동기들을 적잖이 사라지게 했다. 그러나 여자를 의존 상태에 묶어 두려는 의지는 여자를 에워싸고 있는 금지령을 그대로 존속시키고 있다. 대개 여자에게는 그런 금지령이 몸에 배어 있다. 여자는 부부간의 유별난 행위에는 눈을 감는다. 종교·도덕심·'부덕(婦德)' 때문에 여자는 어떤 대등한 부부 관계도 생각할 수 없다. 주위의 속박—특히 신대륙과 구대륙의 '소도시'에서—은 남편을 압박하는 규제보다도 훨씬 더 가혹하다. 남편은 더 많이 외출하고 여행을 다니며 탈선을 저질러도 보다 더 관대하게 묵인된다. 그러나 여자는 부인으로서의 평판과 지위를 상실할 위험이 있다. 여자가 이런 감시의 눈을 속여 넘기는 꾀는 자주 묘사된다. 내가 알고 있는 포르투갈의 한 소도시는 예부터 대단히 엄격한 곳이었다. 그곳에서는 젊은 여자가 외출할 때 반드시 시어머니나 시누이가 따라간다. 그러나 이발사가 가게의 위층에 있는 방을 빌려 주어서, 파마와 빗질하는 사이에 연인들은 허겁지겁 포옹을 한다. 대도시에서는 좀더 자유롭다. 그러나 계속 이용해 온 '5시부터 7시까지'의 데이트도 더 이상 부도덕한 감정을 행복으로 꽃피울 수 없게 되었다. 위험스럽고 은밀한 간통은 인간적이며 자유로운 관계가 되지 못한다. 간통이 내포하는 거짓말이 마침내 부부관계의 모든 권위를 무너뜨리고 만다.
　오늘날엔 많은 계층에서 여성들이 부분적으로나마 성적 자유를 얻었다. 그러나 부부생활과 성적 만족을 조화시키는 것은 여자들에게는 아직도 어려운 문제이다. 결혼에 육체적인 사랑이 반드시 따라오는 것만이 아니라면, 그 둘을 명확하게 분리해야 합리적일 것이다. 남자는 훌륭한 남편이 될 수 있지만, 그래도 바람기가 있는 법이다. 실제로 그가 성적으로 변덕스러워도 아내와 공동생활을 우호적으로 해 나갈 수 있다. 이런 우정은 그것이 하나의 구속이 되지 않는 한 그만큼 더 순수하고 덜 위선적이 될 것이다. 아내에 대해서도 이와 같은 것을 인정할 수가 있다. 아내는 남편과 함께 생활하고 싶고, 아이들을 위하여 남편과 한 가정을 이루고 싶어하지만 다른 포옹도 경험하길 원한다. 간통을 타락한 행위로 만드는 것은 신중하고 위선적인 타협이다. 자유롭고 성실한 계약은 결혼의 결함 하나를 없앨 것이다. 하지만 뒤마 피스의 《프랑시옹》에서

'여자는 남자와 다르다'라는 불쾌한 말은 아직도 상당한 진리를 포함하고 있다. 남녀의 차이에는 '자연적'인 것이 전혀 없다. 여자는 남자만큼 성욕을 분출해야 할 일이 없다고 사람들은 주장한다. 이 주장보다 더 불확실한 것은 없다. 욕망을 억압받은 여자들은 화를 잘 내는 아내, 변태 성욕의 어머니, 괴벽스런 주부, 불행하고 위태로운 인간이 된다. 아무튼 그녀들의 욕망이 남자보다 크지 않다고 하더라도, 그녀가 욕망을 만족시켜서는 안 된다고 생각할 까닭은 단 하나도 없다. 남녀의 차이는 전통과 현대사회가 결정하고 있는 남자와 여자의 온갖 성적 상황들로부터 오는 것이다. 세상에서는 아직도 성행위를 여자가 남자에게 하는 '헌신'으로 생각한다. 이러한 헌신은 남자를 여자의 주인처럼 보이게 한다. 그래서 이미 본 바와 같이 남자는 언제나 자기보다 못한 여자를 마음대로 할 수 있다.

여자는 자기와 대등하지 않은 남성에게 '몸을 내맡기면' 품위를 잃게 된다. 여자의 승낙은 어떤 경우에나 항복·타락의 성격을 띤다. 어떤 여자는 남편이 다른 여자들을 두는 것을 기쁘게 받아들이기도 한다. 아델 위고는 정력이 넘치는 남편이, 그 정력을 다른 침대로 옮겨 가는 모습을 미련 없이 보고 있었던 것 같다. 어떤 여자는 퐁파두르 부인을 흉내내어 스스로 알선자가 되기까지 한다. 반대로 사랑의 포옹에서 여자는 객체이자 먹이로 변한다. 남편으로서는 그녀가 외부 세계에 빠져 있는 것처럼 보인다. 그녀가 이제는 자기의 아내가 아니며, 다른 사람이 그녀를 자기에게서 빼앗아 간 것처럼 생각한다. 그리고 사실, 침대에서 여자는 종종 자기가 지배된다고 느끼고 그렇게 되기를 원함으로써 결과적으로 지배된다. 남자라는 권위 때문에, 자기를 소유함으로써 남자 전체를 표현하는 그를 찬양하고 모방하는 경향이 있는 것도 사실이다. 남편이 다른 남자에게서 나온 생각의 메아리들을 아내의 입으로 듣고 화를 내는 것도 무리는 아니다. 그는 다소 자기가 소유당하고 폭행당한 것처럼 느낀다. 샤리에르 부인이 젊은 뱅자맹 콩스탕과 헤어진 것은—뱅자맹 콩스탕은 남성적인 두 여자들 사이에서 여성의 역할을 하고 있었다—그에게서 스탈 부인의 혐오스러운 영향이 뚜렷하게 나타나는 것을 느끼고 견딜 수가 없었기 때문이다. 여자가 '몸을 맡긴' 남자의 노예가 되고 거울이 되는 한, 그녀의 태도는 (다른 남자와의) 육체적인 부정보다 남편에게서 자기를 한결 더 근본적으로 떼어 낸다는 것을 여자는 인정해야만 한다.

여자는 청렴결백하더라도, 남편이 애인에게 영향을 받지 않을까 두려워한다. 여자도 남자와 동침하면—비록 단 한 번 서둘러 소파 위에서 했더라도—본부인에 대하여 우월감을 갖는다. 더구나 애인을 소유했다고 자부하는 남자는 그 남편에게 보기좋게 한 방 먹였다고 생각한다. 그러므로 바타유의 《애정》과 케셀의 《밤의 미인》에서, 여자는 애써 신분이 낮은 애인을 선택한다. 그녀는 그런 애인을 상대로 감각적 만족을 구한다. 그러나 존경하는 남편이 그 자신보다 애인이 우월하다고 생각하길 바라지 않는다. 《인간의 조건》에서 말로는, 자유계약을 맺은 한 남녀를 보여 준다. 그러나 메이가 키요에게 동료와 동침했다고 말하자, 키요는 그 남자가 그녀를 '소유'했다고 생각하진 않을까 고뇌하며 괴로워한다. 키요는 메이의 자유를 존중하는 편을 선택했다. 그 누구도 다른 누구를 결코 소유하지 못한다는 사실을 잘 알기 때문이다. 그러나 다른 남자가 메이를 통해 자기만족에 빠져 있다는 생각이 키요를 상심시키고 굴욕을 느끼게 한다. 사회는 자유스런 여자와 방종한 여자를 혼동하고 있다. 애인(남자)마저도 자기 자신이 누리고 있는 자유에 대해서는 제대로 인식하지 못한다. 그는 애인이 유혹에 져서 끌려 오고, 자기에게 정복되고, 유혹되었다고 믿고 싶어한다. 자존심 강한 여자는 개인적으로 상대 남자의 허영심을 이용할 수 있을 것이다. 그러나 그녀도 존경하는 남편이 애인의 오만한 태도를 참고 견디는 것이 결코 즐겁지만은 않다. 남녀평등이 일반적으로 인정되고 구체적으로 실현되지 않는 한, 여자가 남자와 동등하게 행동한다는 것은 지극히 어려운 일이다.

아무튼 간통·우정·사교생활은 모두 결혼생활에 있어서 기분전환이 될 뿐이다. 결혼생활의 속박을 견디는 데 도움은 될 수 있어도, 속박을 깨뜨리지는 못한다. 그것은 거짓된 도피 방법에 불과하며, 여자에게 운명을 올바르게 개척할 길을 조금도 열어 주지 않는다.

### 제4장 매춘부와 첩

우리가 앞에서 본 바와 같이, 결혼은 곧 매음이라는 필연적 결과를 낳는다. '창녀제도는 가정에 던져진 어두운 그림자로서 문명화된 인류를 따라다닌다'고 모르간(미국의 인류학자, 1818~1881)은 말한다. 남자는 아내의 순결과 정조를 용의주도하게 운명지어 놓지만, 자신은 여자에게 강요하는 그 제도에 만족하지 못한다. 몽테뉴는 페르시아 왕들의 지혜를 칭찬하며 이렇게 말하고 있다.

페르시아 왕들은 아내들을 불러 자기의 주연에 참석시켰다. 그러나 술이 거나하게 취해 욕정을 마음대로 발산해야 할 때는, 아내를 사실(私室)로 보내어 자기들의 무절제한 욕망에서 아껴 주었다. 그리고 대신에 이런 배려를 하지 않아도 되는 여자들을 불러들였다.

화려한 궁전의 위생을 위해서는 하수설비가 필요하다고 교회 신부들은 말했다. 그리고 망드빌(영국 의사·풍자작가, 《벌의 우화》로 유명, 1670~1733)도 평판이 좋은 책 안에서 이렇게 말하고 있다. "다른 여자들을 지키기 위하여, 한층 불유쾌한 본능의 불결함을 피하기 위하여 일부 여자들을 희생시킬 필요성이 존재한다는 것은 명백하다." 미국의 노예제도 옹호자들이 노예제도에 대하여 언급한 논거의 하나는, 남부 백인들은 노예제도를 통해 고된 육체 노동에서 해방되었기 때문에 서로에게 더 민주적이고 품위있는 관계를 맺을 수 있었다는 것이다. 그와 마찬가지로 한편에 '매춘부'라는 계급이 존재하기 때문에 '정숙한 여성'을 더욱 신사적인 배려로 대할 수 있게 하는 것이다. 매춘부는 속죄양이다. 남자는 그 비열한 욕망을 매춘부에게 발산하면서도 그녀들을 경멸한다. 합법적 신분으로 경찰의 감독 아래 활동을 하든 은밀하게 활동을 하든 그녀는 천민 대우를 받는다.

경제적으로 볼 때 창녀와 기혼여성의 상황은 대조적이다. '매음을 해서 자기를 파는 여자들과 결혼을 해서 자기를 파는 여자들 사이의 유일한 차이는 그 계약금과 기간에 있다'라고 마로는 말한다.[*72] 결혼한 여자에게든 창녀에게든 성행위는 하나의 의무이다. 전자는 단 한 남자와 종신계약을 하고, 후자는 자기에게 돈을 지불해 주는 사람들을 손님으로 받아들인다. 전자는 한 남성을 통해 다른 모든 남성들로부터 보호받고, 후자는 모든 남성들을 통해 한 남성의 배타적인 속박으로부터 자유롭다. 아무튼 그녀들이 육체를 제공함으로써 얻는 이익은 경쟁을 통해서 제한받는다. 남편은 자기가 다른 남자의 아내를 보호할 수도 있었으리라는 점을 안다. 결국 '부부의 의무'를 이행함은 은혜가 아니라 계약의 실행이다. 매음에서 남성의 욕망은 그 사람만의 개별적인 것이 아니라 종(種)의 본능에 속하는 것이므로 어떤 육체에 대해서나 만족할 수가 있다. 아내나 창녀는 둘 다 개성적인 매력이 없으면 남자를 잘 이용할 수 없다.

---

[*72] 《사춘기》.

이 둘 사이의 커다란 차이는, 본부인인 여자는 자유를 구속 받기는 하지만 인간적으로 존중을 받는다는 점이다. 이러한 존중도 구속을 받는 동안에 몹시 가치가 떨어져 가긴 하지만 말이다. 한편, 창녀는 인격체로서의 권리를 갖지 못하며, 그녀의 내부에는 여성 노예제의 모든 양상이 동시에 요약되어 있다.

도대체 어떤 동기가 여자를 매음으로 밀어넣는지 묻기조차 쑥스럽다. 오늘날은 이미 롬브로소(이탈리아 정신의학자·범의학자, 1836~1909)의 학설을 믿지 않는다. 그는 창녀와 범죄자를 비교하고, 그 어느 쪽이나 타락한 인간으로 간주했다. 통계가 보여 주듯이 일반적으로 매춘부의 지적 수준은 평균보다 약간 아래에 있고, 그 가운데 분명히 정신박약자도 있을 수 있다. 그리고 지적 능력이 높지 않은 여성들은 어떤 특기도 요구하지 않는 그런 직업을 스스로 선택하기도 하지만, 그 대부분은 정상적이며 일부는 대단히 총명하기까지 하다. 어떤 유전적 숙명이나 생리적 결함도 발견되지 않는다. 사실 빈곤과 실업으로 꽉 차 있는 세계에서는, 어떤 직업이 생기자마자 바로 거기에 덤벼드는 사람들이 있다. 경찰과 매음이 존재하는 한, 경찰관과 창녀는 사라지지 않을 것이다. 이런 일이 다른 많은 직업들보다 평균적으로 수입이 많다고 하면 그만큼 더 번창할 것이다. 남성의 요구에 응해 생긴 이런 상거래에 놀라는 것은 대단히 위선적이다. 이것은 가장 기본적이며 보편적인 경제적 과정이다. 1857년 파랑 뒤샤틀레(프랑스 의사)는 그의 보고서에 이렇게 썼다. '매음의 원인들 가운데 가장 명백한 것은 매음이 일자리 부족과 불충분한 급료에서 오는 불가피한 결과라는 사실이다.' 보수파 도덕주의자들은 냉소하면서, 창부의 가엾은 사연들은 순진한 손님을 속이기 위하여 지어낸 이야기라고 말한다. 사실 많은 경우에 창녀는 다른 수단으로 생계를 이어갈 수도 있을 것이다. 그러나 스스로 선택한 직업을 그녀가 가장 나쁜 것으로 생각하지 않는다고 해도, 그녀가 본래 타락한 여자임을 증명하지는 못한다. 오히려 매음제도는 많은 여성들에게 이 일이 그다지 거부감을 주지 않는 것으로 여겨지는 우리 사회를 고발하는 것이다.

'왜 그녀는 이런 상거래를 선택했는가' 묻기보다 차라리 '왜 그녀는 그런 직업을 선택하지 않았는가' 물어야 한다. 매음부의 대다수가 하녀 가운데서 나왔다는 것은 특히 주목할 만하다. 그것은 파랑 뒤샤틀레가 모든 나라에서 확인한 바이며, 독일에서 릴리 브라운이, 벨기에에서 리케르가 조사한 결과이다. 창부의 약 50%는 처음에는 하녀였다. '하녀의 방'을 한 번 훑어보는 것만으로 그 사실을 충분히 설명할 수가 있다. 착취당하고 압박받으며 인간이 아닌 물건으로서 취급받는 잡역부(雜役夫)나 하녀는, 장래 자기 운명에 대하여 어떤 희망도 기대하지 못한다. 그녀는 때로 집주인의 바람기를 받아들여야 할 때도 있다. 즉 한 집안의 하녀로서 집주인의 유혹에 복종하지 않을 수 없는 상황에서, 그녀는 더 이상 타락할 수도 없게 가장 행복하다고 꿈꾸는 노예생활로 슬금슬금 빠져 들어간다. 게다가 고용살이하는 여자들은 대개 의지할 사람이 아무도 없다. 파리의 창부 가운데 80%는 지방이나 시골에서 올라온 것으로 보인다. 자기의 가정이 가까이 있거나 세상의 평판을 꺼리는 여자는, 일반적으로 나쁘게 생각되는 직업을 선택할 수가 없다. 그러나 대도시에서 의지할 곳도 없고 그 사회에 더 이상 적응하지 못한다면, '도덕성'이라는 추상적인 관념은 그녀에게 어떤 울타리도 되지 못한다. 부르주아 계급은 성행위—특히 처녀성—를 무시무시한 금기로 에워싸는 데 반하여, 대다수의 농민과 노동자 계층에서는 그런 것을 아무렇지도 않게 보아 넘기는 듯하다. 이 점에 대해서 많은 조사가 일치하고 있다. 처음 만나는 남자한테 아무렇지 않게 처녀성을 상실하고, 다음에는 또 아무 남자에게나 몸을 맡기는 것을 자연스럽게 생각하는 처녀들이 상당히 많다. 매춘부 100명을 대상으로 실시한 조사에서 비자르 박사는 다음과 같은 사실을 지적한다.

〈처녀성을 잃은 나이〉
11살—1명   12살—2명
13살—2명   14살—6명
15살—7명   16살—21명
17살—19명  18살—17명
19살—6명   그 밖—21살 이후

이들 가운데 5%는 성숙하기도 전에 폭행을 당했다. 반수 이상은 사랑해서 몸을 맡겼다고 하지만, 그 나머지는 무지에서 동의한 것이다. 맨 처음 유혹해 온 사람은 대개 젊은 남자이다. 그들은 대개가 직장 친구, 사무실 동료, 어렸을 적 친구이다. 그 다음으로는 군인·직장 상사·하인·학생 등이다. 비자르 박사의 조사표에는 그 외에도, 변호사 2명, 건축가 1명, 의사 1명, 약제사 1명이 포함되어 있다. 흔히 말하듯이 성적 입문의 역할을 하는 것이 고용주인 경우는 드물고, 대개는 그의 아들이나 조카 또는 그 친구들 가운데 한 사람인 경우가 많다. 코망즈도 그의 연구에서 12살부터 17살까지의 처녀 45명이 알지 못하는 남자에게 처녀성을 빼앗기고, 두 번 다시 그들을 만나지 못했다는 사실을 지적한다. 그녀들은 조금도 쾌락을 느끼지 못하고, 무작정 남자의 뜻에 따랐던 것이다. 특히 비자르 박사는 다음과 같은 경우를 통해 명확하게 지적했다.

보르도의 G양은 18살 때 수도원에서 돌아오는 길에, 호기심에서 나쁘다는 생각도 없이, 마차 속으로 끌려가 알지 못하는 장사꾼에게 처녀성을 잃었다.

13살 된 한 소녀는 길거리에서 만난 처음 보는 어떤 남자에게 깊이 생각해 보지도 않고 몸을 내맡겼다. 그 뒤로 두 번 다시 그를 만나지 못했다.

M양이 사실을 그대로 이야기한 바에 따르면, 그녀는 17살에 알지도 못하는 어느 젊은 남자에게 처녀성을 빼앗겼다고 한다…… 그녀는 완전한 무지에서 남자가 시키는 대로 했던 것이다.

R양은 17살 때 병이 난 동생 때문에 근처 의사를 부르러 가던 길에 우연히 만난, 처음 보는 젊은 남자에게 처녀성을 잃었다. 그 남자는 그녀가 빨리 집에 돌아갈 수 있도록 자동차에 태워 주었다. 그러나 욕구를 채우고 나자 그녀를 그냥 거리에 내버려둔 채 가 버렸다.

B양은 15살 때 '자기가 무엇을 하는지도 모르고' 생전 처음 보는 젊은 남자에게 처녀성을 잃었지만, 그 뒤로 두 번 다시 그를 만나지 못했다. 아홉 달 뒤에 그녀는 아주 건강한 남자아이를 낳았다.

S양은 14살에 역시 젊은 남자에게 처녀성을 잃었다. 그는 자기의 누이동생을 소개시켜 준다는 구실로 그녀를 자기 집에 끌고 갔다. 그 젊은이는 사실 누이동생이 없었다. 게다가 그는 소녀에게 매독을 감염시켰다.

R양은 18살에 기혼자인 사촌오빠와 전쟁터를 방문했을 때 옛 참호 속에서 그에게 처녀성을 잃었다. 그녀는 임신을 해서 자기 가족들과 헤어져야만 했다.

C양은 17살 되던 어느 여름밤, 호텔에서 막 알게 된 한 젊은 사나이에게 해변에서 처녀성을 잃었다. 백 미터 떨어진 곳에서는 두 사람의 어머니들이

쓸데없는 잡담을 하고 있었다. 그녀는 임질에 감염되었다.

L양은 13살 때 라디오를 듣다가 자기 숙부에게 처녀성을 빼앗겼다. 숙모는 일찍 자는 버릇이 있기 때문에 옆방에서 편안히 자고 있었다.

이런 식으로 수동적으로 몸을 허락한 젊은 처녀들은 그 뒤에도 처녀성을 잃은 것에 대한 정신적 상처를 지니고 있을 것이다. 이런 난폭한 경험이 그녀들의 장래에 어떤 심리적 영향을 주었는지 알고 싶지만 '매춘부'들을 통한 정신분석은 이루어지지 않는다. 또한 그런 여자들은 자신에 관해서 자세히 이야기하는 것도 서투르고, 말하더라도 상투적인 이야기밖에 늘어놓지 못한다.

어떤 여자들은 쉽게 닥치는 대로 아무 남자에게나 몸을 맡기는데, 그것은 앞에서 말한 대응 망상으로 설명할 수 있다. 즉 가정의 불화와 싹트기 시작하는 성욕에 대한 공포, 어른 노릇을 하고 싶은 욕망 등으로 매춘부를 모방하는 어린 소녀들이 있다. 이들은 화려한 화장을 하고, 남자아이를 자주 찾아다니며 교태를 부리며 도발적인 행동을 한다. 아직도 젖내 나고 성에 눈뜨지 않고 성감이 발달하지 못한 그녀들은 아무렇지도 않게 불장난을 할 수 있다고 생각한다. 언젠가는 자신의 말을 곧이들을 남자가 나타나리라고 착각하여 행동하는 것이다.

"문이 한 번 열렸다면 다시 문을 닫아 두기란 어려운 일이에요"라고 14살의 어린 매춘부는 말했다.*[73] 하지만 젊은 처녀가 처녀성을 상실한 뒤 바로 손님을 물색할 결심을 하는 일은 드물다. 어떤 여자는 자기의 첫 애인에게 집착을 하고 계속 그와 관계를 하면서 '떳떳한' 직업을 갖는다. 애인이 그녀를 버리면, 다른 남자가 그녀를 위로해 준다. 그러면 이제는 단 한 남자의 것이 아니기 때문에, 자기 몸을 모든 남자에게 맡겨도 괜찮다고 생각한다. 때로는 애인이 —최초의 남자와 두 번째 남자가— 돈 버는 방법을 가르쳐 준다. 친부모 때문에 매음을 하는 처녀들도 많다. 어떤 가정에서는 —유명한 미국의 주크 가문(극빈자, 범법자, 매춘부 등을 많이 배출한 가문)처럼— 여자들이 모두 이런 직업에 종사하고 있다. 젊은 여자 부랑배 가운데도 가족들에게 버림을 받은 소녀들이 많다. 그녀들은 거지에서 시작하여 거리로 나서게 된다. 1857년에 파랑 뒤샤틀레는 5,000명의 매춘부에 대

---

*[73] 마로의 《사춘기》.

해 조사한 결과 1,441명은 가난 때문에, 1,425명은 유혹에 넘어갔다가 버림을 받았으며, 1,255명은 부모로부터 방치되어 어쩔 수 없이 그렇게 되었다는 것이다. 현대의 조사에도 대체로 이것과 같은 결론이 나와 있다. 병이 나서 제대로 된 일을 할 수 없게 되거나 실직을 한 여자는 어쩔 수 없이 매음으로 내몰리는 경우가 빈번하다. 질병은 근근히 살아가는 가계의 균형을 파괴하므로, 새로운 대책을 시급히 마련하도록 강요한다. 출산도 마찬가지이다. 생 라자르 갱생원에 수용된 여자들의 반수 이상이 적어도 아이를 하나씩 데리고 있었다. 아이를 세 명 혹은 여섯 명씩 기르는 여자들도 많았다. 비자르 박사는 열네 명의 아이를 낳은 여자에 대한 보고에서, 그가 이 여자를 알게 되었을 때 그 아이 가운데 여덟 명이 아직 살아 있었다고 한다. 아이들을 버리는 여자는 거의 없다고 박사는 말한다. 오히려 그 아이들을 양육하기 위해 미혼모가 창녀가 되기도 한다. 박사는 이런 경우를 인용한다.

그녀는 19살 때 시골에서 60세의 주인에게 처녀성을 빼앗겼다. 그때는 가족과 함께 살고 있었지만 임신을 했기 때문에 그들과 헤어져야만 했다. 그녀는 아주 건강한 딸아이를 낳아 잘 키웠다. 출산한 뒤에 파리에 와서 유모 자리를 얻었고, 29세에 바람이 나기 시작했다. 33세부터는 매음을 했다. 힘도 용기도 잃고 기진맥진한 그녀는 지금 생 라자르 갱생원에 들어가기를 원하고 있다.

전쟁 중에 그리고 전후 혼란기에 매춘이 증가한다는 것은 잘 알려진 사실이다. 〈현대〉지에 부분적으로 발표된 《어느 창녀의 생활》[74]에서 저자는 그 시작을 이렇게 이야기한다.

나는 16살에 나보다 30세 연상의 남자와 결혼했다. 내가 결혼한 것은 부모의 집에서 나가기 위해서였다. 남편은 나에게 아이를 낳게 하는 것밖에는 생각하지 않았다. "그러면 당신은 집에 머물러 있겠지. 나갈 수가 없으니까" 이렇게 그는 말했다. 그는 내가 화장하는 것도 좋아하지 않았고, 영화관에

---

[74] 저자는 본명을 숨기고 '마리 테레즈'라는 익명으로 발표했다. 나도 그녀를 이 이름으로 부르기로 한다.

도 데려 가려고 하지 않았다. 나에게는 참고 견뎌야 할 시어머니도 있었다. 시어머니는 날마다 집에 와서 언제나 그 못된 자기 아들 편을 들었다. 나의 첫 아이는 사내아이로 자크라고 불렀다. 열네 달 뒤에 나는 피에르라는 아들을 또 하나 낳았다…… 너무나도 따분해서 간호사 준비 과정을 밟기로 했는데 공부가 마음에 들었다…… 나는 파리의 교외에 있는 병원의 부인 병동에 들어갔다. 말괄량이 간호사 하나가 전에 내가 몰랐던 여러 가지를 가르쳐 주었다. 그녀는 남편과 자는 것이 고역이었다고 한다. 남자들이 여럿 있었지만 나는 여섯 달 동안 단 한 번도 정사를 나누지 않았다. 그런데 하루는 진짜 이주민인 망할 놈이, 그러나 잘생긴 녀석이 내 방에 들어왔다…… 그는 지금과는 다른 삶을 살 수 있다고 나를 꾀었다. 내가 그와 함께 파리에 가면 일하지 않아도 된다고 했다…… 그는 나를 감쪽같이 속였다…… 나는 그를 따라 떠날 결심을 했다…… 한 달 동안은 정말 행복했다…… 어느 날 그가 잘 차려입은 것장이 여자를 하나 데리고 와서 "사실은 매춘을 하는 거야" 하고 말했다. 처음엔 거리에 나가지 않았다. 나는 손님을 부를 생각이 없다는 것을 그에게 보여주기 위해 근처 병원에서 간호사 일자리까지 얻었다. 하지만 오래 저항할 수는 없었다. 그는 이런 말을 했다. "당신은 나를 사랑하지 않는 거지. 남자를 사랑한다면 남자를 위해 일하는 거야." 나는 울었다. 병원에서도 쓸쓸했다. 결국 미용실에 끌려갔다…… 나는 손님을 부르기 시작했다! 쥘로는 내가 고분고분 말을 듣지 않는지 살피고, 경관이 잡으러 오면 미리 알려 주기 위해 내 뒤를 따라다녔다……

여러 면에서 이런 사례는 기둥서방이 시키는 대로 거리에서 손님을 부르는 고전적인 이야기 그대로이다. 이런 기둥서방의 역할을 남편이 하는 수도 있다. 때로는 여자가 그런 역할을 하기도 한다. L. 페브르는 1931년에 510명의 젊은 창녀들에 대한 조사를 했다.[75] 그 중 284명이 혼자 살고 132명은 남자친구와 살고 있었다. 여자친구와 살고 있던 84명은 그 여자친구와 대개 동성애 관계를 맺고 있었다. 그는 (그녀들이 쓴 철자 그대로) 다음과 같은 편지를 인용한다.

---

[75]《감옥의 창녀들》.

쉬잔, 17세. 나는 특히 창녀들을 상대로 매춘을 하고 있었다. 나와 오랫동안 만났던 한 창녀는 질투가 심해서 나는……그 동네를 떠났다…….

앙드레, 15세 하고 6개월. 나는 부모 곁을 떠나 댄스홀에서 만난 여자친구와 함께 살고 있는데, 그녀가 나를 남자로서 사랑하고 싶어하는 것을 곧 알아차렸다. 나는 그녀와 넉 달 동안 함께 지냈다.

잔, 14세. 나의 가엾은 아빠는 이름이 X인데, 1922년 전쟁에서 입은 부상으로 병원에서 죽었다. 우리 어머니는 재혼했다. 나는 졸업장을 받기 위하여 학교에 다녔고, 졸업장을 받은 뒤에 재봉을 배워야만 했다…… 다음엔 수입이 너무 적다고 계부와 말다툼이 시작되었다…… 나는 동네 X부인 집에 가정부로 들어가야 했다. 열흘 뒤부터 나는 25세 가량 되는 그 집 딸과 단둘이 있었다. 나는 그녀가 매우 이상하다는 것을 알아챘다. 그리고 하루는 꼭 젊은 남자처럼 나에게 열렬히 애정을 고백했다. 나는 망설였지만 쫓겨나는 게 두려워서 결국 그녀가 하라는 대로 했다. 그때 나는 이제까지 몰랐던 것을 알게 되었다…… 일자리가 없어졌을 때는 숲에 가서 여자들을 상대로 몸을 팔았다. 나는 대단히 너그러운 어떤 부인과 알게 되었다.

매음을 오로지 생활비를 벌기 위한 일시적 방법으로 생각하는 여자들도 상당히 많다. 그러나 한번 시작하면 그 사슬에 발이 묶여 빠져나올 수 없게 된 예를 흔하게 볼 수 있다. 폭력이나 거짓 약속이나 속임수 등 여자가 꼼짝할 수 없는 톱니바퀴 속에 스스로 끌려들어간 '백인 매매(白人賣買)'는 비교적 드물며, 오히려 그녀의 의지와 반대로 강제로 억류되는 경우가 적지 않다. 그 일을 시작하는 데 필요한 자본은 기둥서방이나 포주가 제공하므로, 그들은 그녀에 대하여 권리를 행사하며 그녀가 번 돈의 대부분을 거두어들인다. 따라서 그녀는 그들의 손아귀에서 벗어날 수가 없다. '마리 테레즈'는 거기에서 빠져나올 때까지 몇 해 동안 힘겨운 투쟁을 계속해야 했다.

결국 쥘로가 내 돈만을 원한다는 것을 알고, 그에게서 벗어나면 돈을 약간 모을 수 있으리라 생각했다…… 처음 집에서는 수줍어서 손님에게 가까이 가 '올라타요'라는 말을 할 용기가 없었다. 쥘로의 친구인 여자가 나를 옆에서 감시하고 내가 버는 돈까지 계산했다…… 쥘로가 나에게 보낸 편지에는, 저녁마다 번 돈을 여주인에게 맡겨야 하며 '그래야 잃어버릴 염려가 없다'고 써 있었다. 내가 옷을 사 입으려고 하면 포주는 쥘로가 돈을 주지 말라고 했다는 것이다…… 나는 될 수 있는 대로 빨리 이 사창가를 떠날 결심을 했다. 포주는 내가 떠나고 싶어한다는 것을 눈치채고는 다른 때처럼 검진 전에 솜뭉치*⁷⁶를 주지 않았다. 그래서 나는 잡혀서 병원으로 보내졌다…… 나는 떠나는 데 필요한 돈을 벌기 위하여 사창가로 돌아와야만 했다…… 그러나 이 마귀굴에는 4주간밖에는 더 있지 않았다…… 바르베스에서 전처럼 며칠 동안 일을 했지만, 쥘로가 하도 원망스러워서 파리에는 더 이상 머물고 싶지 않았다. 우리는 서로 욕지거리를 했다. 그는 나에게 손찌검을 하고 한 번은 나를 창밖으로 내던지려고까지 했다…… 나는 시골로 가려고 매춘알선업자와 타협을 했다. 그러나 그 알선업자가 쥘로와 아는 사이라는 것을 눈치채고 약속한 장소에 가지 않았다 그러다 배롬 거리 근처에서 알선업자가 데리고 다니는 두 여자에게 발각돼 흠씬 매를 맞았다…… 이튿날 나는 짐을 꾸려 혼자서 T섬으로 떠났다. 3주일 뒤에 나는 사창가가 지긋지긋해서 의사가 검진을 왔을 때 편지를 써서, 내가 일을 그만둘 수 있는 처방을 해 달라고 부탁했다…… 쥘로는 마장타 큰길에서 나를 만나자 손찌검을 했다…… 그래서 얼굴에 상처가 났다. 쥘로라면 정말 지긋지긋했다. 그래서 독일로 가기로 계약을 했다……

문학작품에서 '쥘로'와 같은 유형의 남자는 완전히 전형화되어 있다. 그는 창녀의 생활에서는 보호자 격할을 한다. 그녀에게 화장품 살 돈을 빌려 주고, 그녀를 다른 여자들과의 경쟁과 경찰로부터—때로는 그 자신이 경찰관이 되어—손님으로부터 보호해준다. 손님 가운데에는 돈 한 푼 없이 즐기기를 원하는 이도 있다. 또 여자를 상대로 자기의 사디즘적 욕망을 채워 보려는 자들도 있다. 몇 년 전 마드리드에서 파시스트의 청년 귀족이 추운 밤에 창녀를 강에 집어 던지고 즐거워한 일이 있었다. 프랑스에서는 거나하게 취한 학생들이 가끔 여자들을 시골로 데리고 가서, 한밤중에 완전히 발가벗겨 길거리에 버리고 오

---

*76 '임질을 속이기 위해 국부를 틀어막는 데 쓰였던 솜뭉치로, 검진 전에 포주가 매춘부들에게 주었다. 포주가 그녀를 내쫓길 원하지 않는 한, 의사는 성병에 걸린 여자를 찾아 내지 못하게 되어 있었다.'

기도 했다. 돈을 받아 내고 학대를 면하기 위하여 창녀는 남자가 필요하다. 그는 그녀에게 정신적인 지주도 된다. "혼자서는 일도 잘 안 되고 흥미도 별로 없어 그냥 끌려가는 거지요"하고 어떤 여자들은 말한다.

그녀들이 기둥서방을 사랑하는 경우도 자주 있다. 사랑 때문에 그런 일을 하고 또 그런 일을 정당화한다. 이런 세계에서는 남자가 여자에 대해 대단한 우월성을 가지고 있다. 또 종교적 사랑이 잘 이루어져서, 어떤 창녀들은 열정적 자기희생을 설명하기도 한다. 그녀들은 기둥서방으로부터 폭력을 당하면서도 그에게서 남성다움을 보고, 그만큼 더 온순하게 복종한다. 그의 곁에서 질투와 고뇌를 느끼지만 또한 사랑하는 여자로서의 기쁨도 느낀다.

하지만 그 남자에게 적대감과 원한만을 느끼는 여자들도 있다. 마리 테레즈의 경우에서 본 것처럼 그녀들이 남자가 시키는 대로 따르는 것은 공포심 때문이며, 남자가 그녀를 꼼짝달싹 못하도록 철저히 억압하기 때문이다. 이런 상황에서 그녀들은 대개 손님 가운데서 고른 '애인'으로 스스로를 위로한다. 마리 테레즈는 다음과 같이 쓰고 있다.

> 그녀들은 저마다 쥘로 같은 남자 외에 애인을 갖고 있었고, 나도 갖고 있었다. 나의 연인은 굉장히 잘생긴 남자로 선원이었다. 그는 나를 알뜰히 사랑해 주었지만, 그와 살림을 차릴 수는 없었다. 그러나 서로에 대한 사랑은 두터웠다. 종종 그는 동침을 하지 않고 이야기만 하러 내 방에 올라왔다. 그는 나에게 이런 데서 발을 빼야 한다고 말했고, 여기는 내가 있을 만한 곳이 못 된다고 했다.

그녀들은 또 여자를 상대로 스스로를 위로하기도 한다. 대다수의 창녀들은 동성애자이다. 앞에서 본 것처럼, 그녀들이 일을 시작하게 된 계기는 대개 동성애적 모험 때문이며, 또 대다수가 여자친구와 동거를 계속하고 있었다. 안나 루엘링에 따르면 독일에서는 창녀의 약 20%가 동성애자라고 한다. 페브르는 감옥에서 젊은 여죄수들이 열정적이고 외설적인 편지를 교환하며 '일생을 맺은 친구'라는 서명을 한다고 지적한다. 이런 편지는 여학생들이 가슴속에 '열정의 불꽃'을 불태우면서 쓰는 편지와 유사하다. 후자의 편지에는 어딘가 풋내가 나고 한결 수줍은 데가 있지만, 전자의 경우에는 그녀들의 말이나 행동 모두가 감정을 한껏 노골적으로 드러낸다. 마리 테레즈의 생활에서—그녀는 어떤 여자에게서 관능의 쾌감을 처음으로 배웠다—경멸할 만한 손님이나, 강압적인 기둥서방과 비교했을 때 이 '여자친구'가 얼마나 특별한 역할을 하는가를 알 수 있다.

줠로가 어떤 계집애를 데리고 왔다. 그 애는 신발조차 없는 불쌍한 하녀였다. 벼룩시장에서 이것저것 산 뒤에, 그녀는 나와 함께 일을 하러 나갔다. 그녀는 아주 상냥하고 게다가 여자들을 좋아했으므로 우리는 서로 마음이 맞았다. 그녀는 내가 전에 간호사에게서 배운 모든 것을 상기시켜 주었다. 우리는 일하러 나가는 대신 신이 나서 영화관으로 달려가기도 했다. 나는 그녀가 우리와 함께 있기 때문에 행복했다.

이런 여자친구는 대체로 여자들 속에만 파묻혀 지내는 고지식한 부인 곁에서 순수한 친구로서 남자의 역할을 하게 된다. 그런 여자친구라면 성적 놀이의 상대로 함께 있어도 그 관계는 자유롭고 부담이 없어 이런 식으로 탐낼 수도 있다. 남자에게 시달리고 혐오를 느껴 기분전환을 원할 때 창녀가 휴식과 쾌락을 구하는 것은 흔히 다른 여자의 품 안에서이다.
어찌 되었든 앞에서 말한 대로 여자와 여자를 직접 연결시키는 공범성은 다른 어떤 경우보다도 이런 창녀들의 경우에 한결 강하게 존재한다. 인류의 반을 차지하는 남성들과의 관계가 상업적 성질을 띠는 데다 사회 전체에서 천민 취급을 받기 때문에, 창녀들끼리는 긴밀한 연대성이 있다. 서로간에 경쟁상대가 되고 질투와 모욕을 주기도 하고 싸움을 하기도 하지만, 남성들의 세계에 대응하는 '또 하나의 세계'를 구성하기 위하여 서로를 필요로 한다 이 자기들만의 세계에서 그녀들은 인간으로서의 자기의 품위를 다시 발견한다. 창녀 동료는 속내를 털어놓는 상대이며, 어느 누구도 대신할 수 없는 증인이다. 남자를 유혹하기 위한 수단이 되는 옷과 모자를 평가해 주는 것도 그 동료이다. 그러나 다른 여자들의 부러움과 찬미의 시선 속에서는 그런 옷과 모자가 목적처럼 보인다.
창녀와 손님과의 관계에 대해서는 그 의견이나 사례들이 너무나 다양하다. 흔히 강조되는 것처럼 창녀는, 마음의 애인을 위해 자유로운 애정의 표현인 키스를 보존해 두고, 사랑의 포옹과 직업상의 포옹을 완전히 별개의 것으로 본다. 남자들의 증언은 그들의 허영심이 향락의 연극에 속아 넘어가기 쉽기 때문에 종잡을 수가 없다. 흔히 벅찬 육체적 피로를 동반하는, 숨 돌릴 겨를도 없는 '손님 마구 받기'나 '숏 타임'이나 '올나이트'나 단골손님들이 겹치는 상황에서는 형편이 아주 달라진다는 것을 말해 두어야겠다. 마리 테레즈는 언제나 담담하게 일을 해왔지만 그녀에게도 즐겁게 추억되는 몇몇 밤이 있었다. 그녀에게도 '연인'이 있었는데 그녀의 동료들도 모두 그런 연인을 두었다고 한다. 마음에 드는 남자에게서는 돈 받는 것을 사양할 뿐만 아니라, 때로는 남자가 경제적으로 어려운 처지라면 도와주겠다고까지 나섰다. 하지만 대체로 '냉정하게' 일을 했다. 어떤 여자들은 자기들의 손님 모두에게 약간의 경멸 어린 무관심밖에 두지 않았다. '오! 남자들이란 정말 바보다! 여자들은 무엇이든 자기들이 원하는 것을 남자의 머릿속에 가득 심어줄 수 있지!' 이렇게 마리 테레즈는 썼다. 그리고 많은 여자들이 남자에 대해 혐오로 가득 찬 원한을 느낀다. 그녀들은 특히 남자들의 변태성욕에 구토를 느낀다. 아내나 애인에게는 감히 고백할 수 없는 욕망을 만족시키기 위하여 매음굴에 가는지, 매음굴에 왔다는 사실이 그들을 자극해서 그런 변태적 욕구를 일으키는지는 잘 모르지만, 어쨌든 많은 남자들은 여자들에게 여러 가지 '상상'을 요구한다. 마리 테레즈는 특히 프랑스 인의 상상력이 지칠 줄 모른다는 데 불만을 터뜨리고 있다.

　비자르 박사에게 치료를 받은 여자 환자들은 고백하기를, '남자들은 모두 어느 정도는 변태'라고 했다. 나의 여자 동료 한 사람은 보종병원에서 젊은 창녀와 오랫동안 이야기를 했다. 하녀였던 그 창녀는 매우 총명한데, 매춘을 하다가 몹시 사랑하게 된 기둥서방과 동거를 하고 있었다. 그 창녀가 말하기를 "우리 집 남자만 빼놓고, 남자란 남자는 모두 나쁜 버릇이 있지요. 내가 그를 사랑하는 것도 그 때문이에요. 만일 그에게도 나쁜 버릇이 있는 걸 알게 되면, 나는 그와 헤어질 거예요. 손님도 처음엔 백이면 백 감히 그런 짓을 못하고, 정상적인 태도를 보이죠. 그러나 두 번째 올 때는 여러 가지를 요구해요…… 당신 남편은 그런 나쁜 버릇이 없다고 하지만, 두고 보세요. 남자들은 죄다 마찬가지예요." 이런 악취미 때문에 그녀는 남자라면 지겨워한다. 또 다른 여자 동료는 1943년 프레네에서 어떤 창녀와 친해졌다. 그 창녀는 손님의 90%가 변태이고, 약 50%가 파렴치한 남색가라고 주장했다. 그녀는 상상력을 지나치게 발휘하는 남자들이 무서웠다. 어떤 독일군 장교는 그녀에게 나체로 꽃을 안고 방 안을 걸어다니라고 요구했다. 그동안 자기는 새처럼 날아다니는 흉내를 냈다. 그는 점잖고 돈이 많았는데도, 그녀는 그가 나타나기만 하면 도망쳐 버렸다. 그것은 보통 성교보다도 훨씬 더 수입이 많고 힘도 덜 들지만, 마리 테레즈는 이런 '악취미'를 몹시 싫어했다. 이 세 여자들은 유달리 총명하고 민감했다. 아마도 그녀들은 일반적이지 않고 유별난 행위를 하는 남자 손님이라면, 일반적인 손님이 아닌, 이 같은 개별화된 관계속에서 자신들이 그 남자들의 양심과 (언제 뒤바뀔지 모르는) 변덕스런 자유의 먹잇감이 되리라는 것을 틀림없이 알고 있었으리라. 그렇게 되면 이제는 단순한 거래의 문제가 아니기 때문이다. 하지만 수입이 많으므르 그런 '악취미'를 가진 고객들을 전문으로 하는 창녀들도 있다.

손님에 대한 그녀들의 적대감 속엔 부유계층에 대한 분노가 스며드는 경우가 많다. 헬렌 도이치는 안나라는 창녀의 일을 상세히 이야기한다. 안나는 금발의 예쁜 창녀로, 순진하고 보통 때는 성격이 지극히 온순했다. 그러나 어떤 남자들에 대해서는 몹시 분개했다. 그녀는 노동자 가정 출신이었다. 아버지는 술꾼이고, 어머니는 앓아누워 있었다. 이 같은 불행한 가정은 그녀에게 가정에 대해 큰 혐오감을 주었다. 그래서 그녀는 이런 직업에 종사하는 동안에도 때때로 구혼을 받았지만, 결코 승낙하지 않았다. 이웃 마을 젊은 청년들이 그녀를 타락시켜 놓았던 것이다. 그녀는 이 일을 매우 즐겼다. 그러나 결핵에 걸려서 병원에 보내지자 그녀는 의사들에게 심한 증오심을 나타냈다. '훌륭한' 남자들이 미웠던 것이다. 그녀는 자기를 돌보아 주는 의사의 예의와 배려에 견딜 수가 없었다. "남자들이 친절과 품위와 자제의 가면을 간단히 벗어던지고 짐승과 같은 짓을 서슴지 않고 한다는 걸 모르는 줄 아나봐" 이렇게 그녀는 말했다. 그 점만 빼면 그녀는 정신적으로 안정을 유지하고 있었다. 그녀는 아이를 하나 유모에게 맡기고 있다고 거짓말을 했다. 그녀는 결국 결핵으로 죽었다. 또 한 사람의 젊은 창녀 줄리아는 15살부터 자기가 만나는 모든 젊은이들에게 몸을 내맡겼으나, 가난하고 약한 남자밖에 사랑하지 않았다. 그런 남자들과 함께 있을 때는 그녀는 상냥하고 친절했다. 그러나 다른 남자들은 '아무리 거칠게 다루어도 괜찮을 야생동물'처럼 생각했다. 그녀에게는 충족되지 못한 모성 본능을 드러내는 콤플렉스가 있었다. 그녀 앞에서 어머니나 아이 혹은 그와 비슷한 어감의 말을 하면, 그녀는 곧 심한 정신적 불안에 빠졌다.)

대부분의 창녀들은 자기들의 신분에 정신적으로 어떻게든 적응되어 있다. 그러나 그것은 그녀들이 유전적이거나 선천적으로 부도덕하다는 의미가 아니라, 그녀들 스스로가 서비스를 요구하는 사회에 정당하게 합류했다고 느끼고 있음을 뜻한다. 자신의 상태를 카드에 기록하는 경찰들의 훈계는 그저 무의미한 객담일 뿐임을 그녀들은 잘 알고 있다. 그리고 손님들이 매음굴을 한 발자국 나서서 과시하는 고상한 감정 등에도 그녀들은 눈 하나 깜짝하지 않는다. 마리 테레즈는 베를린에 있을 때 동거하던 빵집 여주인에게 다음과 같이 말했다.

"나는 누구나 다 좋아하죠. 돈만 생긴다면 말예요. 어떤 남자와 돈을 받지 않고 동침을 한다고 해도 남자들은 마찬가지로 생각하죠. 저 계집은 갈보라고 말예요. 돈을 받을 때나 받지 않을 때나 마찬가지로 갈보라고 생각하거든요. 아주 교활한 갈보라고 생각하는 거죠. 남자에게 돈을 요구하면 그 다음엔 꼭 '나는 당신이 그런 일을 하는 줄은 꿈에도 몰랐어'라든가, '기둥서방이 있나?' 하고 물으니까요. 그래서 돈을 받건 안 받건 나에겐 마찬가지예요." "아! 그렇겠군, 당신 말이 옳아" 하고 여주인은 대답했다. "당신은 신발 배급표를 받는 데 반 시간이나 줄을 서야 하죠. 나는 반 시간이면 한 놈 낚아요. 나는 신발을 가지고 있어요. 그러나 내가 돈을 받을 때는, 애교만 잘 부리면 그 값도 받아 내죠. 그러니 내 말이 옳다고 생각하시죠?"

창녀들의 생활이 괴로운 것은 도덕적·심리적 처지 때문은 아니다. 대부분 언제나 그 경제력이 불행의 씨앗이다. 기둥서방이나 포주에게 착취당하여 불안한 생활을 하며, 그 가운데 4분의 3은 돈이 한푼도 없다. 그런 직업에 종사한 지 5년 뒤엔 약 75%가 매독에 걸린다고 많은 창녀들을 치료해 온 비자르 박사가 말하고 있다. 특히 그 중에서도 경험이 많지 않은 젊은 여자들은 무서운 속도로 감염된다. 임질이 발병해서 수술을 받아야만 하는 여자가 25%나 된다. 20명 중의 한 명은 결핵을 앓으며, 약 60%가 알코올 중독자거나 약물 중독자가 된다. 40%는 40세 이전에 죽는다. 여기에 덧붙여야 할 것은 예방책을 강구하는데도 가끔 임신하는 여자들이 생긴다는 것이다. 그래서 일반적으로 그런 여자들은 악조건 아래에서 수술을 받는다. 일반적으로 매음은 괴로운 직업이다. 여기서 여성은 성적으로나 경제적으로 억압을 받고, 경찰의 횡포와 굴욕적인 의료 검사, 손님들의 변덕스런 욕망에 아무렇게나 맡겨지고, 임질과 질병과 빈곤에서 벗어날 수 없으며, 말 그대로 물건과 똑같은 취급을 받는다.*77

하급 창녀에서 고급 창녀에 이르기까지 매음에는 여러 단계가 있다. 본질적 차이는, 일반적 거래에 따라 비참한 생활수준으로 살아가는 데 반해, 후자는 개성을 갖춘 존재로 인정받으려고 노력한다는 점이다. 후자는 잘만하면 높은 신분을 바라볼 수도 있다. 그러기 위해서는 물론 미모나 애교, 성적 매력도 필요하지만, 그것만으로는 충분하다고 할 수 없다. 아울러 세상의 인정도 받아야만 한다. 흔히 여자의 가치가 드러나는 것은 남자의 욕망을 통해서다. 남자가 여자의 가치를 세상 사람들의 눈앞에 선언할 때 비로소 여자는 '팔릴' 것이다. 19세기에는 '화류계 여성'이 그 포주에게 미치는 영향력을 보여주는 것으로, 그녀를 첩의 지위에까지 이끌어올린 것은 저택과 마차, 진주였다. 남자들이 그녀를 위해 돈을 물쓰듯 하는 한 그녀의 가치는 확증된다. 사회적·경제적 변화는 블랑슈 당티니(19세기 프랑스 작가 졸라의 소설 《나나의 모델이 된 고급 창녀》)와 같은 유형의 여자를 사라지게 했다. 이제는 그녀의 이름을 드날릴 수 있는 '반사교계'란 존재하지 않는다. 야망에 불타는 여자는 이제 다른 방법으로 명성을 얻으려 한다. 최근 첩의 형태는 영화배우이다. 남편—특히 할리우드에서—이나 진실한 친구가 늘 따라다니는 그녀도 역시 프리네나 임페리아(16세기 초 이탈리아의 고급 창녀)나 황금의 투구(19세기 말 파리의 고급 창녀)와 비슷하다. 그녀는 남자들의 꿈에 '여자'를 주고, 그 대가로서 남자로부터 재산과 명성을 얻는다.

매음과 예술 사이에는 어느 시대를 막론하고 불확실한 통로가 있다. 그것은 미와 관능을 모호하게 결합시키기 때문이다. 사실 욕망을 낳는 것은 '아름다움'이 아니다. 그러나 플라톤적 연애론은 육욕을 위선적으로 변호하고 있다. 프리네는 자기 가슴을 노출시킴으로써 아테네 최고 법원의 고관들에게 순수 이념을 관조시켰다. 베일을 벗은 육체의 전시는 예술적 구경거리가 된다. 미국의 '스트립쇼'는 옷 벗기는 것을 하나의 드라마로 만들었다. '나체는 순결하다'고 주장하는 것은 '예술적 나체'란 이름 아래 외설스런 사진을 수집하는 노신

---

*77 소극적·위선적 수단으로는 이런 상황을 바꿀 수 없다. 매음을 없애기 위해서는 두 가지 조건이 필요하다. 즉 모든 여성들에게 정당한 직업이 보장되는 것과, 풍습이 연애의 자유를 가로막지 않아야 한다는 것이다. 매음의 필요성을 제거해야 비로소 매음을 폐지할 수 있다.

사들이다. 창녀집에서 '고르는' 순간은 이미 구경거리의 일종이라고 할 수 있다. 그것이 복잡해지면 손님에게 보이는 '살아 있는 그림'이며 '예술적 포즈'가 된다. 특수한 가치를 얻고자 원하는 창녀들은 자기의 육체를 피동적으로 내보이는 데 만족하지 않고 특수한 재능을 보이려고 노력한다. 그리스의 '피리 부는 여자'들은 음악과 춤으로 남자들을 매혹시켰다. 울레드 나일(알제리 북부 산지)의 여자들은 밸리댄스를 추고, 스페인 여자들이 바리오 치노 말로 노래하고 춤을 추는 것도 결국은 남자들의 인기를 얻으려는 세련된 방법에 불과하다. 나나가 무대에 올라가는 것도 '후원자'를 찾기 위한 것이다. 어떤 뮤직홀은, 전에 어떤 카페 콘서트 가운데 그러한 것이 있었는데, 매음 장소와 다를 바가 없다. 여자가 자기 몸을 드러내는 모든 직업은 성적인 목적에 이용될 가능성이 있다. 댄서·스트립쇼걸·유흥업소 호객·펀업걸·마네킹걸·가수·여배우 중에는 자기들의 성생활과 직업을 분명히 구별하는 여자들도 있다. 직업은 특기나 창의성을 필요로 하면 할수록 그 자체를 목적으로 볼 수도 있다. 그러나 대중에게 '알려진' 여자는 자기의 매력을 더욱 비밀리에 거래하도록 유혹받기 쉽다. 반대로 화류계 여자는 자기에게 어떤 구실이나 기회를 제공해 주는 직업을 원한다. 콜레트의 작품 《셰리》에 나오는 레어처럼 남자에게 '친애하는 예술가'라고 불리면 "예술가라고? 정말 나의 연인들은 너무 형편없단 말야"라고 대답하는 여자들은 보기 드물다. 앞에서도 말한 바와 같이 그녀에게 상품가치를 붙이는 것은 그 명성이다. 장사의 토대가 되는 '명성'이 만들어지는 곳은 무대와 스크린이다.

신데렐라가 반드시 '의젓한 왕자'를 꿈꾼다고 할 순 없다. 남편이든 애인이든 그녀는 그가 폭군으로 변하지나 않을까 걱정해야만 한다. 따라서 그녀는 그보다도 큰 영화관 입구에 자신의 웃는 사진이 걸려 있는 광경을 상상하기를 더 좋아한다. 그러나 여자가 자기의 목적을 이루게 되는 것은 대개 남성의 '후원' 덕분이다. 그리고 남자들—남편·애인·팬—은 자기들의 재산이나 명성의 일부를 여자에게 줌으로써 여자의 성공을 뒷받침해 준다. '인기 여배우'를 첩과 비슷하게 여기는 것은, 둘 다 개인이나 군중에게 '인기를 얻어야' 하기 때문이다. 이 두 부류의 여자들은 사회에서 비슷한 역할을 하고 있다. 여기서 첩이란 단지 자신의 육체뿐만 아니라 자신의 모든 인격을 자본으로 생각하고 이용하는 모든 여자들을 가리키기 위해 쓴 말이다. 그녀들의 태도는 한 작품 속에서 자기를 초월함으로써 주어진 숙명을 극복하고, 타인 속에 자유로운 정신을 불러일으켜 미래를 개척하는 창조자의 태도와는 전혀 다른 것이다. 창녀는 세계의 그림자를 벗어나지 못하고, 인간 초월의 어떤 길도 개척하지 못한다.*78 그러기는커녕 자기의 이익을 의하여 인간을 농락하기에 여념이 없다. 자기의 남자 팬들에게서 인기를 얻으려고 들러붙어 있는 수동적인 여성의 처지가 지겨운 것은 아니다. 그녀는 여성의 처지에 마력을 부여하여, 남성들을 자기 겉치레의 함정에 빠트려 먹이로 삼을 수 있다. 그녀들은 남성들을 자기와 함께 내재(內在) 속에 가두어 둔다.

 이런 방법으로 여자는 일종의 독립을 획득하는 데 성공한다. 여러 남자들에게 몸을 팔면서도 어떤 남자에게도 결정적으로 소유되지 않는다. 모은 돈과 상품을 팔듯 그녀가 '파는' 이름은, 그녀에게 경제적 자립을 보장해 준다. 고대 그리스에서 가장 자유로웠던 여자들은 주부나 하급 창녀가 아니라 첩들이었다. 르네상스 시대의 유녀(遊女)나 일본의 게이샤는 같은 시대의 사람들보다 훨씬 많은 자유를 누렸다. 프랑스에서 남성과 비교될 만큼 가장 활동적이고 자립적으로 보이는 여자는 아마 니농 드 랑클로일 것이다. 역설적으로, 여성의 무기를 철저하게 활용하는 여자는 대개 남성 못지않은 입지를 굳힌다고 할 수 있다. 그녀들은 자기들을 남성에게 물건처럼 내어 맡기는 성(性)에서부터 출발하여 자기를 주체로서 발견하게 되는 것이다. 남자들처럼 의젓하게 생계를 꾸릴 뿐만 아니라 거의 남성을 상대해서 살고 있다. 행동이나 말도 자유스러운 그녀들은—니농 드 랑클로처럼—가장 존귀한 정신의 자유에까지 자기를 높일 수 있다. 이런 부류의 가장 빼어난 여자들 주위에는 '정숙한 여자'의 상대로는 따분함을 느끼는 예술가들이나 작가들이 모여들게 된다. 남성들이 마음속에 그리는 여성의 신화는 이런 고급 창녀들 속에서 가장 매력적인 화신을 발견한다. 이런 여자는 어느 여자들보다 육체적이며 의식적이고 우상과도 같이 숭배되며, 영감을 불어넣어 주는 여신과도 같다. 화가나 조각가는 그녀를 모델로 삼길 원한다. 그녀들은 시인의 꿈을 길러 준다. 지식인은 그녀 속에서 여자의 '직관의 보고(寶庫)'를 발굴한다. 그녀는 위선에 싸여 살지 않기 때문에 가정주부보다 영리해지기 쉽다. 재능이 뛰어난 여자들은 조언자와 같은 내조 역

---

*78 그런 여자가 예술가라면, 인기를 얻으려고 노력함으로써 창의와 창조를 이루는 수가 있다. 그런 경우 그녀는 이 두 가지 기능을 결합할 수도 있고, 혹은 성적인 단계를 지나서 여배우·가수·무용가의 영역에서 어깨를 나란히 할 수도 있다.

할만으로는 만족하지 않는다. 타인의 지지를 받아 얻은 가치를 자주적으로 발휘하고 싶은 욕망을 느끼게 된다. 그래서 자기들의 수동적인 가치를 능동화시키려고 한다. 자주적 주체로서 세계에 떠올라, 시와 산문을 쓰고 그림을 그리며 음악을 작곡한다. 이렇게 해서 임페리아는 이탈리아의 유녀(遊女)들 가운데서 유명해졌다. 또 그녀는 남자를 매개적 수단으로, 남성적 역할을 행사할 수도 있다. 즉 '위대한 애첩'들은 애인의 권력을 통해서 세계의 지배에 참여했던 것이다.*[79]

이런 자유는 특히 성적인 면에서도 나타난다. 여자가 남자를 통하여 부를 얻고 자신이 원하는 것을 성취하게 되는 가운데서 여성의 열등의식에 대한 보상을 발견하는 수도 있다. 돈은 정화작용을 하여 성의 투쟁을 없애 버린다. 화류계에 있지 않은 많은 여자들이 애인에게서 수표나 선물을 받아내려고 하는 것은 단지 욕심에서만은 아니다. 남자에게 돈을 지불하게 하는 것은—뒤에 보듯이 남자에게 대가를 지불하게 하는 것은—남자를 하나의 도구 또는 수단으로 만드는 것이다. 이렇게 함으로써 여자는 자신이 도구가 되는 것을 막는다. 아마 남자는 '그녀를 손에 넣었다'고 생각할지도 모르지만, 그 성적 소유는 착각이다. 여자는 경제라는 훨씬 공고한 기반 위에 남자를 '손에 넣고' 있다고 생각하여 자존심을 만족시킨다. 여자가 남자의 포옹에 몸을 맡긴다고 해서 타인의 의지에 복종하고 있는 것은 아니다. 쾌락은—그녀에게 '억지로 주어질' 수는 없으므로—오히려 여분의 이익처럼 보인다. 그녀는 '사로잡히는' 것이 아니다. 왜냐하면 그녀에게는 돈이 지불되기 때문이다.

하지만 창녀는 불감증이라는 말이 정설인 것 같다. 창녀에게 자기의 마음과 복부를 제어할 수 있다는 것은 편리한 일이다. 감정적이며 관능적이라면, 그녀는 남자에게 억제와 착취와 독점과 괴로움을 당할 위험이 있다. 그녀가 받아들이는 포옹 가운데에는—더욱이 처음에는—굴욕감을 느끼게 하는 것이 많다. 남성의 횡포에 대한 그녀의 반항심은 불감증으로 나타난다. 창녀나 첩들도 가정주부와 마찬가지로 쾌감을 가장하는 묘책을 서로 전수해 준다. 남자에 대한 이런 경멸과 혐오는, 서로 이용하는 내기에서 그녀들이 이길 자신이 없

---

*[79] 자신의 목적을 위해 결혼을 이용하는 여자가 있는 것과 같이, 정치적·경제적 목적을 달성하기 위해 애인을 이용하는 여자도 있다. 전자는 가정주부의 처지를 초월하고, 후자는 유녀(遊女)의 처지를 초월한다.

음을 보여 주는 증거다. 그리고 대부분의 경우에도 남자에게 의존하는 것이 여자들의 운명이다.

어떤 남자도 이런 여자들의 결정적인 지배자가 될 수는 없다. 그러나 그녀들에게는 절대적으로 남자가 필요하다. 남자가 창녀를 더 이상 원하지 않는다면 창녀는 자기의 모든 생활수단을 잃는다. 신인여배우 역시 자기의 장래가 모두 남자들의 손에 달려 있음을 알고 있다. 스타라도 남성의 후원을 잃게 된다면 그 위력은 빛을 잃는다. 오손 웰즈(미국 영화배우)에게 버림을 받은 리타 헤이워드(미국 영화배우)는 알리 칸(파키스탄의 부호)을 만나기 전까지 고아와 같은 가련한 모습으로 유럽 각지를 떠돌아다녔다. 아무리 아름다운 여자라도 내일에는 자신이 없다. 왜냐하면 그녀의 무기는 마법이며, 그것은 변덕스러운 것이기 때문이다. 그녀와 보호자—남편 혹은 애인—는 정숙한 아내와 그 남편의 관계처럼 거의 밀접하여 떨어질 수가 없는 사이이다. 그녀는 그에게 잠자리에서 봉사를 해야만 할 뿐만 아니라 그의 곁에 있어야 하고, 그의 이야기 상대가 되어야 하고, 그의 친구들을 맞아들여야 하고, 그리고 특히 허영심으로 가득한 그의 요구들을 들어 주어야 한다. 정해 놓은 여자에게 하이힐과 새틴 스커트를 사 주는 것은 기둥서방에게는 이자가 붙어 돌아오는 투자이다. 남자가 실업가이거나 생산업자라면 자기 애인에게 진주나 모피를 주고 그녀를 통하여 자기의 재산과 권력을 확인한다. 여자 쪽에서 보면 돈을 벌기 위한 수단이 되든 혹은 돈을 지출하기 위한 구실이 되든 간에 그녀가 노예임에는 변함없다. 그녀에게 마구 뿌려지는 금품은 풀어 버릴 수 없는 쇠사슬이다. 게다가 그녀가 몸에 지닌 의상과 패물은 정말 그녀의 것인가? 헤어질 때 남자가 그런 것들의 반환을 요구하는 경우도 있다. 전에 사샤 기트리(프랑스의 연극과 영화배우·극작가, 1885~1957)가 그랬던 것처럼.

여자가 자기의 쾌락도 포기하지 않으면서 후원자를 '붙잡고 있기' 위해서는, 평범한 결혼생활이라면 부끄럽게 여길 만한 간계와 술책과 거짓말과 위선을 이용할 수도 있다. 그녀가 그런 비굴함을 가장하고 있을 뿐이라고 하더라도 그 가장하는 그 자체가 비굴한 것이다. 아름답고 유명한 동안에는 현재의 남자에게 싫증을 느끼면 다른 남자를 선택할 수도 있다 그러나 미모란 근심을 안겨 주는 것이며 부서지기 쉬운 보물이다. 남자에게 빌붙어 사는 여자는 시간이 무자비하게 망가뜨리는 자기의 육체에 밀접하게 의존해 있다. 노화에 대한 싸움이 가장 극적인 형태를 띠는 것은 이런 여자의 경우이다. 그녀가 대단한 인기를 끈다면 그 얼굴과 몸매가 쇠퇴한 뒤에도 살아 남을 수 있을 것이다. 그런데 가장 확실한 재산이 되는 이 명성을 얻으려면 그녀는 전제(專制) 가운데에도 가장 가혹한 여론의 전제에 따라야만 한다. 할리우드의 스타들이 얼마나 비굴한 상황에 처해 있는지 아는 사람은 알 것이다.

그녀들의 육체는 더 이상 그녀들의 것이 아니다. 프로듀서가 그녀들의 머리 빛깔, 체중, 몸매, 체형까지도 결정한다. 뺨의 곡선을 고치기 위해서 치아까지도 뽑는다. 식사·체조·의상·화장은 날마다 되풀이되는 귀찮은 일이다. 사생활의 완전공개라는 명목으로 외출은 물론 정사까지도 폭로된다. 사생활은 공적 생활의 한순간에 불과하다. 프랑스에서는 아직 그 정도까지 명확하지는 않다. 그러나 신중하고 영리한 여자들은 자기의 '광고'가 자기에게 무엇을 요구하는지 안다. 이런 요구에 따르려고 하지 않는 스타는 그 즉시 혹은 서서히, 그러나 필연적으로 인기가 떨어지게 된다. 자기 육체만을 넘겨 주는 창녀가 인기를 직업으로 하는 여자보다 덜 비굴할지도 모른다. 실제로 자기 직업을 통해 재능을 인정받아 '성공한' 여자—여배우·성악가·무용가—는 창녀의 범주에서 벗어나 있다. 그런 여자는 진정한 독립을 할 수 있다. 그러나 그녀들의 대부분은 일생 동안 불안하게 살아간다. 끊임없이 새로운 대중과 남자들을 유혹해야 하기 때문이다.

남의 첩이 된 여자는 대개 그 의존심이 몸에 배어 있다. 그녀는 세상에 복종하여 그 가치를 인정한다. '상류사회'를 동경하여 그 풍습을 흉내낸다. 부르주아적 규범으로 의젓하게 존경받기를 원한다. 본래 상류 부르주아에 기생하고, 그 사상에 귀의한다. 그녀는 '사상이 온건하다.' 최근까지 자기 딸들을 수도원의 기숙사에 보냈고, 늙으면 그녀 스스로 미사에 나가 버젓이 회개할 것이다. 그녀는 보수주의자들 편에 속한다. 이 세상에서 자기의 지위를 쌓아올리는 데 성공한 것을 자랑스럽게 여기는 그녀는 세상이 바뀌는 것을 바라지 않는다. 그녀가 '출세하기' 위하여 싸워 온 투쟁은 그녀에게 우애나 인류공존을 생각할 여유를 주지 않는다. 굴욕적인 애교를 수없이 떨면서 성공을 쟁취한 그녀가 인류 전체의 자유를 진정으로 원할 리가 없다. 졸라는 이런 특징을 나나에서 강조한다.

소설이나 연극에 관한 나나의 의견은 매우 확고했다. 그녀는 아름답고 고

상한 작품, 자기를 돋꾸게 하고 영혼을 키워 주는 그런 작품을 원했다……
그녀는 공화주의자들에게는 반감을 표시했다. '씻지도 않고 다니는 그 더러운 자들이 대체 어쨌다는 거야? 그렇게 하고 있으면 모두 불쾌하게 여길걸. 황제가 민중을 위하여 아무것도 하지 않는단 말이야? 민중이란 정말 더러운 자들이야!' 그녀는 민중을 알고 있었고, 민중에 대하여 말할 수도 있었다. '안 될 말이야. 봐, 그들이 만든 공화국은 모든 사람에게 크나큰 불행이 될 테니까. 아! 될 수 있는 대로 오래도록 황제를 지켜주시옵소서.'

전쟁 때에는 고급 창녀만큼 열렬한 애국심을 과시하는 사람도 없다. 그녀들은 고상한 감정을 가장함으로써 공작부인의 수준까지 자신을 끌어올리려고 노력한다. 사람들 앞에서 그녀들은 천박한 말투로 알맹이 없는 이야기를 하며 혼자서 문제를 제기하고 혼자서 결론을 짓는다. 대개 그녀들은 마음 구석구석까지 모든 성실함을 잃었다. 거짓말과 과장으로 말은 허울어진다. 그녀들의 일생은 일종의 과시이다. 그녀의 말과 표정은 자기의 사상을 표현하기 위한 것이 아니라 효과를 불러일으키기 위한 것이다. 그녀는 자기 파트너를 상대로 사랑의 연극을 한다. 때로는 스스로를 관객삼아 연기하는 경우도 있다. 세상을 상대로는 신중하게 매력 있는 연극을 한다. 그러는 중에 그녀는 자기를 미덕의 전형이며 신성한 우상처럼 믿게 된다. 완고하게 자리잡은 잘못된 신념은 그녀의 내적 생활을 지배하고 평소의 거짓말을 정말처럼 자연스럽게 보이게 한다. 그녀의 생활에도 때로는 자연발생적인 감정이 있다. 그녀라고 해서 사랑을 전혀 모르는 것이 아니기 때문이다. 그녀도 '연정'이 있고, '반할 때'가 있고, 때로는 남자에게 '홀려 버릴 때'도 있다. 그러나 자의나 감정이나 쾌락에 너무 치중하는 여자는 곧 자기의 '지위'를 잃어버리게 된다. 일반적으로 그녀가 바람이 났을 때는 간통한 아내처럼 신중해진다. 자기 보호자나 세상의 여론으로부터 몸을 숨긴다. 그러므로 그녀는 '마음의 애인'에게 자기의 많은 것을 바칠 수가 없다. 이 애인은 일종의 기분전환이나 휴식에 지나지 않는다. 게다가 그녀는 생계를 꾸려갈 걱정에 사로잡혀 있어 진실된 사랑에 깊이 빠질 여유가 없다. 어떤 여자는 다른 창녀를 관능적으로 사랑하는 경우도 꽤 많다. 남자들이 자기들을 강제로 지배하기 때문에 그 적개심으로 다른 여자의 품에서 육감적 위안을 찾으며 일종의 보복을 한다. 나나가 그렇게도 사랑하는 사탱에 대한 태도가 바로 그러하다. 사회에서 능동적인 역할을 함으로써 자기에게 주어진 자유를 적극적으로 바라는 것과 동시에 그녀는 또 다른 사람들을 자기 것으로 만들고 싶어한다. 어린 사내아이들을 도와주거나 젊은 여자애들을 부양하기도 한다. 아무튼 그녀는 그들에게 남성적 인물이 된다.

동성애자이든 아니든 그녀는 여성 전체와 앞에서 말한 복잡한 관계를 갖는다. 그녀는 남자에게 억압받는 모든 여성이 요구하는 그 '대응세계(counter-universe)'를 만들기 위하여 심판자이자 증인으로서, 상담가이자 공범자로서 여자친구가 필요하다. 그러나 여기에서 여성 간의 경쟁심은 절정에 달한다. 자기의 일반성을 상품으로 파는 거리의 창녀에게도 경쟁상대가 있다. 그러나 동료가 모두 훌륭히 거래를 할 수 있는 상황에서는 싸움을 하면서도 서로 연대의식을 느낀다. 반면 다른 여자들보다 '뛰어나려고' 애쓰는 첩은 자기처럼 특권적 지위를 노리는 여자에게 근본적인 적대감을 품는다. 여성의 '파렴치한 짓'이 널리 화제가 되는 것은 이런 경우이다.

첩의 가장 큰 불만은, 자립한 듯 보이는 자기 생활이 실은 무수한 의존의 허위적인 이면일 뿐만 아니라 그 자유조차도 소극적인 것이라는 점이다. 라셀(프랑스 여배우. 고전주의 비극을 부활시키는 데 공헌했다. 1821~1858) 같은 여배우나 이사도라 던컨 같은 무용가는, 비록 남자들의 도움을 받는다 하더라도 자기들을 필요로 하고 자기들을 정당화시켜 주는 직업을 가지고 있다. 그녀들은 자기들이 원하고 좋아하는 일 속에서 하나의 구체적인 자유에 도달한다. 그러나 대다수 여성에게 예술이나 직업은 하나의 수단에 불과하다. 그녀들은 그 예술이나 직업에 대한 실제적인 계획이 없다. 특히 인기여배우를 감독의 뜻대로 움직이는 영화계에선 그녀의 창의성이나 창조적 활동의 진보를 허용하지 않는다. 그녀에게 있는 것을 다른 사람들이 찾아내는 것이다. 새로운 것을 창조하지 못하면서도 인기 여배우가 된다는 것은 매우 신기한 일이다. 이른바 '정사'에서는 초월로 가는 길이 열리지 않는다. 여기서도 내재 속에 갇혀 있는 여성에게는 권태가 따른다. 졸라는 나나의 경우에서 이런 특징을 지적했다.

나나는 궁전과 같은 곳에서 호사스런 생활을 하면서도 못 견디게 따분했다. 그녀는 밤새도록 끊임없이 남자들을 곁에 두었고, 화장대의 서랍 속에 돈을 가지고 있었는데도 만족하지 못했다. 어딘가 비어 있는 곳이 있으며 그녀를 권태롭게 하는 틈이 있었다. 그녀는 하는 일도 없는 따분한 나날, 늘 똑같은 단조로운 시간을 보냈다⋯⋯ 먹고 사는 것이 확실히 보장되었기 때문에 별로 하는 일도 없이 하루하루를 빈둥대며 보냈다. 아무 노력도 하지 않고 그저 이 한가하고 조용하고 수도원 같은 생활 속에 잠긴 채 마치 집 안에 갇혀 있는 매춘부처럼 게으르게 살았다. 단지 남자만을 기다리면서 어리석은 쾌락에 시간을 보내고 있었다.

미국문학은, 여행자들의 숨을 막히게 하고 할리우드를 짓누르는 불투명한 권태를 수없이 그려 왔다. 거기서는 여자들과 생활을 함께 해야 하는 남자배우나 남자 단역들까지도 여자들 못지않게 권태를 느낀다. 프랑스에서도 공식 외출은 흔히 고역이다. 신인여배우의 사생활을 지배하는 보호자는 나이 많은 남자로 그의 친구들도 나이 먹은 남자들이다. 이런 남자들이 생각하는 것이란 젊은 여자에겐 낯선 일일 뿐이다. 그들의 대화를 듣고 있자면 그녀는 따분해서 죽을 지경이다. 낮이나 밤이나 곁에서 함께 지내는 20세의 신인여배우와 45세의 은행가 사이에는 부르주아 계층의 부부 사이보다 더 깊은 심연이 가로놓여 있다.

그녀의 출세는 여자의 쾌락과 사랑과 자유를 희생제물로 삼는 몰록(고대 셈 족이 섬기던 불의 신. 어린아이를 불 속에 던져 제사 지냈다) 신과 다름없다. 아내의 이상은 남편과 자녀와의 관계 속에서 누리는 조용한 행복이다. 시간이 지남에 따라 출세를 하고 사회적 지위를 얻게 되지만, 역시 한 이름 속에 요약되는 내재적 물건임에는 변함 없다. 이름은 출세의 사다리를 하나씩 밟고 올라감에 따라 광고어 서나 사람들의 입에서 크게 부풀어오른다. 여자는 기질에 따라서 자기의 계획을 신중하게 혹은 대담하게 실행한다. 어떤 여자는 옷장 속에 아름다운 내의를 개켜 넣음으로써 가정주부의 만족을 맛보기도 하고, 어떤 여자는 성적 모험에서 황홀감을 맛보기도 한다. 어떤 여자는 끊임없이 위협을 받으며 때로는 구너지기도 하는 지위의 균형을 유지하는 데 만족하기도 하고, 또 어떤 여자는 헛되이 하늘을 노리며 올라가는 바벨탑처럼 자기 명성을 끝없이 쌓아올리기도 한다. 어떤 여자들은 연애를 이러한 활동과 병행하여 진정한 모험가처럼 보이기도 한다. 그녀들은 마타 하리(제1차 세계대전에 독일 스파이로 활약)처럼 스파이이자 비밀첩보원이다. 그러나 일반적으로 그녀들은 스스로 계획의 주도권을 잡지 못하고 오히려 남성의 손 안에 쥐어진 도구가 된다.
 그럼에도 대체로 그녀들은 모험가와 여러 가지로 유사한 점들이 있다. 모험가처럼 그녀는 '신중함'과 진정한 의미로서의 '모험' 사이의 중간에 있다. 그녀는 틀에 박힌 가치, 즉 돈과 영광을 목표로 한다. 그러나 그것들을 정복한다는 행위에 그것을 소유하는 것과 마찬가지의 가치를 부여한다. 그리고 궁극적으로 그녀의 눈에 보이는 최고의 가치는 자신의 주관적인 성공이다. 그녀도 이 개인주의를 다소 체계적인 허무주의로 정당화하고 있다. 그 허무주의는 얼마간 체계적이긴 하지만, 그 이상으로 남자들에게 적대감을 품고 또한 다른 여성들 가운데에서 적을 발견한 체험에서 지니게 된 확신이다. 만일 그녀가 도덕적 정당성의 필요를 느낄 만큼 충분히 지적인 여성이라면, 다소 동화된 니체주의(초인주의)를 내세울 것이다. 평범한 사람에 대한 엘리트의 권리를 주장할 것이다. 그녀의 인격은 단지 그 존재만으로도 은혜로운 귀중한 보물처럼 여겨진다. 결과적으로 그녀는 자신에게 헌신하면서도 전체에 봉사한다고 주장한다. 남자에게 바쳐진 여자의 숙명에는 사랑이 깃들어 있다. 남자를 마구 이용하는 여자는 자기숭배 속에 빠져 있다. 그녀가 자기의 명성에 그토록 가치를 부여하는 것은 경제적인 이익 때문만이 아니다. 그녀는 명성에서 나르시시즘의 정점을 찾고 있는 것이다.

### 제5장 성숙기에서 노년기로

 여자의 일생은—여자는 아직도 암컷의 기능 속에 갇혀 있기 때문에—남자의 일생에 비하면 생리적 운명에 더 많이 좌우된다. 그리고 이 운명의 곡선은 남성의 곡선보다 더 거칠고 불연속적이다. 여자의 일생은 시기마다 잘라 보면 단조롭지만, 한 단계에서 다른 단계로 옮겨갈 때는 급격하고 위험하다. 사춘기와 최초의 성경험과 폐경처럼 남자보다 훨씬 결정적인 위기로 나타난다. 남자는 서서히 늙어 가는 데 비해, 여자는 돌연히 그 여성다움을 빼앗긴다. 비교적 젊은 시기에 그녀는 성적 매력과 잉태 능력을 잃지만, 이것이야말로 사회적으로나 또는 자기 자신의 눈으로 볼 때에도, 그녀에게 존재의 정당성과 행복의 기회를 이끌어 낸다. 그렇지만 그 이후에 그녀는 미래를 박탈당한 채 성인이 되어 생애의 절반 가량을 또 살아가야 한다.
 '위험한 연령(갱년기)'의 특징은 몇 가지 기관의 고장으로 나타난다. 이 일이 중대한 의미를 갖는 것은 그 상징적인 가치 때문이다. 자기들의 여성다움에 근본적으로 무관심한 여자에게는 이 위기가 절실하게 느껴지지 않는다. 가정의 안팎에서 고된 노동을 하는 여자들은 월경의 구속에서 벗어난 것을 안도하며 맞이한다. 새로운 임신에 부단히 위협을 느끼는 농부와 노동자의 아내들은 이런 위험이 사라진 것에 기쁨을 느낀다. 폐경기에도 다른 경우와 마찬가지로 여자의 병은 육체 그 자체보다 그것을 괴롭게 여기는 데서 온다고 할 수 있다. 이 내면의 드라마는 보통 신체적 반응들이 나타나기 전에 시작되었다가 그 반응들이 사라지고 나서야 비로소 종결된다.

신체적인 기능장애가 결정적으로 나타나기 훨씬 이전부터 여성은 늙는다는 공포에 사로잡힌다. 중년 남자에게는 연애보다도 더 중요한 사업들이 있다. 중년 남자의 성욕은 젊었을 때만큼 강렬하지 않다. 남자는 사물로서의 수동적 가치를 요구당하지 않으므로, 얼굴이나 신체의 변화가 유혹의 대상으로서의 그의 가치를 떨어뜨리지 않는다. 이에 비해 여성은 일반적으로 35세 무렵에 이르면 비로소 모든 억제를 극복하고 성적욕망이 꽃피우게 된다. 즉 여자의 욕망이 가장 맹렬한 것도 그때이며, 그 욕망을 악착같이 채우려는 것도 그때이다. 여자는 자기의 성적 가치이 남자보다도 훨씬 더 갚은 것을 기대한다. 자기 남편을 붙잡아 두기 위해서, 그리고 여자가 수행하는 대부분의 직업에서 보호자를 확보하기 위해서 그녀는 남자의 마음에 들어야 한다. 여자는 남자를 매개로 해서만 세계에 힘을 발휘할 수 있다. 그녀는 남자를 더 이상 장악할 수 없다면 자신은 어떻게 될까라는 생각에 자신의 육체가 허물어지는 것을 속수무책으로 바라보며 고뇌에 빠져 스스로에게 물음을 던진다. 그녀는 저항하고 투쟁한다. 그러나 머리를 염색하거나 피부를 가꾸고 화장을 해봐도 그녀의 젊음을 얼마간 연장시키는 데 불과하다. 하다못해 거울을 속일 수는 있을 것이다. 하지만 돌이킬 수 없는 치명적인 과정이 시작되어, 젊은 시기에 쌓아올려 온 누각이 그녀 속에서 무너지려고 할 때, 그녀는 죽음의 숙명 그 자체에 닿아 있다고 느낀다.

가장 심한 타격을 받는 사람은 자기 아름다움과 젊음에 도취되었던 여자라고 생각하기 쉽다. 그러나 실은 그렇지 않다. 나르시시즘에 빠진 여자는 자신의 일을 걱정해서 언젠가는 불가피한 지불 기일이 올 것을 계산하고, 미리 피난처도 마련한다. 물론 그녀도 진실로 자신의 노쇠를 슬퍼한다. 그러나 적어도 불시에 당하지 않고 재빨리 순응해 간다. 훨씬 더 많이 당황하는 쪽은 오히려 자기를 망각하고 헌신적으로 희생하다가 갑작스런 계시를 받게 되는 여자이다. '한 번뿐인 인생이 이 지경이 되다니 내 꼴이 이게 뭐람!' 그때 주위 사람을 깜짝 놀라게 하는 근본적인 변화가 그녀에게 일어난다. 자기의 피난처에서 쫓겨나고 계획도 빼앗겨 버렸을 때 그녀는 갑자기 의지할 곳 없이 자기 자신과 맞닥뜨리게 된다. 불시에 나타난 이정표에 부딪혀서 이 경계선을 벗어난 그녀에게는 헛되이 살아남은 것 같은 생각밖엔 들지 않는다. 육체에는 이미 희망이 없다. 그녀가 실현하지 못한 꿈과 욕망은 영원히 미완성으로 남을 것이다. 이 새로운 전망 앞에서 그녀는 과거를 돌이켜본다. 선을 그을 때가 왔다. 결산을 할 순간이 온 것이다. 그녀는 과거를 한데 모은다. 그리고 인생이 자기에게 부과한 비좁은 한계를 뼈저리게 느낀다. 자기 것이었던 이 짧은 환멸의 생애를 앞에 두고, 그녀는 안타까운 미래의 문턱에 서 있는 사춘기 처녀와 같은 행동을 취한다.

그녀는 자기의 유한함을 거부한다. 가난한 생활에 비하여 자신의 인간성은 매우 풍부했었다고 상상한다. 여자로서 다소 수동적으로 점잖게 자기의 운명에 순종했다고, 기회를 빼앗기고 속임을 당하고 부지불식간에 젊음을 흘려보내고 이렇게 나이가 들어버린 것이라고 생각하게 된다. 그녀는 남편·환경·일과가 자기에게 어울리는 것이 아니었음을 깨닫는다. 남들이 자기를 이해하지 못한다고 생각한다. 그리고 자기가 남보다 뛰어났다는 생각으로 주위 사람들로부터 고립된다. 그녀는 마음속에 비밀을 간직한 채 갇힌다. 이 비밀이야말로 그녀의 불행한 운명을 푸는 신비한 열쇠이다. 그녀는 자기가 이루지 못한 가능성을 한번 점검해 보려고 한다. 그래서 일기를 쓰기 시작한다. 이해해 주는 마음의 상대를 발견하면 끝없이 자신의 심정을 토로한다. 또 밤낮없이 후회와 비탄을 되풀이한다. 젊은 처녀가 자기의 미래가 '그렇기'를 꿈꾸는 것처럼, 그녀는 자기의 과거가 '그럴 수 있었으리라' 상상한다. 자기가 놓쳐버린 기회를 상상하고 아름다운 회상에 빠진다.

H. 도이치가 인용한 어떤 여성은, 젊어서 불행한 결혼생활을 청산한 뒤 두 번째 남편 곁에서 오래도록 평온한 날을 보내 왔다. 그러나 45세가 되자 첫 남편이 못 견디게 그리워 우울증에 걸린다. 유년시절과 사춘기의 관심이 다시 머리를 들기 시작한다. 여자는 젊었을 때의 이야기를 한없이 되풀이한다. 부모

와 형제자매와 어린시절의 친구들에 대한 잠자고 있던 감정이 다시 고개를 치켜들었던 것이다. 때로는 공상적이며 뜻 모를 우울증에 빠지기도 한다. 그러나 대개는 분발하여 실패한 생활을 단숨에 회복하려고 한다. 가련한 운명과는 대조적으로 그녀가 자기에게서 발견한 이 훌륭한 인물을, 그녀는 과시하고 자랑하고 그 가치를 강조하여, 옳든 그르든 남이 정당하게 평가해 주기를 바란다. 경험을 통해 성숙한 그녀는 드디어 남에게 인정받을 때가 왔다고 생각한다. 다시 일어날 기회를 원하는 것이다. 그래서 먼저 비장한 노력으로 시간을 정지시키려고 애쓴다. 모성적인 여자는 자기가 아직도 아이를 낳을 수 있다고 단언하며 다시 한 번 생명을 창조하려고 노력한다. 관능적인 여자라면 새로운 애인을 정복하기 위해 노력한다. 요염한 여자는 전보다 더욱 남자의 마음에 들려고 한다. 그녀들은 모두 자기들이 이렇게까지 젊었다고 느껴 본 적이 한 번도 없었다고 한다. 시간의 흐름이 자기에게 영향을 주지 않았다는 것을 남에게 납득시키려고 한다. 그녀들은 '옷을 젊게 입기' 시작하고 어린아이 같은 표정이나 동작을 한다. 자기가 이제 성적 대상이 되지 못하는 까닭은, 자기의 육체가 남자에게 싱싱하고 풍만한 인상을 주지 못한다는 것뿐만 아니라, 자기의 과거와 인생경험이 싫든 좋든 자신을 하나의 인격체로 만들었기 때문이라는 것을 나이 먹은 여자들은 잘 알고 있다. 그녀는 자기를 위하여 몸부림쳤고, 사랑했고, 원했고, 고뇌했고, 즐거워했다. 이런 자주성은 남자들을 겁먹게 한다. 그래서 그녀는 이런 자주성을 부인하고, 자기의 여자다움을 과장한다. 몸치장을 하고 향수를 뿌린다. 자기를 아주 매력적이고 우아한 순수한 내재성으로 만들려고 한다. 그녀는 순진한 눈빛과 어린애 같은 어조로 이야기 상대인 남성의 마음을 움직인다. 소녀시절의 추억을 끝없이 회상한다. 말하는 대신 새처럼 재잘거리고 손뼉을 치며 웃음을 터뜨리기도 한다. 그녀는 매우 성실하게 이런 코미디를 연기하고 있다. 왜냐하면 자기에 대해서 새로운 흥미를 발견함에 따라 낡은 관습을 벗어 던지고 새출발을 하려고 하기 때문이다.

그러나 그것은 진정한 출발이 아니다. 그녀가 자유롭고 효과적으로 자기를 던짐으로써 이루려는 목적을 이 세상에서 발견하지 못하기 때문이다. 그녀의 초조함은 더해져서 공허한 형태를 취하고 있다. 왜냐하면 과거의 실수와 실패를 상징적으로 보상하는 외에는 방법이 없기 때문이다. 특히 여자는 너무 늦기 전에 어린시절이나 처녀시절의 욕망을 모두 실현하려고 노력한다. 어떤 여자는 다시 피아노 앞에 앉고, 어떤 여자는 조각·창작·여행을 시작한다. 또 어떤 여자는 스키를 배우고 외국어를 익힌다. 그때까지 그녀 자신이 거부해 온 모든 것을—역시 너무 늦기 전에—받아들일 결심을 한다. 이제까지 참아왔던 남편에 대한 혐오를 명확히 표시하게 되며 그에게 안기더라도 불감증이 된다. 혹은 이와 반대로, 이제까지 억눌러 왔던 열정에 몸을 맡긴다. 그녀는 격렬한 요구로 남편을 꼼짝 못하게 만든다. 유년시절 이래 포기해 왔던 자위행위의 습관으로도 되돌아간다. 동성애의 경향—거의 모든 여자들에게 유충의 형태처럼 존재하는—도 고개를 든다. 그리고 종종 그런 경향이 자기 딸에게 쏠리기도 한다. 때로는 그런 이상한 감정이 여자친구들을 상대로 생기는 수도 있다. 롬 랜도는 그의 작품 《성·인생·신앙》에서 본인이 들은 이야기를 다음과 같이 하고 있다.

 X부인은 50세를 앞두고 있는 여자였다. 25년 전에 결혼하여 성인이 된 자식이 셋이나 있는 어머니로, 살고 있는 시의 사회자선단체에서 요직을 차지하고 있었다. 그녀는 런던에서 자기보다 10살 아래의 젊은 여자를 만나게 되었다. 그녀도 X부인처럼 사회사업에 종사하고 있었다. 두 사람은 친구가 되었다. Y부인은 X부인에게 다음 여행 때는 자기 집에서 머물러 달라고 제안했고, X부인은 이를 받아들였다. Y부인의 집에 머무른 지 이틀이 되는 저녁에 그녀는 갑자기 그 집 안주인을 열렬히 포옹하고 있는 자신을 발견했다. 그녀는 그런 일이 생기리라고는 꿈에도 생각지 않았다고 거듭 변명하고, 밤을 하얗게 새운 뒤 정신없이 집으로 들어갔다. 그때까지 그녀는 동성애에 대해 아무것도 몰랐고 '그 같은 것이'이 세상에 존재할 수 있다는 것조차 알지 못했다. 그러나 이제는 Y부인과의 일을 생각해 내고 열정을 불태웠으며, 생애 처음으로 남편의 애무와 키스에 별로 흥미를 느끼지 못했다. '사태를 분명히 밝히기' 위하여 그녀는 Y부인을 다시 만나기로 했다. 그런데 그녀의 열정은 더욱 타오를 뿐이었다. 이런 관계는 그녀가 이 날까지 한 번도 경험하지 못했던 즐거움을 주었다. 그러나 죄를 범했다는 생각으로 괴로웠다. 그래서 자기의 상태를 과학적으로 설명할 수 있는지, 그리고 어떻게 정당화될 수 있는지 알기 위하여 의사를 찾아갔다.

이 사례에서 당사자는 자발적 충동에 몸을 맡기고, 이 때문에 몹시 당황했다. 그러나 종종 여자는 자기가 이제까지 경험하지 못한, 그녀가 더는 경험할 수도 없을 것 같은 그런 소설 같은 삶을 살아 보려고 안간힘을 쓴다. 그래서 그녀는 가정에서 멀어진다. 그것은 가정이 자기에게 어울리지 않는 것으로 보이기도 하고, 그녀가 홀로 있고 싶어하기 때문이기도 하지만 모험을 추구하기 위해서이기도 하다. 그녀는 모험을 만나면 거기에 허겁지겁 몸을 던진다. 슈테켈에게 보고된 다음의 이야기가 그러하다.

B.Z. 부인은 나이 마흔에 세 자녀의 어머니였다. 결혼한 지 20년이 지났을 때, 비로소 자기가 이해받지 못하고 삶을 헛되이 살아왔다는 생각이 들었다. 그녀는 여러 가지 새로운 활동을 시작했다. 어느 날 스키를 타러 산으로 떠났는데, 거기서 30세의 남자를 만났다. 그녀는 그의 애인이 되었다. 그러나 곧 그 남자는 B.Z. 부인의 딸을 좋아하게 되었다. 부인은 애인을 곁에 잡아 두기 위하여 두 사람의 결혼을 허락했다. 어머니와 딸 사이에는 입 밖에 낼 수는 없으나 대단히 격렬한 동성애가 있었으므로, 이 결심은 어느 정도 설명할 수 있는 것이었다. 그러나 사태는 어둡고 걷잡을 수 없는 지경으로 치달았다. 남자가 가끔씩 밤중에 어머니의 침대에서 빠져 나와 딸을 만나러 가곤 했다. 그러자 B.Z. 부인은 자살을 시도했다. 그때—46세 때—그녀는 슈테켈의 진찰을 받았다. 그녀는 남자와 헤어질 결심을 하고, 딸도 역시 결혼을 포기했다. B.Z. 부인은 그제야 다시 모범적인 아내로 돌아가 신앙에 몰두했다.

단정하고 정숙하며 전통에 눌려 있는 여자는 언제나 행동으로까지 옮기지는 못한다. 그러나 그녀의 꿈은 에로틱한 환상으로 꽉 차 있어서, 그 환상을 밤이든 낮이든 그려 내고 있다. 그녀는 격렬한 관능적 애정을 아이들에게 표시한다. 자기 아들에 대해서는 근친상간적인 강박관념을 품는다. 또 젊은 남자들에게 잇따라 은근한 연정을 느낀다. 사춘기의 소녀처럼 강간을 당한다는 생각을 떨치지 못하며, 무의식중에 매음을 꿈꾼다. 그녀의 경우에도 역시 욕망과 공포의 양면성은 불안을 낳고, 그 불안은 때때로 신경과민을 일으키기도 한다. 그렇게 되면 괴상한 행동으로 이웃 사람의 눈살을 찌푸리게 하지만, 그런 행동은 그녀의 상상 속에서 일어나는 삶을 나타내는 데 불과하다.

공상과 현실의 경계는 사춘기보다도 이런 성인의 동요기에 더욱 모호해진다. 나이든 여자의 가장 두드러진 특징 가운데 하나는 인격붕괴의 감정이다. 이 감정은 그녀에게 모든 객관적 목표를 상실하게 한다. 완전히 건강한 상태에서 죽음을 체험한 사람들은 기이한 이중의 감정을 느꼈다고 말한다. 사람이 자기를 의식하고 활동력이 있고 자유스럽다고 느낄 때, 운명에 농락당하는 수동적 객체는 필연적으로 타인처럼 생각된다. 자동차에 치인 것은 내가 아니다. 거울에 비친 이 늙은 여자는 내가 아니다. '자기를 젊다고 느껴 본 적도 없고' 또 그토록 나이 먹었다고 느껴 본 적도 없는 여자는 자신의 이 두 가지 모습을 조화시킬 수가 없다. 시간이 흐르고 그에 따른 변화가 자기를 좀먹는 것은 꿈속에서의 일이다. 이와 같이 현실은 멀어지고 엷어진다. 동시에 그녀는 자기와 환상을 확실히 구별하지 못하게 된다. 시간이 뒷걸음질쳐 가고, 자기의 분신이 더 이상 자기를 닮지 않고, 일어나는 사실마다 그녀를 배반하는 이런 괴상한 세계보다는 차라리 마음이 말하는 명백한 증거를 신뢰한다. 그래서 그녀는 도취·계시·망상에 이끌린다. 사랑이 이제까지보다 더 중대한 관심사로 떠오르기 때문에, 자기가 사랑을 받고 있다는 환상에 빠지는 것은 마땅하다. 색광의 열에 아홉이 여자이다. 그리고 그녀들은 거의 전부가 40세부터 50세 사이이다.

하지만 그토록 대담하게 현실의 벽을 뛰어넘을 수 있는 일이 누구에게나 쉬운 것은 아니다. 많은 여자들은 꿈에서조차 모든 인간의 사랑에 실망하여 신의 곁에서 구원을 찾는다. 요부·색골·음탕한 여자가 갑자기 신앙에 빠지는 시점은 폐경기이다. 여자가 자기의 자주성에 눈떠서 품게 되는, 운명이나 비밀, 여성에 대한 편견 같은 막연한 생각은 종교에서 합리적인 통일을 발견한다. 신앙을 갖게 된 여자는 자기의 실패한 인생을 구세주가 내린 시련처럼 생각한다. 그녀의 영혼은 불행 속에서 특별한 이점을 얻어 신의 은총을 넘치도록 받을 수 있다. 그녀는 하늘이 자기에게 계시를 보냈다고 믿으며, 혹은—크뤼드네르 부인(프랑스 18세기 여류문인)처럼—자신이 신으로부터 종교적 사명을 부여받았다고 믿기까지 한다. 현실감각을 다소 상실한 이 위기의 기간에는 어떠한 영향도 받기 쉽다. 여자는 미심쩍어 보이는 권위라도 열렬히 매달린다. 여러 종파, 영매, 예언자, 병을 고친다는 사람, 모든 사기꾼들에게 그런 여자는 아주 알맞은 먹이가 된다. 이는 그녀가 현실세계와 접촉을 하지 않음으로써 모든 비판적 감각을 잃었을 뿐만 아니라, 결정적인 진리를 갈망하고 있음을 말해 주고 있다. 그녀에게는 자신을 구원함으로써 세계를 구원할 약과 처방과 열쇠가 필요하다. 그녀는 자신의 특수한 경우에 뚜렷이 들어맞지 않는 논리를 한결 더 경멸한다. 특별히 적합한 이론만이 그녀를 납득시킬 것같이 보인다. 계시나 영감, 신의 말씀, 기적이 그녀의 주위에서 꽃피기 시작한다. 그녀는 자기가 생각한 것을 행동으로 옮기기도 한다. 어떤 충고자나 내부의 소리가 권하여, 그녀는 사업이나 기업이나 모험에 빠져든다. 때로는 진리나 궁극적 여지의 소유자로 자처하며 만족하기도 한다. 그녀의 태도에는 언제나 열광적으로 감동하는 모습이 엿보인다. 폐경의 위기는 여성의 일생을 무참하게도 둘로 절단시켜 버린다. 여성에게 '새로운 삶'의 환상을 일으키는 것은 이 단절이다. 그녀의 앞에는 '다른' 시간이 열린다. 그녀는 개종자와 같은 열의를 가지고 거기에 다가간다. 그리고 연애나 인생, 신이나 예술, 인류에 새로운 관심을 기울이며, 이런 실체 속에 몰두하고 자기를 승화시킨다. 한 번 죽었다가 다시 살아난 것이다. 그리고 천국의 비밀을 탐색한 눈으로 지상을 관찰한다. 그녀는 이제까지 아무도 가 보지 못한 저 높은 정상을 향하여 날아간다고 믿는다.

하지만 지상 그 자체는 변함이 없다. 정상에도 여전히 손이 미치지 못한다. 신의 전갈은 받았지만—비록 눈이 부시도록 명료한 전갈이었지만—그 뜻은 쉽사리 해독하기 어렵다. 마음속의 빛은 꺼지고, 거울 앞에는 어제보다 하루만큼 더 늙은 여자의 모습만이 남아 있을 뿐이다. 열광의 순간 다음에는 우울한 낙담의 시기가 온다. 호르몬 분비의 감소가 뇌하수체의 이상활동으로 이어지기 때문에, 신체기관이 이런 리듬을 보이는 것이다. 그런데 이런 변화를 강하게 지배하는 것은 특히 심리적 상황이다. 흥분이나 환상이나 열정은 요컨대 여자의 숙명을 극복하기 위한 하나의 방책에 지나지 않기 때문이다. 또다시 불안이 그녀의 목을 죈다. 그녀의 생명은 이미 쇠진되었건만, 죽음은 아직 그녀를 맞아들이지 않는다. 그녀는 절망에 대항하는 대신 흔히 그것에의 도취를 선택한다. 그래서 푸념과 아쉬움과 하소연을 뇌까리고 이웃과 근친에게서 음모를 상상한다. 그녀 가까이에 또래의 자매나 여자친구가 함께 있다면 피해망상을 보이는 수도 있다. 특히 그녀는 남편을 병적으로 질투하여, 남편 친구들과 남편의 자매를, 심지어 그의 직업까지 질투한다. 그리고 옳건 그르건 자기의 모든 불행의 책임이 어떤 연적에게 있다고 비난한다. 질투의 병리학적 애증이 가장 많은 것은 50세부터 55세 사이이다.

폐경기의 고민은 때때로 죽을 때까지 연장된다. 자기의 매력을 개발하는 것 외에 다른 수단이 없는 여자는, 그것을 지키기 위하여 싸울 것이다. 만일 성욕이 여전히 왕성하다면 그 싸움이 더욱 맹렬할 것이다. 그런 경우도 드물지 않다. 메테르니히 부인(19세기 오스트리아 재상 메테르니히의 아내)은 여자가 몇 살이 되면 육체 때문에 고통을 받지 않느냐는 물음에 "나는 모릅니다. 나는 65세밖에 되지 않았으니까요"라고 대답했다.

몽테뉴의 말에 따르면, 여자의 성욕에 '약간의 청량제'만을 제공하는 결혼은 여자가 나이를 먹음에 따라서 점점 더 불충분한 만족밖에 주지 않는다고 한다. 가끔씩 여자는 나이가 들면서 자기가 젊었을 때 남편에게 드러내 보인 저항과 냉정함의 대가를 지불한다. 이윽고 욕정의 불꽃을 알기 시작할 때, 남편은 오래전부터 그녀의 냉담함에 체념해 자신도 냉담해진 상태이다. 오랫동안 살아오면서 매력을 잃은 아내에게는 부부간의 열정을 불러일으킬 힘이 거의 없다. 야속한 나머지 '자기의 삶을 살아가기로' 결심한 그녀는—만일 그녀가 일찍이 애인이 있었다면—전보다도 더 애인 얻기를 망설이지 않을 것이다. 그렇다고 해서 애인이 쉽게 생기는 것은 아니므로 남자를 사냥하게 된다. 그녀는 온갖 계략을 다 쓴다. 몸을 맡기는 체하면서 자기 쪽에서 강요한다. 예의와 우정과 감사로 함정을 만든다. 그녀가 젊은 남자들에게 애착을 갖는 이유는 기운찬 육체의 신선함 때문만은 아니다. 그들이 때때로 어머니 같은 애인에게 느끼는 이해관계 없는 애정을 기대할 수 있기 때문이다. 따라서 그녀 자신도 공격적이 되고 지배적이 된다. 레아를 만족시키는 것은 셰리의 미모와 그 온순함이다.

마흔이 넘은 스탈 부인은 그녀 앞에서 고개를 들지 못하는 시동들을 거느리고 있었다. 소심한 풋내기 남자 쪽이 손아귀에 넣기 쉬운 법이다. 유혹과 술책이 전혀 효과가 없음을 확인했을 때도 악착 같은 여자에게는 최후의 수단이 남아 있다. 바로 돈으로 매수하는 것이다. 이런 음탕한 여자의 말로를 그린 이야기가 중세의 '사랑의 증표'라는 민간설화이다. 어느 젊은 여자는 자기 몸을 허락한 것에 대한 답례로 상대 남자로부터 작은 '사랑의 증표'를 요구하여 그것을 장 속에 간직했다. 드디어 장 속이 가득 차는 날이 왔다. 그러나 그날부터는 남자가 사랑의 하룻밤을 지낸 뒤마다 '사랑의 증표'를 하나씩 요구하기 시작했다. 장은 얼마 안 가서 텅텅 비었다. 받았던 것들은 다 되돌려주어 다른 것으로 대가를 치러야만 했다. 어떤 여자들은 그런 상황을 냉소적으로 바라본다. 그녀들은 이제 쓸모가 없어진 것이다. 그래서 이제 그녀들이 '사랑의 증표'를 돌려줄 차례다. 돈은 그녀들에게 있어서 창녀의 경우와 반대의 역할을 한다고도 할 수 있다. 그러나 정화의 역할을 하는 데는 변함이 없다. 즉 돈은 남성을 도구로 변화시켜, 일찍이 그녀가 젊은 시절의 오만으로 거부하여 온 이성적인 자유를 여자에게 허락한다. 그러나 이성적이기보다 로맨틱한 여성 후원자는 종종 애정과 찬미와 존경의 환영까지도 사려고 한다. 그녀는 상대에게서 아무것도 요구하지 않고, 단지 주고 싶기 때문에 준다고까지 생각한다. 여기서도 젊은 남자는 골라 잡힌 애인이다. 그에게는 어머니 같은 아량을 자랑할 수 있기 때문이다. 그리고 젊은 남자는 어딘가 '신비스러운 점'이 있다. 남자도 자기가 '돕는' 여자에게 그런 신비스러운 점을 요구한다. 왜냐하면 이렇게 함으로써 노골적인 거래가 수수께끼 속에 위장되기 때문이다. 그러나 그 눈가림이 오랫동안 계속되기는 어렵다. 남녀의 싸움은 뺏는 자와 빼앗기는 자의 결투로 변하며, 거기서 여성은 배반당하고 농락당하고 잔인한 패배를 당할 위험이 있다. 그래서 분별 있는 여자는 지나친 기대를 하지 않고 '무장해제'를 결심한다. 비록 그녀의 모든 열정이 아직 꺼지지 않았다고 하더라도 말이다.

여자가 늙는 것을 인식하는 날부터 그녀의 상황은 달라진다. 그때까지 여전히 젊은 여자였던 그녀는 자기를 추악하게 변형시키는 재난과 악착같이 싸웠다. 그녀는 성을 잃어버린 대신에 완성된 다른 존재, 즉 나이 먹은 여자가 된다. 그때 갱년기의 위기가 끝났다고 생각할지도 모른다. 그러나 이제부터 그녀가 편하게 살리란 결론을 내리기에는 아직 이르다. 시간의 숙명에 대하여 싸우기를 단념했을 때는 또 다른 싸움이 기다리고 있다. 그녀는 지상에 자기가 머물 장소를 마련해 두어야만 한다.

여자가 자기의 사슬에서 해방되는 시기는 인생의 가을과 겨울이다. 이맘때가 되면 여자는 자기에게 부과되는 고역을 피하기 위하여 나이를 구실로 삼는다. 그녀는 자기 남편을 너무나 잘 알기 때문에 이제는 두렵지 않다. 그녀는 남편의 포옹을 무리없이 피하고 남편 곁에서―우정이나 무관심 혹은 적대감을 품고―자기의 삶을 정리한다. 남편이 그녀보다 빨리 쇠약해졌다면 그녀가 부부의 주도권을 잡는다. 그녀는 또 유행이나 여론을 무시할 수 있고, 사교적인 의무와 음식물 섭취, 미용 등의 손질 같은 것에서 벗어날 수 있다. 셰리가 회복하여 돌아왔을 때의 레아처럼 양재사에게서도, 코르셋 제조인에게서도, 미용사에게서도 해방되어 무사태평하게 식도락 속에서 평화롭게 지낸다. 결혼하여 부모곁을 떠난 자식들은 더 이상 그녀를 필요로 하지 않는다. 의무에서 해방된 그녀는 그제서야 겨우 자유를 발견한다. 불행하게도 어느 여자에게서나 우리가 '여자의 역사 속에서' 확인한 사실이 반복된다. 즉 그녀는 이미 쓸모없게 되었을 때 이 자유를 발견하는 것이다. 이런 반복은 결코 우연이 아니다. 가부장제 사회는 여자가 하는 모든 역할에 예속의 형태를 부여하고 있다. 그러므로 여자는 모든 효력을 상실하는 순간에 비로소 노예상태에서 벗어난다. 50세에 이르면 여자는 자신의 능력을 완전히 소유하고, 경험을 통해 자기가 풍부해진 것을 느낀다. 이만한 연령에 이르러서 남자는 가장 높은 신분이나, 가장 중요한 지위에 오른다. 그러나 여자는 은퇴한다. 헌신할 것만을 배워 온 여자에게 이제는 아무도 헌신을 요구하지 않는다. 필요치도 않고 쓸모도 없게 된 그녀는 아직 살아가야 할, 아무 희망도 없는 긴 세월을 지켜 보며 이렇게 중얼거린다. "아무도 나를 필요로 하지 않아!"

그렇더라도 그녀는 선뜻 체념하지 못한다. 때로는 자기 남편에게 애절하게 매달려 전에 없이 친절하게 남편의 시중을 든다. 그러나 결혼생활의 타성은 이미 너무도 뿌리 깊게 박혀 있다. 오래전부터 그녀는 자기가 남편에게 필요하지 않다는 것을 알고 있거나, 남편이 이제 더 이상 그녀에게 대단한 존재가 아니라고 느낀다. 부부의 공동생활을 유지하려고 애쓰는 것은 자기 자신을 홀로 반성하는 것과 같은 따분한 노력이다. 그녀는 희망을 가지고 자기 자식들을 돌아본다. 자식들에게 인생의 승부는 지금부터다. 세계와 미래가 그들에게는 열려 있다. 그녀는 자식들의 뒤를 따라서 그 속으로 달려가고 싶어한다. 나이를 먹고도 아이 낳을 기회를 얻은 여자는 자기를 행운아라고 생각한다. 이를테면 다른 여자들이 할머니가 되는 때에 자기는 아직도 젊은 어머니인 것이다. 그러나 보통 40세와 50세 사이의 어머니는 자기 아이들이 어른으로 바뀌는 것을 본다. 아이들이 어머니에게서 빠져 나가는 순간에 그녀는 아이들을 통해서 살아 남으려고 안간힘을 쓴다.

자기의 구원을 아들에게 기대하느냐 아니면 딸에게 기대하느냐에 따라서 그녀의 태도가 달라진다. 보통은 아들에게 더 큰 희망을 갖는다. 지평선 너머로부터 나타나리라 꿈꾸어 온 멋있는 남성의 모습이 과거의 저쪽으로부터 그녀에게로 온 것이다. 갓난아기의 첫 울음소리를 들었을 때부터 그녀는 아기 아버지가 자기에게 줄 수 없었던 모든 보물들을 이 아이들이 언젠가 안겨 주리라 기대해 왔다. 그동안 그녀는 아이의 뺨도 때리고 매질도 했다. 그러나 그런 것은 벌써 잊어버렸다. 자기 뱃속에 잉태했던 그 아기는 그때부터 이미 세계와 여자들의 운명을 지배하는 반신(半神)이었다. 이제야 아들은 고성의 영광 속에서 그녀를 인정해 준다. 아들은 남편의 횡포로부터 그녀를 지켜주고, 그녀가 가졌거나 갖지 못했던 애인들에게 복수해 줄 것이다. 그 아들은 그녀의 해방자이며 구세주가 될 것이다.

그녀는 아들 앞에서, '멋진 왕자'를 기다리던 처녀 때처럼 다시 유혹과 과시의 몸짓을 보인다. 그리고 아들과 나란히 걸어가면서 자기는 아직도 우아하고 매력이 있으므로 아들의 '누나'처럼 보일 거라고 생각한다. 만일 아들이—미국 영화의 주인공을 흉내내어—그녀를 놀리며 장난치고 웃게 하면서도 존경해 준다면, 그녀는 꿈속에서처럼 황홀해한다. 자기 뱃속에 품었던 아들의 남성적 우월성을 비굴한 자부심을 가지고 인정한다. 이런 감정에 어느 정도까지 근친상간의 성질을 부여해야 하는가? 확실히 그녀가 자기 아들의 품에 기대는 것을 상상하며 즐길 때, '누나'라는 말이 다소 미심쩍은 환상을 고상하게 표현하고 있는 것은 확실하다. 잠이 들었을 때, 즉 자기를 감시하지 못할 때는 공상이 아주 멀리 그녀를 이끌어 탈선하는 경우가 많다. 그러나 앞에서 이미 말한 것처럼 공상이나 환상이 언제나 현실적 행위의 숨은 욕망을 표현하는 것은 아니다. 대개 꿈은 그것만으로 만족스럽다. 그 꿈은 말하자면 욕망의 완전한 성취이며, 상상을 통한 만족만 요구한다. 어머니가 농담처럼 자기 아들에게서 애인을 볼 때는 글자 그대로 농담으로 여겨도 무방하다. 엄밀한 의미에서 에로티시즘은 이런 남녀관계에서는 별로 대단한 비중을 차지하지 못하는 것이 보통이다. 그러나 남녀관계임에는 틀림이 없다. 그녀는 '여성'의 마음속에서, 자기 아들 안에 있는 지배적 남성을 동경한다. 그녀는 연애하는 여자 못지않은 열정으로 자기를 아들의 손에 맡기고, 이 선물에 대한 답례로서 신의 오른편(선택된 사람들의 자리)에까지 오르기를 기대한다. 이런 승천을 위해 연애하는 여자는 그것을 애인의 자유의지에 호소하고, 자신은 기꺼이 위험을 각오한다. 그리고 그 대가로 여러 가지 구차한 요구를 한다. 어머니는 아이를 낳았다는 사실만으로도 자기에게 신성한 권리가 부여되었다고 생각한다. 그녀는 그를 자기의 창조물이자 재산처럼 간주하기 위하여, 자기 아들이 그녀 속에서 그 자신을 인식할 때까지 기다리지 않는다. 그러나 연애하는 여자만큼 많은 것을 요구하지는 않는다. 왜냐하면 그를 누구보다도 신뢰하기 때문이다. 그녀는 하나의 육체를 만들어서 자기 존재로 삼는다. 그 존재의 행위, 작품, 가치를 자기 것으로 횡령한다. 자기의 열매를 찬양함으로써 자기 자신을 드높은 곳으로 끌어올리는 것이다.

  인간이 대리인(代理人)을 통해 산다는 것은 언제나 일시적인 방편이다. 상황은 사람이 원하는 것처럼 돌아가지 않을 수도 있다. 자기 아들이 아무 쓸모없는 깡패나, 낙오자나, 열등생이나, 배은망덕한 인간밖에 되지 못할 수도 있다. 자기 아들이 영웅으로 구현되어야 한다는 것은 어머니의 생각이다. 자기 아이를 하나의 인간으로서 참되게 존중하고, 실패하여도 그의 자유를 인정하고, 무슨 일에나 뒤따르게 마련인 실패의 위험을 그와 더불어 책임지는 어머니는 보기 힘들다. 그보다는 자기 자식을 혼연히 영광이나 죽음으로 몰아넣어 모두에게 찬양을 받는 스파르타의 어머니 못지 않은 어머니들을 많이 볼 수 있다. 아이들이 어머니의 존재를 뜻있게 하기 위해 지상에서 해야 할 일은, 그녀가 존경하는 가치를 자신과 어머니 공동의 이익을 위하여 손에 넣는 일이다. 어머니는 신과 같은 존재인 아들의 계획이 자기 자신의 이상과 일치하고, 그것이 꼭 성공하기를 바란다.

  여자는 누구나 영웅과 천재를 낳고 싶어한다. 그러나 영웅이나 천재의 어머니들은 하나같이 아들이 자기 가슴에 못을 박았다고 외치고 싶어한다. 아들은 보통 어머니가 갖기를 열망하는 전리품을 어머니의 뜻을 거스르며 손에 넣는다. 그래서 그가 그 전리품을 그녀의 발밑에 던질 때 어머니는 그것을 알아보지 못한다. 원칙적으로는 자기 아들의 모험을 인정하는 경우라도 그녀는 사랑에 빠진 여자를 괴롭히는 것과 비슷한 모순 앞에서 고통받는다. 자기의 인생—그리고 자기 어머니의 인생—에 의미를 부여하기 위해 자식은 여러 가지 목적들을 향하여 그런 운명을 뛰어넘어야만 한다. 그리고 그런 목적에 도달하기 위해서 자기의 건강을 해치고 위험을 무릅쓰게 된다. 그러나 단지 살아가는 것이 아니라 그 이상으로 어떤 목적을 높이 두고자 할 때, 그는 어머니가 자기에게 준 선물의 가치에 의심을 품는다. 어머니는 그것에 분개한다. 그녀가 낳은 이 육체가 자기에게 최고의 존재라고 생각되지 않으면 그녀는 남자 위에서 지배자로서 군림하지 못한다. 그녀가 괴로움 속에 완성한 이 작품을 파괴할 권리가 아들에게는 없다.

"피곤하겠구나. 그러다가 병이라도 나면 어쩌니." 이렇게 그의 귀에 못이 박이도록 타이른다. 하지만 그러면서도 단지 산다는 것만으로는 충분치 않음을 잘 알고 있다. 그렇지 않으면 아이를 낳는 것도 쓸데없는 일이 되는 것이다. 자손이 게으름뱅이거나 비겁한 자라면 가장 먼저 화를 내는 것은 그녀이다. 어머니는 마음 편할 날이 없다. 아들이 전쟁에 나갈 때 그녀는 그가 전쟁에서 살아 돌아오길 바라지만 훈장도 받아오기를 바란다. 그가 자기의 일에서 '출세'하기를 원하면서도 과로하진 않을까 걱정한다. 그가 무엇을 하든지, 그녀는 자기의 것이면서도 자기 마음대로 되지 않음을 늘 걱정하면서 무력하게 바라보고 있어야 한다. 그녀는 그가 길을 잘못 들지 않을까 걱정하고, 그가 성공을 못할까 근심하며, 성공하면 병이 나지 않을까 두려워한다. 그녀가 아무리 그를 신뢰한다고 해도, 연령과 성별의 차이는 그녀와 아들 사이에 진정한 유대가 이루어지는 것을 허용하지 않는다. 그녀는 아들이 하고 있는 일에 대해 잘 알지 못하고, 그도 그녀에게 어떤 협력도 요구하지 않는다. 그 때문에 그녀가 비록 자기 아들을 다시없이 자랑스럽게 여긴다 하여도 불만은 사라지지 않는 것이다. 단지 한 육체를 낳았을 뿐만 아니라 완전히 필요한 한 존재의 기초를 만들었다고 생각하는 그녀는, 과거로 거슬러 올라가서까지 자기의 존재가 정당화되었다고 느낀다. 그러나 그것만으로는 만족스럽지 않다. 하루하루를 충분히 만족시키기 위하여 그녀는 자기에게 도움이 되는 행동을 언제까지나 지속해 나아가려고 한다. 그녀는 자기의 신에게 자기가 없어서는 안 된다고 느끼고 싶어한다. 그러나 이 거짓된 헌신은 가장 무참하게 드러난다. 즉 며느리가 그녀에게서 그 직책을 빼앗아 버리는 것이다. 자기에게서 아들을 '빼앗는' 이 외부 여자에 대하여 그녀가 느끼는 적대감은 이제까지 증종 거론되어 왔다. 어머니는 출산이라는 우연한 사실을 신성한 신비의 높이에까지 올려놓았다. 그녀는 인간의 의지에 보다 많은 무게가 실릴 수 있다는 것을 인정하려 들지 않는다. 그녀에게 가치란 기성의 것으로 모두가 자연이나 과거로부터 유래한다.

그녀는 자유롭게 이루어지는 참여의 가치라는 것도 인정하지 않는다. 자기 아들은 자기에게서 생명을 받았다. 어제까지 몰랐던 이 여자에게서 그는 무엇을 얻고 있다는 것인가? 이제까지 '존재하지 않았던' 유대를 존재했던 것처럼 그에게 확신을 준 것은 어떤 마법의 힘일 것이다. 그녀는 음모가로서 개인적인 이익을 추구하는 위험한 여자이다. 어머니는 그 속임수가 드러나기를 성급하게 기다린다. 나쁜 여자에게 입은 상처를 붕대로 감아 주는 위로의 손을 가진 훌륭한 어머니의 옛 신화로 용기를 얻고, 자기 아들의 얼굴에 불행의 표시가 나타나기를 기다리고 있다. 아들이 그런 것은 없다고 말해도, 그녀는 기어코 그것을 찾아낸다. 그가 아무것도 불평하지 않을 때라도 그녀는 그를 동정한다. 그녀는 자기 며느리를 살펴보고, 며느리를 비평하고, 며느리의 새로운 방식에 대해서 하나하나 과거와 습관에 대입시켜, 침입자의 존재 자체를 나쁘게 본다. 사람들은 누구나 제 나름대로 사랑하는 사람의 행복을 해석한다. 아내는 자기가 세계를 지배하는 데 통로가 될 만한 남자를 남편에게서 찾으려고 한다. 어머니는 아들을 잡아두기 위하여 그를 어린시절로 되돌아가게 하려고 한다. 자기 남편이 부자가 되고 유력한 인물이 되기를 기대하는 젊은 아내의 계획에, 어머니는 아들의 변함없는 본질의 철칙을 대치시키고 있다. 즉 그는 연약하니까 과로해서는 안 된다는 것이다. 새로 들어온 여자가 임신했을 때는 과거와 미래 사이에 다툼이 격화된다. '아이의 출생은 부모의 죽음이다.' 이 진리가 절대적인 힘을 갖는 것은 그때이다. 자기 아들 속에 살아 남길 희망했던 어머니는 그때 사형을 선고받았음을 깨닫는다. 그녀는 아들에게 생명을 주었다. 그러나 그 생명은 그녀 없이도 계속되어 간다. 이젠 '어머니'가 아니라 그저 사슬의 한 고리에 지나지 않는다. 그녀는 영겁의 우상의 하늘에서 추락한다. 그녀는 모든 것이 시효가 지난 한 개인에 불과하다. 그 증오가 병적이 되어 신경병을 일으킬 만큼 격화되고 범죄를 저지르기도 하는 것은 그때이다. 르페브르 부인이 오랫동안 며느리를 미워하다가 살해할 결심을 한 것도 며느리의 임신이 알려졌을 때이다.*80

---

*80 1925년 8월, 북부의 중산계급인 르페브르 부인은 60세로 남편과 자녀들과 함께 살고 있었는데, 아들이 자동차 여행을 하는 사이에 임신 6개월 된 며느리를 죽였다. 사형선고를 받았으나 특사를 받아 감옥에서 일생을 마쳤다. 거기서 그녀는 조금도 후회의 빛을 보이지 않았다. '나쁜 풀이나 나쁜 씨를 제거해 버리듯, 맹수를 죽여 버리듯' 며느리를 죽였을 때, 그녀는 신에게서 허락을 받았다고 생각했다. 이런 잔인한 행위에 대하여 그녀는 어느 날 며느리가 자기에게 이런 말을 했다고 그 이유를 들었다. "지금은 제가 있으니까, 저의 입장도 생각해 주세요." 그녀가 강도에 대한 호신용이라는 구실로 권총을 산 것은, 그녀가 며느

할머니가 된 여자는 보통 적대감을 극복한다. 혹은 많은 할머니들이 그렇듯 완고하게 갓난아기를 자기 아들만의 아이로 보기도 한다. 그리고 할머니는 그 아이를 독점적으로 사랑한다. 그러나 일반적으로 젊은 어머니, 즉 그 갓난아이의 어머니가 아이를 도돌려받는다. 질투하는 할머니는 불안한 가면 밑에 적의를 숨긴 채 갓난아이에게 모호한 애정을 품고 있다.

성장한 딸에 대한 어머니의 태도는 양면성을 띤다. 그녀는 아들에게서는 신을 찾지만, 딸에게서는 자기의 분신을 발견한다. 그 '분신'은 모호한 인격체이다. 그 딸은 자기를 낳은 어머니를 살해한다. 포(19세기 미국 작가)의 단편이나 《도리언 그레이의 초상화》(19세기 영국 작가 와일드의 소설)에서, 마르셀 슈옵(19세기 프랑스 작가)이 한 이야기에서처럼, 성장한 딸은 자기 어머니에게 사형을 선고한다. 그렇지만 딸이 어머니에게 오래도록 살 것을 허락하는 경우도 있다. 어머니의 행동은 자기 아이의 성장에서 파멸의 약속을 보느냐 재생의 약속을 보느냐에 따라 매우 달라진다.

많은 어머니들이 적의 속에서 완고해진다. 그런 어머니는 자기에게서 생명을 부여받은 배은망덕한 여자에게 자리를 빼앗기는 것을 용납하지 않는다. 자기의 기교를 사춘기 소녀에게 빼앗기는 것에 더하여 요염한 여자가 질투하는 것은 자주 지적되어 왔다. 모든 여자들을 경쟁자로서 미워했던 여자는 자기 아이들에게도 그러할 것이다. 그녀는 딸을 멀리하거나 격리하기도 하고 혹은 아이로부터 기회를 빼앗을 궁리를 한다. 정숙한 '현모양처'가 되는 것을, 또는 '어머니'가 되는 것을 영광스럽게 여겨 온 어머니도 자기의 자리에서 쫓겨날지 모른다고 하면 이를 맹렬히 거부할 것이다. 어머니는 언제나 딸이 어린아이에 불과하다는 것을 강조하고 딸이 하는 일을 유치한 유희로 생각한다. 딸은 결혼하기에 너무 어리고 아이를 낳기에는 너무 약하다. 딸이 남편과 가정과 아이를 갖고 싶어해도 헛소리에 불과하다고 여긴다. 어머니는 결사적으로 비난하고 비웃고 불행을 예언한다. 그녀는 가능하다면 자기 딸을 영원히 어린아이로 머물게 하고 싶은 것이다. 그러나 뜻대로 되지 않기 때문에, 딸이 제 것인 양 하는 어른의 생활을 파괴해 버리려고 애쓴다. 이런 어머니의 계획은 대개 성공했다. 많은 젊은 여자들이 아이를 못 낳고, 유산을 하고, 자기 아이에게 젖을 먹일 수도 없고, 기를 수도 없으며, 자기의 가정을 다스릴 수 없는 것

---

리의 임신을 추측했을 때였다. 폐경 뒤에 그녀는 자기의 모성에 절대적으로 매달려 있었고, 12년간 상상임신을 상징적으로 표현하는 증상들로 고통받아 왔다.

은 이런 불길한 영향 때문이다. 이로써 그녀들의 결혼생활이 불가능하게 된다. 불행해지고 고독해진 그녀들은 자기 어머니의 품안에서 최고의 피난처를 발견할 것이다. 만일 그녀들이 어머니에게 저항한다면 영원한 투쟁이 두 사람을 대립시켜 놓을 것이다. 그리고 버려진 어머니는 딸의 불손한 독립적 태도에 대한 분노를 대개 사위에게 터뜨린다.

자기 딸과 마음이 잘 맞는 어머니도 역시 폭군이다. 그녀는 자기의 성숙한 경험을 무기삼아 젊음을 다시 살길 희망한다. 즉 자기의 과거에서 탈출함으로써 과거를 구제하려는 것이다. 그녀는 자기가 갖지 못했던, 꿈에 그리던 남편과 일치하는 사위를 자신을 위하여 선택한다. 그리고 마음 한 귀퉁이에서, 사위와 결혼하는 사람이 자기인 것처럼 상상하고 싶어한다. 딸을 통해서 그녀는 자기의 부와 성공과 명성에 대한 오래된 욕망을 만족시킨다. 딸을 일부러 정사(情事)나 영화나 연극의 길로 '밀어넣는' 여자들은 자주 묘사되어 왔다. 딸아이를 감독한다는 구실로 딸의 생활을 자기 것으로 바꿔치기하는 것이다. 딸에게 구애하는 남자를 자기의 침대로 끌어들이는 여자의 이야기를 들은 적이 있다. 그러나 딸이 이런 어머니의 후견인 역할을 언제까지나 참고 견디는 것은 드문 일이다. 남편이나 진실한 보호자를 발견하게 된 날부터 딸은 반항한다. 처음에는 사위를 사랑했던 장모가 이제는 그에게 적의를 품게 된다. 그녀는 인간의 배신을 개탄하며 희생자를 자처한다. 이제 적으로서의 어머니가 될 차례다.

이런 실망을 예감한 많은 여자들은, 자식들이 성장하면 일부러 무관심한 태도를 보인다. 그 대신 자식들에게서 아무런 즐거움도 느끼지 못한다. 어머니가 폭군도 되지 않고, 잔인한 인간으로도 변하는 일 없이 자식들의 생활에서 행복을 발견하려면, 관용과 무관심의 흔치 않은 조화를 이루어야 한다.

손자에 대한 할머니의 감정은 어머니가 딸에 대하여 느끼는 감정의 연장이다. 대개 그녀는 그 감정 속에 딸에 대한 적의를 포함시킨다. 많은 여자들이 타락한 자기 딸에게 유산하도록 하고, 아이를 버리게 하고, 암매장하도록 강요하는 것은 세상의 소문을 걱정해서만이 아니다. 딸이 어머니가 되는 것을 달갑게 여기지 않는 것이다. 그녀들은 자기들만의 특권을 독점하려고 애쓴다. 정식으로 결혼을 한 딸에게까지도, 어머니들은 아이에게 젖을 주지 말고 멀리하라고 충고하고 싶어한다. 그리고 그녀들 자신도 자꾸 보채는 이 무례한 작은 존재를 무시해 버리려고 한다. 그렇지 않으면 그녀들은 아이를 나무라고 벌주고 구박하기도 한다. 이와는 반대로 딸과 마음이 맞는 어머니는 그 아이들을 젊은 어머니보다도 한결 애지중지하며 귀여워한다. 딸은 미지의 꼬마가 태어남으로써 당황하지만, 할머니는 꼬마를 잘 알아본다. 할머니는 시간을 초월하여 20년 전으로 되돌아가 다시 젊은 임산부가 된다. 꽤 오래도록 자신의 아이들에게서 기대할 수 없었던 소유와 지배의 즐거움이 그녀에게 되돌아온다. 폐경과 함께 그녀가 단념했던 모성으로서의 모든 욕망이 기적적으로 채워진다. 그녀는 자신이 진정한 어머니라고 여긴다. 그래서 그 아기를 자기에게 맡겨주면 온갖 정성을 기울여 헌신한다. 그러나 할머니로서는 유감스럽게도, 젊은 어머니 또한 자기의 권리를 주장하며 아이에게 애착을 갖는다는 것이다. 그래서 조력자로서의 역할밖에는 허용되지 않는다. 그런 조력자의 역할은 전에 그녀 곁에서 그녀의 연장자들이 맡았던 것이다. 그녀는 이윽고 왕좌에서 쫓겨난 느낌이 든다. 물론 질투도 느끼게 된다. 게다가 사위의 어머니가 있다는 사실도 고려해야만 한다. 섭섭한 마음이 들면 그녀가 처음에 아이에 대하여 느꼈던 자연스러운 애정이 식어버린다. 할머니들에게서 자주 볼 수 있는 불안은 그녀들이 지닌 감정의 양면성을 나타낸다. 할머니들은 그 아이가 자기네들의 아이라는 점에서는 귀여워하지만, 한편으로 어느 날 그들 앞에 갑자기 나타난 낯선 존재라는 점에서는 적대감을 품는다.

그녀들은 이런 반감을 부끄러워한다. 하지만 손자들을 완전히 소유하는 것을 단념하더라도, 손자들에게 뜨거운 애정이 있는 할머니는 아이들의 생활에서 수호신으로서의 특권적인 역할을 할 수 있다. 권리도 책임도 느끼지 않는 그녀는 손자들을 순전히 너그럽게 사랑한다. 손자들을 통해서 나르시시즘의 꿈을 탐닉하려고 하지 않으며, 아무것도 요구하지 않는다. 그녀는 자기가 살아 있지 않을 어떤 미래를 위하여 손자들을 희생시키지 않는다. 그녀가 흠뻑 빠져드는 것은, 오늘날 그들 앞에 우연히 선물처럼 던져진 살과 뼈로 만들어진 조그만 존재들이다. 그녀는 교육자가 아니다. 추상적인 정의나 법칙의 화신도 아니다. 때때로 할머니를 그 아이들의 부모와 대립시키는 갈등은 바로 이런 데서 온다.

여자가 후손이 없거나 또는 혈연이라는 것에 조금도 관심이 없는 경우도 있다. 이 때는 자식이나 손자와의 자연적인 혈연관계 대신 그와 유사한 것을 인공적으로 만들어 보려고 시도한다. 그녀는 젊은 남자들에게 모성적인 애정을 보낸다. 그녀의 애정이 플라토닉한 것이건 아니건 간에, 그녀가 눈여겨본 젊은 이를 '아들로서' 사랑한다고 선언하는 것을 단지 위선이라고만은 할 수 없다. 사실 어떤 어머니의 감정은 연애적이다. 바랑 부인(루소를 어머니처럼 돌보아 준 여성)과 같은 여자들이 어린 소년을 관대한 마음으로 돌봐 주고 도와주며, 어른이 될 때까지 뒷바라지해 주기를 즐겼던 것도 사실이다. 그녀들은 자기를 스쳐 가는 한 존재의 원천이자 필요한 조건이며 토대가 되기를 원한다. 그녀들은 사랑하는 사람에게서 정부로서보다 어머니로서 자기의 정체성을 찾으려고 한다.

모성이 강한 여성이 여자아이를 양녀로 삼는 일도 많다. 거기서도 그녀들의 관계는 다소 성적 형태를 띠고 있다. 그러나 그것이 정신적인 것이건 육체적인 것이건 그녀가 사랑하는 어린 딸에게서 구하는 것은, 기적적으로 다시 젊어진 그녀의 분신이다. 여배우·여류 무용가·여류 성악가들은 교육자가 된다. 그런 여자들은 학생들을 지도한다. 교양 있는 여인—콜롱베(스위스의 지명)의 고독 속에 있는 샤리에르 부인처럼—은 제자들을 가르친다. 신앙심이 깊은 여성은 자기 주위에 정신적인 딸들을 모아놓는다. 화류계 여자는 그녀들을 관리하는 마담이 된다. 그녀들이 후배 육성에 대단한 열의를 쏟는 것은 결코 순수한 흥미 때문만은 아니다. 그녀들은 다시 변신하고 싶어 열렬히 노력하고 있다. 그녀들의 전제적인 관용성은 혈육관계로 이루어진 어머니와 딸 사이에서와 비슷한 갈등을 낳는다. 또 경우에 따라서는 양손자들을 맞아들일 수도 있다. 대고모들이나 대모들은, 할머니와 유사한 역할을 기꺼이 받아들인다. 그러나 여자가 자기의 후계자에게서 자연적이든 혹은 선택적이든 기울어져 가는 제 생명의 의미를 발견하는 것은 매우 드문 일이다. 젊은 사람들이 품고 있는 삶의 계획을 자기 것으로 하려는 시도는 반드시 실패한다. 그녀는 그것을 자기 소유로 만들려고 열심히 노력하다가 실망과 좌절감을 가져오는 투쟁과 비극 속에서 소멸해 버리든가, 겸손한 참여로 체념하든가 한다. 그것이 가장 일반적인 경우이다. 어머니는 늙어가고, 할머니는 지배욕을 자제하며 그 한(恨)을 감추고 있다. 그녀들은 자식들이 자기에게 주는 것에 만족한다. 그러나 자식들에게서 많은 도움을 기대할 수는 없다. 사막처럼 황폐한 미래를 눈앞에 둔 그녀들은 고독과 후회와 권태에 시달린다.

여기서는 나이 먹은 여자의 애처로운 비극을 짚고 넘어가야겠다. 그녀는 자기가 쓸모없게 되었다는 사실을 알고 있다. 중산층의 여자는 일생을 통하여 쓸데없는 문제를 해결해야 하는 경우가 많다. '시간을 어떻게 보내나?' 그러나 아이들이 자라고 남편이 출세하고 지위가 안정되었다고 해서 곧 죽어 버리는 것은 아니다. '부인의 바느질'은 이런 무서운 권태를 속이기 위해 생각해 낸 일감이다. 두 손은 수를 놓고 뜨개질을 하면서 움직이고 있지만, 참다운 일이 못 된다. 왜냐하면 만들어진 물건이 목적은 아니기 때문이다. 그것은 별로 중요하지 않다. 만들어진 물건을 무엇에 쓰느냐 하는 것이 문제이다. 여자친구에게 주어 버리든가, 자선기관에 보내든가, 벽난로 위나 조그만 원탁에 늘어놓는 식으로 처리된다. 또 그것은 대가를 바라지 않는, 순수한 존재의 기쁨을 추구하는 유희도 결코 아니다. 공허한 마음을 채워주는 기분전환거리도 될까 말까 하다. 파스칼이 말한 것처럼 매우 합리적이지 못한 심심풀이다.

바늘이나 뜨개바늘르 여자는 서글프게 그날그날의 허무를 짜 나간다. 수채화·음악·독서도 똑같은 역할을 한다. 일거리가 없는 여자는 이 세계에서 세력을 확장하기 위해서가 아니라 오로지 권태를 메우기 위해서 그런 일을 하는 것이다. 미래를 열지 못하는 행동성은 허무라는 내재의 세계 속에 그녀를 빠트린다. 한가한 여자는 책을 읽기 시작하다가 집어 던지고, 피아노를 열었다 다시 닫는다. 자수를 다시 잡곤 하품을 한다. 마침내는 전화기를 든다. 실제로 그런 여자는 사교생활에 가장 절실하게 도움을 구한다. 외출을 하고 방문을 하고—댈러웨이 부인처럼—손님접대를 중요시한다. 그녀는 모든 결혼식에 참석하고 장례식도 빼놓지 않는다. 자기 생활이 없기 때문에 타인의 존재에 기대어 살아간다. 과거의 드염한 여자에서 이제는 유란마담이 된다. 그녀는 주위를 관찰하고 비평한다. 자기의 무위(無爲)를, 주위 사람들에게 비평과 충고를 흐트려 놓음으로써 보상한다. 요청하지도 않은 모든 사람들에게 자기의 경험을 토대로 도움을 주려고 한다. 그녀는 경제력이 허락한다면 살롱을 경영하고 싶어 한다. 이로써 타인의 계획이나 성공을 자기 것으로 만들려고 한다. 뒤데팡 부인(프랑스 18세기의 유명한 살롱 주인)이나 베르뒤랭 부인(프루스트의 등장인물)이 거기에 모이는 인물들을 어떤 전제적 힘으로 다루었는가는 잘 알려진 일이다. 인기의 중심이 되어, 사교모임을 제공하고, 사람들을 부추겨서 '분위기'를 만들어가는 것, 이는 그녀가 대신 선택한 활동이다. 세계의 움직임 속에 참여하기 위해서는 보다 직접적인 다른 수단이 있다.

프랑스에는 '자선사업'이나 무슨 '협회'들이 존재한다. 특히 미국에서는 여성들이 클럽에 모이고 거기서 트럼프를 하거나 문학상을 분배하거나 사회발전을 도모한다. 양대륙에서 이런 조직의 대부분을 특징짓는 것은, 그것들이 그 자체로 존재이유를 지닌다는 점이다. 이런 조직이 추구하는 목적이라는 것은 단지 구실에 지나지 않는다. 그것은 카프카의 우화[*81]에서처럼 정확하게 진행된다.

아무도 바벨탑을 세울 생각은 없다. 그 공상적인 터전의 주위에 언제든 거대한 집단이 구축되어 다스리고, 확장하고, 사회 불화를 교정하는 데 온 힘을 기울인다. 이와 같이 자선사업을 하는 부인들은 시간의 대부분을 그런 조직을 만드는 데 보낸다. 그녀들은 간부를 선정하고, 회칙을 토론하고, 말씨름을 하고, 다른 경쟁협회와 권위를 겨룬다. '자기네들의' 가난뱅이, '자기네들의' 환자, '자기네들의' 부상자, '자기네들의' 고아를 자기들에게서 훔쳐 가서는 안 된다는 것이다. 그들을 경쟁자들에게 양보하느니 차라리 죽게 하는 편이 낫다고 생각한다. 그리고 그녀들은 사회의 부정이나 악정(惡政)을 제거하여, 자기들의 헌신을 쓸모없게 만드는 정치적·사회적 제도를 결코 원하지 않는다. 오히려 자기들을 인도주의 선행자로 만들어 주는 전쟁이나 기아를 환영한다. 그녀들의 눈에는 방한모나 짐짝이 군인이나 굶주린 자를 위한 것이 아니라, 털실이나 소포를 받기 위하여 특별히 만들어진 것처럼 보인다.

어쨌든 이런 단체들 가운데 몇몇은 실제적인 효과를 거두고 있다. 미국에서 존경받는 '어머니'들의 영향력은 매우 크다. 이런 영향은 여성의 기생적인 생활이 낳은 여가로 설명할 수 있다. 그런 영향이 바람직한 것이 못 된다는 까닭이 여기에 있다. "의학·예술·과학·종교·법률·건강·위생……에 대하여 아무것도 모르기 때문에, 그녀들은 그 무수한 기관의 회원인 동안 자기가 하는 활동에 별로 흥미를 느끼지 못한다. 그 일이 그저 '소일거리'가 된다면 그것으로 충분하다"고 필립 윌리(현대 미국 작가)는 말한다.

그녀들의 노력은 일관된 건설적인 계획에 따르지 않고, 객관적인 목적을 노리는 것도 아니다. 그저 자기들의 취미나 편견을 과시하거나 이익에 이용하려는 것뿐이다. 예를 들면, 문화적인 영역에서 그녀들의 역할은 두드러진다. 책을

---

[*81] 《도시의 문장(紋章)》.

가장 많이 사는 부류는 그런 여자들이다. 그러나 그녀들은 독서를 혼자 트럼프놀이 하듯이 한다. 문학은 기획에 참여하는 개인들에게 말을 건넬 때, 독자들이 보다 넓은 식견을 향하여 행동하도록 도울 때 그 의미와 품위를 지닌다. 여자도 인간행위의 움직임과 일치되어야만 한다. 그러나 실제로 여자는 책과 예술작품을 삼켜서 그것을 자기 안에 깊이 묻어 버린다. 그림은 장식품이 되고, 음악은 상투적인 말이 되고, 소설은 벽에 걸어놓은 모자처럼 공허한 몽상이 된다. 베스트셀러의 나쁜 영향에 책임이 있는 것은 미국 여성들이다. 그런 베스트셀러는 독자의 마음에 들도록 계획적으로 씌었을 뿐만 아니라, 도피병에 걸린 유한가담들을 즐겁게 해 주려는 데 목적이 있다. 그녀들의 활동 전반에 관해 필립 윌리는 분명한 정의를 내렸다.

그녀들은 정치가들을 비굴하게 만들고 목사들을 두려움에 떨게 한다. 은행장들을 당혹하게 하고, 학교장들을 궁지로 몰아붙인다. 조직의 수를 자꾸 늘리지만, 그 조직의 실제 목적은 자기들의 이기적인 욕망에 측근들이 비굴한 타협을 하게 하는 데 있다…… 그녀들은 가능하다면 도시에서, 주에서 젊은 창녀들을 추방한다…… 버스 노선을 노동자가 아니라 자기들을 위하여 배치한다…… 시장이나 자선바자회를 성대히 열어서 이튿날 아침에 주정뱅이 위원들을 돌보아 준 사례로 문지기에게 판매액 일부를 건네준다…… 클럽은 그녀들에게 다른 사람의 문제를 놓고 수다를 떨 수 있는 많은 기회를 제공한다.

이런 신랄한 풍자에는 많은 진실이 담겨 있다. 정치나 경지, 또 어떤 분야에서도 전문가가 아닌 나이 든 부인들은 구체적인 사회 활동을 펼칠 수가 없다. 그녀들은 행동을 취함으로써 일어나게 될 문제들이 무엇인지 모르며 어떤 건설적 계획도 세울 능력이 없다. 그녀들의 도덕은 칸트의 지상명령처럼 추상적이고 형식적이다. 또 그녀들은 진보의 길을 탐색하는 대신 금지만을 입에 담는다. 그녀들은 새로운 상황을 적극적으로 창조하려고 애쓰지 않는다. 악을 배제하려고 이미 존재하는 것을 공격한다. 그것이 바로 그녀들이 무언가에 대하여 언제나 집단을 조직하는 까닭을 설명해 준다. 즉 알코올에 대해서, 매음에 대해서, 포르노에 대해서 단순하고 소극적인 노력이 성공을 거두지 못한다는 것

제2편 상황 773

을 그녀들은 이해하지 못한다. 미국에서는 금주의 실패, 프랑스에서는 마르트 리샤르가 통과시킨 법안의 실패가 이를 증명하고 있듯이. 여성이 기생적인 존재로 있는 한은 더 좋은 세계의 건설에 효과적으로 참여할 수 없다.

그러나 어떤 기획에 전적으로 참여하는 행동적인 여성도 있다. 그녀들은 일에 전념하려고 할 뿐만 아니라, 확실한 목적을 세워둔다. 자주적인 생산자가 되어 이제까지의 기생적 범주에서 탈출한다. 그러나 이런 전환은 극히 드물다. 사적 또는 공적 활동에서 대다수의 여성들은 도달해야 할 어떤 결과를 목표로 하지 않고 눈앞에 닥친 일에만 전념한다. 그래서 그 일이 시간을 보내기 위한 방편에 불과하다면 모든 일은 공허해진다. 많은 여자들이 그 때문에 고생하고 있다. 자기 뒤에 이미 많은 시간의 기록들을 쌓아 둔 여자도, 아직 펼쳐지지 않은 삶을 시작하는 청년들과 똑같은 불안을 느낀다. 그들을 절실하게 원하는 것은 아무것도 없다. 그들의 주위는 사막과 같다. 모든 행동 앞에서 그들은 중얼거린다. "이게 다 무슨 소용이야?" 그러나 청년은 싫든 좋든 남자의 생활 속으로 끌려간다. 남자는 생활 속에서 책임과 목적과 가치를 발견한다. 그는 세계 속에 던져져서 결심하고 착수한다. 나이 든 여자는 미래를 향하여 새출발하라는 권고를 받으면 "이미 늦었어" 하고 비통하게 대답할 수밖에 없다. 그녀에게 주어진 미래라는 시간이 얼마 남지 않았기 때문이 아니다. 여자는 너무 일찍 은퇴해 버린다. 열정이나 신뢰, 희망이나 분노가 결여된 그녀는 자기 주위에서 새로운 목적을 발견하지 못한다. 그녀는 늘 그녀의 숙명이 되어버린 삶의 반복 속에 도피한다. 반복을 하나의 체계로 삼고 가정생활에 열중하거나 샤리에르 부인처럼 신앙 속에 갇혀버린다. 그리고 금욕주의 속에 자랑스럽게 들어앉아 무미건조해지고 냉담해지며 이기적이 된다.

일반적으로 나이 든 여자가 평온을 찾는 것은 생애가 완전히 끝날 무렵, 그녀가 투쟁을 아주 단념할 때, 가까이 다가온 죽음이 그녀에게서 미래의 고민을 제거했을 때이다. 남편은 대개 그녀보다 연상인 경우가 많으므로 그녀는 남편의 늙어가는 모습을 말없이 기쁘게 지켜본다. 이것이 그녀의 복수이다. 남편이 먼저 죽으면 아내는 그 상심을 즐겁게 견뎌 낸다. 남자들이 늘그막에 상처(喪妻)를 하면 몹시 괴로워한다는 것은 자주 주목되어 왔다. 남자들은 여자들보다 결혼 생활로부터 더 많은 이익을 얻고 있다. 특히 만년에는 더욱 그러하다. 그때쯤에는 세계가 가정의 테두리 안에 집중되기 때문이다. 현재의 나날은 더 이상 미래를 향하여 흐르지 않는다. 그날그날의 단조로운 리듬을 이끌어 나가는 것은 아내이다. 직장을 잃었을 때 남자는 완전히 쓸모가 없게 된다. 그러나 여자에게는 적어도 가정의 통솔권이라는 것이 있다. 남편에게 그녀는 필요한 존재이다. 반면에 남편은 아내에게 귀찮은 존재일 뿐이다. 그녀들은 독립함으로써 거만해지고, 결국 자신의 눈으로 세계를 바라보기 시작한다. 그리고 일생 동안 속고 살아온 것을 깨닫는다. 이성적이 되고 회의적이 되며 종종 흥미로운 야유를 보낸다. 특히 함께 '살아온' 여자는 어떤 남자에게서도 바랄 수 없는 남자에 대한 지식이 있다. 그녀는 남자들의 공적인 모습만이 아니라 동료들이 없을 때 무심코 보여주는 일상적인 얼굴을 곁에서 지켜봐 왔기 때문이다. 그녀는 남자가 여자들 사이에서만 보이는 자연스런 모습을 알고 있다. 무대 뒤에서 어떤 일들이 일어나는지 알고 있는 것이다. 그러나 그 경험이 그녀에게 기만과 거짓을 폭로하게 하더라도 경험만으로는 진리를 발견할 수 없다. 즐겁든 괴롭든 간에 늙은 여자의 지혜는 아직도 완전히 소극적이다. 그러한 (소극적 형태의) 저항과 비난과 거부는 어떠한 성과도 이끌어 내지 못한다. 그 행동에서나 그 사상에서 기생적인 여자가 알 수 있는 자유의 최고 형태는, 금욕적인 도전이거나 (비꼼이나 야유 같은) 회의적인 역설뿐이다. 생애의 어떤 연령에서도 그녀는 효과적이며 독립적인 존재가 되지는 못했다.

### 제6장 여자의 상황과 성격

그리스 시대부터 현대에 이르기까지 여자에게 가해진 비난에 여러 가지 공통점이 있는 까닭을 우리는 이제 알 수 있다. 표면적으로는 여러 가지 변화가 있었지만 여자의 근본적인 삶의 조건은 여전히 마찬가지여서, 이 삶의 조건이 그대로 여자의 '성격'을 만들어 내는 것이다.

여자는 '자기 안에 갇혀 있어서' 사소한 일에도 따지기를 좋아하고, 진리나 정확성에 대한 관념이 없다. 또 도덕이 결여되어 있고 비열하게 공리적이며 거짓말쟁이에 연극을 잘하고 이해관계에 밝다…… 이런 모든 점에도 일리가 있다. 단지 이렇게 비난받는 여자의 행위는 결코 호르몬 작용 탓이 아니며, 여자의 두뇌 내부에서 운명적으로 결정된 것도 아니다. 그런 행위는 여자가 살고 있는 상황이란 틀에서 나온 것이다. 이런 견해를 바탕으로 이제부터 여자의 상황을 종합적으로 살펴보고자 한다. 이제까지의 이야기와 중복되는 부분도 있겠지만, 이를 통해 여자의 경제적·사회적·역사적 조건 전체에서 '영원한 여성'을 파악할 수 있다.

'여자의 세계'가 때로는 남자의 세계와 대립될 수도 있다. 그러나 여자들은 이제까지 한 번도 자주적이며 폐쇄적인 사회를 구성한 일이 없었다는 점을 강조해야만 한다. 여자들은 남성들이 지배하는 집단에 합류되고, 거기서 종속적인 지위를 차지한다. 단지 동류(同類)로서 서로간의 연대성을 통해 연결된 여자들 사이에는 통일된 공동체가 형성되는 유기적인 연대성이 없다. 그녀들은 —엘레우시스 신비극(고대 그리스의 대지의 신을 제사하는 의식으로, 그리스 연극의 기원이 된다)의 시대에서 오늘날의 클럽이나 살롱이나 직장에서— 하나의 '대응세계'를 확립하기 위하여 결속하려는 노력을 언제나 계속해 왔다. 그러나 그것은 역시 남성의 세계 안에서 이루려고 했던 것이다. 여기에서 여성이 처한 상황에 모순이 생긴다. 여자는 남성의 세계와, 남성의 세계에 불신을 표하는 영역 모두에 걸터앉아 있다. 전자에서는 분명한 신분을 부여받아 살고, 후자에서는 갇혀 지낸다. 여자들은 어디에도 조용히 자리를 잡을 수가 없다. 그녀들의 순종은 언제나 그 이면에는 거부가 따르며, 그 거부의 이면에는 수락이 따른다. 이런 점에서 그녀들의 태도는 소녀들의 복잡한 태도와 흡사하다. 그러나 그녀들의 태도 쪽이 지탱하기가 더 어렵다. 왜냐하면 성인여자는 처녀들처럼 삶을 꿈꾸면 되는 것이 아니라 삶을 살아가야 하기 때문이다.

세계가 전체적으로 남성의 것임을 여자 자신도 인정한다. 이 세계를 만들고 관리하고 오늘날도 지배하고 있는 것이 남자들이다. 여자는 이 세계에 대해 책임이 있다고는 생각하지 않는다. 여자는 상대적으로 열등하며 의존하는 존재인 것이다. 그녀는 폭력의 교훈을 배우지 않았고, 집단의 다른 구성원들 앞에 주체로서 나타난 적이 결코 없다. 자기 육체 속에, 자기 집 속에 갇힌 채, 삶의 목적과 가치를 결정하는 신의 모습을 한 남자들과 달리 자신을 수동적인 존재라고 자각한다. 이런 의미에서 여자를 '영원한 아이'로 머무르게 하는 구호에는 진리가 포함되어 있다. 노동자나 흑인 노예, 식민지 원주민을 무서워하지 않았던 시기에는, 그들을 '커다란 아이'라고도 불렀다. 그것은 그들이 다른 사람들이 제시하는 진리나 법률을 군말없이 받아들여야 한다는 의미였다. 여자의 운명은 복종과 존경이다. 여자는 자기를 에워싼 이 현실에 마음속에서조차 참여할 수 없다.

현실은 여자의 눈에는 불투명한 존재로 보인다. 실제로 여자는 물질을 지배할 수 있는 기술을 습득하지 못했다. 여자는 자기가 싸우고 있는 물질과 관계가 있는 것이 아니라 생명과 관계가 있다. 그리고 그 생명은 도구로는 지배할 수가 없다. 단지 그 신비의 법칙밖에 받아들일 수가 없다. 여자에게는 세계가, 하이데거(독일 철학자, 1889~1976)의 정의처럼, 그녀의 의지와 목적 사이에 매개자로서 나타나는 '도구의 전체'로 보이지 않는다. 세계는 그녀에게 완강히 저항한다.

세계는 숙명에 지배되고, 까닭을 알 수 없는 (남자들의) 자의에 침투되어 있다. 어머니의 태내에서 한 인간으로 변화되는 한 덩어리의 피의 신비를 어떤 수학도 공식화할 수 없고, 어떤 기계도 촉진시키거나 지연시킬 수 없다. 여자는 아무리 정밀한 장치로도 나누거나 곱할 수 없는 시간의 저항을 경험한다. 달의 리듬에 순종하고 세월에 성숙되며, 조금씩 부패되어 가는 자기의 육체 속에서 그것을 느낀다. 또 날마다 음식 만드는 일은 그녀에게 인내와 수동적 태도를 가르친다. 이것은 연금술이다. 불과 물에 복종하고, '설탕이 녹는 것을 기다려야만' 한다. 밀가루 반죽이 부풀고 빨래가 마르고 과실이 익는 것을 기다려야만 한다. 집안일은 기술적인 활동과 비슷하다. 그러나 너무 초보적인 기술이며, 인과법칙을 납득시키기에는 너무도 단조로운 기술이다. 사물에는 저마다 제멋대로의 성질이 있다. 빨면 줄어드는 천이 있고 줄지 않는 천도 있다. 얼룩이 지워지는 천도 있고 좀처럼 지워지지 않는 천도 있다. 저절로 부서지는 물건도 있고 식물처럼 싹이 나는 먼지도 있다.

여자의 정신은 언제나 대지의 신비를 숭배하는 농경문화의 정신을 받아들이고 있다. 여자는 마술을 믿는다. 그녀의 수동적 성욕은 욕망을 의지나 공격으로 여기지 않고, 점쟁이의 추를 흔들어 샘을 찾아내게 하는 인력(引力)과 비슷한 것으로 생각한다. 여자의 육체가 있다는 것만으로 남성의 성기는 발기된다. 땅속에 숨은 물이 왜 마법사의 지팡이를 움직이게 하지 않겠는가? 그녀는 물결이나 방사선이나 전류 같은 것에 에워싸였다고 느낀다. 그녀는 텔레파시나 점성술, 방사요법, 메스메르(독일 의학자, 동물 자력이론의 창설자, 1734~1815)의 추연(祝宴), 접신술(接神術), 무당, 투시하는 여자, 엉터리 의사를 믿는다. 종교 손에 원시적인 미신을 끌어 넣는다. 큰 양초나 헌납물 등이 그것이다. 그리고 고대인이 본 것 같은 자연의 정령을 그대로 구현한 사람을 보고자 한다. 성자는 행려자를 보호해 주고, 성녀는 임산부를 지켜 준다. 또 다른 성자는 잃어버린 물건을 찾아 준다. 물론 어떤 신기한 일도 그녀를 놀라게 하지는 못한다. 그녀는 주술과 기도의 힘을 믿고 의지한다. 어떤 결과를 얻기 위해서 그녀는 시험을 거친 어떤 의식에 복종한다. 그녀가 왜 관례를 지키는지 이해하는 것은 어렵지 않다. 여자에게 시간은 새로운 차원을 갖지 않는다. 그것은 창조의 샘이 아니기 때문이다. 언제나 같은 일만 반복하므로 미래 속에서 과거의 복제물밖에는 보지 못한다. 만일 단어와 관용어를 알고 있다면 시간과 생식능력을 결부시킬 수 있지만, 이 생식이라는 것 자체도 달과 계절의 리듬에 복종하고 있다. 임신과 개화의 주기는 그때마다 이전과 똑같이 되풀이된다. 이런 주기적인 움직임 속에서 시간의 생성은 오로지 완만한 퇴보일 따름이다. 시간은 얼굴을 망가뜨리는 것처럼 가구나 의복을 좀먹는다. 세월의 흐름에 따라서 생식 능력은 조금씩 조금씩 파괴되어 간다. 따라서 여자는 잔인하게 파괴시키는 이 시간의 힘을 신뢰하지 않는다.

여자는 세계를 변화시킬 수 있는 진정한 행동이 무엇인지 모를 뿐만 아니라 이 세계의 한가운데서, 거대한 성운 속에 놓인 것처럼 잊힌 존재가 되었다. 그녀는 남자의 논리를 적절하게 사용할 줄 모른다. '여자도 필요하게 되면 남자와 마찬가지로 영리하게 논리를 사용한다'고 스탕달은 지적했다. 그러나 여자에게는 그런 논리를 사용할 기회가 별로 없다. 삼단논법은 마요네즈를 잘 만드는 데도, 우는 어린아이를 달래는 데도 쓸모가 없다. 남성의 이론은 여자가 경험하는 현실에는 적합하지 않다. 그리고 남자의 세계에서 여자는 아무것도 '하지' 않기 때문에 그녀의 생각은 어떤 기획에도 작용할 수가 없으므로 꿈과 다를 바가 없다. 실효성이 없기 때문에 진실을 바로 보는 감각도 없다. 여자는 이미지와 단어들을 상대로 하고 있을 뿐이다. 그래서 아무리 모순된 주장도 거리낌 없이 받아들인다. 어쨌든 자기의 능력 밖에 있는 영역의 신비함을 밝히려는 생각은 전혀 하지 않은 채 막연한 지식에 만족한다. 여자는 정당·의견·장소·사람·사건을 혼동한다. 여자의 머릿속은 이것저것 뒤섞인 혼란상태이다. 요컨대 명확히 사물을 본다는 것은 여자의 일이 아니다. 여자는 남성의 권위를 받아들이도록 배웠다. 따라서 자신을 위하여 비판하고 검토하고 판단하는 것을 단념하고, 자신보다도 우월한 존재에 모든 것을 맡긴다. 그래서 남성의 세계는 여자에게 초월적 현실이며 절대적 존재처럼 보인다. 프레이저(영국 인류학자, 1854~1941)가 말하듯이, '남자는 신을 만들고, 여자는 그 신을 숭배한다.' 남자들은 자기들이 만드는 우상 앞에 전적인 확신을 가지고 무릎 꿇지는 못한다. 그러나 여자들은 자기들이 가는 길에서 거대한 조각상을 만날 때 그것이 누구의 손으로 만들어졌는지 생각지 않고 공손히 엎드려 머리를 조아린다.*82 특히 그녀들은 '질서'나 '법'이 한 사람의 지도자 속에 구현되는 것을 좋아한다. 올림푸스 전체를 통틀어 단 하나의 최고 신이 있다. 경탄할 만한 남성의 본질이 한 원형 속에 모여 있으므로, 아버지·남편·애인은 불확실한 탄영에 불과하다. 여자가 이런 위대한 토템(야만인이 종족 전체으로 숭배하는 동물)에 바치는 숭배가 성적인 것이라는 말은 어느 정도 유머러스한 이야기이다. 진실한 것은, 그러한 대상물에 대하여 여자는 권리포기와 무릎을 꿇으려는 유아기의 꿈을 충분히 만족시킨다는 것이다. 프랑스에서 블랑제, 페탱, 드골*83 같은 장군들은 언제나 자기들의 편이 되어 주는 여자들을 곁에 두고 있었다. 최근에 〈위마니테〉지(프랑스 공산당 기관지)의 여성기자들이 얼마나 감격에 떨리는 붓으로 티토와 그의 훌륭한 제복을 묘사했던지, 아직도 기억이 생생하다. 장군·독재자—독수리의 눈초리와 의지적인 턱—그것은 진실한 세계가 요구하는 하늘의 아버지이며, 모든 가치를 지닌 절대적인 보증자이다.

여자들이 남성세계의 영웅이나 법률에 보내는 존경은 그녀들의 무력함과 무지에서 생긴다. 그녀들은 그 영웅과 법률을 판단이 아니라 신앙으로 인정한다. 신앙은 지식이 아니기 때문에 광신적인 힘을 이끌어 낸다. 신앙은 맹목적이고 열정적이며 완고하고 어리석다. 신앙이 하는 말은 무조건적이며 반이성적이고 반역사적이므로, 모든 반증을 무시한다. 이런 집요한 존경은 형편에 따라서 두 가지 형태를 취할 수 있다. 즉 어떤 때는 여자가 법의 내용이 열정적으로 기울어지는 경우가 있고, 또 어떤 때는 법의 공허한 형식에만 기울어지는 경우도 있다. 그녀가 기성사회 질서에서 이익을 얻는 특권적 엘리트에 속한다면, 질서

---

*82 J.P. 샤르트르의 《더러운 손》 참조. 에드레르는 말했다. "여자들은 완고하다. 당신도 알겠지만 그러한 여자들은 기성의 관념들을 완전히 받아들여 신을 믿듯이 그것을 믿는다. 관념들을 만드는 것은 우리이며, 우리는 그 관념들이 어떻게 만들어졌는지 알고 있다. 우리는 우리가 옳다는 절대적인 확신을 결코 하지 않는다."

*83 장군이 지나는 길가에 나온 사람들은 주로 여자들과 어린아이들로 구성되어 있다(1948년 9월 사부아에서의 시찰에 관해서—신문).
남자들은 장군의 연설에 박수갈채를 보냈지만 여자들은 감격으로 열광했다. 그중에는 황홀한 느낌을 그대로 표현하는 여자들도 눈에 띄었다. 거의 말 한마디에 찬사를 보내고 얼굴이 빨개지도록 열정적으로 소리를 지르며 박수갈채를 보냈다.(1947년 4월 11일—라디오)

가 흔들리지 않기를 바라며 완고한 보수파의 태도를 취한다.

남자는 자기가 다른 제도, 도덕, 법률을 만들 수 있다는 것을 안다. 남자는 자기를 초월적 존재로서 파악하므로 역사도 하나의 생성으로 생각한다. 가장 보수적인 남자도 어떤 진화는 불가피한 것이므로, 자기의 행동과 사상을 거기에 적응시켜야만 한다는 사실을 알고 있다. 그러나 여자는 역사에 참여하지 않으므로 역사의 필연성을 이해하지 못한다. 여자는 미래를 의심하고 시간을 정지시키고자 한다. 만일 자기 아버지나 형제나 남편이 제시한 우상이 깨어진다면 여자는 하늘을 어떻게 섬겨야 할지 모르게 될 것이다. 그래서 여자는 그 우상을 악착같이 지키려고 한다. 미국 남북전쟁 때 남부 사람들 가운데에서 노예제도를 열렬히 주장한 것은 여자들이었다. 영국에선 보어전쟁 때에, 프랑스에선 코뮌정부 시절에 가장 열광적이었던 것도 여자들이다.

여자들은 행동의 무력함을, 감정을 격렬하고 노골적으로 드러냄으로써 보상하려고 한다. 승리했을 때는 육식동물처럼 쓰러진 적에게 덤벼들고, 패배했을 때는 모든 화해에 완강히 거부한다. 그녀들의 이념은 단순한 태도에 불과하므로, 시대에 뒤진 여러 주의·주장을 지키려고 한다. 그녀들은 1914년에는 정통 왕조주의자가 되기도 하고 1949년에는 황제파가 되기도 했다. 남자들은 때로 미소를 지으면서 일부러 여자들을 부추기기도 했다. 남자들 자신은 자제하면서 자기들이 제시한 의견이 광신적인 형태로 여자들에게 반영되는 것을 보고 기뻐한다. 하지만 남자들은 자기들의 생각이 그와 같이 일방적으로 완고한 양상을 띠는 것은 못마땅하게 생각하는 경우도 있다.

여자들이 이처럼 명확한 모습을 취하는 것은 완고한 조직을 갖는 문명이나 계층에서뿐이다. 일반적으로 그녀의 신앙은 맹목적이기 때문에, 법은 단순히 그것이 법이기 때문에 존경한다. 법은 바뀌어도 그 위신은 남는다. 여자의 눈에는 힘이 권리를 만들어 낸다. 그녀들이 남자들에게 인정하는 모든 권리는 그들의 힘으로부터 나오기 때문이다. 그러므로 한 집단이 해체될 때 그녀들은 맨 먼저 정복자들의 발치에 엎드린다. 일반적으로 여자들은 현재의 상황을 있는 그대로 받아들인다.

여자들의 성격을 나타내는 특징의 하나는 체념이다. 예를 들면 폼페이의 폐허에서 시체를 발굴했을 때, 남자는 하늘을 향해 도전하거나 도망가려고 애쓰는 반항적인 자세로 죽은 것을 볼 수 있다. 반면에 여자들은 몸을 굽히고 얼굴을 땅으로 향하고 있었다. 그녀들은 화산·경찰관·보호자·주인 같은 것에 대하여 자신들이 무기력하다는 사실을 알고 있다. "여자들은 고생하라고 만들어졌어. 그것이 인생이야·····할 수 없지." 이렇게 그녀들은 말한다. 이런 체념은 간혹 놀랄 만한 인내를 낳는다. 여자는 흔히 남자보다도 육체적 고통에 더 잘 견딘다. 경우에 따라 금욕주의적 용기도 가져온다. 남성과 같은 대담한 공격성이 없는 대신에 많은 여자들은 수동적 저항과 같은 조용한 강인성이 두드러지게 나타난다. 그녀들은 남편들보다도 강하게 위기와 궁핍과 불행에 대항한다. 아무리 서둘러도 이길 수 없는 시간을 존중하여, 여자들은 결코 서두르지 않는다. 어떤 기획에 여자들의 이 침착한 완고함을 적용하면 때때로 훌륭한 성공을 얻기도 한다. '여자의 힘을 절대 얕보지 말라'는 격언도 있지 않은가. 마음이 너그러운 여성에게서 이런 체념은 관용의 형태를 취한다. 여자는 모두 용서하고 아무도 원망하지 않는다. 인간도 사물도 있는 그대로밖에는 달리 존재할 수 없다고 생각하기 때문이다. 그러나 자존심이 강한 여자는 그러한 태도를 고상한 덕목이라고 여기지 않는다. 극기심으로 단단하게 굳은 샤리에르 부인이 그러한 경우이다. 그것은 무익한 신중함을 야기하기도 한다. 여자들은 파괴하고 새로 재건하기보다는 보존하고 수리하고 조정하려고 한다. 혁명보다 타협과 화해를 더 좋아한다

　19세기의 여자들은 노동자해방운동에 가장 큰 걸림돌이 되었다. 얼마나 많은 소심한 주부들이 플로라 트리스탕(작가·사회운동가, 프랑스 페미니즘운동의 선구자)이나 루이스 미셸(여성혁명가, 파리 코뮌에서 활약) 같은 여자에게, 자기 남편에게 위험한 일을 시키지 말도록 애원했는지 모른다! 그녀들은 파업이나 실업이나 빈곤을 두려워했을 뿐만 아니라, 반항은 잘못이 아닐까 두려워했다. 그녀들은 복종을 위한 복종을 하고, 모험보다는 인습을 따르는 쪽을 택했다. 걸거리보다 가정에서 보잘것없는 행복이나마 지켜 나가는 것이 한결 더 쉬웠기 때문이다. 그녀들의 운명은 부서지그 말 물건의 운명과 하나가 되어, 그런 물건을 잃어버리면 모든 것을 잃어버리는 것과 같게 된다.

　오로지 자유로은 주체만이 시간을 초월하여 자기를 확립함으로써 모든 파멸을 미리 막을 수 있다. 그런데 여자에게는 이런 최고의 수단이 언제나 금지되어 있는 것이다. 여자가 해방을 믿지 않는 까닭은, 무엇보다도 자유의 힘을 한 번도 경험한 일이 없기 때문이다. 그녀 생각에, 세상은 보이지 않는 숙명에

지배되므로 그 숙명에 반항하는 것은 주제넘는 짓이다. 이 위험한 길을 억지로 가게 한다 해도 스스로 개척해 본 일이 한 번도 없는 그녀가 거기에 달려들 리가 없다.*84 여자에게 미래를 열어 주면 그녀는 이제 과거에 집착하지 않을 것이다. 구체적인 행동으로 제시된 목적에서 그들의 이익을 인정한다면 그녀들은 남자들 못지않게 대담하고 용감해질 것이다.*85

여자들이 흔히 비난받는 많은 결점들, 즉 소심함·수줍음·쩨쩨함·게으름·경박함·비굴함은 단순히 여자들에게 앞길이 막혀 있다는 사실을 표현하는 데 지나지 않는다. 여자는 관능적이며 자기단의 내재성 안에 빠져 있다고들 한다. 그러나 여자를 내재성 안에 가둬 둔 것은 남자들이다. 하렘(닭장의)에 갇힌 여자 노예는 장미 향수를 푼 목욕을 병적일 만큼 즐기는 것이 아니라 이렇게라도 해서 남아도는 시간을 소비해야만 견딜 수 있는 것이다. 음울한 규방에서—닫힌 집에서, 혹은 부르주아의 가정에서—얼마나 숨이 막히느냐에 따라 여자는 쾌락이나 안락함을 찾아 도피하려 한다. 또한 여자가 열렬히 육체적 쾌락을 추구하는 것은 대개 그런 쾌락의 만족을 얻지 못하기 때문이다. 성적으로 만족하지 못하고 남성의 횡포에 바쳐지며, '남성의 추잡한 것을 참아야 하는' 그녀는 크림소스로, 잘 취하는 술로, 벨벳으로, 물이나 태양이나 여자친구나 젊은 애인의 애무로 자기 자신을 위로한다. 만일 여자가 남자에게 매우 '육체적'인 존재로 보인다면 그것은 그녀의 처지가 그 동물적 본성에 커다란 중요성을 부여하도록 자극하기 때문이다. 여자라고 해서 남자보다 육체의 외침이 더 강렬한 것은 아니다. 그러나 여자는 자기 육체의 아주 작은 소리라도 귀담아듣

---

*84 지드의 《일기》 참조. '클뢰즈나 로트의 아내—한 여자는 늑장을 부리고, 다른 여자는 뒤를 돌아본다. 이것이 늑장을 부리는 한 방식이다. 다음과 같은 구절보다 더 큰 열정의 외침은 없다.

그래서 페드르는 당신과 더불어 미궁에 내려가서
길을 찾는 것도 길을 잃는 것도 당신과 함께 하리라.

그러나 그녀는 열정에 눈이 멀었다. 사실 몇 발짝 끝에 그녀는 주저앉을 것이다. 아니면 되돌아가려고 하리라—혹은 업어 달라고 하리라.'
*85 이렇게 해서 한 세기 전부터 프롤레타리아 여성들의 태도는 현저히 변화되었다. 특히 북부 탄광에서 최근에 일어난 파업에서 여자들은 남자들 못지않은 열정과 정력을 보여 주었고, 남자들과 나란히 시위를 하며 싸웠다.

는다. 그리고 그것을 확대한다. 성적 쾌락은 예리한 고통과 마찬가지로 직접적이고 돌발적인 승리이다. 순간적인 난폭성으로 미래와 세계는 부정된다. 육체의 불길 바깥에는 아무것도 없다. 순간적으로 화려한 이 잠깐 동안 그녀는 이미 그 어떤 부족함이나 좌절도 느끼지 않는다.

그러나 거듭 말하지만, 여자가 이런 내재적 승리에 많은 가치를 부여하는 것은 내재성이 바로 그녀의 운명이기 때문이다. 여자의 경박성은 '추잡한 물질주의'와 그 원인이 똑같다. 여자는 큰일에 접근하지 못하기 때문에 조그만 일들을 대단히 중요한 것으로 생각한다. 그날그날을 채우는 하찮은 일들이 대개는 매우 중요한 일이다. 여자는 자기의 매력과 기회를 옷치장이나 화장에서 이끌어 낸다. 그리고 그 태도는 대개 게으르고 나태해 보인다. 여자들이 생각하는 일들은 시간의 흐름과 마찬가지로 공허한 것이다. 여자가 수다와 낙서를 좋아하는 것은, 자기의 느는 시간을 속이기 위해서이다. 행위로 불가능한 것을 여자는 말로 대신한다. 그러나 실제로 인간다운 기획에 참여하게 될 때 여자는 남자 못지않게 활발하고 효과적이고 묵묵한 태도를 보이며, 또한 어떤 괴로움에도 견뎌낸다.

여자는 비굴하다는 비난을 받는다. 여자는 언제나 지배자의 발밑에 엎드리고, 자기를 때리는 손에 키스를 하고 싶어한다고 흔히들 말한다. 일반적으로 여자에게 진정한 자존심이 결여되어 있는 것은 사실이다. 실연한 사람을 상담해 주는 칼럼에서, 남편에게 배반당한 아내나 버림받은 여성에게 주는 조언은 비굴한 복종의 말투로 가득하다. 여자는 기세를 올려 녹초가 되도록 싸움을 하고 나서도 결국 남자가 던져 주는 빵부스러기를 줍는다. 남자가 유일한 수단인 동시에 삶의 유일한 목적인 여자가 그의 지지 없이 무엇을 할 수 있는가? 여자는 모든 굴욕을 참아야만 한다. 노예는 '인간의 존엄성'을 자각할 줄 모른다. 기껏해야 궁지를 벗어나는 것이 전부이다. 요컨대 여자가 '저속'하고 '가정적'이고 치사하게 타산적이라면, 그것은 그녀가 음식이나 만들고, 오물이나 청소하는 데 생활을 바치도록 강요당하기 때문이다. 그런 것에서 그녀가 대단하다든가 위대하다는 의미를 이끌어 낼 수는 없다. 여자는 자기의 우연성과 사실성 속에서 일상생활의 단조로운 반복을 지켜 나가야만 한다. 그녀 자신이 거듭하고 되풀이할 뿐 아무것도 창조하지 못하는 것도, 시간이 원주처럼 둥글게 회전하여 어디에도 이끌어 가지 못하는 듯 보이는 것도 마땅하다. 여자는 결코 아무것도 하는 일 없이 일에 쫓기고 있다.

그러므로 그녀는 자기가 소유한 것 속에 소외되어 있다. 사물에 대한 이 의존성은 남자에게 의지한 결과이며, 그녀의 준비성 있는 저축정신과 인색함을 설명하는 것이다. 여자의 삶은 목적을 향하여 나아가지 않는다. 오직 수단에 불과한 사물—식량·의복·주거 등—을 생산하고 보존하는 데만 소비되는 것이다. 그런 것은 동물과 자유로운 인간의 삶 사이에 놓인 비본질적인 매개물이다. 비본질적인 수단에 결부되어 있는 유일한 가치는 유용성이다. 주부의 생활은 유용성 중심이어서 그녀 자신도 이웃 사람들에게 도움이 되는 것만을 자랑스럽게 생각한다. 그러나 살아 있는 사람이라면 누구라도 비본질적인 역할에 만족할 수는 없을 것이다. 그래서 여자는 수단을 목적으로 삼는다—특히 정치가들에게서 흔히 볼 수 있는 것처럼—그리고 수단의 가치를 절대적으로 본다.

이와 같이 유용성이 주부의 세계에서는 진리·아름다움·자유보다도 더 높이 평가된다. 여자는 이런 관점에서 세계 전체를 바라보는 것이다. 그러므로 그녀는 중용(中庸)·범용(凡庸)이라는 아리스토텔레스적인 도덕을 채택한다. 그런 여자에게서 대담성·열의·의연한 태도·위대함을 발견한다는 것은 무리다. 이런 성질은 자유가 모든 여건을 넘어서 전개되는 미래를 통하는 경우에만 나타나는 것이다. 세상은 여자를 부엌이나 규방 속에 가두어 두면서도 그녀의 시야가 좁은 것에 놀란다. 그리고 여자에게서 날개를 잘라놓고 그녀가 날지 못한다고 한탄한다. 만일 여자에게 미래를 열어 준다면 그녀는 결코 현재 속에 갇혀 있지만은 않을 것이다.

여자를 그 자아나 가정이라는 한계 속에 가두어 두고서 그녀의 나르시시즘, 이기주의, 허영, 과민성, 악의 같은 결과를 비난하는 데서도 이와 동일한 모순을 지적할 수 있다. 여자는 다른 사람과 구체적인 의사소통을 할 수 있는 모든 가능성이 단절되어 있다. 여자는 자기 가정의 일에 몰두하고 있기 때문에, 연대성의 요구나 이익을 날마다 경험으로 알 만한 기회가 없다. 그러므로 그녀가 사회의 이익을 위해서 자기를 초월한다는 것은 기대할 수 없는 일이다. 자기에게 친숙한 영역의 사물을 지배할 수 있는 곳에서, 일시적인 주권을 발견할 수 있는 영역에서 여자는 완강하게 머물러 있다.

하지만 아무리 문을 닫고 창을 가린다 하여도 그녀는 가정 안에서 절대적인 안전을 찾을 수 없다. 여자는 감히 들어가지도 못하고 멀리서 우러러야 하는 남성의 세계에 둘러싸여 있다. 이 남자의 세계를 기술이나 확실한 논리나 분명한 지식으로도 잡을 수 없기 때문에, 그녀는 자기가 어린아이나 원시인처럼 위험한 신비에 에워싸여 있다고 느낀다. 그녀는 현실에 마술적인 사고방식을 투사한다. 사건의 진행방향이 그녀에게는 숙명적인 것처럼 보이고 곧 어떤 일이 일어날 것만 같다. 그녀는 가능과 불가능을 잘 구별하지 못한다. 여자는 누구든지 믿으려고 한다. 모든 소문을 받아들이고 그것을 퍼뜨리고 공황(恐慌)을 일으킨다. 안전할 때라도 그녀는 걱정 속에 산다. 밤에는 선잠 속에 무기력하게 누워 있는 사람이, 현실에서 맞닥뜨리는 악몽의 얼굴에 놀라 두려워한다. 이처럼 수동적 태도를 강요당하는 여자에게는 불투명한 미래가 전쟁과 혁명과 기아와 빈곤의 환상으로 가득 차 있다.

여자는 행동할 수 없으므로 불안해한다. 남편이나 아들이 어떤 계획에 뛰어들 때, 그들이 어떤 사건에 말려들 때, 그녀는 그 위험을 자기 자신에게 닥친 것처럼 생각한다. 남자들의 계획이나 그들이 따르는 규칙은 어둠 속에서 하나의 확실한 길을 그어 준다. 그러나 여자는 막연한 어둠 속에서 몸부림치고 있다. 여자는 아무것도 못하기 때문에 '걱정만 한다.' 상상 속에서는 모든 가능성이 동일한 현실성을 갖추고 있다. 즉 기차는 탈선할 수도 있다. 여자가 오랫동안 우울한 반추를 통해 헛되이 물리치려는 것은 자기 자신의 무력한 망령이다.

근심과 걱정은 기성세계에 대한 불신을 나타낸다. 여자의 생각에 이 세계가 위험으로 가득 차 있어서 까닭 모를 재앙으로 몰락할 것 같다면, 그것은 여자가 이 세계에서 행복하지 않기 때문이다. 대개 여자는 단념하지 못한다. 여자는 자기가 굴복하는 것이 본의가 아니라는 사실을 잘 알고 있다. 그녀는 누구와도 의논한 적 없이 여자가 된 것이다. 여자는 감히 반항할 용기가 없다. 마지못해 복종하는 것이다. 그녀의 태도는 끊임없는 항의를 담고 있다. 여자의 고백을 듣는 많은 사람들─성직자·의사·신부·여성 가정방문원(사회복지사업의) 등─은 여자의 가장 습관적인 어조가 불평이라는 것을 알 수 있다. 여자 친구들끼리도 저마다 자신들의 불행을 한탄할 뿐이다. 그리고 이구동성으로 운이 없는 것과 세상과 남자 전체에 대하여 불평을 늘어놓는다. 자유로운 개인은 실패했을 때 자신의 책임을 느끼고 떳떳하게 그것을 받아들인다. 그러나 여자에게 일어나는 모든 일은 타인 때문에 비롯되며, 그녀가 겪는 불행의 책임은 다른 사람에게 있다. 그녀의 미칠 듯한 절망은 어떤 치료법도 받아들일 수 없다. 쉬임없이 불평을 늘어놓는 여자에게 여러 가지 해결법을 제시한다 해도 아무 도움을 주지 못한다. 그녀는 아무것도 받아들이고 싶지 않은 것이다. 여자는 자기가 아는 상황에서 그대로 살고 싶어한다. 무력한 분노 속에서 살려고 한다. 사람들이 그녀에게 어떤 변화를 제의하면, 그녀는 하늘을 향해 두 팔을 쳐들고 "결국 그런 말을 하는군요"라고 한다. 그녀는 자기의 불쾌함이 그녀가 이러쿵 저러쿵 말하는 구실보다 더 깊은 곳에 뿌리를 내리고 있다는 사실을 안다. 그리고 그런 불쾌함을 털어 버리기 위해서는 임시방편의 수단으로 불충분하다는 점도 잘 안다.

세계가 그녀와는 상관없이 그녀와 반대로 이루어졌기 때문에 그녀는 온 세계를 원망하고 있다. 사춘기부터, 아니 유년시절부터 그녀는 자기의 신분에 불복해 왔다. 세상은 여자에게 보상을 약속했다. 그리고 자기의 기회를 완전히 포기하고 남자의 손에 맡기면 이익이 백배나 되어 돌아오리라고 장담한다. 그러나 여자는 이제 자기가 속았다고 생각한다. 그녀는 남성세계 전체를 고발한다. 원한은 의존의 뒷면이다. 모든 것을 다 주어도 결코 충분한 보상을 받을 수가 없다. 하지만 그녀는 또 남성의 세계를 필요로 한다. 만일 그녀가 전적으로 남성의 세계를 의심하고 부인한다면, 방패가 전혀 없는 위험에 노출되어 있다고 느낄 것이다. 그래서 주부로서의 경험을 통해 암시를 받은 마니교 ⁽선은 광명이고 악은 암흑이라는 이원설을 제창한 종파. 채식, 불음(不淫), 단식, 예배 등을 중요하게 여김⁾ 신도들의 태도를 취하게 된다.

행동하는 개인은 타인과 마찬가지로 자기도 선과 악에 책임이 있다고 느낀다. 그는 어떤 이상을 세우고, 그 이상을 실현시키는 것이 자기 자신이라는 사실을 알고 있다. 그는 행동 속에서 모든 해결의 모호성을 경험한다. 정의와 부정, 이익과 손해는 서로 복잡하게 얽혀 있는 것이다. 그러나 수동적인 태도를 취하는 자는 누구든 행동하지 않으면서 마음속으로 윤리적인 문제를 생각하는 것조차 거부한다. 선은 실현되어야만 한다. 만일 선이 실현되지 않는다면 거기에 잘못이 있는 것이며, 죄가 있는 자는 벌해야만 한다. 여자도 아이처럼 선과 악을 단지 매우 흔한 그림처럼 생각한다.

마니교는 선택의 고민을 없앰으로써 정신적 안정을 준다. 하나의 불행과 더 작은 불행, 현재의 이익과 미래의 더 큰 이익 사이에서 결정하는 것, 패배와 승리를 자기 스스로 결정하는 것, 그것은 너무나 위험한 짓이다. 마니교도에게 좋은 곡식과 나쁜 이삭은 분명히 구별되어 있어서 나쁜 이삭을 뽑아 버리기만 하면 되는 것이다. 먼지는 그 자체가 나쁜 것이다. 청결은 더러운 것이 완전히 없는 상태이다. 청소하는 일은 쓰레기와 진창을 제거하는 것이다. 이런 사고방식과 똑같이 여자는 유대인이 프리메이슨 단원(1723년에 런던에서 성립된 세계주의 운동의 비밀결사. 성실·신의·국제적 형제애를 신조로 하는 종교적 단체)이나 과격주의자나 정부들이 모두 나쁘다고 생각한다. 여자는 언제나 누구에게 또는 무엇에 반대한다. 반(反)드레퓌스(프랑스 대위. 독일에 군사기밀을 빼돌렸다는 혐의로 체포되었으나 나중에 진범이 나타나 무죄로 풀려남) 파들 사이에서는 여자들이 남자들보다도 더 격렬했다. 악의 원리가 어디에 있는지 그녀들이 반드시 아는 것은 아니다. 그러나 여자들이 '좋은 정부'에 기대하는 것은 집에서 먼지를 제거하듯 악을 제거하는 것이다. 열렬한 드골 지지파 여성들은 드골을 청소부의 왕처럼 생각하고 있다. 빗자루와 걸레를 손에 들고 털고 닦아내어 '깨끗한' 프랑스를 만드는 그의 모습을 상상하는 것이다.

그러나 이런 희망은 언제나 불확실한 미래 속에 머물러 있다. 당장은 악이 선을 좀먹고 있다. 그래서 여자는 수중에 유대인과 볼셰비키와 프리메이슨을 쥐지 못했기 때문에 그만큼 더 구체적으로 자기의 울분을 터뜨릴 상대를 찾고 있는 것이다. 즉 남편은 그렇게 선정된 희생자이다. 남성세계는 그의 속에서 육체화되어 있다. 남성사회는 그를 통해서 여자를 괴롭히고 여자를 속여왔다. 남자는 이 세계의 무게를 견디고 있다. 그리고 만일 일이 잘못되면 그것은 남자의 탓이다. 남편이 저녁에 집으로 돌아오면 여자는 아이들, 행상인, 살림, 물가, 류머티즘, 날씨에 대해 불평을 한다. 즉 여자는 남편에게 책임을 느끼게 하고 싶은 것이다. 여자가 남편에게 가끔 특별한 불만을 품는 수도 있다. 그러나 남편은 무엇보다도 남자라는 것이 잘못이다. 남편도 몸이 아프거나 걱정이 있을 수 있다. 그러나 그것은 다르다.' 남편은 특권을 가지고 있고 아내는 늘 그 특권을 불공평하다고 생각한다. 여자가 남편이나 애인에게 느끼는 적대감이 그녀를 그들에게서 멀리하기는커녕 오히려 그들에게 가깝게 한다는 것은 주목할 만하다. 남자는 아내나 애인이 싫어지면 도망가려고 한다. 그러나 여자는 싫어하는 남자에게 보복을 하려고 자기 옆에 두고 싶어할 수도 있다. 상대를 욕하고 비난하는 길을 택하는 것은 자기의 불행에서 벗어나는 것이 아니라, 그 속에 머무르게 하는 것이다. 여자의 가장 큰 위안은 자기를 참혹한 순교자처럼 생각하는 것이다. 남자들은 여자를 정복하고 그녀의 삶 위에 군림했다. 여자는 이 패배에서 하나의 승리를 얻으려고 한다. 그 때문에 어렸을 때처럼 아무렇게나 울거나 소리친다.

여자가 그렇게 쉽게 울 수 있는 것은 자기의 생활이 무력한 반항에 근거를 두고 있기 때문임에 틀림없다. 생리적으로 여자가 남자보다 교감신경조직을 자제하는 힘이 약할 수도 있다. 교육은 여자에게 무저항을 가르친다. 디드로나 뱅자맹 콩스탕도 많은 눈물을 흘렸으나, 여기서는 습관적인 규율이 커다란 역할을 한다. 풍습이 남자들에게 우는 것을 금지한 이래로 남자들은 울지 않게 되었다. 그러나 여자는 여전히 사회에서 스스로를 패배자처럼 느끼곤 한다. 왜냐하면 자주적으로 행동을 취한 일이 한 번도 없었기 때문이다. 남자는 사회에 동의한다. 불행도 남자의 그런 태도를 변화시키지는 못한다. 남자는 그것에 정면으로 부딪쳐 가며 '쉽사리 꺾이지 않을 것이다.'

한편, 여자는 조그마한 장해가 생기더라도 세계에 대한 적대감이나 운명의 짓궂음을 그때마다 자각하게 된다. 그래서 자기의 가장 안전한 피난처, 즉 자기 자신에게로 서둘러 도망쳐 버린다. 그녀의 두 볼 위에 흐른 미지근한 눈물 자국, 분노로 타오르는 눈빛, 이것은 괴로워하는 영혼을 보여준다. 피부에는 부드럽고, 혀에는 거의 짠맛이 감돌게 하는 눈물은 아름다우면서도 쓰디쓴 애무이다. 얼굴은 인자한 눈물이 흘러내려 빛난다. 눈물은 탄식인 동시에 위안이기도 하다. 그리고 뜨거움인 동시에 마음을 진정시키는 서늘함이기도 하다. 또한 눈물은 최고의 도피이다. 뇌우처럼 갑자기 단속적으로 오는가 하면, 또 태풍이나 파도나 소나기가 되어 여자를 구슬픈 샘으로, 거친 하늘로 변화시킨다. 그 눈이 더는 보이지 않고 안개로 뒤덮인다. 두 눈은 비가 되어 녹아내린다. 눈물이 앞을 가려 보이지 않게 된 여자는 자연물의 수동성으로 되돌아간다. 사람들은 여자가 정복되기를 바란다. 여자는 자기의 패배 속에 가라앉는다. 수직으로 가라앉아 그 속에 빠진다. 그녀는 폭포 같은 눈물을 쏟아내는 여자 앞에서 어찌할 바를 모르는 남자에게서 도망가 버린다. 남자는 여자의 이런 방법을 불성실하다고 판단한다. 그러나 여자 쪽에서 보면 투쟁은 이미 출발에서부터 불성실하다. 왜냐하면 그녀의 손에는 어떤 효과적인 무기도 주어져 있지 않기 때문이다. 여자는 다시 한 번 더 마법적인 주술에 호소한다. 흐느낌이 남성을 초조하게 만든다는 사실을 알고 있기 때문에 그녀는 더욱 그런 방법으로 밀고 나아간다.

여자는 눈물만으로 자기의 반항을 표현하기에 불충분하다면 법석을 떨 것이다. 그러한 언쟁의 모순과 격렬함이 남자를 더욱더 당황하게 한다. 어떤 환경에서는 남자가 여자를 때린다. 또 어떤 환경에서는 남자가 강하고 그의 주먹은 효과적인 도구임이 확실하기 때문에 오히려 모든 폭력을 자제한다. 그러나 여자는 아이처럼 여러 가지 상징적인 격분에 빠진다. 즉 남자에게 덤벼들어 할퀼 수도 있으나, 그것은 제스처에 불과하다. 특히 여자는 자신이 구체적으로 표현할 수 없는 거부의 뜻을 신경질적인 발작을 통한 몸짓으로 나타내는 경우가 많다. 그녀가 경련적인 동작을 하기 쉬운 것은 생리적인 원인 때문만은 아니다. 경련은 외계를 향하여 던져진 에너지가 어떠한 대상물도 파악하는 데 실패하여 일어나는 내면화의 한 현상이다. 그것은 어떤 상황에 의해 일어나 쓸모없이 낭비되는 온갖 부정적인 힘들이다. 어머니가 어린아이들을 상대로 신경질적인 발작을 일으키는 일은 드물다. 왜냐하면 어머니는 그들을 때릴 수도 있고 벌할 수도 있기 때문이다. 여자가 광적인 절망에 빠지는 것은 그녀의 손이 미칠 수 없는 다 큰 아들이나 남편, 애인 앞에서이다.

톨스토이 부인의 히스테리컬한 발작에는 의미심장한 부분이 있다. 그녀가 한 번도 남편을 이해하려고 노력해 보지 않은 것은 매우 잘못된 것이다. 그리고 그녀의 일기를 통해 보더라도 그녀는 관대하지도, 다정하지도 않고 또한 성실한 것 같지도 않다. 우리에게는 그녀가 조금도 좋은 인상을 주는 여자로는 보이지 않는다. 그러나 그녀가 잘못했건 정당했건 간에 자기가 살고 있는 상황에 염증을 느낀 것만은 사실이다. 일생 동안 그녀는 쉬임없이 불평을 하면서 남편의 포옹이나 임신, 출산, 고독 등 자기 남편이 자기에게 강요하는 생활방식을 참아 왔다. 톨스토이의 새로운 결심으로 그 충돌이 격화되자, 그녀는 적과 싸울 무기가 없어서 자기의 무력한 의지로 적의 의지를 거부해 왔다. 그녀는 거부의 연극 속에 몸을 던져 왔다—거짓 자살, 거짓 가출, 꾀병 등—그것은 주위 사람들에게는 밉살스런 짓이며 스스로도 정력만 소비하는 일이었다. 그러나 그녀에게는 다른 어떤 해결방법이 없었다. 거부감을 자제할 수 있는 적극적인 동기도 없었으며, 그런 감정을 표현할 효과적인 수단도 없었기 때문이다.

거부의 한계에 이른 여자에게 열린 출구는 확실히 하나 있기는 하다. 바로 자살이다. 그러나 여자는 남자보다도 자살하는 수가 훨씬 적은 것 같다. 이 점에 대해서는 통계가 대단히 모호하다.*86 성공한 자살은 여자보다도 남자가 훨씬 많다. 그러나 자살미수는 여자가 더 많다. 그것은 여자들이 그런 체하는 연극에 만족하는 경우가 많기 때문일 것이다. 여자들은 남자보다도 자주 자살을 '연기하지'만, 자살을 '원하는 일은' 훨씬 드물다. 그것은 잔인한 방법을 여자가 싫어하기 때문이기도 하다. 그녀들은 칼이나 총기를 거의 사용하지 않는다. 여자들은 오필리어(햄릿의 등장인물)처럼 투신자살을 훨씬 더 좋아한다. 그것은 수동적이며 어둠으로 가득 찬 여자와 물과의 친근성을 나타내는 것이다. 그런 물속에서는 생명이 그대로 녹아 버릴 것 같은 마음이 들기 때문이다. 전체적으로 여기서도 내가 앞에서 지적했던 모호성을 볼 수 있다. 여자는 자기가 싫어하는 것을 진심으로 버리려고 노력하지 않는다. 이별의 연극은 하지만, 결국은 자기를 괴롭히는 남편 곁에 머무른다. 여자는 자기를 괴롭히는 삶과 인연을 끊으려는 시늉은 하지만, 실제로 자살하는 경우는 비교적 드물다. 여자는 결정적인 해결을 좋아하지 않는다. 여자는 남자나 인생, 자기의 조건에 대해 항의한다. 그러나 거기서 탈출하지는 않는다.

항의로 풀이되어야 할 여자의 행위는 실로 많다. 이미 본 바와 같이 쾌락 때문이 아니라 도전으로서 남편을 배신하는 여자가 적지 않다. 여자가 고의로 경솔해지고 낭비하게 되는 것은 남자가 빈틈이 없고 절약하기 때문이다. 여자를 싫어하는 남자들은 '늘 시간에 늦는다'고 여자를 비난하며, 여자에게는 '정확성의 관념'이 부족하다고 생각한다. 사실 여자가 시간의 요구에 얼마나 순종적인가는 이미 본 바와 같다. 여자가 지체하는 것은 고의로 그러는 것이다. 어떤 요염한 여자들은 그렇게 함으로써 남자의 욕망을 자극하고, 자신에게 더 가치를 부여한다고 생각하기도 한다. 그러나 여자는 남자에게 기다리게 함으로써 자신의 생활인 긴 기다림에 대한 항의를 하는 것이다. 어떤 의미에서 여자의 일생은 기다림의 연속이다. 왜냐하면 여자는 내재와 우연의 혼돈 속에 갇혀 있어서 그 삶의 의의가 늘 다른 사람의 손 안에 있기 때문이다. 즉 여자는 남자들의 경의 혹은 승인을 기다린다. 사랑을 기다린다. 남편이나 애인의 만족이나 찬사를 기다린다. 여자는 남자에게서 자기가 살아야 할 이유와 가치, 존재 자체를 기다린다. 또한 그들로부터 생활비를 기다린다. 여자가 수표첩(手

---

*86 할프바크스의 《자살의 원인》 참조.

票帖)을 손에 쥐고 있다고 하더라도, 혹은 남편이 주는 돈을 매주 혹은 매달 받는다고 하더라도 그 금액은 남편이 벌어다 주는 것이다. 그녀가 식료품점에 셈을 치르고 새 옷을 사기 위해서는 남편이 그만큼의 돈을 더 벌어야만 한다.

여자는 남자가 나타나기를 기다리고 있다. 여자는 경제적으로 의존하기 때문에 남자들에게 좌우된다. 남자에게 여자는 삶의 한 요소에 불과하지만, 여자에게 남자는 삶의 전부이다. 남편은 가정 밖에서 자기의 일을 하지만 아내는 온종일 남편이 없는 동안 그를 기다린다. 애인 사이에서도 남자 쪽이―비록 그가 열정적이라고 하더라도―자기의 일에 지장이 없도록 헤어지고 만나는 것을 정한다. 침대에서도 여자는 남자의 욕망을 기다리고, 자신의 욕망을―때로는 걱정스럽게―기다린다. 여자가 할 수 있는 것은 기껏해야 애인이 정한 약속시간에 늦게 도착하거나 남편이 지시한 시간에 깔끔히 준비하고 있지 않는 것 정도이다. 이런 방식으로 여자는 자기 일 역시 중요하다는 것을 인식시키고, 독립을 요구하며, 잠시 동안 본질적인 주체가 되어서 상대가 자기의 의지를 수동적으로 받아들이게 한다. 그러나 그것은 소심한 보복이다. 여자가 아무리 남자들을 오래 기다리게 한다고 하더라도 남자의 호의와 친절을 기다리며 복종하는 데에 보내는 그 무한한 시간을 보상받을 수는 없다.

일반적으로 여자는 남자들의 으뜸가는 권리를 인정하고 그들의 권위를 받아들이고 그들의 우상을 숭배하고는 있지만, 남자의 지배에 항변하려고 한다. 여자들이 종종 비난받는 저 유명한 '외고집'은 거기에서 온다. 여자는 뚜렷하게 자주적인 영역을 갖고 있지 않기 때문에 남자들이 내세우는 진리나 적극적인 가치들에 맞설 수가 없다. 단지 그런 진리와 가치를 부정할 수 있을 뿐이다. 여자의 부정은 남자에 대한 존경과 원한이 어떤 비율로 섞여 있느냐에 따라 더 체계적이거나 덜 체계적이다. 그러나 사실 여자는 남자가 만든 체계의 모든 단절이나 결함을 잘 알기 때문에 그것을 고발하기에 여념이 없다.

여자들은 생활에서 논리와 기술 다루는 법을 배우지 못했으므로 남자들의 세계에 세력을 미치지 못한다. 반대로, 남성이 사용하는 도구의 위력은 여성의 영역에 접근하면 사라지고 만다. 남자들은 인간의 체험적인 모든 영역을 일부러 무시한다. 왜냐하면 그들이 그것에 대해 생각해 내지 못하기 때문이다. 여자는 그런 경험을 하고 있다. 설계도를 작성할 때는 그토록 정밀한 기사도 자기의 가정에서는 플라톤 철학에 나오는 조화의 신처럼 행동한다. 말 한마디로 식사가 차려지고, 풀먹인 셔츠가 나오고, 칭얼거리던 어린아이들은 침묵을 지킨다. 출산은 모세가 지팡이를 한 번 휘두르는 것과도 같이 신속하게 이루어진다. 그러나 남자는 이런 기적들을 신기하게 여기지 않는다. 기적은 마술과는 다르다. 기적은 합리적으로 결정된 한 세계 속에서 일어난 원인 없는 사건의 비연속성을 나타내는 것으로 그 사건에 대해서는 어떤 생각도 꺾이고 만다. 한편, 마술적 현상은 비밀의 힘으로 결합되어 있긴 하지만 순종의 의식은—그것을 이해하지는 못하지만—그 연속적인 발전을 느낄 수 있다. 갓 태어난 아기는 조화의 신인 아버지에게는 기적이며, 그 성장을 자기의 뱃속에서 견디어 온 어머니에게는 마술이다. 남자의 경험은 이해하기 쉬운 것이지만 사방에 구멍이 뚫려 있다. 여자의 경험은 자신의 한계내에서는 모호한 것이지만 구멍이 뚫려 있지 않으며 충실하다. 이런 불투명성이 여자를 무겁게 내리누른다. 여자와 남자의 관계에서 남자의 태도는 여자에게 가볍게 보인다. 즉 남자는 독재자·장군·재판관·관료·법전·추상적인 원칙 등에 있는 경박함을 지니고 있다. 어느 날, 주부가 어깨를 으쓱하며 "남자들은 생각이 없어!" 하고 중얼거릴 때는 아마도 그런 경박성을 염두에 두었을 것이다. 여자들은 이런 말도 한다. "남자들은 아무것도 몰라. 인생이 무엇인지를 모른단 말야." 사마귀의 신화(사마귀의 암컷은 수컷을 잡아먹는다)를 여자들은 경박하고 귀찮은 요구들만 늘어놓는 수벌을 상징하는 것으로 본다.

　이런 견지에서 여성이 남성의 논리를 거부하는 것도 이해가 된다. 이런 논리는 여자의 인생경험에 적용되지 않을 뿐더러, 남자들의 손 안에서는 이성이 폭력의 음험한 형태로 바뀐다는 것도 그녀는 잘 알고 있다. 남자들의 단호한 긍정은 여자를 속이는 데 목적이 있다. 여자를 딜레마 속에 가두고 그녀에게 동의하든가 거부하든가 하라고 한다. 여자는 공인된 원칙들에서 나온 온갖 체계들의 이름 아래 동의해야만 한다. 동의를 거부하는 것은 체계 전체를 거부하는 것이 된다. 그녀로서는 그러한 대담한 행위를 도저히 할 수가 없다. 여자는 다른 사회를 재구성할 만한 수단이 없다. 그렇다고 해서 그녀가 이 사회의 일원인 것도 아니다. 저항과 예속의 갈림길에서 남성의 권위에 울며 겨자먹기로 따르는 것뿐이다. 그렇게 모호한 복종의 결과로서 일어나는 일들을 남자는 그때마다 여자에게 억지로 짊어지게 한다. 남자는 여자가 자유의지로 노예가 된 반려라는 환상을 계속 좇고 있다. 그리고 그녀가 양보하기를 원한다. 그러나 여자는 남자의 엄밀한 추론의 기초가 되는 가정(假定)을 남자 자신이 선택했음을 잘 안다. 여자가 그런 근본적인 가정들을 문제삼으려고 하지 않는 한 남자가 여자의 입을 닫기란 쉬운 일이다. 하지만 그러한 것이 전제적이라는 사실을 아는 여자를 남자가 설득시키기는 어렵다. 그래서 남자는 분개하여 여자를 완고하다느니 비논리적이라느니 하며 비난한다. 즉사위가 속임수라는 것을 여자는 잘 알기 때문에 내기하기를 거부한다.

그러나 여자는 진리가 남자들이 주장하는 그것과 '다른 것'이라고 확신하지도 않는다. 오히려 진리가 '없다'고 여긴다. 생명의 성장과 발전이 그녀에게 동일원리를 의심케 한다든가, 그녀를 에워싸고 있는 마술적 현상이 인과율의 관념을 상실케 한다든가 하는 것만이 아니다. 남성세계에 속해 있는 여자는 온갖 원리와 가치, 존재하는 모든 것의 모호성을 파악하는 것이다. 남성의 도덕이 여자에게 커다란 기만이라는 점을 여자는 알고 있다. 남자는 여자에게 자기의 덕과 명예의 법전을 과장해서 강요한다. 그러나 그 이면에서는 여자에게 그 법전에 복종하지 말도록 유혹한다. 남자는 이런 불복종을 기대하기도 한다. 만일 그런 불복종이 없다면 그가 배후에 몸을 숨기고 있는 화려한 위선은 사라지게 될 것이다.

남자는, 시민은 보편적인 가치들을 향하여 자기를 초월함으로써 자기윤리의 권위를 얻을 수 있다는 헤겔 사상을 방패로 삼는다. 한 사람의 개인으로서 그는 욕망과 쾌락을 구할 권리를 갖는다. 그러므로 남자와 여자의 관계는, 도덕은 이제 적용되지 않는 어떤 행동도 상관없는 교묘한 영역에 놓인다. 그는 다른 남자들과는 가치가 보장되는 여러 관계들을 맺고 있다. 자기 자신도 하나의 자유로운 존재이며, 모든 사람들이 일반적으로 인정하는 법칙에 따라 다른 자유와 대립하기도 한다. 그러나 여자와의 관계에 있어서는 그는 자기생존의 보장을 멈추고 즉자존재(即自存在), 즉 자기 안의 환영에 빠져 비본래적인 계획에 놓이게 된다. 그는 폭군이 되고, 사디스트가 되고, 난폭해지거나 유치해지고, 마조히스트가 되고, 애처롭게 된다. 자기 집념이나 기벽을 만족시키려고 한다. 그는 공적 생활에서 얻은 권리를 방패 삼아 '긴장을 풀기도' 하고 '늦추기도' 한다. 그의 아내는―테레즈 데케루처럼―남편의 말이나 행위의 고상함과 '끈질긴 어둠 속의 날즈'와의 대조로 놀라는 경우가 많다. 그는 입으로는 인구증가의 필요성을 늘어놓으면서도, 영리하게도 자기에게 필요한 이상의 아이는 낳지 않는다. 그는 정조가 있는 아내들을 칭송하면서도 이웃에 있는 남의 아내를 유혹한다. 이미 본 바와 같이, 남자들은 스스로 낙태가 범죄라는 것을 법령으로 발표했으나, 프랑스에서는 매년 100만 명의 여자들이 남자 때문에 낙태를 해야 하는 처지에 놓인다. 많은 남편이나 애인들이 그녀들에게 이런 해결 방법을 강요한다. 또 남자들은 필요한 경우에는 이런 방법이 받아들여지리라는 것을 암암리에 계산하고 있다. 남자들은 여자가 가벼운 죄를 짓고 그 책임을 져 주리라고 기대한다. 즉 여자의 '부도덕'은 남자들에게 존경받는 도덕적 사회의 조화를 위해 필요하다.

이런 이중성의 가장 명백한 실례는 매음에 대한 남성의 태도이다. 남자가 요구함으로써 그런 공급이 생기는 것이다. 일반적으로 악덕을 비난하면서도 자기들의 개인적인 악습에는 몹시 관대한 존경할 만한 신사들을, 매춘부들이 얼마나 혐오에 찬 회의적인 시선으로 보는지는 이미 말한 바와 같다.

그러나 자기 육체로 생계를 이어가는 매춘부들을 부도덕한 여자라느니 타락한 여자라느니 욕하면서도 그녀들의 육체를 이용하는 남성들에 대해서는 그렇게 생각하지 않는다. 이런 사정을 분명히 설명해 주는 일화가 있다.

19세기 말에 경찰이 어느 매음굴에서 열두서너 살 된 두 창녀를 발견했다. 그녀들은 자기들의 단골손님들에 대하여 진술했는데, 그들은 상당한 지위가 있는 신사들이었다. 그런데 한 소녀가 그 신사의 이름을 대려고 하자 검사가 황급히 그녀의 말을 막으며 말했다. "점잖은 분의 이름을 더럽히지 마라!" 레종 도뇌르 훈장을 받은 이 신사는 소녀의 처녀성을 빼앗았어도 여전히 훌륭한 신사이다. 그 사람에게도 약점은 있다. 약점이 없는 사람이 어디 있겠는가? 그러나 보편적인 윤리 지대에 근거지를 두지 못한 소녀—그녀는 사법관도, 장군도, 위대한 프랑스 사람도 아닌, 한 소녀에 불과하다—는 자기의 도덕적 가치를 성본능의 우연한 장소에서 드러내고 있는 것이다. 그것은 타락한 여자이며, 탈선한 여자, 소년원에 들어가야 마땅한 불량소녀다.

여러 상황에서 남자는 여자를 상대로 자기의 체면은 조금도 손상하지 않고 여자에게만 불명예가 되는 공범행위를 할 수 있다. 여자는 이렇게 미묘한 점을 잘 모른다. 여자가 아는 것이란, 남자는 자기가 공표한 원칙에 여자가 복종할 것을 요구하면서 자신은 그에 어긋나는 행동을 한다는 것이다. 남자는 자기가 원한다고 말하는 것을 실은 원하지 않는다. 그래서 여자도 남자에게 주는 체하지만 실제로는 주지 않는다.

그녀는 순결하고 충실한 아내가 될 것이다. 그리고 내심으로는 자기의 욕망에 몸을 맡길 것이다. 그녀는 훌륭한 어머니가 될 것이다. 그러나 조심스럽게 '산아제한'을 하고 필요에 따라서는 낙태도 할 것이다. 남자는 공공연하게 여자의 그런 행위를 부인한다. 그렇게 하는 것이 게임의 법칙이기 때문이다. 그러나 내심으로는 여자의 '연약함'이나 '불임증'에 감사할 것이다. 마치 붙잡히면 총살을 당하고, 성공하면 상을 후히 받는 첩자 같은 역할을 하는 셈이다. 남성은 자신들이 저지른 부도덕의 모든 결과를 여자에게 넘긴다. 훌륭한 신사들이 사는 화려하고 건전한 궁전을 위하여 하수구가 되는 것은 창녀관이 아니라 여자들 전체이다. 그렇게 만들어 놓았기 때문에, 품위나 명예나 성실이나 온갖 남성적인 미덕을 들려 주어도 여자들이 따라오지 않는 것은 조금도 이상스럽지 않다. 덕망 높은 남자가 그녀에게 타산적이고 연극적이며 거짓말쟁이라고 잔소리를 해도 여자들은 속으로 냉소한다.*87

여자들은 자기들에게 어떤 출구도 열려 있지 않다는 점을 잘 안다. 남자도 돈과 출세에는 '관심을 보인다.' 그러나 그러한 것을 자기의 노력으로 얻을 수단을 가지고 있다. 여자에게는 기생의 역할만이 할당되었다. 모든 기생하는 인간들은 필연적으로 착취자가 된다. 여자는 인간으로서의 권위를 획득하기 위하여 남자가 필요하다. 먹고 즐기고 아이를 만들기 위하여 남자가 필요하다. 여자는 성적 서비스로 남자의 혜택을 확보한다. 그리고 그런 상황 속에 갇혀 있기 때문에 철저히 착취의 도구가 된다. 거짓말을 하게 되면, 매춘의 경우를 제외하고는, 그녀와 그녀의 보호자 사이에는 공명정대한 거래가 이루어지지 않는다. 남자는 여자가 자기에게 연극을 하도록 요구까지 한다. 그는 그녀가 타자이기를 원한다. 그러나 모든 인간은 아무리 필사적으로 자기를 부인하려고 해도 역시 주체임에는 변함이 없다. 남자는 여자를 객체로 만들려고 한다. 그래서 여자는 자기를 객체로 만든다. 여자가 스스로 그렇게 되려는 순간에 그녀는 일종의 자유로운 활동을 개시한다. 여기에 그녀의 근본적인 배신이 있다. 가장 순종적이고 가장 수동적인 여자도 역시 의식적이다. 그래서 여자가

---

*87 '어떤 여자도 오랜 과거의 노예생활에서 축적된 그 연약하고 수줍은 쾌도, 마음에도 없이 가만히 기다리는 저 유혹적인 태도 이외에 구원을 받고 생계를 이어가기 위한 무기를 가지고 있지 않다.' 쥘 라포르그.

남자에게 몸을 맡기고 있으면서도 그를 보고 판단한다는 사실을 깨닫게 되면, 남자는 속았다는 느낌을 충분히 받을 수 있다.

여자는 제공된 것, 즉 먹이가 되어야만 한다. 남자는 여자가 그 먹이를 자기에게 자유로이 제공해 줄 것을 요구한다. 남자는 침대에서 그녀가 쾌락을 느끼도록 요구한다. 가정에서는 여자가 그의 우월성과 재능을 진심으로 인정하는 것이 꼭 필요하다. 그러므로 복종하는 순간에 자주성이 있는 체해야만 한다. 다른 때에는 열심히 수동적 역할을 연기하는 데도 말이다. 그녀는 자기에게 날마다 빵을 가져다 주는 남자를 붙잡아 두기 위하여 싸움과 눈물, 사랑의 격정, 신경질적인 발작을 한다. 그리고 자신의 이익을 위해 받아들이고 있는 억압으로부터 빠져 나가기 위해 거짓말을 한다.

남자는 자기의 권위와 허영심을 만족시키기 위하여 여자에게 연극을 하도록 부추긴다. 여자는 남자의 위선을 이용하여 이중으로 상쾌한 보복을 한다. 남자를 속임으로써 개인적인 욕망을 만족시키는 동시에 남자를 우롱하는 쾌감을 맛본다. 아내나 창녀는 자기들이 느끼지 못하는 쾌감을 느끼는 체하면서 거짓말을 한다. 그리고 속아넘어간 남자들의 순진한 허영심을 애인이나 친구들과 함께 재미있어 한다. "그들은 우리를 만족시켜주지 못하면서도 우리가 쾌락에 빠져서 소리내어 울어 줄 것을 원하지." 이렇게 반감을 가지고 말한다. 이것은 마치 식당 옆에서 종업원들이 주인을 욕하는 것과 비슷하다. 여자도 그런 결점들을 갖고 있지만, 그것은 여자가 역시 가부장적인 압제의 희생자이기 때문이다. 하인이 주인을 보듯이 아래에서 위로 남자를 보는 것이 습관이 되어 있기 때문에 여자도 그와 똑같이 비웃게 된다. 그러나 이런 여자의 특성들 가운데에서 어느 하나를 놓고 보더라도, 그것이 그녀가 근원적으로 타락한 본성이나 의지를 갖고 있음을 보여주는 것은 아니다. 그것은 모두 하나의 상황을 반영하고 있다. '강압적인 제도가 있는 곳에는 반드시 어디에나 허위가 있다'라고 푸리에는 말한다. '상품과 마찬가지로 사랑에 있어서도 금지와 밀수입은 분리할 수가 없다.' 그리고 남자들은 여자의 결점들이 그 처지를 나타낸다는 것을 잘 알기 때문에, 남녀의 서열을 유지하려는 생각에서 경멸받을 만한 성질을 여자들에게 권장한다. 물론 남편이나 애인은 자기와 함께 사는 여자의 결점들에 대하여 화를 낼 것이다. 하지만 일반적으로 여자다운 매력을 말할 때 그들은 여자다움과 여자의 결점을 불가분의 것으로 생각한다. 만일 여자가 불성실하고 경박하고 비겁하고 게으르지 않다면, 매력을 잃어버린다.

《인형의 집》에서 헬머는, 남자가 약한 여자에게 그녀의 어린애 같은 실수들을 용서해 줄 때, 자기가 얼마나 정당하고 강하고 이해심 많고 너그러운가를 느낀다고 설명한다. 이와 마찬가지로 베른슈타인(극작가)이 그리는 남편들은—작자와 공모하여—돈을 훔치는 심술궂고 부정한 여자에 대하여 측은하게 생각한다. 남편들은 너그럽게 여자 위에 몸을 굽혀 자기들의 남성으로서의 현명함을 자랑한다. 미국의 인종차별론자나 프랑스의 식민지 경영자들은, 흑인이 도벽이 있고 게으름뱅이며 거짓말쟁이이기를 바란다. 그것으로 흑인이 자기의 무가치를 증명하길 원한다. 압제자에게 정당한 권리를 주기 때문이다. 흑인이 어디까지나 정직하고 성실하다면 고집 센 놈이 되어 버린다. 따라서 여자의 결점들은 여자가 그것을 극복하려 하지 않고 오히려 장식으로 삼으려고 하기 때문에 더욱 커진다.

논리적 원리나 도덕적 명령을 거부하며 자연법칙 앞에서 회의적인 여자는 보편적인 감각이 없다. 그녀의 눈에 세계는 개개의 사람들이 모인 잡다한 집합처럼 보인다. 그러므로 그녀는 과학적 설명보다도 이웃 여자의 험담을 쉽게 믿는다. 틀림없이 그녀는 인쇄된 책을 존중할 것이다. 그러나 이 존중은 글씨가 씌어진 페이지를 따라 미끄러질 뿐 그 내용을 파악하지는 못한다. 이와는 반대로 쇼핑 행렬이나 사교장에서 모르는 사람이 이야기한 일화는 곧 의심할 바 없는 권위를 누리게 된다.

여자의 영역에서는 모든 것이 마술이고, 영역 밖에서는 모든 것이 신비이다. 그녀는 무엇이 진실인가 하는 그 기준을 모른다. 단지 직접적인 경험에만 확신을 두고 있다. 그녀 자신의 경험이라도 좋고, 혹은 충분히 강력하게 주장된다면 다른 사람의 경험이라도 무방하다. 그녀는 가정 속에 고립되어 자기가 다른 여자들과 능동적으로 대립하지 못하기 때문에 자연스레 자기를 특수한 경우처럼 생각한다. 여자는 언제나 운명이, 그리고 남자들이 자기에게 유리하도록 예외를 만들어 줄 것을 기대한다. 모든 사람들에게 통용될 수 있는 이론보다도 자기 마음에 일어나는 영감을 믿는다. 그러한 영감은 신이나 세계의 어떤 신비한 정령이 보낸 것이라고 쉽게 인정해 버린다. 어떤 불행이나 사고에 관해서 그녀는 태연히 이렇게 생각한다. '나에겐 그런 일이 일어나지 않을 거야.' 또는 이와 반대로 여자는 '나만은 예외가 되겠지'라고 상상한다. 여자는 특별대우를 좋아한다. 장사꾼은 그녀에게 값을 깎아 줄 것이다. 교통경찰은 통행증 없이도 그녀를 통과시켜 줄 것이다. 그녀는 자기 미소의 가치를 과대평가하도록 배웠다. 누구나 미소를 지어 보일 수 있다고 그녀에게 가르쳐 준 남자는 없다. 여자는 자기가 이웃집 여자보다 더 뛰어나다고 생각하는 것은 아니다. 처음부터 비교하지 않기 때문이다. 그 때문에, 경험을 쌓아도 그녀가 무엇을 부인하는 일은 드물다. 한두 번 실패를 겪는다고 해도 그녀는 그것을 고려하지 않는다.

그래서 여자들은 남성에게 도전할 수 있는 견고한 '대응세계'를 구축할 수 없다. 그저 틈나는 대로 남자들에 대해서 험담이나 늘어놓을 뿐이다. 여자들끼리는 잠자리나 분만 이야기 따위를 주고받으며, 운명을 점치거나 미용법 같은 것을 나눈다. 그러나 여자들이 원한이 속에서 '대응세계'를 세우기에는 그녀들의 확신이 너무 결여되어 있다. 남자에 대한 여자들의 태도는 너무도 상반적이다. 사실 남자란 어린아이처럼 상처받기 쉬운 하나의 육체이며, 단순한 존재이고, 귀찮은 수벌이며, 치사한 폭군이고, 이기주의자이며, 허영심 강한 존재이다. 그러나 동시에 해방시켜 주는 영웅이요, 가치를 부여하는 신이다. 남자의 욕망은 조잡한 욕정이며, 그 포옹은 이쪽의 품위를 떨어뜨리는 고역이다. 하지만 그 거친 열정이나 남성적 정력은 또한 조화의 신이 지닌 에너지처럼 생각되기도 한다. 넋을 잃고 "진정한 남자다!"라고 말할 때, 여자는 남자의 정력과 사회적 실력에 놀라는 것이다. 이 두 가지 모두에 같은 창조적 우월성이 나타나 있다. 여자는 위대한 예술가, 실업가, 장군, 지도자 등을 상상할 때마다 반드시 그가 정력적인 애인일 것이라는 생각을 한다. 그런 인물들의 사회적 성공에는 반드시 성적 매력이 따른다. 또 자기의 욕망을 완전히 만족시켜 주는 남성에게서는 흔히 천재를 발견한다. 이는 여성이 남성적 신화를 다시 찾아내는 것이다.

로렌스나 다른 많은 사람들에게 페니스의 모습은 왕성한 에너지인 동시에 인간의 초월성을 뜻한다. 그래서 여자는 침대의 쾌락에서 세계의 정령과의 신비적인 결합을 볼 수 있다. 남자에게 신비적인 숭배를 바치는 그녀는 남자의 영광 속에서 자기를 잃고 또 자기를 재발견한다. 여기서는 남성다움을 과시하는 것으로 모순이 쉽게 제거된다. 어떤 남자들—일상생활에서 여자가 맞닥뜨리게 되는, 우연성으로 느껴지는 그런 남자들—은 인간의 비참함을 드러낸다.

그러나 다른 한편에서는 남자의 위대성이 고양되어 있다. 여자는 이 두 모습이 하나로 융합되는 것마저 받아들인다.

"내가 유명해진다면 R은 확실히 나와 결혼해 줄 것이다. 왜냐하면 그의 허영심이 채워질 테니까. 그는 나의 팔을 끼고 걸어가면서 가슴을 자랑스레 내밀 것이다."

자기보다 훌륭하다고 생각하는 남자를 사랑하는 어떤 처녀는 이렇게 썼다. 그녀는 그 남자를 미친 듯이 사랑하고 있었다. 똑같은 남자가 그녀의 눈에는 대단히 인색하거나 비열해 보일 수도, 허영심이 강하거나 하찮게 보일 수도, 또는 신으로 보일 수도 있다. 신이라고 해도 약점은 있으니까. 우리는 사랑하는 사람에게, 그가 누리는 자유와 인간성에 대한 참된 존중과 더불어 엄격함마저도 요구할 것이다. 남자 앞에 무릎을 꿇은 여자는 '남자를 손아귀에 넣을 줄 알고' '남자를 조종한다'는 것을 대단히 자랑할 수 있으나, 실제로는 남자의 위력에 굴복하면서 '남자의 약점'에 아양을 떠는 것에 지나지 않는다. 그것은 현실적인 행위에서 나타나는 상대의 인격에 대해서는 조금도 호감을 갖지 못한다는 증거이다. 그녀는 자기가 숭배하는 우상이 지닌 일반적 본질 앞에 맹목적으로 엎드리고 있는 것뿐이다. 남성성(男性性)은 하나의 신성한 후광이며 응결된 기성의 가치로 되어 있어서, 그것을 소유한 개인은 보잘것없는 인간이라도 빛나 보인다. 그러나 남성 한 명 한 명을 놓고 보면 그리 대단하지 않다. 여자는 남자의 이런 특권에 질투를 느껴 악의에 찬 우월감으로 그를 눌러 버리고 싶어한다.

여자가 남자에 대해 품는 감정의 모호성은 자신과 세계에 대한 여자의 일반적인 태도에서도 찾아볼 수 있다. 그녀가 갇혀 있는 영역은 알 수 없는 힘에 지배되고 있다. 그런데 그 힘에 지배당하기는 남자들도 마찬가지이다. 따라서 그런 마법적인 힘과 협력한다면 여자도 권력을 얻을 것이다. 사회는 '자연'을 극복한다. 그렇더라도 '자연'은 역시 사회를 지배한다. '정신'은 '생명'을 초월하여 확립된다. 그러나 생명이 더 이상 받쳐 주지 않는다면 정신도 소멸하고 만다. 여자는 도시보다는 정원에, 사상보다는 질병에, 혁명보다는 출산에 더 많은 진실을 부여하기 위하여 이런 모호성을 방패로 삼는다. 바흐오펜(스위스 문학자로 《모권론》의 저자. 1815~1887)이 꿈꾸었던 대지나 '어머니'의 지배를 회복하여 자기 안의 비본질적인 것에서 본질적인 것을 발견하려고 노력한다. 그러나 그녀 역시 그 내부에 초월성을 지닌 실존이기 때문에, 자신을 가두고 있는 이 영역을 변형시킴으로써 비로소 가치를 높일 수 있을 것이다. 즉 그녀는 여기에 초월적인 차원을 부여하고 있다. 남자는 현실이라는 하나의 일관된 세계에서 살아간다. 반면 여자는 생각이 허락되지 않는 이 마법 같은 세계와 맞서서, 실질적인 내용이 결여된 생각들을 떨쳐버리려고 한다. 그녀는 자기의 실존을 있는 그대로 살아가는 대신, 자기 운명의 순수한 '이념'을 허공에서 바라본다. 그리고 행동하는 대신에 상상 속에 자기의 모습을 내세운다. 추론하는 대신에 꿈을 꾼다. 따라서 여자가 그토록 '육체적'이면서 인공적이며, 그토록 지상적인 동시에 천상적인 것이다. 그녀의 인생은 냄비를 씻고 닦으며 흘러간다. 그러나 그것은 신기한 소설이다. 그녀는 남자의 하인이지만 자기를 남자의 우상이라고 믿는다. 자기의 육체로는 굴욕을 겪으면서 그녀는 '사랑'을 찬양한다. 생명의 우연적인 사실성밖에는 경험하지 못하도록 되어 있기 때문에 '이상'에 헌신하는 여사제가 되는 것이다.

이런 양면성은 여자가 자기 육체를 파악하는 방법에서도 나타난다. 그것은 무거운 짐이다. 종(種)에 괴로움을 당하고, 달마다 출혈을 하며, 수동적으로 생식하는 그 육체는 세계에 대해 세력을 미치는 순수한 도구가 아니라 하나의 불투명한 존재이다. 육체는 쾌락을 확실히 확보하지 못한다. 육체는 고통을 낳고, 고통은 육체를 괴롭힌다. 여자의 육체는 위협을 내포하고 있어서 여자는 자기의 '내부'에서 위험을 느끼고 있다. 그것은 '히스테리컬한' 육체이다. 근육과 내장을 통제하는 교감신경계통과 내분비가 밀접하게 결부되어 있기 때문이다. 육체는 여자가 거부하는 반응도 표현한다. 흐느낌·경련·구토 등을 할 때 그녀의 육체는 순종하지 않고 배반한다. 육체는 그녀와 가장 가까운 진실이지만, 부끄러운 진실이므로 그녀는 그것을 숨기려고 한다. 하지만 육체는 여자의 훌륭한 화신이기도 하다. 그녀는 육체를 거울에 비추고 황홀하게 바라본다. 육체는 행복의 약속이고 예술품이며, 살아 있는 조각상이다. 여자는 몸매를 다듬고 아름답게 꾸며서 사람들 눈에 띄게도 한다. 거울 속에서 미소지을 때 그녀는 자기 육체의 우연성을 잊어버린다. 사랑의 포옹과 모성 속에서 그녀의 모습은 사라져 버린다. 그러나 종종 자기 자신을 생각하고, 자기가 여주인공이며 동시에 육체라는 데 놀란다.

'자연'은 그녀에게 좌우대칭적인 이중의 얼굴을 주었다. 냄비에 채소를 제공하는 한편, 신비적인 감동에 젖도록 유혹한다. 여자는 주부가 되고 어머니가 되면서 들이나 숲으로 달아나는 자유를 단념한다. 들이나 숲보다도 조용히 채소밭 가꾸기를 더 좋아하고, 꽃을 가꾸어 그것을 꽃병에 꽂는다. 하지만 달이 밝을 때나 태양이 질 때는 흥분하기도 한다. 지상의 동물과 식물 속에서 그녀는 무엇보다도 식량과 장식품을 발견한다. 거기에는 자연의 은총이나 마법인 생명의 수액이 흐르고 있다. '생명'은 단지 내재와 반복에 그치는 것이 아니다. 그것은 또한 빛의 눈부신 얼굴도 갖고 있다. 꽃이 활짝 핀 풀밭에서 생명은 '아름다움'으로서 나타난다. 다산을 통해 자연과 조화를 이루는 여자는 활기를 불어넣는 자연의 정령의 입김에 자기도 불려 간다고 느낀다. 그리고 그녀가 만족하지 못하고, 자기를 미완성의 여자로 느끼는 정도에 따라서 그녀의 영혼은 끝없이 전개되는 길 위에서 끝없는 지평선을 향해 달려갈 것이다.

남편, 아이들, 가정에 매여 있는 그녀는 언덕의 중턱에서 홀로 술에 취한 기분으로, 자기의 주체성을 재발견한 기분으로 서 있는 것이다. 그녀는 이제 아내도 어머니도 주부도 아닌 한 사람의 인간이다. 그녀는 수동의 세계를 바라보고 있다. 그리고 자기가 완전한 하나의 의식이며 무엇이라도 할 수 있는 자유로운 영혼임을 상기한다. 물의 신비와 산꼭대기의 웅장한 모습 앞에서 남성의 으뜸가는 권리 따위는 그 자취를 감춘다. 히스의 풀밭 사이를 걸어갈 때, 손을 강물 속에 담글 때, 그녀는 다른 사람을 위해서가 아니라 자기를 위해서 사는 것이다. 온갖 예속에도 자기의 독립을 갈망해 온 여자는 '자연'에서 자신의 자유를 열렬히 사랑하게 될 것이다. 그러나 다른 사람들은 그러한 것에서 그저 마음속 도취에 대한 구실만을 발견할 뿐이다. 그리고 그녀들은 감기가 들지 않을까 하는 걱정과 영혼의 황홀감 사이에서 망설일 것이다.

이와 같이 육체적 세계와 '시적' 세계에 이중으로 속해 있다는 것은 여자가 다소나마 믿고 있는 형이상학과 지혜가 어떤 것인가를 명확히 해 준다. 여자는 생명과 초월성을 결합시키려고 한다. 즉 데카르트 철학과 그 철학에 가까운 모든 사고방식을 기피하는 것이다. 그녀는 스토아학파의 철학자나 16세기의 신플라톤학파의 철학자와 유사한 자연주의 철학을 기꺼이 받아들인다. 마르그리트 나바르(프랑스 소설가, 1492~1549)를 비롯해서 그녀들이 그토록 물질적이며 정신적인 철학에 심취한 것은 놀라운 일이 아니다. 사회적으로 마니교도인 여자는 존재론적으로 낙관주의자로서의 깊은 욕구를 품고 있다. 행동의 윤리는 그녀에게 적합하지 않다. 왜냐하면 그녀에게는 행동하는 것이 금지되어 있기 때문이다. 그녀는 주어진 것을 그대로 받아들인다. 그러므로 주어진 것은 '선'이어야만 한다. 그러나 스피노자가 이성으로 인정하고, 라이프니츠가 계산으로 인정하는 그런 '선'은 그녀의 관심을 끌 수 없을 것이다.

여자는 삶의 '조화'를 이루게 하는 선, 그 안에서 살아간다는 사실만으로 안주할 수 있는 그런 선을 요구한다. 조화라는 관념은 여성의 세계를 여는 열쇠의 하나이다. 거기에는 부동의 완전성, 전체이든 요소 하나하나이든 직접적인 정당화, 그리고 총체에 대한 그녀의 수동적 참가가 포함되어 있다. 조화로운 세계에서 여자는 남자가 행동을 통해 구하는 그것에 도달한다. 그녀도 세계를 넘고 세계로부터 요구되며, 그래서 '선'의 승리에 협력을 한다. 여자들이 계시를 받았다고 생각하는 순간은, 자신들이 평화롭게 휴식하고 있는 현실과 자기들의 조화를 발견하는 그때이다. 그것은 버지니아 울프—《댈러웨이 부인》,《등대로의 산보》—와 K. 맨스필드가 모든 작품을 통해서, 그 여주인공들에게 최고의 대가로서 주는 그 빛나는 행복의 순간이다. 자유의 도약이라는 기쁨은 남자를 위해 마련된 것이다. 여자가 아는 그것은 평화로운 충실감이라는 인상이다.*[88] 여자는 보통 거부·항변·요구라는 긴장 속에서 살고 있기 때문에, 단순한 평정이 그녀의 눈에는 커다란 가치를 지닐 수 있다는 사실을 사람들은 잘 알고 있다. 여자가 아름다운 오후나 조용한 저녁을 즐긴다고 비난할 수는 없을 것이다. 그러나 거기에서만 세계의 숨은 영혼의 참된 모습을 찾는다는 것은 하나의 망상이다. '선'은 '있는 것'이 아니다. 세계는 조화롭지 않다. 어떤 개인도 거기서 필연적인 위치를 차지하지 못한다.

사회가 여자에게 제공하는 최고의 보상이 있다. 바로 종교이다. 사람들에게 종교가 필요하듯이 똑같은 이유로 여자에게도 하나의 종교가 필요하다. 어떤

---

*[88] 수많은 작품 가운데 메벨 도지의 이런 대목을 인용한다. 그 속에는 전체적인 세계관에 대한 추이가 명확히 씌어 있지 않지만 암시는 되어 있다. "금빛과 자줏빛으로 물든 어느 고요한 가을날이었다. 프리다와 나는 땅바닥에 앉아 과일을 고르고 있었다. 우리 주위에는 붉은 사과더미가 있었다. 우리는 잠깐 쉬었다. 태양과 비옥한 대지는 우리를 따뜻하게 해 주었고, 우리에게 향기를 뿜어 주었다. 사과는 충실과 평화와 풍요의 상징이다. 물오른 대지의 우리의 혈관 속까지 넘쳐 흘렀다. 그래서 우리의 가슴을 기쁨으로 넘쳐 과수원처럼 풍요로 가득 차 있었다. 잠시 동안 우리는 여자들이 가끔 완전하게 느끼고 완전히 만족하는, 넘치는 행복감을 느낄 수 있었다."

성, 어떤 계층을 내재 손에 가두려면 거기에 초월의 환상을 제공해야 한다. 남자가 만든 법전을 신으로 하여금 짊어지게 하는 것은 남자에게 매우 유리하다. 특히 남자는 여자에게 최고의 권위를 행사하기 때문에, 이런 권위를 최고의 존재가 부여했다는 것은 유리한 일이다. 특히 유대인이나 마호메트교도나 그리스도교도에게는 신권(神權)에 따라 남자가 주인이다. 신을 경외하면 피압박자의 마음속에서 모든 저항은 질식해 버린다. 그러므로 잘 믿어버리는 여자의 성질을 이용할 수 있다. 여자는 남자의 세계 앞에서 존경과 신앙의 태도를 취한다. 하늘에 있는 신은 그녀에게는 장관만큼 멀리 생각되지 않으며, 인간창조의 신비는 발전소의 신비와 결부된다.

특히 여자가 종교에 스스로 몸을 던지는 것은 어떤 깊은 욕구를 채우기 위함이다. 자유에 기여하는 바가 있는 근대문명에서—여자의 경우에도—종교는 구속의 도구보다도 기만의 도구로서 나타난다. 여자에게 신의 이름으로 그녀의 열등성을 받아들이라고 요구하기보다는, 오히려 신 덕분에 주권자인 남성과 동등해질 수 있다는 것을 믿으라고 권하며, 굴의를 극복하는 방법이라고 생각하게 함으로써 저항하고 싶은 유혹마저 물리쳐 버리게 한다. 여자는 신에게 그 내재성을 바치려고 하기 때문에 초월성을 잃는 일은 없을 것이다. 영혼의 우열이 측정되는 것은 하늘에만 있는 일이며, 영혼의 가치가 지상에서 실현되는 것은 아니다.

도스토예프스키의 말에 따르면, 이 지상의 생활에서는 허드렛일이 있을 뿐이다. 구두를 닦는 일이나 다리를 놓는 일이나 모두 공허한 일이다. 사회적인 차별을 넘어서서 남녀의 평등은 회복된다. 그 때문에 소녀나 처녀는 그들의 형제들보다도 한없이 더 큰 열정으로 신앙에 몰두한다. 그의 초월성을 초월하는 신의 시선은 사내아이에게 굴욕을 준다. 이런 강력한 호호를 받으면 그는 영원히 어린아이로 머물러 있어야만 할 것이다. 그것은 아버지의 존재 때문에 느끼는 거세보다 한결 더 근본적인 거세이다. 한편 '영원한 어린아이(여성)'는 자신을 천사의 자매로 변형시켜 주는 이 시선 속에서 자기의 구원을 발견한다. 그래서 남자아이가 갖고 있는 페니스의 특권을 부인한다. 어떤 성실한 신앙은 소녀에게 모든 열등의식에서 벗어날 수 있도록 도와 준다. 그녀는 남성도 여성도 아닌 신의 피조물이다. 그러므로 많은 위대한 성녀들에게서는 남성과 조금도 다름없는 확고부동한 정신이 발견된다. 즉 성녀 브리지트와 시에나의 성녀 예카테리나는 자존심을 가지고 세계를 지배하려는 의지를 보였다. 그녀들은 남성의 권위 따위는 조금도 인정하지 않았다. 예카테리나는 그녀의 고해신부들을 몹시 가혹하게 다루기까지 했다. 잔다르크와 성녀 테레사는 어떤 남자도 할 수 없는 용기로 대담하게 행동했다. 교회는 여성이 남성의 보호로부터 벗어나는 것을 신이 결코 허락치 않았다는 점에 유의했다. 그리고 사면의 거부나 파문 같은 무서운 무기는 오로지 남성의 손에 넘겼다. 끝까지 자기에게 나타난 환상을 믿고 완강하게 버텼던 잔다르크는 화형을 당했다. 하지만 여자는 신의 의지에 따라 남자들의 계율에 복종하기는 하지만, 신 가운데서 남자들에게 대항하기 위한 확실한 수단을 발견한다. 신비로운 의식 아래서 남성의 논리는 빛을 잃는다. 남성의 자존심은 죄가 된다. 남성의 행위는 부조리할 뿐만 아니라 죄악이 된다. 신 자신이 창조한 이 세상을 왜 새로 바꾸려고 하는가? 여성의 수동적 모습은 신성화된다. 길가에서 묵주를 굴리는 그녀는, 정치집회로 달려가는 남편보다 자기가 신에게 더 가깝다는 것을 안다. 그녀가 자신의 영혼을 구제하기 위해서 무언가 할 필요는 없다. 저항하지 않고 사는 것으로 충분하다. 어머니는 한 육체를 낳았을 뿐만 아니라 신에게 한 영혼을 주었으므로, 생명과 정신의 결합이 성취된다. 이는 원자의 쓸데없는 비밀을 연구하는 것보다 더 고상한 일이다. 하늘의 아버지와 협력해서 여자는 남자에 대하여 자기의 여성다운 영광을 요구할 수 있다.

신은 이처럼 여성에게 품위를 부여했을 뿐만 아니라, 여성 개개인을 높은 하늘로 도피시키면서 자기의 버팀목을 발견할 수 있게 했다. 인격으로서 여성은 큰 가치가 없다. 그러나 여성이 일단 신의 영감(靈感) 아래 행동하자마자 그 의지는 신성한 것이 된다. 귀용 부인(정숙주의를 주장한 프랑스의 신비주의적 사상가, 1648~1717)은, 어떤 수녀의 병에 관해서 '신의 말씀으로 명령하고, 그와 똑같은 말씀에 따라 복종한다는 것이 무엇인가'를 알았다고 한다. 이처럼 독실한 여성은 자기의 권위를 겸손한 복종으로 위장한다. 아이를 기르고 수도원을 경영하고, 자선사업을 하면서도 기껏해야 초자연적인 손 안에서 순종하는 도구에 불과하다. 여기에 복종하지 않는 것은 신을 업신여기는 것과 같다.

남자 역시 이런 버팀목을 무시할 수는 없다. 그러나 아무래도 동일성을 요구하는 동료들과 경쟁하면서 살아가고 있으므로, 그러한 것은 기대할 수 없다. 남자의 갈등은 모든 인간관계에서 행해진다. 여자는 이미 자기에게 종속되어 있는 사람들의 눈과 자신의 눈에 자기의 권위를 절대적으로 정당화하기 위하여, 신의 의지를 내세운다. 이런 협력이 그녀에게 유익한 까닭은, 그녀가 특히 자기 자신과의 관계에 관심을 기울이기 때문이다. 이런 관계가 타인과 관련될 때라도 최고의 침묵이 법의 힘을 얻는 것은 오로지 내면적인 갈등에서이다. 사실 여자는 자기 욕망을 채우기 위하여 종교를 구실로 삼는다. 불감증 환자이며 마조히스트이자 사디스트인 그녀는 육체를 단념하고 희생자를 가장하며 자기 주위의 모든 생명력을 질식시킴으로써 자신을 성화(聖化)한다. 자기라는 존재를 없애 버림으로써 그녀는 선택된 계층 속에 끼여들려고 한다.

그녀가 남편과 아이들에게서 지상의 모든 행복을 빼앗고 그들을 학대하면, 천국에 그들을 위한 훌륭한 자리를 마련해 놓는 것이 된다. 코르토나의 마르그리트는 '죄지은 자신을 벌하기 위하여' 자기 과실의 대가를 치루기 위하여 아이를 학대했다고, 그녀의 전기를 쓴 작가가 우리에게 말했다. 그녀는 지나가는 모든 거지들을 먹이고 난 뒤가 아니면 자기 아이에게 먹을 것을 주지 않았다. 원치 않게 태어난 아이를 증오하는 경우는 이미 본 바와 같이 드문 일이 아니다. 도덕적인 분노라는 방법으로 울분을 터뜨릴 수 있는 것은 정말 뜻밖의 행운이다.

한편, 그다지 도덕적이지 못한 여자도 신과 잘 타협할 수 있다. 회개함으로써 장차 죄에서 깨끗하게 된다는 확신 때문에 종종 믿음이 깊은 여자는 자기의 가책을 극복할 수가 있다. 그녀가 선택한 것이 금욕주의이든 관능이든, 오만이든 겸손이든 간에, 자기의 구원에 대한 걱정은 그녀가 무엇보다도 좋아하는 즐거움, 즉 자기성찰에 전념하도록 격려한다. 그녀는 자기 마음의 움직임에 귀를 기울이고 자기 육체의 전율을 엿본다. 임신한 여자가 태아의 존재를 통해 정당화되는 것처럼, 그녀는 그녀 안에 존재하는 신의 은총으로써 정당화된다. 그녀는 자기를 부드럽고 주의 깊게 살필 뿐만 아니라 고해신부에게 마음을 털어놓는다. 옛날에는 군중 앞에서 고백하면서 도취에 빠지기도 했다. 코르토나의 마르그리트는 '자기의 허영을 벌하려고' 자기 집의 테라스에 올라가서 해산하는 여자처럼 소리를 질렀다. "일어나시오, 코르토나의 주민들이여. 촛불과 등불을 들고 밖으로 나와 죄지은 여자의 말을 들으시오!" 그녀는 자기의 모든 죄를 낱낱이 고백한 뒤 하늘을 향하여 자기의 비참함을 외쳤다. 이토록 시끄럽게 죄를 고백함으로써 그녀는, 나르시시즘에 빠진 여자에게서 흔히 볼 수 있는 노출증의 욕구를 만족시켰던 것이다.

　종교는 여자에게 자기만족을 허용하고, 노스탤지어의 욕구를 품은 지도자·아버지·애인·후견인의 역할을 하는 신을 마련해 준다. 종교는 그녀의 꿈을 키워 준다. 종교는 그녀의 공허한 시간을 메워 준다. 그러나 무엇보다도 종교는 세계의 질서를 확인한다. 성(性)이 없는 하늘에는 보다 좋은 미래가 있다는 희망으로 체념을 정당화한다. 그 때문에 여자들이 오늘날 교회에서 대단히 유력한 무리가 되고 있다. 또 그로 인해 교회가 여자들의 해방을 돕는 모든 대책에 그토록 반감을 보이는 것이다. 여자들에게는 종교가 필요하다. 종교를 영구화하기 위해서는 여자들, 즉 '진정한 여자들'이 필요하다.

　이로써 여자의 '성격' 전반을 알게 되었을 것이다. 여자의 확신, 가치, 지혜, 도덕, 취미, 행동, 이 모든 것은 여자의 상황을 통해 설명된다. 여자에게 초월성이 거부된다는 사실은 보통 영웅적 행위·반항·해탈·창조와 같은 보다 고차원적인 인간의 태도를 여자가 가까이하지 못하도록 금하는 것과 관계가 있다. 이런 인간적 태도는 남자에게도 흔한 것이 아니다. 여자처럼, 중간자의, 비본질적인 수단의 영역 속에 갇혀 있는 남자들도 많다. 노동자는 혁명적 의지를 표현하는 정치활동으로 그런 영역에서 탈출한다. 그러나 명확히 '중간'이라고 불리는 계층의 남자들은 일부러 거기에 머물러 있다. 여자처럼 일상적인 일들의 반복 속에 몸을 바치고, 모든 기성가치 속에서 소외되고, 여론을 존중하고, 이 지상에서 어떤 막연한 위안밖에 구하지 못하는 월급쟁이·장사꾼·관리는 아내에게 조금도 내세울 것이 없다. 음식을 만들고, 빨래를 하고, 가정을 이끌어 나가고, 아이들을 기르는 여자가 규칙에 매여 있는 남자보다 오히려 더 많은 창의성과 자주성을 보인다.

　남자는 온종일 윗사람들에게 복종해야만 한다. 거북한 옷깃을 달고 다니면서 사회적 지위를 확보해야만 한다. 여자는 부드러운 실내복을 입고 집 안을 돌아다닐 수 있고 노래도 부를 수 있고 이웃 여자들과 웃고 즐길 수도 있다. 마음대로 행동하고 사소한 모험쯤 시도해 볼 수도 있고 어떤 결과를 효과적으로 실현하려고 노력할 수도 있다. 또 남편보다 관습이나 체면에 덜 구애를 받는다. 카프카가 묘사한 관료의 세계, 그 의식과 의미 없는 행동, 목적 없는 행동은 본질적으로 남성의 것이다. 여자는 더욱 현실에 밀착되어 있다. 남자가 숫자를 늘어놓거나 혹은 정어리통조림을 현금으로 바꿀 때, 그는 단지 추상적인 것밖에는 아무것도 파악하지 못한다. 요람 속에서 충분한 영양을 섭취하는 어린아이, 하얀 속옷, 구운 고기는 한결 만지기 쉬운 소유물이다. 하지만 이런 목적들을 구체적으로 추구하는 동안에 그녀는 그것들의 우연성을—그리고 결과적으로 자기 자신의 우연성을—느끼기 때문에 그런 것들 속에서 자기를 소외하지 못하는 일이 많다. 그녀는 자유에 머물러 있다. 남자의 사업은 기획이며 도피이다. 남자는 자기의 경험이나 자기가 연기하는 인물로 자기를 소모시키고 있다. 남자는 대담하고 성실한 체한다. 여자는 남자의 논리와 도덕을 의심하므로 그런 함정에는 빠지지 않는다. 스탕달이 여자를 크게 존경하는 까닭이 바로 그 점 때문이다.

여자는 자기가 처한 상황의 모호성을 자존심 속으로 도망쳐서 얼버무리지는 않는다. 여자는 인간 품위의 가면 뒤에 숨지 않는다. 자기의 자유로운 생각, 자기의 감동, 자기의 자발적 반응을 솔직하게 드러낸다. 그 때문에 여자와의 대화가 그녀의 남편과 대화하는 것보다 훨씬 덜 따분하다. 여자가 남편의 충실한 아내로서가 아니라 자기 자신으로서 말을 할 때 그렇다는 소리다. 남자는 일반적인 사상을 말한다. 즉 신문에서, 혹은 전문서적에서 읽은 말이나 표현을 내뱉는다. 여자는 제한됐지만 구체적인 경험을 전달한다.

세상에서 말하는 '여자다운 감수성'은 얼마쯤은 신화를, 얼마쯤은 희극을 포함한다. 그러나 여자가 남자보다도 자기나 세계에 대하여 더 조심스럽다는 것은 사실이다. 그녀는 남성적인, 즉 거친 남성적 분위기 속에서 살고 있다. 그래서 그 대신 '아름다운 것'을 좋아하는 성향이 있다. 여기서 여자의 연약한 애교가 일어날 수 있지만 섬세한 감각도 생길 수 있다. 그녀의 영역은 한정되어 있기 때문에 손길이 미치는 대상들은 그녀에게 귀중하게 여겨진다. 그것들을 개념이나 계획 속에 포함시킬 수가 없으므로, 그녀는 그것들의 풍요성을 발견한다. 그녀의 도피욕망은 축제를 사랑하는 기분으로 표현된다. 여자는 꽃다발이나 과자나 잘 차린 식탁을 남에게 베풀기를 흥미로워 하고, 여가의 공허를 아낌없는 헌신으로 변화시키기를 즐긴다. 웃음이나 노래나 장신구나 골동품을 사랑하는 그녀는 거리의 광경이나 하늘 같은 주위의 모든 것을 받아들일 준비가 되어 있다. 초대나 외출은 그녀에게 새로운 가능성을 열어 준다. 남자는 대개 이런 즐거움에 참여하려고 하지 않는다.

남자가 집에 들어오면 명랑했던 목소리는 침묵을 지킨다. 가정의 여자는, 남자가 그녀들에게 기대하는 따분하고 점잖은 태도를 취한다. 고독과 이별에서 여자는 자기 생활의 특이한 의미를 이끌어 낸다. 과거·죽음·시간의 흐름에 대하여 여자는 남자보다도 한결 더 깊은 내면적인 체험을 한다. 여자가 자기 마음, 육체, 정신의 모험에 관심을 기울이는 까닭은 이 지상에서 자신이 부여 받은 운명이 이것뿐이라는 사실을 알기 때문이다. 또한 여자는 피동적이기 때문에, 야심이나 직업에 몰두하는 개인보다도 현실을 보다 열정적이며 간절하게 경험한다. 여자는 자기의 감동에 깊이 몸을 맡기고, 자기의 감각을 연구하고, 그 의미를 생각할 여가와 취미가 있다. 그녀의 상상력이 공허한 꿈으로 끝나 버리지 않을 때 그것은 공감을 준다. 여자는 타인을 그 개개의 경우로서 이해하려 시도하고, 자기 속에서 그 사람을 재창조하려고 노력한다. 남편이나 애인에게도 진정으로 동화될 수 있기 때문에, 남자가 모방할 수 없을 방법으로 다른 사람의 계획과 걱정을 자기 것으로 만든다. 여자는 온 세계에 세심한 주의를 기울이고 있다. 세계가 그녀에게는 하나의 수수께끼처럼 보인다. 한 명 한 명의 인간, 하나하나의 물건은 저마다 대답이 될 수 있다. 여자는 끈질기게 물음을 던진다.

노년에 이르러 그녀의 배반당한 기대는 아이러니와 흔히 구미를 돋우는 냉소적인 태도로 변한다. 여자는 남성의 기만을 거부한다. 그녀에게는 남자들이 세운 그럴듯한 구조물의 우연적이며 부조리하고 무의미한 이면이 두드러져 보인다. 그녀의 의존성은 거기에서 떨어져 나가지 못한다. 그러나 여자는 자기에게 부과된 헌신 속에서 가끔 진정으로 고귀한 태도를 나타낼 때가 있다. 여자는 남편이나 애인이나 아이를 위해 자기를 잊는다. 자기를 조금도 생각지 않는다. 여자의 몸과 마음은 완전한 헌신이며 증여이다. 여자는 남자들의 사회에 잘 적응할 수 없으므로, 가끔 스스로 자기의 생활방식을 생각해 내어야만 한다. 기성의 판에 박은 듯한 방법에는 남자만큼 만족하지 못할 수도 있다. 만약 선의가 있는 여자라면 남편의 오만한 확신보다 진정한 생활태도에 대해 더욱 불안을 느낄 것이다.

그러나 여자는, 남자가 제의하는 허황된 것을 거부하는 한에서만 남자에 대하여 이런 특권을 가진다. 상류계층에서는 여자가 남편의 열렬한 동조자가 된다. 그들이 보장해 주는 이익에 집착하기 때문이다. 이미 보아 온 바와 같이 상류 부르주아 부인들이나 귀족부인들은 언제나 자기 계급의 이익을 옹호하는 데 남편들보다 더욱 완강했다. 그 때문에 인간으로서의 자주성을 완전히 희생시키는 것도 주저하지 않는다. 그녀들은 자기들 속에 있는 모든 사고력과 비판정신과 자발성을 죽여 버린다. 앵무새처럼 세상의 인습을 반복하고, 남성의 법전이 강요하는 이상과 자신을 일체화한다. 그 결과 어디에서도 진실성을 찾아볼 수 없게 된다. 가정주부는 자기의 일에서, 아이들을 돌보는 데서 하나의 자주성을 발견한다. 여자는 거기서 제한적이지만 구체적인 경험을 이끌어 낸다. '시중을 드는' 여자는 세계에 대하여 더 이상 아무 세력도 형성하지 못한다. 그녀는 꿈과 추상과 공론 속에서 살고 있다. 자기가 받아들이는 생각들이 어떤 영향을 미치는지 모르고 있다. 그녀가 늘어놓는 말들은 자신의 입 속에서 모든 의미를 잃어버린다. 금융, 실업가, 때로는 장군까지도 그 수고와 걱정에 대해 스스로 책임을 진다. 그들은 모험을 할 때도 있다. 불공정한 거래로 특권을 얻었지만, 적어도 그 대가를 자기들의 몸으로 지불하는 것이다. 그러나 그들의 아내들은 받은 것에 대한 보상으로 아무것도 주지 않고 아무것도 하지 않는다. 그리고 그만큼 더욱 맹목적인 신념으로 자기들의 절대적인 권리를 믿고 있다. 그 헛된 자만심과 무능 그리고 완고한 무지는 그녀들을 인류가 일찍이 낳은 적 없는 가장 무익하고, 가장 무능한 존재로 만들고 있다.

그러므로 일반적으로 '여자'라는 성을 말하는 것은 '영원한 남자'를 말하는 것과 마찬가지로 무의미한 것이다. 여자가 남자보다 우수하다든가, 열등하다든가, 혹은 동등하다든가 하는 것을 결정하려는 모든 비교론이 어째서 무익한가에 대한 까닭이 바로 여기에 있다. 남자와 여자의 상황은 크게 다르다. 만일 이런 상황 자체를 비교해 본다면 남자 쪽이 무한히 유리하다는 것은 명백하다. 즉 남자는 세계 속에 자기의 자유를 투사하는 훨씬 더 구체적인 가능성을 가지고 있다. 그 결과 남성의 자아 실현은 여성의 경우보다 훨씬 훌륭하게 나타난다. 여자들에게는 무엇을 시도하는 것이 거의 금지되어 있기 때문이다.

하지만 남자와 여자가 저마다의 한계에서 어떤 방법으로 자유를 행사하는지를 비교한다는 것도 무의미한 일이다. 그들은 그것을 저마다 자유로이 행사할 것이기 때문이다. 악의에 찬 함정이나 성실을 가장한 기만은 여러 가지 모습을 하고 남녀 모두를 기다리고 있다. 자유는 완전히 각자에게 있다. 다만 여자에게는 자유란 다만 추상적이며 공허한 것이므로 여자는 저항의 형태로밖에 자유를 받아들일 수 없다. 어떠한 가능성도 갖지 못한 사람에게는 저항만

이 유일하게 열려진 길이다. 그런 사람들은 자기들이 처한 상황의 한계를 거부하고 미래의 길을 여는 데 노력해야만 한다. 체념은 책임에 대한 포기이며 도피이다. 여자 스스로 자기의 해방을 위하여 노력하는 것밖에 달리 해결방법이 없다.

　이런 해방은 오로지 집단적이어야 한다. 그리고 무엇보다도 여자 쪽에서 경제적 진화가 이루어져야 한다. 하지만 이제까지 수많은 여성들이 고독하게 자기의 개인적 구제만을 실현하려고 노력해 왔다. 그런 여자들은 자기들의 실존을 자기들의 내재성 속에서 정당화해 보려고 시도한다. 즉 내재성 속에서 자기 초월을 실현하려고 한다. 그것은—때로는 쑥스럽기도 하고, 흔히는 감격적이기도 한—감옥에 갇혀 있는 여자가 그 감옥을 영광의 하늘로, 자기의 예속적인 처지를 숭고한 자유로 바꾸려는 행위이다. 이런 숭고한 자유를 우리는 나르시시스트 여자나 열정적인 사랑을 하는 여자, 신비적인 여자에게서 발견하게 된다.

# 제3편
# 정당화

## 제1장 나르시시즘의 여자

 나르시시즘은 모든 여성의 본성 안에 자리잡고 있다는 식으로 흔히 주장되어 왔다.[1] 그러나 이런 개념을 무조건 확대시키면 마치 라 로슈푸코(프랑스 작가, 1613~1680)가 에고이즘의 개념을 파괴시킨 것처럼 결국 그 개념을 파괴시키는 것이다. 명백히 말하면 나르시시즘은 자기소외의 한 과정이다. 즉 자아는 절대목표가 되고 주체는 그 속으로 도피해 버린다. 여자에게는 이것 이외의 여러 가지 태도—참된 것이든 허위의 것이든—가 발견된다. 우리는 이미 그 가운데에서 몇 가지를 살펴 보았다. 실제로 여성은 자기가 처한 상황에서 다른 탈출구를 찾지 못하기 때문에, 이처럼 남성보다도 자기 자신에게 빠져들며 자기에게 사랑을 바치는 일이 많다.

 모든 사랑에는 주체와 객체라는 서로 다른 두 요소의 공존이 필요하다. 여자는 한곳으로 모이는 두 길을 통해서 나르시시즘에 이른다. 주체로서 여자는 욕구불만을 경험한다. 어린시절 그녀에겐 사내아이의 페니스에 해당되는 '제2의 자아'가 주어지지 않았다. 그 뒤에도 그녀의 성적 충동은 만족을 채우지 못한 채로 있다. 그리고 더욱 중요한 것은 적극적인 사회 활동이 그녀에게 금지되어 있다는 사실이다. 그녀는 바삐 일하지만 어느 것 하나도 성취감을 주지 못한다. 아내나 어머니나 주부의 역할에서도 한 개인으로서 인정을 받지 못한다. 남성의 진리는 그가 건축하는 집에, 그가 개척하는 숲에, 그가 치료하는 환자 속에 있다. 여자는 계획과 목적을 통해서 자기를 완수할 수 없기 때문에 자기 인격의 내재성 속에서 자기를 파악하려고 노력한다. 시에예

---

[1] 헬렌 도이치의 《여성심리》 참조.

스(프랑스 정치가, 프랑스 혁명 당시 제헌의원. 제3계급에 관한 논문이 있음. 1748~1836)의 말을 모방해서 마리 바슈키르체프는 이렇게 쓰고 있다. '나는 무엇인가? 아무것도 아니다. 나는 무엇이 되기를 원하는가? 모든 것이 되려고 한다.' 많은 여자들이 자기들의 관심을 오직 자아에만 국한시키고, 자신들의 자아를 전체와 혼동할 만큼 과감하게 되는 것은 바로 이 때문이다. '나는 나 자신의 여주인공이다'라고 마리 바슈키르체프는 말한다. 행동하는 남자는 필연적으로 자기 자신과 맞서 싸운다. 여자는 힘없이 고립되어 있기 때문에 자기의 위치를 정할 수도, 자기의 한계를 측정할 수도 없다. 어떤 중요한 목적에도 이를 수가 없기 때문에 여자는 자기에게 최고의 가치를 부여한다.

여자가 이처럼 자신의 욕망에 자기를 제공할 수 있는 것도 어렸을 때부터 자기 자신을 객체로 보았기 때문이다. 그녀가 받은 교육은 그녀가 자기의 육체를 자기 것으로 주장하지 못하도록 권했으며, 사춘기는 그녀에게 수동적인 욕망만을 꿈꾸도록 가르쳤다. 덕분에 그녀는 새틴이나 벨벳에 감격한 것처럼, 자기에게 손을 내밀어 연인 같은 눈빛으로 바라볼 수 있는 것이다. 고독한 기쁨에 탐닉하면서 여자는 남성적 주체와 여성적 객체로 나뉠 수 있다. 달비에즈[*2]는 이렌의 증상을 연구했는데, 이렌은 이렇게 말했다. "나는 나를 사랑하고 싶다", 혹은 더욱 열정적으로 "나는 나를 소유하고 싶다", 혹은 심한 발작을 일으키며 "나는 나를 임신시키고 싶다"고.

마리 바슈키르체프가 다음과 같이 쓰고 있을 때는 그녀도 주체인 동시에 객체이다.

"하지만 나의 팔과 나의 가슴을 아무도 보아 주지 않는 것이 안타깝다. 이렇게 윤기가 흐르고 젊음이 넘치는데."

사실 자기 자신에 대해 적극적으로 타자가 되며 더구나 의식의 빛 속에서 자기를 객체로 파악한다는 것을 불가능한 일이다. 분신은 단순한 꿈에 불과하다. 어린아이에게 이 꿈을 구체화시켜 주는 것은 인형이다. 여자아이는 인형 속에서 자신의 육체에서보다 한결 구체적으로 자기를 인식한다. 이 둘 사이가 분리되어 있기 때문이다. 자기와 자기가 다정한 대화를 나누기 위해서는 둘이 될 필요가 있다. 노아유 부인은 특히 《나의 생애의 책》 속에서 다음과 같이 표

---

[*2] 《정신분석》. 어린시절에 이렌은 사내아이처럼 오줌 누기를 좋아했다. 그녀는 자기가 물의 정령이 된 꿈을 자주 꾸었다. 이는 나르시시즘과 그가 '배수증(排水症)'이라고 일컫는 일종의 배뇨 색정증(排尿色情症)과 관련된 하벨로크 엘리스의 학설을 뒷받침하는 것이다.

현했다.

> 나는 인형들을 좋아해서 생명이 없는 인형에게 내 생명을 나누어 주었다. 인형들이 모포나 새털이불로 푹 싸여 있지 않으면 나도 따뜻한 이불 밑에서 잠을 이루지 못했다⋯⋯ 나는 분신의 순수한 그독을 맛보고 싶었다⋯⋯ 언제까지나 순수하게. 나 자신이 되고 싶은 이 욕망을 나는 어렸을 때 열렬히 느꼈다⋯⋯ 아! 나의 달큼한 공상이 굴욕적인 눈물로 농락되는 비극적인 순간에 내 곁에 또 다른 조그마한 안나가 있어서 나의 목에 팔을 감아 위로하고 이해해 주기를 얼마나 바랐던가⋯⋯일생 동안 나는 마음속에서 그녀를 만나 그녀를 꼭 껴안았다. 그녀는 내가 희망했던 위안이 아니라 용기로 나를 도와 주었다.

사춘기에 접어든 그녀는 이제 인형과 함께 잠을 청하지 않는다. 그러나 일생을 통하여 여자는 거울이 부리는 마법에 의해 자기로부터 떠나고 다시 만나기를 되풀이한다. 랑크(오스트리아·정신분석학자, 1884~1939)는 신화와 꿈에서 거울과 분신 사이의 관계를 명확히 했다. 거울의 반사가 자아와 일치되는 것은 특히 여자에게서이다. 남성미는 초월성의 표시이고, 여성미는 내재의 수동성을 지닌다. 여성미만이 남자의 시선을 멈추게 되어 있으므로 여자는 거울의 함정에 빠지게 된다. 자기를 능동성·주체성이라고 느끼고 또 그렇게 되기를 원하는 남자는 응결된 자기의 이미지 속에서 자신을 인정하지 않는다. 그런 이미지는 그에게 별로 매력이 없다. 남성의 육체는 그에게 욕망의 대상으로 보이지 않기 때문이다. 그와는 반대로, 여자는 자기가 객체라고 여기고 또 그렇기 때문에 거울 속에서 정말로 자기를 본다고 생각한다. 수동적으로 비쳐지는 거울의 반사는 그녀 자신처럼 하나의 물체이다. 그리고 그녀는 여성의 육체, 즉 자기의 육체를 갈망하듯이, 거울 속에 보이는 생동이 없는 기질에 자기의 찬미와 욕망으로 생기를 불어준다. 이런 사실을 잘 알았던 노아유 부인은 우리에게 다음과 같이 털어놓는다.

> 나는 내 속에 있는 의심할 여지가 없을 만큼의 강력한 지적 재능보다는, 자주 들여다보는 거울에 비친 모습에 더욱 허영심을 느낀다⋯⋯ 육체적 기쁨만이 영혼을 충분히 만족시켜 준다.

'육체적 기쁨'이란 말이 여기서는 막연하고 부적당하다. 그것이 영혼을 만족시킨다는 말은, 지성은 아직 증명되지 않았지만 보이는 얼굴은 지금 거기에 의심할 여지없이 비쳐지기 때문이다. 한 우주를 만드는 거울의 틀 속에 미래가 온통 집약되어 있다. 이 좁은 한계 밖에서는 사물은 그저 무질서한 혼돈에 불과하다. 세계는 이 한 조각의 유리 속에서 단 하나의 이미지로 축소된다. 이러한 거울의 반사 속에 빠져 있는 여자는 누구나 공간과 시간에 유일한 절대자로서 군림한다. 그런 여자는 남자들이나 재산·영광·관능적 기쁨에 대하여 모든 권리를 갖는다. 마리 바슈키르체프는 자기의 아름다움에 도취된 나머지 그 아름다움을 불멸의 대리석에 새겨 두고 싶어했다. 그렇게 자신을 불멸의 존재로 만들려고 했던 것이다.

집에 돌아가면 나는 옷을 벗고 알몸이 되어, 마치 처음 보는 것처럼 내 육체의 아름다움에 사로잡힌다. 나의 조각상을 만들어야겠다. 하지만 어떻게 만들지? 결혼을 하지 않고서는 거의 불가능하다. 그러나 꼭 조각상을 만들어야 한다. 나는 틀림없이 추해지고 망가져 갈 것이다…… 나의 조각상을 만들게 하기 위해서라도 남편을 얻어야 한다.

세실 소렐(19세기 프랑스 인기 여배우)은 데이트 준비를 하는 자기의 모습을 이렇게 묘사한다.

나는 거울 앞에 있다. 더 아름다워지고 싶다. 나는 나의 긴 머리털과 싸우고 있다. 빗 아래서 불꽃이 튄다. 황금빛 광선처럼 뻗친 머리털 한가운데서 나의 얼굴은 태양과 같다.

어느 날 아침에 카페 화장실에서 보았던 젊은 여자가 기억난다. 그녀는 손에 장미꽃 한 송이를 쥐고 있었는데, 좀 취해 있었는지 입술을 거울로 가까이 가져갔다. 그리고 미소지으며 이렇게 중얼거렸다. "예쁘다. 나는 정말 너무 아름다워!"

여사제이면서 동시에 우상인 나르시시스트는 영광의 후광에 둘러싸여 영원의 한가운데를 날고 있다. 그리고 구름의 저쪽에서 무릎을 꿇은 인간들이 그녀를 숭배하고 있다. 그녀는 자기 스스로를 바라보는 신이다. "나는 나를 사랑한다. 나는 나의 신이다"라고 메제로프스키 부인은 말했다. 신이 되는 것은 즉 자(卽自, 홀로 있는 나)와 대자(對自, 다른 존재들과의 관계 속에 있는 나)와의 불가능한 통합을 실현하는 것이다. 어떤 개인이 그 실현에 성공했다고 상상하는 순간 그에게는 환희와 찬양과 충만함이 넘칠 것이다.

루셀(프랑스 작가 1877~1933)은 19살 때 어느 날 다락방에서 자기 머리 위로 영광의 후광을 느낀 뒤로 일생 동안 그런 느낌에서 벗어나지 못했다. 그녀 자신의 모습을 한—그녀 생각으로는 자신의 의식이 생명을 부여한 듯한—아름다움·욕망·사랑·행복의 모습을 거울의 안쪽에서 본 그녀는 쉼없이 이 진귀하고 눈부신 계시의 약속을 추구하려고 했다. '내가 사랑하는 것은 바로 너란다' 이렇게 마리 바슈키르체프는 어느 날 거울에 비친 자기 모습을 보고 고백한다. 그녀는 또 어떤 날엔 이렇게 썼다 "나는 나 자신을 너무나 사랑해. 나는 너무 행복해서 저녁식사를 하는 내내 거의 미칠 것만 같았어." 절세미인이 아니더라도, 여자는 자기 영혼의 독특한 아름다움이 얼굴에 투명하게 나타난다고 생각한다. 그것만으로도 그녀가 도취되기에는 충분하다. 발레티라는 여성의 모습에 자기를 투사한 소설에서 크뢰데네르 부인은 이렇게 쓰고 있다.

그녀에겐 내가 아직 어떤 여자에게서도 본 적 없는 독특한 무언가가 있다. 그녀만큼 우아하고, 그녀보다 아름다울 수는 있지만 아무도 그녀를 따를 수는 없다. 그녀는 놀랄 만한 미인은 아니지만 사람의 마음을 끄는 내면적인 매력이 있다. 그녀를 본 사람은 그녀가 너무나 섬세하고 가냘퍼서 고깔제비꽃 같다고 생각할 만하다.

아름답지 못한 여자들마저 때로는 거울에 비친 자신의 모습에 황홀감을 느낄 수 있다는 사실에 놀라는 것은 잘못이다. 그녀들은 거기에 육체로서 존재하는 사실만으로도 감동한다. 남성과 마찬가지로. 그녀들을 놀라게 하기 위해서는 젊은 육체의 순수한 풍요로움만으로도 충분하다. 그녀들은 자기를 개별적인 주체로 생각하므로, 종(種)으로서의 특질에 자기만의 개성적인 매력을 또한 부여하는 것이다. 다른 개체에서는 없는 우아하고 독특하고 매력적인 특징을 자기의 얼굴이나 육체에서 발견한다. 여자들은 자기를 여자라고 느끼는 그 사실만으로도 자기가 아름답다고 믿을 것이다.

거울이 가장 좋은 도구이긴 하지만, 분신의 유일한 도구는 아니다. 마음속으로 자신과 대화하면서 누구든 자기의 쌍둥이 형제나 자매를 만들려고 시도할 수는 있다. 하루의 대부분을 혼자서 보내며 집안일에 권태를 느끼는 여성은 자신의 모습을 원하는 대로 상상할 수 있는 여가가 있다. 그녀는 처녀시절에 미래를 꿈꾸었다. 막연한 현재 속에 갇힌 그녀는 자기에게 자신의 이야기를 들려 준다. 그 속에 하나의 미의 질서를 끌어들여 아름답게 꾸미고, 자기의 우연한 생활을 하나의 운명으로 바꿔버린다.

특히 여자들이 유년시절의 추억에 얼마나 집착하는가는 잘 알려져 있다. 여류문학이 그것을 입증해 준다. 남성들이 쓰는 자서전에서 유년시절은 보통 큰 비중을 차지하지 못한다. 반대로 여성들은 유년시절 이야기에 치중하는 경우가 많다. 어린시절은 그녀들의 소설이나 콩트에서 가장 먼저 손을 대는 소재이다. 여자친구나 애인에게 자신의 일을 이야기하는 여자들은 거의 모두가 이런 말로 시작한다. "나는 어렸을 때……." 그녀들은 지금도 이 시기에 향수를 느끼고 있다. 그 시절 그녀들은 머리 위에서 아버지의 친절하고 위엄 있는 손을 느끼는 동시에 독립의 환희를 만끽했기 때문이다. 어른들에게 보호와 지지를 받던 그녀들의 앞에는 자주적 개인으로서의 자유로운 미래가 열려 있었다. 그러나 지금 그녀들은 결혼과 사랑의 테두리 안에서 불완전하게 보호를 받으며 마치 현재 속에 갇힌 노예처럼 객체가 되어 있다. 어린시절, 그녀들은 세계에 군림하여 나날이 세계를 정복해 갔다. 그런데 지금은 어떠한가. 우주와 분리되어 내재와 반복에 몸을 바치고 있다. 그녀들은 권력을 상실했다고 느낀다. 그러나 그녀들이 무엇보다 고뇌하는 것은 자신이 일반성 속에 삼켜져 버렸다는 것, 즉 아내나 어머니나 주부나 수백만 다른 여자들 가운데 한 명이 되어 버렸다는 사실이다. 어렸을 때에는 이와 반대로 저마다 독자적인 방법으로 살아왔다. 그녀는 자기의 인생수업과 친구들의 그것 사이에 유사성이 있다는 점은 알지 못했다. 부모·선생님·친구들에게서 자기의 개성을 인정받았다. 그녀는 자기가 어느 누구와도 비교할 수 없을 만큼 특별하고, 또 자신에게 특별한 기회가 약속되어 있다고 믿었다. 그녀는 젊은 여동생의 모습을 감동적으로 되돌아다본다. 그녀는 이 여동생이 갖는 자유나 요구나 주권을 포기했고 또 얼마쯤은 배반했던 것이다. 그녀는 어른이 되었지만, 어린시절의 자신을 그리워한다. 자기의 마음속에서 죽어버린 그 아이를 다시 발견하려고 애쓴다. '소녀'라는 말은 그녀의 가슴을 울렁거리게 한다. '묘한 소녀'라는 말은 그녀를 더욱 감동시킨다. 이런 말은 잃어버린 독창성을 새로이 부활시켜주기 때문이다.

여자는 이 귀중한 유년시절을 멀리서 감탄하는 것만으론 만족하지 못하고, 그 유년시절을 자기 내부에 되살리려고 애쓴다. 자기의 취미·사상·감정이 대단한 신선함을 간직하고 있다는 것을 자신에게 납득시키려고 한다. 당황한 듯 허공을 응시하고 목걸이를 만지작거리며, 혹은 반지를 돌리면서 그녀는 이렇게 속삭인다. "이상하다……. 나는, 나는 왜 이러는 걸까…… 정말 이상해. 물은 날 매혹시키거든…… 아! 나는 시골이 참 좋아." 자기가 좋아하는 것은 괴물처럼 보이고, 의견 하나하나는 세계에 대한 도전처럼 보인다. 도로시 파커(현대 미국 여류작가)는 이처럼 보편화된 특징을 생생하게 묘사했다. 그녀는 웰튼 부인에 대해 이렇게 쓰고 있다.

> 그녀는 자신이 활짝 핀 꽃으로 에워싸여 있지 않으면 행복할 수 없는 여자처럼 생각하기를 좋아했다. 그리고 충동적으로 자기가 얼마나 꽃을 사랑하는지 사람들에게 고백했다. 그 가냘픈 고백 속에는 변명에 가까운 말이 있었다. 마치 듣는 사람들에게 자기의 취미가 너무 이상하다고 판단하지 말아 달라고 부탁하는 것과 같았다. 그녀는 자기의 이야기 상대가 어리둥절하고 놀라서 이렇게 되치기를 기다리는 듯했다. "아니, 정말! 그럴 리가 있나!" 때때로 그녀는 그 밖에 사소한 편애를 고백하기도 했다. 마치 자신의 마음속을 샅샅이 털어놓는 것은 자신의 섬세한 신경이 허락하지 않는다는 듯이, 언제나 좀 당황한 태도로 색채나 시골이나 오락이나 정말 재미있는 곡 또는 고운 천이나 잘 만들어진 의복이나 태양 같은 것을 자기가 얼마나 좋아하는지 말했다. 그러나 그녀가 가장 자주 고백하는 것은 꽃에 대한 사랑이었다. 이 취미는 다른 어떤 취미보다도 자기를 일반 사람들에게서 구별시킨다고 그녀는 생각하고 있었다.

여성은 이런 분석을 자기의 행동으로 증명하려고 한다. 어떤 빛깔을 고를 때에도 '초록빛, 이것은 내 빛깔이야'라는 식으로 말한다. 그녀는 좋아하는 꽃, 향수, 마음에 드는 음악가 미신, 버릇 따위를 소중히 여긴다. 자기의 개성을 옷과 실내 장식 등으로 표현하기 위해 굳이 객관화된 기존의 아름다움만을 추구할 필요는 없다. 그녀가 부각시키는 인물은 그녀의 지성과 집착과 소외의 깊이에 따라 다소간의 일관성과 독창성을 지닌다. 어떤 여자는 어수선하고 혼잡한 어떤 특징을 되는 대로 뒤범벅해 놓고, 또 어떤 여자는 일정한 형태를 만들어서 그 역할을 충실히 연출한다. 이미 말했지만, 여자는 이 유희와 진실을 잘 구별하지 못한다. 이런 여주인공을 중심으로 인생이 비통하거나 진지하기도 한 기묘한 소설이 엮인다. 때로는 이미 씌어진 소설이 활용되기도 한다. 얼마나 많은 소녀들이 《먼지》의 주디에게서 자기를 발견한다고 말했는지 모른다. 나는 아주 못생긴 노파를 기억하고 있는데, 그녀는 늘 이런 말을 했다. "《골짜기의 백합》을 읽으세요. 그것은 나의 이야기입니다." 어렸을 때 나는 이 시든 백합을 경의를 가지고 바라보았다. 다른 여자들은 한결 막연하게 이렇게 중얼거린다. "내 삶은 정말 소설같아요." 그녀들의 이마 위에 행운의 별이 혹은 불운의 별이 있다. "이런 일은 나에게만 일어나요"라고 그녀들은 말한다. 악운이 그녀들의 발자국을 따르든, 행운이 그녀들에게 미소를 보내든 아무튼 그녀들은 하나의 운명을 지니고 있다.

세실 소렐은 그 《수기》를 통하여 변함없는 순진함으로 이렇게 썼다. '나는 사교계에 데뷔했다. 내가 처음 사귄 이 친구는 천재와 미인이라는 이름으로 불렸다.' 그리고 나르시시즘의 엄청난 기념비가 되는 《나의 생애의 책》에서 노아유 부인은 이렇게 쓰고 있다.

어느 날 여자 가정교사들의 모습이 사라지고, 그 대신 운명이 찾아왔다. 운명은 강하면서도 나약한 피조물인 여성을 우대해줬던 만큼 희생시켰다. 운명은 그녀를 파도 위에서 데리고 놀았으며, 거기서 그녀는 마치 꽃다발을 구하기 위하여 목청 높여 노래를 부르는 오펠리아처럼 보였다. 운명은 그녀 쪽에서 최후를 장식해 달라고 희망하기를 원하고 있었다. 이런 상황에서 그리스 사람들은 죽음을 이용하지 않았던가.

나르시시즘 문학의 한 실례로서 다음의 대목을 또 인용해야겠다.

이전에 나는 손발이 자그마하고 동그스름하며 얼굴에는 혈색이 도는 건강한 소녀였는데, 이젠 연약하고 힘없는 체질의 감상적인 여자가 되어 버렸다. 모세가 바위에서 물기 샘솟게 한 것처럼 신비로운 생경의 샘이 쏟아져 나올 것 같았지만, 나는 떳떳하게 내 용기를 자랑하려고 하지는 않는다. 나는 그것을 체력이나 행운과 같은 것으로 여긴다. 사람들이 자기 눈은 파랗다든가 머리카락이 까맣다든가 또는 손이 자그맣고 억세다든가 하고 말하는 것처럼 말이다.

그리고 또 이런 부분도 있다.

 오늘날 나는 영혼과 조화의 힘으로 지탱되고 내 목소리에 맞추어 살아왔다는 것을 깨닫게 되었다…….

 미모와 인기와 행복을 얻을 수 없는 여자는 스스로 희생적 인물이 되는 길을 택할 것이다. 그녀는 완강하게 '슬픈 어머니'나 진실을 인정받지 못하는 억울한 아내가 되려고 고집부린다. 스스로 세계에서 가장 불행한 여자가 되려는 것이다. 슈테켈이 말하는 우울증에 걸린 여자가 바로 그런 인물이다.*3

 해마다 크리스마스가 되면 H. W부인은 창백한 얼굴에 검은 옷을 입고 자기의 운명을 하소연하기 위해 우리 집에 온다. 그녀가 눈물을 흘리면서 하는 이야기는 슬프기 짝이 없다. 실패한 일생이며 엉망이 된 가정이었다. 처음 그녀가 왔을 때 나는 가슴이 미어지는 듯 눈시울이 뜨거워져 그녀와 함께 그냥 울음을 터뜨릴 뻔했다…… 그 뒤 2년이란 긴 세월이 흘렀다. 그러나 그녀는 실패한 자기의 인생을 탄식하면서 희망의 폐허 위에서 여전히 살고 있었다. 그녀의 얼굴에는 노화의 첫 조짐이 나타났다. 이것은 그녀에게 또 다른 탄식을 주었다 "나는 너무 변해 버렸어요. 그렇게도 아름답다고 칭찬을 듣던 내가!" 그녀의 탄식은 더 늘었고 그녀의 절망은 더 깊어갔다. 그녀의 불행한 운명을 모든 친구들이 알게 되었기 때문이다. 그녀는 자기의 하소연을 늘어놓아 다른 사람들을 우울하게 만들었다…… 그것은 자기가 불

---

*3 《불감증의 여자》.

행하고 고독하고 인정받지 못한다는 느낌의 다른 표현이다. 이 고통의 미로에는 출구가 없었다…… 이 여자는 '이 비극적 역할'에서 위안을 찾고 있었다. 그녀는 자기가 이 세상에서 가장 불행한 여자라는 생각에 젖어 있었다. 그녀를 활기찬 생활로 끌어들이려는 모든 노력은 물거품이 되었다.

가련한 웰튼 부인이나, 오만한 안나 드 노아유 부인이나, 슈테켈의 불행한 환자들이나, 특이한 운명의 도장이 찍힌 많은 여자들의 공통적인 특징은, 남들에게 이해받지 못한다고 느낀다는 것이다. 주위 사람들은 그녀들의 특이성을 전적으로 충분히 인정해 주지 않는다. 그녀들은 다른 사람의 이런 무지와 무관심을, 자기들이 마음속에 비밀을 애써 감추고 있기 때문이라고 해석한다. 사실 많은 여자들은 자기에게 대단히 중요한 유년기나 젊음의 여러 가지 에피소드를 감쪽같이 간직한다. 그녀들은 자기의 공식적인 경력이 진실과 일치하지 않는 점을 잘 알고 있다.

특히 나르시시스트 여자가 소중히 여기는 여주인공은 삶을 통해 자기 실현을 이루어내지 못하기 때문에 환상적인 것에 불과하다. 현실과 환상의 일치는 구체적인 세계에서는 허용되지 않는다. 그것은 드러나지 않은 원리로서, 고대인이 생각했던 연소(燃素) 원리처럼 모호한 일종의 '힘'이자 '미덕'이다. 여자는 그 실재를 믿고 있다. 그러나 그 실재를 타인에게 드러내려고 할 때 그녀는 형태도 없는 죄를 끝까지 고백하려는 신경쇠약증 환자처럼 당황할 것이다. 어느 경우에서나 '비밀'은 감정과 행위를 알아차리고 정당화할 수 있는 열쇠를 자기 내부 깊숙이 소유하고 있다는 공허한 신념에 지나지 않는다. 신경쇠약증 환자에게 이런 환상을 주는 것은 의지결핍과 무기력이다. 마찬가지로 여자가 자기에게 불가사의한 신비가 깃들어 있다고 생각하는 것은, 일상적인 행동 속에 자기를 표명할 수 없기 때문이다. 여성의 신비라는 유명한 전설이 여자를 그런 불가사의한 곳으로 몰아넣어서 더욱 확고부동한 것으로 만든다.

가치를 인정받지 못한 보배를 잔뜩 갖고 있는 여성은, 자기가 행운의 별로 표시되든 불운의 별로 표시되든 간에 비극의 주인공의 조건을 갖추었다고 생각한다. 그녀의 삶 전체가 하나의 신비극으로 변한다. 엄숙하게 고른 의복 밑에는, 사제복을 입은 여사제와 헌신적인 손으로 장식되어 신자들의 숭배를 위해 바쳐진 우상이 함께 서 있다. 그녀의 방은 사원이 되며, 그곳에서 그녀의 예배가 진행된다. 마리 바슈키르체프는 자기 옷에 주의를 기울이는 것처럼 자기 방을 정돈하는 데 신경을 쓴다.

책상 옆에는 오래된 안락의자가 놓여 있다. 손님이 왔을 때는 그것을 약간 밀기만 해도 그와 마주 앉을 수 있다…… 서가를 등지고 그림과 화초 사이에 자리 잡은 학자풍 책상 가까이 앉아 있으면, 전처럼 검은 나무로 가려지지 않아서 책상 다리 끝까지 보인다. 소파 위쪽에는 만돌린 두 개와 기타 한 개가 걸려 있다. 그 한가운데 창백하고 손이 작고 고운 금발의 소녀를 앉혀 보라.

여자는 살롱에서 자기의 아름다움을 한껏 뽐내며 걸어다닐 때, 또는 애인의 품에 몸을 맡길 때 자기의 사명을 완수한다. 그때 그녀는 자기의 미모를 세계에 뽐내는 비너스이다. 세실 소렐이 자기를 그린 회화를 부숴 버린 순간, 그녀는 자신이 아니라 '아름다움'을 옹호한 것이다. 그녀의 《수기》를 보면 그녀는 일생을 통하여 사람들을 예술의 '숭배'로 이끌어 간 것이 명백하다. 《나의 생애》에서 자기를 묘사한 기사도라 던컨도 마찬가지이다.

공연이 끝난 뒤 고대 의상 차림에 장미꽃 화관을 쓴 나의 모습은 정말 예뻐 보였다. 왜 이 매력을 이용하지 못한단 말인가? 어째서 하루 종일 정신노동을 한 남자가 이 호화로운 품에 안겨, 노고에 대한 위로와 아름다움과 망각의 몇 시간을 발견하지 못한단 말인가?

나르시시즘에 빠진 여자도 마음이 너그러울 때가 있다. 그녀는 거울에 비춰진 모습보다는, 사람들의 부러움에 찬 눈길 가운데서 후광에 싸인 자신의 모습을 바라보고 싶어한다. 상냥한 관중이 없을 때 그녀는 고해신부나 의사나 정신분석의에게 가서 마음을 털어놓는다. 관상가나 점쟁이에게 물어보러 가기도 한다. "믿지는 않지만, 나에 대한 이야기를 들어 보고 싶어서"라고 어떤 신인여배우는 말했다. 그녀는 여자친구들에게 자신의 이야기를 한다. 누구보다도 열렬한 애인에게서 증언을 구한다. 사랑을 하는 여자는 곧 자아를 망각한다. 그러나 많은 여자들은 진실한 사랑을 할 수 없다. 결코 자기를 망각하지 않기 때문이다. 그녀들은 친밀한 부부관계보다 좀더 넓은 무대를 더 좋아한다. 사교 생활이 그녀들에게 중요한 것은 이 때문이다. 그녀들에게는 자기를 바라봐 주는 눈빛과 자기의 말을 들어 주는 귀가 필요하다. 그녀들의 역할에는 될 수 있는 대로 많은 관중이 필요하다. 자기의 방을 다시 한 번 묘사하며 마리 바슈키르체프는 다음과 같이 고백한다.

이렇게 하면 사람들이 들어와서 글을 쓰는 나를 볼 때, 나는 무대에 있는 것이 된다.

그리고 더 앞에서는 이렇게 썼다.

나는 훌륭한 무대를 사기로 마음먹었다. 사라(사라 베르나르, 19~20세기 프랑스의 유명한 여배우)의 저택보다도 더 아름다운 저택과 더 큰 작업실을 짓겠다.

한편 노아유 부인은 이렇게 썼다.

나는 광장을 좋아했고, 지금도 좋아한다…… 그래서 광장에서 동석자들이 많은 것을 내가 귀찮아하지나 않을까 걱정하여 미안해하는 친구들에게 나는 말했다. "나는 빈 좌석 앞에서 연기하고 싶지는 않아요" 이런 성실한 고백으로 그들을 안심시킬 수가 있었다.

화장이나 대화는 대개 과시하기 좋아하는 여성의 욕구를 만족시켜 준다. 그러나 야심찬 여성 나르시시스트는, 보다 개성적이며 다양한 방법으로 자기를 전시하고 싶어한다. 특히 자기의 생활을 관객의 갈채에 제공된 한 편의 극으로 삼는 그녀는, 정말로 자기를 연출하고서야 만족할 것이다. 스탈 부인은 《코린》에서 어떻게 자기가 하프를 반주하며 시를 낭독하여 이탈리아 군중을 매혹시켰는지 자세히 이야기했다. 코페(스탈 부인이 살았던 주네브 호숫가 마을)에 있을 때 그녀가 좋아한 오락의 하나는 비극적 역할의 대사를 낭송하는 것이었다. 페드르로 분장한 그녀는 이폴리트로 가장한 젊은 연인들에게 기꺼이 열렬한 사랑을 고백했다. 크뢰데네르 부인은 숄 춤으로 특기를 보여 주었다. 그녀는 이것을 《발레리》에서 다음과 같이 썼다.

발레리는 짙은 푸른빛의 모슬린 숄을 가져다 이마 위의 머리칼을 올리고 머리 위에 그것을 썼다. 숄은 관자놀이를 따라 어깨로 늘어졌다. 이마는 예스럽게 보였고, 머리칼은 숨겨지고 눈꺼풀 아래로 시선을 감춘 채, 평소에 지어 보이던 그녀의 미소는 서서히 사라져 갔다. 머리는 기울어지고 숄은 팔짱낀 팔과 가슴 우로 가볍게 떨어졌다. 그리고 이 푸른 옷과 맑고 부드러운 얼굴은 마치 코레지오(이탈리아 화가, 1489~1534)가 그린, 온화한 체념을 표현하는 그림 같았다. 그녀가 다시 눈을 뜨고 미소를 지었을 때에는, 그야말로 셰익스피어가 묘사한 기념상 곁에서 고뇌에 찬 '인내'의 '미소'를 보는 것 같았다.
……발레리의 모습이야말로 볼 만하다. 수줍고 고상하고 감수성이 예민하며, 고뇌하고 유혹하고 사람의 마음을 움직이며 눈물을 자아낸다. 위대한 정신에 충만할 때처럼 가슴을 두근거리게 한다. 자연이 몇몇 뛰어난 사람들에게만 비밀리에 알려 주는 이 흉내낼 수 없는 우아한 매력을 그녀는 소유하고 있었다.

만일 사정이 허락하기만 한다면, 연극에 자신을 던지는 일만큼 나르시시즘에 빠진 여자에게 공공연히 깊은 만족을 주는 것은 없다.

조제트 르블랑(벨기에 극작가, 메테를링크의 여친, 그의 전기를 썼음)은 말했다. "연극은 내가 거기서 구하던 것, 즉 감동이라는 동기 부여를 해주었다. 오늘날 연극은 '행동의 유희'로서 과격한 기질을 지닌 나 같은 사람에게는 꼭 필요한 것이라고 생각한다."

적절한 표현이다. 그녀는 행동할 수 없기 때문에 자기를 위하여 행동의 대용물을 고안해 낸다. 일부 여성들에게 연극은 특별한 대용물이다. 물론 여배우라고 해도 추구하는 목적은 저마다 다를 것이다. 연극을 한다는 것이 어떤 여자들에게는 생계를 잇기 위한 수단이며 단순한 직업이지만, 어떤 여자들에게는 자신의 이름을 알리고 정사(情事)의 목적에 이용되기 위한 수단이다. 또 어떤 여자들에게는 나르시시즘의 승리를 뜻한다. 가장 위대한 여배우—라셀(19세기 프랑스의 유명한 비극 여배우)이나 두제(13세기 이탈리아의 유명한 여배우)—는 그들이 창조하는 역할 속에서 자기를 초월하는 진정한 예술가들이다. 반대로 서툰 여배우는 자기가 하는 연극에는 관심이 없고, 거기서 얻어지는 명예만을 생각한다. 그런 배우는 무엇보다도 먼저 자기의 가치를 내세우려고 한다. 완고한 나르시스트는 자기를 줄 줄 모르기 때문에 연애나 예술에도 한계가 있다.

이런 결점은 여자의 모든 활동분야에서 명백하게 드러난다. 그녀는 명예를 약속할 수 있는 모든 길에 유혹받는다. 그러나 거리낌 없이 그 길로 뛰어들지는 못한다. 회화나 조각이나 문학은 엄격한 수업과 고독한 노력을 요구하는 전문분야이다. 많은 여자들이 이 분야에 손을 대 보지만, 적극적인 창조욕구가 없는 한 곧 단념해 버린다. 참을성이 많은 여자라도 대개는 일을 하는 '연기'를 하는 데 불과하다.

명예를 갈망한 마리 바슈키르체프는 이를 얻기 위해 그림을 그리며 몇 시간씩 보낸다. 그러나 그림만 그리며 지내기에는 그녀는 자기 자신을 너무 사랑한다. 답답한 몇 해가 지난 뒤에 그녀는 스스로 다음과 같이 고백한다. "그렇다. 나는 그림을 그리려고 애쓰지 않는다. 오늘 나를 정확히 관찰해 보니, 나는 그저 자신을 속일 뿐이었다……" 스탈 부인이나 노아유 부인처럼 여자가 작품을 제작하는 데 성공할 때는 자기숭배에 몰두하지 않을 때이다. 많은 여류작가들에게 부담을 주는 결함의 하나는 자기만족이다. 그것이 그녀들의 성실성을 해치고 한계를 설정하고, 가치를 떨어뜨린다.

자기우월감에 젖은 많은 여자들은 그것을 세상 사람들의 눈앞에 보여줄 능력이 없다. 그래서 남자를 중개자로 삼아 야심을 펼치고 그 남자에게 자기들의 가치를 이해시키려고 노력한다. 여자들은 자유로운 기획과 개성적 가치들을 추구하지 않는다. 그녀들은 모든 기성의 가치를 그녀들의 자아에 끌어들이려고 한다. 그러므로 세력이나 명성을 누리는 남성들에게로 몸을 돌려—시상(詩想)이나 영감을 제공하여—그들과 일체화되려는 희망을 품는다. D.H. 로렌스와 관계를 맺고 있는 메벨 도지(로렌스의 애인)가 그 분명한 실례의 하나이다. 그녀는 이렇게 말했다.

> 나는 그의 정신을 유혹하여, 그에게서 억지로 뭔가를 이끌어 내고 싶었다…… 나는 그의 영혼과 의지와 창조적 상상력과 빛나는 환상이 필요했다. 이런 도구를 마음대로 할 수 있기 위해서는 그의 피를 지배해야만 했다……

나는 무엇이든 스스로 하려고 노력하지 않고 언제나 다른 사람들에게 시키려고 애썼다. 다른 누군가를 통하여 일종의 활동력과 생산의 기쁨을 얻고 있었다. 그것은 '아무것도 할 일이 없다는 안타까운 감정에 대한 일종의 보상'이었다.

또 뒤에는 이렇게 말하고 있다.

나는 로렌스가 '나'를 통해서 승리를 얻고, '나의' 경험, '나의' 관찰, '나의' 도(道, 정신 세계)를 이용해서, 그 모든 것을 하나의 훌륭한 예술적인 창작으로 표현해 주기를 원했다.

이와 마찬가지로 조지트 르블랑은 마테를링크에게 '정신적 양식과 불꽃'이 되기를 원했다. 또 시인이 지은 책 위에 자기의 이름이 씌어지는 것을 보고 싶어했다. 여기서는 유르신 왕비(프랑스, 이탈리아, 에스파냐의 궁정에서 활약한 여성, 1642~1722)나 스탈 부인처럼 자기의 목적을 이루기 위하여 남성을 이용하는 야심찬 여성을 문제로 삼는 것이 아니다. 객관적인 목적 없이 자기를 과시하려는 주관적인 욕망만으로 타인의 과업에 편승하려는 여성에 대하여 말하는 것이다. 그녀들이 언제나 그런 일에 성공한다고는 할 수 없다. 그러나 그녀들은 자기의 실패를 스스로에게 숨기고, 자기가 비할 데 없는 매력을 갖고 있는 것처럼 생각하려고 한다. 자기는 사랑스럽고 바람직하며 감탄할 만하다고 확신한다. 모든 나르시시스트들은 벨리즈(몰리에르의 희곡《여학자》에 나오는 인물, 오만한 여성의 전형)이다. 로렌스에게 헌신한 순진한 브레트(로렌스의 애인 베르사의 애칭)조차 자신을 대단한 매력을 지닌 귀여운 인물로 여기고 있다.

당신이 짐승처럼 흐시탐탐 나를 바라보는 것을, 나는 눈을 들어 바라봅니다. 당신의 눈은 도발적인 섬광이 번쩍이는 판(그리스 신화에 나오는 신. 상반신은 인간, 하반신은 양의 모습을 하고 있다) 같아요. 당신의 얼굴에서 그 섬광이 사라질 때까지 나는 엄숙하고 당당하게 당신을 바라봅니다.

이런 착각은 정말로 정신착란을 일으킬 수도 있다. 클레랑보(프랑스 정신의학자, 1872~1934)가 색광증(色情狂症)을 일종의 '직업병'으로 간주한 것도 일리가 있다. 자기를 여자라고 느끼는 것은 자기를 욕망의 대상으로서 느끼는 것이며, 사랑받고 있다고 믿는 것이다. '사랑받는다는 망상'에 걸린 열 사람의 환자들 가운데 아홉 명이 여성이라는 사실은 주목할 만하다. 그녀들이 공상 속 연인에게 바라는 것이 자신들의 나르시시즘의 반영이라는 것은 분명하다. 그녀들은 그 연인이 무조건적 가치를 지닌 성직자·의사·변호사 같은 뛰어난 인간이기를 원한다. 그리고 그녀들의 행동에서 밝혀진 진실은, 그녀들 가운데 빼어난 인물은 어떤 다른 여성들보다도 우수하고 절대적인 최고의 인격을 소유한다는 것이다.

색광증은 여러 정신병 가운데서도 나타날 수 있지만, 그 내용은 언제나 마찬가지이다. 환자는 대단히 우수한 남자의 사랑으로 아름답게 꾸며지고 찬양된다. 여자는 남자에게 아무것도 기대하지 않았는데 그 남자가 갑자기 그녀의 매력에 이끌려서 우회적이지만 단호히 그녀에게 자기의 감정을 나타낸다. 이런 관계는 관념적으로 머무를 때도 있으며, 성적인 형태를 띠기도 한다. 어쨌든 이 관계의 본질적인 특징은 강하고 화려한 반신(半神)이 자기가 사랑받는 이상으로 자기를 사랑하고, 기이하고 모호한 행동으로 열정을 표현한다는 것이다. 정신과 의사들이 보고한 수많은 사례 가운데서 아주 전형적인 예가 여기 있다. 페르디에르의 예*4를 내가 요약한 것이다. 그녀는 마리 이본이라는 48세의 여성으로 다음과 같이 고백하고 있다.

전 국회의원에 국무차관이고 변호사협회 회원이며 교단이사인 아쉴선생을, 나는 1920년 5월 12일부터 알게 되었다. 그 전날 나는 그를 만나려고 재판소에 갔다. 멀리서 그분의 건장한 모습이 눈에 들어왔지만, 그 사람이 그분인 줄은 몰랐다. 등골이 오싹했다…… 그렇다. 그분과 나 사이에는 감정적인 문제, 서로 통하는 감정의 교류가 있었다. 눈과 눈, 시선과 시선이 서로 마주쳤다. 그를 처음 만났을 때부터 나는 그를 남달리 좋아하게 되었고, 그도 마찬가지였다…… 아무튼 그가 먼저 사랑을 고백했다. 그게 1922년 초의 일이었다.

그는 언제나 나를 자기의 응접실에서 따로 맞아 주었다. 하루는 자기 아들까지도 내보냈다…… 어느 날…… 그는 일어서서 이야기를 계속하며 나에

---

*4 색광증.

게로 다가왔다. 나는 곧 그가 자신의 감정을 억누르지 못하고 있다는 사실을 알았다…… 그는 의미심장한 말을 했다. 여러 가지 상냥한 말로 서로의 감정이 일치하고 있다는 것을 나에게 암시했다. 또 한 번은, 역시 그의 방 안에서 그는 이런 말을 하면서 나에게 다가왔다. "당신입니다. 당신 하나뿐입니다. 당신밖에는 아무도 없습니다. 부인, 잘 다시겠죠." 나는 너무 당황해서 뭐라고 대답해야 할지 몰랐다. 그래서 단지 '선생님, 감사합니다'라는 말밖에는 하지 못했다. 또 한 번은 그가 자기 방에서 나와 나를 배웅해 주었다. 그는 자기를 수행하는 남자를 쫓아 버리기까지 했다. 그는 엘리베이터에서 남자에게 돈을 주며 이런 말을 했다. "이봐, 나를 그냥 내버려둬. 지금은 부인과 같이 있잖은가!" 그는 언제나 나의 양손을 꼭 잡았다. 그리고 자기가 독신자라는 것을 알리기 위하여 수작을 늘어놓았다.

　그는 나에게 자기의 애정을 보여주기 위하여 마당으로 가수를 보냈다…… 그는 나의 창 밑에서 올려다보고 있었다. 나는 그 사랑의 시를 누구에게나 들려줄 수 있을 것 같다…… 그는 문 앞에서 코뮌의 곡을 부르게 했다…… 나는 어리석었다. 그의 구애에 응했어야 했는데. 나는 아쉴 선생의 열정에 찬물을 끼얹었었다…… 그때 그는 내가 자기의 구애를 거절한다고 생각하고 그런 행동을 저질렀다. 터놓고 이야기를 했더라면 더 좋았을 것을. 그는 복수를 했다. 내가 B를 사랑한다고 믿었기 때문이다…… 그래서 질투한 나머지 내 사진을 이용해서 나를 저주했다. 책이나 사전을 통하여 알아본 결과 올해에야 겨우 그 사실을 알게 되었다. 그는 그 사진을 이용했다. 나의 병도 모두 거기서 오는 것이다.

　실제로 이런 착란증은 쉽게 피해망상으로 바뀐다. 극히 정상적인 경우에서도 이런 과정이 발견된다. 나르시시즘에 빠진 여자는 다른 사람이 자기에게 열정적으로 흥미를 느끼지 못한다는 것을 용납하지 못한다. 그녀는 자기가 열렬히 사랑받지 못한다는 명백한 증거를 잡으면, 곧 자기가 미움을 받고 있다는 식으로 생각한다. 타인의 비평을 질투나 원망으로 치부한다. 자기의 실패를 음흉한 음모의 결과로 돌린다. 그리고 그 실패는 자기가 중요하기 때문이라는 관념을 더욱 굳게 갖게 한다. 그녀는 쉽게 과대망상에 깊이 빠져 그 반대의 모습인 피해망상 속으로 빠져든다. 자기 세계에 깊이 빠져서, 그 외의 다른 세계를 받아들일 수 없는 그녀는 이제 세계의 절대적 중심이 된다.

그러나 나르시시즘의 희극은 현실생활의 희생을 바탕으로 전개된다. 가공된 인물은 가공된 군중의 박수갈채를 요구한다. 완전히 자아의 먹이가 된 여자는 구체적인 세계에 대한 모든 세력을 잃고, 다른 사람과 현실적인 관계도 맺지 않는다. 만일 스탈 부인이, 그녀의 '찬미자'들이 그날 저녁 일기장에 적을 비웃음과 조롱을 예감했더라면 사람들 앞에서 그토록 즐겁게 페드르를 낭독하지는 않았을 것이다. 그러나 나르시시스트는 자기가 나타내려는 것과 다른 모습으로 사람들에게 보일 수 있다는 가능성을 조금도 생각지 않는다. 이것은 그녀가 그만큼 자기 응시에 몰두해 있어서, 자기를 잘 판단하지 못하고 쉽게 남의 조롱거리가 됨을 설명해 준다. 그녀는 더 이상 남의 말은 듣지도 않고 자기 말만 한다. 그 말은 자기 배역의 대사를 낭독하는 것뿐이다.

마리 바슈키르체프는 이렇게 썼다.

그것은 나를 즐겁게 해준다. 나는 그와 이야기하는 것이 아니라 '연기하는 것이다.' 점잖은 관중 앞에 서 있는 것처럼 느끼며 어린애 같은 환상적인 억양이나 멋있는 자세로 훌륭한 연기를 하는 것이다.

그녀는 자기를 지나치게 대단한 존재로 바라보기 때문에 아무것도 보지 못한다. 타인에 대해서도 자기가 인정하는 것밖에 이해하지 못한다. 자기 자신의 처지와 이야기 속으로 동화할 수 없는 것은 그녀에게는 언제까지나 낯선 것으로 남아 있게 된다. 그녀는 여러 가지 인생경험을 쌓고 싶어한다. 즉 연애하는 여자의 도취와 고뇌, 모성애의 순수한 기쁨, 우정, 고독, 눈물, 미소를 겪어 보고자 한다. 그러나 자기를 절대로 줄 수 없기 때문에, 감정과 감동은 인위적으로 만들어질 뿐이다. 이사도라 던컨은 자기 아이들이 죽었을 때 분명히 진심으로 눈물을 흘렸을 것이다. 그러나 아이들의 재를 바다에 흩뿌릴 때 그녀는 그저 여배우에 지나지 않았다. 그녀가 자기의 슬픔을 회상하는 《나의 생애》의 다음 대목은 불쾌감을 느끼지 않고서는 도저히 읽을 수가 없다.

나는 내 육체의 따뜻함을 느낀다. 내 눈을 통해, 쭉 뻗어 드러내 놓은 맨살의 두 다리와 부드러운 젖가슴, 잠시도 가만히 있지 않고 쉴 새 없이 조용히 파도치는 두 팔을 바라본다. 그리고 12년 전부터 내가 몹시 지쳐 있으며, 이 가슴은 끊임없는 고통을 간직해 왔고, 이 두 손에는 슬픔의 흔적이 깃들어 있다는 사실을 깨달는다. 또 내가 고독할 때 이 눈이 좀처럼 마르지 않는다는 것을 나는 안다.

젊은 처녀는 자아숭배 속에서 불안한 미래에 맞부딪칠 용기를 이끌어 낼 수 있다. 그러나 그것은 재빨리 뛰어넘어야 할 단계이다. 그렇지 않으면 미래는 막혀 버린다. 자기 생활의 내재성 속에 애인을 가두어 두려는 여자는 자기와 함께 애인을 죽음으로 몰고간다. 나르시시즘의 여자는 가공의 분신 속에 자기를 소외시킴으로써 자기를 무(無)로 돌아가게 한다. 그녀의 추억은 얼어붙고 행위는 틀에 박히며, 같은 말을 되풀이하고, 모든 내용이 완전히 텅 비어 버린 똑같은 몸짓을 반복한다. 여자의 많은 '일기'나 '자서전'이 빈약한 인상을 주는 것은 그 때문이다. 자화자찬에 몰두하여 아무것도 하지 않는 여자는, 자기를 어떤 것으로도 만들지 못한 채 결국 무를 예찬할 뿐이다.

그녀의 불행은 아무리 그렇지 않은 체하여도 이 무를 자각한다는 것이다. 한 개인과 그 분신 사이에 실질적인 관계는 있을 수 없다. 왜냐하면 이 분신은 실제로는 존재하지 않기 때문이다. 나르시시스트는 완전히 실패하게 마련이다. 그녀는 자기를 완전하고 충실한 것으로 파악할 수가 없다. 그녀는 즉자(卽自)가 그대로 대자(對自)라는―즉 '홀로 있는 나'와 '다른 사람들과의 관계 속에 있는 나'가 다르지 않다는―환상을 유지할 수가 없다. 그녀의 고독은 모든 인간처럼 우연성과 포기로 경험된다. 그 때문에 그녀는―개종이라도 하지 않는다면―군중과 소란, 타인에게로 끊임없이 도피해야 한다.

자기를 최고 목적으로 선택함으로써 여자가 예속에서 벗어난다고 믿는 것은 큰 잘못이다. 그것은 반대로 여자가 자기를 가장 거북한 노예상태에 몸을 바치는 짓이다. 그녀는 자기의 자유에 몸을 맡기지 않고 세계나 타인의 의식 속에서 위험에 노출된 자아를 객체로 만든다.

그녀의 육체와 용모는 시간이 지남에 따라 손상되기 쉬운 몸뚱이일 뿐만 아니라, 우상을 장식하고 그것을 위하여 대(臺)를 만들고 성당을 세우는 것은 돈이 드는 일이다. 자기의 모습을 불멸의 대리석에 새기기 위해서 마리 바슈키르체프가 돈 많은 남자와 결혼에 동의한 사실은 이미 보았다. 이사도라 던컨이나 세실 소렐이 그녀들의 옥좌 곁에 쌓아 놓았던 황금·향·몰약은 남성의 재산으로 얻은 것이다. 여자에게 운명을 구현해 주는 것은 남자이기 때문에, 여자는 자기의 힘으로 복종시킨 남자의 양과 질에 따라 자기의 성공 정도를 가늠한다. 그러나 여기서도 서로 주고받는 관계가 작용한다. '사마귀'의 암컷은 수컷을 자기의 도구로 만들려고 시도하지만, 그렇다고 수컷에서 해방된 것은 아니다. 왜냐하면 수컷을 끌어들이기 위해서는 먼저 수컷의 마음에 들어야만 하기 때문이다.

미국 여성은 자기를 우상으로 만들기 위해 자기를 자기숭배자들의 노예로 만든다. 그녀는 입는 것도 숨을 쉬는 것도 오직 남자의 마음에 들고, 남자의 눈에 띄기 위해 한다. 사실 나르시시즘의 여자도 창녀와 마찬가지로 남자에게 의존하고 있다. 만일 그녀가 어떤 특정한 남자의 지배를 받지 않는다고 하더라도, 여론의 독재는 받아들이고 있다. 그녀를 다른 사람에게 붙들어매는 사슬은 서로 주고받는 관계를 의미하지 않는다. 만일 그녀가 다른 사람의 자유를 통하여 인정받으려고 노력한다면, 또한 활동성을 통하여 목적으로서 자유를 인정한다면 더는 나르시시스트가 아닐 것이다. 그녀의 태도가 보여주는 모순은, 자기 자신의 눈으로만 세계를 바라보면서 이처럼 스스로 모든 가치를 부정하는 세계를 통해 평가받기를 바란다는 것이다.

다른 사람의 인정은 비인간적이고 신비로우며 변덕스러운 힘을 발휘한다. 그러한 권위는 마법이라도 부려야 잡을 수 있을 것이다. 겉보기엔 오만하지만 나르시시스트 여자는 자기의 세계가 위협받고 있다는 사실을 잘 안다. 그래서 그녀는 언제나 불안하고 과민하여 짜증내고 흥분하기 쉬우며, 모든 것에 의심을 품는다. 또 그녀의 허영심은 결코 만족하지 못한다. 그녀는 나이가 들수록 전전긍긍하여 찬사와 성공을 간절히 구하고, 더욱더 자기 주위의 음모를 의심하게 된다. 정신착란을 일으키고 강박관념에 사로잡혀 불신의 어둠 속에 빠진다. 그리고 마침내는 자기 주위에 편집광의 망상을 쌓아 올리기 마련이다. 그녀에게는 '자기의 생명을 구하고자 하는 자는 그 생명을 던져버리라'고 한 말이 특별히 적용된다.

## 제2장 사랑에 빠진 여자

'사랑'이란 말은 남자와 여자에게 서로 전혀 다른 의미이다. 남자와 여자를 갈라놓는 중대한 오해의 원천이 바로 거기에 있다. '사랑이란 남자의 생활에서는 일시적인 관계에 지나지 않지만, 여자에게는 인생 그 자체이다'라고 한 바이런(영국 시인, 1788~1824)의 말은 정곡을 찌른다. 니체는 같은 말을 《즐거운 지혜》에서 이렇게 말하고 있다.

> 사랑이라는 말 자체가 실제로 남자와 여자에게 서로 다른 것을 의미하게 된다. 여자가 사랑이라는 말에서 생각하는 일은 대단히 명확하다. 그것은 단순히 헌신에 그치지 않고 아무 조건 없이 육체와 정신을 무제한으로 완전하게 바치는 것이다. 여자의 사랑을 하나의 '신앙'으로 만드는 것은 이런 무조건성이다.*5 그리고 그것이 여자의 유일한 신앙이다. 남자가 사랑하는 여자에게 원하는 것은 바로 이런 사랑이다. 따라서 남자가 여자와 같은 감정을 자기에게도 적용한다는 것은 도저히 생각할 수 없다. 이런 전적인 포기의 욕구를 똑같이 느끼는 남자가 있다면 그는 남자가 아닐 것이다.

남자들도 그들의 삶 가운데 어떤 시기에는 열정적인 연인이 될 수 있었다. 그러나 '위대한 연인'이라 규정할 수 있는 남자는 한 사람도 없었다. 아무리 격렬한 열정 속에서도 남자들은 한 번도 자기를 완전히 버리지 않는다. 연인 앞에서 무릎을 꿇는 순간에도 그들은 그녀를 자기 소유로 만들고자 한다. 남자들은 생명이 있는 한 자주적 주체로 머물러 있다. 자기가 사랑하는 여자도 다른 많은 가치 있는 것들 가운데 하나일 따름이다. 그들은 그런 여자를 자기들의 실존과 일체화하고 싶어하며, 그녀 속에 자기의 실존이 낭비되기를 원치 않는다. 이와는 반대로, 여자에게 사랑은 연인을 위한 완전한 자기포기이다. 세실 소바즈(20세기 초엽의 프랑스 여류시인)는 이렇게 썼다.

> 여자는 사랑을 할 때 자신의 인격은 잊어야만 한다. 그것이 자연의 법칙이다. 여자는 남자 없이 존재하지 않는다. 남자가 없는 여자는 흩어진 꽃다발이다.

---

*5 이것이 니체가 강조하는 것이다.

실제로 여기에서 문제가 되는 것은 자연법칙이 아니다. 생활환경의 차이가 남자와 여자의 사랑에 대한 사고방식에도 반영되는 것이다. 개인이 자기 자신의 주체로서 초월을 향한 고귀한 희망을 품는다면, 그는 세계에 대해 행동력을 확장하려고 노력한다. 즉 야심만만하게 행동한다. 그러나 비본질적 존재는 자기의 주체성 속에서 절대적 가치를 발견할 수 없다. 여자의 내재성을 운명으로 여기는 존재는 행위를 통해 자기를 실현할 수 없다. 여자는 예속의 영역에 갇혀서 유년시절부터 남자의 예속물로서 성장했기에, 남성에게서 지배자를 발견하는 데 익숙하다. 인간으로서 살고 싶은 욕구를 억누르지 않는 여자가 바라는 것은, 이런 우월적인 존재들 가운데 하나를 대상으로 자기의 존재를 초월하는 것이며, 절대적인 주체에 자신을 일체화시켜 그것과 하나가 되는 것이다. 완전한, 본질적 존재라고 배워 온 남자에게 자신의 몸과 마음을 바치는 것 말고 그녀가 할 수 있는 것은 아무것도 없다. 어쨌든 여자가 예속될 수밖에 없다면, 부모나 남편이나 보호자와 같은 폭군에게 복종하기보다는 차라리 신을 섬기는 편이 낫다. 그녀는 스스로 예속을 선택했기 때문에, 자기의 예속을 자유의 표현처럼 생각하려고 한다. 보잘것없는 비본질적 객체인 자기 처지를 오히려 적극적으로 받아들여 그것을 극복하려고 노력한다. 그 육체나 감정이나 행위를 통해서 그녀는 사랑하는 남자를 최고의 가치를 지닌 실재적 존재로서 설정한다. 그리고 그 남자 앞에서 자기를 소멸시키려 한다. 사랑은 그녀에게 하나의 종교가 된다.

앞에서도 본 바와 같이, 젊은 여성은 처음에는 남성과 동일시되려고 한다. 그것을 단념했을 때 그녀는 한 남성에게 사랑을 받음으로써 남성다움의 일부를 자기 것으로 하려고 한다. 그녀를 유혹하는 것은 이 남자 저 남자의 개성이 아니다. 그녀는 일반적인 남자를 사랑하는 것이다. '내가 앞으로 사랑하게 될 남자들이여! 내가 당신들을 얼마나 기다렸던가! 당신들을 곧 만나게 되리라고 생각하니 얼마나 기쁜지! 그리고 누구보다도 당신을 가장 먼저'라고 이렌 르벨리오티는 썼다. 더 이상 말할 것도 없이 그 남성은 그녀와 같은 계층, 같은 종족에 속해야만 한다. 성의 특권은 이 범주 안에서만 작용하기 때문이다. 신과 같은 존재가 되기 위해서는 먼저 하나의 인간으로서 자격을 갖추어야만 한다. 식민지 관리의 딸에게 토착인은 인간의 범주에 포함되지 않는다. 젊은 여성이 '아랫사람'에게 몸을 맡긴다면, 그녀는 자기에게 연애할 자격이 없다고 생각하여 스스로 굴욕감을 맛보려는 것이다.

그녀는 보통 남성의 우월성이 뚜렷이 나타나는 남자를 찾는다. 곧 그녀는 어느 틈엔가 선택된 성(性)에 속하는 인간의 대부분이 슬프게도 우연적이며 세속적이라는 사실을 확인하게 된다. 어쨌든 여자는 처음에는 남성들에게 유리한 선입관을 가지고 있다. 남성들은 자기들의 가치를 증명하기보다는, 그 가치를 노골적으로 부인하지 말아야 한다. 가엾게도 실패가 많은 것은 그 때문이다. 세상 물정에 어두운 순진한 처녀는 남성이라는 거울에 눈이 멀어버린다. 경우에 따라 남성의 가치가 여자의 눈에는 체력·처격·재력·교양·지성·권력·사회적 지위 또는 군복을 통하여 나타난다. 그러나 여자가 어느 경우에나 원하는 것은 연인 속에 요약된 남자의 본질이다. 그러므로 서로 친해졌기 때문에 연인의 위력이 깨진 경우도 적지 않다. 그 위력은 첫키스 때, 혹은 날마다 만나는 가운데서, 혹은 첫날밤에 무너져 버린다. 하지만 떨어져서 하는 연애는 환상에 지나지 않으며 현실적 경험이라고는 말할 수 없다. 사랑의 욕망은 육체적으로 확인되었을 때 비로소 열정적인 사랑으로 발전하는 것이다. 반대로 사랑은 육체적 포옹에서부터 생길 수도 있다. 성적으로 지배되는 여자가 처음에는 형편없게 생각했던 남자에게 감격하는 경우가 그것이다. 그러나 흔히 볼 수 있는 일은, 여자는 자기가 잘 아는 어떤 남자도 신으로 변화시킬 수 없다는 것이다. 사랑은 사람들이 흔히 말하는 것처럼 여자의 생활에서 그렇게 중요한 위치를 차지하지는 않는다. 남편·아이들·가정·오락·사교·허영·성욕·출세 같은 것이 훨씬 더 중요하다. 거의 모든 여자들이 한번쯤은 '위대한 사랑'을 꿈꾼다. 그러나 실제로는 그 대용품을 발견하고 거기에 접근한다. 사랑은 미완성이며 상처를 받은 하찮고 불완전한 허위의 모습으로 그녀들을 찾아온다. 모든 생명을 진실로 거기에 바친 여자는 극히 드물다.

일반적으로 열렬한 사랑을 해 본 여자는 대개가 청소년기에 풋사랑에 애를 태우지 않은 여자이다. 그녀들은 처음에는 전통적 여성의 순명, 즉 남편·가정·아이들을 받아들였거나, 쓰라린 고독을 경험했거나, 어떤 일을 시작했다가 실패한 경험이 있는 여자들이다. 자기의 실패한 인생을 선택받은 인간에게 바침으로써 단번에 재기할 기회를 발견했을 때, 그녀들은 이 희망에 정신없이 자기를 바친다. 다이세 양(카프카스 북부의 체르케시아 왕비)이나 줄리에트 드루에(19세기 프랑스 여배우. 빅토르 위고의 연인)나, 다구 백작부인(프랑스 여류작가. 음악가 리스트의 연인. 1805~1876)은 연애를 시작했을 때 거의 서른 살에 가까웠다. 쥘리

드 레스피나스(18세기 사교계의 재색을 겸비한 여성)는 마흔을 바라보았다. 그녀들은 그때까지 어떤 목적도 발견하지 못했고, 가치가 있다고 생각되는 것은 아무것도 할 수 없었으며, 연애 이외에는 도망갈 길이 막혔던 것이다.

확실하게 자립할 수 있다 하더라도 역시 이 길은 대부분의 여성들에게 가장 매력적으로 보인다. 자기의 생활을 스스로 책임진다는 것은 불안한 일이다. 젊은 남성도 마찬가지로 자기보다 연상의 여자들에게 마음이 끌려 그 가운데에서 지도자나 교육자나 어머니를 찾고자 한다. 그러나 그의 성장과정, 풍습, 마음의 소리 등은 그에게 자기포기라는 안이한 해결책에 언제까지나 머물러 있을 것을 허락하지 않는다. 그는 이런 연애를 하나의 중간단계로만 생각한다. 운좋게도 남성들은—유년시절과 마찬가지로 성년이 되어서도—가장 힘들지만 가장 확실한 길로 접어들도록 강요당한다는 것이다. 하지만 불행하게도 여성들은 거의 저항할 수 없는 유혹들에 에워싸여 있다. 모든 것은 편리한 비탈길을 내려가도록 그녀를 유혹한다. 사람들은 그녀에게 자기 자신을 위하여 투쟁하도록 권유하는 대신에, 미끄러지는 대로 가만히 있으면 황홀한 천국에 이를 수 있다고 가르친다. 그녀가 신기루에 속았다는 사실을 깨달았을 때는 이미 늦었다. 그때는 그녀가 이미 이러한 모험에서 지친 뒤이다.

정신분석학자들은 여자가 연인에게서 자기 아버지의 모습을 추구한다고 주장하고 싶어한다. 그러나 여자가 어렸을 때 아버지를 좋아했던 까닭은 그가 남성이었기 때문이지 아버지였기 때문은 아니다. 그래서 모든 남성은 이런 마력을 조금은 가지고 있는 것이다. 여자는 한 개인을 다른 개인 속에서 재현하기를 원한다. 그것은 그녀가 소녀시절에 어른들의 보호를 받으며 경험한 것이다. 그녀는 가정 속에 깊숙이 융합되어 수동적인 평화를 경험했다. 연애는 그녀에게 아버지뿐만 아니라 어머니도, 더욱이 유년시절도 돌려준다. 그녀가 소망하는 것은 자기 머리 위에 있는 지붕을, 세계 한가운데 버려진 자기를 보호해 주는 네 벽을, 그녀를 자유로부터 지켜 주는 법률을 발견하는 일이다.

이런 어린시절의 꿈은 많은 여자의 사랑에 따라다닌다. 여자는 연인이 자기를 '나의 소녀, 나의 귀여운 아기'라고 부를 때 행복을 느낀다. '그대는 정말 어린 소녀 같다'는 말이 분명히 여자의 심금을 울린다는 것을 남자들은 잘 알고 있다. 어른이 되는 것을 괴로워하는 여자가 얼마나 많은지는 이미 본 바와 같다. 그녀들은 어린아이처럼 굴며 태도나 화장에서 유년시절을 무한히 연장하려고 애쓴다. 남자의 품 안에서 다시 한 번 어린아이가 되는 것을 황홀해 한다. 아래의 유행가 주제도 이것이다.

그대 품에서
나는 어린아이. 오 내 사랑……

이 문구는 연인들의 대화나 편지에서 끊임없이 되풀이된다. '아기, 나의 아기'라고 연인은 속삭인다. 그리고 여자는 자기를 '당신의 소녀, 당신의 어린 소녀'라고 말한다. 이렌 르빌리오티는 이렇게 쓰고 있다. '도대체 언제, 나를 지배해 줄 그 사람은 오는 것일까?' 그리고 그를 만났다고 생각했을 때는 이렇게 쓴다. '나는 그대가 남자여서, 또 나보다 우월하다고 느낄 수 있어서 좋다.'
자네(Janet)*6가 연구한 신경쇠약증 환자는 이러한 태도를 누구보다 뚜렷이 보여 준다.

내가 기억하는 한 내가 해 온 바보스런 행동이나 훌륭한 행동들은 모두 똑같은 원인에서 비롯되었다. 그것은 나를 온전히 줄 수 있고 나의 모든 존재를 맡길 수 있는 완전하고 이상적인 사랑에 대한 열망이다. 그 다른 존재는 신일 수도 있고 남자나 여자일 수도 있다. 단 나보다 훨씬 뛰어나 내가 앞으로 어떻게 살아가야 할지 고뇌하며 나 자신을 스스로 돌보려 애쓰지 않아도 될 정도가 되어야 한다. 나의 생활을 보장해 줄 만큼 나를 충분히 사랑해 주는 사람, 내가 안심하고 맹목적으로 복종할 만한 사람, 그리고 나를 신뢰하고 내가 어떤 실수도 피할 수 있게 해 주며, 친절하게 넘치는 사랑으로 완성을 향하여 나를 이끌어 줄 사람을 찾고 싶다. 막달라 마리아와 예수의 이상적인 사랑을 나는 얼마나 부러워했는지 모른다. 숭배받는 또 숭배를 받을 만한 주의 열렬한 사도가 된다는 것, 자기의 이상을 위하여 살고 죽는 것, 어떤 의혹도 없이 주를 믿는다는 것, 야수성에 대한 '천사'의 최후 승리를 얻는다는 것, 그리고 그의 품속에 완전히 안겨서 그의 보호 속에 아주 작게 웅크려 완전히 그의 것이 되어, 더는 내가 존재하지 않게 되

---

*6 《강박관념과 신경쇠약》.

는 것이다.

많은 사례에서 우리가 이미 증명한 것처럼, 실제로 이 자기소멸의 꿈은 하나의 존재로서 살아가려는 열렬한 의지이다. 모든 종교에서 신에 대한 숭배는 신자에게는 자기구원의 염원과 일치한다. 우상에 완전히 자기를 맡김으로써 여자는 자기의 소유와 우상 속에 집약되어 있는 세계의 소유가 그녀에게 동시에 주어지기를 바란다. 대개 여자가 먼저 연인에게 원하는 것은 자아의 정당화와 찬미이다. 많은 여성들은 상대에게서 사랑을 받지 못하면 연애에 뛰어들지 않는다. 때로는 상대가 자기에게 사랑을 표시하는 것만으로 연애의 감정에 빠지는 수도 있다. 젊은 처녀는 남자의 눈을 통하여 자기의 꿈을 그린다. 남자의 시선 속에서 여자는 드디어 자기를 발견한다고 생각한다. 세실 소바즈는 이렇게 썼다.

그대의 곁으로 걸어가 그대가 좋아하는 작은 발을 앞으로 내밀어, 펠트 뒤축이 달린 하이힐 속 작은 발을 감싸주는 그대의 사랑을 느낀다. 토시 속의 나의 두 손이나, 두 팔이나, 얼굴의 가냘픈 움직임에도, 내 목소리의 진동에도 나는 행복하다.

여자는 자신이 분명히 높은 가치를 타고났다고 느낀다. 그리고 결국 사랑을 통하여 자기를 소중히 할 수 있게 된다. 연인 속에서 그녀는 한 사람의 증인을 발견하고는 미친 듯이 즐거워한다. 콜레트의 《방랑의 여인》이 고백하는 심경이 바로 그것이다.

스스로 고백하자면 나는 지고 말았다. 이 사나이에게 내일 다시 오도록 허락함으로써, 연인이나 친구가 아니라 나의 생활과 내 모습의 열렬한 관찰자로서 그를 내 곁에 남겨 두고 싶은 욕망에 지고 만 것이다…… 하루는 마르코가 나에게 말했었다. "할머니가 돼서야 어떤 남자의 시선을 받으며 살겠다는 허영을 포기할 수 있겠지."

미들턴 머리(현대 영국 평론가. 캐서린 맨 스필드의 남편. 1889~1957)에게 보낸 한 편지에서, 캐서린 맨스필드는 연보랏빛의 멋있는 코르셋을 사 왔다고 쓰고, 곧 이렇게 덧붙였다. "그것을 봐 줄 사람이 아무도 없다니 정말 슬퍼요!" 자기를, 아무도 요구하지 않는 꽃이나 향수, 패물처럼 느끼는 것보다 더 괴로운 일이 있을까. 나 자신도 풍요롭게 만들지 못하는, 아무도 받고 싶어하지 않는 그 부를 무엇에 쓴단 말인가? 사랑은 건판(乾板)처럼 흐리고 볼품없는 음화(陰畫)를 선명하고 환하게 나타내는 현상액과 같다. 사랑을 통하여 여자의 얼굴과 육체의 곡선, 유년시절의 추억, 지난날 흘린 눈물, 의복, 습관, 그녀의 세계, 그녀의 모든 것과 그녀에게 속한 모든 것은 우연성에서 벗어나 필요한 것이 된다. 그녀는 그녀가 섬기는 신의 제단 앞에 바쳐진 훌륭한 제물이다.

그가 그녀의 두 어깨에 친절하게 손을 얹기 전까지는, 그의 눈이 그녀를 가득 채우기 전까지는, 그녀는 색이 바랜 침울한 세계에서 그다지 예쁘지 않은 한 여자일 따름이었다. 그가 그녀를 안은 순간부터 그녀는 불멸의 진주처럼 빛나고 있었다.*7

사회적으로 명성이 있고 여성의 허영심을 만족시킬 줄 아는 교묘한 남자들이, 비록 육체적인 매력이 전혀 없더라도 열정을 불러일으킬 수 있는 것은 그 때문이다. 자기들의 높은 지위를 이용하여 그들은 '법률'과 '진리'를 구현한다. 그들의 의식(意識)은 부인할 수 없는 현실을 그대로 보여준다. 이런 남자들에게 칭찬을 받는 여자는 자신이 무한히 값진 보물이라도 된 것처럼 느낀다. 예를 들면, 이사도라 던컨*8의 말대로 단눈치오(이탈리아 작가, 1863~1938)의 성공도 그 때문이다.

단눈치오가 한 여자를 사랑할 때 그는 그녀의 영혼을 지상에서 끌어올려 베아트리체가 있는 신성한 곳에까지 데리고 간다. 그는 모든 여자에게 차례차례 신성을 부여한다. 그리고 그녀를 베아트리체와 똑같은 높디높은 단계까지 끌어올린다…… 그는 좋아하는 여자 한 사람 한 사람에게 반짝이는 베일을 씌운다. 그러면 그녀는 평범한 사람들 위에 우뚝 나타나 이상한 광채에 싸여서 걸어간다. 그러나 시인의 변덕이 끝나고 그가 다른 여자에게

---

*7 메리 웨브의 《그늘의 무게》.
*8 이사도라 던컨의 《나의 생애》.

로 옮겨 갈 때 그 빛나던 베일은 벗겨지고, 후광도 사라져, 여자는 다시 평범한 여인이 되어 버린다⋯⋯ 단눈치오 특유의 마법으로 칭찬을 듣는 것은, 이브가 천국에서 뱀의 소리를 들을 때 맛보았던 기쁨과 비교할 만한 환희이다. 단눈치오는 한 여자 한 여자에게 그녀가 우주의 중심이라는 느낌을 준다.

여자가 에로티시즘과 나르시시즘을 무리없이 조화시킬 수 있는 것은 오로지 연애에서뿐이다. 앞에서 이미 본 바와 같이, 이 두 형식 사이에는 하나의 대립이 있어서, 여자가 성적인 운명에 자신을 적응시키기 어렵게 만든다. 자기가 육체적 대상, 즉 먹이가 되는 것은 그녀가 자기에게 바치는 숭배에 모순된다. 그녀에게는 남성의 포옹이 자기의 육체를 손상시키고 더럽히며, 자기의 영혼을 타락시키는 것이라고 생각된다. 그 때문에 어떤 여자들은 불감증을 선택하여 자아의 완전성을 유지하려고 한다. 또 어떤 여자들은 동물적 쾌락과 고상한 감정을 뚜렷이 분리시킨다. 그 대표적인 사례는 슈테켈이 보고한, 그리고 내가 결혼에 관련해서 이미 인용했던 D. S. 부인의 사례이다.

존경하는 남편에게 불감증이었던 그녀는 남편이 죽은 뒤에 역시 화가이며 뛰어난 음악가이기도 했던 젊은 로타르를 만나 그의 연인이 되었다. 그에게 언제나 절대적인 애정을 쏟았던 그녀는 그 남자의 곁에서가 아니면 결코 행복을 느낄 수 없었다. 그녀의 생활은 로타르에 대한 것으로 가득 차 있었다. 그러나 그를 열렬히 사랑하면서도 그녀는 그의 품안에서 여전히 불감증이었다. 그때 다른 한 사나이가 그녀의 길을 돌려놓았다. 어느 날 억세고 거친 산지기가 그녀와 단둘이 있을 때 그녀를 간단히 정복해버린 것이다. 그녀는 하도 놀라서 그가 하는 대로 내버려두었다. 그런데 그의 품에서 그녀는 강렬한 오르가슴을 느꼈다. "그의 품에 몇 달 동안 계속해서 안겼어요. 매우 황홀했지만 로타르를 생각하면 뭐라고 표현할 수 없는 혐오감이 느껴졌어요. 나는 분명히 폴을 싫어하고 로타르를 사랑하지만, 폴은 나를 만족시켜줘요. 나는 로타르의 모든 것에 끌려요. 하지만 나는 쾌락이 탐나 일부러 매춘부처럼 행동한 것 같아요. 상류층의 부인에게는 쾌락이 금지되어 있거든요." 그녀는 폴과 결혼하는 것을 거부했지만 그와 잠자리는 계속했다. 그때마다 그녀는 '다른 사람'이 되어, 평소에는 감히 입 밖에 낼 수 없는 노골적인 말들이 그녀의 입에서 새어 나왔다.

'많은 여자들에게 동물성으로의 전락은 오르가슴의 조건이 된다'고 슈테켈은 덧붙이고 있다. 그런 여자들은 육체적 사랑은 존경이나 애정의 감정과는 조화될 수 없는 타락으로 보고 있다. 그러나 반대로 다른 여자들에게는 이런 타락이 남자의 존경과 애정과 찬미를 통해 제거될 수 있다. 그녀들은 상대 남자에게 깊이 사랑받는다고 생각할 때만 몸을 허락할 것을 동의한다. 대개 파렴치하고 무신경하며 오만한 여자가 아니라면, 육체관계를 서로 반반씩 이익을 보는 쾌락의 교환으로 생각하지 않는다. 남자도 여자와 마찬가지로—아니 아마도 여자 이상으로—자기를 성적으로 이용하려는 상대에게는 분개한다.*9 그러나 대개 상대방이 자기를 도구로 사용하고 있다는 느낌을 받는 쪽은 여자들이다. 다만 감격적인 찬탄만이 그녀가 패배라고 생각하는 행위의 굴욕을 보상해 준다. 앞에서 본 것처럼 성행위는 그녀에게 깊은 소외를 요구한다. 그녀는 수동적인 무기력 속에 빠져 있다. 그녀는 두 눈을 감은 채 자기 자신도 잊어버리고 무료하게 물결에 따라 흔들리고 광풍에 휩쓸려 밤에 묻힌 것처럼 느낀다. 그 밤은 육체의 밤이고 자궁의 밤이며 무덤의 밤이다. 무(無)로 돌아감으로써 그녀는 '전체'와 합쳐져 그녀의 자아는 소멸한다.

그러나 남자가 그녀에게서 떨어져 나갈 때, 그녀는 땅 위에, 침대 위에, 빛 속에 다시 던져지는 느낌을 받는다. 그녀는 하나의 이름, 하나의 얼굴을 다시 회복한다. 즉 그녀는 하나의 정복당한 여자이고 하나의 먹이이며, 하나의 물건이다. 그녀에게 사랑이 필요하게 되는 것은 바로 그때이다. 젖에서 입을 뗀 아이가 부모의 인자한 눈빛을 찾는 것처럼, 여자는 자기를 지켜 보는 연인의 눈을 통해서 자기의 육체가 억지로 떨어져 나왔던 전체로 되돌아가는 것처럼 느낀다. 여자가 완전히 만족을 느끼는 일은 극히 드물다. 그녀가 쾌락 뒤의 평온을 경험했다 하더라도 육체의 마법에서 완전히 해방되지는 못한다. 그녀의 성적 흥분은 감정이 되어서 연장된다. 그녀에게 관능적 쾌락을 주면서 남자는 그녀를 자기에게 단단히 얽매어 놓고 해방시키지 않는다. 하지만 남자는 그녀

---

*9 특히 《채털리 부인의 사랑》 참조. 로렌스는 멜라스의 입을 통해 자기를 쾌락의 도구로 삼는 여자들에 대한 혐오감을 드러낸다.

에게 더 이상 욕망을 느끼지 않는다. 그가 무한하고 절대적인 사랑을 맹세할 때에만 그녀는 이 순간적인 무관심을 용서할 것이다.

바로 그때, 그 순간의 내재성이 초월된다. 그 타오르는 추억은 이제 후회가 아니라 보물이 된다. 관능적 쾌락이 사라진 곳에 희망과 약속이 남는다. 쾌락은 정당화된다. 여자는 이렇게 해서 매우 자랑스럽게 자기의 성생활을 이어갈 수 있다. 육체가 갖는 한계를 초월하기 때문이다. 흥분·쾌락·욕망은 어떤 상태가 아니라 선물이다. 그녀의 육체는 이미 하나의 물건이 아니다. 그것은 찬가이며 불꽃이다. 거기에서 그녀는 에로티시즘의 마법에 열정적으로 몸을 맡길 수 있다. 밤은 낮으로 바뀌고, 사랑하는 여자는 두 눈을 뜨고 자기에게 사랑스런 눈빛을 보내며 찬사를 아끼지 않는 남자를 바라볼 수 있다. 그를 통하여 허무는 존재로 충만하게 되고 존재는 가치로 탈바꿈한다. 그녀는 이제 암흑의 바다 속에 떨어지지 않고 날개를 타고 하늘로 올라간다. 자기포기는 거룩한 황홀함으로 바뀐다. 사랑하는 남자를 '맞이할 때' 여자는 마치 성모가 성령을 통해서, 신자가 성찬식의 빵을 통해서 그렇게 되는 것처럼, 자기 몸에 그를 살게 하고 그의 방문을 받아들인다. 경건한 찬송가와 외설적인 노래 사이의 유사함은 이것으로 설명할 수가 있다. 신비로운 사랑이 언제나 성적인 성격을 띤다는 말은 아니다. 그러나 연애하는 여자의 성욕은 신비적인 색채를 띠고 있다.

'나의 신, 나의 숭배자, 나의 주인……' 이런 말이 무릎 꿇은 성녀의 입술에서도, 침대 위에 누워 있는 여자의 입술에서도 똑같이 새어 나온다. 한 여인은 그리스도를 찌른 창에 자기의 몸을 바치며, 성흔(聖痕)을 맞아들이기 위하여 두 손을 내밀면서 신의 사랑으로 타오르기를 바란다. 다른 여자도 똑같은 것을 기대한다. 창과 검과 화살은 남성의 성기를 상징한다. 어느 쪽이든 그것은 같은 꿈이며, 유년시절의 꿈이며 신비한 꿈이며 사랑의 꿈이다. 즉 다른 사람의 품에 안겨 자기를 포기함으로써 당당하게 존재하는 것이다.

이 무(無)로 돌아가려는 욕망은 마조히즘과 통한다는 말도 있다.*10 그러나 에로티시즘에 관한 진술에서 주의를 촉구한 것처럼, 내가 '타인에 의한 나의 객관화로 인해 매혹되려고'*11 노력할 때가 아니면, 즉 주체의 의식이 자아를

---
*10 특히 H. 도이치의 논문 《여성심리》에서.
*11 사르트르의 《존재와 무》 참조.

돌아보며 그것을 굴욕적인 상태에서 파악하려고 할 때가 아니면, 그것을 마조히즘이라고 말할 수는 없다. 그러므로 연애하는 여자는 자기 안에서 소외된 나르시시스트는 아니다. 그녀는 또 자기 자신의 한계를 넘어서서 무한한 실재에 도달하는 타자를 매개로 자신도 무한히 전진하려는 격렬한 욕망을 느낀다. 그녀는 먼저 자기를 '구하기' 위하여 연애에 열중한다.

그러나 우상숭배적 연애의 모순은 자기를 구제하기 위한 사랑이 결국은 자기를 완전히 부정하는 결과가 된다는 것이다. 그녀의 감정은 신비스런 차원으로 나타난다. 그녀는 신에게 자기를 찬미해 주고 인정해 달라고 요구하지 않는다. 신의 속으로 녹아 들어가고, 신의 품에서 자기를 잊으려고 한다. "나는 할 수 있다면 사랑의 성녀가 되고 싶었다. 나는 그러한 감각과 금욕적 열광의 순간에는 순교자를 부러워했다"고 다구 부인은 썼다. 이 말 속에 분명히 나타나는 것은, 그녀를 연인과 갈라놓는 경계를 무너뜨림으로써 자기를 근본적으로 파괴하려는 욕망이다. 이것은 마조히즘이 아니라 황홀한 결합의 꿈이다. 조제트 르블랑에게 다음과 같은 말을 하게 한 것도 같은 꿈이다. "그때 이 세상에서 가장 원하는 것이 무엇이냐고 물었다면, 나는 주저하지 않고 그의 마음의 양식과 불꽃이 되는 것이라고 대답했을 것이다."

이런 결합을 실현하기 위하여 여자가 먼저 원하는 것은 상대에게 헌신하는 일이다. 연인의 요구에 응함으로써 자신을 필요한 존재로 느낀다. 남자의 존재에 동화되어 그의 가치에 참여하게 되면서 그녀의 존재도 정당화된다. 안젤리우스 실레시우스의 말에 따르면 신비주의자들까지도 신은 남자를 필요로 한다고 믿고 싶어한다. 그렇지 않으면, 그들이 자기들을 선물로 바친다고 하더라도 헛된 일이라는 것이다. 남자가 주문을 많이 하면 할수록 여자는 더욱 기쁨을 느낀다. 위고가 줄리에트에게 강요한 칩거는 젊은 여성의 마음을 억압하는 것이긴 하지만, 그녀는 기꺼이 그에게 복종했음을 알 수 있다. 난롯가에 앉아 있다는 것은 주인의 행복을 위하여 무엇인가를 한다는 뜻이다. 그녀는 그에게 적극적으로 도움이 되려고 열심히 애쓴다. 그를 위해 맛있는 음식을 만들고 안락한 가정을 꾸민다. 우리의 단란한 '집'이라고 그녀는 상냥하게 말하곤 한다. 그녀는 그의 의복 시중을 들어 준다.

나는 당신이 될 수 있는 대로 어떤 옷이든 더럽히고 찢어 오기를 바랍니다. 그러면 내가 혼자서 그것을 꿰매고 빨겠습니다.

그녀는 그를 위하여 신문을 읽고, 기사를 오려 두고, 편지와 노트를 분류하고 원고를 베껴 쓴다. 시인인 그가 이런 일의 일부를 자기 딸 레오폴딘에게 맡기면 그녀는 매우 서운해한다. 그녀에게선 연애를 하는 모든 여자에게 나타나는 것과 비슷한 특징이 발견된다. 필요하다면 그녀는 연인의 이름으로 자기 자신을 폭군화한다. 그녀의 모든 인격, 그녀의 모든 소유, 그녀 삶의 모든 순간이 그에게 바쳐짐으로써 자기의 존재이유를 찾아내야 한다. 그녀는 어느 것이든 그의 안에서만 소유하려고 한다. 그녀를 불행하게 만드는 것은 그가 그녀에게 아무것도 요구하지 않는 것이다. 그렇기 때문에 세심한 그녀의 연인은 일부러 여러 가지 요구를 만들어 낸다.

그녀는 먼저 사랑 안에서 이제까지의 자기 자신, 자기의 과거와 자기의 인간됨을 확인하려고 한다. 나아가 사랑 안에 자기의 미래마저 포함시키려고 한다. 즉 미래를 의미 있게 하기 위하여 그녀는 모든 가치를 보유한 그 사람에게 자신을 맡겨 버린다. 이로써 그녀는 자기 초월이라는 삶의 과제로부터 해방된다. 그녀는 그 초월을 본질적인 타인의 초월에 종속시키고, 그 타인의 하인이나 노예가 된다. 그녀가 처음에 연인 속에 자기를 몰입시킨 것은 자기를 발견하고 구제하기 위해서였다. 그러나 실제로는 그 속에서 자기를 조금씩 상실해 가고 있다. 모든 현실은 타자 속에 있는 것이다. 출발점에서 나르시시즘의 숭고화라는 형태를 취했던 사랑은 헌신의 괴로운 기쁨 속에서 완성되지만, 흔히 자학에까지 이른다.

위대한 열정의 초기에 여자는 전보다 더 아름답고 더 우아하다. '아델르가 나의 머리를 매만져 줄 때 나는 내 이마를 유심히 바라본다. 당신이 사랑하는 이마이기 때문에'라고 다구 부인은 썼다. 자신의 얼굴, 육체, 방, 자아 가운데에서 그녀는 존재이유를 발견하며, 자기를 사랑해 주는 남자를 매개로 하여 그것들을 소중히 여긴다. 그러나 조금 뒤에는 반대로 온갖 교태를 그만둬 버린다. 처음에 그녀는 연인이 원한다면 사랑보다도 더 귀중했던 얼굴조차도 바꿔 버린다. 그런 것은 아무래도 좋은 것이다. 그녀는 자기의 인격, 자기의 소유물 모두를 지배자의 영토로 만든다. 그가 경멸하는 것이라면 그녀도 부정해 버린다. 자기 심장의 박동 하나하나를, 피 한 방울 한 방울을, 자기의 골수까지도 그에게 바치고 싶어한다. 이것은 순교자의 꿈에서 나타나는 그것이다. 극도로 과장된 표현으로 자기를 아낌없이 주는 것, 사랑하는 사람이 밟는 땅이 되는 것, 그의 부름에 대답하는 것 이외에는 아무것도 되지 않는다. 연인에게 불필요한 모든 것을 그녀는 간호하게 없애 버린다. 그녀의 헌신이 완전히 받아들여질 때 마조히즘은 나타나지 않는다. 줄리에트 드루에에게서는 그런 흔적이 거의 보이지 않는다. 연인을 지나치게 사랑하는 나머지 그녀는 가끔 시인의 초상화 앞에 무릎을 꿇고 자기가 범했을지도 모르는 실수를 용서해 달라고 말하기도 한다. 그러나 분노를 느끼며 자기 자신을 돌아보는 일은 없었다.

관대한 열정으로부터 마조히즘의 열광으로 옮아가기는 쉬운 일이다. 부모 앞의 어린애와 같은 기분으로 애인 앞에 있는 여자는 지난날 자기 부모 곁에서 경험했던 죄책감을 다시 발견한다. 그를 사랑하고 있는 한 그녀는 그에게 반항하려고 하지 않는다. 그녀는 자기 자신에게 반항한다. 그의 사랑을 원하는 만큼 받지 못한다면, 그를 독점하는 데 실패한다면, 그를 행복하고 만족스럽게 해 주는 데 실패한다면, 그녀의 나르시시즘은 그대로 자기에 대한 혐오나 굴욕, 증오로 바뀌고 그녀는 스스로를 처벌한다. 다소 오랫동안 발작이 계속되면, 그녀는 때로 일생 동안 자처하여 희생자가 되려고 하고, 연인을 만족시킬 수 없었던 자기를 괴롭히는 데에 열중한다. 그때 그녀의 태도야말로 마조히스트 같다.

그러나 그녀가 자신에게 복수하기 위하여 스스로 고통을 주는 이런 경우와, 남자의 자유와 그 권력의 확인을 목표로 하는 경우를 혼동해서는 안 된다. 흔한 이야기지만—그리고 이것은 사실인 듯하다—매춘부는 기둥서방에게 얻어맞는 것을 자랑스럽게 여긴다. 그것은 자기가 얻어맞고 거칠게 취급당했다는 생각 때문이 아니라, 그녀가 의존하고 있는 남성의 힘과 권위와 절대성 때문이다. 그녀는 또 그가 다른 남성을 괴롭히는 것을 좋아한다. 그래서 그에게 가끔 위험한 경쟁심을 불러일으킨다. 그녀는 자기의 주인이 자기가 속한 환경에서 인정받는 가치 있는 존재이기를 바란다.

남자의 자의에 즐겁게 복종하는 여자는 자기에게 가해지는 억압 속에서 자유의 증거를 보고 감탄한다. 만일 어떤 이유로 연인의 위엄과 권위가 실추되었다면, 여자가 그의 완력과 자의를 갑자기 미워하게 된다는 점에 주목해야 한다. 그런 것들은 연인의 신성을 나타낼 때만 가치가 있는 것이다. 그런 경우에,

자기가 다른 사람의 자유로운 먹이라고 느끼는 것은 도취할 만한 하나의 기쁨이다. 다른 사람의 위압적이고 변덕스런 의지에 따라 자기 자신을 지탱해 나아간다는 것은 실존자에게는 실로 놀라운 일이다. 언제나 같은 피부 속에서 살면 따분해진다. 맹목적인 복종은 인간이 급격한 변화를 체험할 수 있는 유일한 기회이다. 여자는 연인의 덧없는 꿈이나 지상명령에 따라서 노예, 여왕, 꽃, 암사슴, 창유리, 매춘부, 하녀, 시의 여신, 반려, 어머니, 자매, 아이 등으로 변한다. 그녀는 복종과 같은 입맛을 자기 입술에 늘 간직하고 있다는 것을 인정하지 않을 때까지 이런 변신에 즐겁게 순종한다. 에로티시즘에서처럼 연애에서도 마조히즘은 타인과 자기 자신에게 실망한 욕구불만의 여성이 접어드는 길이다. 그러나 그것은 행복한 자기포기라는 자연스러운 경향은 아니다. 마조히즘은 상처입고 실패한 모습 아래서 자의식을 계속 유지하고 있다. 사랑은 본질적인 주체를 만족시키기 위하여 자아의 망각을 목표로 삼는다.

 종교적 사랑이 그런 것처럼, 인간적 사랑의 최고 목표도 사랑하는 사람과 하나가 되는 것이다. 가치의 기준과 세계의 진리는 사랑하는 사람의 의식 속에 있다. 따라서 연인에게 헌신하는 것만으로는 아직 충분하지 않다. 여자는 그의 눈을 통해서 보려고 한다. 그가 읽는 책을 읽고, 그가 좋아하는 그림과 음악을 좋아하며, 그와 함께 보는 경치와 그에게서 들은 사상에만 흥미를 기울인다. 그녀는 그의 우정과 적의와 의견을 그대로 자기의 것으로 한다. 그녀가 자기 마음에 물어보거나 들으려고 노력하는 것은 그의 대답이다. 그녀는 자기의 폐 속에서 그가 이미 호흡한 공기를 들이마시고 싶어한다. 그녀가 그의 손에서 받지 않은 과실과 꽃에는 향기도 없고 맛도 없다. 그녀의 공간감각조차도 바뀌게 된다. 세계의 중심은 그녀가 서 있는 자리가 아니라 애인이 있는 곳이다. 모든 길은 그의 집에서 출발하여 그의 집으로 통한다. 그녀는 그의 말을 사용하고 그의 동작을 되풀이하고 그의 기호와 버릇까지도 닮는다. "나는 히스클리프예요"라고 《폭풍의 언덕》에서 캐서린은 말한다. 그것은 사랑에 빠진 모든 여자들의 외침이다. 그녀는 사랑하는 남자의 또 다른 모습, 그의 그림자이며 분신이다. 그녀는 그 남자 자신이다. 자기 자신의 세계는 우연성 속에 붕괴되도록 내버려둔다. 그녀는 그의 세계 속에서 살고 있다.

 사랑하는 여자의 가장 큰 행복은 사랑하는 남자에게 그의 일부분으로 인정을 받는 것이다. 그가 '우리'라고 말할 때, 그녀는 그와 결합되어 하나가 된다. 그녀는 그의 권위를 나눠 갖고 그와 함께 세계의 나머지 부분에 군림한다. 그녀는 이 입맛을 돋우는 '우리'라는 말을―지나치리만큼―지칠 줄 모르고 되풀이한다. 필요한 목적을 향해 세계 속에 자신을 투사하고, 그녀에게 이러한 세계를 회복시켜 주는 절대적 존재에게 필요한 사람이 되는 것에서, 여자는 자기 권리를 포기하는 대신 굉장한 소유를 체험한다. 사랑하는 여자에게 그토록 큰 기쁨을 주는 것은 바로 이런 확신이다. 그녀는 자기가 신의 경지에 이르렀다고 느낀다. 훌륭하게 질서 잡힌 세계에서 훌륭히 '자기'의 자리를 차지한 이상, 그것이 제2의 지위에 지나지 않는다 해도 그녀에게는 별로 문제가 되지 않는다. 사랑하고 사랑을 받으며 사랑하는 사람에게 필요한 존재가 되었으므로, 그녀는 이것으로 완전한 의미가 있다고 느낀다. 그리고 평화와 행복을 맛본다. 종교적 양심 때문에 마음이 흔들리기 전에 기사 아이드 곁에서 아이세의 운명이 그랬을 것이고, 위고의 그늘에 있는 줄리에트 드루에의 운명이 그랬을 것이다.

그러나 이런 영광스런 행복이 언제까지나 계속되는 일은 드물다. 어떤 남자도 신이 아니다. 신비적인 정신 세계를 추구하는 여성이 보이지 않는 신과 맺는 관계는 그녀의 열정 하나에 달려 있다. 그러나 신격화되지만 신이 아닌 남자는 분명히 눈앞에 있다. 사랑에 빠진 여자의 고민은 바로 거기에서 비롯된다. 가장 일반적인 그녀의 운명은 쥘리 드 레스피나스의 그 유명한 말로 집약된다. "내가 살아 숨쉬는 이 순간순간마다 그대여, 나는 당신을 사랑하고, 그 사랑으로 괴로워하면서 당신을 기다리고 있어요."

모든 남자들도 역시 고통이 뒤따르는 사랑을 한다. 그러나 그들의 고통은 오래 계속되지 않거나 가슴을 에는 듯 심하지는 않다. 뱅자댕 콩스탕은 줄리에트 레카미에 때문에 죽음까지 생각했지만, 일 년도 채 못 되어 그 괴로움을 싹 잊어 버렸다. 스탕달은 몇 해를 두고 메틸드를 못 잊어했다. 그러나 그것은 그의 생명을 파멸시키는 것이라기보다 미화시키는 아쉬움을 주는 슬픔이었다. 이와는 반대로 여자는 비본질적인 존재로서 남자에게 완전히 예속되어 살기 때문에 그러한 때에는 자기 마음속에 하나의 지옥을 만든다. 안데르센의 이야기를 보면 사랑을 위해 물고기의 꼬리를 인간의 다리와 바꾸어, 걸을 때마다 바늘로 된 산이나 타오르는 불 위를 밟는 듯한 고통을 받는 인어가 나온다. 사랑에 빠진 모든 여성은 여기서 자기의 모습을 발견한다. 사랑받는 남자는

(그를 사랑하는) 여자에게 무조건 필요하지만, 이때 그녀는 그 남자에게 필요한 존재가 아니라고 말한다면, 이는 진실이 아니다. 숭배하는 남자에게 자신을 바치는 여자를 정당화할 만한 능력이 그에게는 없는 것이다. 그리고 그는 그녀에게 소유된 것도 아니다.

참된 사랑은 상대의 우연성, 즉 상대의 결점, 한계, 그리고 본질적인 무상성(無償性)을 받아들여야만 한다. 참된 사랑은 구원이 아니라 하나의 인간관계라 할 수 있을 것이다. 상대를 우상화하는 사랑은 사랑하는 남자에게 절대적인 가치를 부여한다. 그것이 바로 첫 번째 거짓인데, 그 거짓은 다른 모든 사람의 눈에는 곧 드러난다. "저 남자는 당신의 사랑을 받을 만한 가치가 없다"고 사람들은 사랑에 빠진 여자의 귀에 속삭인다. 사랑에 빠진 여자가 기베르 백작(레스피낭스가 열렬히 사모하던 남자)의 창백한 얼굴을 묘사한 것을 보고 후세 사람들은 동정어린 미소를 금하지 못한다. 자기 우상에게서 결함이나 평범성을 발견한다는 것은 여자에게 실로 쓰라린 환멸이 아닐 수 없다. 《방랑의 여인》이나 《나의 수업시대》에서 콜레트는 이런 괴로운 고통을 자주 암시했다. 그 환멸은 아버지의 위신이 무너져 가는 것을 본 어린이가 느끼는 실망보다 한결 더 잔인한 것이다. 그도 그럴 것이 그녀가 자신의 전 존재를 바쳐 온 그 남자는 자기가 선택한 대상이기 때문이다. 비록 그 선택된 남자가 깊이 사랑하기에 알맞은 남성일지라도, 요컨대 그는 이 세상의 남성인 것이다. 최고의 존재 앞에 무릎을 꿇는 여자가 사랑하는 상대는 그런 남자가 아니다. 그녀는 가치를 '괄호 속'에 넣기를 거부하는, 즉 가치는 인간 존재 속에 그 원천이 있는 것이란 사실을 인정하지 않으려는 심각한 착각에 사로잡혀 있다. 그러한 착각은 그녀와 그녀가 사랑하는 남자 사이에 장벽을 쌓아 놓는다.

그의 앞에 향을 피우고 엎드리는 그녀는 그의 친구가 될 수 없다. 그 남자가 이 사회에서 늘 위협을 받고 있고, 그의 계획과 목적은 그 자신과 마찬가지로 상처받기 쉽고 약한 것이라는 점을 이해하지 못하기 때문이다. 자기가 사랑하는 남자를 법과 진리 그 자체로 보기 때문에, 그녀는 주저하고 불안을 느끼는 그의 자유를 오해하는 것이다. 사랑하는 남자에게 인간의 척도를 적용시키지 않으려는 것은 여성의 모순을 드러내는 것이다. 여자는 연인에게 어떤 호의를 요구한다. 그가 그 호의를 들어주었다면, 그는 너그럽고 풍족하고 당당하다. 그는 장엄하고 신과 같이 여겨진다. 반면 그가 호의를 거부한다면 그는 인색하고 치사하고 잔인하며, 악마 같고 혹은 짐승 같은 존재가 된다. 여기서 다음과 같은 반대 이유가 나오게 될 것이다. '좋소'라는 대답이 기상천외한 일처럼 여자를 놀라게 한다면, '안 되겠소'라는 거절에 왜 또 놀라야 하는가? 거절이 그토록 추악한 남자의 이기주의를 나타내는 것이라면 어째서 '좋소'에 그토록 감탄하는가? 초인과 비인간 사이에 인간을 위한 자리는 없는 것인가?

땅에 굴러떨어진 신은 인간이 아니기 때문이다. 하지만 그것은 속임수이다. 남자는 자기가 정말 사들이 추앙하는 왕이라는 것을 증명하든가, 아니면 왕위 찬탈자로서 자수하든가 하는 수밖에 다른 방법은 없다. 그가 더 이상 숭배를 받지 못한다면 곧 뭍길에 차이게 될 것이다. 사랑하는 남자의 이마에 에워싸인 영광의 이름으로, 여자는 그의 모든 약점을 인정하지 않는다. 그녀가 빌려 준 이 환상에 그가 일치하지 않는다면 그녀는 실망하고 화를 낼 것이다. 만일 그가 피로를 느끼거나 경솔하고 터무니없이 허기나 갈증을 느낀다면, 그가 잘못 생각하거나 모순에 빠지거나 한다면, 그녀는 그를 자기보다 못한 사람으로 단정하고 그에게 불만을 품는다. 이런 사고방식에 따라 자신이 찬성하지 않는 독단적 행위를 그가 한다면 그녀는 그것을 비난하기까지 한다. 그녀는 그의 판단에 판정을 내린다. 그리고 그가 그녀의 주인으로 남아 있을 만한 가치가 있게 하기 위하여 그의 자유를 부인한다. 그녀가 그에게 바치는 숭배는 때때로 현존보다도 부재를 통해 더 만족된다. 우리가 이미 본 바와 같이 살과 뼈로 된 인간들과 결코 비교할 수 없도록, 죽거나 접근하기 어려운 영웅들에게 몸을 바치는 여자들이 있다. 살아 있는 인간들은 숙명적으로 그녀들의 꿈을 앗아간다. 환멸의 외침은 거기에서 온다. '잘생긴 왕자를 믿어서는 안 된다. 인간은 그저 가엾은 존재일 뿐이다.' 그들에게 거인이 될 것을 요구하지만 않는다면 그들이 소인같아 보이진 않을 것이다.

열정적인 여자에게 무거운 짐이 되는 저주의 하나가 바로 그것이다. 처음에 지녔던 그녀의 관대한 마음은 곧 강렬한 요구로 변하기 쉽다. 그녀는 일단 타자 속에서 소외되었다가 다시 자기를 되찾으려고 한다. 그녀는 자신의 존재를 지탱하고 유지시켜 줄 이러한 '타자'를 이쪽으로 끌어들일 필요가 있다. 그녀는 남자에게 자기를 완전히 바친다. 그러나 그 선물을 받을 자격은 언제나 그런 준비를 갖추고 있는 남자에게만 있다. 그녀는 그에게 모든 순간을 바치고, 그는 모든 순간마다 그녀의 눈앞에 있어야만 한다. 그녀는 그를 통해서만 살려 하고, 그는 그녀가 살도록 자기 한 몸을 바쳐야만 한다. 다구 부인은 리스트에게 보내는 편지에 이렇게 썼다.

나는 가끔 당신을 어리석게 사랑합니다. 그리고 그런 순간에 왜 내가 언제나 당신을 생각하듯 당신도 나만을 생각해 달라고 할 수 없는지, 왜 해서는 안 되는지 모르겠습니다.

그녀는 그의 모든 것이 되고 싶은 소망을 꾹 참으려고 애쓴다. 레스피나스 양의 탄식 속에도 이와 똑같은 호소가 있다.

아! 당신을 만난다는 기대로 가득 찬 기쁨이 없는 삶이 어떤 것이며, 그 날들이 어떤 것인지 당신이 아신다면! 당신에게는 휴식을 취하고 일하고 사람들을 만나는 것으로 충분하겠죠. 그러나 나로 말하면 나의 행복은 당신입니다. 오직 당신뿐입니다. 당신을 만나 한평생 당신을 사랑해선 안 된다면 나는 살고 싶지 않습니다.

처음에 여자는 연인의 욕망을 만족시켜 주는 데 열중한다. 그리고 자기의 일을 너무 좋아해서 일부러 여기저기에 불을 냈던 전설적인 소방수처럼, 그녀는 남자를 만족시켜 주어야 하기 때문에 이 욕망을 일깨우기에 여념이 없다. 만일 성공하지 못한다면 그녀는 자기가 모욕을 당했고 그에게 쓸모없는 존재라고 느끼며, 자기 연인이 스스로 느끼지도 못하는 열정을 그녀에게 가장한다고까지 생각한다. 자기를 노예로 만듦으로서 그녀는 연인을 사슬로 묶는 가장 확실한 방법을 발견한 것이다. 이런 것이 사랑의 또 하나의 거짓이다.

로렌스나 몽테를랑 같은 많은 남자들은 반감을 가지고 그것을 지적해 왔다. 연애는 폭군적인데도 자기를 상대에게 주는 선물이라고 여겨진다. 뱅자맹 콩스탕은 《아돌프》(콩스탕의 대표작 심리분석소설)에서, 한 여성의 너무 헌신적인 열정이 오히려 남자를 묶는 사슬이 된다는 것을 생생하게 묘사하고 있다. '그녀는 자기의 희생을 나로 하여금 받아들이게 하려고 열중했기 때문에, 자기가 어떤 희생을 치르는지도 생각지 못했다'고 그는 엘레오노르에 관해서 잔인하게 말한다. 받아들이는 것은 실제로 남자를 묶는 속박인 데다, 그는 주는 사람으로서의 이익조차 얻지 못한다. 여자는 자기가 떠맡기는 짐을 남자가 감사하게 받아들일 것을 요구한다. 그녀의 전제는 지칠 줄을 모른다. 연애하는 남자도 전제적이다. 하지만 남자는 자기가 원하는 것을 손에 넣었을 때 만족한다. 이에 반해 여자의 헌신에는 끝이 없다. 연인을 믿는 남자는, 여자가 자리를 비우거나 그에게서 멀리 떨어져 일하는 것을 불쾌하게 여기지 않고 승낙한다. 여자가 자기 것임을 확신하면 그는 그녀보다도 자유를 갖기를 바란다.

반대로, 여자에게는 연인이 곁에 없다는 것이 언제나 고통이다. 그녀에게 애인은 하나의 목표이며 재판관이다. 그가 시선을 다른 곳으로 돌리자마자, 그는 그녀를 배반하는 것이 된다. 그가 보는 모든 것은 그녀에게서 훔친 것이다. 그에게서 멀어지면 그녀는 자기 자신과 동시에 자신의 세계도 빼앗기는 것이다. 그녀의 곁에 앉아 있다고 하더라도, 그가 책을 읽고 글을 쓰면 그녀를 버리고 배반하는 것이 된다. 그녀는 그가 잠자는 것조차 싫어한다.

보들레르는 잠자고 있는 여자에게 감동한다. '불쌍한 연인이여, 그대의 아름다운 눈은 지치고 피로했는가.' 프루스트는 알베르틴*¹²의 자는 모습을 바라보기 좋아했다. 왜냐하면 남성의 질투란 단순히 독점적인 소유의 의지에 지나지 않기 때문이다. 사랑하는 여자는 아이들처럼 편안하고 순진한 마음으로 잘 때는 아무에게도 속해 있지 않다. 남자에게는 이런 확신만으로 충분하다. 그러나 신이나 지배자는 내재의 안식 속에 몸을 맡겨서는 안 된다. 초월성이 파괴된 이러한 모습을 여자는 적의에 찬 시선으로 바라본다. 여자는 남자의 이 동물적 타성을 싫어한다. 그녀를 위해서가 아니라 자기 속에 존재하는, 그녀의 우연성을 몸값으로 지불해야 하는, 마찬가지의 우연성에 몸을 맡긴 이 육체를 싫어한다. 비올렛 르딕은 이런 감정을 힘있게 표현했다.

나는 잠자는 남자를 싫어한다. 나는 악의를 가지고 그 위에 몸을 굽힌다. 그가 굴복하는 것을 보면 화가 난다. 그 무의식 상태의 포온함, 지각마비, 맹목적인 얼굴, 그 냉정한 몽롱함, 무능한 긴장을 나는 싫어한다…… 자고 있는 내 남자의 입에서 나오는 장밋빛 거품을 오랫동안 바라보며 기다렸다. 나는 그에게서 존재의 거품밖에는 요구하지 않았지만 그것마저 얻을 수 없었

---

*12 알베르틴이 알베르고 해도 아무것도 바뀌지 않는다. 아무튼 프루스트의 태도가 여기서는 남성적이다.

다…… 그의 밤의 눈시울이 죽음의 눈시울이라는 것을 알았다…… 이 남자가 사나울 때 나는 그의 눈시울 속에 숨어버렸다. 그러나 잠이 들면 그 눈시울은 냉혹하다. 수면은 모든 것을 앗아간다. 나에겐 상관없는 평화를 자신만을 위하여 무의식적으로 만들어 낼 수 있는 이 잠자는 사내를 나는 싫어한다. 나는 그의 꿀 같은 이마를 싫어한다…… 그는 자기 안에서 자기의 휴식을 위하여 바쁘다. 그는 내가 모르는 무엇을 되풀이하고 있다…… 우리 두 사람은 날개를 치듯이 날아올랐다. 우리는 두 사람의 영혼을 주고받으며 이 세상에서 뛰어 오를 것 같은 기분이었다. 우리는 함께 떠오르기 시작했고, 기어올르고, 살피고, 기다리고, 콧노래를 부르고, 도달했고, 탄식했고, 이겼고, 졌다. 그것은 진실한 감정이었다. 우리는 허무라는 새로운 감정도 알게 되었다. 지금 너는 자고 있다. 너의 소멸은 공정하지 않다……

자고 있는 나의 남자가 몸을 움직이자 나의 손은 무의식중에 정액으로 축축해진다. 그것은 숨을 질식시키는 난폭한 종자의 주머니 50개를 넣어 두는 곳간이다. 자고 있는 남자의 고환이 나의 손 위에 떨어졌다…… 나는 종자의 조그만 주머니를 쥐고 있다. 경작된 밭, 가꾸어진 과수원, 변화된 물의 힘, 못 박힌 네 개의 널빤지, 끌어올린 그물을 나는 손에 쥐고 있다. 과실·꽃·선택된 짐승을 쥐고 있다. 메스·가위·바늘·권총·핀셋을 쥐고 있다. 그 모든 것으로도 나의 손은 가득 차지 않는다. 자고 있는 세계의 정자는 영혼이 유예된 흔들리는 여분에 불과하다……

네가 잠들어 있을 때, 나는 너를 미워한다.*13

신은 잠들면 안 된다. 잠들면 진흙이 되고 육체가 되어 버린다. 신은 눈앞에서 사라져서는 안 된다. 사라지면 그의 창조물은 허무로 돌아갈 것이다. 여자에게 남자의 잠은 탐욕이며 배신이다. 남자도 가끔 연인을 흔들어 깨울 때가 있다. 그러나 그것은 연인을 포옹하기 위해서이다. 그녀가 그를 깨우는 것은 단순히 그가 잠들지 않도록, 그가 멀리 가지 않도록, 그가 그녀 이외의 것을 생각하지 않도록, 그가 거기에, 방 안에, 침대 안에, 그녀의 팔 안에 갇혀 있도록 하기 위해서이다. 마치 성궤(聖櫃) 속의 신처럼 말이다. 그것이 여자가 바

---

*13 《나는 잠자는 사나이들을 싫어한다》.

라는 것이다. 여자는 일종의 교도관이다.

그러나 여자는 남자를 자기의 포로로 만드는 것만으로는 만족하지 않는다. 이것이 사랑의 괴로운 모순이다. 포로가 되면 신은 신격을 빼앗긴다. 여자는 자기의 초월성을 남자에게 위탁함으로써 그것을 보존하려고 한다. 그러나 남자는 초월성을 온 세계로 가져가야만 한다. 만일 사랑하는 연인이 함께 열정의 절대성 속에 빠져버리면, 자유는 모두 내재성으로 타락하고, 그때는 죽음만이 그들을 해결해 줄 것이다. 이것은 '트리스탄과 이졸데'(켈트족 전설에 근거한 중세 사랑 이야기)의 신화가 갖는 의미 가운데 하나이다.

오로지 상대만을 목표로 삼는 연인들은 이미 죽어 있는 것이다. 그들은 지루함에 정체되어 죽는다. 마르셀 아를랑(현대 프랑스 소설가, 1899~1986)은 《타향》에서 스스로를 멸망시키는 사랑의 이 완만한 괴로움을 묘사했다. 여자는 이 위험성을 알고 있다. 질투로 발작할 때를 제외하면 그녀는 남성에게 계획이나 행동이 주체가 될 것을 요구한다. 만일 남자가 눈에 띄는 공적을 세우지 못한다면 그는 더 이상 영웅이 아니다. 새로운 무훈을 세우려고 떠나는 기사는 사랑하는 여자의 자존심을 상하게 한다. 그러나 만일 그가 그녀의 발 밑에 편안히 앉아 있다면 그녀에게 경멸받을 것이다. 그것이야말로 어쩔 수 없는 사랑의 고통이다. 여자는 남자를 완전히 '소유하고' 싶어한다. 그러나 그녀는 그에게 소유가 가능한 모든 조건을 뛰어넘기를 요구한다. 자유는 소유되는 것이 아니다. 그녀는 하이데거의 말대로 '피안의 인간'인 실존자를 여기에 가두어 두려고 한다. 그녀는 그런 시도가 무리임을 잘 알고 있다. '그대여, 내가 당신을 그렇게 사랑해야만 하는 것처럼, 지나치리만큼, 열광적으로, 격정적으로, 그리고 절망적으로 사랑합니다'라고 레스피나스 양은 썼다. 우상숭배 같은 사랑은, 그것이 분명한 이성을 지닐 때 절망적이 될 수밖에 없다. 연인에게 영웅·거인·반신(半神)이 되기를 요구하고, 그가 자기에게 모든 것을 바치지 않도록 요구하는 한편, 그가 그녀에게 완전히 휩싸이지 않으면 행복을 맛볼 수 없기 때문이다. 니체[14]는 말했다.

자기의 권리를 모두 포기하는 여성의 열정은 이와 동일한 감정이 다른 성(性)에는 존재하지 않는다는 것을 전제로 한다. 두 사람이 모두 연애 때문에

---

[14] 《환희의 지혜》.

자기 자신을 포기해 버린다면 공허한 공포를 느낄 것이기 때문이다. 여자는 소유되기를 원한다…… 어떤 남자가 자기를 붙잡아 주길 원한다. 자신을 주지 않고 자기를 포기하지 않지만, 연애를 통해 자아를 풍부히 하려는 그런 남자가 잡아 주길 원하는 것이다…… 여자는 자기를 주고, 남자는 여자를 이용하여 자신을 풍요롭게 한다.

적어도 여자는 사랑하는 남자를 풍요롭게 하는 일 가운데서 자기의 즐거움을 발견할 수 있다. 그녀는 그의 전부가 아니다. 그러나 그녀는 자기가 없어서는 안 될 존재라고 믿으려 한다. 필요성에는 정도가 없다. 그가 '그녀 없이 지낼 수 없다'면, 그녀는 자기를 그의 귀중한 존재의 기반처럼 여기고, 거기에서 자신의 가치를 이끌어 낸다. 그녀는 그에게 헌신하는 것을 자기의 기쁨으로 삼는다. 그리고 그도 이 헌신을 감사하게 생각해야만 한다. 헌신이라는 일반이론에 따르면 증여는 요구로 바뀐다.[*15] 그리고 소심한 여자는 이렇게 자문자답한다. 그가 필요로 하는 것은 정말 나인가? 남자는 그녀를 소중히 여기고 특별한 애정과 욕망으로 더욱 그녀를 원한다. 그러나 다른 여자에 대해서도 역시 특별한 감정을 느끼는 것이 아닐까?

연애하는 여자의 대부분은 맹목적이다. 그녀는 개별성 속에 일반성이 포함되어 있다는 점을 인정하려 들지 않는다. 그리고 남자는 그녀들에게 이 환상을 쉽사리 품게 한다. 처음에는 그도 환상을 공유하기 때문이다. 남자의 욕망 속에는 시간에 저항하는 듯한 열정을 품고 있을 때가 많다. 그가 그녀를 열정적으로 원할 때에는 그녀 말고는 아무것도 바라보지 않는다. 그 순간은 확실히 하나의 절대성을 품고 있다. 그러나 한순간의 절대성이다. 속아 넘어간 여자는 영원으로 향한다. 남자의 포옹으로 신성화된 그녀는 자기가 이제까지 신성했으며 신에게 바쳐져 왔다고 생각한다. 그것도 그녀 혼자서 말이다. 그러나 남성의 욕망은 맹렬하지만 일시적이다. 한번 충족되면 재빨리 사라져 버린다. 여자가 그의 포로가 되는 것은 대개 연애를 하고 난 뒤의 일이다. 삼류소설이나 유행가의 주제가 되는 내용이 바로 이것이다. '젊은 사나이는 처녀 곁을 지나가고, 처녀는 노래하고 있었다…… 젊은 사나이는 노래하고, 처녀는 울고 있었다.'

---

[*15] 《피뤼스와 시네아스》에서 내가 지적한 것이다.

남자가 여자에게 끝까지 매달려 있는 경우라도, 그녀가 그에게 필요하다는 뜻은 아니다. 하지만 그녀가 요구하는 것은 바로 이 '필요하다는 것'이다. 그녀의 자기포기는 그 권위를 회복시켜 준다는 조건에서만 비로소 그녀를 구제할 수 있다. 여기에서도 서로 주고받는 '관계'의 놀이를 피할 수는 없다. 그러므로 그녀는 고민을 하든지 아니면 자기를 속여야만 한다. 대개 그녀는 쉽게 거짓말에 집착한다. 그녀는 남자의 사랑을, 그녀가 그에 대해 품은 사랑의 정확한 반영처럼 상상한다. 욕망을 사랑으로, 발기를 욕망으로, 연애를 하나의 종교로 생각한다. 그녀는 남자로 하여금 자기에게 거짓말을 하도록 강요한다. 나를 사랑해? 어제처럼? 나를 영원히 사랑할 거야? 영리하게도 그녀는 함축성 있고 진지한 대답을 할 여유가 없을 때 혹은 그런 대답이 불가능한 상황을 택하여 질문한다. 포옹하고 있는 동안에, 질병의 회복기에 즈음하여, 흐느낌 속에서, 역의 플랫폼에서 그녀는 당돌하게 물음을 던진다. 대답을 이끌어 내면 그녀는 의기양양해 하지만 대답을 얻지 못하면 침묵으로 갈음 대신한다. 진심으로 사랑하는 여자는 모두 어느 정도는 편집광이 된다. 내가 기억하는 어떤 여자친구는 멀리 있는 연인의 소식이 오랫동안 두절되었을 때, 이런 말을 했다.
　"헤어지고 싶으면, 이별을 알리려고 편지를 보낼 거야." 다음에 분명한 내용의 편지를 받고 나서는, "정말로 헤어지고 싶으면 편지를 하지 않았을 거야"라고 했다. 고백 수기를 읽어도 병리적 착란이 어디서 시작됐는지 알아내기가 매우 어려울 때가 많다 공포에 떠는 여자의 손에서 묘사된 남자의 행위는 언제나 이상해 보인다. 즉 그는 신경쇠약 환자이며, 사디스트이며, 억압 심리자이며, 마조히스트이며, 악마이며, 변덕쟁이이며, 비겁한 사람이며, 혹은 그 모든 것을 합쳐 놓은 자이다. 그는 어떤 미묘한 심리적 설명도 미칠 수 없는 행동을 한다.
　'X는 나를 사랑한다. 그는 미쳤나 싶을 정도로 질투가 심하다. 내가 외출할 때마다 얼굴에 마스크라도 하고 다니기를 원할 정도이다. 그러나 그는 매우 변덕스러워 연애를 무척 가볍게 생각한다. 내가 그의 집 벨을 누르면 출입구에서 맞아줄 뿐, 안에는 들여보내 주지도 않는다.'
　'Z는 나를 몹시 사랑했다. 그러나 너무 자존심이 강하여 자기가 살고 있는 리옹에 와서 함께 살자는 말은 한마디도 하지 않았다. 하지만 나는 거기에 가서 그의 집에서 머물렀다. 일주일 뒤에 싸우지도 않았는데 그는 나를 쫓아냈다. 그 뒤에 나는 그를 두 번 만났다. 세 번째 내가 그에게 전화를 걸었을 때 그는 이야기 도중에 전화를 끊었다. 머리가 어떻게 된 남자이다.'

이 이상한 이야기는 남자의 설명을 들어야 비로소 분명해진다. '나는 그녀를 절대로 사랑하지 않았다.' 혹은 '나는 그녀에 대해 우정은 있었다. 그러나 그녀와는 단 한 달도 참고 살 수가 없었다.' 지나치게 집요한 기만은 정신병으로 발전할 수 있다. 색정광의 변함없는 특징의 하나는, 연인의 행동이 수수께끼 같고 모순된 것으로 보인다는 점이다. 이런 완곡한 방법으로 미치광이의 착란은 언제나 현실의 저항을 파괴하는 데 성공한다. 정상적인 여자는 결국 진실에 정복되어 자기가 사랑받지 못한다는 사실을 인정할 때도 가끔 있다. 그러나 이런 자각에 이르기까지 그녀 역시 자신을 약간씩 속인다. 서로 사랑하는 연인 사이에서조차 그들의 감정 사이에는 그녀가 감싸 숨기려고 노력하는 근본적인 차이가 존재한다. 남자는 그녀 없이도 자기를 정당화할 수 있는 힘이 있어야만 한다. 그녀가 그를 통해 정당화되기를 희망하기 때문이다. 그가 그녀에게 필요한 까닭은 그녀가 자기의 자유로부터 도피하려고 하기 때문이다. 그러나 그는 영웅이나 단지 남자가 되는 데 필요한 자유를 얻는다면 아무것도 또 아무도 바라지 않는다. 여자가 받아들이는 의존은 그녀가 약한 데서 온다. 강한 남자에게서 그녀가 어떻게 서로간의 의존을 발견할 수 있겠는가?

열정이 넘치는 여자는 사랑에서 침착성을 발견하지 못할 것이다. 모순된 목표를 향하고 있기 때문이다. 찢기고 괴로움을 당한 그녀는 그 사나이에게 방해가 될지도 모른다. 그녀는 자기를 반드시 필요한 존재로 생각하기 때문에 그에게는 그녀가 귀찮고 밉살스런 존재가 된다. 더구나 이것은 흔히 볼 수 있는 비극이다. 현명하고 그다지 완고하지 않은 여자는 단념한다. 남자에게 그녀는 전부도 아니며, 필요하지도 않다. 그렇지만 도움이 된다는 것만으로 충분하지 않은가. 다른 여자도 쉽사리 그녀를 대신할 수 있을지 모른다. 그러나 현재 있는 여자가 자기라는 사실만으로 만족한다.

그녀는 평등한 관계를 요구하는 일 없이 자기의 예속을 인정한다. 그때 사소한 행복을 맛볼 수가 있다. 그러나 그런 한계 속에서도 그 행복에는 검은 그림자가 드리울 수밖에 없다. 여자는 아내보다 한결 더 괴로운 심정으로 기다린다. 아내라 하더라도 열정적으로 사랑하는 여자라면 살림, 육아, 평소의 일거리, 쾌락 등에서 아무런 가치도 찾을 수 없게 된다. 그녀를 권태에서 끌어내

주는 것은 남편뿐이다. '당신이 없다면, 태양조차도 쳐다볼 필요가 없을 것 같아요. 그렇게 되면 그건 죽음과 같아요. 나는 의자 위에 던져진 주인 없는 옷일 따름입니다'라고 세실 소바즈는 결혼 초기에 썼다.*16

열정적인 사랑이 결혼의 테두리 밖에서 꽃피는 일이 많은 것은 이제까지 자주 살펴보았다. 연애에 일생을 완전히 바친 가장 두드러진 사례의 하나는 줄리에트 드루에의 그것이다. 그녀는 오로지 끝없이 기다리기만 했다. '언제나 같은 출발점으로 되돌아와야만, 즉 당신을 한없이 기다려야만 해요'라고 그녀는 위고에게 쓰고 있다. 이렇게 '우리에 갇힌 다람쥐처럼 나는 당신을 기다리고 있어요.' '아! 나와 같은 기질의 여자가 한평생을 기다리기란 얼마나 괴로운 일인지!' '얼마나 지루한 날인가! 나에게는 하루가 너무나 지루하게 생각됐어요. 그토록 나는 당신을 기다렸어요. 그런데 지금은 하루가 너무도 빨리 지나가는 것만 같군요. 나는 당신을 끝내 보지 못했으니까……' 하루가 영원 같아요……' '나는 당신을 기다리고 있어요. 당신이 오지 않으리라 생각하는 것보다는, 당신을 기다리는 편이 더 좋으니까.'

위고는 줄리에트를 부유한 보호자 데미도프 공과 인연을 끊게 한 뒤에, 조그만 아파트에 가둬두고 12년 동안이나 혼자서는 외출도 못 하게 했다. 옛 남자친구들 가운데 누구와도 만나지 못하게 하기 위해서였다. 그러나 그녀는 자신을 '갇혀 있는 가엾은 희생자'로 생각하지 않고 그의 애인으로서만 사는 것과, 그와 이따금 만나는 것만으로 만족했다. 1841년 그녀는 이렇게 썼다. '나의 친애하는 빅토르, 나는 그대를 사랑해요. 그러나 나의 마음은 슬프고, 괴로움으로 가득 차 있어요. 당신을 만나는 게 어찌나 드문 일인지. 당신을 만난다 하더라도 당신을 내 소유로 하기가 어찌나 드문 일인지. 이 모두가 드물기 때문에 나의 마음은 슬픔으로 가득 차 있어요.'

그녀는 독립과 사랑을 조화시키려고 했다. '나는 독립과 노예생활을 동시에 원하고 있다. 스스로 생계를 유지할 수 있는 직업으로 독립을 하고 싶지만, 오직 나의 연애에 대해서만은 노예가 되고 싶다.' 그러나 여배우로서 완전히 실패한 뒤부터 그녀는 남은 생을 단순한 애인으로서만 만족하는 수밖에 없었다. 우상을 섬기기 위한 그녀의 노력에도 불구하고 시간은 너무도 공허하게 지나

---

*16 여자가 결혼에서 자기의 자주성을 발견했다면 사정은 달라진다. 그때 부부 사이의 사랑은 두 존재의 자유로운 교환이 될 수 있고, 서로는 그것에 만족한다.

갔다. 그녀가 위고에게 해마다 300통에서 400통씩 규칙적으로 보낸 17,000통의 편지가 그것을 증명하고 있다. 위고가 방문해 오는 시간을 위하여 그녀는 나머지 모든 시간을 기다림으로 보낼 수밖에 없었다. 첩의 신분으로서 가장 무서운 일은 하루하루가 권태의 사막이라는 것이다. 남성이 그녀를 자기 것으로 하지 않을 때 그녀는 그 이상의 아무것도 아니다. 연애하는 여자의 처지도 이와 비슷하다. 그녀는 사랑받는 여자 이외의 것이 되기를 바라지 않는다. 그 밖의 무엇도 그녀에겐 아무런 가치가 없다. 그녀가 존재하기 위해서는 애인이 그녀의 곁에서 그녀만을 생각해야만 한다. 그녀는 그의 방문을, 그의 욕망을, 그의 각성을 기다린다. 그리고 그가 곁을 떠나자마자 다시 기다리기 시작한다. 패니 허스트의 《뒷골목》이나 R. 레이먼의 《비바람》의 여주인공 같은 순수한 사랑의 사도나 희생자가 짊어져야 하는 저주가 그것이다. 그것은 자기 운명을 자기 손으로 개척하지 않는 인간에게 가해질 가혹한 형벌이다.

기다린다는 것은 기쁨일 수도 있다. 연인이 자기에게로 달려오리라는 것을 알면서, 연인이 자기를 사랑한다는 것을 알면서 그를 지켜보고 있는 여자에게는 기대감이 눈부신 약속이다. 그러나 부재 자체를 현존으로 바꾸어 버리는 사랑의 오만한 도취가 지나가면 부재의 공허 속에 불안이라는 고뇌가 섞인다. 남자는 영영 다시는 돌아오지 않을 수도 있기 때문이다. 만날 때마다 자기의 연인을 놀라움으로 맞이했던 어떤 여자를 나는 알고 있다. "나는 당신이 다시는 돌아오지 않으리라 생각했어요"라고 그녀는 말하곤 했다. 그가 그 까닭을 물으면 이렇게 대답했다. "당신은 돌아오지 않아도 되니까. 당신을 기다리고 있을 때면 나는 늘 당신을 다시는 보지 못하리란 생각이 드니까." 특히 그는 그녀를 사랑하지 않을 수도 있다. 다른 여자를 사랑할 수도 있다. '그는 나를 미칠 듯이 사랑한다. 그는 나밖에는 사랑할 수가 없다'고 격렬한 환상을 품는다 하더라도, 질투의 고뇌는 역시 생기게 마련이기 때문이다. 열정적이며 모순된 단정을 내리게 하는 것이 자기기만의 특징이므로, 자기를 나폴레옹이라고 끈질기게 생각하는 미치광이는 자기가 이발소 종업원이라는 사실을 알아도 당황하지 않는다.

때로는 여자가 '그가 나를 정말로 사랑할까' 하고 스스로 물음을 던지기도 한다. 그러나 그것보다는 훨씬 많이 그녀는 의심해 본다. '그가 다른 여자를 사랑하는 것은 아닐까?' 그녀는 남자의 열정이 점차 꺼질 수 있다는 것도, 그가 그녀만큼 사랑에 가치를 부여하지 않을 수 있다는 것도 인정하지 않는다. 단지 연적이 생겼다고 상상한다. 그녀는 연애를 하나의 자유로운 감정으로 보면서 동시에 사람을 매혹시키는 마법과 같은 것으로 보고 있다. 그러므로 '그녀의' 남자가 그 자유 속에서 그녀를 사랑하고 있다고 생각한다. 그러나 그는 음모를 꾸민 여자에게 발목을 잡혀 있다. 그녀는 '자기의' 남자가 그가 누리는 자유 안에서 지금도 자기를 계속 사랑하고 있다고 생각한다 남자는 여자가 자기에게 동화된 채로, 그녀의 내재성 안에 머무르고 있다고 생각한다. 그 때문에 그는 부부로슈(조르주 쿠르플린의 중편소설의 여주인공. 첫 나 연애에게 잘 농락당하는 호인)를 쉽게 농락하는 것이다. 그는 그녀도 자기에게서 쉽게 도망가리라고 상상하는 것이 괴로운 것이다. 질투는 남자에게 있어서 연애처럼 보통 일시적 발작에 지나지 않는다. 둘론 심한 질투로 사람을 죽이는 일도 없지 않다. 그러나 불안이 영속적으로 그의 속에 자리잡는 경우는 드물다. 질투는 그에게 있어서 특히 하나의 파생물처럼 나타난다. 즉 일이 뜻대로 진행되지 않거나 삶이 위협을 받는다고 느낄 때 그는 여자에게 비웃음을 당한다고 생각한다.

　반대로 남자를 그 타성과 초월성에서 사랑하는 여자는 끊임없이 자기가 위험에 처해 있다고 느낀다. 부재라는 배신과 부정 사이에 큰 차이는 없다. 그녀는 자기가 사랑을 받지 못한다고 느끼면 곧 질투를 한다. 무리한 요구를 하는 것은 여자의 본성이므로, 여자라면 누구나 이런 성향을 얼마쯤은 지니고 있다. 그녀의 비난과 불안은 그 구실이 어떻든 간에 질투로 나타난다. 이와 같이 그녀는 초조함, 지루한 기다림, 의존의 괴로운 감정, 불완전한 존재의 애석함을 표현하는 것이다. 사랑하는 남자가 다른 여자에게 눈을 돌릴 때마다 그녀의 운명 전체가 위험에 처한다 그녀는 자기의 존재 전체를 그에게 맡겼기 때문이다. 그러므로 자기 연인의 눈길이 잠시라도 다른 여자에게로 쏠리면 그녀는 화를 낸다. 만일 그녀도 방금 낯선 사나이를 오래도록 지켜 보았다는 것을 그가 채근하면 그녀는 소신 있기 대답한다. "그것은 달라요." 그녀의 말이 옳다. 여자가 쳐다본 남자는 그녀에게서 아무것도 받지 못한다. 증여는 여성의 육체가 먹이가 되는 순간에 비로소 시작된다. 반면 남자들이 갈망했던 여자는 곧 바람직하고 부러워하는 객체로 돌변한다. 그래서 소외된 여자는 '단순한 육체로 추락한다. 그래서 그녀는 감시를 게을리하지 않는다. 그는 무엇을 하는가? 무엇을 보는가? 누구와 이야기하는가? 하나의 욕정이 그에게 준 것을 하나의 웃는 얼굴이 빼앗아 갈 수가 있다. 여성의 육체가 먹잇감이 될 때, 그가 주는 것은 오직 순간에 지나지 않는다. 그녀는 사랑으로 모든 것을 손에 넣었다. 그러나 사랑이 끝나면 모든 것을 잃어버릴 수도 있다. 모호한 것이든, 명확한 것이든, 근거가 없는 것이든, 정당한 것이든 질투는 여자에게 미칠 듯한 고통이다. 질투는 사랑에 대한 근본적인 의심이기 때문이다. 배반이 확실하다면 사랑을 종교로 삼는 것을 포기하든가 혹은 그 사랑을 포기하든가 해야만 한다. 그것은 너무나 중대한 일이어서 여자가 사랑의 치명적 진리를 찾아내려는 욕망과 두려움 사이에서 당황하며 머뭇거리는 것도 이해할 만하다.

자존심이 강하면서도 깜짝깜짝 잘 놀라는 여자는 끊임없이 질투하는 등 남자를 자주 오해한다. 줄리에트 드루에는 위고가 가까이하는 모든 여성들을 의심하며 괴로움을 겪었지만, 단지 위고가 8년간 연인으로 지내 온 레오니 비아르를 두려워하는 것만은 잊고 있었다. 불안 속에서는 모든 여자가 연적이며 위험한 대상으로 보인다. 여자는 사랑하는 남자의 세계 속에 갇혀 있기 때문에 그 사랑은 우정을 죽여 버린다. 질투는 그녀의 고독을 강화하고 그녀의 의존성을 더욱더 거북하게 한다. 그러나 그녀는 그 속에서 권태를 막을 하나의 수단을 발견한다. 남편을 지킨다는 것은 일종의 일이다. 연인을 지킨다는 것은 일종의 성직이다. 행복한 사랑에 빠져 자신에게 소홀했던 한 여자는 위협을 느끼자마자 자신을 가꾸는 일에 신경을 쓴다. 몸치장·가정살림·사교술 등에 몰두하며 투쟁의 시간을 보낸다. 투쟁은 강장제와 같은 것이다. 여자가 이길 자신이 있는 동안은 여자 투사는 거기서 일종의 강렬한 쾌감을 발견한다. 그러나 패배할지도 모른다는 두려움은 관대하게 승낙된 증여를 비굴한 예속으로 변화시킨다. 남자는 자신을 방어하기 위하여 공격을 한다. 오만한 여자라 할지라도 스스로 상냥하고 수동적인 태도를 보일 수밖에 없다. 수단·신중·잔꾀·미소·매력·순종은 그녀의 최대 무기이다.

나는 그런 젊은 여자를 만났다. 어느 날 저녁 내가 예고 없이 그녀의 집을 찾아가 초인종을 눌렀을 때의 일이다. 두 시간 전에 그녀와 헤어졌을 때, 그녀는 화장도 변변히 하지 않고 옷도 대충 걸치고 눈초리도 흐리멍덩했다. 그녀는 '그'를 기다리고 있었다. 나를 다시 보자 그녀는 평소의 얼굴을 회복했는데, 아주 잠깐이었지만 그녀를 볼 여유가 있었다. 그러나 그녀가 그를 맞이할 생각에 공포와 위선으로 찌푸리고, 쾌활한 미소 뒤로 온갖 괴로움을 각오하고 있음을 알 수 있었다. 공들여 머리를 매만지고 뺨과 입술을 붉게 칠했으며, 눈부신 하얀 레이스 블라우스를 입어 그녀는 마치 다른 사람 같았다. 화려한 옷은 전투 무기이다. 안마사나 '미용사'는 자신이 쓸모없다고 생각하는 손질을, 손님들이 얼마나 비장하고 심각하게 생각하는가를 잘 알고 있다. 연인을 위해서 새로운 유혹방법을 생각해 내야 하고, 그가 만나고 싶어하고 소유하고 싶어하는 여자가 되어야만 한다. 그러나 모든 노력은 헛된 일이다. 처음에 그를 끌어당긴, 어쩌면 다른 여자 속에서 그를 끌어당길지도 모를 그 '타자'의 모습을 그녀는 자기 속에 부활시킬 수 없기 때문이다. 남자 연인도 남편의 경우처럼 마음속으로 그녀에게 이중의 불가능한 요구를 한다. 즉 그는 자기의 연인이 완전히 자기의 것이면서도 타인이기를 바란다. 그녀가 정확히 자기의 꿈과 일치하면서도 그의 상상이 만들어 내는 모든 것과 다르기를, 즉 그의 기대에 대한 대답이며 또 기대 밖의 놀라움이기를 바란다.

이 모순이 여성을 괴롭히고 그녀에게 실패를 안긴다. 그녀는 남자의 욕망대로 자신을 바꾸려고 애쓴다. 그녀들의 나르시시즘을 확립시켜 주는 연애의 초기에는 활기가 넘치던 많은 여성들이, 이제 더는 자신이 사랑을 받지 못한다고 느낄 때 드러내는 편집광적 비굴함은 간담을 서늘하게 한다. 잡념에 사로잡히고 가난에 쪼들리면 그녀들은 남자를 화나게 한다. 남자에게 맹목적으로 몸을 바침으로써 여자는 처음에 자기를 매력적으로 보이게 했던 활기 넘치는 자유를 잃어버린다. 그는 그녀 속에서 자기의 비친 모습을 찾고 있었다. 그러나 그 모습이 지나치게 충실하다고 생각되면 그는 싫증을 느낀다. 여자에게 닥치는 불행의 하나는, 그 연애 자체가 그녀의 모습을 흉하게 만들고 그녀를 파괴시킨다는 것이다. 그녀는 이제 노예, 하녀, 온순한 거울, 충실한 메아리에 지나지 않는다. 이런 현실을 깨달았을 때 느끼는 비애감은 또다시 그녀의 가치를 떨어뜨린다. 눈물과 요구와 말다툼 속에서 그녀는 완전히 매력을 잃고 만다. 그녀는 자기의 존재를 행동으로 보여준다. 하나의 존재로서 살아가기 위하여 그녀는 낯선 의식에 의지한 채 어떠한 것도 자기 스스로 하려 하지 않는다. '나는 사랑하는 것밖에는 모른다'라고 쥘리 드 레스피나스는 썼다. 《사랑뿐인 나》[17] 라는 이 소설 제목은 사랑하는 여자의 표어이다. 그녀는 사랑 그 자체이다. 그

---

[17] 도미니크 롤랭의 작품.

래서 사랑이 그 대상을 잃어버리면 그녀는 더 이상 아무것도 아니다.

때때로 그녀는 자기의 과오를 깨닫는다. 그때 자기의 자유를 재확립하고, 자기의 타성을 회복하려고 애쓴다. 그녀는 교태를 보이기 시작한다. 다른 남자들이 그녀를 탐내게 되면 감각이 둔한 남자의 흥미를 다시 한 번쯤 끌 수도 있다. 그것은 통속소설이 오래전부터 써먹은 주제이다. 때로는 멀어진 남자와의 사이가 그녀에게 명예를 회복시켜 줄 수도 있다. 알베르틴은 눈앞에서 점잖게 있을 때는 진부한 여자로 보인다. 떨어져 있으면 그녀는 다시 신비스런 여성이 되어, 질투하는 프루스트는 또다시 그녀의 가치를 인정한다.

그러나 이런 조작은 미묘하다. 만일 남자가 그녀들의 속셈을 꿰뚫어 본다면 그녀들은 비굴한 노예근성을 남자에게 노출시킬 뿐이다. 그리고 또 성공했다 하더라도 안심할 수는 없다. 남자가 자기 연인을 경멸하는 것은 그녀가 자기의 것이기 때문이다. 그러나 그가 그녀에게 애착을 갖는 것도, 그녀가 그의 것이기 때문이다. 부정을 통해서 파괴되는 것은 경멸인가 애착인가? 분노한 남자는 냉담한 여자에게서 멀어질 수도 있다. 그녀가 자유스러운 것은 아무래도 좋다. 그러나 역시 그는 그녀가 자기의 것이기를 원한다. 그녀는 이러한 위험을 알고 있다. 그녀의 교태는 기능을 발휘하기 어렵게 된다. 이런 유희를 교묘하게 연기하기란 연애하는 여자에게는 거의 불가능하다. 그녀는 자기가 파놓은 함정에 빠지는 것을 두려워한다. 그리고 자기가 존경하는 범위 내에서는 그를 속이기를 싫어한다. 그를 속이게 되면 그가 어떻게 그녀의 눈앞에서 신으로 머무를 수 있겠는가? 만일 그녀가 이긴다면, 그녀는 자기의 우상을 파괴한다. 만일 그녀가 진다면 그녀 자신이 파멸한다. 구원은 없다.

신중히 연애하는 여자—그러나 이 두 마디 말은 양립할 수 없는 것인데—는 연인의 열정을 애정이자 우정, 그리고 습관으로 바꾸려고 노력한다. 혹은 그를 튼튼한 사슬로, 즉 어린아이나 결혼으로 자기 곁에 잡아두려고 노력한다. 결혼의 욕망은 많은 연애를 따라다닌다.

그것은 완전함에 대한 욕망이다. 영리한 여자는 연애 초기의 너그러움을 이용하여 장래를 보장받으려고 한다. 그러나 그런 생각에 열중한다면, 그녀는 이미 연인이라는 이름을 들을 만한 가치가 없다. 왜냐하면 사랑하는 여자는 자기 연인의 자유를 영원히 사로잡으려고는 하지만 그것을 파멸시키려고는 하지 않기 때문이다. 그 때문에 자유로운 흥정이 평생 계속되는 극히 드문 경우를 제외하면 연애와 종교는 파탄에 빠지기가 쉽다. 레스피나스 양은 모라와의 관계에서 다행히도 처음에 지쳐 버렸다. 그녀가 싫증을 느낀 까닭은 기베르를 만났기 때문이다. 그리고 다음엔 기베르가 그녀에게 곧 지칠 차례가 되었다. 다구 부인과 리스트의 연애는 다음과 같은 가혹한 변증논리 때문에 끝났다. 즉 리스트를 그토록 멋있어 보이게 해 주었던 열정·생명력·야망이 그를 다른 연애로 눈을 돌리게 했던 것이다. 포르투갈의 수녀(연애편지로 유명한 포르투갈의 귤의 저자)는 버림을 당할 수밖에 없었다. 단눈치오를 그토록 매력적으로*18 만든 열정은 그의 바람기를 대가로 받았다.

 이별이 남자에게 깊은 상처를 남기는 일도 있다. 그러나 그는 남자로서의 생활이 따로 있다. 그러나 그녀에게 "전에는 어떻게 살았는가?" 하고 묻는다면, 그녀는 기억조차 못할 것이다. 그녀는 자기의 것이었던 세계를 재로 만들어버리고 새로운 나라를 선택했으며, 그리고 이제는 그 나라에서 갑자기 추방된 것이다. 그녀는 자기가 믿었던 모든 가치를 부정하고 우정을 끊어 버렸다. 그리고 다시 자기 머리 위의 지붕을 잃어버렸다. 그녀의 주위는 사방이 사막이다. 사랑하는 남자말고는 아무것도 없었는데, 어떻게 다시 새로운 생활을 시작한단 말인가? 그녀는 전에 수도원으로 도피했던 것처럼 착란 속으로 도피한다. 지나치게 이성적인 여자라면 죽는 것 말고 다른 방법이 없다. 레스피나스 양처럼 바로 죽어 버리든가 아니면 고뇌로 오랫동안 서서히 죽어갈 것이다. 10년이나 20년 동안 한 여자가 한 남자에게 몸과 마음을 바쳤을 때, 여자가 받들어 모신 제단 위에 남자가 굳건히 자리를 잡고 있을 때, 여자가 버림을 받는다는 것은 벼락을 맞는 것 같은 무서운 파멸이다.

 "내가 무엇을 할 수 있겠어요? 자크가 나를 더는 사랑하지 않는다면 내가 무엇을 할 수 있겠어요?" 하고 40세의 여자는 묻는다. 그녀는 옷차림에도, 머리를 매만지는 데도, 화장하는 데도 세심한 주의를 기울였지만, 이미 실패를 겪어 굳어 버린 얼굴 표정으로는 더 이상 새로운 사랑을 불러일으킬 수가 없었다. 한 남자의 그늘 속에서 20년이나 지낸 뒤에 다른 남자를 사랑할 수가 있겠는가? 나이가 40이라면 아직도 남은 생애가 많다. 또 한 여자를 생각해 본다. 그녀는 아름다운 눈과 품위 있는 이목구비를 갖추고 있었지만 고통으로 얼굴은

---

*18 이사도라 던컨의 말.

부어 있다. 그리고 사람들 앞에서 두 뺨 위로 눈물이 흘러내리는 것도 깨닫지 못한 채 멍하니 있었다. 신은 그녀를 위하여 만들어 낸 말들을 지금은 다른 여자에게 하고 있다. 옥좌에서 밀려난 여왕인 그녀는 자기가 일찍이 진정한 왕국에 군림한 일이 있었는지조차도 기억하지 못한다. 그녀가 아직 젊다면 회복할 기회가 있다. 새로운 사랑은 그녀를 회복시켜 줄 것이기 때문이다. 때로 그녀는 단 하나의 사랑만이 절대적일 수 있음을 이해하고, 이전보다 좀더 신중하게 사랑에 몸을 맡긴다. 그러나 대개 처음보다 더욱 맹렬하게 거기에 자기의 몸을 바칠 것이다. 과거의 실패를 이 기회에 한꺼번에 만회하려고 하기 때문이다. 절대적인 것으로 보이는 사랑의 실패는, 그 여자가 충분히 자기를 회복할 능력이 있을 때만 유익한 시련이 될 수 있다. 아벨라르(프랑스 신학자이며 스콜라철학자. 엘로이즈와의 연애로 유명. 1079~1142)와 헤어진 엘로이즈는 수도원을 운영하면서 자주적인 생활을 할 수 있어서 표류물처럼 떠다니는 신세가 되지는 않았다. 콜레트의 여주인공들은 실연으로 의욕이 꺾이기에는 너무도 자존심이 강하고 혈기가 넘친다. 르네 메레(콜레트의 소설 여주인공)는 일을 통해서 자신을 구제한다. 그리고 '시드'(콜레트의 어머니의 애칭)는 자기 딸에게 그녀가 느끼는 숙명에 대하여 그다지 불안해 하지 않는다고 말한다. 그녀는 콜레트가 단순히 연애하는 여자와는 다르다는 사실을 잘 알았기 때문이다. 하여튼 다른 사람의 수중에 자기를 완전히 맡긴다는 이 관대한 과실보다 더 무서운 징벌을 초래하는 죄는 별로 없다.

 진정한 사랑이란, 반드시 두 사람의 자유가 서로 상대방을 인정하는 기초 위에 세워져야 한다. 이때 두 사람은 서로를 자기 자신처럼 또는 타자처럼 느끼면서, 어느 한편에서도 자기 초월을 포기하지 않고 또 자기를 불구로 만드는 일 없이 함께 세계 속에서 가치와 목적을 발견할 것이다. 또한 자기를 줌으로써 자기 자신을 찾고 세계를 풍요롭게 할 것이다. 《자기의 인식》에 관한 저서에서 조르주 귀스도르프(프랑스 철학자. 1912~)는, '남자'가 사랑에서 요구하는 것을 매우 정확하게 요약하고 있다.

 사랑은 우리를 자기 자신으로부터 벗어나게 함으로써, 이제까지 모르고 있던 우리 자신의 모습을 드러내 보여준 자신의 눈에 나타나게 한다. 자기 이외의, 자기에게 보충이 되는 것과 접촉함으로써 우리는 자신을 확인할 수 있다. 인식의 형태로서의 사랑은, 우리가 이제까지 살아 왔던 풍경 속에 새로운 하늘과 새로운 땅을 보여 준다. 여기에 큰 비밀이 있다. 즉 세계는 타자이고 나 자신도 타자다. 그리고 나 혼자만이 그 사실을 아는 것은 아니다. 다행히도 어떤 사람이 그것을 나에게 가르쳐 주었다. 그러드로 여자는 남자가 자기 자신에 대한 의식 속에 없어서는 안 될 중요한 역할을 하고 있다.

젊은이에게 연애 수업이 중요한 것은 이 때문이다. 스탕달이나 말로가, '나 자신도 타자이다'라고 말하게 한 기적에 얼마나 놀라는가는 앞에서 이미 보아 왔다. 그러나 '그리고 마찬가지로 남자는 여자에게, 그녀 자신으로 인해 그녀 자신에게 필요불가결한 중개자가 된다'고 귀스도트프가 쓴 것은 잘못이다. 오늘날 여자의 상황은 남자와 같지 않기 때문이다. 남자는 타자의 모습으로 나타난다. 그러나 남자는 자기 자신으로 머물러 있고, 그의 새로운 양상은 그 인격의 전체에 통합된다. 반면 여자의 상황은 남자와 똑같을 수가 없다. 거기에는 그녀도 본질적으로 대자-(對自) 존재로서, 즉 다른 사람들과의 관계 속에서 존재해야만 한다. 그러기 위해서는 여자가 경제적으로 자립하고, 진정한 목적에 자기를 투입하여 매개자를 거치지 않고 공동사회를 향해 자기를 초월한다는 전제가 있어야 한다. 그때야 비로소 말로가 묘사한 키요와 메이(앙드레 말로의 〈인간의 조건〉에 나오는 남녀 주인공)의 관계와 같은 대등한 연애가 가능하게 된다.

루소 앞에서의 바랑 부인(루소의 보호자)이나 셸리 앞에서의 레아(콜레트 소설의 인물)처럼, 여자가 남성적이며 지배적인 역할을 할 수도 있다. 그러나 대부분의 여자는 자기를 타자로만 인정한다. 그녀는 타자를 대할 때 그녀의 존재 그 자체와 혼동한다. 연애는 그녀에게 자기에서 자기로의 중개수단이 아니다. 왜냐하면 그녀는 주체적 존재로서 자기를 발견하지 못하기 때문이다. 그녀는 남자가 계시했을 뿐만 아니라 창조하기도 한 이 여자 연인 속에 잠겨 있다. 그녀의 구원은 그녀를 창조해 냈고, 또 한순간에 그녀를 소멸시킬 수도 있는 이 전제적 자유에 의존하고 있다. 그녀는 자기의 운명이 어떻게 펼쳐질지 완전히 알지도 못하고, 또 그 운명대로 살아가기를 온전히 원하지도 않으면서, 자기의 운명을 손아귀에 쥔 남자 앞에서 벌벌 떨면서 일생을 보낸다. 자기의 운명을 고뇌에 찬 눈빛으로 무력하게 지켜보는 타자에게 위태롭게 맡겨져 있다. 본의 아니게 폭군이 되고, 본의 아니게 잔인한 인간이 된 그 타자는 그녀와 그의 뜻과는 반대로 적의 얼굴을 하고 있다. 여자는 찾고 있던 조화로운 결합 대신에 고독 중에서 가장 쓰라린 고독을, 서로에 대한 공감 대신에 싸움과 증오를 자주 경험한다. 여자에게 연애는 그녀에게 주어진 의존적인 삶을 감수함으로써 자기 운명을 극복하려는 마지막 시도이다. 그러나 동의한다 하더라도, 의존적 삶은 공포와 예속 속에서만 이어갈 수가 있다.

　사랑은 여자에게 최고의 성취라고 남자들은 흔히 단정하여 왔다. "여자답게 사랑함으로써 여자는 더욱더 여자가 된다"고 니체는 말한다. 그리고 발자크는 이렇게 말한다. "높은 차원에서 남자의 인생은 명예이며, 여자의 인생은 사랑이다. 남자의 삶이 끊임없는 행동의 연속인 것처럼, 여자는 자기의 삶을 끊임없는 헌신으로 만듦으로써만 남자와 대등해질 수 있다." 그러나 그것 또한 잔인한 속임수이다. 여자가 제공하는 것을 남자들은 전혀 받아들일 생각이 없기 때문이다. 남자는 자기가 요구하는 절대적인 헌신도, 그의 허영심에 영합하는 우상숭배적인 연애도 필요로 하지 않는다. 이러한 태도들을 남녀 모두에게 요구하는 것은 아니라는 조건에서만 남자는 그런 헌신이나 사랑을 받아들인다. 남자는 여자에게 달라고 한다. 그러면서도 여자가 주면 귀찮아한다. 그녀는 자기의 선물이 모두 불필요하게 되므로 몹시 난처해한다. 그리고 자기 존재가 무익하다는 것을 깨닫고 어쩔 줄 몰라 한다. 연약함 속에서가 아니라 그 굳센 의지에서, 자기로부터 도피하기 위해서가 아니라 자기를 발견하기 위해서, 자기를 포기하기 위해서가 아니라 자기를 확립하기 위해서 여자가 사랑하게 되는 날이 오면, 그때야말로 사랑은 남자와 마찬가지로 여자에게도 생명의 원천이 되어 치명적인 위험은 되지 않을 것이다. 그때까지 연애는 여성적인 세계에 갇혀 있는 여자, 상처를 받아 자립이 불가능한 여자에게 부담이 되는 요구들을 가장 감동적인 모습으로 주장할 것이다. 여자에게 최후의 구원으로서 무엇 하나 좋은 것도 없는 지옥과 같은 사랑을 남자는 권한다. 이런 운명의 불공평함에 대해서는 수많은 사랑의 순교자들이 증언해 왔다.

### 제3장 신비주의의 여성

　사랑은 여성에게 최고의 천직이기 때문에 여자가 남자에게 사랑을 바칠 때 그녀는 그에게서 신을 찾는다. 만일 상황에 따라 그녀가 인간의 사랑을 얻지 못하든가, 실망하든가, 혹은 욕망이 너무 크다면, 그녀는 신을 숭배하려고 할 것이다. 물론 이런 정염(신에 대한 사랑)에 불탔던 남자들이 없지는 않지만 그렇다고 흔하지도 않다. 더욱이 그들의 신앙은 매우 세련되고 지적인 모습을 띠었다. 이에 반해서 천국과의 결혼이라는, 대가를 요구하지 않는 쾌락에 몸을 바치는 여자들은 수없이 많다. 그리고 그녀들은 이상하리만치 감정적인 방법으로 그 쾌락을 경험한다.

여자는 무릎을 꿇고 사는 데 습관이 되어 있다. 그녀들은 대개 남성들이 옥좌에 앉아 있는 천국으로부터 자기에게 구원이 내리기를 기다리고 있다. 남성들도 천국처럼 구름에 싸여 있다. 그들의 육체적 존재를 싸고 있는 베일을 통해서 남성의 권위가 드러난다. '사랑하는 남자'는 언제나 다소 비현실적인 존재다. 그는 모호한 상징을 통해 자기를 숭배하는 여자와 교감한다. 여자는 그의 마음을 믿을 수밖에 없다. 그래서 그녀에게 멋있게 보이면 보일수록 그의 행위는 점점 이해할 수 없는 것이 된다. 색광증의 경우 이 신앙이 모든 반증을 받아들이지 않는 것은 앞서 본 바와 같다. 여자는 자기 곁에서 '현존'을 느끼기 위하여 보거나 만질 필요가 없다. 상대가 의사이든 사제이든 혹은 신이든, 그녀는 똑같이 명백한 증거를 인정하고 하늘에서 내려온 사랑의 물결을 무릎 꿇은 채 마음속으로 맞아들인다. 여기에서 인간의 사랑과 신의 사랑은 혼동된다. 그것은 신의 사랑이 인간의 사랑으로 승화된 것이 아니라, 인간의 사랑도 초월자와 절대에게 향하는 하나의 운동이기 때문이다. 특히 사랑을 하는 여성은 어떤 경우에나 자기라는 우연적 존재를 구하기 위하여, 자기의 실존을 최고의 '인격'으로 구현시켜 '전체'와 조화를 이루는 것이 문제이다.

이런 모호성은, 병리학적 경우와 정상적인 경우 등 실로 많은 경우에서 볼 수 있다. 사랑하는 남자는 신으로 모셔지고, 신은 인간의 모습을 띤다. 여기서 나는 페르디에르가 색광증에 관한 그의 저서에서 보고한 예를 하나 인용하려고 한다. 다음과 같은 이야기를 하는 것은 환자 자신이다.

1923년 나는 〈프레스〉지의 한 기자와 편지를 주고받았다. 나는 날마다 그의 인생상담에 관한 기사를 읽고 그 말 속에 숨은 뜻을 이해하려고 노력했다. 그가 마치 나의 물음에 답하는 것 같았고 나에게 충고하려는 듯 생각되었다. 나는 연애편지를 썼다. 그에게 많은 편지를 보냈다…… 1924년 갑자기 나에게 이런 일이 생겼다. 신이 어떤 여자를 찾고 있다가 나에게 이야기를 하러 온 것 같았다. 신이 나에게 어떤 사명을 주고, 성전을 짓도록 나를 선택했다는 그런 인상을 받았다. 나는 매우 중요한 단체의 중심인물이 되어 거기에서 의사들에게 여자 환자들을 치료하게 한다고 생각했다…… 바로 그즈음이었다…… 나는 클레르몽 요양소에 옮겨졌다…… 거기에는 세계를 바꾸려는 희망에 불타는 젊은 의사들이 있었다. 내 독방에서, 나는 손가락 위에서 그들의 키스를 느꼈고, 손 안에서 그들의 성기를 느꼈다. 한번은 그들이 나에게 이런 말을 했다. "당신은 민감하지 못하지만 관능적인 여자야. 몸을 돌려 봐." 나는 몸을 돌렸다. 그리고 그들을 내 속에서 느꼈다. 그것은 대단히 유쾌했다…… 부장인 D박사는 신과 같은 사람이었다. 그가 나의 침대 가까이 왔을 때 나는 무슨 일이 있다는 것을 충분히 느꼈다. '나는 당신에게 반했다'라는 말이라도 할 듯이 그는 나를 바라보았다. 그는 나를 정말 사랑하고 있었다. 하루는 그가 아주 이상하리만큼 집요하게 나를 바라보았다…… 그의 초록빛 눈은 하늘처럼 파랗게 변했다. 그 눈이 무서우리만치 커졌다. ……그는 다른 환자에게 말을 걸어 그 효과를 확인하고는 미소지었다…… 그리고 나는 거기서 꼼짝 못하게 되었다. D박사에게서 옴짝달싹 못하게 되어…… 새것이 생긴다고 먼저 것을 버릴 수는 없었으므로, 나에게는 여러 연인들이 생겼다(열대여섯 명 정도였다). 나는 그에게서 떨어져 나갈 수가 없었다. 그는 정말 죄인이다…… 12년 전부터 나는 계속 그와 마음의 대화를 나누었다…… 내가 그를 잊어버리려고 하면 그가 또 나타났다…… 때로는 그가 좀 비웃을 때도 있었다…… "이봐요, 내가 무서워졌나. 당신이 다른 남자들을 사랑할 수는 있지만, 그러나 여전히 나에게 돌아올 거야"라는 말도 했다. 나는 그에게 자주 편지를 썼다. 그와 약속까지 하고 그를 만나러 가기도 했다. 작년에도 그를 만나러 갔는데, 그는 점잔을 빼고 있었다. 나에 대한 열정이 식은 것이었다. 나는 아주 머쓱해서 돌아왔다…… 그가 다른 여자와 결혼을 했다는 소문이 들리지만, 그는 여전히 나를 사랑할 것이다…… 그는 나의 남편이다. 하지만 두 사람을 결합시키는 그런 행위는 한 번도 한 일이 없다. "……모든 것을 버려요. 그리고 나와 함께 언제나 더 높은 곳을 향해 올라가요. 그러면 당신은 지상의 인간 같지 않을 거예요"라는 말을 그는 가끔 했었다. 신을 찾을 때마다 나는 남자를 발견한다. 나는 지금 어떤 종교를 믿어야 할지 잘 모르겠다.

여기서 문제가 되는 것은 병리학적인 경우이다. 그러나 많은 독신 여성들도 남자와 신 사이에서 일어나는 착잡한 혼란에 부딪친다. 특히 하늘과 땅의 중간에서 불분명한 지위를 차지하고 있는 것은 고해신부이다. 고해를 듣는 신부는 영혼을 내보이는 여자의 말을 육체의 귀로 듣지만, 그가 그녀를 감싸는 시선 속에서 빛나는 것은 초자연적인 빛이다. 그는 신의 인간이며 인간의 모습으로 나타난 신이다. 기용 부인(17세기 프랑스의 신비주의자)은 라콩 신부와 만난 것을 이렇게 쓰고 있다.

"은총의 위력이 가장 긴밀한 영혼을 통하여 그에게서 나에게로 왔다가 다시 나에게서 그에게로 돌아갔으므로, 그도 나와 같은 감동을 맛보고 있는 것만 같았다."

여러 해 전부터 고민이었던 무감각한 기분에서 그녀를 이끌어 내어, 그녀의 영혼을 다시 감동으로 불태운 것은 이 신부의 힘이었다. 그녀는 자기의 위대한 신비주의적 시기를 쭉 그의 곁에서 보내 왔다. 그리고 이런 고백을 했다. "그것이야말로 완전한 일치여서 나는 그를 신과 구별할 수가 없을 정도였다." 그녀는 그저 신을 사랑하는 체했을 뿐 실제로는 한 남자를 사랑했다고들 하지만 그것은 지나치게 단순한 생각이다. 그녀의 눈에는 그가 다른 것으로 비쳤기 때문에 그녀는 신과 함께 그 남자도 사랑했다. 페르디에르의 환자와 꼭 마찬가지로 그녀가 막연하게 추구하려고 애쓴 것은 모든 가치의 최고 원천이었다. 이것이야말로 모든 신비주의 여성들의 목적이다.

남성의 중개는 여성이 천국의 광야를 향해 내닫는 데 도움이 될 때도 있지만, 반드시 있어야만 하는 것은 아니다. 현실과 유희, 행위와 마법, 실체와 상상물은 구별하기 어렵기 때문에 여성은 존재하지 않는 것을 자기 육체를 통해서 현존시키려는 경향이 뚜렷하기 때문이다. 늘 그래 왔듯이, 신비주의와 색광증은 때로 혼동을 일으킨다. 색광증 환자도 사랑에 의해 최고의 존재로서 자기의 가치가 높아진다고 느낀다. 사랑에서 적극적인 자세를 취하는 것은 그 최고의 존재이다. 최고의 존재는, 상대로부터 사랑받는 이상으로 열렬히 사랑을 준다. 그는 자기의 감정을 명백하지만 비밀스러운 표시를 통해 알린다. 또한 선택한 여성의 열정이 부족한 것에 질투하고 초조해하는 나머지 그녀를 벌하는 데 망설이지 않는다. 그가 육체적이고 구체적인 모습으로 나타나는 일은 거의 없다. 이런 모든 특징은 신비주의 여성에게서도 발견된다. 특히 신은 자기에 대한 사랑의 불꽃으로 타오르는 영혼을 영원히 아껴 준다. 신은 그 영혼을 위하여 자기의 피를 흘렸다. 그리고 그 영혼에게 화려한 최후의 영광을 준비해 준다. 그 영혼이 할 수 있는 일은 저항하지 않고 오로지 신의 열정에 다소곳이 몸을 맡기는 것이다.

색광증이 플라토닉한 형태로도 성적인 형태로도 나타날 수 있다는 견해는 오늘날 널리 받아들여지고 있다. 이와 마찬가지로 신비주의자인 여성이 신에게 바치는 감정 속에도 육체가 어느 정도 자리를 차지하고 있다. 그녀의 뜨거운 열정은 지상의 연인들이 경험하는 열정과 유사하다. 앙젤르 드 폴리뇨(이탈리아의 성녀. 환시로 유명. 1248~1309)가 성 프란체스코를 품에 안은 그리스도의 그림을 바라보고 있을 때, 그리스도는 그녀에게 말한다.

"이렇게 너를 껴안아 주리라. 육체의 눈으로 볼 수 있는 것보다 훨씬 더 억세게……네가 나를 사랑한다면 나는 너를 결코 버리지 않으리라." 기용 부인은 이렇게 썼다. "사랑은 나에게 잠깐의 휴식도 주지 않는다. 나는 사랑에게 말했다. 오, 나의 사랑이여, 이제 충분하다. 나를 놓아 다오……." "형용할 수 없는 전율로 영혼을 꿰뚫는 듯한 사랑을, 나를 기절시키는 듯한 사랑을 나는 원한다……." "오, 신이여! 가장 관능적인 여자에게 내가 느끼고 있는 것을 느끼게 하신다면, 그녀들은 그토록 참된 부를 손에 넣기 위하여 곧 자기들의 거짓 쾌락을 버릴 것입니다." 다음과 같은 성 테레사의 유명한 환상은 잘 알려져 있다.

천사는 두 손에 금빛으로 빛나는 긴 창을 들고 있었다. 때때로 그는 그 창으로 내 심장을 찔렀다. 그리고 그것을 내 뱃속까지 들이밀었다. 천사가 그 창을 뺄 때는 마치 내 창자를 끄집어내는 것 같았다. 나는 신에 대한 사랑으로 불타고 있었다…… 확실한 것은 고통이 몸속 끝까지 스며들고 내 영혼의 남편이 찌른 화살을 잡아 뺄 때 뱃속이 찢어지는 듯했다는 것이다.

언어의 빈약함 때문에 신비주의자가 이런 에로틱한 용어를 빌릴 수밖에 없었다고 경건하게 주장하는 사람도 때로는 있다. 그러나 신비주의 여성도 똑같이 단 하나의 육체를 다루고, 지상의 사랑에서 말뿐만 아니라 육체적 태도까지 빌려온다. 그녀는 신에게 자기를 제공하기 위하여 인간에게 자기를 줄 때와 같은 행위를 한다. 둘론 이 때문에 그녀의 감정의 가치가 조금이라도 줄어드는 것은 아니다. 앙젤르 드 폴리뇨가 마음의 움직임에 따라서 번갈아 '창백하고 여위'거나 '기름지고 혈색이 좋을' 때, 눈물의 홍수 속에서 울고불고 할 때,[*19] 갑자기 졸도할 때. 이런 현상을 순수하게 '정신적'인 것으로 생각하기란 거의 불가능하다. 그렇다고 이를 단지 그녀의 과도한 '감수성' 때문이라고 설명한다면, 마약에서 '최면효과'를 이끌어 내는 식이 될 것이다.

육체는 결코 주관적 경험들의 '원인'은 아니다. 왜냐하면 그것은 객관적 형태의 주체이며, 그 주체는 자기의 본질과 결합하여 하나가 되기 때문이다. 신비주의자의 반대자나 찬미자가 성 테레사의 무아경에 성적 내용을 부여하는 것은 그녀를 히스테리 환자의 부류에 집어 넣는 것이라고 생각된다. 그러나 히스테리 환자의 불명예는 그 육체가 고착관념(강박관념)을 능동적으로 표현한다는 사실이 아니라, 육체가 집념에 사로잡혀서 자유로운 주체로서 살아갈 수 없게 된다는 것이다. 고행자는 자기 신체를 지배할 힘이 있기 때문에 신체의 노예는 되지 않는다. 그 몸짓이 자유의 표현이 될 수도 있다. 성 테레사의 문장들은 별로 모호해 보이지 않는다. 그 문장들은 굉장히 과도한 정욕으로 기절한 성녀를 표현한 베르닝(이탈리아 화가·조각가·건축가 1598~1680)의 조각상이 뒷받침하고 있다. 그녀의 감동을 단순한 성적 승화라고 해석하는 것도 잘못이다. 억압된 성욕이 신에 대한 사랑의 형태를 취하는 것도 있을 수 없는 일이다.

연애하는 여성일지라도 처음에는 대상이 없는 욕망 때문에 고뇌하다가 곧 그 욕망을 어떤 개인에게 정착시키는 것은 아니다. 연인의 현존이야말로 그녀의 성적 흥분을 직접적으로 불러일으키는 것이다. 이리하여 성 테레사는 단번에 자기를 신과 결합시키려고 애쓰고, 이런 일치를 자기의 육체 속에서 경험한다. 그녀는 신경이나 호르몬의 노예가 아니다. 오히려 육체의 가장 깊숙한 곳까지 스민 그녀의 강렬한 신앙에 감탄해야 한다. 사실 성 테레사 자신도 이해했듯이, 신비주의 체험의 가치는 그녀가 주관적으로 경험한 방법이 아니라 객관적 능력에 따라서 측정되는 것이다. 무아경의 여러 가지 현상은 성 테레사의 경우나 마리 알라코크의 경우나 거의 마찬가지이다. 그러나 사명에 대한 그녀들의 관심은 매우 다르다.

---

[*19] '눈물이 그녀의 뺨을 붉게 태우고 있어서, 찬물을 끼얹어야 할 것만 같았다'고 그녀의 전기 작가들 가운데 한 사람은 전한다.

성 테레사는 개인과 초월적 '존재'의 관계에 대한 극적 문제를 완전한 지적 방법으로 설정하고 있다. 그녀는 여자로서 체험했는데, 그 체험의 의미는 모든 성적 구별을 초월하는 것이다. 십자가의 성 요한과 같은 위치에 그녀를 놓아야 할 만큼, 그녀의 체험은 매우 빛나는 것이다. 그녀의 아류들이 보여 주는 것은 세계와 구원에 대한 본질적으로 여성적인 사고방식이다. 그녀들이 목적으로 하는 것은 자기 초월이 아니라, 자기가 여성인 데 대한 속죄이다.*20

여성은 먼저 신의 사랑에서, 사랑하는 여자가 남자의 사랑에서 요구하는 것과 같은 자기의 나르시시즘의 극치를 구한다. 그녀에게 주의 깊고 사랑스럽게 고정된 시선은 그녀에겐 기적적인 행운이다. 기용 부인은 처녀시절과 신부시절에 언제나 사랑받고 칭찬받고 싶은 욕망에 시달려왔다. 현대 신교파의 신비주의자인 베에 양은 이렇게 썼다. "내 마음속에서 일어나는 것에 특별히 따뜻하게 관심을 기울이는 사람이 없는 것만큼 나를 슬프게 하는 일은 없다."

생트 뵈브(프랑스 비평가·소설가, 1804~1869)는 크뤼데네르 부인에 대해 이렇게 썼다. 그녀는 신이 자기에게 끊임없이 관심을 쏟는다고 여겨서, 연인과 사이가 좋지 않을 때도 "신이여, 나는 참으로 행복합니다! 나의 넘치는 행복을 용서해 주십시오"라고 울부짖었다고 말이다. 하늘 전체가 그녀를 비치는 거울이 되었을 때, 나르시시즘의 여자의 마음을 파고드는 도취를 이해할 수 있을 것이다. 신과 같은 그녀의 이미지는 신 자체처럼 무한하고, 결코 사라지지 않을 것이다. 동시에 불타오르고 두근거리는 사랑에 빠진 그녀의 가슴은, 경배하는 하느님 아버지에 의해 창조되고 속죄되고 사랑받는 자기의 영혼을 느낀다. 그녀가 포옹하는 것은 그녀의 분신이며, 신의 매개를 통해 무한히 신성시된 그녀 자신이다. 성녀 앙젤르 드 폴리뇨의 다음과 같은 문장은 특히 의미심장하다. 예수는 그녀에게 이렇게 말한다.

나의 귀여운 딸, 나의 딸, 나의 사랑하는 딸, 나의 전당이여, 나의 딸이여, 나의 사랑하는 여자여, 내가 너를 사랑하니 나를 사랑해 다오. 네가 나를 사랑할 수 있는 것보다 훨씬 더 나는 너를 사랑하므로 너의 삶 전부가, 네가 먹는 것, 마시는 것, 자는 것, 너의 삶 모두가 나를 즐겁게 해 준다. 나는

---

*20 그러나 시에나의 카테리나의 경우는 신학적 관심이 매우 많았다. 그녀는 또한 매우 남성적인 유형의 여자이다.

네 속에서 여러 백성들의 눈에 위대하게 보이는 일을 행할 것이다. 네 속에서 나는 알려질 것이고, 네 속에서 나의 이름은 수많은 백성들의 찬양을 받을 것이다. 나의 딸, 나에게 다정한 아내, 나는 너를 한없이 사랑한다.

기대한 것보다 훨씬 나에게 다정한 나의 딸이여, 나의 기쁨이여, 전능한 신의 마음은 지금 너의 마음 위에 있다…… 전능한 신은 너의 속에 많은 사랑을, 이 마을의 어떤 여자보다도 더 많은 사랑을 맡겼다. 신은 너를 기쁨으로 삼았다.

나는 너를 사랑하는 나머지, 이젠 너의 잘못이 마음에 걸리지도 않고 눈에 보이지도 않는다. 나는 너에게 엄청난 보배를 맡겼다.

〔신에게〕선택된 여자는 열렬하고 높은 곳에서의 사랑 고백에 열정적으로 보답하지 않을 수 없다. 그녀는 연애하는 여자의 상투적 수단인 자기소멸로써 사랑하는 그분과 결합하려고 한다. '내가 할 것은 사랑하고, 나를 잊어버리고, 나를 소멸하는 일뿐이다'라고 마리 알라코크는 썼다. 종교적 무아경은 이 자아포기를 육체적으로 모방하는 것이다. 주체는 더 이상 보지도 느끼지도 못한다. 자기의 육체를 망각하고 자기의 육체를 부인한다. 이 포기의 격렬함에 따라, 수동성을 열렬히 받아들임으로써, 빛나는 최고의 '현존'〔신의 존재〕이 새겨진다. 기용 부인의 정적주의(靜寂主義 : 17세기 신비주의 사상, 외적 활동을 하지 않고 자신을 완전히 버린 수동적 입장에 두는 것으로 신과의 통일을 바란다)는 이 수동성을 체계화한 것이다. 그녀는 대부분의 시간을 일종의 육체적 마비 상태로 보냈다. 깨어 있을 때도 자고 있는 것 같았다.

신비주의 여성의 대부분은 신에게 수동적으로 몸을 맡기는 것만으로는 만족하지 않는다. 그녀들은 자기들의 육체를 파괴함으로써 자기를 없애는 데 몰두한다. 확실히 금욕주의는 종교가나 성직자들이 실행해 왔다 그러나 여자가 자기의 육체를 모욕할 때의 그악스러움은 독특한 성격을 띤다. 자기 육체를 대하는 여자의 태도가 얼마나 모호한가는 이미 본 바와 같다. 그녀는 굴욕과 고통을 통하여 육체를 영광으로 변화시킨다. 쾌락을 위한 육체로서 남자에게 바쳐짐으로써 그녀는 전당이 되고 우상이 된다. 분만의 고통으로 갈가리 찢겨져서 그녀는 영웅들을 창조한다. 신비주의의 여성은 육신을 자기의 것으로서 요구할 권리를 얻기 위하여 자기의 육체를 학대하려고 한다. 육체를 모욕함으로써 그것을 자기구원의 도구로 끌어 올린다. 일부의 성녀들이 몰두하는 기괴한 행위도 이것으로써 설명이 된다. 성 앙젤르 드 폴리뇨는 나병 환자들의 손과 발을 씻긴 물을 즐겁게 마셨다고 이야기한다.

　이 물 즐겁게 우리의 목을 적셔 주었고, 집에 돌아갈 때까지 그 맛은 가시지가 않았다. 내가 그렇게 맛있게 물을 마셔 본 적은 한 번도 없었다. 나병 환자의 상처에서 떨어져 나온 비늘 같은 살갗 조각이 나의 목에 걸려 있었다. 나는 그것을 토하는 대신에 그것을 삼키려고 매우 애를 썼다. 그래서 결국 삼키고 말았다. 나는 성체를 받고 난 것 같은 생각이 들었다. 내 몸 위로 넘쳐흐르는 기쁨들은 결코 말로는 표현할 수가 없을 것이다.

마리 알라코크가 환자가 토한 것을 혀로 핥아 깨끗이 치웠다는 이야기는 유명하다. 그녀는 자서전에서, 설사하는 남자의 변을 입 안에 넣었을 때 느꼈던 행복감을 묘사하고 있다. 예수는 그녀의 입술을 성심(聖心 : 예수실장의상징)에 3시간 동안 붙여 놓음으로써 보상을 해 주었다. 신앙이 육체적 색채를 띠는 것은 이탈리아나 에스파냐와 같은 열렬한 관능의 나라에서 특히 그렇다. 아브뤼즈(중부 이탈리아의 산악지방)의 어느 마을 여자들은 오늘날까지도 십자가의 길을 따라서 땅에 있는 조약들을 핥아 혀를 찢는다. 이런 모든 행위를 함으로써 그녀들은 육체의 가치를 떨어뜨리고, 자신들의 영혼을 구한 구세주를 따르고자 하는 것이다. 그녀들은 이런 위대한 신비에 대하여 남자들보다 훨씬 더 구체적으로 민감하다.

대개 신은 여자에게 남편의 모습으로 나타난다. 때로는 영광에 싸여 순백의 미로 휘황찬란하며, 지배자의 모습으로 나타날 때도 있다. 신은 그녀에게 웨딩 드레스를 입히고 관을 씌워 주며 그녀의 손을 잡고 천국으로 인도해 줄 것을 약속한다. 그러나 대개 그는 육적인 존재이다. 예수가 성 카테리나에게 주어 그녀가 손가락에 끼었던 보이지 않는 결혼반지는 할례(고대부터 많은 민족 사이에서 행하여 온 의식으로 성기의 일부를 절개하는 풍습) 때 그에게서 도려 낸 '육의 반지'였다. 특히 그의 육체는 학대를 받아 피투성이가 되었다. 그녀는 십자가에 못 박힌 예수를 떠올리며 열렬한 사랑에 빠진다. 그녀는 자기를, 아들의 시체를 품에 안은 성모 마리아나, 혹은 십자가 밑에 서서 예수의 피로 몸을 적시고 있는 막달라 마리아라고 생각한다. 이렇게 그녀는 자학적 환상을 만족시킨다. 신의 굴욕 속에서 그녀는 '남자'의 실추를 찬미한다. 맥이 빠지고 피동적이며 상처투성이의 십자가에 못박힌 모습은 들짐승이나 칼이나 남성의 제물이 되어 순백의 피부를 피로 물들이는 순교자를 떠올리게 한다. 그녀는 자기를 흔히 이런 순교자처럼 생각한다. 그녀는 '남자'가, '신의 모습을 한 남자'가 그녀의 역할을 맡고 있는 것을 보고 당황해서 어쩔 줄 모른다. 십자가에 매달려 부활의 영광을 약속받는 것은 그녀이다. 그녀는 그것을 몸으로써 증명한다. 그녀의 이마는 가시관 밑에서 피를 흘리고 손과 발과 옆구리는 보이지 않는 칼에 찔려 있다. 가톨릭 교회의 통계에 따르면 성흔을 몸에 지닌 321명의 사람들 가운데 남자는 47명밖에 없다. 다른 사람들, 헝가리의 엘레나, 십자가의 잔, G. 도스탕, 오잔 드 망투, 클레르 드 몽팔콩은 여자이다. 그녀들은 평균적으로 갱년기의 연령을 넘어섰다. 가장 유명한 카테리나 에메리크는 일찍이 성흔을 받았다. 24세 때 가시관의 고통을 원하고 있는데, 눈부신 젊은 남자가 나타나 그녀의 머리 위에 그 관을 씌웠다. 이튿날 그녀의 관자놀이와 이마가 붓고 거기에서 피가 흐르기 시작했다. 4년 뒤에 무아경 속에서 그녀는 그리스도를 보았다. 그리스도의 상처에서 예리한 칼날 같은 뾰족한 광선이 뻗어나와 성녀의 두 손과 두 발, 옆구리에서 핏방울이 솟구쳐 나오게 했다. 그녀는 피땀을 흘렸고, 피를 토했다.

이제까지도 성 금요일에는 테레즈 뇌만이 그리스도의 피가 흐르는 얼굴을 관람객들에게 보이고 있다. 성흔 속에서 육체를 영광으로 변화시키는 신비한 연금술이 이로써 완성된다. 왜냐하면 성흔은 피범벅이 된 고통의 형태 아래서 신의 사랑이 이 순간에도 그들과 함께함을 보여주기 때문이다. 여자들이 왜 혈액을 순수한 황금의 불꽃으로 변화시키는 데 유난히 집착하는가를 이를 통해 알 수 있다. 그녀들은 사람의 왕(그리스도)의 옆구리에서 흘러나오는 이 피에 대한 고착관념을 가지고 있다. 시에나의 성 카테리나는 거의 모든 편지에서 이에 대하여 말한다. 앙젤르 드 폴리뇨는 예수의 심장과 옆구리의 터진 상처를 지켜 보는 데 몰두했다. 카테리나 에메리크는 '피에 젖은 속옷'을 입은 예수를 닮기 위하여 빨간 셔츠를 입었다. 그녀는 '예수의 피를 통해서' 모든 것을 보았다. 앞에서 본 것처럼, 마리 알라코크는 세 시간 동안이나 예수의 '신성한 심장'에 젖어 있었다. 붉게 타오르는 사랑의 창(십자가)을 등에 짊어진 커다랗고 빨간 핏덩어리를 신자들에게 경배하도록 권유한 것은 그녀이다. 이것이야 말로 사랑을 통해 피에서 영광으로 가는 위대한 여성의 꿈을 요약하는 상징이다.

어떤 여성들에게는 무아경·환각·신과의 대화 등 내적 경험만으로 충분하다. 그러나 그 외의 행동을 통해서 그 경험을 세계에 전할 필요성을 느끼는 여성들도 있다. 행동을 정관(靜觀 : 신과의 내적합일)에 연결시키는 데는 아주 다른 두 가지 형태가 있다. 성 카테리나나 성 테레사나 잔다르크와 같은 행동적인 여성들은 자기의 목적이 무엇인가를 잘 알고, 그 목적에 도달하기 위한 수단을 냉철하게 생각해 낸다. 그녀들의 계시는 그 확신에 객관적인 형태를 주는 데 지나지 않는다. 그런 확신 때문에 그녀들은 자기들이 명확하게 그린 길을 따라갈 용기를 낸다.

기용 부인이나 크뤼데네르 부인과 같은 나르시시스트의 여자들도 있다. 그녀들은 열정적인 신앙을 꾹 참아 온 끝에 갑자기 자기들이 '사도(使徒)의 위치'[21]에 있음을 느낀다. 그녀들은 자기들의 임무에 대해서는 그다지 분명하게 의식하지 않고 있다. 자기가 하는 일이 무엇인가가 중요한 것이 아니라 단지 무엇인가를 한다는 사실이—계속 움직여야만 마음이 개운한 부인사업가들과 마찬가지로—중요한 것이다. 크뤼데네르 부인은 대사 부인으로서, 여류작가로서 자기를 과시한 뒤에 자신의 가치에 대하여 품고 있던 생각을 내면화한다. 그녀가 알렉산드르 1세의 운명을 손아귀에 쥔 것은 분명한 이념을 승리로 이끌기 위해서가 아니라, 신에게서 영감을 받은 자로서 자신의 역할을 확인하기 위해서였다. 여자가 신성한 성격을 띠고 있다고 느끼기 위해서는 조금 아름답고 지혜롭기만 하면 족하다. 더욱이 자신이 신에게 선택된 여자라는 사실을 알았을 때, 자기가 커다란 사명을 띠고 있다고 생각하는 것은 마땅하다. 그래서 그녀는 모호한 교리를 설교하고, 스스로 교파를 일으킨다. 이로써 여자는 자기가 신의 세계로 인도하는 단체의 인간들을 통해서 자기의 인격을 증진시키는 흥분을 맛볼 수가 있다.

신비주의적인 열정은 연애나 나르시시즘과 마찬가지로 활동적이고 독립된 생활 속에서 살릴 수도 있다. 그러나 그 자체로는 이런 개인적 구원의 노력은

---

[21] 기용 부인.

실패로 끝나는 수밖에 없다. 여자가 자기의 분신이나 신 같은 비현실과 관계를 맺든, 혹은 현실적 존재와 더불어 비현실적 관계를 창조하든, 그녀는 세계에서 발붙일 세력을 확보하지 못하고 있다. 그녀는 자기의 주관성에서 빠져나가지 못한다. 그녀의 자유는 신비화된 채로 남아 있다. 자유를 올바르게 실현하는 방법은 한 가지뿐이다. 바로 능동적 행동을 통해 자유를 인간사회에 던지는 것이다.

# 제4편
# 해방

## 제1장 독립한 여성

프랑스 법전은 이미 아내의 여러 의무들 가운데 복종을 제외시켰기에 여자도 시민이라면 누구나 선거권을 갖게 되었다. 그러나 이런 시민으로서의 자유도 경제적 자립을 수반하지 못했을 때는 허울 좋은 간판에 불과하다. 정식으로 결혼한 여자이든 창부이든 남자에게 부양되는 여자는 투표용지를 가지고 있다고 해도 남자에게서 자유로운 것은 아니다. 풍습이 여자에게 옛날만큼 구속을 강요하지는 않지만, 그런 소극적인 허용으로는 여성의 처지를 근본적으로 개선하지 못한다. 그러므로 여성의 처지는 여전히 종속적인 관계 속에 갇혀 있다.

여성과 남성 사이의 거리를 대폭 좁힌 것은 노동이다. 노동만이 여자에게 실질적인 자유를 보장해 줄 수 있다. 여자가 기생하는 존재가 아니게 되면서 여자의 의존성을 토대로 세워진 제도는 붕괴된다. 여자와 세계 사이에는 이제 남성의 매개가 더 이상 필요치 않다. 예속된 존재로서의 여자를 억압하는 저주는 여자가 뭔가를 하도록 허용하지 않는다는 것이었다. 그러므로 그녀는 나르시시즘이나 사랑이나 종교를 통해서 존재를 절망적으로 다시 회복하려고 한다. 그녀는 자기가 세운 기획들 속에서 주체로서 구체적으로 자기를 확립한다. 추구하는 목적이나 소유한 돈이나 권리에 대하여 그녀는 책임을 느끼고 있다. 많은 여자들이 이 유리한 점을 의식하고 있다. 대단치 않은 직업에 종사하는 여자들조차 그러하다. 나는 날품팔이하는 여자가 호텔의 홀 바닥을 닦으면서 이런 말을 하는 것을 들었다. "난 누구에게 무엇을 도와 달라고 한 적이 한 번도 없어. 오로지 혼자 힘으로만 살아 왔지." 그녀는 자신의 홀로서기를 록펠러(미국의 부호)처럼 자랑스럽게 여기고 있었다.

하지만 투표권과 직업같 내세워 완전한 해방이라고 믿어서는 안 된다. 오늘날에는 노동이 곧 자유를 의미하지는 않는다. 여자가 노동을 하면서 자유를 얻을 수 있는 것은 단지 사회주의 세계에서뿐이다. 오늘날 노동자의 대다수는 착취를 당하고 있다. 또 여성의 자유가 아무리 개선된다고 해도 이 사회 자체가 근본적으로 변화된 것은 아니다. 늘 남자들의 소유물이 되어왔던 이 세계는 아직도 남자들이 새겨놓은 모습을 그대로 지니고 있다. 여성의 노동문제가 복잡성을 띠는 원인이 사실 여기에 있다는 점을 잊어서는 안 된다. 최근에 어떤 저명하고 지적인 부인이 르노 공장의 여공들에 대하여 조사를 했다. 그 결과 여공들은 공장에서 일하는 것보다 차라리 가정에 머물러 있는 편을 더 좋아하는 것으로 나타났다. 그녀들은 경제적으로 압박받는 계층이므로 어쩔 수 없이 자립해야 한다고 받아들이고 있었으며, 공장에서 일했다고 해서 가정의 노동이 면제되는 것이 아니었기 때문이다. 만일 주 40시간 노동을 하는 공장과 가정, 이 둘 가운데 하나만 선택하라고 물어 본다면 아마 앞에서와는 전혀 다른 대답을 할 것이다. 그러나 노동자로서 자기들의 것으로 될지도 모를 세계, 즐거움과 긍지를 가지고 그 완성에 참가할 수 있는 세계에 뚜렷한 하나의 구성원으로서 참여할 수만 있다면 그녀들은 가정과 노동 모두 기꺼이 다하려고 할 것이다.

오늘날 농촌 여성들은 말할 것도 없고 일하는 여성들의 대부분은 옛날부터 (전통이라는 이름으로) 전해 내려온 여성의 세계에서 벗어나지 못한다. 그녀들은 실질적으로 남자와 더등해지기 위해 필요한 도움들을 사회나 남편에게 받지 못하고 있다. 오직 정치적 신념을 가지고 적극적으로 경제 활동을 하는, 미래를 확신하는 여성들만이 작은 보답밖에 받지 못하는 하루하루의 고된 노동에 윤리적 의미를 부여할 수 있는 것이다. 그러나 오랫동안 여가를 박탈당하고 복종의 전통을 이어왔으므로, 여자들은 정치적·사회적 의식을 이제 겨우 확장하기 시작했다. 원래부터 향유할 권리가 있는 정신적·사회적 이득을 노동과 교환해서도 받을 수 없을 때, 여자들이 아무런 흥미를 느끼지 못한 채 속박을 감수하는 것은 마땅하다. 또 여점원·여사무원·여비서가 남성에게 의지함으로써 얻는 이익을 포기하지 않으려는 것도 이해할 수 있다. 내가 이미 말했지만, 여자가 자기의 육체를 아낌없이 주어야만 참여가 허락되는 특권계층의 생활은 젊은 여자에게는 거절할 수 없는 유혹이다. 사회가 그녀에게 요구하는 생활수준은 대단히 높은 반면에 그녀의 봉급은 적기 때문에 그녀는 남자의 유혹에 끌리게 된다. 자기의 버는 수준에서 만족을 느낀다면 그녀는 하층계급의 여자가 되고 말 것이다. 즉 좋은 집에서 살 수도 없고, 좋은 옷을 입을 수도 없으며, 모든 오락이나 연애도 포기해야 할 것이다. 도덕가는 그녀에게 욕구를 억누르라고 힘주어 말한다. 사실 그렇게 하는 여자의 식생활은 대개 카르멜 수도회의 수녀만큼이나 간소하다. 그렇다고 너나 할 것 없이 신을 연인으로 삼을 수는 없다.

여자로서의 생활을 잘 꾸려 가기 위해서는 남자들의 마음에 들어야 한다. 그러면 남자들의 도움을 받게 된다. 이런 것들을 미리 계산에 넣은 파렴치한 고용주는 여자들에게 생활비를 하기에도 빠듯한 봉급을 준다. 이런 도움으로도 처지를 개선할 수 있는 여자는 진정한 자립을 얻을 테지만, 반대로 이런 원조 때문에 직업을 버리고 남자에게 의존할 수도 있다. 대부분의 여자는 이 양쪽을 겸한다. 여자는 일이 있기 때문에 연인에게 매이지 않게 되고, 연인 덕택에 일에서 빠져 나올 수 있다. 그러나 직업을 가지면서 남성의 권위 아래 굴종해야 하는 이중의 예속을 경험하기도 한다. 결혼한 여자에게는 대개 봉급이 약간의 보탬이 될 뿐이다. 남의 도움을 받는 여자에게는 남자의 원조가 비본질적인 것처럼 보인다. 그러나 어떤 쪽도 개성적인 노력으로 완전한 자립을 할 수는 없다.

하지만 오늘날에는 직업에 종사함으로써 경제적·사회적 자주성을 얻는 여성들이 많다. 여성의 가능성이라든가 장래 등에 관하여 언급할 때 화제가 되는 것은 그런 여자들이다. 비록 아직까지는 그런 여자들이 많지 않지만, 그녀들의 상황을 가까이에서 연구한다는 것은 특히 흥미로운 일이다. 페미니스트와 반페미니스트 사이에 끊임없이 논쟁이 전개되는 것도 그러한 여성들 사이에서이다. 후자의 주장은, 오늘날 해방된 여성들이 세상에서 아무런 중요한 일도 이루지 못할 뿐더러 마음의 안정도 거의 찾지 못하고 있다는 것이다. 전자는 그녀들이 얻은 결과를 너무나 과장한 나머지 그 혼란에 대해서는 눈을 가리고 있다. 사실 그녀들이 길을 잘못 들었다고 말할 만한 근거는 아무것도 없다. 하지만 새로운 지위에 안정을 찾지 못하고 있는 것은 확실하다. 그녀들은 아직도 과정에 있는 데 불과하다. 여자가 경제적으로 독립했다고 해서 남자의 지위와 동등한 도덕적·사회적·정신적 지위에 있다고는 말할 수 없다. 여자가 직업에 종사하고 또 거기에 전념하는 방법은 그녀의 모든 생활방식을 통해 이뤄진다. 어른의 생활에 접근해 갈 때 그녀는 소년과 동일한 과거를 가지고 있지 않다. 그래서 사회는 남자를 보는 눈으로 여자를 보지 않는다. 세계는 그녀에게 남자와 다른 전망 속에서 나타난다. 여자라는 사실은 오늘날 자주적인 인간에게 특수한 문제를 제시하고 있다.

　유년시절부터 남자가 누리고 과시해 온 특권, 그것은 인간이라는 천직과 남성이라는 운명이 서로 모순되지 않는다는 것이다. 남근과 자기 초월의 일체화로 인하여 남성의 사회적이거나 정신적인 성공은 그에게 남성적 위력을 부여하게 된다. 남자는 분열되지 않는다. 그러나 여자가 여자다움을 완성하기 위해서는 자신을 객체화하여 남성의 먹이가 되는 것밖에 허용되지 않는다. 즉 절대적 주권을 가진 주체로서의 요구를 단념하도록 요구 받는다. 이런 갈등이야말로 해방된 여자의 위치를 규정짓는 특징인 것이다.

　해방된 여자는 거세되기를 원치 않기 때문에 여성의 역할 속에 가만히 앉아 있기를 거부한다. 그러나 자기의 성을 거부하는 것 또한 불구가 되는 것이다. 남자는 성이 있는 인간이다. 여자도 남자와 마찬가지로 성이 있는 인간이 되지 않으면 완전한 개인이라고 할 수 없다. 여자이기를 거부하는 것은 자기의 인간성을 부분적으로 포기하는 것이다. 여자를 싫어하는 사람들은 흔히 지성적인 여성들을 보고 '몸단장을 소홀히 한다'고 비난하면서 이런 식으로 충고한다. "당신들이 우리와 대등하게 되기를 원한다면, 얼굴에 화장하는 것과 손톱에 매니큐어 칠하는 것을 그만두시오." 이 충고는 이치에 맞지 않는다. 여자답다는 관념은 습관이나 유행에 따라 인위적으로 규정된 것으로, 외부에서 여자 한 사람 한 사람에게 강요되기 때문이다. 그런 여자다움도 시대와 함께 진화할 수 있는데, 그것은 남성들이 채택하는 기준에 접근하는 방식으로 진화되어 간다. 해변에서는 남자의 바지가 여자용이 되었다. 그러나 이런 변화는 근본적인 문제들에 아무런 반향도 일으키지 않는다. 여성성의 기준을 자기 마음대로 만드는 것이 개인에게는 허용되지 않는다. 기준에 맞지 않는 여자는 성적으로나 사회적으로도 가치가 떨어진다. 사회는 성적 가치를 공인하고 있기 때문이다. 여성의 속성을 거부하더라도 남성의 속성을 얻지는 못한다. 여자가 남자로 변장하더라도 남자가 될 수는 없다. 어디까지나 변장한 여자이다. 또한 동성애도 그것대로 분류되어 있다. 즉 중성이란 있을 수 없다.

실제적인 반대를 내포하지 않은 어떤 부정적인 태도는 없다. 젊은 처녀는 인습을 가볍게 경멸할 수 있다고 생각하기 쉽다. 따라서 그녀는 그런 태도로 시위를 하고 있는 것이며, 자기가 만들어 낸 새로운 상황의 결과를 스스로 감당해야만 한다. 기존의 법률에서 빠져나가면 그 사람은 반역자가 된다. 괴상하게 옷을 입은 여자가 정말 자기가 좋아서 그랬을 뿐이라고 한다면 그녀는 거짓말을 하고 있는 것이다. 자기가 좋아하는 것을 따른다는 것이 괴상한 짓이라는 사실을 그녀는 확실히 알고 있다. 반대로 괴상한 모습을 하고 싶지 않은 여자는 일반 규칙을 따른다. 적극적으로 효과적인 행동을 취하지 않는 한 도전적 자세를 선택하는 것은 어리석다. 그것은 더 많은 시간과 정력을 소비하게 한다. 남에게 거역하기를 원치 않는 여자나 사회적으로 자기의 가치를 떨어뜨리고 싶지 않은 여자는 여자의 신분으로 살아야만 한다. 그리고 여자가 직업적으로 성공하려면 그런 삶의 자세가 필요하다. 관습이라는 것은 자주적이며 활동적인 남자의 욕구에 의거하여 정해지기 때문에 획일성은 남자에게 아주 자연스럽다. 한편 여자는 남자에게 지지 않는 자주적인 활동가라 하더라도 여자를 수동적인 것으로 만드는 세계에 끼어들어가 함께 어울려야만 할 것이다. 여자만의 좁은 영역 안에 갇혀 있는 여자들은 필요 이상으로 그 중요성을 과장하는 만큼 더 무거운 예속을 지게 된다. 여자들은 화장이나 가사를 어려운 기술로 만들어버렸다. 남자는 자기의 의복에 대해서 별로 신경을 쓰지 않는다.

남자의 옷은 편리하고 활동적인 생활에 알맞게 되어 있어서 복잡하게 생각할 필요가 없다. 옷은 남자의 인격과 거의 관계가 없다. 게다가 자신이 옷을 손질하리라고는 아무도 기대하지 않는다. 그런 일은 누군가, 친절한 여자나 고용된 여자가 해 주게 마련이다. 이와 달리 여자는 다른 사람이 자기를 볼 때 겉모습도 함께 본다는 점을 잘 알고 있다. 여자는 화장을 통해서 평가되고 존중되고 욕망의 대상이 된다. 여자의 옷은 본디 여자를 무력하게 하려고 활동하기 불편하게 만들어져 있다. 양말은 잘 찢어지고 신발 뒤꿈치는 쉬 망가지며, 밝은 색 블라우스와 드레스는 얼마 지나지 않아 더러워진다. 주름은 금방 늘어진다. 대부분의 경우 여자는 이런 것들은 손수 손질해야만 한다. 이때는 친구도 친절히 도와 줄 수가 없다. 여자는 자기가 할 수 있는 이 일에 쓸데없는 돈을 낭비하려고도 하지 않는다. 파마를 하거나 세탁을 하거나 화장품이나 새 옷을 사는 데도 돈이 꽤 든다. 여비서나 여학생이 저녁에 집에 돌아오면 언제나 꿰매야 할 양말, 세탁할 블라우스, 다리미질할 치마가 기다리고 있다. 넉넉한 생활을 하는 부인은 그런 일을 하지 않아도 되겠지만, 그 대신 더 복잡한 멋을 부려야 한다. 그녀는 쇼핑이나 시침질 등에 시간을 낭비한다. 전통은 여자에게 가사에 대하여 남자와 달리 여러 가지 신경 쓸 것을 명령한다. 미혼 여성이라 해도 상황은 마찬가지이다. 도시에 새로 부임해 온 관리는 간편하게 호텔에 묵으려 하겠지만, 그의 여자 동료는 자기의 집을 마련하려고 할 것이다. 그 집은 정성들여 손질해야 한다. 남자라면 소홀히 할 것도 여자에게는 용납되지 않는다.

그렇지만 여자가 미용이나 가사에 주로 시간을 보내는 것은 남의 눈을 의식하기 때문만은 아니다. 여자는 자신의 개인적 만족을 위하여 여자다운 여자가 되기를 원하기 때문이다. 그녀는 자기 스스로 이루어가는 삶과 자신에게 주어진 운명을 아울러 가짐으로써 현재와 과거를 통하여 비로소 스스로를 인정할 수 있다. 그녀는 나르시시즘의 꿈을 품어 왔다. 남성의 남근적 자존심에 대항해서 자기의 여성적 이미지를 계속 숭배하고 있다. 그녀는 자기를 과시하여 남자를 매혹하고 싶어한다. 어머니나 그녀에게 보금자리 속에 들어앉아 취미생활을 하도록 그녀를 이끈다. 자기 가정이라는 것은 그녀가 꿈꾸는 독립의 가장 원시적 형태였다. 그녀는 다른 방법으로 자유를 발견했을 때에도 과거의 그 꿈을 부정하려 하지 않는다. 그리고 남성 본위의 세계에서 자기의 부재를 느끼는 정도에 따라, 자신의 내부에서 습관적으로 찾던 내적 도피의 상징인 은신처를 발견하려는 욕구가 있다. 여자다운 전통에 순종하는 그녀는 마루를 닦으며, 남자 동료처럼 식당으로 식사를 하러 가지 않고 손수 음식을 만든다. 그녀는 남자인 동시에 여자로서 생활하고 싶어한다. 그 때문에 일과 가사라는 이중의 노동이 그녀의 몸을 더욱 지치게 한다.

만약 그녀가 완전한 여자이기를 원한다면, 그것은 그녀가 최대한의 기회를 살려 남자라는 다른 성에 접근하려고 한다는 뜻이다. 가장 어려운 문제가 제기되는 것은 성이라는 분야에서다. 여성이 완전한 개인으로서 남자와 대등해지기 위해서는, 남성이 여성의 세계에 다가오듯 그녀도 남성의 세계에 드나들어야 한다. 즉 여성은 '타자'에 접근해야 한다. 그러나 타자의 요구는 쌍방의 경우에 균형이 잡혀 있지 않다. 한번 얻어진 부와 명성은 내재적 가치처럼 보이기 때문에 일단 여자의 성적 매력을 증가시킬 수가 있다. 그러나 자주적인 능

제4편 해방  881

동성은 여자다움을 소멸시키는 것이다. 여자는 그 사실을 잘 알고 있다. 독립적인 여성—특히 자기의 상황을 생각하는 지적인 여성—은 종종 여성으로서의 열등감에 시달린다. 오로지 남자를 유혹하는 데만 관심을 기울이는 요염한 여자처럼 세심한 주의를 몸단장에 바칠만한 여유가 그녀에게는 없다. 전문가의 충고를 따르려고 해도 잘 되지 않는다. 멋을 부리는 일에서는 아마추어의 경지를 벗어나지 못한다. 여자다운 매력을 지니기 위해서는 자기 초월을 포기하고 내재적 존재로 타락하여 미묘한 육체의 움직임을 보여야 하는 것이다. 즉 자발적으로 제공된 먹이가 되어야만 한다.

지적인 여성은 자기가 몸을 바치고 있다는 사실을 안다. 그리고 자기가 하나의 의식이며 주체라는 점도 잘 알고 있다. 자기의 시선을 마음대로 죽일 수도 없고, 자기의 눈을 한 조각의 하늘이나 물웅덩이로 변화시킬 수도 없다. 확실히 여자의 육체가 무기력한 조각상에서 활기찬 인형으로 변모되기 위해서는 세계를 향하여 발돋움하는 것을 멈추게 할 수는 없다. 지적인 여성은 실패에 대한 두려움은 있어도 지지않을 정도의 열정을 가지고 그만큼 더 열심히 노력한다. 그러나 의식적인 열정은 역시 능동성이다. 그래서 목적을 이루지 못한다. 그녀는 폐경기의 증상과 비슷한 잘못을 저지른다. 지적 여성은, 마치 나이 먹은 여자가 나이를 부인하려는 것처럼, 자기의 두뇌작용을 부인하려고 한다. 나이 먹은 여자가 소녀처럼 옷을 입고, 꽃을 꽂고, 주렁주렁 장식을 달고, 울긋불긋한 천을 몸에 두른다. 일부러 어린애 같은 신기한 몸짓을 한다. 장난을 치며 껑충껑충 뛰고, 재잘거린다. 명랑한 척하고 경솔한 행동을 하며 충동적 태도를 취한다. 그러나 그녀는 사실 근육을 이완시키는 감동을 경험한 일이 없기 때문에 눈꺼풀을 내리뜨든가, 입 언저리를 가만 놔두지 않고 오물거리든가 하며 반동근(反動筋)을 수축시키는 배우들의 흉내를 내는 것뿐이다.

이와 마찬가지로 지적인 여성은 자기를 포기하고 상대에게 몸을 맡겨 버린 태도를 흉내 내려다 익숙지 않은 몸짓으로 하여, 그녀의 뻣뻣한 몸은 거의 경련을 일으킬 정도이다. 그러나 그녀는 이를 뚜렷이 느끼고는 곧 화를 낸다. 얼빠진 듯한 순진한 얼굴에 갑자기 지나치게 날카로운 지성의 섬광이 지나간다. 애교를 떨던 입술이 꽉 다물어진다. 그녀가 남에게 호감을 주지 못하는 것은 바보 같은 동생들처럼 남에게 호감을 주고 싶다는 순수한 의지가 없기 때문이다. 남자를 유혹하고 싶다는 욕망이 아무리 강렬하더라도, 그것이 골수에까지 박히지는 않았기 때문이다. 자기가 서툴다고 느끼는 순간 그녀는 비굴한 자기 자신에게 화를 낸다. 그래서 이번에는 남성의 무기를 가지고 내기를 하여 승부를 내려고 한다. 그녀는 듣는 대신에 말을 내뱉기 시작하고 어려운 사상이나 개인적인 감정을 늘어 놓는다. 이야기 상대에게 찬성하는 대신 반대하며 상대를 억누르려고 한다. 스탈 부인은 전격적인 승리를 위하여 두 가지 방법을 아주 영리하게 섞어 썼다. 그래서 그녀에게 철저히 저항하는 남자가 별로 없었던 듯하다. 특히 미국 여성에게 많은 이 도전적인 태도는 남자들을 지배하기보다는 오히려 귀찮게 만든다. 그러나 처음부터 남자들이 믿어주지 않았기 때문에 여자들에게 도전적인 태도를 불러일으킨 것이다. 남자가 노예가 아닌 대등한 관계에 있는 여자와 사랑을 한다면—우월감이나 열등감이 없는 남자들이 그렇게 생각한다—여자도 여자다워야 한다는 걱정을 지금만큼 많이 하지는 않을 것이다. 그렇게 되면 여자는 거기서 자연스럽고 담백해질 것이다. 요컨대 그녀는 자기가 여자라는 사실에 그다지 고통스러워하지 않을 것이다.

사실 남자들은 여자들의 새로운 입장을 이해하기 시작했다. 여자는 이제 자기들의 운명이 선천적으로 결함이 있다고 생각하지 않으므로 훨씬 더 마음이 편해졌다. 오늘날 직장을 다니는 여자는, 일을 한다고 해서 여자다움을 소홀히 하지도 않고 자기의 성적 매력을 잃지도 않는다. 그러나 이런 성과는—그것만으로도 벌써 안정의 첫걸음이지만—아직 완전하다고는 말할 수 없다. 여자가 원하는 관계를 남녀·이성간에 맺는다는 것은 아직도 남자보다 여자에게 훨씬 더 곤란하다. 여자의 성생활과 애정생활에는 많은 장애가 가로놓여 있다. 이런 점에서 볼 때 남자에게 예속되어 있는 여자는 전혀 유리하지 않다. 성적으로나 애정적으로, 대다수의 결혼한 여자와 창녀들은 근본적으로 좌절감을 느끼며 의기소침해져 있다. 독립적인 여자에게 여러 가지 어려움이 더 명백히 드러나는 것은 그녀가 체념이 아니라 투쟁을 택했기 때문이다. 모든 살아 있는 존재들의 문제는 죽음 속에서 침묵의 해결을 발견한다. 그러므로 살려고 노력하는 여자는 의지와 욕망을 포기한 여자보다 더 분열되어 있다. 그러나 그녀는 후자를 본받으려고 해도 이를 받아들이지 않는다. 그녀가 불리하다고 생각하는 것은 단지 남자와의 비교에서만이다.

노력을 아끼지 않으며 책임감을 가지고 세상의 저항에 치열하게 투쟁해 온 여자는—남성처럼—자기의 육체적 욕망을 채울 필요뿐만 아니라, 행복한 성적 모험이 초래하는 긴장의 완화와 기분전환을 원한다. 그런데 이런 자유가 여자에게 구체적으로 인정되지 않는 환경이 아직도 있다. 만일 그녀가 이 자유를 행사한다면 평판이 나빠지고 생활이 위태롭게 될 위험성이 있다. 적어도 사람들은 그녀에게 부담이 되는 위선을 요구한다. 그녀가 사회적으로 존경받게 되면 세상사람들은 눈을 감아 줄 것이다. 그러나 특히 시골에서는 대개 여자가 가혹한 비판의 대상이 된다. 가장 유리한 환경에서도—더는 남의 이목을 두려워할 필요가 없을 때에도—여자의 처지는 남자의 처지와 같지 않다. 그 차이는 전통에서 비롯되기도 하지만 여자의 에로티시즘 고유의 특성이 제기하는 문제에도 그 원인이 있다.

육체의 흥분을 진정시키고 정신적 긴장을 풀어 주기에 충분한 일시적인 포옹을 남자는 쉽게 경험할 수 있다. 소수이긴 하지만, 여자들을 위하여 사창가를 만들어주기를 바라는 여자들도 있었다. 《17호》라는 제목의 소설에서 한 여성이 '택시 보이'[*1]라는 부류의 남자를 상대로 '성적 위안'을 얻기 위하여 여자가 갈 수 있는 집을 만들도록 제안했다. 최근에 이런 종류의 시설이 샌프란시스코에 있었는데, 그곳에는 창녀들만 출입했다. 창녀들은 늘 손님에게 돈을 받기만 하다가 자기가 돈을 지불하게 되자 무척 즐거워했다. 그러나 창녀들의 기둥서방들은 그 집을 폐쇄시켜 버렸다. 이런 해결방안은 공상적이고 바람직하지도 않을 뿐만 아니라 성공하지도 못할 것이다. 앞에서도 본 바와 같이 여자는 남자처럼 기계적으로 위안을 얻지는 못한다. 대부분의 여자들은 그런 상황이 관능적 위안에는 별로 적합하지 않다고 생각할 것이다. 아무튼 이런 수단은 오늘날 그녀들에게 허용되지 않는 것이 사실이다. 하룻밤이나 한 시간의 남자 파트너를 여자가 거리에서 주워 온다는 해결법은—금지된 모든 것을 극복한 열정적인 여자가 혐오감 없이 남자와 얼굴을 맞댈 수 있다고 하더라도—남성보다는 여성에게 훨씬 위태로운 것이다. 성병에 대해서도 전염을 막는 예방책은 오히려 남자에게 달려있기 때문에 위험성은 여자에게 더 크다. 더욱이 여자가 아무리 신중하게 행동한다 하더라도 임신이라는 위험에서 완전히 벗어날 수는 없다. 그러나 무엇보다도 낯 모르는 사람과의 관계—난폭한 형태로 성립되기

---

[*1] 이 작자는—나는 이름도 잊었다, 갑자기 생각해 보려고 해서 그런지도 모르겠지만—아무튼 그들이 어떤 여자 손님이라도 만족시키기 위해 어떻게 훈련받고, 어떤 생활을 해야만 했는지 장황하게 설명하고 있다.

쉬운 관계—에서 남녀의 체력 차가 크게 작용하는 것이 문제이다. 남자는 여자를 자기 집에 데리고 간다 해도 별로 두려워할 것이 없다. 약간의 경계만 하면 충분하다. 그러나 여자가 남성을 자기 집에 데리고 가는 것은 다르다.

다른 사람에게 들은 이야기인데, 최근 파리에 온 두 젊은 여자가 '다양한 삶을 경험하고' 싶어서 대형마차를 타고 한 바퀴를 돈 뒤에 몽마르트르에서 매력적인 두 사내를 저녁식사에 초대했다. 이튿날 아침이 그녀들은 결국 소지품을 강탈당하고 폭행과 협박을 당했다고 한다. 보다 극단적인 예는, 이혼을 한 40세 정도 된 여자의 경우이다. 그 여자는 다 큰 세 아이들과 늙은 부모를 부양하느라 하루 종일 힘든 노동을 했다. 아직도 아름답고 매력적이었지만 사교계에 출입하거나 모양을 내고 적당한 남자를 유혹해 연애할 여유가 전혀 없었다. 무엇보다도 그런 유혹이 그녀에겐 귀찮았을지도 모른다. 하지만 그녀의 욕구는 매우 왕성해서 남자처럼 욕구를 위로받을 권리가 있다고 생각했다. 그녀는 가끔씩 밤이 되면 거리에 나가 서성거리면서 남자를 낚을 생각을 했다. 그러던 어느 날 밤 불로뉴 숲속에서 남자와 한두 시간을 함께 지냈는데, 그녀가 돌아가려 해도 남자가 그녀를 놓아 주지 않았다. 그 남자는 그녀의 이름과 주소를 묻고 또 만나자고 하며 함께 살자고 했다. 그녀가 거절하자 그는 그녀를 무자비하게 폭행한 뒤 위협하고는 혼자 놔두고 가 버렸다. 여자가 남자에게 애착을 갖는 경우, 남자가 그럴 때처럼 그를 돌봐주고 도와주고 싶어도 그것은 넉넉한 여자들에게나 가능한 일이다. 남성에게 돈을 주고 그를 도구로 만들어 한껏 멸시하는 태도로 농락하는 거래에 만족하는 여자들도 있다. 그러나 그토록 노골적으로 색정과 감정을 분리할 수 있기 위해서는 대개 여자가 상당히 연륜이 쌓여야만 한다. 젊은 여자의 경우 이 양자의 결합은 앞에서도 본 바와 같이 매우 깊다. 육체와 의식 사이의 이런 분리를 결코 승낙하지 않는 남자들도 적지 않다. 하물며 대다수의 여성들이 그런 것을 찬성할 리가 없다. 그런 일에는 아무래도 속임수가 따르게 마련인데, 여자는 남자 이상으로 거기에 민감한 편이다. 돈을 지불하는 손님도 그녀에게는 하나의 도구인 셈이다. 상대는 손님을 밥벌이 도구로 사용한다. 남성의 자존심은 색정극의 모호성을 보이지 않도록 잘 숨겨져 있다. 그는 무의식중에 자기를 속인다. 또 여자는 남자보다 한결 모욕을 느끼기 쉽고 한층 민감하기 때문에 남자보다 머리가 명석하다. 한결 더 교활한 기만이 아니라면 그녀의 눈을 속일 수가 없다. 남자를 돈으로 사는 것은 그럴 수 있다고 하더라도 일반적으로 여자에게는 만족스럽지 않을 것이다.

대부분의 여자들에게는 남자처럼 욕망을 채우는 것만이 문제가 아니라, 욕망을 채우면서 인간이라는 권위를 지키는 것도 중요하다. 남성은 즐기고 있을 때나 여자로 하여금 즐기게 할 때도 유일한 주체적 존재로 자처한다. 즉 남성은 오만한 정복자가 되든가 관대한 증여자가 되든가, 혹은 양자를 겸하든가 한다. 반대로 여자 쪽에서는 상대를 자기의 쾌락을 위해 헌신하게 하면서 자기의 증여로 만족시켜 준다고 주장하고 싶어한다. 여자는 남자에게 여러 가지 호의를 약속하거나 남자의 마음을 끌도록 친절히 굴거나, 혹은 순수한 너그러움 속에 있는 남자의 욕망을 여러 가지 수단으로 일깨우거나 해서, 자기 욕망을 남자에게 강요하면서도 자기가 남자를 만족시켜 준다고 생각하기가 쉽다. 여자는 자기에게 유리한 확신 덕분에 굴욕감을 느끼지 않고 남자를 유혹할 수 있다. 여자는 관대하게 행동한다고 생각하기 때문이다. 그래서《청맥》에서 필의 애무를 갈망하는 '백의(白衣)의 여자'는 거만하게 그에게 이런 말을 한다. "나는 구걸하거나 굶주리는 사람이 아니면 사랑하지 않아요." 사실 그녀는 남자가 자기에게 애원하도록 교묘하게 유도하고 있다. 그래서 콜레트는 이렇게 썼다. "그녀는 비좁고 어두운 왕국으로 달려갔다. 그 왕국에서 그녀의 자존심은 하소연을 비참한 고백으로 생각하며, 그녀에게 졸라대는 굶주린 사람에게 자유의 환상을 마시게 한다." 바랑 부인은 이런 여자의 전형이다. 그런 여자가 연하나 지위가 낮은 연인이나 불행한 연인을 고르는 것은 그들의 욕망에 관대한 인상을 주기 위해서이다. 그러나 튼튼한 남성에게 달려드는 대담한 여자들도 없지 않다. 그녀들은 그 남자들이 예의나 공포 때문에 굴복할 때에도 그들을 만족시켜 주기를 좋아한다.

반대로 남자를 자기의 함정에 빠뜨려 붙잡고 있으면서 자기가 주는 쪽이라고 생각하는 여자가 있는가 하면, 기꺼이 자기 몸을 맡기면서도 자기가 빼앗는 편이라고 주장하고 싶어하는 여자도 있다. '나는 얻는 쪽이다'라고 언젠가 젊은 여기자가 나에게 말한 적이 있다. 사실 이러한 경우들에서는 강제성이 없다면 아무도 타자를 얻을 수는 없다. 이런 말을 하는 여자는 이중으로 자기를 속이고 있다. 왜냐하면 남자는 혈기를 앞세워 공격적으로 유혹하는 경우가 많고, 또 적극적으로 상대 여자의 동의를 빼앗아 버리기 때문이다. 이미 인용한 스탈 부인 같은 특별한 경우를 제외하면 대개 여자들의 경우는 그렇게 순조롭지 않다. 여자는 자기 몸을 상대에게 제공하는 것 이상으로는 별다른 일을 할 수가 없다. 왜냐하면 대부분의 남성들은 자기 역할에 매우 집착하기 때문이다. 남자들은 여자에게 개별적으로 감정을 일깨워 주려고 한다. 하나의 객체로서 여자의 욕망을 채워 주는 그런 존재가 되기를 원하지 않는다. 그런 존재로 선택되면 그들은 자기들이 이용당한다고 느낀다.*²

"남자를 무서워하지 않는 여자는 남자를 두렵게 한다"라고 어떤 젊은 남자는 나에게 말했다. 그리고 나는 어른들이 자주 이렇게 말하는 것을 들었다. "나는 여자가 주도권을 쥐는 것을 싫어한다." 여자가 지나치게 대담하게 나오면 남자는 꼬리를 내리고 도망친다. 그들은 정복하고 싶어하기 때문이다. 그러므로 여자는 스스로 남자의 먹이가 되면서 그를 잡는 수밖에 없다. 여자는 수동적 존재로서 복종을 약속해야만 한다. 만일 성공한다면 이때 그녀는 자기가 그에게 마법을 걸었다고 생각하여, 자기의 자주성을 재발견했다고 믿을지 모른다. 그러나 그녀는 남성의 경멸로 자칫 쓸모없게 되어 버릴 위험이 있다. 그녀가 보인 제의를 남자가 거절할 때 심한 굴욕을 느끼는 것은 그 때문이다.

남자도 자기가 농락을 당했다고 생각하면 곧잘 화를 낸다. 하지만 단지 자기의 어떤 계획이 실패했다는 것뿐이지, 그 이상은 아무것도 없다. 반면에 여자는 흥분·기대·약속 가운데서 자기 스스로 육체가 될 것에 동의한다. 여자는 자기를 잃어야만 비로소 얻을 수 있다. 그래서 자기를 잃어버린 상태로 있다. 이런 실패를 감수하려면 대책없이 맹목적이거나 뛰어나게 명석해야만 한다. 유혹이 성공할 때에도 승리는 여전히 모호하다. 사실 여론에 따르면 승리하는 것은 남자로, 그가 여자를 소유한다. 세상은 여자가 남자처럼 자기 욕망을 채우는 것을 허락하지 않는다. 여자는 욕망의 먹이이다. 남성은 자기 개성에 종(種)으로서의 힘을 통합시킨 것으로 알려져 있다. 한편 여자는 종(種)의 노예이다.*³ 여자는 때때로 아주 순수한 수동적 존재로 여겨진다.

"마리, 거기에 누워. 너의 몸뚱이 위에 타보지 않은 것은 버스뿐이야."

---

*² 이런 감정은 젊은 처녀에게서 볼 수 있다고 우리가 이미 지적해 온 것이다. 그녀는 끝내 자기 운명에 체념하고 만다.
*³ 제1장에서 본 바와 같이 이런 의견에는 어느 정도 진실이 담겨 있다. 그러나 불균형이 나타나는 것은 정확히 욕망의 순간이 아니라 생식의 순간이다. 욕망 안에서 여자와 남자는 똑같이 자기들의 자연적 기능을 지니고 있다.

여자는 자유로이 처분할 수 있고 사용할 수 있는 하나의 도구다. 그녀는 성적 흥분이라는 매혹에 호락호락 넘어가며, 그녀를 과실처럼 따는 남성에게 매혹당한다. 때로는 그녀가 소외된 능동성으로 보여질 때도 있다. 그 질의 안쪽에는 남성의 정액을 먹으려는 탐욕스런 뱀이 잔뜩 도사리고 있다. 아무튼 여자가 단순히 자유스럽다고 생각할 수는 없다. 특히 프랑스에서는 자유로운 여자와 유혹되기 쉬운 여자를 언제나 혼동하는 버릇이 있다. 유혹되기 쉽다는 것은 저항과 억제가 없음을 뜻한다. 그것은 바로 자유와 반대되는 것이기도 하다. 여류문학은 이런 편견과 싸워 보려고 한다. 예를 들면 《그리젤리디스》에서 클라라 말로는, 여주인공이 유혹에 이끌려 가지 않고 자기의 의지에 따라 행동한다는 사실을 강조하고 있다. 여자의 자유로운 성생활을 인정하는 미국에서는 성적 활동이 매우 활발하게 이루어진다. 그러나 프랑스에서는 '자고 싶은 여자들'을 경멸하는 체하면서 그녀들의 호의를 이용하는 남자들이 수많은 여자들을 불감증에 빠지게 한다. 그녀들은 말썽을 일으키거나 남의 입에 오르내릴 구실이 되는 것을 두려워한다.

혹 뜬소문 같은 것은 무시하더라도, 그녀는 상대 남자와의 교제에서 실제로 어려움을 겪는다. 여론은 그의 안에서 구체화되기 때문이다. 흔히 남자는 침대를 자기의 공격적 우위성이 입증되는 활동무대로 생각한다. 그는 받으려 하지 않고 가지려 하며, 교환하려 하지 않고 빼앗으려 한다. 그는 여자가 자기에게 주는 것 이상으로 여자를 소유하려고 애쓴다. 여자의 동의가 패배이기를, 그녀의 속삭이는 말이 자기가 억지로 이끌어 낸 고백이기를 바란다. 여자가 남자의 쾌락을 인정하는 것은 스스로 노예가 되었음을 인정하는 것이 된다.

클로딘이 거부감 없이 바로 르노에게 순종하려고 할 때, 르노는 미리 예감을 하고 선수를 친다. 그녀가 스스로 몸을 바치려고 할 때조차 그녀를 강제로 소유하려고 서두른다. 그는 여자에게 눈을 크게 뜨고 그 관계에서 자기의 승리를 바라보게 하려고 한다. 마찬가지로 《인간의 조건》에서 권위주의자 페랄은 발레리가 불을 끄려고 하는데도 굳이 켜놓으려고 한다. 자존심 강하고 권리를 요구할 줄 아는 여자가 남성에게 접근할 때는 적대적인 태도를 취한다. 그러나 이 싸움에서 남자는 여자보다 훨씬 더 단단히 무장을 하고 있다. 우선 남자는 체력이 튼튼하다. 그래서 여자에게 자기의 의지를 강요하기가 한결 수월하다. 앞에서도 본 바와 같이, 긴장과 활동성은 남자의 성욕에서 잘 조화를 이루는 반면, 여자는 수동성을 거부하면 자기를 관능적 쾌락으로 이끌어 가는 유혹을 물리치게 된다. 여자가 그 태도나 동작에서 상대를 지배하는 흉내를 내면 쾌락에 잘 도달할 수 없다. 자존심에 심하게 구애받는 여자들의 대부분은 불감증에 걸리게 된다. 애인의 지배적이며 가학적 성향을 만족시켜 줄 수 있는 남자는 극히 드물다. 그리고 이런 남자의 순종에서 온전한 성적 만족을 얻는 여자도 찾아보기 힘들다.

여자에게 이런 방법보다 훨씬 쉬운 방법이 하나 있다. 바로 마조히즘이다. 하루 종일 일하고 싸우고 책임을 지고 모험을 할 때, 밤에 자기 자아를 던져 버리고 자극이 강한 흥분상태에 몸을 맡기는 것은 하나의 휴식이 된다. 사실 애정에 모든 것을 걸고 있는 여자나 순박한 여자는 강압적인 의지에 자기를 그대로 맡기는 것을 기뻐할 수 있다. 이때는 자기가 지배받고 있다는 것을 실제로 느낄 필요가 있다. 날마다 남자들 속에서 생활하는 여자는 남성의 무조건적 우월성을 쉽게 믿고 싶어하지 않는다. 진정한 마조히스트는 아니지만, 지극히 '여자다운' 여자의 실례를 들은 적이 있다. 그녀는 이제까지 숱한 남성들의 품에 안겨서 쾌락을 흡족하게 맛보아 왔다. 17살 때부터 남편도 여러 번 바꾸고 애인들도 수없이 두어서 많은 재미를 보았다. 그녀는 한 가지 어려운 사업을 성공시키면서 그동안 남자들을 마음대로 부려먹었다. 그러나 나중에 그 때문에 자기가 불감증이 된 것을 불평했다. 그녀는 남성을 지배하는 것이 습관이 되어, 남성의 권위를 인정하지 않게 되었으므로 자기를 포기할 수 없게 되었다. 여자가 남성의 우위를 의심하기 시작하면 남자가 아무리 대단하더라도 그에게서 느끼는 존경심은 줄어들 뿐이다. 침대 속에서 남자가 매우 거칠게 남성이 되려고 할 때, 노련한 여자의 눈에는 그가 남성인 체하는 것까지도 유치하게 보인다. 남자는 단지 오래된 거세 콤플렉스나 그녀의 아버지에 대한 이미지나 혹은 무슨 다른 환상을 불러일으킬 뿐이다.

여자가 연인의 변덕에 응하기를 거부하는 것은 꼭 자존심 때문만은 아니다. 그녀가 상대하고 싶은 사람은 혼자서 이야기를 지껄이는 소년이 아니라, 인생의 한순간을 살고 있는 어른인 것이다. 마조히스트인 여자는 남달리 뼈저린 환멸을 느낀다. 어떤 일이라도 너그러워야 하는 모성애의 친절은 그녀가 꿈꾸는 자기포기가 아니다. 그녀는 자기가 남자에게 지배되고 예속되어 있다고 믿는 체하면서 너절한 유희에 만족하든가, '훌륭한' 남자들을 따라다니든가, 아니면 불감증의 여자가 되든가 해야만 할 것이다.

앞에서 말한 바와 같이, 남녀 두 사람이 서로 대등하다고 인정한다면 사디즘이나 마조히즘의 유혹에서 벗어날 수 있다. 남자나 여자 어느 쪽이든 약간의 겸손과 얼마간의 관용이 있으면 곧 승리나 패배의 관념은 사라진다. 연애 행위는 자유로운 교환이 된다. 그러나 역설적으로 말해서, 이성을 한 개인으로서 자기와 동등한 존재로 인정한다는 것은 남자보다 여자에게 훨씬 더 어려운 일이다. 남자는 우월권을 장악하고 있기 때문에 오히려 많은 여성들에게 다정한 존경을 바칠 수가 있다. 이때 여자는 사랑에 빠지기 쉽다. 여자는 무엇보다도 연인을 그가 이제까지 속해 있던 세계와는 다른 세계로 인도하고, 그가 그녀 곁에서 즐기며 탐색하도록 유도할 특권이 있다. 적어도 당분간은 그녀는 호기심을 느끼거나 즐거워하게 된다. 그러나 다음에는 제한되고 종속된 여자의 상황으로 인해 그녀의 모든 장점들이 정복된 것처럼 보인다. 반면 그녀의 잘못들은 용서된다.

스탕달은 가증스러운 편견에 사로잡혀있음에도 레날 부인과 샤스텔레 부인을 예찬하고 있다. 여자는 그릇된 생각을 한다거나 그다지 지적이지 않고 통찰력이나 용기가 부족하다고 해도 상관이 없다. 남자는 그런 여자에게 책임을 묻지 않는다. 여자가 그 상황의 희생자라고 생각하기 때문이다—이런 생각은 대개 옳다. 그녀가 과거에 그럴 수 있었으리라 또는 그녀가 미래엔 그럴지도 모르리라, 남자는 그렇게 생각하고 있다. 그녀에게는 아무것도 정해져 있지 않기 때문에, 사람들은 그녀에게 외상을 허락하거나 많은 돈을 빌려 줄 수가 있다. 남자가 그녀에게 곧 싫증을 느끼는 것은 이런 결여 때문이지만, 유혹을 통해 쉽게 애정을 느끼게 하는 신비나 매력 역시 여기서 생기는 것이다.

이에 비하면, 남자에게 우정을 느낀다는 것은 결코 쉬운 일이 아니다. 남자는 남의 도움 없이 스스로 살아가도록 만들어진 존재이기 때문이다. 모호한 약속이나 가능성이 아니라 현존과 진실 속에서 그를 사랑해야 한다. 그는 자기의 행동과 사상에 책임이 있다. 그에게는 변명이 허용되지 않는다. 그의 행위나 목적이나 의견에 공감하지 않는다면 그와의 우정은 성립되지 않는다. 줄리앙은 자기의 반대파인 정통 왕조파의 여자를 사랑할 수 있지만, 라미엘은 자기가 경멸하는 사상을 지닌 남자를 좋아할 수는 없을 것이다. 여자는 적당히 타협할 용의가 있다고 하더라도 쉽사리 관대한 태도를 취하기는 어렵다. 남자가 여자에게 유년시절의 초록빛 낙원을 열어 주지 않기 때문이다.

여자는 두 사람에게 공통적인 이 현실세계에서 그를 만난다. 남자는 자기 자신만을 내세운다. 그는 이기적이고 완고해서 여자의 꿈을 북돋워 주지 않는다. 그가 말할 때 여자는 들어 주어야 한다. 그는 점잔을 뺀다. 재미가 없고 따분한 인간이라 옆에 있으면 사람들은 위압감을 느낀다. 다만 아주 젊은 남자들만이 고분고분 경탄하며 견딜 수 있다. 때로는 그들로부터 비밀과 약속, 용서와 민첩함도 찾아볼 수 있다. 그래서 성숙한 여자들의 눈에는 그들이 아주 매력적으로 보인다.

그러나 보통 젊은 남자들은 젊은 여자들을 더 좋아한다. 여자도 나이 30세가 되면 성년 남자들 쪽으로 되돌아간다. 그리고 그런 남자들 가운데서 반드시 그녀의 존경과 우정을 깨뜨리지 않을 사람을 만날 것이다 그런 경우에 상대 남성이 거만한 태도를 취하지 않는다면 여자는 운이 좋은 편이다. 여자가 자기의 몸과 마음을 바칠 수 있는 후회 없는 한 편의 이야깃거리나 연애사건을 만들고 싶을 때, 중요한 것은 여자가 자기와 대등하다고 생각할 수 있고 스스로를 우월하다고 생각하지 않는 남자를 만나는 일이다.

사람들은 여자들이 일반적으로 그다지 까다롭게 굴지 않는다고 말할지도 모른다. 여자들은 그다지 많은 의문점들을 던지지 않고 기회를 잡는다. 그리고 자존심과 관능에 관한 문제는 그 다음에 해결한다. 그것은 확실하다. 그러나 여자들은 많은 실망·굴욕·회한·원한을 마음속 깊이 감추어 두곤 한다. 남자들도 그렇긴 하지만 평균적으로 여자처럼 많지는 않다. 그것도 사실이다. 남자는 어떤 사건이 다소 뜻대로 되지 않을 때에도 거의 확실히 쾌락이라는 소득을 거두지만, 여자는 대부분 아무 이득도 얻지 못한다. 그녀가 남자에게 냉담하더라도 결정적인 순간이 오면 먼저 예의상 포옹에 공손히 응한다. 그렇지만 남자가 무능하다는 것을 확실히 깨달았을 때에는, 어리석은 일에 애쓴 것을 괴로워하게 마련이다. 여자가 쾌감을 맛보지 못했을 때는 '속아서' 이용당했다고 느낀다. 그러나 일단 욕망을 채우면 그 연인을 언제까지나 놓지 않으려고 한다. 여자가 쾌락을 기대하여 그곳에서 일시적인 정사만을 목적으로 했을 뿐이라고 주장할 때, 그것이 정직한 대답인 경우는 매우 드물다. 쾌락은 여자를 해방시키기는커녕 구속하기 때문이다. 남자와 관계를 끊을 때도 그것이 비록 표면상으로는 합의에 따른 것이라고 하더라도 여자 쪽에서는 상처를 입는다.

여자가 옛 연인에 대하여 정답게 이야기하는 것을 듣는 경우는 남자보다 훨씬 드물다.

 여자의 에로티시즘과 자유로운 성생활의 어려움은 여자를 일부일처제로 몰아넣는다. 하지만 교제나 결혼을 직업과 병행하기란 남자보다 여자 쪽이 훨씬 더 어렵다. 연인이나 남편이 그녀에게 직업을 포기하라고 요구하는 일도 있다. 이때 여자는 망설인다. 자기 쪽에서도 남자의 열정을 몹시 갈망하기 때문이다. 그러나 결혼에 얽매이고 싶지 않다는 것은 콜레트의 《방랑의 여인》과 비슷하다. 남자의 요구를 거부하면 그녀는 새로운 고독에 빠지겠지만, 그렇다고 그가 바라는 대로 따르게 되면 그녀는 또다시 새로운 노예 생활을 시작하게 된다.

 오늘날 남자들은 보통 배우자가 바깥일하는 것을 허용한다. 가정의 평화를 위하여 젊은 아내가 어쩔 수 없이 자기 직업을 희생하는 것을 보여 주는 콜레트 이베르의 소설들은 얼마쯤 시대에 뒤진 것이다. 자유로운 두 사람의 공동생활은 저마다를 풍요롭게 한다. 그리고 둘은 배우자가 일을 하게 됨으로써 자기 자신의 독립성을 또한 보장받는다. 자립할 수 있는 여자는 자기 남편을 부부생활의 노예상태로부터 해방시켜 준다. 남편의 노예상태는 아내의 노예상태의 대가이다. 만일 남자가 이해심 많은 친절한 사람이라면 연인이나 부부는 서로에게 지나친 요구를 하지 않고 관용 속에서 완전한 평등에 도달한다.*4 남자 쪽이 오히려 헌신적인 하인의 역할을 하는 때도 없지 않다. 예를 들어 루이스(19세기 영국의 철학자·비평가)는 조지 엘리엇(19세기 영국 여류소설가, 20세기 작가의 선구적 역할을 함) 곁에서, 봉건군주적인 남편을 둔 아내가 이끌어 낼 만한 쾌적한 분위기를 만들어 냈다. 그러나 대부분 가정의 조화를 위하여 수고하는 것은 여전히 아내 쪽이다. 남자는 여자가 가정을 유지하고 혼자서 아이들을 돌보며, 그 교육을 담당하는 것이 마땅하다고 생각한다. 또 여자는 아무리 독립적일지라도 결혼을 하게 되면, 자신의 삶에서 면제받을 수 없는 여러 가지 의무들이 있다고 믿는다. 그녀는 자기 남편이 '진실한 아내'를 맞이했더라면 발견했을 이익을 잃지 않기를 바란다. 그래서 아내들이 전통적으로 그랬던 것처럼 우아해지고 싶고, 좋은 주부가 되고 싶고, 헌신적인 어머니가 되고 싶어한다. 그것은 곧 무거운 부담이다. 그녀는 남편을 위하여, 동시에 자기에게 충실하기 위하여 그 부담을 감당한다. 왜냐하면 앞에서 이미

---

*4 클라라와 슈만의 생활은 짧은 기간이었지만 이런 성공을 거둔 듯 보인다.

본 바와 같이, 여자로서의 운명을 충분히 이행할 마음의 준비가 되어 있기 때문이다. 그녀는 자기 자신인 동시에 남편의 그림자이고자 한다. 자기 자신의 운명에 관심을 기울이는 것만큼, 때로는 그 이상으로 남편의 걱정거리들을 함께 떠맡고 그의 성공을 위해 협력하려고 한다. 남성 우위를 존중하도록 교육받은 그녀는 무엇보다도 남자의 일이 우선이라고 생각한다. 또 때로는 그 우선권을 빼앗아 가지려고 하면서도 그렇게 되면 가정이 파괴될까 두려워한다. 그녀는 자기확립의 욕망과 자기부정의 욕망으로 나뉘어 어느 쪽으로든지 분열되고 만다.

그렇지만 여자가 자기의 열등성 그 자체로부터 이끌어 낼 수 있는 이점도 있다. 출발점에서 남자만큼 기회를 얻지 못하기 때문에, 남자에 대하여 선험적으로 죄가 없다고 느낀다. 사회적 불평등을 보상할 책임이 그녀에게는 없다. 또 누구도 그녀에게 그런 책임을 요구하지 않는다. 선량한 남자라면 자신이 여자보다 더 많은 혜택을 받고 있으므로 여자에게 친절히 대할 의무가 있다. 남자는 고운 마음씨나 동정에 이끌린다. 남자는 무방비 상태이므로 '달라붙고' '갉아먹는' 여자들의 먹이가 될 위험이 있다. 남성들처럼 독립을 쟁취한 여자는 자주적이며 능동적인 남자들과 성적 교제를 한다는 커다란 특권을 얻는다. 자주적이며 능동적인 남자들은 일반적으로 그녀의 삶에서 기생적 역할을 하지 않을 것이며, 자기들의 약점과 욕망의 요구에 따라 상대 여자를 속박하지도 않을 것이다. 다만, 실제로 상대 남자들과 자유로운 관계를 만들 줄 아는 여자들은 극히 드물다. 남자는 여자를 속박하려고 하지 않는데, 여자들 스스로 마음속에서 그런 사슬을 만든다. 그리고 그녀들은 남자에게 연애하는 여자의 일반적 태도를 취한다. 기대와 꿈과 희망의 20년 동안, 처녀는 자기를 해방시켜 주고 구제해 주는 영웅의 신화를 마음속에서 탐닉해 왔다. 직업에서 쟁취한 독립도 그녀의 영광스런 자기포기의 욕망을 버리기에는 충분치 않다. 소녀시절의 나르시시즘을 쉽사리 뛰어넘을 수 있기 위해서는 그녀도 정확히 사내아이와 똑같이 교육을 받아야 할 것이다.*5 그러나 소녀시절에 그녀가 빠져 있던 이 관념은 어른이 된 뒤에도 그녀의 삶 속에서 이어진다. 그녀는 직업에서 성공한 것에 자신을 얻어 점점 더 훌륭하게 자기의 모습을 꾸미려고 한

---

*5 즉 동일한 방법에 의해서뿐만 아니라, 같은 환경에서 양육되어야 한다는 뜻이다. 이것은 오늘날 교육자들의 온갖 노력에도 불구하고 불가해 보인다.

다. 하늘만큼 높은 곳에서 내려다보는 시선이 자기 가치를 드러내 주고 인정해 주기를 그녀는 바라고 있다. 비록 그녀가 날마다 남자들을 냉정하게 판단하지만, 그녀는 역시 '남자'를 존경한다. 그래서 남자를 만나게 되면 그에게 복종할 각오가 되어 있다. 신을 통해 자기를 정당화하는 것은 자신의 노력으로 자기를 정당화하는 것보다 더 수월하다. 이 세상도 그녀가 주어진 구원의 가능성을 믿도록 격려한다. 그래서 그녀는 그것을 믿는 쪽으로 기울어진다.

그녀가 자주성을 완전히 포기할 때도 있다. 이때 그녀는 오직 사랑에 빠진 여자일 따름이다. 때때로 그녀는 어떤 타협을 시도한다. 그러나 우상숭배와도 같은 사랑이나 자기를 포기하는 사람은 비참한 결과를 가져온다. 그 사람은 그녀의 모든 생각과 모든 순간을 점유하게 되어 귀찮아지고 전제적이 된다. 직업적인 일이 잘 풀리지 않을 때 여자는 사랑에서 열정적으로 피난처를 구한다. 그녀가 실패했을 때는 그것이 불평이나 무리한 요구로 나타나고, 남자가 그 불평이나 요구의 대가를 지불한다. 그러나 그녀의 비통함은 직업에 대한 열의를 증가시키지는 못한다. 보통 그녀는 위대한 사랑으로 가는 지름길을 가로막는 삶의 양식에 대하여 화를 낸다. 여자들이 운영하는 정치잡지사에서 10년 동안 일했던 한 여자가 말하기를, 사무실에서는 정치에 대한 이야기는 별로 하지 않고 언제나 연애에 대해서만 수다를 떨었다고 한다. 어떤 여자는 자기를 사랑하는 남자가 자기의 지성은 인정하지도 않고 오로지 자기의 육체만을 좋아한다고 불평했고, 다른 여자는 남자가 자기의 육체적 매력은 무시한 채 자기의 지성에만 관심을 둔다고 탄식했다. 여자가 남자처럼 연애에 열중할 수 있기 위해서는, 즉 자기 존재에는 관심을 두지 않고 남자처럼 자유롭게 연애에만 열중할 수 있기 위해서는, 자기가 남자와 동등하다고 생각해야 하고, 또 실제로도 그래야 한다. 그러므로 여자는 자기의 직업에도 이런 결단을 가지고 참여하는 것이 필요하다. 이런 일은 앞으로 살펴보겠지만, 아직도 그리 흔하지 않다.

현재로서는 완벽하게 자유롭기가 거의 불가능한 여성의 직능이 한 가지 있다. 바로 모성이다. 영국이나 미국에서는 '산아제한'을 실시하므로 여자가 적어도 마음대로 모성을 거부할 수 있다. 앞에서 본 바와 같이, 프랑스에서는 힘들고 비용이 드는 낙태를 해야만 하는 경우가 많다. 또 흔히 있는 일이지만 여자는 자기가 원하여 낳은 것도 아닌데 아이를 키우기 위해 직장을 포기해야 한다. 이처럼 여자에게 아이로 인한 부담이 무거운 것은, 여자가 원할 때 아이를 낳도록 세상 풍습이 허락하지 않기 때문이다. 이혼모는 스캔들의 표적이 되고, 아이에게도 비합법적인 출생은 큰 결함이 된다. 여자가 결혼의 사슬을 받아들이지 않거나 혹은 육체를 망가뜨리지 않고 어머니가 되기란 드문 일이다.

인공수정에 많은 여자들이 흥미를 보이는 까닭은, 여자들이 남성의 포옹을 피하고 싶어서가 아니라 자유로운 모성이 마침내 사회적으로 인정받게 되기를 희망하기 때문이다. 시설이 잘 갖추어진 탁아소나 유치원이 없기 때문에, 여자의 능동성을 완전히 마비시키는 데에는 아이 하나만으로도 충분하다. 여자는 아이를 부모나 친구, 가정부에게 맡겨야만 일을 계속할 수가 있다. 보통 무언가를 빼앗기는 듯한 좌절감을 겪게 하는 불임을 선택하든지, 직업과 양립하기 어려운 부담들을 받아들이든지 둘 중 하나를 선택해야만 한다.

이처럼 오늘날 자유로운 여성은 일에 대한 관심과 성적 사명 사이에서 갈피를 못 잡고 있다. 그 균형을 찾기란 어렵다. 만일 그 균형점을 찾았다면, 그것은 여자가 양보나 희생, 그리고 끊임없이 긴장을 요하는 곡예를 하기 때문이다. 여자에게서 흔히 볼 수 있는 신경질과 연약함은 생리적인 조건보다 그러한 긴장에서 비롯된다. 여자의 신체구조가 어느 정도로 장애가 되는지를 결정하기는 어렵다. 특히 월경으로 인한 어려움에 대하여 자주 논의되고 있지만, 여러 방면에서 이름을 날린 여자들은 그런 장해에 별로 문제점을 느끼지 않는 것 같다. 그녀들이 달마다 겪는 장해가 심하지 않고 가볍기 때문에 그와 같은 성공을 이룰 수 있었을까? 반대로 활동적이고 야심찬 생활의 선택이 그런 특권을 부여했는가의 여부를 생각해 볼 수도 있다. 그에 대해 신경을 쓰는 것이 생리적 불쾌감을 악화시키기 쉽기 때문이다. 운동선수나 활동적인 여성은 그런 고통쯤은 무시하기 때문에 다른 여성들만큼 괴로워하지 않는 것이다. 확실히 그러한 고통은 생리적인 원인에서 온다. 그러나 내가 아는 바로는 다음과 같은 예도 있다.

누구보다 정력적인 한 부인은 달마다 24시간을 침대에 누워 무자비한 고통에 시달린다. 그렇지만 그것이 그녀의 일에 방해가 된 적은 한 번도 없었다. 여자를 짓누르는 불쾌감이나 병의 대부분은 정신적인 원인에서 온다고 나는 확신한다. 부인과 의사에게서 들은 말도 이를 뒷받침해 준다. 앞에서 말했듯이 여자들은 자신들이 바라는 직업적 성취를 이루기 위해 맞서 나아가야 할 온갖 모순들 때문에 끊임없이 긴장감에 시달리고 있다. 이것은 그녀들의 병이 상상에 의한 것이 아님을 뜻한다. 그녀들의 병은 상황이 그렇듯이 현실적인 것이며 괴로운 것이다. 그러나 여자의 상황은 그 육체에 좌우되는 것이 아니다. 오히려 육체가 상황에 좌우되는 것이다. 이와 같이 일하는 여성이 사회에서 마땅한 지위를 차지하더라도 여자의 건강이 그녀의 일을 해치지는 않을 것이다. 반대로 일은 그녀에게 부단히 그런 것에 신경을 쓰지 못하게 함으로써 육체적 균형을 도울 것이다.

여성의 직업에 대해서 이제까지 어떤 일이 이루어졌는지 판단하고, 그에 따라 장래를 예상할 때 이런 일련의 사실들을 잊어서는 안 된다. 괴로운 상황에서도 여자이기 때문에 전통적인 여러 부담들을 무릅쓰면서 자신이 원하는 일에 종사하는 것이다. 객관적 환경도 여자에게 결코 유리하지 않다. 적대감을 가지거나 적어도 호의를 보이지 않는 사회의 한가운데에 뛰어들어 하나의 길을 개척하려고 노력하는 선구자가 된다는 것은 언제나 괴로운 일이다. 리차드 라이트(미국 흑인작가, 1870~1960)는 《블랙 보이》에서, 미국 사회에서 젊은 흑인이 품은 야망이 시작부터 얼마나 방해를 받으며, 백인이라면 겨우 출발점에 불과한 수준에 이르는 데에도 얼마나 참고 견디며 투쟁해 나아가야 하는지 보여 준다. 아프리카에서 프랑스에 온 흑인들도 여자들이 겪고 있는 어려움과 비슷한 어려움을 내·외부적으로 겪고 있다.

여자가 열등한 지위에 놓이는 것은 우선 학창시절이다. 젊은 처녀에 관해서는 이미 지적한 바 있다. 그러나 지금은 좀더 정확히 살펴 볼 필요가 있을 것 같다. 그녀가 공부하는 동안이나 직장에서 일한 아주 중요한 처음 몇 해 동안, 여자가 주저하지 않고 목표를 향해 달리는 일은 드물다. 그래서 대부분의 여자들은 불리한 출발점에서부터 계속해서 장애를 갖기 마련이다. 실제로 18세와 30세 사이에서 여자들이 겪는 정신적 갈등은 최고조에 달하지만, 그때가 바로 자기 미래의 직업을 결정하는 시기이기도 하다. 여자가 가족과 살거나 결혼을 하더라도, 주위 사람들이 남자의 노력을 존중하는 것처럼 여자의 노력을 존중하는 일은 드물다. 사람들은 여자에게 여러 가지 헌신과 노동을 강요하고 자유를 억압한다. 그녀 자신도 자기가 받은 교육에 여전히 깊은 영향을 받고 있으며 언니들이 긍정하는 가치를 존중한다. 또 유년기와 청년기의 꿈이 그녀를 떠나지 않는다. 그녀는 자기의 과거 유산과 미래의 이익을 잘 조화시키지 못한다. 때로 자기에게 주어지는 여자로서의 운명을 거부한다. 순결이라든가 동성애, 남성화된 처녀와 같은 태도를 보이기도 한다. 일부러 옷도 아무렇게나 입고 변장을 하기도 한다. 도전적인 태도, 연극, 분노, 이런 것에 많은 시간과 정력을 허비한다. 이와 달리 여자다움을 빈번하게 강조하기도 한다. 그녀는 교태를 부리고 외출을 하고 남자를 유혹하고 사랑에 열중하면서, 마조히즘과 사디즘 사이에서 우왕좌왕하고 있다. 어쨌든 그녀는 깊은 생각에 빠지거나 동요하며 마음의 갈피를 잡지 못한다. 기이한 생각들에 사로잡혀서 올바른 기획에 완전히 몰두하지 못한다. 그래서 이러한 일들로부터 별로 얻는 것도 없으므로 일을 포기하기 쉽다.

자립하려고 노력하는 여성의 정신상태를 크게 각화시키는 것은, 그녀들과 똑같은 사회에 속하고, 같은 출발점에 서 있으며, 똑같은 기회를 받았으면서도 기생적 생활을 하고 있는 다른 여자들의 존재이다. 남자도 특권계급에 대해서 불쾌감을 느낄 것이다. 그러나 그는 자기 계급에 대하여 연대적 책임감을 느낀다. 남자들은 출발점에서의 기회가 균등하면 거의 같은 생활수준에 도달한다. 그러나 여자는 똑같은 조건이더라도 어떤 남자가 개개자가 되느냐에 따라 천차만별의 차이가 생긴다. 여자친구가 결혼을 했거나 혹은 편안하게 살고 있는 것을 보면 혼자서 성공해야 하는 여자는 커다란 유혹을 느낀다. 어쩐지 자기가 괜시리 힘든 길을 가는 것처럼 생각된다. 그래서 장애에 부딪칠 때마다 다른 길을 택하는 편이 낫지 않을까 스스로 물음을 던지고 스스로 대답한다.

"하나에서 열까지 자기 머리로만 해결해 나가야 한다니까요." 가난한 여학생은 화가 나서 나에게 말했다. 남자는 절박한 필요성에 따라 움직인다. 그러나 여자는 부단히 자기의 결의를 새로이 해야만 한다. 여자는 돛표를 자기 앞에 세우고 곧장 나아가는 것이 아니라 주위를 두리번거리면서 나아간다. 그래서 그녀의 걸음걸이는 소심하고 불안정하다. 앞으로 나아가면 갈수록 그녀는 또 다른 기회를 놓쳐 버린다. 대개 남자는 유식하고 지적인 여자를 좋아하지 않는다. 여자가 지나치게 큰 성공을 하면 남편이나 연인의 자존심을 상하게 된다. 그러므로 여자는 그간큼 더 가볍게 보이려고 할 뿐만 아니라 높이 발돋음하려는 힘을 무리하게 억제한다. 언젠가는 자신의 일 때문에 생기는 걱정거리들로부터 해방될 것이라는 희망과, 이런 걱정거리들을 계속 감당하다 보면 나

중엔 이러한 희망을 포기해야만 할지도 모른다는 두려움이 그녀가 연구나 직업에 매진하지 못하도록 방해하는 것이다.

여자가 여자이기를 원하는 한 그녀의 자주적인 태도도 열등감을 자아낸다. 반대로 여자다움은 그녀로 하여금 직업상의 기회를 의심케 한다. 그것은 가장 중요한 점의 하나이다. 14살의 소녀들을 상대로 한 설문조사에서 이런 대답이 나왔다. '소년들이 더 유리하다. 그들은 더 수월하게 공부한다.' 그녀는 자기의 능력은 대단한 것이 아니라고 생각한다. 부모와 교수들이, 여자아이의 수준은 사내아이보다 떨어진다고 여기기 때문에 여학생들도 마지못해 수긍한다. 실제로 고등학교에서의 수업내용은 동일하지만 그녀들의 교양은 남학생들보다 훨씬 뒤떨어져 있다. 몇 가지 예외를 제외하고는 철학 학급의 여자반은 남자반보다 현저히 떨어진다. 여학생들의 대다수는 공부를 언제까지나 계속할 생각이 없다. 그녀들은 매우 형식적으로만 공부해서 학구열이 있는 학생들도 경쟁의욕이 줄어든다. 시험이 매우 쉬울 때는 그녀들의 부족한 실력이 그다지 느껴지지 않을 것이다. 그러나 중요한 시험을 치르게 되면 여학생은 자기의 실력이 부족함을 의식하게 될 것이다. 그리고 그 실력부족의 원인을 공부방법이 아니라 여자라는 불운함에서 찾는다. 그녀는 이런 불평등을 운명으로 여기고 체념하기 때문에 자기 스스로 불평등을 더욱 심하게 만든다.

그녀는 성공의 기회는 인내와 근면에만 있다고 확신한다. 그래서 힘을 낭비하지 않고 절약하려고 결심한다. 이것은 참으로 졸렬한 사고방식이다. 특히 창조적이거나 창의성이 필요한, 섬세한 고안을 필요로 하는 연구나 직업에서 그런 타산적인 태도는 결코 성공하지 못한다. 지루하게 엮인 두꺼운 문법책보다는 회화, 시간표에는 없던 독서, 정신을 자유로이 노닐게 하는 산책 등이 그리스 원전을 번역하는 데 한결 도움이 될 것이다. 지나치게 성실한 여학생은 권위에 대한 존경과 기존 학식의 무게에 눌린 나머지 시야가 제한당해 자기 안의 비판적 감각과 지성을 죽이고 있다. 그 악착스러운 방법은 긴장과 권태를 만들어 낸다. 세브르의 여자고등학교 입시준비반에서는 약간이라도 생생한 개성은 모조리 꺾는 숨막히는 분위기가 지배한다. 수험생은 스스로 만든 감옥에서 도망가고 싶어한다. 일단 책을 덮으면 전혀 다른 주제를 생각한다. 그녀는 공부와 오락이 어우러지는 풍부한 시간, 정신의 모험이 열정을 갖는 시간을 알지 못한다. 아무리 노력해도 물거품이 되므로 맥이 풀려, 그 노력이 유종의 미를 거둘 수 없다는 것을 점점 더 느끼게 된다. 남녀공통의 선발시험이 있었을 때 교수 자격을 따려던 여학생이 이런 말을 했다. "남자는 1, 2년 공부하면 합격할 수 있지만 우리들은 적어도 4년은 걸려요." 다른 여학생은 시험과목에 자주 나오는 칸트의 작품을 읽으라는 지시를 받고 이런 말을 했다. "이 책은 너무 어려워요. 고등사범 학생이나 읽을 수준이에요!" 여자는 가산점수를 줘야 시험에 합격할 수 있다고 생각하는 것 같다. 처음부터 진다는 생각으로 출발하기 때문에 정말로 남자에게 모든 성공의 기회를 줘 버리는 것이다.

이런 패배주의로 여자는 극히 평범한 성공에도 쉽사리 만족한다. 감히 큰 희망을 품지 않는다. 껍테기뿐인 소양을 가지고 일을 시작하여 야심을 재빨리 억눌러 버린다. 흔히 자기가 벌어 생계를 꾸려 간다는 사실이 그녀에겐 상당한 업적처럼 생각된다. 그녀도 다른 많은 여자들처럼 자기의 운명을 남자에게 맡길 수도 있었다. 자기의 자주성을 오래 유지하기 위해선 노력이 필요하다. 그녀는 그 노력을 자랑스럽게 여기지만 그 때문에 피로를 느낀다. 뭔가를 택할 때 그녀는 자신이 할 만큼 했다고 여긴다. 그리고 '여자니까 이것만으로도 나쁘지 않아'라고 생각한다. 여자로서는 선례가 없는 좀 별난 직업을 택한 어느 부인은 이런 말을 한다. "내가 남자라면 일류가 되어야 한다고 생각할 테지만, 이런 일을 하는 것은 프랑스 여자 중에서 나 한 사람뿐이야. 그걸로 나는 만족해." 이런 겸손 속에는 조심성이 있다. 여자는 더 출세하려고 하다가 혹시 좌절하는 결과가 되지나 않을까 두려워한다. 세상이 자기를 신뢰해 주지 않는다는 생각 때문에 자연히 겁쟁이가 되는 것이다. 일반적으로 상층계급은 하층계급의 출세자들에 대하여 적의를 품는다. 백인들은 흑인의사에게 진찰을 받으러 가지 않는다. 남성들도 여의사에게는 가지 않는다. 한편 하층계급 출신 특유의 열등감에 사로잡혀 있는 사람들도 대체로 운명을 극복한 사람에게 거센 반감을 품고 있으며 권력자 쪽에 가담하려고 한다. 특히 남자숭배에 빠져 있는 대부분의 여자들은 의사·변호사·사장 등의 직업에서 그런 남성을 열심히 찾는다.

남자나 여자나 여자의 명령에 따르는 것을 좋아하지 않는다. 여자의 윗자리에 있는 남자들은, 비록 여자를 존경한다고 하더라도 언제나 그녀에게 약간의 관용을 베푼다. 여자로 태어난 것이 인간적인 결함은 아니라고 하더라도 특이한 것이긴 하다. 여자는 처음부터 자기에게 부여되지 않은 신뢰를 획득하려고 끊임없이 노력해야만 한다. 출발점에서부터 의심의 눈초리를 받기 때문에 증거를 대야만 한다. 만일 어떤 가치를 지니고 있다면 그것을 보여 주어야 할 것이다. 그러나 가치는 주어진 본질이 아니다. 그것은 훌륭히 발전시켜 이루어 낸 결과이다. 불리한 편견이 자신에게 무거운 부담이 된다고 느끼는 것만으로는 그 편견을 극복하는 데 도움이 되지 않는다. 초보적인 열등감은 흔히 볼 수 있는 것처럼 권위로 가장된 자기방어를 불러일으킨다. 예를 들면 대부분의 여의사들은 그런 과장이 너무 많거나 혹은 너무 적다. 그러나 만일 그녀들이 있는 그대로의 모습을 보여준다면 위엄이 없어 보인다. 삶 전체를 통해 여성들의 역할은 상대에게 명령하기보다는 오히려 유혹하도록 주어져 있기 때문이다. 강하게 명령받기를 좋아하는 환자는 단순히 주의를 받는 정도에는 실망한다. 이런 사실을 의식한 여의사는 엄숙한 목소리로 단호한 어조를 취한다. 그러나 그렇게 되면 그녀는 자신만만한 남자 의사를 유혹하는 원만한 인간성을 잃어버린다. 남자 의사는 자신에 찬 모습을 보이는 데 익숙하다. 그래서 환자들은 그의 능력을 완전히 믿게 된다. 그는 자기 마음대로 할 수 있고 확실히 강한 인상을 준다. 그러나 여자 의사는 남자 의사와 같은 안도감을 환자에게 줄 수 없다. 여자는 뻣뻣하거나 주저하는 등 지나친 반응을 보인다. 사무 및 관리에서, 그녀는 사소한 일에 안달하고 걸핏하면 도전적인 태도를 보인다. 그녀들이 공부할 때 그랬던 것처럼 자연스럽고 원만한 태도나 자유로운 비약이나 용기 등이 결여되어 있다. 그녀는 출세하기 위하여 안달한다. 그녀의 행동은 도전과 추상적인 자기 주장만 되풀이한다.

  자기 확신의 결여에서 오는 가장 큰 실패는 주체가 자기 자신을 망각할 수 없다는 것이다. 용감하게 목표를 향하여 전진하지 않는다. 그 대신 세상에서 요구하는 가치의 증거를 제시하려고 노력한다. 목표를 향하여 대담하게 달려들면 후회하게 될지도 모른다. 그러나 뜻하지 않은 성과를 얻을 수도 있다. 지나친 신중은 평범이 되어 버린다. 여자에게서는 모험이나, 무상의 경험을 하고 싶어하는 취미나, 순수하게 지적인 호기심을 발견하기 어렵다. 그녀는 다른 여자들이 행복한 삶을 꾸려가듯이 '하나의 경력을 쌓고 싶어한다.' 그녀는 남성의 세계에 지배되고 에워싸여 있다. 그러나 그녀는 그 높은 벽을 무너뜨릴 용기도 없고 열정적으로 자기 기획 속에 몰두하는 일도 없다. 그녀는 자기의 삶을 내재적 기획처럼 생각한다. 어떤 목표 자체를 이루기 위해 노력하는 것이 아니라 그 목표를 추구하는 과정에서 얻을 수 있는 주관적 성공을 노리고 있다. 이것은 특히 미국 여성들에게서 볼 수 있는 두드러진 태도이다. 그녀들은 어떤 직업을 갖고 싶어하며 또 그런 '직업'을 훌륭히 감당할 수 있다는 것을 보여 주고 싶어한다. 그러나 그 일의 '내용'에 대해서는 깊은 관심이 없다. 그러면서도 여자는 사소한 실패나 평범한 성공에 너무 많은 가치를 부여하는 경향이 있다. 의기소침해지는가 하면 자만심으로 가득 차기도 한다. 성공이 예상될 때는 그것을 간단히 받아들인다. 그러나 세상 사람들에게 자기의 능력을 의심받고 있을 때 성공했다면 그 성공의 승리에 취해 버린다. 여자가 광적으로 거들먹거리거나 사소한 성공에도 보란 듯이 뽐내는 것은 바로 이 때문이다. 여자들은 쉴 새 없이 뒤를 돌아보고 지나온 길을 재어 본다. 그러나 그것은 비약을 가로막는 것이다. 이런 방법으로 명예로운 일을 할 수는 있어도 위대한 행동을 실현할 수는 없다. 대다수의 남자들도 평범한 운명밖에는 건설할 수 없다는 것을 덧붙여 두어야겠다. 극히 드문 경우를 제외하면 여자가 우리에게 아직도 자기 힘으로 살아갈 수 없는 연약한 존재로 보이는 것은, 가장 뛰어난 남자들과 비교되기 때문이다. 내가 말한 여러 가지 원인들이 그것을 충분히 설명하고 있지만, 결코 미래를 걸지는 않겠다. 위대한 일을 하려고 할 때, 오늘날의 여성들에게 무엇보다도 필요한 것은 자기망각이다. 자기를 잊으려면 우선 자기를 발견했다는 것을 철저히 확신하는 단계가 필요하다. 남자의 세계에 이제 막 들어온 신참자로서, 남자들에게 별로 도움을 받지 못하는 여자는 아직도 자기를 찾기에 몰두하고 있다.

이런 지적이 적용되지 않는 여자들의 부류가 있다. 그녀들의 직업이 여자다움의 주장을 방해하기는커녕, 도리어 그것을 강화하기 때문이다. 그것은 그녀들에게 주어진 조건 자체를 예술적 표현을 통해 뛰어넘으려고 노력하는 그런 여자들, 즉 배우·무용가·가수들이다. 3세기 동안 그녀들은 사회의 한가운데서 구체적인 자유를 거의 독점할 수 있었던 거의 유일한 여성들이다. 그리고 그녀들은 현재까지도 사회에서 특권적인 지위를 누리고 있다. 예전에는 여배우라는 직업이 교회로부터 비난을 받았다. 교회의 지나친 엄격함은 그녀들에게 행동의 자유를 크게 허용하는 결과를 불러왔다. 그녀들은 자주 남자들로부터 정사의 유혹을 받으며 매춘부들처럼 하루의 대부분을 남자들 틈에서 지낸다. 그러나 스스로 생계를 책임지고 일에서 삶의 의의를 발견하기 때문에 속박에서 벗어날 수 있다. 이 경우에 그녀들이 얻을 수 있는 커다란 이익은, 남자와 마찬가지로 직업적 성공이 자기들의 성적 가치를 높이는 데 도움이 된다는 것이다. 그녀들은 인간으로서 자기를 실현하고 여자로서 자기를 완성한다. 여러 가지 상반된 갈망 사이에서 분열되지 않고 오히려 직업을 통해 자기들에게 있는 나르시시즘의 정당성을 발견하기도 한다. 의상·화장·매력이 그녀들의 직업에서는 빠뜨릴 수 없는 일부분을 이루고 있기 때문이다. 단순히 있는 그대로의 자신을 보여주면서 무엇을 한다는 것은 자기 모습에 심취한 여자에게는 커다란 만족이다. 그리고 이런 '전시'는 조제트 르블랑의 말대로, 행동의 대용체물이 되기 위해서는 상당한 기교와 연구를 필요로 한다. 유명한 여배우쯤 되면 보다 높은 이상을 품을 것이다. 그녀는 주어진 조건을 표현하는 방식을 통해 그 조건을 뛰어넘어 존재할 것이다. 세계에 의미를 부여하면서 자기의 삶에 의미를 주는, 진정한 예술가·창조자가 될 것이다.

그러나 이런 희귀한 특권에도 함정이 숨겨져 있다. 여배우가 나르시시즘의 즐거움이나 자기에게 허용되는 성적 자유를 예술적 삶의 일부로 삼는 대신에 자기숭배나 정사 속에 완전히 빠져 버리는 것은 흔히 있는 일이다. 이미 가짜 예술가들에 관해 말한 바 있지만, 그런 사람들은 단지 영화나 연극에서 남성에게 보호받으면서 이용할 수 있는 자본, 즉 '명성을 얻는' 일밖에 생각하지 않는다. 남자의 도움은 편안하기 때문에 어떤 직업에 도사린 위험이나 진실한 노동이 내포하는 엄격함에 비해 매력적이다. 여자의 운명, 즉 남편·가정·아이들을 갖고 싶은 욕망과 사랑의 유혹은 여배우로서 성공하려는 의지와는 쉽사리 조화되지 않는다. 그러나 특히 그녀가 느끼는 자기도취의 감정은 여배우로서의 재능을 제한하는 경우가 많다. 그녀는 단순히 자기의 존재만으로 가치가 있는 것처럼 착각해서, 진실한 일도 아무 쓸데없는 것처럼 볼 수 있다. 그녀는 무엇보다도 자기의 '진짜' 얼굴을 드러내려고 한다. 그래서 졸렬한 연기로 자기가 할 역할을 망쳐 버린다. 그녀에게는 자기를 잊는다는 고귀한 정신이 없다. 그러므로 자기를—또는 자기의 한계를—초월할 수 있는 가능성도 없어졌다. 라셀이나 뒤세 같은 여배우들은 이런 암초를 뛰어넘은 희귀한 존재들이다. 예술을 자아의 노예처럼 취급하지 않고 자기라는 한 인간의 개성을 예술의 도구로 삼았으니 말이다. 하지만 가짜 여배우는 사생활에서 모든 나르시시즘의 결함을 과장해 보인다. 그녀는 허영심이 강하고 민감하고 위선적인 태도를 보인다. 그녀에게 세계는 하나의 무대일 따름이다.

　오늘날의 여자들에게 개방되어 있는 것은 표현예술만이 아니다. 많은 여자들이 창조적 활동에서 자기들의 힘을 시험해 보았다. 여자는 주어진 상황 때문에 문학과 예술에서 구원을 찾기 쉽다. 남성세계의 변두리에 살고 있는 여성은 세계의 보편적인 모습을 포착할 수 없으므로 자기의 특수한 관점을 통해서 세계를 본다. 세계는 그녀에게 도구와 개념이 아니라 감동과 정서의 원천이다. 사물의 성질에 대하여 그녀가 흥미를 느끼는 것은 그 속에 있는 무상(無償)하고 은밀한 요소이다. 현실에 대해서는 부정과 거부의 태도를 취하기 때문에 그녀는 현실 속으로 몰입할 수가 없다. 그녀는 말로만 현실에 저항한다. 자연을 통하여 자기 영혼의 모습을 찾는 몽상에 빠진다. 그녀는 자기의 존재에 '도달'하기를 원하지만, 그것은 실패로 끝난다. 그녀는 그 실패를 상상의 영역에서만 바로잡아 회복할 수 있다. 유익한 목적이 없는 내적 생활이 허무에 빠지는 것을 막기 위하여, 저항하면서도 받아들이지 않을 수 없는 주어진 상황에 대해 자기를 주장하기 위하여, 자기가 성공적으로 도달할 수 없는 세계와는 다른 세계를 창조하기 위하여, 그녀는 '자기표현'을 하고 싶다는 욕구를 품는다. 그래서 수다쟁이와 낙서가로 알려진다. 그녀는 대화와 편지, 일기에서 마음을 털어놓는다. 수기를 쓰고, 소설 속에 자신의 일대기를 창조하고, 감정을 시를 통해 발산하는 데에는 약간의 야심만으로도 충분하다. 그녀는 이런 활동을 하기에 유리한 여유를 넉넉히 누리고 있지 않은가.
　그러나 여자가 창조활동을 할 수 있게 하는 환경 그 자체가 오히려 장애가 되어 극복되지 못하는 경우가 많다. 하루하루의 공허를 메우려는 단 한 가지 목적으로 그림을 그리고 글을 쓴다면 결국 그 결과물들은 그저 여자들의 '수예품' 정도로 취급될 것이다. 그녀는 그 작품에 더 이상의 시간이나 공을 들이지 않을 것이다. 그래서 그 작품들도 거의 그 정도의 가치밖에는 지니지 못한다.
　여자가 실존의 실패를 보상하기 위하여 붓이나 펜에 온 힘을 기울이는 것은 갱년기 이후가 많다 그러나 이때는 너무 늦다. 제대로 훈련을 거치지 않았으므로 아마추어 영역을 결코 벗어나지 못할 것이다. 그러나 훨씬 젊어서부터 시작했다고 하더라도 여자가 예술을 진지한 활동으로 생각하는 일은 극히 드물다. 그녀는 무위에 길들여 있고, 생활 속에서 엄격한 훈련의 필요성을 한 번도 경험하지 못했기 때문에 중도에 포기하지 않고 참을성 있는 노력을 기울이기란 불가능할 것이다. 그녀는 확실한 기술을 습득하기 위해 꾸준한 노력도 하지 않을 것이다. 그녀는 누구에게 보이지도 않고 백 번이라도 망가뜨리고 되풀이하면서 아무 소득도 없이 고독하게 암중모색하는 그런 노력을 싫어한다. 다른 사람들의 마음을 사로잡으려면 그들의 눈이나 귀를 속여야 한다고 유년시절부터 어른들이 그녀에게 가르쳐 왔기 때문에, 무슨 어려운 일이 생기면 꾀를 써서 그것을 벗어나려고 한다. '그렇다, 나는 애써 그림을 그리지 않는다. 오늘 나는 나 자신을 관찰했다…… 나는 나를 속이고 있다…….' 그녀는 일하는 연기는 좋아하지만 일은 하지 않는다. 수동적인 삶의 태도에서 나오는 마법과 같은 힘을 믿고 있어서 주술과 행위, 상징적인 몸짓과 효과적인 행동을 혼동한다. 그녀는 미술 학도라도 된 듯 화구를 갖추고 이젤 앞에 버티고 선다. 시선은 하얀 캔버스와 거울 사이를 이리저리 방황한다. 그러나 꽃다발이나 사과 바구니가 저절로 캔버스 위에 나타나지는 않는다. 그녀는 책상 앞에 앉아 막연한 이야기를 이리저리 궁리하면서 자기가 작가라고 상상하며 태연히 그것을 가장한다. 그러나 적어도 하얀 종이 위에 무엇이든 글씨를 써야 하고, 그것이 다른 사람의 눈에 의미 있어 보여야 한다. 거기서 속임수가 드러난다. 다른 사람의 환심을 사기 위해서는 환영을 만드는 것으로 충분하다. 그러나 예술작품은 환상이 아니다. 하나의 확고한 물체이다. 그 물체를 만들기 위해서는 기술이 있어야 한다. 콜레트가 위대한 작가가 된 것은 단지 타고난 재능이나 기질 때문만은 아니다. 그녀의 펜은 때때로 생활의 양식이었다. 솜씨 좋은 장인이 자신의 도구를 사용해서 명품을 만들어 내는 것처럼, 그녀는 그 펜을 사용해서 훌륭한 작품을 탄생시키려고 했다. 《클로딘》에서 《하루의 탄생》을 거치며 아마추어 작가는 전문가가 되었다. 그 걸어 온 길은 피나는 훈련의 결정을 찬란하게 보여 주고 있다.

하지만 대부분의 여자들은 자기가 전달하고픈 욕망에 어떤 문제들이 있는지 이해하지 못한다. 이것으로 그녀들의 게으름을 충분히 설명할 수 있다. 그녀들은 자기를 언제나 재능을 부여 받은 존재로 생각해 왔다. 지금도 재능은 은총처럼 자기들 속에서 살고 있다고 믿는다. 그러나 가치를 스스로 쟁취할 수 있다고는 생각하지 못한다. 유혹을 하려면 있는 그대로의 자기 모습을 나타내기만 하면 된다고 생각한다. 그녀들의 본디 매력이 효력을 나타내든가 못 나타내든가 할 뿐이다. 그녀는 성공과 실패에 직접 관여할 수단을 하나도 갖지 못한다. 마찬가지로 자기를 표현하기 위해서는 있는 그대로를 내보이는 것으로 충분하다고 생각한다. 자기들의 작품을 반성과 노력으로 다듬는 대신 자기들의 자발성에 의존한다. 그녀들에게는 글을 쓰는 일도 미소짓는 일도 똑같다. 그녀들은 자기들의 가능성을 시험해 본다. 성공할 수도 있고 실패할 수도 있다. 자신감을 갖고 전혀 노력하지 않더라도 책이나 그림이 마땅히 성공을 거두리라고 기대한다. 하지만 소심하기 때문에 사소한 비평에도 풀이 죽고 실망한다. 실패가 진보의 길을 열어준다는 것을 모른다. 실패를 선천적 기형처럼 돌이킬 수 없는 파멸로 생각한다. 그 때문에 그녀들은 자주 몹시 상처받는데, 그것은 나쁜 결과밖에 가져오지 않는다. 그녀들은 실수로부터 알찬 교훈을 이끌어내는 대신 분노와 실망을 느낀다.

불행히도 자발성은 겉으로 보이는 것처럼 단순한 행위가 아니다. 평범한 사고의 모순—《타르브의 꽃》에서 폴랑이 설명하듯이—은 그것이 흔히 주관적 인상의 직접적 표현에 지나지 않는다는 것이다. 그래서 여자는, 다른 사람은 계산에 넣지 않고, 자기 마음속에서 형성된 이미지를 가장 개성적인 것이라고 자신하지만, 실은 평범하고 상식적인 문구밖에 만들어내지 못한다. 그 점을 지적당하면 그녀는 놀라 화를 내고 펜을 던져 버린다. 그녀는 일반 독자들이 자기 나름의 안목과 생각으로 읽는다는 것을 모른다. 그리고 아주 참신한 표현이라도 독자들의 오랜 기억들을 일깨운다는 사실을 깨닫지 못한다. 물론 자기의 내면으로 파고들어 강렬한 인상을 끌어내고 그것을 말로 표현하는 것은 귀중한 재능이다. 우리는 어떤 남성작가의 작품에서도 볼 수 없는 자발성을 콜레트의 작품에서 보고 감탄해 마지않는다. 그러나 그것은—다음의 두 말은 모순되는 것처럼 보이지만—그녀의 내부에서 깊이 반성된 자발성이다. 그녀는 자기가 만들어낸 것들 가운데에서 어떤 것만을 충분히 숙고하여 받아들이고 나머지는 버린다. 여자 아마추어작가는 말을 개인 서로간의 관계나 타인에 대한 호소로 파악하지 않고, 자기 감수성의 직접적인 표현으로 본다. 그래서 말을 선택하고 삭제하는 것이 자기의 일부를 거부하는 듯 생각된다. 그녀는 있는 그대로의 자기 모습에 만족하고 다른 사람이 되기를 원치 않기 때문에, 자기의 어느 부분도 희생되기를 바라지 않는다. 그녀의 메마른 허영심은 자기를 쌓아 올릴 생각 없이 너무 아끼기만 하는 데에서 온다.

그러므로 문학과 예술을 취미로 해 보려는 수많은 여자들 가운데에서 끈질기게 지속하는 여자는 소수에 지나지 않는다. 이 첫 장애를 극복한 여자들도 대개는 나르시시즘과 열등감 사이에서 언제까지나 머뭇거리고 있다. 자기를 망각하지 못하는 것은 결함이다. 그 결함은 다른 직업에 종사하는 여자보다 그녀들을 더욱 무겁게 압박할 것이다. 주요목표가 추상적 자아 확립과 외적인 성공이라는 피상적 만족에 불과한 것이라면, 그녀들은 세계를 응시하고 통찰하는 데에 온전히 자신을 던지지 못할 것이다. 따라서 세계를 예술 속에서 새롭게 창조할 수도 없을 것이다.

마리 바슈키르체프는 유명해지고 싶었기 때문에 그림을 그릴 결심을 했다. 명성이라는 망상이 그녀와 현실 사이에 끼어들어 있다. 사실 그녀는 그림 그리기를 좋아하지 않는다. 예술은 하나의 수단일 뿐이다. 공허하고 야심적인 꿈만으로는 색채와 얼굴의 의미를 그녀에게 완전히 설명할 수가 없다. 자기가 기획하는 작품에 고결하게 심혈을 기울이는 대신, 여자는 그것을 단순히 생활의 장식으로 생각하는 경우가 너무도 많다. 책과 그림은 그녀의 가장 중요한 현실, 즉 그녀 자신을 공개적으로 전시하기 위한 비본질적인 매개물일 따름이다. 그러므로 그녀에게 흥미를 주는 주요한—때로는 유일한—주제는 그녀 자신이다. 비제 르브륑 부인은 캔버스 위에 자기의 정다운 모성애를 지칠 줄 모르고 그린다. 여류작가는 일반적인 주제에 관해 이야기할 때도 역시 자기에 대해서 이야기한다. 독자는 별다른 정보가 없어도 연극평에서 필자의 키나 체격, 그의 머리 빛깔이나 성격의 특징 등을 추측해 낼 수 있을 정도이다. 물론 그 자신에 대한 이야기라고 해서 언제나 불쾌한 것은 아니다. 고백보다 감격적인 이야기는 별로 없다. 그러나 고백은 어디까지나 성실해야 하고, 작가는 고백할 무언가를 가지고 있어야 하지 않는가.

여자의 나르시시즘은 그녀를 풍부하게 해 주기는커녕 빈약하게 할 뿐이다. 자기 모습을 응시하는 외에 다른 아무것도 하지 않기 때문에 그녀는 파멸한다. 자기를 사랑하는 방법 자체가 틀에 박혀 있다. 그녀가 자기의 작품 속에서 나타내는 것은 진정한 경험이 아니라 평범한 언어로 세워진 상상적인 우상이다. 뱅자맹 콩스탕이나 스탕달처럼 소설 속에 자아를 반영시켰다고 그녀를 비난할 수는 없다. 그러나 애석한 점은, 그녀가 자기 이야기를 현실과는 무관한 동화처럼 생각하는 경우가 너무도 많다는 것이다. 젊은 처녀는 많은 불가사의들을 이용해서 자기를 위협하는 생생한 현실로부터 도피한다. 유감스럽게도 그녀는 어른이 되고서도, 세계와 그 등장인물과 자기 자신을 시적인 안개 속에 밀어넣고 있다. 이런 가장 속에서 삶의 진실이 드러날 때, 가끔은 매력적인 성과를 얻을 수도 있다. 그러나 《먼지》나 《충실한 요정》이 있는 반면에 단조롭고 무기력한 도피 소설은 또 얼마나 많은가!

여자가 가치를 인정받지 못하고, 이해받지 못한다고 느끼는 세계로부터 벗어나려고 하는 것은 마땅하다. 유감스러운 점은 제라르 드 네르발이나 에드거 앨런 포처럼 대담한 비상을 시도해 보지 않는 것이다. 그것은 남들에게 불쾌감을 주지나 않을까 두려워하기 때문이다. 여자가 글을 쓴다는 것만으로 비난받게 되지나 않을까 두려워하는 것이다. '블루스타킹'이란 말은 좀 낡은 표현이긴 하지만 아직도 불쾌한 반향을 불러일으킨다. 그녀에게는 작가로서 남의 비위를 거스를 용기가 아직 없다. 독창적인 작가는 살아 있는 동안 언제나 세상의 빈축을 산다. 새로운 것은 사람을 불안하고 불쾌하게 하기 때문이다. 여자는 또한 남성의 영역인 사상이나 예술의 세계에서 인정을 받으면 그것을 놀랍게 생각하고 흐뭇해한다. 그리고 매우 조심한다. 감히 사람들의 마음을 어지럽히거나 깊이 파고들어 감정을 폭발시키지 못한다. 그녀는 겸손하고 고상하고 좋은 취향을 보여줌으로써 문학을 한다는 교만함을 용서받아야 한다고 생각한다. 그녀는 획일주의라는 확실한 가치에 기대를 건다. 문학 속에 사람들이 기대하는 여성 특유의 품격을 끌어 넣는다. 자기가 여자라는 사실을 적절한 우아함과 감미로움과 많은 수식어들을 통해 떠올리게 한다. 이리하여 그녀는 훌륭한 '베스트셀러' 작가가 된다. 그러나 그녀에게 미지의 길로 접어드는 모험을 기대해서는 안 된다. 여자들의 행동이나 감정에 창의성이 결여되어 있다는 뜻이 아니다. 반대로, 어떤 여자들은 하도 특이해서 가둬 두어야만 할 정도이다. 통틀어 볼 때 많은 여자들이 남자의 규칙을 거부하며, 남자들보다 훨씬 더 야릇하고 엉뚱하다. 그러나 그녀들은 자신들의 생활이나 대화나 편지에서만 그 기묘한 특성을 발휘한다. 만일 그녀들이 새삼스레 글을 쓰려고 한다면 문화라는 세계에 의해 짓눌리는 듯한 느낌을 받는다. 그것은 남자의 세계이기 때문이다. 그래서 그녀들은 분명한 의사표시 없이 입속으로 중얼거리고만 있다.

이와는 반대로, 남성이 구사하는 기술을 사용해서 추론하거나 표현하기를 선택한 여자는, 신뢰할 수 없는 자기의 독창성을 질식시키는 데만 열중한다. 그녀는 여학생처럼 쉽사리 공부에 열중하여 현학적이 된다. 남자의 엄격함과 남성다운 태도를 그대로 모방한다. 탁월한 이론가가 될 수도 있고, 확고한 재능을 습득할 수도 있을 것이다. 그러나 그녀는 자기 속에 있는 '다른' 모든 것은 거부할 수밖에 없을 것이다. 세상에는 미치광이 같은 여자도 있고, 재능 있는 여자도 있다. 그러나 우리가 천재라고 부르는 재능 속에 이런 광기를 담고 있는 여자는 한 사람도 없다.

이제까지 여성의 재능에 제한을 가한 것은 무엇보다도 그 '분별' 있는 수줍음이다. 많은 여자들은 나르시시즘이나 허황된 불가사의라는 덫을 피해왔으며, 점점 더 달아나고 있다. 그러나 주어진 세계 저편으로 머리를 내밀기 위해 과감하게 신중함을 내던진 여자는 한 명도 없다. 새삼스럽게 말할 것도 없지만 이 사회를 있는 그대로 받아들이는 여자들이 수없이 많다. 그녀들은 위협받는 계층에 속하면서 가장 보수적인 태도를 보이는 시민계층의 대변자이다. 그녀들은 선택한 형용사를 사용하여 이른바 '질 높은' 문명의 세련됨을 노래한다. 행복이란 시민계층의 이상을 찬양하면서, 자기들 계급의 이익을 찬란한 시로 위장하고 있다. 그녀들은 여자들에게 '언제까지나 여자로 머물러 있도록' 설득할 목적으로 기만으로 가득 찬 교향악을 작곡한다. 옛집, 정원과 채소밭, 아름다운 할머니들, 장난꾸러기 아이들, 세탁, 잼, 가족의 축일, 의상, 응접실, 무도회, 불행하지만 본받을 만한 아내들, 헌신과 희생의 미학, 부부 사이에 겪는 작은 실망과 큰 기쁨, 젊음의 꿈, 성숙한 체념 등은 영국·프랑스·미국·캐나다·스칸디나비아의 여류소설가들이 바닥이 날 정도로 우려먹었다. 그녀들은 명예를 얻고 돈을 벌었다. 그러나 우리의 세계관을 풍요롭게 하지는 못했다. 차라리 이 부정한 사회를 규탄한 저항하는 여인들에게서 우리는 훨씬 더 많은 흥미를 느낄 수 있다.

권리회복을 요구하는 문학은 강력하고 성실한 작품을 낳는다. 조지 엘리엇은 저항 속에서 빅토리아 왕조 시대 영국의 모습을 치밀하고 극적으로 그려내었다. 하지만 버지니아 울프가 주의를 촉구하는 것처럼, 제인 오스틴이나 브론테 자매, 조지 엘리엇은 외적인 구속으로부터 해방되기 위해 많은 에너지를 헛되이 낭비할 수밖에 없었다. 그래서 유능한 남성작가들이 출발점으로 삼는 단계에 도달했을 때는 이미 약간 숨이 차 있었다. 그녀들에게는 이 승리를 발판삼아 자기들을 속박하고 있는 밧줄을 끊을 충분한 힘이 더 이상 남아 있지 않았다. 예를 들면 그녀들에게서는 스탕달의 냉소나 자유로운 태도, 침착한 솔직함을 찾아볼 수 없다. 그녀들은 또 도스토옙스키나 톨스토이 같은 풍부한 경험도 없다. 그렇기 때문에《미들마치》같은 아름다운 작품도《전쟁과 평화》엔 미치지 못한다.《폭풍의 언덕》도 위대한 작품이지만《카라마조프 형제들》의 광범함에는 따르지 못한다.

오늘날 여자들은 자기를 확립하는 데 예전처럼 애를 쓰지 않아도 된다. 그러나 여전히 자기들을 여자다움 속에 격리시키는 오래된 성적 제한을 완전히 극복하지 못하고 있다. 예를 들어 여자의 총명한 지각은 그녀들이 자랑스럽게 여기는 하나의 승리이다. 그러나 그것에 만족하기에는 이르다. 사실 전통적인 여성이란 미망(迷妄)에 속은 의식이며 속임수를 위한 도구이다. 그러한 여성은 자기의 의존성을 감추려 한다. 그러나 그것은 거기에 동의하는 하나의 방식이다. 이런 의존성을 고발하는 것은 그것만으로 이미 하나의 해방이다. 스스럼없는 냉소는 굴욕과 수치심에 대한 하나의 저항이다. 그것은 자기의 책임을 받아들이는 예비 스케치다. 여류작가들은 헛된 꿈에서 깨어나 명료한 의식을 지니고 살아가려 노력함으로써 여자들의 이익에 가장 큰 공헌을 하고 있다. 그러나—자신도 거의 깨닫지 못하는 사이에—여자들의 문제에 지나치게 저항함으로써 세계에 대해 공평한 태도를 취하면서 더욱 폭넓은 지평을 열어가기가 어렵다. 착각과 허위의 베일을 벗어 버렸을 때 그녀들은 일단 자기의 일이 끝났다고 생각한다. 하지만 이런 소극적인 용기만으로는 우리를 미궁 속에서 꺼내지 못한다. 왜냐하면 진리 자체가 모호하고 소연이며 신비이기 때문이다. 진리의 존재를 지적한 뒤에는 그것을 생각하고 다시 창조해야만 한다. 속지 않는다는 것은 대단히 좋은 일이다. 그러나 모든 것은 거기서부터 시작한다. 여자는 신기루를 흩뜨리는 데 자기의 용기를 다 써 버리고는, 현실의 문턱에서 떨며 멈추어 있다. 그 때문에 여자의 자서전에는 성실하고 감동적인 무언가가 있다. 그러나《참회록》(루소의)이나《에고티즘의 회상》(스탕달의)에는 비견할 수 없다. 우리 여성들은 아직도 사실을 명확히 보는 데만 열중하고 있어서, 이 명료한 의식 저편에 있는 다른 미지의 어둠을 꿰뚫어 보려고 노력하지 않는다.

"여자들은 결코 변명을 벗어나지 못한다"고 어떤 남성작가가 나에게 말했다.

충분히 근거가 있는 말이다. 여자는 이 세계를 탐색해도 좋다는 허가를 받은 것에 몹시 감탄한 나머지, 세계의 의미를 발견하려 하지 않고 단지 그 재산목록만을 작성하고 있다. 때때로 그녀들이 우수한 능력을 발휘하는 것은 주어진 것을 관찰할 때이다. 그녀들은 매우 뛰어난 보도기자가 된다. 어떤 남성기자도 앙드레 비올리스만큼 인도차이나와 인도에 관한 현지보도를 따라가지 못했다. 그녀들은 분위기와 인물을 묘사할 줄 알고, 그 인물들 사이의 미묘한 관계를 지적할 줄을 알며, 독자로 하여금 그 인물들의 은밀한 영혼의 움직임을 느끼게 할 줄 안다. 윌러 캐더, 에디스 워튼, 도로시 파커, 캐서린 맨스필드와 같은 여자들은 날카롭고 특징적인 수법으로 개인과 풍토와 문명을 생생하게 떠올리게 해주었다. 그러나 히스클리프 같은 현실적인 남성인물을 훌륭히 그려 내는 여자는 드물다. 그녀들은 남자에게서 '수컷' 이상의 것을 잡아내지 못한다. 그러나 자기들의 내면생활과 경험, 자기들의 세계는 충분히 훌륭하게 묘사해왔다. 대상에 감춰진 비밀스런 실체에 마음을 빼앗기고 자기감각의 특이성에 매혹되어 있기 때문에, 생생한 경험을 실감나는 형용사나 육감적인 이미지를 통해서 표현한다. 여자들은 대개 문장보다도 어휘에 더 뛰어난데, 그것은 그녀들이 사물의 관계보다 사물 자체에 흥미를 느끼기 때문이다. 그녀들은 추상적인 아름다움을 목표로 삼는 게 아니라 감각에 직접 호소한다. 그녀들이 애정을 다하여 탐구한 영역의 하나는 '자연'이다. 젊은 처녀 혹은 자기 권리를 완전히 포기하지 않은 여자에게 자연은, 남자에게 있어서 여자가 무엇을 의미하는지 보여주는 것과 같다. 즉 자아와 그 부정, 왕국과 유배지의 관계를 의미한다. 이때 자연은 완전히 타자의 모습을 하고 있다. 여류작가들이 자기의 경험과 꿈을 가장 친밀하게 드러내는 것은 황야나 채소밭을 이야기할 때이다. 자연의 살아 숨쉬는 기운이라든가 계절의 기적을 물뿌리개나 화병, 화단 속에 숨겨두는 여자들이 많다. 또 식물이나 동물을 가둬두지 않는 대신에, 주의 깊은 애정을 기울여 길들이려고 하는 여자들도 있다. 콜레트나 캐서린 맨스필드가 그러하다. 자연이 지닌 비인간적인 자유를 통해서 자연을 이해하고, 알 수 없는 수수께끼를 풀어 보려고 노력하며, 타자인 이 존재와 합일하기 위해 자기를 잃어버리는 여자들도 있다. 루소가 발명한 이 방법은 에밀리 브론테, 버지니아 울프, 마리 웨브 외에는 시도한 이가 별로 없다.

하물며 주어진 영역을 넘어서서 자연의 비밀스런 영역을 탐구한 여자는 다섯 손가락으로 셀 정도이다. 에밀리 브론테는 죽음을, 버지니아 울프는 삶을, 캐서린 맨스필드는 간혹—자주 그런 것은 아니다—일상의 우연성과 고뇌를 탐구했다. 그러나 《심판》·《백경》·《율리시스》 혹은 《지혜의 일곱기둥》 같은 작품을 쓴 여자는 아무도 없다. 그녀들은 인간의 조건에 이의를 달지 않았다. 왜냐하면 이제야 겨우 인간의 조건을 받아들이기 시작했기 때문이다. 이는 그녀들의 작품에 전체적으로 형이상학적 반향이나 어두운 유머가 없는 까닭을 설명해 준다. 그녀들은 세계를 괄호 속에 집어넣어 물음을 던지거나, 그 모순을 고발하지 않는다. 그저 세계를 고지식하게 받아들인다. 남자들도 대다수는 이와 똑같은 한계를 안고 살아간다. 여자가 평범하게 보이는 것은, '위대하다'고 불릴 만한 소수의 예술가들과 비교했을 때이다. 여자의 한계를 만들고 있는 것은 운명이 아니다. 어째서 여자에게는 가장 높은 정상에 도달할 기회가 이제껏 주어지지 않았는가, 왜 앞으로도 당분간은 그런 조건이 주어지지 않을 것인가는 쉽사리 이해할 수 있을 것이다.

예술·문학·철학은 인간의 자유, 창조자의 자유 위에 새로이 세계를 건설하려는 시도이다. 그러한 포부를 마음속에 기르기 위해서는 무엇보다도 분명하게 자기를 하나의 자유로운 주체로 두어야 한다. 교육과 관습이 여자에게 강요하는 구속은 세계로 향한 여자의 인식 범위를 제한하고 있다. 이 세상에서 자리를 차지하기 위한 투쟁이 아무리 격렬해도 거기서 빠져나간다는 것은 있을 수 없는 일이다. 그러므로 이 세계를 다시 파악해 보길 원한다면 먼저 절대적인 고독 속에서 고개를 쳐들어야 한다. 특히 여자에게 결여되어 있는 것은 고뇌와 자존심 속에서 고독과 초월의 수업을 쌓는 것이다. 마리 바슈키르체프는 이렇게 썼다.

내가 바라는 것은 단지 혼자서 산책을 하고 마음대로 거닐면서 튈리리 공원의 벤치에 앉을 수 있는 자유이다. 그것이야말로 진정한 예술가가 되는 데 절대적으로 필요한 자유이다. 누군가 동행이 있을 때, 즉 루브르에 갈 때 그의 마차를 기다리거나 함께 가는 아가씨나 가족을 기다려야 한다면, 눈에 보이는 것들에서 뭔가를 끌어낼 수 있다고 생각하는가! ……여기에는 자유가 없다. 자유 없이는 진정으로 무엇인가 가치 있는 일은 이루어 낼 수 없다. '생각은 어리석고 끊임없는 방해의 사슬에 매여 있다……' 이래서는 날개가 꺾여 바닥으로 추락할 뿐이다.' 이런 까닭에 좀처럼 여성예술가들을 찾아보기 어렵다.

사실 창작가가 되기 위해서는 자기를 계발하는 것만으로는 충분하지 않다. 여러 가지 광경이나 지식을 삶의 한 부분으로 만드는 것만으론 부족하다. 이런 교양이 자기 초월의 자유로운 내적 변화들을 통해서 파악되어야만 한다. 정신은 그 모든 부를 가지고 공허한 하늘로 뛰어들어야 한다. 그 하늘을 정신으로 채우는 것이다. 그러나 의무로 엮인 무수한 관계들이 정신을 지상에 비끄러맨다면 비약은 좌절된다. 분명 오늘날 젊은 처녀는 혼자서 외출하여 튈리리 공원을 산책할 수 있을 것이다. 그러나 내가 이미 말한 바처럼, 거리는 그녀에게 깊은 적의를 품고 있다. 곳곳에 눈과 손들이 매복하고 있다. 만일 젊은 처녀가 경솔하게 어슬렁거린다면, 카페 테라스에서 담배를 피운다면, 혼자서 영화관에 간다면, 곧 유쾌하지 못한 사건이 일어난다. 그러므로 그녀는 의상이나 태도로 위엄을 세워야만 한다. 이런 염려는 그녀를 땅에, 자기 자신에게 못박아 놓는다. 이로써 그녀의 '날개는 꺾이고 그녀의 정신은 지상으로 추락해 버린다.'

T.E. 로렌스는 18살 때 혼자서 프랑스 전국을 자전거로 횡단했다. 젊은 처녀가 이런 무모한 짓을 한다고 하면 누구도 허락하지 않을 것이다. 더욱이 로렌스가 일 년 뒤에 그랬듯이, 반은 사막으로 뒤덮인 위험한 나라를 걸어서 탐험한다는 것은 젊은 처녀에게는 있을 수 없는 일이다. 하지만 그러한 경험들은 헤아릴 수 없는 중요한 영향력을 우리 삶에 끼친다. 그런 경험들을 통해서 개인은 자유와 발견에 도취되어 세계 전체를 자기의 영역처럼 바라보는 폭넓은 시야를 가지게 된다. 이미 여자는 격한 훈련에서 제외되어 있다. 여자는 약한 신체로 인해 수동성의 영향을 받는다. 사내아이는 주먹질하며 싸움을 할 때 자기의 고민은 자기 힘으로 해결할 수 있다고 믿는다. 여자아이에게는 그 대신 스포츠나 모험을 적극적으로 체험하게 하여 장애물을 극복했다는 자부심을 갖도록 허락해야 할 것이다. 그러나 실은 전혀 그렇지가 못하다. 그녀는 세계의 한가운데서 고독을 느끼고 있을지 모른다. 그러나 여자가 유일한 지배자로서 당당하게 세계를 이끌어 간 적은 한 번도 없다. 모든 것이 그녀가 가만히 앉아서 외적 존재에 포위되고 지배되도록 부추길 뿐이다. 그리고 특히 여자는 연애를 할 때 자기를 주장하지 않는 게 아니라 오히려 자기를 부인한다.

이런 의미에서 불행이나 불운은 대개 좋은 결과를 낳는 시련이다. 에밀리 브론테로 하여금 힘있고 야성적인 책을 쓸 수 있게 한 것은 그녀의 고독이었다. 자연과 죽음, 운명 앞에서 그녀는 자기 힘 외에는 아무런 도움도 기대하지 않았다. 로자 룩셈부르크는 못생긴 여자였다. 그녀는 자기 모습을 보면서 도취되거나, 자주성이 없는 객체가 되거나, 일부러 남의 먹이가 되거나, 남의 덫에 걸리려고 한 적이 한 번도 없었다. 젊었을 때부터 완벽한 정신이었으며 자유로운 존재였다. 그러나 비록 그렇다고 하더라도 여자가 현실세계와의 고뇌에 찬 대결을 전면적으로 감당하는 것은 지극히 드문 일이다. 그녀를 에워싼 구속, 그녀를 억누르는 모든 전통이 그녀가 세계에 대하여 책임을 느끼지 못하도록 방해한다. 여자들이 평범한 길을 가는 뿌리 깊은 원인이 바로 여기에 있다.

우리가 위대하다고 보는 남자들은—어떤 식으로든—어깨 위에 무거운 세계를 짊어진 사람들이다. 정도의 차이는 있지만 그들은 확실히 이 세계에서 무언가를 이루었다. 그들은 세계를 재창조하는 데 성공도 했고 실패도 했으나, 어쨌든 먼저 그 엄청난 부담을 잘 감당해 냈다. 그것은 어떤 여자도 결코 하지 못한 일이며 할 수 없었던 일이다. 세계를 자기 것으로 생각하거나 세계의 죄를 자기의 죄로 여기며, 세계의 영광을 자기의 영광으로 돌리기 위해서는 특권계층에 속해야만 한다. 세계를 바꾸고, 세계를 생각하고, 세계의 비밀을 폭로함으로써 세계를 정의하는 것은, 명령권을 독점하고 있는 특권계층만의 권리이다. 그들만이 세계에서 자기 모습을 인정하고, 자기의 흔적을 남길 수 있다. 이제까지 '인간'이 구현되어 온 것은 여자에게서가 아니라 남자에게서이다. 그러나 모범적인 인간이며 천재로 불리는 이는 그 개개의 실존 속에서 인류 전체의 운명을 짊어지고자 한 사람들이다. 자신에게 그러한 사명이 있다고 믿은 여자는 한 사람도 없었다.

여자인 반 고흐가 어떻게 태어날 수 있었겠는가? 여자가 벨기에의 보리나즈 탄광에 파견되는 일은 상상도 할 수 없었을 것이다. 그녀는 인간의 비참함을 자신의 죄로 느끼고, 속죄를 구하지도 않았을 것이다. 그러므로 여자는 결코 반 고흐의 해바라기를 그릴 수 없었다. 이 화가의 생활방식—아를르에서의 고독한 생활, 카페나 창녀촌의 출입은 그의 감수성을 키우고, 그의 예술을 발전시켰다—이 여자에게는 금지된 일이다. 또한 여자는 결코 카프카도 되지 못했을 것이다. 의구심과 불안 속에서도 그녀는 낙원에서 쫓겨난 '인간'의 고뇌를 인정하지 못했기 때문이다. 성 테레사만이 완전한 고독 속에서 인간의 조건을 자기의 것으로 여기며 살았을 정도이다. 그 까닭은 이미 살펴보았다. 그녀의 정신 세계는 지상의 계급제도가 미치지 않는 곳에 있었으므로, 성자인 장 드 라 크루아처럼, 자신의 머리 위에 있는 하늘에 안도하지 못했다. 그것은 두 사람에게 똑같은 어둠과 똑같은 광명이었고, 그들 저마다에게는 똑같은 허무, 신에게는 똑같은 충만이었다. 이처럼 모든 인간이 성의 구별을 넘어 자유로운 실존의 험난한 영광 속에서 인간으로서의 자부심을 느낄 수 있을 때, 비로소 여자는 자기의 역사, 문제, 의구심, 희망을 인류의 그것과 융합시킬 수 있을 것이다. 그래야만 여자는 자기의 삶과 작품 속에서 자기라는 개인뿐만 아니라 인류에게 주어진 현실 전체를 설명하고자 할 것이다. 여자가 인간이 되기 위하여 싸워야 하는 동안에는 창조자가 될 수 없다.

다시 한 번 말하거니와, 여자의 한계를 설명하기 위해서 살펴보아야 할 것은 신비스러운 본질이 아니라 여자의 상황이다. 미래는 여전히 활짝 열려져 있다. 사람들은 여자들이 '창조적 천재성'을 갖고 있지 않다고 앞다투어 주장해 왔다. 그것은 특히 예전에 저명했던 여권신장반대론자인 마르트 보렐리 부인이 주장하는 바이기도 하다. 그녀는 자기의 저서를 통해 여자의 비논리성과 어리석음을 증명하려고 노력했으나, 그 결과 저서 자체가 모순덩어리가 되고 말았다. 우선 창조성이 선천적이라는 관념은, 실체의 낡은 간판 속에 있는 '영원한 여성성'이라는 관념과 마찬가지로 전혀 근거가 없으므로 버려야만 한다. 어떤 반여성론자들은 좀더 구체적으로, 여자는 신경쇠약 환자이기 때문에 가치 있는 것은 아무것도 창조할 수 없다고 주장한다. 그러나 이런 견해를 펼치는 사람들이 대체로 천재는 신경쇠약 환자라고 주장한다. 아무튼 프루스트의 예가, 심리적·생리적 부조화는 무능력도 평범함도 의미하지 않는다는 것을 충분히 증명하고 있다.

역사적으로 여자의 성질을 규정하는 논거에 관해서는 그것을 어떻게 생각해야 하는지 이미 살펴보았다. 역사적 사실을 영원한 진리인 듯 생각해서는 안 된다. 상황은 변화하기 때문에, 역사적 사실은 명확하게 역사적으로 나타난 한 상황을 표현한 것에 불과하다. 천재적인 작품이나 평범한 작품을 완성할 모든 가능성이 여자들에게는 금지되어 있었는데, 여자들이 어떻게 천재가 될 수 있었겠는가?

옛 유럽에서는 예술가나 작가를 한 사람도 배출하지 못한 야만적인 미국인들을 한껏 경멸했다. 이에 대해서 제퍼슨은 "우리에게 생존의 정당성을 증명하라고 요구하기 전에 우리로 하여금 생존하게 하라"고 대답했다. 흑인들은 단 한 명의 휘트먼(미국의 시인, 1819~892)이나 멜빌(미국의 소설가, 1819~1891)도 낳지 못했다그 비난하는 인종주의자들에게 제퍼슨과 같은 대답을 하고 있다. 프랑스의 프롤레타리아도 라신(프랑스 시인·극작가, 1639~1699)이나 말라르메(프랑스 시인, 842~1898)에 대적할 수 있는 이름을 내세우지 못한다. 자유로운 여성들은 이제 겨우 모습을 드러내고 있다. 자유로운 여성들이 자신의 한계를 극복하는 날에는 랭보의 예언이 실현될 것이다.

"시인들이 생겨날 것이다! 남자—이제까지 혐오스러운 존재였던—가 여자를 해방시켜 여자의 한없는 노예상태가 깨어질 때, 여자가 자기를 위하여 스스로의 힘으로 살아가게 될 때, 여자도 시인이 될 것이다! 여자는 미지의 것을 발견할 것이다! 그녀들의 정신 세계는 우리 남자들의 정신 세계와 다를 것인가? 여자는 이상하고 불가해한, 불쾌하거나 즐거운 무언가를 발견할 것이다. 우리는 그것을 파악하고 이해할 것이다."*6

여자의 '정신 세계'가 남자의 정신 세계와 다를지는 확실하지 않다. 왜냐하면 여자는 자기를 남자와 같은 위치에 세움으로써 해방되기 때문이다. 여자가 얼마나 개별적인 존재로 머무는가, 그 개성이 어느 정도의 중요성을 얻는가를 알기 위해서는 매우 대담한 예측들을 받아들여야만 한다. 확실한 것은, 이제까지는 여자의 가능성이 억압되어 인류의 손실을 불러왔다는 것이다. 그리고 지금이야말로 여자 자신을 위해서, 모두를 위해서, 여자에게 모든 기회를 잡을 수 있도록 허락할 때라는 것이다.

---

*6 1871년 5월 15일 피에르 드므니에의 편지.

# 결론

"그렇다, 여성들은 우리의 형제가 아니다. 우리는 나태하고 타락한 그녀들을 우리와는 다른 미지의 존재로, 성(性)이라는 무기 외에는 아무것도 갖지 못한 존재로 만들었다. 그래서 끊임없는 다툼이 시작되었다. 게다가 불신에 찬 영원한 작은 노예의 이 무기는 교활하기 때문에 사랑하거나 증오할 때도 결코 진실하지 않다. 여성들은 단체정신으로 뭉친 비밀결사가 된 것이다."

쥘 라포르그의 이와 같은 말에 아직도 많은 남자들이 동의할 것이다. 남녀 사이에는 '음모와 싸움'이 늘 그치지 않고, 결코 우애란 없다고 생각하는 사람이 많다. 사실 현재로선 남자도 여자도 서로 만족하지 못하고 있다. 그러나 여기서 의문점은, 남녀가 서로 대립하고 갈등하는 것이 선천적인 저주의 결과인가, 아니면 인간 역사의 일시적 과도기를 표현하는 것인가 하는 점이다.

앞에서 본 바와 같이 전설이야 어떻든 간에 어떤 생리적 운명도, '수컷'과 '암컷'을 서로 용납할 수 없는 영원한 적으로서 정해 놓고 있지는 않다. 저 유명한 사마귀 암컷까지도 달리 먹을 것이 없어서 종족번식이 문제가 될 때가 아니라면 동족 수컷을 잡아먹지 않는다. 고등동물에서 하등동물에 이르기까지 모든 개체는 종(種)에 종속되어 있다. 하지만 인류는 종과는 달리 역사적 변화를 겪으며 오늘에 이르게 된다.

인류는 자연의 사실성을 어떤 방법으로 받아들이느냐에 따라 규정된다. 사실 가장 심한 악의를 품어도, 남녀 양성 사이에 순수한 생리적 의미로서의 적대관계가 존재한다는 것을 증명할 수는 없다. 그래서 이런 적대관계를 차라리 생물학과 심리학의 중간지대, 즉 정신분석학적으로 살펴보기로 한다. 흔히 말하기를, 여자는 남자의 페니스를 부러워하여 그것을 거세하려 한다고 한다. 그러나 페니스에 대한 이 소아기적 욕망은, 어른이 된 여자의 생활에서는 그녀가 자기의 여자다움을 하나의 거세상태라고 느낄 때만 중요성을 띤다. 그녀가 남성의 생식기관을 소유하고 싶어하는 것은 페니스가 남성의 모든 특권을 구현하고 있을 때에 한한 것이다. 남자를 거세하고 싶은 여자의 꿈은 상징적인 의미를 지닌다고 사람들은 말한다. 다시 말해 여성이 남성에게서 그의 초월성을 빼앗아 버리고 싶어한다는 것이다. 그러나 이미 살펴보았지만 그녀의 소망은 훨씬 더 모호하다. 여자는 모순된 방법으로 그 초월성을 '소유'하고 싶어한다. 그것은 그녀가 그의 초월을 존경하는 한편 부정하며, 그의 초월성 속에 뛰어들려는 동시에 자기 속에서 그 초월성을 억류해 두려 한다는 의미이다. 즉 여자의 드라마는 성적 수준에서만 전개되는 것이 아니라는 뜻이다. 우리에게는 성적인 본능이 인간의 운명을 규정하거나 인간의 행동을 푸는 열쇠를 제공하는 것처럼 보이지 않는다. 다만 그것은 어떤 상황 전체를 반영하며 이런 상황을 규정하는 데 공헌하고 있다.

양성의 싸움은 남녀해부학 속에는 직접 포함되어 있지 않다. 실제로 우리는 '양성'의 싸움을 상기할 때, 무한한 '관념'의 하늘을 무대로 '영원한' 여성과 '영원한' 남성이라는 존재조차 불확실한 두 본성 사이에 전개되는 싸움을 연상하게 된다. 그리고 이 거대한 싸움이 지상에서는 전혀 다른 두 형태를—역사적으로 다른 시기에—띠고 있다는 것에 사람들은 주목하지 않고 있다.

내재 속에 갇힌 여자는 남자도 그 감옥 속에 감금하려고 한다. 이렇게 하면 감옥도 세계와 하나가 되어 버릴 것이고, 여자는 거기에 갇혀 있는 현실을 더 이상 괴롭게 생각하지 않을 것이다. 어머니·아내·여자 연인은 여간수가 되기 때문이다. 남자들이 체계화한 사회는 여자를 열등하다고 규정하고 있다. 여자는 남자의 우월성을 파괴함으로써만 자기의 열등성을 없앨 수 있다. 그래서 남자를 불구로 만들어 지배하려고 애쓴다. 여자는 남자에게 반항하고 남자의 진리와 가치를 부정한다. 그러나 이는 그저 여자가 자기방어를 하는 것에 불과하다. 여자가 내재와 열등성에 몸을 바치는 것은, 변화가 불가능한 본질이나 그녀 자신의 졸렬한 선택 때문이 아니다. 그녀는 내재와 열등성을 강요당하고 있는 것이다. 모든 억압은 투쟁을 일으킨다. 남녀 사이에서도 예외는 아니다. 실존적 인간은 남들로부터 비본질적인 것으로 취급되면 반드시 자기의 주권을 회복하려고 한다.

오늘날 싸움은 다른 양상을 띠고 있다. 여자는 남자를 감옥에 가둬 두려 하지 않고 자기가 그곳으로부터 탈출하려고 시도한다. 남자를 내재의 영역으로 끌어들이려 하지 않고, 자기 스스로 초월의 광경 속으로 뛰어들려고 한다.

그때 남성의 태도에 따라서 또다시 새로운 분쟁이 일어난다. 남자가 여자를 '놓아 주는 것은' 마지못해 하는 것이다. 그들은 어디까지나 계속 최고의 주체이며 절대적으로 우월한 자, 본질적 존재로 머물러 있으려 한다. 남자는 자기 반려인 여자를 구체적으로 자기와 대등한 자로서 인정하려 하지 않는다. 여자는 남자의 불신에 공격적 태도로 대응한다. 이것은 자기만의 세계 속에 갇혀 있는 개인들 사이의 싸움이 아니다. 권리회복을 요구하는 계층이 포위해 들어가고, 특권계층은 그것을 방어한다. 두 초월성이 대결하는 것이다. 두 자유는 서로 상대를 인정하려 하지 않고 한쪽이 다른 쪽을 지배하려 한다.

이런 태도의 차이는 성적 부분에서와 마찬가지로 정신적인 부분에서도 뚜렷이 나타나고 있다. '여자다운' 여성은 스스로 수동적인 먹이가 됨으로써 남성 또한 수동적 육체로 만들려고 한다. 자기가 순종적으로 물체가 됨으로써 남자의 욕망을 불러일으켜 그를 함정에 빠뜨리려고 애쓴다. 이와는 반대로 '해방된' 여자는 능동적이 되고 주도자가 되어, 남자가 자기에게 강요하려고 하는 수동적 존재방식을 거부한다. 엘리즈와 그 친구들이 이런 여성이다. 그녀들은 남자의 활동적 가치를 처음부터 부인한다. 정신보다는 육체를, 자유보다는 우연성을, 과감한 창의성보다는 그녀들에게 적응된 인습적 지혜를 우위에 둔다. 그러나 '근대적' 여성은 남성적 가치들을 받아들인다. 그녀는 남자와 똑같은 자격으로 생각하고 행동하고 노동하고 창조하는 것을 자랑스럽게 생각한다. 남자들을 억지로 무시하려고 애쓰지 않고 자기가 남자들과 동등하다고 주장한다.

'근대적인' 여자가 구체적 행동으로 자기를 표현함에 따라 이런 실권회복의 요구는 정당해진다. 그때 비난받아 마땅한 것은 남자들의 오만한 태도이다. 그러나 남자들을 위하여 변호해 두어야 할 것은, 여자들은 일부러 일을 복잡하게 만들곤 한다는 점이다. 마벨 도지 같은 여자는 로렌스 앞에서 자기의 여자다운 매력을 발휘하여 순종하는 척했지만, 실은 그를 정신적으로 지배하려고 했다. 많은 여자들은 성공을 통해 자기들이 남자 못지않다는 것을 보여 주기 위하여, 먼저 성적 매력으로 남자의 지지를 확보하려고 노력한다. 그녀들은 고전적인 존경과 현대적인 평가를 동시에 요구하며, 그것을 여자의 옛 주술과 새로운 권리 양쪽에 걸고 양면에서 승부를 겨루고 있는 것이다. 화가 난 남자가 방어자세를 취하는 것도 이해할 수 있는 일이다. 그러나 시기심이나 반감에서 여자에게 필요한 패를 즈지 않은 채 정정당당한 승부를 하라고 요구한다는 점에서는 남자에게도 이중성이 있다. 사실 여자의 존재 자체가 불투명하기 때문에, 그 싸움이 남녀 사이에서 뚜렷하게 나타날 수는 없을 것이다.

여자는 남자 앞에 주체로서가 아니라 주체성이 부여된 객체로서 대항하여 일어선다. 그녀는 자기로서의 책임과 함께 타자로서의 책임도 진다. 이는 모순이며 부조리한 결과를 초래한다. 그녀가 자기의 약함과 힘을 동시에 무기로 삼을 때, 그것은 충분한 계산으로 이루어진 것이 아니다. 그녀는 저도 모르게 이제까지 자기에게 강요돼 온 수단, 다시 말하면 수등적 수단 속에서 자기의 구원을 찾고 있으며, 동시에 능동적으로 자기의 주체성도 회복하려고 한다. 아마 이런 방법이 '정정당당한 싸움'은 아닐 것이다. 그러나 이는 여자가 살고 있는 모호한 상황에 맞추어 결정된 방법이다. 하지만 남자는, 자신은 여자를 자유로운 존재로서 대하려 하는데도 여자는 남자를 함정에 빠뜨린다고 분개한다. 한편 여자가 남자의 먹이로 있는 한 남자는 여자의 비위를 맞춰 주고 여자를 만족시켜 주지만, 여자가 자립을 원하면 이를 귀찮게 여긴다. 어떻게 하건 남자는 농락당했다고 느끼고, 여자는 침해당했다고 생각한다.

남자와 여자가 서로 상대를 동등한 관계로 인정하지 않는 한, 다시 말해 여성이 지금과 같은 예속 상태를 벗어나지 못하는 한 싸움은 그치지 않을 것이다. 여자다움을 유지하는 데 남자와 여자 어느 쪽이 더 열정적인가? 거기에서 해방된 여자도 역시 여자가 누려온 특권들만은 보존하고 싶어한다. 그리고 남자는 그렇게 되면 여자가 마땅히 여자다움 속에 머물러야 한다고 요구한다. '다른 쪽을 두둔하기보다 한쪽을 비난하기가 훨씬 쉽다'고 몽테뉴는 말한다. 한쪽 성에 관해 비난과 찬사를 늘어놓는 것은 쓸데없는 짓이다. 사실 이런 악순환을 깨뜨리는 것이 이토록 어려운 까닭은 남녀 양성이 저마다 상대의 희생도, 자기의 희생도 되기 때문이다. 그들이 저마다 순수한 자유 속에서 대결하고 있는 적수 관계라면 차라리 화해가 쉬울 것이다. 결국 이 싸움은 쌍방 그 어느 쪽에도 이롭지 못한 것이다. 그러나 이 문제 전반의 복잡성은 각 진영이 적의 공범자이기도 하다는 데서 온다. 여자에게는 책임포기의 꿈이 있고, 남자에게는 자기소외의 흠이 있다. 거짓된 삶에서는 아무런 이익도 얻지 못한다. 저마다 안일함에 유혹되어 스스로 초래한 불행을 상대 탓으로 돌린다. 남자와 여자가 서로 상대를 증오하는 것은 저마다 자기 기만과 소심함을 버리지 못한

데서 비롯된다.

　남자들이 처음에 어째서 여자들을 예속시켜 왔는지는 이미 앞에서 본 바와 같다. 여자의 가치하락은 인류 발전 과정에 필요한 한 단계였다. 그러나 그 발전 과정에서 양성의 협력이 이루어질 수 있었을지도 모르겠다. 억압은 실존의 주체가 되는 인간이 자기 자신으로부터 도망치기 위해 자신이 억압하는 상대에게 자기를 소외하는 경향으로 설명할 수 있다. 오늘날에도 대다수의 남자들에게서 이런 경향을 찾아볼 수 있다. 남편은 아내 속에서, 남자 연인은 여자 연인 속에서 석상의 모습을 한 자기를 찾고 있다. 남자는 여자 속에서 자기의 사나이다움과 절대적 권위라는 직접적인 현실성의 신화를 추구한다. "우리 남편은 결코 영화관에 가지 않는다"라고 아내는 말한다. 이리하여 남성의 불확실한 의견은 영원한 대리석 속에 굳건히 새겨지게 된다. 그러나 남자도 스스로 자기 분신의 노예가 되어 있다. 그는 하나의 이미지를 쌓아 올리기 위하여 얼마나 애를 쓰는가! 더구나 그 이미지 속에서 편안히 쉬지도 못하는 주제에! 그 이미지는 뭐니 뭐니 해도 여자들의 변덕스러운 자유에 근거를 둔다. 그러므로 이 자유는 남자들에게 유리한 것이 되어야만 한다.

　그래서 남자는 남성적이고 위엄 있는 우월한 자의 모습을 보이려고 고심한다. 상대에게 연극을 하게끔 하기 위해 자기도 연극을 하는 것이다. 그도 공격적이 되고 불안해한다. 남자는 여자들에 대하여 적의를 품고 있는데, 그것은 여자들을 두려워하기 때문이다. 그리고 그가 여자들을 두려워하는 것은 자기를 길들인 상대를 두려워하기 때문이다. 그는 이 콤플렉스를 해소하거나 승화시키거나 뒤집기 위해, 얼마나 많은 시간과 정력을 소비해서 여자들의 이야기를 하고 여자들을 유혹하고 여자들을 두려워하고 있는가! 여자에게 자유를 부여하면 남자도 자유롭게 될 것이다. 그러나 이것이야말로 남자가 두려워하는 것이다. 그래서 여전히 남자는 여자를 언제까지나 사슬에 매어 두기 위한 속임수를 쓰고 있다.

　많은 남자들이 여자가 속고 있음을 안다. "여자라는 것은 얼마나 불행한가! 그러나 여자의 진짜 불행은, 그것이 불행이라는 사실을 모른다는 것이다"라고 키르케고르는 말한다.[*1] 남자들은 그 불행을 위장해 숨기려고 오랫동안 노

---

*1 《술 가운데 진실이 있다(In vino veritas)》. 그는 또한 이렇게 말한다. '우아함은 본질적인 것으로 여자의 몫이다. 그리고 여자가 그것을 무의식적으로 받아들인다는 사실은, 가장 약한

력해 왔다. 예를 들면 후견제도를 폐하고 그 대신 여자에게 '보호자'를 주었다. 그 보호자가 고대 후견인의 권리를 지닌다고 해도 그것은 여자의 이익을 위한 것이라 변명했다. 여자에게 노동을 금지하고 가정에 머물러 있도록 하는 처사는 여자를 보호하고 행복을 보장하기 위함이라고 말한다. 여자의 책임이 되어 있는 단조로운 부담, 즉 가사와 육아 같은 것을 그들이 어떤 시적 베일로 숨겨 왔는가는 이미 우리가 본 바와 같다. 자유 대신에 남자들은 여자에게 '여자다움'이라는 그럴싸한 보석을 선사했다. 발자크는 남자에게 충고하길, 여자에게 여왕이라는 착각을 심어 주면서 실제로는 그녀를 노예 취급을 하면 된다고 했다. 이는 그들의 속임수를 매우 잘 설명해 준다. 많은 남자들은 그렇게까지 뻔뻔하지는 않으므로, 여자는 자신들이 혜택받은 존재라는 것을 이해하려고 노력한다.

오늘날 '하층계급의 이득'이라는 이론을 진지하게 주장하는 미국의 사회학자들이 있다. 프랑스에서도—이것처럼 학문적인 형태는 아니지만—'체면을 지켜야' 할 필요가 없는 이득을 노동자들이 얻는다고 흔히 주장한다. 더욱이 룸펜(부랑자·실업자)들은 누더기를 걸치고 길바닥에서 잘 수도 있지만, 보몽 백작이나 방델(프랑스 실업가, 1741~1795) 같은 불쌍한 신사들에게는 그러한 즐거움이 금지되어 있다는 것이다. 몸의 이를 손톱으로 긁어내는 태평스러운 거지들이나 채찍을 맞으면서도 싱글싱글 즐겁게 웃는 쾌활한 흑인들, 굶어 죽은 자기 아이를 미소지으면서 파묻는 수스의 쾌활한 아랍인들처럼, 여자는 책임이 면제된 이런 최고의 특권을 누리고 있다. 고뇌할 이유도 없고, 부담도 없고, 걱정할 필요도 없는 여자는 확실히 '운명'을 잘 타고났다. 그런데 불온하게도, 이 좋은 운명을 타고난 이들이 여러 세기와 여러 나라에 걸쳐 완고하게 고집을 부리며—이는 아마 원죄와 관련이 있겠지만—이렇게 호소한다는 것이다. "너무 하시는군요! 그 정도면 당신들에게 충분하지 않나요!" 그러나 훌륭한 자본가들, 너그러운 식민지 경영자들, 친절한 남성들도 한 치의 양보가 없다. "복을 잘 간수해라. 꽉 쥐

자와 가장 불우한 자, 물질적 보상보다도 환상을 더 좋아하는 사람에게 자연이 베푸는 배려로 설명할 수 있다. 그러나 이 환상이 그녀에게는 실로 운명적인 것이다…… 상상 덕분에 비참한 처지에서 해방되었다고 느끼는 것, 상상하는 대로 믿는 것, 그것은 보다 심각한 조롱이 아닌가?……여자는 버림받은 존재가 아니지만 어떤 의미에서는 그러하다. 왜냐하면 그녀는 자연이 그녀를 위로하기 위하여 사용했던 환상으로부터 결코 해방될 수 없기 때문이다.'

고 있어!"

　사실 남자들은 여자 동료에게서, 억압하는 자가 보통 피억압자에게서 발견하는 것 이상의 공범성을 발견한다. 남자들은 교묘하게 이런 공범성을 구실로 삼아, 자기들이 여자에게 강요한 운명을 여자가 '원했다'고 공언하고 있다. 앞에서 본 바와 같이, 실제로 여자를 가르치는 모든 교육은 여자의 반항과 모험의 길을 막도록 마련된 것이다. 사회는—존경하는 부모를 비롯하여—헌신적 사랑이나 봉사의 미덕을 찬양하면서도, 남자 연인이나 남편이나 아이들은 그런 무거운 짐을 지고 싶어하지 않는다는 사실을 숨기면서 그녀에게 거짓말을 하고 있다. 그녀는 이 거짓말을 기분 좋게 믿는다. 왜냐하면 남자들이 여자에게 쉽고 편안한 길을 따르도록 권유하기 때문이다. 남자가 여자에게 저지르는 가장 나쁜 죄악이 바로 그것이다. 남자는 유년시절부터 일생에 걸쳐 여자에게 이런 자기포기를 천직처럼 가르치면서 여자를 타락시키며 해치고 있다.

　자기의 자유에 불안한 고뇌를 느끼는 모든 실존하는 인간들은 이 자기포기에 유혹을 느낀다. 그러나 아이에게 공부할 기회도 주지 않고 공부가 어디에 쓰이는지 가르치지도 않은 채 온종일 놀게만 해서 게으른 사람으로 키워 놓고는, 그가 어른이 되었을 때 무능하고 무지한 길을 스스로 택한 것이라고 탓할 수는 없을 것이다. 이와 마찬가지로 여자도 스스로 자기의 실존을 감당할 필요성을 한 번도 배우지 못한 채 양육되었다. 여자가 남의 보호나 사랑, 도움이나 지도를 받아들이며 안이하게 살아가는 것은 이 때문이다. 그녀는 자기의 존재를 실현할 수 있는 일을 하나도 하지 않으면서 무엇인가가 될 수 있으리라는 꿈에 사로잡혀 있다. 여자가 이런 유혹에 지는 것은 잘못이다. 그렇다고 해도 남자는 여자를 비난할 수 없다. 왜냐하면 여자를 유혹에 빠뜨린 장본인은 남자이기 때문이다. 따라서 남녀 간에 갈등이 일어났을 때 그러한 상황을 초래한 것에 대한 책임을 그들은 서로 상대에게 미룰 것이다. 여자는 그런 상황을 만든 것이 남자라고 비난할 것이다. "사람들은 나에게 이치를 따지고 돈을 벌어 생계를 꾸리도록 가르쳐 주지 않았어요." 그러나 남자는 그 상황을 받아들인 것이 여자라고 비난할 것이다. "아무것도 모르는 당신이 무능한 여자지." 남녀는 서로 상대를 공격함으로써 자기를 정당화할 수 있다고 생각한다. 그러나 한쪽의 잘못이 다른 쪽에 무죄를 선고하지는 않는다.

　남자들과 여자들 사이에 생기는 수많은 갈등은, 한쪽이 제안하고 다른 쪽이 받아들이는 이 상황의 결과를 어느 쪽도 책임지지 않는 데서 일어난다. '불평등 속의 평등'이란 모호한 개념을 사용하여 한쪽은 전제주의를 숨기고 다른 쪽은 자기의 무기력을 숨기고 있는데, 그런 개념은 현실에서의 경험들을 통해 곧 그 실체가 드러난다. 교환의 형태로 여자는 남자가 보증해 준 추상적인 평등을 요구하고, 남자는 구체적인 불평등을 인정하라고 요구하기 때문이다. '준다'와 '받는다'는 말의 모호한 의미에 관한 논쟁이 모든 남녀관계에서 한없이 계속되는 까닭도 바로 거기에 있다. 여자는 자기가 모든 것을 준다고 불평을 하고, 남자는 여자가 자기에게서 모든 것을 가져간다고 항의를 한다. 교환—그것은 경제학의 기본원칙이다—에서 제공되는 상품의 가치는 파는 사람이 아니라 사는 사람에 의해 결정된다는 사실을 여자는 이해해야 한다. 남자는 여자가 무한한 가치를 소유하고 있다는 착각을 그녀에게 심어 줌으로써 여자를 속여 왔다. 사실 여자는 남자에게 하나의 오락이자 쾌락이고 반려이며 비본질적인 재산에 불과하다. 그러나 여자에게 남자는 실존의 의미이며 이유이다. 그러므로 교환은 동등한 가치를 지닌 두 존재 사이에서 이루어지는 것이 아니다. 남녀가 함께 보내는 시간—겉으로는 같아 보이지만—은 그 둘에게 똑같은 가치를 지니는 것이 아니다. 이런 사실에서 불평등이 확실히 두드러진다. 남자가 연인과 함께 지내는 저녁 동안에 그는 자기 직업에 유익한 어떤 일을 할 수도 있고 친구들을 만날 수도 있으며 인간관계를 넓힐 수도 있고 기분전환을 할 수도 있다. 정상적으로 사회의 일원이 된 남자에게 시간은 실제적인 부(富)이다. 즉 돈이며 명성이며 쾌락이다. 이와는 반대로 아무것도 하는 일 없이 권태를 느끼는 여자에게 시간은 어떻게든 처치해 버려야 할 무거운 짐이다. 그러므로 남자와 함께 있다는 것은 그녀에게 순수한 이익이 된다. 대개 남녀관계에서 남자에게 가장 뚜렷이 흥미를 주는 것은 거기서 이끌어 내는 성적인 이득이다. 극단적으로 말한다면, 남자는 사랑의 행위를 하는 데 필요한 시간만 연인과 함께 보내면 그것으로 만족한다. 이에 반해—예외는 제외하고—여자 쪽에서는 무엇을 할지 모르는 남아도는 시간을 모두 여기에서 '흘려보내고' 싶어 한다. 그리하여 순무를 사 주지 않는다면 감자를 팔지 않겠다는 상인처럼, 여자는 연인이 자신과 함께 이야기하거나 함께 외출하거나 하는 시간을 덤으로 주지 않는다면 자기의 몸을 허락하지 않는다. 남자가 이런 모든 비용을 너무 비싸게 생각하지 않는다면 균형이 잘 이루어진다. 물론 그것은 남자의 욕망의 강도와 그가 희생하는 일이 그에게 얼마나 중요한가에 따라 결정된다. 그러나 만일 여자가 너무 많은 시간을 요구—즉 제공—한다면, 남자는 그녀를 매우 귀찮아할 것이다. 그것은 마치 범람하는 강물과 같다. 남자는 너무 많은 시간을 갖기보다는 차라리 전혀 갖지 않기를 선택한다. 그래서 여자는 자기 요구를 약간 조절한다. 그러나 대체로 균형을 유지하기 위해서는 두 사람 사이에 강한 밀고 당기기가 필요하다. 여자는 남자가 자기를 싼값으로 '갖는다'고 생각하고, 남자는 자기가 대가를 너무 비싸게 치른다고 생각한다. 물론 이 설명은 좀 유머러스하다. 하지만 남자가 질투가 많고 배타적인 열정을 느껴서 여자의 전부를 원하는 경우를 제외하고는, 애정이나 욕망이나 연애에서도 이런 갈등은 나타난다.

  남자는 언제나 자기의 시간으로 다른 일을 할 수 있다고 생각한다. 이와 반대로 여자는 자기의 시간을 처치해 버리려고 애쓴다. 남자 쪽에서 보면 여자가 바친 시간은 선물이 아니라 무거운 짐과 같다. 일반적으로 남자는 여자에 비하여 자기가 유리하다는 사실을 잘 알고 양심의 가책을 느끼기 때문에 그 부담을 감당하려고 한다. 그리고 남자에게 얼마간의 선의가 있다면, 그는 그 상황의 불평등을 너그러운 마음으로 보상해 주려고 한다. 하지만 자신이 여자에게 보내는 연민과 동정을 커다란 공로처럼 생각하기 때문에, 충돌이 생기면 그는 곧 여자에게 감사할 줄 모른다고 화를 낸다. '나는 사람이 너무 좋아서 문제야'라고 하면서 말이다.

  한편 여자는, 자기는 커다란 선물을 하고 있는데 오히려 거지 취급을 당한다며 굴욕스러워한다. 그것이 원인이 되어 여자는 종종 잔혹한 면을 보여 주게 된다. 여자는 양심의 가책을 느끼지 않는다. 왜냐하면 혜택받지 않은 쪽에 속하기 때문이다. 그녀는 특권층에 대해서도 전혀 조심할 필요가 없다고 생각한다. 그녀는 자기방어만을 생각하고 있다. 그리고 자기에게 만족을 줄 수 없었던 연인을 보란 듯이 원망할 기회를 얻는다면 매우 다행이라고 생각할 것이다. 그가 그녀에게 충분히 주지 못하므로, 그녀는 자기가 직접 얻어내겠다며 난폭한 기쁨을 느낀다. 이때 자존심에 상처를 입은 남자는 자기가 매번 경멸해 왔던 교제의 가치가 대체로 어떤 것인가를 비로소 알게 된다. 남자는 여자에게 모든 것을 약속하려 한다. 비록 그가 그 약속을 이행해야 할 때는 여자에게 또 이용당했다고 생각하겠지만 말이다. 그래서 남자는 자기를 갈취했다고 연인을 비난한다. 그러면 그녀는 그의 인색함을 폭로한다. 결국 둘 다 마음을 다치게 된다.

여기서 또 변명과 비난을 늘어놓는다는 것이 얼마나 헛된지 알 수 있다. 불평등 가운데서는 결코 평등한 관계가 이루어질 수 없다. 식민지 행정관이 토착민에게, 장군이 사병에게 올바로 행동할 가능성은 전혀 없다. 유일한 해결방법은 그가 식민지 행정관도 장군도 되지 않는 것이다. 그러나 남자는 남자일 수밖에 없다. 그래서 그는 본의 아니게 죄인이자 억압자가 되고, 자신이 저지르지도 않은 과실 때문에 괴로움을 당한다. 여자도 이와 마찬가지로 본의 아니게 희생자이자 불평꾼이 되고 괴로움을 받게 된다. 때로는 남자가 저항하며 파괴적이 된다. 그때 그는 불평등의 공범자가 된다. 그리고 그 잘못은 정말 자기가 저지른 잘못이 된다. 때로는 그가 자기 권리를 요구하는 희생자에게 압도되거나 잡아먹힌다. 이때 그는 자기가 얼이 빠졌겠다고 느끼고, 흔히 자기의 체면을 손상시키고 동시에 그를 거북하게 만드는 타협을 하려고 결심한다. 착한 사내는 이런 상황 때문에 여자 이상으로 고민하기도 한다. 즉 어떤 의미에서는 패자의 쪽에 있는 편이 더 유리한 것이다. 그러나 만일 여자 역시 착한 인간이어서 의욕은 있지만 스스로 자립하지 못하고, 자기 운명의 무게로 남자를 짓누르는 것도 싫어한다면, 그야말로 벗어날 수 없는 혼란 속에서 몸부림치는 결과를 낳게 된다. 만족스러운 해결을 할 수 없는 이런 경우를 그들은 일상생활에서 수없이 만난다. 그 까닭은 두 사람의 관계를 규정하고 있는 조건 자체가 만족스럽지 못하기 때문이다.

더 이상 사랑하지도 않는 여자를 정신적·물질적으로 책임져야 한다고 생각하는 남자는 자기를 희생자라고 느끼게 된다. 그러나 남자에게 평생을 바친 여자를 그가 아무 대책도 없이 버린다면 그 여자 역시 불공평하게 희생자가 될 것이다. 불행은 개인의 부도덕으로부터 오는 것이 아니라—자기기만은 저마다 상대에게 책임을 미룰 때 시작되지만—개별적인 행동이 무력해지는 상황에서 온다. 여자는 '찰거머리'이다. 무거운 짐이다. 여자도 그 때문에 고민을 한다. 그것은 여자가 다른 생명체의 생명을 빨아먹는 기생충의 운명을 안고 있기 때문이다. 여자에게 자립적인 생명조직이 부여되어야만 한다. 여자는 세계에 대항하여 싸울 수 있어야 한다. 그리고 세계에서 자신의 생존에 필요한 수단을 이끌어 내야 한다. 그렇게 되면 여자의 의존성은 사라질 것이고 남자의 의존성 또한 사라질 것이다. 남녀 모두가 지금보다 더 마음 편히 살아가리란 것은 조금도 의심할 여지가 없다.

　남녀가 평등한 세계를 상상하기는 어렵지 않다. 소비에트 혁명이 약속한 것도 실은 그러한 세계이다. 남자와 똑같이 양육되고 교육받은 여자는 남자와 같은 조건에서 같은 봉급을 받으며 일하게 될 것이다.*2 성적인 자유는 풍습에 따라 인정을 받게 되겠지만, 성행위는 더 이상 보수를 받는 '서비스'로는 생각되지 않을 것이다. 여자는 그것과는 별도로 생활수단을 확보해야만 할 것이다. 결혼은 당사자들이 원한다면 곧 해약할 수 있는 자유계약 위에 성립된다. 어머니의 의무도 자유로워진다. 즉 산아제한과 인공유산이 인정되고, 그 대신 모든 어머니와 아이들에게 남자와 똑같은 권리가 부여된다. 여자들은 결혼을 해도 좋고 안 해도 좋다. 임신·출산을 위한 휴가비용은 사회에서 지불하고, 사회는 또 어린이들을 책임진다. 이것은 아이들을 부모에게서 빼앗는다는 의미가 아니라, 아이들을 부모들에게만 '맡겨 두지' 않는다는 뜻이다.

　그러나 남녀가 정말로 평등해지기 위해서는 법률·제도·풍습·여론 그리고 모든 사회적 배경을 개선하는 것으로 충분할까? '여자는 어디까지나 역시 여자다'라고 회의론자들은 말한다. 그리고 어떤 사람들은, 여자다움을 버려 봤자 여자는 남자로 변할 수가 없으므로 괴물이 된다고 예언한다. 이 생각은 오늘의 여자를 자연의 창조물이라고 보는 방식이다. 그러나 되풀이해서 말하지만, 인간사회에는 자연적인 것은 없으며, 특히 '여자'는 문명에 의해 고안된 산물이다. 여자의 운명에 타인의 간섭은 처음부터 있었다. 만일 이런 간섭이 다른 방향을 취했더라면, 여자도 달라졌을 것이다. 여자는 호르몬이나 신비한 본능이 아니라 외부의 의식을 통하여, 그녀가 자기 육체나 세계와의 관계를 간접적으로 파악하는 방법에 따라 규정된다. 처녀와 총각을 갈라놓는 심연은 그들의 유년시절 초기부터 용의주도하게 만들어졌던 것이다. 그러므로 나중에 여자가 '만들어진 대로' 완성되지 않으려고 노력해 봤자 이미 늦어 버린 뒤이다. 그래서 그녀는 배후에 언제나 이런 과거를 끌고 다닌다. 만일 그 과거가 갖는

---

*2 너무 힘든 몇 가지 직업은 여성들에게 허용되지 않겠지만, 그렇다고 그것이 이 계획에 위배되는 것은 아니다. 남자들 사이에서도 직업의 합리화가 점차로 실현되고 있다. 여성의 신체적·지적 능력이 선택의 가능성을 제한하고 있다. 아무튼 우리가 바라는 것은 성이나 계급의 경계가 모두 사라지는 것이다.

무게를 잘 검토해 본다면, 여자의 운명이 영원 속에서 절대적으로 고정되어 있는 것이 아니라는 사실을 뚜렷이 알 수 있을 것이다.

그렇다고 여자가 변화되기 위해서는 여자의 경제적 조건을 수정하는 것만으로 충분하다고 생각해서는 안 된다. 물론 경제적 요인은 여자가 변화하는 데 제1의 요인이었으며 현재 역시 그렇다. 그러나 이 요인이 예고하고 요구하는 정신적·사회적·문화적 성과가 수반되지 않는 한, 새로운 여자는 나타나지 않을 것이다. 현재로서는 그러한 성과가 아무 데서도, 소련·프랑스·미국에서조차 나타나지 않았다. 그 때문에 오늘날의 여자는 과거와 미래 사이에서 분열되어 있다. 오늘날 여자는 대개 '진정한 여자'가 남자로 변장하고 있는 형태로 가장 잘 표현된다. 그녀는 여자로서의 육체 속에서도, 또 남자 같은 복장 속에서도 어쩐지 침착하지 못하다. 그녀는 생활을 바꾸고 참된 자신의 복장을 해야 한다. 그녀는 집단 전체의 변화를 통하지 않고서는 그곳에 도달할 수 없을 것이다.

오늘날에는 어떤 교육자도 고립된 채로 '남자라는 인간'과 동등한 '여자라는 인간'을 만들 수는 없다. 사내아이로 자라난 젊은 처녀는 자기를 예외적으로 생각하며, 거기서 또 새로운 종류의 차별을 받아들여야 한다. 스탕달은 그것을 잘 알고, '숲속의 나무 전체를 한꺼번에 바꿔 심어야 한다'고 말했다. 그러나 반대로 우리가 남녀 양성의 평등이 구체적으로 실현되는 사회를 추측해 보건대, 이러한 평등은 개개인 속에서 저마다 새로이 확립될지도 모른다.

아주 어렸을 적부터 여자아이가 남자 형제들과 같은 요구와 경의, 같은 엄격함과 자유로 양육된다면, 그들과 같은 공부와 놀이에 참여하고 같은 미래를 약속받는다면, 그녀가 보기에 분명히 평등한 여자와 남자에게 둘러싸여 있다면, '거세 콤플렉스'와 '오이디푸스 콤플렉스'의 의미는 근본적으로 수정될 것이다. 어머니가 부부생활의 물질적·정신적 책임을 아버지와 똑같은 자격으로 감당한다면, 어머니도 아버지와 마찬가지로 아이들에 대하여 지속적인 권위를 가질 것이다. 아이는 어머니의 주위에서 남성적 세계가 아니라, 남녀 양성적 세계를 느낄 것이다. 여자아이가 아버지에게 더욱 강하게 애정을 느낀다 하더라도—애정을 느낀다는 것조차 확실하지는 않지만—그 사랑에는 더 이상 무력감이 아니라 아버지와 선의의 경쟁을 해 보겠다는 의지가 스며 있을 것이다. 그녀는 수동성을 받아들이지 않을 것이다. 공부나 스포츠에서 자기의 가치를 증명할 수 있고 사내아이와 능동적으로 경쟁할 수 있기 때문에, 페니스가 없다는 것이—아이를 낳는다는 약속으로 보상되고 있는 결함—'열등 콤플렉스'를 낳는 충분한 원인은 되지 못한다. 마찬가지로 사람들이 사내아이에게 '우월 콤플렉스'를 불어넣어 주지 않고, 여자를 남자와 동등하게 대하는 습관을 심어 준다면 그는 저절로 우월감을 갖지 않게 될 것이다.*³ 그렇게 되면 여자아이는 나르시시즘이나 꿈 속에서 보람 없는 보상을 찾지도 않을 것이다. 그녀는 자신이 처음부터 정해진 운명적 존재라고 생각하지 않을 것이다. 그리고 자기가 '하는' 일에 흥미를 느낄 것이며 자기의 기획에 적극적으로 참여할 것이다. 이미 말한 바와 같이 여자아이가 남자아이와 똑같이 자유로운 어른의 미래를 향해 나아가면서 월경을 시작한다면, 그녀의 사춘기는 얼마나 즐거운 것이 될까. 그렇다면 월경이 여자의 신분으로 굴러 떨어지는 가파른 내리막이라는 이 유만으로 여자가 월경에 공포를 느끼지는 않을 것이다. 또한 그녀가 자기의 운명에 대하여 공포 어린 혐오를 느끼지 않는다면, 그녀는 미성숙한 젊음의 에로티시즘을 보다 조용히 경험할 수 있을 것이다. 남녀에게 동등한 성교육은 이런 위기를 극복할 수 있도록 그녀에게 훌륭한 도움이 될 것이다. 그리고 남녀공학 덕분에 '남자'에 대한 엄숙하고도 두려운 신비감은 생겨날 여지가 없을 것이다. 그런 신비감은 일상적인 친숙한 교제와 자유로운 경쟁으로 사라질 테니 말이다.

이런 일관된 교육방법에 대한 반대론은 언제나 성적 터부들을 존중한다. 그러나 아이의 성적 호기심과 쾌락을 억제하려고 해도 소용없다. 그러한 방법으로는 단지 억압이나 강박관념이나 신경증을 일으킬 뿐이다. 소녀들의 지나친 감상주의와 동성애의 열정, 플라토닉한 사랑의 심취 등으로 어리석게 시간을 낭비하는 것은, 유치한 성적 애무나 어느 정도 뚜렷한 성적 경험보다 더 해로운 결과를 가져오기 쉽다. 그러므로 젊은 처녀에게 특히 유익하다고 생각되는 것은, 그녀가 남자라는 존재 속에서 반신(半神)을 찾지 않고 단지 한 사람의 학우나 친구나 동료를 찾는 것이다. 그러면 그녀는 자기의 실존을 감당하

---

*3 내가 아는 8살 된 소년은 자주적이며 능동적인 어머니·숙모·할머니 그리고 반신불수인 할아버지와 함께 살고 있다. 어머니가 열심히 타일러 봐도, 그는 여성들과의 관계에서 지독한 '열등감'에 사로잡혀 있다. 그리고 학교에서는 친구나 교사를 가엾은 남자들이라고 비웃는다.

는 데서 빗나가지 않을 것이다. 에로티시즘과 사랑은 이제 자포자기가 아니라 자유로운 초월의 성격을 띨 것이다. 그녀는 사랑을 대등한 관계로서 경험할 수 있을 것이다. 물론 아이가 어른이 되기 위하여 극복해야 할 모든 어려움을 한 번에 제거한다는 것은 불가능하다. 가장 총명하고 가장 관대한 교육이란, 아이가 스스로 경험하는 것을 방해하지 않는 교육이다 즉 교육은 이유 없이 아이들의 앞길에 장애물을 쌓아 놓지나 않으면 바람직한 것이다. 이를테면 여자아이들이 불량 소녀들로 느인 찍혀 배척되지 않는 것만으로도 하나의 진보라 볼 수 있다. 정신분석학은 부모들에게 얼마쯤 교훈을 주었다. 하지만 여자가 성에 대하여 기초지식을 배우고 교육받는 오늘의 조건이 너무 개탄스러우므로, 이것의 근본적 변화를 요구하는 의견에 반대하는 어떠한 견해도 타당성이 있다고는 볼 수 없다. 인간 조건의 우연성과 비참함을 그녀에게서 없애 주려 할 것이 아니라 오히려 그것들을 극복할 수 있는 수단을 여자에게 부여해 주어야 할 것이다.

여자는 어떤 신비적인 운명에 좌우되는 희생자가 아니다. 여자가 이러이러하다고 규정하는 특수성은 모두 선입견에서 나온 것들이다. 그런 특수성은 우리가 새로운 관점으로 여자의 개별성을 파악할 수 있을 때 장차 극복할 수 있을 것이다. 우리가 본 바와 같이, 예컨대 여자는 자기의 성적 경험을 통해서—흔히 거부감을 갖게 하는 것으로—남성의 지배를 느낀다. 그렇다고 난소 때문에 여자가 영원히 무릎을 꿇고 살아야 한다는 결론을 내려서는 안 된다. 남자의 공격성이 지배자의 특권처럼 보이는 것은, 남성의 절대권을 전적으로 긍정하려는 제도 가운데서만 일어나는 현상이다. 그리고 여자가 사랑의 행위를 할 때 자기를 너무나 수동적이라고 느끼는 까닭은, 그녀가 미리 자기가 그렇다고 생각하기 때문이다. 많은 근대적인 여성들은 인간으로서의 품위를 돌려 달라고 요구하면서도 자기들의 성생활은 예속적이었던 옛 전통을 그대로 받아들이고 있다. 그래서 그녀들은 남자 밑에 드러눕고 남자에게 관통되는 것을 굴욕적으로 여긴다. 그리고 그 결과 생긴 불감증 때문에 짜증을 낸다. 그러나 현실이 그때와는 다르다면, 사랑의 몸짓과 자세가 상징적으로 표현하는 의미 또한 다를 것이다. 예를 들면 연인에게 대가를 지불하고 그를 지배하는 여자는 우월적인 무위(無爲)한 삶을 즐기는 데 자부심을 느낄 것이다. 그리고 활발히 자신을 소모하고 있는 남성을 자기가 굴복시켰다고도 생각할 것이다. 오늘날에는 승리와 패배의 관념이 교류의 관념으로 바뀌어, 성적으로 균형이 잡힌 많은 남녀 연인들이 존재한다. 실제로 남자도 여자와 마찬가지로 하나의 육체를 가진 존재이다. 그 때문에 그도 수동을 드러내며, 호르몬과 종(種)의 장난감으로서, 자기의 욕망에 사로잡힌 불안한 먹이가 될 수 있다. 또 여자도 남자와 마찬가지로 육체적 열정의 한가운데에서 자주적 동의와 적극적 의지를 표현함으로써 능동적 주체가 될 수 있다.

남녀는 저마다 자기 자신의 방식대로 육체화된 실존의 야릇하고 모호한 세계에서 살고 있다. 남자와 여자는 서로 대항한다고 생각하지만, 사실은 각자가 자기에 대항해서 싸우고 있을 뿐이다. 자기가 싫어하는 자신의 부분을 상대 속에 투사해서 그것과 싸우는 것이다. 자기 세계의 모호성을 받아들이며 살아가지 않고 저마다 타자로 하여금 자신의 비열함을 참게 하려고 노력하며, 자신을 위하여 자기 명예를 남겨 두려고 한다. 하지만 양자가 다 진정한 자존심에서 나오는 총명한 겸허함으로 자기 세계의 모호성을 받아들인다면, 그들은 서로를 동등하게 인정하면서 성생활을 할 수 있을 것이다.

하나의 인간이라는 사실은, 인간적 존재들을 서로 구별하는 어떠한 특이성보다도 중요하다. 우월성은 결코 처음부터 정해진 것이 아니다. 예전 사람들이 '덕'이라고 불렀던 것은 '우리 상황에 맞춰 결정되는' 표준에 따라 규정된다. 남녀 양성 속에서는 육체와 정신, 유한과 초월의 연극이 똑같이 연출된다. 남녀는 다 같이 시간에 침식당하고 죽음의 위협을 받으며 타자에 대하여 똑같은 본질적인 욕구를 지니고 있다. 또 그들은 자기들의 자유로부터 똑같은 영광을 이끌어 낼 수 있다. 이 영광을 누릴 수 있다면 그들은 더 이상 가짜 특권을 가지고 다투려고 하지 않을 것이다. 그리고 그때는 둘 사이에 우정도 싹틀 것이다.

이런 모든 고찰을 사람들은 유토피아적 공상이라고 말할지도 모른다. '여성을 개조하려면' 이미 사회가 남자와 평등한 여자를 현실적으로 만들었어야 할 것이기 때문이다. 보수주의자들은 모든 유사한 상황들에서 일어나는 이러한 악순환을 잊지 않고 지적해 왔다. 그렇지만 역사는 결코 원을 그리지 않는다. 어떤 계층을 열등한 상태로 놔둔다면 그 계층은 그 상태대로 머물러 있을 것이다. 그러나 자유는 이 순환을 깨뜨릴 수 있다. 흑인들에게 투표를 시키면 그들도 점차로 투표할 수 있게 된다. 마찬가지로 여자에게 책임을 지우면 여자들도 그 책임을 감당할 수 있게 되는 것이다. 사실 압제자가 이유도 없이 자발적으로 관용의 호의적인 감정을 품으리라 기대할 수는 없을 것이다. 그러나 때로는 피압박자의 반항, 또 때로는 특권계층의 진화 자체가 새로운 상황을 만들어 낸다. 이리하여 남자들은 자신들의 이익을 위해서라도 여자를 부분적으로 해방하게 되었다. 이제는 여자들이 어디까지나 이 상승을 계속해 나가면 된다. 이미 얻은 성과에서 그녀들은 더욱 용기를 얻을 것이다. 지금부터 얼마나 시간이 걸릴지는 알 수 없지만, 아무튼 장래에 여자가 경제적·사회적으로 완전한 평등을 얻게 되리라는 것은 거의 확실해 보인다. 그리고 이런 평등은 내면적인 변화를 불러올 것이다.

  그것이 가능할지는 몰라도 바람직한 세계는 아니라고 몇몇 사람들은 항의할 것이다. 여자가 남자와 '똑같아'지면 인생은 '소금처럼 짜릿한 맛'을 잃어버릴지 모른다고도 할 것이다. 이런 논의도 새로운 것이 아니다. 현재를 언제까지나 유지하고 싶은 사람들은 다가오는 미래에 미소를 보낼 생각은 하지 않고, 사라져 가는 미화된 과거를 떠올리며 변함없이 눈물을 흘리고 있다. 확실히 노예매매를 폐지했기 때문에 진달래와 동백꽃으로 너무나 아름답게 꾸며진 큰 농장이 황폐화되고, 미국 남부의 세련된 문화가 송두리째 파괴된 것도 사실이다. 아름다운 고대의 레이스는 시간의 다락방 속에 잠든 채 시스티나 사원(교황 식스토 4세의 명령으로 세워진 성당 지노렐로, 보티첼리, 기를란다요, 페루지노, 미켈란젤로의 벽화가 있다)의 카스트라토(15세기 무렵 시스티나 사원의 거세된 남성 성가대)의 그 맑은 목소리와 운명을 같이했다. '여자다운 매력'이라는 것도 현재 먼지가 되어 사라져 버리려고 한다. 나도 진귀한 꽃, 레이스, 카스트라토들의 맑은 목소리, 여자다운 매력 등을 인정하지 않는다는 것은 야만적인 태도라고 생각한다. '매력 있는 여성'이 그 화려한 모습을 드러내면, 그녀는 랭보(프랑스 시인)를 당황하게 했던 '백치의 그림, 문 위의 장식, 무대배경, 곡마단의 광고, 야한 간판, 저속한 삽화'보다도 한결 더 열광을 일으킨다. 가장 근대적인 기교로 장식되고 최신 기술로 다듬어진 이 '매력 있는 여성'은 먼 옛날로부터 테베(옛 그리스 도시)에서, 크레타(그리스 중해의 섬)에서, 치첸이트사(옛 멕시코 도시)에서 내려오는 것이다. 그녀는 또한 아프리카의 가시덤불 한가운데에 세워진 토템이고 시대를 초월해 가는 헬리콥터이며 한 마리 새이다. 그리고 여기에 가장 위대한 경이가 일어난다. 그녀의 채색된 머리카락 밑에서 나뭇잎 소리는 하나의 사상이 되고, 그녀의 젖가슴에서는 언어가 샘처럼 솟아 나온다. 남자들은 그녀를 향하여 탐욕스런 손을 내민다. 그러나 남자들이 그녀를 붙잡았다고 생각한 순간에 이전의 경이로움은 사라져 버린다. 아내와 연인은 극히 평범하게 자기들의 입으로 이야기한다. 그녀들의 말은 그 말에 어울리는 가치밖에 없다. 그녀들의 젖가슴도 그렇다. 과연 그토록 순간적이고 아주 드문 경이를 위해, 남녀 모두에게 불행한 상황을 영속시킬 필요가 있단 말인가? 우리는 꽃의 아름다움이나 여자의 매력을 감상할 수 있다. 그리고 그것들의 진가를 평가할 수 있다. 그러나 이 보물같은 존재가 피와 불행의 값을 치르게 한다면, 그것을 아낌없이 내버려야 하지 않겠는가.

 사실 이런 희생이 남자에게는 매우 괴로운 부담이 되는 것 같다. 여자의 자기성취를 진심으로 원하는 남자는 별로 없다. 여자를 경멸하는 남자들은 그렇게 되어 봤자 자기들에겐 이득이 없다고 한다. 또 여자를 소중히 여기는 남자들도, 그렇게 되면 자기들이 잃는 것이 너무 많다고 생각한다. 현재의 변화가 단지 여자다운 매력을 위협할 뿐이 아니라는 것은 사실이다. 여자가 자기를 위하여 살기 시작하면 남자의 분신으로서 또는 중개자로서의 기능을 포기하게 된다. 그동안 여자는 이런 기능 덕분에 남성의 세계에서 특권적 지위를 얻을 수가 있었다. 자연의 침묵과 자유를 요구하는 타자들의 존재 사이에서 방황하는 남자에게, 자기와 똑같은 형상인 동시에 수동적인 물체인 그 존재는 대단한 보물처럼 보인다.

 그가 자기의 여자에게서 보는 모습은 신화적이다. 그러나 그녀가 원인 또는 구실이 되어 일어나는 온갖 경험들은 현실이다. 이 이상으로 귀중하고 내밀하며 열정적인 경험은 없다고 해도 틀린 말은 아니다. 여자의 의존성·열등감·불운이 이런 경험에 특수한 성격을 부여한다는 것은 부인할 수 없다. 만일 여자가 자립해서 남자들이 많은 성가신 일을 면하게 된다 하더라도, 남자들이 많은 편의를 잃게 되는 것 또한 확실하다. 또 오늘은 존재하더라도 내일의 세계에서는 사라져 버릴 어떤 성적 모험도 있다. 하지만 그렇다고 해서 사랑·행복·시·꿈마저 추방된다는 의미는 아니다. 우리의 빈약한 상상력은 언제나 미래를 결핍한 상태로만 그린다. 이 점을 경계하자. 미래는 우리에게 하나의 추상개념일 뿐이다. 우리는 저마다 과거에 있던 것의 부재를 남몰래 개탄한다. 그러나 내일의 인류는 그 육체와 자유 속에서 미래를 살려 나갈 것이다. 그렇게 되면 그것은 인류의 현재가 되며, 과거보다 더욱 인류의 사랑을 받을 것이다. 남녀 사이에서는 우리가 상상할 수도 없는 새로운 육체적·애정적 관계가 생겨날 것이다. 벌써 남녀 사이에는 성적 관계의 유무를 떠나서 우정·경쟁·공범·동료애가 나타나고 있는데, 그것은 지나간 몇 세기 동안에는 보지 못했던 관계이다. 내가 보기에 새로운 세계가 획일주의, 즉 권태로운 삶을 향해 나아가고 있다는 선전보다 더 의심스러운 것은 없다.

나는 새로운 세계에서 권태가 완전히 없어진다거나 자유가 획일주의를 만들어낸다고도 생각지 않는다. 무엇보다도 역시 남녀 사이에는 약간의 차이가 여전히 남아 있을 것이다. 여자의 에로티시즘, 곧 여자의 성적 세계는 특이한 형상을 하고 있으므로 독특한 감각이나 감수성을 지닐 것이다. 말하자면 그녀가 자신의 육체와 남자의 육체와 아이에 대하여 맺는 관계는, 남자가 자신의 육체와 여성의 육체와 아이에 대하여 맺는 관계와 결코 같지는 않을 것이다. 그토록 '차이 속의 평등'을 주장해 온 사람들은 평등 속에도 차이가 존재할 수 있다는 내 생각에 찬성하지 않을 수 없을 것이다. 한편 단조로움을 만들어 내는 것은 제도이다. 젊고 아름답더라도 하렘의 여자 노예들은 술탄의 품에 안겨 버리면 모두 똑같다. 그리스도교는 인간 암컷에 영혼을 부여하는 대신 성욕에 죄와 전설의 맛을 더했다. 여자에게 숭고한 주권을 회복해 주더라도 사랑의 포옹에서 감동이 사라지지는 않을 것이다. 남자와 여자가 구체적으로 평등해지면 성적 환락·방탕·황홀·정욕은 불가능하게 될지도 모른다고 주장하는 사람이 있으나, 그것은 이치에 맞지 않는 말이다. 육체와 정신, 순간과 시간, 내재의 미망과 초월에의 호소, 쾌락의 절대성과 망각의 허무, 이런 것들을 대립시키는 모순은 결코 사라지지 않을 것이다. 실존의 긴장, 고통, 기쁨, 실패, 그리고 승리는 언제나 성적 본능 속에서 구현될 것이다.

여자를 자유롭게 해방하는 것은 여자와 남자의 관계 속에 여자를 가두어 두지 않는 것인데, 그렇다고 해서 그러한 관계를 부인하는 것은 아니다. 비록 여자가 자기를 위해 살아간다고 하더라도 역시 남자를 위해 살아가는 것을 멈추지는 않을 것이다. 서로를 주체로 인정한다 해도 저마다 상대에 대해서 어디까지나 타자로 머물러 있을 것이다. 남녀관계의 교환성은 인간을 두 종류로 분할함으로써 생기는 기적, 즉 욕망·소유·연애·꿈·모험 등을 없앨 수는 없다. 그리고 우리를 감동시켜 주는 말—준다, 정복한다, 결합한다—은 언제까지나 그 의미를 잃지 않을 것이다. 반대로 인류의 절반이 노예인 상태와 그에 따른 모든 위선적 체계가 폐지될 때야말로, 인류라는 '구분'이 그 진정한 의미를 드러낼 것이다. 그리고 한 쌍의 인간 남녀가 그 진정한 모습을 발견하게 될 것이다.

"인간들 사이의 직접적이고 자연적이며 필연적인 관계는 '남성과 여성의 관계'이다"라고 마르크스는 말했다.*4 "이러한 특정한 관계에서 인간이 종(種)으로서의 자기 존재, 또는 인간으로서의 자신을 어떻게 이해하는가를 알 수 있다. 남녀관계는 인간의 가장 자연적인 관계이다. 그러므로 이 관계는 남성의 자연적인 행동이 얼마나 인간적이 되었는가, 또는 인간적인 존재가 얼마나 자연적인 존재가 되었는가, 그의 인간성이 얼마나 자연적이 되었는가 등을 나타내 준다."

이보다 더 나은 표현이 있을까. 이 주어진 현실세계에 자유의 승리를 가져오느냐 마느냐는 우리 인간에게 달려 있다. 이 지고한 승리를 쟁취하기 위해서는 무엇보다도 먼저 남녀가 자연의 구별을 초월해서 서로에게 마음을 열고 형제애를 나누어야 할 것이다.

---

*4 《철학 저서(哲學著書)》 제6권.

보부아르의 생애와 사상

보부아르 관계지도
(●는 보부아르가 머물렀던 도시)

# Ⅰ 보부아르의 생애

## 처녀시절

보부아르의 일생에 대해서는 그녀가 직접 쓴 자세한 전기가 있다. 그 자서전은 《처녀시절》,《여자 한창대》,《어떤 전후(戰後)》,《결산의 시기》의 순서로 쓰였다. 이 책들은 어떤 의미에서 그녀의 소설보다 재기있다고 할 수 있다. 왜냐하면 보부아르라는 인간의 삶 자체가 흥미진진하기 때문이다. 개인으로서의 삶과 사상이 만들어 내는 관계를 이 자서전에서 뚜렷이 볼 수 있다.

### 행복한 유년기

보부아르는 1908년 1월 9일 프랑스 파리에서 태어났다. 아버지는 변호사이고, 어머니는 유복한 은행가의 딸로서 열렬한 가톨릭 신자였다. 아버지는 언변에 능하고 매력적인 사람으로 연극에 대단한 열정을 가진 인물이었다. 그는 상류사회를 꿈꿨지만, 자기에게 주어진 재산과 가문의 정도에 따라 '평범한 지위' 밖에 얻지 못했다. 그 무렵 변호사라는 지위는 귀족도 아니고 평민도 아닌 어중간한 지위였던 것이다. 게다가 보부아르의 외할아버지가 파산을 한 뒤로 그의 지위는 더욱 낮아졌다. 파산으로 인해 어머니의 지참금은 끝내 지불되지 않았다. 아버지는 좌절하여 변호사 사무실을 열 의욕도 잃고, 장인이 파산한 뒤에 시작한 제화공장에서 일했지만, 그 공장이 위험해지자 친척의 소개로 상업광고를 하는 신문사에 들어갔다가 다시 몇몇 신문사를 옮겨 다녔다. 보부아르의 가족은 갈수록 비좁은 아파트로 이사를 다녀야 했다.

이에 아랑곳없이 유년시절의 보부아르는 그저 행복하기만 했다. 가족의 관심과 애정을 한 몸에 받는 매우 쾌활한 여자아이였다. 해마다 여름이 되면 할아버지가 사는 시골에 내려가서 자연의 은총을 만끽했다. 다섯 살 때, 상류계층의 자녀들이 들어가는 데지르 사립학교에 입학했다. 그녀의 도덕교육은 신앙심이 깊은 어머니가 도맡았고, 학과공부는 합리주의자에다 회의론자이며, 신앙심이 없던 아버지가 맡았다. 다른 여자아이들처럼 그녀는 어머니의 압도적인 영향 아래서 자라났다. 미인이었던 어머니는 어린 보부아르에게 '잘 웃고 매우 유쾌해 보이는 젊은 여성'으로 비쳤다. 신앙심 깊고 희생정신이 풍부했지만 결코 성인은 아니었으며, 매우 화를 잘 내고 아이들에게는 독재적이었다. 또한 평범하고 감정이 풍부한 어머니로서 딸과도 매우 잘 지냈다. '나와 어머니는 공생하는 하나의 식물 같았다. 어머니를 흉내내려 하지 않고도 나는 어머니에 의해 형태가 만들어졌다.'

부모의 사이는 좋았지만, 두 사람은 미묘한 기질적 차이가 있었다. 어머니는 이른바 전통적인 가치관이라든가 자신이 속해 있는 계층의 사고방식으로부터 한 발짝도 벗어나지 못하는 성격이었다. 그에 반해 아버지의 지성은 어머니의 신앙과 매우 이질적인 것이었다. 부모의 이러한 영향으로 보부아르의 어린시절은 정반대의 것들이 기묘하게 뒤섞여 있었다. 지적인 것은 아버지께 배우고, 정신적인 것은 어머니께 배우면서 '근본적으로 서로 다른 것'이란 서로 '아무런 간섭도 하지 않는 것'이라고 생각하게 되었다고 보부아르는 말한다. 그리고 '아버지의 개인주의와 불경스런 도덕관은 어머니가 가르쳐 주신 전통적이고 엄격한 도덕과 대조적이었다. 이런 종류의 불균형이 나를 반발하게 했고, 뒷날 나를 지식인으로 만든 바탕의 대부분을 설명해 준다'라고 쓰고 있다.

### 고통으로 가득 찬 자아형성기

유년시절과는 대조적으로 그녀는 고통으로 가득 찬 자아형성기를 맞이한다. 그녀가 인간으로서 홀로서기를 하려고 생각했던 미래는 부모가 바라는 미래와 정면으로 대립했기 때문이다. 그 무렵 프랑스에선 상류계층의 딸은 지참금을 갖고 결혼하는 것이 상례였다. 여자가 진학을 하는 것은 지참금 없는 가난뱅이의 딸이 직업을 갖기 위한 것으로 여겨졌던 것이다. 보부아르의 아버지는 딸을 상류사회에 시집보낼만한 지참금을 마련할 능력이 없었기 때문에 그녀는 소르본대학교에 진학하게 된다. 언제나 딸들 때문에 힘들다고 푸념했던 그는 딸에게 원망을 품고 있었다. 왜냐하면 '나는 아버지의 무거운 짐일 뿐만 아니라 아버지의 패배를 몸으로 구현하고 있었기 때문'이라고 그녀는 밝히고 있다.

**사르트르와 만남**
그들은 평생을 친구로, 때로는 동지로 함께 했다.

이와 같이 진학은 보브아르가 바라는 방향으로 결정되기는 했지만, 상류계층 아가씨의 몸가짐과 생활방식에 관해 부모는 한 걸음도 물러서지 않았기 때문에 보부아르는 열심히 공부하는 한편 절망적인 젊은 시절을 보낼 수밖에 없었다.

그녀는 14세 때 신앙을 버렸다. 이것은 그녀의 어머니 및 그녀가 다니는 데지르 사립학교와의 관계를 악화시켰다. 그러나 그녀는 바칼로레아 국가시험에 합격함으로써 이 학교를 졸업할 수 있었다. '늘 모든 것을 알고 싶어하던' 그녀는 소르본대학교에서 철학을 공부하고 싶어했다. 그리고 대학을 졸업하면 얻을 수 있는 직업으로서 공립학교의 교직을 희망했다. 이렇게 하여 1925년 10월부터 대학생활이 시작되었던 것이다. 그러나 그녀는 대학의 강의에 만족하지 못했다. 공부에 열중하고 문학을 천착하는 데서 그나마 마음의 위로를 찾았지만, 실제로는 정신이 이상해질 정도의 심한 고독과 따분함에 시달리고 있었다.

사회의 편견에 저항하여 자아확립을 하려 했지만, 그녀의 가정은 어떠한 도움도 주지 못했던 것이다.

### 사르트르와의 만남

1929년 6월, 그녀는 철학 부문의 대학교수 자격시험 준비를 하던 때 사르트르와 만났다. 사르트르와 그의 동료들은 고등사범학교(에콜 노르말) 학생들 사이에서 '극단적인 사상으로 유명한' 사람들이었다. 그들은 부르주아적 규율과

**파리, 소르본대학교** 보부아르는 1925년 이 대학에 입학하여 문학·철학을 공부했다.

**파리, 카페 드 플로르** 카뮈·ㅁ 테랑 등이 자주 방문했던 곳. 연인이었던 사르트르와 보부아르는 단골손님이었다.

모든 이상주의를 비웃고 있었다. 출구를 찾고 있던 보부아르는 그들과 만남으로써 단숨에 해방되었던 것이다. 그녀에겐 행운과 같았다. 같은 해에 그녀의 친구 자자가 자기 어머니에게 결혼을 허락받지 못하고 뇌막염으로 세상을 떠났다. 이 친구의 죽음은 보부아르의 일생에 있어서 잊지 못할 사건이었다. '함께 싸워왔던 자자의 죽음에 대한 대가로 나는 자유를 얻었던 것이라고, 오랫동안 그렇게 믿었다'고 그녀는 말한다.

보부아르의 처녀시절은 한 마디로 반역적인 개인주의였다. 이것은 그녀에게 주어진 특수한 상황에서 비롯된 것이다. 그녀의 자립에의 길은 극단적인 고독과 억압(부모를 포함하여) 속에서 이루어질 수밖에 없었던 것이다. 여자가 자유로운 인간으로 살아가는 것은 그녀를 둘러싼 모든 사람과 인연을 끊고 이단자가 되는 것이었다. 자기 자신 말고는 그 누구도 의지할 수 없는 상황에서, 자아확립에의 길은 가혹하기 짝이 없는 것이었다. 보부아르의 사상의 원점에는 부르주아적인 가치관과 부르주아적인 사회, 가족제도 등의 질서에 대한 불신이 있다. 개인의 자아확립은 모든 기성의 가치와 질서보다 앞서야만 한다고 그녀는 생각했다.

그녀는 말한다. "사람들은……나를 쫓아냈다. ……이 추방은 끝없이 계속될 것이다. ……나는 언제나 깊은 사랑과 보살핌을 받으며 칭찬을 받아왔다. 때문에 운명의 가혹함은 나를 두려워 떨게 했다." "그것은 맨 먼저 아버지가 알려주었다. 나는 아버지의 도움과 호의와 동의를 바랐었다. 그러나 아버지에게 그것을 거부당하고 나서 나는 매우 실망했다." "아무튼 나는 정당하지 못한 가치들의 희생물이 되었고, 원망은 서서히 저항으로 변해 갔다." "어느 누구도 이런 나를 인정해 주지 않았으며, 어느 누구도 나를 사랑해주지 않았다." "나는 혼자다. 인간은 언제나 혼자다. 나는 영원히 혼자이리라."

개인이 사회로부터 배척당할 때, 일반적으로 가족은 그를 보호하는 울타리가 되거나, 아니면 사회와 하나가 되어 그 개인을 배척한다. 보부아르의 경우는 후자였던 것이다. 이것은 그녀의 완고함과 질서 자체에 대한 불신을 커지게 만들었다. 이제 그녀는 사르트르와의 사이에 결혼이라는 법적 절차까지 개입시키고 싶지 않았다. 그녀 사상의 밑바탕에 반드시 나타나는 주제는 '타자', '이단자', '쓸모없는 자', '사생아' 등이다. 그녀에게는 아버지가 분명히 있었지만, 정신적으로는 아버지가 없는 아이와 마찬가지였다. 세상과 한편이 되어 딸의 생활방식을 비난하는 아버지는 정신적인 의미에서 아버지로서의 자격이 없다고 생각했다. 그녀가 실제로 아버지가 없는 사르트르와 의기투합했던 것도 결코 우연이 아니었던 것이다.

보부아르는 사르트르와의 만남에 대하여 다음과 같이 말하고 있다. "사르트르는 내 15세 때의 소원에 딱 들어맞았다. 그는 또 하나의 나로서, 나의 모든 열정을 극단적으로 지니고 있었다. 그와는 언제나 무엇이건 뜻이 맞았다. 8월 초 여름방학에 그와 헤어졌을 때, 나는 그가 다시는 내 인생에서 절대 떠나지 않으리란 것을 알고 있었다."

그들은 곧 의기투합하여 부르주아적 질서에 대해 '증오'하기 시작했다. 자기들을 질식시키려 하는 사회에 대한 개인주의적인 반역이 두 인생의 출발점에 존재했던 것이다. 보부아르의 아무렇지 않은 듯한 다음의 말은 사실 무거운 현실에서 나온 것이다. '어떤 의미에서 우리는 둘 다 가정이 없었으므로, 이 상황을 우리의 원칙으로 삼았다.'


## 교사시절

### 자립과 사르트르와의 계약결혼

1929년에 그녀는 할머니의 집에서 머무르게 되면서 부모의 곁을 떠난다. 그리고 개인교습을 하거나, 빅토르 뒤뤼 리세(중등학교)의 비상근 강사로 근무하며 생활비를 벌어 완전히 독립된 생활을 했다. 그녀는 자유를 마음껏 누렸다. 사르트르는 그녀보다 세 살 위였다. '그는 자자와 마찬가지로 나와 동등한 관계였다. 우리는 함께 세상을 발견하러 출발했던 것이다. 그럼에도 불구하고 나는 사르트르에게 너무나 완전한 신뢰를 보냈고, 그도 그것을 나에게 보장해 주었다. 그것은 지난날 부모나 하느님이 주었던 결정적인 편안함 같은 것이었다.' 그녀는 사르트르가 제안한 2년 동안의 계약결혼에 합의한다. 완전히 남도 아니면서, 속박이나 습관으로 추락하지 않는, 자유롭고 친밀한 관계를 지향했던 것이다. 11월부터 사르트르가 18개월간 군복무를 하자 두 사람은 휴가 때마다 만났다.

1931년 교직이 결정되어 사르트르는 르아부르로, 보부아르는 마르세유로 떠났다. 마르세유는 파리에서 800킬로미터나 떨어져 있어 휴가 때밖에 만날 수 없었지만 두 사람은 결혼이라는 편리한 방법을 택하지 않았다. 결혼은 그들의 주의에 어긋나는 것이었다. '우리의 아나키즘도 늙은 절대주의자들의 신념과 마찬가지로 굳세고 과감했으며, 사회가 우리의 사생활에 끼어드는 것을 거부했다. ……독신은 우리에게 자연스러웠다. 어지간히 중요한 이유가 없었다면 사회의 혐오스런 여러 관습들에 양보할 결심은 서지 않았을 것이다'라고 그녀는 밝히고 있다. 그러나 만일 아이를 바랐다면 결혼의 중요한 이유가 된다. 그러나 그녀는 두 가지 이유에서 아이를 바라지 않았다. 하나는 작가의 길과 모성이 양립하기 어렵다고 생각한 점, 다른 하나는 그녀가 겪었던 처녀시절의 고뇌에서 비롯된다. '나는 부모에게서 아주 사소한 공통점밖에는 발견하지 못했기 때문에 아이를 갖기도 전에 아들이나 딸이란 존재가 완전히 남처럼 느껴졌다.'

그녀는 마르세유에서 교사로서 열정적으로 가르쳤다. 그리고 자유시간에는 마르세유의 자연 속을 거닐었다. 그곳에서 가장 잘 나가는 스포츠는 하이킹이었는데, 모두들 클럽을 만들어서 등산을 했다. 그러나 그녀는 혼자서 '몸에 딱 붙는 옷을 입고 운동화를 신고' 지도에 의지하여 9시간에서 10시간이 걸리는 길을 40킬로미터씩 걸었다. 그녀의 이러한 자연사랑은 편집광적일 정도였고, 덕분에 타지에서의 고독을 '축제'로 바꿀 수가 있었다. '1월 1일에 나는 아무런 도움도 받지 않고 나의 행복을 쌓고 있었다.'

### 야심과 현실유리

1932년에 보부아르는 루앙의 리세로 옮긴다. 그리고 4년 뒤 사르트르는 리옹에, 보부아르는 파리의 몰리에르 리세로 전근한다. 이로써 두 사람 사이의 물리적 거리는 가까워졌다. 다행히 두 사람의 관계는 '정식 결혼과 똑같이 존중받았다.' 이 전근은 실제로 교육부 장관의 친절한 배려에 따른 것이었다.

제2차 세계대전이 시작되기까지 두 사람은 파리 근처에서 직장을 잡은 덕분에 일주일에 한 번은 함께 지낼 수가 있었다. 몇몇 친구들과의 교제를 비롯해 미래의 꿈인 작가가 되기 위한 준비를 거듭하고 있었던 것이다. 엄청난 기세로 '우리는 신간서적을 모두 읽었다.' 학교가 쉴 때는 여행을 했다. 영국, 이탈리아, 시칠리아, 독일, 중부유럽, 그리스 등을.

1929년에서 1939년까지 10년 동안 그들은 젊음에 몸을 맡기고 자유로운 생활을 만끽했던 것이다. 교사라는 직업은 그다지 바쁘지 않고(1주일에 16시간), 생활도 보장되어 있었다. 그들은 미래에 관한 저술에 맹렬히 매달리기도 했다. 단 한 가지 결점은 '현실유리(現實遊離)'라는 것이었다. 확실히 교사로서 열심히 일했고 지적으로도 성실했다. 그러나 그 생활은 '모든 프티부르주아 지식인과 마찬가지로 현실유리라는 특징'을 지니고 있었다.

보부아르는 자신의 침체된 문학적 소질에서 사르트르의 철학적 사상으로 빠져들게 되면서 무한한 창작욕구가 솟구침을 느끼게 된다.

'우리는 모든 부르주아와 마찬가지로 궁핍으로부터 보호를 받고, 모든 공무원과 마찬가지로 불안정으로부터 보호받고 있었을 뿐만 아니라 아이도 가족도 없고, 책임도 없는 신선(神仙)과도 같은 삶을 살고 있었던 것이다.'

그들의 반역적인 개인주의는 그 대가로 현실에 대한 '한심할 정도로 추상적'인 사고라는 결과를 불러왔다. 예컨대 '유대인이다'라는 것은 무엇을 의미하는가 라는 질문에 대하여 '아무 의미도 없어요. 유대인이란 것은 존재하지 않거든요. 있는 것은 인간뿐이지요'라고 대답하는 식이었다.

### 제2의 전환기

1929년 사르트르와의 만남은 보부아르 일생의 전환기였는데, 1939년 역시 하나의 중요한 전환기였다. '신선'의 자유에 종말이 찾아온 것이다. 그녀의 삶은 1929년과 마찬가지로 '근본적으로 뒤바뀌었다.' '역사가 나의 발목을 잡았고, 그 뒤로 나는 거기서 벗어날 수가 없었다. 동시에 나는 문학의 세계에 심취하여 평생 몰입하게 되었다.' 제2차 세계대전이 임박함과 동시에 보부아르는 몇몇 실패작들을 쓰던 끝에 소설 《초대받은 여인》을 쓰기 시작하여 소설가가 되겠다는 그녀의 꿈이 마침내 이루어지려 하고 있었다. 그녀의 나이 이미 서른이었다.

그녀는 일관되게 소설가를 지망했다. 스스로를 철학자로 생각해 본 적도 없었다. 그녀에게 철학은 '질리지 않는 신선한 만족'을 주는 것이었다. 그러나 그녀는 스스로를 '철학자라고는 생각하지 않았다' '철학서의 내용에 어렵지 않게 빠져들 수 있다는 것은 자신에게 창의력이 부족하기 때문이란 것을 나는 너무나 잘 알고 있었다.' 철학자가 되기 위한 조건은, 그것이 어디서 생겨나는 것인지는 모르지만, '체계라는 가지런한 망상을 집대성'시키려는 집념, 그리고 '자기의 통찰에 보편적 원리로서의 가치를 부여하려는' 집념이 필요하다고 그녀는 밝히고 있다. 그녀는 사르트르에게 이 요소가 있다고 인정하고 있다. '사르트르와 이야기를 나누면서 그의 굳센 참을성과 대담함을 헤아리고 보니, 철학에 몰두하는 것은 골수까지 하나의 사상에 매달릴 수 있는 경우에 한한 것임을 깨달았다.'

그녀는 '타인의 사상을 해설하거나 전개하거나, 판단하고 모으고 비판하는 것'은 좋아하지 않았다. 그보다는 '자신의 경험 안에 있는 독창적인 것을 다른 사람에게 전달하고 싶다'는 생각에서 문학의 길을 택했던 것이다. 그녀는 이 꿈을 실현하는 데 무려 10년이라는 기나긴 수련기를 보냈다. 그녀는 '그렇기는 해도 10년이란 너무 길다'고 하지만, 그것은 그녀가 남보다 환경적으로 불리한 조건, 여성이기에 받아야 했던 소외와 성숙의 지연 때문이라고도 볼 수 있다.

### 개인주의의 변모

1939년에 시작된 제2차 세계대전은 보부아르의 사상에 결정적인 영향을 끼친다. 우선 사르트르가 군대에 소집되고, 이어 포로가 된다. 파리는 독일군에게 점령된다. 줄곧 거부하면서도 안주하고 있었던 이제까지의 질서는 완전히 붕괴되었던 것이다. 세상은 전쟁에 의해 완전히 무질서에 빠져 버렸다. 그녀의

보부아르·사르트르와 체게바라의 만남  쿠바. 1960.

개인주의는 뿌리부터 재검토되어야만 했다.

그녀는 수업을 계속하기는 했지만 사르트르의 안부에 희비가 엇갈리는 불안한 나날을 보낸다. 그러나 다행히 사르트르는 탈출에 성공하여 파리로 돌아온다. 그녀의 마음에 다시 평화가 찾아왔지만, 그것은 '예전과는 전혀 다른 편안함'이었다. '외적 조건이 나를 변화시켰던 것이다. 전에 사르트르가 나에게 정신분열증이라고 하던 것을 부인하지 않을 수 없는 현실 앞에서 마침내 굴복하고 만 것이다. 이로써 나도 나의 일생이 나 혼자만의 지레짐작이 아니라 세상과 나 사이의 타협임을 인정했다.'

정신분열증이란 그녀의 유아독존적인 강인함을 가리킨다. 이것은 앞에서 말한 그녀의 가혹한 자아확립기의 부산물이다. 고립무원이던 그녀는 스스로를 지키기 위해 세상을 무시할 수밖에 없었다. 곧 '삶이 나의 의지 이외의 의지를 갖고 있다는 것을 거부하고 있었던 것이다.' 그녀는 이것을 '나의 낙천주의의 극단으로서 상식의 틀을 벗어난 형태'라고도 말한다. '나의 계획을 현실에 적응시키는 대신에 나는 현실을 단순한 부속물로 여기고 어떤 것에도 굴복하지 않고 힘차게 나아갔다.' 그녀는 마침내 타인과 세상을 인정하는 성숙한 단계에 이르렀던 것이다. 소설 《초대받은 여인》의 주요 테마는 '다른 사람도 나와 똑같은 자격으로 나와 똑같이 명백하게 존재한다'는 것이었다.

### 연대 사상과 레지스탕스

전쟁은 사르트르도 함께 바꾸어 놓았다. 그것은 두 가지 측면에서이다. 하나는 사르트르가 탄핵하고 있던 이제까지의 질서를 전쟁이 붕괴시킨 것이다. 이것은 거꾸로 그에게 이제까지 '내가 얼마나 그것에 밀착해 있었는가를' 알게 했다. 두 번째는 포로가 된 것이다. 포로로서의 연대감(連帶感) 속에서 그의 반역적 개인주의가 무너진 것이다. 아버지의 부재로 인해 뿌리 깊게 존재하고 있었던 사생아적 감각도 없어졌다. 그는 '의붓자식이라고 느끼기는커녕 기꺼이 공동생활에 빠져들었다.' '특권을 증오하던' 그는 '집단 속에 뒤섞이고, 모두와 똑같이 하나의 번호'가 되어 '무에서 출발하여 자신의 계획을 실현하는 데서 한없는 만족감을 맛보았다.' '그는 우정을 얻고, 자신의 사상을 인정하게 하고, 행동을 조직하고, 크리스마스에는 수용소의 포로들 전체를 동원하여 반나치 자작희극 《바리오나》를 상연하여 갈채를 받았다. 동지애의 엄격함과 따뜻함은 그의 반휴머니즘의 모순을 없애 버렸다.' 그는 부르주아적 휴머니즘에 반발하고 있었던 것이다. '그때 이후 그는 개인주의와 집단을 대립시키는 대신에 오히려 그 두 가지를 떼어 놓고는 생각할 수 없게 되었다. 주어진 상황을 주관적으로 받아들임으로써가 아니라 그 상황을 객관적으로 변화시키고, 자기의 열망에 걸맞은 미래를 구축해 냄으로써 자유를 실현할 수 있다'는 식으로 생각이 바뀌었다. '미래는 그가 소중히 여기던 민주적 여러 원리로 생각하더라도 사회주의여야 했다.'

'점령군의 지배 아래 있던 프랑스에선 숨쉬는 것만으로도 이미 탄압에 동의하는 것이 된다'고 그녀는 생각했다. 그리고 레지스탕스의 투사들, 어제까지만 해도 살아 있던 그녀의 친구들이 죽음을 당하던 때에 자기가 살아 있는 것을 '부끄럽다'고 여겼다. 물자가 부족하여 극도로 궁핍했으므로 추운 겨울에는 단골 카페인 플로르의 따뜻한 난로를 찾아가 일을 했다. 기차가 닿지 않는 곳에선 오로지 자전거에 의지해 다녔다.

그동안 그녀는 처녀작 《초대받은 여인》을 완성하고, 여류작가로서의 데뷔에 성공한다. 작품은 1943년에 출판되었다. 같은 해에 사르트르도 자신의 철학적 대작 《존재와 무》를 간행한다.

마침 같은 해에 작가들의 레지스탕스 모임 CNE(국민작가위원회)에 사르트르가 참가하여 그들은 많은 작가와 알고 지내게 된다. 레리스, 쿠노, 카뮈, 주네 등이다. '흩께 있기만 해도 우리의 강한 결속이 느껴졌다.' '나는 35살이었음에도 불구하고 이들과의 우정에서, 젊은 시절의 현기증이 날 것 같은 우정의 신선함을 발견했던 것이다.' 연합군의 승리가 임박한 가운데 우정도 꽃피었고, 그녀의 작가토서의 출발도 있었다.

## 작가·사상가 시대

### 유명인의 고독

'1945년에 나는 다시 궤도에 올랐다.' 그녀는 이제 '작가, 〈현대〉지의 편집협력자, 최고의 여성 사르트르주의자'로 유명해졌다. 그녀는 '먹고살기 위한 직업'으로서의 교사직을 버렸다. '글쓰기에 전념하기 위해서'이다. 포르투갈, 튀니지, 스위스, 네덜란드 등에서 강연 요청도 받았다. '나의 생활범위가 차츰 전세계로 퍼져 나갔다.' 1944년에 철학적 에세이 《피루스와 시네아스》가 간행되었고, 1945년에 '레지스탕스 소설'이라 일컫는 《타인의 피》가 간행되었다.

한편 사르트르도 《자유의 길》의 첫 2권을 간행하고, 《실존주의는 휴머니즘인가》라는 제목의 강연을 했는데 '수많은 사람들이' 몰려들었다. 마침 프랑스가 해방된 시점이고, 충실한 그들의 작품은 가히 《실존주의의 공세》라고 할 만했다. 그들이 유명해진 것은 실력도 실력이지만, '상황의 힘'도 유리하게 작용했다. '강대국에서 2류의 자리로 떨어진 프랑스는 수출을 위해 순수한 국산품인 고급패션(오트 쿠튀르)과 문학을 선전함으로써 자기방위를 하려' 했으므로 '별 것 아닌 작품도 열렬한 환영을 받았으며, 그 저자를 둘러싸고 요란한 선전과 함께 큰 평판이 일어났다.'

그러나 모든 것이 우연만은 아니었다. 마침 시대가 바라던 것과 그들의 사상 사이에는 '뚜렷한 일치'가 있었다. 전쟁이 기성의 질서와 기성의 신념―예를 들면 본질의 불변성에 대한 확신이라든가―을 모조리 무너뜨리고 있었다. 그런 가운데서 '한편으로 인간존중을 유지하면서 공포와 부조리에 맞서는, 자기의 독자성을 일관되게 지키는' 사상은 '이상적인 혜결을 제시'하는 것처럼 받아들여졌던 것이다.

그들의 유명세는 동시에 고립을 낳았다. 현실에 대한 그들의 빈틈없는 직시는 반드시 대중이 원하는 바는 아니었다. 레지스탕스 시대에 길러진 '화기애애한 분위기'가 무너지고, 사상계는 냉전의 영향 아래 대립이 깊어지고 있었다. '정통파 사람들'은 사르트르의 《존재와 무》에 나타난 사상을 '18세기 합리주의와 19세기 실증주의 이상으로 중대한 위험'이라며 발 빠르게 지적하기 시작했다. 그러나 이것은 사르트르가 '내다 버린' 계층에게서 나온 반발이었으므로 마땅한 결과였으며, 이미 각오도 되어 있었다.

그러나 좌파들도 그를 받아들이지 않았다. 그는 사회의 미래 희망을 사회주의에 걸고 있었으므로 공산주의자들과의 대화와 공동투쟁을 바라고 있었다. 그러나 공산주의자들은 '사르트르와 지적인 대화가 성립할 수 있었음에도 그보다 좌파의 매도를 있는 그대로 이용하여 사르트르를 추락의 찬미자, 허무와 절망의 철학자라고 비난했다'고 그녀는 쓰고 있다. 이렇게 사르트르는 공산주의자들에게 '대중의 적'으로 비쳤다. 공산주의를 줄곧 지지하고 비판하면서 겪는 고뇌는 도덕주의자인 그들의 숙명이었는지도 모른다. 이와 같은 고뇌는 그녀의 소설 《레 망다랭》에 매우 분명하게 표현되어 있다.

'부르주아들에게 위험인물로 비쳐 대중과의 연결이 단절된 사르트르는 대중이 아닌 독자만을 상대하는 수밖에 없었다. 이러한 고립을 그는 흔쾌히 받아들였다.'

### 보부아르의 저작들

보부아르의 저작들은 그 뒤로 속속 발표되었다. 1945년 소설 《타인의 피》, 희곡 《식충이》, 1946년 소설 《사람은 모두 죽는다》, 1947년 에세이 《모호성의 도덕에 관하여》, 1948년 에세이 《미국의 그날그날》, 평론 《실존주의와 상식》, 1949년 여성론 《제2의 성》, 1954년 소설 《레 망다랭》, 1955년 평론 《특권》, 1957년 에세이 《대장정 : 중국에 관한 에세이》, 1958년 자서전 《처녀시절》, 1960년 자서전 《여자 한창때》, 1962년 《자밀라 부파차》, 1963년 자서전 《어떤 전후(戰後)》, 1964년 자전적 소설 《조용한 죽음》, 1966년 소설 《아름다운 영상》, 1968년 소설 《위기의 여자》, 1970년 평론 《노년》 등.

그중에서도 소설 《레 망다랭》은 공쿠르상을 받음으로써 작가로서의 그녀의 지위를 결정적인 것으로 만들었다. 《제2의 성》은 그녀가 가장 아끼던 저작이다. 이 책을 쓰게 된 동기로서 그녀는 '나에 대해 이야기하려면 내가 여성이

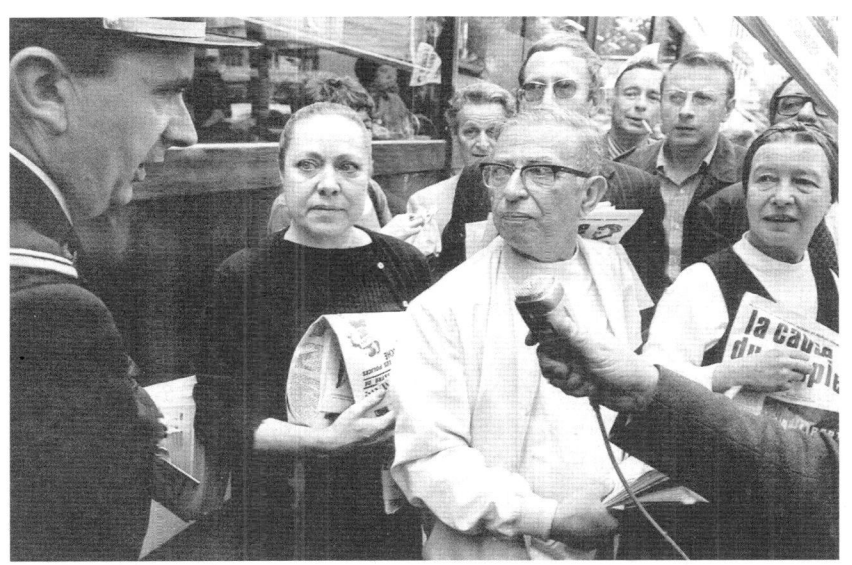

**거리활동을 하는 두 사람**
5월 혁명의 새로운 좌익운동으로, 파리고등사범학교 학생들이 마오쩌둥주의 그룹을 만들었다. 이 그룹의 기관지 〈인민의 대의〉를 당국의 제지에도 불구하고 보부아르와 사르트르가 함께 거리 배포를 하고 있다.

라는 조건을 써야만 한다는 것을 깨달았다'고 쓰고 있다. 그녀 자신은 여성의 시대적 한계를 한참 초월하여 살아가고 있었는데도 자신은 전체 여성 가운데 한 사람으로 살고 있다는 자각에 바탕하여 이 책을 썼던 것이다.

### 작가의 책임

보부아르는 작가란 세상에 대한 책임을 지고 살아가야 한다는 자세를 결코 버리지 않았다. '이제 나는 세계의 흐름이 내 삶의 구조 자체라는 것을 알게 되었다.' '공산당과 사회주의 국가와의 관계에 대해서는 나는 사르트르의 변화와 함께 그를 따랐다.'

이른바 해빙기라고 하는 시기에 공산주의자 지식인들과의 대화가 실현되었다. 1954년에 러시아 작가들은 사르트르를 모스크바로 초대했다. 그들은 엘렌 부르그를 비롯한 몇몇 작가와 친교를 가졌다. 나아가 1962년부터 1966년까지는 해마다 여름이면 몇 주일을 소련에서 보냈다. 그러나 마침내 소련 당국의 억압이 심해지고, 소련 작가들에 대한 탄압사건이 자주 일어나게 되었다. 1967

년에 그들은 소련작가동맹대회에 대한 출석을 거부했다. 그리고 1968년 8월 체코사건에 이르러 '결정적으로 소련과 결별을' 했다. 사르트르는 인터뷰에서 '소련을 전쟁범죄자라고 불렀다.'

인도차이나 전쟁이 하노이의 승리로 끝난 것을 기뻐할 틈도 없이 그녀는 알제리전쟁의 악몽에 시달려야 했다. 그러나 이것도 1962년에 종결되고, 한숨 돌릴 틈도 없이 베트남전쟁이 시작되었다. 1967년 스웨덴의 스톡홀름에서 러셀법정이 열렸다. 보부아르는 사르트르와 함께 법정 구성원들 가운데 한 사람이 되었다. 버트런드 러셀이 명예회장이고 사르트르가 집행회장이었다. 이 법정은 광범위한 조사와 증언을 바탕으로 '미군이 금지된 무기를 사용하고 있다는 것, 포로들과 비전투요원들을 전시 국제법에 어긋나는 비인간적인 방법으로 학대했다는 것', 아울러 마을 전체의 학살 등 '그들이 저지른 범죄'를 성토했다.

그녀는 세계에서 벌어지고 있는 사건들에 대하여 빈틈없고도 탐욕스런 관심을 갖고 있었다. 필요하면 즉각 조사에 나서서 정보를 얻으려 했고, 필요하면 곧장 시원시원하게 대중과 함께 행동했던 것이다. 이것은 그녀 삶의 본질적인 일관성이다. 곧 '아는 것과 쓰는 것에 대한 충실성'이다. 그녀는 외곬의 작가였다. 작가로서 세상과 함께 살았다. '내 삶을 통하여 나에게 가장 많은 가치를 지녔던 것은 같은 시대인들과 나의 관계―노력, 투쟁, 대화―이다.' 때문에 그녀의 자서전은 그녀 개인의 삶의 모습을 초월하여 그녀가 살았던 시대를 증언하고 있기도 하다.

보부아르는 1986년 4월 14일 파리에서 작가이자 여성해방 운동가로서의 삶을 마감한다.

## II 보부아르의 사상

### 사상의 특징

**쓸모없는 자의 입장**

　보부아르의 사상은 그녀의 삶 전체와 밀접하게 이어져 있다. 그녀가 여자였다는 점과는 특히 불가분의 관계에 있다. 그리고 그 사상은 사르트르와 함께 이루어진 것이기도 하다.

　사생아란 그 존재가 반은 긍정되고, 반은 부정되는 존재이다. 사생아는 그 집단 속에서 정당한 존재권을 지니지 못한다. 어떤 경우는 우선적으로 인정된다. 이것은 마치 여성이 겉으로만 숙녀로서 대접을 받는 것과 비슷하다. 또한 사생아의 존재는 언제나 조건부이기도 하다. 일반적으로 자녀의 존재는 무조건 긍정을 받는다. 하지만 사생아는 그를 보호하는 사람의 마음에 들도록 착한 아이의 연기를 하지 않으면 안 된다. 이것은 마치 여성이 늘 보호자의 의향을 염두에 두고 살아가는 것과 비슷하다. 사회의 한가운데서 당당히 자기주장을 하지 못하고, 구석에서 얌전하게 눈치를 살피면서 살아가는 존재, 이것이 여자와 사생아의 입장이다.

　사르트르는 두 살 때 아버지를 여의고, 어머니와 함께 친가에서 더부살이를 했다. 어머니는 하녀나 다름없었고, 사르트르는 언제나 착한 아이이자 모범적인 손자의 역할을 연기하며 자라났다. 보부아르는 유복한 유년시절을 보냈지만 여성으로서의 삶에 대하여 부모와 출신계급의 가치관에 저항했기 때문에 따돌림을 받았다. 둘 다 가족이라는 인간관계 속에서 '현실감'을 갖지 못하고, 실제로는 그 속에서 생활하면서 '쓸모없는 사람'으로 떠다니는 존재였다. 이 쓸모없는 사람이라는 수상쩍은 존재는 뒷날 사르트르에 의해 '타자'라는 말로 개념화된다. '타자'라는 말은 모든 소외된 인간, 권리를 빼앗긴 사람에게 쓰이게 된다.

### '인간은 스스로 만든 존재'

쓸모없는 자의 입장에서 보면 자기라는 존재는 사회 전체로부터 무가치하다는 낙인이 찍힌 것이 된다. 그 경우 쓸모없는 자는 조용히 물러서서 참담히 구석진 곳에서 살거나, 아니면 자살을 하거나 자포자기한 삶을 살거나, 또는 추상적인 신을 찾거나 할 것이다. 그러나 보부아르는 이 가운데 어떤 것도 취하지 않았다. 그녀는 고립무원으로 노력하는 입장에 섰다.

그녀는 자신을 무가치하다고 여기는 사회에 오히려 무가치라는 딱지를 붙이고, 자유로운 인간이고자 하는 그녀, 곧 주체적 개인에게 가치가 있음을 주장하는 태도를 취했던 것이다.

가치란 자유를 목표로 노력하는 주체적 개인에게만 존재한다. 그 밖에 외부에서 매기는 모든 가치부여는 효력이 없다. '여러 가치들을 세상에 출현시키는 것은 인간적 존재'이다. '인간에게 중요한 것은 신의 눈에 올바른 것이 아니라 자신의 눈에 올바른 것이다.' '자기 자신 이외의 것에서 자기실존에 대한 보증을 바라는 것을 단념함으로써, 인간은 자기 앞에 사물처럼 버티고 서 있는 무조건적인 가치들을 믿는 것도 거부할 것이다.'《모호성의 도덕에 관하여》

이로써 나 이외의 모든 것, 국가, 지역사회, 회사, 가족 등의 집단 이외에 관념적 주체, 즉 신 역시 가치를 부여하는 존재는 아니게 된다. 이와 같이 모든 가치의 근원을 인간을 초월한 객관적인 전체성에서가 아니라 인간이라는 주체 자체에서 찾는 것이 그녀 사상의 출발점이다. 따라서 개개의 인간에 앞서 인간성이라는 인간의 본질이 있다는 사고도 부정된다. 사르트르는《실존주의는 휴머니즘인가》라는 강연에서 명쾌하게 밝히고 있다. '최초의 인간은 어떤 자도 아니다.' '인간은 나중에야 비로소 인간이 되는 것이며, 스스로 만든 존재가 되는 것이다. 이와 같이 인간의 본성은 존재하지 않는다. 그것을 본성이라 생각하는 신이 존재하지 않기 때문이다.' '인간은 스스로 만드는 존재 이외의 어떤 자도 아니다.'

### 고지식한 인간의 부정

자신과 반대되는 사람들을 뭉뚱그려서 보부아르는 저서《모호성의 도덕에

보부아르 《노년》이 발간되던 해, 1970년(62세)

관하여》에서 '고지식한 인간'이라고 부른다. 그들은 가치의 근원을 자기 자신이 아닌 기성의 가치 속에서 찾으려 한다. 그럼으로써 자기 주체성에 대한 책임과 자신에 의해 이루어지는 가치판단의 위험 및 좌절의 책임을 회피하려 한다. '고지식한 인간은 본질적인 것으로 여기는 대상 앞에서 자기를 비본질적인 것으로 내세운다. 고지식한 인간은 과학, 철학, 혁명 등 '주의'의 형태로 나타나는 '대상', 존경에 의해 신성화되는 '사실'의 이익을 위해 자기를 팽개친다.' 그는 자신보다 더 본질이라고 여겨지는 우상을 필요로 한다. 그 우상이야말로 자기의 살아가는 목표, 살 가치이며, 자기의 존재근거여야만 한다. 그 우상을 향하여 자기 자신을 팽개치는 것, 이것이 '고지식한 인간'의 삶의 방식이다. 그들은 자기 자신의 주체로서 자기를 목적으로 삼는 것에 죄악을 느낀다. '고지식한 인간에게는 자기 자신보다 더 애착을 가질 수 있는 대상이 어떤 성질의 존재인지는 중요하지 않다. 중요한 것은 대상 속에서 자기를 잃을 수 있다는 사실이다.'

그들은 어떤 형태의 신을 필요로 한다. 그러나 이것은 보부아르에 따르면 삶의 의미를 스스로 찾아가야 하는 고뇌의 과정을 회피하는 것이다. 자기의 자

Ⅱ 보부아르의 사상 955

유에 대해 책임을 지지 않으려는, 고독과 불안으로부터의 회피이다. 이것은 인간의 뿌리 깊은 약점이다. '자유라고 하는 불안한 상태를 회피하기 위하여 인간은 대상 자체 속으로 도망치고, 자신의 현존을 대상 속에 집어넣는' 것이다. 어느 시대에나 인간은 불안을 회피하고 안전을 바란다. 현대는 '신이 없는 시대'라고 한다. 그러나 인간의 불안을 이용하는 여러 신들이 온갖 방법을 동원하여 나타나고 있다. 안전의 이미지를 갖는 상품이 잘 팔린다. 대기업, 고학력도 하나의 안전 이미지를 지니는 신이다. 전체주의자, 파시스트에게도 '고지식한' 정신은 안성맞춤의 먹이이다. 자유란 바꿔 말하면 이 '고지식한' 정신과의 투쟁이다.

인간의 이와 같은 약점의 원인을 보부아르는 '인간이 과거 어린아이였다는 사실'에서 찾고 있다. 왜냐하면 어린아이에서 어른이 된다는 것은 하나의 가치판단능력을 지닌 인간으로서 기성의 가치에 맞서는 것이므로. 자유로운 인간이란 가치판단의 책임을 회피하지 않는 인간을 말한다.

### 자기기만의 거부

불행하게도 자기가 사회로부터 '타자', 곧 피압박자가 된 경우, 책임은 누구에게 있는가? 피압박자란 이중으로 소외된 인간이다. 첫째, 공동체로부터 소외되고, 둘째로 자기 자신이라는 외부에서 요구하는 가면 속에 소외되어 있다. 따라서 피압박자가 자유로워지려면 단순히 억압을 떨쳐버리고 기성의 지위를 얻는 것만으로는 불충분하다. 억압의 결과로 입었던 자기소외에서도 스스로를 해방하지 않으면 안 된다.

보통 피압박자는 가해자에게 모든 책임을 씌우기 마련이지만, 억압의 결과로 참담해진 자신에게도 책임을 묻는 것이 보부아르 사상의 특징이다. 하나의 인간이 우연히 악한 시대, 악한 사회, 악한 가정에서 태어나 악한 인간이 되었다 치자. 이 경우 그는 악한 인간이 됨으로써 공범자이며, 그는 자신이 악하다는 것에 대해 책임이 있는 것으로 여겨진다. 또 우연히 사생아로 태어났다는 것은 완전히 본인의 의지 바깥에 있는 사건이므로 본인의 직접 책임은 아니다. 그러나 사생아로서의 심리적 운명을 겪어야 하는 것은 본인이며, 그는 이 같은 자기의 운명을 떠맡아야 한다. 만일 그가 사생아라는 운명 때문에 사기꾼이 되었다 해도 그는 운명의 공범자로서의 책임이 있다. 또한 여성이 자기가 처한 굴욕적 지위로 인하여 비굴한 인간이 되었다 해도 여성은 그 비굴함에 대하여 책임이 있다고 보는 것이 보부아르의 견해이다. 여성으로 태어났다고 하는 것은 본인의 책임은 아니다. 그럼에도 불구하고 여성은 여성이기에 겪은 여성 특유의 소외상황에 대한 공범자이다. '누가 이런 여자로 만들었는가?' 외에 달리 책임을 물을 논리는 허용되지 않았던 것이다.

이러한 주체적 책임을 따지는 논리는 계속 파고들어가면 명령을 받아 행한 악행도 본인이 책임을 져야 한다는 부분에까지 이르게 된다. 군대에서 상관의 명령을 받아서 행한 잔학행위와 고문 등의 행위는 어떻게 보아야 하는가? 이것도 역시 상관의 명령에 따르거나, 아니면 양심의 명령에 따라 자기 목숨을 버려야 하는 두 가지 선택밖에 없는 극한상태에서의 '인간성'에 대한 물음인 것이다. 또 자신이 고문을 당하는 경우에 동료를 팔 것인가, 아니면 목숨을 버릴 것인가 하는 선택에 몰렸을 경우의 물음이다. 보부아르의 말을 빌리면 '삶의 길'을 택하든지, 아니면 '삶의 이유'를 택해야 한다. 보부아르의 소설 《타인의 피》의 여주인공 엘렌은 이러한 '삶의 이유'를 택했기 때문에 죽어간다. 사르트르의 희곡 《알토나의 유폐자들》도 역시 상관의 명령에 따라 고문을 했다는 자책감 때문에 스스로를 깊숙이 가두는 징집병의 이야기이다.

사르트르는 《알토나의 유폐자들》을 실제로 알제리전쟁 당시 명령 때문에 고문을 해야 했던 징집병의 고뇌에 답하기 위해서 썼다. 이러한 군인들은 프랑스로 돌아와서도 자기가 한 행위로 말미암아 받은 충격 때문에 아무 말도 하지 않는 '침묵의 귀환병'이 되어 있었던 것이다.

현대는 꼭 이와 같은 극한상황은 아니다. 극한상황이란 자유와 인간성이 자살에 의해서만 해결할 수 있는 상황을 말한다. 현대도 확실히 여성은 피압박자이다. 그러나 여성이 자유를 위해 죽음이라는 대가를 치를 필요가 없어진 오늘날에도 여성이 어떠한 자유도 추구하지 않는 '예속과 무지' 또는 남성에의 의존상태에 안주한다면, 보부아르에 따르면 그녀들은 '그 상황을 선택한 것이고, 적어도 그것에 동의하고 있는 것이다.' 이것은 '자유의 사명을 팽개친' 것이다. 이것은 '자기기만을 포함하여 적극적인 과실(過失)과도 같은 사명의 팽개침' 《모호성의 도덕에 관하여》으로 여겨진다.

비록 우연히 자기 이외의 다른 원인들에 의해 자기의 인간성이 빼앗기고 상처를 입었다 해도 상처 입은 자기의 인간성에 대해 스스로 책임을 져야 한다는 것이 그녀의 생각이다. 억압하는 자가 사라져도 상처입고 그릇된 자신의 존재는 남는다. '타자성'이라는 왜곡으로부터 자아를 회복해야 하는 주체는 자기 외에 아무도 없다. 때문에 비록 자신이 피해자라 해도 자아를 지니는 유일한 주체자로서 인간은 자기 자신에 대하여 책임을 지지 않으면 안 된다.

이 점에서 사르트르와 보부아르는 프랑스 도덕주의자들의 전통을 오롯이 계승하고 있다고 할 수 있다. 그들이 가장 싫어하고 기피하며 주의 깊게 물리쳤던 것은 '자기기만'이었다. 자기 자신에 대해 거짓말을 하지 않는다는 것, 이것이 도덕주의자의 태도이다. 자기 자신이려 하는 성실성은 무의식의 분야에까지 미치지 않으면 안 된다. 보부아르는 말한다. "우리는 모든 각도에서 그것 ―언어기만, 기억착오, 도피, 대가, 승화―을 물리치려고 노력했다."

### 영원한 야인정신

사르트르와 보부아르는 권력에 대한 절대적인 증오를 갖고 있었다. 위압적인 직함을 단 그들의 모습을 상상하기는 어렵다. 사르트르는 노벨상도 굳이 사양했다. 그가 유명해진 것은 우연에 불과하다. 유명해지지 않았더라면 아마도 한낱 평범한 교사로 살면서 세상에 별로 알려지지 않은 저술을 남겼을 것이다.

보부아르는 모든 기만에 대항하여 싸웠다. 그녀도 사르트르와 마찬가지로 권력에 대한 욕심이 전혀 없었다. 어떠한 혁명도 그 성공여부를 떠나서 경직된 권력조직이 됨으로써 그녀를 실망시키곤 했다.

그녀는 사상의 속임도 고발했다. 그녀는 '모든 체계는 하나의 과장된 속임수로 느껴진다'고 쓰고 있다. 사회 구조 안에서 욕망을 지닌 인간이 만들어 내는 체계의 속임을 그녀는 감지한 것이다. 닫힌 체계는 현실과 하나가 되지 않는다는 것이 그녀의 의견이다. 이른바 세상의 정통파와 영원히 싸우겠다는 자세가 그녀의 밑바탕에 있는 것 같다. 이것은 그녀와 사르트르의 기질에서도 비롯한다. 그들은 '예술가, 작가, 철학가' 등 '고독한 인간'의 입장에서 언제나 현실을 파악하려 시도하는 사람들이다. 단순히 권력으로부터 멀어진 추방자들인지도 모른다. 그러나 추방자이기 때문에 특권과 무관하고, 조직의 속임과 인연이 없다. '고독한 인간'은 추방자이기 때문에 깨어 있는 눈동자를 지닌다. 이것이 그들이 참으로 신뢰하고 가치를 두었던 야인정신의 근거이다.

### '진정한 타인'을 찾아서

고독한 개인에게 가장 어려운 문제는 자유로운 개인이 서로에게 저마다 다른 자유를 인정하는가 하는 것이다. 보부아르에게는 개별자(個別者)를 더 이상 떠우려는 헤겔식 전체자란 것도 없지만, 칸트가 말하는 인간의 보편성이라는, 개개의 인간을 관철하는 공통분모도 존재하지 않는다. 그녀에게는 '인간의 화목함이 실현될 수 있는 어떠한 공간도 없다.' 있는 것은 개개의 인간뿐이며, '몇 가지 자유'뿐이다. '우리는 저마다 외따로 떨어져서 대립하고 있는 개인에게 용무가 있다'고 그녀는 말한다. 따라서 비록 자유로운 인간끼리 많이 모여 있다 해도 그곳에 의견이나 가치관의 대립은 있을지언정 그들 사이에 자유와 자유의 교류가 생겨난다는 보장은 전혀 없는 것이다. 그녀에겐 아버지 하느님도 존재하지 않지만, 18세기적인, 낙천적인 이성에 대한 신뢰도 없다. 서로 동떨어져서 어떤 공통된 가치관도 지니지 않는—어떤 의미에서는 무정부적인—개개인의 세계만이 존재한다.

그녀에게는 집단이라는 신도, 국가라는 신도 없으려니와 이성이라는 신도, 또한 혁명이라는 신도 없다. 그녀는 개개의 인간을 초월하는 집단에 대한 어떠한 이성적인 꿈도 믿지 않는다. 동시에 혈연이라는 보다 본능적인 꿈도 불신한다. 따라서 그녀가 긍정하는 것은 오직 자유의지를 가진 개인이며, 이러한 개인들 저마다의 자유의지에서 비롯된 관계들이다. 그녀는 말한다.

"나는 이제까지 숙명적인 인간관계보다도 스스로 선택하는 관계를 늘 선호했어요. 물론 때로는 상황이 따라 주어짐과 동시에 스스로 택한 관계도 있지요. 예를 들면 엘렌은 나의 동생이고, 우리는 자매로서 맺어져 있지만, 그와 동시에 나는 그녀를 택하고, 그녀도 나를 택한 것이죠. 그렇지만 그런 경우는 매우 드물어요. 거듭 말하지만, 나는 자식이 없는 것을 안타깝게 여긴 적이 한 번도 없어요. 나는 우정을 훨씬 좋아한답니다. 그래요, 나 스스로 택한 관계가 출산에 의해 나에게 주어지는 것보다 훨씬 좋아요."

보부아르의 일생에서 가장 중요한 것은 사르트르와의 관계를 비롯한 개인과 개인 사이의 구체적인 유대 관계이다. 그녀는 서로 다른 가치를 지닌 개인들이 부딪치며 살아가는 세계에서 개인과 개인이 진정한 관계를 맺는 것의 의미와 조건을 추구하고 있는 것이다.

예를 들면 보부아르에게 자기를 존재케 하는 행동은 '글을 쓰는' 것이었다.

'쓰는' 것은 그녀의 개별성성이라는 관점에서 볼 때 가장 본질적인 행위였다고 할 수 있으리라. 그녀는 《제2의 성》을 씀으로써 많은 여성에게 경각심을 불러일으킬 수 있었고, 또한 자신의 자서전을 씀으로써 많은 사람들에게 '살아가는 방식'에 대하여 고민하게 하는 데 성공을 거둔다. 동시에 그녀는 프랑스 대부분의 남성들에게서 비난받는다. 그러나 그녀는 사르트르를 비롯한 극히 소수 사람들의 동의만으로도 만족했다. 그녀는 말한다. "만일 내가 절대적인 사랑으로 한 남자를 사랑한다면 그의 동의만으로도 충분하다." "나의 삶에서 가장 큰 성공은 사르트르였다."

여자인 보부아르는 인간과 인간의 관계에 대하여 확실하게 손에 쥘 수 있는 것 이외엔 믿지 않는다. 그리고 그녀는 그 연결고리를 얻는 데 성공한다. 일반적으로 남자는 조직을 믿고, 국가론을 철학의 주제로 삼는다. 그러나 보부아르는 집요하게 '진정한 타인'을 사유하는 개인과 개인의 관계를 추구하고 있다.

## 자유론

보부아르의 철학적 에세이로 《피루스와 시네아스》, 《모호성의 도덕에 관하여》가 있다. 여기에 그녀의 자유론 및 타인론이 요약되어 있다. 자유론은 주로 《피루스와 시네아스》에서 다루고 있다.

### 세계와 우리의 관계

보부아르에게 인간이란 우선 '자발성', 곧 능동성으로 파악된다. 이에 반해 사물은 무기력한 존재로서 의미 없이 외따로 존재한다. 만일 인간이 카뮈의 《이방인》처럼 주변 세계에 대하여 아무런 관심도 애착도 없이 자폐 상태에 있다면 인간과 세계와의 사이, 인간과 다른 인간과의 사이에는 어떠한 '관계'도 발생하지 않는다. 세계가 의미를 갖는 것은 인간의 자발적 행위, 곧 투기(投企)에 의한 관계를 통해서이다. '하나의 객체가 나에게 속하려면 그것이 나에 의해 세워진 것일 필요가 있다. 곧 내가 그것의 모든 부분에서 그 객체를 세운 경우에만 그것은 전면적으로 나의 것이다. 완전하게 나에게 속해 있는 유일한 현실이라고 하면 말할 것도 없이 나의 행위이다.' '나의 것, 그것은 나의 계획의 완수이다.' 행위가 육체의 자연법칙의 명령에 따라 먹거나 마시고 자는 것을 의미하지는 않는다. 인간이 그것을 욕망하고 계획하여 행하는 행위, 곧 투기만이 자발성의 내용이다. 이러한 자발적 투기의 대상이 된 사물만이 인간에게 의미를 갖는다. '허공은 날 수 있는 사람의 것이고, 바다는 헤엄치고 항해할 수 있는 사람의 것'이다. 그저 심드렁하게 바라보기만 하는 하늘이나 산과, 실제로 날거나 오르는 하늘이나 산은 의미가 확실히 다르다. '이와 같이 세계와 우리와의 관계는 처음부터 결정되어 있지는 않다. 그것을 결정하는 것은 우리다'라고 그녀는 말하고 있지만, 우리의 '자발성', 곧 우리가 어떻게 욕망하고, 어떤 능력을 지니며, 서로에게 어떠한 연관성을 갖는가에 따라 대상의 의미는 계속해서 달라진다.

이와 같은 관계는 인간과 사물의 관계뿐만 아니라 인간과 인간의 관계에 대해서도 마찬가지다. 인간과 인간의 유대 관계도 역시 이러한 '자발성', 곧 능동적 행위에 의해서만 창조된다. '나 자신을 타인과 연결하는 끈을 나는 스스로 만들어낼 수 있다. 나는 하나의 물체가 아니라 나에게서 타인으로 향하는 하나의 기획이며, 초월성이라는 사실 때문에 이러한 관계를 만들어 내는 것이다.' '사람은 하나의 행위에 의해 자신을 타인의 이웃이게 하는 최적의 상태에서 타인으로부터 이웃을 만들어 내는 것이다.'

더욱이 이 관계는 단 한 차례의 작용에 의해 고정되지는 않는다. 하나의 작용이 끝나면 그것은 어느새 과거의 것으로 응고되며, 하나의 객체로서 더 이상 자신의 것이 아니게 된다. 거꾸로 과거에 나와 아무 연관이 없었던 것이라도 나와의 새로운 관계맺음에 의해 나의 것이 될 수 있다. 나와 사물과의 관계는 이와 같이 고정된 것이 아니며, '그때그때 창조'된다. '어떤 관계는 죽고, 어떤 관계는 탄생하며, 또 어떤 관계는 부활'한다.

이와 같이 세계가 나에게 지니는 의미는 나의 자발성—'희망하고, 사랑하고, 욕망하고, 행동하는'—에 의해 결정된다. '우주의 한 단편이 나에게 속하려면 내가 실제로 그것을 오직 겨냥하기만 하면 되는 것이다.'

보부아르의 이 같은 사고는 인간의 주관적 능동성을 두드러지게 중요시한다. 그녀 스스로도 이러한 사고방식이야말로 '실존주의적 존재론이 변증법적 유물론에 대립하는 주요점'이라고 말한다. 즉 '상황의 의미는 수동적이고 주관적인 의식에 짓눌리는 것이 아니며, 자유로운 주체의 자발적인 기도 아래 이루어지는 행동에 의해 비로소 나타난다'는 것이다. 예컨대 똑같은 패전을 겪는다 해도 패전을 느끼는 정도는 이제까지 자신이 그 전투에 '참가'하고 있었던 정도에 따라 다르게 결정된다. 똑같은 패전국에 살더라도 '먹고 자는 것 이외에 아무것도 하지 않고 살아온 사람은 습관의 변화만 보일 뿐이다.' 다시 말해 국가의 일에 무관심한 사람에게는 국가의 중대한 사건도 단순한 식품이나 물자가 남거나 모자라는 변화로밖엔 느껴지지 않는다.

### 인간의 양의성

이와 같이 보부아르에게는 투기라고 하는 매우 인간적인 행위만이 인간이 살아가는 의미의 근원이며, 이 행위에 의해 비로소 세상이 지니는 의미도 시작된다. 그러면 인간의 이러한 투기와 초월이라는 행위는 어떤 구조를 지니는 것일까? 인간은 왜 투기를 하지 않으면 안 될까?

보부아르는 인간이란 존재를 '양의성(兩義性)'으로 파악한다. 양의성이란 하나의 모순으로 일관된 양면에 의해 성립하는 이중성이라고도 할 수 있다. 곧 인간이란 더할 수 없이 높은 존재임과 동시에 내던져진 사물적 존재이기도 하다. '이성적 동물'이라든가 파스칼의 '사고하는 갈대'라는 말 자체가 인간의 모순적이고 패러독스적 존재를 가리킨다. 개인은 '온갖 객체 세계의 한가운데서 지극히 높고도 유일한 주체'이며, '모든 행동이 그것에 따라야만 하는 최고 목적'이면서, 다른 한편으론 '갖가지 사물의 정체를 알 수 없는 무게에 짓눌리는 하나의 사물'이고, 또 타인이 볼 때는 '행동상의 필요' 때문에 '도구' 또는 '방해물'이고, 현대의 크나큰 집단에서 보면 '벌레보다 훨씬 무의미'한 생물이다. 보부아르는 이와 같은 '모든 인간의 무의미함과 지고한 중요성'이라는 패러독스적 진리를 '인간 조건의 비극적 양의성'으로 본다.

보부아르의 인간론은 이러한 '근본적 양의성'을 받아들여야 성립한다. 보부아르는 인간의 이러한 한쪽 극, 내팽개쳐진 사물적 존재, 곧 물체로서의 인간의 측면을 즉자(卽自)존재라고 부른다. 그것에 반대되는 다른 한쪽 극, 곧 사물로서의 존재에서 초월하여 자유를 지향하는 의식을 대자(對自)존재라고 한다. 인간이란 '대자와 즉자의 총합을 실현하고, 스스로 신이고자 헛되이 시도하는' 존재이다. '헛되이'라는 것은 그녀의 철학에서는 이 시도가 영원히 성공을 거두지 못한다는 것을 의미한다. 보부아르는 저서 《노년》에서 '모든 성공이 포함하고 있는 좌절'에 대해 설명한다. 세상에는 겉으로는 성공한 인생이 존재한다. 그러나 실제로는 '꿈꾸던 꿈과 실현한 꿈과의 사이에는 끝없는 거리가 있다.' 이 틈을 보부아르는 '좌절'이라 일컫는다. 이것을 잘 나타내는 것으로서 그녀는 말라르메의 다음과 같은 시를 들고 있다. '……꿈의 성취란 설령 원한이나 환멸이 없더라도 꿈을 이룩한 사람의 마음에 남게 되는 비애가 뿜는 향기.'

그녀는 자서전 《어떤 전후(戰後)》에서 이러한 틈을 '약속은 이루어졌다'고 쓰고, 동시에 '나는 도둑맞았다(사기를 당했다)'고 표현한다. '현재는 비록 나의 기대와 완전히 일치했다 해도 내가 기대하던 것, 곧 실존(對自)이 허무하게 지향하는 존재의 충분성을 나에게 불러오지는 못했다. 대자는 존재하지 않는 것이다.'

동물에게는 처음부터 즉자존재만이 살아 있기 때문에 이러한 갈등은 존재하지 않는다. 또한 신과 같은, 애초부터 '자기 자신과 딱 들어맞고, 완전히 충실한' 상태의 존재에게는 갈등도 좌절도 있을 수 없다. 인간은 하나의 양의적 존재이기 때문에 갈등이 있고, 좌절이 있다. '도덕의식은 자연과 도덕성 사이에 불일치가 있는 한' 존속한다. 오직 자연법칙을 따라 살아가는 것은 동물적 삶이라는 사물의 법칙에 매몰되어 살아가는데 지나지 않는다. 인간의 자유란 이러한 즉자존재로부터 초월하는 것, 이 즉자존재를 하나의 '존재상태'로 만드는 의식의 힘이 있어야 비로소 가능하다. 보부아르는 자유로운 인간을 다음과 같이 정의한다. '자신의 존재에 있어서 자신을 문제삼는 하나의 존재, 자기 자신에게서 동떨어져서 자기 존재여야만 하는 하나의 존재'라고 쓰고 있다. 인간이란 이러한 '없어서는 안 되는' 것을 위하여 영원히 시도하고 노력하는 존재인 것이다.

### 몸으로 실현하는 양의성

인간이 자유를 택한다는 것은 이러한 헛된 노력을 떠안는 것이다. 사르트르는 이것을 '이로울 것 없는 수난'이라고 했지만, 보부아르는 이것을 불행의 의미로 쓰고 있지 않다. 그녀는 '불가능한 소유를 지향하는 이 노력 자체에 나는 만족한다. 나는 이 노력을 패배가 아니라 승리로 느낀다. 다시 말하면 신이 되기 위한 이 헛된 시도에서 인간은 자기를 인간으로서 실존시키려고 하며, 만일 이 실존에 만족한다면 인간은 자신과 완전하게 일치한다'고 말한다. 또한

'인간의 수난은 외부로부터 부과된 것이 아니다. 인간이 수난을 택한 것이고, 수난은 인간존재 자체'라고 쓰고 있다.

그러므로 보부아르에 따르면 인간의 자유란 이러한 '수난'이라는 말로 표현되는 '긴장 자체를 바라는' 것이다. 인간이 실존한다고 하는 것은 이러한 끊임없는 긴장 속에 몸을 맡기는 것이다. 보부아르는 끊임없는 긴장과의 투쟁을 사랑하기 때문에 그녀에게 '수난'은 오히려 승리이다. 그녀에게는 부단한 노력이야말로 행복이다.

'존재상태'라든가 '좌절'이라는 말은 언뜻 여성적인 느낌을 주지만, 보부아르에게는 이 말도 긍정의 의미를 지닌다. 그녀는 헤겔의 '부정의 부정'을 들어 말한다. '헤겔식으로 말하자면 그곳에 있는 것은 그것에 의해 긍정이 회복될 수 있는 부정의 부정이라고 할 수 있다. 곧 인간은 스스로를 결여상태로 만들지만, 결여로서의 결여를 부정하고 적극적인 실존으로서 자기를 긍정할 수가 있다. ……존재에 대한 노력인 한, 단죄된 행동이 실존의 시작인 한, 자기의 유효성을 회복한다.'

그러나 이때 '좌절'이라든가 '결여'는 헤겔식으로 '지양'되어 '추상적인 계기로서 유지된다'가 아니라 '실존 자체의 적극적 긍정 속에서도 여전히 부정적인 상태에 머무른다.' 곧 '좌절은 지양되어야 하는 것이 아니라 몸으로 떠안아야 한다.' '좌절'과 '결여상태'에 있는 상태로 그것을 떠안는 것, 그것이 그녀가 말하는 자유이다. '양의성'을 부정하는 것이 아니라, 또한 헤겔식으로 '지양'하는 것이 아니라 그것을 '몸으로 실현하는 것'이 그녀가 말하는 자유의 내용이며, 그녀는 이 역설적인 긍정을 '하나의 반전'으로 규정하고 있다.

### 끊임없는 초월

보부아르 스스로도 인정하다시피 사르트르의 《존재와 무》에서는 '인간적인 아방투르가 결여된 일면을 특히 강조한 것은 분명'하다. 그러나 이 동일한 자유론이 보부아르의 손에 닿으면 두드러지게 낙천적인 색채를 띠기 시작한다. '투기'와 '초월'은 보부아르가 늘 산을 바라보며 마침내는 그것을 정복해내고야 마는, 평소의 그녀의 즐거움을 넘어서게 한다. '초월'이라는 말은 의식이 자기의 바깥으로 나와서 자신을 '존재 결여 상태'이게 한다는 의미인데, 그녀의 설명을 빌리면 다음과 같다. "인간은 먼 존재이다'라고 하이데거는 말한다. 인간은 언제나 다른 곳에 있는 것이다. '이것이 나다'와 같이 인간이 마음을 놓을 수 있는 특권적 장소 따위는 세상 어디에도 없다. 인간은 자기 자신이 아닌 다른 것에 맞게 생겨나 있다. 자신과 다른 것과의 관계에 의해서만 나인 것이다.' 비록 지금은 누워 있지만 앞으로 오르려 하는 산을 창문 너머로 바라보고 있는 사람은 초월성인 것이다. '어떤 생각, 어떤 눈길, 어떤 의향도 초월성이다.' '그는 자기가 바라보는 그 산들에 현재 존재하고 있다. 그는 또한 먼 도시들에 부재자로서 존재하고 있다.'

인간의 자유란 인간이 대상을 향하여 끊임없이 계획을 세우고, 그것을 향하여 투기하고, 끊임없이 현재의 나를 추월하여 나아가는 것이다. '정지'란 이러한 끊임없는 추월이라는 행동성의 반대물이므로 자유가 아니다. 왜냐하면 보부아르에게는 행복이나 '향락'마저 이렇게 끊임없는 추월이라는 자유로운 행동 위에서만 존재하기 때문이다. '향락이 존재하는 것은 내가 나 자신으로부터 벗어나는 때이고, 내가 향락하는 객체를 통하여 세계 속에 나라는 존재를 참가시킬 때로 한정되어 있다. ……만일 사람이 자기 안에 정지하여 세상을 벗어나고자 한다면 자연히 향락마저도 버려야 한다.' 따라서 보부아르에게는 '동요하는 쾌락을 경멸하고', '정지해 있는 쾌락과 온전한 정적'을 추구했던 쾌락주의자들의 행복론도 받아들이기 어려웠던 것이다. 하물며 '현자란 자기의 육신마저 버려야 한다고 주장했던 금욕주의자'에 이르러선 말할 것도 없다.

또한 보부아르는 연인들에게, '자기들의 사랑 한가운데서 영원히 머무르기를 바라다가' '머지않아 서로가 절망적으로 싫증이 나기' 시작하기 마련이라고 말한다. 인간이 초월성인 한 정지된 영원한 행복 따윈 있을 수 없다는 것이다. 보통 우리 인간은 아등바등 일하는 데서 벗어나기를, 또 우리를 내모는 열정으로부터 풀려나길 바라며 천국이 영원한 정지상태인 것처럼 생각하기 쉽다. 그러나 보부아르는 이것이야말로 행복의 반대물이라고 잘라 말한다. '움직이지 않는 낙원은 우리에게 영원한 따분함만 약속할 따름'이라고. 활동성이야말로 행복의 형태이며, 정지는 생명의 위축 상태를 의미한다. 정지하여 투기를 멈춘 인간은 '생명이 위축되어', '무관심한 불안'만이 남는다. 투기를 멈춰버린 인간에게 세상은 무의미해진다. '세상의 시작을 바란다는 것과, 자기가 자유이기를 바라는 것은 똑같은 하나의 움직임이다. 자유는 모든 의미와 모든 가치의 원천이다.'《모호성의 도덕에 관하여》 투기를 그만둔 인간에게 세상은 아무런 감동도 기쁨도 주지 않는다. 그것은 마치 신경쇠약에 걸린 인간이 세상을 바라보는 태도와 비슷하다. '꽃은 꺾거나 향기를 맡기 위한 것이 아니고, 도로는 밟고 다니기 위한 것'이 아니라 그저 '꽃은 페인트를 칠한 금속으로 보이고, 풍경은 이미 무대장식'이 되고 만다.

그러나 인간이 꾀한 투기라는 행동은 일단 목적이 이루어지면 거기서 끝나버린다. 예를 들면 하나의 연애가 한 차례 이루어지고 나면 어느새 그것은 '따분함'으로 바뀐다. 곧 하나의 투기가 이룩되어, '인간의 충실성이 이루어지자마자 즉각 그것은 과거 속으로 전락'하고 마는 것이다. 그것은 이미 자유가 아니라 자유의 '화석'에 지나지 않는다. 과거에 목적이었던 것은 이제는 또다시 추월을 당하는 '사물'에 불과하게 된다. '목적이란 언제나 노력의 방향이자 귀착점'이다. '그러나 그는 그 목적에 멈춰서기 위해서가 아니라 그것을 즐기기 위해서 욕구하는 것이다. 그 목적이 추월당하기를, 그 목적이 이루어지기를 간절히 바라는 것이다.' '연애를 하는 것은 그 연애를 가로질러 새로운 목적, 곧 가정, 일, 공통된 미래를 향하여 몸을 내던지는 일이다. 인간이 기도(企圖)한 이상, 인간의 행복은 인간의 쾌락과 마찬가지로 기도일 수밖에 없다. 행복을 거머쥔 인간은 이내 다른 행운을 거머쥐려 한다. 이것은 파스칼이 매우 훌륭하게 말했는데, 사냥꾼에게 흥미로운 것은 토끼가 아니라 사냥이다.' 이와 같이 절대적이고 궁극적인 목적이란 존재하지 않는다. 어떤 계획이나 목적도 그것이 추월될 수 있다는 점에서 언제나 상대적이다. 목적을 향하여 투기하는 행동 자체가 인간적 자유의 구체적 내용이며, 곧 '휴머니티'인 것이다.

### 초월적 목적의 부정

이와 같이 보부아르에게 인간의 투기의 목표는 어디까지나 지상적이다. 그녀에게 인간성의 범위를 벗어난 초월적인 것은 어떠한 의미도 지니지 않는다. 인간에게 '인간 이전에, 인간 없이 세계에 존재하고 있는' 가치 같은 것은 있을 수 없다. 투기의 목표는 그때그때 자신의 주체적 판단에 의해 선택되는 것이어야 한다. 그 목표는 자기의 자유에 의해 내면적으로 결정되지 않으면 안 된다. 앞에서 말한 '고지식한 인간'은 외부로부터 주어진 가치를 무비판적으로 섬기는 사람이기 때문이 이런 사람들에게는 자기의 투기와 목표—외부로부터 주어져 있는—가 이어질 수가 없다. 이런 사람들에게 가치는 늘 바깥에서 수동적으로 주어지기 때문에 언제나 절대적인 것이 되고 만다. 그들은 '계획에서 목표를 분리해내고, 목적에는 그것 자체의 가치를 인정하려고' 하는 것이다.

보부아르는 무신론자이기 때문에 인간행동의 동기로서 '신이 그것을 바란다'는 대답은 허용하지 않는다. 인간이 사는 것은 신의 절대적 목적에 헌신하기 위해서라는 사고를 모조리 거부하는 것이다. '신의 의지를 따르는 것'과 같은 판에 박은 듯한 이러한 사고만으로는 인간에게 어떤 행위를 부과하기에도 충분하지 않다. 신자가 불신자를 학살하거나, 이교도를 태워죽이거나, 또는 이교도의 신앙을 허용하기를 신이 바라겠는가? 그러한 행위를 명령하는 목소리가 과연 신의 목소리인가? 그것을 어떻게 증명할 수 있을 것인가? 신의 목소리가 아니라 악마의 목소리일지도 모르거니와, 자기 이해(利害)의 목소리일지도 모른다. 신이 설령 존재한다 해도 신의 목소리가 인간에게 확실하게 전달된다는 보장은 전혀 없다는 것이다.

보부아르에 따르면 애당초 '인간은 신에 의해 자기의 존재를 설명할 수가' 없다. 신이야말로 인간에 의해 설명되어야 한다. '질서를 신의 섭리에 합치하는 것'이라고 떠벌리는 사람이 있는데, 그녀에 따르면 질서야말로 인간이 만들어낸 것이며, 신은 그 질서에 의해 창조된 것이다. '부르주아의 질서가 있고, 사회주의자의 질서가 있고 민주주의자의 질서가 있고, 국수주의자의 질서가 있다. 모두가 반대자의 눈에는 무질서이다. 언제 어느 사회에나 그 사회와 함께 신을 갖고 있다고 주장한다. 곧 어떤 사회든지 자기들의 모습을 본따서 신을 창조해 내는 것이다. 재잘거리는 것은 그 사회이지 신은 아니다.'

보부아르는 인간의 투기목적을 언제나 인간의 내면성에서 찾는다. 개인을 떠나서, 개인을 초월한 어떠한 목적도 자유의 내용일 수 없다. 조국을 위해서라든지, 사랑하는 사람을 위해서라는 목적도 자기의 내적 자유가 개입되지 않는 이상 자유의 내용이 되지는 않는다. 앞에서 '고지식한 사람'에 대해서 말했다시피 보부아르에겐 외부로부터 주어진 목적의 노예가 되는 것은 언제나 자유의 죽음을 뜻한다. 그것이야말로 '고지식한' 것이며, '절대적이라고 생각되는 목적들을 위하여 자유가 자기를 부인하는' 것이고, '자기를 대상 속에서 상실하는' 것이다.

### 자유로운 행동이 자기목적

보부아르에게 자유의 목적은 언제나 인간 속에 있다. 인간이 자신을 매 순간마다 자기 자신으로서 존재케 하려는 것—그것이 인간에게 있어 자유의 의미이다. 자유의 의미는 어디까지나 자유 속에서 찾아야 하며, 하늘에 있는지 없는지 알 수 없는 신에게서 비롯되는 것은 아니다. 그녀는 '하늘에 신이 있는지 없는지는 인간과는 아무런 관계가 없다'고 말하면서, '우리가 하늘에서 찾고 있던 그 절대적인 목적을, 우리는 처음부터 인간 자체 속에서 찾을 수 있었던 것은 아닐까?'하고 제안한다. 휴머니티, 곧 인간성이란 초월적으로 어떤 신성한 것이 아니라 '뼈와 살로 이루어진 인간으로 만들어져' 있다. 그것은 '결코 완전한 것은 아니며, 끊임없이 미래 쪽으로 몸을 던진다.' 휴머니티는 그것 자체의 '끊임없는 추월'이다. 우리의 추월이란 결코 완성되는 일이 없다. 그러나 추월의 순간마다 우리는 휴머니티를 '완전하게 파악'할 수 있다. 즉 휴머니티는 '매순간마다' '존재하고' 있다.

보부아르에게 휴머니티로서 가치가 있는 것은 어디까지나 '현재'에 행해지고 있는 자유로운 행동이다. 만일 현재의 자유가 먼 미래의 불확실한 가치를 위하여 희생되는 일은 그녀로선 절대로 용서할 수 없는 일이다. 그녀가 반대하는 것은 다음과 같은 사고방식이다. '만약 억압을 통하여 세계가 세계로서 자기실현을 할 수 있다면 현재의 억압은 대단한 것은 아니다'라거나, '현재의 일당독재, 그 기만과 폭력은 만일 그것을 통하여 사회주의 국가가 실현된다면 대단한 일은 아니다. 그 순간에 자의(恣意)나 범죄는 지구 표면으로부터 영원히 자취를 감출 것이다'라는 사고이다. 그녀는 이와 같이 현재의 자유를 '억누르는' 신화를 '사물화한 미래'라고 규정한다. 설령 당장은 아니더라도 이와 같이 사물화한 가치 속에 자기를 매몰시키는 사람을 그녀는 '고지식한 사람'이라고 부르는 것이다.

때문에 어떤 이상적인 미래—예를 들면 완성된 사회주의 국가—라 해도 그것은 현재 행위의 동기가 되지는 못한다. 그녀에게는 자기의 자유로운 행위의 영향을 받는 범위의 미래만이 자기의 미래이다. 그 영향력이 미치지 않는 미래란 자기의 미래가 아니다. 그와 같이 우리와 아무 관계도 연고도 없는 미래란 단지 죽은 미래일 뿐, '어떤 것도 시작되지 않는다.' '그것은 오늘의 갖가지 과오와 패배를 없애 버리지만, 여러 성취와 승리마저도 없애버린다. 또 천국일 수 있음과 동시에 혼돈 또는 죽음일 수 있다. ……인간이 배려를 바랄 곳은 이렇게 불확실하고 불투명한 미래가 아니다'(《모호성의 도덕에 관하여》). 그녀에게 의미 있는 미래란 '예견할 수 없는 미래'가 아니라 현재의 영향권 내에 있는 미래이다. '80세 노인이 집을 짓고 나무를 심는' 것은 그가 죽게 되리라는 '예견되지 않은 미래'에 얽매이지 않기 때문이다.

인간에게 자유의 가치란 이처럼 '매순간마다' '자기를 존재하게 하려고' 하는 '노력' 속에 있다. 인간이 '기획하고', '투기'하는 행위 자체에 있다. 이런 자유로운 행위야말로 인간을 '존재'하게 한다. 인간은 자기 이외의 어떤 절대적인 것'을 위하여' 행동하지는 않는다. 자유로운 행동 자체가 자기목적인 것이다. 이것을 그녀는 '절대적으로 무목적성을 띤 것'이라고 부른다. 곧 '존재한다 함은 무상인 것이다. 사람은 무(無)를 위하여 존재한다.' 자유는 다른 어떤 것의 수단이 되지 않으며, 자유 자체를 위하여 존재한다.

이와 같이 자유로운 인간이란 '유한'한 미래 속에서 매순간마다 자유롭게 삶의 가치들을 발견해 나아가 발견해나갈 줄 아는 인간이다. 설령 삶에 남은 시간이 별로 없는 사람이라도 자기의 자유를 발견해 나가는 것이 자유의 창조이다. 그러므로 자유로운 사람은 '고지식한' 인간이 자기가 믿는 가치의 우상을 잃었을 때의 실의와 낭패에서 벗어날 수가 있다. 비록 젊음을 잃더라도 그는 새로운 투기의 대상을 발견해 나아갈 것이며, 또 비록 대학입시에 실패했더라도 그는 삶의 보람을 새로이 발견할 것이다. 또한 세상의 영광이 그를 버리더라도 그는 자유인으로서의 자기의 가치를 의심치 않으리라. 왜냐하면 그의 자유를 형태짓는 것은 세간의 평가가 아니라 바로 그 자신이기 때문이다. 즉 '자기 자신만이 자기 행위의 의미를 결정'할 수 있기 때문이다.

## 타인론

보부아르는 《피루스와 시네아스》 제2부에서 '타인', '헌신', '교류', '유행'이라는 항목 아래 타인론을 전개한다.

### 타인의 존재

타인이란 대체 나란 존재에게 무엇인가? 나는 나 자신을 하나의 충실한 대상물로서 결코 포착할 수가 없다. 그에 반해 타인은 얼마나 반짝반짝 선명한 빛을 뿜으며 나의 눈에 비쳐 들어오는가! 신의 존재도, 휴머니티의 실현도 나는 모조리 의심할 수가 있지만, 이 반짝거리는 대상물로서의 타인이란 존재만큼은 의심할 수가 없다. 타인이 지닌 개성은 모두 독창성을 내뿜고 있는 것처럼 보이고, 타인의 행복은 모두 나의 행복보다 크게 보이며, 타인이 흘리는 눈물은 훨씬 진실되게 보인다. 타인이란 나보다 '근사한, 가까이 소유하기 힘든 성격을 손쉽게 지니고' 있는 존재이다.

나는 나 혼자서는 나 자신인 '허공'밖에는 느끼지 못한다. 나는 '내가 없음'을 느낀다. 때문에 나는 아무리 나를 명예롭게 보아도 그것은 허무하게 허공을 울릴 따름이다. 내가 아무리 뛰어난 미모를 지녔더라도 만일 그것이 '모든 사람의 눈에서 광채가 나지' 않으면 무슨 소용이겠는가? 내가 하나의 일을 이룩하는 것은 확실히 하나의 기쁨이기는 하지만, 만일 그것이 모든 사람에게 도움이 되었을 때, 그 기쁨은 몇 배로 커지지 않겠는가? '우리는 때때로 타인의 도움 없이 우리 존재를 완성하려 애쓴다. ……누구도 자기 삶을 함께 살아줄 수 있는 사람은 없다. 그러나 몇 명이 있다 해도 이와 같은 고독을 평생 흡족하게 여길 사람은 없다.'

인간의 자유란 언제나 인간을 고독하게 하며, 오직 자신만이 자기 삶의 짐을 질 수가 있다. 때문에 인간과 인간 사이, 타인과 타인의 사이는 '근본적으로 동떨어져' 있다. '타인이라는 온전한 내면성'에 대해서는 '신마저도 그보다 더 큰 단서를 지니지 않으리라고 판단'하는 것이다. 자기를 존재하게 할 수 있는 것은 자기 자신 이외에 어떠한 대상도 절대로 있을 수 없다.

그럼에도 불구하고 타인은 자기의 존재를 확대하거나 축소하는 것처럼 보인다. 자기를 완전히 존재하게 하는 데 타인은 필요불가결한 것이 아닐까? 그러면 대체 타인이란 무엇일까?

### 헌신은 '억압'이 된다

우선 첫 번째 의문은, 나는 타인에 대하여 과연 무엇을 할 수 있는가? 나는 타인을 구할 수 있는가? 또는 타인은 나를 구할 수 있을 것인가? 헌신이라는 행위의 내용을 검토함으로써 이 문제를 생각해 보자. 헌신하는 인간에게 타인은 절대적 가치를 지니는 존재로 여겨진다. 곧 나는 나 자신의 가치에 의해 존재하는 것이 아니라 타인이라는 절대적 가치에 봉사함으로써 존재한다. 나의 존재가치는 나를 무로 삼고 타인의 노예가 되는 데 있다. 대신에 나는 내가 존재하는 이유를 걱정할 필요가 없어진다. 주인이 있어야 노예도 있는 것이므로 노예는 자기의 존재이유를 부여해 주는 주인에게 감사하지 않으면 안 된다. 헌신이란 이와 같이 '내 앞에 하나의 절대적인 목적을 놓음으로써' '나의 자유성을 잃는' 것이다. 나는 실존적 불안에서 벗어나는 대신에 주인을 위한 '순종적 도구'의 역할을 떠안는다.

이와 같은 헌신은 아직 충분히 자유롭지 않으며, 자기 삶의 보람을 발견하지 못한 인간—미숙한 인간이라고 할 수 있으리라—에게서 흔히 나타나는 현상이다. 미숙한 여성이 사랑을 하거나, 어머니가 되거나 하면 반드시 사랑하는 타인을 절대화하여 자기의 '자유성을 잃고' 만다. 어머니에게 자녀는 절대적인 가치를 지니는 주인이 되고 만다. 그러나 자녀란 보부아르가 말하는 '자유로운 존재'라는 관점에서 보면 여전히 '존재하지 않는 자'이다. '존재하지 않는 자'에게서 나라는 '존재'의 구원을 바란들 과연 무엇을 얻을 것인가?

애당초 헌신이란 출발점에 이 같은 무리가 있기 때문에 헌신은 일반적으로 '억압'이 된다고 보부아르는 말한다. 여기서 인간관계는 아수라장이 되어버린다. 모든 것을 바쳐온 사람은 은혜 갚기를 바라고 요구하게 된다. 그리고 섬김을 받은 사람은 상대방의 은혜를 부담스럽게 여기고, 오히려 억압으로 느끼다가 결국 은혜를 모르는 행위로 갚게 된다. "나는 너를 위해서만 살아왔다. 나는 너에게 모든 것을 바쳤어"라고 아버지가 말하는 데 반해 불효막심한 아들은 대답한다. "나는 낳아달라고 부탁한 기억이 없는데요"라고. 아버지는 말한다. "그건 그럴지도 모르지." "하지만 너는 세상에 존재하게 되자마자 모든 것을 나에게 의존하며 요구했다. 그래서 나는 네게 주었다." 하지만 불효자식은 다시 말한다. "아버지는 나에게 모든 것을 주었는지도 모르지만, 그것은 아버지가 그렇게 하고 싶었기 때문이에요"라고.

### 헌신의 이기주의

모든 것을 바쳐온 사람의 마음에 은밀히 감추어져 있는 사실은 '그렇게 하고 싶었다'는 자기 의지와 선택이다. 헌신이라는 미명 아래 '그렇게 하고 싶었던' 자신의 진심을 보려 하지 않고 의식의 바깥으로 내쳐버린 것이다.(자기에게 불리한 것을 의식의 바깥으로 내모는 심리작용을 프로이트는 '억압'이라 하고, 사르트르는 '자기기만'이라고 한다.) 따라서 잘못된 것은 모두 상대방의 탓으로 돌린다. 곧 상대가 잘못되었기 때문에 자기의 헌신이 은혜도 모르는 것을 만났다고 믿는다. '그는 자기가 정당하게 증명되기를 기대했건만 그 증명을 얻을 수 있는 유일한 사람에게마저 거절되는' 지경에 이른다. 이것은 마땅한 결과로 그렇게 되지 않을 수 없는 것이다.

"나는 나의 목숨도, 나의 젊음도, 나의 시간도 모조리 당신에게 바쳤어요'라고 모욕을 당한 아내가 말한다. 그러나 만일 그녀가 그녀의 젊음을, 그녀의 시간을 주지 않았더라면 그녀는 그것을 어떻게 처리했을까? 연애와 우정에서 증여라는 말은 심각한 얼버무림의 의미를 안고 있다.' 하나의 증여가 다른 어떤 대가를 기대하고 이루어진다면 그것은 이미 증여가 아니다. 그것은 교환에 불과하다. 만일 증여를 받는 사람이 증여자가 정한 목적을 추구하지 않았다고 한다면 그는 오히려 증여자의 목적을 이루기 위한 수단에 지나지 않는다. 여성에게 증여의 성격이 때때로 '얼버무림의 의미'를 지니는 것은, 여성이기 때문에 이루지 못한 꿈을 연인이나 남편, 아들에게서 이루려 하기 때문이다. 이때 헌신은 '자기를 버리는 일일 뿐만 아니라 까탈스럽고 폭군적인 외모를 띠기' 시작한다.

이것은 증여가 아닐뿐더러 희생도 아니다. '타인이 세우지 않은 목적, 곧 나의 목적을 만일 스스로 세웠다고 한다면 나는 희생되는 것이 아니다. 나는 행위하는 것이다.' '헌신은 타인이 결정한 목적을 내가 목적으로 한 경우에만 있다. 그렇다면 타인을 위하여 내가 그의 목적을 결정해줄 수 있다고 믿는 것은 모순이다.'

이러한 모든 종류의 얼버무리는 성격의 헌신에서 가장 많이 볼 수 있는 예는, 자기의 목적과 타인의 목적의 혼동이다. 자기기만으로 가득 찬 부모나 연인은 사랑하는 사람의 목적을 위하여 자기가 희생되고 있다고 억지로 믿고 있는 사람이다. 또 어떤 부모는 자신과 자녀 사이가 '근본적으로 동떨어져 있는' 타인이란 사실 따윈 상상만 해도 두렵다는 듯이 생각한다. 부모와 자녀 사이에 지향하는 목적의 다름이 있을 턱이 없으며, 만일 있다 해도 결국은 부모가 바라는 목적이 옳은 것으로 정해져 있다. 부모는 자식을 사랑하기 때문에 부모의 생각에 오류가 있을 리 없다는 식으로 생각하는 것이다.

**부모와 자식**

　부모와 자식의 문제는 '사람은 타인에게 무엇을 할 수 있는가?'라는 물음을 생각할 때, 가장 적절한 예라고 할 수 있다. 부모는 분명 자녀에게 생명을 주었고 또 자녀를 양육한다. 그러면 부모는 자녀의 존재마저 창조할 수 있을 것인가? 만일 그렇다면 자녀의 존재의 원천은 부모이므로 자녀는 그 창조주의 모든 의지에 따라야만 할 것이다.

　그러나 보부아르에 따르면 자기를 존재하게 할 수 있는 것은 자기 자신 이외엔 절대로 있을 수 없다. 부모자식이라 해도 타인과 타인 사이에 가로놓인 골을 뛰어넘지는 못한다. 인간의 행위란 아무리 발버둥을 쳐도 '타인의 외부에 밖엔 이르지 못하기' 마련이다. '우리는 타인을 위해 우리의 자유성을 버릴 수도, 온전히 한 인간을 위해 행동할 수도 없을 뿐만 아니라 우리는 다른 인간을 위해서 어떤 것도 할 수가 없다.' 또한 그녀는 다음과 같은 말도 한다. "사람은 타인의 행복을 분명히 알 수도 없을 뿐만 아니라 그것이 행복이라고 단정할 만한 틀이 존재하는 것은 아니다."

　그러면 내가 타인의 자유를 위하여 할 수 있는 일은 무엇일까? 또 부모가 자식이라는 자유로운 존재에 대하여 무엇을 할 수 있을 것인가? 보부아르는 다음과 같이 답한다. "나는 타인을 위하여 출발점밖에는 만들지 못한다. 아버지가 베풀어 준 건강, 교육, 재산을 아들은 은혜로서가 아니라 자기만이 활용할 수 있는 가능성으로 바라보는 것이 확실하다. 타인을 만드는 것은 내가 아니다. 나는 단순한 도구에 지나지 않으며, 그 도구를 사용하여 타인이 스스로를 만드는 것이다. 나의 증여물을 초월함으로써 그는 홀로 스스로를 존재하게 하는 것이다."

　부모는 자식에게 자유를 주지는 못한다. 부모가 할 수 있는 것이란 자녀의 자유조건을 부여하고 크살펴 주는 것 이상은 없다. 부모는 자식에게 행복의 조건을 줄 수 있지만, 완성된 행복 자체를 주지는 못한다. 왜냐하면 진정한 행복이란 그 인간에게만 속해 있는 자유이며, 이 자유는 타인에게 불가침이고, 또 타인에게 양도가 불가능하기 때문이다.

### 지도의 한계

사람은 서로가 타인의 자유에 이를 수 없다. 또한 서로가 타인의 목적을 알기란 불가능하다. 그러나 상대가 미숙한 어린아이이거나 병자인 경우, 또는 마음이 병들어 있는 경우, 부모나 의사, 교사 등은 상대를 대신하여 상대의 목적을 정하지 않으면 안 된다. 그러나 이것은 '생각만큼 수월한 일'은 아니다. 타인이 무엇을 바라는지 알기란 쉽지 않다. 타인의 '의지'와 타인의 '기분'을 구별해야 한다.

교육이란 타인의 참된 목적을 이와 같이 외부에서 미루어 짐작하여 타인을 대신하여 부모로서, 교사로서 투기를 행하는 것이다. 그들이 타인을 대신하여 행하는 투기가 타인의 의지를 진정으로 실현하는 것인지 아닌지는 하나의 도박이다. 타인이 자기 의지를 명확히 하지 않음에도 부모나 교육자들은 타인의 '욕망이 타인의 참된 의지를 밝히고 있는지 여부'를 결정해야만 한다. 그리고 타인이 자유로운 존재인 이상, 우리는 언제나 자기의 판단력이 오류일 수 있다는 위험에 노출되어 있다.

독일의 교육철학자 보르노는 교육에서 좌절은 근원적인 것이라고 말한다. '실제로는 교육이 자유롭고, 그 자유로움에 의해 근원적으로 예측 불가능한 여러 존재들과의 교류이므로, ……이 모험의 성격은 교육 자체의 가장 내적인 본질에 속하는 것이다. 그렇지만 가르침을 받는 사람은 알 수 없는 이유에 의해 가르치는 자의 의도에서 멀어져, 이것에 칼날을 맞대기까지 하여 의도를 좌절시킬 가능성을 지니고 있다'라고(보르노 《실존철학과 교육학》). 보부아르도 마찬가지로 "사람이 자기를 희생하는 것은 위험하며 자기의 존재를 의혹 속에 남겨두는 것이다"라고 말한다.

### 지도자의 착각과 숙명

상대가 어린아이이거나 병자의 경우처럼 자유롭지 않은 인간의 경우, 우리는 무심코 상대를 자기 마음대로 할 수 있다고 착각하게 된다. 부모는 자녀의 목적을 인식할 수 있다고 착각하고, 자기 힘으로 자녀의 자유를 창조할 수 있다고 믿는다. 건강한 사람은 움직이지 못하는 환자의 의지란 것을 무시할 수 있다고 지레 짐작해버린다. 주인은 노예를 자유롭게 할 수 있다고 믿으며, 전제군주는 인민의 자유의지를 무시해도 된다고 믿고, 사형집행인은 죄수의 자유마저 죽일 수 있다고 믿는다.
  그러나 이것은 틀림없는 착각이다. 가령 일시적으로 자유롭지 않은 사람이라도 인간인 이상, 언제든지 자유로울 가능성이 있기 때문이다. 더구나 타인인 이상 타인의 목적을 정확히 파악할 수 있으리란 보장이 전혀 없기 때문에 헌신은 늘 위험한 내기이다. 아무리 뜨거운 마음으로 상대에게 극진히 해도 그것이 상대의 목적에 맞으며, 상대에게서 감사함을 받으리란 보장은 어디에도 없다. 그렇기는커녕 상대의 분노를 살지도 모르고, 은혜를 원수로 갚을지도 모른다. 이리하여 말 못하는 타인을 대신하여 타인의 목적을 이룩하기란 어려운 일이고, 위험으로 가득한 행동이다. 부모가 아무리 열성적으로 자식을 길러도 자식이 부모의 취향에 맞는 인간이 되어준다는 보장은 전혀 없다. 간호사가 아무리 환자에게 극진히 대해도 환자는 종종 불평만 늘어놓는다.
  보부아르는 이와 같은 부모의 노여움이나 헌신자의 분노를 사형집행인의 분노에 가깝다고 말한다. 곧 사형집행을 하는 사람이라고도 할 수 있는 가장 극단적인 형태의, 자유를 지닌 사람과 지니지 않은 사람의 관계에 있어서조차 전자는 후자의 자유를 없애버릴 수는 없다. 그 분노와 안달, 그것이 그녀가 말하는 '사형집행인의 분노'이다. '사형집행인은 아무리 애를 태우고 안달해봤자 소용이 없다. 만일 그의 희생자가 스스로 자유를 바란다면, 형벌 속에서도 여전히 자유로운 존재일 것이기 때문이다. 그리고 투쟁과 고통은 희생자를 위대하게 할 따름이다. 그가 자기 안에 이미 죽음을 안고 있었다는 이유에 의해서만 사람은 그를 죽일 수가 있다.'
  부모는 자식의 몸을 만들 수 있고, 사형집행인은 죄수의 몸을 파괴할 수 있다. 그러나 부모도, 사형집행인도 상대의 자유 자체를 창조하거나 파괴하지는 못한다. 사람은 가령 상대가 자유롭지 않더라도, '한 인간의 의지에 따를 수도, 거역할 수도 없다.' 이것은 우리 인간이 개개인으로 존재하기 위한 숙명이다. 인간 사이에 칸트나 헤겔이 말하는 개인성을 초월한 보편적 공통분모란 것은 없다. 따라서 보부아르에게는 칸트나 헤겔의 '보편적 도덕'은 '낙천주의'로 보인다. 왜냐하면 그들은 '개인성을 부정함으로써 실패마저 부정하고' 있기 때문이다.
  그러나 부모는 자식을 어엿하게 제 몫을 하는 인간으로 길러내야 한다. 또한 정치가는 '본디 정치적 문제란 해결될 수 없는 것'임에도 결단을 내리지 않으면 안 된다. 인간은 상대의 자유에 호소할 수 있는 가능성이 전혀 없는 경우에도 아무튼 행동해야만 한다. 이 경우의 행동은 하나의 폭력이다. 그리고 있는 힘을 다하여 행동하지 않으면 안 된다. 이때의 폭력은 '악'이라고는 할 수 없다. 그러나 상대가 인간인 이상 잠재적인 자유의 주체이므로 이 폭력행위는 반드시 좌절될 운명이다. '우리는 폭력을 행할 운명에도 처해 있기 때문에 실패를 거듭할 운명에도 처해 있는 것이다.' 폭력에 의해 인간은 어린아이에서 하나의 어른을 만들어 내는 것이며, 유목민에서 하나의 사회를 만드는 것이리라. 투쟁을 모른 척하는 것은 초월성을 팽개치는 것이 되고, 존재를 팽개치는 것이 된다. 그러므로 어떠한 성공에서도 저마다 다른 실패에 따른 절대적인 반감을 결코 없애지는 못하리라.'

이와 같이 상대가 자기 또래가 아닌 경우, 상대의 자유에 호소할 방도가 없는 경우, 인간의 행동은 폭력적이 될 수밖에 없으며, 더구나 좌절될 수밖에 없다는 것이 보부아르의 생각이다. 부모도, 교사도, 정치적 지도자도, 정신적인 의미에서의 구세주도 모두 좌절의 운명을 지고 있다는 것이다. 그것이 인간의 숙명인 것이다.

### 감사의 임의성

부모나 지도자의 행위는 이렇게 하여 좌절을 숙명으로 하는 희생적 행위이다. 자기희생이 아무리 엄청나다 해도 어떠한 감사도, 어떠한 보답도 돌아오지 않을 가능성을 내포한 행위이다. 그들의 은혜가 미치는 범위는 상대가 선택하는 자유의 범주에서 정지한다. 은혜란 애당초 자유로운 증여일 수밖에 없다. 은혜를 베푸는 자와 받는 자의 사이에 교환법칙은 성립하지 않는다. 이 은혜가 미치는 범위를 올바르게 인식하지 못하기 때문에 부모와 자식 사이, 은인과 은혜를 입은 사람 사이에 분쟁이 생긴다. 보부아르는 말한다.

"아버지, 은인 등은 때때로 이 진리를 분간하지 못한다. 그들은 은혜를 입은 자를 가리키며 '오늘날 그가 있게 만든 것은 나다. 나는 그를 무에서 만들어냈다'고 말한다. 타인이 자기 존재의 기초를, 자기 자신의 외부에서, 곧 그들 은인이 주장하는 바를 인정하도록 그들은 바라는 것이다. ……'너는 나에게 생명의 빚을 지고 있다'며 아버지는 아들에게 순종을 요구한다." "그러나 고매한 사람이라면 부여받은 것과 자신의 혼동을, 아울러 자기 자유성의 부인을 단호하게 거절한다. 그는 타인에게서 뭔가를 받는다 해서 자기 존재에게마저 영향을 받을 마음은 없다. 곧 그의 존재를 만드는 것은 그 자신뿐이다.'

헌신에 의해 자기 자유를 타인을 위해 버리는 것이 잘못임과 마찬가지로, 받은 은혜를 갚기 위해 자기 자유를 버리는 것도 잘못이다. 타인에게서 받은 은혜를 '지나치게' 의식하는 것은 은혜를 '잊는' 것과는 다른 의미에서 잘못이다.

### 증여의 난점

은혜를 주는 자와 받는 자 사이에 일어나는 갈등의 원인은 이와 같이 은혜가 미치는 범위의 한계를 오해하는 데서 생기는데, 이 갈등에 휘말리지 않으려면 양쪽이 공히 자유로워야 함이 조건이다. 어느 한쪽만 자유롭다면 갈등으로부터 자유로워지지 못한다. 나의 목적을 위해 상대를 이용하려는 의도가 깔려 있거나, 상대를 나라는 존재의 대체물로 삼을 목적으로 이루어지는 헌신이어선 안 된다. 비록 아무리 상대를 위하여 나를 소모해 버린다 해도 증여라는 행위 자체는 '절대적으로 무상인 것'으로서, 곧 나 자신의 목적으로 이루어져야 한다. '사람은 타인을 위해서도, 자기 자신을 위해서도 욕구하지 않는다. 사람은 무를 위하여 욕구한다. 그리고 이것이야말로 자유이다.' '그리고 바람직한 의미에서 모성애를 감동적인 것으로 만드는 것도 바로 이것이다.'

그러나 주는 쪽이 이와 같이 너그럽고 자유로운 행동을 해도, 받는 사람이 이 자유를 이해하지 못하는 경우, 이 자유는 자유로서 생명을 얻지 못하며, 둘 사이에 심적 교류는 일어나지 않는다. 자유로운 증여자가 바라는 것은 오직 한 가지 '그 자유행동이 어디까지나 자유로운 것이라는 인정을 받는 것'이다. 즉 '이 자유행동이 그로 말미암아 이익을 얻는 사람에 의해 온전히 받아들여지며, 인위적인 것과 근거 없이 혼동되지 않는 것'이다.

그러나 이 자유를 이해하지 못하는 인간은 때때로 너그러운 증여자의 마음에 상처를 입힌다. 이런 종류의 인간은 우선 자기 자신이 증여를 자유로운 행위로서 행하지 못하기 때문에 상대의 행위를 자유로운 선택으로 해석할 수가 없다. 어떤 경우에는 '자신이 타인의 자유에 의해 대상물로 선정되었다고 해석하고 은혜를 저버리는 행위로 갚는다. 또 어떤 경우에는 은혜를 베풀어주는 사람의 모든 배려로부터 해방되기 위하여 증여로써 은혜를 갚으려 시도'한다.

타인에게 어느 것 한 가지도 자유롭게 주지 못하는 인간은 타인의 자유마저 신뢰하지 못한다. 그가 이해할 수 있는 행위는 교환뿐이다. 그는 은혜를 무거운 짐으로만 느낀다. 그는 언제나 황급히 타인에게 되갚지 않으면 직성이 풀리지 않는다. 보부아르는 말한다.

"어떤 너그러운 행위에 대한 감사로서 받은 대가는 모욕이다. 곧 그 행위는 무보수로, 무를 위하여 행한 것이 아니라 이득을 바란 행동으로 가정함으로써 그 행위의 자유성을 부인하는 것이 된다."

그는 받은 것을 타인에게서 물화(物化 ; 상대의 행위 대상물로서 수단이 된 것, 이른바 '사물이 된' 것)된 것으로만 받아들이고, 그 결과 그도 재빨리 갚음으로써 상대를 물화하는 것이다. 그들 사이에는 자유와 자유의 상호작용은 존재하지 않으며, 한쪽이 자유롭고 능동적이라면 작용을 받은 쪽은 물건, 곧 수단이라는 관계만이 존재한다. 그러므로 그들은 다른 인간과 심적 교섭을 갖지 못한다. 그들에겐 언제나 수단으로 삼거나, 수단이 되는 인간관계밖에 없기 때문이다. 이런 종류의 인간에게는 비록 자유롭고 너그러운 사람이라도 증여라는 행위로 인해 늘 마음에 상처를 입는다.

### 자유로운 증여

따라서 자유로운 증여가 성립하려면 증여받는 상대가 그것을 자유로운 행위로 해석할 수 있는 경우뿐이다. 이 경우에만 자유로운 증여는 자유로운 행위로 받아들여지며, 곧 상대가 마음으로 받는다. 주는 자의 자유는 타자의 자유와 만난다. 주는 자의 자유는 타인이 지니는 자유라는 거울 속에 선명하게 비침으로써 생생한 가치를 부여받는다. 타인의 자유와 만남으로써 자신의 자유는 실재성을 띨 수가 있다. 자유로운 타인의 존재에 의해 나의 자유는 풍성해진다. 이렇게 타인에 의해 나의 자유가 확인된다면, 그보다 더한 감사인사가 필요하겠는가! 타인의 자유와의 만남 자체가 보답인 것이다. 보부아르는 "이해되고 동의 받은 은혜 속에선 서로 모순인 듯이 보이는 그 두 가지 자유, 곧 타인의 자유와 나의 자유가 서로 유지될 수 있어야만 한다. 나는 나를 대상물임과 동시에 자유로 파악하지 않으면 안 된다. 나는 내 위치를 타인에 의해 구축된 것에서 인정하고, 그 위치의 반대편에서 나란 존재를 확인해야 한다. 이 경우에 빚을 갚은 것 따윈 문제가 아니다. 타인에게 대가로서 지불할 수 있는 돈 따윈 존재하지 않는다. 타인이 나를 위하여 해준 일과, 내가 타인을 위하여 해 주게 될 일의 사이에는 어떠한 기준도 있을 수 없다"고 말한다.

### 타인의 자유와의 만남

보부아르에게 있어 타인의 자유와 만나는 것은 자기 자유의 침해이기보다는 오히려 자기 자유의 진정한 완성이다. 이것은 개개인이 서로에게 절대적으로 침범할 수 없는 자유를 지닌다고 보는 그녀의 사고와 언뜻 모순인 듯이 보인다.

사람은 서로에게 '무관한 자유'의 사이에 '내던져져' 있을 따름이다. 개개인이 지니는 가치관은 저마다 다르며, 서로 비교할 수 없다. 그것은 '말의 우수성과 개의 우수성'을 비교할 수 없는 것과 같다. 개개인의 행복은 그것 자체로 가치가 있으며, 서로에게 등급을 매기기란 불가능하다. 인간은 각자 서로에게 숙명적인 관계가 아니다. '타인은 내가 메우지 않으면 안 될 구덩이 따윈 지니고 있지' 않다. '인간의 계획은, 서로 뿔뿔이 떨어져 있으면서 서로에게 싸움을 걸기만 한다.' '머슴'이 '의인'을 비웃고 무시할 수 있는 것처럼 사람은 자기와 무관한 가치나 자기가 관심을 두지 않는 가치를 무시할 수 있다. 사람은 자기에게 '방해가 될 만한 비판'을 무시할 수가 있다. '그런 비판을 지닌 사람들을 단순한 물체로 여김으로써.' 사람은 이렇게 서로가 상대를 물체로 여김으로써 서로 상대의 가치를 무시할 수가 있다. 사람은 '바라봄을 당하자마자 객체가 된다.' '그렇게 되면 우리의 존재 가치는 위축되고 결딴이 나버린다.' 곧 없어진다.

그러나 우리의 자유로운 투기가 행해지는 것은 어디까지나 이 인간세계 속이다. '우리의 존재가 실현되는 것은 위험한 상태에 있기를 택함으로써만 가능하다. 우리의 존재를 점령하려는, 구분된 무연(無緣)의 자유 앞에서 위험에 노출되기를 택함으로써만 가능하다.' '가까운 이들에게서 애지중지 돌봄을 받는 어린아이나 젊은이'처럼 '타인의 비판'에 다가가지 않고 '자신의 권역 내에 틀어박히는' 것도 가능하다. 그러나 이것은 유아독존의 나르시시즘의 세계에 틀어박히는 것이 되고, 자기 '자유의 부인'이 된다. '자유라는 것, 그것은 지불도 없이, 어떠한 판돈도 없이 세상에 몸을 던지는 것'이다.

### 자유를 부르는 음성

보부아르가 의도하는 바는, 자신의 자유로운 투기가 침묵과 부인이라는 이 모멸의 파도와 싸우면서 자기 자유에 대한 '부름'을 받아들이는 사람과 만나는 것이다. 보부아르 자신이 작가이므로 그녀의 투기는 작품을 만들어 세상에 묻는 행위이다. 예술작품은 그 인간의 자유의 표현이기도 하지만, 필연적으로 타인과의 의사소통을 요구하게 된다. 예술작품은 언제나 '정당성을 인정받기를 요구'하는 것이다. 그녀에게 '언어는 자유에의 부름'이다. 이때 '언어'란 '문학작품'을 가리킨다고 보아도 상관없으리라. 그러나 부름을 받은 타인이 자유로운 주체인 이상, 나는 '타인의 자유에 손짓만 할 수 있을 뿐, 그것을 잡아매어 두지는' 못한다. 그들이 그 부름을 무시하거나 방해하는 것은 자유이다. '상징은 그것을 포착하려는 의식에 의해서만 상징'이다.

이렇게 상징이 상징으로서 포착되는 것이 타인의 자유와의 만남이다. 보부아르는 '타인과 이 관계가 성립되려면 두 가지 조건이 충족될 필요'가 있다고 말한다. 하나는 '나에게 손짓이 허락되어야' 한다. 그러므로 '나는 나의 목소리를 없애고, 내가 표현하려는 것을 방해하고, 내가 존재하는 것을 훼방하려는 사람들을 상대로 싸우지' 않으면 안 된다. 두 번째 조건은 '나에게 자유인 사람들, 나의 손짓에 응답할 수 있는 사람들을 진정으로 내 앞에 지니는' 것이다. 손짓에 응답할 수 있는 사람들이란 자기의 자유와 가치관에 있어서, 또는 구체적 내용에 있어서 저촉(抵觸)해 오는 사람들이다. '나의 계획이 그들의 계획과 합치하는지 또는 저촉하는지에 따라 그들은 동맹자나 적으로서 존재한다.' 하나의 문학작품을 예로 들면 이 사람들은 '그것을 사랑하고, 욕구하고, 연장한다.' '그러므로 나는 자유로운 사람들이 나의 행위에서, 나의 작품에서 각자 필요한 터전을 가지도록 싸울 것이다.'

이와 같이 보부아르에게 타인의 자유와의 만남은 '자유' 자체에 대한 '본질적인 요구'가 된다. '우리는 우리의 존재가 의미를 얻고, 필요한 것이 되기 위하여 타인을 필요로 하는' 것이다. '존재하기를 바란다 함은 존재를 바라는 것이다. 왜냐하면 존재란 그것을 펼쳐 보이는 주관성의 현존에 의해서만 존재하기 때문이다.' 작품을 발표하는 행위 자체가 이미 타인의 존재를 전제로 한다는 것이다. '예술가란 자신을 둘러싼 사람들의 위치에 무감각할 수는 없다. 그의 육체는 타인에게 속박되어 있는 것이다. 그러므로 나는 자유로운 사람들이 나의 행위에, 나의 작품에 각각 필요한 터전을 부여하게 하기 위하여 싸울 것이다.'

## 만남의 조건

타인의 위치란 서로 관련된 사람끼리의 구체적인 조건을 가리킨다. 자유를 향하여 노력하는 사람은 모두 평등하다. 예컨대 '읽고 쓰기를 배우려는 문맹자'의 노력과 '새로운 가설을 발견하는 학자'의 노력에는 '어떠한 도덕적 계급도' 규정할 수 없다. 그러나 이 둘이 이룩한 성과는, 서로의 노력의 과정에 대해서는 구체적으로 아무런 도움도 되지 않는다. 이들은 노력하는 지점의 위치가 서로 너무나 다른 것이다. 둘의 자유가 서로 관련성을 지니려면 서로의 위치가 보다 가까워져야 한다. '타인의 자유가 나에게 어떤 것일 수 있으려면 나 자신의 목적이 타인의 자유를 위하여 출발점 역할을 할 수 있는 경우에 한한다. 내가 만든 도구의 존재를 타인이 받아들이는 것은 그 도구를 이용함에 있어서이다. 학자는 자신과 같은 수준에 이른 사람들하고만 대화할 수 있다. 그리하여 그는 새로운 작업의 기초로서 그들에게 자기의 이론을 펼치는 것이다. 타인이 나의 초월성을 따를 수 있는 것은 그가 나와 같은 목적지 위의 지점에 있는 경우뿐이다.'

따라서 자유를 향한 투쟁은 두 가지 측면을 지닌다. 하나는 '나의 자유 자체의 전진운동에 의해 나 자신을 초월'하는 것이며, 두 번째는 타인이 나의 '초월성을 따라올 수 있거나, 추월할 만한 위치를 내가 그들을 위해 열어주는 노력'이다. 이것은 마치 '탐험가의 대장'과 같은 역할로서 '내가 전진하기 위하여 새로운 도로에 표지를 하고, 낙오자들을 모으기 위해 끊임없이 후방을 돌아보고, 또 나의 추종자를 보다 멀리까지 유도하기 위해 전방으로 달려가거나' 하는 것과 비슷하다. 물론 모든 사람이 따라오는 것은 아니다. 무관심한 사람, 낙오하는 사람, 방해하는 사람, 설득을 무시하는 사람 등 여러 종류의 사람들이 있을 수 있다. 탐험가에게 동참하는 사람만이 함께 유대관계를 만들어 낼 수 있는 사람들이고, 이웃 또는 동료라 부를 수 있는 사람들이다. 그들은 현재 하나의 특수한 투기를 위하여 서로가 타인을 필요로 한다. 그들은 서로 '타인의 자유에 얽혀' 있다. 이 '몇 가지 자유'는 '어떠한 기둥으로도 지탱되고 있지 않은 둥근 천장의 돌처럼 서로가 서로를 지탱하고 있다'는 것이다. 그리고 이 둥근 천장은 하나의 특수한 투기의 종료와 함께 과거의 것으로서 굳어져 버릴지도 모른다. 보부아르의 철학에서 '보편성'이라든가, '인간성의 본질' 등의 '지주(支柱)'는 존재하지 않는다. 어떠한 조화도 일시적일 뿐, 정지하는 일은 없다. '인류는 하나의 공허 속에 통째로 매달려 있다. 인류는 자기의 충실함에 관한 반성으로부터 스스로 만들어 내는 공허 속에 있다.'

따라서 자주성과 자주성의 만남은 언제나 일시적이고 순간적이다. 나중에는 늘 제각기 동떨어진 개인이 남는다. 만남은 하나의 기적이다. 어느 정도 지속된 만남도 순간의 기적적인 연속인 것이다.

### 타인의 양의성

그러므로 타인이란 두 가지 의미를 지닌다. 타인이란 나의 존재를 물화(物化)하지만, 한편으론 타인은 나의 존재를 완전하게 한다. 어떤 타인의 눈길은 나를 사물처럼 대함으로써 나의 주체성을 빼앗는다. 그러나 어떤 타인의 눈길은 나의 자유를 자유로서 온전히 존재하게 한다. 나의 자유는 어디까지나 내 주체에 의해 주어진 것이지만, 타인이 그것을 자유로서 긍정할 때, 나의 자유는 한층 구체적이고 현실적인 것이 된다. 타인의 눈길이란 타인의 자유로운 가치평가인 것이다. 만일 타인이 나를 단순히 쓸모 있는 물체로만 평가한다면 그 타인에게 나는 인격으로서 존재할 수 없다. 나는 그 타인에게 어떤 하나의 쓸모 있는 재능, 또는 쓸모 있는 노동력 또는 성적인 욕구 대상에 불과하다. 나는 그 타인의 수단에 지나지 않기 때문에 나와 그 타인의 사이에 인격적 교류는 일어날 수가 없다.

그러므로 내가 타인에게 존재할 수 있으려면 타인이 나를 자유로운 인격이기를 바라지 않으면 안 된다. 스스로 자유로운 인간만이 타인의 자유를 자유로 받아들일 수가 있다. 자유는 서로 자유를 필요로 한다. 자유는 그것을 받아들이려는 의식에게만 자유로서 나타나는 것이다. 자유는 그것이 자유로서 나타나고, 자유로서 평가되고, 자유로서 받아들여지기만을 바란다. 비록 내가 자유로운 존재라 해도 만일 타인이 그것을 인정하지 않으면 그 타인에게 나의 자유는 존재하지 않는다. 나를 존재하게 하는 것은 나 자신이다. 그러나 상대의 눈이 나란 존재에 대해 닫혀 있을 때, 상대가 나의 자유에 대해 아무런 관심도 없고 아무런 관계도 갖지 않으려 할 때, 나는 상대에게 물체에 지나지 않는다. 상대의 눈과 관심이 나의 자유에 대해 열려 있을 때에만 나의 자유는 나 자신에 대해서뿐만 아니라 상대에게도 자유일 수 있는 것이다. 보부아르는 이렇게 말한다.

"타인의 자유만이 나의 자유를 필요로 할 수 있다. 그러므로 나의 본질적인 요구는 내 앞에 자유로운 사람들을 갖는 것이다."

"곧 우리는 자기들의 현존이 세워지고, 필요한 대상이 되기 위해 타인을 필요로 한다."

그러므로 자유와 자유의 관계는 언제나 주고받는 것이다. 자유와 자유의 교류는 서로의 자유가 만나지 않고는 성립할 수 없다. 남녀관계에서도 남자가 만일 자유로운 여성을 바라지 않는다면 자유에 대한 여성의 요구는 단순한 발버둥침으로 끝나고 말리라. 거꾸로 남자가 자유로운 여성을 바란다 해도 만일 그 여성이 남성에게 의존하기만을 바란다면 그 남성도 또한 고독하게 남겨질 것이다. 자유와 자유의 교류는 서로가 자유롭고, 서로가 상대를 자유로운 존재로서 받아들이는 경우에만 일어난다.

# III 보부아르의 저서

## 《제2의 성 *Le Deuxième Sexe*》(1949)

### 집필 의도

보부아르는 이 책의 제목을 처음에는 《타자, 제2의 존재》라고 할 생각이었다. 남자가 '본질적 존재'인 데 반해 본질적이지 않은 존재로서의 여성이라는 의미에서 그렇게 생각한 것이다. 그 다음으로 떠올린 제목은 《또 하나의 성》이었다. 본질적이지 않은 또 하나의 성이라는 것이다. 마지막으로 《제2의 성》이라는 안을 생각해 내고 '안성맞춤이다'라고 했다고 한다.

'타자'라는 말은 이 책에서 줄곧 되풀이되는 말이다. '타자'란 앞에서 말한 것처럼 '쓸모없는 자', '다른 곳에 있는 자'이다. 결국은 인간사회, 곧 남성중심사회에서의 '다른 곳에 있는 자'라는 의미이다.

남성중심사회에서는 모든 가치의 기준이 남성에게서 나온다. 여자란 '본질적인 것에 대한 비본질적인 것'이며, '남자는 '주체', '절대''이고, '여자는 '타자'', 곧 '상대적인 존재'이다. '남자는 여자 없이도 사고할 수 있지만, 여자는 남자 없이는 사고하지' 못한다. 남자에게는 '한 인간의 절대적인 전형'이 있다. 그러나 여자는 '되다 만 남자, 우발적인 존재'에 지나지 않는다. 여자는 '아담의 여유분의 뼈로 만들어졌을' 따름이다. 여자는 '결코 본질로 회귀할 수 없는 비본질'이다.

이것을 거꾸로 비본질의 존재인 여성 쪽에서 바라보면, '타자'란 '타인에게 보여지는 자기' 속으로 소외된 인간이다. 여자는 남성사회가 창조해 낸 '여자'라는 이미지, '여자'라는 역할 속에 매몰되어 있는 존재이다. 곧 '여자'라는 주어진 역할을 연기하는 배우이다. 영원히 연기가 끝나지 않는 배우이다. 연기가 끝나더라도 돌아갈 자기 자신이 없다. 자기 자신을 위하여 살아가지 못하고, '여자'라는 거짓 나로 살아갈 수밖에 없다. 이 거짓 나만을 지니는 존재, 이것이 '타자'의 다른 이름이라고 할 수 있다.

배우는 연기로써 자신의 여러 자태를 제공할 수가 있다. 그러나 여성은 자기의 자태를 스스로 줄 수가 없다. 여성은 외부로부터 모습을 받을 따름이다. 마치 마법사가 지팡이를 한 번 휘둘러서 상대를 여러 가지 모습으로 바꿀 수 있는 것처럼, 누군가가 여성에게 모습을 제공한 것이다. 여성은 이 마법사가 외우는 주문의 힘을 이해하지 못한 채 수동적으로 살아가는 이상 '타자성'의 주술은 풀지 못한다.

《제2의 성》(1949) 표지

《제2의 성》은 여성이 어째서 이와 같은 열등한 성으로 사랑오게 되었는가 하는 문제를 역사의 출발점으로 돌아가서 밝혀내고, 그것이 역사적으로 만들어져 온 것임을 설명하려는 의도 아래 쓰인 책이다. '내가 주장한 것은 둘(남과 여)의 차이가 자연적이 아니라 문화적 차원의 것이라는 점이다. 나는 이러한 차이가 어떻게 생겨나는지를 유년기부터 노년기까지 체계적으로 밝히고자 했다. 나는 이 세상이 여성에게 제공하는 가능성과, 여성에 대해 거부할 가능성, 여성의 한계, 불운, 행운, 도피, 성취 등을 검토했다.'《어떤 전후(戰後)》에서)

이 책은 대략 다음과 같이 정리해 볼 수 있다.

(1) 여자는 이렇게 만들어진다
(2) 여자는 어떻게 사는가?
(3) 여자의 역사와 운명
(4) 자유로운 여자

(5) 문학에 나타난 여자

**(1) 여자는 이렇게 만들어진다**

**행복한 수동성**
《제2의 성》첫 번째 부분에서는 제목이 나타내는 것처럼 여자라는 존재가 유아기 때부터 어떻게 만들어져 가는지를 설명하고 있다.

갓난아기가 맨 처음 자기를 의식하는 것은 '부모의 눈길 아래 하나의 객체인 나'로서이다. 그들은 이 눈길을 어느 때는 '귀여운 천사'로, 또 어느 때는 '괴물'로 바꾸어 놓는 마력을 지니고 있다. 어른만이 그들에게 '존재를 부여하는 능력'을 지니고 있다. '어른들은 어린아이에게 마치 신처럼 생각된다.' 갓난아기는 이와 같이 어른의 눈이 바라보는 객체라는 '소외된 형태로서만' '자기 자신과 만난다.' 이것은 여성이 객체로서의 '여자', 곧 '타자적 존재'로서만 자신을 발견하는 것과 비슷하다. 갓난아기는 타자성인 것이다. 그러므로 어린이는 이 '행복한 수동성' 아래 '처음 3, 4년 동안은 여아와 남아의 태도 사이에 차이가 나타나지 않는다.'

어린 시기의 인간에게 이러한 모자일체의 융합의 감각, 이것은 인간이 느끼는 행복감의 가장 원초적인 형태이다. 타인은 자기에게 긴장을 강요하는 존재는 아니다. 타인의 눈길의 객체로서 '응결'되지도 않는다. 이러한 '품에 몸을 온전히 맡기는' '육체적 융합'은 타인의 눈길이 미치는 사정거리 이전의 안전지대이며, 그로써 '철저한 자기소외'인 것이다. 모든 인간은 이러한 원초적인 자타일체의 행복으로 돌아가려는 동경을 마음속에 간직하고 있다.

**남자아이와 여자아이**
그러나 이러한 어린아이의 상태에서 보다 적극적으로 동떨어져 나가는 것은 남자아이라고 보부아르는 말한다. '안아달라는 따위의 말을 하는 남자아이가 있을까…… 제 구실을 하는 사내라면 울어선 안 된다'는 식으로 남자아이들에게는 부모로부터의 독립이 장려된다. 남자아이에게는 '남의 마음에 들려는 모습을 보이지 않는 것이 마음에 들게 하는 길이다.' 그러고는 '앞으로의 험난한 길을 격려하기 위하여 …… 남자인 것에 대한 자긍심을 불어넣는다. 남자아이는 아직도 귀여움이나 교태, 아양이 허용되어 있는 여자아이를 부러워하는 대신에 경멸하는 방법을 배우는 것이다. 이 자긍심은 '페니스 속에 깃들어 있다.' 그것은 '자발적이 아니라 주위의 태도를 통해서이다.'

이에 반해 여자아이의 경우는 여전히 귀여움을 받고, '눈물이나 변덕'은 너그럽게 받아들여지며, 그러한 '표정이나 교태'를 재미있다고 받아주고, '신체

저서에 팬사인을 하는 보부아르

적인 접촉과 친절한 눈길이 그녀를 고뇌와 고독으로부터 보호해준다.' 여자아이는 '인형'처럼 예쁘고 얌전해야 사랑받는다는 것을 알게 된다. '그녀는 타인의 마음에 들려면 그릇처럼 아름다워야 한다는 것을 안다.' 여자아이는 이미 이 단계에서 '예쁘다, 밉다는 말의 의미를 발견한다.' 여자아이는 타인에게서 보이는 부분의 나란 존재, 곧 아름다움이나 추함 같은 것에 일찍부터 매달린다. 이와 같이 여자아이는 이른 시기에 자기활동의 능동적 주체로서의 신체보다 타인에게 보여지는 수동적 객체로서의 신체 쪽에 관심을 빼앗기는 것이다.

어린시절의 이와 같은 교육 차이는 다시 생활지도와 놀이를 통하여 더 한층 부추겨진다. 남자아이들은 놀이에서도 '세상을 향하여 자유롭게 움직이는 자신의 모습을 배워 나간다.' '그는 다른 남자아이들을 상대로 강인함과 독립을 겨룬다.' '나무에 기어오르고, 몸싸움이나 거친 놀이 등을 통해 친구들과 경쟁하고, 자기 몸과 자연을 지배를 위한 하나의 수단, 투쟁을 위한 하나의 도구로

서 파악한다. 그는 자기의 성기와 마찬가지로 자기의 근육과 골격에 자부심을 갖는다. 놀이나 운동, 씨름, 도전, 시련을 통해 자기의 여러 가지 능력을 균형적으로 사용하는 방법을 찾아낸다. 동시에 그는 혹독한 인내의 가르침을 안다. 그는 구타에 견디고 고통에 굴하지 않으며, 어린시절의 눈물을 부정하는 방법을 배운다.' 물론 그의 경우에도 타인에게 보이는 자기 자신에 대한 불안이나 미혹을 느끼는 경우는 있지만, 이것과 '구체적 목표 아래 자기를 확립하겠다는 의지 사이에 근본적인 대립은 없다'는 것이 중요하다.

'그에 반해 여자의 경우에는 애초부터 그러한 자주적 존재와 '타자 존재' 사이에 충돌이 있다.' 그녀는 여자아이이기 때문에 얌전해야만 한다. 말괄량이는 여자답지 못하다고 비난을 받고, 싸우다 상대를 때리거나 하면 비난받는다. 그녀들은 '나무나 의자, 지붕 위로 올라가는 것이 금지되며', 모든 '용감한 행동'이 금지된다. 곧 높은 곳에 올라가서 정신적 우월감을 느낄 기회, 또는 공포를 극복하고 위험에 도전하여 승리하고 자부심을 가질 기회가 맨 처음부터 봉쇄되어 있다. 그러므로 보부아르는 말한다.

"남자가 기른 여자는 여성의 결점에서 크게 벗어날 수가 있다." "여성의 위에 크게 드리워져 있는 불운의 하나는, ……유년기에 여자아이가 여자의 손에 맡겨져 있다는 사실이다."

### 영원한 어린아이

여자아이에 대한 교육의 결점은 이와 같이 어릴 때부터 뚜렷하다. 과거 여자아이들을 위한 교육목표 중에는 자유롭고 독립된 인격을 만든다는 항목이 아예 없었다. 자기 운명을 스스로 개척해 나간다는 인간 본연의 모습에 대한 꿈도 없거니와 가능성도 없었던 것이다. 여자아이의 수동성은 오히려 적극적으로 보전되었던 것이다. 이 수동성이야말로 가장 여자다운 특성으로 받아들여졌다. 갓난아기의 수동성, 곧 '타자성'은 여자아이에게는 고스란히 본성으로 이어졌던 것이다. 이 수동성은 어떤 경우에는 애완물로서의 사랑스러움으로, 또 어떤 경우에는 맹목적인 굴종으로서 필요했다.

수동성이 장려된 데 반해 금지된 것은 능동성이었다. 곧 격렬하게 근육을 사용하기, 위험한 모험에 도전하기, 높은 곳에 오르기, 타인과 경쟁하거나 맞붙어 싸우기라든가 나서거나 참견하기 등이 금지되었다. 이런 행동을 하는 여자아이들에게는 싸잡아서 '말괄량이'라는 이름이 붙는다.

그러나 이와 같은 여자아이의 양육방식 속에 여성의 인격이 자라는 모든 싹을 막는 요인이 있다. 인류는 여성=암컷=수동성이라는 얼토당토않은 편견 때문에 인간 여성을 여린 암컷 동물로 만들어 버렸다. 곧 생물로서 자기의 개체를 지키기 위하여 필요한 최소한의 능동성마저도 인위적으로 유아기에 송두리째 빼앗기는 것이다. 나아가 이 여성에게 운명지어진 수동성은 여성의 정신을 평생 어린아이의 상태인 채로 있게 놔두는 것을 의미한다. 어린이란 스스로 먹지 못할 뿐만 아니라 스스로를 통제하지 못하는 존재이다. 자기의 욕구를 조절하지 못하는 사람은 언제나 자기 자신의 극복에 실패하는 사람이다. 보부아르의 자유란 현저의 자기 자신을 끊임없이 극복해 나가는 능동성 위에 존재한다. 그러므로 이 능동성을 빼앗긴 여성은 평생 어린아이 같은, 유치한 자기동일성을 고집하는 존재가 된다. 어린아이는 마침내 생물적으로 암컷이 되지만, 여성은 여전히 암컷의 동물적 본능이라는 자기동일성 위에 버티고 앉아서 그곳에서 한 발짝도 움직이려 하지 않는 정신적인 게으름뱅이가 된다. 타인의 노예임과 동시에 자기 자신의 본능의 노예로서 여성은 '영원한 어린아이'에 머물 기초를 닦는다. 신체적 성숙이란 점에서만 어른이 되지만, 성인사회에서 보면 '다른 세계에서 사는 자'가 된다.

**여자의 적, 어머니**

여자아이의 이 같은 생활습관을 낳은 것은 분명 남성중심사회이다. 그러나 실제로 이러한 가르침을 여자아이에 대해 행하는 것이 다름 아닌 어머니, 곧 여성이란 점은 매우 아이러니하다.

참고로 말하자면 현재의 아동연구는 이러한 보부아르의 지적이 올바름을 입증하고 있다. 예컨대 미국의 심리학자 엘리너 E. 맥코비는 다음과 같이 말한다.

"현재 여섯 살로서 앞으로 4년에 걸쳐 지능지수의 증가가 예상되는 어린이는 경쟁심이 왕성하고 자기주장이 강하며 독립심이 풍부하고, 다른 어린이들에 대하여 지배적이다. 이에 반해 앞으로 4년 동안 지능지수가 감소할 것으로 짐작되는 어린이들은 수동적이고 소극적이며 의타심이 강한 어린이들이다."

나아가 그녀는 미국의 아동발달연구센터 가운데 하나인 펠스연구소 연구원의 다음과 같은 대답을 인용하고 있다.

"소녀가 지적인 인간이 되려면 어떤 성장과정이 필요한가?"라는 질문에 대답하기를, "가장 알아듣기 쉽게 말하자면 어릴 때 말괄량이여야 하겠지요"《여성의 실력》).

### 청년기의 콤플렉스와 어정쩡함

여성을 수동성의 틀 속에 가두려 하는 전통적인 여성교육의 결과는 사춘기가 되어 치명적으로 나타난다. 발달해가는 자기의 근육을 보고 남자가 자부심을 가지며, 자기의 강함을 확인하는 것과는 반대로 여성은 자기의 육체에 불안과 혐오감을 갖는다. 육체는 그녀에게 부담스런 객체가 된다. '그녀는 세상의 다른 부분에 대해 이방인이기 때문에 자기 자신에 대해서도 이방인이 된다.' 세상에 대한 수동적인 자세는 고스란히 자기 육체에 대한 수동성과 직결된다.

남자에게는 '그의 주권이 확립되어 있음을 자각하려면 자기의 완력에서 자기확신을 느끼면 된다. 모든 모욕에 대해, 또는 그를 물건 대하듯 하려는 모든 시도에 대해 남자는 몸으로 저항감을 드러낼 수가 있다.' '근육을 통과하지 않은 분노와 저항은 상상에 머물 뿐이다. 자기 마음의 움직임을 지구 표면에 새기지 못한다는 것은 안타까운 일이다.'

따라서 '만일 여성이 자기의 육체에 자신감을 갖고, 다른 방법으로 세상에 등장할 수가 있다면 그 결점은 손쉽게 메워질 것이다.' 수동성의 저주를 푸는 열쇠는 우선 육체에 대한 열등감을 버리는 것이다. '페더급 선수는 헤비급 선수와 똑같은 가치가 있으며, 여자 스키선수가 더 빠른 종목의 남자선수에게 뒤지는 것이 아니다.' 신기하게도 체력과 근력이 직접 요구되는 여자운동선수나 중노동을 하는 여성들이 육체적인 열등감에서 벗어나 있다. 그리고 오히려 '자아의 독특한 완성을 적극적으로 지향'함으로써 '남성에 대한' 열등감에서 해방된다. 이것은 지적인 열등감에 대해서도 마찬가지다. 여성이 지성에 대해 자기만의 특수성을 지향할 수 있다면 여성의 지적 창의성은 해방될 것이다.

그러나 여성이 '자주적 개체로서 자기 완성을 이루기'란 '아직은 청년보다 훨씬 어렵다.' '가족도 사회풍습도 그녀의 노력을 돕지 않는다.' '청년이 인생의 출발을 비교적 쉽게 하는 것은 그의 인간으로서의 천직과 남성으로서의 천직이 서로 어긋나지 않기 때문이다.' '이에 반해 젊은 여성의 경우, 인간이라는 조건과 여성이라는 천직 사이에는 큰 괴리가 있다. 그리고 이러한 까닭에서 청년기는 여성에게 매우 힘겹고, 또 매우 결정적인 시기인 것이다.'

여성은 청년기의 결정적인 삶의 기로에서 끝없이 모호한 태도를 취하며 자기결정을 피하고, 엉거주춤한 상태에서 떠다닌다. 왜냐하면 사회에서의 여성의 지위가 엉거주춤하기 때문이다. 비록 전력투구를 한다 해도 받아들여지지 못하고 헛일로 끝날 가능성이 남자에 비해 훨씬 많다. 애초부터 승산이 없는 경쟁에 나서느니보다 유리한 특권을 지닌, 곧 승산이 있는 남성의 비호 아래 있는 편이 무난하다는 스의 판단이 여성의 발목을 잡는다. 그래서 여성은 모든 가능성에 대해 대처할 수 있도록 여러 방면으로 준비를 하게 된다. 유리한 직장이 있으면 그곳으로 옮기고, 유리한 혼처가 있으면 그쪽으로 돌아서는, 요컨대 상황에 따라 자세를 바꾸는 수동적 태도를 취한다. 직장에 대해서도 적당히 신경을 쓰고 남성의 마음에 들도록 용모에도 신경을 쓰는 식이다.

이렇게 어정쩡한 상태 속에서 여성이 결정적으로 잃는 것은 자기 자신에 대한 주도권이다. 그녀는 자기결정을 타인에게 넘겨버린다. 그녀는 여성의 천직이 결혼과 가정이라고 하는 종래의 사고방식을 부정하지도 긍정하지도 못하고 결국 자기 자신을 잃는 경우가 허다하다.


### (2) 여자는 어떻게 사는가?

**결혼의 의미**
《제2의 성》 두 번째 부분은 이상과 같이 여성으로 만들어진 성인여성의 뒷날의 삶에 대하여 쓰고 있다. 여기서는 결혼생활과 모성에 대해 검토하기로 한다.

자유로운 인간에게 결혼하여 가정을 꾸리는 것이 반드시 부정적인 의미를 갖지는 않는다. 자유롭고 대등한 두 남녀가 행복한 개인생활을 갖는 것은 삶에 있어서 결정적으로 중요한 일이기도 하다. 한 인간이 공적 세계에서 활동의 무대를 가짐과 동시에 행복한 개인생활을 갖는 것은 둘 다 불가결한 일이다. 어느 한쪽이 빠져도 인격은 원만한 성숙에 이르지 못한다.

그러나 지금껏 여성에 관한 이 두 가지 조건은 충족되어 오지 않았다. 오랫동안 결혼과 가정만이 여성의 삶으로 여겨져 왔던 것이다. 여성은 자주적 주체로서의 성숙을 이루지 못한 채 결혼이라는 형태로 부모의 부양에서 남편의 부양 아래로 인계되어 왔다. 결혼이란 본디 남자와 여자라는 서로 다른 개성을 지닌 사람들끼리, 서로의 자유로운 교류 속에서 인격의 성숙을 이룩해 나가려는 목표를 지니는 것이다. 그러나 여성의 자유가 적은 사회에서의 결혼은 그러한 목표로부터 한참 동떨어져 있다. '일반적으로 말해서 결혼이 결정되는 것은 사랑에 의해서가 아니다.' '남편은 말하자면 사랑받을 남자의 대용물이지 그 남자 자신은 아니다.'(프로이트) ……결혼은 남자와 여자의 경제적·성적 결합을 집단이익에 맞추어서 하는 것이지 그들의 개인적 행복을 확보하는 것이 목표는 아니다.' 여자의 자유가 없는 곳에는 '사랑도 개성도 있을 수 없다.' '일평생 계속되는 남자의 보호를 확보하려면 개인적인 사랑은 단념해야 한다.' '곧 여자에게는 그러한 개별성으로 선택한 남편과의 관계를 확립하는 경우가 없으므로 그 일반성 속에서 여성적 기능을 다해야만 하는 것이다. 여자는 단지 생물의 종으로서, 개성화될 수 없는 형태로 쾌락을 알 따름이다.'

### 결혼의 기만

여성에 대해서는 예로부터 '여자가 느끼는 삶의 보람은 사랑이다'라든가, '사랑이야말로 여자가 누릴 수 있는 행복의 모든 것'이라는 말로 그럴싸하게 주입되어 왔지만, 현실에선 타산적이고 동물적인 결혼이 장려되고 있다. 사랑의 이상(理想)은 기만이다. 왜냐하면 여자만이 품는 사랑이라는 이상에 대하여 대부분의 남자는 무관심하기 때문이다. 곧 여자만의 주관적 환상이라고 할 수 있으리라. 여성의 인격은 사랑의 꿈을 실현하기 위한 개성의 성숙을 이루지 못하고 '암컷'으로서의 성숙만으로 결혼당한다. 여성은 남성을 서로 동등한 관계에서 사랑할만한 개인적인 성숙도, 사회인으로서의 능력도 갖추지 못한 채 결혼이라는 틀 속에 짜여 들어가기 때문이다.

사회적으로나 개인적으로도 무능력한 여성이 그러한 모든 결핍을 결혼이나 사랑의 꿈으로 되찾기를 바라는 것은 무리가 아니다. 그러나 결혼이라는 개인생활의 행복은 여성의 사회인으로서의 불행을 메우지 못한다. 또한 남편은 아내의 개인적 무능력을 메울 수 없다. '아무리 여자라도 자기 자신의 존재이유를 타인에게서 빌릴 수는 없다.' 단지 겨우 할 수 있는 것이라곤 아내가 이루지 못한 사회적 성공을 이루는 정도이다. 그러나 대부분의 남편은 아내의 야심이 채워질 정도의 성공에 이르지 못하며, 기대하는 아내를 원망하는 것이 고작이다. 그러나 어쨌건 결혼에 대한 아내의 지나친 기대는 남편에게 몹시 무거운 짐이 된다. 남편을 만능구원자로 여기는 것 자체가 애당초 미숙한 발상이다.

사랑이나 로맨스는 자유의 열매이지, 자유를 창출하는 힘을 지니지 않는다. 자유가 없는 곳에선 사랑도 로맨스도 생겨날 리 없다. 개인생활의 행복이란 공적 생활의 행복과 대

결혼  자유롭고 대등한 두 남녀가 행복한 개인생활을 맞는 것은 삶에 있어서 결정적으로 중요한 일이다.

척점에 있으며, 자유로운 투기가 있어야 비로소 개인생활의 안락함에도 의미가 있는 것이다. 자유로운 투기와 동떨어진 가정에는 오직 '영원한 권태'만이 있을 따름이다. '그럴듯하게 포장된 삶 속에 야망도 열정도 없이 되풀이되는 나날의 지독한 평범함, 그 이유를 반성하거나 하지 않고 죽음을 향하여 조용히 미끄러져가는 생활'이 있을 뿐이다. 개인생활이라든가 가정생활 자체가 나쁜 것은 아니다. 그러나 자유와 동떨어진 가정, 공적 세계에 대하여 어떤 통로도 없는 가정은 바람직하지 않다고 할 수 있다.

### 내재의 세계와 참된 결혼

이러한 의미의 가정을 보부아르는 '내재'의 세계라고 이른다. 행동하는 것,

'생산하고, 싸우고, 창조하고, 진보하고, 세계의 전체성과 미래의 무한한 가능성 속에서 자기를 초월하는 것'으로부터 동떨어진, 하나의 정적인 세계 '도피처, 동굴, 뱃속으로서 외부 위협에 대해 보호된' '일종의 대응세계'로서의 영원한 자기동일성, 이것이 가정이라는 '내재'의 세계이다.

이런 성격의 가정에서 주부가 하는 일은 의미 없는 영원한 반복의 양상을 띤다. '가정주부의 일만큼 시시포스의 형벌과 흡사한 것은 없다. 날마다 그릇을 닦고, 가구의 때를 훔치고, 옷가지를 깁는다. 하지만 내일이면 다시 더러워지고, 때에 절고, 찢어진다. 주부는 같은 자리에서 발을 동동 구르고 있다. 그녀는 아무것도 하지 않는다. 오직 현재를 영원화하고 있을 뿐. 그녀는 하나의 적극적인 '선'을 정복하고 있다는 실감을 지니지 못한 채, 끝없이 '악'에 저항하고 있다는 느낌뿐이다.' 여러 가지 다른 일들을 조합시켜 보아도 수동적이고 공허한 긴 시간이 남는다.' 이리하여 여자는 결혼생활 속에서 '무(無)'가 되어간다. 결혼은 여자에게 구원이란 말을 교묘히 믿게 만든 신화일 따름이다. 이것은 결혼이라든가 가정의 잡다한 일들이 여자를 '무'로 만든다기보다 어릴 때부터 스스로를 '존재하게 하겠다'는 노력을 일관되게 해오지 않은 여성의 또는 그와 같은 노력이 허용되지 않은 여성의 운명이 닿는 종착점이다.

그러면 어떤 결혼, 어떤 가정이 의미가 있고 낭만이 있는 것일까? 이에 관하여 보부아르는 극히 원칙적인 윤곽을 제시할 따름이다. 그러나 이야말로 가장 중요하다. '결혼은 자주적인 두 개인이 삶을 함께 공유하는 것이며 은둔이나 병합, 도피나 일시적 구제여선 안 된다. ······부부는 자기들을 닫혀진 공동체나 밀실처럼 여겨선 안 된다. 개인으로서의 각자는 사회와 이어져 있고, 그 속에서 독자적 힘으로 꽃을 피워야 한다. 그래야만 사회와 이어져 있는 다른 한 개인과 함께 너그러운 마음으로 유대관계를 이어갈 수 있다. 이것은 서로 자유라는 인식 위에 만들어진 유대관계이다. 이처럼 안정된 한 쌍의 남녀가 환상 속에 존재하는 것만은 아니다. 때로는 결혼형태 속에서도 이런 것이 존재한다. 대부분은 그 밖의 것에 의해서이긴 하지만, 어떤 사람들은 성적 사랑에 의해 맺어져 우정이나 일에선 자유롭다. 다른 사람들과는 우정으로 맺어져 있고, 각자의 성적 자유는 예속되어 있지 않다. ······남자와 여자의 관계 속에선 많은 변화들이 가능하다. 친구, 쾌락, 신뢰, 사랑, 공감, 애정 등에 있어서 남자와 여자는 서로에게 인간으로서 지닐 수 있는 기쁨과 풍요로움과 능력의 가장 풍

부한 원천이 될 수 있다.'

### 모성과 '기이한 창조'

　결혼이나 사랑의 신화가 결국은 환상에 불과하다는 느낌을 갖게 된다. 그러나 모성이야말로 신성하며, 여성의 최종적 자기실현이란 것은 아직도 열렬한 지지를 받고 있다. 이것은 특히 우리나라처럼 모성형 문화권의 지역에선 유력한 신앙이 되어 있다. 예컨대 '여자는 악이지만, 어머니는 선이다'라는 식의 사고는 남성들 사이에 널리 침투해 있다.

　그러나 문제는 여성으로서의 좌절, 특히 개인으로서의 모든 성숙의 실패를 모성이 과연 되찾을 수 있을까 하는 것이다. 모성은 여성이 갖는 좌절의 만능 구원자인가? 나아가 자식은 여자가 남편에게서는 얻지 못한 '사랑의 꿈'을 실현해 주는 천사인가?

　보부아르는 이것을 단호하게 부정한다. 그녀는 슈테켈의 다음 말을 인용한다. '아이는 사랑의 대용물이 아니다. 자식은 망가진 삶의 목적을 대신하지 못한다. 자식은 우리 삶의 공허함을 채우는 도구가 아니다. 그것은 책임이며, 무거운 의무이다. 그것은 자유로운 사랑의 가장 값비싼 장식품이다.'

　그러나 임신에 의해 여자가 자기 존재를 확인하는 것은 사실이다. '만일 상황이 명백히 불리하지 않다면 어머니가 자식에게서 자신을 내면적으로 풍부하게 할 만한 가치를 찾아내는 것은 사실이다.' 곧 자식은 '자신이 존재한다는 현실의 보증'이다.

　보부아르는 임신을 '우연과 사실성 속에서 실현하는 기적적인 창조'라고 정의한다. 생명활동 자체는 하나의 반복이지만, '새로운 싹'의 움틈은 무기력한 육체와는 달리 미래를 향하여 나아간다. '새로운 싹이 솟아날 때 그것은 그루터기가 되고, 샘이 되고 꽃이 된다. 나를 초월한다. 그것은 충실한 현재임과 동시에 미래를 향한 움직임이다.' '태아는 미래 전체를 요약하고 있으며, 이것을 몸 속에 지니고 있는 그녀는 자신을 마치 온 세계처럼 넓디넓게 느낀다.'

　임신은 '여자의 몸 속에서 나와 나 사이에 펼쳐지는 하나의 극이다.' '미래의 어머니에게서 주체와 객체의 대립이 사라지는 것이다.' 이러한 임신이라는 생명 창조는 자기가 아직 주체로서 존재하지 않던 시절의 주객미분화의 행복을 재현해준다. 임신에 의해 여자는 '옛날 자신의 이유기 때의 고통스러웠던 이별의 대가를 받는다. 그녀는 이때 다시 생명의 흐름 속에 잠기며, 전체로 회귀'한다. 그리고 '남성의 품속에서 찾았다고 느끼자마자 이내 거부당했던 융합'을 손에 넣는 것이다. 이러한 생명 자체의 행복은 여자의 '소녀시절 이래 가장 깊은 욕망'이다. 여자가 '꾸벅꾸벅 졸던 때의 잠은 세상이 만들어지던 때의 혼돈'이다. 그녀는 '자기를 잊고' 자기 '안에서 성장하는 생명의 보물에 황홀'해진다.

### 성공한 어머니와 불만스러운 어머니

임신을 통해 여자는 확실히 하나의 육체를 창조한다. 그러나 보부아르는 육체를 창조한 것만으론 하나의 인간을 창조한 것이 되지 않는다고 말한다. 곧 그것만으론 '나 스스로 구축해야 할 하나의 존재를 만들지는 못한다.' '어머니는 자녀를 하나 갖고 싶다는 이유를 가질 수는 있다. 하지만 내일 존재하려 하는 이 타자에게 그 자신의 존재이유를 부여하지는 못하리라.'

자녀가 성장함에 따라, 즉 자녀가 하나의 실존으로 존재하는 정도가 증가함에 따라 주객미분화의 융합이라는 행복은 아주 빠르게 무너진다. 자녀가 천천히 '개성화'해 갈 때, 자식은 어머니에게 천천히 타자가 되어 간다. 모자관계는 자녀의 성장에 따라 천천히 개인과 개인의 상호적이고 대등한 관계로 바뀌어 가는 드라마인 것이다. 그러나 이럴 때 문제는 여성인 어머니가 자기 자신의 개성화에 실패한 경우이다. 자기 자신의 개성화에 실패한 어머니가 어떻게 자기 자식의 개성화를 도울 수 있으랴!

만일 여성에게 최고의 자기완성이 모성이라고 한다면, 그것은 자기의 개성화에 성공한 어머니에 대해서만 그렇게 말할 수 있다. 따라서 '모든 어머니는 모범적이라고, '모성'의 종교가 그렇게 선언한다면 거기서 속임수가 시작된다. 어머니의 헌신은 매우 완전한 진정성에서 이루어지는 것도 확실하다. 그러나 사실 그것은 매우 드문 경우이다. 보통 어머니란 나르시시즘·타애정신·몽상·성실·기만·헌신·쾌락멸시 등이 뒤범벅이 된 존재다.'

자녀의 성장이 이뤄져 어머니가 자기 자녀를 다시 하나의 개성으로서 발견했을 때, 부모와 자식은 혈연이라는 자연의 우연성과 사실성의 틀을 뛰어넘는 것이다. 자식을 기르는 것이 여성에게 자유로운 투기라 일컬을 수 있는 것은 이와 같은 경우뿐이다. 그곳엔 어머니의 예지가 작용하며, 자연의 유대관계에 대한 모자 공동의 초월이 존재하기 때문이다. 어머니의 투기는 교육자의 투기이며, 그 성공은 교육자의 성공이다. 개인과 개인으로서 만나는 것은 모자의 행복을 2배로 만든다. 그런 어머니가 될 수 있는 조건은 먼저 어머니 자신이 인생에서 성공하는 것이다. '가장 풍부한 개인생활을 지니고 있는 여자야말로 자녀에게 가장 많은 것을 주며 가장 적게 요구한다. 노력과 투쟁 속에서 참된 인간적 가치를 얻는 여자야말로 가장 훌륭한 교육자가 될 수 있다.'

그러나 반대로 어머니가 자기실현에 욕구불만을 지니고, 남편과의 애정에 대해 불만을 품는 경우, 그 속에서 자라는 자녀는 매우 위험한 조건 아래 있다고 보아야 한다. 왜냐하면 어머니는 자식을 통하여 자기가 실현하지 못한 꿈을 실현하려 할 것이고, 남편과의 사이에서 얻지 못한 사랑을 자식에게서 얻으려 하기 때문이다. 아니면 사회에서 행사하지 못했던 지배욕을 자식에게 실현하려 할 것이다. 여자의 어엿한 시민권을 인정하지 않고 차별을 마땅한 것으로 여기는 사회가 자녀교육의 책임을 여자에게 온통 내맡기고 마음을 놓고 있는 것은 매우 이상한 일이다. 여자의 정신생활이 발전할만한 조건을 없앤 뒤에 자녀를 훌륭히 기르려 해봤자 그것은 처음부터 이치에 맞지 않는 어려운 문제라고 할 수 있다. 사회인으로서 한 사람의 절반에 해당하는 역할밖에 인정하지 않는 여성에게 '훌륭한 사회인을 길러내라'고 하는 것은 잘못된 '모성신앙'에서 비롯된다. 우리나라의 경우에도 가정생활의 운영책임자는 여성으로 생각하면서도 사회인으로서의 무대는 완전하게 주어져 있지 않다. 곧 여자는 가정만을 꾸려나가야 한다는 식으로 생각한다. 그러나 가정생활밖에 할 수 없는 사람은 한 사람의 절반의 역할밖에 못하며, 보부아르의 말에 따르면 '내재'의 영역에 파묻혀 있다. 여자의 이런 잠재적인 욕구불만은 어떤 피해를 굴절된 형태로, 무기력한 자식에게 주지 않을 수 없으리라. 보부아르의 다음 지적은 매우 정확히 들어맞는다. '우리의 풍습은 아이들에게 대단히 위험한 일을 하고 있다. 그것은 자식의 손발을 꽁꽁 묶어놓다시피 구속하는 어머니가 대부분 늘 욕구불만인 여자라는 점이다. 이 같은 여성은 성적으르는 불감증이거나 욕망이 채워지지 않은 것이다. 사회적으로 그녀는 남자들에게 열등감을 갖고 있다. 현재의 세계 또는 미래와 어떤 연결고리도 지니고 있지 않다. 그녀는 자식을 통하여 자기 인생의 모든 보상을 받으려 한다. 만일 사람들이 현재 여성의 상황이 그녀의 능력을 마음껏 꽃피우기에 얼마나 힘이 드는지, 그 마음속에 얼마나 많은 욕망과 저항감, 자부심, 요구가 은밀히 둥지를 틀고 있는지를

안다면 무방비한 자녀가 이런 여자에게 내맡겨져 있음에 공포를 느껴야 할 것이다.'

## 어머니의 복수

어머니가 된 여성의 굴절된 복수는 여러 가지 형태로 나타난다. 첫째는 지나친 지배욕, 곧 사디즘이다. 그녀들은 자녀가 성장한 뒤에도 '맹목적으로 복종하기를 바란다.' 그녀는 '깊은 질투심'을 가지고 자녀를 '독점적'으로 소유하려 하며, '자기 이외의 것으로부터 완전히 떼어놓는다.' 버릇을 기른다는 이름 아래 어떤 엄마는 히스테릭하고 변덕스럽게 자녀를 때린다. '자녀를 때리는 엄마는 단지 때리기만 하는 것이 아니다. 어떤 의미에서는 그 아이를 전혀 때리고 있지 않은 것이다. 이리하여 남자에게, 사회에게, 또는 자기 자신에게 복수하고 있다.'

두 번째로는, 거꾸로 자기희생적이고 이상적인 어머니에게서 흔히 볼 수 있는 '자학증적 헌신'이다. '어떤 어머니들은 자기 마음의 공허를 메우기 위해, 또는 뚜렷하게 자각하지 못하는 적의에서 자신을 벌하기 위해 자식의 노예가 된다. 끝없이 병적인 걱정을 키우고, 자녀가 곁을 떠나는 것을 견디지 못한다. 그녀들은 모든 쾌락과 개인적 생활을 단념한다. 그렇게 희생자다운 면모를 만들 수 있다. 자신이 희생을 바침에 따라 자녀에게 독립을 인정하지 않을 권리를 얻어내려 한다. ……어머니의 체념한 표정에 대한 도전은 자녀에게 죄의식을 주고, 그것이 자녀의 삶 전체에 무겁게 드리우는 경우가 많다. 공격적인 방법보다 이쪽이 오히려 해롭다.' 첫 번째 방법은 자녀를 노예로 만드는 방법이고, 두 번째 방법은 자기가 노예가 되는 것이다. 우리나라 어머니들은 이렇게까지 병적이지 않지만, 가정폭력은 지나친 간섭을 하거나 방임하는 가정에서 나온다는 통계가 나와 있다. 지나친 간섭이 첫 번째 방법, 방임이 두 번째 방법의 변형으로 볼 수 있다. 첫 번째, 두 번째에 공통되는 것은 어머니가 자녀의 개성화를, 곧 자유로운 인격으로서 성숙할 조건을 없애버린다는 것이다. 더구나 이것은 반드시 애정이라는 이름 아래 이루어진다.

이와 같은 피해는 남자아이와 여자아이에게 약간 다르게 나타난다. 남자아이는 여자인 어머니가 지니지 않은 특권을 앞으로 지니게 될 존재이다. 그러므로 여자는 '아들을 낳는 것은 멋지다'고 생각한다. 여자는 '영웅을 낳는 꿈을 꾼다.' '아들은 미래에 지도자가, 군인이, 창조자가 될 것이다.' 여자는 그의 어머니라는 자격으로 그의 '불후성에 참여할' 수 있다. 현대의 어머니들은 종종 아들에게 기대를 걸고, 남편이 이루지 못한 출세의 꿈을 아들이 이루어주기를 바란다. 아들이 훌륭해지기를 바라는 마음과, 아들을 언제까지나 자기의 지배 아래 '영원한 어린아이'로 묶어두려는 바람은 모순이 된다. 언제까지나 자기에게 의존하게 하고 싶다 이것은 어머니의 모순으로 아들의 마음을 혼란에 빠뜨린다. 예컨대 수재가 되어 경쟁에서 이기기를 바람과 동시에 어린아이처럼 응석을 부려주기를 바라는 경우이다. 보부아르는 남자아이의 경우는 '풍습이나 사회'가, 또는 아버지가 구출해주기 때문에 '상당히 편안하게 벗어날 수가 있다'고 낙관적으로 말하고 있지만, 요즘의 우리나라에선 오히려 심각해지고 있는 것 같다.

  여자아이의 경우는 '풍습이나 사회'가 아직 도움을 주지 못한다. '어머니는 딸에게 선택된 신분의 구성원 따위로 인정하지 않는다.' 우선 자기와 동류이기를 바란다. '그녀는 딸에게서 자기와 똑같은 모습을 보려 한다.' 어머니는 딸이 지닌 다른 성격을 인정하려 하지 않는다. 물론 더러는 너그러운 어머니도 있지만, 딸의 '다른 성격이 분명해지면 어머니는 자기가 배반당했다고 생각한다.' 딸의 어머니로부터의 독립은 언제나 아주 심한 저항에 부딪친다.

  두 번째로 딸에 대한 어머니의 태도는 모순으로 가득 차 있다. 어머니는 '자기 삶의 복사물이라고 여기는 것을 어엿한 인간으로 만들어 자기의 열등성을 보상받으려 기대한다.' 그러나 한편으론 딸이 자기를 극복하는 것에 대해 불안과 저항을 느낀다. 어떤 어머니는 딸에게 '자신과 똑같은 운명'이기를 바라고, 어떤 어머니는 반대로 '자기와 닮는 것을 엄격히 금지한다.' '행실이 나쁜 여자는 자기 딸을 수녀원에 보내고, 지식이 부족한 여자는 딸에게 공부를 시킨다.' 딸에 대한 이렇게 복잡한 태도는 어머니가 자기 자신을 바라보는 태도의 '모호함'에서 기인한다. '대부분의 여자들은 여자로서의 조건을 요구함과 동시에 싫어한다. 그녀들은 반감 속에서 그 조건을 살고 있다.' 어머니는 여자임을 싫어하고 있기 때문에 딸이 자기와는 달리 특별해지기를 바란다. 그러나 동시에 딸이 자기와 동족이 아니게 되는 것은 결코 바라지 않는다. 딸이 자기의 지배권에서 벗어나는 것이 가장 마음에 들지 않는 것이다. 딸이 개성화하는 것은 타인이 되는 것이며, 어머니에게 저지르는 최고의 죄악이다. 어머니에게 남겨진 유일한 권력발휘의 무대를 파괴하기 때문이다. '열정적인 어머니건, 반감을 지닌 어머니건 자녀의 독립은 그 희망을 산산이 부순다. 그녀는 이중으로 질투한다. 자기 딸을 빼앗는 세상과, 세상의 일부를 얻음으로써 그것을 자기에게서 훔쳐가는 딸을.' '자기로부터 나오지 않은 영향은 모두 나쁜 것이다.' 그녀는 딸의 주위에 있으면서 다른 영향을 끼치는 사람, 곧 친구, 교사, 친구의 어머니에 대해 '특별한 반감'을 갖는다.

이리하여 대부분의 어머니는 딸이 '여자의 운명'을 극복하기를 바라면서도, 다른 한편으로는 딸의 꿈을 부숴버린다. 젊은 여성의 자기확립이 남성에 비해 훨씬 어려운 큰 원인들 가운데 하나로 어머니에 의한 방해, 또는 무능력을 들 수 있다.

### 어머니의 역할을 다하는 조건

이제까지 말한 것처럼 모성에 대한 무조건적 숭배는 잘못된 믿음이다. 세상에선 자녀교육에 대한 어머니의 책임을 뜨겁게 토론하는데 비해 여자의 상황에 대해서는 입을 다문다. '세상이 여자에게 주는 경멸과 어머니에게 보내는 존경, 이 두 가지 화해 속에는 사실 엄청난 기만이 있다. 여자에게 ……남성이 일하는 직업을 가로막고, 모든 영역에서 여자의 무능함을 공공연히 떠벌리고, '인간형성'이라는 가장 어렵고, 가장 중대한 문제를 여자에게 통째로 내맡기는 것은 용서하기 힘든 모순이다.'

어머니는 자녀의 육체를 창조할 수가 있고 그것을 기를 수 있다. 그러나 이것만으로 자녀를 창조했다고는 할 수 없다. 어머니는 '자녀 스스로 구축해야 할 하나의 실존까지 만들지는 못한다.' '내일 존재하려 하는 이 타자와 그 자신의 존재이유를 부여하지는 못한다.' 자녀의 존재이유는 자녀 자신에 의해서만 주어질 수 있다. 어머니는 자녀의 정신을 창조하지는 못한다. 그러나 우수한 어머니는 정신의 산파역을 할 수가 있다.

한 여성이 어머니의 역할을 완전하게 해낼 수 있는 조건은 그 여자가 '완전한 한 인격일 것, 일이나 집단과의 관계 속에서 자기완성을 이루어 내는 여성일 것, 자녀를 통하여 그런 것을 전적으로 이루려 하지 않는 여성'일 것 등이다. 따라서 모성도 그것이 여자에게 '자유롭게 받아들여질' 때에 한해서 여자의 참된, 전적인 자기완성의 요소가 될 수 있는 것이다.

### (3) 여자의 역사와 운명

**도구를 파악하는 법**

《제2의 성》에서 세 번째로 다루는 것은 여성의 존재를 생물학·심리학·역사학의 관점에서 보는 것이다. 여기서 모든 것을 다룰 수는 없으므로 특히 중요하다고 생각되는 역사적 관점에서 탐구를 요약해 보겠다. 엥겔스가 말하는 '여성의 역사적 대패배'의 원인은 무엇일까? 보부아르는 엥겔스의 유물사관의 견해와 줄곧 대비시켜 나름대로 견해를 내놓는다.

여성의 역사적 패배의 뒷원인을 그녀는 여성이 자유인으로서 사회에 뒤늦게 등장한 데서 찾는다. 그녀의 견해에서 첫 번째 특징은 원시사회에 모계사회라는 여성우위의 사회가 존재했었다는 가설을 인정하지 않는 것이다. '이 세상은 언제나 남성이 소유해 왔다.' '모성이 가장 숭배를 받던 시대에서조차 여성은 어머니가 됨으로써 제1의 지위를 얻지는 못했다. 그 이유는 인류가 단순히 자연적인 종이 아니라는 데에 있다.'

인간이 인간인 까닭, 곧 인간이 다른 동물보다 뛰어난 존재가 된 원인은 자연과 본능의 한계를 초월한 데 있다. '도구'는 인간의 팔의 연장이었다. 바로 그의 팔의 한계를 극복하고, 그가 지닌 자연의 힘 이상의 작용을 해내는 것이다. '도구'야말로 인간 신체가 지닌 자연적 능력의 한계를 극복하게 하고, 세계에 대한 인간의 지배를 확대시키는 것이다. '도구'는 자연 앞에서 인간의 '무능력'이라는 주술을 해방하는 것이다.

남성은 '도구'를 사용하여 자연의 속박으로부터 스스로를 자유롭게 해온 데 반해 여성의 '출산'이라는 행위는 비록 종의 존속을 위하여 필요한 행위라고는 하지만, '어떤 기획도 들어가 있지' 않다. '거기서 여성의 실존을 강하게 주장할 동기를 찾지'는 못한다. 그러므로 출산이란 '자기의 생리적 숙명에 수동적으로 지배당하는' 행위이다. '동물 암컷의 경우에는 발정 및 계절의 주기가 있어서 암컷의 체력을 절약할 수 있지'만, 인간 여성의 출산은 '적령기에서 갱년기까지' 아무 제한 없이, '몇 세기 동안이나 조절되지 않았다.' 도를 넘어선 이러한 다산은 자원의 양을 늘 웃돌았고, '영아살해나 산 제물, 전쟁 등을 통해 생산과 출산의 균형이 어떻게든 유지되어' 왔을 따름이다.

마찬가지로 종을 유지하는 행위로 보더라도 '남성의 경우는 근본적으로 다르다. 그는 일벌처럼 단순한 본능적 충동에 의해 집단을 부양하는 것이 아니라, 그의 동물적 조건을 초월하는 행위에 의해 그렇게 하는 것이다. Homo faber(만드는 사람, 생산자로서의 인간)는 처음부터 발명가로, 열매를 떨어뜨리거나 들짐승을 잡기 위해 팔에 차고 있는 곤봉이나 긴 막대기는 일찍이 그가 세상에 대한 지배를 확대하는 도구이다. ……존재를 지속하기 위하여 그는 창조한다. 그는 현재를 뛰어넘어 미래를 연다. 어로나 수렵의 원정이 신성한 성격을 지니는 것은 이 때문이다.'

이리하여 도구의 발명은 남성의 주체적 태도를 근본적으로 변혁했다고 보는 것이 보부아르의 견해이다. 도구를 사용함으로써 남성은 자연에의 수동적 굴종으로부터 해방되어 자기 자신에 대한 존엄성을 얻었던 것이다. 그에 반해 '여자는 도구의 미래를 자기 것으로 삼지 못했다.' '여자의 불행은 일하는 남자의 곁에서 노동의 동반자가 되지 않았기 때문에 인간적 공존으로부터 제외되었다는 것이다.' '남자가 그녀를 동류로서 인정하지 않았던 것은 그녀가 남자의 일이나 사고에 참여하지 않고, 언제까지나 생명의 신비에 종속해 있었기 때문이다.'

도구와 그것을 둘러싼 주체적 태도 속에서 남성에 대한 여성의 뒤처짐을 인정하는 보부아르의 이 해석은 매우 독특하다. 도구는 단순히 인간의 노동능력만을 크게 만드는 것이 아니다. 인간은 '새로운 도구를 통하여 새로운 요구'를 내놓기 시작한다. '그가 청동기를 발견했을 때는 이미 정원의 개발에 만족하지 않고, 드넓은 들판을 개간하고 경작하려 했다.' 여기서 남성과 여성은 이미 그 욕망과 야심에 있어서 차원을 달리하게 된다. '여성의 무능력은 남성이 부를 늘리고 세력을 확장하는 계획을 통하여 여성을 다루었기 때문에 여성의 패퇴를 불러왔던 것이다.'

### 낳는 성(性)과 죽이는 성

보부아르에 따르면 인간뿐만 아니라 동물이 후손을 낳음으로써 종을 계속해서 유지하는 것 자체에는 새로운 가치창조가 있을 수 없다. 분명 '종이 스스로를 존속해 나아가는 것은 새롭게 자신을 창조함으로써' 가능하기는 하지만, '그런 창조는 단순히 다른 형태 아래서의 동일한 생명의 반복에 지나지 않는다.' 곧 동물에게는 생명과 종의 유지라는 것이 유일한 최고가치이지만, 인간이란 존재는 생명이라는 가치 위에 계속해서 그 이상의 가치를 추구하는 존재인 것이다. '인간의 수컷은 종에게 봉사하고, 세계의 의형을 짓고, 새로운 도구를 창조하고 발명하며 미래를 구축해 나간다.' '이 초월에 의해 그는 단순한 반복으로부터 모든 가치를 뛰어넘는 그런 가치를 창조하는 것이다.'

여기서 인간의 역설적인 한 가지 행위를 이끌어낼 수 있다. 인간은 이따금 '살아가는' 것보다 '살아가는 이유'를 택하며, '살아가는 이유'를 위해 자기의 목숨을 버린다. 인간에게 '살아가는 이유'란 경우에 따라서 목숨보다 중요하다. '인간이 자기를 동물보다 높이는 것은 생명을 낳음으로써가 아니라 자기의 생명을 위험에 노출시킴으로써이다. 인간 가운데 낳는 쪽의 성에게 우위가 주어지지 않고, 죽이는 쪽의 성에게 그것이 주어져 있는 것은 이 때문이다.' 나아가 보부아르는 이 관계를 설명하기 위하여 헤겔이 말하는 주인과 노예의 변증법을 끌어다 쓰고 있다. '주인의 특권은 그가 자기 생명을 위험에 빠뜨림으로써 생명보다 정신을 주장하는 데서 온다.' 주인의 이러한 태도를 남성에게 비유하고, 거꾸로 생명의 안전을 고집하며, 생명의 위험을 피해 굴복한 노예의 태도를 여성에게 비유함으로써 '죽이는 쪽의 성'의 우위를 설명하고 있다.

이러한 '죽이다'라는 말의 의미는 '목숨을 건다'거나, '몸을 던져서'라고 생각하는 것이 보다 정확하다. 인간이 동물의 한계를 극복하는 행위는 언제나 목숨을 걸 정도의 위험을 내포한 것이다. 인간의 자유는 언제나 이러한 위험을 무릅씀으로써 얻어졌던 것이다. 노예는 자기를 억압하는 자에게 저항하며 자유를 위해 목숨을 걸고 싸울 때가 있다. 옛 주인이 패배하면 노예는 주인이 될 수 있다. 이에 반해 여성은 '근원적으로 목숨을 부여하지만, 자기의 목숨을 위험에 노출하지 않는 실존자'이다. 그러므로 여성은 영원히 소외된 존재이며, '실존에 의해 생명을 초월하는' 일을 할 수가 없다. 여성은 생명의 생산과 날마다 이어지는 삶의 반복 속에, 곧 '생명과 내재의 영역' 속에 틀어박혀 버린 것이다.

여성이 '낳는 성(性)'이며, 그 기능에 대하여 아무런 조절도 하지 못했다는 것, 이것은 '암컷은 수컷 이상으로 종의 희생'이 되어 왔음을 의미한다. 인간의 자유를 성취하며 발전시켜 오게 된 것은 바로 '종으로서의 운명으로부터 끊임없이 벗어나려'는 노력으로부터 비롯된 것임을 감안하면 남성이 자유인으로서 한 걸음 앞섰던 사실의 밑바탕에는 남성의 '생물학적 특권', 곧 낳지 않는 쪽의 성(性)이 도사리고 있다. 이것은 하나의 우연적 특권이었다. 낳는 것도, 노동하는 것도 기본적으로는 종의 유지를 위해서이다. 동일한 종의 유지를 위한 역할인데도 한쪽의 성이 한 발 앞서서 인간의 주체성을 얻었던 것이다.

**엥겔스에 대한 비판**

보부아르가 여성이 패퇴한 첫 번째 원인으로 남성과 여성의 삶을 대하는 태도의 차이—남성은 스스로 삶의 주체가 되어 살아가지만, 여성은 그렇지 못하다—를 든 데 반해 엥겔스는 재산관계와 그것에 바탕한 권력관계를 들고 있다. 새로운 도구의 발명에 의해 남성이 얻은 막대한 부가 이제까지의 남녀 분업의 균형을 무너뜨리고, 여성의 일, 곧 가사노동을 무에 가까운 것으로 만들어 버렸다. 남성은 생산에서 주도권을 쥐기에 이르렀다. 이러한 생산력 증대는 잉여물자를 불러왔으므로, 전쟁에서 얻은 포로를 죽이지 않고 노예로 사용할 수가 있었다. 노예는 생산에 종사하지만, 어떤 '소유'도 불가능하다. 여기서 '소유'(사유재산)와 '노동'의 분리가 생기고, 주인과 노예의 관계가 생긴다. 이것이 계급의 시작이다. 압박자와 피압박자, 또는 착취자와 피착취자의 관계가 발생한다. 여성은 남자노예와 마찬가지로 피압박자가 되어 '소유'로부터 제외된다. 재산은 아버지에게서 아들에게로, 남자에게서 남자에게로 계승되고, 모권제는 무너지고 가부장제로 옮겨간다. 엥겔스는 이것을 '여성의 역사적 대패배'라고 말한다. 엥겔스의 견해는 여성의 열등성을 생물로서의 영원한 결함으로 생각지 않고, 역사적으로 만들어진 것으로 생각한다는 점에서 보부아르의 견해와 일치한다.

이 점을 평가하면서도 보부아르는 다음의 사항에서 불만을 나타낸다. 첫째, 공유재산제에서 어떻게 사유재산제(개인소유)가 생겨났는가 하는 설명이 불충분하며, 또한 사유재산제가 어째서 여성을 압박하게 되었는지에 대한 설명도 부족하다고 말한다. 여성과 남성의 관계를 곧장 부르주아 대 프롤레타리아의 계급관계로 보는 것도 잘못이라는 것이다. 남자 대 여자의 관계는 확실히 계급을 구분하는 것과 비슷하다. '그러나 이 둘을 혼동해선 안 된다. 계급구분 속에는 어떤 생물적 기반은 없다.' 여자와 프롤레타리아의 가장 큰 차이는 사회의 생산 활동 과정에서 중요한 노동을 맡고 있는가 하는 차이이다. '노동활동에 있어서 노예는 지배자와 자기의 관계를 의식한다. 프롤레타리아는 언제나 자기의 조건들에 대해 저항감을 느낀다. 그리하여 본질적인 것으로 돌아가서 자기의 착취자를 위협한다. 프롤레타리아의 목적은 계급에 관한 한 그것이 없어지기를 바란다.' 사실 역사 속에서 피지배자가 혁명에 의해 지배자로 처지가 바뀌는 사태는 때때로 되풀이되어 왔다. 도구를 사용하고, 생산에 종사하는 것은 이따금 주인보다 세계를 더 잘 장악할 수 있기 때문이다. 그러나 여자는 이러한 저항의 수단도 없었고, 세계를 움직일 만한 자신감도 가질 수 없었다. 물론 여성이 여자로서가 아니라 여성노동자로서 움직이는 경우는 프롤레타리아와 동일하겠지만,

프리드리히 엥겔스(1820~1895) 엥겔스에 대한 보부아르의 불만은 엥겔스가 모든 것을 '소유'라는 경제범위로 설명하려는 데 있다.

어쨌거나 남자와 여자의 관계란 것은 계급구분과 똑같지는 않다. 남자와 여자라는 관계 속에서 계급이라든가 신분이라는 사회적 구분의 영향은 크다 해도, 사회와 결코 완벽한 일치를 이룰 수 없는 요소가 있다. '성욕에는 순간이라는 시간에 대한, 우주에 대한 개인의 저항이 있기 때문에 사회와 완벽한 일치를 이룰 수는 없다.' 남자와 여자의 열정에는 사회법칙과는 다른 다이너미즘(역본설, 자연계를 근본적으로 지배하는 것이 '힘'이라고 봄)이 존재한다. 국가는 이것을 직접 좌우할 능력이 없다. 할 수 있는 것이라곤 여자가 결혼을 하거나 매춘을 하지 않으면 생활할 수 없는 상황을 간접적으로 만드는 것뿐이다.

엥겔스에 대한 보부아르의 불만은 엥겔스가 모든 것을 '소유'라는 경제범위로 설명하려는 데 있다. 곧 소유와 개인의 인격의 관계가 확실치 않다는 것이다. 특히 사유재산과 개인과의 관계가 분명하지가 않다. 보부아르에 따르면 '개

Ⅲ 보부아르의 저서　1005

인적 소유'라는 관념 자체가, 이제까지 집단 속에 파묻혀 있던 인간이 개인으로서 등장할 수 있게 만드는 '실존자의 근원적 조건'이 있어야 비로소 가능하다고 말한다. '개인이 공동생활에서 멀어지면 뭔가 특별한 물질화를 바란다. 마나(mana : 물건이나 인간에 내재한다고 하는 비인격적, 초자연적인 힘)는 우선 족장에게, 이어 각 개인에게 개성화한다. 그와 동시에 각자는 한 덩이의 흙을, 노동의 도구를, 수확을 사유화하려 한다. 자기의 것이 된 이러한 부 가운데서 인간이 다시 찾아내는 것은 자기 자신이다.'

보부아르가 지닌 두 번째 불만은 엥겔스가 도구의 의미를 단순히 기술의 진보, 곧 부의 증대라는 의미로만 파악하는 점이다. 보부아르에겐 앞에서 말한 것처럼 '도구를 지닌 인간의 모든 태도'야말로 가장 중요했다. 보부아르의 관점은 언제나 실존자의 태도 쪽으로 향해 있으며, 그녀의 기본적 의문은 '출발점에서 왜 남자가 이겼을까?' 하는 점에 있다. 도구는 단순히 남자의 부를 증대시키는 수단이었던 것이 아니라 남자가 동물의 한계를 극복할 수 있는 계기가 되는 점이다. 남자가 최초로 자기 자신의 한계를 쉼없이 극복해 나아가는, 투기적 존재로서의 인간주체의 확립에 성공했다는 것, 이것이 보부아르 주장의 요점이다.

### (4) 여자의 신화—타자성의 신화와 사랑의 신화

**타자와 교류성**

《제2의 성》 나머지 부분에서는 광범위한 문학적 자료를 사용하여 여성에 관한 신화, 곧 기만적인 환상을 다루고 있다. 인간사회가 여성을 뒤떨어진 성이자 타자로서 차별한 결과, 남성과 여성의 관계가 얼마나 기만으로 가득 찬 것이 되었는가? 서로에게 타성(他性)을 어떻게 잃어 갔는지를 논하고 있다. 그 서술을 크게 둘로 나누어 타자성의 신화에선 남성의 기만을, 사랑의 신화에선 여성의 자기기만을 중심으로 요약하고자 한다. 또한 '자유로운 여자'에는 과도기 여성을 다룬 부분이 있는데 시대의 격차가 있기 때문에 생략한다.

'일자(一者)' 또는 '동일자'와 타자와의 대립은 본디 고정적인 것은 아니다. 노예가 반항하여 주인을 이기면 다음엔 새로운 주인이 될 수 있는 것처럼 두 대립자는 서로 반대입장으로 뒤바뀔 수가 있다. 가령 모든 인간이 서로 대립하는 의식을 갖고 있다고 해도 둘의 관계는 결코 고정적이지는 않다. 곧 '주체는 대립함으로써 자기를 세운다. 자기를 본질의 주체로 두고 타자를 비본질적인 것, 즉 객체로 둠으로써 자기를 확립해 나아가려 한다.' 그러나 '타자의 의식도 마찬가지로 그와 대립하려 한다.' 서로가 상대를 타자, 곧 객체화하려는 무한 투쟁이 있을 뿐이다.

인간과 인간 사이, 나아가 '마을과 마을, 씨족과 씨족, 국가와 국가, 계급과 계급 사이'에는 많든 적든 이와 같은 투쟁과 거래, 계약이 이루어지며, '그런 것들은 '타자'라는 생각으로부터 절대적인 의미를 없애고, 인간이 서로 상대적인 관계에 있음을 알게 해준다. 좋든 싫든 개인이든 집단이든 서로 관계의 교류성을 인정하지 않을 수 없게 된다.' 적대적인 관계가 거래나 계약 등에 의해 평화로운 관계로 바뀌는 경우도 있다.

보부아르의 꿈은 이와 같은 타자와의 드라마를 거쳐서 평화적인 관계, 곧 교류성에 다다르는 것이다. 앞에서 말했다시피 타인의 자유성과 만나는 것은 나의 자유를 침해한다기보다는 오히려 나를 참된 자유에 이르게 한다. 그러나 서로에게 자유로운 존재인 한, 자타의 드라마는 피할 수 없다. 주체가 의식을 지닌 존재인 이상 의식은 '각자 자기만을 최고의 주체로 인정하기를 바라며', '제각기 타인을 노예로 삼음으로써 자기완성을 꾀하려는' 숙명을 지닌다. 이와 같은 상극을 벗어나 평화적인 교류성에 이르기는 매우 어렵다. '이 드라마는 양쪽이 상대의 개체를 자유로운 존재로 인정함으로써 서로에게 자신이나 상대를 객체로도 주체로도 봄으로써 극복할 수 있다. 왜냐하면 이러한 자유의 승인을 분명하게 실현하는 우정이나 교류 등은 쉽지 않은 미덕이기 때문이다. 분명 그것은 인간으로서 최고의 완성이며, 인간은 이것을 통하여 자기의 진실된 모습을 찾아내지만, 이 진실은 끊임없이 구축되었다가 중지되는 투쟁의 진실이라 해도 과언이 아니다.' '적대감에서 협력으로 옮아가는 끊임없는 과정'이다.

이 이론은 '타인은 지옥'이라는 인간의 비참한 상극의 현실에 대하여 한줄기 빛을 던져준다. 지옥 같지 않은 타자성도 존재할 수 있는 것이다. 그러나 어디에나 있지는 않으며, 한정된 범위에만 있다. 최고의 인간적 미덕이 구축된 범위에서만, 또는 영속적인 것이 아닌 '끊임없이 구축되고, 끊임없이 중지되는' 한에서만 존재한다. 오늘날 평화적인 교류 아래 서로 승인한 인간들이 내일도 동일한 관계를 유지한다는 보장은 전혀 없다. 내일은 우정도, 관대함도 모두 사라질지도 모른다. 인간의 미덕은 그만큼 얻기 힘든 귀한 것이며, 끊임없는 노력에 의해서만 지켜 나아갈 수 있는 것이기 때문이다. 그곳엔 언제나 '끊임없는 긴장'이 요구된다. 그러나 이 노력은 타성(他性)이 지니는 의미의 하나의 질적 전환을 이룩한다. '진정한 타성이란 나의 의식과 별개이면서 동일한 의식이어야 한다.' 인간은 고독에서 벗어나기 위해서도, 또 자유를 완성시키기 위해서도 타자를 필요로 한다. '그 자신으로 온전히 현존하고 있는' 타자가 그곳에 있다는 것을 필요로 한다. 타인과의 교류성에 이를 수 있어야 함이 성숙한 개인의 조건이다.

### '영원한 타성' 신화

그러나 여자가 타자라고 하는 경우의 타자는 유감스럽지만 '진정한 타성'을 의미하지 않는다. '진정한 타성'의 경우는 언제든지 본질로 회귀할 수 있는, 곧 본질과의 매개를 포함하는 타성이지만, 여자의 경우는 '결코 본질로 회귀할 수 없는 비본질'로서 영원한 타자인 것이다. 때문에 타자로서의 여성은 남성과의 사이에 교류성을 확립할 수가 없었다.

역사의 어떤 시점에서 여자가 남성의 정신적인 동반자가 될 수 없었던 것, 이것은 하나의 경험적 사실이다. 그러나 하나의 사실을 보편적인 진리로 절대화하고 나면 그곳에서 신화가 탄생하여 생생한 현실을 보는 시야를 축소시킨다. 여자의 신화는 여자를 '결코 본질로 회귀할 수 없는 비본질'로 고정관념화한 시점에서 성립했다. 곧 '영원한 여성'이라는 신화가 성립했다. 여자의 신화는 있고, 남자의 신화는 없다는 것은 여자에게 주체성이 없기 때문이다. '모든 신화가 성립하려면 자기의 희망과 두려움을 초월한 하늘을 향해 던지는 '주체'가 필요하다. 여자는 자기를 '주체'로 세우지 못했기 때문에 자기의 투기를 반영할만한 남성신화를 만들어 내지 않았다. 그녀들은 자기의 종교도, 시(詩)도 갖지 않는다. 꿈조차도 남자의 꿈을 통해서 꾼다. 그녀들이 숭배하는 것은 남자에 의해 만들어진 신들이다. 세계의 표상(관념)도 세계 그 자체와 마찬가지로 남자들이 만들고 있다. 그들은 세계를 자기들의 관점에서 그려내고, 그 관점을 절대적인 진리와 혼동하고 있다.' 곧 남성이 이 세상의 모든 가치관을 장악하며, 그 힘은 인간의 꿈에까지 미친다. 이런 가치관들과 꿈속에는 남성적인 개성과 함께 남성의 이해(利害) 관계가 존재한다.

신화는 언제나 지배하는 자를 이렇게 하며, 그 지배를 영원화하는 역할을 띤다. 남성은 정치적, 경제적으로 여성보다 우위에 있으며 동시에 개인적으로도 언제나 여성보다 우위에 있음을 신화는 증명해준다. 신화가 여성을 '영원한 타성'으로 규정해 버리면 남성은 여성의 주체성에 의한 위협을 받지 않고 편안하게 자기의 우월성을 유지할 수 있다. 남성은 다른 남성과의 관계에서 늘 긴장과 불안에 시달린다. 어떤 경우에는 격렬하게 투쟁하고, 어떤 경우에는 거래에 열중한다. 설령 상대와 평화적인 관계에 이른다 해도 '지배자와 노예의 엄중한 변증법'을 거쳐야 가까스로 가능해지며, 그 관계는 변함없는 노력과 '끊임없는 긴장'에 의해서만 유지될 수 있다. 그리고 '협력'은 언제 '적의'로 바뀔지 알 수 없다. 그러나 남자는 타인 없이는 '자기를 이루지 못한다.' '정신적 불안은 자기발전을 위한 대가'이다.

**불안 속의 안심**

남자는 이런 불안으로부터 벗어나 편안함을 얻기 위해 여성성을 찾는다. 여자를 '영원한 타성'으로 만들어 버리면, 다시 말해 자기를 결코 뛰어넘을 수 없는 존재로 바꿔 버리면 남자는 '자유의 교류성에서 기인하는 지배자와 노예의 엄중한 변증법'에서 벗어날 수가 있다. 남자는 여자와의 관계에서 '불안 속의 안식처'를 꿈꾼다. 남자는 여자에 의해 자유와 자유의 투쟁으로부터도 벗어나고, 나아가 고독으로부터도 벗어나고 싶어 한다. '영원한 타성'으로서의 여자는 '자연의 적의가 담긴 침묵도, 서로 존중이라는 가혹한 요구도 남자에게 들이대지 않는다.' 여자는 '어중간한 반투명 의식까지 높아진 자연'이며, 본디 '순종하도록 만들어진 의식' 또는 '순종적인 자유'이기를 남자는 바란다. 이와 같이 남자에게 규정된 여자의 신화는 남자의 꿈을 투영한 것이다.

그러나 꿈은 어디까지나 꿈에 지나지 않는다. 꿈은 살아 있는 현실에 비하면 '진부하기' 짝이 없고, 실로 '빈약하고 단조롭다.' 여자에 관한 꿈이 살아 있는 현실보다 풍요롭고 화려해진 것은 '남자가 여자를 동등한 자로 여기는' 경우뿐이다. 남자가 '본질적 존재'이고, 여자는 비본질에 불과하다는 남자의 꿈은 남자의 '되지 못한 순진함'의 산물이다. 여자가 타자가 된 것은 하나의 우연이다. 우연을 절대화하는 것은 남자의 안이한 꿈에 잘 들어맞는다. 인간은 누구든지 '고난은 싫고' '위험은 두렵다.' 어머니에게 자식의 인격적 독립은 고통인 것과 마찬가지로 남자에게도 여자가 독립된 인격체로서 자기에게 맞서는 것은 성가시고 괴로운 일이다. 남성중심사회가 기성의 진리로서 여자를 '일방적인 절대' 타자로 일단 선언해 버리면 대부분의 남자들이 '고지식하게'도 이 진리를 확신한다 해도 이상할 것이 없다. '신화는 상식적이고 매우 분별력 있는 정신이 앞뒤 가리지 않고 곧장 뛰어드는 거짓 객관성의 올가미이다.' 남자가 여자와의 교류성을 거부하려는 것, 이것은 인간의 숙명적 약점이라고 할 수 있다. 이것은 남자가 자유롭기 때문에 불안한 여자와의 관계를 거부하는 것이다. 자유라는 불안으로부터 도피하려는 경향은 인간의 근원적인 태도의 하나이다. 프롬은 이것을 '자유로부터의 도피'라고 규정하고, 나아가 매슬로는 이것을 '반(反)가치 충동'이라 했다. 이 충동은 자기 자신의 성장 가능성을 회피하고, 성장 자체에 등을 돌리는 경향이다. 최대한의 가능성을 향하여 자신을 투기하려면 너무나 많은 고초와 불안을 감내하지 않으면 안 되므로 그런 고난의 가능성을 거부하고, 안전한 곳으로 달아나려는 충동이다. 앞에서 말한 '고지식한 인간'도 가치판단에 따르는 회의라는 고뇌로부터 도망친 사람들이다. 남자는 다른 데서 고생을 하더라도 여자와의 관계에서는 쉬운 길을 택한다. 여자와의 관계는 남자와 남자의 관계에 비하면 한참 하잘 것 없는 관계로 여기기 때문에 대충하는 것이다. 여자의 신화는 이런 남자들이 도망쳐 들어가기에 더없이 좋은 개념이었다. 자기를 뛰어넘을 엄두를 영원히 내지 않는 존재를 여성에게서 찾는, 여성신화는 이렇게 남성의 약점, 곧 인간의 약점—자유로부터 도피하려는—위에서 성립한 것이다. 여자의 신화는 지배자로서의 남성의 보수성 위에, 그 퇴행적인 정신 위에서 만들어진 것이다.

### 여성의 신비

여자란 남자에게 남자(동류)와 자연이라는 '둘 사이의 이상적인 중간물'이다. 여자는 한편 성모마리아로 대표되다시피 하여 남성인 신의 충실한 종으로서의 정신인데, 무엇보다 자연의 생명 그 자체이다. 그러므로 여자의 신화 속에는 자연에 대한 남자의 태도가 요약되어 있다. '남자는 자연을 개발하고 이용하지만, 자연에 의해 파괴되기도 한다. ……자연은 남자의 생명 원천이며, 또한 그를 복종케 하는 영토이기도 하다. ……자연은 아군이 되었다가 적군이 되기도 하고, 생명이 꿈틀거리는 혼돈스런 암흑이나 생명 그 자체가 되기도, 생명이 향하는 피안이 되기도 한다. 여자는 '어머니'이자 '아내' 그리고 이념으로서 이 자연을 요약하고 있다.'

남성은 여성 없이 살아갈 수는 없지만, 동시에 여성을 두려워한다. 남성보다 좀더 자연에 가까운 여성은 남성이 조금씩 확립해 낸 실존을 생명이라는 내재의 세계로 되돌리려 하기 때문이다. 그러나 내재의 세계로 되돌아오는 필연성은 처음부터 남성에게 존재하고 있다. 곧 '남자는 자기의 개별적 실존을 확립하여 자기의 '본질적 차이' 위에 자랑스레 앉고 싶어하지만, 자아의 경계를 무너뜨리고 굴이나 대지,

〈사과나무 아래의 마돈나와 아기〉 루터교 화가 루카스 크라나르 2세. 16세기. 여자의 신화 속에는 자연에 대한 남자의 태도가 요약되어 있다.

밤과 '허무', '전체'에 녹아들기를 희망하고 있기도 하다.' 그러므로 여성에 대한 남성의 두려움은 자기 자신에 대한 두려움이기도 하다. '이것은 남자가 자기 육체의 우연성에 대해 갖는 공포를 여성에게 비추고 있는 것이다.'

따라서 여자에 대한 남자의 태도는 요동치는 두 가지 양상을 띤다. 예컨대 어머니로서의 여성은 '우주의 밑바닥으로 들어가 수액을 빨아올리는 뿌리이며, 생명을 기르는 젖줄에서 퐁퐁 솟아나는 샘물, 흙과 물로 만들어진 재생능력이 풍부한 진흙이다.' 그러나 반면에 어머니로서의 여성은 '어두운 얼굴'도 지니고 있다. '모든 것이 그곳에서 발생하고, 모든 것이 언젠가는 그곳으로 돌아가는 혼돈이자 '허무'인 것이다. ……여자는 옛 선원들이 두려워하던 마(魔)의 심연이다. 대지의 내부는 암흑으로 남자를 집어삼키려 도사리고 있다. 번식의

가면인 이 밤이 남자에게는 무시무시하다.' 남자는 그 창조력에 의해 자연의 한계를 늘 극복하지만, 여자에 의해 어머니인 자연으로 다시 되돌아간다. 그러나 어머니 자연은 죽음을 포함하며, 그 불가해성은 밝혀낼 수가 없다. 그러므로 남자는 여자와 자연을 동시에 두려워한다. 여자의 신비에는 이러한 생명현상 자체의 불가해성이 포함되어 있다.

그러나 여자가 지닌 신비로움의 다른 한 가지 원인은, 여자 자체의 어중간함에 있다. 여자 자신이 '내가 누구인지'를 알지 못한다. 왜냐하면 이른바 타자로서의 여자는 인간으로 존재하지 않기 때문이다. 자기 자신을 하나의 인격으로서 존재하게 하는 것은 주체적 투기 이외엔 없기 때문이다. '인간은 미래를 향해 현재의 자기를 내던지는 존재인 것이다. 그는 자기를 실현하는 한에서만 존재한다. 따라서 그는 자신의 모든 행위 이외의, 자신의 생활 이외의 어떤 것도 아니다.'(사르트르《실존주의란 무엇인가》) 여자가 스스로도 확인하지 못하는 한낱 모호한 존재라고 한다면, 더욱이 남자가 여자에 대해 알 리가 없다. 이것은 여성이 처해 온 객관적 상황 때문이다. '여자는 사회의 가장자리에 있기 때문에 이 사회를 통하여 자기를 객관적으로 결정할 수가' 없다. 곧 '다수의 여인들에게 초월의 길은 확실하게 단절되어 있다.' '그녀들은 아무것도 하지 않기 때문에 스스로를 어떤 것으로도 만들지 못하는 것이다.' 여자가 지니는 '신비의 바닥을 깨뜨리면 속은 텅 비어 있다.'

그리고 마지막으로 여자의 신비란 '노예의 특성'이다. 여자나 노예는 주인의 심사나 의향에 따라 운명이 좌우되기 때문에 주인에게 본심을 거의 드러내지 않는다. 언제나 주인의 마음에 들도록 연기해야만 한다. 그들은 '늘 똑같은 미소라든가 수수께끼 같은 무감동으로 대하는 방법을 알고 있다.' 노예에게 의지나 감정은 불필요하다. 그들은 자기를 타고난 거짓말쟁이로 알도록 강제되고 있다. 언제나 거짓 나로 살아가기 때문에 진정한 나는 자라지 않는다. 때문에 여성이 신비롭다는 말 속에는 여자는 거짓말쟁이에다 믿을 수 없으며, 속으로 무슨 생각을 하는지 알 수 없다는 뜻이 들어 있다. 이것은 여성이 남성의 동포도, 친구도 아닌, 곧 남성사회 바깥에 머무르는 인간이란 데서 비롯한다. 여자는 남자에게 친구나 동포가 줄 수 있는 신뢰와 편안함을 주지 못한다. 보부아르는 라포르그의 말을 인용한다. '오, 젊은 처녀들이여, 언제 그대들은 우리에게 생존경쟁의 저의 없이 친한 형제가 될 것인가? 언제 우리는 그대와, 마음에

서 우러난 진실한 악수를 할 수 있을 것인가?'

남자는 본디 자유로운 인간관계의 불안에서 벗어나기 위하여 여자와의 자유로운 교류를 피했던 것이다. 그러나 이 교류성의 결여는 결국 남자와 여자를 이해할 수 없게 만들어 버렸다. 역시 남자는 여자라는, 정체를 알 수 없는 타자의 불가해성 때문에 다른 불안을 자기 삶 속에 포함시킨 것이다.

**신화의 모순**

여성신화는 생명현상의 불가사의와 남성의 여성에 대한 기만적 태도에서 비롯한다. 그 신화에는 인간존재의 유한성에서 말미암은 공포가 자주 투영되어 있다. 따라서 여성신화에선 남성의 여성에 대한 악의적 해석을 많이 볼 수 있다.

그러나 남성의 제멋대로의 꿈은 신화 자체의 모순을 드러낸다. 여성신화의 특징은 '상반성'이다. 곧 '여자는 이브임과 동시에 성모마리아이다. 우상이기도 하지만 하녀이기도 하고, 생명의 원천이기도 하면서 어둠의 힘이기도 하다. ......여자는 남자의 먹이이고, 남자의 파멸의 근원이다.' '성스런 어머니는 잔혹한 계모의 면모를 지니며, 천사 같은 딸은 그와 반대로 타락한 처녀의 모습을 띤다. 그래서 살아 있는 것과 다름없는 어머니라고도 하고, 죽은 것이나 다름없는 어머니라고도 하며, 모든 처녀는 순수한 정신 또는 악마에게 바쳐진 육체라고도 할 수 있다.'

꿈이란 본디 주관적인 것이다. 남자의 꿈이든 여자의 꿈이든 마찬가지이다. 남자의 꿈은 현실의 여자에 의해, 여자의 꿈은 현실의 남자에 의해 깨어진다. 만일 남자와 여자의 관계가 서로 주고받는 교류성에 의해 이루어져 있다면 남자와 여자는 서로 상대의 꿈을 깨고, 수정을 가함으로써 서로의 실제 모습을 인식할 수가 있다. 그러나 교류성이 없이 남자의 꿈만이 일방적으로 긍정되는 상태에 이르면 남자는 오히려 여성의 전체를 파악할 수 없게 된다. 남자의 꿈은 '옮겨가기 쉽고, 모순투성이'가 된다. 남자가 가치체계를 독점하면 언뜻 통일된 체계를 갖춘 것처럼 보인다. 그러나 결과는 반대이다. 다시 말해 여자는 필요에 따라 선이 되기도, 악이 되기도 한다. 여자는 수세에 있기 때문에 가치부여에 대하여 어떤 이의도 제기하지 못한다. '여자는 어느 것 하나 제대로 된 고정된 개념을 나타내지 않는다. 여자를 통해 희망에서 실패로, 증오에서 사랑으로, 선에서 악, 악에서 선으로의 이행이 끊임없이 이루어진다.' 이것은 모두 여자와의 교류성 거부와, 나아가 여자를 제외한 남자만의 정신적 힘으로 삶과 죽음의 수수께끼를 풀 수 있다고 믿은 남자의 자만의 결과이다.

### 풀리지 않는 신비와 터부

이와 같이 남자는 여자를 지배하기는 했지만 여자를 이해하는 데는 실패했다. 남성은 여성을 복종하게 하여 남성사회 속에 끼워 맞추었다. 그리고 여성의 개성 가운데 남성사회에 바람직한 것만을 승인했다. 예를 들면 그리스도교에서의 마리아는 높은 정신적 지위를 부여받았다. 그러나 보부아르는 마리아신앙만큼 '남성의 결정적 승리'는 없다고 말한다. 마리아신앙에서 마리아는 첫째, '육체로서의 나'는 완전히 부인되어 있다. 둘째로 '나에게 주어진 종속적 역할을 받아들'이고 있다. 곧 '나는 주의 종입니다. 인류의 역사가 시작된 이래 처음으로 어머니가 자기 아들 앞에서 무릎을 꿇는다. 어머니는 스스로 자기의 열등성을 인정한다.' 마리아의 정신은 여성이기 때문에 남성인 아들의 정신적 예속의 역할을 받아들이지 않으면 안 된다. 그렇게 함으로써 여성인 마리아는 처음으로 찬양받는 지위를 부여받았다. 마리아의 이러한 성격은 고대의 여신들에 비하면 훨씬 뚜렷하다. '이슈타르나 아슈타르테, 시벨 같은 고대의 여신들은 잔인하고 제멋대로였으며 음탕했다. 죽음과 삶의 원천인 그녀들은 남자를 낳아 자기들의 노예로 삼았다.' 똑같은 어머니라도 남성지배가 철저했던 사회와, 아직 여자의 원시적인 위력이 남아 있는 사회가 뚜렷이 다르다는 것에 주목해야 한다.

일반적으로 '여성적 요소는 자연상태 그대로일수록 위력적이다'라고 생각한다. 여성이 지닌 요소들 가운데 남성사회로 편입되지 못한 부분이 문제인 것이다. 남자가 여자를 지배하는 가운데 온전히 지배하지 못하는 부분이 남는다. 이것은 여자가 지니는 마력이라고 보면 된다. 여자의 마력은 모성에 한정되지 않는다. 로렐라이 전설에 있다시피 여자는 남자가 저항하기 힘든 마력을 지니고 있다. 여자라는 타자 속에는 '아무리 그것을 예속시키려 해도 타성이 남는' 것이다.

그러므로 남성사회는 여자를 '자연상태 그대로 결코 방치'하지 않고, '금기로 에워싸고' '의식에 의해 깨끗하게' 한다. '남자는, 여자에게 결코 그 본래의 모습에 가까이 가지 말라, 의식이나 성례를 거친 뒤에 하라'고 가르친다. 이 의식이 여자를 대지나 육체로부터 동떨어진 인간으로 변신시키기 때문이다.' 자연 그대로의 여자는 '노랫소리에 홀린 어부들을 암초에 부딪치게 만든 세이렌'이며, '자기를 그리워하는 남자들을 짐승으로 바꿔 버린 키르케, 어부를 늪 속으로 끌고 들어가는 물의 요정'이다. 비너스의 낙원이라든가 요정들의 나라, 용궁 같은 것들에 사로잡힌 남성은 의지력을 잃고, 남성사회 시민으로서의 능력을 상실한다. 남자는 초월에의 힘을 잃고 '내재의 암흑' 속에 파묻힌다. 이런 것들이 자연 그대로의 여자가 지니는 무시무시한 마력인 것이다.

그러나 문제는 금기나 의식을 비롯한 외부로부터의 강제력으로 진정 여자를 바꿀 수 있는가 하는 점이다. 남성사회는 여자의 마력을 일시적으로 억누를 수는 있다. 그러나 여자를 바꾸지는 못한다. 여자를 바꿀 수 있는 것은 여자 자신의 자발성 이외엔 있을 수 없다. 여자가 마력을 버리는 것은 남성사회가 여자를 정식으로 그들의 구성원으로 삼는 때이다. '그녀가 자신이 지닌 능력을 남성사회를 통해 미래의 초월성을 드높이기 위하여 쓸' 때이다. 여자가 사회의 정식 구성원이 되면 여자는 그 사회를 파괴하려 하지 않을 것이며, 남자를 자기 것으로 삼기 위하여 남자를 억지로 사회 밖으로 몰아내지 않아도 될 것이기 때문이다. 여자의 신비, 여자의 타성의 수수께끼는 여성 자신이 아니면 도저히 풀지 못한다. 물론 남자의 도움이 없어선 안 된다. 여자 스스로 나는 누구인가 하는 물음을 던지기 전에는 풀 수 없을 것이다.

남자는 여자를 복종하게 할 수는 있다. 그러나 '가정과 사회에 편입되고 나면 여자의 매력은 변모한다기보다 사라진다. 하녀의 상태로 짓눌린 여자는 이미 자연의 풍요로운 재화가 깃든 분방한 획득물이 아니다.' '결혼은 사랑을 죽인다.' 여자는 남성사회에 해롭지 않은 자연으로서 편입되는 순간에 그녀가 지니는 본디의 매력을 잃는다. 남자에게 여자는 손이 닿는 순간 다른 것으로 변질되고 만다. 마치 파랑새를 잡은 순간에 이미 파랑새는 보이지 않게 되는 것과 같다. 그러나 이것은 남자가 여자의 참된 존재를 무시한 데 대한 정당한 업보이다.

### 신비롭지 않게 되기 위하여

보부아르의 꿈은 남자와 여자가 별개의 두 존재로서 하나가 되는 것이다. 남자도 여자도 내재성과 초월성을 동시에 갖추어야 한다. 남자와 여자는 서로에게 너무나 이질적인 자유의 실체를 회피해선 안 된다. 여자와의 인간적인 드라마를 두려워하지 않는 정신 속에 진정한 여자를 발견하는 길이 있으며, 여자에게서 좀더 풍부한 정신을 배울 수가 있다. 그런 용기를 지닌 남자에게 여자는 전혀 신비롭지 않다. 보부아르는 이런 종류의 남성의 전형으로 언제나 스탕달을 앞세운다. 그녀는 스탕달의 다음과 같은 말을 인용한다. 그는 여자는 '그 자체로서 남자보다 열등하지도, 뛰어나지도 않다'고 말한다. 그리고 그는 남성 사회로부터 따돌림을 당하고 있는 여자가 '흥미로운 역전'에 의해 도리어 고귀한 정신을 지니고 있음을 발견한다. '돈, 명예, 지위, 권력' 등의 우상을 위하여 '너무나 많은 남자들이 자기를 잃고 있는'데 반해 '여자는 그런 것들로 인하여 남자만큼 자기를 잃지 않는다'는 것을 스탕달은 발견할 수 있었다. 그가 작품에 그려낸 여성들은 하나같이 '자유롭고 진실한 존재'였다. 이 여성들은 '지나치게 분별력 있는 올가미'에 빠져 있지 않기 때문에 열정적이며, 열정을 위해 목숨마저 거는 여성들이다. 스탕달은 여자를 하나의 자유로운 주체로서 이해할 수 있었던 것이다. 그러므로 그에게 여자는 조금도 신비롭지 않았다.

신비라는 말에 관해 말하자면 타인의 마음속은 늘 신비롭다. 곧 '각자는 자기에 대해서만 주체이며, 각자는 자기 존재만을 내재 속에서 파악할 수 있다. 이러한 관점에서 보면 타자는 언제나 신비롭다.' 남자와 여자 사이에선 생명체로서의 개성이 서로 다르기 때문에 더 한층 신비롭다. '그러나 흔히 신비라고 부르는 것은 의식의 주관적인 고독도 아니지만 유기적 생명의 신비도 아니다. 그 말은 서로의 교류성에 참된 의미가 포함되어 있다. ……여자가 신비하다는 것은 여자가 침묵하고 있어서가 아니라 여자의 말이 잘 들리지 않는다는 말이다.' 예를 들면 '여자도 친구나 동료, 사업의 협력자로서는 조금도 신비적이지 않다는 것은 주목할 만하다.'

요컨대 남성에게 여성을 정신적인 존재자로서 발견하려는 의지가 있는가, 곧 여성의 자유에 손짓할 의지가 있는가 하는 것이다. 나아가 손짓을 받은 여성에게 그것을 자유에의 부름으로서 받아들일 수 있는가 하는 것이다. 여자에 대해 애초부터 소유해야 할 객체로만 보려는 남자에게는 여자의 자유 따윈 있어도 보일 턱이 없다. 이런 종류의 남자는 처음부터 여자에 대해 '언어'를 지니고 있지 않다. 또는 여자도 만일 자유에의 의지를 갖고 있지 않다면, 즉 남자에 대해서 향락에의 욕망밖에 없다면 남자가 설령 '언어'를 말한다 해도 들을 귀가 없다. 남자에게 여자가 신비롭지 않게 되는 것은 이러한 '언어', 곧 자유에의 메아리가 받아들여진 때이다. 동료라든가 사업의 협력자의 경우는 그들의 성별에 관계없이 공동의 '계획'을 위하여 행동하는 것이므로 '언어'의 소통이 전제가 된다. 사업상의 파트너란 서로 이해할 수 있다는 신뢰가 있어야 성립하기 때문이다.

### 저마다의 확인을 찾아서

나아가 남자라는 존재는 여자에 대해 '영원한 타성'을 바라는 한편, '진정한 타성'을 추구하려는 잠재적 바람을 갖고 있다. 왜냐하면 남자는 다른 남자의 승인뿐만 아니라 여자에게서도 승인을 받고 싶어 하기 때문이다. 여자의 눈을 매개로 자기의 남성적인 개성을 확인하는 것은 매우 유쾌한 일이기 때문이다. 남녀가 서로 바라볼 때 그 눈길은 상대를 무시하고 객체로 만들 수도 있지만, 거꾸로 상대의 존재를 드러내는 역할도 한다. 여자의 미모는 남자가 바라보는 감탄의 눈길에 의해 한층 빛을 발하고, 기사의 용감한 행동은 귀부인의 찬미에 의해 더욱 영광스러워진다. 타자란 자기를 죽이기도 하지만 동시에 살리기도 한다. 여자는 남자에게 타자이다. 그러나 여자의 '대상으로서의 기능과 심판자로서의 기능은 분리할 수 없다.' 여자는 남자의 존재를 비추는 거울이다. 더구나 판단력을 지닌 거울이다. 판단력이란 다름 아닌 정신적 능력이다. 남자는 여자를 '영원한 타자'로서 그 인격을 줄곧 부정함과 동시에 심판자로서의 인격을 바란다고 할 수 있다. '남자가 타자를 꿈꾸는 것은 그것을 소유하기 위해서뿐만 아니라 그것에 의해 확인을 받고 싶기도 해서이다.'

남자는 왜 남자만의 세계에서 주어지는 평가로 만족하지 않는 것일까? 이것은 매우 흥미로운 문제이다. 이에 대해서는 남자의 세계가 긴장으로 가득 차 있어서 서로를 바라볼 만큼의 여유가 없음을 들 수 있다. '남자들은 협력이나 투쟁의 관계에 지나치게 몰두하느라 서로의 구경꾼이 되지 못한다. ……여자는 남자들의 활동 무대로부터 떨어진 채로 경쟁이나 투쟁에 참가하지 않는다. 여자의 입장은 곧 이러한 응시의 역할을 하기 쉬운 거리에 있다.' 그렇다면 여자에게 바라는 것은 방관자, 곧 제3자로서의 객관성이 된다.

그러나 진정한 이유는 보다 깊은 곳에 있다. 남성이 남성 사회에서 얻는 평가는 분명 '객관성'이 있으며, '보편적인 기준'에 의해 이루어지고 있다. '남자의 눈길'은 '추상적인 엄격함'을 지닌다. 남성은 남성사회라는 집단에 의해 주어지는 이러한 평가를 물론 인정한다. 그렇지만 집단이 부여하는 평가는 결국 집단에 대한 공헌의 정도, 다시 말해 집단 속에서 발휘하는 능력에 따라 결정된다. 그러므로 집단은 개인을 집단과의 관계로 평가하며, 개인을 개인 자체의 목적의식에서 평가하지는 못한다. 집단은 개인을 집단이 내세우는 가치에 비추어 평가할 수 있지만, 개인을 개인 자체의 가치로서 평가할 수는 없다. 따라서 남자가 여자에게 바라는 것은 여자의 눈 속에 '그'라는 개인이 송두리째 투영되는 것이다. 개인을 개인 자체의 목적의식으로 사고할 수 있는 능력, 그것은 여성이 지닌 '본질적인 특질이다.' 어머니는 아들이 나라를 위해 도움이 되는 사람이 되기를 바라기 전에 아들의 개성이 완전하게 실현되기를 바랄 것이다. 그 때문에 남자는 '타자로서, 가장 깊은 자아이기도 한 타자로서 여자에 의해 자기의 눈에 비치는 기적을 경험하기'를 바라는 것이다. 남자가 아직 개인으로서의 자각을 지니지 않고, 남성집단에 묻혀 있는 단계에서, 아직 '자기의 운명에 무관심'한 동안에는 여자는 남자의 '향락의 대상인 암컷'에 불과하다. 그러나 '남자가 개성화하여 자기의 개성을 바랄수록 그는 아내에게도 개성과 자유를 인정하게 된다.'

### 진정한 타성

보부아르는 이러한 타자확인의 전형적인 예로서 메를로의 문장을 인용하고 있다. 키요(남자)는 반려인 메이(여자)에 대해 이렇게 생각한다. '세상의 남자들은 나의 동료가 아니야. 그들은 나를 관찰하고 심판하는 사람들이지. 나를 평가하지 않고, 사랑해 주는 사람이야말로 나의 동료라고 말할 수 있어. 내가 실패해도, 또 설령 배신하는 일이 있어도 그와 상관없이 나를 사랑해 주는 사람이지. ……내가 한 행동이라든가 내가 이제부터 하려는 행동이 아니라, 내가 나 자신을 사랑하는 한 나를 사랑해 주는 사람이야. 함께 죽을 만큼.' 메이는 키요에게 '진정한 타성', 곧 '나의 의식과 개별이면서 동일한 의식'이 되어 있다. 별개의 인격이기는 하지만 전면적으로, 전인격적으로 나를 포괄해 주는 타인이다. 두 사람 사이에는 신화에 늘 붙어 다니는 '거짓'이 없다. '키요의 태도가 인간적이고 감동적인 것은 그것이 서로에 대한 교류성을 지니며, 메이가 자신의 진정한 모습을 사랑하기를 바라고, 자기가 기뻐할 만한 순종적인 모습을 그녀가 나타내기를 바라지 않는 점이다.'

타성의 신화를 풀어 버리는 길은 이와 같이 남자와 여자가 서로에게 '진정한 타성'이 되어가는 것이다. 여자는 '남성의 나르시스가 모습을 비추는 거울'이어서는 안 된다. 여자는 거짓 타자이기를 그만두어야 한다. '신화를 거부하는 것은 양성 간의 모든 극적인 관계를 무너뜨리는 것도 아니고, 여자라는 현실을 통하여 남자가 올바르게 발견하는 의의를 부정하는 것도 결코 아니다. 그것은 시나 사랑, 모험이나 행복, 꿈을 없애지는 않는다. 다만 행동과 감정과 열정이 진리 속에 기초를 다지기를 바라는 것이다.

남성과 여성 사이에는 여전히 서로 다른 개성을 지닌 매력은 남는다. 서로에 대한 매력 속에는 뭔지 모를 불쾌함이라든지 속는 것이 아닐까 하는 두려움이나 의심이 사라진다.

### 위대한 로마네스크

이전에는 연애론이나 결혼론 같은 것은 고전사상이라고 부를 가치가 없다고 여겼다. 왜냐하면 연애나 결혼은 사사로운 세계에서 일어나는 사건에 지나지 않기 때문에 국가나 사회에서 일어나는 커다란 사건들에 비하면 논할 가치가 없는 일들로 여겨져 왔기 때문이다. 그러나 연애는 시나 음악, 소설을 비롯한 예술 분야에서는 가장 많이 다루는 주제이다. 감정은 아마도 정직한 것이리라. 그러나 사상의 세계에선 연애 따위의 개인적 감정은 삶의 극히 일부인, 말하자면 필요악의 하나였으며 없는 것보다 나을 것도 없었다. 옛 사상의 거의 대부분은 남성에 의해 만들어져 왔으므로 모든 사상은 남성적 가치관에 의해 만들어져 있었다. 나아가 과거 역사를 인간적 존재라는 관점에서 보면 여성은 존재하지 않는 것이나 다름없었으므로 여성과의 관계 따위는 문제가 될 수 없었던 것이다. 여성과의 관계가 인간 대 인간의 문제라는 자각이 없었기 때문이다. 스탕달의 연애론은 매우 희박한 예외이다.

이런 상황에서 여성인 보부아르가 연애에 관해 논한 것은 매우 의미심장한 일이 아닐까? 이는 여성철학자가 이룩한 공적의 하나라고 말할 수 있다.

보부아르의 생각은 스탕달의 생각과 거의 겹치는 것처럼 보인다. 둘 다 대단한 연애, 곧 '위대한 열정'을 연애론의 정점에 두고 있다. 단순히 사랑이라고 하지만 거기엔 수많은 단계가 있다. 인격 전체를 건 만남에서부터 단순히 홀딱 빠진 데 지나지 않는 것, 기분전환에 불과한 것도 있고, 일시적인 욕망의 충족에 불과한 것 등등 여러 가지다. 사랑이라고 하지만 그 인간적인 질의 정도는 많은 단계를 지닌다. 그것은 당사자의 정서 수준의 높낮이에 따라서도 다르거니와 인격의 성숙 정도에 따라서도 달라진다.

보부아르와 스탕달의 공통점은 '위대한 열정'이라는 것을 인간의 감정들 가운데 가장 고매한 것의 하나로 보는 점이다. '위대한 열정'은 남자와 여자의 전 인격을 건 만남이고, 목숨을 걸 가치가 있는 것으로 생각한다는 점이다. 그들은 '위대한 열정'에서 열정의 순수성을 발견한다. 사람들은 일반적으로 열애를 매우 고지식한 가치관 속에 묻어놓고 살아간다. 세속적인 여러 분별 때문에, 또는 세상에 대한 허영심 때문에 자기의 진실된 마음, 진실된 열정을 없애버린다. 결혼이 오로지 편리함과 타산을 위하여 행해지는 세상에선 열정의 순수성은 완전히 문제의 바깥에 있다. 진실한 열정은 이런 세속적 분별들과 세속적 타산을 뛰어넘은 지점에서 빛을 발한다. 진실하고 자유로운 감정이 이러한 장애들을 헤치고 등장할 때, 그때 두 성(性)의 사회적 지위, 신분차별문제는 사라진다. 여자의 사회적 지위가 비록 낮더라도 그 열정의 고매함과 순수함에서 남자와 같은 지평에 설 수가 있다. 사회제도가 어떠하건 열정은 그것의 고유한 진실을 꿰뚫는다. 영혼의 진실성은 사회제도의 틀을 뛰어넘는다. 스탕달은 이와 같은 감정의 기적—아주 드물게만 있는 일이지만—에서 '위대한 열정'을 보았던 것이다.

**스탕달이 지향하는 여성상과 '참된 열정'**

그러나 실제 사회는 대부분의 경우 이러한 시적인 이상들을 육성하기보다는 오히려 질식시키는 풍토에 의해 성립해 있다. 여자와의 관계를 진지하게 생각하는 것은 도리어 남자의 수치로 여겨지고 있다. 여자도 시적인 이상을 추구하기보다는 타산을 따르는 편이 낫다고 생각한다. 만일 '위대한 열정', 위대한 사랑이란 것이 있다고 한다면 그것은 잘못된 것이며, 좌절을 불러올 뿐이다. 여자를 인간의 자리에서 몰아내고 있는 사회에 열정이라는 시적인 가치가 설 곳은 없기 때문이다. 그러므로 '시가 좌절에서 탄생하는 것처럼 열정은 빗나간 것에서 용솟음쳐 나온다.'

보부아르에 따르면 스탕달의 세계는 이 같은 잘못을 범하는 인간과, 그렇지 않은 영리한 인간으로 나뉘어 있다. 스탕달이 가장 싫어한 것은 그런 영리함, 곧 '지나치게 분별 있는 정신'이라고 보부아르는 말한다. '재물, 명예, 지위, 권력' 이라는 우상에 매달려서 '자기 안의 생명과 진실의 빛을 모조리 없애버린 남자들, '열정적 사랑이나 옛 것에 대한 그리움을 꽁꽁 묶어놓고, 사회의 관습에 복종하고 속은 텅 빈 인물', '정숙한 체하는 여자와 그런 여자들의 특징인 쉬선'

스탕달(1783~1842) 보부아르와 스탕달의 공통점은 '위대한 열정'이라는 것을 인간의 감정 가운데 가장 고매한 것의 하나로 보는 점이다.

등에 스탕달은 혐오를 느꼈다고 한다.

스탕달은 오히려 여성에게서 그 반대의 것을 추구했다. '우선 지나친 분별력의 올가미에 빠지지 말 것. 세상이 중요하다고 여기는 모든 것으로부터 여자는 소외되어 있으므로 그러한 것들 때문에 남자만큼 자기를 잃지는 않는다. 스탕달이 가장 높이 평가하는 그 자연스러움과 순진무구함, 고귀함을 여자들이 잃지 않고 지닌 경우가 많은 것이다. 그가 여자에게서 인정하는 것은 오늘날 우리가 진정성이라고 하는 것이다.' 이런 여성들은 모두 '자유롭고 진실된 존재'이다. '그녀는 세찬 감동을 느낄 수 있는 고귀한 마음을 온전히 지니고 있었다. ……그녀에게 감춰져 있는 이 불꽃의 열기는 바깥에서는 거의 느낄 수 없다. 하지만 그녀의 은몸이 불타오르는 데는 단 한 자락의 입김이면 충분하다. ……그녀들은 자기의 참된 가치의 원천은 외부 사물 속에 있지 않고, 마음속에 있음을 알고 있다.' '우리의 자유를 순수하게 보존하고 있는 이런 여인들

은 무엇보다도 자기에게 걸맞은 대상을 만나면 열정에 의해 영웅주의로까지 고양된다.'

그녀들은 언뜻 보기에 시골의 비좁고 구석진 환경에 파묻혀 있는 교양 없는 여성들이다. 그녀들에게서 나타난 열정은 미리 예기치 않았던 것이다. 그녀들의 자유는 이 열정을 관철하는 투쟁을 시작하는 순간에 시작된다. 그때 '어떤 법과 어떤 수단과 어떤 분별도, 외부로부터 주어지는 어떤 사례도 그녀들의 열정을 멈추게 할 수 없다.' 결단을 위해 필요한 것은 오직 용기밖에 없다. '레날 부인(《적과 흑》의 여주인공)은 그녀가 지닌 도덕을 배신하고 줄리앙을 사랑한다. 클레리아(《파르므의 수도원》의 여주인공)는 그녀의 이성에 어긋나게 파브리스를 원한다.' 그녀들의 '자연스럽고 자발적이고 진정한' 감수성이 사회제도 또는 세상이 정한 여자의 존재방식, 곧 반노예적인 '타자'로서의 한계를 무너뜨린다. 일단 눈을 뜬 참된 자기 본성은 설령 세상의 규율에 어긋난다 해도, 또 다다르는 곳이 죽음이라 해도 자기를 일관되게 지킨다. 거짓된 나보다 참된 나를 선택한다. 곧 '사는' 것보다 '사는 이유'를 택하는 것이다. 여기서 여자는 이미 '주인과 노예' 관계에서 '노예'가 아니라 남자와 마찬가지로 자유로운 주체성이다. 여자는 사랑이라는 인간관계 속에서 자유로운 주체성에 이르렀다고 할 수 있다.

'위대한 열정'의 특징은 만난 두 사람의 인격이 근본적으로 영향을 받는다는 것이다. 곧 어제까지 있었던 나와는 다른 인간이 된다. 줄리앙을 만난 레날 부인은 과거의 신앙심 돈독한 여인과는 다른 여인이 되어 있다. 그리고 '레날 부인의 곁에 있는 줄리앙은 자기가 되고자 결심하던 그 야심가와는 다른 사람이 된다.' 곧 '연애는 그의 삶을 온통 바꿔놓는다.' '여인을 통하여, 여인의 영향 아래서, 여인의 행동에 대한 반동에 의해' 남자들은 '인생수업을 통하여 자기를 알게 된다.' '여자는 시련, 보상, 심판자, 친구'이다.

돈 후안적인 유혹자에게 여자에 의해 자기가 바뀌리라고 상상하는 것은 있을 수 없는 일이다. 그것은 여자가 보아도 마찬가지이다. 서로에게 '표면적인 욕망'밖에 갖지 않는다면 사랑이란 서로에게 상대를 물건으로 대하는 즐거움 이상은 아무것도 없다. 그들은 서로에게 우연한 '타자'를 찾고 있을 따름이다. 그들은 남자와 여자 사이에도 개성과 개성의 만남이 있을 수 있다는 생각은 꿈에도 하지 않는 것이다.

오늘날 자유로운 세상이 되어 연애가 한층 자유로워졌는데도 여전히 '참된 열정'이 매우 드문 것은 아이러니하다. '위대한 열정'을 동경하는 것 자체가 유행에 뒤진 것인지도 모른다. 그러나 그것은 개인이란 존재가 무의미하고 무관심한 대상이 되었다는 증거이리라. 보부아르도 '오늘날처럼 각 개인의 문제가 2차적인 것이 되고 있는 시대'에는 '타자' 자체가 필요치 않게 되었다고 말한다. 하물며 '타자' 속에서의 '타자', 곧 필연적 타자를 바라는 따위는 제정신이 아닌, 시대에 뒤떨어진 생각이라고 해야 할 것이다

### 영원한 사랑이라는 환상

사랑은 남자 쪽에서 볼 때 여자와 관계한다는 이유에서 과소평가되지만, 거꾸로 여자에게는 '가치 있는 존재'로서의 남성과의 관계로 과대평가되기 쉽다. 사랑에 대한 여자의 환상의 근원은 이러한 과대평가에 있기도 하다. 보부아르는 사랑이라는 감정이 고매한 감정에까지 이를 수 있음을 주장하고, 이것을 걸핏하면 과소평가하려는 경향에 반대하는 한편, 과대평가에 기인하는 환상에 대해서도 그 가면을 인정사정없이 벗겨낸다. 여성인 보부아르는 로맨티시즘으로서의 사랑의 가치를 최대한으로 평가하면서 사랑 속에 숨어 있는 기만, 여성의 사랑이라는 이름으로 저지르는 기만에 대하여 용서하지 않는다.

사랑이 영원하다고 믿는 것은 여성이 지니는 시적 환상의 하나이다. 세상에는 완전무결하고 절대적인 사랑이 존재한다거나, 사랑이라는 절대불변의 조화로움이 있어야 한다는 지향이 있다. 이에 반대하여 보부아르는 말한다. '영원이란 것은 영구히 변하지 않고 그대로 정지하여 있다는 것이다.' 보부아르에 따르면 이것은 끊임없이 초월을 시도하는 인간 존재의 현실에 일치하지 않는다. 행복이란 초월을 향한 움직임 속에 존재하는 것이지, '정지'한 '낙원'에는 없다. '인간이 꾀하는 행복은 인간의 쾌락과 마찬가지로 이상(理想)으로만' 존재한다. 사랑이라는 이름의 행복이 그림의 떡처럼 '인간 이전에, 인간 없이 세상에 존재하고 있다'는 식으로 믿는 사람이야말로 '고지식한 인간'이다. 그것은 '거짓 객관성의 환영'에 불과하다. 인간이란 '자기가 뜨겁게 바라던 목적에 이른' 순간 다음 일을 꾀한다. '변치 않는 낙원은 우리에게 영원한 따분함만을 약속'한다. 인간의 시적 행복이란 자유가 있는 곳에서만 존재하며, 자유는 자기 초월을 위한 끊임없는 시도 속에서만 있을 수 있다. 조화라든가 충족은 언제나 일시적이며 상대적인 것이고, 끊임없는 시도야말로 살아 있는 현실이다. 설령 최

고의 조화라도 '끊임없이 세워지고, 끊임없이 중지된다.' 그것은 부단한 노력, '부단한 긴장'의 결과에 다름 아니다.

조화 자체의 절대성을 바란 나머지 조화의 순간을 영원화하려는 시도는 언제나 실패를 겪지 않을 수 없다. 이것은 하나의 완벽주의로서 현실에 적응하기는커녕 현실 자체를 파괴하는 집념이 된다. 절대가 아니라는 이유에서 현실의 불완전한 인간관계를 파괴해 나가기 때문이다. 절대를 추구하는 사랑은 결국 '죽음'으로 이어진다. '만일 연인이 둘 다 열정의 절대 속에 빠져버리면 자유는 모두 내재성으로 타락하고, 그때는 죽음만이 그들을 해결해 줄 것이다. 이것이 '트리스탄과 이졸데'의 신화가 지니는 의미 가운데 하나이다. 오로지 상대만을 목표로 삼는 연인들은 이미 죽어 있는 것이다. 그들은 지루함에 정체되어 죽는다.'

생생하고 자유롭게 활동하는 사람은 어쩌면 이런 정지된 꿈에 집착하지는 않으리라. 이것은 산문적인 현실에 절망하여 '내재'의 세계에 몹시 따분함을 느끼는 여성의 삶과 깊이 연결되어 있다. 환상을 갖는 것은 인간 본성의 경향이라고 하지만, 환상이 신화화되고, 절대화되는 것에 문제가 있어 재앙이 갑절로 느는 것이다. 정지는 생의 침체이고, 자유의 죽음이다. 자기 자유를 없애버린 채 영원한 행복을 바란다는 것은 현실무시이며, 자유에 등을 돌리는 안이한 충동이다.

### 사랑받는 환상

자기만으로는 무가치한 여성에겐 남자와의 관계가 가치의 모든 것이 된다. 여자는 자기가 존재하기 위해 남자의 마음에 들려 한다. 실제로 사랑에 빠진 남자의 눈은 확실히 여자의 존재를 일깨워 준다. '남자의 눈길 속에서 여성은 마침내 자기를 발견한 것처럼 생각한다.' '연애를 통하여 여자의 얼굴도, 그 육체 곡선도, 어릴 때 추억도, 오랜 눈물도, 옷가지도, 습관도, 그 세계도, 그녀라는 존재의 모든 것과 그녀에게 속해 있는 모든 것이 우연성에서 벗어나 필연성이 된다. 그녀는 신의 제단 아래 바쳐진 훌륭한 제물인 것이다.' 남자에게 갈구되는 여자는 이렇게 하여 남자의 관심이 이어지는 동안 가치 있는 존재가 된다. 이제까지 아무런 가치도 없었던 여자의 존재가 남자와의 관계를 통하여 눈부시게 떠오른다. 사랑은 하나의 마법이다. 마법에 걸린 연인의 눈에는 상대가 세상에서 유일무이한 개성을 지닌 존재로 비친다. 여자는 연인의 눈에 비친 자기의 미모와 개성에 황홀해할 수 있다.

그러나 문제는 이 행복이 순식간에, 그리고 반드시 지나가 버린다는 것이다. 사랑의 도취가 영원히 계속되기란 불가능하다. 구체적으로는 남자의 마음이 움직임으로써 끝이 난다. '사랑의 오만한 도취가 지나가면 부재의 허공 속에 불안이라는 고뇌가 쥐섞인다.' 여기서 자기 운명을 상대의 변덕 하나에 맡겨야 하는 여성의 고뇌가 시작된다. 여성의 삶은 남자의 눈길이 자기에게 향해지기를 '기다리다가' 끝이 나며, 여성의 공포는 남자에게서 '버림을 받는' 데서 끝이 난다. 왜냐하면 '그토록 욕망하던 여자는 순식간에 바라고 바라던 객체로 바뀌지만, '버림받고도 여전히 사랑하는 여자는 '단순한 육체로 타락하기' 때문이다. 사랑하는 남자에게서 버림받은 여자는 즉각 아무것도 아닌 존재가 된다. 이것이 사랑밖에 하지 못하는 여자의 숙명이다. 이것은 '자기 운명을 자기 손으로 개척하려 하지 않았던 인간에게 가해지는 혹독한 형벌이다.' 여자가 만일 자기 자신의 존재를 지니고 있었다면 실연은 여자에게 반드시 존재감 전체의 상실을 뜻하지는 않을 것이다. 스탕달에게 실연은 몇 년이나 마음에서 가시지 않았지만, 그것은 '그의 삶을 파괴한다기보다 아름다운 맛을 부여하는 슬픔'이 되었다.

어쨌거나 사랑이 여성에게 있어 삶의 유일한 가치이며 보람이라는 환상은 깨진다. 첫째는 사랑 자체가 끝남으로써, 두 번째로는 남자라도 여자의 존재까지 부여하지는 못한다는 사실에 의해서이다. 자기를 존재케 할 수 있는 것은 자기 자신뿐이다. 사랑이라든가 연애 자체는 인간을 구원하지 않기 때문이다. 사랑이라는 마법 속에서 남자의 의식에 떠오른 환상은 분명 일시적으로 여자에게 존재감을 부여하기는 한다. 그러나 그것은 어디까지나 존재의 환영이다. 단지 사랑을 받기만 하는 것은 자기가 존재하고 있다는 증명이 되지 않는다. 예로부터 사랑은 옮겨가기 쉬운 덧없는 것이라고 하기는 했지만, 그것은 여자라는 타자의존적이고 수동적인 인간이 느끼는 존재의 연약함을 나타내는 말이라고도 할 수 있다.

### 은밀한 타산

여자라고 해서 사랑받음의 덧없음에 만족하고 있지만은 않다. 보부아르는 여자는 사랑이라는 관계 속에서 여자에게 허용된 단 하나의 능동성을 발휘한다고 말한다. 그래서 다른 방면에선 발휘하지 못한 열정의 불꽃을 사랑 하나에 걸려 한다. 그녀는 가치 있는 존재인 남성에게 헌신함으로써 그 가치를 남성과 함께 소유하고, 남성이 지니는 존재에 참여하려 한다. 그리고 남성과 함께 세계의 한쪽 구석에 참가하려 한다. 이때 여자가 할 수 있는 능동적 행위는 자기포기를 통한 헌신이다. 남자는 사랑이라는 끈에 의해 그녀와 일치하고, 그녀를 가치 있는 세상과 접촉하게 해 주는 매개체이다. 여자는 남자라는 신을 통해서 존재의 세계에 다다르려 한다.

보부아르는 말한다. "사랑하는 여자의 가장 큰 행복은 사랑하는 남성에 의해 그의 일부로 인정을 받는 것이다. 그가 '우리'라고 할 때는 그녀는 그와 맺어질 수 있고 그와 일심동체가 되며, 그의 지위를 나눠 가지고 그와 함께 세상의 잔재 위에 군림한다. ……세계에서 추구할 목적을 향해 자기를 투기하고, 그녀가 마땅히 존재할 모습 아래 세계를 회복해 줄 절대적으로 필요한 존재가 됨으로써 사랑하는 여자는 계속해서 자기를 포기해 버리고, 절대적으로 유사한 소유를 체험한다. ……훌륭한 질서를 지닌 세계에서 온전히 자기의 위치를 부여받은 이상, 그것이 두 번째 지위란 사실은 그녀에게 별 문제가 되지 않는다."

사랑의 환상이 아직 수동적 수준에 불과할 때, 사랑은 덧없는 것이란 인식과 함께 있기 때문에 현실과 그다지 동떨어져 있지는 않다. 사랑이란 본디 열정의 북돋움에 따르는 것이므로 환상이 뒤따른다 해도 그것은 지극히 인간다운 일이다. 그러나 보부아르는 말한다. "사랑의 환상이 종교적 확신에까지 강화되면 이것은 도리어 단순한 환상의 범위를 벗어나 자기기만의 영역이 된다."

왜냐하면 여자는 남자를 신으로 삼음으로써 자기의 목적을 남자에게 맡기고, 자유라는 무거운 짐을 내다버리려 하기 때문이다. 더구나 남자가 자유라는 수고에 의해 손에 넣은 것을 자기를 버리는 희생과 교환하여 쉽게 손에 넣으려 한다. 앞에서 말한 것처럼 여기서도 헌신이라는 행위 속에 '헷갈리기 쉬운 의미'가 섞여 있다. 교환에서 보부아르는 뭔가를 암암리에 요구하는 은밀한 타산을 포함하는 헌신과, 자유로운 증여를 구별하고 있다. 그리고 자유로운 증여를 할 수 있는 사람은 자유로운 인간뿐이라고 규정한다. 자유롭지 않은 사람, 예를 들면 헌신밖에 모르는 사람이 하는 헌신은 모두 '혼동하기 쉬운' 것이다. 자유롭지 않은 여자가 헌신의 대가로서 어떻게 아무것도 바라지 않을 수가 있으랴!

여자의 자기소멸의 꿈은 '실제로는 존재하려는 근센 의지'이다. 모든 종교에서 신에 대한 존경과 숭배에는 믿는 사람의 자기구원의 근심이 녹아 있다. 으상에게 자기를 완전히 맡김으로써 여자는 자기의 소유와, 우상 속에 요약돼어 있는 세계의 소유를 동시에 부여받을 수 있기를 바란다.' 이 염치없는 교환의 요구, 곧 은밀한 타산을 의식하지 않는 곳에 여자의 기만이 있다.

### 자유의 파괴

보부아르는 사랑을 함으로써 구원된다는 환상

〈입맞춤〉 구스타프 클림트. 1907~08. 벨베데레 미술관. "사랑하는 여자의 가장 큰 행복은 사랑하는 남성에 의해 그의 일부로 인정받는 것이다."

은 오래 지속되지 않는다고 말한다. 사람은 타인을 구원할 수 없기 때문이다. 남자라 해도 '그의 숭배에 온몸을 바치는 여성을 정당화하지는' 못한다. 자기 존재를 구할 수 있는 것은 오직 한 사람, 자기뿐이다. 여자는 아무리 헌신해도 타인의 자유를 훔치지는 못한다. 사랑에 빠진 여자의 잘못은 타인과 자신의 경계를 없애버릴 수 있다고 믿는 점이다. 그녀는 사랑 속에서 자기 자신의 존재를 발견하려 했지만 거꾸로 자기 자신을 잃어가는 것이다. '출발점에서 나르시시즘의 숭고화라는 형태를 띤 연애는 헌신의 고통스런 기쁨 속에서 완성되고, 때때로 자학으로까지 이끌리기도 한다.' 타인과 자기의 경계를 없애려는 시도는 우선 자기 자신의 자유를 파괴하는 것이기도 하지만, 이것은 동시에 상대의 자유를 파괴하는 것으로 이어진다. '그녀는 그를 통해서만 살아가려

하지는 않는다. 그러나 그녀는 살려 한다. 그는 그녀를 살게 하기 위해 온몸을 바치지 않으면 안 된다.' 이렇게 하여 '증여는 요구로 변질된다.' 이것은 헌신적으로 사랑하는 여자뿐만 아니라 헌신적인 어머니에게도 공통된 논리이다. 요컨대 '그녀는 성가시고 미운 사람'이 된다. 여기서 그녀는 자기모순에 부딪친다. 그녀가 남자에게 맨 처음 바랐던 것은 남자만이 지닌 자유와 초월이었다. 그녀는 '자기 초월을 남자에게 의지함으로써 얻으려' 했던 것이다. 그래서 남자는 자유로운 존재이어야만 한다. 그러나 그녀는 헌신에 의해 남자를 자기의 수인(囚人)으로 삼으려 한다. '수인이 되어 버리면 신은 그 신격을 빼앗긴다.' 그녀는 '이중의 불가능한 요구'라는 모순에 빠져 있다. '자기 연인이 완전히 자기의 것이면서 나아가 타인이기를 바라'는 것이다.

사랑을 하는 여성의 자기기만은 주체를 내다버리는 데에만 머무르지 않는다. 그녀의 다른 한 가지 기만은 상대를 우상화함으로써 상대의 진실을 받아들이지 않는 데 있다. 이것은 남자가 여자의 신화를 만듦으로써 여자의 참된 존재를 무시한 것과 비슷하다. 여자도 또한 남자를 우상화함으로써 남자와의 교류성을 거부한 것이다. 남자와 여자의 이 같은 관계에는 우정이 성립하지 않는다. 남자와 여자의 단절은 남자에 의해서 만들어지기도 했지만, 거꾸로 여자에 의해서도 만들어진다. '그의 앞에 고개를 숙이고 공손한 태도를 취하는 그녀는 그에게 친구가 아니다. 그녀에게는 남자가 이 사회에서는 위험에 노출되어 있다는 것, 그의 계획이나 그의 목적도 그 자신과 마찬가지로 상처받기 쉽고 약한 것임을 이해하지' 못한다. '연인에게 인간의 기준을 적용하려 하지 않는 것', 곧 연인은 '숭배를 받지 않으면 발길질을 당한다.' '그녀는 자신이 그에게 부여한 모습에 그가 일치하지 않으면 실망하고 화를 낸다.' 그러므로 살아 있는 남성은 언제나 '숙명적으로 그녀들의 꿈을 깨뜨린다.'

**사랑의 신화로부터의 해방**

꿈이 깨진 뒤에도 여전히 집요하게 꿈에 매달리는 여성—편집광인 여성—은 '정신병원으로 간다.' 그 정도로 편집적이지도 제멋대로이지도 않은 여성은 '체념한다.' 그때 시는 산문으로 바뀐다. 산문적인 현실 앞에서 모든 것을 포기한다. '그녀는 모든 것을 가진 것은 아니지만 필요하지도 않은 것이다. 그러나 이익이 되기만 해도 충분하지 않은가.' 시적인 관점은 공리적인 관점과 바뀐다.

비록 남자와 여자의 관계에 꿈이 없더라도 서로에게 '도움이 되면' 부부관계는 성립한다. 남자는 생활비를 벌고, 여자는 가정부로서 유능하면 비록 정신적으로 단절되더라도 상관없지 않은가? '이익을 얻는다'는 것이 사회의 중심가치라면 남녀 사이가 그러한들 뭐 어떠랴!

이리하여 남자와 여자의 사이가 자유롭고, 더구나 꿈이 있는 경우는 아주 드문 일이다. 여자가 자기 힘으로 살아가게 되는 것은 이 가능성을 키우는 하나의 열쇠이기는 하다. 곧 여자가 자기 힘으로 사랑의 환상으로부터 스스로를 해방하고, 사랑이라는 이름의 자기기만으로부터 스스로를 해방할 수 있을 정도로 인간으로서 성장했을 때, 꿈은 자유로 이어지리라고 보부아르는 확신한다. '여성이 자신의 연약함 속으로가 아니라 강함 속으로, 도망치기 위해서가 아니라 자기를 발견하기 위해서, 자기를 버리기 위해서가 아니라 자기를 확립하기 위해서 사랑할 수 있게 되는 날이 오면 그때야말로 연애는 그녀에게 남자와 마찬가지로 생명의 샘이 되고, 치명적인 위험이 아니게 될 것이다.'

사랑이 참된 의미를 갖는 것은 여자가 사랑이라는 신화로부터 해방된 때이다. 여자가 좌절된 삶의 구제책으로서 사랑을 바라지 않게 되었을 때이다. 사랑은 그 짐을 지는 여성의 자유로운 주체성이 실현되었을 때, 꽃을 피운다. 독일의 시인 실러는 '아름다움은 자유의 딸이다'라고 했지만, 이것의 반대는 성립하지 않는다. 감정의 아름다움은 자유로운 정신의 결과이다. '참된 사랑은 두 사람의 자유가 서로 상대를 인정하는 데서 시작되어야 한다. 그때는 두 연인이 서로를 자기 자신이자 타자로서 경험하고, 어느 쪽도 초월을 내버리지 않고, 또 어느 쪽도 자기를 불구로 만들지 않으면서 서로 손잡고 세계 속에서 가치와 목적을 발견할 것이다. 두 사람에게 사랑은 자기를 줌으로써 자기 자신을 온전히 드러내 보이고, 세상을 풍요롭게 만드는 행위가 될 것이다.'

《노년 *La Vieillesse*》(1970)

### 보부아르의 인간론

'늙음'이란 언젠가는 우리 모두 이르게 될 미래이다. 그러나 우리는 일반적으로 나이가 들어서 맞게 될 비참한 미래를 생각하지 않으려 한다. 보부아르는 그런 태도에서 미래의 불안으로부터 벗어나려는 인간의 자기기만을 보고 있다.

젊음의 화려함 속에서 미래의 노쇠함을 보는 것이야말로 삶을 전체적으로 보는 것이다. 이것이 거짓 없이 바라보는 것이다. 삶 전체에 대해 속임수와 기만을 벗겨내려는 보부아르에게 '늙음'이란 인간이라면 누구나 맞닥뜨리게 될 주제였다. 그보다는 '늙음'이라는 언뜻 흔하고 소박하기만 한 주제가 그녀 인간론의 최종적 결론이기까지 한 것에 놀라게 된다.

보부아르가 자신의 여성론에 있어서 논한 것은 여성이 여성이기 때문에 얼마나 인간성으로부터 소외되어 왔는가 하는 점이었다. 이번 주제인 '늙음'에는 인간이 늙음 때문에 인간성으로부터 얼마나 소외되는가 하는 점을 논하고 있다. 여성과 노인에게 공통적인 점은—소수의 예외를 제외하고—사회에서의 첫 번째 지위로부터 추방되어 있다는 것, 발언권에 있어서도, 수입의 측면에 있어서도 여성과 노인은 장년 남성에 비하면 훨씬 낮은 지위에 놓여 있다. 노인은 여성과 마찬가지로 가치가 낮은 존재로 여겨진다. 곧 '쓸모없는 자', '남겨진 자'이다. 여기서 보부아르가 말하는 '사생아'의 개념을 다시 볼 수 있다. 사생아의 존재가치는 언제나 반은 긍정되고, 반은 부정된다. 그의 존재는 그 자신에 의해 존재하는 것이 아니라 언제나 그를 보호하는 입장에 있는 사람—어떤 경우는 육친이고, 어떤 경우는 공공 기관이나 국가 등이지만—의 변덕이나 우연에 휘둘릴 수밖에 없다. 노인은 늙음이라는 육체적 약점 때문에 여성이나 사생아와 똑같은 불안정한 숙명을 진 존재인 것이다. 이 '늙음'이라는 불안정함 속에서 인간은 얼마나 소외되어 가는가, 그리고 그 소외를 어떻게 극복할 수 있는가 하는 점이 보부아르의 '늙음'의 주제이다. 여성, 사생아, 노인 같은 사회로부터 무가치하다는 낙인이 찍힌 인간이 어떤 방법으로 가치 있는 삶을 창조할 수 있을 것인가?

보부아르는 이러한 노인을 두 가지 관점으로 나누어서 논하고 있다. 《노년》의 제1부에서는 외부적 관점에서, 곧 '과학, 역사, 사회의 대상'으로서 노인을 다루고, 제2부에서는 내부적 관점에서 '그가 자신의 늙음을 어떻게 살리는가'를 다루고 있다.

### (1) 외부에서의 관점

**'철저한 변혁' 추구**

여기서는 노인을 '과학, 역사, 사회의 대상'으로서의 측면에서, 곧 '외적 측면에서' 서술한다. 인간의 늙음은 다른 동물과 달리 단순히 생물적 차원의 문제로 볼 수는 없다. 인간 사회는 어린이를 보호하고 기르는 점에선 동물사회와 똑같지만, 노인을 보호하거나, 위로하거나, 공경하는, 다른 어떤 동물도 지니지 않은 특징을 갖는다. 따라서 젊은 사람이 노인과 어떤 관계를 유지하며 살아가는가 하는 점은 매우 문화적인 문제이다. 보부아르에 따르면, 노인이

《노년》(1970) 표지

'단순한 쓰레기로', '하나의 폐품'으로 취급된다면 그것은 우리 운명의 좌절을 나타내는 것이다. 그녀에게 노인의 해방이란 단순히 연금을 보장하거나 훌륭한 시설을 짓는 것만은 아니다. 노인을 한 인간으로서 어떻게 보는가 하는 점이다. 결론적으로는 체제 전체의 변혁을 포함한 '철저한 변혁'을 추구하고 있기는 하지만 말이다.

**생물학적인 늙음**

'늙음'은 모든 사람에게 찾아오는 과정이기는 하지만, '늙음'의 진행은 각 개인에 따라 심한 차이가 있다. 보부아르는 미국의 노년학자 호웰의 말을 인용

한다. 노화는 '모든 사람이 같은 속도로 내려가는 내리막길이 아니다. 그것은 어떤 사람이 다른 사람보다 빨리 굴러 떨어지는 불규칙한 단계이다.' 예를 들면 기억력에 관하여 보부아르는 다음과 같은 통계를 들고 있다. '누구나 늙어가면서 기억력이 쇠퇴하지만, 두뇌를 쓰는 일에 종사하는 사람이 손을 사용하는 일에 종사하는 사람보다 노화 속도가 느리고, 과거에 숙련노동에 종사했던 사람이 비숙련노동자에 종사했던 사람보다, 아직 일을 하는 사람이 퇴직자보다 노화 속도가 느리다는 것이 밝혀졌다.'

그럼에도 불구하고 일반적으로 볼 때, 모든 개인에게 '늙음'은 '불가피하고 불가역적인 현상'이다. '어떤 시기부터 모든 개인은 기능의 저하가 나타난다. '아름다운 노년'이라든가 '원기왕성한 노년'이란 말을 할 때, 이는 고령자가 육체적으로나 정신적으로 하나의 평형을 찾아냈다는 것이지 그의 육체나 기억력, 정신운동의 적응능력이 젊은 사람과 똑같다는 것은 아니다'라고 보부아르는 말한다. '생리적 노화'란 '탄생이나 성장, 죽음과 마찬가지로 삶의 과정에 내재하는 것'이고, '죽음과 마찬가지로 각 유기체는 자기 성취의 불가피한 귀결로서 최초의 출발점에서부터 늙음을 내포하고 있다.'

**미개사회의 노인**

미개사회에서 성인과 노인의 관계는 몹시 냉엄한 것이었다. 성인 자체의 생존이 늘 위험에 노출되어 있는 사회에선 노인들은 모두 '양식이나 축내는 귀찮고 무거운 짐'이 된다. '매우 가난한 종족, 특히 이동을 하는 종족은 쌍둥이와 노인을 죽인다. 쌍둥이를 해하지 않고 노인을 해하는 관습이 있는 경우도 있다. 그러나 그 반대가 없는 것은 미래를 나타내는 어린이가 단순한 폐품에 불과한 노인보다 우위에 있기 때문이다.' 그리고 보부아르는 일본의 '나라야마 부시코'를 든다. "일본의 몇몇 벽지에서는 상당히 최근까지만 해도 마을이 매우 가난했기 때문에 사람들은 살아남기 위해 어쩔 수 없이 노인들을 희생시켰다고 한다. 그들은 '시데(死出) 산'이라는 곳의 꼭대기까지 운반되어 그곳에 버려졌다." 아들은 "어머니를 가슴 깊이 사랑하지만, 그 효심은 사회가 부여하는 틀 속에서 전개된다. 필요성이 이 관습을 만든 이상, 늙은 어머니를 산꼭대기로 옮겨야만 그는 헌신적인 아들임을 보일 수 있다"고 그녀는 말한다.

그러나 노인은 한편으론 존경을 받으며, 두려움의 대상이기도 하다. 여자의 경우와 마찬가지로 노인이라는 '타자'에게도 양의성이 있다. 노인은 실제로 '경험, 축적된 지식'이라는 '비장의 카드'를 쥐고 있다. 그 밖에 노인을 주술사, 사제 등의 성격을 지닌 사람으로서 두려워하기도 한다. 보부아르는 노인의 양의성에 대해 다음과 같이 말한다. "노인은 아인(亞人, 곱사등이)이자 초인(超人)이다. 수족이 말을 듣지 않고, 도움이 되지 않는 그는 '초자연과 인간 사이의' 중개자이자 주술사이고, 사제이다. 그는 인간의 처지를 초월한 지점 또는 그 가까이에 있으며, 때때로 둘을 겸한다."

보부아르는 여성은 여성이기 때문에, 노년은 늙음 때문에 인간성으로부터 얼마나 소외되어 왔는가를 깊이 있게 논한다.

이러한 양의성이 가장 극단적으로 나타난 예는 미개사회 우두머리의 경우이다. 건강한 동안 우두머리는 '신성'의 화신으로 숭배를 받지만, 만일 이때, 신성이 늙음에 의해 쇠퇴하기 시작하면 이미 공동체를 효과적으로 지킬 수 없게 되므로 그는 '노화가 진행되기 전에', '병이나 쇠약함은 무능력의 최초 징후로서' 살해당한다. 우두머리가 자연사를 하게 되면 '신도 그와 함께 죽어 세상은 이내 멸망한다'고 생각했다. 거꾸로 '힘이 왕성할 때 죽음을 당하면 우두머리는 후계자에게 굳센 영혼을 전수한다'고 믿었다. 이런 노인들에게 양의성은 건강할 때와 노쇠할 때를 갈라놓는 가공할 단절이 되어 나타나는 것이다.

그러나 이와 반대의 경우도 성립한다. '노인들을 살해하지 않는 몹시 가난한 미개종족의 경우도 있다.' 혹독한 환경에도 불구하고 어린아이들을 매우 우대하는 종족의 노인들은 존경받고 살뜰한 보살핌을 받는다. 곧 '경제와 혈육의 애정 사이에 행복한 평형이 유지되는' 종족도 또한 존재하는 것이다. 이와 같이 똑같은 경제적 수준이라 해도 문화적인 차이가 언제나 존재한다는 것은 매우 흥미롭다. 보부아르는 말한다. "어릴 때 받은 대우가 뒷날 그의 성격 발달에 얼마만큼 중요한지는 잘 알려져 있다. 음식과 보살핌과 애정이 부족하면 어린이는 원한과 공포, 나아가 증오를 품고 자라며, 성인이 되면 타인과의 관계가 공격적이 된다."

이처럼 노인은 어린아이와 함께 약자인 타자의 입장에 있는 사람이다. 비록 아무리 높은 지위를 우연히 받았다 해도 '노인의 사회적 지위는 결코 그의 손으로 얻는 것이 아니라 주어진다는 것이다.' 노인이란 '하나의 생리적 숙명을 띤' 사람, 곧 '비생산적인' 사람인 것이다. 노인들에 대한 미개인의 이런 태도는 '매우 다양'하다. '죽음을 당하거나, 또는 죽은 채로 버려지거나, 아니면 살아가는 데 필요한 최소한의 것만 주어지거나 또는 편안한 노년을 보장받는'다. 그러나 어쨌거나 '자원이 불충분한 농경 사회 또는 유목 사회에서 가장 많은 선택은 노인들을 희생시키는 것'이다.

경제발전에 따른 여유는 이와 같은 노인의 가혹한 운명을 분명히 줄이게 만든다. 그러나 미개인에 의해 적나라하게 드러난, 성인과 노인의 이러한 관계 방식이야말로 문화적인 문제이며, 우리의 영원한 과제인 것이다.

### 노인과 여성의 차이

보부아르는 '역사상 사회가 노인에 대해 취했던 다양한 태도와, 그 사회들이 노인에 대해 만들어 낸 이미지'를 열거한다.

노인은 여자와 마찬가지로 사회에서 타자이지만, 그 정도는 여자보다 심하다. 노인은 능력을 잃었을 때 '여성보다 훨씬 철저하게 순수한 객체가 된다. 곧 교환화폐도, 생식자도, 생산자도 아닌 성가신 존재인 것이다.' 여성이나 어린아이는 비록 인간으로 인정받지는 못해도 유용성이라는 관점에서 사회에 필요한 존재이다. 아름다움이나 귀여움도 하나의 유용성이다. 자유로운 존재로서 사회에 편입되어 있지는 않아도 사물적 존재로서는 사회에 필요불가결한 존재이다. 곧 물건으로서 쓸모가 있다. 노인은 이 유용성이라는 카드를 쥐고 있지 않다. 그러므로 여성이 늙으면 이중으로 설 자리를 잃는다. '여성의 처지는 성욕의 대상이므로 나이가 들어 추해졌을 때, 그녀는 사회 속에 할당된 장소

를 잃는다. 그녀는 괴물로 바뀌어 혐오와 공포마저 일으킨다.'

### 중국의 노인

보부아르에 따르면 중국은 '노인에게 유례없이 특권적인 환경을 주는' 나라이다. 그 역사적 원인으로는 '문명이 몇 세기 동안이나 유구하게 이어져 내려왔고, 엄격하게 계급화되어 있었기 때문이다.' 이것은 '중앙집권화된 전제적 권력을 필요로 하는 물(水)의 문명', 곧 집약농업이라는 지리적 경제적 조건 때문이다. '집약농업은 힘보다 경험을 필요로' 했다. 행정조직에 있어서 '그 위계와 책임은 세월과 함께 증대하고, 꼭대기에는 필연적으로 가장 나이 많은 연장자들이 있었다. 연장자들이 차지하는 이러한 높은 지위는 가정 안에서도 반영되었다.' '가족의 경계를 초월하여 존경은 모든 연장자에게 미쳤다.' 따라서 중국에선 노화를 꺼리기는커녕, '늙음' 그 자체가 인간성의 최고 완성의 단계로 여겨지는 것에 특히 주목해야 한다. 공자의 유명한 말을 보부아르는 인용한다.

'15세에 학문에 뜻을 두고, 30세에 독립을 하며, 40세에 유혹에 빠지지 않게 되고, 50세에 하늘의 뜻을 알게 되며, 60세에 남의 말을 들어도 화내지 않게 되고, 70세에 마음이 하고 싶은 바를 따르더라도 법도에 어긋나지 않는다.' 그러나 이와 같이 늙음이 성스런 것으로 찬미받았지만, 당시 장수하는 사람은 아주 소수에 불과했다. 이리하여 중국에선 젊은 사람이 연장자의 압제에 고통을 당하는 일은 있어도 '늙음이 재앙으로 고발을 당하는 경우는 결코 없었던' 것이다.

### 서유럽의 노인

서유럽에서의 늙음은 중국과 다른 양상을 띤다. 첫째, 서우럽에선 중국처럼 늙음 자체가 무조건적으로 찬미를 받는 경우는 없다. 두 번째로 서유럽에선 중국처럼 젊은이가 연장자에게 무조건 순종하지 않으므로 신화에서 보다시피 세대 간의 투쟁, 곧 아버지와 아들의 다툼이 있다. 말하자면 서유럽에선 노인의 사회적 지위가 절대적, 전제적으로 무조건 높지는 않았으며, 늙음은 다양한 양상을 띠고, 산인과의 관계도 드라마틱한 양상을 띠었던 것이다. 서유럽에서도 사회질서가 안정되어 있고, 노인이 권력을 쥔 경우 노령은 가치 있는 것으로 여겼다. 그러나 '변화, 확장, 혁명의 시기에 노인은 어떤 정치적 역할도 하지 못했다.' 곧 세상이 어지럽고 약육강식의 시대, 부를 무력으로만 지킬 수 있는 시대에는 노인은 그림자가 옅은 존재일 수밖에 없었다고 보부아르는 말한다. 봉건사회의 경우, 영지는 칼의 힘으로 지켜졌고, 신하는 주인에 대해 무기로 섬기는 사회이기 때문에 노인의 상황은 '극도로 불리했다.' 이 시기에 세계의 주도권을 장악했던 것은 언제나 '원기왕성한 사내'였다.

서유럽에서 늙음은 중국의 경우처럼 모조리 상승하는 이미지로 파악하지 않았다. 늙음은 어떤 면에선 진보이지만, 어떤 면에서는 퇴보라는 관점에서 파악한다. 보부아르는 말한다. "대다수의 고대 도시국가들은 노령에 자격을 부여했지만, 개인이 일으키는 변신으로서의 늙음은 환영받지 못했다."

같은 그리스라도 육체의 가치를 어떻게 보는가에 따라 플라톤과 아리스토텔레스가 다른 결론을 내놓고 있음은 매우 흥미롭다. 플라톤은 인간의 진실은 '불사의 영혼 속에 존재하는 것이고, 육체는 겉보기에 불과하다'고 생각했으므로 '노령에 의한 쇠퇴는 영혼에는 영향을 끼치지 않는다.' '육체의 욕망과 활력이 쇠하더라도 영혼은 그로 인해 한층 자유로워진다'는 결론을 내놓았다. 그는 '노인정치'를 이상으로 여겼다.

이에 반해 아리스토텔레스는 '영혼은 순수한 지성이 아니며…… 육체와 필연적인 관계를 맺고 있다'고 생각했으므로 '육체를 침해하는 질병은 개인 전체에 영향을 끼친다'고 보고, '노년이 행복하려면 육체가 손상되지 않은 상태일 필요가 있다'고 했다. 그는 인간은 '50세까지 진보한다'고 생각했는데 이 연령 뒤에는 '육체의 쇠함은 인격 전체의 쇠함을 불러온다'고 보았다. '정신에도 육체와 마찬가지로 노령이 있'으므로 '고령의 사람들을 권력으로부터 멀리해야' 한다는 결론을 내렸다. 아리스토텔레스에게 늙음은 '어둡고 우울한 것'이었다.

### 늙음은 잊힌다

그리스도교에서 신은 삼위일체, 곧 성자, 성부, 성령에 의해 표현되는데, 그 중심은 항상 성자인 그리스도이다. '그리스도교는 무엇보다 그리스도의 종교였다.' 아들인 그리스도가 '남자의 전성기에 죽은' 것에 주목해야 한다. 이것은 '젊은이 우위'를 주장하는 중세 이데올로기의 영향이라고 보부아르는 말한다. '성부와 성령은 그림자를 감추었다. 미사는 이미 아버지인 신에게 바쳐진 성스

노인(소말리아)
일반적으로 모든 개인에게 '늙음'은 불가피하고 불가역적인 현상이다.

런 제례가 아니라 교활한 형벌의 표현이다.' '엄청난 수의 인물 그림과 상이 그리스도의 유년기와 ……성가족을 주제로 삼는다. 이와 같이 예수의 생애를 표현함으로써 유년기, 청년기 그리고 특히 성년시대가 성스러워진다. 늙음은 잊히는 것이다.'

### 르네상스 시대의 노인

르네상스 시대에는 도시에 새로운 부유층이 구성되었다. 그들은 '상품과 화폐를 저장할 수 있게' 되었다. 이 변화는 넉넉한 계급의 '노인들의 처지를 수정'해냈다. 곧 '부의 축적이 의해 그들은 강력해지고, '관심을 받게' 되었다.

그러나 노인에 대한 이미지는 여전히 고약했다. '이탈리아에선 보카치오, 영국에선 초서(1342~1400)가, 용모가 아름다운 여성들을 자기 것으로 삼기 위해 자기의 부를 이용하는 넉넉한 노인들을 웃음거리로 삼았다.' 이 심술궂음은 노파에 대해서는 극단적으로 발휘된다. '르네상스는 육체의 아름다움을 높이 기리고, 여성의 그것은 구름의 높이로까지 올라간다. 때문에 노인의 추함은 한층 꺼리는 것으로 여겨진다. 노파의 추함이 그토록 잔혹하게 다루어진 적은 없었다.' 보부아르는 '중세의 여성혐오'라는 말을 사용하고 있는데 이것은 유명한 마녀박해 사실로도 알 수 있다.

### 몽테뉴의 태도

보부아르는 노인 편견에서 벗어난 사람으로 몽테뉴를 들고 있다. 몽테뉴야말로 '그 세기(16세기)에 상투어를 철저히 멀리했던' 단 한 사람의 작가라고 말한다. '몽테뉴 이전에 어느 누구도 말한 적이 없었던 방법으로 그것에 대해, 자기 자신의 경험에 바탕하여 노년을 스스로에게 물었던 것이다. 거기에 그의 깊이의 비밀이 있다.' '몽테뉴는 늙음의 우롱도 찬양도 거부한다.' 그는 늙음을 기림과 동시에 바보 취급하는 모순을 범하고 있지 않다. 몽테뉴는 35세를 지난 시기에 다음과 같이 썼다. '나로 말하자면 이 연령을 지나고 보니 정신도 육체도 능력이 증가하기보다는 감소되었고, 전진보다는 후퇴했다는 생각이 든다. 시간을 제대로 사용하는 사람들에게는 나이와 함께 학문과 경험이 늘어날 수는 있다. 하지만 활발함이나 민첩함, 왕성함보다 더 중요하고, 좀더 나 자신의 것이며, 좀더 본질적인 특성은 위축되고 쇠약해진다.' '긴 세월 동안에 나도 늙었지만 지혜로워진다는 점에선 확실히 조금도 진전이 없다. 지금의 나와 얼마 전의 나하고는 분명 다르다. 그렇지만 어느 쪽이 나으냐고 하면 뭐라 말할 수 없다.' 또한 '늙어서도 곰팡내 나지 않는 신선한 정신을 갖기란 거의 불가능하고, 있다 해도 매우 드물다'고 쓰고 있다.

이와 같이 몽테뉴는 자기 자신의 늙음을 어떤 '자기기만'도 없이 있는 그대로 바라볼 수 있었다. 이러한 몽테뉴의 태도는 나이든 자기 자신에 대한 거짓을 꾸준히 없애 나가는 태도라고 할 수 있다. 몽테뉴는 단 한 가지, 이와 같은 '자기 자신에 대한 엄격함'에 있어서 쇠퇴하지 않았던 것이다. 보부아르는 말한다. "그는 스스로를 쇠약해졌다고 느끼는 그 순간에 가장 위대했다. 그러나 어쩌면 자기 자신에 대한 엄격함이 없었다면 그는 이 위대성에 이르지 못했을 것이다. 자기만족이란 것은 모든 글쓰기를 헛되게 만들지만, 늙어가는 몽테뉴는 거기서 자신을 지킬 수 있었다. 그가 진보하고 있는 것은 세계와 자기 자신에 대한 태도가 점차 비판적이 되었기 때문이다."

### 셰익스피어의 견해

셰익스피어는 늙음을 주제로 하여 《리어왕》이라는 위대한 작품을 썼다. '그는 노인 드라마를 통하여 우리 실존의 부조리한 공포를 남김없이 표현했다.' 몽테뉴가 자기기만이 없는 노인이라고 한다면, 리어는 반대의 인물이다. '왕인 그는 가장 극단적인 칭찬의 말에 익숙해 있고, 추종에 손쉽게 속게 되어 있었'으므로 그는 노후의 자신을 가장 말솜씨가 능란한 사람에게 맡겨버리고, 가장 믿을 만한 사람을 내친다. 그의 성격은 '편협하고, 완고하고 전제적'이며, 그 '미망(迷妄)'의 정도는 '광기'에 가깝다. 그는 '현실에 적응하지 못했기' 때문에 마지막에는 '비극적인 극기 상태'에 놓이고, 정말로 머리가 돌아버린다. 그러나 그는 착란 상태에서 마침내 진실을 이해하고, 코델리아를 껴안는다. 하지만 때는 이미 늦어 코델리아는 이미 주검이 되었고, 그 자신에게도 '죽음 이외의 길은 없다.' 보부아르는 말한다. '이것은 우리의 무익한 수난의 무의미함을 분명하게 드러낸 작품으로서의 늙음에 대한 비극이다. 생존의 종말이 이와 같은 착란과 무력함의 상태라면 인생 전체는 이 조명을 받아 비참한 모험으로 계시되는 것이다.'

이것도 하나의 노인의 모습이다. '그를 움직이는 것은 맹목적인 정념'이다. 셰익스피어는 다른 작품에서 '야심이나 질투, 원한의 포로가 된 인간을 그려냈지'만, 여기서는 '나이의 숙명에 짜부라진' 인간을 그려낸 것이다. 셰익스피어는 '늙음 속에서 현명함이 아닌 미망을 보고 있었다'고 할 수 있다. 그렇게 노인의 어두운 측면을 '사회로부터 동떨어지고 추방된 존재'로서의 노인을 빼어나게 묘사했던 것이다.

### 오늘날 노인문제

18세기에는 자유와 평등의 정신에 의해 '동포의' 개념이 확대'되었다. 그것은 '문명화된 성인만의 영토'가 아니게 되어, '야만인', '어린이', '노인'으로까지 확대되었다. '국가는 모든 사람에게 생존의 권리가 있음을 인정한 것처럼 보였다.' 사회는 빈민과 노인의 비참함을 구제해야 한다는 방향으로 움직였다.

기술의 진보에 따라 '물질생활은 ……한층 쾌적하고 피로가 적어졌다.' 또한 '지성과 경험의 각종 자질'이 요구되기에 이르렀고, '육체적 노력은 그다지 필요치 않게 되었다.' 그리하여 '인간의 활동기간은 연장되었다.' 노인이라는 육체적 조건은 전처럼 불리하지 않게 된 것이다.

또한 부의 축적에 있어서 노인의 역할은 명확히 의식되어갔다. 부는 가정의 부자상속에 의해 축적이 가능했다. 따라서 가정은 '자본주의의 기초임과 동시에 부르주아 개인주의가 꽃피는 국가의 기초'가 되었다. '나이가 들어서도 가장은 여전히 그의 재산의 보유자이고, 경제적 위신을 누릴' 수 있었다. 부의 축적과 노력은 비례했던 것이다.

그러나 이러한 상승적인 이미지들 가운데서 늙음이라는 쇠퇴해 가는 이미지는 더욱 선명해졌다. 진보하는 세계 속에서 '세계의 발전을 따라가지 못하고 그는 뒤처지고, 고독하게 자기 내부로 숨어들고, 그에게서 멀어져가는 모든 것들에게 도외시'되는 '이방인'의 고독한 운명이 되기도 했다.

19세기의 특징은 인구증가와 그에 따른 노인 수의 증가이다. 문학에서도 마침내 가난한 노인들이 등장하기 시작한다. 그리고 가난한 노인과 특권적 노인의 대조가 다른 어떤 시대보다도 도드라진 시기이기도 하다.

산업혁명은 한편으론 부유한 노인의 존재를 가능케 했지만, 실제로는 '인적 자원의 믿어지지 않을 정도의 낭비를 그 대가로 치루었다. ……모든 노동자가 제 명을 누리지 못하고 일찍 죽어간 것이다. 살아남은 사람은 노령 때문에 고용이 불가능해지자 여러 곳에서 가난에 빠졌다.' 그들은 자녀에게 의지하는 길 외에 다른 방도가 없었지만, 자녀도 '아슬아슬한 가난의 처지에 있었다.' 또한 자녀 쪽에서도 의무를 게을리 했다.

20세기의 특징은 가족이 점차 해체되고, '가장 중심적 가정'이 무너진 결과, 사회가 '가족을 대신하여 노인을 돌보지 않을 수 없게 된' 점이다. 다른 하나는 눈부신 기술의 진보로 노인의 입장이 불리해진 점이다. '지식은 오늘날의 기술주의 사회에선 시간과 함께 집적되는 것이 아니라, 시대에 뒤처지게 된(효력을 잃는)다고 보고 있다.'

요즈음의 기계문명이 인간을 용도폐기하는 한, 노인의 비극은 사라지지 않는다. 오늘의 문제는 성인 대 노인의 문제 외에 특권적 노인과 가난한 노인의 대립이라고 보부아르는 말한다. 노인이라는 개념이 모순으로 가득 찬 것, 즉 '한편으로는 공경을 받아야 할 존재이고, 다른 한편으로는 경멸해야 할 존재'인 이유도 그녀는 계급의 대립에서 찾는다. 지배계급이 '노령자에게 지배 또는 영향을 받을 때는 노령에 대하여 가치를 부여'했었지만, 가난한 노인의 가치는 항상 무시되어 왔던 것이다.

## (2) 내부에서의 관점

**늙음이란**

여기서 다루고 있는 것은 노인이 '그의 늙음을 어떻게 살아 나가는가' 하는 점이다. 보부아르에 따르면 늙음이란 곧 투기의 쇠퇴이다. 끊임없는 투기야말로 그녀가 말하는 자유의 철학이었다. 그러나 노인이 되면 육체가 쇠약해진다. 성인에게 육체는 자기의 투기를 위한 수단이다. 늙음이란 첫째로 이 수단의 쇠퇴이다.

투기가 쇠퇴하기 시작하면 세상이 쓸쓸해진다. 보부아르에게 세계가 의미를 갖는 것은 주체의 '투기'에 의한 관계를 통해서였다. '세계는 우리의 투기의 빛을 받아야만 열리는 것이다. ……우리가 '늙어서' 여러 활동을 포기하는 것은 과거 그것들이 가로막고 있던 게으른 무릉도원에 우리가 이르는 것이 아니라, 미래를 불모이게 함으로써 우주를 황량하게 만드는 것이다.'

늙음이란 이상과 같은 악순환을 지니고 있다. 육체의 쇠퇴, 곧 투기의 쇠퇴는 세계를 가난하게 하고, 공허하게 하고, 호기심을 약하게 만든다. 그 결과, 노인은 세계에 대한 관심과 투기할 정열을 점차 잃어 간다. 이렇게 하여 노인은 살아갈 의욕도 잃어 간다. 이때, 육체적인 죽음과는 다른 의미의 죽음, 곧 주관적인 의미에서의 죽음, 정신적인 죽음이 다가온다. 인간이 육체적으로 쇠퇴한 결과, '뭔가에 정열을 갖는 것'이 불가능해지고, '여러 가지 기도(企圖)'를 이룩할 수 없게 되었을 때, 늙음은 '간접적으로' 죽음을 불러온다고 할 수 있다. 살아 있지만 죽어 있는 상태도 있을 수 있다. 곧 '무위가 호기심과 정열을 스러지게 하고, 다음엔 무관심이 세계를 황량하게' 한다. '그때 죽음이 우리에게, 그리고 사물 속에 정착한다.'

**끊임없는 투기**

그러면 노인은 이러한 살아 있지만 죽은 상태를 어떻게 하면 피할 수 있을까? 보부아르의 답은 끊임없는 투기이다. 늙음이라는 '육체의 중압'을 편하게 받아들이면서 끊임없이 싸워 나가는 수밖에 없다. 그녀에 따르면 투기한 결과보다 투기한다는 주체적 행위가 중요하다. 헤밍웨이의 《노인과 바다》에서 늙은 어부는 거대한 물고기를 낚지만, 육지로 가져오는 동안 그 고기의 살은 상어들이 먹어 버려 흔적도 없다. 그러나 보부아르는 말한다. "노인에게 문제였던 것은 그의 동년배 대부분의 인생이 그러했듯 무기력한 인생을 거부하고, 용기와 인내라는 남성적 가치들을 마지막까지 주장하는 것이었다." 그리고 "인간(남자)은 파괴당하는 일은 있어도 정복당하는 일은 없다"는 어부의 말을 인용한다.

'불굴'이야말로 노인에게 필요하다. '모든 '화창한 노년'은 결코 저절로 얻어지지 않는다. 단지 그뿐만 아니다. 그것은 매순간마다 승리와 패배의 극복을 의미한다.' 투기하는 정열 자체는 젊은이에게나 노인에게나 공통된다. 투기하는 정열만이 '자기의 한계에서 벗어나 인생을 막다른 골목으로 끝나게 하지 않고, 그것을 모험삼아 다시 사는 것'을 가능하게 한다. 그러므로 "문제는 젊음이라기보다 다시 젊어질 능력이 있는가에 있다"고 보부아르는 잘라 말한다.

늙음이라는 숙명을 어떻게 받아들이는가 하는 태도가 중요한 것이다. 즉 '많은 경우, 육체의 중압은 육체에 대한 그 사람의 태도만큼 중요하지는 않다.' 문제는 주체적인 자세, 투기하는 정열에 있다.

이와 같은 정열을 일생토록 지니려면 장년기의 생활방식이 중요하다. 살기 위해 일하는 가운데서도 '자기소외를 당하지 않는, 거짓이나 꾸며낸 것이 아닌 활동과 관계'가 있어야 한다. 장년기의 지위나 역할이 불러오는 가치의 환영에 현혹되지 않았던 사람은 노년이 되어 직장을 잃어도 실추로는 느끼지 않는다. 그렇기는커녕 지위나 역할 때문에 억누르고 있던 제약들로부터 자유로워진 것을 해방으로 생각한다. 생활을 위한 이해관계들로 얽혀 있던 활동이나 인간관계로부터 풀려난다. '늙음은 인간을 환영으로부터 해방한다.'

유년기와 청년기에는 '인생은 상승일로에 있고', 중년에도 직업인으로서의 진보나 생활정도의 진보, 자녀교육의 진보 등 '상승의 개념은 계속 존재한다.' 그러다 어느 시점에서 갑자기 '이제는 무덤 이외엔 갈 곳이 없다는' 것을 느낀다. '어떤 목표를 향하여 나아가고 있었다고 생각한 것은 착각이었음을 깨닫는다.' '그때 우리 역사의 '무익한 수난'으로서의 성격이 시작되는 것이다.' 이와 같이 인생의 종말에 다가가면 인생의 각 단계에서 마음속에 그리던 목적마저 환영에 불과하다는 것을 깨닫는다.

그러나 보부아르는 그렇더라도 여전히 남는 진실한 것이 있다고 말한다. 명성이나 세속적인 성공은 하나의 환영이지만, 아직 그 속에 본디의 것이 남아 있을 수 있다고 한다. 브부아르는 노인이 '나이가 들어서 자기의 작품에 의심을 가질 때야말로' 그 본성을 되찾는다고 말한다. 회의(懷疑) 자체의 작용에 의해 노년기의 작품을 최고의 완성으로까지 가져간 사람의 예로 그녀는 렘브란트, 미켈란젤로, 베르디, 모네 등을 든다.

늙어서도 세계에 관심을 갖고, 투기에의 정돌을 지속적으로 가질 수 있는 조건은 이와 같이 장년기에 환영에 빠지지 않고, 자기의 본성을 꾸준히 가져

영화 〈노인과 바다〉 한 장면(1958)

가는 것이다. 곧 '그가 장년기 이후의 시간(의 작용)을 아랑곳하지 않는 사업에 쏟아 붓는 것을 전제로 한다.' 그리고 환영이라든지 이해(利害)의 유대에 의하지 않는, 진정한 타자와의 교류를 구축할 수 있어야 한다. 사업의 내용은 무엇이든 상관없다. 그것은 개인, 공동체, 공공복지 등에 대한 헌신도 좋고, 사회적 또는 정치적인 일, 지적이고 창조적인 일도 괜찮다.

이와 같은 조건이 있으면 '그의 늙음은 묵과된다(잠재적으로 보류된다)'. 곧 '늙음은 존재하지 않는다.' '현재 어떤 종류의 혜택을 받은 경우에 볼 수 있다시피 개인은 나이에 따라 약해지기는 하지만, 눈에 띌 정도의 능력이나 가치의 저하는 볼 수 없고, 어느 날 도저히 이겨내지 못할 병에 걸려 쓰러진다. 그러나 그는 몸으로 실추를 입지 않고 죽는 것이다.' 그곳에선 늙음, 곧 고령기란 '청년기나 장년기와는 다르지만, 고유의 균형을 이루고, 개인에게 넓은 범위의 가능성을 허락하는 인생의 한때가 될 것이다'라고 그녀는 말한다.

### 사회의 죄악

그러나 과거의 '어떤 나라에서도, 어떤 시대에도 이와 같은 조건이 실현된 적은 없었다.' 현대는 노인에 대한 연금제도와 복지정책이 보급되어 오고 있다. 그럼에도 불구하고 대다수의 노인은 불행하다. 이것은 모두 개인의 책임일까? 보부아르는 사회의 책임을 강조한다. 곧 개인을 수단 또는 도구로만 취급하다가 용도폐기하는 '사회의 죄악'을 들고 있다. '정년퇴직자가 그의 현재 생활의 무의미함에 절망하고 있다면 그것은 그의 인생의미를 애초부터 빼앗겼기 때문이다. ……직업의 강제에서 해방될 때, 그는 자기의 주위에서 이젠 사막밖에는 발견하지 못한다. 그에게는 세계를 목적과 가치, 삶의 보람으로 채울 수 있게 했던 여러 투기들에 참여할 방도가 주어져 있지 않은 것이다. 이것이 우리 사회의 죄악이다.'

사회가 비록 노인요양시설을 지어 주고, 노인에게 연금을 주어 생활을 보장해주어도 이 죄악을 갚지는 못한다. 곧 '사람들이 일생토록 희생되었던 계통적 파괴를 보상받지는 못한다.' '그들의 인생에 의미를 부여하는 교양, 관심사, 책임을 그들을 위하여 만들어 낼 수는 없다.' '왜냐하면 지금까지 그의 노동뿐만 아니라 그의 여가도 늘 소외되어 있었기 때문이다.' 그들은 체력이 없어지면 '필연적으로 '폐품'이 되고, '쓰레기'가 된다.' 이것이 '자재'로서만 취급되던 인간이 다다르는 말로이다. 이것은 우리 '문명 전체의 좌절'이나 다름없다.

노인의 불행을 없애려면 사회 전체가 다시 만들어져야 한다. 한 인간이 '일생을 통해 항상 인간으로 취급되는' 사회여야만 한다. 곧 '인간 전체를 다시 만들어 내야 하며, 인간의 상호관계를 근본적으로 고치지 않으면 안 된다.'

### 늙음의 발견

늙음의 자각은 인간에게 매우 어려운 문제이다. 왜냐하면 자기 자신의 개체가 쇠퇴해 가는 것을 알고 기뻐하는 사람은 없기 때문이다. 노쇠함의 자각을 항상 '나하고는 무관한 이질적인 것'으로서 의식의 바깥으로 몰아낸다. 그러나 그것은 다른 사람에게는 잘 보인다. '늙음은 당사자 자신보다 주위 사람들에게 더 뚜렷하게 나타난다.' 어느 날 갑자기 이러한 타인의 눈에 의해 자신의 노쇠함이 공공연하게 드러났을 때, 사람은 그것을 기습으로 여긴다.

이와 같이 늙음은 '실감될 수 없는 것'(사르트르)이다. 왜냐하면 '그것은 우리 상황의 이면을 나타내는 것'이기 때문이다. 그것은 '우리가 타자에게 있어 그러한 것'이다. 따라서 늙음의 자각은 항상 '타자에 의해 이뤄진다.' '우리 사회에서 노령자는 습관이, 타자들의 행동이, 그 단어 자체가 그것임을 지적한다.'

타인에 의해 늙음이 지적될 때, 노인은 '경악'하고, '격분'한다. 그는 '그에게 붙은 분류표에 내심 등의하지 않는다.' 이 태도는 청년이 성인이 될 때의 태도에 비하면 크나큰 차이가 있다. 청년의 경우는 '자신이 하나의 과도기를 지나고 있음을 자각하고 있다. 그의 신체가 변화하여 그를 불안하게 하는 것이다. 이에 반해 나이가 든 사람은 중대한 육체적 변화를 경험하는 일 없이 타자를 통하여 자신을 노인이라고 느낀다.' 청년이 성인이 되는 것은 '일반적으로 그들에게 바람직한 일로 여겨진다.' 성인이 되는 것은 '그들의 욕망을 채우는 것을 가능하게 하는' 일이라고 생각한다. '이에 반해 장년은 노령을 거세의 환상과 결부한다.' 곧 노령은 욕망의 좌절, 능력의 감퇴, 성적 매력의 감퇴를 의미한다. 그래서 인간은 늙음을 수용하는 것에 대하여 '의식적으로든 무의식적으로든 가장 큰 혐오를 수반하는' 것이다. 사람은 '영원한 젊음이라는 환영'에 매달린다. 그리고 이러한 '환영이 타격을 입을 때, 많은 사람은 자기애에 손상을 입고, 그것은 우울증적 정신병을 일으키기도 한다.'

보부아르의 입장은 앞에서 말한 끊임없는 투기, 곧 불굴이다. 이와 반대되는 나쁜 예로서 그녀는 '글리뷔유주의'(프랑스 소년소설의 주인공 글리뷔유가 비에 젖지 않기 위해 물에 뛰어든 데서 유래하는 글리뷔유식 행동)를 들고 있다. 이것은 '늙음에 대한 혐오 때문에 늙음 속으로 무턱대고 돌진하는 태도'로서, '다리를 조금 절 뿐인데 신체불수로 여기고, 귀가 조금 멀었을 뿐인데 완전히 들리지 않는 체한다. 사용하지 않는 기능은 저하하므로 신체장애자의 흉내를 내는 사이에 실제로 그렇게 되고 만다.' '그들은 사람들에게서 버려졌으므로 이번엔 자기 자신을 버리고 돌보지 않으며, 작은 노력도 거부한다.' '아무도 그들을 보살펴 주지 않으므로 마침내 사람들은 대부분 자리보전 상태가 된다.'

### 위로가 되지 않는 과거

노인이 젊은이와 다른 점은 첫째, 한정된 짧은 미래밖엔 없다는 점이다. 젊은 사람이 지닌 긴 미래와 노인이 지닌 짧은 미래에는 질적인 차이가 있다. 노인의 미래는 닫혀 있다. 곧 노인에게 없는 것은 젊은 사람이 지닌 '아낌없이 자기를 소비하는, 끝없이 열려 있는 시간'이다. 젊은이의 미래는 '불확정한 미래'이고 '한없는 것'으로 느껴지는데 반해 노인의 미래는 '유한'하다. 노인에겐 젊은 사람처럼 자신의 미래를 한없는 가능성으로 꿈꾸는 것은 허락되지 않는다. 젊은이의 이러한 행복한 몽상은 착각이다. 그가 아직 어떤 사람도 아니기 때문에, 또한 자기 자신을 모르기 때문에 오는 착각이다. 그러나 젊은이에게 미래는 이러한 착각 때문에 풍요롭게 느껴진다. 젊은 사람은 이러한 미래의 꿈으로 인해 행복하고, 또 이 꿈에서 격려를 받아 여러 가지 시도에 나설 수 있다. 그렇지만 노인은 '그의 인생은 이미 완성되어 있어 고칠 수가 없음을 알고 있다. 미래는 더 이상 많은 가능성으로 차 있지 않으며, 그것을 살게 될 그라는 유한한 존재에 비례하여 위축되어 간다.' 노인은 자신의 '단독성 속에 구원의 여지없이 유폐되어 있다'고 느낀다. 인생의 유한성을 한층 절실하게 의식하는 것이다.

　노인은 긴 과거를 지니고 있다. 만일 훌륭한 과거를 지녔다면, 그 과거는 노인에게 위로가 되지 않을까? '과거가 기쁨의 대상이 되지 않겠는가?' 하고 보부아르는 묻는다.

　이에 대한 그녀의 대답은 '아니다'이다. 과거는 결코 붙잡을 수가 없다고 그녀는 말한다. 곧 과거는 그 시점에서 살았던 신선함이지 결코 다시는 체험할 수 없는 것이다. 과거를 다시 붙잡으려 해도 '내가 그 안으로 나아감에 따라 그것은 무너져 간다. 거기서 떠오르는 잔해의 대부분은 색이 바래고 얼어붙고 일그러져' 있다. 물론 과거의 의미를 인지할 수는 있다. '그러나 그 인지는 반드시 과거의 안온함을 재현해 주지는 않는다.' 과거가 실제로 살았던 그 시점에선, '즉 우리는 미래를 향하여 약진하고 있었던 현재, 미래로 가득 찬 현재로서 살았지만, 지금은 그 잔해밖에는 남지 않은 것이다.' '이와 같은 방법에 의해서도 또한 우리의 인생은 우리에게서 도망쳐 간다.' 그러므로 과거는 단지 '추측할' 수 있음에 불과하다.

　과거가 위로가 되지 않는 또 하나의 이유로 보부아르는, '모든 성공에 들어 있는 좌절'을 든다.(자유론 참조) 모든 투기는 좌절할 숙명을 지닌다는 것이 그녀의 자유론이므로 성공한 과거란 있을 수 없는 것이 되기 때문이다.

　보부아르에게는 끊임없는 투기와 초월이라는, 긴장된 활동이야말로 행복의 형태이다. 만일 현재가 무위였다면, 무위 속에서 과거의 추억에 잠기는 것은 어떤 행복도 위로도 아니다. 특히 '자기의 현재 상태에 불만인 사람'이 '자기의 추억에 지지를 구하고, 그것을 자기방위나 무기로 삼는' 경우, 그것은 과거에 얽매여 있다고밖에 할 말이 없다. 이런 경우에 과거는 현재의 '나의 원한과 상념을 긁는 것, 현재를 더 한층 한탄스럽게 여기도록 만드는' 역할을 하는 것에 지나지 않는다. 사람은 '현재의 나를 통하여 과거를 인식한다. 만일 '현재의 나'가 어떤 일을 한창 기획하고 노력한다면 과거의 성공이―비록 좌절을 내포하더라도―격려가 되는 경우도 있을 수 있다. 문제는 '현재의 나'의 존재방식이다.

### 나이의 가치와 불리한 조건

보부아르 사고의 특징은 연령의 증가를 성숙으로 보지 않는 점이다. 헤겔식으로 말하면 '지나간 각 순간은 현재의 순간에 포섭되'므로 노년은 '끊임없는 진보의 최종단계'로 보아야 하지만, 그녀는 이것에 반대한다. '노년은 우리 인생의 '합계'가 아니다. 같은 운동의 간만(干滿)이 우리에게 세계를 부여하고 그것을 빼앗는다. 우리는 사고하고 망각한다. 우리는 풍부해지고 파손된다.' 그렇지만 비록 성숙하지 않다 해도 나이가 들어도 남는 것, 연령을 더함으로써 풍부해지는 것은 무엇일까? 나이가 들어도 남는 것 중에 '어떤 종류의 기술을 마스터하려면 온 생애를 필요로 하는' 것이 있다. 그런 기술은 '육체적인 쇠퇴를 보완하는 것에 일조한다.' 또한 지적인 영역에선 구체적인 일들을 망각한 뒤에도 남는 것으로서 '교양'이 있다. 그것은 배우는 요령이라고도 해야 할 것이다. '한번 배운 것을 다시 배우는 능력, 일을 진행하는 방식, 과오에 대한 저항력, 위험방지의 지혜 등'이다.

연령의 증가로 풍부해지는 것의 하나로 보부아르는 '종합적 시각'을 든다. 이것은 '젊은이에게는 불가능한' 것이다. 왜냐하면 '각종 다양한 사실들을 그 유사성으로 관찰한 경험이 없으면, ……그것이 중요한지 사소한지를 올바르게 평가하지 못하고, 예외적인 것을 일반적 기준으로 되돌려야 할지, 아니면 어디까지나 예외적인 것으로 다루어야 하는지를 알지 못하며, 또한 세부를 전체에 종속시키거나, 삽화적인 것에 사로잡히지 않고 요점을 뽑아내는 일 등이 불가능하기' 때문이다. 나이가 든 사람이 이따금 사회의 책임 있는 직책을 도맡아 해낼 수 있는 것은 이러한 이유에 따른 것이라고 그녀는 말한다.

나아가 그녀는 노인만이 지닐 수 있는 경험으로서 '늙음 자체의 경험'을 들고 있다. 이것은 인간 생애의 탐구에 빼놓을 수 없는 경험이다.

노인의 첫 번째 핸디캡은, 그가 사회 흐름으로부터 뒤처져 있다는 점이다. 노인의 경험이 가치를 지니는 것은 '반복적 사회' 또는 '안정된 사회'뿐이다. 그러나 격동하는 사회에서 노인은 뒤처진다. 노인은 새로운 세계를 '그의 낡은 시선'으로 바라본다. '그는 새로운 세계를 예로부터 지녀온 그의 원근법(기준)으로 파악하기' 때문에 그것에 해당하는 것으로만 이해하여 다른 것은 눈에 들어오지 않거나, 불가해한 것으로 보거나 둘 중 하나이다. 그 원인을 보부아르는 '개인의 생성'과 '사회의 생성' 사이의 격차에 있다고 본다. 생물학적 시간과 사회적 시간에는 사회적 시간 쪽이 빠른 격차가 있다.

이렇게 하여 '과거의 중압은 그의 발걸음을 느리게 하거나 또는 마비시키기까지 한다. 그에 반해 새로운 세대는 실천적이어서 타성의 상태로부터 스스로를 격리시켜 전진하는 것이다.' '실천적'과 '타성의 상태'는 사르트르의 말인데, '인간행위의 각인이 찍힌 모든 사물과, 이 사물들과의 관계로 결정되어 있는 인간들의 총체'이다. 예를 들면 보부아르는 '나에게 실천적 타성태(惰性態)란 내가 과거에 썼던 여러 저술, 현재로선 나의 외부에 있는 내 모든 작품을 구성하며, 그것들의 저자로서 나를 결정하는 내 저작의 총체이다.' 이러한 과거의 중압이 개인들에게 어떻게 작용하는가, 그 관계방식은 사람에 따라 직업에 따라 각기 다양하다.

### 과학자에게 나이란?

보부아르는 말한다. '과학자가 노년기에 독창적인 발견을 하기란 매우 드물다.' 그 까닭은 무엇인가? 그 이유는 과학 자체의 성격과 밀접한 관계가 있다. 과학은 성격상 '보편적'인 것이고, 그것은 또한 집단의 일일뿐만 아니라, 시대적으로 계승된 집대성의 성격을 띤다. 과학자의 발견이라고 해도 그것은 과거 유산의 '계승' 위에 성립하며, 그것에 덧붙인다는 성격을 지닌다. 개인의 독창은 항상 과학이라는 전체의 극히 작은 부분이다. 그런데도 청년기 또는 중년기가 어째서 과학자에게 유리한 시기인가를 보부아르는 다음과 같이 말한다.

"이 시기에 학자는 그의 전문영역을 구성하는 지식의 전체를 통달함과 동시에 그것을 새로운 시선으로 포착하고 그 속에 있는 단층이나 모순을 발견할 수 있기 때문이며, 또 그에겐 그러한 점을 시정 또는 해결하고자 하는 용기가 있다. 왜냐하면 그의 앞에는 긴 일생이 있고, 잘못을 저질러도 훗날 수정할 수가 있으며, 그가 예감하는 진리의 성과를 보일 시간이 있기 때문이다."

곧 많은 미래를 가졌다는 조건이 용기 있는 몽상을 가능하게 하는 것이다. 젊기 때문에 갖는 무모함이 기존의 체계에 대하여 '이의를 제기할' 정열을 일으키는 것이다.

이에 반해 나이든 과학자의 경우, 그는 자신이 이룩한 과거의 업적에 속박된다. 어떤 경우에는 '그는 자기 업적의 가치를 실추시킬 우려가 있는 학설이나 체계에 대항하여 싸운다.' 곧 '나이든 학자는 자신의 뒤처진 사고를 방어하기 위하여 때때로 학문의 진행을 저해하기를 망설이지 않는다.' 그렇지 않은 '위대한 정신의 소유자'라 하더라도 학자가 50세를 넘기면 '새로운 사상에 적응하기'의 어려움은 날이 갈수록 커진다.

### 학자에게 나이란?

철학은 과학이 지니는 '보편성'으로 보면 지극히 '개성적'인 학문이다. 곧 과학이 '우주를 외재성에 있어서 서술하는' 데 반해 철학은 '전체로서의 인간이 전체 세계에 대해 갖는 연관성을 포착한다.' '하나의 과학이 존재하고, 몇몇 철학이 존재한다.' 물론 그 출발점이 되는 주체적 인간은 '그 보편성에 있어서 그 자신', '오롯한 인간'이다. 하나의 철학은 다른 철학으로부터 영향을 받는다는 의미에서 '보편적'인 관련성을 갖는다. 그러나 한 명의 철학자는 '자기의 출발점은 내버리지 않는다.' '그는 덧붙이고 없애고 수정하는 일은 있어도 그것은 항상 그의 고유의 것인 하나의 전망 속에서 이루어진다.' '이 전망에선 다른 모든 전망은 이질의 것이며, 때문에 타인은 결코 그를 골아내거나 실격시키거나 반증할 수가 없다.'

철학자는 그의 독자적인 '철학적 직관'(베르그송)을 기초로 하여 하나의 세계관을 구성한다. 철학자의 사상은 '연령과 함께 풍요로워지지'만, 그 체계의 기초를 이루는 '독창적 직관'은 '청년기 또는 중년기에 경험한' 것에 한정된다. 따라서 철학자의 경우에도 노년기가 되어서 '근원적으로 새로운 체계를 창조하는 일은 있을 수가 없'는 것이다.

**작가에게 나이란?**

작가도 철학자와 마찬가지로 '우주에 대한 인간의 전체적 관계를 아는' 것을 목표로 삼지만, 작가는 그것을 '개념'으로서가 아니라 작품(하나의 독자적 보편)을 통하여 탐구하려 한다. 작품이라는 상상 속의 세계를 통하여 '그라는 존재가 사는 의미'를 전달하려 한다. 글쓰기라는 이 행동을 위해서는 항상 '세찬 정열'과 지속적이고 '강한 정신력'이 필요하다. 더구나 작가가 타인에게 뭔가를 전하기를 열렬히 희망하는 내용은 현실에 대한 격렬한 비판인 것이다. '그 때문에 글쓰기라는 기도(企圖)는 인간들이 살고 있는 세계에 대한 거부와, 인간들에 대한 어떤 종류의 손짓 사이의 긴장을 포함한다. 작가는 사람들과 대립함과 동시에 그들과 함께 한다. 이것은 곤란한 태도이다.' 곧 세계를 어떤 비판적 관심도 없이 '물속의 물고기처럼 세상 속에 편안하게 잠겨' 있는 사람은 아무것도 쓰려 하지 않는다. 그러므로 쓴다는 것은 서로 모순되는 두 가지 기도, 인류에의 고발과 인류에게 인정을 받는 긴장 위에 서 있다.

인간은 노인이 되어 여러 가지 능력이 쇠퇴하기 시작하면 이러한 긴장에 견딜 '활력'을 잃기 시작한다. 곧 무기력, 무관심이 노인을 덮친다. 설령 계속해서 쓴다 해도 같은 주제의 되풀이로 끝날 위험이 있다. 그러므로 보부아르는 '나이든 사람에게 가장 적합하지 않은 문학 장르는 소설이다'라고 말한다. 그녀는 모리아크의 말을 인용한다. '이 세상에서의 우리의 미래가 얼마 남지 않게 되고, ……인간으로서의 모험이 종말에 근접했을 때, 그때 소설의 등장인물들은 이제 우리 안에서 자유롭게 돌아다닐 공간을 찾지 못한다.'

노인이라는 '미래를 향한 약동이 끊어진' 인간에게는 '그것을 상상의 주인공에게 재창조하는' 것 역시 어려운 일이 된다. 그리고 단지 다음과 같은 예외가 있다고 그녀는 말한다. '나이가 든 작가의 유일한 가능성은 출발점에 있어서 그가 했던 투기가 실로 견고하게 뿌리내린 것이었기 때문에 그가 마지막까지 창의성을 줄곧 유지한 경우이며, 그 투기들이 실로 광대한 것이었기 때문에 그가 죽음에 이를 때까지 그것들이 열린 상태로 있는 경우이다. 그가 세계와의 사이에서 살아 있는 관계를 줄곧 유지하는 한, 그는 언제나 그곳에서 촉구와 손짓을 발견할 것이다.'

### 음악가와 화가의 나이

음악의 경우는 모차르트처럼 일찍이 재능을 보이는 사람도 있지만, '음악가는 때로는 한참 나이가 든 뒤에 그의 가장 위대한 걸작을 작곡한다.' 70대에 많은 걸작을 작곡했을 뿐만 아니라 만년 작품이 젊은 시절 작품에 비해 훨씬 뛰어나기까지 하다. 그 이유로 보부아르는 '음악가가 따라야만 하는 구속의 냉혹함 때문이라고 나는 해석한다'고 말한다. 음악가는 '그가 사용하는 기술의 보편적 성격'과, '음향세계의 보편성'에서 그에게 부과된 여러 규칙을 지키고, 그 다음에 '어느 정도 자기를 해방하는' 것은 어지간히 과업을 이룩한 뒤의 일이다. 예를 들면 베토벤이 '불협화음'을 사용한 것은 '자기에 대해 대단한 자신감을 가진' 뒤이다. '작가의 경우는 준수해야 할 규칙들의 체계가 그다지 압도적이지는 않으므로 청년기 또는 적어도 중년기에 이미 자유를 소유하게 되지만, 음악가에게는 나이가 드는 것은 자유를 향한 활걸음인 것이다.'

화가의 경우도 '음악가만큼 엄격한 규칙을 따라야 하는 것은 아니지만, 그들도 역시 그들의 전문적 기술의 어려움을 극복하려면 시간을 필요로 하기 때문에 그들이 걸작을 낳는 것은 이따금 가장 만년이 된다.' 예를 들면 모네, 르누아르, 세잔, 보나르가 그러하다. 앵그르가 〈샘〉을 그린 것은 76세였다. 고야도 나이가 들어 '귀가 먹고 쇠약'해진 몸으로 일을 하면서도 '대단한 만족감으로, 세상을 알고 싶은 호기심으로 가득 차' 있었다. '고야의 노년기는 완벽의 도를 더해가는 상승이었을 뿐만 아니라 끊임없는 갱신이기도 했다.'

화가도 처음에는 음악가와 마찬가지로 전 세대의 영향을 받는다. '그는 그보다 한 세대 전의 그림을 통하여 세계를 보며, 자기 눈으로 보는 방법을 배우려면 기나긴 노력이 필요하다.' 그러므로 화가는 만년이 되면 점점 더 대담해져 자기의 '단축법'으로 그림을 그리고, '사물의 인습적인 영상'으로부터 해방된다. 곧 나이가 들어서 오히려 젊어지는 것이다.

보부아르는 이와 같은 예술가의 만년의 인간상 속에서 늙음에 대한 하나의 모범적인 해답을 찾아내는 것처럼 보인다. '죽음이 이제 곧 중단하게 될 진보에서 기쁨을 찾는 것, 계속하는 것, 자기의 유한성을 알고 그것을 받아들이면서 스스로를 뛰어넘으려는 데서 아직 기쁨을 찾아내는 일이기도 하다. 그곳엔 예술과 사상의 가치를 살려낸 긍정이 있고, 그것은 인간에게 찬탄의 심정을 일으킨다.'

### 정치가의 나이

나이든 정치가의 경우, 시대와의 간격은 다른 어떤 직업보다 훨씬 심각하다. 시대라는 살아 있는 현실 외에 그의 역할은 존재하지 않기 때문이다. '정치가는 지식인이나 예술가보다 타인에게 밀접하게 의존하고 있다. 지식인이나 예술가는 인간 자체가 아닌 작품이라는 재료를 통하여 인정받고자 한다. 정치가는 구체적인 인간을 소재로 사용한다. 곧 그는 사람들에게 봉사한다기보다 그들을 이용하는 것이고, 그의 성공도 실패도 그들의 수중에 있거니와 그들의 반응은 대부분 예측할 수가 없다.'

한 사람의 정치가가 노년이 될 때까지 시대는 눈부시게 변화한다. '사람이 자기 것으로 여기는 시대는 그가 그 속에서 자기의 기획들을 강구하고 실행하는 시간이다.' 이와 같은 시기에 정치가는 시대와 함께 살고, 활동하고, 역사를 창조한다. 그러나 '그러한 기도가 그의 배후에서 닫히는 순간이 온다. 그때, 시대는 보다 젊은 사람들과 그 활동에 의해 그 안에서 자기실현을 하고, 그 기도에 의해 시대에 색채를 입히는, 좀더 젊은 사람들의 것이 된다.' 한 시대가 끝남과 동시에 한 명의 정치가의 역할도 끝이 난다. 그의 이상은 이제 시대의 이상이 아니기 때문이다. 한 시대의 이상은 시대가 달라지면 그 의미, 곧 객관적 내실도 달라진다. 그러나 나이가 든 정치가가 '그들의 형태를 만들었던 과거로부터 벗어나기란······어렵다. 그들은 이 과거를 통하여 현재의 시사문제를 보며, 따라서 그들은 현재를 제대로 이해하지 못한다. 새로움에 적응하기에는 수단과 시간 모두 그들에겐 부족하며, 이것을 시도하는 것조차 그들의 이해관계에 의해 억제된다.' 이해관계란 과거에 구축한 지위와 권력의 자리이다. 지위의 손익에 의해 눈은 한층 어두워진다. 그리고 한층 시대로부터 뒤처진다. 이리하여 '정치가는 대부분 노년기에 이르러 영광의 자리를 잃는다.' 한 시대를 영웅적으로 지도했지만 만년이 되어 시대를 따라가지 못한 정치가의 예로서 보부아르는 클레망소, 처칠, 간디 등을 들고 있다. 클레망소는 일평생 변함없는 이상(프랑스대혁명 숭배)을 지닌 공화주의자였지만, 시대가 클레망소보다 빠른 속도로 진행하여, 역사는 어느새 그를 극좌에서 반동으로 바꾸어 놓았다. 처칠은 전쟁 때는 유능했지만, 평화기가 되자 시대는 그를 무능하다고 보았다. 간디는 인도의 독립이라는 사업을 이루었지만, 그것을 위하여 사용한 수단(종교성의 북돋움)에 의해 거꾸로 그는 멸망했다. 보부아르는 정치가들의 이런 노년기의 좌절을 불가피한 것으로 간주한다. 정치에 의한 '실천은 응고되어 실천적 타성태(惰性態)가 된다. 이런 모습 아래서 실천은 세계의 총체가 되어 다시 파악되고, 그 의미를 바꾸는 것이다.' 이와 같은 '사물의 반전'은 '숙명적으로 일어나는' 것이라고 한다. 이런 정치가들은 '역사 전개의 불가피한 요인인 반목적성에 희생'이 되었다고 말한다. '정치가는 역사를 만들기 위해, 그리고 역사에 의해 말살당하기 위하여 만들어졌다'는 것이다.

### 인생에 종지부를 찍는다

노인이란 이렇게 하여 '살아남은 사람', 곧 타인의 눈으로 보면 '집행유예 중인 죽은 자'이다. 그러나 죽음을 노인 자신은 어떻게 생각할까?

인간은 누구나 자기가 언젠가는 죽는다는 것을 알고 있다. 그런 의미에서 노인도 자신의 죽음이 머지않았음을 안다. 그러나 죽음이란 것이 과연 당사자에게 주관적으로 이해가능한 개념일까?

보부아르의 대답은 '아니다'이다. '죽음은 ……사르트르가 '실감할 수 없다'고 지칭한 카테고리에 속한다. 대자(존재)는 죽음을 알 수도, 그것을 향하여 자신을 투기할 수도 없다. 죽음은 내가 할 수 있는 많은 일들의 바깥쪽 경계이지 내가 할 수 있는 일이 아니다. 어느 날, 나는 타자들에게 있어 죽어 있겠지만, 나에게 죽어 있는 것은 아니리라. ……나는 내가 죽는다는 것을 ……알고 있지만, 그것은 나에 대한 타자들의 관점에 있어서이다. 그러므로 이 지식은 추상적이고 일반적이며, 외재성에 있어서 상정된 것이다. 나의 '죽어야 하는 성질'은 어떤 내적 경험의 대상도 되지 않는다.'

이와 같이 죽음이란 인식은 주관적으로 불가능하다. 그러므로 '죽음이 다가왔다'는 인식도 성립되지 않는다고 보부아르는 말한다. '죽음은 가까이에 있지도 않지만, 멀리 있지도 않다. 죽음은 없는 것이다. (죽음이라고 하는) 하나의 외적 불운이 모든 연령의 살아있는 자에게 덮친다.' '노인은 그가 '이제 곧' 죽으리란 것을 알지'만, 이 '이제 곧'이라는 말은 80세 때에도 70세 때와 마찬가지로 아득하다.' 이와 같이 노인은 살아 있는 한 죽음과 무관하다. '사실 노인은—모든 인간과 마찬가지로—생명(인생)하고만 관계가 있는 것이다.'

노인에게 중요한 것은 그의 나이가 아니라 살아갈 의욕이다. 인간에게—주관적인 의미에서—죽음이 다가오는 것은 고령이어서가 아니라 그가 살아갈 의욕을 잃은 때, 곧 '행동하기, 시도하기'를 그만둔 때이다. 그녀가 문제삼는 것은 앞에서 말한 객관적인 죽음, 곧 타자가 본 죽음이 아니라 이러한 주관적인 의미에서의 죽음이다. 그녀는 이것을 잘 나타내는 말로 '인생에 종지부를 찍는다'는 말을 쓰고 있다. 자기 인생의 막을 스스로 내린다는 심경으로서, 이것은 바꿔 말하면 '죽음을 바라는' 또는 '받아들인다'는 의미라고 한다. 한 인간이 그 유한한 기도를 어느 정도 성취하고, 이제 더 이상 아무 것도 할 수 없음을 깨달았을 때, 곧 '우리가 두루마리의 마지막에 이르렀을 때', '죽음은 아무래도 상관없는 것으로 나아가서는 너그러운 것이라는 생각마저 한다.' 곧 무위와 죽음은 그만큼 다르지 않은 것이다.

나아가 보부아르는 죽음이 노인에게 그토록 비극이 아닌 다른 까닭으로서 노인이 이미 가까운 사람들, 친구의 대부분과 사별한 것을 들고 있다. 그들의 죽음은 '우리 인생 속에서 그들과 관련이 있었던 모든 부분'이 빼앗김을 의미한다. 노인의 내부에는 이와 같은 부재(결락)라는 공허함이 수없이 생겨나 있다. 죽음이라는 '부재가 모든 것을 삼키게 될 때, 더 이상 큰 차이가 없다'는 것이다.

'그러나 상당수의 노인이, 그것도 살아갈 이유가 전혀 없어진 뒤에도 삶에 매달리는 것은 사실'이다. 그러나 이것은 생물학적 차원의—'생명력이라는 어렴풋한 말로 지칭되는—동물적 공포일 것이라고 말한다.

그러나 실제로 노인을 괴롭히는 것은 죽음에 대한 걱정이라기보다 좀더 가까운, 마음대로 되지 않는 건강이라든가 현재의 고통이다. 노인은 '매일의 투쟁과 비참함'보다 죽음을 바랄지도 모른다. 어쨌든 '노년기에 죽음이 가장 큰 재앙은 아니라는 증거는 '인생에 종지부를 찍기로' 결심하는 노인의 숫자'라고 보부아르는 결론 짓는다.

### 따분함과 고뇌

생활을 위해 악착같이 일하는 데서 해방되면 사람은 진정으로 자유로워질까? 고령은 정말로 '뿌린 것을 거두는 시기'이며, '누리는 계절'일까?

'그것은 허위'라고 보부아르는 말한다. 휴가를 즐기기 위해서는 건강과 경제력, 뭔가에 열중할 수 있는 정열 등이 필요하다. '오늘날의 사회는 ……노인에게 휴가를 주지만, 그것을 이용할 구체적 수단은 빼앗아 버렸다. 빈곤과 궁핍으로부터 벗어나 있는 사람도 취약해져서 쉬 피로해지고, 때때로 질환이나 고통으로 불수가 된 육신을 돌보지 않으면 안 된다. ……특권자만이 이런 욕구불만을 부분적으로 데울 수가 있다. 예를 들면 걷는 대신 자동차로 드라이브에 나서는 것이다. 그러나 그런 특권자마저도 지금 누리는 것이 진정 그들을 만족시켜 주는지는 의문이다. 나이 든 많은 작가들은 매일 무미건조함을 한탄하고 있다.'

이와 같이 노인은 빈곤과 질병으로부터 벗어나 있다 해도 무미건조함과 따분함, 권태 같은 적에게 괴롭힘을 당한다. 사물의 모든 인상이 젊은 시절에 맛볼 수 있었던 신선한 놀라움을 가져오지 않으며, 함께 공감할 사람도 없게 된다. '젊었을 때 세상은 의미와 가능성으로 가득 차 있었고, 사소한 일에도 수많은 불협화음을 일으킨다. 나중이 되면 우리의 짧은 미래와 마찬가지로 비좁은 우주 속에서 진동은 사라진다.' 그리고 노인은 살아 있지만 죽음으로 다가가는 것이다.

보부아르에게 휴가는 그것 자체로 가치를 지니지는 않는다. 자유론에서 말한 것처럼 활동성이야말로 행복의 형태이며, 정지는 생명의 수축인 것이다. 그러므로 강제된 노동으로부터의 해방이 자유가 되지는 않는다. 그런 시간들을 새로운 투기로 채색하지 않는 이상 무위와 권태만이 남는다.

문제는 노인이 한 가지 일에서 물러났을 때, 다른 활동을 다시 찾아낼 수 있는가 하는 점이다. 드문 예로 '한가해졌으니까 지금까지 가로막혀 있던 천직이 꽃을 피우는' 경우이다. 그러나 많은 정년퇴직자는 대개 '어둡고 비참한 무기력'의 운명에 처한다. '가장 복 받은 노년을 보내는 것은 다방면에 관심을 가진 사람들이다. 그런 사람은 다른 사람들보다 재전환이 쉽다.'

노인에게 힘든 상황은 따분함 이외에도 있다. 노인은 역할과 동시에 지위도 잃는 것이다. 구체적인 지위를 잃을 뿐만 아니라 시민으로서의 지위도 낮아진다. '성인들은 그들을 어린이와 마찬가지로 객체로 취급한다.' 이것은 '그들의 지위가 생물학적으로나 경제적으로나, 사회적으로도 하강했기' 때문이다. 곧 노인의 입장은 공적인 측면에서도, 사적인 측면에서도 낮아진다는 것이다. 이것은 과거의 지위로부터의 하강이다. 노인이 명예나 권력에 매달리는 것은 이러한 실추에 대한 필사적인 저항 때문이다. '노령자는 자신을 작은 테두리 안에 한정해야 하는 것에 괴로워한다.'

노인의 고뇌는 옛날 성인으로서의 자신과, 노인으로 축소되어 버린 현재의 자신과의 관계를 조절하기가 어렵다는 점이다. '자신은 이제 '세상이 볼 때' 노인임을 아는 사실 자체가 그를 타자로 바꿔 버리고, 이 타자의 실재를 그는 도저히 자기라고 실감할 수가 없는 것이다. 한편, 그는 그의 신분과 사회적 역할을 상실했으며, 이제 어떤 것으로도 자신을 정의할 수 없고, 자기가 누구인지도 모른다. 가끔씩 일어나는 '동일시의 위기'가 극복되지 않을 때 노인은 어찌할 바를 모른다.' 이 고뇌가 극복되지 않으면 노인은 노이로제에 걸린다. 혹은 '대부분의 노인은 우울함 속에 빠진다.' 보부아르는 다음 말을 인용한다. '그들은 이제 웃음을 모른다.'(아리스토텔레스)

**습관과 소유에 대한 고집**
노령에 의한 쇠함은 노인에게 고통일 뿐만 아니라 실제로 위험하게 한다. 노인은 보호를 받는 존재가 되는데 이것은 자기 생존의 안전을, 많든 적든 절대적으로 타인에게 의존하고 있음을 의미한다. 타인의 호의나 타인의 변덕에 휘둘리는 수동적 존재인 것이다.

'수동적으로 살아가는 사람들은 걱정의 포로가 된다. 행동하지 않는 한 여성은 걱정에 잠식당한다. 노인들도 마찬가지다. 그들은 없앨 수단을 지니지 않은 여러 위험들에 대하여 부질없이 고민하고 괴로워한다.' 현재의 생활이 설령 안전하다 해도 타인의 변덕으로 언제 무너질지 모른다. 노인은 자기를 도와 주는 사람이 그 도움을 '언제든지 거부하거나 줄일 수 있음을 알고 있다.' 또 '그는 사람들이 자기를 돕는 것은 습관적 도덕 때문이며, 그에 대한 존경도 애정도 의미하지 않는다며 두려워한다.' '그는 그의 종속을 불신이라는 형상 아래서 살아가는 것이다.'

노인은 자기의 불안과 무력감 때문에 다양한 방위적 행동을 취한다. 노인은 정해진 습관 속에 자신을 가두고, 그것을 타인에게도 강요한다. 이 습관은 타인의 자의(恣意)로 가득 차 있는 외계의 예측 불가능한 변화에 대한 방위적인 구축물이다. '습관은 내일과 오늘을 되풀이하리란 것을 그에게 보장함으로써 그를 그 아득한 불안으로부터 지켜 준다.' '습관은 새로운 것에 대한 뼈를 깎는 적응으로부터 벗어나게 해 주고, 또한 의문을 제기할 필요를 느끼기 전에 답을 내놓아 준다.' 이리하여 습관은 노인에게 '최소한도의 안전'을 보장해주는 것이다. 타인이 그 질서를 조금이라도 깨뜨리면 노인은 병적일 정도로 저항한다. 습관은 노인의 따쿤함을 더욱 의무적인 일과로 채우게 해 준다. 또한 '과거, 현재, 미래를 혼동하게' 함으로써 노인을 '그들의 적인 시간으로부터 해방'한다. 따라서 노인이 익숙해진 주거를 떠나는 것은 때로는 죽음을 의미하는 것이다.

'자기의 습관에 집착한다는 것은 자기의 소유물에 애착한다는 것을 의미한다. 우리에게 소속된 여러 가지 것들은 말하자면 굳어진 습관인 것이다.' 또한 소유도 노인에게 하나의 '존재론적 편안함을 보장'하는 성격을 띤다. 곧 '노인은 더 이상 어떤 일을 가지고 자기를 존재하게 할 수가 없으므로 존재하기 위해서 갖기를 희망한다.' 노인의 '각종 소유물'은 노인 자신을 의미한다. 이 소유는 물품에서 금전의 모든 것을 포함한다. 행동함으로써 존재할 수 있는 사람에게는 물건이나 금전은 행동을 위한 수단에 지나지 않는다. 그러나 행동에 의해 존재할 수 없는 사람에게 물건이나 금전은 그 자신의 존재와 동일시된다. 이로써 노인의 인색함이 설명된다. '궁핍함 속에서 죽은 90세의 노파가 침대 밑에 많은 재산을 감추어놓고 있었던' 이유도 분명하다. 물품을 소모시키거나, 금전을 줄이는 것은 자기 자신을 줄이는 것이 되기 때문이다. 노인과 물건, 그리고 금전은 '마술적 심리작용'에 의해 일심동체이다. '노인은 그의 소유물 덕분에 그의 자기동일성을 확보하는 것이다.'

그러나 이러한 소유도 습관과 마찬가지로 위험에 노출되어 있다. 타인은 '그의 금전을 훔치거나 아니면 강탈할지도 모른다.' '인색은 편집(偏執)이 되고, 신경증적 행태를 취한다.' 노인은 이러한 시의심 때문에 타인을 의심하고, 타인과의 관계를 빈곤하게 하거나, 또는 타인과의 관계를 단절해 간다. 적어도 타인과의 관계를 어렵게 가져간다.

### 은둔과 반항

노인은 외부세계에 대한 불신과 시의심 때문에 스스로 타자와의 교류의 끈을 단절해 나간다. '그는 외부세계를 없애 버리지는 못하지만, 그것과의 관계를 적게 할 수는 있다.' 그는 의식적으로 '귀가 들리지 않는 척'을 할뿐만 아니라 말을 못하게 되기도 한다. 노인은 '그를 조금씩 침식해 나가는 주위에 대한 무관심에 의해 자기중심주의가 조장되는데, 그는 의식적으로 그것을 기르기도 한다. 그것은 방어이자 복수이기도 하다.'

노인과 타인과의 커뮤니케이션 악화는 단순한 무관심과 냉담함에 그치지 않고, 노인의 원한을 기르기도 한다. 원한은 적의로 발전한다. '그는 사람들에게서 까닭 없이 박해를 당하고' 있다고 느낀다. 그에게 아직 얼마간의 권력이 남아 있으면 그는 폭군이 되어 이것을 남용한다. 그에게 얼마간의 경제력이 있다면, 주위 사람들이 곤경에 빠졌을 때 도움을 거부함으로써 원한을 해소한다.

노인은 또한 '노인성 불량화'라는 개념에 상당하는 반사회적 행동으로 나온다. 이것은 '청소년의 불량화와 마찬가지로 자기가 제외되어 있다고 느끼는 데서 기인'한다고 한다.

보부아르는 그러나 이러한 노인 특유의 행동들 가운데서 '영웅적인 뭔가가 있다'고 한다. 노인의 편집(偏執), 인색, 음험함은 사실은 그들의 슬프고 아픈 싸움이다. '건강, 기억, 물질적 수단, 위신, 권위 등 모든 것이 박탈되었을 때에도 계속해서 하나의 인간인 것만으로도 충분히 곤란하지 않은가?' 언뜻 기이해 보이는 노인의 노력은 '인간 이하의 존재', '무력한 객체', '버러지 같은 존재'가 된 데 대한, 죽음에 대한 그들 나름의 필사적인 거부이다.

### 젊은 사람과의 관계

노인의 젊은이와의 관계는 매우 중요하다. 노인과 어린이, 노인과 성인 사이에 원활한 교류가 성립하면 노인의 심적 균형은 유지된다. 특히 노인과 어린이, 노인과 손자의 관계가 노인의 마음의 행복을 좌우한다. 노인은 '손주들의 젊음을 접하고 다시 젊어지는 기분이 든다. 가족관계 이외의 경우에도 노인들에게 젊은 사람들과의 우정은 귀중하다. 그것은 그들이 살아 있는 이 시대가 아직 그들의 시대라는 인상을 주며, 그들 자신의 젊었던 시절을 되살아나게 하고, 그들을 미래의 무한으로 운반해 준다. 그것은 노령을 위협하는 어둠침침함에 대한 더없는 방위인 것이다'

그러나 '불행하게도 이런 관계는 드물다. 젊은이와 노인은 두 개의 다른 세계에 속하며, 둘 사이의 의사소통은 아주 조금밖에 존재하지 않는다.' 젊은 사람들이 노인에게서 자기 미래의 모습을 보려고 하는지, 아니면 전혀 자기와는 무관한 것이라며 무시하고 경멸하여 비웃고 교류를 팽개치는지는 문명 전체의 질과 관련된 문제이다.

**생명에 집착 않고, 생명을 걷다**

이것은 매우 드문 경우이기는 하지만 노령에 의한 의무로부터의 해방이 그 사람을 최고의 개화로 이끄는 경우가 있다. '인간사회의 테두리 바깥으로 내몰리는 것은 인간의 숙명인 강제와 자기소외로부터 벗어나는 것이다.' 인간은 지위를 잃고 무일푼이 되었을 때, 자신을 가치 없는 존재로 느껴야 할까? 아니면 보다 순수하게 본디의 자기 자신이 될 수 있었다고 느껴야 할까? 지위를 잃어도 진정한 알맹이가 있는 자기 자신이 남을 수 있을 것인가?

이 문제야말로 노인에게 가장 중요한 문제이다. 대부분의 노인은 지위를 잃음과 동시에 자기를 쓸모없는 존재로 여긴다. 그리고 그는 '의기소침해지거'나 외관적인 영예를 바라거나 한다.

그러나 지위나 역할이 가져오는 자기 가치의 환영에 현혹되지 않고, 자기 자신을 잃지 않았던 사람은 이것을 잃음으로써 참된 해방이라고 느낀다. 그들은 지금까지 지위나 역할 때문에 참고 있었던 여러 제약들로부터 자유로워진 것을 기뻐한다. '그것은 그들을 위선으로부터 벗어나게 한다.' 그들은 '마침내 나는 나 자신일 수 있다'고 느낀다. 일반적으로 '사회에서 물러난 많은 노령자는 사회의 비위를 맞추려는 배려를 하지 않게 되었다는 이익을 누린다.'

나아가 노인은 단지 세속적인 걱정을 버릴 뿐만 아니라 세상에 대해서 용감해지기까지 한다. '이제 생명에 집착하지 않고, 아무렇지 않게 목숨을 거는' 일마저 있다. 보부아르는 그 예로서 프랑스혁명 당시에 루이 16세를 변호하고, 태연히 단두대에 오른 72세의 말제르브, 89세 때 핵무기 반대를 위한 농성을 하고 7일 동안 금고를 받았던 러셀 등을 들고 있다. '허약한 신체 속에 불굴의 정열을 태우는 노인의 모습은 감동적이다'라고 그녀는 말한다.

# 보부아르 연보

1908년        1월 9일, 프랑스 파리 출생. 아버지는 변호사, 어머니는 은행가의 딸로 가톨릭 신자.
1910년(2세)   2월, 동생 엘렌 태어나다.
1913년(5세)   데지르 사립학교에 들어가다.
1917년(9세)   자자를 만나다.
1918년(10세)  외조부의 은행 파산으로, 아버지는 상류사회에 대한 희망을 버림.
1922년(14세)  신앙을 버리다.
1925년(17세)  10월, 소르본 대학교에 입학(느이에서 갈릭의 문학강의를, 가톨릭 학교에서 일반수학 강의를 받음).
1926년(18세)  갈릭의 '사회과대'에 들어가다. 소르본에서 철학강의를 받다.
1927년(19세)  소르본에서 문학과 철학의 최종 자격증을 취득(철학에선 시몬 베유에 이어 두 번째).
1928년(20세)  소르본과 에콜 노르말에서 철학교수 자격시험(아그레가시옹) 준비를 시작하다.
1929년(21세)  6월, 사르트르와 만나다.
              10월, 빅토르 뒤류 리세의 비상근 강사, 개인교수 등으로 경제적 자립. 집을 나와서 할머니 집에서 머물다.
              사르트르와 2년간 계약결혼을 하다.
              11월, 사르트르가 18개월의 병역에 들어가다.
1931년(23세)  마르세유 학교로 부임.
1932년(24세)  루앙으로 전근.
1936년(28세)  파리의 몰리에르 리세로 전근.
1939년(31세)  사르트르, 소집을 받아 알자스에 주둔.
              10월, 카뮈 세 리세, 페늘롱 리세에서 가르치다.

1940년(32세) 사르트르, 포로가 되다.
1941년(33세) 사르트르 수용소를 탈출하여 파리로 돌아오다.
　　　　　　소설 《초대받은 여인》(1938년부터 쓰기 시작하여 이 해에 끝마쳤다), 갈리마르 사에서 받아들임.
　　　　　　소설 《타인의 피》를 쓰기 시작.
1943년(35세) 《초대받은 여인》으로 신진여류작가로 데뷔. 교직을 떠나다.
　　　　　　레지스탕스 활동을 통하여 미셸 레리스, 카뮈, 메를로퐁티 등과 알게 되다
1944년(36세) 철학적 에세이 《피루스와 시네아스》 간행.
1945년(37세) 《타인의 피》 간행. 희곡 《식충이》 간행.
　　　　　　사르트르도 교직을 떠나다. 두 사람 모두 유명인이 되다.
　　　　　　잡지 〈현대〉 창간.
1946년(38세) 소설 《사람은 모두 죽는다》 간행.
1947년(39세) 철학적 에세이 《모호성의 도덕에 관하여》 간행.
　　　　　　제1차 미국 여행. 각지의 대학에서 강연.
1948년(40세) 에세이 《미국의 그날그날》, 평론 《실존주의와 상식》 간행.
1949년(41세) 여성론 《제2의 성》 간행.
1950년(42세) 봄, 북아프리카 여행.
　　　　　　6월, 11월, 미국 여행.
1952년(44세) 7월, 노르웨이, 영국(스코틀랜드) 여행.
1953년(45세) 사르트르, 공산당에 접근.
1954년(46세) 소설 《레 강다랭》 간행. 공쿠르상을 받아 작가로서의 지위가 확고해지다.
1955년(47세) 사르트르와 함께 중국과 소련을 방문
　　　　　　평론 《특권》 간행.
1957년(49세) 평론 《긴 발걸음》 간행.
1958년(50세) 자서전 《처녀시절》 간행.
　　　　　　알제리 문제로 공산당과 공동투쟁. 반 드골 데모에 참가.
1959년(51세) 사르트르의 《알토나의 유폐자들》 초연, 프랑스 인에게 깊은 감명을 주다.

1960년(52세) 자서전 《여자 한창때》 간행.
'121인선서'(알제리전쟁에 대한 불복종 권리선언)에 서명.
1961년(53세) 우익 테러의 표적이 되다.
1962년(54세) 우익의 플라스틱 폭탄에 의해 사르트르의 방이 파괴되다.
《자밀라 부파차》 간행.
1963년(55세) 자서전 《어떤 전후》 간행.
1964년(56세) 소설 《조용한 죽음》 간행.
1965년(57세) 자동차 사고를 겪다.
1966년(58세) 소설 《아름다운 영상》 간행.
1967년(59세) 스톡홀름의 러셀 법정에 출석.
1968년(60세) 소설 《위기의 여자》 간행.
1969년(61세) 프랑스 신좌익에게 공감을 보이다.
1970년(62세) 평론 《노년》 간행.
여성해방 운동(우먼리브)의 시위에 참가.
1972년(64세) 자서전 《결산의 시기》 간행.
1978년(70세) 영화 〈보부아르, 자신을 말하다〉 상영.
1980년(72세) 4월 15일, 사르트르 사망(향년 75세).
1983년(75세) 사르트르 서간집 《카스트로에게 주는 편지》 간행.
1986년(78세) 4월 14일 파리에서 사망.

이희영(李希榮)
성균관대학교 국사학과 졸업. 성균관대학교 대학원 사학과 졸업. 파리사회과학고등연구원 EHESS 역사인류학 박사과정 수학. 지은책《솔로몬 탈무드》《바빌론 탈무드》《카발라 탈무드》《지적여성생활방법》《여성의 품격》, 옮긴책 베르그송《웃음》《창조적 진화》《도덕과 종교의 두 원천》아미엘《아미엘 일기》시몬느 드 보부아르《처녀시절》《여자 한창때》등이 있다.

World Book 108
Simone de Beauvoir
LE DEUXIÈME SEXE
제2의 성
시몬느 드 보부아르/이희영 옮김
1판 1쇄 발행/1992. 7. 1
2판 1쇄 발행/2009. 10. 1
2판 9쇄 발행/2020. 10. 10
발행인 고정일
발행처 동서문화사
창업 1956. 12. 12. 등록 16-3799
서울 중구 마른내로 144(쌍림동)
☎ 546-0331~6 Fax. 545-0331
www.dongsuhbook.com

＊

이 책은 저작권법(5015호) 부칙 제4조 회복저작물 이용권에 의해 중판발행합니다.
이 책의 한국어 문장권 의장권 편집권은 저작권 법에 의해 보호받으므로
무단전재 무단복제 무단표절 할 수 없습니다.
이 책의 법적문제는《하재홍법률사무소 jhha@naralaw.net》에서 전담합니다
사업자등록번호 211-87-75330
ISBN 978-89-497-0538-5 04080
ISBN 978-89-497-0382-4 (세트)